中国审判指导丛书

商事审判指导

CHINA TRIAL GUIDE
GUIDE ON COMMERCIAL TRIAL

—— 2012 年卷 ——

最高人民法院民事审判第二庭 编

人民法院出版社

图书在版编目（CIP）数据

商事审判指导.2012年卷/最高人民法院民事审判第二庭编.—北京：人民法院出版社,2018.4
ISBN 978-7-5109-2109-4

Ⅰ.①商… Ⅱ.①最… Ⅲ.①经济纠纷-民事诉讼-审判-中国-参考资料 Ⅳ.①D925.118.2

中国版本图书馆CIP数据核字(2018)第067001号

商事审判指导.2012年卷
最高人民法院民事审判第二庭 编

责任编辑	范春雪　姜峤　丁丽娜　路建华　陈映锦
出版发行	人民法院出版社
地　　址	北京市东城区东交民巷27号(100745)
电　　话	(010)67550525(责任编辑)　67550558(发行部查询) 65223677(读者服务部)
客服QQ	2092078039
网　　址	http://www.courtbook.com.cn
E-mail	courtpress@sohu.com
印　　刷	保定市中画美凯印刷有限公司
经　　销	新华书店
开　　本	787×1092毫米　1/16
字　　数	1117千字
印　　张	48.25
版　　次	2018年4月第1版　2018年4月第1次印刷
书　　号	ISBN 978-7-5109-2109-4
定　　价	180.00元

版权所有　侵权必究

出版说明

商事案件是一个国家经济社会发展的"晴雨表",商事审判工作关系到一个国家的投资和营商环境,在促进国家治理体系和治理能力现代化方面具有重要作用。经济发展新常态对人民法院提出了新的课题,全面深化改革的战略部署对人民法院提出了新的目标,全面推进依法治国对人民法院提出了新的要求,实施"十三五"规划对人民法院提出了新的任务,商事审判职能作用更加凸显,功能使命更加突出,责任更加重大,能力建设更加紧迫。要充分认识新形势新任务,不断提高商事审判能力和水平,为经济社会持续健康发展营造良好法治环境。

最高人民法院一直以来高度重视商事审判工作。《商事审判指导》是由最高人民法院民事审判第二庭组织编写的连续出版物,旨在传播最高人民法院和地方各级人民法院的商事审判工作经验,对最新疑难经典案例进行探讨与解析,提供审判实践中解决疑难问题的思路和最新商事审判资源,是最高人民法院民事审判第二庭指导全国商事审判工作的平台,也是全国商事审判工作信息沟通与交流的平台。

《商事审判指导》自2002年出版以来,紧紧围绕最高人民法院商事审判大局,密切联系商事审判理论和实践,是商事审判业务中必备的参考资料,涵盖了商事审判领域常见的疑难、新型问题以及应对策略,具有较强的实用性及权威性,为全国广大法官以及其他法律职业者提供了及时、权威的商事审判业务指导和参考，受到读者的广泛欢迎。

为方便各级人民法院法官、律师和其他人员的学习与使用，人民法院出版社对已出版《商事审判指导》内容进行系统梳理、合理整合、精心编排，对部分内容进行微调，编辑出版《商事审判指导》年度卷，希望能为广大读者的工作和学习提供便利。由于时间紧迫，书中难免存在疏漏与不足，敬请读者批评指正。

人民法院出版社

二〇一八年四月

总 目 录

2012 年第 1 辑(总第 29 辑)

【商事审判精神与动态】

国务院
关于进一步支持小型微型企业健康发展的意见
（2012 年 4 月 19 日） ……………………………………（3）
在保险法学会 2012 年年会上的演讲 ………………………… 宋晓明（9）
目前金融审判的特点、问题及展望 …………………………… 宋晓明（13）

【商事司法解释与司法政策】

最高人民法院
关于在审判执行工作中切实规范自由裁量权行使
保障法律统一适用的指导意见
（2012 年 2 月 28 日） ……………………………………（18）
完善规范机制　正确行使自由裁量权 ………… 宋晓明　雷继平　林海权（21）
最高人民法院
关于人民法院为防范化解金融风险和推进金融改革发展
提供司法保障的指导意见
（2012 年 2 月 10 日） ……………………………………（30）
解读《最高人民法院关于人民法院为防范化解金融风险和推进
金融改革发展提供司法保障的指导意见》 ……………… 王　闯（35）

【庭推纪要】

同一租赁合同项下分期支付的租金应如何计算诉讼时效 ………… 原　爽（38）

【商事审判专论】

《公司法》司法解释（三）解读 ………………………………… 张勇健（44）

民商事审判实务若干争论问题
————以合同法和担保物权法为中心 ………………………………………… 王　闯(53)
商事审判实践的创新思维
————当前法律环境下对融资租赁交易安全的保护 …………………… 田浩为(76)
民间融资的法律压制及其消减 …………………………………………… 雷新勇(83)

【法官学术交流】

全国部分法院公司法司法解释论证及审理公司纠纷案件
　　工作经验交流会综述 ………………………………………………… 刘崇理(92)

【各省商事审判】

广东省高级人民法院
　关于印发《广东省高级人民法院关于审理保险合同
　　纠纷案件若干问题的指导意见》的通知 …………………………………… (104)

【商事审判案例分析】

债权人对债务人的债权、债务人对次债务人的债权均未超过诉讼时效期间，
　次债务人对债权人主张诉讼时效抗辩权的，不予支持
　　————申请再审人中国银行股份有限公司汕头分行与被申请人
　　　　广东发展银行股份有限公司韶关分行、原审第三人珠海
　　　　经济特区安然实业(集团)公司代位权纠纷再审案 ………………… 殷　媛(109)
因反驳证据提出的新证据不属超过举证期限的证据
　　————上诉人大连实德集团有限公司与被上诉人中国
　　　　农业银行股份有限公司沈阳和平支行、原审被
　　　　告沈阳东鹏机械施工有限公司金融借款
　　　　保证合同纠纷上诉案 …………………………………………… 刘　敏(122)
票据纠纷及票据追索权纠纷的认定
　　————申请再审人河北中储物流中心与被申请人河北金鲲
　　　　商贸有限公司票据追索权纠纷再审案 ………………………… 张雪楳(139)
股权分置改革中股改方案的合法性判断及流通股股东利益保护的
　问题探析
　　————上诉人兰州神骏物流有限公司与被上诉人兰州
　　　　民百(集团)股份有限公司侵权纠纷上诉案 …………………… 杜　军(152)

【商事裁判文书选登】

申请再审人成都市国土资源局武侯分局与被申请人招商(蛇口)成都
　　房地产开发有限责任公司、第三人成都港招实业开发有限责任公司、
　　第三人海南民丰科技实业开发总公司债权人代位权纠纷案
　　　　——中华人民共和国最高人民法院民事判决书
　　　　(2011)民提字第210号 ……………………………………………………(162)
陈永梁诉中国人民保险公司阿荣旗支公司财产保险合同纠纷案
　　——中华人民共和国最高人民法院民事判决书
　　(2011)民提字第238号 ……………………………………………………(173)

2012年第2辑(总第30辑)

【商事司法解释专栏】

最高人民法院
　　关于审理买卖合同纠纷案件适用法律问题的解释
　　(2012年5月10日) ………………………………………………………(187)
妥善审理买卖合同案件　维护市场公平诚信秩序
　　——最高人民法院民事审判第二庭庭长宋晓明就《关于审理买卖
　　合同纠纷案件适用法律问题的解释》答记者问 …………………………(193)
关于审理买卖合同纠纷案件的若干重要问题
　　——解读《关于审理买卖合同纠纷案件适用法律问题
　　的解释》 …………………………………………………………… 王　闯(199)
"保险法司法解释(二)"征求意见综述 …………………………… 宫邦友　林海权(226)

【商事审判专论】

谈法官解释
　　——以《侵权责任法》为例 ……………………………………… 梁慧星(236)
破产管理人职业责任风险分散机制研究 ………………………………… 郁　琳(241)
民间借贷合同效力规制问题刍议 ………………………………………… 杜　军(249)
论保险业诚信保障体系的双向构建 ……………………………………… 苏　蓓(260)
企业破产案件中涉担保债权问题的处理 ………………………………… 张凤翔(267)
适用证据规则认定事实的理念和方法 …………………………………… 王　松(274)

【商事审判调研】

关于破产案件债务人涉诉案件诉讼费用交纳办法的调研报告
　　……………………………………………… 广东省高级人民法院课题组（288）
关于审理民间借贷纠纷案件的专题调研报告
　　……………………………………………… 福建省高级人民法院民二庭课题组（300）
民事执行与破产制度衔接之实证研究
　　——以浙江省建德市法院执行实践为视角
　　……………………………………………… 浙江省建德市人民法院课题组（306）

【各省商事审判】

创新金融审判机制　延伸司法服务职能
　为上海国际金融中心建设营造良好的法治环境
　　——上海法院金融商事审判工作经验总结 ………… 上海市高级人民法院（314）
商事合同案件适用表见代理要件指引（试行）
　　…………………………………………………… 上海市高级人民法院民二庭（325）
广东省部分法院破产审判业务座谈会纪要 ………… 广东省高级人民法院（328）
广东省高级人民法院关于审理伪卡交易民事案件
　工作座谈会纪要 ……………………………………… 广东省高级人民法院（332）

【商事裁判文书选登】

中国农业银行股份有限公司双辽市支行与双辽市农村信用合作联社
　借款合同纠纷案
　　——中华人民共和国最高人民法院民事裁定书
　　（2011）民提字第85号 ………………………………………………（336）
中信证券股份有限公司与重庆华能石粉有限责任公司证券经纪合同纠纷案
　　——中华人民共和国最高人民法院民事判决书
　　（2011）民提字第293号 ………………………………………………（347）
中国长城资产管理公司西安办事处与陕西宝光集团有限公司借款担保纠纷案
　　——中华人民共和国最高人民法院民事判决书
　　（2011）民提字第348号 ………………………………………………（363）

2012 年第 3 辑(总第 31 辑)

【商事审判精神与动态】

贯彻商法精神　促进法制完善　为构建科学合理的市场经济秩序
　　提供法律保障
　　　　——在"21世纪商法论坛"第十二届国际学术会议上的致辞
　　　(2012年10月27日) ………………………………………… 宋晓明(371)

【商事司法解释与司法政策】

最高人民法院
　　关于审理中央级财政资金转为部分中央企业国家资本金
　　　有关纠纷案件的通知
　　　(2012年12月11日) ……………………………………………… (374)
《关于审理中央级财政资金转为部分中央企业国家资本金有关
　　纠纷案件的通知》的理解与适用 ……………… 宋晓明　刘竹梅(377)
最高人民法院
　　关于个人独资企业清算是否可以参照适用企业破产法规定的
　　　破产清算程序的批复
　　　(2012年12月11日) ……………………………………………… (384)
《关于个人独资企业清算是否可以参照适用企业破产法规定的
　　破产清算程序的批复》的理解与适用 ………………………… 刘　敏(385)
最高人民法院
　　印发《关于审理上市公司破产重整案件工作座谈会纪要》的通知
　　　(2012年10月29日) ……………………………………………… (390)
《关于审理上市公司破产重整案件工作座谈会纪要》
　　的理解与适用 ………………………………… 宋晓明　张勇健　赵柯(394)
最高人民法院　中国保险监督管理委员会
　　关于在全国部分地区开展建立保险纠纷诉讼与调解
　　　对接机制试点工作的通知
　　　(2012年12月18日) ……………………………………………… (399)

【贯彻学习新《民事诉讼法》专题】

最高人民法院
 关于认真学习贯彻《全国人民代表大会常务委员会关于修改
  〈中华人民共和国民事诉讼法〉的决定》的通知
   （2012年11月28日） ……………………………………………… （402）
贯彻实施新《民事诉讼法》之一
 ——关于小额诉讼程序的理解与适用 ……………………… 高民智（405）
贯彻实施新《民事诉讼法》之二
 ——关于民事公益诉讼的理解与适用 ……………………… 高民智（409）
贯彻实施新《民事诉讼法》之三
 ——关于调解协议司法确认程序的理解与适用 …………… 高民智（413）
贯彻实施新《民事诉讼法》之四
 ——关于实现担保物权案件程序的理解与适用 …………… 李相波（417）
贯彻实施新《民事诉讼法》之五
 ——关于立案制度的理解与适用 …………………………… 高民智（427）
贯彻实施新《民事诉讼法》之六
 ——关于案外人撤销之诉制度的理解与适用 ……………… 高民智（431）
贯彻实施新《民事诉讼法》之七
 ——关于再审审查程序的理解与适用 ……………………… 高民智（435）
贯彻实施新《民事诉讼法》之八
 ——关于检察监督制度的理解与适用 ……………………… 高民智（439）

【请示与答复】

企业集团财务公司为成员单位与非成员单位之间办理委托
 贷款签订的委托贷款合同应认定有效 …………………… 张雪楳（444）

【庭推纪要】

金融机构负责人以金融机构名义对外借款，
 金融机构是否承担民事责任 ……………………………… 林海权（450）

【商事审判专论】

关于修改后《民事诉讼法》中有关公司诉讼案件
 特殊地域管辖规定的理解与适用 ………………………… 李相波（460）
银行卡盗刷赔偿纠纷研究
 ——析持卡人与银行、特约商户之间的索赔纠纷 ………… 范德鸿（468）

【法官学术交流】

《企业破产法》司法解释制定情况及相关问题
　　——在第五届"中国破产法论坛"的主题发言 ……………… 刘　敏(485)
揭开公司面纱原则：中国的立法与司法实践
　　——在"亚太地区论坛"上的发言 ………………………… 李志刚(488)
东亚破产及重整协会第四届学术会议参会报告 ……………… 刘　敏　杜　军(494)

【各省商事审判】

关于《公司法》纠纷案件法律适用疑难问题的研讨综述(一)
　　………………………………………… 上海市高级人民法院民二庭(501)
关于《公司法》纠纷案件法律适用疑难问题的研讨综述(二)
　　——有限责任公司意志代表权认定问题
　　………………………………………… 上海市高级人民法院民二庭(504)
当前民间借贷纠纷若干疑难问题分析
　　………………………………… 江苏省徐州市中级人民法院课题组(512)
证券登记结算公司涉讼案件特点、原因及对策分析
　　……………………………………… 上海市第一中级人民法院民六庭(524)

【商事审判案例分析】

破产原因和强制清算原因竞合时
　　债权人依法享有申请破产清算或强制清算的选择权
　　——申请再审人中国国旅贸易有限责任公司与被申请人
　　　长江农业开发有限公司强制清算案 ……………………… 刘　敏(530)
债权人在保证期间向保证人之一主张权利的效力及于
　　其他连带责任保证人
　　——申请再审人中信信托有限责任公司与被申请人天津市粮油
　　　集团有限公司、天津市油脂(集团)有限公司、天津市
　　　油脂公司新港油脂库借款合同纠纷申请再审案 …………… 沙　玲(536)

【商事裁判文书选登】

上诉人青海汇吉实业集团有限责任公司、周卫军与被上诉人杜红亚、
　　李占云、高冠生，原审被告徐良庆、袁建明、周健股权转让纠纷案
　　——中华人民共和国最高人民法院民事判决书
　　　(2012)民二终字第86号 ………………………………………… (543)

上诉人中国再生资源开发有限公司与被上诉人无锡焦化有限公司
买卖合同纠纷案
——中华人民共和国最高人民法院民事判决书
（2012）民二终字第116号 ································· (556)

上诉人银川源鑫磊贸易有限公司与上诉人石嘴山瑞恒源
商贸有限公司票据返还请求权纠纷案
——中华人民共和国最高人民法院民事裁定书
（2012）民二终字第101号 ································· (565)

上诉人福建省闽江房地产开发公司与被上诉人福建佳盛投资发展有限公司、
原审第三人福州商贸大厦筹备处案外人执行异议之诉案
——中华人民共和国最高人民法院民事裁定书
（2012）民二终字第138号 ································· (569)

2012年第4辑（总第32辑）

【商事审判精神与动态】

以法治思维推进商事审判　用法治方式保障经济发展
　　——就学习贯彻党的十八大会议精神专访专最高人民法院民事审判
　　第二庭庭长宋晓明 ·· (575)
最高人民法院民事审判第二庭近两年发回重审、指令再审案件审理情况 ········ (584)

【商事审判专论】

公司担保的法律解释论 ··· 周伦军(591)
关于《民事诉讼法》二审程序修改内容的理解与适用 ······················ 李相波(628)
公司对股东逾期未缴出资能否享有优先权探析 ···························· 唐荣刚(636)

【商事审判调研】

关于新类型担保的调研：现象·问题·思考
　　··· 最高人民法院民事审判第二庭新类型担保调研小组(640)
建立和完善我国民间借贷法律规制的报告
　　··· 最高人民法院民一庭第五合议庭(653)

【商事审判案例分析】

关联企业实体合并破产制度的适用
　　——汉唐证券有限责任公司及其46家壳公司
　　　合并破产清算案评析 ················· 刘　敏　池伟宏(676)

债权人撤销权的行使问题探讨
　　——王庆凤与北京伟士特开发咨询有限公司、北京草桥
　　　实业总公司债权人撤销权纠纷再审审查案 ·········· 杜　军(684)

债权受让人行使权利不得超越其所受让的原权利范围
　　——藁城市人民政府与北京孚厚投资咨询有限公司、河北省
　　　藁城市棉浆厂、河北省藁城市国有资产监督管理委员会办公室
　　　借款合同纠纷案 ···························· 赵　柯(695)

委托合同任意解除权的行使与损害赔偿问题
　　——上诉人东莞市恒锋实业有限公司与被上诉人东莞市华源集团
　　　有限公司、东莞市厚华贸易有限公司、东莞市富成石材
　　　有限公司、中山市恒富物业投资实业有限公司委托
　　　收购股权合同赔偿纠纷案　···最高人民法院民事审判第二庭第一合议庭(706)

【商事裁判文书选登】

深圳市朗钜实业集团有限公司与甘肃天昱置业有限公司
　　股东出资及公司盈余分配纠纷案
　　　——中华人民共和国最高人民法院民事判决书
　　　(2012)民二终字第28号 ···························· (725)

湖北莲花湖旅游发展有限责任公司与武汉世纪宏祥物业管理有限公司、
　　湖北莲花湖物业有限公司借款担保合同纠纷案
　　　——中华人民共和国最高人民法院民事判决书
　　　(2012)民二终字第56号 ···························· (736)

中国建设银行股份有限公司阿克苏地区分行与新疆天源棉业有限责任公司、
　　新疆天丰种业有限责任公司行纪、承揽合同纠纷案
　　　——中华人民共和国最高人民法院民事判决书
　　　(2012)民提字第83号 ····························· (750)

商事审判指导

2012 年第 1 辑
（总第 29 辑）

【商事审判精神与动态】

国务院
关于进一步支持小型微型企业健康发展的意见

2012 年 4 月 19 日　　　　　　　　　　　　　　　　　　国发〔2012〕14 号

各省、自治区、直辖市人民政府，国务院各部委、各直属机构：

　　小型微型企业在增加就业、促进经济增长、科技创新与社会和谐稳定等方面具有不可替代的作用，对国民经济和社会发展具有重要的战略意义。党中央、国务院高度重视小型微型企业的发展，出台了一系列财税金融扶持政策，取得了积极成效。但受国内外复杂多变的经济形势影响，当前，小型微型企业经营压力大、成本上升、融资困难和税费偏重等问题仍很突出，必须引起高度重视。为进一步支持小型微型企业健康发展，现提出以下意见。

一、充分认识进一步支持小型微型企业健康发展的重要意义

　　（一）增强做好小型微型企业工作的信心。各级政府和有关部门对当前小型微型企业发展面临的新情况、新问题要高度重视，增强信心，加大支持力度，把支持小型微型企业健康发展作为巩固和扩大应对国际金融危机冲击成果、保持经济平稳较快发展的重要举措，放在更加重要的位置上。要科学分析，正确把握，积极研究采取更有针对性的政策措施，帮助小型微型企业提振信心，稳健经营，提高盈利水平和发展后劲，增强企业的可持续发展能力。

二、进一步加大对小型微型企业的财税支持力度

　　（二）落实支持小型微型企业发展的各项税收优惠政策。提高增值税和营业税起征点；将小型微利企业减半征收企业所得税政策，延长到 2015 年底并扩大范围；将符合条件的国家中小企业公共服务示范平台中的技术类服务平台纳入现行科技开发用品进口税收优惠政策范围；自 2011 年 11 月 1 日至 2014 年 10 月 31 日，对金融机构与小型微型企业签订的借款合同免征印花税，将金融企业涉农贷款和中小企业贷款损失准备金税前扣除政策延长至 2013 年底，将符合条件的农村金融机构金融保险收入减按 3% 的税率征收营业税的政策延长至 2015 年底。加快推进营业税改征增值税试点，逐步解决服务业营业税重复征税问题。结合深化税收体制改革，完善结构性减税政策，研究进一步支持小型微型企业发展的税收制度。

(三)完善财政资金支持政策。充分发挥现有中小企业专项资金的支持引导作用,2012年将资金总规模由128.7亿元扩大至141.7亿元,以后逐年增加。专项资金要体现政策导向,增强针对性、连续性和可操作性,突出资金使用重点,向小型微型企业和中西部地区倾斜。

(四)依法设立国家中小企业发展基金。基金的资金来源包括中央财政预算安排、基金收益、捐赠等。中央财政安排资金150亿元,分5年到位,2012年安排30亿元。基金主要用于引导地方、创业投资机构及其他社会资金支持处于初创期的小型微型企业等。鼓励向基金捐赠资金。对企事业单位、社会团体和个人等向基金捐赠资金的,企业在年度利润总额12%以内的部分,个人在申报个人所得税应纳税所得额30%以内的部分,准予在计算缴纳所得税税前扣除。

(五)政府采购支持小型微型企业发展。负有编制部门预算职责的各部门,应当安排不低于年度政府采购项目预算总额18%的份额专门面向小型微型企业采购。在政府采购评审中,对小型微型企业产品可视不同行业情况给予6%~10%的价格扣除。鼓励大中型企业与小型微型企业组成联合体共同参加政府采购,小型微型企业占联合体份额达到30%以上的,可给予联合体2%~3%的价格扣除。推进政府采购信用担保试点,鼓励为小型微型企业参与政府采购提供投标担保、履约担保和融资担保等服务。

(六)继续减免部分涉企收费并清理取消各种不合规收费。落实中央和省级财政、价格主管部门已公布取消的行政事业性收费。自2012年1月1日至2014年12月31日三年内对小型微型企业免征部分管理类、登记类和证照类行政事业性收费。清理取消一批各省(区、市)设立的涉企行政事业性收费。规范涉及行政许可和强制准入的经营服务性收费。继续做好收费公路专项清理工作,降低企业物流成本。加大对向企业乱收费、乱罚款和各种摊派行为监督检查的力度,严格执行收费公示制度,加强社会和舆论监督。完善涉企收费维权机制。

三、努力缓解小型微型企业融资困难

(七)落实支持小型微型企业发展的各项金融政策。银行业金融机构对小型微型企业贷款的增速不低于全部贷款平均增速,增量高于上年同期水平,对达到要求的小金融机构继续执行较低存款准备金率。商业银行应对符合国家产业政策和信贷政策的小型微型企业给予信贷支持。鼓励金融机构建立科学合理的小型微型企业贷款定价机制,在合法、合规和风险可控前提下,由商业银行自主确定贷款利率,对创新型和创业型小型微型企业可优先予以支持。建立小企业信贷奖励考核制度,落实已出台的小型微型企业金融服务的差异化监管政策,适当提高对小型微型企业贷款不良率的容忍度。进一步研究完善小企业贷款呆账核销有关规定,简化呆账核销程序,提高小型微型企业贷款呆账核销效率。优先支持符合条件的商业银行发行专项用于小型微型企业贷款的金融债。支持商业银行开发适合小型微型企业特点的各类金融产品和服务,积极发展商圈融资、供应链融资等融资方式。加强对小型微型企业贷款的统计监测。

(八)加快发展小金融机构。在加强监管和防范风险的前提下,适当放宽民间资本、外

资、国际组织资金参股设立小金融机构的条件。适当放宽小额贷款公司单一投资者持股比例限制。支持和鼓励符合条件的银行业金融机构重点到中西部设立村镇银行。强化小金融机构主要为小型微型企业服务的市场定位,创新金融产品和服务方式,优化业务流程,提高服务效率。引导小金融机构增加服务网点,向县域和乡镇延伸。符合条件的小额贷款公司可根据有关规定改制为村镇银行。

(九)拓宽融资渠道。搭建方便快捷的融资平台,支持符合条件的小企业上市融资、发行债券。推进多层次债券市场建设,发挥债券市场对微观主体的资金支持作用。加快统一监管的场外交易市场建设步伐,为尚不符合上市条件的小型微型企业提供资本市场配置资源的服务。逐步扩大小型微型企业集合票据、集合债券、集合信托和短期融资券等发行规模。积极稳妥发展私募股权投资和创业投资等融资工具,完善创业投资扶持机制,支持初创型和创新型小型微型企业发展。支持小型微型企业采取知识产权质押、仓单质押、商铺经营权质押、商业信用保险保单质押、商业保理、典当等多种方式融资。鼓励为小型微型企业提供设备融资租赁服务。积极发展小型微型企业贷款保证保险和信用保险。加快小型微型企业融资服务体系建设。深入开展科技和金融结合试点,为创新型小型微型企业创造良好的投融资环境。

(十)加强对小型微型企业的信用担保服务。大力推进中小企业信用担保体系建设,继续执行对符合条件的信用担保机构免征营业税政策,加大中央财政资金的引导支持力度,鼓励担保机构提高小型微型企业担保业务规模,降低对小型微型企业的担保收费。引导外资设立面向小型微型企业的担保机构,加快推进利用外资设立担保公司试点工作。积极发展再担保机构,强化分散风险、增加信用功能。改善信用保险服务,定制符合小型微型企业需求的保险产品,扩大服务覆盖面。推动建立担保机构与银行业金融机构间的风险分担机制。加快推进企业信用体系建设,切实开展企业信用信息征集和信用等级评价工作。

(十一)规范对小型微型企业的融资服务。除银团贷款外,禁止金融机构对小型微型企业贷款收取承诺费、资金管理费。开展商业银行服务收费检查。严格限制金融机构向小型微型企业收取财务顾问费、咨询费等费用,清理纠正金融服务不合理收费。有效遏制民间借贷高利贷化倾向以及大型企业变相转贷现象,依法打击非法集资、金融传销等违法活动。严格禁止金融从业人员参与民间借贷。研究制定防止大企业长期拖欠小型微型企业资金的政策措施。

四、进一步推动小型微型企业创新发展和结构调整

(十二)支持小型微型企业技术改造。中央预算内投资扩大安排用于中小企业技术进步和技术改造资金规模,重点支持小型企业开发和应用新技术、新工艺、新材料、新装备,提高自主创新能力、促进节能减排、提高产品和服务质量、改善安全生产与经营条件等。各地也要加大对小型微型企业技术改造的支持力度。

(十三)提升小型微型企业创新能力。完善企业研究开发费用所得税前加计扣除政策,支持企业技术创新。实施中小企业创新能力建设计划,鼓励有条件的小型微型企业建立研发机构,参与产业共性关键技术研发、国家和地方科技计划项目以及标准制定。鼓励产业

技术创新战略联盟向小型微型企业转移扩散技术创新成果。支持在小型微型企业集聚的区域建立健全技术服务平台,集中优势科技资源,为小型微型企业技术创新提供支撑服务。鼓励大专院校、科研机构和大企业向小型微型企业开放研发试验设施。实施中小企业信息化推进工程,重点提高小型微型企业生产制造、运营管理和市场开拓的信息化应用水平,鼓励信息技术企业、通信运营商为小型微型企业提供信息化应用平台。加快新技术和先进适用技术在小型微型企业的推广应用,鼓励各类技术服务机构、技术市场和研究院所为小型微型企业提供优质服务。

(十四)提高小型微型企业知识产权创造、运用、保护和管理水平。中小企业知识产权战略推进工程以培育具有自主知识产权优势小型微型企业为重点,加强宣传和培训,普及知识产权知识,推进重点区域和重点企业试点,开展面向小型微型企业的专利辅导、专利代理、专利预警等服务。加大对侵犯知识产权和制售假冒伪劣产品的打击力度,维护市场秩序,保护创新积极性。

(十五)支持创新型、创业型和劳动密集型的小型微型企业发展。鼓励小型微型企业发展现代服务业、战略性新兴产业、现代农业和文化产业,走"专精特新"和与大企业协作配套发展的道路,加快从要素驱动向创新驱动的转变。充分利用国家科技资源支持小型微型企业技术创新,鼓励科技人员利用科技成果创办小型微型企业,促进科技成果转化。实施创办小企业计划,培育和支持3000家小企业创业基地,大力开展创业培训和辅导,鼓励创办小企业,努力扩大社会就业。积极发展各类科技孵化器,到2015年,在孵企业规模达到10万家以上。支持劳动密集型企业稳定就业岗位,推动产业升级,加快调整产品结构和服务方式。

(十六)切实拓宽民间投资领域。要尽快出台贯彻落实国家有关鼓励和引导民间投资健康发展政策的实施细则,促进民间投资便利化、规范化,鼓励和引导小型微型企业进入教育、社会福利、科技、文化、旅游、体育、商贸流通等领域。各类政府性资金要对包括民间投资在内的各类投资主体同等对待。

(十七)加快淘汰落后产能。严格控制高污染、高耗能和资源浪费严重的小型微型企业发展,防止落后产能异地转移。严格执行国家有关法律法规,综合运用财税、金融、环保、土地、产业政策等手段,支持小型微型企业加快淘汰落后技术、工艺和装备,通过收购、兼并、重组、联营和产业转移等获得新的发展机会。

五、加大支持小型微型企业开拓市场的力度

(十八)创新营销和商业模式。鼓励小型微型企业运用电子商务、信用销售和信用保险,大力拓展经营领域。研究创新中国国际中小企业博览会办展机制,促进在国际化、市场化、专业化等方面取得突破。支持小型微型企业参加国内外展览展销活动,加强工贸结合、农贸结合和内外贸结合。建设集中采购分销平台,支持小型微型企业通过联合采购、集中配送,降低采购成本。引导小型微型企业采取抱团方式"走出去"。培育商贸企业集聚区,发展专业市场和特色商业街,推广连锁经营、特许经营、物流配送等现代流通方式。加强对小型微型企业出口产品标准的培训。

（十九）改善通关服务。推进分类通关改革，积极研究为符合条件的小型微型企业提供担保验放、集中申报、24小时预约通关和不实行加工贸易保证金台账制度等便利通关措施。扩大"属地申报，口岸验放"通关模式适用范围。扩大进出口企业享受预归类、预审价、原产地预确定等措施的范围，提高企业通关效率，降低物流通关成本。

（二十）简化加工贸易内销手续。进一步落实好促进小型微型加工贸易企业内销便利化相关措施，允许联网企业"多次内销、一次申报"，并可在内销当月内集中办理内销申报手续，缩短企业办理时间。

（二十一）开展集成电路产业链保税监管模式试点。允许符合条件的小型微型集成电路设计企业作为加工贸易经营单位开展加工贸易业务，将集成电路产业链中的设计、芯片制造、封装测试企业等全部纳入保税监管范围。

六、切实帮助小型微型企业提高经营管理水平

（二十二）支持管理创新。实施中小企业管理提升计划，重点帮助和引导小型微型企业加强财务、安全、节能、环保、用工等管理。开展企业管理创新成果推广和标杆示范活动。实施小企业会计准则，开展培训和会计代理服务。建立小型微型企业管理咨询服务制度，支持管理咨询机构和志愿者面向小型微型企业开展管理咨询服务。

（二十三）提高质量管理水平。落实小型微型企业产品质量主体责任，加强质量诚信体系建设，开展质量承诺活动。督促和指导小型微型企业建立健全质量管理体系，严格执行生产许可、经营许可、强制认证等准入管理，不断增强质量安全保障能力。大力推广先进的质量管理理念和方法，严格执行国家标准和进口国标准。加强品牌建设指导，引导小型微型企业创建自主品牌。鼓励制定先进企业联盟标准，带动小型微型企业提升质量保证能力和专业化协作配套水平。充分发挥国家质检机构和重点实验室的辐射支撑作用，加快质量检验检疫公共服务平台建设。

（二十四）加强人力资源开发。加强对小型微型企业劳动用工的指导与服务，拓宽企业用工渠道。实施国家中小企业银河培训工程和企业经营管理人才素质提升工程，以小型微型企业为重点，每年培训50万名经营管理人员和创业者。指导小型微型企业积极参与高技能人才振兴计划，加强技能人才队伍建设工作，国家专业技术人才知识更新工程等重大人才工程要向小型微型企业倾斜。围绕《国家中长期人才发展规划纲要（2010—2020年）》确定的重点领域，开展面向小型微型企业创新型专业技术人才的培训。完善小型微型企业职工社会保障政策。

（二十五）制定和完善鼓励高校毕业生到小型微型企业就业的政策。对小型微型企业新招用高校毕业生并组织开展岗前培训的，按规定给予培训费补贴，并适当提高培训费补贴标准，具体标准由省级财政、人力资源和社会保障部门确定。对小型微型企业新招用毕业年度高校毕业生，签订1年以上劳动合同并按时足额缴纳社会保险费的，给予1年的社会保险补贴，政策执行期限截至2014年底。改善企业人力资源结构，实施大学生创业引领计划，切实落实已出台的鼓励高校毕业生自主创业的税费减免、小额担保贷款等扶持政策，加大公共就业服务力度，提高高校毕业生创办小型微型企业成功率。

七、促进小型微型企业集聚发展

（二十六）统筹安排产业集群发展用地。规划建设小企业创业基地、科技孵化器、商贸企业集聚区等，地方各级政府要优先安排用地计划指标。经济技术开发区、高新技术开发区以及工业园区等各类园区要集中建设标准厂房，积极为小型微型企业提供生产经营场地。对创办三年内租用经营场地和店铺的小型微型企业，符合条件的，给予一定比例的租金补贴。

（二十七）改善小型微型企业集聚发展环境。建立完善产业集聚区技术、电子商务、物流、信息等服务平台。发挥龙头骨干企业的引领和带动作用，推动上下游企业分工协作、品牌建设和专业市场发展，促进产业集群转型升级。以培育农村二、三产业小型微型企业为重点，大力发展县域经济。开展创新型产业集群试点建设工作。支持能源供应、排污综合治理等基础设施建设，加强节能管理和"三废"集中治理。

八、加强对小型微型企业的公共服务

（二十八）大力推进服务体系建设。到2015年，支持建立和完善4000个为小型微型企业服务的公共服务平台，重点培育认定500个国家中小企业公共服务示范平台，发挥示范带动作用。实施中小企业公共服务平台网络建设工程，支持各省（区、市）统筹建设资源共享、服务协同的公共服务平台网络，建立健全服务规范、服务评价和激励机制，调动和优化配置服务资源，增强政策咨询、创业创新、知识产权、投资融资、管理诊断、检验检测、人才培训、市场开拓、财务指导、信息化服务等各类服务功能，重点为小型微型企业提供质优价惠的服务。充分发挥行业协会（商会）的桥梁纽带作用，提高行业自律和组织水平。

（二十九）加强指导协调和统计监测。充分发挥国务院促进中小企业发展工作领导小组的统筹规划、组织领导和政策协调作用，明确部门分工和责任，加强监督检查和政策评估，将小型微型企业有关工作列入各地区、各有关部门年度考核范围。统计及有关部门要进一步加强对小型微型企业的调查统计工作，尽快建立和完善小型微型企业统计调查、监测分析和定期发布制度。

各地区、各部门要结合实际，研究制定本意见的具体贯彻落实办法，加大对小型微型企业的扶持力度，创造有利于小型微型企业发展的良好环境。

在保险法学会2012年年会上的演讲

宋晓明[*]

社会主义市场经济是法治经济,实现保险行业的又好又快发展离不开良好的法制环境。2009年修订后的《保险法》为保险业的健康发展奠定了坚实的法制基础。这次《保险法》在修订过程中做了较大变动,但保险合同立法部分的条文依然有限,有些条文还过于原则,尚不能满足保险审判实践的需要。在此情况下,最高人民法院及时启动了《保险法》司法解释工作,希望通过司法解释,进一步推动保险法律制度的完善,使之更好地发挥对保险市场的规范和调整作用。

一、《保险法》司法解释工作的起草进程

制定司法解释、统一裁判尺度,是保险法制建设的重要内容,也是保险审判服务保险市场的重要途径。在很长一段时间里,最高人民法院的《保险法》司法解释工作是由多个部门根据各自工作需要分别进行解释、批复或答复。2009年,最高人民法院考虑到保险法的商法属性,明确保险纠纷审判业务全部归到民二庭的职责范围,相关司法解释工作也由民二庭负责。

近几年,我们非常重视这项工作,并取得了较大进展。2009年《保险法》修订后,我们及时出台了《保险法司法解释(一)》,就新旧《保险法》的适用衔接问题做出规定。同时,我们还启动了《保险法》保险合同部分的司法解释工作。2009年下半年,我们向全国各高级人民法院发函,要求各地就《保险法》的实施情况和保险纠纷案件审理中存在的问题提供调研报告,并对各地提供的调研材料做了系统的整理。在充分了解保险审判实践的基础上,我们完成了《保险法》合同章司法解释初稿的起草工作,并计划就保险合同一般规定、人身保险合同、财产保险合同三个部分陆续出台司法解释。其中,就保险合同一般规定,我们自去年以来先后在福建、浙江、山东、北京、深圳等地多次召开论证会,充分听取保险监管部门、相关专家学者以及部分法院系统和保险行业代表的意见,几易其稿。该司法解释稿近期准备通过媒体公开向社会广泛征求意见。下一步我们将根据社会公众所反映的意见进一步修改,并按照程序再征求全国人大等相关部门意见后报审判委员会讨论,力争年内出台。

二、制定《保险法》司法解释应遵循的基本原则

《保险法》司法解释是保险法律制度的重要组成部分。在制定司法解释中,我们坚持了

---

[*] 最高人民法院民事审判第二庭庭长。

以下几项原则。

1. 围绕新《保险法》的立法宗旨,加强投保人利益保护。保护投保人、被保险人和受益人的合法权益,是2009年《保险法》修订的重中之重。保险监管部门也将加强保险消费者保护作为当前保险监管工作的重要内容。我们在制定《保险法》司法解释时,在以下几个方面尽可能地体现这一原则。一是对保险公司承保的期间进行限制,要求保险合同在合理期间完成承保。二是从宽理解《保险法》第十七条规定的"免除保险人的责任",要求保险公司对除外责任条款、免赔额、免赔率、比例赔付、解除或中止合同等部分或全部免除或限制保险人责任进行明确说明。三是进一步明确保险理赔的程序和时限。但同时,司法解释也注重对保险人的权利保护,以保障保险业健康有序发展。

2. 积极回应民生,解决社会关注问题。积极回应人民群众的需求,切实解决人民群众关心的问题,是贯彻落实司法为民理念的重要内容。当前保险市场上,理赔难是最为突出的问题,也是保险业受到诟病的最主要原因,给保险业的形象带来很大的负面影响。我们在调研中经常听到法院系统的代表反映,保险案件审理中经常遇到投保人虽然已交齐相关材料但保险公司以各种理由拖延、拒绝赔付的情形。因此,在司法解释中,我们对投保人如实告知义务相关内容进行完善,防止保险人任意运用该制度逃避保险责任;我们还对新《保险法》所规定的理赔程序进一步明确和规范,促使保险公司提高理赔效率。

3. 立足审判实践,服务市场需求。明确交易规则是保险市场健康发展的重要保证。当前我国保险市场发育还不够成熟,诚信体系尚未建立,保险市场主体的各种违规行为导致保险纠纷增多,由于立法对一些问题规定不够具体,审判实践中对保险合同成立、投保人告知义务、保险人说明义务、保险利益原则、保险合同解释等问题存在较大争议,裁判标准不够统一,保险交易行为缺乏可预测性。鉴于此,司法解释对这些问题进行规范,通过明确裁判标准,统一交易规则,为保险公司与投保人等市场主体提供明确行为指引,维护正常的交易秩序。

4. 鼓励保险创新,促进市场繁荣发展。保险制度具有经济补偿、资金融通和社会管理功能,发展保险事业对于促进经济发展、服务社会主义新农村建设、完善社会保障体系、创新社会管理体制具有重要的积极作用,因此,《保险法》司法解释的制定,应当体现鼓励保险创新的基本原则。在司法解释中,我们对财产保险利益做了较为宽泛的界定,同时允许不同投保人或被保险人对同一保险标的可以具有不同性质的保险利益,并可以在各自保险利益范围内投保,为保险公司开发新类型保险产品创造条件。

5. 确立商事审判意识,统一裁判理念。在2010年召开的全国法院商事审判工作会议上,最高人民法院明确提出了商事审判理念,为未来全国法院商事审判工作指明了方向。《保险法》属于典型的商法,《保险法》司法解释也应确立商事审判意识。因此,我们在相关规则设计中,尽可能地维护保险交易安全,保障保险交易秩序的稳定。例如,投保单与保险单或其他保险凭证不一致的,原则上以投保人签收的保险单或者其他保险凭证为准。

三、《保险法》司法解释工作面临的主要问题

在《保险法》司法解释制定中,就当前保险审判实践出现的一些问题,理论界与实务界

还存在着一些分歧,这实际上是对保险、保险合同、保险利益等基本概念以及一些基本理念的不同认识的反映,这也是《保险法》司法解释中面临的突出问题。

1. 保险的本质特征尚不明确。早在各个国家的民法典产生之前,包括保险合同法在内的保险法即已经产生,19世纪、20世纪兴起的民商法典立法潮流也没能影响其独立性。相反,保险合同法自其产生就不断冲击着传统的合同法理论,并不断推进合同法理论的丰富和发展。保险合同立法独立存在的原因,毫无疑问在于保险合同具有不同于普通合同的特点,而该特点首先又是由保险这一特定的制度决定的。因此,明确保险的本质特征是保险合同立法的出发点,也是制定《保险法》司法解释的前提条件。当前大多数保险立法都是从合同法的角度对保险进行界定,我国保险法也不例外。这种界定方式实际上是以"保险费"以及"保险给付"来界定保险制度,而由于对当事人提供的给付以及支付的对价是否属于保险给付或者保险费本身需要通过保险的界定来判断,该界定方式实际上是一种循环论证,没能体现保险制度的本质特征。因此,这种界定方式实际上无法为保险与非保险的区分提供判断标准。例如,对于保证保险是否属于保险,根据该定义是无法进行判断的。从经济学角度来看,保险是保险人运用以大数法则为基础的保险技术,分散或者转移危险的制度。但当前保险公司开发的保险产品已经不完全具备以上特征。有的保险产品虽是转移风险,但其运作并不是以大数法则为基础,例如地震险;有的保险产品甚至已经不再有转移风险的目的,例如投资连结险。这些保险产品是否仍然属于传统保险的范畴?保险立法以及司法解释如何应对这种变化?这是需要研究和解决的问题。

2. 保险的技术性难以把握。技术性是商法的共同特征,保险法也不例外。保险经营行为中的保险费厘定、保险风险的选择、保险赔偿的计算、保险资金的运用以及各种准备金的提取等都需要以精细的数理计算为基础,保险法的许多规定是从技术角度对保险经营活动提出的要求。在保险立法以及保险审判实践中,如何把握这种技术性?以保险条款的设计为例,保险产品的开发要遵循大数法则,保险条款的内容要体现权利义务的平等,但是当前一些保险公司开发的保险产品,其合理性还有待研究,如何判断哪些条款属于违反《保险法》第十九条规定应认定为无效?哪些条款属于保险公司因正常经营所需要的条款?需要结合保险的技术性特点加以研究。

3. 保险合同如何定位。保险合同是以转移危险为目的的射幸合同,在订立、生效、履行等方面具有不同于普通民事合同的一些特征,需要在法律上作出不同于普通民事合同的规定,这是保险合同立法独立存在的基础。问题是,如何把握保险合同的这些特征?这些特征是否足以导致保险合同可以不适用普通民事合同的一些基本规则?例如,对于保险合同的成立,有观点认为,保险合同的订立通常是以投保人填写投保单,保险人核保的形式订立的,因此,保险合同的订立只有"投保人要约、保险人承保"的形式,这也是《保险法》第十三条的出发点。另一种观点认为,保险合同属于民事合同的一种,其订立仍然要遵守合同法的一般原则,应允许存在"保险公司要约、投保人承诺"的订立形式。此外,保险合同立法规定了一些不同于普通民事合同的制度,这些制度与合同法上的相关制度处于何种关系?例如,《保险法》第十六条规定的投保人违反如实告知义务的,保险人可以解除保险合同。根据我国《合同法》第五十四条的相关规定,当事人基于重大误解订立合同的,可以撤销合同。

那么,《保险法》第十六条和《合同法》第五十四条是什么样关系?《保险法》第十六条是否排除《合同法》第五十四条的适用?或者当事人可以自由选择?这也要求我们研究保险合同不能脱离合同法的一般理论。

4. 保险利益如何界定。保险利益是投保人或者被保险人对保险标的具有的法律上承认的利益,即保险事故发生时,可能遭受的损失或失去的利益。保险利益原则是保险制度不同于普通民事合同的重要因素。保险制度中的投保人、被保险人或受益人存在为领取保险金而故意制造或扩大保险事故的道德风险,必须通过保险利益原则以及相关法律制度予以规制,不具有保险利益的相关人员不得利用保险合同获得不当利益,因此,保险合同效力可能因不存在保险利益受到影响。我国《保险法》第十二条规定,保险利益是投保人或者被保险人对保险标的具有的法律上承认的利益。如何理解"法律上承认"?有观点认为,保险利益的适法性要求并不能理解为合法性,不能将保险利益与法律上认可的权益等同起来。根据该观点,有些利益虽不是合法权利,但仍然可能是可保利益,例如违章建筑虽然不是合法财产,但所有权人在投保火灾险时对违章建筑仍具有可保利益。另一种观点认为,保险利益的适法性即是合法性,所有不合法的财产都不能作为保险标的。根据该观点,违章建筑在任何情况下都不能作为保险标的物。此外,为了鼓励保险产品开发,司法解释承认不同投保人对同一保险标的具有不同性质保险利益的,可以在各自保险利益范围内投保。审判实践中,如何界定不同投保人的保险利益?不具有保险利益的投保人在他人保险利益范围内投保的应如何处理?

5. 如何协调保护保险消费者利益与平等保护各类市场主体的关系。随着现代保险从海上保险发展到陆上保险、从财产保险发展到人身保险,以普通消费者为投保人的财产保险以及人寿保险逐渐成为保险市场的主体,加强保险消费者权益保护成为当前世界各国保险立法的一项重要原则。从我国当前保险市场的发展来看,以个人为投保人的人身保险和机动车辆险在保险市场上占有非常重要的比重,加强投保人、被保险人和受益人等保险消费者利益的保护成为保险立法和保险监管的基本理念。但值得注意的是,保险公司作为商事主体,追逐营利性是市场经济的必然要求,过于强调保护保险消费者利益将会影响保险公司开发保险产品的积极性,从长远来看可能不利于保险行业的健康发展。司法解释不得不面临投保人与保险公司利益如何协调的问题。例如,为弥补投保人在信息上的弱势地位,《保险法》要求保险人对"免除保险人责任的条款"承担明确说明义务,但对保险人课以过高的明确说明义务,将极大增加保险人的经营成本,该成本最终将以保险费的形式转嫁给投保人,而且过高的说明义务也会对新类型保险产品的开发产生影响,因此,只有综合考虑投保人与保险人的利益关系才能准确把握保险人明确说明义务的说明范围以及说明程度。

保险审判实践离不开保险法理论的支持,保险法理论研究也只有以解决实践问题为导向才更有生命力。希望保险法学理论研究与实务界携起手来,进一步增强前瞻意识,做好相关理论储备,为保险市场健康发展和审判实践提供更多的支撑。同时,要充分利用保险法学会这个平台,多沟通,多交流,共同推动我国保险法律制度的完善。

目前金融审判的特点、问题及展望

宋晓明[*]

一、现阶段金融纠纷案件的特点

金融是国民经济的重要组成部分,与市场主体的经济活动、人民群众的日常生活都有着千丝万缕的联系,最高人民法院王胜俊院长指出:"要着力发挥审判职能,为经济社会发展提供更加有力的司法保障。"因此,妥善审理金融纠纷案件就成为人民法院的一项重要工作。最高人民法院民事审判第二庭在院党组的正确领导下,立足自身职能,审理了大量金融纠纷案件,并出台了相当数量的司法解释和司法政策,发挥了对法院系统审理金融纠纷案件的指导作用。应当说,最高人民法院民事审判第二庭经过多年的艰苦努力,为金融秩序的规范、金融风险的化解做出了积极贡献。现阶段,随着经济发展方式的转变和经济结构的调整,金融领域进行了深层次的改革与创新,最高人民法院民事审判第二庭对因此产生的纠纷高度重视,在审理好个别案件的同时,为了做好指导工作,加强了对各类金融纠纷案件所反映问题的调查研究。当前的金融纠纷案件具有以下特点:

1. 案件类型多元化

银行、证券、保险和信托是金融的四大支柱。当前,银行业务不断创新,证券、保险、信托更是取得了跨越式的发展,因此,人民法院审理的金融纠纷的类型日益多元化。

银行业除传统的贷款、储蓄存款、票据、信用证等纠纷外,因业务的拓展与创新与其他市场主体产生了大量的新的纠纷类型,如金融机构同业拆借、银行卡、保理、理财产品、银信合作、银证合作等纠纷。即使在传统的贷款业务中,银行基于创新,除接受《物权法》、《担保法》规定的担保方式外,还与借款人、担保人共同创设了以商铺租赁权、企业经营权、债权等为标的的非典型担保方式,并在一些案件中对担保合同的效力、范围及执行方法上产生了争议。

证券市场经过20多年的发展,其股票市值已经排名全球前列。投资者权益保护、市场秩序维护越来越受到中央的重视和人民群众的关切。最高人民法院民事审判第二庭以高度的责任感直接审理和协调处理了相当数量标的额巨大、当事人数量众多的证券相关案件,其中包括证券市场侵权纠纷、证券发行纠纷、国债回购纠纷、期货交易合同纠纷、证券公司破产重整纠纷等。

---

[*] 最高人民法院民事审判第二庭庭长。

保险业在改革开放30多年来,得到了迅猛发展。人民法院受理的保险案件在数量上已经占到金融纠纷案件的10%以上,主要包括保证保险、机动车辆保险、财产损失保险以及健康和意外伤害保险四大纠纷类型,其中机动车辆保险纠纷占比最高。

信托业在《信托法》颁布以来,以其独特的制度优势在金融领域取得日益重要的地位。最高人民法院民事审判第二庭在历史上积极参与了对信托公司的综合治理工作,妥善处理了若干信托公司的关闭破产案件。现阶段人民法院受理和审理的信托合同纠纷案件数量较少,但随着社会公众对信托制度认知度的提升,此类纠纷也出现了增长的趋势。

另外,创业投资、风险投资等纠纷也开始进入人民法院,其中PE对赌合同效力等问题也给商事审判工作带来了新的课题。

2. 法律关系复杂化

随着金融业务的不断创新,其中蕴含着复杂的权利义务安排,法律关系极为复杂。金融纠纷案件法律关系的复杂性决定了此类案件事实认定和法律适用的专业性,给人民法院认定案件事实和适用法律带来了挑战。比如,银行的一次贷款,可设定多种、多个担保,由此既产生了债权关系,又产生了物权关系。如果担保物上还有其他权利负担,就会产生多个物权关系,并相互交织以至发生冲突。又如,证券市场上既存在证券发行、承销而产生的合同关系,又存在因内幕交易等行为产生的行为人与投资者之间的侵权法律关系,还存在股票质押等产生的物权法律关系和投资者与证券公司之间的委托法律关系。再如,信托法律关系中,信托财产关系与我国物权法规定的权利归属原则不完全一致,而信托财产的权属确定非常重要,涉及到受托人经营、处理信托财产的正当性基础问题,还关系到信托财产在受托人破产场合能否与受托人自有财产隔离的问题,等等。

3. 利益主体多元化

我国经济目前处于"新兴加转轨"阶段,传统利益格局被打破,在经济生活中,不同阶层、不同群体、不同方面的市场主体都有自己的利益诉求。金融领域中,比较突出的是金融机构与金融消费者之间的利益分歧与冲突,如发卡银行与银行卡持有人,证券公司与证券投资者,保险公司与投保人,信托公司与委托人和受益人。有的市场主体之间利益曾经一致,而现在出现了矛盾,如农业银行与农村信用社。还有,在有些不良金融债权处置中,国有银行与国有企业之间的债权债务关系转化为民营企业甚至外资企业与国有企业之间的债权债务关系。

二、金融纠纷案件的审理原则

1. 金融纠纷案件的审理必须坚持为党和国家大局服务。以经济建设为中心将作为党和国家长期的工作大局,商事审判工作与国家经济建设的关系最为紧密,做好金融纠纷案件的审理工作,有效化解金融纠纷,就是为经济建设服务,就是为大局服务。

2. 金融纠纷案件的审理应坚持能动司法。王胜俊院长曾多次要求:"坚持能动司法,紧紧围绕科学发展这个主题和加快转变经济发展方式这条主线,把握好'稳中求进'的工作总基调,根据形势发展变化,加强司法应对,搞好司法服务。"能动司法是人民法院司法理念的重大创新,是长期以来,特别是金融危机发生以来,人民法院审判实践经验的总结。最高人民法院民事审判第二庭将继续坚持能动司法,在妥善审理金融纠纷案件的同时,加强相关信息的搜集、分析和研判,适时出台相关司法解释或司法政策,防范金融风险,推进金融改革。金融纠纷专业性强,为了在案件处理上取得良好的法律效果和社会效果,最高人民法院民事审判第二庭一方面非常注重法官自身的相关专业知识的学习,另一方面选派业务骨干到国家法官学院及地方分院授课,提高全国法院商事审判法官审理金融纠纷案件的业务水平。最高人民法院民事审判第二庭还注重探索金融纠纷的多元解决机制,年内将继续推进建立保险业协会与人民法院对保险合同纠纷的诉调对接机制,并积极参与建立金融资本市场的统一执法机制工作。

3. 金融纠纷案件的审理应强化商事裁判理念。金融是典型的商事活动,呈现出交易主体职业化、交易目的营利性和交易特征定型化等不同于传统民事关系的特点,因此,金融纠纷案件的审理应当坚持商法特有的裁判理念。对于具体案件审理,在实现个案公正的同时,应当注重对交易安全和交易秩序的保护,发挥商事裁判的规范引导作用。对于金融纠纷案件中出现的涉及经济发展和社会稳定大局的共性问题,还要通过司法解释、规范性文件或典型案例等方法指导下级法院审理此类案件。

4. 金融纠纷案件审理应贯彻"调解优先、调判结合"原则。在金融纠纷案件审理中,要耐心细致,使各方当事人能够深入理解交易规则,增进互信,优先选择调解结案,努力实现案结事了。同时,要正确处理调解和判决的关系,避免久调不决。

5. 金融纠纷案件的审理应坚持"鼓励创新"原则。审理金融创新产品涉诉案件时,对于法律、行政法规没有规定或者规定不明确的,应遵循"法不禁止即可为"的商法理念,综合考量国家政策和有关规划,尊重商事交易的特点和惯例,尊重意思自治,不轻易认定新交易模式无效,为金融创新留有空间。

三、民间借贷案件审理存在的主要问题及对策

近年来,我国民间借贷市场非常活跃,特别在浙江、内蒙古等地区,民间借贷规模庞大,纠纷频发。应当说,民间借贷的发展有其合法性、合理性,是正规金融的有益补充,对满足民间资本的保值增值需求和中小微企业的用资需求都发挥了积极的作用。但是,民间借贷具有交易隐蔽、不易监控等特点,容易引发高利贷、企业用资成本过高导致资金链断裂以及非法集资、暴力催收等违法犯罪问题,如得不到有效规范,可能引发金融风险,破坏金融秩序。最高人民法院及时下发了《关于依法妥善审理民间借贷纠纷案件,促进经济发展维护社会稳定的通知》,对于各级法院受理、审理、执行民间借贷纠纷,发挥了重要的指导作用。

民间借贷纠纷的审理,应当依法认定民间借贷合同的效力,保护合法的借贷利息。对于小额贷款公司、担保公司、典当行涉诉案件,在案件中反映出的问题主要包括放贷资金来源是否合法、放贷担保业务是否超过许可范围、利息和管理费等是否约定过高等。最高人民法院民事审判第二庭将加强调研,根据实际情况以适当方式对下指导,以防止融资风险向金融风险的转化。

对于企业间借贷,最高人民法院已经向有关部门发出司法建议,建议有条件承认企业间借贷。实践中,自然人间借贷和企业间借贷的借款用途往往一致,即自然人借款实际是

用于自然人所在企业的生产经营。在小微企业里,这种情况尤其多见。企业之所以通过自然人间接借贷,仅仅是为了规避企业间借贷被认定为无效的法律风险,但这种做法往往带来清偿风险、信用风险,因为忽略了企业相对自然人在风险控制中的比较优势。企业具有比较成熟的治理结构,如果放贷,会投入相当的人力物力调查借款人的资信状况,还会寻求担保;如果借款,也会根据企业内部的决策程序、风险控制程序来相对规范地使用款项。因此,企业间借贷,相对于自然人间借款,具有更强的风险控制能力和风险承受能力。但是,需要强调,在目前的情况下,企业未经许可不得从事金融业务,企业如果放贷,其资金必须是自有资金,不得吸收存款放贷或进行高利转贷,同时,企业间借贷对利率的约定也不得超过国家规定。

四、下一步的工作考量

下一步,最高人民法院民事审判第二庭要继续贯彻落实中央经济工作会议和全国金融工作会议精神,将商事审判工作置于保障中央"十二五"规划顺利实现和加快落实"三项重点工作"的大局中去谋划,更加注重为加快转变经济发展方式提供及时有效的商事司法保障。要更加注重为推进社会管理创新,提高市场经济的法治化水平提供高质量的商事司法服务。中央经济工作会议和第四次全国金融工作会议提出了今后一个时期我国金融工作的总体要求,突出强调要显著增强我国金融业综合实力、国际竞争力和抗风险能力,全面推动金融改革、开放和发展。充分发挥审判职能作用,深化能动司法,把握好"稳中求进"的工作总基调,为全面推进金融改革发展,保障实体经济平稳健康发展提供有力的司法保障。

在化解金融风险和推进金融改革发展方面,最高人民法院民事审判第二庭将做好以下工作:

保护金融债权,努力维护国家金融安全。金融安全关乎国家安全和社会和谐稳定,其实现程度,是衡量金融安全水平的重要因素。最高人民法院民事审判第二庭自觉服从和服务于国家经济发展的大局,依法支持金融监管机构有效行使管理职能,担负起保护金融债权、维护国家金融安全的职责。

妥善审理金融不良债权案件。继续按照《关于审理涉及金融资产管理公司收购、管理、处置国有银行不良贷款形成的案件适用法律若干问题的规定》和《关于审理涉及金融不良债权转让案件工作座谈会纪要》等司法解释和司法政策的规定和精神审理相关案件,保障国家金融债权顺利清收,防止追偿诉讼成为少数人牟取暴利的工具,依法维护国有资产安全。

依法制裁逃废金融债务行为。在审理金融纠纷案件中,要坚持标准,认真把关,坚决依法制止企图通过诉讼逃债、消债等规避法律的行为。对弄虚作假、乘机逃废债务的,要严格追究当事人和相关责任人的法律责任,维护信贷秩序和金融安全。针对一些企业改制、破产活动中所存在的"假改制,真逃债"、"假破产、真逃债"的现象,采取一系列积极有效的措施,依法加大对"逃废金融债务"行为的制裁,协同构筑"金融安全区",最大限度地保护国有金融债权。

保护证券期货市场投资人合法权益,维护市场交易秩序。继续论证关于证券市场侵权行为法律责任的司法解释,积极研究和妥善审理因证券机构、上市公司、投资机构内幕交易、操纵市场、欺诈上市、虚假披露等违法违规行为引发的民商事纠纷案件,消除危害我国证券期货市场秩序和社会稳定的严重隐患。妥善审理公司股票债券交易纠纷、国债交易纠纷、企业债券发行纠纷、证券代销和包销协议纠纷、证券回购合同纠纷、期货纠纷、上市公司收购纠纷等,保障证券期货等交易的安全进行。

妥善审理因销售误导和理赔等引发的保险纠纷案件,规范保险市场秩序,推动保险服务水平的提高。在保险合同纠纷案件审理中,注意协调依法保护投保人利益和平等保护市场各类主体、尊重保险的精算基础和保护特定被保险人利益、维护安全交易秩序和尊重便捷保险交易规则、防范道德风险和鼓励保险产品创新等多种关系,要积极支持保险行业协会等调处各类保险纠纷。尽快颁布《保险法司法解释(二)》,对《保险法司法解释(三)》进行广泛调研。

妥善审理金融企业的重整和破产案件,规范金融企业和投资者的行为,建立合理的金融企业市场退出机制,为金融企业破产立法奠定扎实的实证基础。以优化证券市场优胜劣汰机制为导向,根据国家关于稳步推进上市公司退市制度改革的部署,加强对上市公司破产案件的受理和审理的调研工作。

继续关注金融纠纷的市场和法律风险,加强各种信息的搜集、分析、研判,充分发挥司法建议的预警作用。通过对审理案件过程中发现的问题,有针对性地提出对策建议,有效帮助金融机构完善产品设计。充分发挥金融商事审判的延伸服务功能,对金融机构自身管理方面存在的缺陷,及时发现和反馈,为金融监管部门和金融机构防范风险提出司法建议。

加强票据贴现回购纠纷适用法律问题、银行卡纠纷法律问题、关于国家资本金"拨改贷、贷改投"历史遗留问题的处置、关于金融不良债权转让纠纷中的新问题等的调研工作。定期开展庭内业务学习,大力提升审判人员综合素质,着力打造专家型法官。继续鼓励开展多种形式的审判理论和应用研究,提高研究成果的转化水平,扩大研究成果的社会影响力,为经济社会持续平稳健康发展提供有力的司法保障。

【商事司法解释与司法政策】

最高人民法院关于在审判执行工作中切实规范自由裁量权行使保障法律统一适用的指导意见

2012年2月28日　　　　　　　　　　　　　　　　法发〔2012〕7号

中国特色社会主义法律体系如期形成,标志着依法治国基本方略的贯彻实施进入了一个新阶段,人民法院依法履行职责、维护法制统一、建设社会主义法治国家的责任更加重大。我国正处在重要的社会转型期,审判工作中不断出现新情况、新问题;加之,我国地域辽阔、人口众多、民族多样性等诸多因素,造成经济社会发展不平衡。这就要求人民法院在强化法律统一适用的同时,正确运用司法政策,规范行使自由裁量权,充分发挥自由裁量权在保障法律正确实施,维护当事人合法权益,维护司法公正,提升司法公信力等方面的积极作用。现就人民法院在审判执行工作中切实规范自由裁量权行使,保障法律统一适用的若干问题,提出以下指导意见:

一、正确认识自由裁量权。自由裁量权是人民法院在审理案件过程中,根据法律规定和立法精神,秉持正确司法理念,运用科学方法,对案件事实认定、法律适用以及程序处理等问题进行分析和判断,并最终作出依法有据、公平公正、合情合理裁判的权力。

二、自由裁量权的行使条件。人民法院在审理案件过程中,对下列情形依法行使自由裁量权:(一)法律规定由人民法院根据案件具体情况进行裁量的;(二)法律规定由人民法院从几种法定情形中选择其一进行裁量,或者在法定的范围、幅度内进行裁量的;(三)根据案件具体情况需要对法律精神、规则或者条文进行阐释的;(四)根据案件具体情况需要对证据规则进行阐释或者对案件涉及的争议事实进行裁量认定的;(五)根据案件具体情况需要行使自由裁量权的其他情形。

三、自由裁量权的行使原则。(一)合法原则。要严格依据法律规定,遵循法定程序和正确裁判方法,符合法律、法规和司法解释的精神以及基本法理的要求,行使自由裁量权。不能违反法律明确、具体的规定。(二)合理原则。要从维护社会公平正义的价值观出发,充分考虑公共政策、社会主流价值观念、社会发展的阶段性、社会公众的认同度等因素,坚持正确的裁判理念,努力增强行使自由裁量权的确定性和可预测性,确保裁判结果符合社会发展方向。(三)公正原则。要秉持司法良知,恪守职业道德,坚持实体公正与程序公正并重。坚持法律面前人人平等,排除干扰,保持中立,避免偏颇。注重裁量结果与社会公众对公平正义普遍理解的契合性,确保裁判结果符合司法公平正义的要求。(四)审慎原则。要严把案件事实关、程序关和法律适用关,在充分理解法律精神、依法认定案件事实的基础上,审慎衡量、仔细求证,同时注意司法行为的适当性和必要性,努力实现办案的法律效果和社会效果的有机统一。

四、正确运用证据规则。行使自由裁量权,要正确运用证据规则,从保护当事人合法权益、有利查明事实和程序正当的角度,合理分配举证责任,全面、客观、准确认定证据的证明力,严格依证据认定案件事实,努力实现法律事实与客观事实的统一。

五、正确运用法律适用方法。行使自由裁量权,要处理好上位法与下位法、新法与旧法、特别法与一般法的关系,正确选择所应适用的法律;难以确定如何适用法律的,应按照立法法的规定报请有关机关裁决,以维护社会主义法制的统一。对同一事项同一法律存在一般规定和特别规定的,应优先适用特别规定。要正确把握法律、法规和司法解释中除明确列举之外的概括性条款规定,确保适用结果符合立法原意。

六、正确运用法律解释方法。行使自由裁量权,要结合立法宗旨和立法原意、法律原则、国家政策、司法政策等因素,综合运用各种解释方法,对法律条文作出最能实现社会公平正义、最具现实合理性的解释。

七、正确运用利益衡量方法。行使自由裁量权,要综合考量案件所涉各种利益关系,对相互冲突的权利或利益进行权衡与取舍,正确处理好公共利益与个人利益、人身利益与财产利益、生存利益与商业利益的关系,保护合法利益,抑制非法利益,努力实现利益最大化、损害最小化。

八、强化诉讼程序规范。行使自由裁量权,要严格依照程序法的规定,充分保障各方当事人的诉讼权利。要充分尊重当事人的处分权,依法保障当事人的辩论权,对可能影响当事人实体性权利或程序性权利的自由裁量事项,应将其作为案件争议焦点,充分听取当事人的意见;要完善相对独立的量刑程序,将量刑纳入庭审过程;要充分保障当事人的知情权,并根据当事人的要求,向当事人释明行使自由裁量权的依据、考量因素等事项。

九、强化审判组织规范。要进一步强化合议庭审判职责,确保全体成员对案件审理、评议、裁判过程的平等参与,充分发挥自由裁量权行使的集体把关机制。自由裁量权的行使涉及对法律条文的阐释、对不确定概念的理解、对证据规则的把握以及其他可能影响当事人重大实体性权利或程序性权利事项,且有重大争议的,可报请审判委员会讨论决定,确保法律适用的统一。

十、强化裁判文书规范。要加强裁判文书中对案件事实认定理由的论证,使当事人和社会公众知悉法院对证据材料的认定及采信理由。要公开援引和适用的法律条文,并结合案件事实阐明法律适用的理由,充分论述自由裁量结果的正当性和合理性,提高司法裁判的公信力和权威性。

十一、强化审判管理。要加强院长、庭长对审判活动的管理。要将自由裁量权的行使纳入案件质量评查范围,建立健全长效机制,完善评查标准。对自由裁量内容不合法、违反法定程序、结果显失公正以及其他不当行使自由裁量权的情形,要结合审判质量考核的相关规定予以处理;裁判确有错误,符合再审条件的,要按照审判监督程序进行再审。

十二、合理规范审级监督。要正确处理依法改判与维护司法裁判稳定性的关系,不断总结和规范二审、再审纠错原则,努力实现裁判标准的统一。下级人民法院依法正当行使自由裁量权作出的裁判结果,上级人民法院应当依法予以维持;下级人民法院行使自由裁量权明显不当的,上级人民法院可以予以撤销或变更;原审人民法院行使自由裁量权显著不当的,要按照审判监督程序予以撤销或变更。

十三、加强司法解释。最高人民法院要针对审判实践中的新情况、新问题,及时开展有针对性的司法调研。通过司法解释或司法政策,细化立法中的原则性条款和幅度过宽条款,规范选择性条款和授权条款,统一法律适用标准。要进一步提高司法解释和司法政策的质量,及时清理已过时或与新法产生冲突的司法解释,避免引起歧义或规则冲突。

十四、加强案例指导。各级人民法院要及时收集、整理涉及自由裁量权行使的典型案例,逐级上报最高人民法院。最高人民法院在公布的指导性案例中,要有针对性地筛选出在诉讼程序展开、案件事实认定和法律适用中涉及自由裁量事项的案例,对考量因素和裁量标准进行类型化。上级人民法院要及时掌握辖区内自由裁量权的行使情况,不断总结审判经验,提高自由裁量权行使的质量。

十五、不断统一裁判标准。各级人民法院内部对同一类型案件行使自由裁量权的,要严格、准确适用法律、司法解释,参照指导性案例,努力做到类似案件类似处理。下级人民法院对所审理的案件,认为存在需要统一裁量标准的,要书面报告上级人民法院。在案件审理中,发现不同人民法院对同类案件的处理存在明显不同裁量标准的,要及时将情况逐级上报共同的上级人民法院予以协调解决。自由裁量权的行使涉及具有普遍法律适用意义的新型、疑难问题的,要逐级书面报告最高人民法院。

十六、加强法官职业保障。要严格执行宪法、法官法的规定,增强法官职业荣誉感,保障法官正当行使自由裁量权。要大力建设学习型法院,全面提升司法能力。要加强法制宣传,引导社会和公众正确认识自由裁量权在司法审判中的必要性、正当性,不断提高社会公众对依法行使自由裁量权的认同程度。

十七、防止权力滥用。要进一步拓展司法公开的广度和深度,自觉接受人大、政协、检察机关和社会各界的监督。要深入开展廉洁司法教育,建立健全执法过错责任追究和防止利益冲突等制度规定,积极推进人民法院廉政风险防控机制建设,切实加强对自由裁量权行使的监督,对滥用自由裁量权并构成违纪违法的人员,要依据有关法律法规及纪律规定进行严肃处理。

完善规范机制 正确行使自由裁量权

宋晓明[*] 雷继平[**] 林海权[***]

法官自由裁量权行使的范围及对自由裁量权进行规制的方法,是当今世界各国的司法制度中理论研究和实践探索的热点问题。当前,我国正处在经济快速发展的社会转型期,各地经济社会发展不平衡,加上成文法本身所具有的特性,决定人民法院在审判工作中客观上需要一定的自由裁量权。但是,由于当前理论界与实务界对自由裁量权行使的范围以及如何进行规制等问题尚存在一定的争议,广大法官对如何行使自由裁量权也存在一些模糊的认识,与此同时,中央领导和社会各界对自由裁量权行使非常关注,希望人民法院进一步规范自由裁量权,促进司法公正。鉴于此,最高人民法院民事审判第二庭早在2009年就将"民商事审判自由裁量权的正当性标准及其规制"推荐作为2010年最高人民法院重点调研课题,并确定海南省高级人民法院、上海二中院、深圳中院、汉江中院四家法院作为课题承办单位。经过广泛调研,在总结四家课题单位调研报告的基础上,民二庭起草了《关于进一步规范民商事审判行使自由裁量权的若干意见》。根据最高人民法院专业审判委员会的决定,该意见可扩大适用范围,作为规范人民法院各领域审判和执行工作的指导意见。按该意见,民二庭结合刑事审判、行政审判的特点对前述意见进行修改、充实、完善,形成了《关于在审判执行工作中切实规范自由裁量权行使保障法律统一适用的指导意见》,并于2012年2月颁行全国法院实施。现我们结合该意见谈一谈对自由裁量权的体会和思考。

一、自由裁量权的性质及在不同司法制度中的定位

(一)自由裁量权的性质

关于自由裁量权,不同的司法制度中有不同的认识,但其核心内容基本一致,即法官或审判组织在审理案件过程中,根据法律原则及公平正义理念进行选择和判断,做出合理裁判的权力。

自由裁量权是审判权的重要内容,是法官在司法过程中基于其职业所固有的权力。任何法律都不可能完美无缺,难以为所有问题提供明确具体的答案,客观上需要法官行使一

---

[*] 最高人民法院民事审判第二庭庭长。
[**] 最高人民法院民事审判第二庭审判长。
[***] 最高人民法院民事审判第二庭法官。

定自由裁量权,以弥补法律体系存在的不足。在英美法系,以遵循先例原则为基础的普通法体系正是借助法官们不断的司法审判活动确立起来的,法官具有开创新的先例从而创设新的法律的传统。在大陆法系,曾有一段时间,法律被认为是一个体系的、逻辑一贯的系统,现实中发生的或可能发生的一切问题,都可以通过逻辑推理方法从已有的法律体系中获得解决。法律适用是逻辑推理过程,不存在法官自由裁量权。随着经济社会的发展,成文化的法典体系逐渐暴露其局限性,法典万能主义被发现不过是理想图景,法律适用并不仅是根据法律规范得出具体结论的形式推理过程,其间不可避免存在价值判断或者利益衡量,需要法官行使自由裁量权。

自由裁量权是具有相对灵活性的审判权。审判权是依照法律规则对具体案件作出裁判的权力,法官行使审判权原则上应受严格约束,裁判结果必须符合法律规范的具体要求。自由裁量权是法官根据具体案件情况,在公平、正义价值目标指导下,权衡利弊,酌情裁判的权力。与一般的审判权相比,自由裁量权受到的拘束较少,现有法律规范未对其行使提供唯一的标准答案,具有一定的灵活性。因此,法官依法正当行使自由裁量权的结果应该受到尊重,即使该结果与其他法官的观点并不完全一致。当然,自由裁量权的灵活性是相对的。行使自由裁量权不能随心所欲,而必须以案件的公平、公正、合理的处理为目的,处理结果应当符合社会发展方向。民商审判自由裁量权的行使,还应受到当事人相关实体权利和诉讼权利的制约。

自由裁量权的存在空间取决于一个国家的法律环境以及经济社会发展状况。自由裁量权与法律规则共同致力于法律秩序的实现。法律规则具有稳定性、普遍性等特点,有利于维护安全的社会秩序,但也存在模糊性、不周延性、滞后性、不合目的性等不足,需要司法机关在具体案件审理中承担法律具体化、弥补法律漏洞、推动法律完善等职能,通过自由裁量权实现普遍正义和个别正义、形式公正和实质公正的统一。因此,如果一个国家的法律体系非常完善,则司法机关所承担的法律具体化、填补法律漏洞的职能较少,自由裁量空间也相对较小;反之,自由裁量空间较大。如果一个国家的经济社会处于相对快速发展的时期,现有法律体系的局限性会表现得较为突出,则司法机关要承担推动法律发展和完善的职能较重,自由裁量空间也相对较大;反之,自由裁量空间较小。

(二)自由裁量权在不同司法制度中的定位

自由裁量权是司法机关所承担的法治功能在具体个案中的体现,司法机关的职能设计对自由裁量权的定位有重要影响。在英美法系,受历史传统的影响,司法机关在社会管理中承担较大的职能,其不仅是立法的执行者,更是法律的创造者,直接参与甚至是决定一些重大政策的形成。因此,英美法系对自由裁量权更多持积极态度,强调自由裁量权是一种豁免权,希望法官在具体个案中发挥主观能动性,承担发展法律的职责,以使法律更符合经济社会发展的要求。在大陆法系,司法机关是立法的执行机构,其主要功能在于根据立法机关制定的法律规则审理案件,在具体案件审理中贯彻法律承载的政策精神,司法机关享有过多的自由裁量权是对法治秩序的背离。因此,大陆法系对自由裁量权更多持消极态度,强调对自由裁量权的限制,希望消除或减少法官在司法裁判过程中的主观因素。

自由裁量权在不同司法制度中有不同的范围。在英美法系，法官固然具有创设新的法律的传统，但法官的审判活动并非不受约束，而需遵循先例原则。随着遵循先例原则的精细化，普通法体系在实际运行中显得过于僵化，暴露出明显的滞后性。在此情况下，理论界与实务界才纷纷提出自由裁量权，要求法官在特定情况下突破遵循先例的原则，发展法律。因此，英美法系的自由裁量权是以发展法律为核心的权力。在大陆法系，自由裁量权的提出更多是与法典完美主义理想图景的破灭相联系。由于法律适用不可避免存在价值判断或者利益衡量，如何看待法官个人主观因素对案件审理的影响成为不得不面对的问题。在此情况下，理论界与实务界才开始关注法官在案件审理过程中存在的自由裁量权，并不断探索各种途径对自由裁量权的行使进行规范。因此，大陆法系的自由裁量权是指法官在案件审理的法律适用、事实认定以及程序指挥等各个阶段所存在的裁量空间。受行政裁量理论影响，德国和我国台湾地区还明确区分裁量条款中的裁量与不确定概念中的裁量，认为不确定概念存在于法律规范的构成要件之中，虽有多种解释或判断之可能，但只有一种是正确的，上级法院可以对下级法院适用不确定概念的结果进行审查，故其不属于自由裁量权。

自由裁量权的正确行使离不开相应的制度保障和规范。为防止自由裁量权的行使受到不应有的外部干扰，独立的司法制度、正当的诉讼程序、成熟的司法技术以及健全的职业保障等对法官依法独立行使自由裁量权尤为重要，这也是两大法系的共同经验。自由裁量权的行使缺乏法律上的实体标准，容易被个别法官用于牟取个人私利，因此，两大法系都积极探索各种机制对自由裁量权的行使进行规范，但规制方式各有侧重：大陆法系更侧重行使方法和实体标准的规范，英美法系则更侧重于行使程序的规范。大陆法系曾认为，严格遵循司法裁判方法，任何案件都能找到唯一正确的答案，司法裁判过程是一种科学的、可以验证的过程，裁判过程具有客观标准。这种观念虽不符合裁判过程的实际，但并没有动摇司法裁判方法的重要性，司法裁判方法仍可以使自由裁量权的行使成为一种公开的过程，一种可以审查的对象。针对司法裁判过程中可能存在的裁量空间，理论界与实务界倾向于通过原有裁判方法的修正，对自由裁量权的行使提供方法指引和实体标准。英美法系认为，自由裁量权具有豁免性，更多是通过诉讼制度、证据规则、裁判文书说理、审判管理程序等方式对自由裁量权的行使过程进行规范，以实现自由裁量权行使的有序性。

二、自由裁量权存在的条件和范围

（一）自由裁量权存在的客观条件

中国特色社会主义法律体系的形成，总体上解决了有法可依的问题，但从我国所处的历史阶段、所具有的国情来看，完全消除自由裁量权在客观上不可能，也不现实。

1. 当前所处的特定历史阶段客观上需要自由裁量权。当前我国正处于社会转型和经济高速发展的历史时期，社会转型过程中暴露出的历史遗留问题逐渐以案件的形式进入法院。由于这类问题属于社会转型过程中的产物，有特定的历史背景和政策原因，立法一般没有对其做出明确规范，也很难单纯依据当前的法律规范进行调整，这就要求审理案件的法官行使自由裁量权,在法律与政策允许的范围内,努力化解矛盾和纠纷。与此同时,经济社会快速发展也带来了很多新情况,新问题,立法客观上存在一定的滞后性,这也要求人民法院要发挥主观能动性,弥补立法在此的不足,确定相关交易规则,为经济平稳较快发展提供司法保障。

2. 特定的国情决定法官需要自由裁量权。我国幅员辽阔,各地经济社会发展并不均衡,这给立法带来很大难题。法律规定得过于具体,可能无法适用所有地方,或者在适用过程中可能容易造成新的不合理问题;法律规定得较为原则,能够具有较大的弹性,适用范围广,但可能给法院的裁量空间过大。这种现实状况在给立法造成困难的同时,也要求审理具体案件的法官,准确把握法律精神,正确解释法律,弥合立法与现实之间的缝隙。此外,我国地域广袤,民族众多,不同的地方以及不同的民族之间往往经常存在不同风俗习惯,对同样的问题存在不同的认识,法律无法对这些问题做出统一的规定,这也要求法官在审理相关纠纷时,正确行使自由裁量权,根据各地风俗习惯做出合理裁判。

3. 成文法的不足客观上需要自由裁量权。中国特色社会主义法律体系虽已形成,但并不是封闭的,而是开放的、发展的。为了保持法律条文的灵活性以及适应性,立法会采用一些不确定概念以及裁量条款,允许人民法院在具体案件中,根据案件具体情况进行处理,此时法官需要行使自由裁量权,在具体案件中贯彻落实法律精神。此外,作为成文法系国家,成文法所具有的模糊性、不周延性、滞后性、不合目的性等局限性在我国也是不可避免,有些案件无法从现有法律体系中找到唯一正确答案,这就需要法官在个案审理中严格依照法律规定以及司法裁判方法,依法行使自由裁量权,努力实现裁判的公平与正义。

(二)自由裁量权的范围

对自由裁量权,社会大众存在不同认识,理论界的观点也不尽相同,经常在不同意义上使用自由裁量权。为统一认识,减少争议,有必要对自由裁量权进行界定。从当前通说来看,自由裁量权是人民法院在审理案件过程中,在法律规定的范围内、或者法律没有规定以及规定不明确,但情势所需时,依据立法原意或者法律精神、原则和规则,秉持正确司法理念和良知,遵循经验法则,运用逻辑推理方法,对案件事实认定、法律适用以及程序指挥等事项进行选择和判断,并最终作出合法、公平、合理裁判的权力。对该界定,可从以下几个方面来理解:

1. 自由裁量权的行使主体是各级人民法院。有观点认为,自由裁量权是在具体案件中酌情选择、判断的权力,其行使主体是审理具体案件的法官或者审判组织。我们认为,根据我国《宪法》规定,人民法院依照法律规定独立行使审判权。自由裁量权是审判权的重要内容,其行使主体是各级人民法院。

2. 自由裁量权仅存在于法律规则之内和法律规则之外。根据自由裁量权与法律规则之间的关系,自由裁量权可以分为法律规则之下的自由裁量权、法律规则之外的自由裁量权以及超越规则的自由裁量权。法律规则之内的自由裁量权是因法律明确授权或规定不明确而存在的自由裁量权。法律规则之外的自由裁量权是指因法律没有规定而存在的自由裁量权。超越规则的自由裁量权是法律虽已作出明确规定但可能导致不公正结果时,法官享有的修正法律的自由裁量权。法律规则之内与法律规则之外的自由裁量权在各个国家都是不可避免要存在的,我国也不例外,对该部分自由裁量权应予承认。超越规则之外的自由裁量权可能会破坏现有法律规则的稳定性,原则上不应认可。

3. 自由裁量权存在于法律适用、事实认定以及程序处理等环节。审判活动是法官遵循法定程序,根据法律以及案件事实作出裁判的过程,包括事实认定、法律适用和诉讼处理三个环节。有观点认为,事实认定属于法官自由心证的范畴,不属于自由裁量权的范围。我们认为,事实认定、法律适用以及程序处理三个环节存在的自由裁量空间具有相似性,法官在这三个环节都有一定的灵活性,也都需要进行规范。自由心证过程虽有一定的特殊性,但并不否认其本质上也是一种自由裁量权。

4. 自由裁量权不仅存在于裁量条款中,还存在于不确定概念中。有观点认为,在不确定概念中的裁量与在裁量条款中的裁量并不相同,应当借鉴德国和我国台湾地区的做法,对二者进行区分。不可否认,不确定概念的裁量与裁量条款的裁量并不一致,不确定概念的裁量一般认为应有唯一正确答案,裁量条款的裁量一般认为可以有不同答案。但在实践中,不确定概念与裁量条款给法官留下的裁量空间是一致的,法官存在的灵活性也都需要进行制约,且制约方式上具有相似之处,可以统一规范,只是需要在一些具体规范制度的设计予以区别对待。德国和我国台湾地区对二者进行区分的最重要原因是,其民事诉讼中明确区分法律问题与事实问题。我国的民商事审判并不明确区分事实问题与法律问题,且对不确定概念的适用也缺乏规范,没有必要区分不确定概念的裁量和裁量条款的裁量。

三、自由裁量权的行使及其规制

(一)自由裁量权行使的条件、原则和方法

1. 自由裁量权行使的条件。自由裁量权存在于案件审理各个阶段,但并不是所有案件都存在自由裁量权。一般来说,以下几种情况可允许法官行使自由裁量权。一是法律明确授权的。法律授权可以是直接授权根据案件具体情况进行裁量,也可以是授权从几种法定情形中选择其一进行裁量,或者在法定的范围、幅度内进行裁量的。二是法律虽未明确授权,但由于其所使用的表述不够具体、明确,无法为法官提供确定结论的,法官需要结合案件具体情况行使自由裁量权,对法律精神、规则或者条文进行阐释。三是事实认定过程。法官在证据材料的搜集、证据证明力的认定以及证明标准的判断等方面都不可避免存在裁量空间。当然,并不是所有案件事实的认定都存在自由裁量权,证据规则具体、明确的,只能严格依照证据规则作出判断,不能行使自由裁量权。四是出现法律没有规定的新类型案件时,法官需行使自由裁量权,根据法律原则和精神对案件进行审理。需要强调的是,法律明确规定的,法官不应违背法律规定行使自由裁量权。

2. 自由裁量权行使的原则。自由裁量权是体现于具体案件审理中,个案特殊性决定自由裁量权行使无法设立具体规则,但可以通过原则对自由裁量权行使提供方向性指引。当前,我国司法裁判技术尚不成熟,加强自由裁量权的原则规范尤为必要,具体可以包括以下几项原则:一是合法原则。行使自由裁量权应当具备相应条件,遵循法定程序,符合法律、法规和司法解释的精神以及基本法理的要求,不能违反法律明确、具体的规定,这是对自由裁量权行使最基本的要求。二是合理原则。行使自由裁量权要充分考虑公共政策、社会主流价值观念、社会发展的阶段性、社会公众的认同度等因素,正确把握不同审判工作的裁判理念,正确处理好公共利益与个人利益、人身利益与财产利益、生存利益与商业利益的关系,确保裁判结果应符合社会发展方向,努力实现法律效果与社会效果的统一。三是公正原则。行使自由裁量权应坚持实体公正与程序公正并重,在程序上应严格保持中立,平等对待各方当事人,不能有所偏袒,在实体上应注重裁量结果与社会公众对公平正义普遍理解的契合性,裁判结果应符合司法公平正义的要求。四是公开原则。公开原则是指通过适当的方式,公开自由裁量过程中所涉及的程序、方法、结果等事项,做到裁量过程公开、裁量理由公开、裁量结果公开。五是审慎原则。审慎原则要求行使自由裁量权时,应增强责任意识,在充分理解法律精神、依法认定案件事实的基础上,审慎做出裁判,不得随意、草率行使自由裁量权。

3. 自由裁量权行使的方法。司法裁判方法是法官根据现有法律规范为具体个案寻找结论的方法,统一司法裁判方法是正确行使自由裁量权的重要保障。审判实践中,通过司法裁判方法能够获得确定结论的,不能行使自由裁量权;需要行使自由裁量权的,应当明确自由裁量权存在的环节,并运用正确的方法,实现自由裁量权行使的标准化、客观化。从审判过程来看,司法裁判方法包括事实认定方法、法律发现方法、法律解释方法、法律适用方法等,其中法律解释方法包括狭义法律解释方法和法律漏洞填补方法,前者指文义解释、体系解释、历史解释和目的解释以及不确定概念具体化等方法,后者指当然推理、类推适用、目的性扩张、目的性限缩以及非正式法律渊源补充等方法。当前理论界与实务界对司法裁判方法已经进行大量研究,对一些方法已经形成相对统一的观点,审判实践中应当正确运用这些方法。此外,在一些疑难复杂案件中,应正确利用利益衡量方法行使自由裁量权。利益衡量包括客观利益的衡量以及价值取舍。利益衡量必须注意与法条结合,通过衡量得出的结论不能离开法律理由的说理和论证,必须经得起法律规范以及相关法学理论的检验,以免沦为个人的任意决断。

(二)自由裁量权行使的程序制约机制

我国当前所处的历史发展阶段和特殊国情决定自由裁量权有其存在的必要性和正当性,应予充分肯定。从我国司法机关的定位以及司法环境来看,当前应以加强"规范"行使自由裁量权为目标。

第一,司法机关的地位决定应规范自由裁量权。根据我国《宪法》和《人民法院组织法》的规定,全国人民代表大会是最高国家权力机关,人民法院是由全国人民代表大会以及地方各级人民代表大会选举产生并对其负责的,除了最高人民法院可以制定司法解释外,立法权和法律解释权都归属于全国人民代表大会和全国人民代表大会常委会,人民法院只能严格根据法律的规定审理案件。从这个角度来看,我国的司法机关更多是立法的执行机构,其主要职能是根据法律规定审理案件,没有创造法律和解释法律的权限。因此,自由裁量权应受严格规制。

第二,司法裁判技术的不成熟要求加强自由裁量权的规范。不管是英美法系还是大陆法系的自由裁量权问题,都是以成熟的司法裁判技术存在为基础的。英美法系倡导自由裁量权,是因为其所坚持的遵循先例原则导致了法律的僵化,需要法官行使自由裁量权进行突破。我国经过30多年的法治建设,民商立法得到很大的发展,但统一司法裁判方法尚未形成,司法裁判技术仍较为粗糙,对法官解释法律、认定事实的拘束有限,造成法官存在较大自由裁量权的表象。在此情况下,应尽快建立统一司法裁判方法,提高广大法官司法裁判能力,引导法官正确行使自由裁量权。

第三,司法外部环境要求加强自由裁量权的规范。自由裁量权的行使对法官个人的能力、知识与经验要求较高,而当前我国广大法官的个人素养和业务水平尚未完全达到这一要求,自由裁量权容易被不当行使。同时,我国当前司法体制改革尚未完全到位,法院审理案件在个别情况下仍可能受一些外部因素的影响。这导致了法官有时难以正确行使自由裁量权,"同案不同判"现象较为突出,不仅严重损害当事人的合法权益,而且影响了人民法院和法官在当事人和社会大众心目中的形象。因此,客观的司法环境要求加强自由裁量权的规范,实现司法公正。

公正的程序能够消除法官在案件审理中可能存在的恣意因素,促使法官正确将法律适用于具体案件,实现实体公正。同时,公正程序具有独立的价值,能够增强当事人对裁判结果的认同度,实现裁判的正当性。自由裁量权的行使欠缺具体的实体标准,强化程序规范尤为重要。

1. 强化诉讼程序规范。《民事诉讼法》以及相关司法解释对案件的起诉、受理、开庭、举证、质证、辩论、认证、裁判等审理环节进行了规定,法官行使自由裁量权应当严格遵循以上相关规定。在民商事案件中,应特别强调当事人诉讼权利对法官自由裁量权的制约。首先,应充分保障当事人的申请回避权,防止非正当因素可能对自由裁量权行使产生的负面影响。其次,应充分尊重当事人在诉讼中的处分权,法官一般只能在当事人的诉讼请求范围内行使自由裁量权。当事人放弃或者未主张的,应该予以尊重。再次,应依法保障当事人的辩论权。应进一步完善庭审程序,提高庭审质量,通过庭审解决自由裁量权行使中的难点问题;对可能影响当事人实体性权利或程序性权利的自由裁量事项,应将其作为争议焦点,允许当事人进行辩论;未经过充分质证、辩论的证据裁量不得作为裁判依据。此外,应充分保障当事人的知情权,当事人对自由裁量权行使提出疑问的,法官应对行使自由裁量权的依据、考量因素等事项予以释明。

2. 强化审判组织规范。审判组织是行使自由裁量权的主体,强化审判组织建设,是保障自由裁量权正确行使的重要途径。因此,应对行使自由裁量权的审判组织进行规范,提高自由裁量权行使的质量。首先,应加强对独任审判员的规范。当前,我国大部分案件是由独任审判员审理,这些案件有部分涉及自由裁量问题。为减少自由裁量权行使中的随意性,应通过合理的程序对独任审判员行使自由裁量权进行规范。当然,对独任审判员的程序规范应注意可行性,在案多人少矛盾十分突出的情况下,过于复杂的程序对广大基层法院可能是个无法承受的负担。其次,应强化合议庭审判职责。合议庭全体成员应依法履行职责,平等参与案件的审理,并对行使自由裁量权的问题进行重点评议。再次,应充分发挥审判委员会对自由裁量权行使的把关作用,对一些可能影响当事人重大实体性权利或程序性权利事项,且有重大争议的,应由审判委员会讨论决定。

3. 强化裁判文书规范。裁判文书是审判行使的最终格式的体现。加强裁判文书规范,公开裁判过程,可以对法官行为形成有效制约,也可以使当事人了解裁判过程,提高司法裁判公信力和权威性。自由裁量权的行使是法官个人主观选择和判断的过程,难以用外在的标准进行衡量,存在一定的隐蔽性,强化裁判文书规范,让法官通过裁判文书公开自由裁量权过程,是消除自由裁量权神秘性最为有效的方式。因此,行使自由裁量权的裁判文书应加强案件事实认定理由的论证,应公开所援引和适用的法律条文,并结合案件事实阐明法律适用的理由,充分论述自由裁量结果的正当性和合理性,使当事人能够清晰地看到法律适用于具体案件事实的逻辑过程。

4. 强化审判管理。法院承担的是审判职能,但该职能是由具体的人来履行,且离不开一定的物质基础,这就决定法院内部不可避免会有一些行政管理事务。这些行政管理事务可能与法院审判工作有所交叉、混合,甚至与审判权行使发生某种冲突,并在一定程度上会影响审判权的行使。自由裁量权的行使具有相对灵活性,受行政管理事务影响的可能性更大。因此,有必要加强法院内部的审判管理,通过法院内部管理规范,对自由裁量权的行使过程及结果进行监督,促进自由裁量结果的公正合理。首先,应完善案件流程管理制度,对立案、分案、排期、开庭、裁判、执行等各个审判环节进行规范,确保自由裁量权按照法定程序公开、公正、有序地行使。其次,应完善案件质量评查机制,探索涉自由裁量权案件的评查标准,将自由裁量权的行使纳入案件质量评查范围,对不当行使自由裁量权的情形,应结合审判质量考核的相关规定予以处理。

5. 合理规范审级监督和审判监督。审级制度和审判监督的功能在于通过纠正确有错误的裁判,统一裁判标准,保护当事人合法权益。自由裁量权的行使受法官个人主观因素影响较大,加强审级监督和审判监督可以促使法官认真履行审判职责,谨慎行使自由裁量权。值得注意的是,自由裁量权的监督应该注意监督的程度和深度,不能以一种自由裁量权取代另一种自由裁量权。因此,对下级法院依法正当行使自由裁量权作出的裁判结果,上级法院应当依法予以维持;下级法院行使自由裁量权明显不当的,上级法院才可予以撤销或变更;原审法院行使自由裁量权显著不当的,才可以按照审判监督程序予以撤销或变更。

(三)自由裁量权行使的保障机制

1. 加强司法解释。任何法律都无法完全消除自由裁量权的存在,但可以通过合理的方式尽可能地将自由裁量权约束在相对合理的空间内,避免同类案件自由裁量结果差异过大,从而使自由裁量权的行使处于一个相对合理的、一般公众可接受的范围内。由于我国民商事立法领域遵循的是"宜粗不宜细"的立法思路,客观上为法官自由裁量权留下了较大空间。因此,应加强司法解释工作,细化立法中的原则性条款和幅度过宽条款,规范选择性条款和授权条款,及时清理已过时或与新法产生冲突的司法解释,保持司法解释的协调性和时效性,减少不必要的自由裁量空间。

2. 加强案例指导。判例制度虽是英美法系的产物,但当前大陆法系国家和地区也都纷纷建立各种不同形式的案例制度,对新类型案件进行指导,以应对成文法的不足。最高人民法院于2010年下发了《关于案例指导工作的规定》,正式启动案例指导工作,并逐步开始发布指导性案例。为增强自由裁量权指导的针对性,应在公布的指导性案例中,有针对性地筛选出在诉讼程序展开、案件事实认定和法律适用中涉及自由裁量事项的案例,对考量因素和裁量标准进行类型化。

3. 加强沟通协调。为了进一步减少同案不同判现象,应通过审判工作机制的完善统一裁量标准。法院内部应建立健全各审判机构、各审判组织之间的审判信息传递机制,及时发现自由裁量权行使中存在的问题,努力实现法院内部裁判标准统一。上级法院应建立法律适用协调机制,解决辖区法院的法律适用问题。不同法院之间应加强沟通协调,努力做到不同地区法院对同类案件裁判结果基本一致,保证正确行使自由裁量权。

4. 加强法官队伍建设。司法裁判权的行使离不开具体的法官,提高自由裁量权的行使水平,应当切实加强法官队伍建设。应做好法官的选任和培训工作,提升法官的司法裁判能力;应加强法官职业道德建设,培养法官职业共同体意识,形成共同的法律价值观;应严格执行宪法、法官法的规定,加强法官职业保障,保护法官正当行使自由裁量权。此外,还应加强对自由裁量权行使的监督,对滥用自由裁量权并构成违纪违法的人员,应依据有关法律法规及纪律规定进行处理。

5. 制定裁判指引。自由裁量权的范围广泛,但行使的环节相对较为集中,因此,可以对自由裁量权行使问题较为集中的案件类型开展调研,总结审判经验,制定相关裁判指引,引导正确行使自由裁量权。例如,可以就合同纠纷、公司类纠纷、金融类纠纷、侵权纠纷、物权纠纷等民商事案件的自由裁量权行使出台相应的裁判指引,保证自由裁量权的行使更为严谨、规范。

最高人民法院
关于人民法院为防范化解金融风险和推进金融改革发展提供司法保障的指导意见

2012年2月10日　　　　　　　　　　　　　　　　法发〔2012〕3号

随着经济发展方式转变和结构调整,我国经济社会发展对金融改革和发展提出了更高的要求。国际金融危机使世界经济金融格局发生深刻变化,我国经济和金融开放程度不断提高,金融风险隐患也在积聚。中央经济工作会议和第四次全国金融工作会议提出了今后一个时期我国金融工作的总体要求,突出强调要显著增强我国金融业综合实力、国际竞争力和抗风险能力,全面推动金融改革、开放和发展。规范金融秩序,防范金融风险,推动金融改革,支持金融创新,维护金融安全,不仅是今后一个时期金融改革发展的主要任务,也是人民法院为国家全面推进金融改革发展提供司法保障的重要方面。各级人民法院要充分认识为防范化解金融风险和推进金融改革发展提供司法保障的重要性和紧迫性,充分发挥审判职能作用,深化能动司法,把握好"稳中求进"的工作总基调,为全面推进金融改革发展,保障实体经济平稳健康发展提供有力的司法保障。

一、制裁金融违法犯罪,积极防范化解金融风险

金融风险突发性强、波及面广、危害性大,积极防范化解金融风险是金融工作的生命线。各级人民法院必须充分认识当前国际金融局势的复杂性以及国内金融领域的突出问题和潜在风险,通过审判工作严厉打击金融犯罪活动,制裁金融违法行为,防范化解金融风险,保障国家金融改革发展任务的顺利进行。

1. 依法惩治金融犯罪活动。各级人民法院要充分发挥刑事审判职能,依法惩治金融领域的犯罪行为。要依法审理贷款、票据、信用证、信用卡、有价证券、保险合同方面的金融诈骗案件,加大对操纵市场、欺诈上市、内幕交易、虚假披露等行为的刑事打击力度,切实维护金融秩序。要通过对非法集资案件的审判,依法惩治集资诈骗、非法吸收或变相吸收公众存款、传销等经济犯罪行为,以及插手民间借贷金融活动的黑社会性质组织犯罪及其他暴力性犯罪,维护金融秩序和人民群众的财产安全。要依法审判洗钱、伪造货币、贩运伪造的货币,逃汇套汇、伪造变造金融凭证等刑事案件,努力挽回经济损失。

2. 依法制裁金融违法行为。各级人民法院在审理金融民商事纠纷案件中,要注意其中的高利贷、非法集资、非法借贷拆借、非法外汇买卖、非法典当、非法发行证券等金融违法行

为；发现犯罪线索的，依法及时移送有关侦查机关。对于可能影响社会稳定的金融纠纷案件，要及时与政府和有关部门沟通协调，积极配合做好处理突发事件的预案，防范少数不法人员煽动、组织群体性和突发性事件而引发新的社会矛盾。

3. 支持清理整顿交易场所。各级人民法院要根据国务院国发（2011）38 号《关于清理整顿各类交易场所切实防范金融风险的决定》精神，高度重视各类交易场所违法交易活动中蕴藏的金融风险，对于"清理整顿各类交易场所部际联席会议"所提出的工作部署和政策界限，要予以充分尊重，积极支持政府部门推进清理整顿交易场所和规范金融市场秩序的工作。要妥善受理和审理相关纠纷案件，防范系统性和区域性金融风险，维护社会稳定。

4. 切实防范系统金融风险。各级人民法院要妥善审理因民间借贷、企业资金链断裂、中小企业倒闭、证券市场操纵和虚假披露等引发的纠纷案件，发现有引发全局性、系统性风险可能的，及时向公安、检察、金融监管、工商等部门通报情况。要正确适用司法强制措施，与政府相关部门一道统筹协调相关案件的处理，防止金融风险扩散蔓延。要加强对融资性担保公司、典当行、小额贷款公司、理财咨询公司等市场主体融资交易的调研和妥善审理相关纠纷案件，规范融资担保和典当等融资行为，切实防范融资担保风险向金融风险的转化。要依法审理地方政府举债融资活动中出现的违规担保纠纷，依法规范借贷和担保各方行为，避免财政金融风险传递波及。要加强与银行、证券、保险等金融监管部门的协调配合，确有必要是，可建立相应的金融风险防范协同联动机制。

二、依法规范金融秩序，推动金融市场协调发展

金融市场的稳定运行和健康发展，直接关涉金融秩序和社会政治的稳定。各级人民法院要通过切实有效地开展好各类金融案件的审判工作，促进多层次金融市场体系建设，维护金融市场秩序，推动金融市场全面协调发展。

5. 保障信贷市场规范健康发展。各级人民法院要根据《最高人民法院关于依法妥善审理民间借贷纠纷案件，促进经济发展维护社会稳定的通知》的精神，妥善审理民间借贷等金融案件，保障民间借贷对正规金融的积极补充作用。要依法认定民间借贷合同的效力，保护合法的民间借贷法律关系，提高资金使用效率，推动中小微企业"融资难、融资贵"问题的解决。要依法保护合法的借贷利息，遏制民间融资中的高利贷化和投机化倾向，规范和引导民间融资健康发展。要高度重视和妥善审理涉及地下钱庄纠纷案件，严厉制裁地下钱庄违法行为，遏制资金游离于金融监管之外，维护安全稳定的信贷市场秩序。

6. 保障证券期货市场稳定发展。各级人民法院要从保护证券期货市场投资人合法权益、维护市场公开公平公正的交易秩序出发，积极研究和妥善审理因证券机构、上市公司、投资机构内幕交易、操纵市场、欺诈上市、虚假披露等违法违规行为引发的民商事纠纷案件，消除危害我国证券期货市场秩序和社会稳定的严重隐患。要妥善审理公司股票债券交易纠纷、国债交易纠纷、企业债券发行纠纷、证券代销和包销协议纠纷、证券回购合同纠纷、期货纠纷、上市公司收购纠纷等，保障证券期货等交易的安全进行。

7. 依法保障保险市场健康发展。各级人民法院要妥善审理因销售误导和理赔等引发的保险纠纷案件，规范保险市场秩序，推动保险服务水平的提高。要在保险合同纠纷案件

审理中,注意协调依法保护投保人利益和平等保护市场各类主体、尊重保险的精算基础和保护特定被保险人利益、维护安全交易秩序和尊重便捷保险交易规则、防范道德风险和鼓励保险产品创新等多种关系,要积极支持保险行业协会等调处各类保险纠纷,维护保险业对经济社会发展的"助推器"和"稳定器"功能,促进保险业的健康持续发展。

8. 促进金融中介机构规范发展。各级人民法院在金融纠纷案件审理过程中,发现中介机构存在不实披露或不合理估价等违法违规情形的,应当及时向金融监管部门通报相关情况,提高中介机构信息披露的透明度,加大会计机构对复杂金融产品信息的披露,强化中介机构对金融产品的合理估价。要妥善审理违法违规提供金融中介服务的纠纷案件,正确认定投资咨询机构、保荐机构、信用评级机构、保险公估机构、财务顾问、会计师事务所、律师事务所等中介机构的民事责任,努力推动各类投资中介机构规范健康发展。

9. 完善金融企业市场退出机制。各级人民法院要妥善审理金融企业的重整和破产案件,规范金融企业和投资者的行为,建立合理的金融企业市场退出机制,维护金融市场稳健运行,夯实金融市场规范发展的基础,为金融企业破产立法奠定扎实的实证基础。要以优化证券市场优胜劣汰机制为导向,根据国家关于稳步推进上市公司退市制度改革的部署,加强对上市公司破产案件的受理和审理的调研工作,不断提高审判能力,最大限度地保障投资者合法权益,保障上市公司破产重整过程规范有序,促进证券市场法制环境的不断优化。

三、依法保障金融债权,努力维护国家金融安全

金融安全关乎国家安全和社会和谐稳定。保障金融债权的实现程度,是衡量金融安全水平的重要因素。各级人民法院要自觉服从和服务于国家经济发展的大局,依法支持金融监管机构有效行使管理职能,担负起保护金融债权、维护国家金融安全的职责。

10. 妥善审理金融不良债权案件。金融不良债权的处置事关国家利益和金融改革,各级人民法院要继续按照《关于审理涉及金融资产管理公司收购、管理、处置国有银行不良贷款形成的案件适用法律若干问题的规定》和《关于审理涉及金融不良债权转让案件工作座谈会纪要》等司法解释和司法政策的规定和精神审理相关案件,保障国家金融债权顺利清收,防止追偿诉讼成为少数违法者牟取暴利的工具,依法维护国有资产安全。

11. 依法制裁逃废金融债务行为。在审理金融纠纷案件中,要坚持标准,认真把关,坚决依法制止那些企图通过诉讼逃债、消债等规避法律的行为。对弄虚作假、乘机逃废债务的,要严格追究当事人和相关责任人的法律责任,维护信贷秩序和金融安全。针对一些企业改制、破产活动中所存在的"假改制,真逃债"、"假破产、真逃债"的现象,各级人民法院要在党委的领导下,密切配合各级政府部门,采取一系列积极有效的措施,依法加大对"逃废金融债务"行为的制裁,协同构筑"金融安全区",最大限度地保障国有金融债权。

12. 继续加大金融案件执行力度。各级人民法院要在最高人民法院的指导和部署下,继续通过集中时间、集中力量、统一调度、强化力度等多种方式,有计划地开展金融案件专项执行活动。在必要时,要在各级党委领导下,各级政府支持下,通过执行联动机制,加大金融案件的执行力度,确保金融案件的顺利执行。要妥善运用诸如以资产使用权抵债、资

产抵债返租、企业整体承包经营、债权转股权以及托管等执行方式,努力解决难以执行的金融纠纷案件。

四、依法保障金融改革,积极推进金融自主创新

随着金融改革的日益深入和金融创新的不断发展,金融改革和创新业务引发的纠纷案件显著增多,呈现出案件类型多样化、法律关系复杂化、利益主体多元化等特点。人民法院要妥善处理鼓励金融改革创新和防范化解金融风险之间的关系,依法保护各类金融主体的合法权益。

13. 妥善审理金融创新涉诉案件,推动金融产品创新。各级人民法院要关注和有效应对金融创新业务涉诉问题,加强对因股权出质、浮动抵押、保理、"银证通"清算、抵押贷款资产证券化信托、黄金期货交易委托理财、代客境外理财产品(QDII)、外汇贷款利率、货币掉期合约、外汇汇率锁定合约、信用证议付、独立保函等引发的新型案件的调研,上级人民法院要及时总结审判经验,加强对下级人民法院的审判指导。人民法院在审查金融创新产品合法性时,对于法律、行政法规没有规定或者规定不明确的,应当遵循商事交易的特点、理念和惯例,坚持维护社会公共利益原则,充分听取金融监管机构的意见,不宜以法律法规没有明确规定为由,简单否定金融创新成果的合法性,为金融创新活动提供必要的成长空间。

14. 妥善审理金融知识产权案件,保障金融自主创新。随着金融机构在金融创新领域中投入的不断加大,知识产权已经成为有效提升银行竞争力的重要手段。各级人民法院要加强对金融业务电子化和网络化进程中基础性金融技术知识产权的司法保护,加大对商业银行、保险公司、证券公司自主开放的软件和数据库的保护力度。要加强对知识产权担保、信托、保险、证券化等新情况、新问题的调研。在案件审理中注意金融法律和知识产权法律适用的衔接与协调,要通过对金融知识产权案件审理,切实保护金融知识产权人的合法权益,激励和保护金融创新,维护金融业公平竞争秩序。

15. 依法妥善运用各种司法措施,保护金融信息安全。各级人民法院要从防范系统性金融风险和保障国家金融安全的高度,认识依法保护金融信息安全的重要性和紧迫性,妥善运用各种司法措施,保障国家金融网络安全和金融信息安全。要依法打击攻击金融网络、盗取金融信息、危害金融安全的违法犯罪行为,依法审理金融电子化产品运用中引发的侵害金融债权纠纷案件,保护金融债权人合法的财产和信息安全,维护国家金融网络安全和信息安全。

五、深化能动司法理念,全面提升金融审判水平

化解金融纠纷的创新性和前沿性,要求人民法院必须大力开展调查研究,发挥司法建议功能,延伸能动司法效果,构建专业审判机制,拓展金融解纷资源,不断提高金融审判水平。

16. 发挥司法建议功能,延伸能动司法效果。各级人民法院要关注金融纠纷的市场和法律风险,加强各种信息的搜集、分析、研判,充分发挥司法建议的预警作用。要通过审理案件过程中发现的问题,有针对性地提出对策建议,有效帮助金融机构完善产品设计。要

通过行政审判,探索符合金融领域规律的审查标准和方式,促进政府依法行政和有效防范化解金融风险。要充分发挥金融商事审判的延伸服务功能,对金融机构自身管理方面存在的缺陷,要及时发现,及时反馈,为金融监管部门和金融机构查堵漏洞、防范风险提出司法建议。

17. 加强监督指导工作,回应金融案件审判需求。各级人民法院要在审判工作中密切关注因金融改革和创新而出现的各种新情况和新问题,深入开展前瞻性调查研究,及时总结审判经验。要发挥指导性案例以及其他典型案件的规范指引作用,通过多种信息披露形式展示指导性案例和其他典型案例的处理模式和思路,引导金融市场主体预防避免类似金融纠纷。最高人民法院将加紧制定物权法担保物权、保险法、融资租赁、证券市场虚假陈述、质押式国债回购、票据贴现回购、国家资本金、银行卡以及利息裁判标准等方面的司法解释和指导意见,以有效回应金融审判实践的需求。

18. 构建专业审判机制,拓展金融解纷资源。各级人民法院要积极培育和利用专业资源,探索构建高效的专业审判模式。要大力培养专家型法官,加强与专业研究机构、高校的合作与资源共享,努力打造金融专家法官队伍。要针对金融案件专业性强的特点,积极借助外部智力资源,建立专家咨询、专家研讨机制,努力提高金融案件审判的专业化水平。要尝试专家陪审机制,通过聘请金融法律专家作为专家陪审员,充分发挥金融专业人士在专业性强、案件类型新、社会影响大的金融案件审判中的作用。

19. 探索集中审理制度,完善统一协调机制。对于众多债权人向同一金融机构集中提起的系列诉讼案件、金融机构破产案件、集团诉讼案件、群体性案件等,可能引发区域性或系统性金融风险和存在影响社会和谐稳定因素的特殊类型民商事金融案件,相关的不同地区、不同审级法院之间应加强信息沟通,在上级法院的统一指导下探索集中受理、诉讼保全、集中协调、集中审理、集中判决、协调执行,以防范金融风险扩散,避免各地法院针对同一金融机构的同类案件出现裁判标准不统一,以及针对同一金融机构的多个案件在执行中出现矛盾和冲突的现象,依法平等保护各地债权人的合法权益。

20. 加强司法宣传工作,发挥审判导向作用。各级人民法院要加强金融法制宣传工作,及时通过召开新闻发布会、组织专题或系列报道等多种形式,教育和引导各类金融主体增强依法经营和风险防范意识,倡导守法诚信的金融市场风尚,努力营造公平规范有序的金融市场交易秩序。

我国金融发展已经处于一个新的历史起点,人民法院为防范化解金融风险和推进金融改革发展提供司法保障的范围之广阔,任务之艰巨,将大大超过以往任何时期。各级人民法院要把中央经济工作会议和第四次全国金融工作会议的精神,切实贯彻到金融案件的审判和执行实践中,进一步增强大局意识和风险意识,坚持"为大局服务、为人民司法"工作主题,践行社会主义法治理念,充分发挥审判职能作用,共同为防范化解金融风险,维护金融秩序稳定,推动金融市场协调发展,保障金融改革创新,保障国家金融安全做出新的更大的贡献。

解读《最高人民法院关于人民法院为防范化解金融风险和推进金融改革发展提供司法保障的指导意见》

王 闯[*]

最高人民法院围绕中央经济工作会议和第四次全国金融工作会议提出的以后一个时期我国金融工作的总体要求,于2012年2月10日发布了《关于人民法院为防范化解金融风险和推进金融改革发展提供司法保障的指导意见》(以下简称《指导意见》)。

该《指导意见》提出,中央经济工作会议和第四次全国金融工作会议突出强调要显著增强我国金融业综合实力、国际竞争力和抗风险能力,全面推动金融改革、开放和发展。因此,规范金融秩序,防范金融风险,推动金融改革,支持金融创新,维护金融安全,不仅是今后一个时期金融改革发展的主要任务,也是人民法院为国家全面推进金融改革发展提供司法保障的重要方面。

《指导意见》的主旨内容是"防风险、护安全、保发展、促创新"。具体而言,《指导意见》提出四项措施防风险、三项措施护安全、五项措施保发展、三项措施促创新。

一、防风险:四项措施防范化解金融风险

1. 依法惩治金融犯罪活动。人民法院将依法审理贷款、票据、信用证、信用卡、有价证券、保险合同、非法集资方面的金融诈骗案件,操纵市场、欺诈上市、内幕交易、虚假披露、洗钱、伪造货币、贩运伪造的货币,逃汇套汇、伪造变造金融凭证等刑事案件以及插手民间借贷金融活动的黑社会性质的组织犯罪及其他暴力性犯罪,切实维护金融秩序和人民群众的财产安全,努力挽回国家经济损失。

2. 依法制裁金融违法行为。人民法院将在金融民商事案件审理中关注高利贷、非法集资、非法借贷拆借、非法外汇买卖、非法典当、非法发行证券等金融违法行为,维护金融秩序,防范金融风险;发现犯罪线索的,依法及时移送有关侦查机关。

3. 支持清理整顿交易场所。人民法院将根据国务院国发〔2011〕38号《关于清理整顿各类交易场所切实防范金融风险的决定》精神,积极支持政府部门推进清理整顿交易场所和规范金融市场秩序的工作。将妥善受理和审理相关纠纷案件,防范系统性和区域性金融

---

[*] 最高人民法院民事审判第二庭审判长。

风险,维护社会稳定。

4. 切实防范系统金融风险。人民法院将妥善审理因民间借贷、企业资金链断裂、中小企业倒闭、证券市场操纵和虚假披露等引发的纠纷案件;加强对融资性担保公司、典当行、小额贷款公司、理财咨询公司等市场主体融资交易的调研和妥善审理相关纠纷案件,切实防范融资担保风险向金融风险的转化。依法审理地方政府举债融资活动中出现的违规担保纠纷,避免财政金融风险传递波及。将加强与金融监管部门的协调配合,在确有必要时将建立相应的金融风险防范协同联动机制。

二、护安全:三项措施维护国家金融安全

1. 妥善审理金融不良债权案件。人民法院将继续按照《关于审理涉及金融资产管理公司收购、管理、处置国有银行不良贷款形成的案件适用法律若干问题的规定》和《关于审理涉及金融不良债权转让案件工作座谈会纪要》等司法解释和司法政策的规定和精神审理相关案件,保障国家金融债权顺利清收,依法维护国有资产安全。

2. 依法制裁逃废金融债务行为。人民法院将依法制止那些企图通过诉讼逃债、消债等规避法律的行为。对一些企业改制、破产活动中所存在的"假改制,真逃债"、"假破产,真逃债"的现象,将在党委的领导下,密切配合各级政府部门,采取一系列积极有效的措施,协同构筑"金融安全区",最大限度地保障国有金融债权。

3. 继续加大金融案件执行力度。人民法院将在最高人民法院的指导和部署下,继续通过集中时间、集中力量、统一调度、强化力度等多种方式,有计划地开展金融案件专项执行活动。在必要时,要在各级党委领导下,各级政府支持下,通过执行联动机制,加大金融案件的执行力度,确保金融案件的顺利执行。

三、保发展:五项措施保障金融市场协调发展

1. 保障信贷市场规范健康发展。人民法院将妥善审理民间借贷等金融案件,依法认定民间借贷合同的效力,保护合法的民间借贷法律关系,提高资金使用效率,保障民间借贷对正规金融的积极补充作用,推动中小微企业"融资难、融资贵"问题的解决。将依法遏制民间融资中的高利贷化和投机化倾向,规范和引导民间融资健康发展。将妥善审理涉及地下钱庄纠纷案件,维护安全稳定的信贷市场秩序。

2. 保障证券期货市场稳定发展。人民法院将积极研究和妥善审理因证券机构、上市公司、投资机构内幕交易、市场操纵、欺诈上市、虚假披露等违法违规行为引发的民商事纠纷案件,消除危害我国证券期货市场秩序和社会稳定的严重隐患。要妥善审理公司股票债券交易纠纷、国债交易纠纷、企业债券发行纠纷、证券代销和包销协议纠纷、证券回购合同纠纷、期货纠纷、上市公司收购纠纷等,保障证券期货等交易的安全进行。

3. 依法保障保险市场健康发展。人民法院将妥善审理因销售误导和理赔等引发的保险纠纷案件,规范保险市场秩序。将在保险合同纠纷案件审理中,注意协调依法保护投保人利益和平等保护市场各类主体、尊重保险的精算基础和保护特定被保险人利益、维护安全交易秩序和尊重便捷保险交易规则、防范道德风险和鼓励保险产品创新等多种关系,促

进保险业的健康持续发展。

4. 促进金融中介机构规范发展。人民法院将在金融纠纷案件审理过程中强化中介机构对金融产品的合理估价。将妥善审理违法违规提供金融中介服务的纠纷案件,正确认定投资咨询机构、保荐机构、信用评级机构、保险公估机构、财务顾问、会计师事务所、律师事务所等中介机构的民事责任,努力推动各类投资中介机构规范健康发展。

5. 完善金融企业市场退出机制。人民法院将妥善审理金融企业的重整和破产案件,建立合理的金融企业市场退出机制,维护金融市场稳健运行。将以优化证券市场优胜劣汰机制为导向,加强对上市公司破产案件的受理和审理的调研工作,最大限度地保障投资者合法权益,保障上市公司破产重整过程规范有序。

四、促创新:三项措施推动金融自主创新

1. 妥善审理金融创新涉诉案件,推动金融产品创新。人民法院将关注和有效应对金融创新业务涉诉问题,加强对因金融创新而引发的新型案件的调研和审判指导。在审查金融创新产品合法性时,对于法律、行政法规没有规定或者规定不明确的,应当遵循商事交易的特点、理念和惯例,坚持维护社会公共利益原则,充分听取金融监管机构的意见,不宜以法律法规没有明确规定为由,简单否定金融创新成果的合法性,为金融创新活动提供必要的成长空间。

2. 妥善审理金融知识产权案件,保障金融自主创新。人民法院将加强对金融业务电子化和网络化进程中基础性金融技术知识产权的司法保护,加大对商业银行、保险公司、证券公司自主开放的软件和数据库的保护力度。将加强对知识产权担保、信托、保险、证券化等新情况、新问题的调研。将在案件审理中切实保护金融知识产权人的合法权益,激励和保护金融创新,维护金融业公平竞争秩序。

3. 依法妥善运用各种司法措施,保护金融信息安全。人民法院将依法打击攻击金融网络、盗取金融信息、危害金融安全的违法犯罪行为,依法审理金融电子化产品运用中引发的侵害金融债权纠纷案件,维护国家金融网络安全和信息安全。

【庭推纪要】

同一租赁合同项下分期支付的
租金应如何计算诉讼时效

原 爽[*]

近期,最高人民法院受理的一起租赁合同纠纷再审案件,涉及到同一租赁合同项下分别就各期租金约定了支付期限,各期租金的诉讼时效从何时开始计算的问题。《最高人民法院关于审理民事案件适用诉讼时效制度若干问题的规定》(以下简称《诉讼时效司法解释》)第五条对于同一债务分期履行的诉讼时效作出了规定,但是否适用于分期支付租金的情形存在争议。[①] 由于对该规定存在不同解读,最高人民法院民事审判第二庭审判长联席会对上述租金诉讼时效问题进行了讨论,现详述如下。

一、案情简介、原审法院处理意见以及争议问题

(一)案情简介

1995年3月4日,秦皇岛市海港区工商行政管理局(以下简称海港区工商局)与格兰大酒店(华侨大酒店前身)签订一份《工商综合楼租赁使用合同》,约定将海港区工商局拥有的东方商贸城房屋租赁给格兰大酒店,租期为1995年6月15日至2013年6月15日,共18年。免收前三年租金,自1998年6月15日开始给付租金,租金每半年支付一次,支付期限为每年的6月15日和12月15日。合同签订后,格兰大酒店名称变更为华侨大酒店,双方于1996年12月16日又签订了一份《工商综合楼租赁使用合同》,内容与前一份租赁合同一致。

前述两份租赁合同签订后,房屋交付给了华侨大酒店,华侨大酒店至今未支付1998年6月15日至2000年10月1日的租金96.83万美元,海港区工商局于2009年7月提起诉讼,追索上述租金。

---

[*] 最高人民法院民事审判第二庭法官。
[①] 《诉讼时效司法解释》第五条规定:"当事人约定同一债务分期履行的,诉讼时效期间从最后一期履行期限届满之日起计算。"除该条规定是否适用于分期支付租金存在争议以外,《最高人民法院关于分期履行的合同中诉讼时效如何计算问题的答复》对于该问题有过明确意见,即"对分期履行合同的每一期债务发生争议的,诉讼时效期间自该期债务履行期届满之日的次日起算"。但该答复系针对个案的答复意见,不具有司法解释的效力。

2000年9月20日,华侨大酒店与羊城大酒店签订一份转租合同,约定将其承租的上述房屋转租给羊城大酒店。华侨大酒店随后被吊销营业执照,其权利义务由唯一的出资股东北京八大处农工商总公司(以下简称八大处公司)承继,各方当事人均无异议。根据该转租合同,2000年11月21日,海港区工商局与八大处公司、羊城大酒店签订《工商综合楼转租协议》,约定三方同意华侨大酒店将前述房屋转租给羊城大酒店,租期为2000年11月21日至2014年12月16日,每年租金220万元。同时,约定1996年租赁合同中海港区工商局应尽的义务对羊城大酒店继续履行,华侨大酒店应承担的责任转由羊城大酒店对海港区工商局负责任。

《转租协议》签订后,2005年2月3日,三方又签订一份《补充协议》,约定羊城大酒店每年支付的220万元租金中,海港区工商局收取140万元,八大处公司收取80万元。同时约定1995年和1996年签订的《工商综合楼租赁使用合同》中关于"出租场地和租金交付办法"的规定因《转租协议》的签订而失效。

2008年10月15日,海港区工商局向羊城大酒店发出书面函,称因与八大处公司就1998年至2000年租金问题发生争议,要求羊城大酒店停止向八大处公司支付租金。

(二)原审法院处理意见

一、二审法院判决结果一致,均认定海港区工商局的起诉未超过诉讼时效,适用的是《诉讼时效司法解释》第五条,即"当事人约定同一债务分期履行的,诉讼时效期间从最后一期履行期限届满之日起计算"。一、二审法院认为,转租合同签订后,原租赁合同并没有终止,仍然处于履行状态且合法有效。《转租协议》签订后,基于租金产生的债务履行主体和方式虽发生变更,但基于租金产生债务与原租赁合同约定债务为同一债务,此债务呈连续状态,且合同约定的履行期间尚未到期,故应当认定本案涉及的债权债务未过法定诉讼时效期间。

(三)该案所涉争议问题

1. 是否应适用《诉讼时效司法解释》第五条的规定。《诉讼时效司法解释》第五条适用于"同一债务",而同一租赁合同项下分期支付的租金是否属于同一债务存在争议。

2. 分期支付的租金诉讼时效从何时起计算。如果分期支付的租金不属于《诉讼时效司法解释》第五条规定的"同一债务",那么对于该条规定是否能够类推适用,还是要将每一期租金均视为独立债务分别计算诉讼时效。

二、合议庭处理意见

对于本案租金债权的诉讼时效,合议庭形成两种意见。

第一种意见认为,海港区工商局主张本案租金债权并未超过诉讼时效,在租赁合同有效并继续履行的前提下,诉讼时效应自最后一期租金的履行期限届满之日起计算。理由是:《诉讼时效司法解释》第五条明确规定对同一债务约定分期履行的,诉讼时效要从最后一期开始计算。该规定的适用范围限定为"同一债务",但对何为同一债务没有进行明确界定,实践中也很难区分。因此,尽管该规定是否适用于本案分期支付租金的情形存在争议,但应尽量采取与司法解释相一致的立场,以利于维护司法解释的适用性和权威性。此外,在法律和司法解释规定不明的情况下,当事人在订立和履行租赁合同的过程中不能够明确判断诉讼时效的起算时间,而诉讼时效对于当事人合同权利的实现至关重要,在没有明确规定的情况下,应当作出有利于保护权利人的解释。

第二种意见认为,同一租赁合同项下分别约定了各期租金的履行期限,其诉讼时效应从每一期租金履行期限届满之日起分别计算,本案海港区工商局主张租金债权超过了诉讼时效。理由是:《诉讼时效司法解释》第五条适用于"同一债务"的情形,本案分期支付的租金债务学理上应归属于定期金债务,不属于"同一债务"范畴。在《最高人民法院关于民事案件诉讼时效司法解释理解与适用》一书中,也对于分期履行合同之债与同一债务分期履行作出区分,明确了《诉讼时效司法解释》第五条只适用于同一债务分期履行的情形,而本案租金债务属于分期履行合同之债,不适用该条规定。《合同法》第二百二十六条规定:"承租人应当按照约定的期限支付租金。对支付期限没有约定或者约定不明确,依照本法第六十一条的规定仍不能确定,租赁期间不满一年的,应当在租赁期间届满时支付;租赁期间一年以上的,应当在每届满一年时支付,剩余期间不满一年的,应当在租赁期间届满时支付。"第二百二十七条规定:"承租人无正当理由未支付或者迟延支付租金的,出租人可以要求承租人在合理期限内支付。承租人逾期不支付的,出租人可以解除合同。"上述规定虽然仅涉及租金支付期限,但其将不明确支付期限的租期分割为几个期间,实际上是对定期给付债务各期债务相对独立的一种认可。在各期债务相对独立的前提下,其诉讼时效应分别从各期次履行期限届满时计算。另外,结合《民法通则》中延付或者拒付租金的,诉讼时效为一年的规定也可以看出,现行法律在租赁合同的权利保护方面,体现出一种督促出租人及早行使权利,避免租赁关系长期处于不确定状态,促进社会资源充分有效的利用的价值取向。综合这几点,在租赁合同中应按照各期债务的履行期限届满时计算诉讼时效。

三、民二庭审判长联席会意见

民二庭审判长联席会经讨论认为,该案在诉讼时效方面涉及两个争议问题,一是《诉讼时效司法解释》第五条是否适用于分期支付租金的情形,二是同一租赁合同项下各期租金分别约定履行期限的,诉讼时效应从何时起开始计算。

关于《诉讼时效司法解释》第五条,审判长联席会一致意见认为,从司法解释规定的本意出发作出解释,该规定所指的"同一债务"不包括租金、水电费等持续发生的定期金债务,即不适用于本案分期支付租金的情形。

关于同一租赁合同项下各期租金分别约定履行期限时的诉讼时效如何计算问题。审判长联席会多数意见认为应从最后一期租赁履行期限届满时起算诉讼时效,同时有意见认为可以作出进一步的细分,对于分别约定了不同履行期限的各期租金,每期租金履行期限届满时起债权人即有权利主张债权,如果债务人未履行债务,该期租金的诉讼时效即开始计算。在欠付租金的情形下,如果租赁合同仍然在履行,承租人支付后续租金或继续使用租赁物都可以认为是对租金债务的认可,可以作为诉讼时效重新起算的依据,如此累计计算,就可以将最后一期租金的履行期限届满日作为诉讼时效的起算点,同时对各期租金亦可以分别提起主张,这种情形下存在双重的诉讼时效。少数意见认为,对于分期支付租金的诉讼时效,很难作出一个明确的规定,如果按各期租金的履行期限分别计算,对于债权人的权利及租赁合同的稳定性均有可能造成损害;如果按最后一期租金的履行期限计算,则可能会对债务人造成额外的负担,也可能会导致债权的追诉期过长。诉讼时效如何计算,从根本上说是各期租金是否具有同一性的问题,可以在具体案件中作出判断,如果是同一合同项下、履行期限较短,应当统一计算诉讼时效;如果涉及不同合同或履行期限较长,则可以分别计算。

四、案件再审处理结果

最高人民法院认为,虽然租赁合同约定的租金支付方式为分期履行,使得各期租金的支付具备一定的独立性,但该独立性不足以否认租金债务的整体性。若从每一期租金债务履行期限届满之日分别计算诉讼时效,则不仅割裂同一合同的整体性,而且将导致债权人因担心其债权超过诉讼时效而频繁地主张权利,动摇双方之间的互信,不利于保护债权人,更将背离诉讼时效制度的价值目标。本案双方签订长达18年的租赁合同,无疑是基于长期合作和互信。在《工商综合楼租赁使用合同》正常履行且双方合作愉快、交往顺利的情况下,海港区工商局有理由相信华侨大酒店会依约履行租赁合同项下的租金支付义务,其未在2000年当期租金履行期限届满时立即主张支付租金,与其说是放弃该期间内的租金,不如说是基于维护双方的友好合作关系和对华侨大酒店的信任和谅解,符合社会经济交往的习惯,不应被认定为怠于行使权利。尽管本案争议租金的履行期限是2000年12月15日,但租赁合同履行期至今尚未届满,按照公平原则及诚实信用原则,海港区工商局对于同一租赁合同项下的租金当可在合同履行期内要求债务人依约履行支付义务。华侨大酒店主张海港区工商局提起本案诉讼已经超过诉讼时效法律依据不足,判决驳回其再审请求,维持一、二审判决。

五、对于租金诉讼时效问题的进一步分析

本案双方当事人就分期支付的租金诉讼时效产生的争议,其实是分期履行的债务应如何计算诉讼时效这一理论问题在司法实务中的反映,唯因租金纠纷在分期履行的债务纠纷中最为常见,故而使这一问题在租金纠纷中得以凸显。

对于同一合同项下分期履行的债务,由于债务产生原因的同一性与债务履行期限的独立性同时并存,是否应视为同一债务存在争议,这一争议映射于诉讼时效制度,导致学理上和司法实务中对于应分别计算还是统一计算诉讼时效起算点莫衷一是。最高人民法院在2000年至2004年期间数次针对个案作出答复,在这一问题上表现出了犹疑不定的态度,使该问题的答案呈现出更加扑朔迷离的状态。①尤其是上述几次针对个案的答复均未区分分期履行债务的不同类型,使答复内容在理论方面欠缺说服力。针对分期履行债务诉讼时效起算点的争议,2008年9月1日起施行的《诉讼时效司法解释》给出了直接的回应,并通过"同一债务"这一概念,解释上将分期履行的债务区分为两种情形:分期履行合同之债与同一债务分期履行。其中,分期履行合同之债通常是指继续性合同履行过程中持续定期发生的债务,本案的租金即为一例;而同一债务分期履行则是指债务在合同订立时已经产生并确定,只是依照约定的时间分期履行,例如分期付款的买卖。两种情形相比较,前者债务发生有先后,可以视为不同债务;后者系同一债务的分期次履行或支付,在法律关系上无法分割。因此,《诉讼时效司法解释》第五条仅规定同一债务分期履行的,诉讼时效期间从最后一期履行期限届满之日起计算,而分期履行合同之债的情形则刻意模糊处理,留待司法实务中进一步完善。

在以租金为代表的分期履行合同之债情形下,诉讼时效计算问题之所以让法院如此难以抉择,其实质在于两种价值取向的博弈。从诉讼时效制度设计的初衷出发,各国立法均坚定地认为应该对债权的行使设定期限,以避免债权债务关系长期处于不确定状态,其实体现的是司法的效率原则。效率原则对于社会经济秩序之稳定、社会资源之调配至关重要,但却难以做到在每一次具体的交易关系中实现公平。正因如此,虽然各国立法均建立了诉讼时效制度,但在具体的纠纷裁判过程中,法官往往会从实质正义的理念出发,寻找各种理由来限缩诉讼时效制度的适用空间,使债权人获得最大限度的保护。公平和效率这两大原则的权衡,在模糊的边界地带显得尤为艰难,分期履行合同之债就是一个典型范例。在一个履行期限很长的租赁合同关系中,出租人对于承租人欠付的租金一直未提出主张,例如本案中债权人在租金履行期限届满后近十年的时间内都没有要求承租人支付该笔租金,一方面我们会觉得租金支付期限早已届满,债权人应当知道自身权益有可能受到损失却不予主张,无疑是怠于行使自身的权利,符合诉讼时效制度建立的宗旨,应不予保护;另一方面又觉得债权的存在确定无疑,况且合同仍在履行,债权人有可能是基于双方的互信关系而没有及时提出主张,不予保护对债权人不够公平。这种两难的抉择,是分期履行合同之债自身特质所导致的必然结果。

本案最终选择了从最后一期履行期限届满之日起计算诉讼时效,是在综合分析了各方面因素的基础上所作出的审慎决定,原因可以归纳为以下几个方面:

---

① 2000年10月26日,针对山东省高级人民法院的请示,最高人民法院作出法经〔2000〕244号答复,答复称:"在借款、买卖等合同中,当事人约定分期履行合同债务的,诉讼时效期间应当从最后一笔债务履行期届满之次日起开始计算。"2003年10月20日,针对辽宁省高级人民法院的请示,最高人民法院民事审判第二庭作出〔2003〕民二他字第14号答复,答复称:"尽管基于同一合同所约定的债务是一个整体,但是,在合同约定分期履行的情况下,实际是将整体债务分割为数额、履行期及法律后果各不相同的、相对独立的数个个别债务,债务人应当在约定的各个个别债务的履行期限内履行义务,否则即构成对债务人该部分相对独立的合同权利的侵害,权利人亦由此取得就相应的个别债权要求债务人履行义务、承担相应责任的权利。根据民法通则有关诉讼时效期间自知道或应当知道权利被侵害时起计算的规定精神,在目前对该问题尚无其他规定的情况下,对上述分期履行的合同的诉讼时效,可以按每笔相对独立的债权到期之时分别计算。"2004年4月6日,针对云南省高级人民法院的请示,最高人民法院作出法函〔2004〕22号答复,答复称:"对分期履行合同的每一期债务发生争议的,诉讼时效期间自该期债务履行期限届满之次日起算。"

第一,为了更好地保护当事人合法权益。按照通常理解,诉讼时效制度适用的前提是债权人怠于行使自身权利。因此《民法通则》第一百三十七条规定,诉讼时效期间从知道或者应当知道权利被侵害时起计算。如果债权人主观上没有怠于行使权利,则不应适用诉讼时效制度剥夺其胜诉权。在分期支付租金的情形下,债权人的主观情形是存在多种可能的。在合同持续履行的情况下,债权人有可能是认为合同还在履行、承租人还在使用租赁物,为了避免双方关系破裂,没有及时主张欠付租金;也可能是由于欠付租金数额不大、对于是否支付并不在意而没有提出主张;还有可能是认为合同尚未到期,随时有权利提出主张,并没有怠于主张的意思。按照诉讼时效制度的本意,债权人的不同主观状态对于诉讼时效的起算十分重要,然而主观状态毕竟难以准确判断,并且从公平原则出发,也无法针对履行情况相同、主观状态判断不同的具体合同分别适用不同的规则、形成不同的法律后果。既然无法判断债权人的主观状态,而债务未履行的事实又确实存在,那么将裁判标准统一在有利于保护债权的方向,显然更符合实质公平。

第二,为了便于统一司法尺度。《诉讼时效司法解释》第五条虽然未对分期履行合同之债作出明确规定,但却对类似情形的同一债务分期履行作出了规范。在司法实践中,面对现实生活中的各种情形,无论是当事人还是审理案件的人民法院都很难准确判断每一个具体债权债务关系应归属于分期履行合同之债还是同一债务分期履行。从某种意义上说,理论上越细致的区分,越有可能远离生活实践的需要。将这两类情形适用诉讼时效的规则相统一,不但可以避免具体案件审理时在区分两类情形时的困难,还可以简化规则、统一认识,形成一致的规则指引,便于当事人和人民法院的适用。民二庭审判长联席会少数观点认为对于分期履行合同之债的诉讼时效可以不确立绝对标准,而按照债务同一性的原则来进行判断,对于同一性大于独立性的债务,诉讼时效从最后一期履行期限届满时起算;独立性大于同一性的债务,诉讼时效从每一期履行期限届满时起算。这种观点是对公平和效率原则的折中处理,从处理结果而言或许更为恰当,但其弱点就在于将裁量判断的权力完全赋予处理具体案件的法官,司法尺度难以统一,操作性较差。综合各方面利弊分析,最终没有选择这一立场。

第三,为了便于当事人主张权利。从当事人订立和履行合同的实际出发,对于一个履行期限相对较长的租赁合同,如果要求债权人对于每一期到期未支付的租金均单独提出主张,并且在合同履行过程中时刻关注诉讼时效期间届满或中断的情形,将会造成债权人过重的负担,显然过于苛刻。并且司法实践中通常仅认可正式提出的书面主张作为证据,为此债权人与债务人须就欠付租金进行正式、书面的交涉,对于合同的持续履行及双方的合作互信关系将形成极大考验,一旦处理不当就会导致合同关系的破裂。而允许债权人以最后一期租金履行期作为诉讼时效起算点,更符合维护合同关系的需要,也更有利于债权人从容选择主张权利的时间和方式。尤其在我国立法规定的普通诉讼时效较为短暂的情况下,可以更好地平衡双方利益。

综上,我国现行立法和司法解释对于同一租赁合同项下分期支付的租金应如何计算诉讼时效的问题并未作出明确规定,最高人民法院民事审判第二庭通过个案的裁判确立了自最后一期租金履行期限届满之日起计算诉讼时效的规则,作为今后各级法院处理类似案件的参考,以期做到司法裁判尺度的相对一致,进一步完善相关法律制度。

【商事审判专论】

《公司法》司法解释(三)解读[①]

张勇健[*]

公司审判作为商事审判的重要组成部分,具有十分重要的意义。《公司法》司法解释(三)于2011年1月颁布,内容涉及公司的设立、出资及其责任、公司股东的确认等问题。现结合公司诉讼的一般性问题,通过一些实例,简要解读《公司法》司法解释(三)的相关规定。

一、公司诉讼的一般性问题

1. 重视公司诉讼案件的审理

商事审判人员应十分重视公司诉讼案件。应该说,公司诉讼案件的重要性是不言自明的。《公司法》颁布之后,公司案件数量激增,从2000年初的数千件到2009年的数万件,增长了近十倍,数量很大。当事人通过公司从事交易、进行经营活动越来越普遍,因此产生的纠纷也越来越多,而公司案件有许多新的问题,有很高的复杂性,另外,公司纠纷案件和经济活动、经济生活息息相关。

2. 正确认识公司诉讼的性质

公司诉讼作为司法活动,涉及司法公权力的运行,不可避免地要对公司自治私领域进行介入。因此,要坚持公司诉讼的谦抑性,时刻关注公司自治和司法介入的边界,严格把握穷尽内部救济原则。公司纠纷是公司法中的诸多主体,如股东、公司、董事、监事、高级管理人员等各自之间或相互之间,在公司法律关系上产生的纠纷。这种纠纷是公司的"家事",首先要在公司内部解决,这在立法上有明确规定。例如,股东行使知情权,要求查阅公司有关材料、档案,但其查阅请求被拒绝,如果提起诉讼,在行使请求权的时候,首先要看其是否符合《公司法》第三十四条有关前置程序的规定。再比如,股东代表诉讼中股东代表公司提起诉讼时,也要看其是否经过前置程序。公司董事、监事、高级管理人员侵害公司利益,公司应该对其提起诉讼,但是如果因为种种原因,公司没有提起诉讼,此时股东可以代表公司起诉上述人员。在股东代表诉讼程序中,法律规定了前置程序,即在公司不起诉的情形下,

---

[*] 最高人民法院民事审判第二庭副庭长。
[①] 本文是根据作者在国家法官学院的讲课录音整理出的文稿,略有删改。

股东要首先书面请求董事会或执行董事、监事会或监事向人民法院提起诉讼,董事会或执行董事、监事会或监事不起诉的,股东才可以代表公司提起诉讼,请求侵权人向公司承担赔偿责任。股东代表诉讼前置程序就是要在公司内部设置一个程序,以穷尽内部救济原则。还比如,在公司盈余分配纠纷中,股东要求公司分配利润,但公司法有严格的程序规定。股东会有没有召开?公司的财产状况如何、营利状况如何?这都要在公司内部作出决策,只有在非常特殊的情况下,司法才能介入。以上规定均体现了公司诉讼的性质,其是一种公权力对公司自治的介入、干预,因此,要把握好度,要秉持和遵循谦抑原则。

3. 注意公司诉讼中内部关系与外部关系的效力区分

现举例说明。股东会作出一个增资决议,要引进外部投资人,其中一个股东投了反对票,公司根据股东会决议与外部投资人签订了协议。外部投资人因对公司投资而成为新的股东。此时产生一个纠纷,投反对票的股东起诉,请求认定股东会决议无效。该股东认为,根据公司法的规定,股东对于公司新增资本有优先认股权,股东会决议侵害了其优先认股权,因此,股东会决议无效,对外增资行为和与外部投资人订立的增资协议亦无效。有学者认为,公司决议有效,是公司行为合法有效的前提。此观点值得商榷。股东会是对公司重大行为做出决策的机关,股东会决议形成是公司的意思形成。公司是法人,其从事对外行为,首先要有一个意思,然后把这个意思对外表示,股东会仅仅是公司法人形成意思的一个方式。当公司形成意思之后,对外做出表示,外部善意第三人根据公司意思表示订立合同、从事交易,而公司反过来认为,意思形成是错误的、有瑕疵的、违法的,所以交易无效,这种说法能够成立吗?这里有两层关系,一个是形成意思的公司法上的内部关系,一个是对外做出意思表示之后和外部人签订合同的外部关系。对于内部关系来说,可能在意思形成中有瑕疵,甚至是错误的,是应当认定无效的,但是这并不当然影响对外关系,因此一定要注意区分。在前述案例里面,如果外部第三人投资是善意的,其和公司所表示的意思都是真实的,那么,其行为和交易就是有效的。

在此顺及公司对外担保问题。2010年,在济南召开的"全国法院商事审判工作会"上,最高人民法院民事审判第二庭宋晓明庭长在总结发言中提到若干法律适用问题。其中,关于公司对外担保效力的判断问题,有了新的适用精神。根据《公司法》第十六条第一款的规定,公司为他人提供担保的,应当根据公司章程规定,由董事会决议或者股东会、股东大会决议。如果公司为他人提供担保,没有经过股东会、股东大会决议,也没有经过董事会决议,此担保就是无效吗?从前述案例可知,公司内部意思形成过程,是公司内部的事情,一个主体对外行为的时候,无论是法人还是自然人做出意思表示,相对人没有理由弄清楚意思是怎么形成的,是不是经过了正当程序。所以,公司为他人提供担保,尽管没有按照公司法的规定,未经董事会或股东会、股东大会决议,也不能一概以此为由主张无效。第二款规定,公司为股东或者实际控制人提供担保,必须经过股东会或者股东大会决议。对于这一款如何理解?首先,只有在公司为股东或实际控制人进行担保时,是否经过了股东会决议同意才成为公司担保效力的考量因素。其次,公司为股东或实际控制人进行担保,即使未经股东会决议,也不宜笼统认定该担保无效,应当根据不同情形分别判断。对于公众公司来说,为股东提供担保,可能是抽逃出资的行为,可能是重大违规行为,股东通过公司提供担保抽逃出资,违反了证监会的相关规定,在这种情况下,公众公司为股东提供担保,如果未经股东大会决议,可以认定担保无效。这种违规行为损害了公众利益,因为上市公司的股东是社会公众,因此,认定无效的依据已经不是《公司法》第十六条第二款,而是《合同法》第五十二条的有关规定。当然,对于有限责任公司来说,由于有限责任公司股东人数相对较少,股东通常兼任公司董事或高管,管理层与股东并未实质性分离,股东对公司重大事项仍有一定的影响力,该类事项即使未经股东会决议,但通常也不违背股东的意志,所以,有限责任公司为股东提供担保一般不认定为无效。由此可见,公司对外担保问题同样涉及区分公司内部关系和外部关系。

4. 注意公司诉讼作为商事诉讼的特殊性

公司诉讼是一种商事诉讼。商事诉讼和民事诉讼相比,有其特殊性。相对来说,商事诉讼更注重于维护交易安全和交易效率,民事诉讼更趋向于保护实际权利;而且,商事诉讼相对于民事诉讼更重视案外人利益的保护。比如,公司在经营业务调整和组织再造过程中,经常会采取公司合并和公司分立的形式。为防止公司借合并或分立的名义来逃避债务,依法保护债权人的利益,对于公司合并,公司法规定,公司应当自作出合并决议之日起十日内通知债权人,债权人可以要求公司清偿债务或提供相应的担保。而且,公司合并时,合并各方的债权、债务应当由合并后存续的公司或者新设的公司承继。对于公司分立,公司法规定,应当自作出分立决议之日起十日内通知债权人。公司分立前的债务由分立后的公司承担连带责任。但是,公司在分立前与债权人就债务清偿达成书面协议另有约定的除外。

5. 关于外观主义原则的适用

所谓外观主义原则,是指以当事人的行为外观或权利外观为准,而认定其产生法律效果的原则。实际上,外观可能是虚假的、不真实的,但是只要相对人或第三人出于善意,合理信赖这个外观,其所做出的交易行为就应受到法律保护。外观主义原则能够有效维护交易秩序的稳定和安全。该原则在民法上就有适用,在商法上更是得到了广泛应用。

我国民法上的善意取得制度体现了外观主义原则。在物权法出台前,理论界普遍认为,无权处分人合法占有动产是善意取得制度的构成要件之一。这里有这样一个问题,即盗窃物、遗失物能不能适用善意取得。西方国家有两种立法例:一种不能适用;另外一种是能够适用。我国台湾地区采取折中的规定,认为盗窃物被善意相对人取得之后,本人在两年之内可以请求回复。

真意保留制度实际上也是一种外观主义原则在民法上的适用。真意保留,又称内心保留,是指表意人把真实意思保留心中,所作出的表示行为并不反映其真实意思,是一种自知并非真意的意思表示。关于真意保留的效力,通说认为原则上有效,表意人应受该表示的约束,以保护交易安全。当然,相对人要出于善意,要合理信赖,如果相对人明知表意人的表示与意思不一致的,原则上该表意行为无效。笔者认为,合同法有关合同订立的规定就体现了真意保留制度。合同法规定,当事人订立合同,采取要约、承诺方式。对于要约的意思表示,合同法规定,一是要内容具体确定,二是要表明经受要约人承诺,要约人即受该意思表示约束,而没有明确规定意思表示要真实。

真意保留制度在适用中要注意区别过失导致意思不真实的情况。真意保留是故意作出一个不真实的意思表示,但是还有一种情况是过失作出不真实的表示。比如,一方当事人给对方发传真报价,钢材卖280万元,按照这一批钢材的实际数量、型号,本来应该报价380万元,但是因为业务员在发传真文件的时候,打字错误,写为280万元。对方立刻回复传真,作出承诺,合同成立、生效。这里就是过失导致意思表示不真实,对此,应该适用《合同法》第五十四条第一款的规定,证明是一种重大误解,或者是显失公平,请求撤销合同,该情形下没有真意保留的适用。对于意思表示的不真实,要注意区别是否是"被不真实",如表意人在被欺诈、胁迫的情形下作出不真实的意思表示,订立了合同。此种情形,受损害方有权请求人民法院或者仲裁机构变更或撤销合同,如损害国家利益的,则可请求确认合同无效。

另一个相关的问题是通谋虚伪意思表示。通谋虚伪意思表示,是指双方经意思联络共同做出不真实的意思表示。现举例说明。江苏某民营钢铁公司为解决资金短缺问题,与浙江某公司订立合同,约定对浙江公司出售钢材,价款2000万元。关于提货时间,合同载明,货物现存储在某地某仓库某货架,买方可随时提货,也可以不提货,半年之后,江苏公司以2500万元的价格购回。江苏公司在取得2000万元货款后,不到半年时间,就宣告破产。浙江公司本来是准备对方半年之后回购的,没有提货,但获悉江苏公司破产后,马上要求提货。江苏公司的破产管理人予以拒绝,其认为该合同名为买卖、实为借款,不能根据破产法的规定行使取回权。浙江公司则认为,合同约定很明确,可以随时提货,其具有取回权。本案发生了两个法律关系,或者说存在一个表面的法律关系,即买卖,但是,却掩盖了另外一个法律关系,即借贷。买卖是双方作出的通谋虚伪意思表示,实际上是借款。对于通谋虚伪表示形成的法律关系,通常应为无效,但需要正确理解的是,隐藏的法律关系是真实意思表示,如果没有其他违背法律之情形,可以认定为有效。前述案例,如果能够证明是名为买卖、实为借贷的话,应按照借贷纠纷处理。关于企业之间借贷的效力,笔者在很早以前就倾向于作为有效来处理,但是这个问题一直没有解决。当事人上述安排有其难处,本意是借贷,用货物做担保,但是如果直接出借及担保,可能被认定为借贷无效,担保也无效,所以还是关于通谋虚伪表示的问题。通谋虚伪意思表示在实践中多有发生,实际上,合同法对于通谋虚伪意思表示的有些规定是比较具体的,特别是在无效的情形。比如,《合同法》第五十二条第一款第(二)项规定,"恶意串通,损害国家、集体或者第三人利益"的合同无效;第(三)项规定,"以合法形式掩盖非法目的"的合同无效。这就是说,通谋虚伪表示形成的法律关系和隐藏的法律关系都是无效。在司法实践中,对于"以合法形式掩盖非法目的"的认定要慎重,不要将其滥用。关于这个问题,《法制日报》曾报道过一个研讨会,会议研讨的主要内容是通过股权转让的形式转让土地使用权、矿业权的法律风险。该报道提及,某省国土资源厅发布了一个关于充分发挥土地调控作用的通知,其中第五条规定严禁以股权转让为名,变相违规转让土地使用权;另外,还提到了其他一些地方,因为通过转让公司股权的形式,转让土地使用权,相关责任人被追究了刑事责任。司法实践中,通过股权转让,来流转土地使用权、矿业权而产生纠纷的案件不少。虽然对于土地使用权、矿业权的取得和转让,法律规定了较多禁止性规定,但通过股权转让,土地使用权、矿业权实现流转,是不是一定就是"以合法形式掩盖非法目的"呢？在研讨会中，与会专家大多认为转让股权获得的是公司的财产权，通过转让股权来控制公司，与《合同法》第五十二条所提到的"以合法形式掩盖非法目的"完全是两回事，以这样的名义入罪更是错误的。当然，笔者知道在目前的司法实务中，处理这样的问题确实很棘手。应予注意的是，处理这类问题要尽可能的审慎，通过多种途径和手段，根据不同的法律特征，综合确认合同当事人的真实意思表示是公司股权转让还是土地使用权、矿业权转让，然后适用不同的法律认定其转让效力，而不能一遇到此问题，就一概适用"以非法形式掩盖非法目的"的规定认定行为无效。

外观主义原则在商法中得到了更加广泛的应用。在商事主体、商事登记以及公司、证券、票据等商法领域中，很多规定都体现了外观主义原则。比如，在公司法中，比较典型的体现是《公司法》第三十三条的规定，即公司应当将股东记载于股东名册，记载于股东名册的股东，可以依股东名册主张行使股东权利，公司应当将股东的姓名或者名称及其出资额向公司登记机关登记，登记事项发生变更的，应当办理变更登记。未经登记或者变更登记的，不得对抗第三人。

需要强调的是，应防止外观主义原则滥用的问题。

第一，外观主义原则不适用于内部关系。笔者在调研的时候，曾碰到这样的案例：一方实际出资，却因为某种原因记载于他人名下。公司效益非常好，名义出资人取得分红，但未返还实际出资人。实际出资人主张，其履行了出资义务，公司分红应归属于自己。名义出资人则认为，其是记载于股东名册的股东，进行了工商登记，因此享有股东权，当时的出资是借款，可以归还。双方因此产生股权纠纷。外观主义原则要求相对人或者第三人合理信赖行为外观或权利外观，并据此作出相应行为。因何信赖，就是因为其并不知道实际有关法律关系的真实状态。只有在这种情况下，才需要予以对其保护。为了维护交易的稳定和安全，外观主义原则的适用需要在外部人和实际权益人之间进行利益平衡。如果既没有外部人与实际权益人产生冲突，也没有需要识别和信赖的外观，而是相互知悉实际情况的双方当事人发生内部纠纷，则没有适用外观主义原则的余地。

第二，外观主义原则不适用于非善意第三人。这一点，《物权法》第一百零六条关于善意取得制度作了很好的诠释。

第三，外观主义原则不适用于非交易第三人。现举例说明：某债权人在获得胜诉判决之后，发现其债务人除股权外，没有其他可供执行的财产。于是，其请求法院冻结该股权并予以拍卖。此时，案外人提出，股权属于其所有，而不是债务人的，债务人仅仅是名义股东。债权人则认为，股权登记在债务人名下，具有公信力，根据《公司法》第三十三条第三款的规定，既然登记在债务人的名下，就不能对抗第三人。对此，案外人提供一份生效判决。在判决里，案外人是原告，债务人是被告，判决确认股权属于案外人所有。据此，案外人根据生效判决，认为股权归其所有，法院不能强制执行。在这里，应不应当适用外观主义原则？笔者认为，外观主义原则不适用于非交易第三人。本案中，债权人并非是就股权进行交易，而是要执行作为名义股东的债务人的股权来满足其债权的实现。作为诚实善意的商人，进行交易的时候，对标的物权属应尽合理的注意义务。股东名册和工商登记的记载，只是权利的表征，仅仅具备推定效力，而推定效力是可以被证据推翻的。本案中的判决书已经对这种表征和外观予以推翻,因此,要保护实质权利人的利益,外观主义原则不适用于非交易第三人。

第四,外观主义原则不适用于被冒名的名义股权人。同样举例说明之。某人将其求职资料留在某公司,公司在没有经过求职者同意的情况下,使用其身份证复印件等材料注册了一家新公司,求职者被登记为股东之一。后来因为债务纠纷,债权人以股东出资不实为由,把新公司的股东一起告上了法庭。求职者觉得很冤枉,尽管被登记为股东,但是其是被冒名登记的。在这里,能不能认为,因为其是名义股东,就要承担补充出资的责任?对此,笔者认为要仔细区分两种情形,即名义股东是自愿的,还是被冒名的。如果是和他人约定,共同制造了名义股东的虚假外观,则需要承担法律后果。在本案,冒名股东本身就是一个被侵权人,其对虚假外观的形成完全不知,在这样的情况之下,要求其承担责任缺乏根据,也是不妥的,外观主义原则不能在此适用。

二、《公司法》司法解释(三)的具体问题

1. 公司设立的问题

公司设立的问题,主要是指设立中公司在成立之前,发起人的一些行为,和设立之后,发起人行为的一些责任承担的问题,以及公司未能设立,责任如何分担的问题。

关于设立中公司的概念。设立中公司是《公司法》司法解释(三)中提出的一个概念。设立中公司,是指自发起人签订发起人协议或者达成发起合意时起,至设立登记完成前,尚未取得法人资格的主体。设立中公司虽然不具有法人资格,但却具备某些主体性特征,表现为有自己的名称,有自己的组织规则,有自己的组成成员,有自己的财产,自己的机关。设立中公司可能采取预先核准登记的名称,也可能采取"公司筹备处"这样的名称,但是它的实质可以认为是发起人的合伙体。这个合伙体的代表机关,就是发起人。发起人的行为就是合伙体的行为,亦是设立中公司的行为。

关于设立中公司和公司的关系。公司成立之后,与设立中公司是什么关系?笔者认为是一种承继关系。设立中公司实为公司前身,就像母体中的胎儿,公司登记成立后,成为一个实体,就像一个新生婴儿。两者之间犹如胎儿和婴儿的关系,这种关系实质就是权利义务的承继关系。明晰设立中公司和公司的关系,有利于解决公司设立过程中的各种纠纷,而且,公司法及其司法解释的相关条文规定也是以其为依据的。比如,甲和乙在设立公司的时候,甲负责租房,乙负责购买机器设备,这期间公司成立。如果机器设备的厂商要求支付设备款,其应向谁提出请求?通过查看合同,如果合同加盖的章是公司预先核准的名称,那就是以设立中公司的名义订立了合同,此时公司已经登记成立,根据权利义务的承继关系,公司当然要履行合同义务。如果当时名称还没有预先核准,而直接以发起人的名义,签订合同购买了机器设备,并进厂安装,公司成立后,供货商找到发起人,提出合同是其签订的,设备是其购买的,请求其支付货款,在这样的情况之下,按照合同相对性原则,发起人当然应当支付设备款。发起人付款后,公司要向发起人偿还。当然,公司也可以主动提出,设备是发起人代其购买的,设备属于公司,由公司支付设备款。如果发起人未能付款,在这个问题上,笔者认为可以参照适用《合同法》第四百零三条的规定处理,即发起人以自己的名

义与第三人订立合同时,第三人不知道发起人与公司之间的关系的,发起人因公司的原因对第三人不履行义务的,发起人应当向第三人披露公司,第三人因此可以选择发起人或者公司作为相对人主张其权利。在这种情况下,第三人可以选择发起人本人,也可以选择公司,但是选择后将不能更改。

关于公司未成立的法律后果。公司未成立,实质为一个合伙体解散,应该按照合伙体解散的规则来处理由此产生的纠纷,理清债权债务关系。首先,对外来讲,所有的发起人对于设立中公司的所有债务和费用,承担连带清偿责任。其次,对内来讲,要按照约定的份额承担责任,如果有盈余的话,应按照约定的份额分配盈余。

出资以及违反出资义务的责任是公司设立中的重要问题。对于哪些财产可以出资,要把握一个大原则,即该财产应具备两个属性,一是财产属性,二是可转让性。关于债权能否出资问题,司法解释并没有规定。国家工商管理总局对于普通债权的出资一直持否定态度,债权用于出资工商机关是不予登记的。2011年底,国家工商管理总局公布了《公司债权转股权登记管理办法》。根据该办法,公司债权可以转为公司股权,这意味着债权是可以出资的。

劳务具有人身性,不具备可转让性,出资人不得以劳务作价出资。

对于设定担保的财产,不能当然地认为绝对不能出资。有观点认为,设定担保的财产不能出资,因为设定担保限制了担保物的流通,这是其主要理由。但是,笔者认为,设定担保的财产,如果担保权人同意,当然可以出资。如果担保权人没有同意,出资人只要能够解除财产上的权利负担,其出资也应当是有效的。

另外,要注意需办理权属变更手续的非货币财产,没有履行过户手续将如何处理的问题。这个问题在司法实务中比较常见。比如,出资人用房屋出资,房屋已经向公司交付,但是没有办理变更登记,公司使用多年。公司于成立第三年分红,却没有分给用房屋出资的股东,主要因为公司认为其没有办理过户登记手续,出资有瑕疵。用房屋出资的股东提起诉讼,认为公司已经有分红决议,每名股东按照出资比例一股可以分得两万元,当初房屋作价占出资比例的百分之三十,应分得六十万元。对于这样一个诉讼,首先要解决的问题,就是认定出资是不是有效的。根据司法解释的规定,可以如此处理:责令当事人在指定的合理期间内办理权属变更手续,如果在指定的时间之内办理了权属变更手续的,那么,可以认定轻微瑕疵已经得到弥补,请求分红的权利可以支持;如果在指定的时间之内没有办理权属变更手续的,可以认定其已经违反了出资义务。实际上,常常由于客观障碍,出资人无法办理权属变更手续,甚至有的情况下房屋都不是出资人的,但出资人以其自身名义出资,实际的房屋产权人知悉后主张房屋产权,在这样的情况下,出资人在指定的时间内无法办理权属变更手续。此时,当事人可以用其他的货币或者非货币财产代物出资,不用房屋出资。如果能够代物出资,笔者认为其弥补了瑕疵。当然代物出资之后,还有一个房屋使用的问题。在房屋的使用上,实际上产生了另外一个房屋的实际使用关系,但其属于另外一个纠纷。如果最终也没有代物出资,将认定出资人没有履行出资义务,不能请求分红,房屋实际使用纠纷另行解决。还有一种相反情况,出资人用房屋出资,已经办理了权属变更手续但未交付给公司使用,分红的时候,公司未对该出资人分红。该出资人提起诉讼,法院将如何处理？办理了权属变更手续但实际未交付，是一个严重的实质性瑕疵，也就是说，应属于公司的财产，其利益公司完全没有享受到。即使现在交付，公司在之前的两年内，也是没有享受到出资财产利益的。如果公司或者其他股东认为，其没有实质性地履行出资义务，所以不能对其分红，人民法院可以支持。这是完全两个方向的出资瑕疵问题。

关于犯罪所得出资的问题。贪污、受贿、侵占、挪用等违法犯罪所得出资的效力如何认定，在《公司法》司法解释（三）起草的时候很是踌躇。司法实践中，有很多问题需要和公安机关、检察部门进行协调，其中就包括违法犯罪所得出资的问题。出资人用赃款、赃物对公司出资，事发之后，公安机关或检察部门直接将其所出资的货币划走或将其用于出资的赃物收缴，笔者认为，此种做法有失妥当。《公司法》司法解释（三）对这个问题有所规范。司法解释第一稿曾规定：通过以贪污、受贿、挪用等违法行为所得，用于出资形成的股权的权益，不属于行为人所有，这是第一句话，强调只要用来出资，出资行为是有效的，可以形成股权。第二句话规定了追赃程序，即追究行为人责任的，应当通过处置股权的形式进行，以拍卖或变卖股权所得赔偿受害人或者收缴国库。对此，有人提出，赃款、赃物所形成的股权不属于出资人，而属于谁？比如，出资人用贪污的 1000 万元赃款用于出资，取得 50% 股权，登记在其名下，如果说股权不属于出资人，属于谁？这个问题并不是不好回答，实际上出资人如果是贪污了国家的钱，应当说，股权抽象的实际权利人是国家，该出资人只是一个名义上的持有人。其后公布的司法解释还是对此进行了调整，没有强调这个权利问题，而是规定，对违法犯罪行为予以追究、处罚时，应当采取拍卖或变卖的方式处置其股权。

2. 关于违反出资义务的后果问题

根据司法解释的规定，违反出资义务，第一个法律后果，就是公司可以通过公司章程或者股东会决议对其利润分配请求权、新股优先认购权、剩余财产分配权等股东权利进行合理的限制，除非违反出资义务的股东补足出资。对于公司章程或股东会决议合理的限制规定，人民法院可以支持。第二个法律后果，就是公司或者其他股东可以向违反出资义务的股东追究，公司可以要求其补足出资，其他股东可以要求其承担违约责任。在这个问题上，还存在资本金的利息问题。例如，违反出资义务的股东一年之前就应该出资，但现在才出资，其应该补缴利息。有人对此提出疑问，认为虽然一年之前没出资，但这一年股东权利受到限制，一年之后也没有给该股东分红，现在要求其承担补足出资责任，而且要求补缴从一年之前起算的利息，那么，其出资时间应从什么时候开始起算？如果补缴利息的话，其出资应该是在一年之前，那么，这一年的有关股东权利，是不是也应当可以获得。对于这个问题，笔者认为应从公平原则的角度考虑。作为一个违约人，当违反出资义务的股东被公司请求履行债务的时候，应该赋予公司选择权。公司如果在这一年确实分红了，那么，公司可以要求违反出资义务的股东补足出资，但不要一年的利息。公司的这个选择当然是可以的。相反，如果这一年没有红利可分，公司可以要求违反出资义务的股东补足出资并补缴一年的利息。作为法官，对公司这样的选择应该予以尊重。第三个法律后果，就是公司债权人可以主张，没有履行出资义务的股东，对于公司不能清偿的债务，在未出资本息范围内承担补充赔偿责任。

关于股东除名制度，公司法没有明确规定。股东未履行出资义务，经公司催告缴纳，其在合理期间内仍未缴纳,公司通过章程规定,或者通过股东会决议,解除该股东的股东资格,将其除名,对此,人民法院应予支持。在公司实务中,不履行出资义务,长期拖欠出资款的现象很多。未出资的股东确实缺乏出资能力,在这样的情况之下,公司将其除名,是合理的。对于这个问题,专门征求了全国人大法工委的意见,人大法工委不持异议,认为符合公司法精神。但是适用这制度的时候,要避免当事人利用规则规定来抽回出资。比如说,公司有三名股东,其中一名股东未履行出资义务,公司一直对其催缴出资款,该股东有能力履行但长期拖欠,后该股东打算退出公司,经三人协商后,该股东从公司退出。还有一种情况,股东履行出资义务后,又将其出资全部抽逃,经公司催告返还后,其在合理期间内仍未返还,公司解除该股东的股东资格。未经法定程序,股东不得抽回出资,这是公司法的基本原则,因为要维持公司的资本充实。那么,如果股东通过这样一个制度来抽回出资,将如何处理。根据《公司法》司法解释(三)第十八条第二款的规定,在上述情况下,公司应当及时办理减资程序或者由其他股东或者第三人缴纳相应的出资。在办理法定减资程序或者其他股东或者第三人缴纳相应的出资之前,公司债权人可以请求相关当事人承担相应责任。也就是说,公司债权人向公司主张权利的时候,如果股东除名之后没有履行法定减资程序,没有其他股东或第三人补足出资的话,公司债权人仍然可以请求未履行出资义务或抽逃出资的股东承担补充赔偿责任。股东被除名,出资义务被免除,但由于该出资义务的免除,将使注册资本形成漏洞,造成公司资本不实。因此,人民法院可以支持除名决议,但是人民法院还应当释明,要求公司在合理期限之内,履行法定的减资程序或者由其他股东或第三人另行认缴。如果公司未按规定减资,其他股东或者第三人也没有另行出资,那么公司债权人发现公司财产不足以清偿债务的时候,可以要求原来的股东承担补充赔偿责任。注册资本的漏洞要补上,不能利用这个程序抽回出资,这在审判实践中应该注意。

3. 关于股权确认问题

前文对外观主义原则的阐释,已经对这部分内容的大致框架予以了介绍。股东之间发生纠纷的时候,如何对股东资格进行确认?股东之间的纠纷属于内部关系,应该查清实际履行出资义务的出资人,而不能按照公司的股东名册或者工商登记来确认股东资格。公司和股东之间发生纠纷的时候,应当按照股东名册来确认股东身份。如果公司应当将股东记载于股东名册而不记载,应当签发股东证明书而不出具,股东可以向人民法院提出请求,要求公司将其记载于股东名册或者对其签发股东证明书。关于股东资格的外部第三人识别问题,要遵循外观主义原则,公司外部的债权人,可以根据工商登记、股东名册识别股东。

民商事审判实务若干争论问题①

——以合同法和担保物权法为中心

王 闯*

第一部分：关于合同法领域中的几个争论问题

当前,全球性金融危机日益蔓延,世界经济增长减速日益明显,对我国金融市场和经济增长的影响日益加大。这些影响所引发的矛盾和纠纷在司法领域已经出现明显反映。商事案件尤其是与企业经营相关的商事合同纠纷案件呈大幅增长的态势,同时出现了更多由宏观经济形势变化所引发的诸多审判实务问题。如何调整过高的违约金、情事变更原则如何运用、如何认定和计算可得利益损失、如何区分强制性规定等问题颇为显著。研究和探讨这些商事审判实务中与宏观经济形势变化密切相关的重点和争论问题,对于人民法院应对金融危机,有效化解商事合同纠纷,维护诚信的市场交易秩序,保障公平法治的投资环境等无疑具有一定的理论价值和实践意义。

一、关于依法合理调整违约金的问题

由于国内宏观经济环境的变化和影响,买卖、加工等商事合同履行过程中违约现象非常突出。针对双方当事人在合同中所约定的过分高于违约造成损失的违约金或者极具惩罚性的违约金条款,审判实务中存在较大争议。该问题的妥当处理取决于如何理解《合同法》第一百一十四条和《最高人民法院关于适用〈中华人民共和国合同法〉若干问题的解释（二）》[以下简称《合同法解释（二）》]第二十九条关于调整过高违约金的规定内容和精神。

1. 关于违约金的性质和调整的立法精神。无论是民法理论界还是审判实务界关于违约金的性质历来众说纷纭,莫衷一是,基本存在补偿说、惩罚说、双重说以及目的解释说等四种观点。综合比较,笔者认为,无论是补偿说抑或是惩罚说,均有失偏颇,"以补偿为主、以惩罚为辅"的双重说更符合《合同法》第一百一十四条规定的违约金的性质。当约定的违约金低于造成的损失的情况下,违约金体现赔偿性;当违约金高于造成损失的情况下,违约金兼有赔偿与惩罚的双重功能,违约金与损失相等部分,违约金体现为赔偿性,超过损失的

---

* 最高人民法院民事审判第二庭审判长。
① 本文是根据作者在国家法官学院的讲课录音整理出的文稿。

部分,违约金体现惩罚性。该观点已为最高人民法院(2004)民二终字第125号"青岛市光明总公司与青岛啤酒股份有限公司为双方之间啤酒买卖合同纠纷"民事判决书所确认:"《合同法》第一百一十四条等规定已经确定违约金制度系以赔偿非违约方的损失为主要功能,而不是旨在严厉惩罚违约方。"

在适用《合同法》第一百一十四条调整过高的违约金数额时,准确把握该授权条款的立法本意和精神可谓至关重要。合同自由并非绝对,需以合同正义予以规制,以防止违约金条款成为一方压榨另一方和获取暴利的工具。"尽管合同法并不要求违约金数额与违约损失额完全一致,但也并非意在使两者差异悬殊而导致两者成为相互迥异的两个事物。违约金的数额与违约损失的数额应当大体一致,是商品交换等价原则的要求在法律上的反映,是合同正义的重要内容和合同法追求的理想之一。"在金融危机中企业经营状况普遍较为困难的情况下,人民法院"不能将违约金条款完全留待当事人约定,尤其是对数额过高的违约金条款,更是如此。如果任由当事人约定过高的违约金且以意思自治为由予以支持,在有些情况下,无异于鼓励当事人通过不正当的方式取得暴利,也可能促使一方为取得高额违约金而故意引诱对方违约。有鉴于此,人民法院可以对不合理的违约金数额进行调整,以维护民法的公平和诚实信用原则,并使违约方从高额且不合理的违约金责任的束缚中解脱出来"①,防止赌博性约定隐藏的道德风险,避免出现对一方利益不当或过度保护而对另一方制裁过于严厉的裁判结果。

2. 关于衡量违约金过高的标准。人民法院依据《合同法》第一百一十四条规定调整过高的违约金时,应避免绝对地按照固定比例调整那种"一刀切"的简单做法,防止机械司法而造成的以偏概全、挂一漏万等的实质不公平结果。根据《合同法解释(二)》第二十九条之规定,至少应当综合衡量多种因素。首先,"违约造成的损失"可谓衡量违约金是否过高的最基础、最重要的标准,该因素要求人民法院应当查明违约造成的损失。其次,应考虑合同的履行程度。毋庸置疑,已经几近履行完毕的合同和尚未履行的合同,违约所造成的结果存在较大区别。《法国民法典》第1231条规定:"主债务已经一部履行者,审判员得酌情减少违约金。"我国台湾地区"民法"第251条亦规定:"债务已为一部履行者,法院得比照债权人因一部履行所受之利益,减少违约金。"其立法理由在于:"谨按当事人以契约预定违约金者,于债务人不履行债务时,应即支付违约金,此属当然之事。然债务人已为一部之履行时,如仍使照约支付违约金,则债务人备受不测之害,殊失情理之平。故法院得比照债权人因一部履行所受之利益,减少违约金,以期得公平之结果。此本条所由设也。"②我国《合同法》对此虽未明确,但可以认为《合同法》第一百一十四条第二款包含该种因素,故《合同法解释(二)》第二十九条第一款确认该项考量因素。再次,应考虑当事人的过错程度。有观点认为,合同法在违约责任归责原则方面采严格责任原则,因此不应考虑违约方是否存在过错。笔者认为,违约方的恶意违约还是过失违约,直接决定违约金的补偿性和惩罚性功能的此消彼长。《合同法》分则以诸多单行法规中特别规定违约责任为过错责任之场合,无疑应当将过错作为违约金成立的要件。在违约金过高之情形,由于惩罚性违约金的目的在

---

① 参见最高人民法院(2004)民二终字第125号民事判决书。
② 韩世远:《合同法总论》,法律出版社2008年版,第595页。

于给债务人心理上制造压力,促使其积极履行债务;在债务不履行之场合,表现为对过错的惩罚,因此债务人的过错应成为惩罚性违约金的要件。最后,人民法院应考虑当事人缔约时对可得利益损失的预见、当事人之间的交涉能力是否平等、是否适用格式合同条款、是否存在过失相抵、减损规则以及损益相抵规则等因素,根据诚实信用原则和公平原则,结合案件的实际情况,综合衡量。

3. 关于行使释明权或者依法主动调整。审判实践表明,对于在守约方提起的违约之诉中,违约方通常以合同不成立、合同不生效、合同无效或者不构成违约进行免责抗辩而未提出违约金调整请求的情形,为了避免给违约方带来法官先入为主、判决前已经认定其构成违约的误解,以及防止将来产生不必要的调整过高的违约金之诉,笔者认为,人民法院可以就违约金是否过高的问题进行释明,即假设违约成立,是否认为违约金过高。对于已经向违约方进行释明但违约方坚持不提出调整违约金请求的,人民法院应当遵循合同法意思自治原则,一般不予主动调整。但是如果按照约定违约金标准判决将严重违反公序良俗原则、诚信原则和公平原则并导致利益严重失衡的,人民法院可以根据《合同法》第五条之规定进行调整。

4. 关于违约金过高的举证责任分配。笔者认为,在违约方请求减少过高的违约金时,应当按照"谁主张、谁举证"原则,赋予违约方以证明违约金过高和违约造成实际损失的举证责任;同时,鉴于衡量违约金是否过高的最重要标准是违约造成的损失,守约方因更了解违约造成损失的事实和相关证据而具有较强的举证能力,因此人民法院应当合理分配举证责任,将证明违约金约定合理的举证责任分配给守约方。

5. 关于合同解除后的违约金条款适用。在合同因一方违约而被解除之情形,守约方可否行使支付违约金请求权,值得探讨。有观点认为,合同因解除而溯及既往地消灭,皮之不存,毛将焉附?故违约金条款自然丧失其所附丽的基础,违约金请求权自当归于消灭。[①] 也有观点认为:"因为当事人违约而产生的违约金责任是客观存在,不能因合同解除而化为乌有,对此,不论什么性质的违约金均应一样。为了照顾违约金需要以合同关系存在为前提的理论,在合同解除有溯及力时,可以拟制合同关系在违约金存在的范围内继续存在。"[②]笔者认为,违约金是当事人通过约定而预先设定并独立于履约行为之外的给付行为,属于《合同法》第九十八条规定的合同中的结算和清理条款,其效力并不因合同的权利义务终止而受到影响。在因一方违约而导致合同解除之场合,人民法院应当认定守约方可以行使违约金请求权。

二、关于情势变更原则的适用问题

金融危机形势下,企业之间的产品交易、资金流转因原料价格剧烈波动、市场需求关系的变化、流动资金不足等诸多因素的影响而产生大量纠纷,部分当事人在诉讼中提出适用情势变更原则变更或者解除合同的请求,如何在审判实务中妥善适用情事变更原则,成为

---

① 参见左觉先:《论契约解除后违约金之请求权是否存在》,载郑玉波主编:《民法债编论文选辑(中)》,台湾地区五南图书出版公司1984年版,第885页。
② 崔建远:《合同责任研究》,吉林大学出版社1992年版,第257页。

当前商事审判中的难点问题。

合同法的立法者考虑到不可抗力基本涵盖了情事变更,而且情事变更与商业风险难以区分,加之防止法官滥用情事变更原则,故未在合同法中规定情势变更原则。但同时应当看到,合同法也未明文禁止适用该原则。因此,笔者认为,对于合同成立后发生了当事人缔约时无法预见的、非不可抗力造成的不属于商业风险的重大变化,继续履行合同将显失公平或不能实现合同目的的,人民法院可以根据《合同法》第五条关于公平原则的规定、《合同法解释(二)》第二十六条关于情事变更的规定以及最高人民法院以往发布的诸如法函〔1992〕27号等个案批复精神,酌情对当事人的利益格局予以公平合理的调整。

1. 关于情势变更原则的适用条件。按照合同法通说,情势变更原则的适用要件包括须情事变更的事实、须发生在合同成立以后至履行完毕之前、须情事变更的发生不可归责于当事人、须情事变更是当事人缔约时不可预见以及情事变更须使履行原合同显失公平等五个要件。其中,适用情势变更原则的重要要件之一是在合同成立之后出现了当事人缔约时无法预见的诸如全球性或区域性战争、自然灾害、经济危机或者国家经济政策的重大调整等客观重大变化。那么,自2007年8月美国"次贷危机"所引发的全球性金融危机和国内宏观经济形势变化是否可以作为当然的情事变更事由呢?笔者认为,这场全球性金融危机并非完全是一个令所有市场主体猝不及防的突变过程,而主要是一个日益发展、逐步演变的过程。在演变过程中,市场主体应当对于市场风险存在一定程度的预见和判断,在审判实务中对于当事人提出"无法预见"主张的,人民法院应当慎重审查。

在确定是否可预见时,有三个因素应当明确。其一,预见的时间。预见的时间应当是合同缔结之时。其二,预见的标准。该标准应为主观标准,即以遭受不利益一方当事人的实际情况为准。其三,风险的承担。如果当事人在缔约时能够预见情事变更,则表明其承担了该风险,自无运用情事变更之余地。如果根据合同的性质可以确定当事人自愿承担一定程度的风险,亦不能适用情事变更原则。例如,合同标的物是石油、焦炭、有色金属等市场属性活泼、长期以来价格波动较大的大宗商品或者是股票、期货等风险投资型金融产品,通常不宜适用情势变更原则。

2. 关于情事变更与商业风险的区分。情事变更与商业风险虽然不易区分,但两者并不相同。其一,商业风险属于从事商业活动的固有风险,尚未达到异常变动程度的供求关系的变化、价格的涨跌等均属于商业风险;而情事变更原则是作为合同成立基础的环境发生了异常变动,是当事人在缔约时无法预见的非市场系统固有的风险。其二,对于商业风险,法律推定当事人可以预见;对于情事变更,当事人未预见到,也不能预见。其三,商业风险给当事人带来的损失,从法律的观点上看可归责于当事人,而情事变更则不可归责于当事人。① 其四,商业风险是能够由当事人自行承担的,通常当事人在缔约时已将商业风险合理地计算在内并形成相应的合同价格,由一方当事人承担并不会导致显失公平;而情事变更要处理的问题是由于当事人缔约时不可预见的情事变更,仍然坚持合同严守原则,在结果上导致对于一方显失公平,而另外一方获得暴利。因此,人民法院在衡量某种重大客观变

---

① 崔建远主编:《合同法》,法律出版社2007年版,第126页。

化是否属于情事变更时,应当注意考量风险类型是否属于社会一般观念上的预先无法预见、风险程度是否远远超出正常人的合理预期、风险是否可以防范和控制、交易性质是否属于通常的"高风险、高收益"范围等因素,并结合市场的具体情况,在个案中识别情事变更和商业风险。

3. 关于再交涉义务与各方利益格局的平衡。《合同法解释(二)》第二十六条规定,在发生情事变更时,当事人可以请求人民法院变更或者解除合同。其中值得探讨的问题是:当事人是否应负有"再交涉义务"以及是否承担违反该义务的法律责任?《国际商事合同通则》第6·2·3条第1款规定:"若出现艰难情况,处于不利地位的当事人有权要求重新谈判。"《欧洲契约法原则》第6:111条第2款规定:"如果由于情事的变更使合同履行变得格外困难,当事人应当进行磋商以改订合同或者解除合同。"我国《合同法》数次草案均曾规定,情事变更的效果包括受不利益的当事人可以要求对方就合同的内容重新协商。笔者认为,《合同法解释(二)》第二十六条虽然未明确规定"再交涉义务",但在解释上应当肯定"再交涉义务"的存在。该义务并非结果义务,而是行为义务,即当事人主要符合诚信地进行了再交涉,即符合要求。但如果当事人违反诚实信用原则而拒绝磋商或者恶意中止磋商,是否承担因此造成的损害赔偿责任呢?《欧洲契约法原则》第6:111条第3款规定:"在任何一种情形,法院可以对因一方当事人悖于诚实信用与公平交易之拒绝磋商或者中止磋商而遭受的损失判予损害赔偿。"我国审判实务是否肯定因违反"再交涉义务"而发生的损害赔偿责任,有待研究。应当看到,如果对于违反"再交涉义务"不规定一定的法律后果,将导致该义务沦为纯粹的道德宣示,而不成其为一项义务。笔者认为,审判实务有必要借鉴这种做法。

如果当事人经过诚信的再交涉后仍然无法改订合同而请求人民法院变更或解除合同的,人民法院在利益衡量方面应当认识到,司法解释规定情势变更原则的适用并非单向地豁免债务人的义务而使债权人单方承受不利后果,而是要求人民法院应当充分注意利益均衡,公平合理地调整双方利益格局。在调整尺度的价值取向把握上,人民法院仍应遵循侧重于保护守约方的原则。

此外,鉴于情事变更属于极其例外的非市场固有风险发生情形,为防止情事变更原则被滥用而影响市场正常的交易秩序,下级法院在审理商事合同纠纷中适用情事变更原则的,要逐级报送至上级法院核准,并报最高人民法院备案。

三、关于可得利益损失的认定问题

《合同法》第一百一十三条第一款明文规定可得利益损失的赔偿问题,但审判实践中关于可得利益的计算方法和标准各异,裁判结果不一。现根据江苏省高级人民法院的调研成果对可得利益损失的认定和计算问题作一梳理和归纳。

1. 关于可得利益损失的界定及类型。合同法上的实际损失通常包括直接损失和可得利益损失。可得利益损失,是指在生产、销售或提供服务的合同中,生产者、销售者或服务提供者因对方的违约行为而受到的预期纯利润的损失。质言之,可得利益是合同履行后的纯利润,不包括主观推测的损失以及为取得利润所支付的费用。可得利益的计算必须是将来实际会得到的切实的利益,如果并非实际可以得到的,则属于主观的推测,不能计算在损害赔偿额内。

可得利益损失类型的界定通常取决于交易的性质、合同的目的等因素,并基本包括生产利润损失、经营利润损失和转售利润损失等三种主要类型。对于生产设备和原材料等买卖合同违约中,因出卖人违约而造成买受人的可得利益损失属于生产利润损失。人民法院可以根据所延误的生产期限与平均经营利润或通常市场条件下利润率等可比利润率进行计算。对于承包经营、租赁经营合同以及提供服务或劳务的合同中,因一方违约造成的可得利益损失属于经营利润损失。人民法院可以根据履约期间的平均利润来计算违约期间的经营利润损失。对于先后系列买卖合同中,因原合同出卖方违约而造成其后的转售合同出售方的可得利益损失属于转售利润损失。人民法院可以根据转售合同价款与原合同价款的差额,再扣除必要的转售成本进行计算。

2. 关于可得利益损失的认定规则。在计算和认定可得利益损失时,通常应运用三个规则。其一,可预见规则。根据《合同法》第一百一十三条第一款的规定,锁定违约方在缔约时应当预见的因违约所造成的损失,包括合理预见的损失数额和根据对方的身份所能预见到的可得利益损失类型。例如,守约方是生产企业,那么通常违约方应当预见到生产利润损失,而不应预见到转售利益损失。其二,要适用减损规则。应根据《合同法》第一百一十九条之规定,衡量守约方为防止损失扩大而采取的减损措施的合理性,守约方的减损措施应当是根据当时的情境可以做到且成本不能过高的措施。其三,要运用损益相抵规则。当守约方因损失发生的同一违约行为而获益时,其所能请求的赔偿额应当是损失减去获益的差额,运用该规则旨在确定受害人因对方违约而遭受的"净损失"。通常而言,可以扣除的利益包括:标的物毁损的残余价值、本应支付因违约行为的发生而免予支付的费用、守约方本应缴纳的税收等。以上述三个认定规则为基础,可得利益损失的计算公式基本是:可得利益损失赔偿额=可得利益损失总额－不可预见的损失－扩大的损失－受害方因违约获得的利益－必要的成本。

3. 关于损失认定的举证责任分配。人民法院认定可得利益损失时应当合理分配举证责任。(1)因违约行为的发生守约方遭受了哪些可得利益损失,包括生产利润损失、经营利润损失、转售利润损失等,由守约方负举证责任。(2)守约方所遭受的可得利益损失中,哪些是违约方在订约时可以预见的,守约方负举证责任;至于不可预见的损失,既可以由守约方举证,也可以由人民法院自由裁量。(3)守约方是否因违约而获有利益,如规避了市场风险、少支出了费用等,由违约方负举证责任。(4)守约方是否存在没有采取合理减损措施而导致损失扩大的情形,违约方负举证责任。(5)守约方取得利益需要支出的成本,守约方负举证责任。

4. 关于可得利益损失认定的除外情形。通常认为,以下三种情形不能适用可得利益损失赔偿的规则。第一,存在欺诈情形。《合同法》第一百一十三条第二款规定:"经营者对消费者提供商品或者服务有欺诈行为的,依照《中华人民共和国消费者权益保护法》的规定承担损害赔偿责任。"据此,当违约方违约存在恶意欺诈的情况下,并不适用可得利益的赔偿原则,而是适用《中华人民共和国消费者权益保护法》中双倍赔偿的规定。第二,在违约导致人身伤害或死亡以及精神损害之情形。由于违约方在订立合同时不能预见这种损失,因此不属于可得利益赔偿范围。人身伤亡以及精神损害赔偿属于侵权法调整范畴,受害方应当根据侵权行为法规则主张权利和损害赔偿。第三,当事人订立合同时若约定了违约金或者损害赔偿的计算方法之情形。该情形之存在意味着排除了可得利益赔偿规则的适用余地。无论当事人约定的数额是否精确,都是当事人在订立合同时所预见到的损失数额,并没有超过订约人的预见范围,因此没有必要再适用可得利益损害赔偿的规则。

四、关于强制性规定的识别问题

《合同法》第五十二条第(五)项规定"违反法律、行政法规的强制性规定",合同无效。如何理解和适用其中的"强制性规定",在审判实务中成为一个见仁见智的争论问题。按照通常的看法,强行性规范通常以"应当"、"必须"、"不得"等用语提醒当事人必须严格遵守而不得随意以协议交易改变,但由于文字表义的局限性,立法者在制定法律法规条文时,其所使用的文字常常背离其立法愿意,因此,在合同的有效和无效取决于一个法律条文是否属于强行性规范时,如果法官仅仅以条文的措辞或用语作为区分或判断标准,是远远不够的,甚至在许多情况下是相当危险的。① 在国内经济形势发生变化的情形下,《合同法解释(二)》第十四条规定:"合同法第五十二条第(五)项规定的'强制性规定',是指效力性强制性规定。"笔者认为,这是一个原则性、理念性的规定,即认定合同违反强制性规定时,应当是违反效力性强制性规定,而非管理性强制规定,人民法院不得仅以违反管理性强制性规定为由认定合同无效。这意味着司法解释将法律、行政法规的强制性规定做出效力性和管理性之区分。

1. 关于效力性强制规定与管理性强制规定的区分。所谓强制性规定,系与任意性规定相对,是指直接规范行为人的意思表示或者事实行为,不允许行为人依其自由意思而加以改变或排除其适用,否则,将受到法律制裁的法律规定。据此,强制性规定通常包括如下形态:其一,关于规制意思自治以意思自治行使要件的规定,诸如行为能力、意思表示生效要件以及合法的行为类型(限于对行为类型有强制性规定的情形);其二,关于保障交易稳定、保护第三人信赖的规定;其三,关于为避免产生严重的有失公平的后果或者为满足社会要求而对意思自治予以限制的规定。

审判实务中欲妥当理解"强制性规定",需先认识强制性规定中之"强制"一词。"强制"一词并非指必须遵守这些行为规范,否则即可采取强制措施或产生不利之法律后果;其

---

① 现代法律解释学上的一个重要规则是:法律不经解释不能适用。法律适用的关键在于法律解释,解释不当必然导致适用不当。法律解释通常是探寻法律的原意解释,即探求立法者在制定法律时所作的价值判断及其所欲实现之目的。而探寻原意解释的前提是:假定一部法律或一个法条存在一个贯穿始终的原意和目的,并将之作为理所当然的理解和解释的出发点。由于认知能力和文字自身之局限,人类自古以来就存在"书不尽言,言不尽意"、"意之所随,不可尽言"之问题。同样,无论是在立法抑或是司法解释的制定过程中,就如何解决某问题的方案或措施方面必然出现"仁者见仁,智者见智"之情形,即便对条文的相关措辞也经常产生分歧。为妥协诸多分歧之意见,起草者在拟定条文时有时会使用一些具有涵盖力的语言来掩盖分歧,形成一种这些问题在最后形成的文本中似乎"消失"了的表象。其实,问题仍然存在,分歧并未消除,而是处于一种潜伏状态并可能在将来的实务理解和适用之中暴露出来。因此,简单武断地从条文的字面来理解并适用中国立法和相关司法解释,必然存在一定的不确定性和危险性。

实,强制性规定也包括那些仅仅确定某些法律行为的生效要件的规定,至于是否从事这些法律行为,仍属当事人契约自由。因此,强制性规定之"强制",是指无论当事人的意思如何,这些规范总是适用。考察法律法规中强制性规定之实际,可以发现诸多不同情形:有些强制性规定仅仅起到为当事人设定一般性义务之作用;有些是为了保护特殊场合下一方当事人的利益;有些是为了法律制度上要求的需要(比如物权法定主义);有些则可能是纯粹出于民法以外的法律规范目的(比如行政管理上的需要)等。① 因此,强制性规定的违反并不必然导致对合同效力的绝对否定。

近年来,我国民法理论界和司法实务界均对强制性规定的分类进行了一定程度的探讨,并形成效力性强制性规定与管理性强制性规定之区分及其不同效力影响之认识。迄今为止就该问题形成的共识是:强制性规定区分为效力性强制规定和管理性强制规定,违反效力性强制规定,合同无效;违反管理性强制规定,合同未必无效。

2. 关于两类强制性规定区分的理论基础。根据效力性强制规范与管理性强制规范之区分理论,所谓效力性强制规范,是指对违反强制性规范的私法上的行为,在效力后果上以私法上的方式予以一定的强制性规定。即当事人所预期的私法上的法律效果会受到一定的消极影响,诸如被认定无效或者效力待定等。所谓管理性强制规范,是指其被违反后,当事人所预期的私法上的效果不一定会收到私法上的制裁的强制性规定,但这并不排除可能受到刑事上或行政上的制裁。质言之,违反效力性强制规范的,合同应被认定无效;违反管理性强制规范的,合同未必无效。理由在于:效力性强制规范着重于违反行为之法律行为的价值,以否认其法律效力为目的;而管理性强制规范着重于违反行为之事实行为价值,以禁止其行为为目的。

3. 关于两类强制性规定区分的实务基础。现以法经(2000)27号请示答复②为例,具体阐释两类强制性规定的实务运用。该请示案的事实概要为:某信用社与借款人某公司、担保人某工厂于1996年8月8日签订一份借款合同,信用社依约借给某公司人民币1200万元,该数额超过了信用社资本余额的10%,违反了《商业银行法》第三十九条第(四)项关于"商业银行贷款,应当遵守下列资产负债比例管理的规定:(四)对同一借款人的贷款余额与商业银行资本余额的比例不得超过百分之十"之规定。③ 由此引发的问题是:在此种情形下,该合同是否有效? 应当如何认识《商业银行法》第三十九条各项规定是否属于强制性规定以及属于何种强制性规定?

请示法院在审理该案件过程中存在三种意见。第一种意见认为,该合同无效。理由在于:由于经济合同法明确规定,违反法律和行政法规的合同为无效合同。《商业银行法》是全国人大制定的法律,且该法明确规定银行对同一借款人的贷款余额与商业银行资本余额的比例不得超过10%,这属于法律中的禁止性规定,违反此规定所签订的借款合同应认定无效。主合同无效,从合同也无效,担保人对银行是否超过比例放款不可能明知,所以其无过错,不应承担责任。第二种意见认为,基于第一种意见所依据的观点也应认定超过比例

---

① 参见崔建远:《合同法总论(上)》,中国人民大学出版社2008年版,第283页。
② 河北省高级人民法院(1999)冀经请字第3号请示。
③ 根据《商业银行法》第八十九条之规定,城市信用合作社适用商业银行的有关规定。

部分无效,未超过的部分应有效,担保人应对未超过的部分承担担保责任。第三种意见认为,该借款合同有效。理由在于:《商业银行法》第三十九条之规定属于银行内部管理规定,目的是减少银行风险。如果违反该规定,仅仅是增大了银行的风险,而并不损害他人利益,且此条规定银行贷款"应当"遵守下列条款,该规定并非"禁止性"条款,不应以该条认定合同无效,所以该合同及担保合同有效,担保人应当根据合同约定承担责任。该意见也是该院审委会的倾向性意见。[1]

最高人民法院经研究并征求中国人民银行意见后,于 2000 年 1 月 19 日做出法经(2000)27 号《关于信用社违反商业银行法有关规定所签借款合同是否有效的答复》之答复:"《中华人民共和国商业银行法》第三十九条是关于商业银行资产负债比例管理方面的规定。它体现中国人民银行更有效地强化对商业银行(包括信用社)的审慎监管,商业银行(包括信用社)应当依据该条规定对自身的资产负债比例进行内部控制,以实现盈利性、安全性和流动性的经营原则。商业银行(包括信用社)所进行的民事活动如违反该条规定的,人民银行应按照商业银行法的规定进行处罚,但不影响其从事民事活动的主体资格,也不影响其所签订的借款合同的效力。"可以说,该请示答复为审判实务区分管理性强制规范与效力性强制规范提供了实证基础。此外,最高人民法院发布的不少司法解释和司法解释性文件均对强制性规范采取了区分态度。例如,商品房预售人没有交付全部土地使用权出让金,无建设工程规划许可证,投入开发建设的资金未达到工程建设总投资的 25% 以上的,显然违反了《城市房地产管理法》第三十八条第(一)项和第三十九条第一款的规定。这些规定虽然属于强制性规定,但却属于管理性强制规定。对于违反规定的商品房预售合同,法释〔2003〕7 号并未认定合同无效,而是规定在起诉前预售人取得商品房预售许可证的,可以认定预售合同有效。

笔者认为,在审判实务中区分效力性强制规范和管理性强制规范,应综合法律法规的意旨,权衡相互冲突的权益(诸如法益的种类、交易安全、其所禁止者究竟是针对双方当事人或仅一方当事人等)加以认定。例如,法律法规禁止在某时间、地点营业者,仅涉及缔结法律行为的外部情况,而非禁止特定行为的内容,故应认定此规范为管理性强制规范,不影响法律行为的效力。在把握不准时,应当征求相关部门的意见或者请示上级人民法院。

第二部分:关于担保物权法领域中的几个争论问题

由于《民法通则》、《担保法》、《物权法》、《海商法》等法律皆规定有担保物权,尤其是《物权法》的施行并未废止《担保法》等法律,因此《物权法》施行后将出现《民法通则》、《担保法》、《物权法》、《海商法》等诸法并行之局面,并由此引发法律冲突。这些法律冲突之处理,应依《立法法》第八十三条与《物权法》第一百七十八条规定的原则和精神,根据"上位法优于下位法"、"新法优于旧法"、"特别法优于一般法"的原则处理。《民法通则》与《物权法》虽为同位法,但《物权法》是新法;《担保法》与《物权法》虽皆规定有担保物权,但《物权

---

[1] 河北省高级人民法院(1999)冀经请字第 3 号请示。

法》是上位法;尽管《物权法》与《海商法》、《民用航空法》都规定有船舶、航空器抵押权等担保物权,但《海商法》、《民用航空法》是特别法。下面主要探讨六个担保物权方面的争论问题。

一、担保物权优先受偿性的除外规则

《担保法》第三十三条(抵押权)、第六十三条(质权)、第八十二条(留置权)等规定皆强调担保物权的优先受偿性,《物权法》第一百七十条亦规定:"担保物权人在债务人不履行到期债务或者发生当事人约定的实现担保物权的情形,依法享有就担保财产优先受偿的权利,但法律另有规定的除外。"两者的重要区别在于《物权法》第一百七十条的但书(笔者将该但书称为"担保物权优先受偿性的除外规则")。该但书可谓《物权法》对优先权制度的一个明确表态。是否规定优先权制度,是《物权法》制订过程中的争点之一。所谓优先权,是指立法者为特定的目的(诸如为保护国家利益或社会弱势群体或维护民法的公平原则等),出于立法政策考虑而通过法律直接规定给予特定债权人以优先于其他债权人、甚至担保物权而受偿的权利。这种优先受偿权是基于法律的直接规定,而非当事人的约定。我国学界对《物权法》是否规定优先权制度存在分歧,其中,梁慧星教授领衔起草的物权法草案没有规定优先权制度,王利明教授负责起草的物权法草案则详细地规定了优先权制度①。人大法工委的物权法草案以及公布稿均未规定优先权制度。主要考虑因素有三:第一,深受德国民法影响的中国民法的一个突出特征在于严格区分相对权和绝对权,民法体现中泾渭分明地存在债权和物权两大分野。优先权在本质上是作为债权平等的例外,对特定债权人承认其债权享有优先受偿的一种权利。因其在根本性质上并不具备物权所具有的绝对排他性,尤其是各种优先权情况各异,有的只是一般债权,有的则是特殊担保物权,若在物权法中规定优先权,必将混淆相对权与绝对权的界限,破坏物权法体系的逻辑周延性和体系完整性。第二,因优先权不需要公示,故严重背离物权公示原则,危及交易安全。德国民法正是出于交易安全的考虑才不规定优先权;我国台湾地区"民法"在考虑交易安全需要的同时,亦考虑立法技术问题,为避免优先权的一般条款与法定担保物权制度功能之重复,亦未规定优先权制度②。虽然日本民法规定有优先权即先取特权制度,但其先取特权被规定为法定担保物权。第三,我国物权法不规定优先权制度,并不意味着否定优先权制度,通过相关立法同样可以实现优先权之立法目的,我国《海商法》和《民用航空法》上关于船舶和航空器优先权的规定,即是相当成功的范例。纵观我国现行法律规定,属于《物权法》第一百七十条但书规定情形的权利主要有以下几种:

其一,特定情形下未清偿的职工债权。尽管新《企业破产法》第一百零九条明确规定:"对破产人的特定财产享有担保权的权利人,对该特定财产享有优先受偿的权利",但该法

---

① 该草案第一编第四章第四节规定优先权,包括一般规定、一般优先权、特别动产优先权、特定不动产优先权以及知识产权优先权。参见王利明主编:《中国物权法草案建议稿及说明》,中国法制出版社 2001 年版。
② 我国台湾地区"民法"的担保物权制度中,已经规定有与优先权制度功能相同的类似制度,诸如在抵押权中有法定抵押权,在质权中规定有法定质权,而留置权本身即为法定担保物权。鉴于这些法定担保物权能够部分替代优先权制度对特定债权人的特定债权的保护功能,因此优先权制度在民法典中的立法空间已非常狭小,若再规定优先权一般条款,势必与法定抵押权、法定质权和留置权发生冲突,有立法重复之嫌。

第一百三十二条规定:"本法施行后,破产人在本法公布之日前所欠职工的工资和医疗、伤残补助、抚恤费用,所欠的应当划入职工个人账户的基本养老保险、基本医疗保险费用,以及法律、行政法规规定应当支付给职工的补偿金,依照本法第一百一十三条的规定清偿后不足以清偿的部分,以本法第一百零九条规定的特定财产优先于对该特定财产享有担保权的权利人受偿。"根据该条规定,对于2006年8月27日新《企业破产法》公布前形成的未受清偿之职工债权,在按照正常破产清偿顺序无法实现时,则以设定担保的特定财产受偿,此时未清偿的职工债权优于担保物权。该条规定宣示着立法者在特定历史时期解决社会矛盾、维护社会稳定、彰显社会公平、特殊保护社会弱势群体的立法政策取向,这也是新旧《企业破产法》之间的重要区别之一。

其二,建筑工程承包人的优先受偿权。《合同法》第二百八十六条规定了建筑工程承包人的优先受偿权。[①] 尽管学界对于该项权利之性质存在法定抵押权、优先权、不动产留置权的争论,[②]但审判实践直接面对的问题是建筑工程承包人的优先受偿权与建筑工程上的一般抵押权何者优先?为了平衡建筑工程承包人和发包人的关系,制约发包人拖欠承包人工程款的行为,保障建筑工人的劳动收入,维护消费者和劳动者等社会弱势群体的利益,最高人民法院于2002年6月20日公布《关于建设工程价款优先受偿权问题的批复》,该司法解释明确规定:"建筑工程的承包人的优先受偿权优于抵押权和其他债权。"

其三,船舶、航空器优先权。《海商法》第二十二条规定属于船舶优先权的海事请求权包括:船长、船员的工资、劳动报酬、遣返费用和社会保险费;营运中人身伤亡的赔偿;船舶吨税、引航费、港务费和其他港口规费的缴付;海难救助款项等。该法第二十五条规定了权利冲突的解决次序:"船舶优先权先于船舶留置权受偿,船舶抵押权后于船舶留置权受偿。"同样,《民用航空法》第十九条规定民用航空器优先权包括:援救报酬;保管维护必需费用的请求权。该法第二十二条亦明确规定:"民用航空器优先权先于民用航空器抵押权受偿。"这两部特别法规定优先权的目的显然是为了保护职工工资,维护社会公益和实现社会公平。

其四,担保财产承租人的优先购买权。《物权法》第一百九十条规定:"订立抵押合同前抵押财产已出租的,原租赁关系不受该抵押权的影响。抵押权设立后抵押财产出租的,该租赁关系不得对抗已登记的抵押权。"可见,该条明确地对担保财产的租赁权与抵押权关系做出制度安排,尤其是在先租后押场合,重申了《合同法》第二百二十九条关于"买卖不破租赁"的原则。但应当注意,《合同法》第二百三十条单独规定了承租人的优先购买权,[③]该条规定具有独立功能和保护目的,其所保护的对象并非承租人的租赁权,而是承租人的优先购买权,即特别保护承租人获取租赁物所有权的一种机会。承租人的这种机会是《合同法》

[①] 该条规定:"发包人未按照约定支付价款的,承包人可以催告发包人在合理期限内支付价款。发包人逾期不支付的,除按照建设工程的性质不宜折价、拍卖的以外,承包人可以与发包人协议将该工程折价,也可以申请人民法院将该工程依法拍卖,建设工程的价款就该工程折价或者拍卖的价款优先受偿。"

[②] 梁慧星教授认为:考察《合同法》起草的历程,可以认为该规定不是关于优先权的规定,而是关于法定抵押权的规定。笔者赞同该观点。

[③] 该条规定:"出租人出卖租赁房屋的,应当在出卖之前的合理期限内通知承租人,承租人享有以同等条件优先购买的权利。"

明确规定予以保护的权益,也是出租人必须履行的法定义务。在审判实务中,当抵押权人通过折价方式实现抵押权时,即发生承租人优先购买权与抵押权人获取租赁物所有权之间的冲突。鉴于抵押权乃价值权之特性,即抵押权人通常意在获取抵押物的交换价值,而优先购买权则直指抵押物的所有权,尤其是考虑到《合同法》对承租人优先购买权的特别保护,因此,承租人的优先购买权应优于抵押权。同理,抵押物共有人的优先购买权亦应优于抵押权。

其五,特定情形下的国家税收权。为防止欠税人以抵押、质押担保为名恶意转移资产,以维护国家税收的权威性和稳定性,2001年5月1日修订施行的《税收征收管理法》第四十五条规定:"纳税人欠缴的税款发生在纳税人以其财产设定抵押、质押或者纳税人的财产被留置之前的,税收应当先于抵押权、质权、留置权执行。""税务机关应当对纳税人欠缴税款的情况定期予以公告。"同时,为保障交易安全,为担保物权人提供防范风险的信息和手段,该法第四十六条规定:"纳税人有欠税情形而以其财产设定抵押、质押的,应当向抵押权人、质权人说明其欠税情况,抵押权人、质权人可以请求税务机关提供有关的欠税情况。"

其六,划拨土地使用权出让金收取权。国家土地管理部门出于公益目的等,以无偿或低价方式划拨给土地使用权人后,若该使用权人以该土地使用权设定抵押,则为了保护国家利益,《担保法》第五十六条明确规定:"拍卖划拨的国有土地使用权所得的价款,在依法缴纳相当于应缴纳的土地使用权出让金的款额后,抵押权人有优先受偿权。"

其七,被执行人的基本生存权。为体现法律对被执行人的人道主义,维护社会稳定,《民事诉讼法》第二百二十三条规定:"被执行人未按执行通知履行法律文书确定的义务,人民法院有权查封、扣押、冻结、拍卖、变卖被执行人应当履行义务部分的财产。但应当保留被执行人及其所扶养家属的生活必需品。"《最高人民法院关于人民法院民事执行中查封、扣押、冻结财产的规定》第七条亦规定:"对于超过被执行人及其所扶养家属生活所必需的房屋和生活用品,人民法院根据申请执行人的申请,在保障被执行人及其所扶养家属最低生活标准所必需的居住房屋和普通生活必需品后,可予以执行。"据此,在实现被执行人房屋等财产上的担保物权时,应保障被执行人及其所扶养家属生活所必需的居住房屋,或根据当地实际情况执行其房屋后为其保留必要的租房费用。

其八,司法费用的优先权。司法费用系为各权利共同利益而发生的费用,属于共益费用,理应优先受偿。《民用航空法》第二十一条规定:"为了债权人的共同利益,在执行人民法院判决以及拍卖过程中产生的费用,应当从民用航空器拍卖所得价款中先行拨付。"同理,《最高人民法院关于人民法院执行工作若干问题的规定(试行)》第四十九条规定:"委托拍卖、组织变卖被执行人财产所发生的实际费用,从所得价款中优先扣除。"在司法实践中,对当事人申请缓交的诉讼费或申请执行费、执行过程中支出的执行费用,都是从执行款中优先支付的。诉讼费、执行费等司法费用属于共益费用,自应优先于担保物权受偿。

二、关于独立担保的适用依据

无论是《担保法》第五条第一款还是《物权法》第一百七十二条第一款,都明确强调:担保合同是主债权债务合同的从合同,主债权债务合同无效,担保合同无效。该规定内容可谓担保权从属性的重要体现,而从属性规则堪称担保法律制度的奠基性规则。若没有从属性规则的支撑,无论是《担保法》抑或是《物权法》第四编的担保法律体系将会严重动摇甚至崩塌。需要注意的是,上述两个条款皆规定有但书;其中,《担保法》第五条第一款但书规定:"担保合同另有约定的,按照约定。"该但书被理论界和实务界视为法律允许约定独立担保的重要依据,特别是该条规定在《担保法》的总则部分,因此该条但书所规定的独立担保在解释上,既包括独立保证,也包括独立担保物权。而《物权法》第一百七十二条第一款但书则规定:"但法律另有规定的除外。"正是两者但书之规定,成为两法的重要区别之一,并表明两法对独立担保的立场。

欲解明独立担保,需先阐释担保权的从属性规则。通常而言,担保权的从属性体现在三个方面:其一,发生上的从属性,即担保权以被担保债权的发生为前提,随被担保债权无效或撤销而无效或撤销。其二,处分上的从属性,主要是转移的从属性。《担保法》第五十条和《物权法》第一百九十二条皆强调:"抵押权不得与债权分离而单独转让或者作为其他债权的担保。"其三,消灭上的从属性,即被担保债权因清偿等原因而全部或部分消灭时,担保权亦随之相应地消灭。① 以上三种实体上的从属性又引发担保人在抗辩上的从属性,诸如被担保债权罹于诉讼时效或强制执行期,则担保人可以行使相应的免责抗辩权;此外,一般保证人还独享先诉抗辩权。在担保交易实务及审判实践中,虽然独立担保经常以"见单即付的担保"、"见索即付的担保"、"无条件或不可撤销的担保"、"放弃一切抗辩权的担保"、乃至"备用信用证"等形式出现,但只有依担保权从属性规则考察独立担保,方能准确界定独立担保。独立担保与从属性担保相对应,是一种与被担保债权没有从属关系的特殊担保,为此,独立担保通常被视为对传统担保制度的彻底"颠覆"。正因为独立担保的实质在于否定担保权的从属性,所以独立担保人的责任变得异常严厉并呈现出两个特性:第一,不能适用传统担保法律中为担保人提供的各种保护措施,诸如未经担保人书面同意而变更被担保合同场合下担保人的免责规定。第二,从属性担保人因主债权合同无效、被撤销、诉讼时效或强制执行期限完成而享有的免责抗辩权,以及一般保证人独有的先诉抗辩权等,独立担保人皆不能行使。

由于独立担保颠覆了经典的担保权从属性规则并由此产生异常严厉的担保责任,因此担保实务和审判实践对独立担保的适用范围存在巨大争议。该争议不仅激烈地体现在《担保法》司法解释论证过程中,而且出现在《物权法》制订过程中。肯定观点认为,独立担保已为大陆和英美两大法系的判例和学理所承认,并与从属性担保制度并列成为现代担保法律制度的两大支柱;尤其是我国加入WTO之后,若再限制独立担保适用范围,可能造成国际贸易障碍。②《担保法》第五条第一款并未明确规定独立担保仅适用于国际性商事交易中,基于契约自由原则,应允许在国内市场中适用。否定观点认为,《担保法》第五条第一款但书的立法初衷是独立担保仅适用于涉外经济、贸易、金融等国际性商事交易中,不能适用于国内经济活动,否则将会严重影响甚至根本动摇我国担保法律制度。考虑到独立担保责任

---

① 参见刘得宽:《民法诸问题及新展望》,台湾地区中亨有限公司1980年版,第353页。
② 参见王闯:《理论争鸣与制度创新——关于最高法院担保法司法解释的若干问题》,载梁慧星主编:《民商法论丛》第19卷,第335页。

的异常严厉性,以及该制度在使用过程中容易滋生欺诈和滥用权利等弊端,①尤其是为避免严重影响或动摇我国担保法律制度体系之基础,全国人大法工委和最高人民法院在《担保法》司法解释论证过程的态度非常明确:独立担保只能在国际商事交易中使用。但因司法解释最后公布稿并未明确规定,导致实务中仍然存在争论。为此,最高人民法院(1998)经终字第184号"湖南机械进出口公司、海南国际租赁公司与宁波东方投资公司代理进口合同案"的终审判决,②第一次表明最高人民法院否定独立保证在国内适用的立场。但该判决仅否定独立保证在国内市场的适用,却并未否定独立物保的效力。为此,《物权法》第一百七十二条第一款秉承物权法定主义原则,在但书中规定"但法律另有规定的除外",鲜明地表达了当事人不能通过合同约定独立性担保物权的立法态度。至此,对于独立担保的适用范围,立法和司法态度已经非常明朗:独立人保在国内不能使用,禁止当事人通过合同约定独立物保。

需要探讨的是,如果当事人在国内市场中约定了独立担保,是否要绝对地认定该约定无效并判令独立担保人承担缔约过失责任呢?笔者认为,应当以主合同效力状况为标准,区分两种情形而分别处理:第一,在主债权合同无效的情形下,应按照《担保法》第五条第一款和《物权法》第一百九十二条第一款关于"主债权债务合同无效,担保合同无效"之规定,认定独立担保合同无效,并根据《担保法司法解释》第七条和第八条之规定,判令担保人承担相应的缔约过失责任。第二,在主债权合同有效的场合,应运用民法关于"无效民事法律行为效力转换"之原理,通过"裁判解释转换"③的方法,否定担保合同的独立性效力,并将其转换为有效的从属性担保合同。具体而言,在国内经济活动中,若当事人约定独立保证时,应认定独立保证无效,并将其转换为有效的从属性连带保证;若约定独立的担保物权,应认定独立物保无效,并将其转换为有效的从属性担保物权。之所以如此,理由有三:其一,法律行为制度是实现私法自治的工具,虽然对无效民事行为的规定属于国家对私法自治的正当干预,在一定程度上限制了私法自治的理念;但应看到,传统民法一方面基于社会公益上

---

① 欺诈主要指受益人(债权人)未履行义务或者提供虚假单据谎称已履行义务而要求付款;滥用权利主要指受益人(债权人)的履行行为存在瑕疵,已与债务人发生诉讼,却根据独立担保而要求担保人立即付款。因独立担保人无抗辩权而不得拒绝付款,故受益人可由此获得不当利益。加之,独立担保人往往从债务人取得有反担保,或独立担保人多数是银行,可以通过债务人在银行的开户方而方便使其追偿权,最终导致债务人承担受益人欺诈或滥用权利的后果。为此,国际商会《见索即付担保统一规则》规定在不损害担保的独立性的前提下,允许当事人约定受益人索付的条件,以减少不公平的恶意索付。联合国1996年《独立担保和备用信用证公约》允许当事人在合同中附加索付条件,并赋予独立担保人以欺诈抗辩权,即担保人在受益人提供的单据伪造或不真实、文件不完备、付款请求缺乏可信赖的基础的情况下,有权拒绝付款。法院在接到申请人的诉请时,可以发布阻止受益人取得付款和阻止担保人付款的命令。

② 该判决明确指出:"海南公司的担保合同中虽然有'本担保函不因委托人的原因导致代理进口协议书无效而失去担保责任'的约定,但在国内民事活动中不应采取此种独立担保方式,因此该约定无效;对此应当按照《担保法》第五条第一款的规定,认定该担保合同因主合同无效而无效。虽然海南公司对本案的损失并无直接过错,但其提供的担保函却为东方公司对外开立付款起到了一定的作用,因此应当承担相应的赔偿责任。"

③ 民法通说认为,无效民事行为效力转换包括法律转换和解释转换。法律转换亦称当然转换或拟制转换,是指依法律特别规定而进行的转换。例如,将迟到的承诺视为新要约。因此类转换系法律的拟制,故无需法院裁判即可成立。解释转换,也称裁判转换,系指法官在不违背当事人意思的情况下,将某种民事行为转换为他种有效的民事法律行为。此种转换在当事人有争议时,应以法院的裁判为准来确定其效力。参见史尚宽:《民法总论》,中国政法大学出版社2000年版,第579页;尹田:《物权法理论评析与思考》,中国人民大学出版社2004年版,第238页。

的考虑而决定将一部分民事行为归入无效,但在另一方面对于无效民事行为又设计出诸如效力转换规则、区分隔离规则、事后补正规则、无效民事行为的承认规则等复活制度。这一系列的辨证精密的民法制度设计表明:传统民法虽不放弃私法自治中的国家干预,却仍尽可能地将法律行为制度的起点和终点置于私法自治之上,尽量使民事行为有效,从而贯彻当事人的真实意思表示,实现私法自治之理念。就国内市场约定独立担保而言,其不属于违反公序良俗或虚伪意思表示等法律强行规制之情形,法律禁止在国内市场中约定独立担保之目的,在于维护传统担保法的从属性规则;因此只要否定担保的独立性而承认其从属性,即符合法律之目的,从而为无效独立担保向有效从属性担保的转换奠定立法论上的基础。在主债权合同有效的场合,若人民法院强行认定独立担保为绝对无效并判令担保人承担缔约过失责任,不仅明显违背当事人缔约时愿意承担担保责任的真实意思表示和合同预期,而且在一定程度上违反了从属性规则的制度目的。此外,彻底否定独立担保的效力,还容易促使担保人在信誓旦旦地表明愿意承担独立担保责任后,又背信弃义地主张独立担保无效而承担少得可怜的缔约过失责任,显然不利于维护社会诚信。特别是在债权人无过错的场合,判令担保人承担缔约过失责任仅能弥补债权人的信赖利益之损失①,其损害赔偿的救济效果与有效的从属性担保责任不能同日而语。所以,将无效的独立担保转换为有效的从属性担保,有利于对无过错当事人权利的充分保护,符合公平正义的理念。其二,若不采用转换方式,则独立担保被认定无效后,当事人若想实现其担保之初衷,必须再次协商重新缔结担保合同。无疑,这种重新再来的做法明显违背节省交易费用的经济效益理念。② 其三,保护交易安全已成为近现代民法日趋重要的价值取向,将无效的独立担保转换为有效的从属性担保,不失为一种体现维护交易安全价值,贯彻社会本位理念的良好方法。此外,尽管《物权法》基于物权法定原则而禁止当事人约定独立物保,但若上述转换无疑可以极大地缓和契约自由原则与物权法定主义之间的紧张关系。

三、担保物权合同与担保物权变动的区分

原因行为与物权变动的区分原则,是我国物权法颇具特色的核心规则。该原则在担保物权上的体现即是担保物权合同与担保物权变动的区分,此为物权法与担保法的重大区别和冲突之一。

《担保法》第四十一条关于"当事人以本法第四十二条规定的财产抵押的,应当办理抵押物登记,抵押合同自登记之日起生效"的规定,以及该法第六十四条和七十六条关于"质押合同自交付质物或登记时生效"的规定,混淆了担保物权合同等原因行为与登记、交付等物权变动行为,导致担保交易实务和审判实践面临相当尴尬的局面。例如,不动产抵押合同签订后,若抵押人违背诚信而拒绝履行抵押的登记义务,则由于该抵押权尚未登记而导致抵押合同不能生效,致使债权人无法追究抵押人的违约赔偿责任。为解决《担保法》第四十一条等规定造成的实务困境,《担保法司法解释》第五十六条第二款明确采用原因行为与物权变动的区分原则:"法律规定登记生效的抵押合同签订后,抵押人违背诚实信用原则拒

---

① 参见王利明主编:《民法》,中国人民大学出版社2000年版,第111页。
② 参见黄忠:《无效民事行为效力转换制度研究》,载《法商研究》2007年第2期。

绝办理抵押登记致使债权人受到损失的,抵押人应当承担赔偿责任",以此规制抵押人的失信行为。①

《物权法》第十五条是我国民事立法第一次正式明确规定原因行为与物权变动的区分原则:"当事人之间订立有关设立、变更、转让和消灭不动产物权的合同,除法律另有规定或者合同另有约定外,自合同成立时生效;未办理物权登记的,不影响合同效力。"同时,该法第十四条规定:"不动产物权的设立、变更、转让和消灭,依照法律规定应当登记的,自记载于不动产登记簿时发生效力。"第二十三条规定:"动产物权的设立和转让,自交付时发生效力,但法律另有规定的除外。"据此,物权法上的区分原则强调并宣示:合同归合同,变动归变动。物权合同等原因行为的效力,应受合同法的调整;物权的设立、变更、转让和消灭等物权变动的效力,则受物权法的规制;原因行为的效力不受物权变动要件的影响。

笔者认为,就物权法理论而言,原因行为和物权变动的区分原则可谓我国物权法对物权行为理论分解并部分吸纳之后所形成的颇具特色的规则。物权行为理论是德国物权法的核心理论,该理论的核心是物权行为独立性和无因性理论。由于我国民法受德国民法影响甚巨,所以我国民法学界自上世纪80年代后期就开始围绕着我国民法是否应采纳物权行为理论而展开长期的争论,并形成反对和赞成两大派系,该争论同样体现在物权法的制订过程中。赞成的观点认为,该理论的最大益处在于:物权行为独立性可以使法律关系明晰,物权行为无因性有利于维护交易安全。反对的意见认为,该理论实质上是"对现实生活的凌辱"。虽然就理论的完整性而言,物权行为的独立性和无因性不宜割裂,但为了解决《担保法》第四十一条等规定在实务中的困境,争论双方最后形成妥协性共识:物权行为理论的重点在于物权变动与原因行为的区分,以及物权变动应登记和交付为设立或生效要件,而不在于"物权行为"及其"无因性"。这意味着分解了物权行为理论,采纳独立性理论,否定无因性理论,并通过物权公示原则、公信原则和善意取得制度替代物权行为无因性的保障交易安全之功能。与此相应,《物权法》第十五条规定的区分原则体现出对物权行为独立性理论的吸纳,第十四条和第二十三条体现物权变动的效力规则;同时,第六条规定的物权变动公示原则、第十七条规定的不动产物权变动公信原则以及第一百零六条规定的动产和不动产的善意取得制度,体现出对交易安全的保障。应当看到,即便这种妥协性结果,在《物权法》草案中也经历几个沉浮:2006年8月18日第五次审议稿第十四条承认该区分原则;2006年12月15日第六次审议稿中和2007年1月草案删除该原则;2007年3月8日第七次审议稿第十五条和正式公布稿第十五条又明确规定该区分原则。

---

① 该区分原则在《担保法司法解释》的几个条文中均有体现。诸如该解释第四十九条规定:"以尚未办理权属证书的财产抵押的,在第一审法庭辩论终结前能够提供权利证书或者补办登记手续的,可以认定抵押有效。当事人未办理抵押物登记的,不得对抗第三人。"第五十九条规定:"当事人办理抵押物登记手续时,因登记部门的原因致使其无法办理抵押物登记,抵押人向债权人交付权利凭证的,可以认定债权人对该财产有优先受偿权。但是,未办理抵押物登记的,不得对抗第三人。"第六十七条规定:"抵押权存续期间,抵押人转让抵押物未通知抵押权人或者未告知受让人的,如果抵押物已经登记的,抵押权人仍可以行使抵押权;取得抵押物所有权的受让人,可以代替债务人清偿其全部债务,使抵押权消灭。受让人清偿债务后可以向抵押人追偿。如果抵押物未经登记的,抵押权不得对抗受让人,因此给抵押权人造成损失的,由抵押人承担赔偿责任。"可见,司法解释将抵押合同(物权变动原因)与抵押权的设定(物权变动结果)区分开来,抵押登记仅决定抵押权是否能够设定以及是否具有对抗力,而与抵押合同的效力无关。相对于《担保法》而言,司法解释的上述规定,可谓巨大进步。

笔者认为,尽管区分原则的规定带有比较浓厚的实用主义色彩,但仍不失为我国物权法上的一次理论创新。区分原则意味着,我国物权法在理论上并未恪守德国物权法上经典的物权行为理论,而是根据中国国情创设契合现行物权法制的物权规则。采纳物权独立性理论的区分原则,不仅能够修正担保法的立法错误,使法律行为和关系更加清晰,而且可以契合现行法制所长期实行的不动产物权登记要件主义,实现保障交易安全之目的。

应当看到,区分原则虽然规定在《物权法》第二章第一节"不动产登记"中,但除非法律另有规定(主要指采取书面成立＋登记对抗要件的动产抵押权),该原则同样体现并适用于其他物权变动方面,诸如该法第一百八十七条规定的不动产和不动产物权的抵押权变动,第二百一十二条规定的动产质权变动,第二百二十四条、二百二十六条、二百二十七条和二百二十八条等规定的权利质权变动等。因此,区分原则可谓贯穿《物权法》中的一条"红线",对交易安全的保护作用甚巨;除非法律另有规定,该原则应是理解和适用物权变动效力规则的基本原则。还应当看到,区分原则的确立,为非典型担保的蓬勃发展提供了充分的空间。在德国、日本等大陆法系国家,非典型担保因其适用便捷、成本较低、方式灵活,故极具生命力并在市场交易中占据愈加重要之地位。目前,我国审判实务所认可的非典型担保包括:金钱担保(押金、保证金等)、账户质押(进出口退税托管账户质押、委托理财经纪账户质押)、收费权质押(公路桥梁、公路隧道或者公路渡口等不动产收益权质押、农村电网改造工程收费权质押)、让与担保(房屋按揭、进口押汇、回租赁、封闭式国债回购等)以及所有权保留等。根据物权法之区分原则,在当事人通过合同创设新型担保物权时,除司法解释有明确规定,在合同效力认定方面,应依契约自由原则,只要不存在《合同法》第五十二条规定之情形,不宜轻易否定非典型担保合同的效力,以此促进非典型担保的顺利发展,满足担保实践之需要。在物权变动效力方面,应依物权法定和物权公示原则,不宜承认非典型担保的物权效力。

四、关于担保物权的期间

"担保物权期间"是一个关涉担保当事人利益损丧的重大问题。关于担保物权的期间限制,基本存在四种立法例:其一,法国立法例:担保物权随其所担保的债权因诉讼时效届满消灭而消灭。[①] 其二,德国立法例:通过取得时效限制担保物权,但否认独立的担保物权诉讼时效制度。根据取得时效为原始取得的性质,承认取得人应取得占有物的完整所有权,从而排除抵押权的适用。[②] 其三,日本立法例:其以独立的、完整的诉讼时效和取得时效制度约束担保物权。承认包括抵押权在内的其他财产权可以作为诉讼时效的客体,抵押权可以独立地因时效之完成而消灭,只是在抵押权时效与抵押权所担保的债权时效不一致时,债务人或抵押人不得援引抵押时效而对抗抵押权人。此外,抵押权还可因取得时效之完成而完成。[③] 其四,我国台湾地区立法例:通过设置除斥期间制度来限制担保物权的行

---

① 参见《法国民法典》第2180条之规定。另外,美国少数州认为,抵押权只限于附着于所担保之债权而存在,如债权已经罹于时效,抵押权也不可实行。刘得宽:《民法诸问题及新展望》,第226页。
② 参见《德国民法典》第194条、第937条以及第945条等。
③ 参见《日本民法典》第167条、第396条以及第397条等。

使。台湾地区"民法"第880条规定:"抵押权人于消灭时效完成后,五年间不实行其抵押权的,抵押权消灭。"①纵观上述各国和地区的立法例,在对担保物权的期间限制方面,基本可以分为时效制度和除斥期间制度两种模式:前者是通过时效制度来限制担保物权的存在和行使;后者是通过建立除斥期间制度来予以规制,诉讼时效仅仅是担保物权除斥期间的一种计算参照。

对于抵押权等担保物权的期间问题,《担保法》对此未作明文规定,属于授权型漏洞。②《担保法司法解释》第十二条将担保物权的期间区分为存续期间和行使期间。就存续期间而言,基于物权法定主义原则,当事人不能约定或登记机关不能规定抵押权的存续期间,故该条第一款规定"当事人约定的或者登记部门要求登记的担保期间,对担保物权的存续不具有法律约束力"。就行使期间而言,若对担保物权的行使期间不予限制,可能助长担保物权人滥用其因为担保物权而取得的优势地位,也不利于担保交易关系的稳定;特别考虑到虽然我国民法学界就物权请求权是否受诉讼时效的影响问题存在一定的争议③,但是基本认为诉讼时效的客体是请求权,并不适用于包括担保物权在内的物权本身,加之我国并未建立取得时效制度,故该条第二款参照我国台湾地区除斥期间制度模式规制担保物权的行使:"担保物权所担保的债权的诉讼时效结束后,担保权人在诉讼时效结束后的二年内行使担保物权的,人民法院应当予以支持"。该条款本意是抵押权人在主债权诉讼时效结束后两年内不行使抵押权的,抵押权归于消灭;但鉴于司法解释的性质,故采取司法解释语言进行表述。《物权法》第一百七十七条规定了担保物权消灭原因,第二百零二条规定有抵押权的实行期间,即"抵押权人应当在主债权诉讼时效期间行使抵押权;未行使的,人民法院不予保护"。两相比较,可以明显看出:在抵押权存续期间方面,《担保法司法解释》与《物权法》皆坚持物权法定主义原则,禁止当事人约定抵押权的存续期间,约定的存续期间不能成为抵押权消灭的原因。但在抵押权实行期间方面,两者之间存在冲突,前者通过两年的除斥期间规制抵押权,后者通过主债权的诉讼时效限制抵押权。

值得注意的是,第二百零二条是整部《物权法》中唯一使用司法解释语言表述立法内容的条文,因此关于该条规定亟待解释的问题是:抵押权人未在主债权诉讼时效期间行使抵押权的,抵押权是归于消灭,还是罹于诉讼时效,抑或是抵押人可根据从属性规则行使抗辩权?

---

① 按照台湾地区学界的解释,物权原则上不因时效或除斥期间的完成而消灭,所以该条为例外规定。史尚宽:《物权法论》,台湾地区荣泰印书馆1979年版,第285页。

② 查全国人大法律委员会《关于〈中华人民共和国担保法(草案)审议结果的报告〉》,《担保法》未对担保期限作出明确规定,不属于立法疏漏,而是立法者有意为之。翟云岭:《论抵押期限》,载《政法论坛》1999年第2期。

③ 关于物权请求权与时效的关系问题,基本存在四种观点:第一种观点主张,物权的存续不受诉讼时效的影响,但可适用于取得时效,诉讼时效仅约束债权。第二种观点认为,物上请求权虽非纯粹的请求权,但与物权自身异其内容,为以特定人之给付为标的独立请求权,基本物权不因时效而消灭,但由其所生的物权请求权则应认为依时效而消灭。第三种观点认为,物权请求权原则上不受诉讼时效的影响,但物权请求权中的返还财产请求权和恢复原状请求权适用诉讼时效。第四种观点主张,已经登记的不动产物权所生的物权请求权不因时效而消灭,但由未登记的不动产物权所生的物权请求权以及由动产物权所生的物权请求权,则应罹于消灭时效。上述四种观点分别见诸于梁慧星:《民法总论》,法律出版社1999年版,第242页;王利明:《物权法论》,中国政法大学出版社2000年版,第154页;陈华彬:《物权法原理》,法律出版社,第102页;胡长清:《中国民法总论》,中国政法大学出版社2000年版,第404页。

有观点认为,该条规定的涵义是,主债权诉讼时效经过后,抵押权人丧失的是抵押权受人民法院保护的权利即胜诉权,而抵押权本身并没有消灭;如果抵押人自愿履行担保义务的,抵押权人仍可以行使抵押权。① 笔者认为,这种解释实际上是使抵押权罹于诉讼时效,明显有失妥当。理由在于:该观点在立法成本与立法效益比较方面明显失衡。该解释所追求的立法效益是为了防止抵押权人在抵押人在自愿履行担保义务的场合构成不当得利,但却以突破民法通说和造成物权法体系内部冲突为代价。具体而言,在主债权诉讼时效经过后,除非抵押人忽发善心或受到胁迫或存在其他交易,否则其自愿履行担保义务的可能性微乎其微;为了保障这种微小的可能性并防止抵押权人由此构成不当得利,就突破"诉讼时效仅适用于债权请求权"的民法通说,开担保物权本身罹于诉讼时效的先河,可谓得不偿失。尤其是,若将第二百零二条解释为抵押权适用于诉讼时效,将面临一个严重问题:在主债权诉讼时效完成后,质权和留置权是否适用于诉讼时效? 若作肯定解释,那么将因物权法没有明确规定而违反物权法定原则;若作否定解释,则"抵押权适用于诉讼时效,质权和留置权不适用诉讼时效"的解释结果将导致《物权法》第四编内部构成体系违反。

有观点认为,应将第二百零二条解释为抵押人在主债权诉讼时效完成后,可以基于担保权的从属性规则,行使抗辩权。笔者认为,该种解释不无道理,也符合担保权从属性规则的精神。不过,若是如此,那么为何该条要用司法解释语言来表述呢? 既然《物权法》第一百七十二条、第一百九十二条等已经明确担保物权的从属性规则,为何单独规定抵押人的抗辩权呢?

笔者认为,该条规定的语言风格受《担保法司法解释》第十二条的影响较大,就用语科学性而言,表述容易产生歧义,远没有司法解释第十二条规定得简单明快。比照前述各国规制抵押权实行的模式,对比立法成本与效益,比较妥当的解释是:《物权法》第二百零二条参照了法国民法第2180条的抵押权规制模式,主债权诉讼时效完成后,抵押权消灭。如此解释优点有三:其一,符合民法关于诉讼时效仅适用于请求权的通说。其二,符合《物权法》第四编担保物权体系内在逻辑。《物权法》在第十五章"一般规定"中第一百七十七条规定了担保物权的统一消灭原因;在第十八章第二百四十条规定了留置权的特殊消灭原因;因此,将第二百零二条解释为抵押权的特别消灭原因,比较适宜。其三,使抵押权因主债权诉讼时效完成而消灭,不仅简单明快,而且便于实务操作。笔者认为,《物权法》第二百零二条在立法技术上属于一个不大不小的"败笔"。

五、关于房产和地产分别抵押的问题

无论是《城镇国有土地使用权出让和转让暂行条例》第三十三条,还是《城市房地产管理法》第三十二条,抑或是《担保法》第三十六条,都在不断阐明"房随地走、地随房走"双向统一原则。《物权法》第一百八十二条和第一百八十三条再次重申该原则:"以建筑物抵押的,该建筑物占用范围内的建设用地使用权一并抵押。以建设用地使用权抵押的,该土地上的建筑物一并抵押。抵押人未依照前款规定一并抵押的,未抵押的财产视为一并抵押。"

---

① 参见胡康生主编:《中华人民共和国物权法释义》,法律出版社2007年版,第441页。

问题的冲突来源并非上述法条之间的冲突,而是因分别登记与统一登记的冲突。《物权法》颁行之前,房地产抵押采"房屋抵押权在房产管理部门登记、土地使用权在土地管理部门登记"的分别登记制度;而《物权法》第十条规定:"国家对不动产实行统一登记制度。统一登记的范围、登记机构和登记办法,由法律、行政法规规定。"那么,审判实务中面临的一个争论问题是:在《担保法》及其司法解释的框架下,如果担保实务中出现就房产和地产分别设定抵押权并完成登记的情形下,应如何认定两者的效力呢?

为解析该问题,笔者以实践中的案件为例:某公司在受让土地使用权后于其上建成一栋写字楼。为继续开发其他项目之融资需要,其以该土地使用权抵押,向 A 银行借款 3000 万元,土地评估为 4000 万元;A 银行愿意仅以该土地使用权设定抵押,并在土地管理部门完成抵押登记。其后,该公司又以该写字楼作为抵押物,向 B 银行借款 2000 万元,写字楼评估为 3000 万元;B 银行接受仅以该写字楼设定抵押,并在房屋管理部门办理抵押登记完毕。后因该公司无法还贷,A 和 B 两银行皆诉请人民法院实行其抵押权。

审判实践中,就房地产分别抵押问题的处理,形成三种观点:第一种意见认为,分别登记的两个抵押权都违反了法律和行政法规规定的"房随地走、地随房走"双向统一原则,因此应认定两个抵押权无效。第二种意见认为,因土地使用权抵押设定在先,在土地使用权完成抵押权登记后,依法律规定,地上写字楼已视为一并抵押,不能再为 B 银行设定抵押,故 A 银行抵押权有效,B 银行抵押权无效。第三种观点认为,应根据《担保法》第四十二条第二款关于"一并抵押"之规定,将土地使用权和房屋所有权作为一个集合体设定抵押,故该集合体上先后设定了两个抵押权,构成一物两押,两个抵押权皆应认定为有效,并按照登记先后顺位实行抵押权。

笔者认为,正确判定分别抵押的效力之前提,是确定"房随地走、地随房走"双向统一原则的性质,即该原则是法律强制性规定还是指引性规定?若是强制性规定,强制的内容是什么?在确定其性质之前,应厘清土地使用权与房屋所有权之间的关系。应看到,两者之间绝非主从权利关系,而是相互独立的权利,否则将出现互为主从权利的民法悖论。法律之所以强调"房随地走、地随房走",是因为若两者互异其权利主体,将导致两者用益上的冲突并在流转过程中出现障碍;为减少权利冲突并降低交易成本,法律规定两者应同时转移并同一归属。为此,笔者认为,土地使用权和房屋所有权在转移和最终归属方面,"房随地走、地随房走"是强制性规定;而在土地使用权和房屋所有权的抵押权设定方面,"房随地走、地随房走"则是倡导性规定,而非强制性规定。抵押权的实质是价值权,意味着抵押物的价值可以分割。通常而言,房地产抵押不外三种情形:其一,单独抵押;其二,集合抵押;其三,分别抵押。就单独抵押而言,《担保法》第五十五条和《物权法》第二百条关于"土地使用权单独设定抵押权后,地上新增建筑物不属于抵押财产"的规定,说明土地使用权可以单独抵押。只是在实现抵押权时,要求"将该土地上新增的建筑物与建设用地使用权一并处分,但新增建筑物所得的价款,抵押权人无权优先受偿",充分体现出抵押权之价值权特性和抵押物价值可以分割的精神。就集合抵押而言,其实质是在将房地产作为一个集合体并于其上先后设定两个抵押权。在实行抵押权时,仍要求将土地使用权和房屋所有权一并处分。就分别抵押而言,虽然土地使用权和房屋所有权之上分别设定两个独立抵押权,但在实行任一抵押权时,亦应将土地使用权和房屋所有权一并处分。实质上,土地使用权之上的已存房屋和新增房屋并无区别,其所有权与土地使用权之间皆属相互独立关系。正如新增房屋与土地使用权的价值可以分割一样,房地分别设定抵押的实质就是进行抵押物的价值分割。所以,无论是单独抵押,还是集合抵押,抑或是分别抵押,在实行抵押权时,均是要求同时转移土地使用权和房屋所有权,并确保上述权利取得人为同一主体。据此,理解"房随地走、地随房走"双向统一原则的关键是:法律强制的焦点在于房产与地产转移的同时性和权利最终归属的主体同一性。即两权必须同时一体转让,转让结果必须是两权归属于同一主体,以防止因分离而产生的权利冲突。因此,在房地产抵押方面,只要恪守转移的同时性和归属的同一性,就不违反"房随地走、地随房走"双向统一原则。

基于上述之分析,关于前述案例中两个分别完成登记的抵押权如何解释和认定效力的问题,笔者认为不宜将其解释为集合抵押,而应解释为分别抵押。在效力认定方面,应认定两个抵押合同和抵押权登记皆有效;在实行抵押权时,应当就土地使用权和房屋所有权分别估价,一并处分,并就拍卖所得价款分别清偿相应的抵押权。理由在于:第一,将房地产分别设定抵押,是当事人签订抵押权合同时真实的意思表示。因两个抵押合同均未违反物权法定原则,故法律没有理由强行干预并认定其中一个抵押权为无效。第二,分别抵押在实行时系采分别估价、一并处分的方式,已经确保房地产权同时转移和权属最终同一性,并不违反"房随地走、地随房走"原则。第三,分别抵押的实质是对房屋所有权和土地使用权的价格分割,虽然抵押权设定时导致价值分属于不同主体,但在实行时并未最终导致权利分别归属不同主体。第四,分别抵押中的抵押权人在缔约时已有明确法律预期,即仅对土地使用权或房屋所有权的价值享有优先受偿权。若将分别抵押解释为集合抵押,会出现先登记的抵押权人获得超出合同预期之外的利益而后登记的抵押权人一无所获的结果,则不仅违反抵押合同的约定,而且有违民法公平原则。尽管根据《担保法》第三十六条和《物权法》第一百八十二条、第一百八十三条之规定,A银行完成使用权登记后,应将未登记的写字楼视为一并抵押,但毕竟A银行在事实上并未完成写字楼抵押权的登记。虽然A银行在未完成写字楼抵押权登记的情形下,亦可依法对写字楼价款优先受偿,但因B银行已完成房屋抵押权的登记,故根据《担保法》第五十四条尤其是《物权法》第一百九十九条关于"登记的抵押权优先于未登记的抵押权"之规则,就写字楼抵押物,B银行的抵押权应优先于A银行受偿。第五,担保法允许多重抵押,物权法认可重复抵押,充分彰显物尽其用之原则。实践中,"房屋数人共有,土地一人所有"或者"房屋分别所有,土地共同所有"的现象比比皆是,若将"房随地走、地随房走"原则机械地理解为禁止分别抵押,将严重限制融资渠道,人为地设置不动产融资障碍,并出现某层房屋可以抵押,而其他层的房屋不能抵押的不合理结论。

六、关于应收账款质权问题

应收账款通常是指因销售、租赁或提供劳务而应回收的款项,因其实质是到期未还之债权,故应收账款质押是设定一般债权质。应收账款可否质押,可谓物权法制定中的重大争论问题。反对观点认为,主张规定"应收账款"作为"权利质权"标的之目的,无非是为适应银行界关于开展"应收账款融资"和"保理"业务之要求,但作为一般债权的"应收账款"并不符合设立"权利质权"的条件。根据1988年《国际保理公约》和2001年《国际应收账款转让公约》之规定,国际上"应收账款融资"和"保理"普遍采用"债权转让"方式。肯定观点则认为,现在70%~80%的企业都有应收账款,允许应收账款质押可以解决那些不动产或动产少而应收账款多的高科技、中小企业融资之困难;同时,通过应收账款设定担保,可以扩大银企合作范围,丰富银行金融衍生业务产品,符合国际主流趋势,具有重要的经济意义。在银行界的大力推动下,《物权法》第二百二十三条允许应收账款设定权利质权,并在第二百二十八条规定应收账款质权自信贷征信机构办理出质登记时设立。

虽然《物权法》规定了应收账款可以设定质权,但无论在理论解释上还是实务操作中,皆面临比较棘手的问题。由于一般债权设质既涉及第三债务人的利益,又面临出质人违背诚信再次转让债权之虞,因此在一般债权质的设定方面,大陆法系国家或地区诸如德国、日本、我国台湾地区的民法,或者采用"书面合同 + 债权证书交付"模式,或者采用"书面合同 + 通知第三债务人",或者采用"书面合同 + 通知第三债务人 + 债权证书交付"的模式,突显质权的支配控制权能和对交易安全的保障。而以《美国统一商法典》为代表的英美法动产担保方面普遍采用登记制度。我国《物权法》第二百二十八条采用登记公示方式,意图明显是移植《美国统一商法典》第九编的动产担保制度,导致我国物权法上的一般债权质带有浓厚的权利抵押之色彩,并由此引发诸多理论和实务问题:

其一,登记是应收账款质权的成立要件还是对抗要件?由于登记公示方式作为担保物权的成立要件还是对抗要件,直接关涉到登记是形式审查还是实质审查,以及登记错误的赔偿问题,故该问题亟待明确。在传统民法上,只有不动产抵押采登记方式并将其作为成立要件,未经登记,不得设立。而动产只能采取交付占有的方式设定质权。但鉴于担保财产用益之需要,日本和我国台湾地区民法借鉴《美国统一商法典》关于动产担保登记制度模式,创新性地规定了动产抵押权制度,采取"书面设立 + 登记对抗"主义(是否登记并不影响动产抵押权的存在)。我国担保法上的动产抵押制度亦参考借鉴了日本和我国台湾地区民法上的动产抵押制度。应当看到,《美国统一商法典》第九编中的动产是一个既包括存货也包括应收账款的广义动产概念。因《物权法》第二百二十八条系借鉴或移植《统一商法典》作为动产的应收账款登记的模式,故该登记无疑应为对抗要件。但从第二百二十八条"应收账款质权自信贷征信机构办理出质登记时设立"的规定字面看,似应解释为成立要件。但若作如此解释,必将面临"成立要件与对抗要件"合二为一的悖论,因为登记要么是成立要件,要么是对抗要件,不可能两者兼是。这无疑是我国民法上狭义动产与《美国统一商法典》上广义动产之间在物权法创新制度中的发生碰撞所导致的理论困境。因此,笔者认为,《物权法》第二百二十八条规定的应收账款制度的实质是一种广义的动产抵押制度,故该登记只能解释为对抗要件,即通过书面合同即可设立应收账款质权,未经登记,不得对抗善意第三人。

其二,信贷征信机构对登记是进行形式审查还是实质审查?笔者认为,若将登记确定为应收账款质权的对抗要件,则信贷征信机构对登记材料进行的审查,只能是形式审查而不能是实质审查,而且也无法进行实质审查。因为大量的应收账款是将来的债权,已发生的债权是否真实以及将来的债权能否发生,皆属于商业风险,不应为审查之内容。此外,如果将来应收账款登记采取由出质人直接登陆信贷征信机构网络而自行登记的方式,则根本无从谈及审查问题。

其三,第三债务人是否属于当事人?鉴于实行应收账款质押的实质就是启动应收账款转让程序,必然触及第三债务人,因此第三债务人是否属于第二百二十八条所规定的当事人亦成为问题。若作肯定解释,那么,让第三债务人参加缔约并付出缔约成本的依据何在?若作否定解释,那么,是否应当通知第三债务人?若无需通知,那么如何与《合同法》第八十条关于债权转让"未经通知,对债务人不生效力"的规定相协调?如何防止第三债务人因不知情地偿还债务而导致应收账款消灭,或者实行抵销权而全部或部分地消灭应收账款?若需要通知,则将涉及是在设立质权时通知还是实行质权时通知、由出质人还是质权人负责通知、在集合应收账款设定质押的场合如何通知等一系列需要进一步明确的问题。笔者认为,在目前采取登记公示的框架下,"通知"不应是应收账款质权生效的条件,而只应为应收账款质权对第三债务人发生效力的条件,以此防止出现第三债务人的双重给付。是否通知、何时通知以及由谁通知等,应依当事人之契约而定。在集合应收账款设质场合的通知,可采取类似不良债权转让中的公告通知方式进行。

其四,应收账款设质是否需要交付债权凭证?《物权法》第二百二十八条二款规定"应收账款出质后,不得转让"。如何防止出质人违背诚信而转让应收账款或叙作保理或再次出质呢?笔者认为,为预防出质人的背信行为,并便于将来实现质权,应对出质人施以交付权利证书的义务,即若该应收账款有权利证书,出质人应将该证书交付质权人。但该交付证书行为,并非质权的成立或生效要件,而仅是出质人的一项合同义务。

其五,如何区分应收账款质押与附追索权的应收账款转让以及保理?应当看到,实践操作中的应收账款转让与应收账款质押之间的界限已呈现模糊之趋势。所谓附追索权的应收账款转让,是指我国银行在开展应收账款转让业务中,为降低风险要求应收账款出让人必须对第三债务人的清偿能力作出保证,一旦第三债务人清偿不能,银行仍有权向出让人追索。所谓保理,根据《国际保理公约》第1条第2款之规定,是指合同约定供货方向保理商转让应收账款债权,而保理商至少应承担"提供融资、账户管理、收款和防范债务人违约"四项职能中的两项。笔者认为,附追索权的应收账款转让是一种非典型担保,其通过转让应收账款的方式实现债权担保的目的,在法律构成上更接近让与担保。对于这种非典型担保,应认可其合同效力,但不应承认担保物权变动的效力。至于保理,不过是一项以应收账款的转让为核心,并兼具管理、收款、坏账担保等多种功能的综合性制度。这种作为债权融资与债权管理之合流的制度,不宜纳入应收账款质押的范畴。

商事审判实践的创新思维
——当前法律环境下对融资租赁交易安全的保护

田浩为[*]

融资租赁自上世纪80年代初进入我国,至今已有30年的历史。这种即使是在市场经济发达的国家,也被誉为"朝阳产业"的现代租赁业,已经成为仅次于银行信贷的第二大融资方式。目前,这种融资工具在我国也同样显示出强大的生命力。大批企业通过这种交易方式引进资金,加速企业技术、设备升级换代,提高了产品质量,增强了市场竞争力,为国民经济建设做出了重要贡献。就天津市的发展情况来看,也堪称迅猛:由于天津市为支持融资租赁业发展提供了一系列优惠政策和良好的法律环境,据统计,目前仅在天津滨海新区注册的融资租赁公司就有60余家,占全国注册登记总数的四分之一,合同金额2000多亿元,同样占全国总量的四分之一,税收金额每年都以九位数的速度递增。但是,另一方面也应当看到,由于我国融资租赁登记制度的缺失,使出租人的合法利益得不到良好保护,导致融资租赁公司承受着巨大的交易风险,严重阻碍了融资租赁业的进一步发展。

由于目前我国尚未设立除飞机、船舶和机动车辆以外的普通动产所有权登记制度,因此以占有为公示方法的动产,占有即推定为所有。而融资租赁的特点是租赁物的所有者与占有使用者分离,第三人信赖无处分权人占有标的物的事实,自然构成了第三人善意取得的基础。在这种情况下,如果承租人恶意将属于出租人所有的租赁物转让或者抵押、质押给第三人,根据我国《物权法》第一百零六条的规定,支付了合理对价的善意第三人,对于承租人交付的该动产则享有所有权;在融资租赁与抵押权的关系方面,根据《物权法》的规定,设立动产抵押权既不需要登记,也不需要交付,只要第三人在签订抵押合同时是善意的,即取得该动产抵押权;在融资租赁与质权的关系方面,同样是因为法律对普通动产所有权没有设立登记机关,占有即推定为所有,如果承租人擅自将租赁物质押给第三人,当出租人向第三人主张租赁物所有权时,第三人以"善意取得"抗辩,出租人的权利主张则难以得到支持。当上述情况发生时,出租人只能向无处分权的通常是无偿还能力的承租人请求赔偿。这样不仅使出租人的合法权益受到侵害,而且相应的第三人也常常被扯进诉讼中,需要证明自己在与承租人的交易中属善意无过错,严重影响了其正常的经营活动。

为了避免承租人擅自处分租赁物而导致出租人和第三人的合法权益受到损害,最高人

---

[*] 天津市高级人民法院审委会专职委员。

民法院曾于1996年5月出台了《关于审理融资租赁合同纠纷案件若干问题的规定》,明确规定:在租赁合同履行完毕之前,承租人未经出租人同意,将租赁物进行抵押、转让、转租或投资入股,其行为无效,出租人有权收回租赁物,并要求承租人赔偿损失。因承租人的无效行为给第三人造成损失的,第三人有权要求承租人赔偿。该规定通过对承租人无权处分行为的严格制约,在一定时期内,为我国融资租赁业的发展起到了有效的保障、促进作用。但随着《物权法》的颁布实施,上述规定因与《物权法》关于"善意取得"制度的相关规定相冲突而失效。这期间虽然《合同法》的颁布对融资租赁作了一些规定,但基于其债法的局限性,也未能将与物权有关的问题作出规定。因此,融资租赁交易的安全问题又重新回到法律缺失状态。金融机构和融资租赁公司对租赁物动产所有权登记制度缺失以及其与善意取得制度不匹配的担忧,制约了市场主体尤其是中小企业融资渠道的拓宽,也给市场诚信和经济发展造成了负面影响。

实践证明,动产所有权以占有进行公示的制度已经不能适应融资租赁业的特点和需要。原因是这种公示方法不能使第三人根据占有这一外观表象,准确地判断出真正的所有权人。在上述司法解释失效后,如何才能平等保护相关交易主体的合法权益免遭侵害,以维护交易安全,面对融资租赁业广大经营者这一迫切的司法需求,经过充分调研,初步找到了一条能够保护各方合法权益的路径,即通过以判断第三人受让权利时是否善意的方法来遏制承租人的恶意处分行为,以保护租赁物的安全。判断的核心是第三人在受让权利时对标的物属于租赁物是否知道或者应当知道予以揭示并取得合法证据。然而如何达到这个效果,在法律上存在重大障碍。传统民法认为物权是对世权,因此基于交易安全的考虑,物权的设立与转让其登记公示的方式,必须由法律规定才能产生法律效力。《物权法》第六条规定:"不动产物权的设立、变更、转让和消灭,应当依照法律规定登记。动产物权的设立和转让,应当依照法律规定交付。"第二十三条规定:"动产物权的设立和转让,自交付时发生效力,但法律另有规定的除外。"第二十四条规定:"船舶、航空器和机动车等物权的设立、变更、转让和消灭,未经登记,不得对抗善意第三人。"可见,我国法律已经明确规定除飞机、船舶和机动车辆以外的普通动产是以交付(占有)作为所有权公示方式的。在物权公示方式法定的前提下,如果试图将普通动产以占有的公示方式变通为以登记的方式公示,会因违反公示方式法定原则,而使该公示不具有法律效力,并且民事主体对此也不负有注意义务,因而不能解决判断第三人是否善意的问题。要找到一个既可以利用登记这种公示方式透明标的物上的法律关系,又不与"物权法定"原则相冲突,而且还可以成为人民法院认定行为人是否违反注意义务的证据来源的方法,以达到保护交易安全的目的。笔者考虑可以充分发挥专门法的作用并形成行政管理规范,对相关当事人相应行为产生法律效力。为此,我们与政府、金融管理部门共同合作经反复研究、论证,最终形成了一个基本框架:一是要设立一个租赁物的登记平台,为交易主体能够知道租赁物权属状况创造条件;二是要使交易主体在受让动产所有权或者接受动产抵押、质押等权利时,知道自己有查询权属状况的注意义务。即形成了一个以登记平台为载体,以公示融资租赁法律关系所涉租赁物权属状况为前提,以明确特定主体从事特定法律行为负有查询相关标的物的权属义务为核心的,这样一种解决难题的方案。

第一,这个架构需要设立一个登记平台。如前所述,根据"物权法定"原则,物权的公示方式由法律规定,但是对于动产所有权的登记机关,我国《物权法》并未明确规定必须法定。因此,选择登记平台问题,法律上并无障碍。经了解,"中国人民银行征信中心应收账款质押登记系统"于2006年开通,运行五年来在技术、管理等方面已较成熟。该系统全国联网,经演示,体现出方便、快捷、公示度高、成本低等特点。特别是该系统作为物权法规定的应收账款质押登记系统,可靠性相对较强。以该系统作为融资租赁物权属状况的登记公示平台,是比较合适的选择。

第二,需要公示动产(租赁物)的权属状况。通过登记平台登记公示租赁合同中载明的融资租赁物的权属状况,使承租人占有融资租赁物的真实情况公开、透明。由于公示的此项内容本身既不创设权利,也不证明权利,不涉及物权的实质内容,只是为第三人通过公示的融资租赁法律关系和标的物的权利外观,正确判断该动产的所有权人提供直观的事实依据。所以说,公示的这些内容不违反物权公示方式法定原则,因此也是没有法律障碍的。

第三,需要使特定主体具有注意登陆该系统查询租赁物权属状况的义务,使这个登记平台在一定范围内具有公示效力。这个问题是解决难题架构的关键。《立法法》规定,民事基本制度只能通过立法机关制定法律做出规定。物权登记规则属于基本民事制度,应当由法律规定。在目前法律没有规定的情况下,既要能够解决问题,又要避免与物权法定原则相冲突。实践中,那些受让租赁物的所有权及接受抵押权、质权的主体基本上是银行和非银行金融机构这些特定的主体,所以,设计可以充分发挥行政管理机关的管理效能,由这些特定的主体以及融资租赁公司隶属的行政管理机关联合制定出管理规范,明确规定:(1)要求融资租赁公司将租赁物的权属状况在上述系统办理登记公示,供他人进行查询。(2)要求这些所属银行、非银行金融机构等在从事上述业务时,应当事先在该系统对标的物的权属状况进行查询。由于行政机关的这项管理规范符合《商业银行法》第三十六条关于"商业银行贷款,借款人应当提供担保。商业银行应当对保证人的偿还能力,抵押物、质物的权属和价值以及实现抵押权、质权的可行性进行严格审查"的规定精神,因此对所属特定主体可以产生注意义务的法律效力。分析《商业银行法》第三十六条的规定,其实质是对权利人在行使权利时所作的风险提示。即提示权利人应当在维护自己权利的同时,有义务注意避免他人利益受到侵害。因为法律上注意义务,是义务主体负有谨慎地为自己一切行为,以避免其行为发生危险而破坏他人利益的责任。金融风险本身就涉及公共利益的安全和金融秩序的稳定,义务意味着风险的存在,义务的不履行,意味着风险的产生。所以,一个理性的、谨慎的经营者违反了审慎的原则、合理的原则这个标准,就应当认定是恶意的。因为此时商主体的谨慎注意义务已经突出体现为合理的尽职调查义务,其主管机关告诫有这个系统,稍加注意即可为之,也应为之,即应查而未查,这是一个法律判断问题。因此,如果该主体不查询而接受了承租人无权处分的租赁物或物上权利时,主观上即使不是故意,至少也属重大过失,法院即可以推定其为"应当知道",构成对《物权法》第一百零六条第一款第(一)项"受让人受让该不动产或者动产是善意的"这一主观要件的违反,从而认定其行为属于非善意。这样就达到了遏制承租人恶意处分行为,保护出租人和第三人交易安全的目的。

根据以上构想,在天津市高级人民法院的建议下,经市领导协调,由天津市政府金融服务办公室、中国人民银行天津分行、中国银行业监督管理委员会天津监管局、天津市商务委员会联合下发了《关于做好融资租赁登记和查询工作的通知》(以下简称《联合通知》)。该通知的主要内容是:各融资租赁公司在办理融资租赁业务时,应当按照《中国人民银行征信中心融资租赁登记规则》的规定,登记公示融资租赁合同中载明的融资租赁物权属状况;各银行、非银行金融机构以及《联合通知》中列举的其他各机构在办理资产抵押、质押、受让业务时,应当登陆征信中心的融资租赁登记公示系统,查询相关标的物的权属状况。该查询是办理资产抵押、质押、受让业务的必要程序;对已经在征信中心的融资租赁登记公示系统办理登记公示的租赁物,未经出租人同意,各机构不得与承租人办理抵押、质押业务,也不得接受其作为受让物;各机构应及时将《联合通知》转发至各级分支机构,并制定完善业务审批流程和风险控制制度措施等。

《联合通知》为维护融资租赁交易安全,有效防范金融业务风险,明确要求其管辖范围内的所属银行、非银行金融机构等,在接受上述权利时,应当事先在融资租赁登记系统对该动产的权属状况进行查询。特别是该《联合通知》除了对租赁物权属状况的登记机关以及登记、查询方法作出明确规定外,还特别强调"各机构应及时将本通知转发至各级分支机构,并制定完善业务审批流程和风险控制制度措施"、"该查询是办理资产抵押、质押、受让业务的必要程序"等。实际上《联合通知》作出的这些风险提示,是对《商业银行法》规定的进一步具体化,即为了落实《商业银行法》第三十六条关于要求债权人"应当对保证人的偿还能力,抵押物、质物的权属和价值以及实现抵押权、质权的可行性进行严格审查"的规定,指出了一条如何"严格审查"的方法和途径,增强了该法的可操作性。因此,仅从注意义务层面看,相关主体违反了《联合通知》的规定,基本上等同于违反了其上位法根据即《商业银行法》的规定,其行为属于非善意。

需要指出的是,虽然《商业银行法》第三十六条规定的权利主体是商业银行,提示债权人要注意审查的义务主体是担保人。而《联合通知》中所规范的权利主体不仅有商业银行,还包括非银行金融机构等,并且提示注意被审查的义务主体除担保人外,还包括动产出让人等。显然《联合通知》中所涉及的权利、义务主体范围较《商业银行法》第三十六条涉及的权利、义务主体范围均有扩充。但认真探究《商业银行法》第三十六条之立法者预想实现的利益状况可知,立法者考虑到当债权人实现债权时,债务人不偿还或不能偿还到期债务,可能会存在担保人的担保能力不足或担保物权利瑕疵,如果债权人在设立权利之初对此疏于审查,将可能导致权利落空或造成包括第三人在内的其他利益相关者利益的损害。因此,规定权利人在贷款时,应当对"抵押物、质物的权属和价值以及实现抵押权、质权的可行性进行严格审查"。显然对于该条法律,立法者最重视的利益要素是防止债权人权利的落空和第三人利益的被侵害。同理,当商业银行以外的非商业银行金融机构等权利人在设立动产抵押权、质权时也同样存在担保人的担保能力不足或担保物权利瑕疵的可能。另外,《商业银行法》规定的是在担保场合下,为防止权利人权利的落空和第三人利益的被侵害而要求权利人应当对"抵押物、质物的权属和价值以及实现抵押权、质权的可行性进行严格审查"。同理,在动产受让的场合,也同样存在着为防止权利人权利的落空和第三人利益的被侵害,而要求权利人应当注意对动产的权属和价值以及实现权利的可行性进行严格审查的问题。鉴于《联合通知》所作风险提示内容与《商业银行法》立法者预想实现最重视的利益要素相同,所以根据法理上"类似案件同样处理"规则,《商业银行法》第三十六条规定,准用《联合通知》中所列非银行金融机构及动产受让等行为,即可以作为人民法院判断《联合通知》中所列特定的第三人在设定相应动产物权时,是否善意的上位法根据。

由于派生于诚实信用原则的注意义务,其产生根据不仅包括制定法,还包括行政法规、规章制度、行业规则等。故行政管理机关颁布的规范性文件,可以作为人民法院确认特定的第三人行为是否违反注意义务的根据之一。因此,人民法院根据《商业银行法》并结合《联合通知》中的风险提示,在确认第三人是否善意时,不仅有来自于行政规范方面的注意义务的根据,同时也有来自于制定法上的依据。在此基础上,采取这种对"特定主体,定向公示"的方法不仅实现了利用登记公示这种方式来保护交易安全的目的,也避免了在所谓登记方式法定,甚或注意义务法定这些问题上的不必要的争论,而使得当事人的合法权益长期得不到保护。当然,在"中国人民银行征信中心应收账款质押登记系统"的登记,既不属设权性登记,也不属证权性登记,其作用主要在于提示特定民事主体在从事动产交易时,注意标的物上的权属状况,并且在人民法院确认相关行为人是否善意时,作为民事诉讼证据使用。正因为这种登记公示只是针对那些特定范围内的主体,即仅对行政规范性文件中所涉主体产生拘束力,而并不要求达到所谓"对世"的效果,因此也无须"法定",所以在法律上同样不存在障碍。

为了使即将出台的天津市高级人民法院《关于审理融资租赁物权属争议案件的指导意见(试行)》(以下简称《指导意见》),尽可能做到科学、准确,天津市高级人民法院于2011年9月在北京主持召开了"融资租赁物权属登记法律问题"专家论证会。会议邀请了天津市高级人民法院专家咨询委员咨询专家梁慧星教授、崔建远教授、王卫国教授,还特别邀请了江平教授组成了专家组,经过充分论证,与会专家对于天津市高级人民法院提出的上述观点和方法一致表示肯定。论证结论是:"在没有法律、行政法规明确规定的情况下,为维护金融秩序,保障金融资产安全,要求天津市辖区范围内的所属银行金融机构、融资租赁公司、小额贷款公司、典当行及担保公司等相关单位,在受让动产所有权或者办理动产抵押、质押业务时,应当事先在人民银行征信中心融资租赁登记系统对该动产是否属于融资租赁交易标的物的状况进行查询,以此方式对交易风险做出提示。在此情况下,如发生上述特定的第三人主张善意取得租赁物的物权时,法院即可推定其没有按照行政监督机关的要求尽到应尽的审慎注意义务,存在故意或重大过失,从而不构成《物权法》第一百零六条所规定的善意取得。由天津市政府金融办公室、天津市银监局、中国人民银行天津分行、天津市商务委员会等行政管理机关联合颁布的规范性文件,仅在天津市辖区范围内有效。"

在此基础上,天津市高级人民法院根据《合同法》、《物权法》、《商业银行法》并结合《联合通知》的有关规定,经审判委员会讨论通过,发布了天津市高级人民法院《指导意见》,主要内容是:

(1)从事融资租赁交易的出租人,应当依照《联合通知》的规定,在"中国人民银行征信中心融资租赁登记公示系统"将融资租赁合同中载明的融资租赁物权属状况,予以登记公示。

未依照前款规定办理登记公示的,出租人对租赁物的所有权不得对抗《联合通知》中所列机构范围内的善意第三人。

(2)《联合通知》中所列各机构在办理动产抵押、质押、受让等业务时应当依照《联合通知》所规定的必要程序,登陆"中国人民银行征信中心融资租赁登记公示系统"对所涉标的物的权属状况进行查询。

未依照前款规定查询的,在该标的物的出租人主张权利时,《联合通知》中所列各机构作为第三人以未查询、不知标的物是租赁物为由抗辩,应当推定该第三人在受让该租赁物或以该租赁物设定抵押权、质权等权利时,未尽到审慎注意义务,因而不构成善意。

此外,《指导意见》还对自身的效力范围等作了规定。

据此,当《联合通知》中所规范的这些特定主体如果违反了该通知中有关"在受让动产所有权或者办理动产抵押、质押业务时,应当事先在人民银行征信中心融资租赁登记系统对该动产是否属于融资租赁交易标的物的状况进行查询"的规定,而发生标的物权属纠纷时,天津市各级人民法院即可根据《指导意见》的规定,判定其行为不构成善意。但是需要提到的是,《指导意见》之所以只对第三人行为不构成善意做出认定,而未就不构成善意的后果,即物权变动是否有效做出认定,主要是考虑到《合同法》第五十一条"无处分权的人处分他人财产,经权利人追认或者无处分权的人订立合同后取得处分权的,该合同有效"的规定,即此时承租人的处分行为是否有效,尚处于效力待定状态。

出租人作为租赁物的所有权人,有权对自己的交易风险做出评估,是否办理登记应当由其自主选择。对于要求出租人办理登记是规定为选择性规范的"可以"还是倡导性规范的"应当"问题,一般情况下,该条似适用"可以"更为妥当。但考虑设置登记公示的目的除了提示潜在的买受人、抵押权人、质权人等第三人规避交易风险免遭侵害以外,同时也包括防止出租人的合法权益不至于因承租人的不当处分行为而受到侵害。可见注意义务的实质根据是在于保护社会关系不受侵害,从而维持稳定的社会共同生活秩序,对此任何进入市场交易的主体均应负有共同维护之责。同时,《联合通知》也规定相关主体在开展融资租赁业务时"应当"在融资租赁登记系统办理登记、查询。故有必要加重提示出租人在维护自己权益的同时,注意维护他人利益不受侵害。所以,《指导意见》选择了刚性更强的"应当"这样的表述。

《指导意见》规定未办理登记公示的,出租人对租赁物的所有权不得对抗《联合通知》中所列善意第三人。即出租人不办理登记,不影响租赁合同的效力,但要承担来自承租人方面无权处分行为带来的风险。《指导意见》采用的是登记对抗主义,这样规定既为出租人提供了自我保护的手段,又可以使第三人及时知晓标的物的权属状况,免遭无辜伤害,总体上体现了私法自治精神。

因为人民法院确认第三人行为是否善意的依据,是其在办理动产受让、设立动产抵押权、质权等业务时是否违反了其隶属行政管理机关《联合通知》中规定的必要程序,尽到了审慎注意义务。根据行政管理属地原则,鉴于签署《联合通知》的四个部门行政权力范围在天津市,所以与此相适应,《指导意见》规定"本意见在天津市辖区范围内试行"。

当然,《指导意见》中规范的还只是《联合通知》中所列的这些特定主体,但是根据我们调研所掌握的情况看,规范了这些主体,就基本上保证了租赁物的安全。下一步我们将继续向政府提出建议,例如建议协调工商管理部门在办理动产抵押登记前,也要设置登录征信系统查询动产标的物的前置程序,以有效制止将融资租赁物恶意抵押给《联合通知》以外的非金融机构的行为。

《指导意见》的发布实施,是天津市高级人民法院充分发挥审判职能作用,积极参与社会管理创新的一项具体实践活动,是人民法院立足天津社会经济发展的实际,推进社会管理理念创新、方法手段创新,创造性的适用法律,与行政机关、金融管理机关合作,共同服务国家战略的成功范例,也是天津市高级人民法院认真贯彻党的十七届六中全会关于"把诚信建设摆在突出位置,大力推进政务诚信、商务诚信、社会诚信和司法公信建设,抓紧建立健全覆盖全社会的征信系统"的一项具体举措,对于进一步统一裁判标准,完善天津市投、融资法制环境,推进天津市金融信用体系建设,有效防范金融交易风险,促进天津市融资租赁业健康发展将会产生积极的推动作用。

民间融资的法律压制及其消减

雷新勇[*]

一、论题的界定

民间融资是相对于正规融资而言的一个概念,主要是指我国融资法律体系未加以肯定和保护,国家金融监管部门也未直接正面监管的融资交易活动。以信用责任者划分,民间融资是以私人偿债能力为后盾,属私人信用,正规融资是以国家偿债能力为后盾,属国家信用。以主体来划分,由民间借贷、地下钱庄、专业放贷人、企业集资、私募基金等形成的相关融资交易活动,都属于民间融资。由各商业银行、证券公司、基金公司、融资担保公司、融资租赁公司等形成的相关融资交易活动,则属于正规融资。而由小额贷款公司、村镇银行、农村资金互助社、典当行等形成的相关融资交易活动,则是民间融资向正规融资转化的中间形式。

从经济角度来说,民间融资与正规融资同为信用的形式,二者在资金的最终来源、性质以及融通的功效等方面并无二致。资金最终来源都是由不同经济主体预先蓄积的资财,其性质都是资本,即用以取得收入的资财[①],因此本文将资金与资本通用,都有推动生产性劳动的功效,因而都应通过市场使用求利,以利于生产最大化。从宪法权利原则来说,任何人对于自己合法拥有的财产都有自由使用的权利,用于投资并收益正是这一权利的应有之义。因此,民间融资与正规融资属于同类权利的正当运用,都应为法律所肯定和保护,不应因为信用主体不同致法律待遇不同。

但是长期以来,以民间借贷为主的民间融资在法律上一直受到歧视和排斥,被区别于正规融资并被排除于正规融资市场之外。这种法律上的差别对待,使正规融资成为合法融资,而使民间融资带上非法性或者法律上的不确定性,限制了资本依其逐利本性在市场上的自由流动。这就是对融资的法律压制。我国民间融资就存在这样的法律压制。本文就是对这一压制的研究。

二、民间融资法律压制的表现

民间融资的法律压制要与正规融资的法律支持相比较才能鉴别得更清楚。相比而言,

---

[*] 江苏省高级人民法院民二庭调研组组长。
[①] 亚当·斯密:《国民财富的性质和原因的研究(上卷)》,郭大力、王亚南译,商务印书馆1972年版,第255页。

法律对民间融资的压制主要表现在:

第一,鼓励投资的原则在法律制度中并没有得到确立。从法律原则来说,虽然明确了公民的合法私有财产受法律保护,但这只是从消极方面作出了规定,并没有从积极方面确立公民的自由投资权,也没有树立鼓励公民投资的价值取向。从民事权利立法技术角度来说,不是从赋予权利的角度,即鼓励充分自由行使资金所有权各项权能来展开,而是主要从约束权利行使的角度来展开。法律和政策立场十分保守,过度强调安全性,不是鼓励人们将剩余资财用于投资,而是一贯以投资有风险为由吓阻人们积极投资,鼓励储蓄,对民间借贷尤其是所谓高利贷具有普遍的歧视心态。

第二,投资权利被行政管制架空。在将社会剩余资财转化为投资的问题上,强调国家和政府的管制,不承认所有人对于自己所有的资本有自由运用的权利,将未经金融主管部门批准的融资机构和行为一概归于非法[1],使融资资格不是取决于有无资本,而是完全取决于行政审批,而行政审批的标准和内容又主要是以大资本为模板设定的[2],从而迫使社会资本向国家控制或批准的金融机构集中,使融资主要掌握在少数大型金融组织手中,形成政府高度管制的金融垄断体制[3],造成民间资本所有者的投资权利被无形消解。这实质是延续了计划经济下的金融管理思路和模式。

第三,严格限制集合投资,阻碍民间资本集中。集中民间资本进行金融活动,受到严厉限制,极少能得到批准。对民间资本在资本市场上集合投资的防范,可谓密不透风。在集合投资主体上,除了公募股权基金有立法认可以外,对私募基金等集合投资没有立法,只有一些部门规章为凭,导致其缺乏直接的法律依据,不得不绕道借合伙企业法之船出海[4]。在行为上,对其所从事的业务是否属于非法金融业务,无人界定,从而使其身份陷于不确定的境地,随时可能被作为非法金融活动受到打击。对于民间资本的集中,除了在民法上缺乏肯定、保护以外,还以各种行政规章和法令,从行政法上严加取缔和处罚,从刑法上则分别以非法集资罪、非法经营罪等多种罪名予以打击。对民间融资形成了以行政管制为主、以刑罚为辅的简单管理方式,以行政、刑罚为主要手段去规范调整一个本质上属于民事性质的行为。

第四,在投资方向上,严格限制民间资本的活动范围。不但垄断性行业民间资本难以进入,而且很多高端竞争性行业民间资本也难以进入。如银行、保险、电力、电信、铁路、航空等重要行业,以及矿山、油田等资源领域,国内民间资本进入难被认同。[5] 而且由于民间资本不能集中,也无力进入。法律也没有为鼓励和支持不同主体的资本在这些领域展开平

---

[1] 1998年国务院颁布的《非法金融机构和非法金融业务活动取缔办法》中,将未经中国人民银行批准,作为判定金融机构与行为合法与否的分界线。

[2] 我国金融信贷机构的准入制度普遍要求有巨额的资本,管理模式也是以大型商业银行为模板。虽有个体户和个人独资企业立法,但不承认专业放贷人及其成立的放贷机构。

[3] 张书清:《民间借贷的制度性压制及其解决途径》,载《法学》2008年第9期,第109页。该文对此有非常深刻的分析。

[4] 我国私募融资在主体上的法律依据主要是合伙企业法,采用的形式多是公司制,但公司法的公司只是实业经营模式,并不是投资模式。在行为上的依据则主要是银监会以及其他行政部门制定的规章。

[5] 所谓国进民退、国退民进之争,就是其表现。

等竞争提供制度空间。从而在融资领域造成了二元市场结构,使民间资本市场沦落为与正规资本市场相区别的非正规市场、边缘市场,民间资本只能从事各种边缘金融活动,或者流于各种地下金融活动。

第五,阻碍民间资本通过资本市场直接融资。上市实行审批制,同时严格限制场外交易,严格限制民营企业发行债券,对未上市民营企业即使是小范围发行也不允许,禁止未经批准通过债权包括可转换债券或股权进行融资安排,屏蔽了民间资金与有融资需求的部分企业尤其是中小企业之间的自由联系和选择。

第六,无视民间融资的存在与特点。在金融组织方面,法律和政策一方面设立过高门槛使民间资本无从形成合格的金融机构,另一方面对民间自发形成的金融组织和主体不屑一顾,不承认其合理性与合法性。在管理方面,处于多部门多头管理的状况[1],管理依据也只限于部门规章这样的低层次。在交易活动方面,完全以大资本的行为模式为标准去要求一切资本,达不到标准,就视为非法予以禁止,完全忽视民间金融活动自身固有的特点和长处。金融监管部门的注意力则只集中在大型商业信贷机构的建设与发展,对于低端小额资本市场及其信贷机构长期没有足够的投入进行立法保护和规范。

第七,在分享金融发展机会上,内外资实质上不平等。在国有金融机构的市场化改革以及创设新的金融机构开展金融业务中,设定的所谓合格资质,没有考虑到国内民间资本所受到的制度约束和发展阶段的局限性,导致其难以符合条件,客观上对国内民间资本亮起红灯,使得国内民间资本难以获得参与金融发展的机会,而外国资本集团却如鱼得水,轻松获得进入我国金融市场的机会。[2] 有的甚至专门为外资进入金融领域量身定做条件,[3]使内外资在金融市场上的强弱更显悬殊。

第八,公司内部治理模式很少考虑融资的需要。特别是有限责任公司主要考虑了公司经营和股东之间的关系,没有全面考虑公司融资中各方之间的关系,没有对各种融资形式下公司相关方的权利义务安排作出详细规定。治理模式单一化、僵化,尊重公司自治不够,妨碍了公司在融资问题上作出更灵活的权利义务安排。[4] 法律对于专业投资公司没有根据其性质单独设定经营治理规则,而是与经营性公司一样适用相关的经营治理规则,严重制约了民间融资主体的发育与企业投融资的开展。

第九,严格限制民间融资及其利率的法律效力。在司法尺度上,把民间借贷中超过银行同类贷款利率 4 倍的利率视为高利贷,不予保护。在行政管制上,甚至把超过银行同类贷款利率 3 倍的民间借贷利率就视为高利贷。[5] 而对企业借贷则一律禁止,即使企业之间融资是用于生产经营,偶尔为之,也不认可其效力,不但如此,还要予以惩罚,对出资方取得的

---

[1] 如在地方,贷款担保公司由中小企业局管理,小额贷款公司由政府金融办管理,典当行则由商务局管理。
[2] 四大国有商业银行引进战略投资者中,就没有国内民间资本,只是针对外资而言。
[3] 前两年商务部的郭京毅案件的实质就是如此。现在则有提出以外资导向改革国有商业银行的主张,其排斥民间资本可见一斑。
[4] 公司法没有规定专业投资者的退出机制,把专业投资者等同于普通经营者,成为公司融资的内在障碍。
[5] 《中国人民银行办公厅关于高利贷认定标准问题的函》(银办函〔2001〕182 号,2001 年 4 月 4 日)确定:原则同意将超过银行同期同类贷款利率(不含浮动)4 倍的高利贷行为认定标准适当下调,修改为"借贷利率高于法律允许的金融机构同期、同档次贷款利率(不含浮动)3 倍的为高利借贷行为"。

利息予以收缴,对借入方还要处以相当于银行利息的罚款。① 这实质是把利率超过规定即使是用于生产经营的民间融资,也等同于洗钱、金融诈骗等非法金融活动予以打击和禁止。未经批准的多种融资行为不但在民法上无效,而且可能构成非法集资受到行政甚至刑事处罚。②

三、民间融资法律压制的经济学解释与验证

民间融资的这种法律压制在新制度经济学看来,就是一种价格管制。价格管制的理论认为,当一经济物品最有价值的用途被禁止或限制,或者其自由转移被禁止或限制,这个物品的价值将会下降。当被下降的价值没有被专有化时,作为追求价值极大化的物品所有者,就会或者持物惜售不入市交易,或者尽可能改变物品的用途,或者在交易时在正式合约以外还要达成非正式合约安排,或者通过这些方法的组合运用,使下降的部分减到最小,使获得的价值在新的约束条件下达到最大。③

根据这一理论,资金作为经济物品和生产要素,当其用途或流动被限制而在法律上形成不同权利和义务时,将必然使得一部分资金失去选择更低成本的运用机会,从而降低其价值,同时,变相增加另一部分资金的价值,使得资金之间因此形成价值落差,即制度红利。对此,作为追求价值极大化的资金所有者会努力采取措施减小这种影响,从而在实践中就必然会出现这样的现象:所有者或者将资金予以储蓄,不用作投资;或者改变资金用途;或者在正式协议之外与资金使用人达成私下的权利义务安排;或者完全形成地下交易,以绕过法律的限制。资金所有者通过这些适应行为,使法律管制造成的租值消散效果最小化。通过这样的博弈适应过程,民间资金最终达到法律压制条件下的市场均衡。因此,通过观察价格管制效果,即是否存在减少租值消散的现象,可以验证民间融资法律压制是否确定存在。

民间融资的价格管制效果在我国可以很方便地观察到:

第一,我国居民储蓄率长期居高不下。自2007年起,当年储蓄额与GDP之比分别为:77.16%、67%、72.47%、77.76%、76.21%;上一年储蓄额与当年GDP之比分别为65.52%、57.38%、64.97%、65.52%。④ 除社会保障不足的原因以外,对民间融资的压制使民间资本投资意愿大大降低,投资机会大大减少,不得不限于储蓄,不能不说是造成我国居民储蓄率居高不下的一个重要原因。

第二,存贷款利率严重偏低。储蓄存款利率远低于CPI的涨幅⑤,民间资本用于储蓄不

---

① 参见《最高人民法院关于审理联营合同纠纷案件若干问题的解答》的规定,法(经)发〔1990〕27号。
② 根据最高人民法院2011年1月4日起施行的最新司法解释《关于审理非法集资刑事案件具体应用法律若干问题的解释》(法释〔2010〕18号)的规定,非法集资犯罪的情形达十几种之多,范围十分广泛。同时,未经批准的融资还可能构成擅自发行股票、公司、企业债券罪或者非法经营罪。
③ 张五常:《价格管制理论》,载《经济解释——张五常经济论文选》,易宪容、张卫东译,朱泱校,商务印书馆2000年版,第162页、168页、173页。
④ 根据国家统计局公布数据计算所得。
⑤ 根据中国人民银行2011年7月公布的数据,城乡居民及单位活期存款利率仅为年0.50%,最高整存整取五年利率为年5.50%,而6月CPI涨5.4%。

但不能保值,反而会亏损。同时,银行贷款利率也被人为管制而偏低,与民间借贷利率动辄高达50%以上①形成鲜明对比。民间高利贷的存在②从反面有力地证明了正规金融贷款利率被制度压低。这一利差的存在,造成从正规金融取得资金的成本低于市场均衡水平,谁取得贷款机会,谁就能零成本地取得这一额外利益(所谓无主租值)。由此,我们就能明白为什么对正规金融资金的渴望无穷无尽,也能明白为什么套取银行贷款转贷的行为能够大行其道。③

第三,民间借贷盛行,地下钱庄、私募基金大量出现和长期存在。在法律压制导致民间资金租值消散的情况下,作为经济人的资金所有者,突破法律对于民间资本投资方式、投资领域以及集中的限制,从事这些灰色金融活动,规避法律的压制,显然能够使租值尽量少地被消散。否则,存款于银行,自己并不能得到贷款机会,享受到制度红利。不如自己直接用于民间借贷,还能取得一定的租值。也就是说,上述这些灰色金融,其实是为了提高资金配置效率而产生,而且也起到了这样的作用。这就是它们产生的经济根源。如果没有这些规避行为,资金完全在法律规定下配置,则这一部分资金就只能闲置,其效率显然比存在规避行为的情况下要低得多。这些灰色金融规模巨大,保守估计也要超过上万亿了。④ 司法中民间借贷案件的持续增长也从另一个侧面佐证了这一事实。⑤ 这么庞大规模的地下融资市场的存在,本身就说明了这些融资行为的合理性,同时也反证了融资压制的存在。至此,我们就能明白为何民间借贷往往采用复杂隐蔽的交易形式,为何民间借贷长盛不衰,为何司法的制裁效应有限而民间借贷纠纷、非法集资案件层出不穷,不过都是因为法律的差别对待造成了租值的存在,人们为了规避法律的压制,减少制度造成的租值消散而采取的适应行为,都是制度约束下的必然结果。正是由于这些现象的出现有其经济必然性,因而其存在也就具有合理性和正当性。

第四,融资难易冷热两重天。民营企业特别是中小企业难以从正规金融机构获得贷款,难以从资本市场获得资本支持,资金需求得不到满足,在发展上举步维艰。不得不借重于民间高利贷、地下钱庄,利率高达年息30%、50%以上,一部分已经到了年息70%甚至100%的惊人程度,⑥一部分中小企业则通过离岸公司绕道海外上市,寻求资金支持。在货币政策向稳健快速回归的情况下,中小企业融资难的呼声不断,甚至有资金链断裂引起倒闭风潮的担忧。与此形成强烈对比的是,一些大企业并不缺少资金。⑦ 天价地王的频频出

---

① 参见《银根收紧,中小企业融资难》,载《新华日报》2011年5月9日A3版。
② 不可否认,其中有一些即使是在金融完全自由的环境中也应当是非法的,但这不能成为否认民间借贷的理由,因为毕竟绝大部分是用于正当生产经营活动,而且即使正规融资也有用于非法用途的,也有呆账坏账。
③ 甚至有的地方商业银行的高管,就以自己或他人的名义参与贷款担保公司的业务,套贷转贷,谋取利差。
④ 张书清:《民间借贷的制度性压制及其解决途径》,载《法学》2008年第9期,第104页。
⑤ 近几年来,民间融资呈现快速迅猛上升势头。以江苏全省法院受理的民间借贷纠纷案件为例,2007年案件数比2006年上升了58.26%,2008年又比2007年上升了44.28%;标的额分别上升了75.36%、111.71%。2009年增势趋缓,但案件数仍增长25.08%,标的额增长达53.56%。2010年案件数量增速显著放缓,但增长仍在继续。2011年上半年案件数量已达43709件,超过2010年全年的一半。一方面司法对民间融资规制严格,另一方面民间融资仍然勃兴不已,法律效果与社会效果的背离十分突出。
⑥ 参见《都是"钱荒"惹的祸——部分中小企业倒闭真相追踪》,载《新华日报》2011年6月3日A5版;《银根收紧,中小企业融资难》,载《新华日报》2011年5月9日A3版。
⑦ 参见《"钱荒":乱象背后是结构性矛盾》,载《新华日报》2011年6月13日A10版。

现,就是明证。诚然,一般而言,中小企业获得资金支持的难度要比大公司、国有企业大,这是由它们之间的资信实力所决定了的。但是如果没有法律的压制,两者之间的差别决不会如此之大。正是由于法律对民间融资的压制,使得社会资金集中于国有或国有控股的大型金融机构之手,投放的重点也限于大型企业以及国有企业,这些企业获得低成本贷款的机会自然远远高于民营企业和中小企业,这才造成了他们的资金优势。

第五,资金配置效率不高。中小企业因资金短缺发展困难,而能够从正规金融市场融到资金的大型企业以及国有企业,投资机会不多,使用效率不高,有的只好将资金予以转贷谋利,或者用于囤积物资。有的上市公司通过上市筹措到了大量的资金,但并未有效使用。据报道,"根据 WIND 的统计数据,2011 年 IPO 超募资金为 985 亿元,用途可谓五花八门,买理财产品、存银行、充当流动资金……和投资者的期望相去甚远。"①资源配置效率不高可见一斑。

第六,上市公司形成制度租值。法律在资本市场的区别造成了租值,人为抬高了被批准上市企业的价值,扭曲了资本市场对资源的合理配置机制。一方面实行上市审批制,由相关机构人员根据预设标准——这些标准对公司资信的要求是非常严格的——对拟上市公司的资信进行把关,照理说,上市公司应当是货真价实、物值两宜的,但另一方面,上市公司股价跌破发行价的却不在少数,尤其是新股破发成为常态。有报道称,据《证券日报》统计,A 股市场 2011 年上半年上市的 167 家公司中,上市首日破发的公司多达 64 家,占整个 IPO 数量的 38%。② 这充分表明审批制所制造的制度租值,以及一级市场的投资者套现制度租值的恶劣行为。如果改行备案制,或审核制,现有上市公司的价值将会大幅下降,因为这样将会消除其制度租值。这也是改变这一融资体制的困难所在。

综上可见,我国融资市场上租值消散与反消散的现象是广泛而普遍的,民间融资的法律压制也是牢固而深刻的。

四、民间融资法律压制的弊端与消解

民间融资法律压制的形成与存续,除了计划体制延续等历史原因以外,还有对金融流通规律不了解,信息知识欠缺,既有金融机构的压力等等一些原因。应当承认,金融领域尤其是民间融资领域是我国市场化改革步伐最为缓慢的领域,其法律制度已不能适应我国经济发展的需要,严重制约了我国经济发展活力。

第一,对民间融资的压制,抑制了民间资本直接用于投资,助推了高储蓄率,进而助推了经济结构失调。从储蓄率与 GDP 的增长率相比较来看,自 2006 年以来,除 2007 年外,各年储蓄率的增长率远远高于 GDP 的增长率。③ 这意味着新增 GDP 中用于储蓄部分的比例越来越大,消费部分的比例越来越小,消费对将来经济增长的拉动力也就越来越小。这种格局不改变,则经济发展方式只能越来越依赖于投资增长和外贸,而外贸受宏观经济形势影响受到约束,投资增长则因资金集中于大的金融机构,偏好于"铁公基"项目,导致社会生

---

① 参见《大扩容,不代表 A 股市场大辉煌》,载《新华日报》2011 年 7 月 6 日 B2 版。
② 参见《大扩容,不代表 A 股市场大辉煌》,载《新华日报》2011 年 7 月 6 日 B2 版。
③ 储蓄增长率见附表。

产与消费的脱节不断扩大,经济畸形发展。因此,从转变经济发展方式,改善经济均衡来看,也迫切需要开拓民间资本的投资出路,放宽民间融资,增加民间资本投资取得收入的渠道,从而增加民间消费的活力。

第二,对民间融资的压制,阻碍了民间资本成长发展,使民间资本疏离于金融全球化这一历史进程,必将影响我国经济将来在全球化中的适应能力和应有地位。一方面,在国内,民间融资成长发展的法律环境不具备,导致其没有发展空间,难以生长,不可能为我国经济在市场化、全球化竞争中提供坚强有力的支撑;① 另一方面,在资本全球化流动的背景下,又使得内外资不能获得平等的发展机会,剥夺了国内民间资本参与金融市场发展,分享金融发展成果从而不断成长壮大的机会,进而严重制约了中国民间资本走出国门,参与世界金融循环的可能。此外,内外资因法律制度造成的红利差距的存在,使得国内民间资本在外资面前不堪一击,而正规金融又陷于孤军奋战的境地,必将影响我国金融安全。

第三,对民间融资的压制,阻碍了资金优化配置,降低了经济效率,既不利于生产发展,又造成了融资乱象,不利于社会稳定。非法金融机构与活动广泛存在,使相关法律制度陷于尴尬境地,也使司法裁判左右为难。而且,只要这种金融压制一天不消减,相关融资乱象就一天不会减少,反而会随着经济的发展、民间资本的不断增加而积累,地下融资活动将越来越泛滥,又不能得到及时的引导、规范和清理,从而埋下重大隐患。

第四,对民间融资的压制,造成了司法尺度的混乱。目前,在不同主体的借贷纠纷中,合法利率的司法尺度完全不同。金融借款利率必须在法定利率浮动范围内;民间借贷可以达到银行同类贷款利率的4倍,超过4倍的被认为是高利贷而不予保护;企业间借贷只能按法定基准利率来认定;小额贷款公司、贷款担保公司无强制性规定,司法中都是按照法定基准利率的4倍为上限保护;典当行则按照典当管理办法的规定确定,但对绝当后息费率合计超过法定基准利率4倍的部分,一些地方法院是不予保护的。由于计算的利率基础不同,还导致对逾期还款的利率标准产生分歧,特别是对逾期利率是以法定利率为基础还是以约定利率为基础,以及如何处理与高利贷标准的关系,争议较大,无所适从。如,小额贷款公司、贷款担保公司约定的利率本身已达基准利率的4倍,借款人逾期还款的,如果仍坚持高利贷的限制标准,那么借款人违约责任就无从体现;如果以法定基准利率为标准,那么借款人违约后承担的责任反而比约定的还要少,轻重显然失衡。再如,司法判决有金钱给付内容的,还要加判《民事诉讼法》第二百二十九条:被执行人未按判决、裁定和其他法律文书指定的期间履行给付金钱义务的,应当加倍支付迟延履行期间的债务利息。但是,这一加判的利息是以什么利率为基准,也没有明确。如果以法定利率为基准,裁判的惩罚性就无从体现,如果以约定利率为基础,又必然导致部分利率超过法定利率4倍的上限,成为"高利贷"。由此,造成利率的司法裁判尺度在法律逻辑上陷于自相矛盾。同时,将利率的高低与借贷主体的不同社会身份挂钩,又导致形成利率不是由市场竞争所决定,而是由借贷双方的特定社会身份所决定的不合理现象。

亚当·斯密曾说过:"一种法律在初成立时,都有环境上的需要,并且,使其合理的,亦

---

① 经济全球化是市场经济发展的必然要求,其发展的高级阶段就是金融的全球化。人民币汇率的困境、中国的崛起都只有依赖于全球化才得获得真正的解决。而没有民间资本的广泛参与,人民币的全球化将难以实现。

只是这种环境。但事实上,往往产生这种法律的环境已经发生变化,而这法律却仍继续有效。"① 改革开放前,民间资本十分有限,国家要集中财力进行基础建设,由此形成的融资权利高度集中的金融法律制度与此相适应,但改革开放30年来,中国民间社会积累了大量财富,这些财富以巨额社会储蓄的形式体现出来。2006年、2007年、2008年、2009年、2010年我国城乡居民人民币储蓄存款余额分别达到161587亿元、172534亿元、217885亿元、260772亿元、303302亿元(见下图),如此巨额的民间资本亟须开辟投资出路。环境已经大变,过去的金融法律制度已不适应需要,其合理性也就不存在了,因此必须改变。即使法律不主动改变,巨额的民间资本也必将用自己的犁开辟出自己的路来。

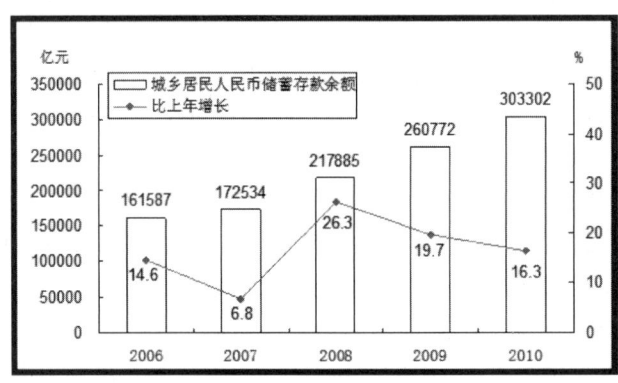

2006—2010年城乡居民人民币储蓄存款余额及其增长速度②

这就意味着,造成民间融资压制的法律制度必须加以消减。③ 这一消减的要领在于要放松对民间融资的法律约束,而不是把法律的绳索收得更紧;其性质是进行金融市场化改革④;其目标是建设多层次的融资体系,满足我国经济社会发展不同层次的客观需要,消除民间融资的法律效果与社会效果的背离,使二者的关系归于正常。从制度转变需要成本的角度来看,这样的消减应当通盘考虑,逐步实施。目前,应从以下几个方面着手:

一是放宽对民间借贷的管制。承认民间借贷的合法性。尊重民间资本在投融资中的创造性,允许其采取专业放贷人、封闭融资组织等多种主体形式。放宽以股权、债权进行生产经营投融资的条件。放宽民间资本的投资领域,让民间资本按市场需要在行业、产业间流动。进行利率市场化改革,让利率依市场供求关系自由浮动。二是鼓励民间资本集中,采取组织化的形式,进行投融资。一方面提升其投融资能力和水平,一方面提高其抗风险能力。逐步允许有条件地吸纳资本或吸收存款。三是加快风险投资立法。使私募基金阳光化。针对风险投资的特点,对风险投资方式进行灵活规范,特别是要完善投资退出机制。对科技创新创业融资要给予宽松政策,引导民间资金支持科技创新创业。四是给予内外资

---

① 亚当·斯密:《国民财富的性质和原因的研究(上卷)》,郭大力、王亚南译,商务印书馆1972年版,第352页。
② 来源:国家统计局2011年2月28日发布。载于http://www.stats.gov.cn/tjgb/ndtjgb/qgndtjgb/t20110228_402705692.htm。
③ 当然,这里只是消减,并不是消除。因为任何时候都不可能完全消除管制。
④ 金融市场改革最根本最核心的,还是人民币的定价与发行机制。由于这已超出本文的范围,且置不论。

同等机会。特别是在重要金融改革过程中,要为民间资本的参与保留必要的机会和份额。五是要改革资本市场准入机制,变审批制为审核制,最终过渡到备案制,鼓励直接融资。六是优化融资管理方式,充分利用民间融资私人信用权利与义务、利益与风险责任相一致的自控机制控制融资规模和风险。注重对民间融资的日常安全性监管和规范引导,特别是要建立存款保险制度,筑牢民间融资风险底线。七是要调整民间借贷纠纷司法尺度。分别民间借贷用途,对用于生活生存的,应当限于基准利率;对用于经营的,应放开利率限制,至少应当提高"高利贷"认定标准。统一借款的利率基准,尊重当事人对利息的约定,避免因借款主体不同而对利率的基本保护不同。限缩将民间融资纳入非法经营、非法集资犯罪调整的范畴,把管制边界压降到融资用于违法犯罪活动和融资诈骗这一最小范围。

五、结语

法律对于民间融资与正规融资的差别对待,造成了对民间融资的法律压制。这种法律压制可以通过新制度经济学中的价格管制理论得到系统解释,并得到相应的现象验证。这一压制是历史形成的,但现在已不能适应我国经济发展对金融的要求,急需从立法、司法等多个角度和层面予以消减,其要旨在于放宽对民间融资的管制。但民间融资关乎我国金融整体秩序,兹事体大,本文只是一个粗浅的思考,其中的许多具体问题特别是消减方略和措施尚需进一步深入研究。如能就此引起法律人对民间融资问题的关注和从法律角度深入研究的兴趣,将是本文莫大的荣幸。

【法官学术交流】

全国部分法院公司法司法解释论证及审理公司纠纷案件工作经验交流会综述

刘崇理*

为进一步听取对《最高人民法院关于适用〈中华人民共和国公司法〉若干问题的规定（四）（征求意见稿）》（以下简称为解释稿）的意见并研究解决目前人民法院审理民商案件涉及适用公司法的部分疑难问题，2012年4月24日至25日，最高人民法院民事审判第二庭在上海召开全国部分法院公司法司法解释论证及审理公司纠纷案件工作经验交流会。最高人民法院民事审判第二庭宋晓明庭长和部分法官及来自北京、上海等全国18个高、中级人民法院的代表[①]共计32人出席本次会议，上海法院系统的部分法官列席了会议。现将会议情况综述如下，以供研究和参考。

会议首先讨论了解释稿。该稿共计三十六条，对公司审判实践中六个方面的法律适用问题作了规定：一是关于公司股东会、股东大会、董事会决议无效和撤销纠纷，二是关于股东知情权纠纷，三是关于有限责任公司新增资本认购产生纠纷、股份有限公司发行新股产生纠纷，四是关于利润分配请求权纠纷，五是关于股权转让纠纷，六是关于股东代表诉讼。与会代表肯定了解释稿针对性、可操作性强，体系合理等优点，也提出了进一步修改完善的意见。会议还讨论了公司对外提供担保的权限及担保合同效力，矿山及房地产公司100%股权和企业全部资产转让合同的性质及效力，公司董事、监事、高管、控股股东、实际控制人侵犯公司或公司股东利益的认定及责任承担，公司法人格否认的构成要件等四个公司审判实践中的疑难问题。

一、关于解释稿的情况

（一）关于公司股东会、股东大会、董事会决议无效和撤销纠纷

解释稿第一条至第九条从以下方面对该问题作了规定：无效之诉的原告，撤销之诉的

---

* 最高人民法院民事审判第二庭法官。
① 除北京、上海外，还包括内蒙古、辽宁、吉林、江苏、浙江、安徽、福建、江西、山东、湖南、广东、贵州、云南、陕西14个高院，江苏无锡、浙江宁波2个中院的代表。

原告股东身份，无效和撤销之诉当事人的诉讼地位，决议无效及表见决议、决议不成立的处理，未通知召开股东会议的处理，中止执行决议与担保，对中止执行和担保的审查，当事人对中止执行担保裁定的权利，判决的溯及力。有代表提出①，公司机关决议的无效和可撤销之诉均是对决议效力的否定性之诉，实践中有要求确认公司机关决议有效的肯定性之诉，建议司法解释对此类肯定性之诉案件可否受理作出规定。

关于无效之诉原告的范围。代表们比较一致的意见是公司机关决议属公司内部治理文件，主要调整股东、董事、监事与公司之间的内部关系，司法不宜过多干预，否则将可能影响公司内部治理结构，不利于公司的稳定和发展，且提起决议无效之诉的原告范围应确定清晰。但是对于范围的大小，代表们意见不尽一致。有代表认为，以公司股东、董事、监事、高管为限即可，其他人员如公司职工、公司债权人不宜列入其中。也有代表认为公司高管也不宜作为决议无效的原告，理由是公司高管是公司机关决议的执行者，不应有权对决议提出质疑，即使决议涉及其自身利益如职位等，其可以通过劳动争议仲裁或者是其他途径救济。有代表认为应仅限于公司股东，主要考虑到公司机关决议执行的时效性和有利于公司正常经营，还有代表进一步认为，为防止滥诉，可以考虑股份有限公司中持股达到一定比例的股东才有诉权。有一位代表认为，应该将无效之诉的原告范围扩大到监事会、董事会和独立董事甚至是公司债权人。还有代表强调原告的股东身份应具有连续性，但有的认为应在公司机关决议作出之日起至起诉时具有公司股东身份，有的则认为在诉讼中的股东身份应具有连续性。也有代表提出，对股东大会和股东会、董事会决议提起诉讼的原告资格应分别加以界定。

解释稿第二条对《公司法》第二十二条第二款做了限缩解释，规定撤销之诉的原告"应在会议决议形成并至起诉时持续具有公司股东身份"。多位代表②认为限缩不宜过严，他们提出，会议决议形成后，基于继承、股权转让而取得股东资格的继受股东应具有原告资格。理由是，股东会决议涉及股东权利义务，对股东均有约束力，上述决议对继受股东同样有约束力，如股东会的内容侵害股东权益，在股东转让股权或他人继承股权的情况下，应赋予新股东撤销决议的诉权，至于是否在实体上支持则是属于法院需要在实体审查后决定，不能由此剥夺当事人程序上的诉讼权利。还有代表提出原告对剥夺其股东资格的决议提起撤销之诉，不应受具有股东身份的限制。有一位代表认为，为避免股东滥诉影响公司正常经营，应对提起决议撤销之诉股东的持股比例作限制。有代表建议，无效之诉和撤销之诉中的原告资格问题有共同之处，可以一并考虑。也有代表建议可以允许不同意董事会决议的董事提起撤销诉讼。

代表们很关注解释稿第四条关于决议无效及表见决议、决议不成立的处理的规定。代表们一致认为，我国《公司法》第二十二条仅对公司机关决议的效力瑕疵和程序瑕疵的救济方式作出了规定，最高人民法院《民事案件案由规定》也仅规定了公司机关决议效力纠纷和

---

① 大部分参会高院在会前征求了辖区内中级和基层人民法院对解释稿和四个疑难问题的意见，在此基础上形成了提交会议的意见。

② 有五位代表对此持相同意见，下文中的多位指三位以上。

公司机关决议撤销纠纷两种案由,但是,客观上存在公司机关决议不存在或者公司机关决议不成立的情形,国外也有法律规定了公司机关决议不存在之诉,司法解释有必要对公司机关决议不存在之诉作出规定。建议司法解释尽可能严格区分公司机关决议无效、撤销公司机关决议、公司机关决议不成立的情形,作出明确的规定。多数代表提出,程序瑕疵并不必然影响决议效力。还有代表分别提出了应区别伪造签名和代签名的效力、将公司机关决议违反行政规章作为公司机关决议瑕疵、不区别决议损害的是中小股东的利益还是大股东的利益等建议。

多位代表指出,解释稿第五条关于未通知召开股东会议处理的规定似赋予了未被通知的股东选择行使决议撤销权和请求决议无效的权利,如此规定似突破了《公司法》的规定,应进一步研究。有代表建议参照《合同法》的相关规定,增加公司机关决议无效和被撤销法律后果的规定,明确股东会或者股东大会、董事会决议被确认无效或被撤销后,没有执行内容的,终止执行;已经执行的,根据执行情况和决议性质,当事人可以要求恢复原状、采取其他补救措施,并有权要求有过错的主体赔偿损失。

解释稿第六条、第七条、第八条对中止执行决议与担保等问题作了规定。有代表认为,股东会、董事会决议的作出,是股东行使权利的结果,是公司的正当经营行为,尤其董事会决议,往往涉及公司经营决策、投资方向,应研究法院对公司的商业行为予以司法干预的正当性和风险。代表们对中止执行决议担保的性质进行了讨论,分别提出了该担保与《公司法》第二十二条规定的担保的关系,与《民事诉讼法》规定的保全措施的关系等问题。有代表提出应对中止执行决议的具体操作方式进一步细化,例如当事人申请法院复议的时间,法院复议的期间等。

(二)关于股东知情权纠纷

解释稿第十条至第十五条规定了股东知情权纠纷的相关问题,包括行使知情权应具备股东身份、知情权诉讼是否允许上诉、原始凭证的查阅、聘请他人查阅的处理、保守商业秘密的义务和文件材料不健全的处理。

多位代表认为,股东知情权属于实体权利,对于股东知情权诉讼,应用判决而不是裁定来支持或者驳回其诉讼请求,应进一步研究在股东知情权诉讼中用判决还是裁定的问题。

关于行使知情权时应否具备股东身份,多数代表认为,一般情况下,股东行使知情权时应具备股东身份。有代表提出了一些需要特殊处理的情形,包括:(1)因股东被除名而丧失股东身份的情形。如果股东在行使知情权的过程中,由于公司或其他股东的恶意行为(如与职工身份挂钩的股东,被告在知情权诉讼期间恶意将原告除名等),其知情权并不一定就必然丧失。(2)在股东知情权诉讼中股权出现转让,如果受让人受让股权后,愿意承受该诉讼权利的,应当准予。(3)某人曾经是股东,即使在其丧失股东身份后,其查阅其担任股东时的会计账目也具有合理性。类似的特殊情形,应该特别处理。也有代表坚持只要丧失股东资格,就不能行使知情权的观点。另外,还有代表提出如果公司章程对股东行使知情权有规定,公司章程也可以成为股东提起知情权诉讼的依据。

关于查阅原始凭证。有观点认为,股东有充分理由怀疑会计账簿记载不真实时才可以申请查阅原始凭证,也有观点认为,会计账簿非常容易造假,只有看到原始凭证才能真正了解情况,故不应对查阅原始凭证设置较高的前置条件。还有代表提出,查阅原始凭证的条件之一"可能损害公司利益"的把握问题,认为应当列明一些常见的损害公司利益的情形。

关于聘请他人查阅的处理问题。多位代表提出了"他人"的范围应如何界定的问题。认为知情权原则上应由本人行使,即使考虑到查阅需要一定的专业知识,可以委托他人行使,也应考虑到公司保护商业秘密的需要,严格限定"他人"的范围。可以以列举的方式限定为会计师、律师等有执业规范要求的人员,便于实践中操作。也有代表提出,是否聘请他人查阅,只是知情权的行使方式问题,是否委托专业人员查阅,是执行中的问题,不需要通过诉讼方式解决,该事项难以成立单独的诉,并非诉讼事项。

关于行使知情权中的商业秘密保护问题。有代表认为,既要保护股东的知情权,又要防止股东滥用知情权,建议将对行使账簿查阅权的股东持股比例和持股时间加以限定,如果持股低于规定比例的股东需要行使账簿查阅权,则可以要求其提供相应的经济担保或者通过联合其他股东的方式来达到规定的持股比例。还有代表提出,如果简单按照《民事诉讼法》规定的审理期限确定股东知情权案件的审理期限,容易导致股东通过诉讼获取的信息失去原有的价值,为了保证股东行使知情权的实际效果,保障股东及时获取相关信息,建议缩短股东知情权案件的审限,例如可以规定为30天。

关于文件材料不健全的处理。多数代表赞成解释稿第十五条第三款规定的公司因文件材料不健全造成股东损失的,应承担相应民事赔偿责任的规定。有多位代表认为,公司是否建立健全相关文件资料,属于公司内部管理问题,公司如有违反,也属于行政管理规制的范畴,司法介入的效果有限。即使对此作出判决,公司拒不履行相关义务,也存在如何强制执行的问题。法院在审理案件中如果发现公司存在文件资料不健全的问题,可以考虑发出司法建议。

(三)关于有限责任公司新增资本认购产生纠纷、股份有限公司发行新股产生纠纷

解释稿第十六条、第十七条分别从程序和实体两方面对新增资本认购和发行新股纠纷作了规定。有代表建议,应进一步区分为新增资本认购请求权和确认新增资本的股权两类纠纷,并分别作出规定。还有部分代表认为,因有限责任公司股权结构变动与全体股东有直接利害关系,故应列公司其他股东为第三人。关于确认新增资本股权的实质要件,代表们分别提出了以下意见。(1)应注意与《公司法司法解释三》第十三条规定的衔接问题。按照该第十三条的规定,股东即使未实际出资,也应当承担在除名之前应当承担的责任,说明除名之前具有股东资格,即股东资格的确定不以实际出资为标准,本条规定需要实际出资并验资似与《公司法司法解释三》的精神不一致。(2)可以考虑从要求公司履行增资协议,变更相应的股权变更登记的角度来处理此类纠纷。例如,有限责任公司在新股东出资后拒绝办理工商变更登记,该股东可以请求人民法院判令公司办理工商变更登记,公司拒绝履

行的,该股东可持生效判决申请人民法院予以执行。(3)如果新增资本总额没有全部安排认缴完毕,但原告已经认购,并要求确认股权,建议亦应予以支持,防止公司以新增资本总额没有全部安排认缴完毕或未验资为由拖延办理工商登记。有代表认为,因有限责任公司的注册资本为在公司登记机关登记的全体股东认缴的出资额,故人民法院在审理增资纠纷案件时还要注意司法裁判与行政登记之间的关系。还有代表建议增加对股东新股认购权排除制度的规定。该制度应包括以下规则:(1)股东新股认购权排除只能在增资决议中规定才具有法律效力;(2)排除认购权的股东会或股东大会决议需经代表2/3以上表决权的股东通过;(3)认购权的排除要符合公司整体利益而非单个股东、部分股东或者多数股东的利益,要有助于公司目的的实现,并且应具有适当性和必要性,即认购权的排除是实现公司利益的最佳手段;(4)为认购权遭受不法侵害的股东提供救济途径。

(四)关于利润分配请求权纠纷

解释稿第十八条至第二十一条从当事人的诉讼地位、关于分配方案的股东大会、股东会决议,有限责任公司章程规定具体分配方案,未参加诉讼股东申请强制执行的权利四个方面对利润分配请求权纠纷作了规定。

有代表对利润分配请求权诉讼提出了较为全面的意见:在利润分配请求权之诉中,法院应当遵循"适度干预"原则,力求在保护股东利润分配请求权和保护公司经营自主权之间找到一个适当的平衡点,从而使各方利益都能得到合理的协调和实现。不仅应对具体的利润分配请求权予以救济,还有对抽象的利润分配请求权进行诉讼救济的必要。抽象利润分配请求权具有可诉性,司法解释完全有必要规定股东抽象利润分配请求权。法院干预公司利润分配时应考虑公司提取任意公积金的必要性、合理性和是否符合股东平等原则等因素,审查公司提取任意公积金、牺牲股东近期利益是否为公司的存在与发展所必需;大股东是否通过接受公司财产赠与、与公司开展关联交易、取得过高薪酬等途径从公司获得小股东不能获得的财产利益等。该代表还提出了审理股东利润分配请求权纠纷案件的具体规则。

多位代表认为,公司利润分配属于公司内部事务,应适当限制司法介入,可以考虑设置前置程序,但是对前置程序的具体设计不同。有代表建议,股东向法院起诉前应先书面向董事会、股东会请求分配公司利润,其请求被明确拒绝或收到申请书后三十日内未答复,股东才能向法院起诉。有代表建议,将股东提交载明具体分配方案的股东会或股东大会决议作为股东起诉请求分配利润的前置程序,如未提供的可裁定不予受理或驳回起诉。

有代表提出,公司的利润分配涉及所有股东的利益,案件的处理结果亦与其他股东存在法律上的利害关系,故法院应通知其他股东参加诉讼,也应允许其他股东申请参加诉讼,但应限定在一审第一次开庭前申请参加。

多位代表认为,公司利润分配方案是股东会决议事项,董事会及公司管理层是股东会决议的执行机关,必须执行股东会关于公司利润分配方案的决议,而不能以不具备利润分配条件为由对抗执行。如果公司失去了利润分配的条件,应该由股东会重新作出决议。

有代表提出,法院在审理公司利润分配纠纷案件中,不能直接判决公司应当分配多少利润,应判决股东会在规定的期限内就利润分配作出决议。因为利润分配在更多的情况下属于商业判断,而非法律判断,法院无权也不宜代替股东会决定应当分配多少利润。

关于未参加诉讼股东申请强制执行的权利问题。多位代表认为,未参加诉讼的股东不宜直接申请强制执行。因为未参加诉讼的股东的身份真实性、其持股数额、实际出资情况等事项在判决中并未确认。有代表认为,可以根据《民事诉讼法》关于普通共同诉讼的规定,按照公告登记程序通知股东进行登记,人民法院作出的判决、裁定,对参加登记的股东发生效力。未参加登记的股东在诉讼时效期间提起诉讼的,适用该判决、裁定,也有代表认为应"一股东一诉讼"或者将其他股东列为第三人。

(五)关于股权转让纠纷

解释稿第二十二条至第二十八条分别规定了对外股权转让纠纷当事人地位、转让通知、未通知的后果、对不同意转让股权请求购买之价格的确定、股份有限公司的股份收购、公司或者公司其他股东请求追缴出资、利润归属等审理股权转让纠纷案中的法律适用问题。

关于对外股权转让纠纷中当事人的地位,有代表建议应将受让人、公司和公司其他股东一并作为对外股权转让纠纷案件的第三人。关于未通知的后果。有代表认为应将未适当履行通知义务视为未通知。有代表则认为应区别股权是否已转让作出规定,如果该股权已经转让给第三人,则支持赔偿损失的主张,如果未转让可以支持按实际对外转让条件优先购买的主张。

有多位代表认为解释稿规定的依据中介机构的评估结果确定股权转让价格值得进一步研究,也有代表赞成解释稿的该规定。还有代表指出,股权转让价格并不是股权转让的唯一条件。如果股东之外的受让人受让股份除转让价格外还作出合法合规的利益承诺(如引进项目、承担债务等),应一并作为转让的条件考虑。

解释稿第二十七条规定,股权转让合同纠纷中涉及的股东未足额出资纠纷可以与股权转让合同纠纷合并审理。多数代表为,股权转让纠纷与出资纠纷两种纠纷性质不同,股权转让纠纷与追缴出资为不同法律关系,当事人不同,诉讼标的不同,不宜合并审理,建议分案审理。股权转让案件可中止审理,先审理出资纠纷。

有代表建议本部分增加以下方面的规定:(1)增加优先购买权行使的时效限制规定。我国公司法目前未对股东优先购买权的行使规定行使时限,但优先购买权作为一种形成权,权利人凭其单方意志即足以影响法律关系的变动,如其他股东长期怠于行使优先购买权,在公司经营状况不佳时不行使优先购买权,在公司盈利时要求优先购买股份,如何保障善意的受让股东的利益?如何维护公司的利益?因此,应当对该权利的行使设定一定的时限。(2)增加以侵害优先购买权为由确认无效的处理规定。股东仅以股权转让合同侵害其优先购买权为由请求确认股权转让合同无效,而未请求以同等条件行使优先购买权的,人民法院不予支持。(3)增加对赠与股权、亲属间转让股权、夫妻离婚分割股权情况下优先购买权的处理规定。在实践中经常出现赠与股权、夫妻离婚分割股权时其他股东请求行使优先购买权，应当在平衡保护有限责任公司人合性与保护股东财产权益关系的前提下予以处理。

在转让股东与股东以外的人达成转让协议的情况下，其他股东以同等条件主张优先购买，转让股东能否撤回或者撤销转让股权行为？有代表认为，应允许股东撤回。有代表则认为，因为转让股东已经做出要约，主张优先购买的股东做出承诺，则合同成立。还有代表认为，这涉及到对股东优先购买权的定性问题，如果认定其为形成权，则股东不能撤回或者撤销其转让行为。

（六）关于股东代表诉讼

解释稿第二十九条至第三十六条对股东代表诉讼的有关问题作了规定，包括案件的地域管辖、公司诉讼地位、参加诉讼的后果、诉讼费用担保、诉讼中的调解、胜诉利益处置、对胜诉股东诉讼费用的补偿、申请强制执行的权利问题。

解释稿规定股东代表诉讼由公司住所地人民法院管辖。有代表认为，如此规定容易导致股东代表诉讼专属公司住所地管辖的理解，建议赋予当事人选择权，修改为"可以"由公司住所地人民法院管辖。还有代表提出，《公司法》第一百五十二条第三款规定公司外部的"他人"侵犯公司权益时，股东可以提起代表诉讼，"他人"侵犯公司权益的情形不仅包括侵权纠纷，也包括合同纠纷等。如果对该类股东代表诉讼均规定由公司住所地法院管辖，则有可能出现公司为规避《民事诉讼法》关于地域管辖的规定而故意安排股东提起代表诉讼的情形，这对作为被告的"他人"是不公平的，且可能动摇《民事诉讼法》地域管辖的根基。建议对根据《公司法》第一百五十二条第三款提起的股东代表诉讼按照诉讼所涉及的公司与"他人"之间纠纷的地域管辖标准确定管辖法院。

关于诉讼费用担保问题。多位代表认为，为了防止股东恶意诉讼，有必要要求股东代表诉讼的原告就其可能给被告造成的损失提供担保，有些国家从立法层面上就对此作出了规定。也有代表认为，对于滥诉的防范和制裁应为民事诉讼制度层面的设计。还有代表认为，股东提起代表诉讼是为了全体股东的利益，而非其个人利益，代表诉讼的存在对于规范公司治理结构，防止公司内部控制人任意损毁公司利益具有重要的意义。如果设置了过于严苛的条件，事实上不利于股东代表诉讼的发展。应综合考虑股东对诉讼费用担保和公司对股东在代表诉讼中所发生的合理费用予以补偿，补偿范围要适当宽松，这样才有利于股东代表诉讼的发展，以此建立更为规范的公司内部治理结构。

关于诉讼中的调解问题。有代表认为，在有限责任公司未提交股东会决议的情况下，要求有限责任公司全体股东在调解协议上签名、盖章或者向人民法院出具同意调解协议的书面意见过于严厉，建议取得三分之二多数股东签名盖章即可。

关于胜诉利益的处置问题。代表们同意胜诉利益归属于公司，但是有代表提出该问题应在立案阶段得到处理。他们认为，在立案审查阶段，人民法院应向股东释明股东代表诉讼的胜诉利益归属于公司，如股东坚持被告直接向股东赔偿，人民法院应驳回起诉。

关于胜诉股东诉讼费用的补偿问题。有代表认为有必要就此作出规定,并提出了进一步的完善建议,例如明确应由公司补偿律师费、误工费,以及败诉部分和胜诉部分如何分担的问题。也有代表认为该问题难以一并处理,应由股东另诉。

有代表建议在股东代表诉讼部分增加以下两方面的规定:(1)当公司与债务人之间订有仲裁协议或者仲裁条款时,股东只能代表公司向公司的债务人主体提起仲裁请求,不能直接提起股东代表诉讼。(2)在股东代表诉讼中,被告不能向原告股东提起反诉,也不能向第三人公司提起反诉。理由是:在股东代表诉讼中,原告股东是为了公司利益而提起诉讼,其实质上的原告是公司本身,而不是原告股东个人,所以原告股东提起股东代表诉讼的诉讼请求是要求被告向公司履行合同债务、承担合同责任或者承担侵权责任等,而不是要求被告向原告本身履行义务或者承担责任。所以,原告股东与被告之间并没有直接法律上的权利义务关系或者纠纷,被告不能提起反诉,只能对原告或者公司另行提起民事诉讼。

二、关于四个疑难问题的情况

(一)公司对外提供担保的权限及担保合同效力问题

这一问题困扰公司法理论界和审判实务界多年,2005年修订的《公司法》第十六条明确了一些有争议的内容,但是并未彻底解决该问题。为统一对该问题的司法审判尺度,最高人民法院民事审判第二庭通过召开工作会议,刊发相关文章、案例等形式开展对下指导,不断探索、完善解决问题的思路和具体方案。

2010年8月,最高人民法院在济南召开了全国法院商事审判工作会,系统总结了过去几年商事审判工作的经验和成果。宋晓明庭长在会议讲话中谈到了商事审判若干疑难问题,其中介绍了最高人民法院民事审判第二庭对公司对外担保效力判断的基本思路:(1)只有在公司为股东或实际控制人进行担保时,是否经过了股东会决议同意才应成为公司担保效力的考量因素。(2)公司为股东或实际控制人进行担保,即使未经股东会决议,也不宜笼统认定该担保无效,应当根据不同情形分别判断。对封闭性公司,能否绝对地以未经股东会决议为由认定担保无效,值得商榷。但如果是公众公司,一般应当认定无效。尤其是在接受担保的债权人是商业银行等专业金融机构时更是如此。应当注意的是,商业银行接受担保时对股东大会决议仅负形式审查的义务,不应要求其进行实质审查。[①] 参加会议的代表表示,2010年8月济南会议后,原则上按照宋晓明庭长的讲话精神审理这类案件。

《中华人民共和国最高人民法院公报》2011年第2期刊登了北京市高级人民法院审理的中建材集团进出口公司诉北京大地恒通经贸有限公司等进出口代理合同纠纷案。该案的裁判摘要为:公司违反2005年修订的《公司法》第十六条第一款、第二款的规定,与他人订立担保合同的,不能简单认定合同无效。第一,该条款并未明确规定公司违反上述规定对外提供担保导致担保合同无效;第二,公司内部决议程序,不得约束第三人;第三,该条款

---

① 宋晓明庭长关于该问题的介绍具体内容见《商事审判指导》2010年第3辑,第30至31页。

并非效力性强制性的规定;第四,依据该条款认定担保合同无效,不利于维护合同的稳定和交易的安全。多位会议代表表示,各地法院非常重视该裁判摘要的指导意义,在该案例刊登后,据此调整了审理这类案件的思路,但北京市高级人民法院的代表讲,北京市法院系统对审理此类案件的指导思想又有所变化。

参会代表的发言反映出,各地法院对《公司法》第十六条特别是对该条第二款的性质、债权人对公司章程和股东会决议的审查义务、担保合同债权人善意与否的举证责任等问题的认识尚不一致。例如,有代表认为,《公司法》第十六条第二款系强制性规定,如果公司违背该款规定,为股东或者实际控制人提供担保,依据《合同法》第五十二条关于违反法律、行政法规的强制性规定合同无效的规定,该担保行为无效。多数代表认为,《公司法》第十六条第二款是管理性规范,公司违反该款的规定为股东或者实际控制人提供担保并不必然导致担保合同无效。有代表认为,《公司法》第十六条规定的公司对外担保并未排除公司以抵押等形式对外提供担保,在抵押权经登记设立后,物权法保护的担保物权的公示效力价值应高于公司法所保护的股东利益的价值。

还有代表提出了一人公司为股东对外提供担保的效力认定问题。该代表认为,考察《公司法》第十六条的立法本意和立法目的可以发现,该条第三款规定的股东回避表决旨在防止大股东滥用股东权利损害公司和小股东利益,而非禁止或限制此类担保,因此,该规范对一人公司并无适用的必要。而且《公司法》对一人公司为其股东提供担保也未作特别规定,从适应市场主体的融资需求、尊重交易效率和减少交易成本出发,在章程没有禁止性规定的前提下,应当允许一人公司为其股东提供担保。至于是否损害公司债权人利益,则属于民法中撤销权的范畴,不属于公司法调整范围。如果股东借公司担保损害资本维持原则,甚至抽逃出资,则可以援引《公司法》关于股东抽逃出资或者股东滥用公司有限责任等法律规定,追究股东的责任。

(二)矿山及房地产公司100%股权和企业全部资产转让合同的性质及效力问题

在涉及矿山和房地产公司股权转让纠纷案件中,股权转让双方往往会对合同的效力产生争议。股权出让方一般会以股权转让合同名为股权转让、实为矿业权和土地使用权转让,属于以合法形式掩盖非法目的,违反关于矿产资源和土地管理的强制性法律规定等为由主张无效。股权受让方一般会以矿业权和土地使用权并未发生转让,仍为公司所有及公司法并未禁止此种股权转让方式等为由认为合同有效。应如何认定该类合同的效力?人民法院的商事审判庭、民事审判庭、行政审判庭的认识并不一致,甚至在刑事审判中也会涉及此类问题。

房地产公司股权转让的问题在全国具有一定的普遍性,出现得较早,宋晓明庭长介绍说,最高人民法院民一庭与民二庭在这个问题上已经形成了较多的共识,目前比较突出的是矿业公司的股权转让问题。

部分代表认为,处理这类案件,首先要根据不同的法律特征确认合同当事人的真实意思表示,确认究竟是公司股权转让合同还是矿业权、土地使用权转让合同,然后适用不同的法律认定其转让效力。可以从四个方面进行判断:(1)协议签订主体。股权转让协议的签订主体是股东与受让方,而资产转让协议的签订主体是企业自身与收购方。(2)转让标的。股权转让的标的是股东的股权,而资产转让的标的是企业的资产,多为企业的优良资产,一般不涉及债权债务移转给收购方的问题。(3)转让对价的利益承受主体。股权转让中,转让对价的利益承受者是股东,并非企业自身,而资产转让中,转让对价的利益承受者是企业自身。(4)转让对价的确定依据。股权转让中,转让对价的确定不仅需要考虑到企业的现状,还要考虑到企业将来的发展前景,而资产转让中,转让对价往往以转让资产的净价值为确定依据。

有多位代表反映,从内心确信的角度,法官们一般认为,发生纠纷的多数矿业公司和房地产公司股权转让合同的真实目的就是实现矿业权或者土地使用权的转让,以房地产公司为例,多为项目公司,公司唯一资产就是一块裸地,明显属于以合法形式掩盖非法目的的行为。但是,考虑到法律实施的实际状况和认定无效后会给交易秩序造成很大的不确定性,以及从公司法的角度来看,其完全符合公司法关于股权转让的规定,公司法并未禁止该类行为等因素,这类案件多数按照有效处理。从各位代表反映的情况来看,无论是按照哪种思路处理,在商事审判中,多数这类案件中的股权转让合同被认定为有效。

参加本次会议的代表均为从事商事审判的法官,多位代表认为,这类问题涉及到国土资源、工商管理、税务等部门,涉及司法权和行政权的关系;投资方和被投资方分属不同地域的,还涉及到地方利益冲突。因此,应积极与有关部门沟通,与各部门协商一致,平衡各方利益,才能从根本上解决这类问题。

(三)公司董事、监事、高管、控股股东、实际控制人侵犯公司或公司股东利益的认定及责任承担的问题

这也是一个公司诉讼案件中的常见问题。有多位代表对公司董事、监事、高管、控股股东、实际控制人(以下简称公司高管等人)侵犯公司或公司股东利益的侵权行为进行了分类,大体上分为违反忠实义务、违反勤勉义务和侵占公司财物三类,侵占公司财物中包括了侵占公司公章、证照等。

关于公司高管、实际控制人的身份认定问题。有代表认为,在这类案件中,如何准确认定被告的公司高管、实际控制人身份,涉及审查思路、举证责任的分配、股权关系结构图的解读等证据审查判断技术等问题,是审判实务中的难点。对于实际控制人的认定,应当以表决权的行使为基本线索,辅之以基于当事人之间因其他安排而形成的支配性影响力的审查判断。在实际控制人所直接和间接行使表决权的审查上,应当以公司的股权关系结构为基本出发点,即审查董事会成员的形成过程和结构,确定当事人的实际控制能力。对于公司高管的认定,在实践中也存在诸多困难,如一般的"业务经理"是否属于公司高管。

关于该类案件的举证责任分配问题。有代表认为,根据"谁主张,谁举证"的原则,中小股东作为主张公司高管等人承担侵权责任的原告负有举证责任,但公司高管等人操纵公司

权力机构,隐藏在公司背后实施侵权行为,中小股东很难掌握这些内部行为,因此中小股东很难拿出充分的证据证明公司高管等人实施了侵权行为,建议在特定情况下举证责任倒置。

关于侵权损失及赔偿范围的认定问题。有代表认为,首先,对于因正常商业风险造成的损失不应予以赔偿,但这又涉及到商业判断,需要明确判断的标准。其次,在一般民事侵权领域,损害多为有形财产的损失,但在公司高管等人侵权案件中,损失类型较多,不少损失属于无形财产的损失,不同类型纠纷损失的计算方法也截然不同,损害赔偿计算标准和方法呈现多样化和个性化特点,应尽快研究和明确具有普遍可行性的计算方式。另外,由于目前没有明确详尽的规定,加之计算较为复杂,司法实践中借助评估鉴定等司法技术手段的情况较为普遍,如何认定评估结果的效力需要作出规定。又如关于可得利益损失的赔偿问题,我国合同法对可得利益损失的赔偿给予了肯定,但由于侵权责任法未对可得利益损失是否赔偿予以明确,司法实践中也存在不同认识,对此应予明确。

有代表认为,应区分侵权行为指向的客体是公司还是股东。实践中,许多股东依据《公司法》第一百五十三条的规定①提起诉讼,但经审查,多会发现上述侵权行为虽对股东间接利益有损,但其直接侵害对象为公司法人财产权益,而非股东利益。股东不应越过公司直接主张股东权益损失,应当通过提起股东代表诉讼的方式解决,股东坚持起诉的,应判决驳回起诉。

关于公司控股股东是否有照顾小股东利益的诚信义务的问题。多位代表认为,资本多数决的原则可能会导致小股东利益受损,但是,只要公司的行为没有违反法律、行政法规规定,没有违反公司章程,小股东应该遵守或者说是忍受资本多数决原则,法院也应该根据资本多数决的原则来处理这类纠纷。

(四)公司法人格否认的构成要件问题

与前面三个问题比较而言,代表们对这个问题有更多的共识。

代表们认为,公司法人人格独立、股东承担有限责任是公司法的基本原则,公司法人格否认属于例外规定。应在穷尽其他救济途径后适用公司法人格否认规则处理公司纠纷案件,应坚持个案审查、审慎认定的原则。还有代表建议借鉴《最高人民法院关于审理证券市场因虚假陈述引发的民事赔偿案件的若干规定》的做法,对债权人请求人民法院否定公司法人资格的案件实行专属管辖,由债务人公司所在地的中级人民法院作为一审法院,由高级人民法院作为二审法院,以收统一裁判结果之效。

代表们认为,公司法人格否认的构成要件应包括以下内容:股东主观上有逃避债务的目的,客观上有滥用公司法人独立地位和股东有限责任的行为,并造成公司债权人利益严重受损的结果。也有代表提出,公司已经取得独立的人格是公司法人格否认的前提。关于

---

① 《公司法》第一百五十三条规定,董事、高级管理人员违反法律、行政法规或者公司章程的规定,损害股东利益的,股东可以向人民法院提起诉讼。《公司法》第一百五十二条规定了股东代表诉讼。

构成要件的具体认定。有代表认为,很难实质证明股东主观上有逃避债务的目的,从股东的客观行为中能推断出即可予以确认。代表们对股东滥用行为的认定意见基本一致,认为公司资本显著不足、股东与公司人格高度混同、股东对公司过度控制均属于滥用行为,并且列举了一些具体的滥用行为。有代表提出了造成公司债权人利益严重受损的具体标准如何判断的问题,是以公司不能履行的债务部分必须超过一定金额为严重还是超过一定比例为严重?

关于证明责任的分配问题。有代表认为,提出公司法人格否认诉求主张的当事人有责任证明自己的债权受到损害,并就公司股东具有滥用公司法人独立地位和有限责任的行为,甚或其主观故意提供初步证据。因充分证明股东有滥用公司法人独立人格和股东有限责任的行为以及有逃避债务的故意相对困难,是否可以适当减轻公司债权人的举证责任,即只要公司债权人可以证明股东有出资不足或虚假,公司资本严重不足,财产、业务及人事混同,以及股东与公司之间存在大量交易行为等即可。而进一步的证明责任应当转至公司股东。至于股东是否具有逃避债务之目的,即主观故意,则以债权人已经提供的上述行为来推断。当债权人的证明责任完成后,如果公司及股东不能够提出相反的证据证明股东不存在《公司法》第二十条第三款所描述的情况,则有可能导致公司的法人格被否认。

【各省商事审判】

广东省高级人民法院
关于印发《广东省高级人民法院关于审理保险合同纠纷案件若干问题的指导意见》的通知

2011年9月2日　　　　　　　　　　　　　　　　　粤高法发〔2011〕44号

全省各级人民法院、广州海事法院、广州铁路运输两级法院：

《广东省高级人民法院关于审理保险合同纠纷案件若干问题的指导意见》已于2011年7月22日由我院审判委员会2011年第51次会议通过，现印发给你们。请认真组织学习，深入贯彻落实。各地在执行本指导意见时如遇到问题，请及时层报我院。

附：

广东省高级人民法院
关于审理保险合同纠纷案件若干问题的指导意见

为正确审理保险合同纠纷案件，统一裁判尺度，根据《中华人民共和国保险法》（以下简称《保险法》）、《中华人民共和国合同法》等法律、行政法规规定，结合审判实践，制定本指导意见。

一、保险合同的成立与生效

1. 保险人尚未出具保险单或其他保险凭证，但已接受投保单或收取保险费的，被保险人主张保险合同成立的，人民法院可予支持。但人身保险合同保险人需要等待体检结果或者合同另有约定的除外。

2. 财产保险合同约定以投保人交付保险费作为合同生效条件的，投保人已交付部分保险费但未交足的，被保险人主张保险人按已交保险费与应交保险费的比例承担保险责任的，人民法院应予支持。但保险人在保险事故发生前已书面通知投保人解除合同的除外。

财产保险合同未约定以投保人交付保险费作为合同生效条件，投保人未按约定交付保险费，保险人主张解除保险合同的，人民法院应予支持。在保险合同解除前发生保险事故，保险人以投保人拖欠保险费为由主张免除保险责任的,人民法院不予支持,但保险人可在应向被保险人支付的保险金中扣减欠交的保险费。保险合同另有约定的从其约定。

3. 保险人对不属于保险责任范围内的事故予以赔付保险金的行为不应作为认定变更保险合同的依据,保险人请求返还所赔付保险金的,人民法院应予支持。

二、保险合同中投保人的告知义务及保险人的提示、说明义务

4. 对于不属于投保人知道或应当知道的情况,保险人以投保人未履行如实告知义务为由主张解除合同或免除责任的,人民法院不予支持。

5. 人身保险合同的投保人以保险人指定有关机构对其进行体检为由,主张免除其如实告知义务的,人民法院不予支持。

6. 保险法第十六条第二款规定的投保人违反如实告知义务而未告知保险人的事实,应当是足以影响保险人决定是否同意承保或者提高保险费率的重要事实,保险人对此应负举证责任。

保险法第十六条第五款规定的投保人因重大过失未履行如实告知义务的,未履行告知义务的有关事项与保险事故没有直接因果关系,保险人以投保人未尽如实告知义务为由拒绝承担保险责任的,人民法院不予支持。

7. 保险合同订立或效力恢复时,投保人、被保险人的如实告知义务应以保险人书面(包括投保单、风险调查问卷或其他书面形式)询问为限。

8. 保险合同约定的免赔率、免赔额、等待期、保证条款以及约定当投保人或被保险人不履行义务时,保险人全部或部分免除赔付责任的条款不属于保险法第十七条规定的"免除保险人责任的条款"。

9. 保险人责任免除条款内容明确、具体,没有歧义,并已经使用黑体字等醒目方式或以专门章节予以标识、提示的,且投保人或被保险人以书面明示知悉条款内容的,应认定保险人履行了责任免除条款的提示义务。航空意外险等手撕式保单不需要投保人填写投保书的除外。

保险人履行明确说明义务,原则上应当达到普通人通常情况下能够明白地知晓免责条款的内容、涵义和法律后果的程度。

投保人或被保险人就同一保险标的、同一险种向同一保险人再次或多次投保,且有证据证明保险人曾经履行过明确说明义务,被保险人以本次投保中保险人未履行明确说明义务为由主张保险人责任免除条款无效的,人民法院不予支持。

10. 被保险人按照保险法第五十二条的规定履行通知义务后,保险人与投保人就保险费调整不能达成一致意见的,保险人主张解除保险合同的,人民法院应予支持。但保险合同解除前非因保险标的的危险程度显著增加发生保险事故的,被保险人主张保险人依照原保险合同承担保险责任的,人民法院应予支持。

三、保险利益

11. 人身保险合同订立时,投保人对被保险人具有保险利益,但保险事故发生时不具有

保险利益,保险人以此为由主张保险合同无效的,人民法院不予支持。

12. 财产保险合同的被保险人存在下列情形的应认定其具有保险利益:

(1)对保险标的享有物权;

(2)对保险标的享有债权;

(3)保险标的系其依法应当承担的民事赔偿责任;

(4)对保险标的享有其他合法权益。

财产保险合同中不同投保人对同一保险标的分别投保的,保险事故发生时,应按照各被保险人对保险标的分别具有的保险利益大小,判断保险人对各被保险人所应承担的保险责任。对被保险人向保险人提出的超出自己保险利益范围的索赔请求,人民法院不予支持。

13. 保险事故发生后,如保险标的系被保险人违法取得或保险标的违法,保险人主张认定被保险人没有保险利益的,人民法院应予支持;如保险标的系被保险人善意取得的财产,被保险人主张认定其具有保险利益的,人民法院应予支持。

14. 保险合同有效期间,保险标的转让的,保险标的受让人主张自保险标的所有权发生转移之日起承继被保险人的权利义务的,人民法院应予支持。

保险标的转让后,未及时通知保险人,保险人以保险标的的转让未及时通知、被保险人与受让人不同为由主张不承担保险责任的,人民法院不予支持。但因保险标的的转让导致危险程度显著增加而发生保险事故的除外。

15. 保险金额超出保险价值,保险人主张保险金额超出保险价值部分无效的,人民法院应予支持。投保人主张保险人退还多余部分保险费的,人民法院应予支持。

四、保险理赔

16. 投保人或被保险人虽违反合同义务,但其能举证证明未增加保险风险或影响理赔处理,保险人以投保人、被保险人违反合同义务为由拒赔的,人民法院不予支持。但保险合同另有约定的除外。

17. 多个原因造成保险事故,其中有承保风险又有非承保风险的,被保险人主张保险人按承保风险占事故原因的比例或程度承担保险责任的,人民法院应予支持。

18. 除保险合同另有约定外,责任保险索赔期限从被保险人知道或应当知道责任被确定之日起算。

19. 责任保险的被保险人给第三者造成损害,第三者以保险人为被告或以保险人与被保险人为共同被告直接请求保险人赔偿保险金的,人民法院应予受理。如果第三者起诉时被保险人尚未向保险人提出直接向第三者支付保险金的书面申请的,视为构成保险法第六十五条第二款规定的"被保险人怠于请求",人民法院可支持第三者的请求。

20. 责任保险合同或人身保险合同对医疗费用赔付标准有约定的,从其约定。没有约定或约定不明的,一般应参照当地社会医疗保险主管部门规定的医疗报销标准确定。因治疗确需使用标准以外的药品,被保险人主张列入保险赔付范围的,人民法院应予支持,但保险人能够举证证明上述药品不属于治疗必需药品的除外。

21. 责任保险合同保险事故发生后,被保险人与第三者协商确定的赔付数额未经保险人书面同意,被保险人主张按照协商确定的赔付数额认定保险人应承担的保险责任而保险人又不予认可的,人民法院不予支持。

22. 被保险人与保险人在诉讼中对保险事故原因或损失有争议的,如保险合同约定或者保险事故发生后双方同意由相应保险公估机构或其他中介机构对保险事故原因进行鉴定或损失评估,该保险公估机构或中介机构作出的鉴定结论应作为人民法院确定事故原因和损失的依据。双方对鉴定机构没有约定的,人民法院在诉讼中指定的鉴定机构所作出的鉴定结论应作为确定事故原因和损失的依据。

23. 保险事故发生后,精神损害赔偿部分不属于财产保险合同的保险范围,保险人主张不予赔付的,人民法院应予支持。但保险合同另有约定的除外。

24. 财产保险合同中,保险事故发生后,被保险人起诉侵权人而未实际获得赔偿或赔偿不足的,被保险人就未获得赔偿部分向保险人主张赔付的,人民法院应予支持。但保险人的赔付责任以被保险人未获得的实际赔偿额或保险金额为限。

25. 车辆保险中,保险人因投保人或被保险人在保险事故发生后未依照保险合同约定及时通知相关部门而主张不予赔付的,人民法院应予支持。但投保人或被保险人能举证证明未及时履行通知义务不影响保险事故责任认定的除外。

五、保险合同解释

26. 对保险合同条款发生争议的用语属于专业术语的,应当按照其在专业上所具有的意义加以解释。

27. 保险人与投保人、被保险人以及受益人对保险合同的格式条款存在争议时,应从保险合同的用词、相关条款的文义、合同目的、交易习惯以及诚实信用原则,认定条款的真实意思;按照上述方法仍有两种以上解释的,应作出有利于被保险人和受益人的解释。

28. 保险合同非格式条款与格式条款不一致的,以非格式条款为准;特别约定条款与一般条款不一致的,以特别约定条款为准;书面约定与口头约定不一致的,以书面约定为准。

29. 投保单与保险单、其他保险凭证不一致的,以保险单、其他保险凭证的内容为准。但保险人未将保险单或其他保险凭证送达给投保人,或投保人在收到保险单或其他保险凭证后已提出异议,保险人仍同意承保的,以投保人填写的投保单记载内容为准。

30. 保险合同内容采用多种记载方式或者出现多个落款日期,按以下规则进行解释:
（1）时间在后的约定优于时间在前的约定;
（2）手写的约定优于打印的约定;
（3）如有批单的,批单优于正文;既有加贴批注也有正文批注的,加贴批注优于正文批注。

六、财产保险合同的代位追偿

31. 因第三者对保险标的的损害而造成保险事故的,保险人作出赔偿后,保险人以自己名义提起诉讼行使代位追偿权向第三者请求赔偿的,人民法院应予支持。保险人在诉讼中对自己享有的代位追偿权负有举证责任。

《保险法》第六十二条规定的"被保险人的家庭成员"包括配偶、父母、子女、兄弟姐妹、祖父母、外祖父母、孙子女、外孙子女等具有法定继承关系的近亲属,及其他与被保险人共同生活的具有抚养、赡养或扶养关系的人等。

32. 保险人行使代位追偿权时,被保险人已经向第三者提起诉讼的,经被保险人同意,保险人可以向受理法院提出变更当事人的请求,代位行使被保险人对第三者请求赔偿的权利。

33. 投保人在投保前与第三者约定放弃对造成保险事故的第三者行使赔偿请求权的,应在保险合同订立时书面告知保险人。

投保人履行告知义务后,保险人仍同意承保的,保险人又以投保人放弃对该第三者行使赔偿请求权为由拒绝支付保险赔偿金的,人民法院不予支持。

投保人未履行告知义务,保险人请求解除保险合同的,人民法院应予支持。保险人以此为由拒绝赔付保险金的,人民法院应予支持;保险人就已经赔付的保险金主张被保险人返还或向第三者追偿的,人民法院应予支持。

34. 保险人代位追偿权行使的范围,仅限于其实际支付的保险赔偿金。

35. 被保险人向第三者行使赔偿请求权的诉讼时效期间中止、中断的,保险人代位追偿权的诉讼时效期间也相应地中止、中断。

七、其他

36. 保险事故发生后,被保险人或受益人未向保险人要求理赔即向法院提起诉讼的,人民法院可告知原告向保险人要求理赔,但不得以被保险人或受益人未经理赔程序为由不受理案件。

37. 保险事故发生后,被保险人起诉侵权人并获得生效判决确认的赔偿债权未获得执行,被保险人依保险合同起诉保险人的,人民法院应予受理。

38. 本指导意见自印发之日起施行,本院 2008 年 5 月 19 日印发的《关于审理保险纠纷案件若干问题的指导意见》(粤高法发〔2008〕10 号)同时废止。

【商事审判案例分析】

债权人对债务人的债权、债务人对次债务人的债权均未超过诉讼时效期间,次债务人对债权人主张诉讼时效抗辩权的,不予支持

——申请再审人中国银行股份有限公司汕头分行与被申请人广东发展银行股份有限公司韶关分行、原审第三人珠海经济特区安然实业(集团)公司代位权纠纷再审案

殷 媛[*]

申请再审人(一审原告、二审上诉人):中国银行股份有限公司汕头分行。住所地:广东省汕头市金砂路98号。

负责人:余未迟,该行行长。

被申请人(一审被告、二审被上诉人):广东发展银行股份有限公司韶关分行。住所地:广东省韶关市惠民南路41幢。

负责人:苏阳,该行行长。

原审第三人:珠海经济特区安然实业(集团)公司。住所地:广东省珠海市拱北迎宾大道迎宾广场第6座802室。

法定代表人:刘一峰,该公司总经理。

申请再审人中国银行股份有限公司汕头分行(以下简称中行汕头分行)为与被申请人广东发展银行股份有限公司韶关分行(以下简称广发行韶关分行)及原审第三人珠海经济特区安然实业(集团)公司(以下简称安然公司)代位权纠纷一案,不服广东省高级人民法院(2008)粤高法民二终字第5号民事判决,向最高人民法院申请再审,最高人民法院以(2010)民申字第664号民事裁定提审该案,并依法组成合议庭进行了审理。该案现已审理终结。

一、一审法院查明的事实和判决结果

广东省韶关市中级人民法院一审查明,根据广东省高级人民法院(2001)粤高法经一终

---

[*] 最高人民法院民事审判第二庭法官。

字第172号民事判决查明的事实,1995年8月17日,广东发展银行曲江支行(以下简称广发行曲江支行)与中国银行南澳支行(以下简称中行南澳支行)签订一份编号为95-08-001《拆借合同》,合同约定:双方本着互通有无、平等互利的宗旨,经协商决定由广发行曲江支行拆借3500万元人民币给中行南澳支行作临时性周转金,期限为4个月(即自1995年8月17日至1995年12月17日止),利率月息为11.55‰,逾期还款每天罚息为万分之五。合同订立的当天,中行南澳支行向广发行曲江支行出具一份《委托书》,称:为减少中间环节,加速资金周转,提高资金使用效率,兹委托广发行曲江支行将拆给我行的资金3500万元转入我行下属南澳金柱实业发展总公司(以下简称金柱公司)在广发行韶关分行开设的账户,账号为605-2222-006-47。我行对广发行曲江支行拆给的资金予以承认(拆借合同编号95-08-001)。据此,广发行曲江支行将3500万元转入中行南澳支行所指定金柱公司的账户。金柱公司当天从该账户用现金支票转款62.3万元给广发行曲江支行,转款673.3万元到金柱公司在中行南澳支行开设的账户,转款2764.4万元到安然公司在广发行韶关分行开设的账户。安然公司又于当天转款1500万元给广发行曲江支行房地产部,信汇凭证上记载该款用途是"购横琴岛地款"。

1992年期间,广发行曲江支行曾与海南北岛国际实业有限公司联合开发珠海市横琴岛一块荒地,因海南北岛国际实业有限公司无款付给广发行曲江支行,于1994年4月28日函告珠海市横琴岛经济开发区管理委员会,言明该公司因无力筹借足够资金投资开发该地,同意该地使用权归广发行曲江支行,并由广发行曲江支行办理有关手续。1994年8月31日,广发行曲江支行分别领取了8745.72平方米、12000.005平方米和5599.95平方米土地的红线图,同年11月25日和12月4日又分别领取上述三块土地的建设用地规划许可证。

1994年2月28日,广发行曲江支行与安然公司签订了一份《合作权转让协议》,协议约定:广发行曲江支行同意将珠海市横琴岛围垦2万平方米土地的开发权转给安然公司,安然公司需付广发行曲江支行转让费、利息、劳务费等共3300万元,该款分三期付清,第一期于1994年5月10日前付定金600万元及土地款1600万元,第二期于1994年8月18日前付500万元,第三期于1994年10月18日前付600万元。付清款后,广发行曲江支行把该土地开发经营权全部交给安然公司,安然公司如违约,即视为自愿放弃接收开发权,广发行曲江支行有权收回开发权,并没收定金。

另查:根据广东省珠海市中级人民法院(2005)珠中法民二初字第35号民事判决认定,安然公司返还中行汕头分行借款人民币2764.4万元及利息,该判决已发生法律效力,安然公司至今未履行判决义务,且下落不明。

1992年6月12日,安然公司在珠海市注册成立,租用珠海市南油中心玻璃楼三楼作办公场所,1996年搬迁了办公地点,没有到工商部门办理变更登记手续,1999年4月30日仍到工商部门年审。

2004年12月3日,广发行曲江支行被注销,其债权债务由广发行韶关分行承担。

2007年1月26日,中行汕头分行向广东省韶关市中级人民法院提起诉讼,请求:(1)确认广发行曲江支行与安然公司订立的《合作权转让协议》无效;(2)判令广发行韶关分行返还购地款人民币1500万元,并按照中国人民银行同期贷款利率给付利息,用于清偿安然公司所欠中行汕头分行债务;(3)判令广发行韶关分行承担本案诉讼费用。

广东省韶关市中级人民法院审理认为,根据《合同法》第七十三条的规定,因债务人怠于行使到期债权,对债权人造成损害的,债权人可以向人民法院请求以自己的名义代位行使债务人的债权,但该债权专属于债务人自身的除外。《最高人民法院关于适用〈中华人民共和国合同法〉若干问题的解释(一)》第十一条规定:"债权人依照合同法第七十三条的规定提起代位权诉讼,应当符合下列条件:(一)债权人对债务人的债权合法;(二)债务人怠于行使其到期债权,对债权人造成损害;(三)债务人的债权已到期;(四)债务人的债权不是专属债务人自身的债权。"因此,对于中行汕头分行以自己的名义代位行使债务人安然公司对广发行韶关分行的合同债权,是否符合法律规定,该院认为,安然公司欠中行汕头分行的债务是不争的事实,有广东省珠海市中级人民法院(2005)珠中法民二初字第35号生效民事判决的认定。安然公司付给广发行曲江支行房地产部1500万元,用途是购横琴岛土地也是事实,有广东省高级人民法院(2001)粤高法经一终字第172号生效民事判决的认定,但广发行韶关分行是否欠安然公司的债务,目前不能认定,因为,广发行韶关分行与安然公司在1994年2月28日签订《合作权转让协议》后虽然安然公司履行了部分付款义务,但对于协议的效力、应否继续履行、能否履行、未能履行的原因、合同责任的承担等事实均未能确定,安然公司对广发行韶关分行是否享有怠于行使的到期债权的事实亦未确定,故认定在该转让关系中广发行韶关分行是债务人,安然公司是债权人的证据不足。因此,中行汕头分行以自己的名义代位行使安然公司要求广发行韶关分行偿还债权,不符合法律规定代位权的条件,要求广发行韶关分行返还购地款人民币1500万元,并按照中国人民银行同期贷款利率给付利息,用于清偿安然公司所欠中行汕头分行债务的诉求没有事实和法律依据。综上所述,依照《最高人民法院关于民事诉讼证据若干规定》第二条、《合同法》第七十三条、《最高人民法院关于适用〈中华人民共和国合同法〉若干问题的解释(一)》第十一条第(二)、(三)项的规定,判决:驳回中行汕头分行的诉讼请求。一审案件受理费85010元,由中行汕头分行承担。

二、二审上诉、答辩理由和二审判决结果

中行汕头分行不服上述民事判决,向广东省高级人民法院提起上诉称:(1)安然公司怠于行使对广发行韶关分行的到期债权,对中行汕头分行债权造成损害,中行汕头分行有权依照法律规定主张代位权。安然公司与广发行曲江支行订立《合作权转让协议》后,安然公司于1995年8月17日向广发行曲江支行支付"购横琴岛地款"1500万元。此后,安然公司没有继续履行《合作权转让协议》,至今也没有取得约定的土地开发权,其法定代表人刘一峰因涉嫌犯罪,逃匿多年。按照合同约定,安然公司应被视为自动放弃接收开发权,因此,《合作权转让协议》事实上已经解除;并且,合同约定转让的土地开发权,属于国有土地的使用规划(红线),由于未在规定期限内出让土地,已经另行规划使用;况且,安然公司及其法定代表人下落不明,无可能继续履行合同,《合作权转让协议》完全失去了继续履行的可能。原审判决认为,安然公司对广发行韶关分行是否享有怠于行使的到期债权亦未确定,而这正是原审人民法院应当审理和做出认定的事实。原审判决回避上述事实,驳回中行汕头分

行的诉讼请求,违背事实和法律。(2)广发行韶关分行没有提交证据抗辩中行汕头分行主张的到期债权。原审法院审理中,广发行韶关分行除提交一份复印件认为安然公司受他人委托付款外,仅对于诉讼时效、合同效力和违约金金额提出抗辩,并未否认《合作权转让协议》所产生债权的存在和到期,以及安然公司怠于行使债权对中行汕头分行债权造成损害的事实。但是,原审法院却违法代位行使广发行韶关分行的抗辩权,显然不公正。(3)原审判决适用法律错误。原审判决认为"协议的效力、应否继续履行、能否履行、未能履行的原因、合同责任的承担等事实均未能确定",故"不符合法律规定代位权的条件"错误。其一,"应否继续履行",在《合作权转让协议》中已经明确约定,安然公司不履行合同,应被视为自动放弃接收开发权,且广发行韶关分行在诉讼中并无主张继续履行;其二,"能否履行"以及"未能履行的原因",事实已经做出双方公认的结论,转让开发权的土地不复存在,安然公司长达十余年来下落不明,《合作权转让协议》已经绝无可能继续履行;其三,"协议的效力"以及不履行"合同责任的承担",应当由原审法院做出认定,原审判决做出效力和责任"均未能确定"的结论,没有履行其审判职责。在二审法庭调查中,中行汕头分行补充上诉理由称:第一,广发行曲江支行在订立《合作权转让协议》时,并没有取得土地使用权,至今仍未取得。根据最高人民法院司法解释,对此一般认定无效。因此,《合作权转让协议》是无效的,不应继续履行。第二,《合作权转让协议》是不可能继续履行的协议,因为安然公司已经被吊销了执照,失去了履行合同的资格。第三,安然公司被吊销营业执照后,一直下落不明,没有主张自己的权利。广发行韶关分行在没有履行和安然公司合同的情况下得到了1500万元,属于不当得利,不应得到保护。综上,请求撤销原判,改判广发行韶关分行返还购地款人民币1500万元,并按照中国人民银行同期贷款利率给付利息,用于清偿安然公司所欠中行汕头分行的债务,由广发行韶关分行承担本案诉讼费用。

被上诉人广发行韶关分行答辩称:(1)1500万元是曲江县银通经济发展总公司(以下简称银通公司)委托安然公司转给广发行曲江支行的,并不属于安然公司。(2)中行汕头分行作为第三人,无权请求确认广发行曲江支行与安然公司签订的《合作权转让协议》的效力。(3)安然公司与广发行曲江支行之间不存在明确的债权债务关系,中行汕头分行行使代位权并不符合法律规定的代位权的行使条件。(4)中行汕头分行主张代位权已经超过诉讼时效。原审判决查明事实清楚,适用法律正确,请求驳回上诉,维持原判。

针对广发行韶关分行有关代位权已经超过诉讼时效的抗辩,中行汕头分行答辩称:中行汕头分行主张代位权没有超过诉讼时效。在(2001)粤高法经一终字第172号民事判决生效后,中行汕头分行一直在主张权利。2004年5月21日,中行汕头分行向珠海市中级人民法院提起诉讼,请求确认中行汕头分行对安然公司享有2764.4万元及利息的债权,判令安然公司向中行汕头分行清偿欠款2764.4万元及利息。2004年11月4日,珠海市中级人民法院作出(2004)珠法民二初字第67号民事裁定,驳回中行汕头分行起诉。被驳回起诉后,中行汕头分行再次提起诉讼,珠海市中级人民法院于2005年12月30日作出(2005)珠中法民二初字第35号民事判决,判令安然公司应偿还中行汕头分行借款人民币2764.4万元并支付利息。此外,2004年1月5日,中行汕头分行向汕头市人民检察院提交了一份《关于要求检察机关及时采取措施为我行追缴被诈骗资金的报告》,请求扣押、追缴安然公司违法所得、现由广发行曲江支行持有的"购横琴岛地款"1500万元。而且,广发行曲江支行与安然公司签订的《合作权转让协议》虽然约定了履行期限,但在约定的履行期限已经超过之后的1995年8月17日,安然公司支付了1500万元给广发行曲江支行,广发行曲江支行接收且没有异议,表明双方已经实际更改了合同履行期限,视为无履行期限。由于安然公司下落不明,诉讼时效应从安然公司被吊销营业执照的2005年10月2日起算。中行汕头分行并提交了(2004)珠法民二初字第67号民事裁定书、《关于要求检察机关及时采取措施为我行追缴被诈骗资金的报告》等证据。

安然公司经二审法院依法传唤,未到庭参加诉讼,也未提交答辩意见。

广东省高级人民法院二审确认一审法院查明的事实。另查明:1996年8月21日,广发行曲江支行向广东省韶关市中级人民法院提起诉讼,请求判令中行汕头分行偿还拆借款本金3000万元及部分利息,并承担违约责任和全部诉讼费用。广东省高级人民法院于2002年7月18日作出(2001)粤高法经一终字第172号民事判决,确认《拆借合同》无效,判令中行汕头分行偿还广发行韶关分行2899.0075万元及利息,并指出有关1500万元的权利义务及存在的争议,应当由安然公司与广发行曲江支行另诉解决,人民法院保障有关当事人的诉权。因安然公司下落不明,珠海市中级人民法院以公告的方式向安然公司送达上述民事判决书。上述民事判决于2002年10月28日发生法律效力。

2003年7月16日,安然公司最后一次年检,企业目前状态是已被吊销营业执照,工商登记的住所地是珠海市拱北迎宾大道迎宾广场第6座802室。

广东省高级人民法院二审认为,中行汕头分行起诉主张确认广发行曲江支行与安然公司订立的《合作权转让协议》无效,并请求代位安然公司主张广发行韶关分行返还购地款人民币1500万元及其利息。因《合作权转让协议》的效力问题关系到安然公司是否对广发行韶关分行享有合法的债权,因此,本案可确定为代位权纠纷。根据《合同法》第七十三条及《最高人民法院关于适用〈中华人民共和国合同法〉若干问题的解释(一)》第十一条、第十八条的规定,债权人行使代位权,应当符合下列条件:(1)债权人对债务人的债权合法;(2)债务人怠于行使其到期债权,对债权人造成损害;(3)债务人的债权已到期;(4)债务人的债权不是专属债务人自身的债权。次债务人对债务人的抗辩,可以向债权人主张。本案中,中行汕头分行对安然公司享有合法、确定的债权的事实已为广东省珠海市中级人民法院(2005)珠中法民二初字第35号生效民事判决所确认,因此,本案争议的焦点是安然公司是否对广发行韶关分行享有到期的、非专属安然公司自身的债权;安然公司是否怠于行使其到期债权对中行汕头分行造成了损害;广发行韶关分行对中行汕头分行的抗辩是否成立等问题。

关于安然公司是否对广发行韶关分行享有到期的、非专属安然公司自身的债权的问题。广发行曲江支行与安然公司于1994年2月28日签订的《合作权转让协议》,从其约定的内容看,为转让珠海市横琴岛围垦2万平方米土地使用权的合同。但广发行曲江支行在签订上述《合作权转让协议》时,并未取得珠海市横琴岛围垦2万平方米土地的使用权,此后直至本案诉讼时也未取得该土地的使用权或征得有批准权的人民政府的同意。根据《土地管理法》第五十五条"以出让等有偿使用方式取得国有土地使用权的建设单位,按照国务院规定的标准和办法,缴纳土地使用权出让金等土地有偿使用费和其他费用后,方可使用土地"及《最高人民法院关于审理涉及国有土地使用权合同纠纷案件适用法律问题的解释》第九条"转让方未取得出让土地使用权证书与受让方订立合同转让土地使用权,起诉前转让方已经取得出让土地使用权证书或者有批准权的人民政府同意转让的,应当认定合同有效"的规定,《合作权转让协议》应认定无效。原审判决对此未作认定不当。中行汕头分行该项请求具有法律依据,依法予以支持。中行汕头分行作为利害关系人,有权以提起诉讼的方式请求人民法院确认广发行曲江支行与安然公司签订的上述《合作权转让协议》无效。广发行韶关分行主张中行汕头分行作为第三人,无权请求确认《合作权转让协议》的效力缺乏依据,不予支持。

根据《合同法》第五十八条的规定,合同无效或者被撤销后,因该合同取得的财产,应当予以返还;不能返还或者没有必要返还的,应当折价补偿。有过错的一方应当赔偿对方因此所受到的损失,双方都有过错的,应当各自承担相应的责任。本案《合作权转让协议》的无效,广发行曲江支行与安然公司均有过错,应当各自承担相应的责任。安然公司于1995年8月17日以信汇的形式支付给广发行曲江支行1500万元,信汇凭证上明确记载用途为"购横琴岛地款",因此,广发行曲江支行应将安然公司支付的1500万元"购横琴岛地款",以及在占用该款项期间产生的相应利息返还给安然公司。广发行曲江支行已于2004年12月3日被注销,其债权债务由广发行韶关分行承担。安然公司对广发行韶关分行的上述债权为金钱债权,不属于《最高人民法院关于适用〈中华人民共和国合同法〉若干问题的解释(一)》第十二条规定的专属于安然公司自身的债权。因此,安然公司对广发行韶关分行享有到期的、非专属于安然公司自身的债权的事实足以认定。广发行韶关分行主张1500万元是银通公司委托安然公司转给广发行曲江支行、不属于安然公司所有依据不足,不予采纳。

关于安然公司是否怠于行使其到期债权对中行汕头分行造成损害的问题。根据《最高人民法院关于适用〈中华人民共和国合同法〉若干问题的解释(一)》第十三条的规定,债务人怠于行使其到期债权,对债权人造成损害,是指债务人不履行其对债权人的到期债务,又不以诉讼方式或者仲裁方式向其债务人主张其享有具有金钱给付内容的到期债权,致使债权人到期债权未能实现。本案中,安然公司在与广发行曲江支行签订《合作权转让协议》并向其支付1500万元"购横琴岛地款"后,未以诉讼方式或者仲裁方式向广发行韶关分行主张过1500万元的债权,且下落不明。而根据广东省珠海市中级人民法院(2005)珠中法民二初字第35号生效民事判决的认定,安然公司应返还中行汕头分行借款人民币2764.4万元并支付相应的利息。安然公司至今未履行判决义务。因此,安然公司怠于行使对广发行韶关分行的到期债权,损害了中行汕头分行的利益的事实足以认定。

关于广发行韶关分行抗辩中行汕头分行主张代位权已经超过诉讼时效的问题。1995年8月17日,安然公司支付了1500万元"购横琴岛地款"给广发行曲江支行房地产部。1996年8月21日,广东省韶关市中级人民法院受理了广发行曲江支行与中行汕头分行、金柱公司、安然公司拆借合同纠纷一案。在该案中,中行汕头分行主张广发行曲江支行拆借出3500万元的同一天已经收回1500万元,请求将安然公司支付给广发行曲江支行房地产部的1500万元作为中行南澳支行已偿还广发行曲江支行的债务予以冲抵。根据《民法通则》第一百四十条的规定,该诉讼导致中行汕头分行向广发行韶关分行主张代位权的诉讼时效中断。对该案作出的(2001)粤高法经一终字第172号民事判决明确指出,有关该1500万元的权利义务存在的争议,应当由安然公司与广发行曲江支行另诉解决,人民法院保障有关当事人的诉权。而安然公司在该案的诉讼中已经下落不明,未参加该案诉讼。因此,从(2001)粤高法经一终字第172号民事判决发生法律效力的2002年10月28日起,中行汕头分行应当知道其权利受到损害,诉讼时效重新起算。依照《民法通则》第一百三十五条、第一百三十七条的规定,当事人应当在知道或者应当知道权利被损害时起两年内,向人民法院或国家仲裁机关提出主张,逾期将不受国家法律强制力的保护。中行汕头分行直至2007年1月26日才向原审法院提起本案诉讼主张代位权,已经超过了两年的诉讼时效。《合同法》及《最高人民法院关于适用〈中华人民共和国合同法〉若干问题的解释(一)》并未规定债权人提起代位权诉讼必须以主债权经生效裁决认定为前提条件,中行汕头分行主张其对安然公司提起的确认主债权的诉讼构成其向广发行韶关分行主张代位权的诉讼时效中断的理由,缺乏法律依据。即使中行汕头分行于2004年1月5日向汕头市人民检察院提交的《关于要求检察机关及时采取措施为我行追缴被诈骗资金的报告》构成其向广发行韶关分行主张代位权的诉讼时效中断的理由,至2007年1月26日其向原审法院提起本案代位权诉讼,也已经超过了两年的诉讼时效。因此,广发行韶关分行抗辩中行汕头分行主张代位权已经超过诉讼时效的理由成立,予以支持。

综上所述,中行汕头分行请求确认广发行曲江支行与安然公司订立的《合作权转让协议》无效的理由成立,但其请求代位行使安然公司对广发行韶关分行的债权因已经超过诉讼时效,依法不应得到支持。原审判决认定事实不清,适用法律错误,应予改判。依照《民法通则》第一百三十五条、第一百三十七条、第一百四十条、《合同法》第七十三条、《土地管理法》第五十五条、《最高人民法院关于适用〈中华人民共和国合同法〉若干问题的解释(一)》第十一条、第十二条、第十三条、第十八条、《最高人民法院关于审理涉及国有土地使用权合同纠纷案件适用法律问题的解释》第九条、《民事诉讼法》第一百五十三条第一款第(二)、(三)项、第一百五十八条的规定,判决:(1)撤销广东省韶关市中级人民法院(2007)韶中法民一初字第14号民事判决;(2)原广发行曲江支行与安然公司于1994年2月28日订立的《合作权转让协议》无效;(3)驳回中行汕头分行的其他诉讼请求。一审案件受理费85050元,由中行汕头分行负担42505元,由广发行韶关分行负担42505元。二审案件受理费85010元,由中行汕头分行负担42505元,由广发行韶关分行负担42505元。

三、申请再审请求和答辩理由

中行汕头分行不服广东省高级人民法院上述民事判决,向最高人民法院申请再审称:(1)中行汕头分行对安然公司的主债权没有超过诉讼时效。根据广东省珠海市中级人民法院(2005)珠中法民二初字第35号民事判决,安然公司负有向中行汕头分行返还2764.4万元及利息的义务。中行汕头分行的该债权没有超过诉讼时效。(2)安然公司对广发行韶关分行的次债权也未超过诉讼时效。《合作权转让协议》约定1994年8月18日前,安然公司付清全部款项。但安然公司直至1995年8月才支付1500万元购地款,广发行曲江支行也接受款项,应视为原合同变更为无确定履行期限的合同,安然公司有权随时主张权利。另外,二审判决确认《合作权转让协议》无效,财产返还请求权的诉讼时效应当从合同确认无效时起算。(3)二审判决认为中行汕头分行向广发行韶关分行主张权利超过了诉讼时效,缺乏法律依据。根据合同相对性原理,中行汕头分行仅能向安然公司主张权利。只有基于法律特别规定,债权人中行汕头分行有权在特定条件下向次债务人广发行韶关分行提起代位权诉讼,但这并不意味着中行汕头分行和广发行韶关分行之间存在直接法律关系,因此也不存在时效问题。(4)即使中行汕头分行与广发行韶关分行存在代位权诉讼时效,中行汕头分行在2004年发出电报,以及2006年在广东省珠海市中级人民法院提起代位权诉讼的行为,均起到中断诉讼时效的作用,中行汕头分行提起本案诉讼并未超过诉讼时效。综上,二审判决适用法律错误,中行汕头分行对广发行韶关分行提起代位权诉讼,既未超过主债权诉讼时效,也未超过次债权诉讼时效,请求撤销二审判决,改判广发行韶关分行返还购地款1500万元,并按照中国人民银行同期贷款利率给付利息,用于清偿安然公司所欠债务。广发行韶关分行承担原一、二审诉讼费用。

被申请人广发行韶关分行答辩称:(1)判断中行汕头分行对安然公司的主债权是否超过诉讼时效,应当建立在代位权诉讼成立的法定前提之下。本案的代位权诉讼本不成立,故讨论主债权是否超过诉讼时效无任何法律价值。根据合同相对性的原理,中行汕头分行无权就《合作权转让协议》主张合同无效和要求返还财产。根据我国合同法的规定,合同效力之诉并不是代位权诉讼的客体,中行汕头分行滥用代位权诉讼的行为,严重侵害了合同双方当事人的合同自由与处分权,应予驳回。(2)就《合作权转让协议》,安然公司与广发行韶关分行之间不存在任何法律争议或经济纠纷,也不存在任何债权债务关系,本案并不存在"次债务人"的法律角色。中行汕头分行所谓的债务人对次债务人的次债务也没有超过诉讼时效的观点和主张,并无任何事实根据和客观基础,完全不符合代位权诉讼的法定构成要件。(3)我国合同法所规定的代位权,是债权人代为行使债务人对次债务人享有的债权之请求权,是债权效力的对外体现,是债权权利的自然延伸。次债务人对债务人的抗辩事由也当然适用于债权人,存在请求权与抗辩权之争,也存在请求权与反请求权之争。故我国合同法所规定的代位权诉讼,究其本质,属于债权请求权的范畴,是有别于主债权的第二层次的债权请求权,当然适用诉讼时效的规定。中行汕头分行所称代位权诉讼不适用诉讼时效的观点,于法无据且与我国法律所规定的诉讼时效制度相悖。(4)假定本案代位权诉讼成立,也早已超过诉讼时效。按广东省高级人民法院(2001)粤高法经一终字第172号民事判决的释明和指引,在2004年10月28日之前,中行汕头分行就应当提起代位权诉讼。中行汕头分行于2004年9月24日打电报向广发行韶关分行主张债权,无据可查无证可考,且不符合代位权诉讼的法定行使方式,不能引起代位权诉讼时效的中断或中止;于2005年在广东省珠海市中级人民法院起诉安然公司偿还借款,与代位权诉讼并无任何法律逻辑关系,同样不能引起代位权诉讼时效的中断或中止;于2006年9月20日在广东省珠海市中级人民法院提起的代位权诉讼,不仅超过诉讼时效,且起诉地点错误;于2007年1月26日向广东省韶关市中级人民法院提起代位权诉讼,亦无法改变早已超过诉讼时效的客观事实。广发行韶关分行请求驳回中行汕头分行的再审申请,维持原判。

四、最高人民法院再审查明的事实及判决要旨

最高人民法院除对广东省高级人民法院二审查明的事实予以确认外,另查明:

2004年1月5日,中行汕头分行向广东省汕头市人民检察院发出《关于要求检察机关及时采取措施为我行追缴被诈骗资金的报告》,主要内容为,广东省高级人民法院(2001)粤高法经一终字第172号民事判决生效后,根据《合同法》规定,我行起诉主张合同代位权,但广东省珠海市中级人民法院认为不属于该院管辖,并告知我行可以起诉安然公司以确定主债权,作为合同代位权的依据。我行根据实际情况只能修改诉状,先行请求确认对安然公司的主债权。但是安然公司下落不明,诉讼可能旷日持久,无法有效地保护我行的权益。请求检察院及时采取有效措施,扣押和追缴安然公司违法所得,即由广发行曲江支行持有的"购横琴岛地款"1500万元。

2004年5月21日,中行汕头分行以安然公司为被告,金柱公司清算组为第三人,向广东省珠海市中级人民法院提起诉讼。同年11月4日,因中行汕头分行的主体资格问题,广东省珠海市中级人民法院以(2004)珠法民二初字第67号民事裁定,驳回中行汕头分行的起诉。

2005年12月30日,广东省珠海市中级人民法院(2005)珠中法民二初字第35号民事判决,安然公司返还中行汕头分行借款人民币2764.4万元及该款自1995年8月18日至款项还清之日止按中国人民银行规定的同期贷款利率计算的利息。

最高人民法院认为,在本案二审诉讼过程中,针对中行汕头分行提起的诉讼请求,广发行韶关分行提出了1500万元款项不属于安然公司、中行汕头分行无权请求确认广发行曲江支行与安然公司签订的《合作权转让协议》的效力、安然公司与广发行曲江支行之间不存在明确的债权债务关系等抗辩理由。广东省高级人民法院根据本案查明的事实,认定中行汕头分行作为利害关系人,有权以提起诉讼的方式请求人民法院确认广发行曲江支行与安然公司签订的《合作权转让协议》无效,安然公司对广发行韶关分行享有到期的、非专属于安然公司自身的债权,安然公司怠于行使对广发行韶关分行的到期债权,损害了中行汕头分行的利益,并判决安然公司与广发行曲江支行签订的《合作权转让协议》无效。本案再审中,广发行韶关分行仍提出了如上抗辩理由。关于1500万元是否属于安然公司支付给广发行曲江支行的款项的事实,广东省高级人民法院(2001)粤高法经一终字第172号生效民事判决已经查明,并确认安然公司支付给广发行曲江支行的1500万元款项是其履行双方签订的《合作权转让协议》的行为。本案中,有关该《合作权转让协议》的效力认定问题,不仅关系到安然公司与广发行曲江支行之间债权债务关系的确认,而且在安然公司无法主张该权利的情况下,其与作为安然公司合法债权人的中行汕头分行亦存在直接的利害关系,直接影响中行汕头分行所主张的代位权诉讼中的次债务是否真实存在。故中行汕头分行作为本案原告提起诉讼,请求依法确认《合作权转让协议》无效,并判令广发行韶关分行返还安然公司支付的购地款1500万元本息等,符合《民事诉讼法》第一百零八条及《合同法》第七十三条的规定。广东省高级人民法院二审判决关于"《合作权转让协议》无效、广发行韶关分行应将原广发行曲江支行收取的1500万元购地款本金及利息返还给安然公司、安然公司怠于行使该项到期债权损害了债权人中行汕头分行的利益"的认定,证据充分,适用法律并无不当。本院再审期间,被申请人广发行韶关分行未就上述认定提供新的证据予以辩驳,故本院对二审判决中的上述认定予以确认。

本案再审的主要争议焦点是:中行汕头分行提起的本案代位权诉讼是否超过了诉讼时效期间。本院《关于适用〈中华人民共和国合同法〉若干问题的解释(一)》第十一条规定:"债权人依照合同法第七十三条的规定提起代位权诉讼,应当符合下列条件:(一)债权人对债务人的债权合法;(二)债务人怠于行使其到期债权,对债权人造成损害;(三)债务人的债权已到期;(四)债务人的债权不是专属债务人自身的债权。"依据上述规定,债权人提起代位权诉讼,应以主债权和次债权的成立为条件。而"债权成立"不仅指债权的内容不违反法律、法规的规定,而且要求债权的数额亦应当确定。这种确定既可以表现为债务人、次债务人对债权的认可,也可经人民法院判决或仲裁机构的裁决加以确认。因此,债权人中行汕头分行在提起本案代位权诉讼之前,以向人民法院提起诉讼的方式确认其对债务人享有合法的债权,表明其并未放弃自己的权利。本院2008年8月21日发布并于同年9月1日施行的《关于审理民事案件适用诉讼时效制度若干问题的规定》第十八条规定:"债权人提起代位权诉讼的,应当认定对债权人的债权和债务人的债权均发生诉讼时效中断的效力。"该规定亦表明,债权人提起代位权诉讼,同时引起两个债权的诉讼时效中断,即债权人对债务人的债权和债务人对次债务人的债权,两个债权均应属于受人民法院保护的诉讼时效期间内的债权。关于本案中主债权的诉讼时效,在广发行曲江支行起诉中行汕头分行、金柱公司、安然公司拆借合同纠纷一案中,中行汕头分行主张应将安然公司支付给广发行曲江支行的1500万元在债务中予以冲抵,广东省高级人民法院认定"有关1500万元的权利义务及存在的争议,应当由安然公司与广发行曲江支行另诉解决"。由于安然公司已下落不明,未参加该案的诉讼活动,且该院认为关于1500万元款项的争议应另行解决,因此,在(2001)粤高法经一终字第172号案件中并没有确认中行汕头分行与安然公司、安然公司与广发行曲江支行之间的债权债务关系及具体的债权金额。该判决生效后,中行汕头分行享有的相关债权的诉讼时效期间应当重新起算,但中行汕头分行对其权利的主张不仅限于代位权。本案中,广东省高级人民法院(2001)粤高法经一终字第172号民事判决自2002年10月28日发生法律效力后,中行汕头分行于2004年1月5日向广东省汕头市人民检察院提交了《关于要求检察机关及时采取措施为我行追缴被诈骗资金的报告》,并于2004年5月21日,向广东省珠海市中级人民法院提起诉讼,主张对安然公司的债权,虽因其主体资格问题被该院裁定驳回起诉,但其主张民事债权的行为仍具有使该债权的诉讼时效中断的效力。此后,中行汕头分行再次向广东省珠海市中级人民法院提起诉讼,该院于2005年12月30日作出(2005)珠中法民二初字第35号民事判决,确认中行汕头分行对安然公司享有债权2764.4万元本金及相关利息。2007年1月26日,中行汕头分行向广东省韶关市中级人民法院提起本案诉讼,该债权没有超过法定的二年诉讼时效期间。此外,本案中的次债权,即安然公司对广发行韶关分行享有的到期债权,是基于《合作权转让协议》无效而产生的返还财产请求权。根据《合同法》第五十八条关于"合同无效或者被撤销后,因该合同取得的财产,应当予以返还"、"有过错的一方应当赔偿对方因此所受到的损失"的规定,在《合作权转让协议》被依法确认无效后,广发行韶关分行应负有向安然公司返还其收取的购地款本金1500万元及利息的义务。该项债权(本案中的次债权)的二年诉讼时效期间自合同被本案二审判决确认无效时起算,债权人中行汕头分行代安然公司向广发行韶关分行主张该债权,没有超过法定的二年诉讼时效期间。原审判决认定中行汕头分行提起本案代位权诉讼超过了诉讼时效,依据不足,应予纠正。

综上,本案代位权诉讼所涉及的主债权和次债权均未超过法定的诉讼时效期间,且债权债务关系清楚、债权数额确定。因安然公司已无法主张到期债权,中行汕头分行关于"广发行韶关分行应代安然公司向中行汕头分行履行1500万元债务给付义务"的申请再审理由成立,予以支持。该项给付义务实际履行时,其总的给付金额应以中行汕头分行对安然公司享有的债权总额为限。据此,依照《合同法》第七十三条、《最高人民法院关于适用〈中华人民共和国合同法〉若干问题的解释(一)》第十一条、第十九条、第二十条、《最高人民法院关于审理民事案件适用诉讼时效制度若干问题的规定》第十八条、《民事诉讼法》第一百五十三条第一款第(二)项的规定,判决如下:(1)维持广东省高级人民法院(2008)粤高法民二终字第5号民事判决主文第一项、第二项;(2)撤销上述民事判决主文第三项;(3)广发行韶关分行向中行汕头分行支付款项1500万元本金及利息(利息按中国人民银行规定的同期贷款利率计算,自1995年8月18日起支付至实际给付之日止)。上述给付义务履行完毕,中行汕头分行对安然公司、安然公司对广发行韶关分行之间相应数额的债权债务关系即予消灭。上述给付义务应于本判决生效之日起10日内履行。逾期履行,依照《民事诉讼法》第二百二十九条的规定,加倍支付迟延履行期间的债务利息。本案一、二审案件受理费各85010元,共计170020元,由广发行韶关分行承担。

五、本案所涉事实和法律问题的分析

本案根据再审申请人与被申请人的诉辩主张,主要涉及以下问题:1500万元是否属于安然公司支付给广发行曲江支行的款项、中行汕头分行是否有权请求确认广发行曲江支行与安然公司签订的《合作权转让协议》的效力、安然公司与广发行曲江支行之间是否存在明确的债权债务关系、中行汕头分行提起的本案代位权诉讼是否超过诉讼时效期间。

1. 关于1500万元是否属于安然公司支付给广发行曲江支行的款项,广东省高级人民法院(2001)粤高法经一终字第172号生效民事判决已经查明,1994年2月28日,广发行曲江支行与安然公司签订了一份《合作权转让协议》,安然公司于1995年8月17日以信汇的形式支付给广发行曲江支行1500万元,信汇凭证上明确记载用途为"购横琴岛地款",该民事判决进而确认安然公司支付给广发行曲江支行的1500万元款项是其履行双方签订的《合作权转让协议》的行为。而广发行韶关分行主张1500万元是银通公司委托安然公司转给广发行曲江支行、不属于安然公司所有的依据,仅是银通公司出具的一份委托书的复印件,且该主张与上述生效民事判决所认定的事实不符,故最高人民法院未予采纳。

2. 中行汕头分行是否有权请求确认广发行曲江支行与安然公司签订的《合作权转让协议》的效力、安然公司与广发行曲江支行之间是否存在明确的债权债务关系。《土地管理法》第五十五条规定:"以出让等有偿使用方式取得国有土地使用权的建设单位,按照国务院规定的标准和办法,缴纳土地使用权出让金等土地有偿使用费和其他费用后,方可使用土地。"《最高人民法院关于审理涉及国有土地使用权合同纠纷案件适用法律问题的解释》第九条规定:"转让方未取得出让土地使用权证书与受让方订立合同转让土地使用权,起诉前转让方已经取得出让土地使用权证书或者有批准权的人民政府同意转让的,应当认定合同有效。"广东省高级人民法院二审判决在认定广发行曲江支行与安然公司签订《合作权转让协议》后,一直未取得土地使用权证或经有权政府部门批准和该土地已被政府收回的情况下,以上述法律和司法解释为据,认定涉案《合作权转让协议》属无效合同,是正确的。

《合同法》第五十六条规定:"无效的合同或者被撤销的合同自始没有法律约束力。"第五十八条规定:"合同无效或者被撤销后,因该合同取得的财产,应当予以返还。"据此,在安然公司根据该无效合同支付1500万元购地款后,广发行曲江支行及其权利义务承继者广发行韶关分行即有义务向安然公司返还转让款及利息。质言之,安然公司对广发行韶关分行享有债权债务关系明确的到期债权。此外,即使广发行韶关分行认为安然公司在《合作权转让协议》项下存在违约行为、应承担相应责任,但依据《最高人民法院关于适用〈中华人民共和国合同法〉若干问题的解释(一)》第十八条第一款"在代位权诉讼中,次债务人对债务人的抗辩,可以向债权人主张"之规定,广发行韶关分行也完全可以向中行汕头分行行使相应抗辩权,但不能据此主张中行汕头分行无权提起代位权。

广东省高级人民法院(2001)粤高法经一终字第172号生效民事判决已经查明,安然公司向广发行曲江支行支付的1500万元,来源于安然公司从中行汕头分行的借款。在安然公司未向中行汕头分行偿还欠款、也无法向广发行曲江支行和广发行韶关分行主张权利的情况下,中行汕头分行作为利害关系人,有权以提起诉讼的方式请求人民法院确认广发行曲江支行与安然公司签订的上述《合作权转让协议》无效。

3. 中行汕头分行提起的本案代位权诉讼是否超过了诉讼时效期间。广东省高级人民法院在二审判决中,确认了代位权诉讼时效,并确认诉讼时效的起算点为,在广发行曲江支行起诉中行汕头分行、金柱公司、安然公司拆借合同纠纷一案中,中行汕头分行主张应将安然公司支付给广发行曲江支行的1500万元在债务中予以冲抵,故该诉讼导致中行汕头分行向广发行韶关分行主张代位权的诉讼时效中断,由于安然公司在该案诉讼中已经下落不明,未参加该案诉讼,从该案判决发生法律效力的2002年10月28日起,中行汕头分行应当知道其权利受到损害,诉讼时效重新起算。从《最高人民法院关于审理民事案件适用诉讼时效制度若干问题的规定》第一条"当事人可以对债权请求权提出诉讼时效抗辩"之规定可见,诉讼时效制度适用的客体是债权请求权。笔者认为,代位权在性质上不是债权请求权,而是"债权人为保全债权而代债务人行使其权利,是基于债权的保全权能而产生的一项从权利",是债权的一项法定权能。质言之,债权人对次债务人并不享有债权,而只是代位行使债务人对次债务人的权利,也就谈不上债权人应当何时向次债务人主张权利从而开始计算诉讼时效的问题。因此,在代位权纠纷中,应审查债权人对债务人的诉讼时效,以及债务人对次债务人的诉讼时效,而不存在代位权本身的诉讼时效问题。《最高人民法院关于审理民事案件适用诉讼时效制度若干问题的规定》第十八条"债权人提起代位权诉讼的,应当认定对债权人的债权和债务人的债权均发生诉讼时效中断的效力"之规定,也证实了代位权本身并不存在诉讼时效。否则,如果代位权本身有独立的诉讼时效,则代位权诉讼所中断的,就应当是代位权本身的诉讼时效,而不是主债务和次债务这两个债务的诉讼时效。本案中,广东省珠海市中级人民法院于2005年12月30日作出(2005)珠中法民二初字第35号民事判决,确认中行汕头分行对安然公司享有债权2764.4万元本金及相关利息,故中行汕头分行对安然公司的债权没有超过诉讼时效期间。本案中的次债权,即安然公司对广发行韶关分行享有的到期债权,是基于《合作权转让协议》无效而产生的返还财产请求权,该项债权的诉讼时效期间自合同被本案二审判决确认无效时起算,因此债权人中行汕头分行代安然公司向广发行韶关分行主张该债权,没有超过二年诉讼时效期间。

讨论中还提出的一个意见是,《最高人民法院关于审理民事案件适用诉讼时效制度若干问题的规定》第十五条规定:"权利人向公安机关、人民检察院、人民法院报案或者控告,请求保护其民事权利的,诉讼时效从其报案或者控告之日起中断。上述机关决定不立案、撤销案件、不起诉的,诉讼时效期间从权利人知道或者应当知道不立案、撤销案件或者不起诉之日起重新计算;刑事案件进入审理阶段,诉讼时效期间从刑事裁判文书生效之日起重新计算。"本案中,2004年1月5日,中行汕头分行向广东省汕头市人民检察院发出《关于要求检察机关及时采取措施为我行追缴被诈骗资金的报告》,请求检察院及时采取有效措施,扣押和追缴安然公司违法所得,即由广发行曲江支行持有的"购横琴岛地款"1500万元。广东省汕头市人民检察院已对安然公司法定代表人刘一峰涉嫌诈骗案立案侦查,因刘一峰在逃,该案仍在侦查过程中。因此,即使应当审查中行汕头分行对广发行韶关分行请求权的诉讼时效,中行汕头分行请求广东省汕头市人民检察院保护其民事权利,也导致诉讼时效中断。基于如上所分析的只审查中行汕头分行对安然公司债权的诉讼时效、安然公司对广发行韶关分行债权的诉讼时效的原因,最高人民法院的民事判决没有采纳这一意见。

因反驳证据提出的新证据不属
超过举证期限的证据

——上诉人大连实德集团有限公司与被上诉人中国农业银行股份有限公司沈阳和平支行、原审被告沈阳东鹏机械施工有限公司金融借款保证合同纠纷上诉案

刘 敏[*]

一、当事人基本情况及案件来源

上诉人(原审被告):大连实德集团有限公司。住所地:辽宁省大连市西岗区高尔基路38号。

法定代表人:徐明,该公司董事长。

被上诉人(原审原告):中国农业银行股份有限公司沈阳和平支行。住所地:辽宁省沈阳市和平区中华路116号。

负责人:曹杰,该行行长。

原审被告:沈阳东鹏机械施工有限公司。住所地:辽宁省沈阳市于洪区陵东乡田义村。

法定代表人:李秋伟,该公司董事长。

上诉人大连实德集团有限公司(以下简称实德集团)为与被上诉人中国农业银行股份有限公司沈阳和平支行(原名称为中国农业银行沈阳市和平支行,2009年8月12日更名为现名,以下均简称为和平支行)、原审被告沈阳东鹏机械施工有限公司(以下简称东鹏公司)金融借款保证合同纠纷一案,不服辽宁省高级人民法院(2009)辽民二初字第8号民事判决,向最高人民法院提起上诉。最高人民法院依法组成合议庭进行了审理,本案现已审理终结。

二、一审法院查明事实

一审法院查明:2004年4月27日,实德集团向中国农业银行沈阳市盛京支行(以下简称盛京支行)出具实德集团全体董事一致同意实德集团为东鹏公司向盛京支行贷款人民币

---

[*] 最高人民法院民事审判第二庭审判长。

1000万元提供连带责任担保的《董事会决议》。同年5月18日,东鹏公司与盛京支行签订(沈盛)农银借字(2004)0003号《借款合同》,约定:东鹏公司向盛京支行申请人民币贷款1000万元,贷款利率为年利率5.841%,借款及还款期限分别为2004年5月18日和2005年5月17日;同日,实德集团与盛京支行签订(沈盛)农银保字(2004)第0003号《保证合同》,为东鹏公司的该笔借款向盛京支行提供连带责任担保。盛京支行审查后,于当日向东鹏公司发放了该笔贷款。

2004年4月28日,实德集团向盛京支行出具实德集团全体董事一致同意实德集团为东鹏公司向盛京支行贷款人民币1000万元提供连带责任担保的《董事会决议》。同年5月19日,东鹏公司与盛京支行签订(沈盛)农银借字(2004)0004号《借款合同》,约定:东鹏公司向盛京支行申请人民币贷款1000万元,贷款利率为年利率5.841%,借款及还款期限分别为2004年5月19日和2005年5月18日;同日,实德集团与盛京支行签订(沈盛)农银保字(2004)第0004号《保证合同》,为东鹏公司的该笔借款向盛京支行提供连带责任担保。盛京支行审查后,于当日向东鹏公司发放了该笔贷款。

2004年5月9日,实德集团向盛京支行出具实德集团全体董事一致同意实德集团为东鹏公司向盛京支行贷款人民币1000万元提供连带责任担保的《董事会决议》。同年5月25日,东鹏公司与盛京支行签订(沈盛)农银借字(2004)0006号《借款合同》,约定:东鹏公司向盛京支行申请人民币贷款1000万元,贷款利率为年利率5.841%,借款及还款期限分别为2004年5月25日和2005年5月24日;同日,实德集团与盛京支行签订(沈盛)农银保字(2004)第0006号《保证合同》,为东鹏公司的该笔借款向盛京支行提供连带责任担保。盛京支行审查后,于当日向东鹏公司发放了该笔贷款。

2004年5月10日,实德集团向盛京支行出具实德集团全体董事一致同意实德集团为东鹏公司向盛京支行贷款人民币1000万元提供连带责任担保的《董事会决议》。5月26日,东鹏公司与盛京支行签订(沈盛)农银借字(2004)0007号《借款合同》,约定:东鹏公司向盛京支行申请人民币贷款1000万元,贷款利率为年利率5.841%,借款及还款期限分别为2004年5月26日和2005年5月25日;同日,实德集团与盛京支行签订(沈盛)农银保字(2004)第0007号《保证合同》,为东鹏公司的该笔借款向盛京支行提供连带责任担保。盛京支行审查后,于当日向东鹏公司发放了该笔贷款。

2004年5月27日,实德集团向盛京支行出具实德集团全体董事一致同意实德集团为东鹏公司向盛京支行贷款人民币500万元提供连带责任担保的《董事会决议》。同年6月21日,东鹏公司与盛京支行签订(沈盛)农银借字(2004)0008号《借款合同》,约定:东鹏公司向盛京支行申请人民币贷款500万元,贷款利率为年利率5.841%,借款及还款期限分别为2004年6月21日和2005年6月20日;同日,实德集团与盛京支行签订(沈盛)农银保字(2004)第0008号《保证合同》,为东鹏公司的该笔借款向盛京支行提供连带责任担保。盛京支行审查后,于当日向东鹏公司发放了该笔贷款。

2004年5月28日,实德集团向盛京支行出具实德集团全体董事一致同意实德集团为东鹏公司向盛京支行贷款人民币450万元提供连带责任担保的《董事会决议》。同年6月22日,东鹏公司与盛京支行签订(沈盛)农银借字(2004)0010号《借款合同》,约定:东鹏公司向盛京支行申请人民币贷款450万元,贷款利率为年利率5.841%,借款和还款期限分别为2004年6月22日和2005年6月21日;同日,实德集团与盛京支行签订(沈盛)农银保字(2004)第0010号《保证合同》,为东鹏公司的该笔借款向盛京支行提供连带责任担保。盛京支行审查后,于当日向东鹏公司发放了该笔贷款。

2004年5月26日,实德集团向盛京支行出具实德集团全体董事一致同意实德集团为东鹏公司向盛京支行贷款人民币1590万元提供连带责任担保的《董事会决议》。同年6月30日,东鹏公司与盛京支行签订(沈盛)农银借字(2004)0011号《借款合同》,约定:东鹏公司向盛京支行申请人民币贷款1590万元,贷款利率为年利率5.841%,借款及还款期限分别为2004年6月30日和2005年6月22日;同日,实德集团与盛京支行签订(沈盛)农银保字(2004)第0011号《保证合同》,为东鹏公司的该笔借款向盛京支行提供连带责任担保。盛京支行审查后,于当日向东鹏公司发放了该笔贷款。

2004年7月19日,实德集团向盛京支行出具实德集团全体董事一致同意实德集团为东鹏公司向盛京支行贷款人民币1590万元提供连带责任担保的《董事会决议》。同年8月24日,东鹏公司与盛京支行签订(沈盛)农银借字(2004)0013号《借款合同》,约定:东鹏公司向盛京支行申请人民币贷款1590万元,贷款利率为年利率5.841%,借款及还款期限分别为2004年8月24日和2005年8月23日;同日,实德集团与盛京支行签订(沈盛)农银保字(2004)第0013号《保证合同》,为东鹏公司的该笔借款向盛京支行提供连带责任担保。盛京支行审查后,于当日向东鹏公司发放了该笔贷款。

2004年7月20日,实德集团向盛京支行出具实德集团全体董事一致同意实德集团为东鹏公司向盛京支行贷款人民币470万元提供连带责任担保的《董事会决议》。同年8月25日,东鹏公司与盛京支行签订(沈盛)农银借字(2004)0017号《借款合同》,约定:东鹏公司向盛京支行申请人民币贷款470万元,贷款利率为年利率5.841%,借款及还款期限分别为2004年8月25日和2005年8月24日;同日,实德集团与盛京支行签订(沈盛)农银保字(2004)第0017号《保证合同》,为东鹏公司的该笔借款向盛京支行提供连带责任担保。盛京支行审查后,于当日向东鹏公司发放了该笔贷款。

2004年7月20日,实德集团向盛京支行出具实德集团全体董事一致同意实德集团为东鹏公司向盛京支行贷款人民币1490万元提供连带责任担保的《董事会决议》。同年8月31日,东鹏公司与盛京支行签订(沈盛)农银借字(2004)0018号《借款合同》,约定:东鹏公司向盛京支行申请人民币贷款1490万元,贷款利率为年利率5.841%,借款及还款期限分别为2004年8月31日和2005年8月24日;同日,实德集团与盛京支行签订(沈盛)农银保字(2004)第0018号《保证合同》,为东鹏公司的该笔借款向盛京支行提供连带责任担保。盛京支行审查后,于当日向东鹏公司发放了该笔贷款。

2004年8月17日,实德集团向盛京支行出具实德集团全体董事一致同意实德集团为东鹏公司向盛京支行贷款人民币1990万元提供连带责任担保的《董事会决议》。同年9月21日,东鹏公司与盛京支行签订(沈盛)农银借字(2004)0023号《借款合同》,约定:东鹏公司向盛京支行申请人民币贷款1990万元,贷款利率为年利率5.841%,借款及还款期限分别为2004年9月21日和2005年9月20日;同日,实德集团与盛京支行签订(沈盛)农银保字(2004)第0023号《保证合同》,为东鹏公司的该笔借款向盛京支行提供连带责任担保。盛京支行审查后,于当日向东鹏公司发放了该笔贷款。

2004年8月19日,实德集团向盛京支行分别出具实德集团全体董事一致同意实德集团为东鹏公司向盛京支行贷款人民币1030万元及550万元提供连带责任担保的两份《董事会决议》。同年9月29日,东鹏公司与盛京支行分别签订(沈盛)农银借字(2004)0029号及(沈盛)农银借字(2004)0030号两份《借款合同》,均约定:东鹏公司向盛京支行申请人民币贷款1030万元和550万元,贷款利率均为年利率5.841%,借款和还款期限均为2004年9月29日和2005年9月21日;同日,实德集团与盛京支行签订(沈盛)农银保字(2004)第0029号及(沈盛)农银保字(2004)0030号两份《保证合同》,为东鹏公司的上述两笔借款向盛京支行提供连带责任担保。盛京支行审查后,于当日向东鹏公司发放了该两笔贷款。

2004年9月8日、9日,实德集团分别向盛京支行出具实德集团全体董事一致同意实德集团为东鹏公司向盛京支行贷款人民币1690万元和450万元提供连带责任担保的两份《董事会决议》。同年10月26日,东鹏公司与盛京支行分别签订(沈盛)农银借字(2004)0031号及(沈盛)农银借字(2004)0033号两份《借款合同》,约定:东鹏公司向盛京支行申请人民币贷款1690万元和450万元,贷款利率均为年利率6.372%,借款时间均为2004年10月26日,还款期限分别为2005年10月24日和10月25日;同日,实德集团与盛京支行分别签订(沈盛)农银保字(2004)第0031号及(沈盛)农银保字(2004)第0033号两份《保证合同》,为东鹏公司的该两笔借款向盛京支行提供连带责任担保。盛京支行审查后,于当日向东鹏公司发放了该两笔贷款。

2004年9月9日,实德集团分别向盛京支行出具实德集团全体董事一致同意实德集团为东鹏公司向盛京支行贷款人民币700万元和800万元提供连带责任担保的两份《董事会决议》。同年11月11日,东鹏公司与盛京支行签订(沈盛)农银借字(2004)0035号及(沈盛)农银借字(2004)0036号两份《借款合同》,约定:东鹏公司向盛京支行申请人民币贷款700万元和800万元,贷款利率均为年利率6.696%,借款及还款期限分别均为2004年11月11日和2005年10月25日;同日,实德集团与盛京支行分别签订(沈盛)农银保字(2004)第0035号、(沈盛)农银保字(2004)0036号两份《保证合同》,为东鹏公司的该两笔借款向盛京支行提供连带责任担保。盛京支行审查后,于当日向东鹏公司发放了该两笔贷款。

2004年10月8日,实德集团向盛京支行分别出具实德集团全体董事一致同意实德集团为东鹏公司向盛京支行贷款人民币340万元及400万元提供连带责任担保的两份《董事会决议》。同年11月19日,东鹏公司与盛京支行分别签订(沈盛)农银借字(2004)0038号和(沈盛)农银借字(2004)0040号两份《借款合同》,以保证担保方式向盛京支行申请人民币贷款340万元和400万元,贷款利率均为年利率6.696%,借款及还款期限分别均为2004年11月19日和2005年11月18日;同日,实德集团与盛京支行分别签订(沈盛)农银保字(2004)第0038号、(沈盛)农银保字(2004)0040号两份《保证合同》,为东鹏公司的该两笔借款向盛京支行提供连带责任担保。盛京支行审查后,于当日向东鹏公司发放了该两笔贷款。

2004年10月8日,实德集团向盛京支行出具实德集团全体董事一致同意实德集团为东鹏公司向盛京支行贷款人民币800万元提供连带责任担保的《董事会决议》。同年11月24日,东鹏公司与盛京支行签订(沈盛)农银借字(2004)0037号《借款合同》,约定:东鹏公司向盛京支行申请人民币贷款800万元,贷款利率为年利率6.696%,借款及还款期限分别为2004年11月24日和2005年11月18日;同日,实德集团与盛京支行签订(沈盛)农银保字(2004)第0037号《保证合同》,为东鹏公司的该笔借款向盛京支行提供连带责任担保。盛京支行审查后,于当日向东鹏公司发放了该笔贷款。

2004年10月10日,实德集团向盛京支行分别出具实德集团全体董事一致同意实德集团为东鹏公司向盛京支行贷款人民币600万元及800万元提供连带责任担保的两份《董事会决议》。同年12月3日,东鹏公司与盛京支行分别签订(沈盛)农银借字(2004)0049号、(沈盛)农银借字(2004)0050号两份《借款合同》,以保证担保方式向盛京支行申请人民币贷款600万元和800万元,贷款利率均为年利率6.696%,借款及还款期限均分别为2004年12月3日和2005年12月2日;同日,实德集团与盛京支行分别签订(沈盛)农银保字(2004)第0046号、(沈盛)农银保字(2004)0047号两份《保证合同》,为东鹏公司的该两笔借款向盛京支行提供连带责任担保。盛京支行审查后,于当日向东鹏公司发放了该两笔贷款。

上述《借款合同》中均约定:借款用途为借新还旧;借款担保方式为保证担保;还款方式为按月结息,结息日为每月的第20日。并约定:借款人不按本合同约定的期限归还贷款本金的,贷款人有权对逾期贷款根据逾期天数按日利率万分之二点一计收逾期利息;对应付未付利息,贷款人有权按执行利率计收复利。

上述《保证合同》中均约定:保证范围包括主合同项下的债务本金、利息、逾期利息、复利、罚息、违约金、损害赔偿金以及诉讼费、律师费等债权人实现债权的一切费用;保证期间为主合同约定的债务人履行债务期限届满之日起二年;明确指向所担保的借款合同,并记载:保证人已收到并阅知所保证的主合同;并均以黑体字注明:"债权人已提请保证人对本合同各印就条款作全面、准确的理解,并应保证人的要求作了相应的条款说明。签约各方对本合同含义认识一致。"

2005年4月27日、28日、30日,盛京支行向东鹏公司分别发出(沈盛)农银到通字(2005)第0001号、(沈盛)农银到通字(2005)第0002号、(沈盛)农银到通字(2005)第0003号、(沈盛)农银到通字(2005)第0004号四份《贷款到期通知书》,称东鹏公司所贷的四笔人民币1000万元将于2005年5月17日、18日、24日和25日到期,要求其准备资金,如期偿还。东鹏公司在该通知书上盖章确认。2005年5月31日,盛京支行向东鹏公司发出(沈盛)农银到通字(2005)第0009号《贷款到期通知书》,称东鹏公司所贷人民币500万元将于2005年6月20日到期,要求其准备资金,如期偿还。东鹏公司在该通知书上盖章确认。2005年6月1日,盛京支行向东鹏公司发出(沈盛)农银到通字(2005)第0010号《贷款到期通知书》,称东鹏公司所贷人民币450万元将于2005年6月1日到期,要求其准备资金,如期偿还。东鹏公司在该通知书上盖章确认。2005年6月2日,盛京支行向东鹏公司发出(沈盛)农银到通字(2005)第0011号《贷款到期通知书》,向东鹏公司催收到期的1590万元贷款,称东鹏公司所贷人民币1590万元将于2005年6月2日到期,要求其准备资金,如期偿还。东鹏公司在该通知书上盖章确认。2005年8月3日,盛京支行向东鹏公司发出(沈盛)农银到通字(2005)第0016号《贷款到期通知书》,向东鹏公司催收到期的1590万元贷款,称东鹏公司所贷人民币1590万元将于2005年8月23日到期,要求其准备资金,如期偿还。东鹏公司在该通知书上盖章确认。2005年8月4日,盛京支行向东鹏公司分别发出(沈盛)农银到通字(2005)第0018号、(沈盛)农银到通字(2005)第0019号两份《贷款到期通知书》,称东鹏公司所贷人民币1490万元和470万元将于2005年8月24日到期,要求其准备资金,如期偿还。东鹏公司在该通知书上盖章确认。2005年8月31日,盛京支行向东鹏公司发出(沈盛)农银到通字(2005)第0023号《贷款到期通知书》,称东鹏公司所贷人民币1990万元将于2005年9月20日到期,要求其准备资金,如期偿还。东鹏公司在该通知书上盖章确认。2005年9月1日,盛京支行分别向东鹏公司发出(沈盛)农银到通字(2005)第0029号、(沈盛)农银到通字(2005)第0030号两份《贷款到期通知书》,称东鹏公司所贷人民币1030万元和550万元将于2005年9月21日到期,要求其准备资金,如期偿还。东鹏公司在该通知书上盖章确认。2005年9月30日,盛京支行分别向东鹏公司发出(沈盛)农银到通字(2005)第0037号、(沈盛)农银到通字(2005)第0032号、(沈盛)农银到通字(2005)第0033号、(沈盛)农银到通字(2005)第0036号四份《贷款到期通知书》,称东鹏公司所贷人民币1690万元、450万元、700万元及800万元将于2005年10月24日、25日到期,要求其准备资金,如期偿还。东鹏公司在该通知书上盖章确认。2005年10月28日,盛京支行分别向东鹏公司发出(沈盛)农银到通字(2005)第0042—0044号三份《贷款到期通知书》,称东鹏公司所贷人民币800万元、400万元和340万元将于2005年11月18日到期,要求其准备资金,如期偿还。东鹏公司在该通知书上盖章确认。2005年11月11日,盛京支行向东鹏公司发出(沈盛)农银到通字(2005)第0049—0050号二份《贷款到期通知书》,称东鹏公司所贷人民币600万元和800万元将于2005年12月2日到期,要求其准备资金,如期偿还。东鹏公司在该通知书上盖章确认。

2005年5月18日,盛京支行向东鹏公司发出(沈盛)农银催通字(2005)第0001号《债务逾期催收通知书》,催收2005年5月17日到期的贷款本金1000万元,东鹏公司盖章确认;5月19日盛京支行向东鹏公司发出(沈盛)农银催通字(2005)第0002号《债务逾期催收通知书》,催收2005年5月18日到期的贷款本金1000万元,东鹏公司盖章确认;5月25日盛京支行向东鹏公司发出(沈盛)农银催通字(2005)第0003号《债务逾期催收通知书》,催收2005年5月24日到期的贷款本金1000万元,东鹏公司盖章确认;5月26日盛京支行向东鹏公司发出(沈盛)农银催通字(2005)第0004号《债务逾期催收通知书》,催收2005年5月25日到期的贷款本金1000万元,东鹏公司盖章确认;6月21日盛京支行向东鹏公司发出(沈盛)农银催通字(2005)第0005号《债务逾期催收通知书》,催收2005年6月20日到期的贷款本金500万元,东鹏公司盖章确认;6月22日盛京支行向东鹏公司发出(沈盛)农银催通字(2005)第0006号《债务逾期催收通知书》,催收2005年6月21日到期的贷款本金450万元,6月22日东鹏公司盖章确认;6月23日盛京支行向东鹏公司发出(沈盛)农银催通字(2005)第0007号《债务逾期催收通知书》,催收2005年6月22日到期的贷款本金1590万元,东鹏公司于6月25日盖章确认;8月24日盛京支行向东鹏公司发出(沈盛)农银催通字(2005)第0009号《债务逾期催收通知书》,催收2005年8月24日到期的贷款本金1590万元,东鹏公司于8月26日盖章确认;8月25日盛京支行向东鹏公司分别发出(沈盛)农银催通字(2005)第0012号及(沈盛)农银催通字(2005)第0013号两份《债务逾期催收通知书》,催收2005年8月24日到期的贷款本金1490万元及470万元,东鹏公司均于8月27日盖章确认;9月21日,盛京支行向东鹏公司发出(沈盛)农银催通字(2005)第0017号《债务逾期催收通知书》,催收2005年9月20日到期的贷款本金1990万元,东鹏公司于9月23日盖章确认;9月22日,盛京支行向东鹏公司分别发出(沈盛)农银催通字(2005)第0023号及(沈盛)农银催通字(2005)第0024号两份《债务逾期催收通知书》,催收2005年9月21日到期的贷款本金550万元及1030万元,东鹏公司均于9月24日盖章确认;10月25日,盛京支行向东鹏公司发出(沈盛)农银催通字(2005)第0025号《债务逾期催收通知书》,催收2005年10月24日到期的贷款本金1690万元,东鹏公司于10月26日盖章确认;10月27日,盛京支行向东鹏公司分别发出(沈盛)农银催通字(2005)第0023号及(沈盛)农银催通字(2005)第0026—0028号三份《债务逾期催收通知书》,催收2005年10月25日到期的贷款本金800万元、700万元及450万元,东鹏公司均于10月27日盖章确认;11月19日,盛京支行向东鹏公司分别发出(沈盛)农银催通字(2005)第0031—0033号三份《债务逾期催收通知书》,催收2005年11月18日到期的贷款本金800万元、400万元及340万元,东鹏公司均于11月20日盖章确认;12月3日,盛京支行向东鹏公司分别发出(沈盛)农银催通字(2005)第0037号及(沈盛)农银催通字(2005)第0038号两份《债务逾期催收通知书》,催收2005年12月2日到期的贷款本金600万元及800万元,东鹏公司均于12月4日盖章确认。

2007年1月22日,盛京支行分别向东鹏公司发出(沈盛)农银催通字(2007)第0005—0026号共计二十二份《债务逾期催收通知书》,催收上述二十二份《借款合同》项下的到期借款本金20240万元及所欠利息1380753.51元。同年2月2日,东鹏公司在上述二十二份《债务逾期催收通知书》上盖章确认。同年3月23日,盛京支行再次向东鹏公司发出(沈盛)农银催通字(2007)第0048—0052号五份《债务逾期催收通知书》,催收上述已到期的借款本金20240万元及所欠利息4031124.18元。东鹏公司亦在该通知书上盖章确认。

2008年2月12日,和平支行向东鹏公司发出(沈和)农银催通字(2008)第11—15号五份《债务逾期催收通知书》,催收上述二十二笔合计20240万元借款本金及18340257.75元利息。同年2月18日,东鹏公司在该通知书上盖章确认。

2007年4月8日,盛京支行向实德集团发出(沈盛)农银保通字(2007)第0079—0100号共计二十二份《担保人履行责任通知书》,就东鹏公司所欠本金20240万元及其相应利息,要求实德集团立即履行担保责任。上述《担保人履行责任通知书》由辽宁省公证处指派公证员孙凯辉和工作人员郎钢随同盛京支行工作人员祁秀敏、吕佳,于2007年5月10日前往实德集团法人地址大连市西岗区高尔基路38号及大连市甘井子区振兴路198号的实德工业园,送达给实德集团,辽宁省公证处就此出具了(2007)辽证民字第1353号及(2007)辽证民字第1354号《公证书》。该两份《公证书》均记载:"申请人中国农业银行沈阳市盛京支行负责人李宗伟的委托代理人祁秀敏于二○○七年五月八日向我处提出申请,对该银行向大连实德集团有限公司送达《担保人履行责任通知书》行为进行证据保全。"(2007)辽证民字第 1354 号《公证书》上记载:"根据《中华人民共和国公证法》及《公证程序规则》的规定,本处指派公证员孙凯辉及本处工作人员郎钢于二〇〇七年五月十日下午 15:05 随同中国农业银行沈阳市盛京支行工作人员祁秀敏、吕佳前往大连实德集团有限公司(地址:大连市西岗区高尔基路 38 号,邮编:116011),中国农业银行沈阳市盛京支行工作人员祁秀敏将 38 份《担保人履行责任通知书》[编号:(沈盛)农银保通字(2007)第 0079—0116 号]送达与该公司工作人员孙某,该工作人员未在送达回执上签名。"(2007)辽证民字第 1353 号《公证书》上记载:"根据《中华人民共和国公证法》及《公证程序规则》的规定,本处指派公证员孙凯辉及本处工作人员郎钢于二〇〇七年五月十日上午 10:30 随同中国农业银行沈阳市盛京支行工作人员祁秀敏、吕佳前往大连实德集团有限公司(地址:大连市甘井子区振兴路 198 号,邮编:116113),拟从 8 号岗进入该公司送达《担保人履行责任通知书》,被该公司保安人员阻止,中国农业银行沈阳市盛京支行工作人员祁秀敏将 38 份《担保人履行责任通知书》[编号:(沈盛)农银保通字(2007)第 0079—0116 号]留置于大连实德集团有限公司办公地址 8 号岗内保安人员处。"该两份《公证书》的落款时间均为"二〇〇七年五月十四日"。

综上,东鹏公司、实德集团与盛京支行于 2004 年 5 月 18 日至 12 月 3 日间,分别共签订二十二份借款合同和保证合同,贷款人民币合计 20240 万元。贷款到期后,东鹏公司一直未向和平支行偿还贷款本金,并从 2007 年 1 月开始积欠利息。截至 2009 年 2 月 9 日,东鹏公司共拖欠和平支行贷款本金 20240 万元,积欠自 2007 年 1 月起至 2009 年 2 月 9 日的利息 37613861.65 元。实德集团亦未履行保证责任。

另查明:2008 年 2 月,经中国农业银行辽宁省分行批准,省行营业部对部分支行行政级别和隶属关系进行调整,盛京支行由原省行营业部管理变更为和平支行管理。

还查明:2009 年 11 月 5 日,辽宁省公证处向该院出具一份《辽宁省公证处对(2007)辽证民字第 1353 号、第 1354 号公证书的几点说明》。记载:……根据规定及公证工作实践,公证机构应在当事人提出公证申请后,公证书送达申请人前这一期间内收取公证费,而绝非仅仅局限在当事人提出公证申请后这一时刻。……公证人员郎钢的个人有效证件上均为"钢",因此其在上述二份《公证书》所附现场记录中均签写为其个人有效证件中"郎钢"二字……

再查明:和平支行为证明其对实德集团的担保债权未超过诉讼时效期间,提供了盛京支行于 2007 年 1 月 22 日向实德集团发出、实德集团均于同年 2 月 16 日盖具公章和法定代表人名章的二十二份(沈盛)农银保通字(2007)第 0003—0024 号《担保人履行责任通知书》。对此,实德集团提供大连市公安局出具的"实德集团原旧印:公章壹枚已收回"的《证明》,主张其原公章已于 2006 年 3 月 28 日由公安机关收回销毁,故申请对《担保人履行责任通知书》上加盖的实德集团公章及法定代表人名章进行司法鉴定。

2009 年 2 月 10 日,和平支行向辽宁省高级人民法院提起诉讼,请求判令东鹏公司偿还贷款本息 240013861.65 元及自 2009 年 2 月 9 日起至给付日止的全部逾期付款利息及罚息,并承担本案诉讼费用;同时判令实德集团对东鹏公司所应偿还的上述款项承担连带保证责任。

三、一审法院审理情况

一审法院认为,盛京支行与东鹏公司及实德集团签订的借款合同和保证合同,系双方当事人的真实意思表示,内容不违反法律、法规的禁止性规定,应确认合法有效。合同签订后,盛京支行依约履行了贷款义务。贷款到期后,东鹏公司及实德集团均未按约定偿还,应承担偿还借款本息义务和担保义务。根据辽农银营办发(2008)97号文件,盛京支行于2008年2月隶属于和平支行管理,故和平支行依法向东鹏公司及实德集团主张权利,于法有据。

关于和平支行的主债权是否超过诉讼时效期间的问题。因和平支行与东鹏公司间的二十二份《借款合同》是在2004年5月18日至12月3日之间签订的,约定第一笔借款合同履行期限届满时间为2005年5月17日,最后一笔是2005年12月2日,故根据《民法通则》第一百三十五条关于诉讼时效的相关规定,该二十二笔借款合同中第一笔的诉讼时效届满日为2007年5月17日,最后一笔是2007年12月2日。而和平支行分别在2005年8—11月间、2007年的1月22日、3月23日及2008年2月12日,针对上述借款及所欠利息向东鹏公司发出了《债务逾期催收通知书》,东鹏公司均在该相关通知书上盖章确认。因此,和平支行向东鹏公司发出《债务逾期催收通知书》的行为,每次均是在诉讼时效期间内主张权利。根据《民法通则》第一百四十条关于时效中断的相关规定,和平支行每次向东鹏公司发出《债务逾期催收通知书》的行为,均导致本案诉争债权的诉讼时效中断。故自2008年2月12日起至和平支行提起诉讼的2009年2月,和平支行的主债权未超过诉讼时效期间。

关于实德集团对涉案借款的借款用途均系借新还旧是否明知的问题。因盛京支行与东鹏公司签订的二十二份借款合同中,均明确记载借款用途为"借新还旧";与实德集团签订的二十二份保证合同中,均明确指向主合同编号,且合同中明确记载"保证人已收到并阅知所保证的主合同"。因此,实德集团对其担保的二十二笔借款的用途为"借新还旧"是明知的,实德集团辩称其对主合同借款用途不明知没有事实和法律依据。

关于和平支行的担保债权是否超过诉讼时效期间的问题。因为实德集团与盛京支行签订的二十二份保证合同中均约定保证期间为"主合同约定的债务人履行债务期限届满之日起二年",根据本案二十二笔主合同关于履行期限届满之日的约定,第一笔借款的保证期间届满的时间应为2007年5月17日,第二十二笔应为2007年12月3日。而辽宁省公证处依盛京支行的申请,于保证期间届满前的2007年5月10日就上述相关担保权向实德集团公证送达了《担保人履行责任通知书》。虽然实德集团提出该公证书上记载的"郎钢"非公证员、名字与公证档案中的亦不同,和平支行系2007年5月11日缴纳的公证费用,而送达《担保人履行责任通知书》的行为却发生在2007年5月10日,故该《公证书》不具有法律效力。但因《公证程序规则》第五十四条明确规定:"公证机构派员外出办理保全证据公证的,由二人共同办理,承办公证员应当亲自外出办理。"根据该规定,办理保全证据公证,公证机构须派二人共同办理,承办公证员应亲自出行,但未规定二人均应为公证员。本案所涉《公证书》中明确记载"辽宁省公证处指派公证员孙凯辉和工作人员郎钢"外出办理公证事务,该处的"公证员孙凯辉"即该涉案事务的承办公证员,其与工作人员郎钢共同办理该公证事务,符合《公证程序规则》的上述规定。虽公证档案中书写为"郎刚",与公证书上的"郎钢"的"钢"不一致,但辽宁省公证处已对此出具证明,该处公证人员郎钢的有效身份证件上均为"钢",而两份《公证书》及所附现场记录中均亦签写为"钢",故实德集团仅因公证机构内部文稿中名字的书写方式与正式文件的书写方式不同,而认为该公证非二人共同办理没有事实和法律依据。同时,《公证程序规则》第二十二条规定:"公证机构受理公证申请后,应当按照规定向当事人收取公证费。公证办结后,经核定的公证费与预收数额不一致的,应当办理退还或者补收手续。"根据《公证书》记载,和平支行于2007年5月8日提出申请,于2007年5月11日缴纳公证费,公证处于2007年5月14日作出公证书,属于公证机构受理公证申请后收取公证费,符合《公证程序规则》的规定。对此,辽宁省公证处亦作出说明:"根据上述规定及公证工作实践,公证机构应在当事人提出公证申请后,公证书送达申请人前这一期间内收取公证费,而绝非仅仅局限在当事人提出公证申请后的这一时刻。"因此,实德集团关于《公证书》不具效力的观点,不能成立。和平支行提供的该两份《公证书》,能够证明和平支行在保证期间内向实德集团主张了担保债权,并导致了和平支行担保债权诉讼时效的起算。故自2007年5月10日至和平支行向该院提起诉讼的2009年2月,和平支行的担保债权亦未超过诉讼时效期间。也因此,虽然实德集团对和平支行提供的2007年1月的二十二份《担保人履行责任通知书》上其加盖的公章及法定代表人名章提出鉴定申请,但因是否鉴定对诉讼时效问题没有影响,故对该通知书上加盖的相关印鉴无需进行鉴定。

同时,和平支行与东鹏公司签订的二十二份《借款合同》均明确约定贷款利率、按月结息、结息日为每月的第20日;借款人不按本合同约定的期限归还贷款本金的,贷款人有权对逾期贷款根据逾期天数按日利率万分之二点一计收逾期利息;对应付未付利息,贷款人有权按执行利率计收复利。因此,和平支行在本案中按照借款合同关于正常利率、逾期利率、复利的约定,计算出东鹏公司自2007年1月至2009年2月共积欠利息为37613861.65元,而东鹏公司对和平支行主张的欠款本息均不持异议,故对和平支行主张的欠款本息数额应予采纳。

综上,因和平支行对东鹏公司及实德集团的主债权及担保债权均未超过诉讼时效期间,现有证据证明实德集团明知主合同的借款用途系借新还旧而为其提供连带保证担保,且实德集团关于和平支行涉案贷款行为不具合法性的抗辩均无事实和法律依据,故东鹏公司应向和平支行偿还所欠贷款本金20240万元及其相应利息和罚息,实德集团应对上述款项及本案诉讼费用承担连带保证责任。依照《合同法》第一百九十六条、第一百九十八条、第二百零五条、第二百零六条、第二百零七条,《担保法》第六条、第十八条、第三十一条,《最高人民法院关于适用〈中华人民共和国担保法〉若干问题的解释》第三十九条,以及《民事诉讼法》第一百二十八条之规定,并经该院审判委员会讨论决定,判决:(1)由东鹏公司偿还和平支行贷款本金20240万元及其相应利息和罚息(截止2009年2月9日的利息为37613861.65元,2009年2月9日以后至付清之日止的利息按借款合同约定的利率执行,逾期罚息自2009年2月9日起至付清之日止按中国人民银行规定的同期逾期罚息计算标准计付)。上述给付义务限判决发生法律效力后十日内履行完毕,逾期不履行的,依照《民事诉讼法》第二百二十九条的规定,加倍支付迟延履行期间的债务利息。(2)实德集团对东鹏公司的上述债务承担连带给付责任。(3)实德集团承担上述担保责任后,有权向东鹏公司追偿。案件受理费1241869.31元,保全费5000元,合计1246869.31元,由东鹏公司负担。实德集团对上述费用承担连带给付责任。

四、当事人上诉答辩情况

实德集团不服上述民事判决,向最高人民法院提起上诉称:(1)原审判决以被上诉人和平支行超过举证期限提交的2007年5月10日公证送达的《担保人履行责任通知书》作为认定其在诉讼时效期间内主张权利的证据,违反法定程序,原审判决回避了该份证据是在严重违反程序的情况下出具的事实。本案原审法院确定的最后举证期限为首次开庭之日。在当次开庭中,和平支行仅向法庭出具了一份加盖有实德集团印章的《担保人履行责任通知书》,但该份通知书不是通过公证送达的,而且所加盖的印章是实德集团已经通过公安机关销毁的印章。为此,实德集团申请对印章进行鉴定,但原审法院未同意实德集团的申请。在第二次开庭时,和平支行提交了一份通过辽宁省公证处公证送达的《担保人履行责任通知书》,由于该份通知书是在举证期限届满后提交的,已经超过了举证期限,实德集团拒绝对此证据进行质证,但法庭未予同意。实德集团在坚持不同意质证的情况下,提出《公证书》记载的地址不是实德集团的法定地址,无实德集团签收的证明,无法证明实德集团收到该材料,且公证送达程序违法,不符合《公证程序规则》要求的二名公证员办理的规定,故不能作为支持其主张的证据。时隔一个多月,第三次开庭中,和平支行提交了一份新的《公证书》,其上记载了和平支行工作人员于2007年5月10日,到实德集团注册登记的法定地址送达《担保人履行责任通知书》的情况。实德集团提出该证据超过举证期限依法不得质证更不能采信,原审法院仍以同样的理由未予同意,并最终在判决中以该份证据作为判决实德集团承担保证责任的证据。依据《最高人民法院关于民事诉讼证据的若干规定》的规定,和平支行经过几次开庭之后向法院提交的证据,不属于该规定中的新证据,原审法院审理时不应组织质证。超过举证期限的证据不具有合法性,不能作为法院判决依据。(2)和平支行提交的辽宁省公证处出具的《公证书》违反相关规定,不具有证明效力。和平支行向法庭提交的《公证书》因程序不合法及文书瑕疵应认定无效,理由为:①依据《公证程序规则》第二十二条规定,"公证机构受理公证申请后,应当按照规定向当事人收取公证费。"受理之后,方可代为办理公证申请事项。该《公证书》中列明的公证送达的时间为2007年5月10日,而公证卷宗记载的收费时间为2007年5月11日,即办理公证事项在前而受理在后,其送达行为不能认定为公证机关正常业务范围内的行为,所以公证送达因受理程序不合法而不具有法律效力。②依据《公证程序规则》第五十四条规定:"公证机构派员外出办理保全证据公证的,由二人共同办理,承办公证员应当亲自外出办理。"公证人员应在送达记录上署名。但经核查,"公证送达记录"上一名叫"郎钢"的人员在履行公证送达职责时并不具有公证员身份,辽宁省公证处的公证行为不符合《公证程序规则》第五十四条应由二名公证员共同办理的规定,因人员组成不合法,应认定为程序不合法,该《公证书》不具有法律效力。③在公证卷宗中"郎刚"的名字与《公证书》中列明的"郎钢"名字不一样,从本人的签字来看,字体也大不一样,所以《公证书》卷宗与文书存在重大瑕疵,在没有经过确认及更正的前提下,不应具有法律效力,不能作为定案证据。(3)针对实德集团提出的对和平支行出具的《担保人履行责任通知书》上不真实印章的鉴定申请,原审法院采取忽视的态度,损害了实德集团的权益。请求撤销原判,改判实德集团不承担保证责任。

和平支行答辩称:(1)关于和平支行向实德集团签发的两次《担保人履行责任通知书》的法律效力问题。①诉讼中,实德集团只对公章的真实性提出了鉴定申请,没有对法定代表人名章提出异议,根据《民法通则》第四十三条之规定,法定代表人的行为应由该公司承担责任。故原审法院按此规定又结合上诉人在该公章销毁后继续使用过等情况,认为没有必要再进行鉴定,从而认定该份证据有效。②第三次开庭时,实德集团向法院提交了两份证据,一是大连市公安局出具的印章销毁证明书,二是大连声鹭印章研究制作有限公司出具的橡胶印使用说明,和平支行针对其提交的两份证据提交了2007年5月14日通过公证处送达的《担保人履行责任通知书》。如果说和平支行的证据超过举证期限,首先是实德集团提交的证据超过举证期限。本案一审先后开了六次庭,和平支行一直是针对实德集团的陆续举证和质证而进行的举证和质证,以反驳其辩解。况且,实德集团对公证送达《担保人履行责任通知书》证据的异议,是在质证结束后才提出,其质证行为表明已经接受并同意和平支行的举证行为。根据《最高人民法院关于民事诉讼证据的若干规定》第三十四条第二款关于"对于当事人逾期提交的证据材料,人民法院审理时不组织质证。但对方当事人同意质证的除外"的规定,以及《最高人民法院关于适用〈关于民事诉讼证据的若干规定〉中有关举证时限规定的通知》第一条关于"前述规定的举证期限届满后,针对某一特定事实或特定证据或者基于特定原因,人民法院可以根据案件的具体情况,酌情指定当事人提供证据或者反证的期限,该期限不受'不得少于三十日'的限制"的规定,该份证据可以作为判决依据。(2)关于辽宁省公证处《公证书》的证明效力问题。根据《公证程序规则》第五十四条规定,"公证机构派员外出办理保全证据公证的,由二人共同办理,承办公证员应当亲自外出办理。"这里没有规定必须二人都是公证员。该《公证书》明确记载"辽宁省公证处指派公证员孙凯辉和工作人员郎钢"共同外出办理公证事务,公证处的行为完全符合《公证程序规则》的相关规定。至于工作人员名字的同音不同字,公证处已向法院提交了解释和确认。实德集团以此否认《公证书》的证明效力,于法无据。(3)实德集团转移变卖资产,请求法院尽快审理以维护国有资产的安全。一审法院根据和平支行的申请采取保全措施,查封了实德集团易变现可执行的足额资产,但一审法院在实德集团未提供担保的情况下解除了查封,实德集团在解除查封后提供的担保与查封的资产相比不具有可执行性,且一审法院至今也未予查封。嗣后,实德集团将解封的资产变卖、抵押、质押。本案涉及的资产是和平支行代为管理的国家财政部的资产,实德集团的行为有可能造成国有资产的流失,故请求二审法院尽快审理,并责成一审法院尽快查封实德集团的资产,以确保国家资产的安全。和平支行请求驳回上诉,维持原判。

五、最高人民法院查明事实

最高人民法院二审审理期间,实德集团向该院提交了调查取证及鉴定申请书,请求调取辽宁省公证处的公证文书档案,传唤盛京支行工作人员祈秀敏、吕佳,辽宁省公证处公证员孙凯辉、郎钢出庭接受法庭质证,并对辽宁省公证处(2007)辽证民字第1353、1354号公证书及其公证档案的真实性进行鉴定。最高人民法院依法到辽宁省公证处调查取证,查阅了辽宁省公证处(2007)辽证民字第1353、1354号公证卷宗,并就上述两份公证书的形成过程分别向辽宁省公证处公证人员孙凯辉、郎钢,以及盛京支行工作人员祈秀敏、吕佳进行了询问。对于(2007)辽证民字第1353、1354号两份公证书的形成过程,上述人员陈述称,2007年5月10日上午一行四人先开车去了实德集团的经营地点(厂区),即大连市甘井子区振兴路198号送达,但为了确保送达的准确性,之后又专门到大连市工商局查询了实德集团的注册地址,并于同日下午按照查询的注册地址即大连市西岗区高尔基路38号再次进行了送达,辽宁省公证处根据两次送达行为分别制作了(2007)辽证民字第1353号和第1354号公证书。另,公证人员郎钢对其使用不同"钢"字解释称,由于书写习惯问题,一般非正式场合其习惯用"刚"字,如实德集团上诉中提到的公证书内部拟文稿中和公证处公示栏内,而正式文件中其使用身份证中使用的"钢"字。最高人民法院调查取证后对有关证据和证人组织当事人双方进行了质证。庭审中,实德集团对于公证卷宗中的代码为221010670751、流水号为04003844的《辽宁省地方税务统一发票业务联》无异议,和平支行出示了公证卷宗中加盖有大连市工商企业咨询服务中心档案咨询专用章的《私营企业注册内容查询卡》复印件原件,实德集团核对后表示对其形式上的真实性无异议。另外,和平支行为证明其2007年5月10日和公证员一起开车去了实德集团的两个地址进行送达,还向法院出具了当日出入沈阳和大连的高速公路收费凭证及到工商机关复印材料的收费凭证、餐费等票据原件,实德集团对上述证据的形式真实性亦表示无异议,但表示是否是去大连向其送达不确定。

最高人民法院除认定原审法院查明的事实外,另查明,辽宁省公证处(2007)辽证民字第1353、1354号公证书卷宗档案中代码为221010670751、流水号为04003844的《辽宁省地方税务统一发票业务联》载明,付款单位为盛京支行,时间为2007年5月11日,税务登记号为210103463005553,项目为公证费,金额为2000元,加盖有辽宁省公证处地税发票专用章。上述卷宗档案中加盖有大连市工商企业咨询服务中心档案咨询专用章的《私营企业注册内容查询卡》复印件载明了实德集团住所地为大连市西岗区高尔基路38号等企业信息,落款时间为2007年5月10日。再查明,实德集团上诉中提到的签有"郎刚"字样的文书系公证书拟文稿,辽宁省公证处工作人员郎钢的身份证及对外出具的公证书所附《送达现场记录》中的签字均为"郎钢"。

六、最高人民法院审理情况

最高人民法院经审理认为,本案当事人对于和平支行与东鹏公司之间的借款关系以及实德集团为上述借款提供连带责任担保的事实无异议,二审争议的焦点问题是和平支行起诉要求实德集团承担担保责任是否超过了诉讼时效,实德集团是否因此免除担保责任。

关于和平支行举证是否超过举证期限问题。和平支行在原审法院指定的举证期限内向法庭出具了一份加盖有实德集团印章的《担保人履行责任通知书》,以此证明其在保证期间内依法向担保人实德集团主张了权利,实德集团以上述《担保人履行责任通知书》上加盖的印章是其已通过公安机关销毁的印章为由,向法院提交了大连市公安局出具的印章销毁证明书等反驳证据,并提出对加盖印章进行鉴定的申请后,和平支行通过向法院提交辽宁省公证处(2007)辽证民字第1353号《公证书》予以反驳,在实德集团提出上述《公证书》送达地址不是其法定地址后,和平支行再次提交辽宁省公证处(2007)辽证民字第1354号《公证书》进行反驳等行为,符合《最高人民法院关于民事诉讼证据的若干规定》第四十条关于"当事人收到对方交换的证据后提出反驳并提出新证据的,人民法院应当通知当事人在指定的时间进行交换"的规定。证据交换过程实际上包括了庭审中质证的部分功能,质证的主要内容是双方当事人对对方提出的证据进行质辩,即一方当事人对对方提出证据的有效性和真实性进行攻击,另一方则对对方的攻击进行防御,无论是在证据攻击还是证据防御中都涉及到新的用以攻击或者防御的证据的提出,这种新证据的提出恰恰是当事人在举证、进行证据交换以及质证中所必需的。原审法院对于当事人在证据交换后提出反驳并提出的新证据再次进行交换质证,并不违反法律规定。实德集团以和平支行在双方上述反复攻击防御中提出的新的证据超过举证期限为由,主张辽宁省公证处出具的《公证书》系无效证据不能作为定案依据的上诉理由,最高人民法院不予支持。

关于辽宁省公证处出具的《公证书》的效力问题。作为公证事项为保全送达行为的公证书,其目的在于证明送达行为确已发生,实德集团并未提交相反证据推翻《公证书》载明的相关人员于2007年5月10日两次分别向大连市甘井子区振兴路198号和大连市西岗区高尔基路38号送达《担保人履行责任通知书》的事实,相反,辽宁省公证处(2007)辽证民字第1353号和1354号公证书卷宗档案中加盖有辽宁省公证处地税发票专用章的、明确载明缴费时间为2007年5月11日的《辽宁省地方税务统一发票业务联》,以及卷宗档案中加盖有大连市工商企业咨询服务中心档案咨询专用章的、落款时间为2007年5月10日的《私营企业注册内容查询卡》复印件等,进一步证明了两份公证书载明的送达行为的真实性。根据《民事诉讼法》第六十七条关于"经过法定程序公证证明的法律行为、法律事实和文书,人民法院应当作为认定事实的根据。但有相反证据足以推翻公证证明的除外"的规定,原审法院以辽宁省公证处的公证书作为证据,认定和平支行在本案所涉多笔债权保证期间最早到期日2007年8月23日前的同年5月10日向实德集团主张了担保债权,其于2009年2月向法院提起诉讼并未超过诉讼时效为由,判决实德集团对东鹏公司的本案所涉债务向和平支行承担连带责任,并无不当,应予维持。

辽宁省公证处在和平支行2007年5月8日向其提出公证送达申请、同年5月10日依据申请向实德集团送达后,于同年5月11日向和平支行收取公证费,并不违反《公证程序规则》第二十二条关于"公证机构受理公证申请后,应当按照规定向当事人收取公证费"的规定。《公证程序规则》第五十四条关于"公证机构派员外出办理保全证据公证的,由二人共同办理,承办公证员应当亲自外出办理"的规定,并未要求办理公证的二人均需具有公证员身份,因《公证书》中明确载明的公证员系"孙凯辉",因此,《公证送达记录》中的郎钢是否具有公证员身份并不影响《公证书》的效力。作为办理公证的辅助人员郎钢,虽然在公证卷宗的内部《公证书拟文稿》中使用了"郎刚"字样,但在对外出具的《公证书》正式文件中使用的"郎钢"与其身份证的"郎钢"是一致的,辽宁省公证处为此已向原审法院出具了说明,因此,实德集团关于在没有经过确认及更正的情况下上述《公证书》不具有法律效力的上诉理由,最高人民法院不予支持。

实德集团对于辽宁省公证处出具的《公证书》及其公证档案的真实性存在异议,应在和平支行向原审法院提交《公证书》后及时提出鉴定申请,实德集团在二审期间向最高人民法院提出鉴定申请已经超过了举证期限,根据《最高人民法院关于民事诉讼证据的若干规定》第二十五条关于"当事人申请鉴定,应当在举证期限内提出"的规定,最高人民法院对其申请不予受理。实德集团如有证据证明辽宁省公证处伪造本案所涉公证书并给其造成损失的,可依法向其主张权利。

原审法院在依据辽宁省公证处出具的公证书认定和平支行提起诉讼未超过诉讼时效的前提下,对和平支行首次开庭时向法院提交的、未作为本案认定依据的《担保人履行责任通知书》上加盖的实德集团公章是否为已被公安机关销毁的印章未予鉴定,并无不当,实德集团以此为由主张原审法院损害其合法权益,于法无据,该院不予支持。

综上,最高人民法院依照《担保法》第十八条、第三十一条,《最高人民法院关于适用〈中华人民共和国担保法〉若干问题的解释》第三十四条,《最高人民法院关于民事诉讼证据的若干规定》第四十条,《民事诉讼法》第六十七条、第一百五十三条第一款第(一)项、第一百五十八条之规定,判决:驳回上诉,维持原判。二审案件受理费1241869.31元,由大连实德集团有限公司负担。

七、对于本案所涉法律问题的分析处理意见

本案当事人对于和平支行与东鹏公司之间的借款关系以及实德集团为上述借款提供连带责任担保的事实无异议,二审争议的焦点问题是和平支行起诉要求实德集团承担担保责任是否超过了诉讼时效,实德集团是否因此免除担保责任。

1. 关于和平支行举证是否超过举证期限问题

和平支行在原审法院指定的举证期限内向法庭出具了一份加盖有实德集团印章的《担保人履行责任通知书》,以此证明其在保证期间内依法向担保人实德集团主张了权利,实德集团以上述《担保人履行责任通知书》上加盖的印章是其已通过公安机关销毁的印章为由,向法院提交了大连市公安局出具的印章销毁证明书等反驳证据,并提出对加盖印章进行鉴定的申请后,和平支行通过向法院提交辽宁省公证处(2007)辽证民字第1353号《公证书》予以反驳,在实德集团提出上述《公证书》送达地址不是其法定地址后,和平支行再次提交辽宁省公证处(2007)辽证民字第1354号《公证书》进行反驳等行为,符合《最高人民法院关于民事诉讼证据的若干规定》第四十条关于"当事人收到对方交换的证据后提出反驳并提出新证据的,人民法院应当通知当事人在指定的时间进行交换"的规定。证据交换过程实际上包括了庭审中质证的部分功能,质证的主要内容是双方当事人对对方提出的证据进行质辨,即一方当事人对对方提出证据的有效性和真实性进行攻击,另一方则对对方的攻击进行防御,无论是在证据攻击还是证据防御中都涉及到新的用以攻击或者防御的证据的提出,这种新证据的提出恰恰是当事人在举证、进行证据交换以及质证中所必需的。原审法院对于当事人在证据交换后提出反驳并提出的新证据再次进行交换质证,并不违反法律规定。实德集团以和平支行在双方上述反复攻击防御中提出的新的证据超过举证期限为由,主张辽宁省公证处出具的《公证书》系无效证据不能作为定案依据的上诉理由,应不予支持。

2. 关于辽宁省公证处(2007)辽证民字第1353号和1354号《公证书》的证明效力问题

作为公证事项为保全送达行为的公证书,其目的在于证明送达行为切实发生,实德集团并未提交相反证据推翻两份《公证书》载明的相关人员于2007年5月10日两次分别向大连市甘井子区振兴路198号和大连市西岗区高尔基路38号送达《担保人履行责任通知书》的事实,相反,辽宁省公证处(2007)辽证民字第1353号和1354号公证书卷宗档案中加盖有辽宁省公证处地税发票专用章的、明确载明缴费时间为2007年5月11日的《辽宁省地方税务统一发票业务联》,以及卷宗档案中加盖有大连市工商企业咨询服务中心档案咨询专用章的、落款时间为2007年5月10日的《私营企业注册内容查询卡》复印件等,进一步证明了两份公证书载明的送达行为的真实性。根据《民事诉讼法》第六十七条关于"经过法定程序公证证明的法律行为、法律事实和文书,人民法院应当作为认定事实的根据。但有相反证据足以推翻公证证明的除外"的规定,原审法院以辽宁省公证处的公证书作为证据,认定和平支行在本案所涉多笔债权保证期间最早到期日2007年8月23日前的同年5月10日向实德集团主张了担保债权,其于2009年2月向法院提起诉讼并未超过诉讼时效为由,判决实德集团对东鹏公司的本案所涉债务向和平支行承担连带责任,并无不当,应予维持。

辽宁省公证处在和平支行2007年5月8日向其提出公证送达申请、同年5月10日依据申请向实德集团送达后,于同年5月11日向和平支行收取公证费,并不违反《公证程序规则》第二十二条关于"公证机构受理公证申请后,应当按照规定向当事人收取公证费"的规定。《公证程序规则》第五十四条关于"公证机构派员外出办理保全证据公证的,由二人共同办理,承办公证员应当亲自外出办理"的规定,并未要求办理公证的二人均需具有公证员身份,因《公证书》中明确载明的公证员系"孙凯辉",因此,《公证送达记录》中的郎钢是否具有公证员身份并不影响《公证书》的效力。作为办理公证的辅助人员郎钢,虽然在公证卷宗的内部《公证书拟文稿》中使用了"郎刚"字样,但在对外出具的《公证书》正式文件中使用的"郎钢"与其身份证的"郎钢"是一致的,辽宁省公证处为此已向原审法院出具了说明,因此,实德集团关于在没有经过确认及更正的情况下上述《公证书》不具有法律效力的上诉理由,应不予支持。

3. 关于实德集团提出的鉴定申请是否受理问题

实德集团对于辽宁省公证处出具的《公证书》及其公证档案的真实性存在异议,应在和平支行向原审法院提交《公证书》后及时提出鉴定申请,实德集团在二审期间向最高人民法院提出鉴定申请已经超过了举证期限,根据《最高人民法院关于民事诉讼证据的若干规定》第二十五条关于"当事人申请鉴定,应当在举证期限内提出"的规定,故对其申请应不予受理。实德集团如能证明辽宁省公证处伪造本案所涉公证书并给其造成损失的,可依法向其主张权利。

4. 关于原审法院对和平支行首次提交的《担保人履行责任通知书》上加盖的实德集团

公章是否应予鉴定问题

原审法院在依据辽宁省公证处出具的公证书认定和平支行提起诉讼未超过诉讼时效的前提下,对和平支行首次开庭时向法院提交的、未作为本案认定依据的《担保人履行责任通知书》上加盖的实德集团公章是否为已被公安机关销毁的印章未予鉴定,并无不当,实德集团以此为由主张原审法院损害其合法权益,于法无据,不予支持。

5. 关于财产保全问题

和平支行二审期间向最高人民法院申请财产保全,因其一审期间已经就此向原审法院申请,原审法院在作出(2009)辽民二初字第8号查封东鹏公司和实德集团财产的裁定后,先后作出了四份解除查封的裁定。对于(2009)辽民二初字第8-4号民事裁定,和平支行以实德集团对解除查封没有提供实质性资产担保和实德集团对解除查封提供的担保无效等为由,向原审法院申请复议。对此,最高人民法院合议庭在合议后已经书面函告和平支行,根据《民事诉讼法》第九十九条的规定,其对辽宁省高级人民法院作出的解除查封实德集团相关财产的(2009)辽民二初字第8-4号民事裁定不服,应当通过复议程序予以解决。在原审法院上述民事裁定仍然生效的情况下,其向最高人民法院另行申请财产保全,于法无据,该院不予受理。同时,最高人民法院已发函给辽宁省高级人民法院,指出其不当做法,并请其对和平支行提出的复议申请及时依法进行审查,裁定正确的,书面通知驳回和平支行的申请;裁定不当的,作出新的裁定变更或者撤销原裁定,并及时查封相关财产。

票据纠纷及票据追索权纠纷的认定

——申请再审人河北中储物流中心与被申请人河北金鲲商贸有限公司票据追索权纠纷再审案

张雪楳*

一、案件来源

申请再审人(一审被告、二审上诉人):河北中储物流中心。

被申请人(一审原告、二审被上诉人):河北金鲲商贸有限公司。

申请再审人河北中储物流中心(以下简称河北中储)为与被申请人河北金鲲商贸有限公司(以下简称金鲲公司)票据追索权纠纷一案,不服河北省高级人民法院(2010)冀民二终字第40号民事判决,向最高人民法院申请再审。最高人民法院以(2010)民申字第907号裁定提审本案。

二、一审法院查明的事实及审理情况

石家庄市中级人民法院一审查明:2008年7月10日,河北中储因购买金鲲公司的铁精粉等生产物资向金鲲公司开具了出票日期为2008年7月11日、票号为00849338、收款人为金鲲公司、付款行为石家庄市商业银行翟营大街支行(以下简称商行翟营支行)、出票人为河北中储、票面金额为2000万元、用途为货款的转账支票一张。2008年7月11日,当金鲲公司到付款行商行翟营支行提示承兑该转账支票时,因河北中储的银行账户余额不足,该张支票系空头,故遭拒付。2008年7月14日,金鲲公司又收到银行向其出具的"石家庄同城票据交换退票理由书",称金鲲公司所持支票已经被挂失,故将该支票退回给金鲲公司。金鲲公司认为河北中储的行为涉嫌经济诈骗,向石家庄市公安局报案。石家庄市公安局经侦支队经过侦查与调查之后,建议金鲲公司通过民事诉讼解决此起票据纠纷。

2008年1月31日至2008年5月27日,河北中储与金鲲公司签订六份《购买协议》,同时,河北中储与河北奇石麟商贸有限公司(以下简称奇石麟公司)亦签订六份《销售协议》。《购买协议》约定,金鲲公司确保向河北中储销售价值不低于2500万元的货物。《销售协议》约定,奇石麟公司确保每月向河北中储购买货值2500万元的货物。具体履行情况是,

---

* 最高人民法院民事审判第二庭法官。

金鲲公司按合同约定向河北中储提供铁精粉,河北中储向金鲲公司支付相应货款,河北中储向奇石麟公司销售相同价值的铁精粉,奇石麟公司在月底前将货款支付给河北中储。金鲲公司按照河北中储的通知,在保证2500万元货值的前提下陆续发货,奇石麟公司按照河北中储的通知陆续提货。《购买协议》、《销售协议》及两份订货单、货物交接单均在合同签订日订立(有的合同虽已履行但未签订货物交接单)。前五份合同均按《购买协议》和《销售协议》履行完毕。第六份协议约定的收、发货数量为16087.53吨,于2008年6月26日履行完毕。河北中储于2008年6月26日向奇石麟公司开具了第六份协议的增值税发票。奇石麟公司应于6月底前将货款付清,但由于资金困难未能按时付款。经与河北中储协商同意,奇石麟公司于2008年7月10日将货款2000万元支付给河北中储。至此,金鲲公司与河北中储及河北中储与奇石麟公司的第六份协议钱货两清。河北中储自2008年6月27日至7月10日,继续接收金鲲公司的铁精粉,至2008年7月10日,河北中储库存应为31588.89吨,除去河北中储监管的价值2500万元的16087.53吨外,河北中储共接收金鲲公司铁精粉15501.36吨。该批铁精粉自2008年7月6日至7月10日,经金鲲公司和河北中储双方委托和认可的邯郸市复兴区五七化验室(以下简称五七化验室)抽样检验合格。参照2008年6月份的增值税发票中的单价每吨1554元计算,价值2408.9万元。2008年7月10日,在奇石麟公司已向河北中储支付第六份协议的货款2000万元后,河北中储为支付上述货物向金鲲公司开具了2000万元的转账支票。

2009年4月,金鲲公司向原审法院提起诉讼,请求判令河北中储履行票据义务,向其支付2000万元;按日万分之五支付自2008年7月14日至判决执行之日止的利息;承担40万元赔偿金和与本案有关的诉讼费和其他相关费用。

该院认为:河北中储向金鲲公司开具的票号为00849338、金额为2000万元、用途为货款、出票人为河北中储、收款人为金鲲公司、付款行为商行瞿营支行的转账支票,记载完整,签章真实,应为有效票据。当事人双方虽未签订第七份《购买协议》,未正式签订《订货单》,但河北中储接收金鲲公司15501.53吨的货物,并在此基础上向金鲲公司出具票据的行为均表明,双方已就新的购买合同达成一致意见,并已实际履行。根据《合同法》第三十六条关于"法律、行政法规规定或者当事人约定采用书面形式订立合同,当事人未采用书面形式但一方已经履行主要义务,对方接受的,该合同成立"的规定,可以认定双方存在真实的交易关系,金鲲公司取得票据已经支付了对价,金鲲公司应享有票据权利。河北中储在向金鲲公司交付票据后,应按照签发的支票金额承担保证向持票人付款的责任,而河北中储却以支票空头的方式致使银行无法承兑,并恶意挂失该支票,其行为违反了诚实信用原则及相关法律、法规规定,理应承担相应的责任。金鲲公司为此提起诉讼,主张票据请求权,要求河北中储支付票据金额、偿付利息及赔偿金,于法有据,应予以支持。根据票据法的规定,利息应按中国人民银行同期贷款利率计算。河北中储提出的双方不存在交易关系,金鲲公司也未支付相应对价,河北中储只是监管或保管收到的金鲲公司货物的抗辩,无证据支持,且与事实不符。河北中储以该票据的签发未履行其公司内部审批手续为由拒绝支付的理据不足,不予采信。该院依照《票据法》第十条、第七十条、第八十七条、第八十九条、第九十三条,《票据管理实施办法》第三十一条的规定,判决:(1)自该判决生效之日起河北中储支付金鲲公司票据款 2000 万元;(2)自该判决生效之日起河北中储支付金鲲公司票据款 2000 万元的利息(自 2008 年 7 月 14 日至清偿之日止,按中国人民银行同期贷款利率计付);(3)自该判决生效之日起河北中储支付金鲲公司赔偿金 40 万元。如河北中储在判决指定的期限内未履行给付金钱的义务,依照《民事诉讼法》第二百二十九条的规定,应当加倍支付迟延履行期间的债务利息。一审案件受理费 156300 元,保全费 5000 元,由河北中储负担。

三、当事人上诉及答辩意见

河北中储不服上述民事判决,向河北省高级人民法院提起(以下简称河北高院)上诉称:1. 一审法院认定金鲲公司已经履行了支付票据对价义务的证据不足,适用法律错误。本案中,金鲲公司只向一审法院提交了三份证据:货物出入日报表、金鲲公司向河北中储出具的增值税发票、邯郸复兴区五七化验室的报告。而上述三份证据均不能证明金鲲公司已经向河北中储履行了交货义务。货物出入日报表是河北中储库存货物总量的内部统计单,不是河北中储向金鲲公司签发的收货证明,金鲲公司捡拾河北中储遗弃的监管统计单据也不是河北中储向其签发的收货凭据。在金鲲公司把货物转场期间,没有基于购销关系向河北中储交付过货物。金鲲公司向一审法庭提交的增值税发票均是河北中储已经付清款的第六次交易的发票,与本案没有关联性,不能证明金鲲公司履行了本案交货义务。金鲲公司委托五七化验室对自己的货物进行检验,不能证明其履行了交货义务。2. 一审法院认定事实错误。(1)金鲲公司和奇石麟公司供货和提货都是由金鲲公司和奇石麟公司的总经理曹连英安排的,一审判决认定金鲲公司和奇石麟公司都是根据河北中储的通知确定供货和提货数量与事实不符。(2)一审判决认定河北中储与金鲲公司及奇石麟公司的第六份协议在 2008 年 6 月 26 日已全部履行完毕错误。事实上,在该笔购销业务中,奇石麟公司于 2008 年 7 月 10 日才付清全部货款,此前相应货物的所有权仍属于河北中储所有。(3)一审判决认定 7 月 10 日的库存货物总量为 31588.89 吨,但事实上,自河北中储与金鲲公司及奇石麟公司合作以来,根据监管日志记载,最高库存量为 24807.63 吨。一审判决根本不符合客观事实。(4)一审判决认定河北中储共接收金鲲公司 15501.36 吨铁精粉,背离了本案事实,其计算方法不正确,而且也与金鲲公司的主张不相符。(5)一审判决认定五七化验室的检验报告为河北中储与金鲲公司共同委托,没有事实依据。(6)一审判决以 2008 年 6 月份增值税发票中的单价每吨 1554 元计算本案货物价值,没有事实依据。(7)一审判决关于河北中储提出的双方不存在交易关系、金鲲公司也未支付相应对价、河北中储只是监管或保管收到的金鲲公司货物的抗辩不予支持的认定与事实不符。河北中储在第六份购买协议之后,没有再购买金鲲公司的货物,也没有签订购买协议及订货单。金鲲公司将货物存放在货场,不是河北中储购买的,双方是一种仓储关系,不是交易关系。(8)河北中储向金鲲公司签发的 2000 万元支票属于无效票据。3. 一审判决一方面认定双方没有签订新的购买协议和订货单,另一方面却又认定双方形成了新的购买合同关系,并以 2008 年 6 月份的增值税发票作为新的购销关系的价格基础,不仅不符合双方交易惯例,也歪曲了本案客观事实。

金鲲公司答辩称:1. 一审法院认定金鲲公司已经履行支付对价义务,证据充分、事实清楚,适用法律正确。河北中储接收的 15501 吨铁精粉的价值已经超过 2000 万元,河北中储获得了对价;河北中储向金鲲公司开具支票、金鲲公司接受河北中储的支票既有真实的交易,也有足额的对价。金鲲公司已经履行了支付票据对价的义务。2. 金鲲公司及奇石麟公司与河北中储之间具有真实的交易关系,而不是仓储关系。金鲲公司发到河北中储指定货场的货物都是由河北中储控制,而不是由曹连英指挥的。金鲲公司虽然在第七笔交易中与河北中储没有签订书面协议,但金鲲公司把货物发到河北中储,并且河北中储已接受,应视为双方建立了合同关系。金鲲公司和河北中储之间存在真实有效的基础交易关系。3. 一审判决认定事实清楚,适用法律正确。一审法院对 2008 年 7 月 10 日的库存货物总量为 31588.89 吨的认定,是根据河北中储没有异议的证据计算出来的,没有任何错误。关于铁精粉的单价,因没有书面合同,答辩人提交的价格,上诉人又不认可,因此,根据 2008 年 6 月份的增值税票的标价确定合情合法。关于五七化验室的检验报告,虽在化验单上只有金鲲公司一方,但只能说明该铁精粉是金鲲公司送交的样品,并不能否定五七化验室是双方认可的化验机构。

四、二审法院查明的事实及处理意见

河北高院二审查明:2008 年 1 月 31 日,河北中储与金鲲公司签订《购买协议》,主要约定,金鲲公司确保每月向河北中储销售价值不低于 1250 万元的铁精粉,并按双方另行签订的订货单中确认的品质、数量按时供货。交货方式为:由金鲲公司将货物送到河北中储在邯郸市鹏起物资有限公司(以下简称邯郸鹏起公司)的租区内。货物品质以五七检验室出具的检验报告为准。同日,河北中储又与奇石麟公司签订了《销售协议》,该协议以河北中储与金鲲公司所签订的合同中的品质、数量等为基础,再加价 2.4% 由河北中储销售给奇石麟公司,奇石麟公司在合同签订后的一个月内付款。奇石麟公司付款之前的货物所有权属河北中储。合同签订后,金鲲公司向货场交付了 8620.69 吨的铁精粉,并与河北中储签订了同等数量的订货单,河北中储也与奇石麟公司签订了同等数量的订货单。合同签订的次日,河北中储向金鲲公司付款 1250 万元,奇石麟公司于 2008 年 2 月 20 日向河北中储付款 1280 万元(其中 250 万元为履约保证金,30 万元为河北中储的利润)。之后,河北中储、金鲲公司及奇石麟公司又分别于 2008 年 2 月份签订两笔、3 月份签订一笔、4 月份签订一笔、5 月份签订一笔共计六笔除数量和价款不同,其他合同内容基本相同的买卖合同。前五笔合同均以与第一笔合同类似的模式履行完毕,各方对此均无异议。第六笔合同,奇石麟公司未能在合同约定的期限内向河北中储付款,延迟至 7 月 10 日,奇石麟公司才向河北中储付款 2000 万元,履行了第六笔合同项下的应付款项。同日,河北中储向金鲲公司开出了票款为 2000 万元的转账支票,出票日期为 2008 年 7 月 11 日,该款为河北中储与金鲲公司继续履行买卖合同的款项。但双方未订立相应的买卖合同。金鲲公司就该票据向银行提示付款时遭拒绝,理由是该票据空头且已被出票人挂失止付。

该院另查明:邯郸鹏起公司货场是河北中储租赁的。本案所涉前六笔交易均在该货场。2008 年 6 月,该货场的铁精粉转移至邯郸县黄粱梦货场,河北中储未与该黄粱梦货场签订租赁合同,奇石麟公司的工作人员刘建勇以金鲲公司的名义与黄粱梦货场签订了租赁合同。合同中注明了该合同系代河北中储签订,河北中储对此予以否认。另,无论是在邯

郸鹏起公司货场还是在黄粱梦货场,河北中储均对所签合同项下的铁精粉实施监管,监管数量是在合同约定数量之上上浮一定比例。对河北中储监管数量之外的铁精粉,由河北中储通知金鲲公司或奇石麟公司可出货数量。事实上,河北中储亦未完全按双方的合同约定,在奇石麟公司未付款前,对应属河北中储所有或合同约定应属河北中储所有的铁精粉实施监管。截至2008年7月10日,根据河北中储监管日志的记载,存放在黄粱梦货场的铁精粉数量为24807.63吨,其中包括6月28日至7月5日期间由金鲲公司记载的数量为11249.66吨的铁精粉(河北中储按八折计算为8999.72吨)。每次从货场出货,均是由河北中储看管货场的张振华电话通知奇石麟公司的刘建勇可出货数量。至7月10日前,河北中储没有通知金鲲公司停止供货,且河北中储在黄粱梦货场所监管的铁精粉数量一直为19230吨。而第六笔销售合同交易铁精粉的数量为16087.53吨。

该院认为:根据河北中储与金鲲公司间买卖合同前几笔的交易习惯,河北中储均是在收到金鲲公司的铁精粉后才签订合同并在合同签订后的当日或拖后几日再付款,而奇石麟公司则是在合同签订后的一个月后再付款给河北中储。此期间,河北中储未向奇石麟公司交付合同项下的铁精粉,事实是河北中储由其代监管的张振华电话通知奇石麟公司的经办人刘建勇对河北中储监管以外的铁精粉提货。河北中储没有证据证明奇石麟公司以其他方式提货的事实存在,亦没有证据证明其已向奇石麟公司交付了合同项下的铁精粉,且双方对前几笔合同已履行完毕没有争议。故该院认定在邯郸鹏起公司及黄粱梦货场的出货行为均应认定为奇石麟公司履行合同的提货行为。河北中储对合同项下的铁精粉单方确定的监管一直处于持续状态,没有证据证明河北中储曾通知金鲲公司停止向货场储存铁精粉,而金鲲公司在第六份合同签订以后至河北中储向金鲲公司支付2000万元的票据之前,并没有停止向货场提供铁精粉。该货场所储存的铁精粉数量已超过了第六份合同项下所约定的铁精粉的数量。另根据双方所签合同的约定,金鲲公司每月应向河北中储提供不低于2500万元价值的铁精粉,且只有在货场有足够数量的铁精粉时,河北中储才能与之签订合同。故该院认定在第六份合同签订以后,金鲲公司向货场提供铁精粉的行为应视为金鲲公司继续履行合同的行为,该行为在没有得到河北中储通知停止供货的情况下,河北中储没有理由拒绝接受该铁精粉。存放于黄粱梦货场的超过河北中储监管数量以外的铁精粉应当认定为金鲲公司履行了即将签订第七笔买卖合同的交货义务,双方存在真实的交易关系。河北中储主张双方不存在真实交易的上诉理由不能成立。关于交易铁精粉的数量和价格问题,根据双方的交易惯例,金鲲公司只是根据其与河北中储协商的总价款确定交易铁精粉的数量,并没有单价约定,且河北中储对铁精粉的价格没有要求。河北中储只是在购买金鲲公司铁精粉的基础上加价2.4%再销售给奇石麟公司,故对铁精粉的价格该院不予认定。关于数量,根据河北中储的监管日志记载,在2008年7月10日,存放于黄粱梦货场的铁精粉至少在24000吨以上,该货场的铁精粉又难以区分哪一部分属于奇石麟公司第六笔合同项下的,或是属于即将签订的合同项下的,且河北中储亦无需向奇石麟公司履行交付铁精粉的义务(根据河北中储的陈述),河北中储完全可以通过对该货场铁精粉的继续监管来保证第七笔交易的履行。因此,不论一审法院对存放在该货场的铁精粉的数量以及对铁精粉价款认定正确与否,均不影响认定双方存在真实交易的事实。根据《合同法》第三十六条关于"法律、行政法规规定或者当事人约定采用书面形式订立合同,当事人未采用书面形式但一方已经履行主要义务,对方接受的,该合同成立"的规定,河北中储在第六份合同签订后继续接受金鲲公司向货场储存铁精粉,应视为金鲲公司向河北中储履行了合同主要义务,而河北中储为金鲲公司开出转账支票的行为可进一步印证金鲲公司履行了合同义务且河北中储已经接受,该行为符合《合同法》第三十六条规定的情形。本案属票据付款请求权纠纷案件,河北中储在 2008 年 7 月 10 日向金鲲公司签发了面额为 2000 万元的转账支票,该票据记载完整准确,签章真实,且具有票据基础关系,应为有效票据。河北中储在出票后将该票据挂失的行为违反诚实信用原则。其在诉讼中主张挂失该票据的原因是为了收回奇石麟公司应付货款的理据不足,该院不予采信。经该院审判委员会讨论决定,河北中储主张票据无效的上诉理由不能成立,应予驳回。该院依据《民事诉讼法》第一百五十三条第一款(一)项之规定,判决驳回上诉,维持原判。二审案件受理费 156300 元,由河北中储负担。

五、当事人申请再审理由及答辩情况

申请再审人河北中储向最高人民法院申请再审称:(一)河北中储与金鲲公司的交易实质为融资,二审判决认定错误。河北中储与金鲲公司和奇石麟公司就同一批铁精粉同时签订《购买协议》和《销售协议》,对货物交付及货损风险实行"无缝对接"。2008 年 1 月 31 日至 5 月 27 日,河北中储与金鲲公司签订六份《购买协议》,与奇石麟公司签订六份《销售协议》,约定河北中储每月自金鲲公司"购买"铁精粉,由奇石麟公司直接验收,货物损失风险随验收转移给奇石麟公司;奇石麟公司 30 日后不考虑价格波动因素直接加 3% 回购,在其付清货款前,河北中储保留货物所有权。在履行协议过程中,河北中储仅对铁精粉的总量进行监管,货物并没有按照协议约定实际流转,只是河北中储的资金在实际流转。从以上事实可看出,河北中储不是通过购销活动获利,而是按照投入资金 3% 获得固定回报,故其与金鲲公司的交易性质是融资而不是购销。二审法院在双方均认可融资性质的情况下,认定双方之间系购销关系,显然与事实不符。(二)二审法院认定河北中储与金鲲公司第七轮交易合同成立,这一基本事实没有证据支持。1. 二审法院认定河北中储在第六轮合同履行完毕后接受了金鲲公司的铁精粉,缺乏证据证明。(1)超出河北中储监管范围的货物归金鲲公司所有,并不是金鲲公司交付的下一轮交易货物。在河北中储与金鲲公司、奇石麟公司已有的六笔交易中,三方按约定完成了前五笔。2008 年 5 月 27 日,按照资金投入额反推计算出的第六笔业务铁精粉数量应为 16087.53 吨,河北中储分别与金鲲公司和奇石麟公司签订协议和《订货单》、《货物交接单》,将货物交付给奇石麟公司,货损风险也转移至奇石麟公司。但在奇石麟付清货款前货物所有权仍归河北中储,后者对货物进行监管。根据约定,奇石麟公司应于 2008 年 6 月 26 日前支付 2000 万元取得货物所有权,但其直到 7 月 10 日才付款。因此,2008 年 7 月 10 日前 16087.53 吨货物仍归河北中储所有和监管。考虑价格风险和各方本来的合同目的,河北中储与金鲲公司约定了将对总量 19230 吨的货物进行监管,即确保奇石麟公司付清货款前每日库存量不少于 19230 吨。监管日志显示 7 月 10 日库存为 24807.63 吨,超出河北中储监管量的 5577.63 吨货物为可出货物,金鲲公司可自由出货,其所有权与控制权均归金鲲公司所有。因此,这部分货物并不是金鲲公司向河北中储交付的下一轮亦即第七轮货物,而是仍归金鲲公司所有。河北中储7月10日取得奇石麟公司的2000万元后即停止监管,奇石麟公司就此取得第六笔货物的所有权。在没有第七单业务的情况下,7月10日以后所有货物的所有权,一概归奇石麟公司和金鲲公司的实际控制人曹连英所有,河北中储在收取奇石麟公司支付的第六单货款后,不再享有任何货物的所有权。(2)货物出入日报表不是金鲲公司交货的凭证。根据前六轮交易习惯和协议的约定,河北中储和金鲲公司交接货物的凭证是《订货单》或《交接单》,而不是货物出入日报表,该报表只是河北中储用于控制存货数量的内部统计单据和监管手续之一。根据《关于民事诉讼证据的若干规定》的规定,金鲲公司应举证证明已向河北中储交付第七单业务货物,但一审中其未能提供交货凭证。2. 河北中储从未与金鲲公司达成第七轮业务的书面协议。《订货单》是双方达成交易的主要凭证,河北中储未与金鲲公司签订第七轮交易的协议,也从来没有继续进行第七轮交易的意思表示。3. 河北中储签发2000万元支票是为了收回处于风险中的第六单货款,而不是为了继续履行合同。(三)石家庄市公安局以河北中储涉嫌诈骗为由立案后,又以本案纠纷不构成诈骗为由销案放人,反证河北中储根本没有收到货物,本案票据的基础法律关系不成立。综上,请求依法改判,驳回金鲲公司的全部诉讼请求。

金鲲公司答辩称:1. 二审判决认定事实清楚,证据充分。(1)上述判决认定一直到7月10日金鲲公司仍在向河北中储发货,期间河北中储也没有通知金鲲停止供货,双方买卖关系一直存在正确。河北中储总经理、主管经理、会计均证实双方是买卖关系,其工作人员在现场收货、发货,看管货物,货场负责人也证实双方业务项下的货物属于河北中储所有,并有双方的合同及相关买卖票据佐证。(2)上述判决关于在第六份合同之后,双方买卖合同关系一直持续到河北中储挂失支票单方终止合同的认定正确。双方虽未签订订货单,但买卖业务没有停止。在双方的实际业务往来中,并不是严格按照合同和订货单履行,而是按照市场和业务进展情况相关主管人员随时沟通,随时决定,往往先履行后补书面手续,甚至忽略手续。若未沟通好,河北中储驻场工作人员不敢随意收货,也不会支付2000万元。(3)上述判决认定河北中储恶意挂失票据,应当承担责任正确。2. 河北中储歪曲事实,申请再审理由不能成立。(1)金鲲公司和河北中储、河北中储和奇石麟公司分别签订的买卖合同,规定的买卖关系非常明确。《销售合同》明确写明奇石麟公司购买河北中储的货物,河北中储加价销售给奇石麟公司铁精粉,属于正常买卖业务。(2)申请人关于"双方的交易实质为融资"的观点错误。河北中储的总经理、副总经理、财务经理、会计、业务人员证言均证实金鲲公司和河北中储是买卖合同关系,双方又签订买卖合同、交货、发货、运输、开具增值税发票缴纳巨额税款,中储还设置储货场,这显然不是为了融资,再者,金鲲公司用大量资金购货供给河北中储,河北中储只给少量货款,根本不是融资的模式。此外,本案存在货物的流转和资金的流转。(3)申请人提出"超出河北中储监管范围的货物归金鲲公司所有,并不是金鲲公司交付的下一轮交易货物"的观点不正确。《购买协议》第四条规定:"交货时间,自双方签订订货单之日起三日内交货。"事实是双方同意提前交货,河北中储驻场人员进行了接收,所有权就发生了转移,接收货物就是同意履行下一轮的合同。(4)河北中储接收货物,拥有了货物的所有权,7月10日后,河北中储既没有完全给付金鲲公司货款,也没有退还货物。(5)根据张振华的证言足以证实,"货物出入日报表"属于交货凭证,而且双方据此进行结算。(6)截至7月10日,河北中储接收金鲲公司货物3万多吨,支付2000万元,没有风险,也谈不上国有资产损失。综上,河北中储的再审申请理由不符合《民事诉讼法》第一百七十九条规定的再审条件,请求予以驳回。

六、最高人民法院再审查明的事实及处理意见

最高人民法院再审查明:金鲲公司营业执照载明,法定代表人为曹连英。奇石麟公司法定代表人登记表载明,曹连英为该公司法定代表人。该公司股东(发起人)名录载明:曹连英,出资1200元;李永平,出资600元;任志明,出资200元。

2008年7月11日,石家庄市公安局经侦支队对曹连英所做的询问笔录载明:"问:你们之间具体是怎么说的?答:因我公司做的是铁精粉业务,需要的资金量很大,为了获取资金,我公司先将价值2000万元的铁精粉放到河北中储物流中心指定的仓库,由他们监管。货到后河北中储物流中心付给我们2000万元。然后由河北奇石麟商贸公司支付给河北中储物流中心2000万元将该货买走……始终有2000多万元的货在河北中储物流中心指定的仓库。"

2008年7月29日,石家庄市公安局经侦支队对时任河北中储总经理的伍思球所做的询问笔录载明:"问:支票给他们开了为什么又没有支付呢?答:我公司给金鲲公司开具了2000万元的支票后,当天我让我公司的人把账上的钱转走了,并办理了该支票的挂失手续。"2008年7月17日,石家庄市公安局经侦支队对时任河北中储财务副经理的王慧所做的询问笔录载明:"问:讲一下2008年7月10日你公司给河北金鲲商贸有限公司开具转账支票的事的情况?答:2008年7月10日下午三、四点钟左右,公司财务经理强克茹指示我给开具一张2000万元的支票货款,我就开了。问:当天票开完后的情况?答:开完票后,强经理安排我到银行办一张电汇,并交给我两张面额分别为2000万元和30万元的转账支票。我和河北金鲲商贸有限公司的曹连英到翟营大街商业银行以后……曹总让我把奇石麟给我单位出的2000万元和30万元的转账支票交给那两个人,说让他们办去吧。过了一会儿我到银行柜台问我们的钱到了没有,银行把2030万元的进账单给了我。然后我把我单位给河北金鲲商贸有限公司2000万元的转账支票交给曹连英。"

除上述事实外,该院对原审法院认定的其他事实予以确认。

该院认为,票据权利分为票据付款请求权和票据追索权。《票据法》第六十一条规定:"汇票到期被拒绝付款的,持票人可以对背书人、出票人以及汇票的其他债务人行使追索权。"第九十三条规定:"支票的背书、付款行为和追索权的行使,除本章规定外,适用本法第二章有关汇票的规定。"本案中,持票人金鲲公司在向银行请求支付票款时,因被拒付,其票据付款请求权未能实现,故转而向出票人河北中储请求支付票款、利息以及赔偿金,因此,其行使的是票据追索权。依据2008年4月1日起施行的《民事案件案由规定》的规定,本案案由应定性为票据追索权纠纷。原审法院在适用票据法关于票据追索权的规定判令河北中储承担相应票据责任的同时,将案由界定为票据付款请求权纠纷不当,该院予以纠正。

该院认为,本案再审争议焦点主要集中在以下两个问题:(1)当事人之间成立的合同法

律关系的性质界定以及合同的效力认定;(2)当事人的责任认定。

1. 关于当事人之间成立的合同法律关系的性质界定以及合同效力的认定问题。由于本案实质涉及河北中储、金鲲公司、奇石麟公司三方交易主体以及河北中储与金鲲公司、河北中储与奇石麟公司分别签订的《购买协议》、《销售协议》两份合同,故对河北中储与金鲲公司之间成立的法律关系的性质界定,应综合三方当事人间签订的两份合同的目的及其内容作出整体判定。从三方签订目的进行分析,曹连英系金鲲公司和奇石麟公司法定代表人且同时为奇石麟公司控股股东,其在 2008 年 7 月 11 日石家庄市公安局经侦支队对其所做的询问笔录中认可,金鲲公司、奇石麟公司与河北中储进行本案所涉交易的目的是为了获得资金,河北中储对该目的也无异议,因此,本案当事人签订合同的真实目的在于融资。对《购买协议》和《销售协议》的内容进行整体分析,当事人各方建立的法律关系实质是借款法律关系,在实际操作上,是采取了关联企业对相关货物进行回购的形式。曹连英为金鲲公司的法定代表人,同时又是奇石麟公司的法定代表人和控股股东,根据公司法的相关规定,应认定金鲲公司和奇石麟公司为关联公司。本案所涉《购买协议》和《销售协议》同日签订,其内容相同或者相互关联,为不可分割的整体。依据上述协议的约定,作为买方,河北中储不承担货物验收的义务;作为转售方,河北中储不承担由于市场的风险可能导致的不定差价的亏损风险,而是在一个月的期间从奇石麟公司处收回购买金鲲公司货物的货款并获取固定的收益回报。出资购买和销售货物但不承担转售的交易风险,而且在一定期限后收回本金且获得固定的利息回报,这符合借款合同的特征。尽管金鲲公司提交了其不断供货给河北中储的证据,用以证明本案存在着货物流转,但其不能否定当事人之间以买卖为形式,实质进行融资的真实目的。河北中储并无出借资金的法定资质,因此,其与金鲲公司、奇石麟公司之间以签订买卖合同为名,进行企业间借贷,属于《合同法》第五十二条第(三)项规定的"以合法形式掩盖非法目的"的情形,违反了有关金融法规的规定,故本案所涉购买合同应确认无效。

2. 关于本案当事人的责任认定。金鲲公司基于持票人的身份,向河北中储行使票据追索权,本案为票据纠纷。由于持票人与出票人为直接具有票据基础法律关系的当事人,故作为票据债务人的河北中储可以以票据基础法律关系对金鲲公司进行抗辩。本案中,当事人双方对于是否就第七笔货物处理购销合同法律关系存在争议,但无论是否成立该法律关系,由于双方订立的基础合同属于无效合同,该合同不具有可履行性,故双方依据该无效合同所约定的内容不受法律保护。换言之,河北中储无需承担给付第七笔合同项下出借资金的义务,相应地,其也无需履行票据付款义务。因此,金鲲公司关于其与河北中储之间有效成立第七笔货物的买卖合同法律关系、河北中储应给付相应货款的理由不能成立,金鲲公司以持票人身份请求判令河北中储履行票据义务没有事实和法律依据,不予支持。

综上,原一、二审法院认定事实不清,适用法律错误,该院予以纠正。该院依据《合同法》第五十二条、第五十八条、《票据法》第六十一条、七十条、九十三条、《民事诉讼法》第一百五十三条第一款第(三)项、第一百八十六条之规定,判决如下:(1)撤销河北省石家庄市中级人民法院(2009)石民三初字第 0075 号民事判决、河北省高级人民法院(2010)冀民二终字第 40 号民事判决;(2)驳回河北金鲲商贸有限公司的诉讼请求。一、二审案件受理费各 156300 元,保全费 5000 元,由金鲲公司负担。

七、相关法律问题评析

本案主要涉及到票据追索权纠纷的确认、本案基础法律关系的认定以及当事人的责任确定问题。

(一)票据追索权纠纷的确认

本案中,一、二审法院均将案由界定为票据付款请求权纠纷。法发〔2008〕11 号《最高人民法院关于印发〈民事案件案由规定〉的通知》规定,第一审法院立案时应当根据当事人诉争的法律关系性质,首先应适用《民事案件案由规定》列出的第四级案由,第四级案由没有规定的,则适用第三级案由;第三级案由中没有规定的,则可以直接适用相应的第二级案由或者第一级案由。《民事案件案由规定》在"第二十八、票据纠纷"中,规定"304、票据付款请求权纠纷;305、票据追索权纠纷"。根据上述规定,我们在确定本案案由时,首先应明确的是,法院立案时应当根据当事人诉争的法律关系的性质来确定案由。关于本案案由确定,在讨论过程中,主要涉及到两个层次的问题:

1. 本案是买卖合同纠纷案件还是票据纠纷案件。曾有观点认为,支票的付款人是银行,故票据付款请求权的对象是银行,持票人不能向出票人主张票据付款请求权。持票人若因票据作废等原因导致不能收款,应按基础合同关系向相对人主张违约责任等法律责任。本案中,支票无法兑现,金鲲公司有权要求河北中储履行付款义务,故本案纠纷应为合同纠纷。笔者认为,关于该问题,取决于我们如何认定当事人是根据何种法律关系提出何种诉求的问题,其本质又涉及到如何界定票据纠纷的问题。票据纠纷与民事纠纷不同,1991 年施行的《民事诉讼法》第一次将票据纠纷从普通的民事纠纷中分离出来,并在第二十七条就其管辖问题做出了专门规定。但关于何为票据纠纷,却存在着不同的认识。有观点认为,票据纠纷是指因票据权利人行使票据权利而与票据债务人发生的纠纷。另有观点认为,凡是与票据有关的法律纠纷都是票据纠纷。笔者认为,依据法理,与票据有关的法律关系主要有三种,即票据关系(亦称票据法律关系)、票据法上的非票据关系和民法上的非票据关系(亦称票据基础关系)。所谓票据关系,是指基于票据行为所发生的票据债权人与票据债务人之间的票据权利义务关系。其是票据当事人之间形成的基本法律关系,也是票据法规范的主要内容。因票据法律关系发生争议而引起的纠纷当然应为票据纠纷。所谓票据法上的非票据关系,是指那些根据票据法的直接规定,但不是基于票据行为而发生的法律关系,如因时效届满或手续欠缺而丧失票据上权利的持票人对于出票人或承兑人行使利益偿还请求权而发生的关系等。由于其不是基于票据行为而产生的法律关系,故其不属于前述票据法律关系,但其与票据行为相关,对票据权利的行使有协调和补充的作用,因此,票据法有必要对其进行规定,其与一般意义上的民事债权债务关系并不能等同,在这一意义上说,将基于票据法上的非票据关系发生争议而引起的纠纷认定为票据纠纷是适宜的。所谓民法上的非票据关系即票据的基础关系,是指并非由票据法所规定的,而是由民法所调整的,作为票据授受前提的关系。票据的基础关系包括票据的原因关系、票据的资金关系和票据的预约关系。基于票据的无因性,票据的基础关系与票据关系相独立,票据基础关系由民法调整,因此,因票据的基础关系发生纠纷,应界定为民事纠纷而非票据纠纷。

本案中,由于当事人双方既为票据法律关系当事人,又为直接具有票据基础法律关系的当事人,因此,根据我国《票据法》第十三条的规定,票据法律关系当事人可以以基础法律关系对对方当事人进行抗辩。本案中,涉及到对基础法律关系性质及相关合同效力的认定,但这并不表明本案案由就为合同纠纷,案由如何,关键取决于原告方是基于何种法律关系,诉请的诉求为何。本案中,持票人金鲲公司是因支票空头和被挂失、遭到拒付后,基于票据法律关系诉请出票人河北中储支付票款、利息以及赔偿金,因此,其实质为基于票据法律关系诉请支持其票据权利,故该纠纷应界定为票据纠纷而非合同纠纷。

2. 本案是票据付款请求权纠纷还是票据追索权纠纷。在确定本案属于票据纠纷的基础上,其是应界定为票据付款请求权纠纷还是票据追索权纠纷,存在争议。根据票据法律原理,票据权利主要包括付款请求权与追索权。票据追索权,是指票据到期不获付款或期前不获承兑或有其他法定原因时,持票人在依法履行了保全手续以后,向其前手请求偿还票据金额、利息及其他法定款项的一种票据权利。票据追索权是以加强保护持票人票据权利为目的而设定的一项票据权利。票据追索权与付款请求权的区别在于:(1)权利顺位不同。付款请求权是第一位的票据权利,持票人必须先行使付款请求权,如果该请求权得以实现,则追索权无存在基础;而票据追索权是第二位的票据权利,在付款请求权得不到实现时,权利人方享有票据追索权,该权利带有补充性。(2)权利主体不同。付款请求权的权利人可以是收款人、最后的被背书人、汇票、本票中付款后的参加付款人;而票据追索权的权利人则可以是票据的最后持票人、履行了清偿义务的被追索人。(3)对方当事人不同。付款请求权的对方当事人只能是票据第一义务人或关系人。汇票中承兑人为第一义务人,未承兑的付款人为关系人;本票的出票人为第一义务人,一般不存在关系人;支票中没有第一义务人,与出票人办理支票存款业务的银行为该支票的关系人。付款请求权的对方当事人只有一个。根据我国《票据法》第六十一条第一款以及第六十八条的规定,被追索人主要包括出票人、背书人和其他票据债务人。汇票的出票人、背书人、承兑人和保证人对持票人承担连带责任。(4)权利产生时间不同。到期日届满,付款请求权产生;而票据追索权则是在付款请求权不能实现或无法得到满足时方才产生。(5)权利范围不同。付款请求权的权利范围即权利人请求给付的金额为票载金额;而票据追索权权利人请求给付的金额则包括票载金额、利息损失①和取得有关拒绝证明、发出通知书的费用等。(6)行使次数不同。一般而言,付款请求权行使一次获得满足即行消灭;而票据追索权可以多次行使,直至票据上的最后债务人清偿票据债务为止。(7)诉讼时效期间不同。我国《票据法》第十七条规定,持票人对票据的出票人和承兑人的权利,自票据到期日起二年。见票即付的汇票、本票,自出票日起二年;持票人对支票出票人的权利,自出票日起六个月;持票人对前手的追索权,自被拒绝承兑或者被拒绝付款之日起六个月;持票人对前手的再追索权,自清偿日或者被提起诉讼之日起三个月。

---

① 对于期前追索权而言,则无到期日或者提示付款日到实际付款日的利息损失。

本案所涉票据为支票。我国《票据法》第九十三条规定："支票的背书、付款行为和追索权的行使，除本章规定外，适用本法第二章有关汇票的规定。"由于《票据法》对于支票的追索权并无特殊规定，故可以适用关于汇票追索权的规定。《票据法》第六十一条、六十八条规定，汇票到期被拒绝付款的，持票人可以对背书人、出票人以及汇票的其他债务人行使追索权。持票人对汇票债务人中的一人或者数人已经进行追索的，对其他汇票债务人仍可以行使追索权。本案中，金鲲公司向银行请求支付支票款时，行使的是付款请求权，在其被拒付后，其有权向出票人行使追索权，即行使第二位的票据权利。金鲲公司诉请河北中储履行票据义务，向其支付2000万元；按日万分之五支付自2008年7月14日至判决执行之日止的利息；承担40万元赔偿金和与本案有关的诉讼费及其他相关费用，上述诉请的权利主要是追索权的权利范围。其中，40万元赔偿金是基于《票据管理实施办法》第三十一条关于"签发空头支票或者签发与其预留的签章不符的支票，不以骗取财物为目的的，由中国人民银行处以票面金额5%但不低于1000元的罚款；持票人有权要求出票人赔偿支票金额2%的赔偿金"的规定进行诉请的。综上，金鲲公司实质是向河北中储行使追索权，因此，本案案由定性为票据追索权纠纷更为妥当。

（二）本案基础法律关系的认定以及当事人之间的责任确定问题

基于票据无因性的法理，票据法律关系与基础法律关系分离，一般情形下，票据法律关系当事人不能以基础关系进行抗辩。但我国规定的是相对无因性制度，即在票据法律关系当事人为直接具有票据基础法律关系的当事人的情形下，票据法律关系当事人可以以基础法律关系进行抗辩。本案中，由于持票人与出票人为直接具有票据基础法律关系的当事人，故作为票据债务人的河北中储可以以票据基础法律关系对金鲲公司进行抗辩。因此，能否支持河北中储基于基础法律关系进行的抗辩，关键取决于当事人之间成立的法律关系的性质以及效力认定问题，这应该说是本案争议的核心焦点问题。如果认定当事人之间成立的合同法律关系有效，则在卖方已经履行交货义务的情形下，买方有义务交付货款，故其应当继续履行交付货款的义务。由于其系以开具支票的形式交付货款，故在卖方无法实现第一位票据权利即票据付款请求权的情形下，对其行使第二位票据权利即票据追索权人民法院应予支持。如果认定当事人之间成立的合同法律关系无效，则由于无效的合同自始、绝对、根本无效，不具有可履行性，故应恢复合同订立前的原状，即在当事人一方或者双方已履行合同义务的情形下，应互返财产，赔偿损失。因此，"买方"河北中储公司无需履行合同约定的交付货款的义务，其票据义务也无需承担。

关于本案当事人之间成立的合同法律关系的性质界定问题，主要有三种观点：

第一种观点认为，其性质为买卖合同法律关系。第二种观点认为，其性质为企业之间的借款法律关系。第三种观点认为，其性质为融资性买卖合同法律关系或者回购式融资法律关系。应当说，前两种观点分别是从当事人之间形成的法律关系的表象和本质的角度分析的，第三种观点则综合了前两种观点，对其表现形式和实质目的进行了揭示。

如果持第一种观点，则合同当然有效。如果持第二种观点，则在现有法律制度的框架体系内，应认定合同无效。如果持第三种观点，合同是否应认定无效，则存在争议：第一种观点认为,在存在着买卖合同标的物流转客观事实的情形下,尽管当事人之间真实目的在于融资,且连环买卖合同的卖方和买方是关联企业,但法律、行政法规并未禁止关联企业作为连环买卖合同的当事人,故不能据此否定连环买卖合同的效力,不能否定其基于买卖合同进行货物交付行为的客观存在,因此当事人间存在真实交易关系。目前,关于企业之间借贷的效力问题,我国正呈逐步放开趋势,该回购货物式融资方式并未对金融市场造成损害,不能简单否定它的有效性。第二种观点认为,在我国目前相关行政主管部门对企业之间借贷持总体放开、部分限制意见的大形势下,对于当事人间形成的这种回购式融资方式或者融资式的买卖合同法律关系是否应认定无效,应结合当事人的真实目的、当事人的诉求、是否真实存在货物流转、是否违反了法律、行政法规的强制性规定、是否损害社会公益等因素综合认定。

本案中,严格地说,存在着货物的流转,故其实质具有一定的买卖法律关系的特征,但当事人之间形成的七笔买卖合同法律关系能否与货物的交付一一对应,尚无充分的证据予以证明,这也是河北中储一直强调的其以签订连环买卖合同为名,实质为企业之间借贷的一个理由。经过讨论,本案最终采纳了当事人之间实质成立的是借贷法律关系的观点,分别从当事人之间订立合同的目的、其权利义务的本质特征等角度进行了论证。由于合同被确认无效,合同义务不具有可履行性,故河北中储以此为由不给付货款的抗辩理由应予支持,其据此认为不需履行给付票款、利息、赔偿金的票据义务的抗辩理由也应予支持。

股权分置改革中股改方案的合法性判断及流通股股东利益保护的问题探析

——上诉人兰州神骏物流有限公司与被上诉人兰州民百（集团）股份有限公司侵权纠纷上诉案

杜 军[*]

一、当事人基本情况与案件来源

上诉人（原审原告）：兰州神骏物流有限公司。住所地：甘肃省兰州市城关区雁宁路199号。

法定代表人：李骏飞，该公司董事长。

被上诉人（原审被告）：兰州民百（集团）股份有限公司。住所地：甘肃省兰州市中山路120号。

法定代表人：杜永忠，该公司董事长。

上诉人兰州神骏物流有限公司（以下简称神骏公司）与被上诉人兰州民百（集团）股份有限公司（以下简称民百公司）侵权纠纷一案，不服甘肃省高级人民法院（2008）甘民二初字第10号民事判决，向最高人民法院提起上诉。最高人民法院依法组成合议庭对该案进行了审理，现已审理终结。

二、基本案情

2006年4月21日，民百公司第四届董事会第十六次会议审议并通过了《公司股权分置改革方案》，主要内容是：(1)民百公司第一大非流通股股东红楼集团有限公司（以下简称红楼集团）向公司无偿注入兰州红楼房地产开发有限公司36.6045%股权，根据浙江东方中汇会计师事务所有限公司出具的《审计报告》，截至2005年12月31日，该部分权益经审计的账面价值为3000万元。(2)为使红楼集团注入的兰州红楼房地产开发有限公司36.6045%权益完全由流通股股东享有，民百公司向流通股股东实施资本公积金定向转增2837.9137万股，相当于每10股流通股定向转增2.1621股。(3)除红楼集团外的其他非流通股股东向

---

[*] 最高人民法院民事审判第二庭法官。

流通股股东支付958.9497万股股份。(4)上述组合方案的总体对价水平相当于每10股流通股股东获得2.89271股。2006年5月29日,民百公司召开股东大会审议通过了该股权分置改革方案,并于2006年6月2日刊登了股权分置改革方案实施公告。因兰州神骏医药科技有限公司(以下简称神骏医药公司,该公司于2008年10月20日更名为神骏公司)等非流通股股东未明确表示同意参加本次股权分置改革,由民百公司第一大股东红楼集团代为垫付3119196股,第二大股东兰州民百佛慈集团有限公司(以下简称民佛公司)代为垫付542421股,合计代神骏医药公司等非流通股股东垫付对价3661617股。民百公司2006年第一次临时股东大会暨股权分置改革相关股东会议通过了股权分置改革方案后,神骏医药公司在法定期限内向兰州市中级人民法院提起了诉讼,请求确认5月29日的临时股东大会关于红楼集团假借无偿赠送权益性资产实为非公开发行新股2837.9138万股的决议违法,判决该次股东大会关于以3000万元权益性资产作价增发新股的决议无效等。兰州市中级人民法院以(2006)兰法民二初字第82号民事判决驳回了神骏医药公司的诉讼请求,神骏医药公司不服该判决向甘肃省高级人民法院(以下简称甘肃高院)提出上诉。审理中,经甘肃高院主持调解,神骏医药公司与民百公司达成了调解协议(以下简称159号调解书),该协议内容为:神骏医药公司与民百公司共同确认红楼集团向民百公司无偿赠送的3000万元权益性资产真实合法,在此前提下2006年5月29日召开的民百公司股东大会通过的决议合法有效,不存在侵犯神骏医药公司合法权益的问题;神骏医药公司放弃全部诉讼请求;民百公司今后依然尊重神骏医药公司作为股东的各项权利和利益等。

2007年6月6日,神骏医药公司向甘肃高院提起诉讼,请求民百公司、民佛公司、红楼集团依照民百公司股权分置改革方案,立即安排其向民佛公司、红楼集团偿还代为垫付的对价款项及利息,办理神骏医药公司持有的民百公司股票流通的手续,排除流通的妨碍。该案在审理中,经甘肃高院主持调解,双方当事人于2007年6月29日达成调解协议(以下简称24号调解书),神骏医药公司向民佛公司和红楼集团偿还了代垫的股份1621479股,民百公司安排神骏医药公司持有的民百公司限售流通股予以上市流通。

其后,神骏医药公司认为其已偿还了民百公司第一、第二股东即红楼集团、民佛公司垫付的对价,红楼集团真实合法无偿赠送给民百公司的3000万元权益性资产折合的2837.9137万股民百公司股份中,因神骏医药公司当时在民百公司持股比例为6.18%,所以神骏医药公司应当按比例享有175.38万股。故神骏医药公司起诉到原审法院,要求民百公司赔偿175.38万股股份,折合赔偿人民币2008.101万元(按神骏医药公司持有民百公司非流通股解禁上市后二十个交易日的平均股价每股10元计算)及相应利息,并由民百公司负担案件诉讼费。

原审法院另查明,截至2006年5月29日,民百公司总股本为234397120股,神骏医药公司共持有民百公司股份6370800股。神骏医药公司于2008年10月20日名称变更为神骏公司。

三、原审法院审理情况

原审法院审理认为:神骏公司起诉的依据是根据民百公司股权分置改革方案,公司第一大股东红楼集团向民百公司无偿注入兰州红楼房地产开发有限公司36.6045%股权,该受赠资产形成的资本公积金转增的股份2837.9137万股相应亦应由包括神骏公司在内的民百公司全体非流通股股东享有。但该资本公积金定向转增给全体流通股股东的股权分置改革方案是经过民百公司股东大会决议通过的,按照公司资本多数决和公司意思自治原则,该决议合法有效,对神骏公司亦具有约束力,民百公司将2837.9137万股全部定向转增给全体流通股股东,系按照股东大会决议所定方案执行,并不构成对神骏公司的侵权。且神骏公司曾就该股东大会决议的效力问题提起过诉讼,已调解结案,神骏公司再次就资本公积金转增股份的分配问题提起诉讼,违反了民事诉讼一事不再理的原则。神骏公司与民百公司之间亦无合同关系,故神骏公司的诉讼请求无事实和法律依据,该院不予支持。原审法院依照《公司法》第九十九条之规定,判决:驳回神骏公司的诉讼请求。案件受理费154172元由神骏公司负担。

四、当事人上诉、答辩情况

神骏公司不服原审判决,向最高人民法院提起上诉称:(1)原审判决对神骏公司与民百公司在159号调解书中共同确认民百公司第一大股东红楼集团向民百公司无偿赠送3000万元权益性资产真实合法的事实未予确认。同时,3000万元权益性资产成为民百公司2837.9137万股新增股份,究竟是民百公司无偿赠送转增还是非公开发行新股,对这一关键问题,原审判决没有确认。(2)股东大会决议必须不违背法律、行政法规才有效。涉及该案的股东大会决议必须在3000万元权益性资产无偿赠送真实合法时才合法有效。如果红楼集团无偿赠送给民百公司的3000万元权益性资产转增为2837.9137万股新股后,还是归红楼集团所有,这与无偿赠送的前提相矛盾,依据159号调解书该股东大会决议应当不合法且无效。而且,红楼集团注入民百公司的3000万元资产成为属于红楼集团的2837.9137万股新股,从而构成《证券法》第十条规定的非公开发行新股,而该非公开发行新股未经中国证监会批准,违反了《证券法》第十三条第二款的规定,所以股东大会决议中3000万元资产转增成为红楼集团2837.9137万股新股的内容应当无效。(3)159号调解书所息之诉是神骏公司认为红楼集团无偿赠送3000万元权益性资产虚假提起诉讼,该诉最终以神骏公司与民百公司双方确认无偿赠送是真实的而调解结案。而现在是神骏公司认为民百公司非法处分神骏公司通过接受无偿赠送而得到的合法财产,从而要求民百公司赔偿,这与159号调解书所息之诉是两个不同的诉讼,原审判决以一事不再理驳回神骏公司起诉没有事实依据。而且,民百公司把神骏公司因接受无偿赠送而属于神骏公司的175.38万股民百新增股份送给红楼集团,民百公司应负赔偿责任(含相应利息),神骏公司在原审中请求赔偿有理有据,应被支持,该案是侵权之诉,原审判决以神骏公司和民百公司间无合同关系作为驳回神骏公司起诉的理由之一,没有事实和法律依据。(4)民百公司股东大会决议把2837.9137万股股份赠送给全体流通股股东作为对价,神骏公司并未提出异议。神骏公司认为这笔对价是全体非流通股股东支付而不单是红楼集团支付。在无偿赠送真实合法的前提下,股东大会决议把属于全体股东的2837.9137万股送给红楼集团所有,以此作为其支付给全体流通股股东的对价,这是红楼集团操纵股东大会侵吞上市公司财产,属于刑事犯罪,应移送公安机关。且侵吞民百公司财产属公诉案件,不适用调解。(5)根据财政部颁布的会计准则规定,企业接受非现金捐赠形成的公积金不能转增股本。事实上民百公司接受的 3000 万元权益性资产形成的公积金至今还在账上,而股改所决定转增的 3000 万元公积金是民百公司历年提取的公积金,与接受捐赠的 3000 万元权益性资产无关。这也证明了转增的 3000 万元公积金是属于全体流通股股东的,而由公积金转增的 2837.9137 万股新股是全体非流通股股东支付给全体流通股股东的对价,不是红楼集团单独支付给全体流通股股东的对价。而这 2837.9137 万股根据同股同权的原则,神骏公司作为非流通股股东应享有 175.38 万股。所以,神骏公司请求:(1)撤销原审判决;(2)民百公司向神骏公司赔偿 175.38 万股股票,折合赔偿人民币 2008.1010 万元(按神骏公司持有民百公司非流通股解禁上市后二十个交易日的平均股价计)及相应利息;(3)民百公司承担案件一、二审诉讼费。

民百公司在答辩中认为:(1)根据一事不再理的原则,原审法院不应受理该案。神骏公司在该案起诉前已先后就股改的合法性、股改对价支付方式等问题向法院提起两起诉讼。两案均已调解结案。但神骏公司又诉请判令民百公司股改中红楼集团因向流通股东支付对价股份,而向民百公司无偿赠送资产形成的资本公积金应向神骏公司分配,再次提出股改垫付对价偿还事宜,有违"一事不再理"原则。(2)神骏公司的诉请没有依据。神骏公司属非流通股股东,其享有的股权内容与流通股股东有着本质区别。《上市公司股权分置改革管理办法》(以下简称《管理办法》)的精神就是要非流通股股东付出对价以取得流通权。红楼集团正是根据这一精神,向民百公司无偿赠送资产后,再以公司资本公积金定向转增给流通股股东。而神骏公司以同股同权为由主张资本公积金的分配权利,其实质是不支付任何对价来取得流通权。我国《公司法》也未规定资本公积金应由全部股东按持股比例享有。民百公司的股改过程和方案已经甘肃省国资委、上海证券交易所批复确认,并经相关股东会议 92.49% 表决通过,159 号、24 号调解书所涉的两案中,甘肃高院也是在确认民百公司股改方案合法有效的基础上进行了调解结案。神骏公司自己在其诉讼文书中也承认向民百无偿注入权益性资产,成为民百公司资本公积金,并经股东大会通过向特定对象(即全体流通股股东)转增股份,程序上、内容上都没有法律问题,都不违法。可见,民百公司的股改过程和方案完全合法有效,神骏公司的侵权之诉于法无据。(3)资本公积金定向转增同新股发行是不同的,虽然资本公积金转增股本也导致公司股本增加,但它不是证券发行活动。证券发行的基本特征是募集资金和发售有价证券。而民百公司的股权分置改革既未向社会发售任何股票,也没有募集资金,且控股股东在股改前后的持股数量没有任何变化,不能说是向第一大股东发行新股,无需中国证监会审核,其只需经股东大会通过即可。

综上,民百公司认为神骏公司的诉请没有法律及事实依据,也不能构成合法的侵权之债或合同之债,请求驳回神骏公司上诉。

五、最高人民法院裁判要旨

经审理,最高人民法院除确认原审法院查明的事实外,另查明:

1. 神骏公司在原审中提交的民百公司《股权分置改革方案实施公告》载明:民百公司 2006 年 5 月 29 日股东大会作出决议通过了该公司《股权分置改革方案》,其中,参加该次股东大会的全体股东所持表决权的92.49%同意通过该决议,参加该次股东大会的全体流通股股东所持表决权的91.13%同意通过该决议。神骏公司在二审质证中认可该决议真实。

2. 神骏公司在二审中提交的2006年7月6日浙江东方中汇会计师事务所有限公司对民百公司作出的《验资报告》附件2《验资事项说明》中载明:红楼集团向民百公司无偿注入的兰州红楼房地产开发有限公司36.6045%股权已于2006年5月30日经兰州市工商行政管理局办妥变更登记;民百公司向流通股股东实施定向转增的28379137股股份以及除红楼集团外的其他非流通股股东向流通股股东支付的9589497股股份,已由中国证券登记结算有限责任公司于2006年6月6日直接记入股东证券账户;民百公司2005年末账面资本公积金中股本溢价95142730.69元,该次用于转增股本28379137元,转增股本后的资本公积——股本溢价为66763593.69元。

最高人民法院审理认为:民百公司《股权分置改革方案》经该公司股东大会决议通过后,该方案的效力不因神骏公司是否认可而受到影响。民百公司《股权分置改革方案》规定,红楼集团向民百公司注入的红楼房地产开发有限公司36.6045%的股权(该权益性资产经审计账面价值为3000万元),由民百公司向其流通股股东实施资本公积金转增28379137股股份,除红楼集团外的其他非流通股股东向流通股股东共计支付9589497股股份,这表明红楼集团注入民百公司的3000万元资产是红楼集团为其所持有的民百公司股份取得流通权而支付给流通股股东的对价,并非民百公司所有非流通股股东支付给流通股股东的对价。神骏公司提出的民百公司转增的28379137股新股应作为全体非流通股股东支付给全体流通股股东的对价、而不仅是红楼集团支付给流通股股东的对价的主张,缺乏事实依据,不应支持。

民百公司《股权分置改革方案》中规定,为使红楼集团注入民百公司的3000万元权益性资产完全由流通股股东享有,由民百公司向流通股股东实施资本公积金定向转增28379137股,这表明红楼集团将3000万元权益性资产注入民百公司是为了让流通股股东享受该部分资产的利益。在《股权分置改革方案》通过时,神骏公司是民百公司的非流通股股东,不应享受该部分资产转增而形成的股份。神骏公司主张其应依照同股同权原则与其他流通股股东一样按比例获得该定向转增的股份1753800股,因民百公司股东大会决议通过的《股权分置改革方案》明确该定向转增股份由民百公司流通股股东享有,所以神骏公司的主张不符合上述方案的规定,不应采纳。对民百公司提出的神骏公司不能就民百公司转增后形成的股份主张权利,应予支持。神骏公司提交的《验资事项说明》载明,民百公司定向转增后的28379137股新股已经于2006年6月6日记入民百公司流通股股东证券账户,所以神骏公司主张该28379137股新股仍然归红楼集团所有,与事实不符,不应采信。

民百公司《股权分置改革方案》明确规定了采用资本公积金转增股份,至于民百公司采用何种资本公积金将红楼集团注入的3000万元权益性资产转化为股份由全体流通股股东享有,这属于民百公司内部财务处理事项。民百公司虽然用资本公积金项目下的股本溢价部分为全体流通股股东转增股份,但在此过程中民百公司资产数目并没有发生减损。神骏公司主张民百公司用属于公司所有的公积金转增股份从而神骏公司应当分得相应的股份数额,没有事实和法律依据,不应支持。

神骏公司上诉主张民百公司接受的 3000 万元资产定向转增新股构成非公开发行,该非公开发行未经中国证监会批准,所以股东大会决议通过的《股权分置改革方案》中 3000 万元资产转增为 28379137 股新股的内容无效。因神骏公司在原审起诉中要求民百公司赔偿 1753800 股股份折合赔偿人民币 20081010 元,其实质是以股东大会决议及其通过的《股权分置改革方案》有效为前提,如果股东大会决议及《股权分置改革方案》无效,神骏公司的诉讼请求就没有依据,且神骏公司在本案原审中没有请求确认股东大会决议及《股权分置改革方案》无效,其在二审中主张无效,超出了上诉案审理范围,不应审理。神骏公司主张的民百公司因违反《证券法》非公开发行的规定而构成刑事犯罪,不属案件审理范围,亦不应审理。

神骏公司没有提供证据证明其因接受无偿赠送而获得了 1753800 股民百公司的股份,也没有提供证据证明民百公司非法处分神骏公司接受赠送后得到的股份,所以神骏公司主张的民百公司把神骏公司接受无偿赠送而形成的 1753800 股民百公司新增股份非法赠送给他人,缺乏事实依据。神骏公司要求民百公司赔偿其侵权而造成的损害,于法无据,不应支持。

甘肃高院作出的 159 号调解书所涉诉讼中神骏公司是请求确认 2006 年 5 月 29 日股东大会决议无效,在原审中神骏公司是请求依照股东大会决议通过的《股权分置改革方案》按比例分得相应的股份,这是不同的诉讼,神骏公司在本案原审中的起诉不构成重复诉讼,原审判决以一事不再理驳回神骏公司诉讼请求应属不当,应予纠正。

综上,神骏公司的上诉请求缺乏事实和法律依据,不应支持。原审判决认定事实清楚,适用法律欠当,但判决结果正确,应予维持。最高人民法院依据《民事诉讼法》第一百五十三条第一款第(一)项之规定,判决:驳回上诉,维持原判。二审案件受理费 154172 元,由神骏公司负担。

六、本案所涉问题的分析

(一)关于《股权分置改革方案》的效力问题

2005 年开端的上市公司股权分置改革(以下简称股改)是政府推动国企改制和证券市场完善的重大举措,其核心内容就是非流通股股东要获得流通权,就必须与流通股股东协商。协商后一般是非流通股股东给予流通股股东一定补偿以实现股份流通。两类股东间逐一、个别地协商既没有效率,也未必公正,所以建立股东间的协商的统一平台和意思决定机制是进行股改程序的首要条件。很自然地联想是,公司股东大会能否作为这一平台?回答是不能。因为根据《公司法》的规定,股东大会是公司权力机构,决定公司的事务,并不包括处理股东之间的事务,股东大会作出的决议也是约束公司。而股改中,非流通股股东向流通股股东支付对价实际上是自己付出利益,流通股股东获得对价是自己获得利益,这都不涉及公司利益的变化。双方协商后关于对价的意思决定也是约束双方,并不当然地约束公司。所以,两类股东间的协商不是股东大会意义上的公司意思决定。正是出于这样的考虑,尽管在 2005 年《管理办法》推出前试点中的一些上市公司是由股东大会对两类股东间的协商方案进行表决,而《管理办法》则不再将股东大会作为股改协商的平台,避免了将股东间的事务作为股东大会审议事项的尴尬。

另一方面,如果股改方案中规定的对价方式是非流通股股东向流通股股东支付现金或支付所持(该公司)股份,这在股东之间可以直接完成,对公司来讲实际上属于"体外循环",无需公司作出意思决定。但实践中有公司的非流通股股东并不愿采取支付现金和支付所持股份的方式,而往往通过其他方式支付对价,其中一些对价安排涉及到公司利益,需要公司股东大会进行意思决定,并作出决议。本案就属于比较常见的由资本公积金向流通股股东转增资本的情形,非流通股股东先将自己持有的其他资产赠与公司,然后以该笔资产向流通股股东定向转增股份,流通股股东无偿获得股份就相当于获得了对价。这一过程中,虽然非流通股股东赠与公司资产的目的就是用于向流通股股东转增股份,但是在该资产一旦被赠与公司后,其就构成公司的资产,严格来说非流通股股东无法直接决定该资产的用途。该笔资产要无偿转增为流通股股东的股份,还必须由公司股东大会作出决议。股东大会决议用受赠的资产增资并定向转增股份的,流通股股东才能最终获得股改方案所确定的对价。可见,这种情况下相关股东会议并不能最终保证流通股股东获得对价,公司的意思决定也是股改方案实现的必备环节。

可见,相关股东会议和股东大会作出决议通常是股改方案合理合法的必要条件。如前所述,实践中由于股改方案的实施常常不仅涉及到非流通股股东利益的让渡,而且涉及到其让渡的利益如何在公司层面上转化为流通股股东的现实利益,而流通股股东利益在公司层面上体现(比如将非流通股股东赠与的资产转增为公司资本)往往又需要公司股东大会作出决议,所以为提高效率、节省成本,相关股东会议和股东大会的决议常常在同一时间、地点一并作出。

公司股东大会依照法定程序作出的决议,在没有依法被认定无效或者被撤销之前,其效力不因是否被公司、股东等认可而受到影响。该决议对公司、股东等相关各方均具有约束力。神骏公司称其已在159号调解书中表明,其仅仅是在红楼集团无偿赠送3000万元权益性资产这一事实真实合法的情况下才认可股东大会决议合法有效。这里姑且不论红楼集团无偿赠送3000万元权益性资产是否真实,仅仅从神骏公司的意思来看,其实质是股东个体为股东大会决议效力的发生附设条件,而股东个体附设的条件并没转化为股东的共同意思,故其并不能对股东大会决议产生影响。民百公司2006年5月29日股东大会在审议2006年5月9日股权分置改革方案公告中的股权分置改革方案时,民百公司全体股东所持表决权的92.49%同意通过该方案,全体流通股股东所持表决权的91.13%同意通过该方案,股东大会依据股东的表决情况作出决议通过了该方案,在没有其他相反证据证明股东大会决议违法的情况下,该股东大会决议的效力不应被否定。而且,也没有证据表明《股权分置改革方案》被相关股东会议否定,相反,作为相关股东的神骏公司在24号调解书中自愿向红楼集团和民佛公司偿还代垫股份实际上是认可了该方案,所以本案中没有事实及证据能够否认《股权分置改革方案》的合法性,故其效力应当得到确认。

(二)股权分置改革中非流通股股东对流通股股东支付对价的问题

通常认为,非流通股股东必须支付对价至少具有以下几方面的理由:其一,上市公司上市之初的股份被划分为流通股和非流通股,其中非流通股"暂不上市流通",这构成了其对社会公众的一项承诺,投资者是在认可并相信这一承诺的前提下购买了股票,从而完全获得了股票在二级市场中的收益。非流通股股东想要上市流通,想要从上述收益中分得一杯羹,必将对流通股股东业已形成的信赖产生影响,故其应当与流通股股东协商,对其进行补偿。从法律逻辑上讲,"暂不上市流通"是双方认可的约定,一方并不具有单方改变这一约定的权利,尽管流通股股东可能预见到总有一天非流通股会上市流通,但其同样也相信非流通股股东届时会与已进行协商。而且,当初的上市公司招股说明书都没有对非流通股"全流通"将给社会公众股东造成的风险予以基本的信息披露,这使得投资者未能充分获知非流通股可流通的风险,高价入市。这是当时政策不完善留下的隐患,目前在股改中建立双方的利益平衡机制就是必需的。其二,截至 2005 年 6 月 30 日,国有股及国有法人股为 3474 亿股,经测算,这部分在公司成立时国家实际投入的净资产总额为 3982 亿元,平均每股净资产仅在 1.15 元左右。① 而在股改时,上市公司平均每股净资产为 2.84 元,而每股的市场平均价格则为 4.95 元。若以每股 2.84 元的净资产价格计算,上市公司国有股账面价值为 9866 亿元,资产增值为 2.48 倍。若以 4.95 元的市场价格计算,上市公司国有股的市值为 1.72 万亿元,资产增值为 4.32 倍。这种快速增值除了是国有企业自身提高了经济效益外,更重要的是在上市向公众发行股票时,流通股股东是以平均每股 6 元的价格申购上市公司的股票。这 6 元中只有 1 元钱表现为股本,另 5 元钱则进入了资本公积金。由于资本公积金总额是按照股东的持股比例享有并在每股净资产中体现,所以事实上,流通股股东高价申购所产生的资本公积金溢价,在国有资本 2.48 倍的巨大增值中产生了更大的作用。② 因此,国有股等非流通股在上市流通后实现的价值应当向对其增值作出巨大贡献的流通股股东适当分配。其三,股改时的部分非流通股股东取得股份是从先前的非流通股股东处按照协议转让等方式受让,即便如此,受制于原非流通股股东暂不上市流通的承诺,受让的非流通股在上市流通时仍然要对流通股股东支付对价。

本案中民百公司《股权分置改革方案》载明红楼集团向民百公司无偿注入 3000 万元的权益性资产,同时载明为使红楼集团注入的 3000 万元权益性资产完全由流通股股东享有,由民百公司向流通股股东实施资本公积金定向转增 2837.9137 万股,相当于每 10 股流通股定向转增 2.1621 股。这可以表明红楼集团将 3000 万元权益性资产注入民百公司是为了让流通股股东享受该部分资产的利益,这是民百公司落实股改整体精神的体现。神骏公司作为非流通股股东,其主张享受该利益,既不符合《股权分置改革方案》的规定,又违背了股改的原则精神。

另外,《股权分置改革方案》还载明,除红楼集团外的其他非流通股股东向流通股股东共计支付 958.9497 万股股份。红楼集团注入的资产转增的股份和其他非流通股股东支付的 958.9497 万股股份相组合,总体对价水平相当于每 10 股流通股股东获得 2.89271 股。

---

① 实际上,我国几乎所有的国有股在其形成时向公司投入的资产都被高估:在 1992 年到 1995 年间国企普遍开展的清产核资工作中固定资产按照重置成本进行了评估计价,资产总值大致上升了 50% 以上;后来在国企改制上市时这些资产经过评估,其价值大多又上升了 30% 以上。所以,每一国有股中所对应的净资产可能更低。

② 刘纪鹏:《论股权分置改革中的国有股权保值增值》,载《中国经济时报》2005 年 7 月 21 日。

这些事实可以表明红楼集团注入民百公司的 3000 万元资产是红楼集团为取得所持有的民百公司股份的流通权而支付给流通股股东的对价,而不是民百公司所有非流通股股东支付给流通股股东的对价。其他非流通股股东所持股份要上市流通,应当按照《股权分置改革方案》的规定向流通股股东支付对价。神骏公司向红楼集团和民佛公司偿还为其垫付的 162.1479 万股股份,是神骏公司执行该方案的表现。所以,对神骏公司知道并同意红楼集团注入的 3000 万元资产折合 2837.9137 万股股份是作为红楼集团自己所持股权流通的对价这一事实,应当确认。

(三)资本公积金定向转增中的问题

民百公司《股权分置改革方案》中规定采用公司资本公积金向流通股股东定向转增股份,神骏公司在其提交的《验资报告》附件 2 中载明民百公司用于转增股份的 2837.9137 万元采用的是资本公积金中的股本溢价项目。神骏公司主张转增股本的 3000 万元不是红楼集团注入的资产,而是公积金中其他项目,而公积金属于公司所有,神骏公司作为公司股东也应当按所持比例获得该转增股份中的相应部分即 175.38 万股。对这一问题,笔者认为,首先,神骏公司主张其应依照同股同权原则与其他非流通股股东一样获得该定向转增的股份,于法无据。其次,股改方案明确了采用资本公积金转增股份,至于民百公司采用何种资本公积金将红楼集团注入的 3000 万元权益性资产转化为由全体流通股股东享有,这属于民百公司内部财务操作事项。民百公司用资本公积金项目下的股本溢价部分为全体流通股股东转增股份,然后用注入的 3000 万元资产补偿资本公积金因股本溢价部分变化而产生的消耗,在此过程中公司的资本公积金及资产数目并没有发生减损。事实上,神骏公司提交的《验资报告》附件 2 中载明了红楼集团注入民百公司的 3000 万元权益性资产已于 2006 年 5 月 30 日在工商管理部门办妥了变更登记,神骏公司在上诉状中也认可民百公司接受的该笔 3000 万元权益性资产形成的公积金至今还在民百公司账上,这可以说明红楼集团已将该笔资产注入了民百公司,该笔资产也实际构成了民百公司资产的一部分,民百公司是按照股东大会的决议将与该笔资产等值的资本公积金转增为全体流通股股东的股份,从而作为红楼集团支付给全体流通股股东的对价。神骏公司提出的 3000 万元公积金转增的 2837.9137 万股新股是全体非流通股股东支付给全体流通股股东的对价而不是红楼集团支付给流通股股东的对价的主张不能成立。

另一方面,民百公司即使是用资本公积金中的股本溢价项目转增股份,但该项目对应的内容也属于民百公司的资产,公司资产属于公司所有,作为股东的神骏公司主张其应当享有公司资产中的一定份额,与公司法人财产权原则也不符。

(四)神骏公司诉讼的根本原因及分析

神骏公司之所以一再提起诉讼,要求民百公司给予补偿,从其向最高人民法院提交的《关于本案有关情况的再次说明》中可以看出其原因:(1)神骏公司虽是非流通股股东,但其之前却是以与流通股股东相同的价格(当时每 3 股 10 元)购买了不能流通的法人股,如果让其向流通股股东支付对价,很不公平。对这种情况,当时很多上市公司都规定对像神骏公司这类的股东,不必向流通股股东支付对价而自然获得流通权。而民百公司却规定这类股东还是应当向流通股股东支付对价(股东大会决议要求除红楼集团外的其他非流通股股东按照相同比例向流通股股东割让股份)。(2)红楼集团以权益性资产换取新股支付对价的做法违背了证券市场公平和诚信原则。首先,红楼集团的资产是否价值3000万元并不确定;其次,以3000万元折合成2837.9137万股新股分配给流通股股东,相当于红楼集团以1.06元价格购买民百公司的股份用于支付对价,而包括神骏公司在内的其他非流通股股东却要用即将上市的股份(流通后每股就值10元以上)支付对价,很不公平;再次,民百公司大股东红楼集团不允许神骏公司用自己的权益性资产赠送给民百公司作为流通对价,实际上是滥用了控制股东的地位,牺牲了其他非流通股股东的利益。

对以上问题,笔者认为:其一,其他上市公司的部分非流通股股东是否支付对价与本案的处理无关,也没有实际意义。神骏公司持有的股份要获得流通,应当按照民百公司的股改方案支付对价。神骏公司购买非流通股份是自愿行为,而且其也没有证据表明每股3.33元(即每3股10元)在当时不是公平价格,所以神骏公司的理由很难成立。其二,红楼集团注入的3000万元资产经过了专业机构评估,神骏公司并未对此提出异议。而红楼集团相当于以每股1.06元价格购买民百公司新股然后分配给流通股股东,从现有证据看,这个1.06元的价格是按净资产折算的每股价格(神骏公司并未提出异议),即红楼集团赠送流通股股东的股份以1.06元每股计算,那么相应地,同样是非流通股,神骏公司按照比例割让给流通股股东的160万余股份也应当按照该价格计算,即神骏公司实际付出的成本是160余万股乘以1.06元每股。神骏公司按照流通后的股份价格(每股10元)计算其支付的流通对价有待商榷,因为神骏公司所持股份只有流通后才可能达到每股10元以上,但为了流通,神骏公司必须付出对价,在计算该对价的时候如果再以流通后的价格为标准,则犯了循环论证的错误。而且,对于非流通股而言,其定价方式本身就值得探讨,因为没有统一的市场定价,通常认为对非流通股定价应采用净资产方式定价。综上,神骏公司提出的实际是其在股改方案形成中是否受到不公平对待的问题,这一问题与本案的审理没有关系。

【商事裁判文书选登】

申请再审人成都市国土资源局武侯分局与被申请人招商（蛇口）成都房地产开发有限责任公司、第三人成都港招实业开发有限责任公司、第三人海南民丰科技实业开发总公司债权人代位权纠纷案

——中华人民共和国最高人民法院民事判决书
（2011）民提字第210号

裁判要旨 一、根据《合同法》第七十三条的规定，因债务人怠于行使其到期债权，对债权人造成损害的，债权人可以向人民法院请求以自己的名义代位行使债务人的债权，但该债权专属于债务人自身的除外。债务人与次债务人约定以代物清偿方式清偿债务的，因代物清偿协议系实践性合同，故若次债务人未实际履行代物清偿协议，则次债务人与债务人之间的原金钱债务并未消灭，债权人仍有权代位行使债务人的债权。

二、企业改制只是转换企业的组织形式和变更企业的经济性质，原企业的债权债务并不因改制而消灭。根据《最高人民法院关于审理与企业改制相关的民事纠纷案件若干问题的规定》第五条的规定，企业通过增资扩股或者转让部分产权，实现他人对企业的参股，将企业整体改造为有限责任公司或者股份有限公司的，原企业债务由改造后的新设公司承担。故债权人代位行使对次债务人的债权，次债务人改制的，由改制后的企业向债权人履行清偿义务。

中华人民共和国最高人民法院
民 事 判 决 书

（2011）民提字第210号

申请再审人（一审原告、二审上诉人）：成都市国土资源局武侯分局。住所地：四川省成都市高新科技开发区一环路南三段祥和巷6号。

法定代表人:高斗,该局局长。
委托代理人:李春林,四川康悦律师事务所律师。
委托代理人:赵硕,四川康悦律师事务所律师。
被申请人:(一审被告、二审被上诉人):招商(蛇口)成都房地产开发有限责任公司。住所地:四川省成都市人民南路四段。
法定代表人:王云,该公司董事长。
委托代理人:税兵,四川亚峰律师事务所律师。
委托代理人:刘意识,四川亚峰律师事务所律师。
原审第三人:成都港招实业开发有限责任公司。住所地:四川省成都市东通顺街区六街坊。
法定代表人:何汉光,该公司总经理。
原审第三人:海南民丰科技实业开发总公司。住所地:海南省海口市龙昆北路23号202室。
法定代表人:龙运涛,该公司总经理。
委托代理人:税兵,四川亚峰律师事务所律师。
委托代理人:许巧蓉,四川亚峰律师事务所律师。

申请再审人成都市国土资源局武侯分局因与被申请人招商(蛇口)成都房地产开发有限责任公司、第三人成都港招实业开发有限责任公司、第三人海南民丰科技实业开发总公司债权人代位权纠纷一案,不服四川省高级人民法院(2008)川民终字第90号民事判决,向本院申请再审,本院于2010年12月10日作出民申字第989号民事裁定,提审本案。本院依法组成由审判员王闯担任审判长,审判员李京平、代理审判员王富博参加的合议庭进行了审理。书记员商敏担任本案记录。本案现已审理终结。

四川省成都市中级人民法院经审理查明:2002年6月28日,成都市武侯区人民法院针对成都市国土资源局武侯分局(以下简称武侯国土局)与四川港招实业股份有限公司(以下简称四川港招公司)拖欠征用土地费两案,分别作出(2001)武侯民初字第1924号、1925号民事判决。该两份判决均认定:1999年7月20日由武侯国土局、四川港招公司、招商局(蛇口)成都房地产开发公司(以下简称招商局公司)三方共同签订的《债务关系转移合同》系各方当事人真实意思表示,其内容合法,应受法律保护。根据《债务关系转移合同》约定,招商局公司欠武侯国土局土地征用费21833446.50元债务全部由四川港招公司承担。后四川港招公司与武侯国土局先后于2000年7月20日、2001年3月29日签订两份《交款合同》,分别约定:四川港招公司应于2000年9月30日前、2001年12月20日前各向武侯国土局支付800万元、1000万元,但四川港招公司并未履行付款义务,故成都市武侯区人民法院在上述两份判决书中分别判决四川港招公司支付武侯国土局1000万元、800万元。该两份民事判决书生效后,成都市武侯区人民法院于2003年5月28日发出(2003)武侯民一再字第3号、4号民事裁定,对该两案进行再审,并于2003年10月15日作出(2003)武侯民一再字第3号、4号民事判决,撤销了该院(2001)武侯民初字第1924号、1925号民事判决,确认武侯国土局与招商局公司、四川港招公司于1997年7月20日签订的《债务关系转移合同》无效。

宣判后,招商局公司不服,向成都市中级人民法院提出上诉,该院于 2004 年 12 月 1 日作出(2004)成民再字第 42 号、43 号民事判决,驳回上诉,维持原判。之后,招商局公司继续向四川省高级人民法院提起申诉,该院于 2006 年 7 月 5 日分别作出(2005)川民再终字第 41 号、42 号民事判决,依法撤销了(2003)武侯民一再字第 3 号、4 号及(2004)成民再字第 42 号、43 号民事判决,维持了(2001)武侯民初字第 1924 号、1925 号两份判决。四川省高级人民法院在两份再审判决中,确认了武侯国土局、四川港招公司与招商局公司三方签订的《债务关系转移合同》以及武侯国土局与四川港招公司签订的《交款合同》均为有效合同,同时认定四川港招公司为成都港招实业开发有限责任公司(以下简称成都港招公司)投资开办的公司,而成都港招公司未按规定将注册资本注入四川港招公司,应承担投资不实的责任。2006 年 9 月 1 日,成都市武侯区人民法院在执行前述两案过程中,分别作出(2006)武侯执裁字第 69 号、70 号民事裁定,认定成都港招公司在向其开办的四川港招公司投入注册资金时,未将其应当投入四川港招公司价值 21441941 元的泰丰国际商贸中心项目用地土地使用权转移到四川港招公司,构成投资不实,故裁定追加第三人成都港招公司为被执行人,成都港招公司应在注册资金不实的 21441941 元范围内对武侯国土局承担责任。

另查明:1. 招商(蛇口)进出口贸易公司于 1993 年在成都投资设立招商局(蛇口)成都实业开发公司,又由招商局(蛇口)成都实业开发公司投资成立了全民所有制的招商局公司。1995 年,招商局(蛇口)成都实业开发公司改制为成都港招公司。1999 年 2 月,成都港招公司投资开办了四川港招公司。1999 年 8 月,招商局公司改制为有限责任公司,并更名为招商(蛇口)成都房地产开发有限责任公司(以下简称招商房地产公司)。在改制过程中,成都港招公司与招商局公司协商,改制更名后的招商房地产公司保留原招商局公司在成都市武侯区桂溪乡长寿村七组、桐梓林村一组的 13241.4 平方米的土地使用权(该土地与泰丰国际商务中心项目用地为同一地块),同时承担原招商局公司 230 万元美元债务,其余资产、债权、债务由成都港招公司承担,注册资金由 800 万元增加为 1000 万元。1999 年 8 月 11 日,成都港招公司将其所有的招商房地产公司的全部股权 1000 万元转让给四川奇峰房地产开发有限责任公司及另两位自然人。同年 8 月 23 日,招商房地产公司成立并开始营业。2004 年 1 月 30 日,成都市工商行政管理局以《成工商处字(2003)第 06133 号处罚决定书》,吊销了成都港招公司的营业执照。

2. 1998 年 4 月 12 日,成都港招公司曾与招商局公司签订《债权债务清算协议书》,约定招商局公司将占地 13241.4 平方米的泰丰国际商贸中心项目用地的土地使用权以评估价 34441941 元抵偿给成都港招公司,用以抵偿招商局公司欠成都港招公司的 3481.55 万元欠款,双方之间债权债务全面结清;招商局公司应于协议生效之日起第二日将土地交成都港招公司开发使用。但该土地使用权至今未转移至成都港招公司名下。

3. 2004 年 11 月 17 日,海南民丰科技实业开发总公司(以下简称海南民丰公司)与成都鑫达房地产开发有限公司(以下简称鑫达公司)签订了《招商(蛇口)成都房地产开发有限公司股份转让协议书》,约定海南民丰公司将其持有的招商房地产公司 49% 的股份转让给鑫达公司,并约定招商房地产公司在 2003 年 4 月前的债权债务由海南民丰公司负担。

因成都港招公司既不向武侯国土局承担注册资金不实的赔偿责任,也不以诉讼或者仲裁方式向招商房地产公司主张到期债权,已造成武侯国土局债权受损,故武侯国土局于2006年11月29日向成都市中级人民法院提起代位权诉讼,请求判令由招商房地产公司履行成都港招公司对武侯国土局负有的21441941元债务,并承担本案诉讼费、保全费。

四川省成都市中级人民法院经审理认为:根据四川省高级人民法院(2005)川民再终字第41号、42号民事判决,本案武侯国土局与招商局公司、四川港招公司于1999年7月20日签订的《债务关系转移合同》为合法有效。根据该合同,招商局公司欠武侯国土局征地费21833446.50元的债务应由四川港招公司承担。其次,根据四川省高级人民法院民事判决、成都市武侯区人民法院(2001)武侯民初字1924号、1925民事判决,以及成都市武侯区人民法院(2006)武侯执裁字第69号、70号民事裁定,武侯国土局对四川港招公司享有本金1800万元及利息的债权,成都港招公司因出资不实,在21441941元范围内对武侯国土局承担责任。成都港招公司与招商局公司于1998年4月12日签订的《债权债务清算协议书》为双方当事人真实意思表示,不违反法律规定,应属合法有效。根据该协议约定,招商局公司对成都港招公司负有给付占地13241.40平方米的泰丰国际商贸中心项目用地的土地使用权之义务,但未履行。招商局公司经改制更名后,变更为招商房地产公司,故招商局公司所负给付成都港招公司土地使用权的义务由改制更名后的招商房地产公司承担。《最高人民法院关于适用〈中华人民共和国合同法〉若干问题的解释(一)》[以下简称《合同法解释(一)》]第十三条规定:"合同法第七十三条规定的'债务人怠于行使其到期债权,对债权人造成损害的',是指债务人不履行对债权人的到期债务,又不以诉讼方式或者仲裁方式向其债务人主张其享有的具有金钱给付内容的到期债权,致使债权人的到期债权未能实现。"根据此规定,债权人行使代位权的前提条件之一是债务人怠于行使具有金钱给付内容到期债权,从而导致债权人的到期债权未能实现。而在本案中,武侯国土局所主张的成都港招公司对招商房地产公司享有的债权为土地使用权给付之债,并非具有金钱给付内容的债权,故武侯国土局提出的其有权代位行使成都港招公司对招商房地产公司的享有债权的主张,不符合最高人民法院《合同法解释(一)》有关代位权构成要件之规定,对其诉讼请求不予支持。根据《最高人民法院关于审理与企业改制相关的民事纠纷案件若干问题的规定》第五条"企业通过增资扩股或者转让部分产权,实现他人对企业的参股,将企业整体改造为有限责任公司或者股份有限公司的,原企业债务由改造后的新设公司承担"之规定,招商局公司在改制为招商房地产公司后,其所有债务应全部由招商房地产公司负担,对于海南民丰公司提出的招商房地产公司不是本案适格被告的答辩意见不予支持。对于海南民丰公司提出的成都港招公司对招商房地产公司享有债权超过诉讼时效的问题,因海南民丰公司并非该债权债务关系之当事人,无权提出债权超过诉讼时效的主张。招商房地产公司、成都港招公司经依法传唤无正当理由未到庭,在本案一审中放弃了对武侯国土局起诉事实和诉讼请求的抗辩、陈述权利,因放弃上述权利所引起的诉讼后果,应由招商房地产公司、成都港招公司自行承担。该院判决:驳回武侯国土局的诉讼请求;第一审案件受理费117220元,诉讼保全费110520元,合计227740元,由武侯国土局负担。

武侯国土局不服上述民事判决,向四川省高级人民法院提起上诉称:案涉1998年4月12日的《债权债务清算协议书》约定"以物抵债"的条款因违反国家强制性规定而属无效协议。依照《中华人民共和国合同法》(以下简称合同法)第五十八条关于"合同无效后因该合同取得的财产,应当予以返还"的规定,成都港招公司与招商房地产公司之间的债权仍为金钱给付内容的债权。根据现有证据证明,到期债权已由"土地过户"转化为返还借款、赔偿的金钱债权,原审判决驳回武侯国土局的诉讼请求属法律适用不当。招商局公司系全民所有制公司,其在改制过程中未经国资委审批,事后又未补办审批手续,故其与成都港招公司签订的《债权债务及资产处置协议》无效,不应作为证据使用。《债权债务及资产处置协议》约定的土地资产总地价29448874元系依据无效的《资产评估价格书》,该评估价格不具有合法性,且与同一土地评估之间差了500多万元,具有故意低价评估国有资产之嫌。招商局公司注销工商档案资料、《土地估价报告》不具有真实性、合法性以及与本案的关联性;招商(蛇口)成都实业公司改制成为成都港招公司没有事实依据。综上,请求二审法院撤销原判,依法改判。

招商房地产公司答辩称:招商房地产公司不是本案适格被告。案涉清算协议的债务人是招商局公司,招商房地产公司与招商局公司是两个不同的法人主体,招商房地产公司对招商局公司的债务不负有清偿责任。武侯国土局的代位权主张无法律依据和合同依据。一方面,清算协议中成都港招公司享有的权利是获得土地使用权,武侯国土局对非金钱给付内容的债权无权主张代位权。另一方面,武侯国土局的债务人是四川港招公司,该局只能对四川港招公司的债务人行使代位权,而无权对成都港招公司的债务人行使代位权。武侯国土局主张的清算协议中对招商局公司约定的合同义务是向成都港招公司交付土地,其只能诉请交付土地,而无权要求给付金钱。成都港招公司与招商房地产公司和招商局公司没有合法、确定的债权债务关系,该两公司不负有清偿债务的义务。案涉清算协议载明的债务金额不具有真实性,从招商局公司和成都港招公司同期的资产负债表显示,招商局公司的资产负债为1079万元,成都港招公司债权合计为619万元,与清算协议约定的差距太大,证明该协议属虚假协议;即使该协议真实,也因成都港招公司与招商局公司签订的《债权债务及资产处置协议》致双方的债权债务关系归于消灭。武侯国土局提起诉讼已过诉讼时效,已丧失胜诉权。请求二审法院驳回上诉,维持原判。

海南民丰公司的答辩理由和请求与招商房地产公司的理由和请求相同。

四川省高级人民法院经审理查明的事实,除招商局公司与招商房地产公司的关系外,其余发生纠纷的原因、过程等主要事实与原审判决认定一致,该院予以确认。该院另查明:

1. 1999年8月22日,招商局公司办理了《企业申请注销登记注册书》,主要载明:注销理由为由全民所有制改为有限责任公司;在企业人员安置、债权债务处理情况栏中,明确除招商房地产公司保留涉土地外,其余资产及债权、债务均由成都港招公司承担;招商局公司在招商银行贷款230万元美元(折合人民币19125309.82元)及该贷款在1999年6月30日后产生的利息,由招商房地产公司承担,招商局公司其余自开业至1999年8月9日的全部债权、债务由成都港招公司承担,另注明招商局公司人员由成都港招公司安置。

2. 1999年8月10日,成都港招公司与招商局公司签订《债权、债务及资产处置协议》,该协议约定的主要内容与上述工商企业注销登记注册书内容相同。

3. 招商局公司系经成都市城乡建设管理委员会于1993年7月3日批准,并经工商机关核定的招商局（蛇口）成都实业开发公司投资注册资金800万元设立的全民所有制企业。该公司因改制于1999年8月23日注销。

4. 成都港招公司1997年12月31日的《资产负债表》载明其他应收款期末数为6197415.85元。招商局公司1997年12月31日《资产负债表》载明其期末数合计为1079万元。

5. 2002年10月30日，招商房地产公司将19056597.56元人民币汇至中国外汇交易中心。同年11月1日，该款解汇兑换230万美元偿还给了招商银行成都市分行。

6. 1999年8月23日，招商房地产公司的《公司设立登记申请书》，载明其股东发起人为四川奇峰房地产开发有限责任公司、叶文金、刘宗明。

四川省高级人民法院经审理认为，本案诉争主要问题是武侯国土局是否对招商房地产公司行使代位权。

根据合同法第七十三条关于"因债务人怠于行使其到期债权，对债权人造成损害的，债权人可以向人民法院请求以自己的名义代位行使债务人的债权，但该债权专属于债务人自身的除外。代位权行使的范围以债权人的债权为限"的规定原则，代位权的构成要件，一是债务人需对第三人享有权利，二是债务人怠于行使权利，三是债务人已陷入迟延，四是已对债权人造成损害，债权人有保全债权的必要。

武侯国土局因土地征用费问题与招商局公司、四川港招公司签订《债务关系转移合同》以及武侯国土局与招商局公司签订的《交款合同》，已被前述生效判决确认为有效。之后，在该案执行过程中，成都市武侯区人民法院裁定追加成都港招公司为被执行人，认定其在四川港招公司注册资金不实的21441941元范围内承担责任。据此可以确认，成都港招公司是武侯国土局的债务人。

武侯国土局在本案中主张行使代位权，其主要依据是成都港招公司与招商局公司签订的《债权债务清算协议》，该协议确定由招商局公司将其泰丰国际商贸中心项目用地土地使用权以评估价34441941元抵偿其所欠成都港招公司的3481.55万元，双方债权债务结清，招商局公司应于协议生效第二天将土地交成都港招公司使用。现招商房地产公司辩称该清算协议是成都港招公司为设立四川港招公司签订的虚假协议，该协议确定的欠款数额没有基础证据证明，但其并无提交充足证据；依据该协议，可以确定协议存在的债权债务关系，即招商局公司对成都港招公司负有债务，且为金钱债务；至于协议关于以土地作价清偿的约定，只是双方选择的了结债权债务的方式，其是否合法有效，不影响这一基本事实认定。

招商局公司若按清算协议约定履行，其即不再对成都港招公司负有债务，但其实际并未将土地使用权转移过户至成都港招公司名下，清算协议未得到实际履行，协议双方的债权债务仍然存在。此时，武侯国土局可以以招商局公司为次债务人，依法行使代位权。但结合本案现有证据，其后招商局公司确有改制的事实存在，且因改制而注销；招商局公司改制注销时，就其债权、债务及资产与成都招商实业开发有限公司签订了《债权、债务及资产处置协议》并记载于工商机关的相关登记档案中，明确除由招商房地产公司代招商局公司偿还230万美元外，其他债权、债务和资产均由成都港招公司承担。该230万元美元业已偿还。据此,依《债权、债务及资产处置协议》,招商房地产公司承受的仅是招商局公司原欠相关银行的金融债务,且已实际履行,其他债权债务及资产,由成都港招公司自行承担;而成都港招公司本系武侯国土局的债务人,不存在行使代位权的问题。现武侯国土局虽对招商局公司改制行为及相关协议持有异议,但其并未提交充足证据,其主张不能成立。

招商房地产公司是工商管理机关核准,以新公司设立标准设立的股份制公司,无论是注册资金数额、股东构成、企业性质等,均有别于招商局公司,两者并非简单更名关系。换言之,原招商局公司所欠成都港招公司的债务,不能等同于现招商房地产公司所欠成都港招公司债务。现有证据证明,招商房地产公司只是保留了原招商局公司的案涉土地,并以代其偿还 230 万元美元作为对价,除此之外,未承受招商局公司的其他债务,包括所欠成都港招公司的债务,其没有为招商局公司代偿其他债务的依据。因此,武侯国土局将招商房地产公司作为次债务人,要求由其承担原招商局公司所欠成都港招公司的债务,不符合合同法第七十三条以及最高人民法院前述司法解释的规定,其上诉请求的事实及法律依据不足,不能成立,该院不予支持。该院依照《中华人民共和国民事诉讼法》第一百五十三条第一款第(一)项之规定,判决:驳回上诉,维持原判。二审案件受理费 117220 元,由武侯国土局承担。

武侯国土局不服四川省高级人民法院上述民事判决,向本院申请再审称:第一,原二审法院采信招商房地产公司改制前与成都港招公司签订的《债权、债务及资产处置协议》证据是错误的。招商房地产公司由招商局公司改制设立,不论是招商局公司注销工商档案,还是招商房地产公司设立工商档案,都无国资行政部门合法审批手续,且评估单位无国资行政单位颁发的《资产评估资格书》,其改制行为因违法而应无效。1999 年招商局公司改制时签订的《债权、债务及资产处置协议》约定土地评估总地价为 29448874 元,而 1997 年 12 月该宗土地评估价 34441941 元,二者相差 500 多万元。前后两次评估价格相差 500 多万元,说明改制时故意低估国有资产,导致国有资产的流失。招商局公司改制时将优良资产土地交由改制后招商房地产公司承继,却把全部债务交由成都港招公司承担,其行为本身就是利用企业改制之机,悬空、逃废债务的行为表现,属恶意串通,损害国家、申请人及其他债权人利益。根据《最高人民法院关于人民法院在审理企业破产和改制案件中切实防止债务人逃废债务的紧急通知》第八条"当事人双方恶意串通,损害国家或债权人利益的,应当依法确认有关协议无效"的规定,应当认定《债权、债务及资产处置协议》无效。第二,原二审法院认为招商房地产公司不应当承继改制前招商局公司债务,缺乏法律依据和事实依据。招商房地产公司是通过增资扩股的方式(由 800 万元注册资金增资 1000 万元注册资金)实现他人(四川奇峰房地产开发有限责任公司、叶文金、刘宗明)对企业的参股并将企业改造为有限责任公司的。根据《最高人民法院关于审理与企业改制相关的民事纠纷案件若干问题的规定》第五条"企业通过增资扩股,实现他人对企业的参股,将企业整体改造为有限责任公司的,原企业债务由改造后的新设公司承担"之规定,招商局公司原债务应由招商房地产公司来承担,但二审法院却未适用该司法解释。招商房地产公司通过承担并偿还招商银行贷款 230 万元美元即人民币 19056597.56 元债务的方式,取得招商局公司改制前价值 3400 多万元的土地,就算按改制评估价值 2900 余万元计算也有 1000 多万元盈利。原审法院以

"招商房地产公司只是保留了原招商局公司的涉案土地并以代其偿还230万元美元作为对价"为由认为其不再承担债务,违背了债务承继原则和企业债务随企业财产变动原则。第三,原二审法院单以"注册资金、股东构成、企业性质"作为判断招商局公司与招商房地产公司之间关系,从而得出"并非简单更名关系,原招商局公司欠成都港招公司债务,不能等同于现招商房地产公司欠成都港招公司债务"的结论,违背企业变更债务承继的法定原则。1999年8月6日,成都市工商行政管理局向武侯工商行政管理局出具《企业名称变更核准通知书》载明:"招商局蛇口房地产公司"企业名称变更登记材料收悉。经审查,核准该企业名称变更为"招商蛇口房地产公司",可以证明招商蛇口房地产公司仅是企业改制名称的变更。招商房地产公司为变更《国有土地使用证》均以"名称变更"为由向成都市国土资源局报送材料,并经成都市国土资源局审查"该宗地使用者名称原为招商局蛇口房地产公司,该公司名称变为招商房地产公司"。原二审法院简单从企业注册资金、股东构成、企业性质方面对两企业进行对比,从而得出两企业并非简单"更名关系"的结论,过于草率。既然是国有企业改制,两个企业前后在性质、股东构成肯定不同。法律并未规定企业注册资金、股东构成、企业性质发生了工商变更,变更后的企业不承担企业变更前的债务。综上,请求本院依法撤销本案一、二审判决,依法改判支持其一审诉讼请求,并判令招商房地产公司承担诉讼费和保全费。

招商房地产公司辩称:第一,《再审请求书》所陈述的再审申请理由不能成立。原《债权、债务及资产处置协议》是双方当事人真实意思的表示,并记载于工商登记资料中,原一审法院和二审法院均确认其有效,再审申请人至今并未提供足以推翻原判决的新证据,二审法院采信《债权、债务及资产处置协议》作为证据,不构成法律适用错误。招商房地产公司的设立过程合法,不存在恶意串通、逃废债务的行为。招商房地产公司与招商局公司为两个独立法人,彼此的债权债务关系早已消灭,不存在所谓的债务承继问题,自应独立承担民事责任。第二,原审法院的判决理由认定事实清楚,证据充分确实。原判决认定的主要事实是"招商房地产公司是在承接了招商局公司的土地和相应的230万元美元的债务、向原招商局公司出资人支付了1000万元货币资金的基础上,以新公司设立标准设立的股份制公司"。原判决据此认为原招商局公司所欠成都港招公司债务,不能等同于现招商房地产公司所欠成都港招公司债务,判决驳回了再审申请人的诉讼请求,原判决认定主要事实的证据充分确实。第三,原判决适用法律正确,企业改制司法解释不适用本案。武侯国土局引用2002年《关于人民法院审理企业破产和改制案件中切实防止债务人逃废债务的紧急通知》(以下简称《通知》)第八条规定,以招商局公司的改制未经批准为由,认为《资产处置协议》无效,从而认为原判决适用法律错误。武侯国土局的上述观点违背法律事实,故意曲解法律。《通知》第八条是针对国有企业改制作出的规定,而招商局公司在1999年前已经不属于国有企业,不适用《通知》第八条的规定,不存在所谓的改制审批问题。再审申请人故意曲解企业改制司法解释,把企业设立公司的合法行为认定为企业借改制逃避债务的违法行为。本案招商房地产公司的设立行为,完全符合《公司法》和《公司登记管理条例》的相关规定,不存在把优质资产转移出去,进而导致企业丧失基本生产经营能力和对外偿债能力的现象,不属于逃废企业债务的违法行为。综上,武侯国土局的再审申请理由不能成立,请求本院驳回其再审申请。

第三人海南民丰公司的答辩理由与招商房地产公司的答辩理由相同。

第三人成都港招公司经公告送达开庭通知,未到庭参加诉讼。

本院经再审审理,对一、二审法院查明的基本事实予以确认。

本院认为,本案的诉讼焦点是:武侯国土局能否对招商房地产公司行使代位权。该焦点问题可以分解为两个具体问题:其一,武侯国土局能否对改制前的招商局公司行使代位权?其二,改制后的招商房地产公司应否对原招商局公司的债务承担责任?

关于第一个问题,即武侯国土局能否对改制前的招商局公司行使代位权问题。本院认为,根据合同法第七十三条关于"因债务人怠于行使其到期债权,对债权人造成损害的,债权人可以向人民法院请求以自己的名义代位行使债务人的债权,但该债权专属于债务人自身的除外"之规定,债权人代位权是债权人为了保全其债权不受损害而以自己的名义代债务人行使权利。本案中,武侯国土局因土地征费问题与招商局公司、四川港招公司签订《债权债务转移合同》以及武侯国土局与四川港招公司签订的《交款合同》已为人民法院生效法律文书确认有效,武侯国土局对四川港招公司的债权合法确定,因此四川港招公司是武侯国土局的债务人。成都港招公司因在开办四川港招公司过程中出资不实而被生效的裁判文书认定应在注册资金不实的 21441941 元范围内对武侯国土局承担责任,故成都港招公司亦是武侯国土局的债务人,武侯国土局对成都港招公司的债权亦属合法且已确定。成都港招公司与招商局公司于 1998 年 4 月 12 日签订《债权债务清算协议书》,约定招商局公司应将其泰丰国际商贸中心项目用地土地使用权以评估价 34441941 元抵偿其所欠成都港招公司的 3481.55 万元的债务。该协议书系双方当事人真实意思表示,不违反法律、行政法规强制性规定,应属有效。根据该协议,招商局公司对成都港招公司负有 3481.55 万元的金钱债务,招商局公司对成都港招公司负有给付泰丰国际商贸中心项目用地土地使用权的义务。本院认为,成都港招公司与招商局公司双方协议以土地作价清偿的约定构成了代物清偿法律关系。依据民法基本原理,代物清偿作为清偿债务的方法之一,是以他种给付代替原定给付的清偿,以债权人等有受领权的人现实地受领给付为生效条件,在新债务未履行前,原债务并不消灭,当新债务履行后,原债务同时消灭。本案中,成都港招公司与招商局公司虽然签订了《债权债务清算协议书》并约定"以地抵债"的代物清偿方式了结双方债务,但由于该代物清偿协议并未实际履行,因此双方原来的 3481.55 万元的金钱债务并未消灭,招商局公司仍对成都港招公司负有 3481.55 万元的金钱债务。据此,招商局公司是成都港招公司的债务人,进而是武侯国土局的次债务人。根据合同法第七十三条以及本院《合同法解释(一)》第十一条、第十三条之规定,因为成都港招公司既未向武侯国土局承担注册资金不实的赔偿责任,又未以诉讼或者仲裁方式向招商局公司主张已到期债权,致使债权人武侯国土局的债权未能实现,已经构成合同法第七十三条规定的"债务人怠于行使其到期债权,对债权人造成损害",因此,武侯国土局有权代位行使成都港招公司基于《债权债务清算协议书》而对招商局公司享有的合法金钱债权,但该代位权的行使范围应以其对成都港招公司的债权即注册资金不实的 21441941 元范围为限。

关于第二个问题,即改制后的招商房地产公司应否对原招商局公司的债务承担责任。

本院认为,本案现已查明的事实表明,成都港招公司本来就对四川港招公司出资不实,未将其应当投入四川港招公司价值21441941元的泰丰国际商贸中心项目用地土地使用权投入到四川港招公司,却于1999年7月20日与武侯国土局、四川港招公司签订《债务关系转移合同》将其欠武侯国土局的征地费21833446.5元转移给其出资不实设立的四川港招公司。在该《债务关系转移合同》签订后尚不到一个月,成都港招公司便于同年8月10日与招商局公司签订《债权、债务以及资产处置协议》,将招商局公司改制为招商房地产公司,将本应投入四川港招公司的泰丰国际商贸中心项目用地土地使用权留给了改制后的招商房地产公司并由其负责偿还招商局公司欠招商银行230万美元贷款,其余资产及其债权、债务以及职工安置均由成都港招公司承担;同年8月22日,招商局公司办理了《企业申请注销登记注册书》,并于8月23日因改制而注销。该改制系采取增资扩股的方式进行,即招商局公司在由800万元注册资金增资1000万元注册资金的同时,将其对增资后更名的招商房地产公司享有的1000万元股权转让给四川奇峰房地产开发有限责任公司、叶文金、刘宗明,从而实现他人对企业的参股并将企业改造为有限责任公司。招商局公司与成都港招公司的上述出资不实、债务转移、债权债务和资产处置以及采增资扩股方式的企业改制等一系列行为,暂且不论其是否真正存在恶意逃债、损害债权人利益的动机和目的,但实际结果的确导致武侯国土局不能实现对四川港招公司和成都港招公司的债权,令本院不得不对其上述系列行为的动机产生怀疑。为了更好地审理企业改制相关的民事纠纷案件,最高人民法院专门制定了《关于审理与企业改制相关的民事纠纷案件若干问题的规定》,该规定所确立的法人财产原则、企业债务承继原则以及企业债务随企业财产变动原则,旨在防止企业在改制过程中造成企业财产流失,避免损害债权人的利益。本院认为,企业改制或者改造只是企业变更的一种形式,根据法人财产原则和企业债务承继原则,变更设立后的公司应当承继原企业的债权债务。虽然招商局公司在改制时与成都港招公司签订了《债权、债务及资产处置协议》,但无论是招商局公司对成都港招公司负有的3481.55万元的债务,还是招商局公司欠招商银行的230万美元的贷款,均是招商局公司改制前的对外负债,根据法人财产原则以及企业债务承继原则,改制后的招商房地产公司均应负责偿还改制前的招商局公司的债务。尽管改制后的招商房地产公司在注册资金数额、股东构成、企业性质等方面均有别于原招商局公司,但企业改制只是转换企业的组织形式和变更企业的经济性质,原企业的债权债务并不因改制而消灭。根据法人财产原则和企业债务承继原则以及本院《关于审理与企业改制相关的民事纠纷案件若干问题的规定》第五条关于"企业通过增资扩股,实现他人对企业的参股,将企业整体改造为有限责任公司或者股份有限公司的,原企业债务由改造后的新设公司承担"之规定,原招商局公司对成都港招公司的债务应由改制后的招商房地产公司承担。故武侯国土局将招商房地产公司作为次债务人,要求其承担原招商局公司所欠成都港招公司的债务,不仅符合合同法第七十三条和本院《合同法解释(一)》关于债权人代位权制度及其构成要件之规定,而且符合本院《关于审理与企业改制相关的民事纠纷案件若干问题的规定》的原则和规定。因此,武侯国土局关于要求招商房地产公司承担原招商局公司所欠成都港招公司债务的请求,于法有据,应予支持,招商房地产公司应在21441941元范围内向武侯国土局承担清偿责任。根据本院《合同法解释(一)》第二十条关于"债权人向次债务人提起的代位权诉讼经人民法院审理后认定代位权成立的,由次债务人向债权人履行清偿义务,债权人与债务人、债务人与次债务人之间相应的债权债务关系即予消灭"之规定,招商房地产公司向武侯国土局履行21441941元的清偿责任后,武侯国土局与成都港招公司、武侯国土局与四川港招公司、成都港招公司与招商房地产公司(原招商局公司)之间相应的债权债务关系即予消灭。

综上,本院认为,武侯国土局对成都港招公司所享有的债权合法有效,成都港招公司对原招商局公司所享的债权亦经生效法律文书所确定,合法有效并已到期;成都港招公司既未向武侯国土局承担注册资金不实的赔偿责任,又怠于行使其对招商局公司或者改制后的招商房地产公司的到期债权,致使武侯国土局的债权未能实现,故武侯国土局关于要求招商房地产公司承担原招商局公司所欠成都港招公司债务的再审请求和理由成立,本院予以支持。原一、二审判决认定事实基本清楚,但适用法律不当,本院予以纠正。依照《中华人民共和国合同法》第七十三条、本院《关于适用〈中华人民共和国合同法〉若干问题的解释(一)》第十三条、第十九条、第二十条、《关于审理与企业改制相关的民事纠纷案件若干问题的规定》第五条以及《中华人民共和国民事诉讼法》第一百五十三条第一款第(二)项、第一百八十六条第一款之规定,判决如下:

一、撤销四川省高级人民法院(2008)川民终字第90号、四川省成都市中级人民法院(2007)成民初字第19号民事判决;

二、招商(蛇口)成都房地产开发有限责任公司向成都市国土资源局武侯分局支付21441941元;

三、上述给付义务履行后,成都市国土资源局武侯分局与成都港招实业开发有限责任公司、成都市国土资源局武侯分局与四川港招实业股份有限公司、成都港招实业开发有限责任公司与招商(蛇口)成都房地产开发有限责任公司之间相应的债权债务关系即予消灭。

一审、二审案件诉讼费各117220元,诉讼保全费110520元,由招商(蛇口)成都房地产开发有限责任公司负担。

本判决为终审判决。

审 判 长 王 闯
审 判 员 李京平
代理审判员 王富博
二〇一一年十一月三十日
书 记 员 商 敏

陈永梁诉中国人民保险公司阿荣旗
支公司财产保险合同纠纷案

——中华人民共和国最高人民法院民事判决书

（2011）民提字第238号

裁判要旨 保险单中"以何种价值投保"中的"估价"并未对保险价值作出明确约定，因此本案应定性为不定值保险。本案保险合同条款文字按其文义不应引起争议或异议，也不存在两种以上解释从而适用有利于被保险人解释的前提。本案保险合同保险标的保险价值只能按照保险事故发生时保险标的实际价值确定。

中华人民共和国最高人民法院

民 事 判 决 书[①]

（2011）民提字第238号

申请再审人（一审原告、二审上诉人、原被申请人）：陈永梁，男，汉族，1950年出生，住辽宁省盖州市。

委托代理人：刘治成，男，汉族，1940年出生，住河南省淇县。

被申请人（一审被告、二审被上诉人、原申请再审人）：中国人民财产保险股份有限公司阿荣旗支公司。住所地：内蒙古自治区阿荣旗那吉镇中央街156号。

负责人：尹成海，该支公司经理。

委托代理人：黄再再，国浩律师（北京）事务所律师。

委托代理人：詹昊，国浩律师（北京）事务所律师。

陈永梁诉中国人民保险公司阿荣旗支公司（以下简称保险公司）财产保险合同纠纷一案，内蒙古自治区呼伦贝尔市中级人民法院于2004年7月7日作出（2003）呼民初字第39号民事判决。陈永梁不服，上诉于内蒙古自治区高级人民法院，该院于2005年12月30日作出（2004）内民一终字第137号民事判决。该判决发生法律效力后，保险公司不服，向内蒙古自治区高级人民法院申请再审，该院于2007年6月6日作出（2006）内民监字第64号

[①] 根据需要，略去有关当事人相关信息。——编者注

民事裁定,决定对该案再审,并于2009年4月3日作出(2007)内民再提字第29号民事判决。陈永梁不服,向本院申请再审。本院于2010年12月16日作出(2010)民再申字第169号民事裁定,提审本案。现本院依法组成由审判员宫邦友担任审判长、审判员朱海年、代理审判员林海权参加的合议庭进行了审理。书记员闫成祥担任记录。本案现已审理终结。

内蒙古自治区呼伦贝尔市中级人民法院一审查明:2002年3月12日,阿荣旗森利达木制品有限责任公司与保险公司签订《个体工商业财产保险单》,约定保险公司为陈永梁投保的固定资产保险,保险金额为18万元,保险期限为2002年3月13日至2003年3月12日,同日陈永梁支付保险费936元。2002年8月19日,陈永梁又以阿荣旗森利达木制品厂为被保险人与保险公司签订《财产保险基本险保险单》,约定保险金额为128万元,保险期限为2002年8月20日至2003年8月19日,同日陈永梁交纳保险费13824元。2002年9月15日凌晨0时30分许,位于同一地址的阿荣旗森利达木制品厂与原阿荣旗森利达木制品有限公司厂房发生火灾,虽经消防队全力扑救,但仍造成厂房及设备严重烧毁的后果。当日陈永梁向阿荣旗公安局刑事警察大队及保险公司报案。阿荣旗公安消防大队及阿荣旗公安局刑事警察大队进行了现场勘查,但未能查明火灾原因,公安机关立案尚未告破。灾后陈永梁向保险公司提出索赔请求,提供了索赔单证并对出险现场采取相应保护措施,但保险公司不予理赔。该企业此后处于停产停业状态,无法恢复生产。陈永梁起诉后,保险公司于2003年6月11日要求陈永梁提供受损机械设备的技术参数、型号等数据,但陈永梁认为该厂固定资产账及设备订货合同在保险公司,保险公司没有在法定合理期限内对单证完整性进行审查,且陈永梁在诉前没有接到保险公司要求补充提交单证的通知。

该院另查明,2002年6月28日,阿荣旗森利达木制品有限公司经股东会议决定解散,7月19日办理了注销手续,公司解散清算后的一切债权债务归陈永梁个人承担。呼伦贝尔信实会计师事务所阿荣旗分所于2001年12月5日作出的资产评估报告及验资报告表明,阿荣旗森利达木制品有限公司至2001年12月5日固定资产额为218万元人民币。2003年4月22日,保险公司委托广东方中保险公估有限公司对受损资产进行公估。该公估机构于2003年7月10日做出《保险公估报告书》,结论为在不扣除残值的情况下,公估理算金额总值140400元,固定资产残值已无法计算。保险公司在诉讼期间未向呼伦贝尔市中级人民法院说明正在委托公估的事项。双方均未向呼伦贝尔市中级人民法院申请进行鉴定。因本案涉及保险标的物损失金额无法确定,呼伦贝尔市中级人民法院于2003年12月向双方当事人征询意见,由呼伦贝尔市中级人民法院指定鉴定人对陈永梁投保标的价值进行鉴定,陈永梁表示同意,保险公司不同意,双方表示不对鉴定人进行选择。因此,呼伦贝尔市中级人民法院指定呼伦贝尔万华会计师事务所对该保险标的价值进行鉴定。经鉴定,该部分保险标的价值为214550.40元,机械设备现场残值1200元。呼伦贝尔市中级人民法院于2004年7月5日开庭对呼伦贝尔万华会计师事务所的《资产评估报告书》进行了当庭质证,但陈永梁提供书面意见称法院自行委托进行鉴定,违反法定程序,不参与质证。保险公司认可《资产评估报告书》的鉴定结论。关于陈永梁请求的房产损失部分,因房屋所有权人阿荣旗那吉屯农场金库砖瓦厂已经就火灾损失向陈永梁提起诉讼,因此在本次鉴定中没有包括。2003年12月8日,阿荣旗人民法院经审理以(2003)阿民初字第01388号民事判决,判决陈永梁作为该房产承租人赔偿出租人因火灾造成房产损失87033元人民币。

内蒙古自治区呼伦贝尔市中级人民法院认为,陈永梁、保险公司签订的保险合同是双方当事人真实意思表示,应属有效,双方均应按约履行合同义务,对当事人具有约束力。阿荣旗森利达木制品有限公司在与保险公司签订财产保险合同后,经股东会决议解散,其资产、债权债务归陈永梁个人承受,原公司办理了注销登记,因此该保险合同可以认定为陈永梁、保险公司之间的合同之债,双方同样应依合同履行,享有合同权利并承担合同义务,陈永梁的诉讼主体资格符合法律规定。被保险标的发生火灾属于保险赔偿的法定事由,陈永梁已向保险公司提出索赔申请,但保险公司未在合理的法定期间予以理赔,属不履行保险合同赔偿义务的行为,其不能以陈永梁提供资料不齐全为由对抗陈永梁的索赔请求。本案虽经公安机关立案,但目前尚未侦查终结,本案陈永梁也并非犯罪嫌疑人,火灾原因至今未能查清,因此保险公司提出的案件应中止审理的答辩理由无事实及法律依据。陈永梁、保险公司双方签订保险合同的行为应为自主意志行为,应对其意思表示承担相应的民事法律后果。保险公司在诉讼前聘请了有关保险公估机构进行评估,但进入本案诉讼后,评估尚未实际进行,保险公司应将公估事项告诉法院或向法院申请鉴定,有关评估人员应到庭接受询问并对鉴定评估事项进行说明,在保险公司没有向法院提出申请的情况下,其单方委托的鉴定结论不能对抗双方约定的资产价值,且该公估机构系在有关资产已被烧毁,并根据保险公司单方提供的资料进行,其证明力明显缺乏,该评估结论不能采纳。双方虽然已在保险合同中对被保险标的物进行了约定,根据《中华人民共和国保险法》(以下简称保险法)第四十条规定和双方当事人在保险合同第十条、第十三条第(一)项关于固定资产的保险价值是出险时的重置价的规定,其出险时资产的保险价值非经法定鉴定难以确认。在双方均不主张鉴定的情况下,呼伦贝尔市中级人民法院委托有关评估鉴定机构进行鉴定是必要的,经鉴定出具鉴定结论,陈永梁不出庭质证,应视为放弃质证权利,在保险公司认可鉴定结论的情况下,应确认该《资产评估报告书》的鉴定结果。对于有关房产损失,阿荣旗人民法院已经判决确认,其判决具有当然既判力。根据鉴定结论及阿荣旗人民法院的判决,扣除残值后,保险公司总计应支付陈永梁保险标的损失300383.40元。对于陈永梁提出的看护人员工资及房屋租金等其他损失基于同一案件事实和同一法律关系因保险公司不履行赔偿义务而导致,保险公司作为过错方应予赔偿,对于陈永梁提出的看护人员工资,呼伦贝尔市中级人民法院认为计算过高,参照当地的一般情况,认为应以每人每天10元为宜,因此该项费用应为7680元;陈永梁请求的房屋租金损失4438元计算基本适当,应予维护。陈永梁提出的设备标的物利息损失系与其他合同当事人之间的法律关系,其不能以本案保险公司没有保险理赔为由迟延支付,因此该项请求不予维护。综上,该院根据保险法第十一条、第二十二条、第二十四条、第二十六条的规定,并根据《中华人民共和国民事诉讼法》第七十二条及有关案件审理程序的规定,作出(2003)呼民初字第39号民事判决,判决:一、保险公司向陈永梁支付保险赔偿金300383.40元;二、保险公司向陈永梁支付房屋租金及看护人员工资等其他损失合计12118元;三、驳回陈永梁的其他诉讼请求。案件受理费17376元,由陈永梁负担13693.20元,保险公司负担3682.80元。鉴定费5000元,由陈永梁负担2500元,保险公司负担2500元。

陈永梁不服上述判决,向内蒙古自治区高级人民法院提起上诉称,保险合同是双方合意的表现形式,为真实意思表示,具有法律约束力,双方当事人应按合同约定各自履行保险合同约定的权利义务。依照相关法律和合同约定,双方当事人自保险合同的签订和保险费的缴付时起,保险人就要承担保险责任。出险后,陈永梁多次申请索赔,保险公司在法定的理赔期限内不履行理赔义务并造成严重的经济损失,应承担举证不能的后果。原审法院严重违反程序,在双方当事人均表示对保险标的物不作鉴定的情况下,再行鉴定的权利应予消灭。在庭审结束五个多月后,原审法院违背《最高人民法院关于民事诉讼证据的若干规定》第十五条、第十六条的规定,依职权委托鉴定部门做出鉴定。上诉人提出异议后,收回鉴定报告,再次委托原鉴定部门,出具了原样的鉴定报告并缺席判决,是严重的违反法律程序。所做出的鉴定报告内容缺乏客观真实性,上诉人不予认可。请求二审法院查明事实依法改判。被上诉人保险公司答辩称,上诉人的上诉请求及理由不能成立,原判认定事实清楚,证据充分,适用法律适当。请求二审法院在查清事实的基础上,依法驳回上诉人的上诉请求,维持原审判决。

内蒙古自治区高级人民法院二审查明的事实与一审法院认定的事实无异,予以确认。

内蒙古自治区高级人民法院二审认为,本案保险合同是双方当事人真实意思表示,应属有效合同,对双方当事人均有法律约束力。上诉人陈永梁投保的财产在发生火险后,其依据双方订立的保险合同,向被上诉人提出索赔申请,符合《保险法》的相关规定和保险合同的约定,被上诉人未在合理的期间内作出处理行为,属不履行合同约定的理赔义务。在上诉人陈永梁请求理赔未果的情况下,提起民事诉讼后,被上诉人又以上诉人申请理赔提供的资料不齐全为由,不予理赔的理由不能成立。原审法院在双方当事人均表示不鉴定的情况下,依职权委托呼伦贝尔万华会计师事务所对上诉人投保的标的物价值进行鉴定,因该评估报告的基准日为2004年1月9日,距火灾发生时间较长。依据资产评估报告第九项特别事项说明,该评估报告评估结果在现场缺损严重,资产占有人的"索赔申请"中所列主体设备已不知去向,无法取得相应的现场勘查结果的情况下,仅依据国家木工机械质量监督检验中心出具的《检验报告》和不具鉴定资格的星光电机修理部姜建飞出具的检测结果做出的评估价,显然不具有客观真实性和完整性。该评估报告只是针对该厂生产线组成的单机单项评估,并不是对该生产线整体评估。因此,该资产评估报告依法不应予以采信,不能作为定案依据。现上诉人陈永梁主张142万元保险金额是投保人与保险人在订立保险合同时,对保险标的事先予以估价,并将其估价额载明于保险合同,符合定值保险特征。应尊重双方协商自愿原则,依双方签订的保险合同约定,保险人认可的估价投保金额予以理赔。上诉人陈永梁请求被上诉人承担看护人员费用及房屋租赁损失,因双方在保险合同中已对投保财产进行估价,载明于保险合同,再主张其他损失的赔偿,不应予以支持,上诉人的该项主张不能成立。原审法院认定事实清楚,适用法律欠当。该院经审判委员会讨论,依据保险法第十条、第十三条、第十四条、第四十条、《中华人民共和国民事诉讼法》第一百五十三条第(一)款第(二)项的规定,作出(2004)内民一终字第137号民事判决,判决:一、撤销呼伦贝尔市中级人民法院(2003)呼民初字第39号民事判决第一、二项,维持第三项;二、保险公司支付保险赔偿金142万元。上述款项于判决生效后15日内履行。一、二审案件受理费34752元,鉴定费5000元,由保险公司负担。

保险公司不服内蒙古自治区高级人民法院上述判决,向该院申请再审,请求撤销二审判决,维持一审判决。理由为,一、二审判决以定值保险作为本案适用法律的依据实属错误。所谓定值保险是学理上的概念,即投保人和保险人在保险合同中约定并载明保险标的保险价值,出险后根据保险价值确定的保险金额进行理赔,而不考虑保险标的在事故发生时的实际价值。我国保险法中无定值保险的明确规定,故不能以学理解释作为定案的法律适用依据。二、申诉人应依据保险合同约定的保险价值予以理赔。保险合同有效,保险出现全部损失时,保险金额等于或高于保险价值的其赔偿金额以不超过保险价值为限,保险标的价值正是一审法院依职权委托相关专业部门所作出的价格结论。

陈永梁答辩称,一、二审法院依据双方合同第10条2款的约定"重置价值"作为本案定案的根据是有法律依据的,判决结果符合法律规定。二、评估报告没有法律效力,鉴定人员及机构有瑕疵,报告采用国家木工机械质量监督检验中心的资料,是单方私下所为,资料来源不合法。报告对少部分资产单机进行评估,不具有完整性。三、申诉人请求部分赔偿没有事实依据。四、一审法院以阿荣旗法院判决结果作为房屋赔偿的根据缺乏法律依据。五、答辩人缺席对呼伦贝尔万华会计师事务所出具评估报告的质证,责任在一审法院和评估机构。六、申请人出具的武汉轻工机械厂设备价目表,证明保险标的出险时,重置价值高于保险合同的保险金额。

内蒙古自治区高级人民法院再审查明:2002年3月12日,阿荣旗森利达木制品有限公司与保险公司签订了保险合同,投保标的为车间、宿舍,保险金额车间14万元,宿舍4万元,保险期间2002年3月13日至2003年3月12日。森利达木制品有限公司的股东是陈永梁、卜桂珍、陈凯。2002年6月28日,该公司经股东会议决定解散,公司的债权债务归陈永梁承担,同年7月19日办理了公司注销手续。2002年7月23日,陈永梁个人申请注册成立了阿荣旗森利达木制品厂。2002年8月19日,阿荣旗森利达木制品厂与保险公司签订一份财产保险合同,投保标的为火柴梗生产线、旋转烘干线、雪糕棍生产线、冷热风烘干线、筛理生产线、开刀机、磨刀机、截锯、电焊机,保险金额为128万元。合同第十条格式条款载明,"固定资产的保险金额由被保险人按照账面原值或原值加成数确定,也可以按照当时重置价值或其他方式确定。固定资产的保险价值是出险时的重置价值。"该合同双方按照估价的方式确定保险金额。2002年9月15日凌晨0时30分许,位于同一地址的阿荣旗森利达木制品厂与原阿荣旗森利达木制品有限公司厂房发生火灾,虽经消防队全力扑救,但仍造成厂房及设备严重烧毁的后果。当日,陈永梁向阿荣旗公安局刑事警察大队报案,并通知了保险公司,有关部门进行了现场勘查。保险公司没有提供现场勘查记录。现火灾原因未能查明,此案尚未告破。2002年12月18日,陈永梁向保险公司递交了两份索赔申请书称,厂房损失9万元,火柴梗生产线,除1台截锯机完整外,其余全部烧毁,损失约44万元,旋转烘干线烧毁电机1台,损失约800元,雪糕棍生产线,除水煮槽和锅炉外,其余设备全部烧毁,损失约33万元,冷热风烘干线,烧毁电机1台和全部管线,损失约2200元,筛理生产线全部烧毁,损失12万元。开刀机损失1500元,磨刀机损失2800元。截锯损失2000元,电焊机损失2000元。合计损失988500元。保险公司未及时予以核定。2003年4月22日,保险公司委托广东方中保险公估有限公司对保险标的物进行重置价鉴定。广东方中保险公估有限公司又委托国家木工机械质量监督检验中心对被保险设备进行检验,检验结论为,火柴梗生产线及雪糕棍生产线的单机具有国内一般水平,损坏严重,无修复价值,不能继续使用。广东方中保险公估有限公司于同年7月10日作出鉴定结论,扣除残值后损失金额为

140400 元。鉴定过程中,采信了阿荣旗星光电机修理部姜建飞出具的对相应电机的检测结果。2003 年 5 月 28 日,陈永梁诉至法院,请求判令保险公司理赔金额及赔偿损失 1473238 元。保险公司于 2003 年 6 月 11 日要求陈永梁提供受损机械设备的技术参数、型号等数据,但陈永梁认为该厂固定资产账及设备订货合同在保险公司,保险公司没有在法定合理期限内对单证完整性进行审查,诉前没有接到保险公司要求补充提交单证的通知,故没有提供受损机械设备的技术参数、型号等数据。一审法院受理该案后,广东方中保险公估有限公司的鉴定结论尚未作出,保险公司未将委托广东方中保险公估有限公司评估的行为告知法院。一审法院依职权委托呼伦贝尔万华会计师事务所对陈永梁因火灾造成的机械设备损失进行鉴定,鉴定结论为:受损机械设备的重置价为 221200.40 元,扣除未烧毁的 8 台电机及残值,受损金额为 214550.40 元。该鉴定结论是依据国家木工机械质量监督检验中心出具的检验报告和星光电机修理部姜建飞出具的对相应电机检测结果的基础上作出的。呼伦贝尔万华会计师事务所是经内蒙古自治区高级人民法院批准,纳入人民法院司法鉴定名册的机构,其鉴定人员具有相应的资质。国家木工机械质量监督检验中心是国家级木工机械产品质量监督检验的法定机构。阿荣旗星光电机修理部姜建飞不具有鉴定资质。另查明,保险合同没有载明火柴梗生产线、雪糕棍生产线、理筛生产线包括的机械名称及数量。保险公司火灾当天进行现场勘查也未核对生产线的组成机械名称及数量,故生产线的组成应以陈永梁提供的设备安装草图为依据。呼伦贝尔万华会计师事务所所作的鉴定报告,对陈永梁所报的旋转烘干线、冷热风烘干线、开刀机、截锯、电焊机损失金额全部予以认定。该报告对陈永梁所报损雪糕棍生产线、磨刀机的全部机械进行了重置价的鉴定;对陈永梁报损的理筛生产线仅鉴定了 2 台筛理机、1 台理梗机的重置价值,比陈永梁提供的设备安装草图少鉴定 2 台筛理机、1 台理梗机;少评估价款 25764 元;对陈永梁报损的火柴梗生产线的鉴定,比陈永梁提供的设备安装草图少打片机、送梗机、筛梗机。对应武汉轻工机械厂选梗机、切梗机、筛选机价目表再加运费及安装费综合定价为 93749.30 元。另外因厂房被烧毁,法院生效判决陈永梁赔偿厂房损失 87033 元。

内蒙古自治区高级人民法院再审认为,阿荣旗森利达木制品有限公司、阿荣旗森利达木制品厂分别与保险公司签订的保险合同是当事人的真实意思表示,不违反法律规定,应为有效合同。当事人应依合同约定履行各自的义务。阿荣旗森利达木制品有限公司注销后权利义务均由陈永梁承继,当然也包括保险合同项下的权利义务。保险事故发生后,陈永梁申请理赔,保险公司未及时进行核定损失,履行理赔义务,应承担陈永梁因此支出的费用及造成的损失。呼伦贝尔万华会计师事务所是纳入人民法院司法鉴定的机构,鉴定人员具有相应资质,其鉴定结论应作为人民法院认定火灾损失的基础。因保险合同没有记载投保机械设备的商标及设备参数,火灾发生后陈永梁没有提供机械设备的商标及设备参数,国家木工机械质量监督检验中心的人员现场勘查投保设备无标牌、厂名及设备参数,国家木工机械质量监督检验中心是国家级木工机械产品质量监督检验的法定机构,其作出的关于火柴梗生产线及雪糕棍生产线的单机具有国内一般水平的认定应予采信。呼伦贝尔万华会计师事务所将其作为定价的依据是客观的。阿荣旗星光电机修理部姜建飞不具有鉴定资质,其对电机的测试不应作为呼伦贝尔万华会计师事务所扣除电机残值的依据,应从评估报告结论中删除。保险合同未载明生产线组成的机械名称及数量,保险事故发生后,保险公司出现场时，未对事故现场作勘验记录，导致法院委托鉴定时，现场已不能反映发生火灾时生产线的组成，故火柴梗生产线、理筛生产线的组成应依陈永梁提供的设备安装草图为依据鉴定其重置价。呼伦贝尔万华会计师事务所做出的鉴定结论，是对单机评估后作出的，其所评估的机械设备数量比陈永梁提供的设备安装草图少6台机械设备，其价款应加入鉴定结论中，评估报告已经做出评估价款的机械设备按评估价格认定。评估报告没有做出评估的机械设备比照价格高的定价，以避免单机定价的不足。厂房损失以生效判决认定，金额为87033元。因双方签订的保险合同没有约定保险标的价值，二审判决以定值保险判令保险公司理赔，属适用法律错误。该院经审判委员会讨论，依照保险法第二十四条第二、四款，第四十条、第四十二条，《中华人民共和国民事诉讼法》第一百五十三条第一款第（三）项、第一百八十四条之规定，作出（2007）内民再提字第29号民事判决，判决：一、撤销该法院（2004）内民一终字第137号民事判决及呼伦贝尔市中级人民法院（2003）呼民初字第39号民事判决第一、二项；二、维持呼伦贝尔市中级人民法院（2003）呼民初字第39号民事判决第三项，即驳回陈永梁的其他诉讼请求；三、保险公司向陈永梁支付赔偿金426726.60元；四、保险公司向陈永梁支付看护人员工资及损失53239元。上述三、四项判决生效后十日内履行完毕。一、二审案件受理费34752元，双方各承担一半，鉴定费5000元由保险公司负担。如未按判决指定的期间履行给付金钱义务，应当依照《中华人民共和国民事诉讼法》第二百二十九条之规定，加倍支付迟延履行期间的债务利息。

陈永梁因不服内蒙古自治区高级人民法院（2007）内民再提字第29号民事判决，向最高人民法院申请再审称：一、内蒙古自治区高级人民法院（2007）内民再提字第29号民事判决认定事实和适用法律错误。保险公司在其单方自行委托保险公估机构所作结论不被采纳情况下，未申请法院鉴定，也未继续提供证据证明其主张，视为放弃举证权利，应承担举证不能责任。一审法院委托鉴定程序违法。保险人应当按照本案保险合同约定投保标的估价投保金额予以理赔。法院委托的火灾财产损失价值评估鉴定不应作为定案依据。二、阿荣旗法院判决作为本案房屋赔偿根据缺乏法律依据。三、再审判决对一审法院委托鉴定评估报告的结论，无权更改。四、保险公司拒付赔偿金应赔偿应付保险金利息；赔偿申诉人交通费、住宿费、误工损失、灾后现场看护共计97659.40元；承担案件诉讼费用39752元。请求最高人民法院撤销内蒙古自治区高级人民法院（2007）内民再提字第29号民事判决，维持内蒙古自治区高级人民法院（2004）内民一终字第137号民事判决；判令保险公司按保险合同约定给付赔偿金，并按银行同期贷款利率从提起诉讼次日起至全部赔付时止给付利息；保险公司赔偿陈永梁各项损失和承担案件诉讼费用。

被申诉人保险公司答辩称，一、本案保险合同有效，保险公司赔偿义务已经履行完毕。二、本案保险合同性质不是定值保险，陈永梁损失应以出险时的重置价值作为赔偿依据。定值保险是学理上的概念，不能以定值保险作为法律适用依据。保险价值不等同保险金额，双方只约定保险金额，并没有约定保险标的价值。保险合同约定"固定资产的保险价值是出险时重置价值"，应当以重置价值作为赔偿依据。三、本案保险标的重置价值已经法院委托的鉴定机构鉴定，合法有效，应作为认定火灾损失的依据。四、陈永梁主张142万元赔偿金，但不能提供出险时重置价值的证据。请求驳回陈永梁申诉请求。

本院除对内蒙古自治区高级人民法院（2007）内民再提字第29号民事判决查明事实予

以确认外,另查明:2001年12月5日呼伦贝尔信实会计师事务所阿荣旗分所出具的阿会所评字(2001)第152号《阿荣旗森利达木制品有限公司的资产评估报告》,评估结论机器设备账面价值218万元,流动资金包括原材料杨木、火柴梗等31万元,合计249万元。该评估报告附件之一《固定资金——机器设备清查评估明细表》所列明机器设备名称、价格与陈永梁提供的盖州市火柴厂分别于2001年10月18日、19日出具的5张《辽宁省营口市工业企业货物销售发票》记载内容一致。辽宁省盖州市工商行政管理局颁发的盖州市火柴厂企业法人营业执照写明法定代表人为陈凯。2009年9月18日,内蒙古自治区阿荣旗公安局询问陈凯笔录,证实盖州市火柴厂厂长陈凯系陈永梁之子。陈凯仅是名义上的厂长,盖州市火柴厂实际的生产与销售均由陈永梁主管。盖州市火柴厂和森利达木制品厂均系陈永梁的家族企业。2003年5月28日,陈永梁向呼伦贝尔中级人民法院提起诉讼之后,于2003年6月23日向该院提交了申请书,申请法院委托资产公估部门对保险标的损失程度作出鉴定。2003年12月3日呼伦贝尔市中级人民法院就委托评估机构对火灾事故造成的财产损失进行评估鉴定一事对双方当事人及代理人询问,陈永梁一方表示同意进行评估鉴定,有询问笔录为证。2003年6月11日,保险公司向陈永梁要求认为到目前已收到的与火灾有关的部分证明材料不足以进行损失核定,尚有部分证明材料需要继续提供。列明已收到的材料:1.保险单复印件;2.索赔申请书复印件;3.出险通知书;4.事故经过证明(原件);5.公安消防证明原件;6.设备购置证明发票原件;7.企业营业执照复印件。尚未提供资料:1.房屋租赁合同及房屋业主的房产证明;2.原料购置证明;3.产品销售发票底联复印件;4.生产及设备运行记录;5.受损机器设备的规格型号和相关的技术资料;6.出险前三个月的经营状况说明、资产负债表;7.对向保险人所提供的资料的真实性、有效性的承诺。陈永梁2003年6月20日回函称保险人所称已提供材料漏记,该厂固定资产账、设备订货合同都在保险人处。保险人未对资料完整性及时核定、通知补充,是对权利放弃,应自行担责。2009年9月23日,那吉屯农场金库砖瓦厂以陈永梁为被告向内蒙古自治区阿荣旗人民法院提起房屋租赁合同纠纷诉讼,要求陈永梁赔偿租赁房屋因火灾遭受损失。该院对陈永梁承租用作车间发生火灾的405平方米房屋损失价值,委托普惠会计师事务所有限责任公司评估为87033元,并以(2003)阿民初字第01388号民事判决采纳上述评估结论判决陈永梁赔偿那吉屯农场金库砖瓦厂租赁房屋火灾损失87033元。该判决因当事人未提起上诉而发生法律效力。

本院认为:一、关于本案保险合同性质为定值保险或者不定值保险问题。《中华人民共和国保险法》于1995年10月1日实施,2002年10月第一次修改,本案所涉保险合同签订于2002年3月12日和8月19日,故本案应当适用1995年保险法。该法第三十九条规定,保险标的的保险价值,可以由投保人和保险人约定并在合同中载明,也可以按照保险事故发生时保险标的的实际价值确定。保险金额不得超过保险价值;超过保险价值的,超过部分无效。保险金额低于保险价值的,除合同另有约定外,保险人按照保险金额与保险价值的比例承担赔偿责任。该规定不仅提及保险价值和保险金额的不同概念和作用,也对保险金额与保险价值之间关系作了原则性规定,同时也对保险标的实际损失如何确定作了规定。根据2009年3月2日保监会保监发〔2009〕29号《关于发布〈2009版保险术语〉行业标准的通知》,对全国保险业标准化技术委员会(保标会)制定的《2009版保险术语》行业标准(标准编号为 JR/T0032 - 2009),该《保险术语》6.3.2 财产保险确定保额一栏列明,保险价值为经保险合同当事人约定并记载于保险合同中的保险标的的价值,或保险事故发生后保险标的实际价值。而保险金额按照1995年保险法第二十三条第四款规定,是指保险人承担赔偿或者给付保险金责任的最高限额。对于财产保险,保险价值是保险人赔偿计算标准。保险人赔偿责任以保险标的实际损失为限,保险赔偿基本原则为损失补偿原则,要确定保险标的实际损失必先确定保险标的实际价值亦即保险价值,保险标的价值是确定实际损失的条件,从而决定着保险赔偿金数额。而保险金额是保险事故发生后保险人支付保险赔偿金的最高限额,而非保险人支付赔偿金计算标准。二者概念有本质区别,但二者之间又相互联系。当保险标的实际损失超过保险金额时,保险人赔偿责任只能以保险金额为限;但当保险标的实际损失低于保险金额的,除当事人有特别约定外,保险人应按照保险金额与保险价值的比例承担赔偿保险金责任。保险金额必须在订立保险合同时按照一定方法确定,而保险价值可以不在订立保险合同时约定,而在事故发生后确定。保险价值和保险金额有不同确定方法。根据中国人民保险公司《财产保险基本险条款》规定,固定资产的保险价值是出险时重置价值。即以同一或类似的材料和质量重新换置受损财产的价值或费用。固定资产的保险金额由被保险人按照账面原值或原值加成数确定,也可按照当时重置价值或其他方式确定。流动资产的保险价值是出险时账面余额。流动资产(存货)的保险金额由被保险人按最近12个月任意月份的账面余额确定或由被保险人自行确定。以估价方式确定保险金额投保的,发生保险事故后,保险价值应当按照发生保险事故时保险标的实际价值确定。因此,按照当事人对保险价值是否事先在保险合同作出约定,将保险合同分为定值保险和不定值保险。保险合同对保险价值有约定的为定值保险;否则为不定值保险。二者区别在于保险合同约定的保险事故发生后确定赔偿金额时,定值保险只须确定损失比例,而不定值保险不仅需确定损失比例,且必须确定事故发生时保险标的实际价值,以实际价值作为保险赔偿金额的计算依据。

从本案所涉两份保险单约定来看,2002年3月12日阿荣旗森利达木制品有限公司与保险公司签订对陈永梁承租房产投保固定资产基本险的《个体工商业财产保险单》,仅载明保险金额18万元。所附《财产保险投保标的明细表》对房产中分别为 $500m^2$、$300m^2$ 的车间和宿舍分别约定保险金额14万元和4万元,合计18万元。2002年8月19日陈永梁又以森利达木制品厂名义对其机器设备作为固定资产投保签订《财产保险基本险保险单》,在"以何种价值投保"栏目写明"估价","保险金额"128万元。并对附加险保险标的、费率、保险费作了约定。所附《财产保险投保标的明细表》中对标的名称火柴杆生产线、旋转烘干线、雪糕棍生产线、冷热风烘干线、筛理生产线、开刀机、磨刀机、电焊机等,分别列明保险金额。保险单中"以何种价值投保"中的"估价"并未对保险价值作出明确约定,因此本案应定性为不定值保险。本案保险合同条款文字按其文义不应引起争议或异议,也不存在两种以上解释从而适用有利于被保险人解释的前提。本案保险合同保险标的保险价值只能按照保险事故发生时保险标的实际价值确定。

二、关于保险人是否迟延理赔问题。自本案火灾发生后,陈永梁曾分别于2002年9月15日、12月18日、2003年4月20日向保险公司提交出险通知、索赔申请。2003年4月22日,保险公司委托广东方中保险公估有限公司对发生在生产车间火灾所造成财产损失价值进行公估,并于2003年7月10日对机器设备和房产分别出具《保险公估报告书》。2003年6月11日保险公司向陈永梁要求补充提供受损机器设备规格型号和技术资料等,2003年6月20日陈永梁回函表示不同意保险公司的要求。根据1995年保险法第二十二条规定,保险事故发生后,依照保险合同请求保险人赔偿或者给付保险金时,投保人、被保险人或者受益人应当向保险人提供其所能提供的与确认保险事故的性质、原因、损失程度等有关的证明和资料。保险人依照保险合同的约定,认为有关的证明和资料不完整的,应当通知投保人、被保险人或者受益人补充提供有关的证明和资料。第二十三条规定,保险人收到被保险人或者受益人的赔偿或者给付保险金的请求后,应当及时作出核定;对属于保险责任的,在与被保险人或者受益人达成有关赔偿或者给付保险金额的协议后10日内,履行赔偿或者给付保险金义务。保险合同对保险金额及赔偿给付期限有约定的,保险人应当依照保险合同的约定,履行赔偿或者给付保险金义务。保险人未及时履行前款规定义务的,除支付保险金外,应当赔偿被保险人或者受益人因此受到的损失。本案中,保险公司收到索赔申请后即委托公估公司进行现场查勘、损失鉴定等,并向陈永梁收集确认事故损失程度必需的各项资料,为客观所需。陈永梁未按保险公司要求提供受损机器设备技术参数、型号等资料导致损失程度无法确定。本案没有得到及时赔偿原因在于本案保险标的损失价值无法确定,不存在适用保险法第二十三条规定的条件。陈永梁再审请求判令保险公司按保险合同约定给付赔偿金外,并按银行同期贷款利率支付从提起诉讼次日起至全部赔付时止利息,缺乏事实和法律依据,本院不予支持。

三、对于呼伦贝尔市中级人民法院2004年1月9日委托呼伦贝尔万华会计师事务所于2004年4月1日作出的呼万评字(2004)第16号《资产评估报告书》应否采信问题。首先,呼伦贝尔市中级人民法院在本案保险合同没有约定保险价值的情况下,又不能依据保险公司单方面委托公估机构所作的报告认定本案保险合同标的实际损失,委托呼伦贝尔万华会计师事务所作出资产评估并非仅仅依据职权所作,也有根据陈永梁2003年6月23日向该院提交的申请法院委托资产公估部门对保险标的损失程度作出鉴定的申请书。同时,呼伦贝尔市中级人民法院就委托评估机构对本案火灾事故造成财产损失价值进行评估鉴定一事,于2003年12月3日召集双方当事人及代理人进行了询问,陈永梁一方表示同意该院委托评估鉴定,不存在违反证据规则情形。内蒙古自治区高级人民法院再审判决认定,呼伦贝尔万华会计师事务所及其鉴定人员具有相应资质,其鉴定结论应作为人民法院认定火灾损失的基础正确。在此基础上,该判决维持国家木工机械质量监督检验中心有关生产线和单机的价值认定,除去不具有鉴定资格的阿荣旗星光电机修理部姜建飞有关扣除电机残值的结论。同时,针对保险公司出现场时未对事故现场作勘验记录,以及法院委托鉴定机构对火灾损失价值作资产评估时距离事故发生时相隔一年多时间等因素,按照陈永梁提供的设备安装草图增加缺少的机械设备,并比照高价格定值,避免单机定价不足,符合实际,处理适当。虽然呼伦贝尔万华会计师事务所呼万评字(2004)第16号资产评估报告书也称,评估基准日(2004年1月9日)距离火灾发生日(2002年9月15日)较长,索赔申请中所列主体设备不知去向缺失严重,无法取得火灾现场勘查结果,但上述问题已为内蒙古自治区高级人民法院再审判决所考虑。另外,陈永梁坚称火灾现场一直有人看护,并在其再审申请中要求保险公司赔偿包括出险现场看护人员工资在内的各项费用97659.40元,其中看护现场工人工资28160元，但其对发生火灾后现场设备如何缺失、缺失哪些设备不置可否。因而陈永梁上述再审主张，本院亦不予支持。

四、对于火灾造成的房产损失，保险公司应如何赔偿问题。由于本案火灾房产系陈永梁租赁而来，陈永梁按照租赁合同约定对房产进行保险。房屋所有权人阿荣旗那吉屯农场金库砖瓦厂就房产损失向阿荣旗法院对陈永梁提起诉讼。在该案中，阿荣旗人民法院依照职权委托内蒙古普惠会计师事务所有限责任公司对陈永梁投保的车间房产烧毁的重置价值进行评估，对委估资产在2003年10月22日（评估基准日）所表现的市场价值鉴定。该所2003年10月27日以内普会评字（2003）第23号《曲金库单项资产（房屋）评估报告书》对烧毁房屋的评估基准日的评估价值鉴定为87033元。阿荣旗人民法院依照该评估结论，2003年12月8日以（2003）阿民初字第01388号民事判决，判令被告陈永梁赔偿原告那吉屯农场金库砖瓦厂房产损失87033元，并给付租金、支付租金违约金。该判决已经发生法律效力。该案也是由法院委托保险中介机构对遭受火灾房产损失进行评估，并以评估结论作为判决论据，当事人并没有异议。保险公司相应地亦应当按照阿荣旗人民法院判决数额向陈永梁支付保险房产损失赔偿金。

综上所述，本案保险合同并非定值保险，而是不定值保险。呼伦贝尔市中级人民法院委托鉴定机构对火灾财产损失价值进行评估鉴定，依法有据。本案保险事故发生后未得以及时理赔，事出有因，不能完全归咎于保险公司的过错，不能以此否定法院委托鉴定机构对火灾财产损失作出评估结论有效性，改为按照保险合同约定的保险金额作为支付保险赔偿金计算标准。内蒙古自治区高级人民法院再审判决按照陈永梁提供的设备安装草图增加缺少设备并按高价格追加损失额，已经考虑到委托评估距离事故发生时间长、设备不完整等情况，处理妥当。陈永梁既主张赔偿灾后现场看护工人工资，又不能说明设备缺失原因，自相矛盾，且内蒙古自治区高级人民法院的再审判决已就看护工人工资及损失有判项，此问题已解决。陈永梁有关申请再审的请求及其理由均不成立，本院不予支持。内蒙古自治区高级人民法院（2007）内民再提字第29号民事判决认定事实清楚，适用法律正确，判决理由充分，处理适当，本院予以维持。故依照《中华人民共和国民事诉讼法》第一百五十三条第一款第（一）项、第一百八十六条之规定，判决如下：

驳回陈永梁再审请求，维持内蒙古自治区高级人民法院（2007）内民再提字第29号民事判决。

本判决为终审判决。

审　判　长　宫邦友
审　判　员　朱海年
代理审判员　林海权
二〇一一年十一月二十四日
书　记　员　闫成祥

商事审判指导

2012 年第 2 辑
（总第 30 辑）

【商事司法解释专栏】

最高人民法院
关于审理买卖合同纠纷案件适用法律问题的解释

法释〔2012〕8号

(2012年3月31日最高人民法院审判委员会第1545次会议通过 2012年5月10日最高人民法院公告公布 自2012年7月1日起施行)

为正确审理买卖合同纠纷案件,根据《中华人民共和国民法通则》、《中华人民共和国合同法》、《中华人民共和国物权法》、《中华人民共和国民事诉讼法》等法律的规定,结合审判实践,制定本解释。

一、买卖合同的成立及效力

第一条 当事人之间没有书面合同,一方以送货单、收货单、结算单、发票等主张存在买卖合同关系的,人民法院应当结合当事人之间的交易方式、交易习惯以及其他相关证据,对买卖合同是否成立作出认定。

对账确认函、债权确认书等函件、凭证没有记载债权人名称,买卖合同当事人一方以此证明存在买卖合同关系的,人民法院应予支持,但有相反证据足以推翻的除外。

第二条 当事人签订认购书、订购书、预订书、意向书、备忘录等预约合同,约定在将来一定期限内订立买卖合同,一方不履行订立买卖合同的义务,对方请求其承担预约合同违约责任或者要求解除预约合同并主张损害赔偿的,人民法院应予支持。

第三条 当事人一方以出卖人在缔约时对标的物没有所有权或者处分权为由主张合同无效的,人民法院不予支持。

出卖人因未取得所有权或者处分权致使标的物所有权不能转移,买受人要求出卖人承担违约责任或者要求解除合同并主张损害赔偿的,人民法院应予支持。

第四条 人民法院在按照合同法的规定认定电子交易合同的成立及效力的同时,还应当适用电子签名法的相关规定。

二、标的物交付和所有权转移

第五条 标的物为无需以有形载体交付的电子信息产品,当事人对交付方式约定不明确,且依照合同法第六十一条的规定仍不能确定的,买受人收到约定的电子信息产品或者权利凭证即为交付。

第六条 根据合同法第一百六十二条的规定,买受人拒绝接收多交部分标的物的,可以代为保管多交部分标的物。买受人主张出卖人负担代为保管期间的合理费用的,人民法院应予支持。

买受人主张出卖人承担代为保管期间非因买受人故意或者重大过失造成的损失的,人民法院应予支持。

第七条 合同法第一百三十六条规定的"提取标的物单证以外的有关单证和资料",主要应当包括保险单、保修单、普通发票、增值税专用发票、产品合格证、质量保证书、质量鉴定书、品质检验证书、产品进出口检疫书、原产地证明书、使用说明书、装箱单等。

第八条 出卖人仅以增值税专用发票及税款抵扣资料证明其已履行交付标的物义务,买受人不认可的,出卖人应当提供其他证据证明交付标的物的事实。

合同约定或者当事人之间习惯以普通发票作为付款凭证,买受人以普通发票证明已经履行付款义务的,人民法院应予支持,但有相反证据足以推翻的除外。

第九条 出卖人就同一普通动产订立多重买卖合同,在买卖合同均有效的情况下,买受人均要求实际履行合同的,应当按照以下情形分别处理:

(一)先行受领交付的买受人请求确认所有权已经转移的,人民法院应予支持;

(二)均未受领交付,先行支付价款的买受人请求出卖人履行交付标的物等合同义务的,人民法院应予支持;

(三)均未受领交付,也未支付价款,依法成立在先合同的买受人请求出卖人履行交付标的物等合同义务的,人民法院应予支持。

第十条 出卖人就同一船舶、航空器、机动车等特殊动产订立多重买卖合同,在买卖合同均有效的情况下,买受人均要求实际履行合同的,应当按照以下情形分别处理:

(一)先行受领交付的买受人请求出卖人履行办理所有权转移登记手续等合同义务的,人民法院应予支持;

(二)均未受领交付,先行办理所有权转移登记手续的买受人请求出卖人履行交付标的物等合同义务的,人民法院应予支持;

(三)均未受领交付,也未办理所有权转移登记手续,依法成立在先合同的买受人请求出卖人履行交付标的物和办理所有权转移登记手续等合同义务的,人民法院应予支持;

(四)出卖人将标的物交付给买受人之一,又为其他买受人办理所有权转移登记,已受领交付的买受人请求将标的物所有权登记在自己名下的,人民法院应予支持。

三、标的物风险负担

第十一条 合同法第一百四十一条第二款第(一)项规定的"标的物需要运输的",是指标的物由出卖人负责办理托运,承运人系独立于买卖合同当事人之外的运输业者的情形。标的物毁损、灭失的风险负担,按照合同法第一百四十五条的规定处理。

第十二条 出卖人根据合同约定将标的物运送至买受人指定地点并交付给承运人后,标的物毁损、灭失的风险由买受人负担,但当事人另有约定的除外。

第十三条　出卖人出卖交由承运人运输的在途标的物,在合同成立时知道或者应当知道标的物已经毁损、灭失却未告知买受人,买受人主张出卖人负担标的物毁损、灭失的风险的,人民法院应予支持。

第十四条　当事人对风险负担没有约定,标的物为种类物,出卖人未以装运单据、加盖标记、通知买受人等可识别的方式清楚地将标的物特定于买卖合同,买受人主张不负担标的物毁损、灭失的风险的,人民法院应予支持。

四、标的物检验

第十五条　当事人对标的物的检验期间未作约定,买受人签收的送货单、确认单等载明标的物数量、型号、规格的,人民法院应当根据合同法第一百五十七条的规定,认定买受人已对数量和外观瑕疵进行了检验,但有相反证据足以推翻的除外。

第十六条　出卖人依照买受人的指示向第三人交付标的物,出卖人和买受人之间约定的检验标准与买受人和第三人之间约定的检验标准不一致的,人民法院应当根据合同法第六十四条的规定,以出卖人和买受人之间约定的检验标准为标的物的检验标准。

第十七条　人民法院具体认定合同法第一百五十八条第二款规定的"合理期间"时,应当综合当事人之间的交易性质、交易目的、交易方式、交易习惯、标的物的种类、数量、性质、安装和使用情况、瑕疵的性质、买受人应尽的合理注意义务、检验方法和难易程度、买受人或者检验人所处的具体环境、自身技能以及其他合理因素,依据诚实信用原则进行判断。

合同法第一百五十八条第二款规定的"两年"是最长的合理期间。该期间为不变期间,不适用诉讼时效中止、中断或者延长的规定。

第十八条　约定的检验期间过短,依照标的物的性质和交易习惯,买受人在检验期间内难以完成全面检验的,人民法院应当认定该期间为买受人对外观瑕疵提出异议的期间,并根据本解释第十七条第一款的规定确定买受人对隐蔽瑕疵提出异议的合理期间。

约定的检验期间或者质量保证期间短于法律、行政法规规定的检验期间或者质量保证期间的,人民法院应当以法律、行政法规规定的检验期间或者质量保证期间为准。

第十九条　买受人在合理期间内提出异议,出卖人以买受人已经支付价款、确认欠款数额、使用标的物等为由,主张买受人放弃异议的,人民法院不予支持,但当事人另有约定的除外。

第二十条　合同法第一百五十八条规定的检验期间、合理期间、两年期间经过后,买受人主张标的物的数量或者质量不符合约定的,人民法院不予支持。

出卖人自愿承担违约责任后,又以上述期间经过为由翻悔的,人民法院不予支持。

五、违约责任

第二十一条　买受人依约保留部分价款作为质量保证金,出卖人在质量保证期间未及时解决质量问题而影响标的物的价值或者使用效果,出卖人主张支付该部分价款的,人民法院不予支持。

第二十二条　买受人在检验期间、质量保证期间、合理期间内提出质量异议,出卖人未按要求予以修理或者因情况紧急,买受人自行或者通过第三人修理标的物后,主张出卖人负担因此发生的合理费用的,人民法院应予支持。

第二十三条　标的物质量不符合约定,买受人依照合同法第一百一十一条的规定要求减少价款的,人民法院应予支持。当事人主张以符合约定的标的物和实际交付的标的物按交付时的市场价值计算差价的,人民法院应予支持。

价款已经支付,买受人主张返还减价后多出部分价款的,人民法院应予支持。

第二十四条　买卖合同对付款期限作出的变更,不影响当事人关于逾期付款违约金的约定,但该违约金的起算点应当随之变更。

买卖合同约定逾期付款违约金,买受人以出卖人接受价款时未主张逾期付款违约金为由拒绝支付该违约金的,人民法院不予支持。

买卖合同约定逾期付款违约金,但对账单、还款协议等未涉及逾期付款责任,出卖人根据对账单、还款协议等主张欠款时请求买受人依约支付逾期付款违约金的,人民法院应予支持,但对账单、还款协议等明确载有本金及逾期付款利息数额或者已经变更买卖合同中关于本金、利息等约定内容的除外。

买卖合同没有约定逾期付款违约金或者该违约金的计算方法,出卖人以买受人违约为由主张赔偿逾期付款损失的,人民法院可以中国人民银行同期同类人民币贷款基准利率为基础,参照逾期罚息利率标准计算。

第二十五条　出卖人没有履行或者不当履行从给付义务,致使买受人不能实现合同目的,买受人主张解除合同的,人民法院应当根据合同法第九十四条第(四)项的规定,予以支持。

第二十六条　买卖合同因违约而解除后,守约方主张继续适用违约金条款的,人民法院应予支持;但约定的违约金过分高于造成的损失的,人民法院可以参照合同法第一百一十四条第二款的规定处理。

第二十七条　买卖合同当事人一方以对方违约为由主张支付违约金,对方以合同不成立、合同未生效、合同无效或者不构成违约等为由进行免责抗辩而未主张调整过高的违约金的,人民法院应当就法院若不支持免责抗辩,当事人是否需要主张调整违约金进行释明。

一审法院认为免责抗辩成立且未予释明,二审法院认为应当判决支付违约金的,可以直接释明并改判。

第二十八条　买卖合同约定的定金不足以弥补一方违约造成的损失,对方请求赔偿超过定金部分的损失的,人民法院可以并处,但定金和损失赔偿的数额总和不应高于因违约造成的损失。

第二十九条　买卖合同当事人一方违约造成对方损失,对方主张赔偿可得利益损失的,人民法院应当根据当事人的主张,依据合同法第一百一十三条、第一百一十九条、本解释第三十条、第三十一条等规定进行认定。

第三十条　买卖合同当事人一方违约造成对方损失,对方对损失的发生也有过错,违约方主张扣减相应的损失赔偿额的,人民法院应予支持。

第三十一条　买卖合同当事人一方因对方违约而获有利益,违约方主张从损失赔偿额中扣除该部分利益的,人民法院应予支持。

第三十二条　合同约定减轻或者免除出卖人对标的物的瑕疵担保责任,但出卖人故意或者因重大过失不告知买受人标的物的瑕疵,出卖人主张依约减轻或者免除瑕疵担保责任的,人民法院不予支持。

第三十三条　买受人在缔约时知道或者应当知道标的物质量存在瑕疵,主张出卖人承担瑕疵担保责任的,人民法院不予支持,但买受人在缔约时不知道该瑕疵会导致标的物的基本效用显著降低的除外。

六、所有权保留

第三十四条　买卖合同当事人主张合同法第一百三十四条关于标的物所有权保留的规定适用于不动产的,人民法院不予支持。

第三十五条　当事人约定所有权保留,在标的物所有权转移前,买受人有下列情形之一,对出卖人造成损害,出卖人主张取回标的物的,人民法院应予支持:

(一)未按约定支付价款的;

(二)未按约定完成特定条件的;

(三)将标的物出卖、出质或者作出其他不当处分的。

取回的标的物价值显著减少,出卖人要求买受人赔偿损失的,人民法院应予支持。

第三十六条　买受人已经支付标的物总价款的百分之七十五以上,出卖人主张取回标的物的,人民法院不予支持。

在本解释第三十五条第一款第(三)项情形下,第三人依据物权法第一百零六条的规定已经善意取得标的物所有权或者其他物权,出卖人主张取回标的物的,人民法院不予支持。

第三十七条　出卖人取回标的物后,买受人在双方约定的或者出卖人指定的回赎期间内,消除出卖人取回标的物的事由,主张回赎标的物的,人民法院应予支持。

买受人在回赎期间内没有回赎标的物的,出卖人可以另行出卖标的物。

出卖人另行出卖标的物的,出卖所得价款依次扣除取回和保管费用、再交易费用、利息、未清偿的价金后仍有剩余的,应返还原买受人;如有不足,出卖人要求原买受人清偿的,人民法院应予支持,但原买受人有证据证明出卖人另行出卖的价格明显低于市场价格的除外。

七、特种买卖

第三十八条　合同法第一百六十七条第一款规定的"分期付款",系指买受人将应付的总价款在一定期间内至少分三次向出卖人支付。

分期付款买卖合同的约定违反合同法第一百六十七条第一款的规定,损害买受人利益,买受人主张该约定无效的,人民法院应予支持。

第三十九条　分期付款买卖合同约定出卖人在解除合同时可以扣留已受领价金,出卖人扣留的金额超过标的物使用费以及标的物受损赔偿额,买受人请求返还超过部分的,人民法院应予支持。

当事人对标的物的使用费没有约定的,人民法院可以参照当地同类标的物的租金标准确定。

第四十条　合同约定的样品质量与文字说明不一致且发生纠纷时当事人不能达成合意,样品封存后外观和内在品质没有发生变化的,人民法院应当以样品为准;外观和内在品质发生变化,或者当事人对是否发生变化有争议而又无法查明的,人民法院应当以文字说明为准。

第四十一条　试用买卖的买受人在试用期内已经支付一部分价款的,人民法院应当认定买受人同意购买,但合同另有约定的除外。

在试用期内,买受人对标的物实施了出卖、出租、设定担保物权等非试用行为的,人民法院应当认定买受人同意购买。

第四十二条　买卖合同存在下列约定内容之一的,不属于试用买卖。买受人主张属于试用买卖的,人民法院不予支持:

(一)约定标的物经过试用或者检验符合一定要求时,买受人应当购买标的物;

(二)约定第三人经试验对标的物认可时,买受人应当购买标的物;

(三)约定买受人在一定期间内可以调换标的物;

(四)约定买受人在一定期间内可以退还标的物。

第四十三条　试用买卖的当事人没有约定使用费或者约定不明确,出卖人主张买受人支付使用费的,人民法院不予支持。

八、其他问题

第四十四条　出卖人履行交付义务后诉请买受人支付价款,买受人以出卖人违约在先为由提出异议的,人民法院应当按照下列情况分别处理:

(一)买受人拒绝支付违约金、拒绝赔偿损失或者主张出卖人应当采取减少价款等补救措施的,属于提出抗辩;

(二)买受人主张出卖人应支付违约金、赔偿损失或者要求解除合同的,应当提起反诉。

第四十五条　法律或者行政法规对债权转让、股权转让等权利转让合同有规定的,依照其规定;没有规定的,人民法院可以根据合同法第一百二十四条和第一百七十四条的规定,参照适用买卖合同的有关规定。

权利转让或者其他有偿合同参照适用买卖合同的有关规定的,人民法院应当首先引用合同法第一百七十四条的规定,再引用买卖合同的有关规定。

第四十六条　本解释施行前本院发布的有关购销合同、销售合同等有偿转移标的物所有权的合同的规定,与本解释抵触的,自本解释施行之日起不再适用。

本解释施行后尚未终审的买卖合同纠纷案件,适用本解释;本解释施行前已经终审,当事人申请再审或者按照审判监督程序决定再审的,不适用本解释。

妥善审理买卖合同案件 维护市场公平诚信秩序

——最高人民法院民事审判第二庭庭长宋晓明就《关于审理买卖合同纠纷案件适用法律问题的解释》答记者问

2012年5月10日,最高人民法院公告发布了《关于审理买卖合同纠纷案件适用法律问题的解释》(以下简称《解释》)。该《解释》自2012年7月1日施行。最高人民法院民事审判第二庭庭长宋晓明近日在接受记者采访时表示,买卖合同是所有有偿合同的典范,是社会经济生活中最典型、最普遍、最基本的交易形式。《解释》的公布实施,对于鼓励市场交易,促进市场经济发展,维护公平交易秩序,推动诚信体系建设,维护法律适用统一等,均具有重要意义。

问:最高人民法院在2012年5月10日公告发布了《解释》,请您谈谈为何要出台该《解释》。

答:买卖合同是所有有偿合同的典范,是社会经济生活中最典型、最普遍、最基本的交易形式。人民法院司法统计数据显示,民商事纠纷案件中很多是买卖合同纠纷;即便是2008年全球金融危机蔓延过程发生的民商事纠纷,买卖合同纠纷数量也是位居首位。无论是交易实践还是审判实务,均表明:买卖合同是现实经济生活中最基本、最常见、也最重要的交易形式。《合同法》第九章通过46个条文规定了买卖合同法则,居于《合同法》分则规定的有名合同之首,买卖合同案件审理中需要遵循的原则和判断标准亦常为其他有名合同所借鉴,因此,在《合同法》分则中占据统领地位的买卖合同章堪称《合同法》的"小总则"。

然而,由于《合同法》第九章的46个条文难以涵盖买卖合同关系的复杂性和多样性以及市场交易日新月异的变化,特别是在《合同法》施行以来,各级人民法院在贯彻适用《合同法》第九章的过程中,遇到诸多新情况和新问题。对买卖合同相关规定的不同理解,导致民商事审判实践对《合同法》买卖合同章及相关规定的适用上存在较大差异,从而影响了司法的严肃性和统一性。为了及时指导各级人民法院公正审理买卖合同纠纷案件,依法保护当事人的合法权益,规范市场交易行为,提高买卖合同法则的可操作性,最高人民法院于2000年3月正式立项,决定制定关于审理买卖合同纠纷案件适用法律问题的司法解释,并委派民二庭负责起草。

最高人民法院民事审判第二庭对该司法解释进行了深入调研和充分论证,广泛征求了各级人民法院、全国人大法工委、国务院法制办、商务部、国家工商总局、住房和城乡建设部、中国人民银行等各部门意见。特别是多次征求《合同法》主要起草人梁慧星教授、王利明教授、崔建远教授以及合同法专家韩世远教授、王轶教授、刘凯湘教授、李永军教授的意见。为了使司法解释更符合市场交易实际和审判实践的要求,更好地保护各方当事人的合法权益,我们还通过最高人民法院网向社会公开征求意见。该司法解释起草工作历时12年,起草12稿。2012年3月31日,最高人民法院审判委员会第1545次会议讨论通过了该司法解释。

《解释》包括8个部分,总计46条,主要对买卖合同的成立及效力、标的物交付和所有权转移、标的物毁损灭失的风险负担、标的物的检验、违约责任、所有权保留、特种买卖等方面如何具体适用法律作出明确的规定。

问:合同的效力认定对于市场交易发展和交易秩序稳定影响甚巨,请问《解释》在买卖合同效力的认定方面有何新的进展?

答:现代合同法或买卖法最为重要的基本精神或价值目标就是鼓励合同交易,增进社会财富。市场交易越频繁,市场经济越能充分发展,社会财富和国家财富越能迅速增加。实践不断证明,随着社会关系的日益复杂和市场经济日益繁荣,不适当地宣告合同无效,不仅增加交易成本、阻碍经济发展,而且不利于对当事人意志的尊重,甚至导致民事主体对民商法的信仰危机。《合同法》颁行之后,为了保障交易的安全顺利进行,保障我国经济顺利转型,提升国家经济实力,最高人民法院贯彻"鼓励交易、增加财富"的原则,发布《合同法解释(一)》和《合同法解释(二)》等司法解释,严格规制对合同的无效认定。例如,其特别强调,人民法院确认合同无效的依据,只能是全国人大及其常委会制定的法律和国务院制定的行政法规,绝对不能再以地方性法规、行政规章作为依据。并对《合同法》第五十二条第(五)项规定的"强制性规定"作出限缩性解释,即"强制性规定是指效力性强制性规定",进一步减少了认定合同无效的事由。

鉴于买卖合同是社会经济生活中最典型、最普遍、最基本的交易形式,买卖合同的效力不仅事关交易关系的稳定和当事人合法权益之保护,而且关涉市场经济的健康发展。因此,《解释》继续遵循该原则和司法立场,针对在市场交易活动中存在形形色色的预约,诸如认购书、订购书、预订书、意向书、允诺书、备忘录等预约的法律效力,明确承认其独立契约效力,固定双方交易机会,制裁恶意预约人。对于实务中常见的出卖人在缔约和履约时没有所有权或处分权的买卖合同的效力问题,明确地予以肯定,旨在防止大量买卖合同遭遇无效认定之命运,更周到地保护买受人之权益,明晰交易主体之间的法律关系,强化社会信用,维持交易秩序,确保市场交易顺畅,推动市场经济更加健康有序地发展。

问:在当前买卖合同交易实践中,违背诚信、有失公平的行为屡见不鲜,请问《解释》在维护诚信原则,保护当事人合法权益,保障市场公平交易秩序方面有何具体体现?

答:在买卖合同交易实务中,经常出现当事人在买卖合同中订入不公平条款或有违诚信之内容,这既侵害了对方当事人的合法权益,也损害了社会公共利益和市场交易秩序。有鉴于此,《解释》在制定中,始终在对双方当事人平等保护的前提下,注重规制和制裁违背诚信之行为,以实现双方权益平衡,维护公平交易秩序。试举几例:第一,在动产一物数卖情形中,各买受人均要求实际履行合同的,《解释》基于诚实信用原则,否定了出卖人的自主选择权。第二,在路货买卖中,出卖人在缔约时已经知道风险事实却故意隐瞒风险事实的,

《解释》规定风险由出卖人负担。第三,对标的物检验期间或者质量保证期约定过短导致买受人难以在检验期间内完成全面检验的情形,《解释》明确规定人民法院应当认定该期间为买受人对外观瑕疵提出异议的期间,并根据本解释规定确定买受人对隐蔽瑕疵提出异议的合理期间,以此彰显对处于弱势地位的买受人利益的保护。第四,对标的物异议期间经过后的出卖人自愿承担违约责任后又翻悔的,《解释》明确规定出卖人自愿承担违约责任后,不得以期间经过为由翻悔,意在体现和维护诚实信用原则。第五,对出卖人明知标的物有瑕疵而故意不告知买受人时的瑕疵担保责任减免特约的效力认定问题,《解释》认为,虽然买卖合同当事人可以通过特约减免出卖人的瑕疵担保责任,但在出卖人明知标的物有瑕疵而故意或者因重大过失而不告知买受人时,属于隐瞒事实真相的欺诈行为,有悖诚实信用原则,因此,对于这种特约的效力,人民法院不予支持。第六,对当事人特约违反《合同法》第一百六十七条第一款规定时的效力认定等问题,鉴于《合同法》第一百六十七条第一款的目的在于保护买受人的期限利益,旨在体现分期付款买卖的制度功能。因此,如果当事人的特约违反上述规定,损害了买受人的期限利益的,《解释》规定不应承认该约定的效力。可以说,《解释》的公布和实施,对于保护买卖合同当事人的合法权益,维护社会主义市场经济公平交易秩序,具有十分重要的意义。

问:在现实生活中,存在有大量的以无实物载体的电子信息产品为标的物的买卖合同。此类买卖合同是否适用该《解释》?如何认定这些电子信息产品的交付方式?

答:近二三十年来,随着信息技术的发展和网络的普及,以电子信息产品为交易对象的买卖合同的数量和交易额日益增加,成为买卖合同中越来越重要的交易类型。传统的买卖合同的标的物均为有体物,而电子信息产品却与此不同,它既可以存储于特定的实物载体,如刻录在光盘上的音乐作品;也可以脱离于有体物,以数字化编码的形式存储于计算机系统中。对于标的物是有物质载体的电子信息产品的买卖合同而言,在交付规则上,与一般的买卖合同无异,应适用《合同法》及《解释》的规定。对于标的物是无实物载体的电子信息产品的买卖合同而言,虽然买卖双方并未实际交付有体物,但仍是以出卖人向买受人交付电子信息产品、买受人给付价款的方式履行合同。因此,在我国未就电子信息产品的买卖交易制定专门的法律法规以前,应当适用《合同法》及《解释》的规定。

无实物载体的电子信息产品具有显著区别于传统买卖合同标的物的特征,例如,不以实物承载为必要、使用后无损耗、其本身易于复制并可迅速传播等等。因此,对于标的物是无实物载体的信息产品买卖合同而言,其法律规则具有一定的特殊性。就交付问题而言,《合同法》中有关买卖合同的交付方式的规定均以有体物的交付为原型,但信息产品已经逐步脱离了实物载体的束缚,更多地是以电子化的方式传送,以在线接收或者网络下载的方式实现交付,买卖双方都不接触实物载体,这与传统的买卖合同中,出卖人向买受人转移对标的物的占有,并转移标的物所有权的交付方式有较大差异。

那么,如何认定无实物载体的电子信息产品的交付呢?《解释》对此作出专门规定。首先,如果买卖双方对交付问题有约定的,遵照其约定;没有约定或者约定不明的,当事人可以协议补充;不能达成补充协议的,按照合同有关条款或者交易习惯确定。如果按照上述规则仍不能确定的,买受人收到约定的电子信息产品或者权利凭证即为交付。换言之,《解释》根据电子信息产品的特点,确定了两种具体的交付方式:一是交付权利凭证,二是以在线网络传输的方式接收或者下载该信息产品。

对第一种交付方式而言,买卖双方交付的并非电子信息产品本身,而是仅交付电子信息产品的权利凭证,比如,访问或使用特定信息产品的密码。在此情形下,买受人取得权利凭证后,即可自由决定取得、使用该电子信息产品的时间,因此,不宜以买受人收到该电子信息产品为标准来确定交付是否完成,买受人收到该电子信息产品权利凭证的,即应认定出卖人已完成交付义务。

对第二种交付方式而言,买卖双方以电子数据在线传输方式实现电子信息产品的交付。信息产品的传输过程包括出卖人发出信息产品和买受人接收信息产品两个不同阶段。由于技术、网络、计算机系统的原因,出卖人发出电子信息产品并不必然引起买受人收到信息产品的后果。因此,如果以出卖人发出电子信息产品为交付标准,有可能产生买受人虽未能实际接收到该电子信息产品,仍须承担给付价款的合同义务的法律后果,难免有失公允。考虑到电子信息产品的出卖人在电子信息产品的制作及传输方式选择方面有更明显的优势地位,《解释》规定,以买受人收到约定的电子信息产品为完成交付的标准。

问:买卖合同成立后标的物如果出现毁损、灭失的情况,应由哪一方当事人承担损失,一直是困扰审判实践的疑难问题,《解释》对标的物的风险负担有什么新的规定?

答: 风险负担制度是在合同双方当事人之间对标的物毁损、灭失的不幸损害进行合理分配的制度,一直被视为买卖合同中的核心制度。在买卖合同中,风险由谁负担就意味着谁将承担不利的后果,关涉买卖双方当事人最根本之利益,对买卖双方关系重大。特别需要指出的是,对因标的物毁损、灭失所造成的损失,还面临着谁有权向加害人索赔或向保险人理赔的问题。因此,各国立法对如何在当事人之间适当分配风险,均设计了相应的风险负担制度规则,我国《合同法》在买卖合同章也对此作出专门规定。

随着我国社会经济不断发展,经济贸易日益活跃,合同双方当事人因风险负担问题发生纠纷的案件数量呈现上升趋势。针对审判实践中反映出来的法律适用问题,《解释》通过4个条文对《合同法》的相关规定进行解释和补充:其一,明确了送交买卖中"标的物需要运输的"情况下承运人的身份。承运人,是指独立于买卖合同当事人之外的运输业者。这种情况下的承运人不是出卖人或买受人的履行辅助人,这就有别于卖方送货上门的赴偿之债和买方自提的往取之债。其二,补充了特定地点货交承运人的风险负担规则。合同约定在买受人指定地点将标的物交付给承运人的,出卖人将标的物运送至指定地点并交付给承运人后,标的物毁损、灭失的风险由买受人承担。其三,对路货买卖中出卖人隐瞒风险发生事实的风险负担作出补充规定。出卖人在合同成立时知道或应当知道标的物已经毁损、灭失却未告知买受人的,买受人不承担合同成立之前的标的物毁损、灭失风险。其四,对大宗货物买卖中出卖人批量托运货物以履行数份合同或托运超量货物去履行其中一份合同情况下的风险负担进行了明确,规定如果出卖人未以装运单据、加盖标记、通知买受人等可识别的方式清楚地将作为标的物的种类物特定于买卖合同项下,标的物毁损、灭失的风险由出卖人负担。

问:可得利益损失的认定既可谓买卖合同违约纠纷中经常出现的问题,也堪称民商审判实务难点问题。请问《解释》在认定可得利益损失方面有何精神?对此是如何规定的?

答:的确,可得利益损失的认定是买卖合同违约责任认定中的疑难问题。多年来,由于相关认定规则比较模糊并难以把握,致使审判实践口径不一,不少法官在判决中并不支持可得利益损失。为此,《解释》根据《合同法》的规定、民法原理以及审判实践经验,对可得利益损失的认定作出了具有可操作性的解释和规定。具体而言,买卖合同违约后可得利益损失计算通常运用四个规则,即《合同法》第一百一十三条规定的可预见规则、第一百一十九条规定的减损规则、与有过失规则以及损益相抵规则,《解释》通过3个条文对此进行明确规定。特别是《解释》第三十条关于"与有过失规则"和第三十一条关于"损益相抵规则"的规定,填补了《合同法》在相关规则方面的空白和漏洞。值得注意的是,可得利益损失的计算和认定,与举证责任分配密切相关。最高人民法院曾于2009年发布《关于当前形势下审理民商事合同纠纷案件若干问题的指导意见》,该指导意见对可得利益损失认定提出举证责任的分配规则,即违约方一般应当承担非违约方没有采取合理减损措施而导致损失扩大、非违约方因违约而获得利益以及非违约方亦有过失的举证责任;非违约方应当承担其遭受的可得利益损失总额、必要的交易成本的举证责任。为了保障可得利益损失认定规则的实务操作性,人民法院在根据《解释》认定可得利益损失时,应当结合上述指导意见的规定予以正确适用。

问:《合同法》第一百五十八条关于标的物检验的"合理期间"是一个实践中颇难把握的问题。请问《解释》对此是如何规定的?

答:审判实践中对于标的物的检验合理期间如何确定,颇难把握;对于如何认定检验期间经过后的法律效果,分歧较大。《解释》对此作出明确规定。针对《合同法》第一百五十八条第二款规定的"合理期间"的确定问题,《解释》第十七条考虑到标的物种类繁多且瑕疵类别多样,对确定"合理期间"的考量因素进行了提示性列举,赋予法官依照诚实信用原则,根据交易的性质、目的、标的物的种类、瑕疵性质、检验方法等多种因素进行综合考量的自由裁量权。此外,理论界和实务界对于《合同法》第一百五十八条规定的"两年"的性质存在是"诉讼时效"还是"除斥期间"之争,《解释》将其界定为不变期间,该期间不适用诉讼时效中止、中断或者延长的规定。对于审判实务中争议较大的异议期间经过后的法律效果问题,《解释》认为,《合同法》第一百五十八条规定的"视为标的物的数量和质量符合约定"属于法律拟制,异议期间的经过将会使买受人丧失相应的法律救济权和期限利益,不能被证据所推翻;但基于诚实信用原则,出卖人自愿承担违约责任后,不得以期间经过为由翻悔。

问:所有权保留制度是买卖关系中非常重要的制度,但《合同法》对该制度规定得非常原则。请问《解释》对于该制度作出了哪些更具操作性的解释和规定?是如何考虑的?

答:所有权保留,是指买卖合同中买受人先占有、使用标的物,但在双方当事人约定的特定条件成就前出卖人仍保留标的物的所有权,条件成就后标的物所有权才转移给买受人的制度。《合同法》第一百三十四条虽然对所有权保留制度作出规定,但过于原则和简略。该制度在实务操作中面临着诸如适用范围如何,当事人之间权利义务保护机制等亟待明确的问题。因此,《解释》的一个主要任务和内容就是要细化所有权保留制度,进一步提高该制度的实务操作性。为此,《解释》在第三十四条至第三十七条,通过4个条文、8款规定对该制度作出了颇具操作性的具体解释。

我们在解释和规定所有权保留制度相关规则时,主要考虑以下几方面的问题:

第一,关于所有权保留制度的适用范围问题。由于《合同法》第一百三十四条未对所有权保留买卖的适用对象作出限制,导致学界和实务界对此存在分歧,消费市场上也存在一些以所有权保留方式买卖房屋的行为。我们认为,所有权保留制度不应适用于不动产。首先,由于不动产买卖完成转移登记后所有权即发生变动,此时双方再通过约定进行所有权保留,明显违背法律规定。其次,在转移登记的情况下双方还采用所有权保留,出卖人的目的是为担保债权实现,买受人的目的在于防止出卖人一物二卖,《物权法》第二十条规定的预告登记制度足以满足买卖双方所需,因此,没有必要采取所有权保留的方式。特别是,转移登记是不动产所有权变动的要件,在转移登记完成前不动产所有权不会发生变动,买受人即使占有使用标的物,只要双方不转移登记,出卖人仍然享有所有权,当然也就可以保障债权,所以,更无必要进行所有权保留。最后,综观境外立法及司法实践,大多认为该制度仅适用于动产交易。因此,《解释》明确规定,所有权保留制度不适用于不动产。

第二,关于出卖人权利的保护机制及其限制问题。出卖人保留所有权的主要目的就是担保价款债权实现,在买受人的行为会对出卖人的债权造成损害时,应当允许出卖人取回标的物以防止利益受损。买受人的上述行为一般包括未按约定支付价款,或者未依约完成特定条件,或者对标的物进行不当处分等。出卖人取回标的物后,在特定期间买受人如果没有向出卖人回赎标的物,出卖人可以将标的物另行出卖并以出卖后的价款弥补债权损失;不足以弥补债权损失的,出卖人还可以向买受人请求赔偿。但出卖人的取回权并非绝对,其亦应受到限制:其一,应受善意取得制度的限制。如果标的物被买受人处分给第三人,该第三人又符合《物权法》第一百零六条关于善意取得的规定,则出卖人不得取回标的物。其二,应受买受人已支付价款数额的限制。如果买受人已支付的价款达到总价款的百分之七十五以上时,我们认为出卖人的利益已经基本实现,其行使取回权会对买受人利益影响较大,此时应兼顾买受人利益而适当限制出卖人取回权。

第三,关于买受人的回赎权问题。买受人由于对标的物的占有使用已与其形成了一定的利益关系,买受人对出卖人完全转移标的物所有权也具有一定的期待,这种利益关系及期待应予保护。出卖人取回标的物后,买受人可以在特定期间通过消除相应的取回事由而请求回赎标的物,此时出卖人不得拒绝,而应将标的物返还给买受人。可见,买受人并不是处于完全消极的地位,只要积极恰当地履行义务,买受人的利益还是能够得到保障。

关于审理买卖合同纠纷案件的若干重要问题
——解读《关于审理买卖合同纠纷案件适用法律问题的解释》

王　闯[*]

买卖是社会经济生活中最典型、最普遍、最基本的交易形式,买卖合同是有偿合同之典范。我国《合同法》第九章通过46个条文比较系统全面地规定了买卖合同法则,居于《合同法》分则规定的15种有名合同之首,在分则中占据统领地位,堪称《合同法》的"小总则"。司法统计数据显示,买卖合同纠纷数量在民商事纠纷案件中亦位居首位。然而,由于《合同法》第九章的46个条文难以涵盖买卖合同关系的复杂性和多样性以及市场交易日新月异的变化,特别是在《合同法》施行以来,各级法院在贯彻适用《合同法》第九章的过程中,遭遇诸多新情况和新问题。对买卖合同相关规定的不同理解,导致民商事审判实践对《合同法》买卖合同章及相关规定的适用上存在较大差异,从而影响了司法的严肃性、统一性和可预测性。为了保障人民法院正确适用《合同法》第九章及相关规定,公正审理买卖合同纠纷案件,保护当事人的合法权益,规范市场交易行为,提高买卖合同法则的可操作性,最高人民法院于2000年3月正式立项,决定进行买卖合同司法解释的起草工作。

买卖合同司法解释的起草和论证工作伴随《合同法解释(二)》的起草进展而调整制定节奏,历时将近12年,起草12稿,其不仅总结了各级法院丰富的审判实践,而且吸纳了最新的民商法理论研究成果。经过深入调研、充分讨论和反复论证,最高人民法院审判委员会于2012年3月31日第1545次会议通过了《关于审理买卖合同纠纷案件适用法律问题的解释》(以下简称《解释》),并于2012年7月1日施行。《解释》分为8个部分,共计46条,主要对买卖合同的成立及效力、标的物交付和所有权转移、标的物毁损灭失的风险负担、标的物的检验、违约责任、所有权保留、特种买卖以及其他有关问题作出解释。综而观之,该司法解释是一个内容丰富翔实,论证充分到位,充满务实精神,彰显诚信公平的重要司法文件。为了有助于读者加深对《解释》原义和精神的理解,更好地发挥《解释》在解决买卖合同纠纷案件中的指导作用,本文现就该《解释》所涉及的主要问题加以阐释。

一、关于预约的效力问题

随着经济的飞速发展,市场主体相互间依赖程度日趋加深,缔约活动日益变得复杂、漫

---

[*] 最高人民法院民三庭副庭长。

长和艰难。由古典契约法理论所构建起的"要约—承诺"这种带有"浪漫色彩"的简单缔约方式已不能完全满足市场主体对缔约方式多样化的需要。特别是在古典契约法下,市场主体在缔约阶段的权利仅能通过缔约过失责任予以保护的制度在实务中已被证明是不够的。预约,作为规制当事人在缔约阶段权利义务的特别契约,遂成为弥补上述缺陷的重要手段。在市场交易活动中,存在形形色色的预约,诸如认购书、订购书、预订书、意向书、允诺书、定金收据、原则性协议、谅解备忘录、缔约纪要、临时协议等。对于此类预约,在法律上如何认定,其与本约是何种关系?其法律效力如何?其违约责任范围如何?诸此等等,《合同法》未置明文。本司法解释第二条对此作出规定:"当事人签订认购书、订购书、预订书、意向书、备忘录等预约合同,约定在将来一定期限内订立买卖合同,一方不履行订立买卖合同的义务,对方请求其承担预约合同违约责任或者要求解除预约合同并主张损害赔偿的,人民法院应予支持。"

1. 预约合同的法律性质

交易实践和审判实践中,预约与本约的关系经常被混淆,对于预约合同的法律性质,争议颇大。关于预约与本约的关系或者预约合同的性质问题,基本存在四种观点。(1)前契约说。该观点认为,预约处于本约成立前的前契约阶段,是本约成立的其中一个过程,因此不构成合同。(2)从合同说。该观点认为,预约是本约之铺垫,本约的成立不以预约的存在为条件,故预约是本约的从合同。(3)附停止条件本约说。该观点认为,预约实质为附停止条件的本约。如预约中规定以开发商取得商品房销售许可证为签订本约的条件,条件成就时商品房买卖合同成立并生效。(4)独立契约说。该观点认为,预约为独立的合同,其既有预设的本约合同中的民事权利义务关系,同时也有预约合同本身中的标的即双方负有订立本约合同的权利义务。其于合同法虽系无名合同,但完全符合合同法的规范并受其调整,故预约合同和本约合同均为各具效力之独立契约。综观四种观点,我们认为,预约与本约之间既相互独立,又相互关联,两者之间是手段和目的之关系。预约的目的在于订立本约,预约的标的需是在一定期限内签订本约,履行预约合同的结果是订立本约合同,因此我们采纳独立契约说。

2. 预约合同的法律效力

预约的效力是预约问题之核心,乃当前理论界争议最大、实务中做法最乱的部分。大致梳理,主要存在必须磋商说、应当缔约说、内容决定说、视为本约说等四种学说。(1)必须磋商说。该说主张,"当事人之间一旦缔结预约,双方在未来某个时候对缔结本约进行了磋商就履行了预约的义务,是否最终缔结本约则非其所问。"[①](2)应当缔约说。该说认为,当事人仅为缔结本约而磋商是不够的,除法定事由外,还应当达成本约,否则预约毫无意义。(3)内容决定说。该学说亦称为"区分说"。认为预约的效力不能一概而论,应考察预约的内容。若预约中已具备本约的主要条款,则产生应当缔约的效力;否则,产生必须磋商的效力。(4)视为本约说。该说认为,如果预约实际上已具备本约之要点而无须另订本约者,应视为本约。我国台湾地区"最高法院"1975年台上字第1567号判例认为:预约系约定将来

---

① 参见韩强:《论预约的效力与形态》,载《华东政法学院学报》2003年第1期。

订立一定契约(本约)之契约。倘将来系依所订之契约履行而无须另订本约者,纵名为预约,仍非预约。①

我们认为,通过对预约制度设立的法律价值、现行司法解释中隐含的意思以及对实务的可操作性等角度进行综合考量,"应当缔约说"更为合理。第一,"必须磋商说"存在严重缺陷。设立预约制度之目的在于缔结本约,而非促使双方进行磋商。磋商仅是缔约的必经阶段和手段,而不是目的。由于完成磋商义务非常容易,若一方当事人根本没有缔结本约的意思,磋商只能流于形式,不仅对预约固定双方当事人交易机会的作用几乎无法显现,而且可能引发恶意预约的道德风险,不利于诚信守约人之利益保护。第二,"内容决定说"缺乏实务操作性。该说的逻辑起点在于从预约的内容去探求当事人"应当缔约"或"必须磋商"的本意,以充分体现合同的意思自治原则,这固然有其法理依据,然而,若当事人缔结预约只是为了将来进一步磋商,则"磋商"本身几无社会价值,无赋予法律强制保护之必要;不同性质的合同其内容差异甚大,何为本约的主要条款?立法和司法解释不可能一言以蔽之,因此,以是否具备本约的主要条款来判断当事人是否必须缔约的真意,容易导致司法实践混乱。第三,采纳"应当缔约说",不仅可以保护当事人为预约而付出的成本,而且有利于引导当事人谨慎从事缔约行为,加大对恶意预约人的民事制裁,更能体现预约制度之法律价值。

3. 预约合同的违约责任

在预约合同的违约责任方面,预约能否继续履行以及赔偿损失的范围可谓审判实务争论问题。

(1)关于继续履行问题。预约的继续履行问题之实质,是可否强制缔约问题。关于该问题,在司法解释制定过程中存在否定和肯定观点之争。否定说认为:第一,并非所有合同均可适用强制履行,《合同法》第一百一十条对不适用"继续履行"的情形作出了三种特别规定。预约合同的标的是签订本约合同的行为,而非是金钱或财物的给付行为;债务人拒不签订本约合同的违约行为,属于《合同法》规定不适用继续履行之情形。第二,强制缔约有违合同意思自治原则。除非一方依法负有强制缔约义务,否则,任何一方都不得将自己的意志强加给另一方。预约仅对将来缔结本约为意思表示,而非为交付标的物实现交易。若强制其缔结本约,则人民法院需补足本约的缺失条款,但这些条款的目的均在于交易目的之实现,此有悖预约当事人的意思表示。第三,与强制执行基本理论不合。依强制执行理论,当事人向人民法院申请强制执行,须有给付内容(包括物和行为),但不包含意志给付。所以,对于一方拒绝依预约合同之约定签订本约合同的,在法律上和事实上都不能强制其"继续履行"即签订本约合同的义务。第四,如果预约中缺乏本约必要条款而强制当事人继续缔结本约,则有悖限制强制履行理论。法律之所以作出限制强制履行之规定,其价值在于展现对人格的尊重,昭示着人脱离野蛮、走向文明的标志。因此,由法官直接强制当事人进行磋商谈判并缔约,有违现代文明精神。② 肯定说则认为:第一,人身强制并非在任何时候都被禁止。在买卖合同中,当一方当事人不愿履行交货义务并经法院判决强制履行时,

---

① 参见林诚二:《民法债编各论(上)》,中国人民大学出版社2003年版,第32页。
② 参见李开国、张铣:《论预约的效力及其违约责任》,载《河南省政法管理干部学院学报》2011年第4期。

就属于人身强制的适用。因此,在宏观制度构建观之,人身强制不存在应不应该的问题,而是存在强制程度的问题。第二,至于审判实务中出现的债务人不积极作出意思表示以及本约依何内容成立的问题,完全可以通过合同解释、合同漏洞填补等途径解决。第三,大陆法系的德、日以及我国台湾地区民法和判例基本均采此立场。在德国和我国台湾地区,预约债务人负有订立本约的义务,权利人得诉请履行,法院应命债务人未订立本约的意思表示,债务人不为意思表示者,视同自判决确定时已为意思表示。本约成立后,债权人即有请求给付的权利,基于诉讼经济原则,债权人得合并请求订立本约及履行本约。① 第四,我国民法学界多数学者亦赞同肯定说。以王利明教授为代表的大陆学者认为:"预约虽然仅使当事人负有订约义务,但也是一种合同。如果预约的一方当事人不履行其订立本约的义务,则另一方有权请求法院强制其履行义务及承担责任。"②我国台湾地区学者史尚宽先生、王泽鉴先生也持肯定说。③

对于预约能否强制缔约问题,我们在司法解释起草论证过程中始终处于犹豫状态,司法解释《征求意见稿》曾先后采纳否定说和肯定说。最后,我们认为,考虑到当前我国大陆地区民法学界对于该问题的学术研究尚有待深入,相关审判实务经验亦亟待丰富和发展,宜将该问题留给学术界进一步深入研究,留待审判实践去进一步检验,故将关于能否"强制订立本约"的规定删除。这意味着本司法解释对该问题没有明确态度。

(2)关于赔偿损失范围。违反预约合同造成损害的,无疑应当赔偿损失,但该赔偿损失的范围如何确定,实为审判实务之难题。其中,需要进一步厘清违约损失的总体范围、机会损失是否赔偿以及是否存在可得利益损失等三个问题。首先,关于违约损失的总体范围问题。我们认为,以本约为参照,预约其实处于订立本约的先契约阶段,因此,相对于本约而言,违反预约的行为既是预约违约行为,也可以视为是本约之缔约过失行为,所以在理论上可以认为有可能发生违反预约之违约责任与本约的缔约过失责任之竞合。就此而言,违约预约的损失在总体上应相当于本约的缔约过失责任范围,因此,预约违约损失相当于本约的信赖利益损失。虽然理论界对于信赖利益的概念及利益范围存在较大的争议,致使审判实务颇感困惑而无所适从,但依我国合同法理论目前基本共识,对信赖利益(指对本约的信赖利益)的赔偿以不超过履行利益为限。信赖利益通常包括所受损失与所失利益。其中,所受损失包括:缔约费用、准备履行所需费用、已给付金钱的利息等;所失利益主要是另失订约机会之损害。④ 据此,我们认为,买卖预约合同的损害赔偿范围主要是指"所受损失",至少应当包括四项内容:①订立预约合同所支付的各项费用,例如交通费、通讯费等;②准备为签订买卖合同所支付的费用,例如考察费、餐饮住宿费等;③已付款项的法定孳息;④提供担保造成的损失。其次,关于机会损失赔偿问题。对于如何确定机会损失以及是否赔

---

① 在我国台湾地区判例方面,1972年台上字第964号判决认为:预约权利人仅得请求对方履行订立本约之义务。1992年台上字第2541号判决认为:预约成立后,预约债权人基于诉讼经济之原则,合并诉请债务人订立本约及履行本约。参见王泽鉴:《债法原理(一)》,中国政法大学出版社2001年版,第150页。
② 参见王利明、崔建远:《合同法新论·总则》,中国政法大学出版社1996年版,第48页。
③ 参见史尚宽:《债法总论》,中国政法大学出版社2000年版,第13页;王泽鉴:《债法原理(一)》,中国政法大学出版社2001年版,第150页。
④ 参见王泽鉴:《民法学说与判例研究》(第五册),中国政法大学出版社1998年版,第227~231页。

偿机会损失,在审判实务上颇难把握,争议较大。有观点主张,预约合同可能已经对本约标的物、对价等作出明确约定,当事人对本约的期待利益已经固化,违约方一旦违约,守约方的期待利益也随之丧失,守约方亦丧失了与他人订立同类本约合同的机会,从而导致机会损失可能变为现实损失。这种机会损失亦当归属于信赖利益范畴。我们认为,对此机会利益损失如何确定,尚待研究论证和法律明确。机会损失如何界定以及是否赔偿,学界和实务界始终存在争论,目前尚未形成共识,有待审判实践进一步总结。最后,关于可得利益损失赔偿问题。我们认为,预约合同的履行只是发生签订本约合同的行为,即建立一个新的合同关系。预约合同履行行为本身并无任何交易发生,没有生成任何经济利益。若未达成本约,仅是丧失一次订立合同的机会,并无可得利益损失。而本约合同的履行,则是完成交易之行为,能够直接产生经济利益,这种利益就是合同的履行利益,其中包含可得利益。因此,我们认为,在违约责任方面,预约合同与本约合同的最大区别之一在于,预约合同违约没有可得利益损失,本约合同违约可能存在可得利益损失。综上,我们认为,在目前的国内学术研究和审判实务所处的发展阶段,鉴于双方仅处于预约阶段,预约合同的损害赔偿应以信赖利益为限,在最高不超过信赖利益的范围内,由法官从利益平衡和诚实信用、公平原则出发,结合案件实际情况,综合考虑守约方的履约情况、违约方的过错程度、合理的成本支出等因素,酌情自由裁量。

二、多重买卖的履行顺序

在审判实践中,多重买卖或者一物数卖情形并不鲜见。诚如王泽鉴先生所言:"多重买卖,自古有之,在物价波动之际,最为常见。而此实际多出于罔顾信用,图谋私利。"①由于多重买卖行为兼涉合同法和物权法两大领域,因此成为买卖合同审判实务研究的重点问题。其中,多重买卖合同效力的认定、②合同的实际履行顺序以及标的物所有权的归属等问题均系审判实务所关注之问题。特别是,因为多重买卖行为是债权合同成立与所有权变动的时间差所致,所以,在任何一个物权变动的立法模式之下,要想排除时间差并由此从根本上杜绝多重买卖现象几乎是不可能的。因此,确定标的物所有权的最终归属,遂成为多重买卖问题的核心所在。在审判实务中,该问题更多地体现为确认买受人行使请求权的优先效力问题或者多重买卖合同的实际履行顺序问题。

1. 四种观点之争论

在我国债权形式主义的物权变动模式下,根据《民法通则》第七十条第二款、《合同法》第一百三十三条以及《物权法》第二十三条之规定,在多重买卖合同均为有效合同场合,尚需交付行为才能完成标的物的物权变动。据此,在数个买卖合同均有效的前提下,先行受

---

① 参见王泽鉴:《民法学说与判例研究》(第四册),中国政法大学出版社1998年版,第162页。但也有观点认为,多重买卖行为既有包容欺诈、损害诚信、干扰交易安全的不利一面,又有体现物权人处分权利、鼓励竞争、提高物的使用效率、增加市场活力的有利一面。参见张航:《浅析一物数卖中的利益平衡》,载《时代报告》2011年11月下期。

② 《合同法解释(二)》第十五条明确地作出肯定性规定:"出卖人就同一标的物订立多重买卖合同,合同均不具备合同法第五十二条规定的无效情形,买受人因不能按照合同约定取得标的物所有权,请求追究出卖人违约责任的,人民法院应予支持。"《解释》第三条亦明确承认出卖他人之物合同效力。

领动产标的物交付的买受人请求确认标的物所有权已经转移的,人民法院自应支持。在审判实务中,争论焦点主要集中在:如果各个买受人均未受领标的物的交付,哪个买受人的请求权应当获得优先保护呢?由于法律对此未置明文,因此,在司法解释起草论证过程中存在四种争论观点:(1)出卖人自主决定说。该观点认为,数个买受人享有的债权具有平等性,出卖人有权选择履行合同或者不履行合同而承担违约责任,故应由出卖人自主决定向哪个买受人实际履行合同。(2)先行支付价款说。该观点认为,借鉴国外不动产买卖中的优先权制度,按照履行合同顺序确定物权归属。从维护正常的交易秩序、促进合同的善意履行、维护当事人合法权益出发,亦应由先行支付价款的买受人优先享有合同权利并最终取得标的物所有权。(3)合同成立在先说。该观点认为,多重买卖通常是因出卖人的过错所致,依据诚实信用原则,应由合同成立在先的买受人先行取得合同权利并获得标的物之所有权。在审判实践中,人民法院在确定多重买卖行为的履行顺序时亦依照合同成立在先原则。最高人民法院法释〔2005〕5号《关于审理涉及国有土地使用权合同纠纷案件适用法律问题的解释》第十条第一款第(四)项关于"合同均未履行,依法成立在先的合同受让方请求履行合同的,应予支持"之规定,即是著例。虽然该规定是针对不动产,但其法理亦应同样适用于动产。(4)买受人先请求说。该观点认为,基于多重买卖而产生的数个债权均处于平等地位,相互之间并无位序关系,先买受人与后买受人皆享有随时要求出卖人履行合同、交付标的物的债权请求权。因此,应当以买受人请求出卖人履行合同、交付标的物的先后作为优先得到实际履行的判定标准。

2. 本司法解释立场

我们认为,在平衡多重买卖行为中各方利益时,应当依据诚实信用和公平原则予以衡量。具体而言:多重买卖通常是在出卖人因标的物价格上涨、后买受人支付的价金更加有利可图的场合发生。出卖人本应履行前一买卖合同,交付标的物于先买受人,但其却不履行该义务而将同一标的物出卖给后买受人,明显违反诚实信用原则。其在履行合同与不履行合同并承担违约责任之间的选择方面,通常选择后买受人支付的高价而对先买受人自愿承担低于高价的违约赔偿责任,从而损害交易安全。另外,在数个合同均面临实际履行的请求场合,也容易催生出卖人与个别买受人恶意串通行为之发生。有鉴于此,如果采纳"出卖人自主决定说",无疑是放任甚至怂恿出卖人的失信行为。故而《解释》否定了"出卖人自主决定说",而是综合"先行支付价款说"和"合同成立在先说",并参照最高人民法院法释〔2005〕5号《关于审理涉及国有土地使用权合同纠纷案件适用法律问题的解释》第十条关于多重转让合同的履行顺序之规定精神,确定了如下的实际履行规则:

(1)均未受领交付的,采纳"先行支付价款说"。《解释》第九条第(二)项规定:"均未受领交付,先行支付价款的买受人请求出卖人履行交付标的物等合同义务的,人民法院应予支持。"理解该条项规定时候,应当注意以下几种具体情形:第一,有的买受人已支付价款,有的买受人尚未支付价款。对此情形,依照本条项之规定,人民法院无疑应当支持已支付价款之买受人的请求。第二,数个买受人先后均已支付价款。对此情形,按照本条项之规定,人民法院亦应支持先行支付款项的买受人之请求。审判实践中存在这样的情形:数个买受人先后均已支付价款,但先买受人仅支付部分价款,而后买受人支付全部价款,此时如何处理？有观点认为，应当支持已支付全部款项或者支付价款多的买受人的请求。我们认为，多重买卖之所以发生，主要是因为出卖人认为后买受人支付的价金更加有利可图。因此，为维护诚实信用原则，并避免问题复杂化，我们在制定本解释第九条第（二）项时，不再考量支付价款的多少因素，仅以支付时间先后为准。第三，数个买受人同时支付价款。此种情形，审判实践中极为罕见。如果一旦出现此种情形，则人民法院应当审查买受人行使请求权的时间先后，以买受人请求出卖人履行交付标的物等合同义务的时间先后，确定先行行使请求权的买受人的合同权利。

（2）均未受领交付，也未支付价款的，采纳"合同成立在先说"。《解释》第九条第（三）项规定："均未受领交付，也未支付价款，依法成立在先合同的买受人请求出卖人履行交付标的物等合同义务的，人民法院应予支持。"据此，人民法院应当注意审查合同成立时间的先后，支持成立在先的合同买受人的合同权利。

3. 交付与登记的关系

在审判实践中，船舶、航空器、机动车等特殊动产一物数卖中经常发生交付与登记的冲突，主要包括两种情形：其一，先买受人已受领交付但未办理所有权转移登记手续，后买受人办理所有权转移登记手续却未受领交付；其二，先买受人已办理所有权转移登记手续却未受领交付，后买受人已受领交付却未办理所有权转移登记手续。如何协调交付与登记的关系，直接关涉特殊动产物权变动的要件，尤其是《物权法》第二十三条与第二十四条的关系问题。

《物权法》第二十三条规定："动产物权的设立和转让，自交付时发生效力，但法律另有规定的除外。"《物权法》第二十四条规定："船舶、航空器、机动车等物权的设立、变更、转让和消灭，未经登记，不得对抗善意第三人。"对于船舶、航空器、机动车等特殊动产而言，其物权变动要件如何？交付和登记是什么关系？特别是在受领特殊动产交付的买受人与完成特殊动产所有权转移登记的买受人发生权利冲突之场合，该问题显得至关重要。

关于《物权法》第二十三条和第二十四条的关系，即交付与登记的关系，特别是登记是否为船舶、航空器、机动车等特殊动产物权变动的生效要件，学界和实务界存在四种争论观点：第一种观点认为，此三类特殊动产物权之变动，有时以交付为生效要件，但在仅有登记而尚未交付之情形，则以登记为生效要件；在多重买卖之情形，有的买受人已经占有买卖物，而其他买受人虽未占有买卖物但已成为登记名义人之场合，也以登记作为物权变动的生效要件。[①] 第二种观点认为，此三类特殊动产的物权变动自当事人订立物权变动合同生效时即发生物权变动的效力，并不以交付或者登记为生效条件，而仅以登记为对抗要件。在未登记前，仅在当事人之间发生法律效力，当事人不得对善意第三人主张物权变动的效力。在特殊动产发生多重买卖之情形，先登记的善意买受人可以对抗包括已经受领交付标的物的买受人在内的其他一切买受人。[②] 第三种观点认为，特殊动产的交付不能对抗所有权转移登记。因为买受人受领交付后虽取得了特殊动产物权，但在没有办理登记过户手续

---

① 参见崔建远：《再论动产物权变动的生效要件》，载《法学家》2010年第5期。
② 参见李勇主编：《买卖合同纠纷》，法律出版社2011年版，第56页。

前,该物权仍是一种效力受限的物权,并非完整的所有权。① 根据"一物一权"原则,因受领交付的买受人的所有权因其他完成登记过户手续的买受人善意取得标的物所有权而自然消灭。第四种观点认为,交付不仅为动产所有权移转的生效要件,而且应是一切动产物权变动的生效要件。《物权法》第二十三条的规定具有普遍适用性,统领各种类型的动产物权的变动,仅有极个别的情形例外。《物权法》第二十四条关于船舶、航空器和机动车辆诸物权变动场合将登记作为对抗第三人的要件之规定,不是对《物权法》第二十三条规定的交付为动产物权变动的生效要件主义的否定,而是对效力强弱和范围之补充,即特殊动产物权变动仍以交付为生效要件,而非以登记作为生效要件。质言之,出卖人向买受人交付了船舶、航空器或机动车,即使没有登记,物权也发生变动,只是不能对抗善意第三人;反之,转让人没有交付船舶、航空器或机动车,即使办理了登记,受让人也未取得其物权。②

经过认真的研讨和论证,我们最终倾向于第四种观点并认为:除非法律另有规定,交付是特殊动产物权变动的生效要件,登记是其物权变动的对抗要件。在交付与登记发生冲突时,交付优先于登记。理由在于:第一,这种观点契合立法机构关于该条文的学理解释。立法机关对《物权法》第二十四条采登记对抗主义的立法理由解释为:"船舶、航空器和汽车因价值超过动产,在法律上被视为一种准不动产,其物权变动应当以登记为公示方法。但在登记的效力上不采用登记生效主义,这是考虑到船舶、航空器和机动车等本身具有动产的属性,其物权变动并不是在登记时发生效力,依照本法规定,其所有权转移一般在交付时发生效力,其抵押权在抵押合同生效时设立。但是,法律对船舶、航空器和汽车等动产规定有登记制度,其物权的变动如果未在登记部门进行登记,就不产生社会公信力,不能对抗善意第三人。"③第二,该观点符合对《物权法》第二十四条的多种法律解释结论。在现代民法方法论中,狭义的解释方法主要包括文义解释、体系解释、历史解释与目的解释。就《物权法》第二十四条的文义解释而言,该条没有正面规定特殊动产物权变动的要件,既未说自合同生效时发生物权变动,也没有说自登记完毕发生物权变动,属于不完全法条,需要结合有关条文加以解释。就该条的体系解释和目的解释而言,其处于《物权法》第二章第二节"动产交付"之下,该节"动产交付"贯彻基于法律行为而发生的动产物权变动以交付为生效要件的原则,同样只承认法律另有规定不以交付为生效要件的例外。那么,法律对船舶、航空器和机动车的物权变动是否例外地规定了不以交付为生效要件?无论是《海商法》,还是《民用航空法》,亦或是《机动车登记办法》,均未正面规定特殊动产的所有权变动、抵押权设立的生效要件,只是明确地将登记作为对抗要件。既然法律对于船舶、航空器和机动车的物权变动未作另外规定,则自应按照《物权法》第二十三条规定的动产物权变动的原则来解释《物权法》第二十四条的规定,只有在设立抵押权时例外。④ 第三,该观点可使物权法体系自圆其说,避免体系矛盾。《物权法》第二十四条的规定原则上总揽船舶、航空器和机动车的

---

① 参见王利明:《物权法研究》,中国人民大学出版社2007年版,第387页。
② 参见崔建远:《再论动产物权变动的生效要件》,载《法学家》2010年第5期。
③ 参见全国人大常委会法制工作委员会民法室编著:《中华人民共和国物权法条文说明·立法理由及相关规定》,北京大学出版社2007年版,第24页。
④ 参见崔建远:《再论动产物权变动的生效要件》,载《法学家》2010年第5期。

所有权产生、转让、设立质权、设立抵押权、消灭等类型的物权变动,且未设例外。而《物权法》第二百一十二条明确规定:"质权自出质人交付质押财产时设立。"在这种情况下,只有将《物权法》第二十四条之规定解释为贯彻"把交付作为船舶、航空器和机动车等动产物权变动的生效要件,将登记作为对抗(善意)第三人的要件"模式,才能自圆其说。如果将其解释为登记为船舶、航空器和机动车等动产物权变动的生效要件,则会造成《物权法》第二十四条与第二百一十二条之间的矛盾。此外,《物权法》第一百八十八条规定,以交通运输工具设立抵押权的,抵押权自抵押合同生效时设立,未经登记,不得对抗善意第三人。该规定表明以船舶、航空器和机动车设立抵押权,仍然不以登记为生效要件。第四,该观点符合我国民法关于物权变动模式之通说。我国民法理论通说认为我国的物权变动采取债权形式主义,《物权法》第二章等规定予以落实,只有土地承包经营权和地役权的设立采取了债权意思主义,①至于船舶、航空器和机动车的物权变动则未见有明确的条文采取债权意思主义。就此而言,应当认为《物权法》对船舶、航空器和机动车的物权变动采取了交付为生效要件的模式,而非合同生效时发生物权变动,只有设立抵押权是例外。第五,若将登记作为特殊动产物权变动生效要件将导致负面效果。《物权法》第二十四条明文规定登记为特殊动产物权变动的对抗要件,而作为对抗要件的登记,难以时时、事事地表征着真实的物权关系。质言之,登记所昭示的物权关系与真实的物权关系有时并不一致。因此,若将登记作为船舶、航空器、机动车等物权变动的生效要件,则既有可能误将已经变动的船舶、航空器、机动车的物权关系当作尚未变动的物权关系,②又可能误将尚未变动的物权关系作为已经变动的物权关系看待。③基于以上考虑,在特殊动产多重买卖场合发生交付与登记冲突时,交付应当优先于登记。因此,本司法解释第十条第(四)项规定:"出卖人将标的物交付给买受人之一,又为其他买受人办理所有权转移登记,已依法受领交付的买受人请求将标的物所有权登记在自己名下的,人民法院应予支持。"

三、关于风险负担的问题

风险负担制度作为在当事人之间就标的物毁损、灭失的损害进行合理分配的制度,始终是买卖法之核心问题。在买卖合同中,风险由谁负担就意味着谁将承担不利的后果,涉及到买卖双方当事人最根本的利益。因此,在某种意义上说,买卖法之目的就在于将基于合同关系所产生的各种损失的风险在当事人之间适当分配。④《合同法》通过6个条文对此予以专门规定。鉴于近年来买卖合同纠纷案件中当事人因风险负担问题发生争议的数量

---

① 《物权法》第一百二十七条第一款规定:"土地承包经营权自土地承包经营权合同生效时设立。"该法第一百五十八条规定:"地役权自地役权合同生效时设立。当事人要求登记的,可以向登记机构申请地役权登记;未经登记,不得对抗善意第三人。"

② 例如,甲已经将机动车现实地交付给了买受人乙,但尚未办理过户登记手续,若根据登记为机动车物权变动的生效要件说,则会仍然认为该机动车归甲所有,即使第三人丙明知机动车所有权已经移转给乙的事实,乙也无权对抗该第三人。这显然违背了《物权法》第二十四条规定的规范意旨。

③ 例如,甲已经将机动车现实地交付给了先买受人乙,随后又将该机动车登记在后买受人丙的名下。于此场合,丙本来没有取得该机动车的所有权,但按照登记为机动车物权变动的生效要件说,则得出丙已经取得该机动车所有权的结论。这显然是不符合客观实际的,不适当地侵害了乙的合法权益。

④ 参见冯大同:《国际货物买卖法》,对外贸易教育出版社1993年版,第132页。

不断增多,故《解释》以4个条文对《合同法》的相关规定进行解释和补充,借以解决审判实践中存在的问题。

1. "标的物需要运输"之含义

《合同法》第一百四十一条第二款第(一)项并未明确何谓"需要运输的"。虽然大多数买卖合同均会涉及标的物运输问题,但并非所有标的物涉及运输的买卖合同均适用《合同法》第一百四十一条的规定,在解释适用时需加限制。

依据债务清偿地的不同,传统民法将债务区分为赴偿之债、往取之债与送交之债三种类型。赴偿之债,是指以债权人的住所、营业所或其指定的地点作为清偿地的债务,相当于我们经济生活中的送货上门。往取之债,是指以债务人的住所或营业所为清偿地的债务,相当于我们经济生活中的买方自提。送交之债,又称为送付之债,是指债务人依债权人的请求,将标的物送至清偿地以外的处所进行清偿的债务,如果此种债权债务关系为买卖,则为送交买卖。需要注意的是:不论是在赴偿之债还是在送交之债中,都有可能发生出卖人委托运送人运输标的物且承运人事实上进行了运输的现象。但通常认为,在赴偿之债中,运送承揽人居于债务人的履行辅助人的地位,标的物在运输过程中因运送承揽人之过失而灭失属于可归责于债务人的事由,债务人纵将标的物交付于运送承揽人也未完成其义务。而在送交之债,运送承揽人不属于债务履行辅助人,债务人将标的物交付运送承揽人时,便已尽其义务。因此,债务人就运送承揽人的故意或过失不负责任,标的物在运输过程中即使因运送承揽人之过失而毁损、灭失,仍属于不可归责于买卖双方当事人事由之给付不能。因此,送交之债与赴偿之债的风险负担规则应有所不同。①

在送交买卖中,由于买受人请求出卖人将标的物送至清偿地以外的处所交付时,出卖人在发出货物之后,即完成了所有他应做的事情,送交过程中的危险属于外加的危险,因此,应由买受人承担此一过程中的风险。正是基于这一原因,大陆法系国家和地区均采取交付主义的立法,将此风险负担移转的时点由"交付于买受人时"提前到"交付于为运送之人或者承揽运送人时"。该规则体现在我国《合同法》第一百四十一条第二款第(一)项规定的"第一承运人规则"。

因此,在买卖合同对交付地点没有约定或约定不明的情况下,不是所有标的物涉及运输的合同都适用《合同法》第一百四十五条规定的风险负担转移规则,在解释适用时需要将买受人自行负责运输和出卖人负责送货上门这两种情况排除在外,第一承运人必须是独立于合同当事人之外的主体,风险只有在将货物交付给独立的承运人时起才发生转移。故《解释》第十一条规定:《合同法》第一百四十一条第二款第(一)项规定的"标的物需要运输的",是指标的物由出卖人负责办理托运,承运人系独立于买卖合同当事人之外的运输业者的情形。

2. 特定地点风险转移规则

对于出卖人向买受人交付标的物情形下的风险负担,《合同法》第一百四十二条规定了交付主义的一般原则。对于出卖人向承运人交付标的物的情况,《合同法》第一百四十五条

---

① 参见王泽鉴:《民法学说与判例研究》(第六册),中国政法大学出版社1998年版,第75页。

规定仅适用于双方对交付地点没有约定或约定不明情况下的风险负担。而对于实践中大量存在的买卖双方约定在某一地点装运货物以运交买受人的情况,《合同法》未置明文,属于法律漏洞。

由于《合同法》第一百四十五条本身系参考《联合国国际货物销售合同公约》(以下简称《公约》)第 67 条第(1)款之规定,因此,在弥补《合同法》该漏洞时应当运用比较法解释方法,以《公约》相关规定作为参考文本。《公约》第 67 条第(1)款包括两句话:第一句话是"如果销售合同涉及到货物的运输,但卖方没有义务在某一特定地点交付货物,自货物按照销售合同交付给第一承运人以转交给买方时,风险就转移到买方承担";第二句话是"如果卖方有义务在某一特定地点把货物交付给承运人,在货物于该地点交付给承运人以前,风险不移转到买方承担"。可见,《合同法》第一百四十五条的规定直接借鉴了《公约》第 67 条第(1)款的第一句话,而对该款规定的第二句话,《合同法》未作借鉴。在《公约》的起草和论证过程中,之所以要规定第二句话,主要是为了解决内陆国家的出口商,包括内地出口商需在邻近的港口交货,货物的风险于港口移交给承运人时转移而不是在内地移交给承运人时转移的问题。立足于这一起草背景,对该第二句话的准确理解应当是:如果合同涉及货物的运输,卖方有义务在"某一特定地点"将货物移交给买方,卖方就有义务在该特定地点将货物移交给某个承运人,使货物运交买方,而不管在抵达这一特定地点之前的运输是通过卖方自己的运输工具还是通过卖方雇佣的独立运输公司所至。①

考虑到合同双方当事人在合同中约定在某一地点货交承运人即为交付的在实践中较为常见,故在起草本解释的过程中,我们参考借鉴《公约》的上述规定以完善特定地点规则。虽然理论界对此存在不同观点,例如有学者认为,"使用该规则的结果是使运输过程中的风险割裂开来,一段由出卖人承担,一段由买受人承担,这一结果在集装箱运输的场合,容易发生争议,因为损害发生的具体时点不易确定,相应的风险由哪一方当事人承担便发生困难,不值得推广"②,但我们认为,在标的物发生毁损、灭失的情况下,关于损害发生的具体时点的争议几乎是每一个纠纷案件中都会遇到的问题,这其实是一个事实问题,可以通过分配举证责任的方式加以解决。如果仅仅因为在集装箱运输情形下损害发生时点难以确定的理由,规定在此种情形下运输的风险完全由一方当事人承担,不符合控制与利益相一致原则的风险负担基本原则,无论在立法论还是在解释论上均会面临诸多难以自圆其说的矛盾。因此,《解释》第十二条最终规定:"出卖人根据合同约定将标的物运送至买受人指定地点并交付给承运人后,标的物毁损、灭失的风险由买受人负担,但当事人另有约定的除外。"

3. 路货买卖出卖人隐瞒风险事实之风险负担

我国《合同法》第一百四十四条规定:"出卖人出卖交由承运人运输的在途标的物,除当事人另有约定的以外,毁损、灭失的风险自合同成立时起由买受人承担。"该规定确立了路货买卖的风险负担为"合同成立时起转移"的一般规则。但如果出卖人已经知道标的物在运输途中发生毁损、灭失的事实却隐瞒该事实而与买受人签订买卖合同,风险负担如何处

---

① 参见张玉卿编著:《国际货物统一买卖法——联合国国际货物销售合同公约释义》(第三版),中国商务出版社 2009 年版,第 430 页。

② 参见韩世远:《合同法学》,高等教育出版社 2010 年版,第 400 页。

理?《合同法》对此未置明文。

《公约》第 68 条规定:"对于在运输途中销售的货物,从订立合同时起,风险就移转到买受人承担。但是,如果情况表明有此需要,从货物交付给签发载有运输合同单据的承运人时起,风险就由买受人承担。尽管如此,如果出卖人在订立合同时已知道或理应知道货物已经遗失或损坏,而他又不将这一事实告知买受人,则这种遗失或损坏应由出卖人承担。"显然,《合同法》第一百四十四条之规定系对《公约》第 68 条规定第一句话的剪辑式移植。鉴于我国是《公约》成员国,因此可以借鉴其有益规定来弥补国内法之不足,完善路货买卖的风险负担规则。故《解释》第十三条规定:"出卖人出卖交由承运人运输的在途标的物,在合同成立时知道或者应当知道标的物已经毁损、灭失却未告知买受人,买受人主张出卖人负担标的物毁损、灭失的风险的,人民法院应予支持。"

4. 未经特定的标的物风险负担

债法理论认为,债务履行时其标的必须特定。具体到买卖合同中,出卖人所交付的货物必须是特定化或者已经特定化的货物,因此,在买卖合同的履行中,出卖人需要将货物特定化到具体的合同项下,从而在货物与特定合同之间建立一种联系。

在种类物买卖实践中,常有出卖人一次托运一批未经分开的货物以履行数份合同的情形(特别是大宗散装货时),或者一次托运超量的货物去履行已经签订的合同之情形,如果出现货物毁损、灭失,在货物未具体特定化在合同项下的情况下,将无法分清究竟是哪个合同的货物发生了货损。对此类情形中如何分配风险,《合同法》未予规定。因我国系公约缔约国,故我们参照《公约》第 67 条第 2 款和第 69 条第 3 款,以比较法的解释方法弥补《合同法》的漏洞,《解释》第十四条规定:"当事人对风险负担没有约定,标的物为种类物,出卖人未以装运单据、加盖标记、通知买受人等可识别的方式清楚地将标的物特定于买卖合同,买受人主张不负担标的物毁损、灭失的风险的,人民法院应予支持。"人民法院在适用该条规定时,应当注意:标的物的特定于买卖合同项下是买受人承担风险的前提,即买卖标的物未经特定时,风险不能由买受人负担。所谓货物特定化,是指卖方在货物上加标记、或以装运单据、或向买方发出通知或以其他方式清楚地将货物注明于有关合同项下的行为。买卖标的物未经特定时,风险不能由买受人负担,以防止出卖人谎称毁损、灭失的标的物正是买受人所购买的标的物。在案件审理中,对发生毁损、灭失的标的物是否正是买受人所购买的货物,关键在于查明该标的物是否已经特定于买卖合同项下的这一事实。

四、关于检验期间的问题

审判实践中,如何衡量标的物的及时检验以及如何确定检验的合理期间,颇难把握;对于如何认定检验期间经过后的法律效果,分歧较大。《解释》对此均作出明确规定。

1. 及时的检验期间

《合同法》第一百五十七条规定:"买受人收到标的物时应当在约定的检验期间内检验。没有约定检验期间的,应当及时检验。"审判实践中的问题是,如果当事人没有约定检验期间,如何认定买受人的检验行为是否"及时"? 必须承认,买受人的检验行为是否"及时"的判断是一个非常复杂的事实问题。由于实践中的情况千差万别,不可能简单地规定一个期间适用于所有的情况。故《解释》第十五条将实践中签收单据的做法加以规定:"当事人对标的物的检验期间未作约定,买受人签收的送货单、确认单等载明标的物数量、型号、规格的,人民法院应当根据合同法第一百五十七条的规定,认定买受人已对数量和外观瑕疵进行了检验,但有相反证据足以推翻的除外。"

在适用该条时,人民法院应当注意两个问题:第一,由于仅凭当事人的自身能力即可实现对数量和外观瑕疵的检验,且从日常生活经验出发,因此买受人在签收时一般都会对标的物的数量和外观进行核查。从买卖合同纠纷案件审理的实际情况来看,绝大多数的质量争议是买受人在诉讼中以反诉的方式提起的,买受人作为原告单独提起的质量异议之诉占比较少。其中一个非常重要的原因是买受人希望通过质量异议的方式少付货款或者拖延诉讼。当前现实生活中的买卖交易大多采用买方预付定金或部分货款,货到后结清余款的方式进行,但买受人在收到货物后往往不能及时支付剩余款项。在出卖人请求支付时,买受人往往以质量存在瑕疵进行抗辩,迫使出卖人降低价款,或者在诉讼中对没有质量瑕疵或程度轻微并不影响合同目的实现的瑕疵以反诉的方式恶意拖延诉讼,以达到延迟支付价款的目的。在具体工作中,承办法官在接到当事人的反诉状时,经常面临着是否应该受理买受人质量反诉的困惑:若不加区别地一律受理买受人提起的质量瑕疵反诉,势必导致损害出卖人合法债权,助长恶意诉讼之风;但若简单地以诉讼效率为由拒绝受理反诉,亦易导致浪费诉讼资源,不能有效保护买受人合法权益的情形。针对这一实际情况,本条规定了签收即视为检验的一般原则,以过滤掉审判实践中一些无实际意义的反诉案件。第二,有相反证据足以证明当事人未能对数量和外观瑕疵进行检验的除外。近年来,物流业的迅猛发展在某种程度上已经改变了传统的买卖方式,处理网络购物等新型交易方式之外,很多大件商品也需要借助于专门的运输业者向买受人交付。物流业的迅猛发展在方便群众生活的同时,也给司法实践提出了新的问题,其中以网络购物中快递公司送货的"先签后验"还是"先验后签"之争最为典型。网络卖家要求消费者先拆开包装检验货物后再签收,而快递公司要求消费者必须先签收才能拆开包装验收,两者的规定相互冲突。消费者面临的局面是,如果不签收,则无法顺利取货;如果先签收再拆开包装验货,因卖家在快递详情单上明确提醒消费者要先验货后签收,在快递详情单上签收时,就等于接受了卖家"先验货后签收"的条款,即"约定了检验期在签收前",且一旦签收就意味着货物已经过检验并且无质量问题。从目前的实际情况来看。"先验后签"还是"先签后验"的争议或许还将持续一段时间。但对其中的消费者权益保护问题,司法必须拿出有针对性的解决方案,以中立性的公正解决方案促进快递服务市场的健康发展。根据司法解释的本条规定,如果消费者与网络卖家合同约定的先验后签,但网络卖家与快递公司约定的先签后验,那么,即便消费者签收的送货单据上载明了货物数量、种类、规格、型号等,仍然不能作为消费者已经对数量和外观进行验收的证据使用。

2. 合理期间的确定

《合同法》第一百五十八条第二款规定的"合理期间"是极富弹性的规定,在审判实践中颇难把握。我们认为,"合理期间"的认定,是一个事实问题,属于法官的自由裁量权的行使范围。为此,《解释》第十七条在总结我国审判经验的基础上,参考和借鉴了国外同行的惯常做法,经过反复权衡,将"当事人之间的交易性质、交易目的、交易方式、交易习惯、标的物的种类、数量、性质、安装和使用情况、瑕疵的性质、买受人应尽的合理注意义务、检验方法和难易程度、买受人或者检验人所处的具体环境、自身技能以及其他合理因素"作为认定"合理期间"的主要参考因素。应当指出,上述因素的考虑只是一些较为重要的因素,在案件审理中法官可以根据案件具体情况衡量是否还存在其他合理因素。由于诚实信用原则不仅集中体现了合同法的精神,也彰显着合同法的价值判断,乃整个合同法之灵魂。因此,人民法院考量这些因素时,必须根据诚实信用原则来确定是否合理。

3. 约定的期间过短

《合同法》第一百五十八条所规定的买受人瑕疵通知义务,并未区分消费合同和商事合同,因此,无论买受人是消费者还是商人,均承担该通知义务;买受人未在约定的检验期间内提出异议的,视为标的物数量或质量符合约定。这一规定在实践中出现的问题主要集中在两个方面:其一,在双方当事人都是专门商人的商事买卖合同中,经常出现合同约定的检验期间明显过短,以致当事人不可能在该期限内完成检验或者发现瑕疵,如有的当事人在合同中对机器设备的检验期间短于双方约定的安装调试期间。其二,在一方当事人为消费者的普通买卖合同中,经营者往往通过格式条款约定了较短的检验期间,消费者无法在该期间内对商品质量是否合格作出判断,尤其是在社会各界关注的毒奶粉、含氯可乐、毒胶囊等公共事件中,即便给予消费者检验期间,大多数情况下消费者也根本没有能力对其内在质量作出检查鉴定。在前述情况下,如果仍然机械适用法律,以约定的检验期间或合理期间已经过为由,认定标的物质量仍然符合约定,显然有违公序良俗。因此,司法解释立足于我国当前的基本国情,在司法政策上作出针对性的调整,以实现司法过程中的正义价值。

《解释》将标的物瑕疵分为数量瑕疵和质量瑕疵,质量瑕疵包括外观瑕疵和隐蔽瑕疵。外观瑕疵的检验相对容易,而隐蔽瑕疵的检验则需要借助于专业的知识和设备。因此,理论上二者的检验期间应当存在差别,数量瑕疵和外观瑕疵的检验时间可以短一些,而隐蔽瑕疵检验需要的时间会长一些。我们认为,诚实信用原则是民法基本原则,如果当事人约定检验期间明显过短,不利于买受人行使权利的,应依据诚实信用原则认定约定的检验期间为当事人进行外观瑕疵检验的期间;对于隐蔽瑕疵的检验期间,视为没有约定。因此《解释》第十八条规定:"约定的检验期间过短,依照标的物的性质和交易习惯,买受人在检验期间内难以完成全面检验的,人民法院应当认定该期间为买受人对外观瑕疵提出异议的期间,并根据本解释第十七条第一款的规定确定买受人对隐蔽瑕疵提出异议的合理期间。"

4. 期间的法律拟制

买受人在检验期间怠于通知,或者在合理期间内或者自收到标的物之日起两年内未通知出卖人的,《合同法》第一百五十八条规定"视为标的物的数量和质量符合约定"。该"视为"是事实推定还是法律拟制?如果当事人在检验期间或合理期间之外有确凿证据证明标的物数量和质量不符合约定,该"视为"能否被推翻?审判实践对于该问题存在争论。我们认为,该"视为"属于法律拟制,上述期间的经过将会使买受人丧失相应的法律救济权和期限利益,不能被证据所推翻。故《解释》第二十条第一款规定:"合同法第一百五十八条规定的检验期间、合理期间、两年期间经过后,买受人主张标的物的数量或者质量不符合约定的,人民法院不予支持。"

　　人民法院在适用该条时,应当注意:由于法律拟制的存在,导致司法实践中经常出现符合法律逻辑的判决结果,却因不符合普通民众直观价值判断和公平认知而受到质疑的情况。举其要者,有三种情况:其一,在零售市场领域,当消费者购买了不合格产品而向销售商要求修理、更换、退货时,或因产品质量缺陷受到损害而要求销售商赔偿时,人民法院根据《消费者权益保护法》、《产品质量法》等法律判令销售商赔偿消费者的损失并承担修理、更换、退货等违约责任。而当销售商就其因产品质量问题给予消费者退货或赔偿的损失向上游供货商或生产商追偿或者要求退回尚未售出的产品时,常常会因早已超过质量异议期而被视为产品符合约定,导致终端销售商的损失得不到任何赔偿。其二,在建设工程领域,某些建材经销商向工程承包人销售不符合国家标准的水泥、地条钢等伪劣产品,导致承包人被相关行政机关处罚,但当承包人向经销商主张瑕疵担保责任救济权时,却往往因未在合理期间内提出异议而被视为合格。其三,在生产领域,某些小微企业或小业主不具备专业的检验能力,在购进生产原料后未经检验即投入生产,后因产品质量问题被判令向客户赔偿或遭到相关部门的行政处罚,当这些小微企业或小业主向供货商索赔时,大多也会因为未在合理期间内提出异议而被视为标的物合格。在上述情形或与上述情形类似的场合,标的物因合理期间经过而"被视为合格"无疑合乎法律规定,但让当事人难以接受的是,明明已经有法院判决或者行政机关决定认定了产品不合格,为何不能退货、还钱和赔偿损失？上述情况的存在,不仅使得法院的判决公正性受到质疑,对人民法院的整体形象也构成了极大的损害,必须在法律适用层面加以解决。

　　我们认为,在司法实践中正确适用《合同法》第一百五十八条第三款的规定,是当前解决上述价值冲突的一个较为可行的办法。根据《合同法》第一百五十八条第三款的规定,在下列情况下,买受人向出卖人主张标的物瑕疵可以不受检验期间的限制:其一,是在出卖人明知其提供的标的物不符合约定而未告知的情形。其二,是出卖人应当知道其提供的标的物不符合约定而未告知的情形。在上述两种情况中,因出卖人对其出卖的标的物的瑕疵明知,构成主观的恶意欺诈,或者本应明知却因为重大过失而不知标的物存在瑕疵,其行为明显违反了诚实信用的基本原则。我们认为,在审判实践中对《合同法》第一百五十八条第三款的适用,可以从如下三个方面加以把握,以实现民事责任的合理配置,打击制售假冒伪劣产品的不法行为:第一,由于在诉讼中证明出卖人实际明知标的物存在瑕疵非常困难,可以根据相关法律规定的经营者法定义务推定出卖人"知道"或"应当知道"其出售的标的物存在质量瑕疵。第二,在举证责任分配方面,当有证据证明标的物确实存在瑕疵时,应当课予出卖人证明其主观上不知道或不应当知道的举证责任,要求其举证证明自身在生产或者销售环节已经尽到足够的注意义务。同时参考案件相关证据,如标的物的价格与正常价格之间是否存在明显的差价、有无利用劣质原材料生产伪劣商品的事实、相关部门是否已经对其作出了行政处罚等因素,综合认定出卖人主观上是否知道或应当知道标的物质量存在瑕疵。第三,加强案件审理的释明工作,引导当事人正确选择标的物瑕疵的合同之诉和产品质量侵权的侵权之诉。

五、关于违约责任的问题

对于审判实务中就违约责任方面经常出现争论问题,诸如如何计算减价、合同解除后违约金条款能否继续适用、违约金条款过高可否行使释明权、可得利益损失如何计算等,《解释》均作出明确规定。

1. 减价责任及减价的计算

减价是买卖合同中出卖人对标的物质量瑕疵承担违约责任的重要方式,因其对于救治失衡的合同关系,维护当事人之间的利益平衡,稳定交易关系,促进交易流转意义重大,故我国《合同法》第一百一十一条对减价作出规定。

减价作为买受人对标的物质量瑕疵的救济性权利,其权利性质究竟为何,理论和实践中存在请求权说和形成权说两种观点。请求权说认为,减价权为一项纯粹的请求权,经出卖人同意,始生效力。形成权说认为,减价属于合同的部分解除,而解除权无疑应属于形成权,减价依照权利人单方的意思表示即可使自己与他人之间的法律关系发生变动,不以出卖人的承诺为必要。[①] 我国学者通常认为,如何减价并非债权人单方意思表示所能决定的事情,债权人主张减价要么需要与债务人达成协议,要么请求法官或仲裁机构确定,故非形成权,而属于一种请求权。[②] 我们认为,上述两种观点各有其道理,只是观察角度和侧重不同,因而结论各异。请求权说侧重于从减价的结果上进行考量,形成权说侧重于从减价方式的提出和减价权的行使角度考量。从审判实务角度看,无论是请求权说还是形成权说,行使减价权的程序和最终结果其实并无根本差异:当双方意见一致时,减价系由双方自主决定,自意思表示一致时即可实施;当双方意见不一致时,无论减价为请求权还是形成权,事实上都不能依一方的意思表示而当然发生减价的效果,而必须经过人民法院或仲裁机构的裁判确认之后,才能在当事人之间具体实行。

虽然《合同法》规定了减价责任,但对于依何种计算标准进行减价、如何减价未作规定,致使减价责任规定缺乏操作性,造成审判实践出现标准不一、尺度各异的情况。为此,《解释》第二十三条第一款对减价的时间标准和价格标准作出明确规定:"标的物质量不符合约定,买受人依照合同法第一百一十一条的规定要求减少价款的,人民法院应予支持。当事人主张以符合约定的标的物和实际交付的标的物按交付时的市场价值计算差价的,人民法院应予支持。"其中,关于减价的时间标准,存在着两种立法例。一种以《公约》为代表,规定减价以标的物交付时的价差为准;另一种以《德国民法典》第441条第3款为代表,规定以缔约时的价差为准。我们认为,以何种时点为准并不涉及利益衡量和公正性问题,更多的是立法技术层面的原因。考虑到我国系《公约》的缔约国,如无特别理由,在解释上应采纳公约的立场,故本条解释采用第一种模式,规定以交付时间作为计算减价的标准时点。关于减价的价格计算标准,亦存在两种不同模式。一种模式是以有瑕疵物的实际价值与无瑕

[①] 参见史尚宽:《债法各论》,中国政法大学出版社2000年版,第35~36页;韩世远:《合同法总论》(第二版),法律出版社2008年版,第605~606页。

[②] 参见韩世远:《合同法总论》(第二版),法律出版社2008年版,第605~606页。

疵物的卖价之间的差额为标准。① 举例说明：买卖合同约定标的物的价格为 100 万元，但因其存在瑕疵，经评估，实际交付时的市场价格仅为 80 万元，按此标准计算，减价的数额应为 20 万元。另一种模式是应依瑕疵物于买卖时（或实际交付时）应有的实际价值，与无瑕疵时应有的价值的比例，计算应减少的价格。举例说明：无瑕疵标的物的价值为 1000 元，买卖合同约定的价格为 1200 元，标的物有瑕疵时的价值为 800 元。有瑕疵的标的物的价格的计算公式应为：$800 \div 1000 \times 1200 = 960$ 元，即债权人可以主张的减价的数额为 $1200 - 960 = 240$ 元。② 我们认为，虽然模式二维持了减价前后交易双方利益的均衡性，具有合理性且比较精细，但其不足在于，法院在实际计算减价额度时比较繁琐，而且通过评估作价等取得的常常是标的物在市场交易中的实际价格，人民法院如何确定标的物在减价前后的内在价值不无困难。在价值难以确定的情况下，按价值比率确定价格减少的额度自然成了无本之木。模式一直接以标的物的市场价格为参数，根据标的物的价格差确定减价的额度，简便易行，操作性更强。考虑到我国现阶段审判实践的客观状况和发展水平，从有利于审判工作开展的角度考量，《解释》采纳了第一种模式。

2. 合同解除与违约金条款

在买卖合同纠纷的审判实务中，经常面临当事人诉请解除合同并要求违约方支付违约金之情形。《合同法》第九十七条规定："合同解除后，尚未履行的，终止履行；已经履行的，根据履行情况和合同性质，当事人可以要求恢复原状、采取其他补救措施，并有权要求赔偿损失。"上述条文仅规定合同解除后不影响当事人要求赔偿损失的权利，但对合同解除是否影响当事人要求支付违约金的权利，未置明文。其中"采取其他补救措施"是否包括违约金在内，在学界和实务界均存争议。《合同法》第九十八条规定："合同的权利义务终止，不影响合同中结算和清理条款的效力。"该条规定的"结算和清理条款"是否包括违约金条款，学者多数语焉不详，审判实务亦各行其是。合同解除与违约金责任能否并存，合同解除后违约金条款可否继续适用，遂成为困扰审判实务的疑难问题，急需澄清和解决。

关于合同解除的法律效果，国内学界大致存在直接效果说、③间接效果说、④折中说⑤等

---

① 参见郑玉波：《民法债编各论（上册）》，台湾地区三民书局 1979 年版，第 53 页。
② 参见韩世远：《合同法总论》（第二版），法律出版社 2008 年版，第 616～617 页。
③ 该说主旨为，合同因解除而溯及既往地归于消灭，尚未履行的债务免于履行，已经履行的部分发生返还请求权。直接效果说的优点是简洁明快，以合同溯及既往消灭为中心。直接效果说源于 20 世纪初期的德国民法理论，并贯彻到德国旧债法的立法之中，乃德国民法之通说。我国的立法虽然没有以"法典继受"的方式完全采纳德国的直接效果立法模式，但在"学说继受"方面的表现却尤为突出，以至直接效果说成了我国学者关于解除效果的主流观点。参见黄立：《民法债编总论》，中国政法大学出版社 2002 年版，第 529 页；崔建远主编：《合同法》，法律出版社 2003 年版，第 198 页。
④ 该说要义为，合同本身并不因解除而归于消灭，只不过使合同的作用受到阻止，其结果对于尚未履行的债务发生拒绝履行的抗辩权，对于已经履行的债务发生新的返还债务。参见林诚二：《民法债编总论——体系化解说》，中国人民大学出版社 2003 年版，第 454 页。在此说中，恢复原状请求权被视为一种"居于物权的请求权与不当得利请求权中间的、混合的特殊权利"。参见[日]水本浩：《契约法》，有斐阁 1995 年版，第 107 页。转引自韩世远：《合同法总论》（第二版），法律出版社 2008 年版，第 468 页。
⑤ 该说认为，对于尚未履行的债务自合同解除时消灭（与直接效果说相同）；对于已经履行的，合同解除后债务并不消灭，而是发生新的返还债务（与间接效果说一致）。参见林诚二：《民法债编总论——体系化解说》，中国人民大学出版社 2003 年版，第 454 页；韩世远：《合同法总论》（第二版），法律出版社 2008 年版，第 617 页。

三种观点。其中,直接效果说与折中说可谓主要代表学说,①理论之争论亦主要是在"直接效果说"和"折中说"之间展开。据此,关于合同因违约而解除后违约金条款能否适用问题,亦随之存有两种争论观点。(1)否定说。该说认为,依合同解除的"直接效果说",合同因解除而溯及既往地消灭,皮之不存,毛将焉附?故违约金条款自然丧失其所附丽之基础,违约金请求权自当归于消灭,不得再行请求。②(2)肯定说。该观点认为,"因为当事人违约而产生的违约金责任是客观存在,不能因合同解除而化为乌有,对此,不论什么性质的违约金均应一样。为了照顾违约金需要以合同关系存在为前提的理论,在合同解除有溯及力时,可以拟制合同关系在违约金存在的范围内继续存在。"③《合同法》第九十八条规定:"合同的权利义务终止,不影响合同中结算和清理条款的效力。"合同解除是合同的权利和义务终止的情形之一,故在合同解除场合,合同中的结算和清理条款仍然有效,违约金条款即属于结算和清理条款。在我国现行法上,违约金并不因为合同解除而受到影响,仍可请求。④

鉴于学术界和实务界对合同解除与违约金责任的关系分歧较大,并直接影响到司法裁判统一,因此最高人民法院近年来在司法政策的制定中努力统一相关认识。例如,《最高人民法院关于当前形势下审理民商事合同纠纷案件若干问题的指导意见》(法发〔2009〕40号)第八条中规定:"合同解除后,当事人主张违约金条款继续有效的,人民法院可以根据合同法第九十八条的规定进行处理。"该条指导意见的理论依据采纳"折中说"和"肯定说",认为违约金是当事人通过约定而预先设定并独立于履约行为之外的给付行为,属于《合同法》第九十八条规定的合同中的结算和清理条款,其效力并不因合同的权利义务终止而受到影响。⑤ 在本司法解释起草过程中,在合同解除的效果方面,我们肯定"折中说";在合同解除与违约金关系能否并存方面,我们赞同"肯定说"。为此,《解释》第二十六条规定:"买卖合同因违约而解除后,守约方主张继续适用违约金条款的,人民法院应予支持。"值得注意的是,根据《合同法》第九十三条和第九十四条之规定,合同解除包括协议解除、约定解除和法定解除三种方式。⑥ 根据本条司法解释之规定,无论何种解除方式,适用原合同约定的违约

---

① 从立法专家们的著述中可以看出,交给全国人大法工委的法律草案是按照"直接效果说"的理论观点拟定的。参见崔建远:《解除权问题的疑问与释答(下篇)》,载《政治与法律》2005 年第 4 期,第 42 页。但也有学者认为,《合同法》起草过程中参考了《联合国国际货物销售合同公约》(CISG)和《国际商事合同通则》(PICC),而这些公约的规定和解释均未采纳直接效果说;而且,《合同法》第九十七条规定中对合同解除后是否全部恢复原状留有余地,要视合同性质和履行情况,由当事人选择是否溯及既往,因此我国《合同法》并未采纳直接效果说,而是按折中说确立了解除权制度。参见韩世远:《合同法总论》(第二版),法律出版社 2008 年版,第 618 页。

② 参见左觉先:《论契约解除后违约金之请求权是否存在》,载郑玉波主编:《民法债编论文选辑(中)》,台湾地区五南图书出版公司 1984 年版,第 885 页以下。

③ 参见崔建远:《合同责任研究》,吉林大学出版社 1992 年版,第 257 页。

④ 参见韩世远:《合同法总论》(第二版),法律出版社 2008 年版,第 788 页。

⑤ 参见王闯:《当前人民法院审理商事合同案件适用法律若干问题》,载《法律适用》2009 年第 9 期。

⑥ 需要注意的是,我国《合同法》上还有一种合同解除方式,即任意解除。任意解除是指合同一方或双方当事人根据自己的意愿不附条件的解除合同。任意解除合同的特征是不以当事人违约为前提,而是完全按照一方当事人自己的意愿而单独解除合同。任意解除在我国《合同法》总则中没有规定,而是体现在《合同法》分则中。例如,《合同法》第四百一十条规定:"委托人或受托人可以随时解除合同。"《合同法》第二百六十八条规定:"定作人可以随时解除承揽合同,造成承揽人损失的,应当赔偿损失。"《合同法》第二百三十二条规定:"当事人对租赁期限没有约定或者约定不明确,依照本法第六十一条的规定仍不能确定的,视为不定期租赁。当事人可以随时解除合同,但出租人解除合同应当在合理期限之前通知承租人。"

金条款的前提必须是合同因违约而解除,具体包括当事人因违约而协议解除、约定解除的条件是一方违约、因违约而法定解除等情形。

合同解除后违约金条款的适用,涉及两个亟待明确的具体问题:其一,合同解除之后损害赔偿的范围如何确定?其二,违约金请求权与解约后的损害赔偿请求权的关系如何?关于合同解除之后的赔偿范围问题,根据《合同法》第九十七条之规定,合同解除后,当事人有权要求赔偿损失,借以保护守约方的利益。但由于该条关于合同解除后的赔偿损失规定得过于抽象化,导致学界和实务界关于该"赔偿损失"的范围一直存有争议,形成"赔偿信赖利益说"和"赔偿可得利益说"两种观点。"赔偿信赖利益说"认为,合同解除后有溯及力的场合,当事人之间的合同关系归于消灭,合同当事人之间恢复到缔约前的状态,可得利益只有在合同被完全履行后才能实现。守约方选择合同解除,意味着其不愿继续履行合同,因此合同解除后,违约方的赔偿范围应当为信赖利益和返还利益。① "赔偿可得利益说"认为,解除合同虽然可使合同溯及既往地归于消灭,但在赔偿问题上应对溯及力加以限制,仍应按可得利益损失进行赔偿,并在赔偿可得利益之后,当事人的订约费用、履约准备费用等信赖利益只能当成交易成本从可得利益中获得补偿;而且,可得利益应当由缔结合同时当事人可预见的规则控制其赔偿范围。② 在合同解除后无溯及力之情形,合同效力仅向将来终止,此时赔偿的范围不仅包括只因恢复原状就能完全弥补解除权人因对方的债务不履行而蒙受的损失,还应该包括可得利益(履行利益)的损失,但必须扣除解除人因被免除债务或者请求返还已为给付而得到的利益,即进行损益相抵。③ 我们赞同赔偿可得利益说。关于违约金与损害赔偿请求权的关系问题,我们认为,由于我国合同法上的违约金系以"补偿性为主、惩罚性为辅"的违约金,补偿性乃其主要属性,因此,就违约金的补偿性而言,违约金本质上属于损害赔偿额之预定,其主要功能在于填补守约方损失,相当于履行之替代。根据《合同法》第一百一十四条第二款和《合同法解释(二)》第二十八条和第二十九条之规定,违约金的损失填补功能和替代履行作用决定了若违约金请求权与合同解除后损害赔偿请求权指向的是同一损害,则应避免同时适用,否则将会出现债权人双重获益之结果。④ 需要特别说明的是,如果违约金过分高于违约解除合同所造成的损失,惩罚性的违约金能否与

---

① 参见李国光主编:《合同法释解与适用(上册)》,新华出版社1999年版,第397页;王利明:《合同法研究(第二卷)》,中国人民大学出版社2003年版,第307页;李永军:《合同法》,法律出版社2004年版,第556页、第653页;黄立:《民法债编总论》,中国政法大学出版社2002年版,第558页;黄茂荣:《买卖法》,中国政法大学出版社2002年版,第441页。

② 我国民法学界支持此说的学者甚多。参见谢怀栻主编:《合同法原理》,法律出版社2000年版,第253页;王家福主编:《民法债权》,法律出版社1991年版,381页;崔建远:《合同法》,法律出版社2007年版,第250页;王利明:《合同法研究(第二卷)》,中国人民大学出版社2003年版,第301页;余延满:《合同法原论》,武汉大学出版社1999年版,第493页;崔建远主编:《民法学》,法律出版社2003年版,第200页;陈小君主编:《合同法学》,高等教育出版社2003年版,第222页。法国、荷兰、日本、意大利、俄罗斯、英国、美国民法和我国台湾地区"民法"以及《联合国国际货物买卖公约》等,均无一例外地承认了合同解除后,当事人可以请求债务不履行的损害赔偿,亦即赔偿履行利益。

③ 参见韩世远:《合同法总论》(第二版),法律出版社2008年版,第480页;孙森焱:《民法债编总论(下)》,法律出版社2006年版,第636~637页;史尚宽:《债法总论》,中国政法大学出版社2000年版,第561页;杜景林、卢谌:《德国新给付障碍法研究》,对外经济贸易大学出版社2006年版,第78页。

④ 参见韩世远:《合同法学》,高等教育出版社2010年版,第344页。该作者进一步指出,此时应当优先适用违约金请求权。

解除权并存？我们认为，合同解除作为当事人救济方式，无论是约定解除，亦或是法定解除，均不以过错为前提。只要约定的解除条件成就及法定的解除条件出现，当事人即可行使解除权。既然解除合同不以当事人具有过错为前提，那么违约金这一赔偿损失的责任方式亦不需以此为前提。如果违约金与违约解约造成的损失相差较大，则可以参照《合同法》第一百一十四条第二款的规定予以适当增加与减少。因此，《解释》第二十六条特别规定："约定的违约金过分高于造成的损失的，人民法院可以参照合同法第一百一十四条第二款的规定处理。"

3. 调整过高违约金释明权

在违约金调整的启动模式上，通常存在法院依职权调整和依当事人申请调整两种立法例。依据《合同法》第一百一十四条第二款以及《合同法解释（二）》第二十九条之规定，我国目前采用当事人申请调整的立法模式，人民法院原则上不得依职权直接进行调整。因此，审判实务中亟待解决的问题是：在违约金过高的调整问题方面，法官能否行使释明权？对此，审判实务存在否定说和肯定说两种不同的观点。否定说认为，违约金过高的调整请求权属于当事人的实体民事权利，在对待当事人的实体权利处分上，人民法院应时刻保持消极、中立的立场，尊重、敬畏当事人的实体权利，不能行使释明权。肯定说认为，虽然原则上人民法院未经当事人请求不得调整违约金的数额，但对明显过高的违约金之约定，人民法院应当向当事人进行释明。在当事人仅纠缠于是否构成违约而未主张调整过高的违约金数额之场合，为公平公正地处理纠纷，平衡当事人之间的利益关系，防止判决生效后当事人就违约金问题反复申诉，法院可根据案件的具体情况，就违约金是否过高进行释明。我们认为，否定说与肯定说之争论，实际上是民事诉讼中的"当事人主义"诉讼模式与"职权主义"诉讼模式在违约金调整问题上如何选择之体现。法官释明权属于法院诉讼指挥权之一种，具有职权主义的意味，但其存在和设定的目的则在于削减辩论主义绝对化所带来的弊害。就违约金过高的调整而言，人民法院应当充分尊重当事人的合同约定，一般不宜通过公权干预私权领域。但在审判实务中，当事人无论是真实认为还是出于诉讼策略，往往并不围绕违约金数额是否过高问题，而是将诉讼焦点集中在是否违约方面，并以没有违约、合同未成立、合同未生效、合同无效等为抗辩理由而主张免责。其结果通常是，由于违约方并未提出调整违约金的申请，人民法院自然仅就违约方是否违约作出裁判。而违约方若再主张违约金过高而申请调整，则由于裁判已经作出，而只能另外单独提起调整违约金之诉，这样无疑会增加不必要的诉累和司法成本。因此，为了减少当事人上诉、申诉，缩短诉讼周期，减少当事人诉累，节约国家司法资源，提高司法审判效率，在当事人仅纠缠于是否构成违约而未对违约金高低进行主张权利时，人民法院应当行使释明权：如果被告存在违约行为，对违约金的数额有何异议。当然，法官的释明并不代表法官是在依职权对违约金制度进行非法强行干预。法官释明只是协助当事人决定是否需要提出调整违约金的申请，而违约金调整审查活动的实际启动仍然仅以当事人主动申请为前提。

审判实践中有一种情形需要特别注意：违约方通常直接抗辩其没有违约、不构成违约等而不应支付违约金。而当这种抗辩不成立时，违约方又会提出其原来的抗辩中包含了"约定的违约金过高、请求予以减少"的意思表示，请求人民法院予以减少（这种情况往往发生在二审中),人民法院能否根据违约方的这种抗辩,将其广义地理解为甚至视为包含了"约定的违约金过高、请求予以减少"的意思表示,从而主动地减少违约金的数额? 有观点认为,对于违约金过高,当事人坚持自己未违约,其目的在于抵销、动摇或者并吞对方的违约金支付请求权,此种情况下,如果当事人固守其未违约之主张,从逻辑上看,其认为自己不应支付违约金。无论法院判定其应支付多少违约金,其均会认为违约金过高,法院如果机械地认为当事人未主张违约金过高,就不能调整违约金的做法,则可能造成事实上的不公平。① 我们认为,当事人的"其并没有违约、不应当承担违约责任"抗辩主张与其"约定的违约金过高、请求予以减少"的意思表示,在性质、意义上并不相同:前者是一种抗辩,旨在推卸责任;后者实为一项诉讼请求,意在减轻责任。而且,二者的逻辑前提也不相同:前者以其不存在归责事由(无违约行为)为前提;后者以其承认存在归责事由(有违约行为)、因而应当承担责任为前提,只是在此前提下,请求减轻其责任。因此,不存在前者包容后者的可能,更不存在着后者包容前者的可能。此种情形下,当事人抗辩的内容是直接否认其存在违约行为,并未明确表达出违约金金额与对方实际损失之间存在差异之问题,没有调整违约金的明确意思表示,因此,不能直接适用违约金调整制度的规定。然而,基于诉讼经济之考虑,在当事人仅提出"其并没有违约、不应当承担违约责任"的抗辩主张时,人民法院应当依据《解释》第二十六条第一款之规定,及时行使释明权,予以询问说明。

4. 可得利益损失计算规则

《合同法》第一百一十三条第一款明文规定可得利益损失的赔偿问题,但审判实践中关于可得利益的计算方法和标准各异,裁判结果不一。《解释》第二十九条、三十条和三十一条对可得利益损失的认定规则作出规定。

合同法上的实际损失通常包括直接损失和可得利益损失。可得利益损失,是指在生产、销售或提供服务的合同中,生产者、销售者或服务提供者因对方的违约行为而受到的预期纯利润的损失。质言之,可得利益是合同履行后的纯利润,不包括主观推测的损失以及为取得利润所支付的费用。可得利益的计算必须是将来实际会得到的切实的利益,如果并非实际可以得到的,则属于主观的推测,不能计算在损害赔偿额内。可得利益损失类型的界定通常取决于交易的性质、合同的目的等因素,并基本包括生产利润损失、经营利润损失和转售利润损失等三种主要类型。对于生产设备和原材料等买卖合同违约中,因出卖人违约而造成买受人的可得利益损失属于生产利润损失。人民法院可以根据所延误的生产期限与平均经营利润或通常市场条件下利润率等可比利润率进行计算。对于承包经营、租赁经营合同以及提供服务或劳务的合同中,因一方违约造成的可得利益损失属于经营利润损失。人民法院可以根据履约期间的平均利润来计算违约期间的经营利润损失。对于先后系列买卖合同中,因原合同出卖方违约而造成其后的转售合同出售方的可得利益损失属于转售利润损失。人民法院可以根据转售合同价款与原合同价款的差额,再扣除必要的转售成本进行计算。

---

① 参见王毓莹:《当事人仅主张未违约法院能否主动酌减违约金——天津万利成实业发展有限公司与内蒙古铁骑纺织有限责任公司建设工程施工合同纠纷再审案》,载最高人民法院民事审判第一庭编:《民事审判指导与参考》(2010年第1辑,总第41辑),法律出版社2010年版,第254~266页。

在计算和认定可得利益损失时通常应运用四个规则。其一,可预见规则。根据《合同法》第一百一十三条第一款的规定,锁定违约方在缔约时应当预见的因违约所造成的损失,包括合理预见的损失数额和根据对方的身份所能预见到的可得利益损失类型。例如,守约方是生产企业,那么通常违约方应当预见到生产利润损失,而不应预见到转售利益损失。其二,减损规则。应根据《合同法》第一百一十九条之规定,衡量守约方为防止损失扩大而采取的减损措施的合理性,守约方的减损措施应当是根据当时的情境可以做到且成本不能过高的措施。其三,混合错过规则。亦称与有过失、过失相抵,是指买卖合同中作为受害人的一方对损害的发生也有过错时,人民法院应违约方之请求,应当扣减相应的损失赔偿额。其四,损益相抵规则。当守约方因损失发生的同一违约行为而获益时,其所能请求的赔偿额应当是损失减去获益的差额,运用该规则旨在确定受害人因对方违约而遭受的"净损失"。总结民法理论及审判实践经验,通常而言,可以扣除的利益包括:中间利息、因违约实际减少的受害人的某些税负、商业保险金、社会保险金、以新替旧中的差额、毁损物件的残余价值、原应支付却因损害事故而免于支付的费用、原本无法获得却因损害事故的发生而获得的利益等。以上述四个认定规则为基础,可得利益损失的计算公式基本是:可得利益损失赔偿额 = 可得利益损失总额 - 不可预见的损失 - 扩大的损失 - 受害方自己过错造成的损失 - 受害方因违约获得的利益 - 必要的成本。

值得注意的是,可得利益损失的计算和认定,与举证责任分配密切相关。最高人民法院曾于2009年发布《关于当前形势下审理民商事合同纠纷案件若干问题的指导意见》,该指导意见对可得利益损失认定提出举证责任的分配规则。人民法院在根据《解释》认定可得利益损失时,应当结合上述指导意见的规定予以正确适用。(1)因违约行为的发生守约方遭受了哪些可得利益损失,包括生产利润损失、经营利润损失、转售利润损失等,由守约方应负举证责任。(2)守约方所遭受的可得利益损失中,哪些是违约方在订约时可以预见的,守约方负举证责任;至于不可预见的损失,既可以由守约方举证,也可以由人民法院自由裁量。(3)守约方是否因违约而获有利益,如规避了市场风险、少支出了费用等,由违约方负举证责任。(4)守约方是否存在没有采取合理减损措施而导致损失扩大的情形,违约方负举证责任。(5)守约方取得利益需要支出的成本,守约方负举证责任。即违约方一般应当承担非违约方没有采取合理减损措施而导致损失扩大、非违约方因违约而获得利益以及非违约方亦有过失的举证责任;非违约方应当承担其遭受的可得利益损失总额、必要的交易成本的举证责任。

六、关于所有权保留问题

所有权保留,是指买卖合同中买受人先占有、使用标的物,但在双方当事人约定的特定条件成就前出卖人仍保留标的物的所有权,条件成就后标的物所有权才转移给买受人的制度。虽然《合同法》第一百三十四条对所有权保留制度作出规定,但过于原则和简略。该制度在实务操作中面临着诸如适用范围如何,当事人之间权利义务保护机制等亟待明确的问题。为此,《解释》在第三十四条至第三十七条,通过4个条文、8款规定对该制度作出了颇具操作性的具体解释。

1. 所有权保留的适用范围

由于《合同法》第一百三十四条未对所有权保留买卖的适用对象作出限制,导致学界和实务界对此存在分歧,消费市场上也存在一些以所有权保留方式买卖房屋的行为。我们认为,所有权保留制度不应适用于不动产。首先,由于不动产买卖完成转移登记后所有权即发生变动,此时双方再通过约定进行所有权保留,明显违背法律规定。其次,在转移登记的情况下双方还采用所有权保留,出卖人的目的是为担保债权实现,买受人的目的在于防止出卖人一物二卖,《物权法》第二十条规定的预告登记制度足以满足买卖双方所需,因此没有必要采取所有权保留的方式。特别是,转移登记是不动产所有权变动的要件,在转移登记完成前不动产所有权不会发生变动,买受人即使占有使用标的物,只要双方不转移登记,出卖人仍然享有所有权,当然也就可以保障债权,所以更无必要进行所有权保留。最后,综观境外立法及司法实践,大多认为该制度仅适用于动产交易。因此,《解释》第三十四条明确规定,所有权保留制度不适用于不动产。

2. 出卖人取回权及其限制

出卖人保留所有权的主要目的就是担保价款债权实现,在买受人的行为会对出卖人的债权造成损害时,应当允许出卖人取回标的物以防止利益受损。取回权,是指在所有权保留情形下,买受人有违约行为并可能损害出卖人合法权益时,出卖人依法享有的从买受人处取回标的物的权利。《合同法》未对该取回权进行明确规定,《解释》第三十五条明确出卖人的取回权,即:只要交易双方约定了所有权保留条款,即使其没有明确约定出卖人有取回权,出卖人也可以享有取回权,但是在行使取回权时需要符合特定的条件。司法解释规定取回权的目的是:在所有权保留中由于买受人占有、使用标的物,出卖人以保留的所有权来担保其价金债权的实现,这就造成了所有权人与标的物相分离,一旦买受人不依约支付价款,或者对标的物进行处分进而使得标的物的价值降低或状态改变,都将危害到出卖人的利益。① 因此,当买受人未履行价金义务或未尽善良管理人应尽的注意义务时,出卖人应享有一定的救济权利,取回标的物无疑是最好的手段。

出卖人取回权的法律性质,理论界存在三种观点。第一,解除权效力说。该说认为,合同中一方迟延给付价金的,对方可以给定一定的期限要求其给付,如果义务人在期限内仍不履行时,对方可以解除契约。故取回权之行使,亦生解除权之效力。第二,附法定期限解除合同说。该说认为,取回权是附有法定期间的解除契约,即在出卖人取回标的物时,买卖合同依然存在。须至回赎期间届满,买受人不为回赎时,合同关系方告解除。买受人不待回赎期间经过,即为再出卖之请求,或因有急迫事情,出卖人不待买受人回赎而径直为再出卖者,也生同样效果。第三,就物求偿说。该说认为,所有权保留买卖所规定的取回制度是出卖人就标的物实现价款的特别程序,因为从取回制度的内容看,它与强制执行基本类似。该取回类似强制执行法的查封,买受人的回赎类似强制执行法的撤销查封,再出卖的程序类似强制执行法的拍卖程序。② 上述三种学说中,就物受偿说为通说。依据该说,出卖人行

---

① 参见王全弟、刘冰沙:《论所有权保留在我国的法律适用》,载《政治与法律》2003 年第 4 期。
② 参见王泽鉴:《民法学说与判例研究》(第七册),北京大学出版社 2009 年版,第 220~221 页。

使取回权后买卖合同并不当然解除,我们赞同这种观点。① 理由在于:第一,从保留所有权的功能看,法律之所以确立这一制度,其目的在于担保出卖人价金的实现。出卖人取回标的物的目的,不是要取消与买受人的合同关系,返还已受领的价金,而是为了实现剩余的价金债权。第二,解除权效力说与附法定期限解除合同说混淆了取回制度与合同解除制度的根本区别。在合同解除制度下,其直接的法律后果是消灭合同关系,使当事人之间的关系恢复到订约前的状态,此时,买卖双方不受原合同的约束,买受人回赎请求权、再出卖请求权、转卖价金剩余部分返还请求权均无存在的余地。这显然与各国普遍规定回赎权等权利不一致,所以这两种学说缺乏解释力。第三,再次转卖程序是出卖人实现价金债权的救济手段,它虽然与强制执行中的拍卖程序存在区别,但其目的却相同,均是实现债权。"附法定期限解除合同说"认为再出卖程序仅是确定出卖人请求权范围的方式,失之牵强,因为现代社会有大量的估价等便捷方式可以使用,大可不必舍简就繁而在当事人的结算方面采用费时耗力、手续复杂的再出卖程序。

应当注意,出卖人的取回权并非绝对,其亦应受到限制:其一,应受善意取得制度的限制。如果标的物被买受人处分给第三人,该第三人又符合《物权法》第一百零六条关于善意取得的规定,则出卖人不得取回标的物。为此,《解释》第三十六条第二款规定:"在本解释第三十五条第一款第(三)项情形下,第三人依据物权法第一百零六条的规定已经善意取得标的物所有权或者其他物权,出卖人主张取回标的物的,人民法院不予支持。"其二,应受买受人已支付价款数额的限制。如果买受人已支付的价款达到总价款的百分之七十五以上时,我们认为出卖人的利益已经基本实现,其行使取回权会对买受人利益影响较大,此时应兼顾买受人利益而适当限制出卖人取回权。因此,《解释》第三十六条第一款规定:"买受人已经支付标的物总价款的百分之七十五以上,出卖人主张取回标的物的,人民法院不予支持。"那么,如果买受人已支付总价款百分之七十五以上,但其又具有《解释》第三十五条第一款第(二)项、第(三)项规定情形时,出卖人能否主张取回?我们认为,以"百分之七十五"为限对出卖人取回权进行限制的主要目的是实现买卖双方利益的平衡,只要买受人已支付百分之七十五的价款,无论此时买受人具有本司法解释第三十五条第一款中的何种情形,取回权都应受到限制,取回权的限制不应仅局限于该款第(一)项规定的情形。

3. 关于买受人回赎权问题

买受人由于对标的物的占有使用已与其形成了一定的利益关系,买受人对出卖人完全转移标的物所有权也具有一定的期待,这种利益关系及期待应予保护。出卖人取回标的物后,买受人可以在特定期间通过消除相应的取回事由而请求回赎标的物,此时出卖人不得拒绝,而应将标的物返还给买受人。可见,买受人并不是处于完全消极的地位,只要积极恰当地履行义务,买受人的利益还是能够得到保障。

回赎权,是指所有权保留买卖中出卖人对标的物行使取回权后,在一定期间内买受人履行支付价金义务或完成其他条件后享有的重新占有标的物的权利。买受人行使回赎权的目的是阻止出卖人为实现债权而对标的物再行出卖,从而使得原买卖交易重新回到正常

---

① 参见龙著华:《论所有权保留买卖中出卖人的取回权》,载《法商研究》2000年第4期。

轨道上来。行使回赎权的结果,是使买受人可以依契约之约定履行债务并完成所有权取得之条件,同时继续占有使用标的物。

回赎期是买受人可以行使回赎权的期间。回赎期一般包括法定期间和意定期间。法定期间由法律明确规定,我国台湾地区"动产担保交易法"第18条第3款设定的法定期间为出卖人取回标的物后10日内。意定期间是当事人确定的期间,包括买卖双方约定的期间和出卖人指定的期间两种,买卖双方约定的期间因属双方自由意思表示,故一般应予准许。出卖人单方指定的期间,一般认为出卖人不能妨碍买受人回赎标的物,所以出卖人指定买受人应在数分钟内完成一定行为的,显然违背诚实信用原则,不发生期间的效力,不能约束买受人。

《解释》第三十七条第一款对回赎期作出规定,与我国台湾地区"动产担保交易法"相比,现行规定的特点是:司法解释中没有确定"法定期间",而是规定了两种意定期间。之所以未规定法定期间,主要是考虑所有权保留制度的规范性质。从主要国家立法例看,所有权保留均属于当事人可以自由选择的制度,如果当事人选择适用,则该类制度发生一定法律效力,如果当事人不选择适用,则该类制度不发生效力,标的物所有权在买卖双方间的变动规则仍依照一般的物权变动规则。所以,从根本上讲,该类规范性质对当事人来讲属于"选入式"规范,这类规范的技术特征就是赋予当事人最大的意思自由,只要不明显损害第三人或社会公共利益,法律规则就尽量不干预。而买受人回赎期的长短问题只是影响双方当事人的利益,一般不具有涉他性,所以,司法解释没有干预的必要。另一方面,与我国台湾地区"动产担保交易法"相比,本条司法解释除了规定"出卖人指定的期间"外,还增加规定了"双方约定"的期间,这更是体现了对双方意思的尊重。需要注意的是,双方约定的期间既可以是当事人事先在买卖合同中约定,也可以是出卖人行使取回权后双方约定的期间。

应当注意的问题是:出卖人行使取回权是否必须采取公力救济方式?即出卖人是否必须向法院提出行使取回权的请求并通过法院的执行行为取回标的物?我国台湾地区"动产担保交易法"上,所有权保留中取回权的行使准用抵押权行使的规定。我们认为该做法值得借鉴。根据我国《担保法》第三十五条和《物权法》第一百九十五条第二款之规定,抵押权人实现抵押权的方式存在协议和请求法院直接执行两种。相应地,出卖人行使取回权时,无疑可以通过协商请求买受人返还标的物的占有,如果买受人积极配合或者不予阻碍,出卖人以和平方式取回固无疑问,这样还有利于减少双方矛盾。如果买受人故意阻碍,出卖人无法行使取回权时,我们认为,出卖人可以向法院申请执行,但无需向法院提起普通民事诉讼。买受人对执行行为有异议的,可以向法院提出或者直接提起普通民事诉讼。

七、分期付款买卖的问题

分期付款买卖是一种特殊的买卖形式,一般认为其是买受人将其应付的总价款按照一定期限分批向出卖人支付的买卖。[①] 随着商品品种的日益丰富和商业信用的极大扩张,企

---

① 参见崔建远主编:《合同法》(第四版),法律出版社2007年版,第391页。

业出于尽快回笼资金、快速占领市场、累积客户资源等考虑,也乐于采取分期付款方式销售产品,当前实践中采用分期付款买卖的情形愈益普遍。因分期付款买卖权利义务的具体内容很多都可由当事人自由约定,为兼顾买卖双方利益、防止双方之约定违反基本之公平,境外一些立法上用专门的分期付款买卖法来规范该种买卖行为。我国没有制定专门的分期付款买卖法,而是主要依靠《合同法》中的相关规定来调整和规范分期付款买卖。从目前情况看,我国现行规则相对简略,不足以解决实践中的诸多问题,有必要就有关问题进一步细化和明确。

1. 关于"分期"问题

所谓分期,至少表明其不止一期,即买卖合同的价金债务不是一次性履行完毕,而是分数次履行。至于期数问题,《日本割赋贩卖法》第2条第1款明确规定"购买人约定以二个月以上期间,且分割三次以上支付为条件支付价款,来购买所指定的商品",可见日本法律中的"分期"是分割为三次以上。[1] 史尚宽先生认为期数应"于物之交付后,以有二期支付为已足。于物之交付时,仅剩有一期应支付者,非分期付价契约"[2]。有观点进一步论述到:期数的界定问题关系到首期款何时支付,以及首期款是否属于分期付款中的一期付款。关于首期款何时支付众说纷纭,有人认为其系合同成立时或合同订立后,[3]有观点主张为合同生效时,有人认为是买方在收取货物前或订约时。我们认为,上述观点未能较好把握分期付款买卖的本质,故有失偏颇。通常情况下,首期款要么在出卖人交付货物前支付,要么在出卖人交付货物时同时支付。但是,如果当事人约定出卖人先行交付货物后,买受人方支付首期款亦无不可。只要在出卖人交付货物后,买受人至少再分两次以上向出卖人支付价款的,即应认定其为分期付款买卖。因为分期付款买卖的实质是买受人向出卖人融资、出卖人向买受人授信,因此在标的物交付前不论买受人是否付过首期款及付过几次价款,均与分期付款买卖的构成无关。换言之,所谓分期付款买卖,系指买受人在受领标的物后,分两次以上向出卖人付款的买卖,即两次以上的期限是自出卖人交付标的物(后)开始计算的。因此,如果首期款是于标的物交付前或同时支付给出卖人的,则该期不计入分期中的一期,但是,若首期款系于出卖人交付标的物后支付的,就应当计入分期中的一期。[4]《解释》第三十八条第一款规定:"合同法第一百六十七条第一款规定的'分期付款',系指买受人将应付的总价款在一定期间内至少分三次向出卖人支付。"《解释》之所以将期数表述为"在一定期间内至少分三次",其主要的考虑是分期付款买卖中在交货时一般都有首期款的支付,除该款项外,至少还要有两期款项才有可能适用"分期"付款买卖的法律规则。

2. 消费者的特别保护

《合同法》第一百六十七条第一款规定主要是侧重保护买受人,是防止出卖人利用优势地位或格式条款不当损害买受人利益。审判实践中的问题是,双方能否约定比《合同法》第

---

[1] 参见胡剑:《所有权保留与分期付款买卖》,载中国民商法律网,http://www.civillaw.com.cn/wenzhang/,于2012年1月6日访问。

[2] 参见史尚宽:《债法各论》,中国政法大学出版社2000年版,第93页。

[3] 参见江平主编:《中华人民共和国合同法精解》,中国政法大学出版社1999年版,第136页。

[4] 参见翟云岭:《买卖合同形式及内容的法律规制——以分期付款买卖合同为视角》,载《法学》2007年第1期。

一百六十七条第一款更不利于买受人的条款？我们认为，根据该条法律之立法目的，考虑到分期付款买卖一般发生在经营者和消费者之间，买受人一般都是消费者，其面对的出卖人常常是经营者；而且，买卖合同一般是经营者一方拟订的格式条款，消费者根本没有修改和磋商的可能，此时经营者给定的期限利益丧失条款和保留的合同解除权利恰恰就属于法律需要特别关注的对象，法律要保障消费者的利益不因这些条款和权利而降到法定底线以下。所以，经营者、消费者约定的内容如果使消费者地位还劣于《合同法》第一百六十七条第一款所设定的情况（比如双方约定消费者未支付到期价款的金额达到全部价款的十分之一时，出卖人可以要求其支付全部价款），为了更好地保护消费者的利益，应当否定该种约定。故《解释》第三十八条第二款规定："分期付款买卖合同的约定违反合同法第一百六十七条第一款的规定，损害买受人利益，买受人主张该约定无效的，人民法院应予支持。"

3. 解约扣款的规制

在分期付款买卖结构中，出卖人交付标的物与其回收标的物价款在时空上发生分离，所以，出卖人回收价款实际上存在着一定风险。出卖人为规避风险，往往通过增加可解除条件从而强化解除条款以及限制买受人返还款项的权利从而强化扣款条款来最大限度地保障其利益。尤其是在解除合同后的扣款问题上，合同可能约定买受人在合同解除后不得要求偿还已支付的价款。但是，分期付款买卖合同多适用于企业与消费者之间，双方也常常采用出卖人一方提供的格式合同订立，双方在合同中的前述约定未必符合公平、诚实信用原则，如果任其发生作用，不仅会在当事人间造成不公平，而且会因买受人利益过分受损而导致分期付款交易形式的式微从而损妨碍交易进行。为此，《解释》第三十九条对《合同法》第一百六十七条第二款规定的分期付款买卖合同解除后出卖人利益补偿问题进一步明确和规范。第一，因《合同法》第一百六十七条第二款已规定出卖人解除合同后可以向买受人要求支付标的物使用费，故本条解释第二款明确该使用费的数额标准，即：双方有约定的，依约定处理；双方无约定的，可以参照当地同类标的物的租金标准确定。第二，对双方约定的扣留已受领价金条款进行公平性审查。即该被扣留的价金数额以标的物使用费和标的物受损赔偿额之和为限，双方约定的扣留数额超出上述限额的，有违公平，对超出部分法院不应支持。

"保险法司法解释(二)"征求意见综述

宫邦友[*]　林海权[**]

为配合《保险法》的贯彻实施,解决保险审判实践中存在的问题,最高人民法院民事审判第二庭就《保险法》保险合同章的一般规定部分起草了《关于适用〈中华人民共和国保险法〉若干问题的解释(二)》。该司法解释稿经过广泛调研和多次论证,形成了征求意见稿(十一)。2012年2月,民二庭就该征求意见稿在网上向社会各界公开征求意见,受到包括保险法学界、保险法实务界以及保险业界等在内的社会各界的广泛关注。同时,民二庭还就该征求意见稿征求了全国各级人民法院的意见,并及时得到回复。此外,还于今年7月在北京再次召开专家论证会,进一步对该解释稿予以完善。现就征求意见的主要情况总结如下,以供研究和参考。

一、关于保险利益原则的理解与适用

关于财产保险利益,《保险法》第十二条第六款将其界定为"对保险标的具有的法律上承认的利益"。该界定较为原则,审判实践中对财产保险中的被保险人在哪些情况下具有保险利益存在争议。鉴于此,征求意见稿第一条第一款规定:"财产保险的保险利益,包括现有利益以及现有利益产生的责任利益、期待利益等法律上承认的利益。"该规定的必要性得到理论界与实务界的广泛认可,但有法院和保险公司认为,现有的界定方式仍过于抽象,可操作性不强,建议进一步具体化。至于如何具体化,有观点认为,应对现有利益、责任利益以及期待利益等进一步明确。还有观点认为,应该对具体的保险利益进行列举。对于保险利益的具体外延,有保险公司和专家认为,期待利益存在较大不确定性,建议删除。有观点认为,责任利益属于期待利益,无需单列。

关于如何理解"法律上承认的利益",普遍认为,应将保险标的物的合法性与保险利益合法性区别开来。由于审判实践中,对于如何理解保险利益的合法性存在较大争议,有法院建议,应对保险标的物不合法以及保险标的物系被保险人违法取得等情形下的保险利益是否存在进行规定。有观点认为,对于"法律上承认的利益"的识别,应与合同效力认定保持一致,并在解释中给予明确,对于违反管理性规定的行政法规,不应认定为不具备法律上

---

[*] 最高人民法院民事审判第二庭审判长。
[**] 最高人民法院民事审判第二庭法官。

承认的利益。有法院建议增加规定,在以下情形下,保险人以被保险人对保险标的不具有保险利益为由主张不承担责任的,不予支持:(1)投保人投保时保险标的虽存在物权上的瑕疵,但在发生保险事故时,其已具备了合法的物权;(2)保险标的物出险时虽存在物权上的瑕疵,但投保人实际占有该保险标的并具有经济上的利益,且投保人占有该保险标的并不违反法律强制性规定和公序良俗。

关于同一保险标的物上存在不同保险利益问题,征求意见稿第一条第二款规定:"财产保险中不同投保人或被保险人对同一保险标的可以具有不同的保险利益,并可以在各自的保险利益范围内投保。"对此,有观点认为,人身保险也会发生多人为同一标的投保情形,不应将本规定仅适用于财产保险。有法院和保险公司建议,应对投保人在他人保险利益范围内投保的合同效力进行明确。例如,承运人以自己为被保险人投保财产损失险的保险合同如何处理?该款的表述问题也受到较大关注。有观点认为,现有的表述方式容易造成财产保险的投保人仍需对保险标的物具有保险利益的误解,建议删除"投保人";还有的观点建议将该款修改为"财产保险中不同被保险人对同一保险标的可以具有不同的保险利益"或者修改为"在保险事故发生后,可以在各自的保险利益范围向保险人请求赔偿保险金"。

关于人身保险合同不具有保险利益的法律后果,征求意见稿第一条第三款规定:"人身保险中因不具有保险利益而无效的保险合同,保险人不承担保险责任,但应将收取的保险费扣除手续费后退还投保人。"保险法理论界、实务界对该款与缔约过失责任如何衔接较为关注,建议根据当事人的主观过错情况区别对待。保险业界认为,应根据保险人以及投保人是否存在主观过错来判断保险公司是否应当返还保险费,投保人故意或重大过失或者保险人没有过错的,保险人无需返还保险费。另一种观点则认为,鉴于保险人对保险合同因不具有保险利益无效存在较大过错,保险人不应扣除手续费。还有观点认为,此处的"手续费"难以确定,容易产生争议,应对扣除的手续费做"合理"限制。还有观点甚至认为,仅仅归还保险费不足以体现对保险人的惩罚,建议参照第五十八条来处理,有过错的一方应当赔偿对方因此受到的损失,双方都有过错的,应当各自承担相应的责任。此外,对于保险公司返还保险费时是否应同时返还利息也存在不同观点。肯定观点认为,应该按照银行同期定期存款利率计付。否定观点认为,《保险法》规定的返还保险费的条文均不要求支付利息,且要求返还与保险实践不符。折中观点认为,应根据投保人是否善意以及保险人是否存在过错进行区别对待。

二、关于保险合同成立的相关问题

为了引导投保人亲自订立保险合同,减少保险欺诈行为,征求意见稿第二条第一款规定:"投保人签订保险合同时应当亲笔签字(捺手印)或签章。保险人或其代理人代投保人签字的,除投保人追认外,保险合同不生效。"对于该款所确立的投保人应当亲自签字的原则是否合理,存在较大争议。肯定观点认为,保险人或其代理人代投保人签字的行为,属于保险行业内一顽症,应明确禁止,否则会对保险市场造成较大损害。有的甚至认为,实践中代签名现象比较复杂,除了保险代理人代签名外,还有可能其他人代为签名,应对其他人代投保人签字的问题也进行规定。否定观点则建议删除该规定,但理由并不相同。有观点从保险合同成立的角度出发,认为保险实务中,投保人只在投保单上签字,投保单上投保人签章的真实与否与保险合同的效力无关,即使投保单上是保险代理人代为签名,且投保人对签名也不追认,只要投保人持有真实的保险单,保险合同也生效。有观点认为,该规定与目前保险市场上有关保险电话营销业务、互联网保险业务等销售模式不符,对于一些短期消费型保险,如适用此条可能导致大量未出险保单在保险期满要求退保的风险。还有观点要求对该规定的适用范围进行限制,至于如何限制则有不同看法:一种观点认为,本款不适用于短期消费型保险;一种观点认为,本款应仅适用于书面合同中;还有观点认为,本款不应适用于团体保险中。

实务界对于该规定中的"追认"如何适用较为关注。关于追认的方式,一般认为可以采取口头、书面方式作出,而且普遍认为也可通过行为来推定投保人具有追认的意思表示。至于哪些行为具有推定的效力,有观点认为,投保人在电话回访中承认签名为其自己签订的应视为追认;有观点认为,投保人按期交纳保费,领取保险金红利的应视为追认;有观点认为,投保人接受保险单证或保险凭证的也可视为追认。关于追认的期限,保险业界认为应当对投保人追认的时间进行限制,以免使保险合同效力长期处于未决状态。对于如何确定投保人追认的时间,有的认为30日,有的认为15日,有的认为2日。关于追认的效力,争议集中在投保人的追认是否及于包括免除保险人责任条款在内的全部条款,其实质是被保险人是否仍然可以保险人对免责条款没有尽到明确说明义务主张该条款未生效。对此存在两种观点。一种观点认为,投保人的追认及于全部条款,投保人拒绝对全部保险条款一并予以追认的,保险合同不生效。另一种观点则认为,追认不包括对有关明确说明义务履行情况的追认。此外,还有观点建议扩大"追认"的主体,其理由在于:在一些保险合同,尤其是人身保险合同中,投保人可能在保险事故发生时已经死亡,此时仍然要求投保人进行追认已不可能,如果仅"投保人"追认保险合同才生效,不利于投保人、被保险人利益的保护。

关于保险人同意承保,征求意见稿第三条第二款规定:"保险人未在合理期间完成核保并通知投保人,视为同意承保。"对此,有观点认为,这是对《合同法》关于要约、承诺相关规定的突破,且实践中难以操作,容易因此规定产生大量"无保险单"的保险合同,建议删除该规定。有观点则认为,应对该规定的适用范围进行限制。对于具体如何限制,存在不同认识。有的观点认为,应根据不同险种区别对待,例如在车辆中应推定为不成立;有的观点认为,该款应以交付保险费为适用条件;还有观点认为,应根据是否符合承保条件区别对待;有的建议增加规定"但非保险人原因造成的延迟或通知不能、无法通知的除外"。实务部门有观点认为,"合理期间"可操作性不强,容易产生争议,建议对其进一步明确。对于具体如何界定,有观点建议规定为7天;有观点认为可确定为30天;有的观点认为可确定为"保险人在收到投保人投保资料齐全之后的六十个工作日内";有的观点认为,最迟不晚于投保人根据保险人报价明确要求的保险合同起始时间前48小时。对于第一条第三款所确定的"合理期间参照保险行业同种类保险的一般期间确定",有不少观点认为,将合理期间界定为"保险行业同种类保险的一般期间"不妥,一方面,当前保险市场上,尚未形成统一的标准;另一方面,将该合理期间完全按照保险行业的标准来确定,不利于投保人利益的保护。

对于保险人收取保费后签发保单前发生保险事故时,保险人是否应承担保险责任,征求意见稿第四条根据被保险人与保险标的物是否符合承保条件进行区别对待:符合承保条件,保险人按照投保单载明的险种、保险金额等承担保险责任;不符合承保条件,保险人没有过错的,不承担保险责任,但应退还保险费,保险人有过错,应承担相应赔偿责任。是否符合承保条件,由保险人承担举证责任,人民法院可以根据保险行业核保规范的通常标准予以判定。该规定所确立的原则得到普遍认可,不同观点在于:有观点认为,预收保费问题一般存在寿险中,建议在人身保险部分加以规定;有观点认为,保险合同可能对合同生效附有期限或条件,本规定仅应适用于成立即生效的合同;还有观点认为,在被保险人或保险标的物符合承保条件的情况下,保险人即应承担保险责任,没有必要区分保险人的主观过错区别对待。

实务界对于在实践中如何适用该规定存在较大争议。首先,关于符合承保条件的法律后果,有观点认为,并非只要符合承保条件保险人就应承担保险责任,而应首先根据保险合同所确定的条件和免责条款进行判断。另一种观点则认为,只要保险人预收保费,且被保险人或保险标的物符合承保条件的,保险人就应承担保险责任。其次,关于保险行业核保规范的通常标准,普遍认为不好操作。一方面,实践中不同地区、不同保险公司的核保规范不尽一致,对于"通常标准"难以把握;另一方面,保险公司的核保规范均由各保险公司内部掌握,对于保险人举出此类证据的真实性,法官难以考证。再次,关于"承保条件"的举证责任,有观点认为,"是否符合承保条件,由保险人承担举证责任",不具有操作性,一般情况下,保险人不会主动证明投保人的投保符合条件。还有观点认为,对于是否符合承保条件的举证责任,应区别情况,符合承保条件的,可由投保人承担举证责任,对不符合承保条件的,则由保险人承担举证责任。此外,对于"相应赔偿责任"如何界定也存在不同看法。有观点认为,应以缔约过失责任来确定赔偿责任范围,并建议进行明确。有观点认为,具体赔偿范围除退还保险费外,投保人还有权要求保险人按同期银行存款利息赔偿利息损失。大多数法院认为,该赔偿责任如果过低,不利于督促保险人尽快核保。有法院提出,除了退还保费外,还可以要求保险人在保险金额范围内按过错程度赔偿投保人的实际损失。

三、关于如实告知义务的相关问题

关于投保人与被保险人不为同一人时,被保险人是否应承担如实告知义务,征求意见稿第五条第一款规定:"投保人和被保险人不为同一人时,投保人的如实告知义务及于被保险人。对同一事实,其中一人已经如实告知的,视为投保人已经履行告知义务。"对于该规定的"及于"如何理解,存在较大争议。有观点认为,"及于"即表明被保险人也是如实告知义务的主体。基于该认识,有观点认为,将被保险人作为告知义务主体,则突破《保险法》的规定。此外,对于被保险人是否只有经保险公司询问才承担如实告知义务也有不同看法。

对于审判实践中争议较大的体检程序能否减轻或免除如实告知义务问题,征求意见稿规定:"人身保险合同投保人或被保险人的如实告知义务,不因保险人指定机构对被保险人进行体检而免除。但保险人知道或应当知道体检结果仍然同意承保的除外。"该规定得到普遍认可,但仍有观点建议进一步完善。有观点认为,该表述不够准确,应区分不同情况差别对待:投保人未履行如实告知义务,体检结果正常,保险人可按《保险法》第十六条第二、三、四、五款处理;投保人未履行如实告知义务,而体检结果不正常,保险人仍同意承保,则按《保险法》第十六条第六款处理。有观点认为,应增加规定,被保险人在体检过程中以虚假或欺诈方式影响体检结果,足以影响保险人决定是否承保或者提高保险费率的,应视为《保险法》第十六条第四款规定的投保人"故意不履行如实告知义务"的情形。

关于保险合同因投保人违反如实告知义务被保险人解除后,保险人返还保险费的范围,征求意见稿规定:"保险法第十六条第五款的保险费退还,是指保险人将投保人已交付的保险费按照合同约定扣除自保险合同生效之日起至合同解除之日止应收保险费后的剩余部分退还投保人。健康险、意外险和其他寿险保单现金价值的退还按照保险行业惯例(或按照合同约定)确定。"对此,有观点认为,根据《保险法》第十六条第五款的规定,保险公司应退还的是全部保险费,而不是部分保险费,该条有违反《保险法》的嫌疑。有观点认为,保费退还的前提是保险人不承担赔偿责任或者给付保险金责任,保费扣除应自合同约定的保险人承担保险责任的时间开始起算。有观点认为,保险人在退还保险费时可以扣除部分手续费。对于该规定中的退还保单现金价值的问题,保险业界认为,现有的表述并不符合保险实践。有观点认为,只有寿险保单才有现金价值,健康险和意外险保单不具有现金价值。基于以上认为,有观点建议,该规定中的"现金价值"应改为"保险费"或"现金价值或未满期净保费"。此外,有保险公司认为,除了保单现金价值之外,是否应考虑投资型保险产品的"账户价值"? 还有不少观点建议删除"按照保险行业惯例"。

关于投保人违反如实告知义务时保险人是否仍然可以依据《合同法》第五十四条规定行使撤销权问题,征求意见稿规定:"投保人投保时未履行如实告知义务构成欺诈的,保险人依据合同法第五十四条规定行使撤销权的,人民法院应予支持。"对此,有不少观点认为,《保险法》第十六条规定排除了《合同法》第五十四条的适用,该规定违反第十六条。理由如下:(1)依照特别法优于一般法的原则,《保险法》应优先于《合同法》适用。(2)欺诈属于故意的一类,已包含在《保险法》第十六条情形中,相同的行为规定不同的法律结果,容易引起混乱。(3)《保险法》第十六条第三款的不可抗辩期间可能被规避。由于实务中保险公司很少行使撤销权,有保险公司建议对撤销权如何行使作出更加详细的、可行的、合理的规定,以利于实务操作。

四、关于保险人明确说明义务的相关问题

关于保险人明确说明义务的对象,2009年《保险法》修订时将原来的"免责条款"修改为"免除保险人责任条款",对于该条款具体包括哪些内容,实务中存在较大争议。征求意见稿规定:"保险合同责任免除条款包括除外责任条款、免赔额、免赔率、比例赔付、解除或中止合同等部分或全部免除或限缩保险人责任的条款。"对于该界定,保险业界认为,该条对于保险合同责任免除条款范围的界定过于宽泛,容易加重保险人一方的义务。有保险公司认为,免赔额、免赔率、等待期等条款是投保人与保险人约定承担保险责任的条件,是属于保险责任条款本身,而非免责条款。有保险公司建议删除其中的"解除或者中止合同",有保险公司建议删除"等"字,还有保险公司建议明确规定属于保险责任范围的条款不应视作免责条款。法院系统对比例赔付条款、免赔额条款、免赔率条款是否属于免除保险人责任条款存在不同观点。此外,还有不少观点认为,现有的界定不能涵盖所有的免除保险人责任条款。例如,限缩保险期间条款也是责任免除条款,如人身及医疗保险合同中的"等待期"。

关于保险人的提示义务,征求意见稿规定保险人应"对保险合同中的免责条款在保险单等保险凭证上的显著位置以文字或符号等明显标志作出足以引起投保人注意的提示"。对于该规定的提示载体,有保险公司认为,保险合同条款通常有固定的格式和内容,如果将所有免责条款均放在显著位置,将可能导致条款内容混乱,表述不严谨等问题;有法院和保险公司认为,由于实践中对什么是保险凭证上的"显著位置"有不同的理解,容易发生争议,建议删除第一款中"显著位置"的表述;有保险公司认为,保险人应"在保险条款、投保单、保险单、保险协议或者其他保险凭证上的显著位置"进行提示;有学者认为,保险单是保险人在合同成立后才签发的,提示载体应主要以"投保单"为主;有保险公司建议,应增加"网上投保界面"作为提示载体。对于提示方法,有保险公司认为,保险人如用有别于正文的特殊字体、特殊颜色写明的免责条款,应认为尽到提示义务;有保险公司认为,保险人做出"足以引起投保人注意的文字、符号、字体等特别标识的",应认为尽到提示义务;有法院认为,保险人应对免除保险人责任条款集中单独印刷;有法院认为,保险人应采用"加粗、加大"的方式进行提示。此外,还有法院认为,该款"提示"仅指对免责条款的提示,不包括对免责条款的具体概念、内容及法律后果的提示,对保险人要求过轻。

关于保险人明确说明义务的标准,征求意见稿规定保险人应对"合同中有关免责条款的概念、内容及其法律后果以书面或者口头形式向投保人做出一般人能够理解的解释"。有观点建议,应增加规定:"有证据证明投保人不具备一般人的理解能力时除外。"还有观点建议规定,"如保险人能举证证明投保人对于免除保险人责任条款的理解高于一般人的,保险人仅承担提示义务。"对于投保人的签字是否能够认定保险人已经尽到明确说明义务,有法院认为,如果以投保人在相关文书上签字或者盖章认可即视为履行了明确说明义务的话,保险人往往单列一张个人声明由投保人签字就可完成,但作为投保人保险法律知识极度匮乏,在未真正了解免责条款的内容、概念及法律后果的情况下,往往当作一般投保单的手续予以签字,对投保人是十分不公平的。

关于法定免除保险人责任条款是否仍然需要进行说明,征求意见稿规定:"保险人以法律、行政法规的禁止性规定作为保险合同免责条款的,可以免除保险人对该条款的提示和明确说明义务。"对此,有观点认为,该解释是对立法条文的修改,为保险人开绿灯,对投保人不公平,建议删除。有观点认为,"法律、行政性法规的禁止性规定"范围远大于法定的保险人免除赔偿责任情形,建议将"禁止性规定"修改为"法定免责条款"。至于保险人的提示和明确说明义务是否均可免除,理论界与实务界均存在较大争议:有观点认为,保险人的明确说明和提示义务不能免除,只能减轻;有观点认为,保险人的明确说明和提示义务均可免除;还有观点认为,保险人的明确说明义务可免除,提示义务不得免除。

关于明确说明义务是否具有其他除外情形,征求意见稿规定:"续保或同一投保人与同一保险人连续二次以上签订同种类保险合同,合同免责条款内容一致且保险人有证据证明曾就相同的免责条款向投保人履行过明确说明义务的,可免除保险人的明确说明义务。"对于本条的合理性,有观点认为,规定对保险人明确说明义务要求过于宽松,未能对当前绝大多数保险人不认真履行明确说明义务的客观实际进行必要的司法矫治;有观点认为,保险人的明确说明义务只能减轻,不能免除;还有观点认为,保险条款对于保险人而言是熟知的,而对于普通的社会大众,在听取保险人对免责条款的说明后的一年或数年后,很可能对条款的记忆已经模糊乃至遗忘,即使是针对已经履行过说明义务的免责条款,仍应当进行说明。对于明确说明义务除外范围,有保险公司建议增加"交强险条款以及中国保险行业统一颁布的车辆保险条款和规范性条款的免责条款"。有法院认为,投保人通过保险经纪人签订的保险合同,以及投保人提供保险条款以招投标方式签订的保险合同,缔约双方并非处于不平等的地位,此时不应要求保险人对免责条款承担明确说明义务,应增加规定为除外情形。对于本条所规定的"同一投保人与同一保险人连续二次以上签订同种类保险合同",有观点认为,由于保险条款的同质性现象非常普遍,建议删除"与同一保险人连续";有观点认为,鉴于实践中如何判断该条的"合同免责条款内容一致"究竟是文字内容完全一致还是含义上一致可能产生争议,建议修改为"合同免责条款内容的含义一致"。此外,学者、法院和保险公司均有代表认为,对于"同一保险人"、"连续"、"同种类保险合同"等有进一步明确之必要。有法院认为,"同一保险人"应解释为同一保险公司或同一保险公司的分支机构,但如果投保人与某一保险公司的不同分支机构连续签订同种类保险合同,也应该可以免除后一保险人的明确说明义务。

五、关于保险理赔的相关问题

关于保险事故发生后被保险人或受益人的协助义务,《保险法》第二十一条规定了保险事故发生通知义务。审判实践中,被保险人或受益人虽然已经履行保险事故发生通知义务,但仍可能因其故意或重大过失导致保险事故原因、性质、损失程度等无法确定,在此情况下保险人是否仍应承担保险责任,实践中存在不同认识。鉴于此,征求意见稿对此予以明确,保险人对无法确定的部分不承担赔偿或者给付保险金责任。同时,为了体现同等对待,征求意见稿还规定,因保险人的故意或者重大过失致使保险事故的性质、原因、损失程度等无法确定,保险人对无法确定的部分承担赔偿或者给付保险金责任。对此,有观点认为,以上分别从投保人与保险人的故意或重大过失导致保险事故的性质、原因、损失程度无法确定的法律后果进行规定,实践中,可能存在双方均存在故意或重大过失情形、也可能存在双方均不存在故意或重大过失情形,在此情况下如何处理?有观点认为,应对投保人、被保险人或受益人知道保险事故发生后通知保险人的时间进行限制。对于具体时间如何确定,有观点认为,应是在知道或应当知道保险事故发生后 7 日内,有观点认为应在 24 小时内。此外,有观点认为,本条所规定的"对无法确定的部分承担赔偿或者给付保险金责任"在实务中存在操作性困难,因为损失无法确定,所以保险人承担责任的程度或者范围无法确定。

《保险法》第二十二条规定了投保人、被保险人以及受益人及时提供以及补充提供有关证明和有关资料的义务,第二十三条规定了保险人应当在 30 日内进行核保,对于第二十三条与第二十二条如何衔接,实务界存在争议。鉴于此,征求意见稿规定:"保险法第二十三条规定的三十日核定期间应自保险人初次收到被保险人或者受益人索赔的有关证明或者资料时起算。保险人根据保险法第二十二条的规定及时一次性通知投保人、被保险人或者受益人补充提供证明和有关资料的,补充提供证明和有关资料的期间应予扣除。"对于该规定,保险业界存在不同认识。有保险公司认为,30 日核定期间不应从初次收到索赔申请时计算,而应从收齐资料后开始计算。有保险公司认为,投保人、被保险人或者受益人补充提供材料后,核定期间应重新计算。还有保险公司认为,第十六条中"补充提供证明和有关资料的期间应予扣除"中的"期间"界定不够明确,建议在该条明确规定该期间从保险人发出通知之日起算至投保人、被保险人或者受益人提交完整的证明和有关资料之日止。

关于多个原因造成保险标的损失,其中既有承保风险又有非承保风险,承保风险与损失之间的因果关系难以确定时,保险公司是否应当理赔,审判实践中存在不同认识。征求意见稿规定,保险公司应"按照承保风险所占事故原因的比例或者程度"承担保险责任。对该规定,有不少观点认为,该规定无理论依据,也不具有可操作性。有观点认为,保险的基本原则之一是近因原则,损失原因无法确定的事故,应当考虑承保风险是否是近因,是近因则承担赔付责任,不是近因则不承担责任。有观点认为,既然造成保险标的的损失的原因难以确定,意味着不能确定是否是承保风险造成的损失,也即无法判定是否属于保险事故,那么要求保险人根据承保风险所占事故原因的比例或者程度承担责任不具有可操作性。有观点进一步认为,该规定没有区分多个原因发生的时间顺序以及相互之间的依存关系,也没有以之为标准采取不同准则确定保险人的保险责任,建议区分多个原因之间的不同关系,细化保险人责任的承担标准。

六、关于诉讼时效的相关问题

关于保险代位求偿权的诉讼时效的起算,理论界与实务界存在两种观点,一种观点认为,应自保险人向被保险人支付赔偿金之日起算;另一种观点认为,应根据被保险人对第三人的请求权来判断其起算点。前一种观点更有利于保险人保护,但可能加重第三人的负担;后一种观点更为符合保险代位求偿权的本质特征,但可能存在的问题是,保险人向被保险人给付保险金后,被保险人对第三人的诉讼时效已经届满,保险代位求偿权从其产生之时就已经超过诉讼时效。征求意见稿采第一种观点,规定"保险代位求偿权的诉讼时效期间自被保险人知道或者应当知道其权利被第三者侵害之日起算"。同时,为了防止保险人的代位求偿权产生时就可能超过诉讼时效,征求意见提出两种意见:一是规定被保险人向保险人请求赔偿保险金的,诉讼时效中断。二是规定保险人取得保险代位求偿权前,被保险人对第三者请求权的诉讼时效中断效力及于保险代位求偿权;被保险人仅向保险人而不向第三者主张权利的,保险人可以代被保险人向第三者主张权利。对于以上两种意见,少数观点认为应采第一种意见,其主要理由在于该规定在实践中容易操作。大多数观点赞成第二种意见,理由在于第一种意见对诉讼时效的突破过大。保险代位求偿权中,保险人在赔付被保险人后,按照债权转移理论,取得被保险人对第三者的债权,但其主张的债权不得大于被保险人对第三者享有的债权,有关诉讼所涉及的也是被保险人与第三者之间的法律关系,第三者对被保险人的一切抗辩均可向保险人主张,诉讼时效抗辩亦为其中一种。如果按照第一种意见,将突破上述理论与《民法通则》的规定,法律对双方当事人的保护将失衡,不再是平等保护。对于第二种意见,有观点建议增加,因被保险人向保险人提出保险赔偿请求后,怠于向第三人请求赔偿,导致保险代位求偿权丧失诉讼时效的,保险人有权就保险代位求偿权部分不承担赔偿或给付保险金责任。有观点建议删除第二款第二种意见中的最后一句话。

《保险法》第二十六条规定,财产保险的诉讼时效从知道或者应当知道保险事故发生之日起计算。责任保险中,保险事故发生之日如何确定在理论界与实务界均存在较大争议,征求意见稿从平衡各方当事人利益的角度规定:"责任保险合同被保险人请求赔偿保险金的诉讼时效期间自被保险人的民事责任确定之日起算。"对于该规定,有观点认为,本规定将责任保险的时效起算点规定为"民事责任依法确定之日",与《保险法》第二十六条规定的"知道或者应当知道保险事故发生之日"不同,突破了法律规定。有观点认为,责任保险中保险事故的认定具有特殊性,中国保监会《关于索赔期限有关问题的批复》(保监复〔1999〕256号)规定,对于责任保险而言,其保险事故就是第三人请求被保险人承担法律责任。保险事故发生之日,应指第三人请求被保险人承担法律责任之日。因此,责任保险中保险事故的发生,不仅需要被保险人的民事责任依法被确定,而且需要受害的第三人对被保险人提出承担民事责任的请求。此外,有不少观点认为,本条的"民事责任确定之日"表述依然不够清晰。民事责任确定有多种方式,可以是当事人协商、仲裁、法院判决、调解,还可以是有关部门的鉴定,实务中应以哪个日期为准?此外,还有法院提出,如果被保险人民事责任的确定并非一次性确定,如受害人的治疗为分段治疗,前后时间可能长达数年,是否每一阶段的民事责任确定后,即开始起算相应金额的保险赔偿金诉讼时效期间;还是以最后一次民事责任确定的时间作为全部民事责任的保险赔偿金诉讼时效期间的起算时间?

七、关于保险合同解释的相关问题

关于不利解释原则的适用,实务界对不利解释原则的适用条件存在较大困惑,理论界对于《保险法》第三十条与《合同法》第一百二十五条的关系存在不同观点。征求意见稿规定:"当事人对保险人提供的保险合同格式条款有争议的,人民法院应当依照保险合同所使用的语句、合同的相关条款、交易习惯等对格式条款予以解释;仍有两种以上解释的,应当做出有利于被保险人和受益人的解释。"对于该规定,有观点建议,应对不利解释原则的适用条件限于经通常理解仍存在两种解释的情形,建议将"仍有两种以上解释的"修改为"仍有两种以上通常解释的"。有观点认为,由于投保人对交易习惯通常并不知悉,交易习惯不应作为解释的参考因素。

关于不利解释原则是否适用于保险条款中的专业术语,征求意见稿对非保险专业术语进行规定,保险合同对非保险专业术语作出的解释符合专业意义,或者解释虽不符合专业意义,但有利于被保险人和受益人的,应当根据保险合同的解释确定该专业术语的意义;保险合同对保险人提供的格式条款中使用的非保险专业术语未作出解释的,应当根据《保险法》第三十条的规定进行解释。对于该规定,有观点认为,由于在条款中使用的非保险专业术语(如医学术语)很多,同样的术语在不同的专业领域或在相同专业领域的不同权威资料中也有不同的解释,更不要说由于地域、文化等的差距,"公众的通常理解"也是各不相同的,建议对"专业上所具有的意义"和"公众的通常理解"的标准予以明确。有观点认为,"非保险专业术语"的表述容易产生不同理解,建议对"保险法专业术语"与"非保险法专业术语"进行界定。

【商事审判专论】

谈法官解释[①]
——以《侵权责任法》为例

梁慧星[*]

法官怎么解释法律,是一个很大的题目。简单地说,法官运用法律对案件进行裁判,就是所谓的解释。文章可以分为两类,一类是解释论,一类是立法论。作为法官要明确区分解释论和立法论。

立法论讨论法律的应然,研究法律应该是什么样的状态。解释论讨论法律的实然,研究现在的法律是怎样规定的。二者完全不一样。当要制定某一部法律的时候,会产生大量立法论的论文,比如在《侵权责任法》制定的过程当中,就有很多文章讨论其名称、结构、制度、原则,甚至细到某一个条文的文字应该如何表述。《侵权责任法》第十七条规定:"因同一侵权行为造成多人死亡的,可以以相同数额确定死亡赔偿金。"关于"可以"和"应当"的争论就属于立法论的范畴,各有各的理由,最后采用的是"可以"。二者含义不同,"应当"是义务型的,如果规定为"应当",就拘束法官必须这样做;如果规定为"可以",就是授权型的,授权法官在某种情况下,可以这样做,如果有理由也可以不这样做。立法论还要讨论国外的经验,可以说不受条条框框的限制,评判其优劣在于是否言之有物,言之有理,是否符合中国的国情。但是,写立法论这样的文章不是法官最主要的任务,法官的本职是解释论。法官从事解释论的时候,不是凭空而论,而应是结合正在审理的案件,研究怎么适用法律进行裁判。也可以针对社会上已经出现的问题,假设起诉到法院,研究应该怎么处理。通常中国的文字有多种含义,立法的时候,是把社会生活当中一些词语规定到法律当中来,规定下来后只应该是一种法律上的含义。探讨这样的词在法律上的含义,就属于解释论。例如,《侵权责任法》第三十七条规定的宾馆、商场、银行、车站、娱乐场所等"公共场所",按照一般法律上的含义,公用才叫公共场所,比如道路。但是要理解这里列举的宾馆、商场、银行、车站、娱乐场所就必须通过解释,此"公共场所"的含义应该限定为向公众提供服务的营业性场所、服务性场所。法官适用该条文,裁判某一个案件,该案件在不在该条文的适用范围之内,如果不明确它的含义,就无法正确裁判。所以说,解释论是法官的基本功。第三十七条

---

[*] 中国社会科学院学部委员、教授。
[①] 本文系根据梁慧星教授法律讲座录音整理。——编者注

还规定了"未尽到安全保障义务"如何承担责任的问题,要认定"未尽到安全保障义务",是否要求原告举证证明被告未尽到安全保障义务?是否允许被告举证证明自己尽到了安全保障义务?仔细分析,既不应该要求原告举证,也不应该允许被告反证,它属于英美法上的"事实自证",在商场里面发生了损害,就说明商场没有尽到安全保障义务,如果尽到了安全保障义务,就不可能发生损害,这样的解释才符合立法目的,这就是解释论。

有些法律存在缺陷,例如,《侵权责任法》第十九条规定:"侵害他人财产的,财产损失按照损失发生时的市场价格或者其他方式计算。"最初的理解是如果财产有市场价格,就按照损失发生时的市场价格计算,如果没有市场价格就用其他计算方式计算。但是,如果损失的财产是汽车,汽车发生损毁的时候大概值20万元,等到法院判决的时候降到15万元,如果按照上述理解应该以20万元为标准计算,这样是否合理?再如房屋毁损,损失发生时每平方米2000元,法院判决的时候,涨到6000元,甚至更多,法官按损失发生时的价格判决能不能案结事了?此时就要考虑损害赔偿制度的目的是把受害人的损害恢复到没有发生损害之前的状态,针对前述所举事例来说,就是使受害人能够买到同样的房子、汽车。如此考虑,前面的理解就有问题,而应该解释为法院可以采取财产损失发生时的价格计算,也可以按照其他的方式计算。如果按照损失发生时的价格赔偿,不符合损害赔偿制度的目的,受害人所受损害不能恢复到原来状况,就按照其他的计算方式计算,这就是解释论。通过解释、完善、弥补法律条文,从而实现法律的目的,最终实现公正裁判的目的。

从事解释论,特别要注意体系解释。体系解释,就是要从一部法律的整个逻辑体系去解释,考虑所适用的条文在整个法律体系当中的位置,以及和其他法律条文的关系,进而确定条文的含义、构成要件、适用范围等。法官不仅要注意法律本身的逻辑体系,还要注意法律之间的逻辑关系。例如,《物权法》将土地承包经营权规定为用益物权,是一项财产,那么其是否可以被继承?单看《继承法》,能否解决这个问题?最高人民法院公报上刊登过一个相关案例,该案例不只依据《继承法》来裁判,还考虑到了《农村土地承包法》。《农村土地承包法》第十五条规定家庭承包的承包方是本集体经济组织的农户,而不是农民个人,家庭成员之一去世并不影响承包合同的效力,其他家庭成员可以继续行使土地承包的权利,只有农户的家庭成员都死亡了,土地承包经营权才会消灭。《继承法》规定的遗产是被继承人死亡时属于其个人所有的财产,审理上述案件的法官作出了如下分析:按照《继承法》,遗产是被继承人死亡时属于其个人所有的财产,本案所争议的农村土地承包经营权,是以户为单位,是户的财产,不是个人的财产,因此不得继承,一下子就解决了这个问题。

下面特别以《侵权责任法》和《合同法》的逻辑关系为例予以说明。不要把《侵权责任法》看得太简单,实际上该法有一个复杂的逻辑结构体系,其复杂性远远超过了《合同法》和《物权法》。《合同法》共428条,其逻辑关系却是很简单,一个总则,一个分则。总则遵循从合同成立到违约再到追究违约责任的逻辑,是一个递进的、渐进的逻辑关系;分则则是一些合同类型,这些类型相互之间是并列的关系。适用《合同法》较少出错误,就在于其法律逻辑关系比较简单,当然也不是绝对的,比如《合同法》第五十一条。而《侵权责任法》虽然条文少,但是很复杂,分为多个逻辑层次。

第一个层次的逻辑关系是"一般条款+特别规则"。《侵权责任法》第二条规定了侵权责任的请求权,该条第一款规定:"侵害民事权益,应当依照本法承担侵权责任",虽然简单,其实是一个层次,其构成要件依照《侵权责任法》后面条款的具体规定,所以该法第二条是一般条款,除了第二条以外的全是特别规则,这是一个一般条款与特别规则的关系。一般条款规定的是侵权责任请求权的基础,不管追究什么责任,承担什么后果,都是第二条的具体化,或者规定其构成要件,或者规定其归责事由,或者规定其免责事由,或者规定其赔偿项目,或者规定其赔偿计算方法等。

第二个层次的逻辑关系是除了《侵权责任法》第二条之外的特别规则,其逻辑关系是一个总分结构,其中第一、二、三章为总则,规定共同的制度、共同的原则;第四、五、六、七、八、九、十、十一章为分则,规定特别的制度、特别的案件、特别的类型,是一个比较成熟的逻辑结构。如果把第一个层次和第二个层次的逻辑结构合起来看,是"一般条款 + 特别规则 + 类型化",那么分则就是类型化,涵盖了社会生活当中,最主要、最常见的交通事故、医疗损害、产品责任等类型。

第三个层次的逻辑关系是过错侵权责任与无过错侵权责任的二分结构、并列结构,这一点之所以特别重要,是因为其体现了本法的一个特别创造性。原先的教科书上,侵权行为被分为一般侵权行为与特殊侵权行为,《侵权责任法》抛弃了这样的分类,而把侵权责任分为过错侵权责任和无过错侵权责任,同时过错侵权与无过错侵权没有原则与例外、主要和次要之分,它们是同等、并重的关系。过错责任规定在第六条第一款:"行为人因过错侵害他人民事权益,应当承担侵权责任";无过错责任规定在第七条:"行为人损害他人民事权益,不论行为人有无过错,法律规定应当承担侵权责任的,依照其规定。"

第四个层次的逻辑关系,是过错侵权责任这一部分也采取了"一般条款 + 特别规则"的方案和逻辑关系。《侵权责任法》第六条第一款规定了过错责任原则,它来源于《民法通则》第一百零六条第二款,但并不是照搬过来,而是增加了第二款之过错推定,这也只是一个原则,在后面的规定中特别列举了哪些案件实行过错推定。不仅如此,第七章的医疗损害的一般条款是过错责任,特别规则是过错责任推定,无过错责任采取侵权责任类型化,而过错侵权责任就要复杂一点。而且,最特殊的是第七章之过错客观化,构成一个从一般到特殊的逻辑关系。适用法律的时候,要倒过来,从特殊到一般。如果属于医疗损害侵权案件,就适用第七章之规定,如果属于医疗损害侵权以外的案件,就看法律上有没有规定推定,如果有,就按照第六条第二款的规定适用推定;如果没有,再按照过错责任原则,要求原告举证证明被告有过错,这就是它的逻辑关系。在这个逻辑关系当中,还有一个复杂的情况,就是无过错侵权采取列举类型化,有两种情形,一种是很简单的原则规定,比如第四章规定的监护人责任,监护人的安全保障义务,适用无过错责任,规定得很简单。另一种是其他的章节,如产品责任、环境污染、高度危险等类型又作了细分,每一种类型中的第一条是原则,后面的是特别列举。特别是第九章高度危险责任,把高度危险这个大类又进一步细分为若干小类,若干小类当中又在免责事由上有差别。

最后,是第五个层面的逻辑关系。一些小的制度中,原则与例外,一般规定与特别规则构成了小的体系。比如说,不可抗力的免责规定在第二十九条:"因不可抗力造成他人损害的,不承担责任。法律另有规定的,依照其规定",这是不可抗力免责的一般规则,此外《侵权责任法》除了在高度危险责任这一章第七十条、七十二条、七十三条之外，其他条文没有提到不可抗力免责，那么无过错侵权责任，如产品责任、污染损害、动物致人损害，这几章是否适用不可抗力免责？从条文的逻辑关系来看，可以这样分析，第二十九条不可抗力免责原则上应该适用于过错责任和无过错责任。过错侵权责任适用不可抗力免责的基础是没有过错，无过错侵权责任原则上也应该适用。因此，除第九章以外的无过错侵权责任的类型就没有提及不可抗力。《侵权责任法》起草时，这些章的第一条都有一款规定："法律规定免责的或减责的依照其规定"，后来删掉了，删掉的含义是虽然这些章没有提及不可抗力是否可以免责，不可抗力当然可以免责，唯独第九章有专门的三个条文明示不可抗力免责。因此，第九章凡是那些小类型当中没有规定不可抗力是否可以免责的都不能免责，第九章就成了第二十九条但书"法律另有规定"的具体化。由此可见，不可抗力免责不是一个条文，而是一个逻辑体系。

第三章专门规定了第三人造成损害的情形。第二十八条规定："损害是因第三人造成的，第三人应当承担侵权责任。"也就是说，第三人造成损害也是被告的免责事由之一，只要向法庭证明损害是由第三人造成的，原则上就可以免责，这就构成了一个抗辩。因为从程序法上讲，被告不是加害人，所以主体不适格。从实体法上讲，依照自己责任原则，自己应该对自己的行为造成的损害承担责任。但是，要注意本法规定有较多例外，这些例外规定即使在第三人造成损害的情况下，被告也不能免责，比如第三十七条第二款、第四十条、第四十九条、第六十八条、第八十三条等。第三十七条第二款规定"因第三人的行为造成他人损害的，由第三人承担侵权责任"，之后接着规定"管理人或者组织者未尽到安全保障义务的，承担相应的补充责任"，这就是第二十八条第三人免责的一个例外，这个例外当中规定承担"相应的补充责任"，"相应的"这个词在本法有多处加以规定，理解时要结合整个法律的目的、各个法律的逻辑关系，这个概念限制侵权责任，是一个有限制的自由裁量授权。就第三十七条第二款来说，它规定承担相应的补充责任，这个责任有两个限制：第一，补充责任就是用来补充第三人造成的损害，如果第三人已经承担了全部责任，安全保障义务人就不再承担补充责任；第二，如果第三人不能或无法承担责任，此时安全保障义务人就要承担补充责任。

这就是《侵权责任法》的五个层次关系，如果不熟悉这个逻辑关系，往往不能正确地解释、适用该法。而且，这个逻辑关系不限于该法本身，还要弄清楚该法与其他法律的关系。《侵权责任法》第五条规定："其他法律对侵权责任另有特别规定的，依照其规定。"因此，需要清楚地认识本法之外还有哪些法律对侵权责任有具体的、特别的规定。如果有，就要按照第五条的规定，不再适用本法。全国人大法工委副主任王胜明主编的《中华人民共和国侵权责任法释义》一书论及，有40多部单行法对相关的侵权责任有特别规定，比如《农村土地承包法》《物权法》《婚姻法》《继承法》《公司法》《票据法》《海商法》等。《侵权责任法》特别规定适用哪一部法律的时候，该章的第一条会明确规定，比如机动车交通事故责任首先规定要适用《道路交通安全法》，在《道路交通安全法》没有相关规定的时候，才适用《侵权责任法》的有关规定，产品责任也是如此。

但是第五条中的"其他法律"不包括《民法通则》，因为《侵权责任法》是在《民法通则》

关于侵权责任规定基础之上的重新立法。《民法通则》关于侵权责任的规定已经被《侵权责任法》取代,这属于教科书上的新法废止旧法,当然不是把《民法通则》废止,而是把《民法通则》关于侵权责任的规定废止了。《国家赔偿法》是不是第五条所说的"其他法律",立法的时候没有明确。《中华人民共和国侵权责任法条文理解与适用》一书专门谈到这个问题:国家赔偿在很多方面和侵权责任具有相似性,如保护的法益的性质、侵权责任的构成要件、归责原则、损害赔偿的计算方式、责任承担方式、免责事由、时效等,试图将国家赔偿法与民法完全分离很难做到。由此可见,本法第五条的"其他法律"包括《国家赔偿法》。审理国家赔偿案件,如果《国家赔偿法》规定得很清楚,直接根据《国家赔偿法》处理,如果《国家赔偿法》没有规定,还是要适用本法的规定。

　　需要特别注意的是,第五条的"其他法律"不包括《医疗事故处理条例》,《侵权责任法》的制定否定了《医疗事故处理条例》。中国的立法与实务,在 2000 年以前是按照法律的原理和一些发达国家共同的经验,把医疗损害作为民事侵权责任的一种特殊类型,按照《民法通则》第一百零六条第二款关于过错责任的规定去裁判医疗损害案件。2000 年,国务院发布了《医疗事故处理条例》,用行政法规去规定这类案件,就出现了问题,导致一些法院裁判案件出现"双轨制"、"二元司法",其结果是社会上对鉴定委员会不信任、鉴定结论的公信度不够、医患双方的关系进一步紧张。在这种情况下,《侵权责任法》专门设置了第七章医疗损害责任,把《医疗事故处理条例》关于民事赔偿的这一套制度废止了,包括医疗事故的鉴定、赔偿的项目等,而重新把医疗损害赔偿纳入民事侵权案件的范畴,并且第七章规定得很详细,过错就按过错责任来对待,不再需要进行鉴定,有过错承担责任,没过错不承担责任。过错的认定采取"过错客观化"原则,第五十五条规定了取得书面同意,第五十七条规定了当时的医疗水平和相应的治疗义务,第五十八条规定三种情况下推定医疗机构有过错,但不是一般的推定,而是不允许医疗机构反驳的推定。在立法的时候,主持会议的全国人大法律委员会主任委员胡康生就明确指出,第五十八条虽然是推定医疗机构有过错,实际上是认定医疗机构有过错,这属于不可推翻的推定。民法上关于过错的推定,还有可以推翻的推定,比如《侵权责任法》第六条第二款规定:"根据法律规定推定行为人有过错,行为人不能证明自己没有过错的,应当承担侵权责任。"

　　在《最高人民法院关于民事诉讼证据的若干规定》中,因医疗行为引起的侵权诉讼,规定过错责任实行举证责任倒置,因果关系也实行举证责任倒置。而《侵权责任法》将这两项都否定了。所以,《侵权责任法》生效以后,关于医疗损害赔偿因果关系问题不能适用举证责任倒置,应该和通常的侵权案件一样,由法庭认定,认定如果遇到疑难的时候,当然可以委托专家来鉴定医疗因果关系。《医疗事故处理条例》的相关规定已经被《侵权责任法》的规定所替代,不应再使用医疗事故这个概念,有些地方还在和医学会搞医疗过错鉴定,这是不妥的,因为《侵权责任法》已经把医疗过错的判断完全交给了法官。如果遇到某些案件无法判断是否属于第五十七条规定的"当时医疗水平相应的诊疗义务",这个时候要咨询权威的、公正的医学专家或临床专家,这也可以说是鉴定,但是不叫医疗过错鉴定。

破产管理人职业责任风险分散机制研究

郁 琳[*]

引 言

依据2006年《企业破产法》,管理人在破产程序中具有重要地位,是贯穿于破产程序始终的管理机构,并几乎承担了全部的财产管理事务性工作。显然,管理人能否正确履行职责,不仅事关债权人等利害关系人的利益能否得到有效维护,还直接决定着破产程序的制度价值能否实现。因此,有必要构建管理人责任制度,促使其谨慎、忠实、公正地履行职责。与此同时,基于权利义务平衡考量,还需给予管理人适当激励。此种激励,在积极方面为赋予其相应报酬,在消极方面则为构建相应制度,以分散管理人的职业责任风险,本文拟就此作一探讨。

一、构建管理人责任风险分散机制的正当性基础

破产程序中,管理人是管理债务人财产和负责经营事务的法定机构,整个破产程序可被视为是以管理人履行职责为主线而推进的。平衡各利害关系人利益冲突与公共利益保护是其职责所在,管理人亦是破产程序中各方利益诉求的直接承受者,因此,其在执行职务过程中必然面临极高的职业责任风险。首先,由于管理人的主要职责是管理和处分财产,决定停止或维持破产企业营业,在此种意义上,管理人类似于公司的高级管理人员,必须承受相应的经营风险,如产品市场价格波动等,而此类风险内生于商事经营本身,是管理人所无法避免的。其次,管理人的财产管理与营业活动是以破产企业原高管的营业活动为基础而展开的,其必须承担前者不当决策而导致的潜在损害。此种损害很难被及时发现,故管理人亦无法有效预防和化解。虽然管理人可以举证证明此种风险不可归因于其不当决策,但举证以自明本身即是一种风险。最后,管理人履行职责的活动处于法院约束之下,其所为的商业判断必须遵循法院指令,在有限范围内展开,因此,管理人的决策通常只能是相对稳健,而非可获得最佳增值效益的选择——而这一点却可能成为管理人遭受索赔的原因。

相较于其所承担的责任风险而言,我国管理人可享有的权益相对处于不对称状态,例如,依据《企业破产法》第二十二条第一、三款,《最高人民法院关于审理企业破产案件确定

---

[*] 最高人民法院民事审判第二庭法官。

管理人报酬的规定》第二条以及《最高人民法院关于审理企业破产案件指定管理人的规定》第二十、二十八条的规定,管理人是由法院随机指定,无正当理由不得拒绝,而其报酬主要依据破产企业最终清偿财产的数额来确定,很多情形下,管理人的劳动无法获得对等的报酬。因此,司法实践急需构建相应制度,以分散管理人的职业责任风险。

二、管理人责任风险分散机制的路径选择

在各国破产实务中,此种责任风险分散机制主要有两类,一为要求管理人按一定比例交纳保证金以形成资金池,若管理人因履行职责中的不当行为而需承担赔偿责任,则以该资金垫付,《美国联邦破产法》§322(b)即对此作了相应规定。[①] 例如,对常设受托人(The Standing Trustee)[②],其应缴纳的保证金为受托人拥有的银行账户、存单,以及其他美国破产受托人组织许可的投资方式的月均资产余额的150%。[③] 此外,加拿大也作了类似规定。[④] 另一类则是利用商业保险来分散管理人的责任风险。我国《企业破产法》第二十四条第四款规定:"个人担任管理人的,应当参加职业责任保险",显然,我国立法采纳了此种风险分散机制。[⑤]

分析各国相关规定可见,通过商业保险分散责任风险仍至少有两种路径可循:其一,以会计师或律师职业责任保险等来分散风险,其代表性国家为英国。这主要是由于其管理人一般由律师或者会计师担任,此类专业人士必须参加相关强制职业责任保险,而这些保险大都承保被保险人担当管理人时的责任风险。在英国,职业责任保险没有标准条款,但相关机构会制定最低保险金额及部分条款。例如,英格兰和威尔士特许会计师协会规定,其特许会计师参加的职业责任保险的保险金额不得低于其上一会计年度总收入的2.5倍,且个人执业者的最低保险金额为5万英镑,非个人执业者为10万英镑。其二,通过专门的管理人职业责任保险来分散相应风险,其代表性国家为澳大利亚和俄罗斯。澳大利亚早在1966年就实施了强制管理人职业责任保险制度。其1966年《破产法》规定,管理人实行注册制度,而购买相关职业保险是获得注册资格的前提。《俄罗斯联邦破产法》第20条第6款规定:"作为仲裁管理人必须签订破产案件参与人损害责任保险合同。"此外,根据"美国联邦破产受托人"组织的规定,破产受托人可以购买经其认可的管理人责任保险。该组织对此类险种的保险金额、自负额、承保范围等都做了明确规定。

---

① 美国参议院在其就破产法所做的官方报告 Senate Report No. 95 - 989 部分中称:"The court is required to determine the amount of the bond and the sufficiency of the surety on the bond.elieves the trustee from personal liability and from liability on his bond for any penalty or forfeiture incurred by the debtor"。

② 美国破产程序中的受托人相当于我国的破产管理人。为便于论述,本文将其与管理人称谓通用。

③ The United States Trustee: Appointment and qualifications of the standing trustee and general requirements C: Trustee surety bonds.

④ As a condition of their license, trustees are required to furnish the Superintendent with a general bond to secure the faithful and honest performance of their duties and of the funds entrusted for their administration; 25: trustees must also provide an additional bond for each estate administered by them. 载加拿大破产监督人办公室官方网站,http://www.ic.gc.ca/eic/site/bsf - osb.nsf/eng/br01688.html,于2012年6月30日访问。

⑤ 事实上,很多国家同时构建了前述两种机制,相互配合,以便更有效地分散破产管理人责任风险,如英国、加拿大。

我国《企业破产法》第二十四条第四款虽明确规定个人管理人应当参加责任保险,但并未明示采纳前述何种路径。实务中,由于我国尚未开展管理人责任保险,故管理人一般均以律师责任保险或会计师责任保险分散风险。然而详加分析可见,此种方式存在一定缺陷:首先,律师(会计师)责任保险的承保范围极其宽泛,几乎覆盖了从事该种职业所涉及的所有工作内容,而担当管理人仅为其中之一,如此一来,被保险人的保险金额极易被因从事其他类型的不当执业行为而遭受的索赔耗尽,无法有效分散被保险人担当管理人时的责任风险。更重要的是,某些保险条款甚至将担当管理人时的不当行为引起的索赔列为除外责任。虽然从外观分析,律师(会计师)已依法律规定购买了责任保险,但此种做法无疑将虚化第二十四条规定立法目的的实现。其次,律师(会计师)责任保险在我国并非强制保险,如不开发独立的管理人责任保险,而强制其投保前述两类险种,也就等于强制个人管理人投保除管理人责任以外的其他责任保险。再次,此种方式无法将除律师事务所、会计师事务所以外的中介机构及其人员,如破产清算事务所、审计事务所等纳入保险承保范围。最后,在中介机构有执业资格的个人担任管理人的情况下,其行为可能系属个人行为,并非代表相关中介机构,则律师(会计师)事务所集体购买的职业责任险有时并不承保此类风险。因此,构建独立的管理人强制职业责任保险势在必行。此外,为保障立法目的的实现,维护公共利益,有权机关还应拟定标准保险条款,这也是各国的通常做法。例如,《俄罗斯联邦破产法》第20条第8款规定:"……保险期限不得少于1年,……最低总额不得低于每年300万卢布。……保险金额为:债务人的资产负债表净资产值在1亿至3亿卢布的,为债务人资产负债表净资产值1亿以上部分的3%……"而美国联邦破产受托人组织根据法律[28U.S.C 586(b)]的授权,在其发布的常设破产受托人手册第2部分——常设受托人的任命、资格,以及基本要求——的附件N中明确规定了此类保险的保险金额、自负额、承保范围和扩展报告期等,管理人购买保险时必须符合相关要求。

需要说明的是,除前述两种保险之外,一些国家还强制管理人购买雇员忠诚保证保险,以承保管理人因其雇员的不诚实与犯罪行为给债权人等利害关系人造成损害而需承担的赔偿责任,美国和加拿大是其典型代表。[①] 而此种保险的标的恰恰是前述保险的承保范围所不能涵盖的,因此,其与管理人责任保险的结合无疑能最大程度地分散管理人的职业风险,但鉴于此种保险我国业已开展,在此兹不赘述,下文将仅就我国管理人责任保险制度的构建进行探讨。

---

① The following must also be provided with this application:.6. A supporting letter in which the employer or a partner undertakes to provide the necessary resources that will be required by the applicant for the execution of his/her duties as a trustee, as well as insurance coverage [professional liability insurance and employee dishonesty (fidelity) insurance] 载加拿大破产监督人办公室官方网站,http://www.ic.gc.ca/eic/site/bsf-osb.nsf/eng/br01688.html,于2012年6月30日访问。The United States Trustee: Appointment and qualifications of the standing trustee and general requirements D: Required insurance.

三、管理人责任保险投保人与被保险人范围界定

(一)投保人范围的界定

投保人是指与保险人订立保险合同,并按照合同约定负有支付保险费义务的人。实务中,对于确定投保人的身份,即由谁承担管理人责任保险的保险费支付义务,有观点认为应以被保险人,即从事破产管理活动的中介机构和个人为投保人。其理由有二:其一,管理人职业责任保险的存在使得被保险人无须为其执业活动中的不当行为承担赔偿责任,因此而带来的利益归于被保险人享有,基于权利义务对等之考量,由被保险人为自身利益购买管理人责任保险合情合理。实务中律师等持有的职业责任保险,大都是由律师事务所统一购买,而其保费的最终来源都是执业律师个人,管理人责任保险可以此为例。其二,若由破产债务人为管理人购买此险,等于是将管理人的责任风险转嫁于债权人、债务人等承担,且此种做法会造成管理人怠于履行应尽职责的消极后果。

对此,笔者认为:首先,管理人执业活动的最终受益人是债权人。管理人的执业活动伴随着无法预知、也无法完全避免的责任风险,其履行职责换来的是债权人更为充分、迅速地受偿。因此,将保费作为债权人化解风险的成本归为共益债务,由债务人财产随时清偿,并不违反公平原则。况且我国《企业破产法》第四十二条第(五)项已将管理人执行职务致人损害所产生的债务归为共益债务,依此推断,转移该项债务的对价——管理人责任保险的保费,自然也应归为共益债务。其次,管理人承接破产案件是由法院随机指定的,其可获取的报酬是按照债务人最终清偿的财产价值予以确定的。实践中,许多债务人剩余财产极为贫乏,如此一来,管理人一方面须依破产法规定勤勉、忠实履行职责,否则应为此承担法律责任;另一方面,其却无法因此获取相应报酬——因为其并不得以无法获取对等报酬为由辞任——而这一点在律师(会计师)执业活动中并不存在。在此种权利义务失衡情形下,若能以债务人财产购买保险以分散管理人责任风险,可在一定程度上增加管理人职业群体的吸引力,避免优秀人才脱离此一群体,从而导致该群体整体素质的降低,并最终损害债权人利益。再次,依据既有经验与相关理论分析,用债务人财产为管理人购买保险并不会必然刺激其从事有害于债权人等利害关系人的不当行为。保险实务中,配合适用除外责任条款,特别是道德危险条款,就可将管理人有权获取保险保障的部分局限于过失违反义务的行为,而此类风险是管理人履行职责过程中所难以完全避免的,是经营活动的固有属性。况且保险金额与自负额的存在也在一定程度上抑制了管理人滥用此保险的风险。还需注意的是,此种保险的存在将会极大提高管理人的责任承担能力,对遭受管理人不当行为侵害的债权人和第三人益处颇多。最后,允许以债务人财产为管理人购买保险存在可资借鉴的外国立法例。例如,美国常设破产受托人手册明确规定,购买符合附件中列明的保险类别所支出的保险费可从破产费用中列支。而且,除非所承保损失是由破产受托人的行为直接造成的,否则该保险的自负额部分亦可纳入破产费用。而附件中列明的保险包括财产(损失)保险、雇员忠诚保证保险、雇佣行为责任保险、管理人责任保险,以及经该组织批准

的其他保险。① 总之,笔者认为,从既有经验与现有理论出发,可以认为由债务人财产承担管理人责任保险费具有合理性与公正性,有利于债权人和第三人利益的保护,也并不必然抬高管理人借此积极从事不法行为或怠于履行职责的概率。②

(二)被保险人范围的界定

被保险人范围的确定,是管理人责任保险制度建构的基础,其外延是否明晰并界定合理直接决定着管理人责任保险理论价值能否实现。在拟定保险条款时,我国可借鉴国外相关经验,先规定基本被保险人范围,然后由投保人依自己意愿,决定是否与保险人协商将被保险人的范围再作时间和空间上的扩展。

国外保险公司推出的条款中,管理人责任保险的基本被保险人为交纳保险费时担当管理人职务的社会中介机构与个人。然而,破产程序一般持续时间较长,其间可能发生管理人更换,且管理人责任保险大都为索赔型责任保险,加之管理人不当行为所引起的损害后果并非皆即时发生,二者之间可能相隔一定时间,则管理人即使是在保险期间内从事了不当行为,若受害者是在保险合同有效期满之后方才提起索赔,则该管理人仍然无法获得保险赔偿。为解决此一问题,投保人需要将前任管理人亦纳入被保险人范围,以使其获得长期持续有效的保险保障。再者,保险期间之内可能需要选任新的管理人,为吸引人才担当此一职务,避免出现管理人之间风险保障水平的不一致,还必须为新选任的管理人购买责任保险。为避免再次谈判缔约的繁琐,投保人在订立保险合同之时,经常会要求保险人将自己前任、现任、继任的破产管理人一起列为被保险人,以便彻底解决上述问题。

破产事务纷繁复杂,不论是机构抑或个人担当管理人,都必须另行雇佣人员帮助其履行职责,因此,被保险人范围除向时间上扩展外,还需作空间上的扩展,将前述雇员纳入被保险人范围。需要说明的是,除雇员外,国外保险实务中投保人还经常以特约条款将下列人员纳入被保险人范围:(1)管理人的财产共有人。实务中,受害第三人经常会将被保险管理人的财产共有人,如其配偶或合伙人列为共同被告,或请求法院对该共同财产予以财产保全,上述共同被告为抗辩第三人的起诉或财产保全所支出的费用,或因该财产保全给共同财产人造成的损失,属于管理人责任保险承保范围。(2)管理人的继承人。若被保险管理人死亡后,第三者以该管理人存在不当行为,并致其遭受损失为由对继承人提出索赔,希望以遗产弥补自己的损失,则该继承人因此遭受的损失,如所支出的抗辩费用等皆可列入承保范围。此外,在规定有自然人破产制度的国家,若被保险管理人被宣告破产,其财产将交由破产管理人管理并进行清算,以作债权清偿之用。此时,若第三人以被保险管理人存在不当行为,致其遭受损失为由申报破产债权,则第三人因此而支出的费用与破产管理人确认的符合保险合同约定的第三人的损失(破产债权)皆可列入承保范围,由保险人予以填补。③

---

① The United States Trustee: Handbook for standing trustees: Appointment and qualifications of the standing trustee and general requirements.
② 笔者所言仅代表个人观点,有关该问题仍存在较大分歧,可进一步商榷。
③ 参见美国国际集团(AIG)破产受托人责任保险单(Trust Assure)(89086)第2条(bb)项和第8条(d)项。

四、管理人责任保险标的的确定

受英美保险法理论影响,我国保险法中责任保险的标的被界定为被保险人依法应对第三人承担的损害赔偿责任,即财产上的消极利益。管理人责任保险的保险标的即为管理人以自身财产所承担的损害赔偿责任。抽象而言,笔者认为,该责任仅包括侵权责任,而不包含违约责任。这是因为:

其一,管理人需为其履行职务时的侵权行为而承担损害赔偿责任。例如,管理人因过失将不属于债务人财产的他人财物予以变卖,给取回权人造成损害的赔偿责任。侵权责任是管理人承担赔偿责任最为常见的责任形态。首先,此种侵权行为既包括管理人本人单独实施的侵权行为,亦应包括管理人与非被保险人的第三人共同实施的侵权行为。依照保险法理,若管理人需为此而与第三人承担连带责任,则对于被保险管理人应当承担的赔偿份额,保险人应依照约定给付保险赔偿金。若被保险人有义务分担其他共同侵权人已经偿付的赔偿金时,保险人应当填补被保险人因此而遭受的损失。其次,侵权行为既包括管理人本人实施的侵权行为,亦包括管理人的雇员或代理人实施的侵权行为。国外的管理人责任保险大都将雇员亦列入被保险人范畴,在雇员实施上述侵权行为后,即便管理人需为其行为承担雇主责任,但事后仍可能会向该雇员进行追偿,而责任保险的此种设计就将全部责任风险移转于保险人承担,无论是对被保险管理人、雇员,抑或受害人均有裨益。最后,侵权行为不仅包含过失侵权行为,在某些情形下亦应包括故意侵权行为。此种情形至少包括:(1)对被保险人故意行为造成的意图之外与未预见到的损害,保险人不得拒绝赔偿;(2)被保险人为二人以上时,当其应对共同侵权行为承担连带责任时,保险人不得以个别共同侵权人系故意为由,拒绝给予其他被保险人赔偿;(3)为保护侵权行为受害人的合法权益,当法律明确规定了该人对保险人享有不附加任何抗辩事由的保险金给付请求权时,保险人不得以被保险人故意实施侵权行为为由拒绝支付保险赔偿金。但事后,保险人可向被保险人进行追偿。

其二,在我国破产法中,管理人因法院的指定出任此一职务,其在破产程序中具有独立的法律地位,是独立于债权人与债务人的法律主体,管理人与债务人或债权人之间并不存在委任或雇佣合同。若因其不当行为致使债权人与债务人遭受损害,其承担的赔偿责任应为侵权责任。就债权人与债务人之外的第三人而言,其与管理人发生的契约关系,为管理人处分债务人财产的职务行为所致。依《企业破产法》第四十二条第(五)项的规定,管理人或者相关人员执行职务致人损害所产生的债务归于共益债务,管理人并不以自身财产直接对共益债权人承担违约责任。如果管理人造成债务人财产负担增加的行为有违注意义务的,债务人或债权人向管理人追偿时,其责任形态亦已转化为侵权责任。

具体而言,结合国外管理人责任保险单的条款,参照我国《企业破产法》的相关规定,笔者认为,我国管理人责任保险条款中保险标的至少应包括由下列情形引起的损害赔偿责任:(1)因过失未尽妥善保管债务人财产的义务;(2)行使撤销权、别除权、取回权、追回权、抵销权时存在过失;(3)决定继续或停止债务人经营的过失;(4)变价出售破产财产时的过失行为;(5)执行破产财产分配方案时存在过失;(6)依法应为法定主体提存破产财产分配额,而过失未为提存;(7)追加分配时的过失行为;(8)其他应承担损害赔偿责任的过失行为。

五、管理人责任保险除外责任的明晰

依责任保险原理,保险人给付责任的范围应以保险合同的约定为准,实务中,保险人除了在保单首页以承保范围规定开宗明义地对保险人给付责任范围进行初步界定外,其还在保单中以其他方式对初步给付责任范围作进一步限制,而其中最主要的方法即为规定除外责任条款。分析国外现行的破产管理人责任保险单,结合我国特定法律背景,笔者认为,在设计我国管理人保险条款时,除外责任条款应主要包含以下几项:

其一,不诚实除外责任条款。该条款是指在被保险人因从事了不诚实行为、欺诈行为以及犯罪行为而招致索赔时,对被保险人因该索赔造成的损失保险人不承担保险责任。所谓不诚实除外责任即是道德危险除外责任,即保险人对被保险人因故意造成他人损害而承担的赔偿责任不承担给付责任。其本质上属于法定除外责任,当事人不得依约定加以排除。保险人援引该条款时必须证明被保险人的确从事了前述行为,除被保险人自认外,此种证明必须以作为此一保险基础诉讼、纠纷中的法院判决、仲裁机关的裁决或行政机关的法律文书为依据。

其二,个人不当得利除外责任条款。该除外责任条款一般均规定,保险人对于被保险管理人等利用其职务之便不当得利而招致索赔所遭受的损失不承担保险责任。显然,保险人援引此一除外条款时必须证明以下两点:(1)被保险人获得了财产权益;(2)该权益系属不当得利。这其中最主要的问题是如何界定被保险管理人所获取的收入系属不当得利。实践中,美国法院一般均对此作严格解释,即除非被保险人获取该部分收入违反法律、法院裁定、债权人会议决议确立的既有规则,否则即使该收入明显有违公平合理亦不得视为不当得利。保险人援引该条款时仍须以基础诉讼中的生效判决书、仲裁书、行政机关的法律文书证明被保险人的确存在不当得利情形为前提。

其三,被保险人诉被保险人除外责任条款。被保险人互诉的情形主要可分为以下两类:(1)破产管理人对其雇员提出的索赔;(2)破产管理人或其雇员相互之间提起的索赔。对于规定此一除外条款的目的与功能,主要是防止被保险人之间相互串通,通过相互提出索赔将破产管理人责任保险转变为普通财产保险,以损害保险人利益的情形。显然,破产管理人与其雇员之间存在密切的共同利益,在某种程度上,雇员行为需受控于管理人。因此,其完全有动力帮助管理人将其责任风险转嫁于保险人。而管理人之间由于共事形成的牵连亦使二者存在较高的通谋风险。其次,即便保险人可通过主张该索赔无效来保护自己的权益,但依据谁主张、谁举证的原则,其必须举证证明通谋的存在。姑且不论这种证明活动是否能够成功,保险人却必定要付出大量的时间与金钱进行调查取证,因此,这不是一个经济上可行与高效的解决途径。反之,若将被保险人互诉纳入除外责任,保险人无须进行任何调查即可直接抗辩。

其四,可由其他类型保险获取保险保障的除外责任。破产管理人责任保险人为控制承保风险,常常将管理人责任保险视为管理人的最终保护屏障,如果能以其他种类的保险对管理人所面临的具体风险提供保障,则保险人乐见其成,并将该种风险排除出保险合同的承保范围。最典型的即是人身及有形财产损害除外责任条款、无形财产损害除外条款、雇佣职员过程中违反劳工保护法规而需承担的赔偿责任除外条款、未能履行作为律师(会计师)职责而需承担的赔偿责任除外条款、环境污染除外责任条款等。

结　语

法律制度有效运转的关键在于当事人权利义务的平衡,在赋予管理人诸多法定职权并强化管理人民事赔偿责任的同时,必须构建相关制度化解其正当职业风险。在现行破产立法选择商业保险作为管理人风险分散路径的背景下,可适当借鉴国外既有经验,拟定标准的管理人责任强制保险条款,以应对实务中出现的困惑与混乱,从而保障《企业破产法》第二十四条第四款立法目的的实现。

民间借贷合同效力规制问题刍议

杜 军[*]

> 在我们目前的知识状态下,面对两个或更多相互冲突的社会利益,法官,如同立法者一样,将根据糅合多种因素的判断,来评价它们的相对价值。
>
> ——本杰明·N·卡多佐

近几年来,因民间借贷引发的诉讼越来越多。以东南某市为例,自2007年以来该市每年1~9月的新收案件数均大幅增加,2011年1~9月新收案件同比增加31.11%。案件标的额也大幅上升,2011年该市1~9月民间借贷标的金额逾64亿元,同比增加94.89%,新收案件单件标的额从2006年的12.22万元上升到74.96万元,已结案件单件标的额从2006年的每件14.03万元上升到43.54万元。管中窥豹,可见一斑,民间借贷近年来愈益繁荣,有的地方甚至还比较发达。中国人民银行和中国银监会在2008年对31个省(区、市)调研后推算,民间借贷总规模已达2.5万亿,[①]中国国际金融有限公司估计2011年中期的民间贷款余额已同比增长38%达3.8万亿元,相当于银行总贷款的7%。[②]民间借贷一直是监管当局紧密关注的对象,如何科学合理地对待民间借贷也一直是困扰政府部门的问题。虽然近期以来政府有关部门释放的"松绑"信号较多,最高人民法院也将规范和有条件放开企业间借贷活动作为重要司法建议向有关国家机关发出,但当前对待民间借贷的总体政策框架仍没有改变,在理念、制度和利益博弈方面的问题仍然较多,对相关问题进一步的研究和探讨有利于相对妥当地解决民间借贷中的复杂问题。

参照世界银行对民间金融的定义,民间借贷似可被描述为没有中央银行或监管当局所控制的金融借贷活动,一般是指在国家依法批准设立的金融机构之外的自然人、法人及其他组织等经济主体之间的以资金筹措为主的融资活动。这一定义在当前经济学研究的语境中广泛使用,本文如无特别说明,民间借贷概念均是在这一意义上使用。这种意义上的民间借贷包括自然人间借贷、自然人与企业(或其他组织)间借贷、企业间借贷三类。

---

[*] 最高人民法院民事审判第二庭法官。感谢最高人民法院民事审判第二庭雷继平审判长对本文提出的中肯意见和建议。

[①] 张健华等:《中国农村多层次信贷市场问题研究》,经济管理出版社2009年版,第6~7页。

[②] 中国国际金融有限公司:《中国民间借贷分析》,载于21世纪网,于2011年12月12日访问。

一、当前民间借贷的发生原因及可能影响

在当前政策法律风险较大、资金安全性较低的现实情形下,民间借贷行为仍频繁发生,既有经济学研究成果对其原因进行了深刻分析,归纳起来,主要有以下两方面:

1. 资本逐利的天性。改革开放以来我国经济快速发展,总体上讲,我国已从资本贫国变为资本大国,适度宽松的财政货币政策也已使很多市场主体和城乡居民手有余钱,流动性比较充足。其一,对居民来讲,其储蓄增加后对利益偏好产生的增值需求和对通货膨胀担忧产生的保值需求愈益强烈,急需为剩余资金寻找更好出路。但目前真正适合居民投资的品种并不多,股市萎靡不振,房市风险难料,居民手中大量现金需要市场消化。其二,当前不少企业,尤其是传统实体经济领域的企业受自主创新不足、产业层次低等因素的影响,利润率普遍较低,据了解,近年东南一些省市的皮革、服装等产业利润率只有3%左右。企业生产无利可图,且传统领域内过度竞争,举步维艰,2010年《国务院关于鼓励和引导民间投资健康发展的若干意见》(即新"国三十六条")目前尚未彻底落实,普通企业仍不能进入很多行业,所以企业就将手中的剩余资本用于从事民间贷款以便获取较高回报。其三,过去一段时间房价持续攀升,股市也有短期上扬,很多中间商看中了这些领域高额利润,采用各种方式吸收资金参与炒作,一些甚至采用民间借贷方式筹集然后转贷获得更高利润。

2. 正规金融不能满足中小企业发展需要。当前,商业银行等正规金融机构对中小企业融资的供给不足或成本较高,一些资金需求者不能从其获得贷款,转向寻求民间资本支持。据银监会数据反映,截至2010年末,全国仍有2312个乡镇没有银行网点,2011年的目标是全年力争减少500个乡镇存有的上述情况。[①] 可以预见,在一段时间内,正规金融机构和融资资源仍将存在供给不足的问题。虽然国务院一系列文件要求金融机构在信贷等方面大力扶植中小企业,而且国家工信部2011年《中小企业划型标准规定》也对中小企业的认定有明确规定,但受自身利益指标约束,很多银行在认定中小企业时实际上是各自为政,最终数据上反映银行对中小企业的贷款增加了,但资金实际流向的常常是中小企业中的较大企业,其他中小企业实际很难获得贷款,融资难是普遍性的问题。鉴于此,中央高层近来专门聚焦"小微企业"的扶持,国务院也出台了专门政策。效果如何,拭目以待。

可以发现,民间借贷是资金供求关系受宏观经济影响而必然产生的现象,合乎一般的经济逻辑。民间借贷在本质上是借贷关系,其特征仍然是资金在双方主体间的双向流动。而一般的买卖、租赁等合同中一方付款后对方违约,该对方返还所付款项并加付违约金时,也具有资金双向流通的特征。而且借款关系与买卖、租赁等关系均在合同法中予以规定,那么,为什么无需对普通买卖、租赁合同中的资金流动更多关注,而偏偏对民间借贷情有独钟呢?愚见认为是因为民间借贷可能具有的重要影响:其一,民间借贷游离于正规金融监管之外,情况不为金融监管部门所掌握,任由其发展可能会使政府的金融调控政策大打折扣,危害金融稳定与安全。其二,民间借贷会与正规金融形成竞争,会覆盖一部分传统银行类金融业务,导致金融机构利润率受损。这在我国更具有特殊意义,因为我们的经济结构

---

① 中国银监会:《继续推动乡镇基础金融服务全覆盖》,载金融时报网,于2011年12月13日访问。

是坚持公有制为主体,而主要商业银行基本上都有公有成分,庞大的民间借贷活动会使国有银行的利润率受损。其三,民间借贷有时又不"注意形象",往往和高利贷"穿连裆裤"。有时借款方为了获得资金,不惜承受高利贷,结果常常是企业被高利贷拖垮,实体经济受到损害。有时出借方受到高利贷引诱,将大量资金用于放贷,甚至将借入的资金用于放贷,结果可能鸡飞蛋打,本金都难以收回,受到巨大损失,引发连锁反应,影响社会和谐稳定。而且,在高利率的诱惑下,群体参与意识增强,很多个人、企业都加入进来,结果利率越来越高,泡沫也越来越多,危机发生的概率大幅增加。其四,民间借贷又是引发违法犯罪的高度敏感区。司法实践中很多案件均与民间借贷有关,比如:企业主不堪重负而"跑路"导致企业破产清算案件增加,黑恶势力讨债,非法吸收公众存款或集资诈骗案高发等。民间借贷的原因和复杂现状决定了必须采取合理的方式对其进行规范,而民间借贷合同效力则是司法规制民间借贷的一个重要问题。

二、民间借贷合同效力规制的既有立场

2008年最高人民法院《民事案件案由规定》第77条将"借款合同纠纷"分列为金融借款合同纠纷、同业拆借纠纷、企业借贷纠纷、民间借贷纠纷,前两类纠纷属于金融借款纠纷,后两类属于非金融借款,但是该规定仍将后两类分列,将企业间借贷与民间借贷区别开来。2011年修订后的《民事案件案由规定》第89条除增加"小额借款合同纠纷"和金融不良债权转让合同纠纷、追偿纠纷外,在上述方面并无变化,可以看出这里规定的"民间借贷"是狭义的概念,至少企业间的借贷是排除在外的。最高人民法院〔1999〕3号《关于如何确认公民与企业之间借贷行为效力问题的批复》中规定"公民与非金融企业(以下简称企业)之间的借贷属于民间借贷",这可以看出民间借贷包括公民间借贷以及公民与企业之间的借贷两种,企业间借贷是不包括在内。这种概念外延上的差别比较微妙,反映出了司法是按照主体规制的方式对非正规金融借贷进行区分,即分为其他民间借贷与企业间借贷,这也就意味着对这两种借贷不能当然地等同视之,在法律适用和政策考量上两者必然会有所区别。事实也的确如此,当前一系列司法规则对企业间借贷原则上予以否定,借贷合同一般被认定无效;对其他民间借贷则设定"四倍利率"标准,超过四倍利率的部分不予保护,四倍内的部分有效。

(一)企业间借贷无效和"四倍利率"标准的形成

1986年国务院颁布的《银行管理暂行条例》第四条规定禁止非金融机构经营金融业务。1996年中国人民银行颁布的《贷款通则》第二十一条规定贷款人必须经中国人民银行批准经营贷款业务,持有中国人民银行颁发的《金融机构法人许可证》或《金融机构营业许可证》,并经工商行政管理部门核准登记。第六十一条规定企事业单位不得经营存贷款等金融业务,企业之间不得违反国家规定办理借贷或者变相借贷融资业务。这些规定都表明企业未经批准不能从事贷款业务。与之相适应,最高人民法院〔1990〕法(经)发27号《关于审理联营合同纠纷案件若干问题的解答》第四条第(二)项规定企业法人、事业单位等作为联营一方向联营体投资,不论盈亏均按期收回本息或者按期收取固定利益的,是名为联营,实

为借贷,违反了金融法规,应当确认合同无效。在处理方式上,除本金可返还外,对出资方已取得或约定取得的利息应当收缴,对另一方处以相当于银行利息的罚款。这里很明确地体现了企业间借贷合同无效,而且所得利息应当收缴。同样,在最高人民法院法复〔1996〕15号《关于对企业借贷合同借款方逾期不归还借款的应如何处理的批复》中进一步明确了企业借贷合同违反有关金融法规,属无效合同,而且进一步明确了对相关利息应当予以收缴。上述两个司法解释确立了企业间借贷应无效的原则。

其他民间借贷中"四倍利率"标准是伴随对高利贷的控制而产生的。1949年前解放区及50年代初,我国政府一度鼓励民间借贷,1948年东北解放区行政委员会发布的《关于私人借贷之规定》"允许私人相互借贷,无论城市乡村,凡以金钱或物品贷予他人者,依照双方约定的规定一定数额之利息,于期满时由债务人履行本利清偿义务"①,"在自由借贷刚有萌芽,信用合作尚未开展,农民日常困难还很多,则还不宜过早限制利息,要提倡自由借贷"。②1952年最高人民法院法办字第4095号《关于城市借贷超过几分为高利贷的解答》中指出"私人借贷利率一般不应超过三分",但同时认为"降低利率目前主要应该依靠国家银行广泛开展信贷业务,在群众中大力组织与开展信用合作业务,非法令规定所能解决问题。为此人民间自由借贷利率即使超过三分,只要是双方自愿,无其他非法情况,似亦不宜干涉"。

但是,到了20世纪60年代前期情况发生了变化,当时主流意见认为"高利贷活动是农村资本主义在金融方面的反映,是对贫下中农进行封建剥削的行为,是农村阶级斗争的重要方面",政府开始加强对高利贷的管制,1963年中国人民银行在《关于整顿信用社打击高利贷的报告》中指出"通过整顿农村信用合作社……打击高利贷,巩固社会主义农村金融阵地",1964年的中共中央批转《关于城乡高利贷活动情况和取缔办法的报告》中规定"一切借贷活动,月息超过1分5厘的,视为高利贷","对高利贷活动进行一次坚决地打击和取缔"。另一方面,当时实践中也存在着将民间借贷利率与银行利率挂钩的意见,比如1955年新中国民法典草案第一稿第六条规定"借贷利息应以银行或信用合作组织的放款利率为标准,但最高不得超过当地信用合作组织放款利率的百分之二十",1956年第二稿变更为"公民相互间的货币借款和实物借贷,如果约定有利息的时候,利率不超过国家银行存款或者信用合作社(部)存款的最高利率"。该草案的思路最终没有实施,部分原因是当时民间借贷实际利率已经大大超过银行利率的客观事实。③

到了20世纪80年代后期,随着"两户一伙"的飞速发展,民间办金融机构、民间集资、融资行为抬头,越来越多的意见提出"月息超过1分5厘认定为高利贷的规定似乎与社会发展不符","是否需要以银行贷款利率的几倍作为(高利贷)的标准","在认定高利贷的问题上,民间利息标准也应当随银行利率上下波动"。在这些意见影响下,最高人民法院在1991年《关于人民法院审理借贷案件的若干意见》第六条规定"民间借贷的利率可以适当高于银

---

① 黑龙江省金融研究所编:《黑龙江根据地金融史料(1945—1949)》,黑龙江省金融研究所1984年版,第197页。
② 中国人民银行:《关于召开第七次区行行长会议的情况向中央的报告》(1952年10月),载《中国农村金融历史资料(1949—1985)》,湖南事业出版管理局1986年版,第387页。
③ 廖振中、高晋康:《我国民间借贷利率管制法治进路的检讨与选择》,载《首届中国民间金融规范化发展论坛论文集》,第36页。

行的利率,各地人民法院可根据本地区的实际情况具体掌握,但最高不得超过银行同类贷款利率的四倍(包含利率本数)。超出此限度的,超出部分的利息不予保护",由此形成了四倍利率标准。学者认为这一标准释放出的强烈信号,直观地告知公众政府对高利贷的否定态度,一个无差别的量化指标管制措施无疑更有利于管制信息的传递。而任何对高利贷个体化、主观化地描述或界定都会降低这一信号的明确性,不利于当时金融政策的落实。①

(二)民间借贷纠纷的新特点

为避免企业间借贷无效和"四倍利率"标准导致的某些民间借贷不受法律保护的风险,很多当事人采取措施掩盖相关借贷行为,主要体现为:

1. 采取其他交易形式掩盖民间借贷。因为企业间借贷合同无效,所以这种方式在企业间借贷更为普遍。而且,常常是涉及同一企业的多起类似案件,比如以买卖关系掩盖借贷关系,双方签订买卖合同(至于买卖什么并不重要),出借方作为买方,借款人作为卖方,本金作为买卖价款,违约金作为利息(违约金定得很高),借款期限作为标的物交付时间。在买卖合同签订的同时双方再签订一份承诺函之类的文件,借款人(即卖方)作出承诺称无法交货,并表示愿意承担违约责任,并支付违约金,该承诺函落款时间是买卖合同约定的交付期限截至日。这些文件备齐后,出借方(即买方)才发放借款。一旦到期日对方不能归还借款,出借方就凭借这些买卖合同和承诺函等文件到法院起诉,要求对方承担买卖合同中的违约责任。此时对方往往以该"买卖"系双方间通谋的虚伪表示来抗辩,主张买卖无效。此时法院就要结合事实在买卖和借款之间进行认定。

2. 采用公民间借贷掩盖企业借贷。即如果双方是法人单位,则由双方员工等出面借款,而实际上是企业间借款。

3. 采取无息借款的形式或者"阴阳合同"形式掩盖有息借款或者高利贷行为。双方签订借款合同,借款合同约定借款数额1000万元和还款时间,不约定利息或者约定为零。但是出借方在发放款项时已将利息从借款数中扣除,实际发放额为600万元。到期后借款方仍然还款1000万元。这实际上是支付了高利贷。

4. 采用"半空白借款合同"掩盖有息借款或者高利贷行为。比如,双方的借款合同写明借款金额和还款日期,借款人也在上面签字盖章,但利率和出借方均不载明。双方均按照口头约定高利率付息,一旦出现纠纷,出借方将该合同填上正常利率并签字盖章就来起诉。

上述情形下,法院认定事实和适用法律的难度均较大。在认定事实方面,很多民间借贷案件中原告提供的证据只有一张借条,而没有银行的相关划款记录等证据,很难还原双方实际发生的关系。比如:出借方是否实际发放款项;当事人间是否是无息借款;被告主张"假买卖,真借贷"时,实践中有意见认为大额借款中,只要没有银行的划款记录,就不能仅凭借条来认定借款事实。只要双方的交易违背买卖常理,就应当否定买卖关系的真实性。但也有意见认为不能对证据提出过高的要求。在适用法律方面,双方的举证责任如何分配;在超出银行同期贷款利率四倍情形下,借款人自愿给付的,有意见认为此时法院不应过

---

① 廖振中、高晋康:《我国民间借贷利率管制法治进路的检讨与选择》,载《首届中国民间金融规范化发展论坛论文集》,第37页。

分干预,也有意见认为四倍利率标准必须严格坚持,不能突破;法院认定当事人的关系属于"假买卖,真借贷"后,应如何处理,是驳回当事人的诉讼请求,还是按照真实交易关系判决,如果按前者可能不利于解决当事人间的纠纷,如果按后者又可能超出当事人的诉讼请求。

(三)关于司法规则的意见及评价

近年来,较多观点认为企业间借贷无效规则已不具有充分的合理性,应当适当修改。主要理由是:

1. 关于企业间借贷无效的两个司法解释的法律依据主要是1985年国务院制定的《银行管理暂行条例》第四条,因为该条规定"禁止非金融机构经营金融业务",所以,司法上就否定企业间借贷的效力。但该条例已于2000年被废止,取而代之的《商业银行法》也仅是明确禁止单位或个人未经银行监管机构批准吸收公众存款(第十一条第二款),而没有明确禁止企业间借贷。《非法金融机构和非法金融业务活动取缔办法》虽然规定不得非法发放贷款[第四条第一款第(三)项],《银行业监督管理法》虽规定未经批准不得从事银行业金融机构的业务活动(第十九条),但企业间借贷并不属于其中所指的"贷款"业务或金融机构业务活动,借款对象不具备银行贷款业务中借款对象的广泛性和不特定性,不以发放贷款为营业目的并获取利润。① 所以,禁止企业间借贷并无坚实的法律依据。

《贷款通则》虽规定企事业单位未经批准不得从事存贷款等金融业务,但是该通则仅仅是部门规章,不是法律或行政法规,《合同法》第五十二条第(五)项规定违反法律、行政法规强制性规定的合同才无效,《合同法司法解释(一)》也明确规定不得以行政规章等作为认定合同无效的依据,所以违反《贷款通则》也不应被认定无效。何况2003年中国人民银行发布的修改后的《贷款通则(征求意见稿)》中也拟将第六十一条删除。

2. 1999年《合同法》在规定借款合同时没有禁止企业间借贷;2005年修订后的《公司法》第一百四十九条第(三)项规定董事、高级管理人员违反章程规定,未经过机关决议同意不得将公司资金借贷给他人,而此处的"他人"也没有限于"个人",所以这似乎在一定程度上还表明公司经过机关决议同意可以将资金借贷给包括企业在内的"他人"。

3. 现有的一些司法解释对很多类似的企业间资金融通行为予以肯定。比如《最高人民法院关于审理建设工程施工合同纠纷案件适用法律问题的解释》第六条规定,当事人对垫资和垫资利息有约定,承包人请求按照约定返还垫资及其利息的,应予支持,但以同期同类银行贷款利率为限。该解释实际上就是确认了以垫资形式融资的合法性。

对于企业间借贷之外的其他民间借贷,有意见认为"四倍利率"刚性标准的管制信号边际效益正在不断降低,其不仅未能保护金融弱势群体,反而更加扭曲资金的市场配置,导致逆向选择、妨碍竞争,已成为民间金融市场发展的制度障碍。从长远看应当完成利率的市场化,在利率市场化完成后我国利率应主要交给市场调节而非政府管制。在利率市场化完成之前,应当以灵活的利率管制为手段,分类引导民间资金流向:要引导巨额的民间资金进入实业生产领域,在坚守"不允许贷款人吸收公众存款"这一底线的前提下放开利率管制,

---

① 龙翼飞、杨建文:《企业间借贷合同的效力认定及责任承担》,载《现代法学》2008年第2期,第57页。

尊重和保护实业生产领域的资本利息约定,由此促进合格的民间放贷主体向民间银行过渡,增加金融领域的竞争;对涉及扶持性农林牧副渔业建设中的小额信贷,应当允许民间资本进入,但必须通过利率控制防止道德风险,利率一般不应高于本国商业贷款利率的10个百分点;对于借贷生活类消费,由于没有产生任何实质性的财富积累,且多属生活急需,故应按照国际经验严格控制利率,最大限度保护消费者中的弱势群体。[①]

三、民间借贷合同司法规制的逻辑梳理与探讨

总体上看,我国民间借贷法律规则是循着以下两个逻辑而形成:

一是在一定程度上区分民事性民间借贷与商事性民间借贷,对民事性民间借贷采取较为宽松的原则,而对商事性民间借贷则采取严格的控制立场。民事性民间借贷,是指借贷双方不以营利为目的而发生的借贷,这种借贷往往是解决借款人一时所需。商事性民间借贷,是指借贷双方以营利为目的而发生的借贷行为,出借人一般是以贷款为业的商人,借款人借款的目的也是实现生产经营所需。应当特别注意的是,营利并不等同于有偿,营利除了要具备有偿的特征外,还要具备连续性和职业性的特征,所以双方间虽然约定利息,但只要出借人不是营利性商人,这种借贷还不属于商事性借贷。

我国法制上虽未直接、明确地将民间借贷区分为民事性借贷与商事性借贷,但司法解释从主体的角度将民间借贷区分为公民之间的借贷、公民与法人及其他组织之间的借贷、企业间借贷多少就体现出了这些特征,因为主体标准本身是商事行为和民事行为分类的标准之一。而且,前两类借贷之所以被允许,主要就是考虑到这类借贷频度不大,一般都是满足一方非经营性的需求,更多地符合民事性特征。但是,如果其例外地已具备商事性特征,则应当归属于商事性借贷。比如最高人民法院在《关于如何确定公民与企业之间借贷行为效力问题的批复》中虽然原则性地认可公民与企业间借贷合同效力,但对企业以借贷名义向职工非法集资、企业以借贷名义非法向社会集资、企业以借贷名义向社会公众发放贷款的,因该类行为已基本不具有民事色彩,突破了民事范畴,而具有很强的营利性特征,故应当按照商事性借贷处理(即认定无效)。企业间借贷发生在企业间,企业间的行为一般均具有营利性,所以在制度上将其归属于商事性借贷。商事性借贷影响范围大,会对银行资产类业务形成正面冲击,故不予认可。

二是在一定程度上将借(存)、贷行为区别对待。虽然司法解释将企业间借贷认定无效,但是2008年中国人民银行、中国银监会颁布的《关于小额贷款公司试点的指导意见》鼓励和指导各省开展"只贷不存"的小额贷款公司试点工作,这类小额贷款公司的业务显然属于商事性贷款业务,故该意见实际上突破了企业间不得借贷的规定。该类贷款业务之所以放开,是因为贷款业务往往只影响正规金融机构的资产类业务,即使发生风险也只是限于金融机构本身,风险总体上可控,故可以一定地放开。而存款业务的放开则不仅间接影响金融机构的资产业务,而且会涉及社会一般公众的利益,故未能放开。

笔者认为,目前民间借贷法律规制逻辑总体上是合理的,但仍有以下重要问题需要进

[①] 廖振中、高晋康:《我国民间借贷利率管制法治进路的检讨与选择》,载《首届中国民间金融规范化发展论坛论文集》,第38页、第46~47页。

一步探讨:

问题一,是否应淡化界定民事性借贷与商事性借贷时的主体标准色彩,而从一般规律上区分民事性借贷与商事性借贷。笔者认为,按照主体标准来划分民事性借贷与商事性借贷仍显粗疏,不能准确反映某些借贷行为的属性从而不利于对其进行恰当的处理。比如对于企业间借贷,有的借贷行为固然具有明显的营利性或营业性,但是也有的作为放贷人的企业不是专门从事此项业务的主体,一般只是因与借款企业存在业务往来或者关联关系而发生借贷,这类行为虽不同于典型的民事性民间借贷,但也不完全属于营业性质的商事性借贷。比如,具有上下游供应商关系、母子公司关系且因生产需要发生的借贷,均不宜简单等同于商事性借贷,其应当合法有效。美国纽约州《放债人法》第 340 条规定个人或企业在该州偶尔发放贷款不需要遵守该法"禁止无牌照经营"的约束,① 这就是结合具体情况有条件放开企业间借贷,避免了将企业间借贷一律否定的弊端。另一方面,在市场经济条件下,公民间借贷或公民与法人及其他组织间的借贷未必都是民事性民间借贷,有的也具有典型的营利性,应属商事性借贷。在准确划分民事性借贷和商事性借贷后,法律对二者均不应简单地禁止或放开,而应当结合实际进行恰当的规范,一般地讲,商事性借贷的法律控制应严于民事性借贷。

问题二,民事性民间借贷与商事性借贷的规范问题。有观点认为,应当制定民间借贷的专门立法来规制商事性借贷,包括对借贷主体的准入、借贷利率、借贷地域等加以规范。而对于一般的民事性民间借贷,因其通常只涉及借贷双方的权利义务,不会对其他人的利益产生影响,由《民法通则》、《合同法》等普通法律规范即可。② 笔者赞成这种思路。在商事性民间借贷的主体准入方面,对贷款人,一般在资本和发起人方面有特别要求。美国加利福尼亚州规定成立一般的金融公司最低注册资本为 2.5 万美元,我国典当行的最低资本额是 1500 万元,而《关于小额贷款公司试点的指导意见》中规定小额贷款公司采取有限责任公司的注册资本不得低于 500 万元,采取股份有限公司的注册资本不得低于 1000 万元,实践中除内蒙古自治区的规定与前述意见一致外,很多省区规定的注册资本均高于前述意见的 2 倍以上,最高的达到了 3 亿元人民币,这对贷款人的资本要求明显过高。发起人方面,美国纽约州申请放贷人牌照需经历严格复杂的程序,包括审查信贷历史记录、过去十年的民事诉讼和破产诉讼记录、犯罪记录、教育及从业经历等,合伙人、股东、董事等还要提交指纹以确定有无犯罪记录。③ 我国对小额贷款公司的发起人没有作出统一规定,但实践中各省级政府主管部门有不同的要求。另外,在自然人作为贷款人时,一方面,要完善登记注册制度;另一方面,为防止其承担无限责任而造成过重的负担,应当考虑完善的退出机制和个人破产制度。在借款人方面,《新加坡放贷人条例(修正案)》规定:年收入在 2 万美元至 3 万美元之间的借款人只能承受至多高于其月收入 2 倍的无担保贷款,如果借款人年收入在 3 万美元以上,其能承受的无担保贷款额至多不超过月收入的 4 倍。如果借款人的举债总

---

① 岳彩申:《民间借贷规制的重点及立法建议》,载《中国法学》2011 年第 5 期,第 86 页。
② 岳彩申:《民间借贷规制的重点及立法建议》,载《中国法学》2011 年第 5 期,第 85 页。
③ 岳彩申:《民间借贷规制的重点及立法建议》,载《中国法学》2011 年第 5 期,第 88 页。

额超过了其年收入的三分之一,则被认定为不具备还款能力,放贷人禁止向其继续提供贷款。① 笔者认为,这些经验值得我国在制定放贷人条例时借鉴。

问题三,民间借贷利率限制是否有必要。学者梳理了域外各国关于利率管制的三种路径。② 路径之一是政府事前公布客观合法利息上限,并对违法者加以惩罚,代表国家是美国。从1661年马萨诸塞州(年息8%)开始,美国各州陆续制定了利率天花板(interest rate ceiling)。起初大部分州设定法定上限为6%,后来各州利率管制差异加大,从科罗拉多州的45%到伊利诺伊州的9%不等。如果借贷利率超过法定利率,政府采取惩罚措施从罚款到没收利息、本金甚至监禁。路径之二是由法官事后"主观判断",以德国、奥地利、英国、瑞士、西班牙和卢森堡为代表。这种方式下政府事前不公布客观的借贷合同利息上限,而是事后由法官根据具体案情自由裁量利率是否属于"显失公平"或"违反公序良俗"从而判断其是否属于高额利息。法官在这类案件中可以参考的情况是包括市场平均利率、借款者是否处于困窘情景、经验是否缺乏或者意志薄弱以及抵押物的价值、品质在内的多种因素。路径之三是介于前两种路径之间的方式,即政府规定一定的利率上限,但该上限是可以变化的:利率上限处于一种法定的不断调整的状态;或者是法官可以在事后通过自由裁量对上限加以一定程度的修正。前者如比利时(国王)、荷兰(国会),根据借贷市场具体状况,每6个月会调整公布1次不同期限、种类的借贷合同的利率上限。后者的典型是法国,其利息上限一般是在33%,但根据不同种类的借贷合同可以参考类似银行同种类交易的利率加以调整。葡萄牙将借贷利率限制在银行基准利率3%~5%以下,在迟延还款的情况下可提高7%~9%。法院还可以根据抵押物等因素再适当提高这一比例。学者认为在世界范围内上述第一种路径目前有向第二、三种路径转变的趋势,比如美国已有17个州有条件取消了借贷最高利率限制,法院通过判例形式创造了"企业法人除外原则"、"信用销售原则"等高利贷例外规则,使得基本的利率管制已经成为一个历史遗留符号,在现代已没有多大的实际意义。

上述梳理对我国具有借鉴意义,但未必意味着我国在中短期内就应当放弃或基本放弃利率标准。从上述境外主要国家的三种路径看,利率标准在各个国家均不同程度地存在,差别只是在于利率是由政府统一给定还是由法院等事后审查判定,是严格坚持政府的指导标准还是可由法院在个案中适时调整。在我国,由法院于个案中审查利率标准既缺乏坚实的经验基础,而且由于种种原因也未必可行。况且,当前的实证数据表明,四倍范围内的利率基本上可以补偿民间放贷人的机会成本和风险,以目前小额贷款公司为例,其经营状况表明三倍左右利率已基本抵销了风险,总体上实现了盈利,在有关小额信贷公司的后续讨论中也鲜见有关放开利率的呼声,而多集中于贷款的后续资金来源、跨区域经营、税收优惠等方面。近邻日本为打击高利贷,其在2003年通过的《金钱借贷业限制法》和《出资法修改案》转而规定年利率超过109.5%的借贷合同无效。我国台湾地区"民法典"第205条也规

---

① 陈蓉、张海艳:《完善我国放贷人法律规制的路径选择——基于国外放贷人立法经验之借鉴》,载《首届中国民间金融规范化发展论坛论文集》,第85页。
② 廖振中、高晋康:《我国民间借贷利率管制法治进路的检讨与选择》,载《首届中国民间金融规范化发展论坛论文集》,第38页、第42~43页。

定"约定利率,超过周年百分之二十者,债权人对于超过部分之利息,无请求权",这样看来在利率标准限制问题上没有划一的结论和不变的逻辑,当前在四倍利率上寻求突破也未必是问题的关键。

四、企业间借贷合同效力的司法回应

法律及司法解释虽然给定了民间借贷合同效力评价的标准,但面对真实世界中的案例纠纷时,法官却常常面临更多困惑,在企业间借贷场合,有的借贷行为明显对双方有利,而且不损害第三人利益和社会公共利益,仅仅因为借款人的反悔就认定借贷合同无效,从而使得不诚信的借款人反而获得了低息贷款,是否合理?进一步的追问是,商业实践中的很多行为都具有多重效果,有的效果是符合市场需求且能够创造社会福利的,有的效果则违反正义观念并应被避免和禁止的,法律人的任务是设定妥当的规则规范各种行为,兴利除弊、扬长避短,故刚性地、一刀切式的立法技术不应成为制定商事法律规则的主要方式,而笼统地规定企业间借贷无效是否就已陷入窠臼。

法官的这种困惑不仅仅是其内心的一种纠结,而且在司法裁判中也能觅其踪迹。

对企业间借贷,除非属小额贷款公司依规发放,司法裁判一般都认定合同无效,但在无效的法律依据上则存在困难。一种选择是以最高人民法院发布的《关于审理联营合同纠纷案件若干问题的解答》、《关于对企业借贷合同借款方逾期不归还借款的应如何处理的批复》两个司法解释为依据直接认定企业间借贷无效,但是司法解释规定"出资方已经取得或者约定取得的利息应予收缴,对另一方则应处以相当于银行利息的罚款",即企业间借贷不仅无效、出借人不能取得任何收益,而且法院对出借人和借款人均要实行惩罚。这显然对借贷双方过于严苛,尽管很少有判决实际收缴双方约定的利息或进行罚款,但法官可能面临执法不严的指责。第二种选择是以《合同法》第五十二条第(五)项中"违反法律、行政法规的强制性规定"来认定企业间借贷无效。有观点认为既然上述《最高人民法院关于审理联营合同纠纷案件若干问题的解答》等司法解释已经规定了借贷合同的效力问题,那么法院在认定借贷无效时就应直接援引该类司法解释,而不宜再援引《合同法》第五十二条第(五)项的规定。应该说,该观点从立法论的层面讲无疑是正确的,但是鉴于当前民间借贷正当性问题的复杂性,法院往往在是否严格地、不加区分地适用上述司法解释上还有困惑。有时为了避免过分严厉地适用收缴、罚款等措施造成利益的失衡,法官更倾向于援引《合同法》第五十二条等位阶更高的法律。那么,接下来的问题就是,在民间借贷效力认定问题上,是否存在《合同法》第五十二条第(五)项中所指的法律或者行政法规?对《银行业监督管理法》和《非法金融机构机构和非法金融业务活动取缔办法》中的相关规定,较有力的观点认为企业间偶尔的借贷行为不属于《银行业监督管理法》第十九条和《非法金融机构和非法金融业务活动取缔办法》第四条规定的"金融机构的业务活动"及"贷款",而且,即便存在这样的强制性法律或行政法规,法院还应当判断该强制性规范是管理性规范还是效力性规范,不能仅仅凭借法条的字面规定就简单认定合同无效。第三种选择是以《合同法》第五十二条第(四)项中"损害社会公共利益"认定企业间借贷无效。这种思路似乎能够回避上述问题,但其实可能更离谱,因为社会公共利益是一个具有特定内涵的范畴,并非所有的不当行为均可纳入其中,有的企业间借贷(比如关联企业间临时的余缺调剂)不仅不损害社会公共利益,而且还有利于促进双方企业发展,整体上实现社会福利,所以,以损害社会公共利益为由有时会比较牵强。

　　法官在具体案例中往往结合当事人的过错、借贷合同的影响等综合判断后选定具体的法律依据,对于确有必要认定无效且应当对当事人实行惩罚的,法院就直接适用前述两个司法解释或者"损害社会公共利益"的规定;对双方企业均有利的借贷合同,法院就选择更为稳妥的"违反法律、行政法规强制性规定"来认定无效,但同时避免对双方借贷行为打击面过宽。有观点批评法院认定企业间借贷合同效力适用不同的法律,而笔者更愿意认为,这是法律规则相对粗疏的情形下,法官对纷繁复杂的商业实践的冷静回应和对经济现实的理性避让。通过选择不同的法律依据,法院能够在对企业间借贷综合考虑的基础上进行充分的利益衡量,保证既遵守成文法的规定,又为商业实践的发展预留一定的空间和弹性,尽量实现法律价值和经济正义的圆满结合。

论保险业诚信保障体系的双向构建

苏 蓓[*]

引 言

风险无处不在,保险业作为管理风险、消化风险的产业,更应该对风险及风险规制予以充分重视。金融业在当代社会经济中占据主导地位,其重要性和高风险性要求充分重视金融安全。作为金融业的重要组成部分,日益发展壮大的保险业的安全、高效运营,对于金融系统及整个国民经济的安全、繁荣有着重要的意义。构建保险业的诚信保障体系,对于防范保险业风险、实现保险业的良性发展、充分发挥保险的经济和社会保障作用具有重大意义。

一、保险、保险业及保险合同的特点

"冒险"活动是人类文明发展的动力,然而如果"冒险者"只能自己承受全部风险,必将挫伤其创造性和开拓精神。风险的转移和抵消可以在很大程度上解除"冒险者"的后顾之忧,从而促进社会的进步。[①] 因为人们的避险心理,需要把风险转移出去,这种转移必然是有偿的,同时,转移风险的代价也不能过高或与风险带来的损失接近,否则人们就没有有偿转移风险的动机。保险业就是在这样的社会需求下诞生的。

保险是风险分担的一种形式,保险业是保险形式的商业化和产业化,是一种转移和抵消风险的经济活动。产业化强化了保险的经济性,而最初约束保险关系双方的身份纽带关系则被大大削弱,在经济行为下,理性人都会尽可能地将风险转移给他人,因而保险业的这种经济特点在某种程度上放大了保险关系双方的利益冲突。

合同是关于未来的交易,在保险契约下,这个"未来"针对的是保险事故是否发生的偶然性。保险合同是典型的射幸合同。射幸合同具有两大特点:一方履行给付义务的不确定性和双方交换关系的非对等性。[②] 保险合同具有上述射幸合同的两个重要特点:首先,保险人是否履行赔偿或给付保险金的义务具有不确定性,取决于保险事故是否发生;其次,保险

---

[*] 最高人民法院民事审判第二庭法官。
[①] 保险发展的历史也印证了这一点,现代意义的商业保险源自地中海沿岸盛行的冒险借贷,这种早期的保险形式促进了海上贸易,推动了社会的发展。参见郑云瑞:《保险法论》,北京大学出版社2009年版,第3~4页。
[②] 黎建飞、王卫国:《保险法教程》,北京大学出版社2009年版,第83页。

人赔偿或给付的保险金通常远远大于投保人支付的保险费,两者之间没有等价交换关系。①正是这两个特点使得射幸合同很容易引发欺诈等违背诚信原则的不法行为。

综上,保险、保险业都是为风险而存在的,必然会吸引大批风险程度极高的人群,这是保险业与生俱来的特质,无法避免,我们唯一能做的是尽可能多地识别并控制这些风险。保险、保险业、保险合同的特点决定了必须通过构建保险业诚信保障体系,控制和消除保险产业化的同时带来的成员间基于身份关系的道德约束日渐势微引发的保险业的不诚信隐患,防止当事人过度趋利避害,防止当事人不当利用风险对他人权益形成侵害,从而保障保险业的持续健康发展。

二、诚信保障体系在保险法中的特殊意义

(一)诚信原则在现代民商法上的地位

诚实信用原则起源于罗马法,在19世纪制定的《法国民法典》和《德国民法典》中,它还只是一项合同履行原则,到了20世纪,它已成为贯穿于所有民事法律关系的一般行为准则,是具有普遍指导意义和规范功能的社会本位的民法原则,彰显着现代民法尊重伦理的价值,被誉为"帝王规则"。诚实信用的一个重要要求是权利不得滥用。②"权利止于滥用开始之处","极端的权利乃最大的非正义"。

(二)诚信在保险法中的特殊意义

金融业的重要性及其经营内容和经营方式带来的高风险性要求确立诚实信用原则在金融法中的特殊地位。作为金融业的重要组成部分,日益发展壮大的保险业的安全、高效运营,对于整个金融系统的安全、高效运作和整个国民经济的安全、繁荣都有着重要的意义。同时,不同于证券、银行等其他金融行业,保险业是专门分散和管理风险的行业。保险业分散风险的前提是风险的汇集,而汇集起来的风险如果管理失当,则会成为风险和危机的渊薮,对整个社会的经济发展造成巨大的隐患。2008年来袭的金融风暴中,AIG、富通和大和生命等金融保险集团却身处危机漩涡。一个不能自保的公司或行业如何能为别人保险?③再者,如前所述,保险、保险业、保险合同的特点使得在保险领域不诚信行为的发生几率非常之高,而且,不同于普通法律关系中通常只是一方当事人具有诚信问题,保险法律关系的双方当事人都具有非常强烈的不诚信的冲动。因此,保险法对当事人的诚信要求更为严格,将诚信原则具体化为最大诚信原则。而保险法上的诚信保障体系的有效构建,无疑会促使保险业的诸多主体依法行事,诸多交易都按照约定有序进行,使得保险经营者能够规范自身实现安全稳健运作,再加上监管者的良好监管和引导,最终实现保险业安全和效

---

① 黎建飞、王卫国:《保险法教程》,北京大学出版社2009年版,第83页。
② 概而言之,权利滥用就是行使权利超出权利的边界。而权利的边界包括两种:一是内在限制,即权利的范围或目的。超出权利的范围或者违反权利的目的致使他人受到损害的,构成权利滥用。二是外在限制,即行使权利的行为不得违反公序良俗和诚实信用。以损害他人为目的而恶意行使权利,或者以违反社会道德的方式行使权利的,构成权利滥用。王卫国主编:《民法》,中国政法大学出版社2007年版,第19页。
③ 参见王国军、徐高林等:《后金融危机时代保险业的风险防范与战略选择》,法律出版社2009年版,后记。

率双赢的局面。

(三)诚信原则在我国《保险法》中的演变

1995年《保险法》第四条明确规定"从事保险活动必须遵守法律、行政法规,遵循自愿和诚实信用的原则",将诚实信用确立为我国《保险法》的重要指导原则。2002年《保险法》将诚实信用单独成条,在第五条明确规定"保险活动当事人行使权利、履行义务应当遵循诚实信用原则",进一步强调了诚信原则的重要性。2009年《保险法》对该条规定未做任何变动。

具体而言,《保险法》第十六条规定的投保人的如实告知义务,保险人的不可抗辩、弃权和禁反言制度,第二十一条至第二十五条规定的保险人在保险事故发生后的及时理赔和诚信理赔义务,第五十二条规定的被保险人的危险增加通知义务,第五十七条规定的投保人、被保险人的防灾减损义务,第六十三条规定的被保险人为保险人行使代位权提供协助的义务,第一百三十六条规定的保险公司对保险代理人的管理义务等众多条款,都是最大诚信原则的必然要求和生动体现。

最大诚信原则之所以在各国保险法中普遍得以确立,是因为它在保险法中具有重大意义:建立以信息交换平衡为目的的制度体系,防范保险人和被保险人各方利用保险谋取不正当利益。可以说,为保证保险制度的良性发展,整个保险合同法的制度设计都必须以最大诚信原则为核心。① 构建诚信保障体系是最大诚信原则的客观要求,最大诚信原则也是诚信保障体系的重要组成部分,二者对于保险业的健康发展不可或缺。

三、双向构建保险业诚信保障体系

(一)保险关系中的双向信息不对称

早在20世纪六十年代,著名的经济学家、1972年度诺贝尔经济学奖获得者Kenneth J. Arrow就指出,信息不对称是妨碍保险业发展的主要障碍。根据信息不对称发生时间的先后,可以将其分为适用逆向选择模型的发生于签约之前的信息不对称和适用道德风险模型的发生于签约之后的信息不对称。② 信息不对称之所以存在,原因主要有三:有限理性的个体、有限竞争的市场、保险交易的射幸性质引发的不当利益诱惑。当然,只要我们想办法去收集跟保险合同签订、履行有关的信息,就可以克服上述有限性和潜在的巨大风险,从而实现完美的契约和完美的契约履行。然而,获取信息以改变信息弱势的成本通常很大,这会致使单个当事人基于对个人利益的理性考量而放弃对相关信息的获取,从而在整体上引发违反诚信义务行为的频繁发生。

保险业的信息不对称具有双向性的特点,即在被保险人、被保险标的物等相关信息上投保人一方占据优势,而在保险专业、技术、法律等信息上通常是保险人一方占据优势,且

---

① 王卫国:《我国的保险法律制度——在十一届全国人大常委会第七次专题讲座上的讲稿》,载杨华柏主编:《保险业法制年度报告2008》,法律出版社2009年版,第7页。
② 参见张维迎:《博弈论与信息经济学》,上海人民出版社2004年版,第235页。

双方均有可能滥用自己的信息优势谋求自身利益的最大化,如果任其发展,极有可能对保险业形成致命危害。

(二)双向规制理论的提出

传统商业领域的合同关系中,通常都是一方当事人有着强烈的不诚信动机,一方当事人的不诚信行为会带来严重的危害后果。因此,传统商业领域的规制一般都是单向进行的,如借贷合同中主要针对借款人,证券上市交易中主要针对上市公司一方,消费合同中主要针对经营者一方,有履行顺序的双务合同中主要针对后履行义务的一方,等等。而如前所述,由于保险、保险业、保险合同的特殊性,保险合同中的双方当事人均具有强烈的不诚信动机,均有可能将该不诚信动机转化为不诚信行为,通过侵害对方合法权益实现自己的非法牟利需求,而且该违反诚信义务的行为通常会带来比传统商业领域此类行为更严重、更恶劣的后果。因此,与其他商业领域对诚信保障的需求不同,在保险法领域,我们需要突破传统商业领域的单向规制思路,进行科学有效的双向规制。在法律制定的过程中,立法者需要通过明确的规定,使得双方当事人的诚信义务内容具体、明确、全面,有法可依;在法律实施过程中,保险业的监管者、发生纠纷后的调解者、仲裁者和裁判者要注重双向规制,实现制定法律的初衷。

保险领域的双向规制具有以下基本特点:(1)非对称性。传统合同关系上对于双方当事人的义务设置通常是对称的,例如,买卖合同中,买方的主要义务是按时支付货款,卖方的主要义务是提供符合约定的货物,而货款和货物之间是相互对应的,法律对于双方当事人的义务要求也是对称的。保险合同则不同,双方当事人对于不对称的不同信息具有各自的优势地位,要根据双方当事人的地位和滥用风险的可能来分别设定其诚信义务。(2)非权利派生性。传统的法律规制中,一方的义务对应的是另一方的权利,例如租赁合同中,承租方的主要权利是对租赁物的使用和收益,由此派生出出租人的主要义务就是交付租赁物,同时保持租赁物符合约定的使用、收益状态。而保险法上的诚信义务的设定不是以相对人的权利为依据,而是以对各方违反诚信行为的评价为依据,因此,保险法上的诚信义务更多地体现为基于权利限制的行为约束。如如实告知、防灾减损,有基于保险人一方合法权益产生的原因,但主要不是基于保险人一方的权利派生,而是基于投保人一方在特定信息上的优势地位及其逐利倾向,法律评价其很可能滥用这些优势从而为违反诚信之行为,故而从限制其滥用权利的角度出发,为其设定相应的诚信义务。(3)社会性。保险业的诚信义务的设定,不仅依据当事人的利益需求,而且依据社会利益的需要,特别是金融秩序和保险业发展的需要。因此,在对当事人的行为进行规制时,社会利益是重要的评价依据。同样是由于这种社会性,保险法上的诚信义务通常属于强制性规范而不是任意性规范,当事人甚至不能够以约定排除或限制这些义务。而传统的合同领域只要不涉及侵犯第三方的合法权益,法律一般允许当事人自由处分自己的权利,以买卖合同为例,买受人主要的义务是给付货款,但是否给付货款涉及的仅是出卖人的利益,该给付货款的义务的社会性并不如保险业的诚信义务那么强,因此,可以通过约定排除买受人的给付义务,或者约定其仅需要支付远低于市场价格的货款。

(三)保险业诚信保障体系的双向构建

近年来,随着保险业的发展,人民法院受理的保险纠纷案件逐年上升,2011年受理的保险合同一审案件达到了73206件,是2005年受理案件数的5.06倍;审结72135件,同比上升22.5%。尽管全国法院受理的保险纠纷案件不断增加,保险市场上的产品类型也发展迅速且多样,但这些案件的类型仍相对集中,主要涉及机动车辆保险、财产损失保险以及健康和意外伤害保险等,而当事人的争议焦点主要集中在免责条款的范围、保险人是否履行了明确说明义务和投保人是否履行了如实告知义务等几个方面。这些主要争议焦点涉及的内容恰恰都是投保人一方和保险人一方诚信义务的具体体现,是保险业诚信保障体系的重要内容。可见,围绕诚信义务双向构建保险业诚信保障体系,对于实务中保险纠纷的解决和源头化解、对于保险业的健康和谐发展,具有举足轻重的现实意义。而上述主要争议之所以出现,正是因为我们有关诚信义务和诚信保障体系的制度还有待继续完善,诚信、高效的保险市场环境还有待养成。

具体而言,从完善投保人一方诚信义务的角度看,第一,可以通过合理设计投保单询问的问题、区分不同风险程度的投保人而合理设计保险费率、设计多期间保险合同①加大不诚信行为的成本等方式做出防控逆向选择的合同设计;通过合理确定保险金额,合理设计赔付制度,对低风险、低出险率客户的保费优惠等方式由投保人一方共同承担保险事故发生造成的损失,从而防控其道德风险行为。第二,保险人也应该从风险管理、内部审计、合规审查、业务监督、偿付能力监督、内部控制、企业文化等方面完善公司治理,尤其注意强化保险公司内部控制和风险管理,承保阶段认真核保,理赔阶段及时调查取证,通过建立协调长短期代理行为的佣金激励机制、市场声誉激励机制和积极配合保险监管部门、行业协会的监管工作,加强对保险代理人的诚信约束体系,对防范投保人一方的逆向选择和道德风险与应对保险市场竞争这两个经营目标予以合理平衡,从而对投保人一方的不诚信行为形成有效制约。第三,投保人保险信用体系的建设有助于将投保人一方的诚信状况向整个保险业做出适度披露,从而使具体的保险人在决定对某个投保人是否承保、以何种费率承保时,大大降低自身信息收集成本,提高其个体收益;也有利于整个保险业运营成本总体的下降,提高保险市场的效率,节约社会资源,并在全社会形成诚实守信的导向和约束力。第四,从具体法律制度设计看:(1)建议将被保险人、被保险财产的所有人或合法占有人纳入如实告知义务的主体。这是因为实际生活中,往往是被保险人对自身的健康状况、自身处境的安全系数,被保险财产的所有人或合法占有人对自己所有或占有的财产的状态最为熟悉,被保险人对自身、被保险财产的所有人或合法占有人对自己所有或占有的财产的处置也最直接、最便捷,所以,如实告知义务最有效的落实者、也是最有力的违反者、很有可能引发逆向

---

① 合同的具体形式是:在每一期间开始,保险人和被保险人同意在每个期间的期初根据被保险人过去的经验洽谈他们的合同。双方采取考虑过去实际信息和预测的未来信息的长期策略。在第一期间,投保人可以选择任意类别的保费,但由于合同会在每个未来的期间重订,如果保险人选择不按照自己实际风险类别支付保费,将在随后的期间受罚,使其长期平均效用低于诚信时的长期平均效用。参见乔治斯·迪翁、斯科特·E·哈林顿编:《保险经济学》,王国军总校译,中国人民大学出版社2005年版,第398页。采用这种多期间保险合同的形式,保险人可以刺激投保人事前披露其真实的风险类型,从而避免逆向选择的发生。

选择和出现道德风险行为的主体反而是被保险人、被保险财产的所有人或合法占有人,现有的法律制度将如实告知这项投保人一方最重要的诚信义务的主体仅限于投保人,就产生了极大的规制漏洞。同时,许多国家的法律都做出了扩大如实告知义务主体的制度安排,如日本、韩国、瑞士等,值得借鉴。(2)合理引进"不告知"(non-disclosure)制度①、"隐瞒"(concealment)制度②,可以具体细化为两部分内容加以规制:对于保险人已经通过投保问卷等形式询问的与保险有关的事实,如果投保人没有如实回答的,构成虚假陈述;对于保险人没有在投保问卷或核保过程中询问,但投保人明知会对保险人是否承保、以何种保险费率承保产生重大影响的信息,投保人没有向保险人进行告知的,构成隐瞒。无论是虚假陈述,抑或隐瞒,都会使保险人获得对保险合同的解除权,而解除权的行使期间可以适用《保险法》第十六条第三款的相关规定。(3)建议设置投保人的危险增加通知义务。《保险法》第五十二条规定了被保险人的危险增加通知义务,而投保人作为保险合同的一方当事人,基于其与被保险人的利害关系,基于其保险利益,对于保险标的的状况通常也是了解的,对于保险标的风险的显著增加通常也会知晓,将其纳入危险增加通知义务主体,有利于更周延地设置投保人一方的诚信义务,更好地实现保险业的诚信、良性发展。(4)完善格式合同解释规则。为了使保险格式合同在发挥其节约交易成本的积极作用的同时受到合理限制,法律规定对存在疑义的格式条款采用不利于格式条款提供方即不利于保险人的解释,即所谓的逆向解释原则。但实务中也存在适用逆向解释原则时,法官人为地制造一种"疑义",然后基于这种"疑义"做出不利于保险人的解释而无视合同中原本清楚明白的约定的错误做法。因此,需要强调,对格式条款的解释也需要诚信进行,引导保险消费者正确认识其阅读责任,③在字面解释不能确定文义时方可启动逆向解释方法。

从完善保险人一方诚信义务的角度看,第一,保险监管机构可以通过完善监管内容、丰富监管手段、提高监管水平,加强对保险人一方诚信经营的监管。第二,建立保险人、保险代理人的诚信体系,这既有利于投保人在投保时及时找到保险产品更优良、保险服务更贴心、诚信水准更高的保险人,从而在源头上减少被保险人道德风险行为侵害的可能性,也有利于形成强大推力,督促保险人、保险代理人精进业务、诚信服务,促进保险业的良性发展。

---

① 该制度直接来源于保险法中的最大诚信原则,是英国保险法中的重要制度,指即使保险人没有询问,投保人也应该主动把与承保风险关系重大的相关信息披露出来。参见黄勇、李之彦编著:《英美保险法经典案例评析》,中信出版社2007年版,第133、135页。

② 隐瞒,指的是投保人知晓某项特定事实,也知道该事实对承保风险而言关系重大,但是在保险人没有询问的情况下,刻意不把该事实告知保险人,这是美国保险法中的重要制度。美国保险法教科书中有一个关于隐瞒的经典而极端的例子:投保人填写并提交了一份寿险投保单,但他没有在其中提及他将于当天同别人进行一场决斗。很明显,保险公司不可能想到在投保单问卷中设计"你有没有准备跟别人进行决斗"之类的问题,但这绝不能说明被保险人进行决斗对于保险人承保的风险而言无关紧要。而任何一个理智的投保人都应该想到自己即将从事的决斗会对保险事故的发生有重大影响,任何一个诚信的投保人都应当想到这是保险人应该了解的必要信息。所以,如果投保人进行了决斗并且失败死亡,则保险人可以凭借投保人没有披露即将决斗而请求法院判决该人寿保险合同无效,这就是向保险人隐瞒重大事实的行为。参见黄勇、李之彦编著:《英美保险法经典案例评析》,中信出版社2007年版,第133页。

③ 阅读责任(duty to read),指合同当事人有义务看完自己即将签署的合同的内容;即使实际上没有阅读,审判中,法院也会基于阅读原则,依据其合同上的签名,认定其阅读并接受了合同中的所有内容。当然,如果保险人一方违反对于格式条款的说明义务,投保人一方仍可据此实现自身利益。

第三,通过提高投保人素质、完善保险代理人的侵权责任制度、加大保险业的良性竞争等方式,改善保险市场环境,防范保险人一方的道德风险。第四,完善弃权和禁反言制度。《保险法》在第十六条第六款规定了保险人的弃权和禁反言制度,然而,根据委托代理的基本理论,代理人的行为视为本人的行为,因此,如果保险代理人明知保险人有抗辩权或解除权,即可视为保险人明知,保险代理人做出明示或默示的放弃即可视为保险人做出放弃,从而可以将其视为保险人的弃权行为,引发相应的法律后果(当然,这里的保险代理人不包括仅有有限代理权的代理人);同理,保险代理人向第三人所为的陈述对委托其开展保险业务的保险人具有约束力,对此,保险人也不得反言。唯其如此,方能督促保险人积极约束保险代理人的行为,有效治理保险市场因保险代理人违法违规操作带来的诸多乱象,也促成保险人一方诚信保障体系的完善,实现保险业的健康发展。

另外,在双向构建保险业的诚信保障体系时,需要注意一些政策边界,包括诚信原则与契约自由原则的平衡、诚信原则与效率原则的平衡、各方当事人的利益平衡等,这对于相关立法的完善、正确执行和保险业的持续健康发展,都有着重要的指导意义。

企业破产案件中涉担保债权问题的处理

张凤翔[*]

企业破产案件虽然需要通过司法程序来解决,但与一般的诉讼程序不同的是,它不以解决个别债务纠纷为诉讼目的,而是以概括性且一次性地解决涉破产企业的全部债务为宗旨,并且需要体现公平和效率原则,由此决定了破产程序的复杂性和非诉性。唯其如此,企业破产案件中不仅要处理已到期的债权债务,还要处理未到期的债权债务(且应该包括债务人为第三方提供担保引起的债权债务);其中已到期的债权不仅要处理无担保的一般债权,还要处理涉担保债权(当然在未到期的债权中也会有涉担保债权问题)。但由于现行《企业破产法》对于上述涉担保债权的处理规定并不周详,从而给相关破产案件从债权申报到破产财产分配的处理带来不少的疑惑。为此,本文立足于司法实践中遇到的相关情况,拟对企业破产案件中的各种涉担保债权问题作一探讨。

一、企业破产案件中涉担保问题之一般

虽然破产清偿是一种不同于一般债务清偿的概括性均衡清偿,但是这种均衡清偿并不能排除在企业破产之前已经设立的基于一般民商法规定的个别债权享有的优先权,否则就会造成破产法与一般民商基本法的激烈冲突,同时也会对交易秩序造成严重混乱。一般民商法规定涉及的优先权包括的范围相当广泛,比如租赁优先购买权、建筑工程价款优先权、船舶航空器优先权等,当然还有担保优先清偿权。在破产实践中上述优先权原则上都可能用到,甚至还要用到类似于优先权功能的财产取回权和债务抵销权,但更多的无疑则是用到担保优先清偿权。实践表明,涉担保债权的处理历来是破产案件中的主要难点问题之一。

根据担保法的划分,担保方式既可能是人的保证担保,也可能是物的担保;其中保证担保只能是债务人之外的第三方提供,而物的担保则既可以是债务人提供,也可以是第三方提供。就一般诉讼程序而言,涉担保债权中除了债务人自己提供的物的担保债权只需在债权债务人双方之间解决外,其他担保债权的解决均会涉及到债权债务人之外的第三方,第三方在承担担保责任之后均有向债务人的追偿权。与此同理,在企业破产案件中,涉担保债权的处理既包括对债务人自己提供的物的担保的处理,也包括对债权债务人之外的第三方提供的保证担保和物的担保的处理,显然后者要比前者更为复杂。只不过由于破产程序

---

[*] 上海市高级人民法院民二庭审判长。

的特殊性,这种处理与一般诉讼程序中的涉担保债权的处理方式存在下文将要述及的诸多不同之处。

需要注意的是,破产案件中,债务人的财产既有为债权人设定担保物权的,也有为第三方债务设定担保物权的,这时第三方债务的债权人不管其债权是否到期也可能会来向债务人申报行使担保物权。这就涉及到主债权未到期是否能预先行使担保物权的问题。当然,债务人在通过破产程序向第三方债务的债权人承担担保责任之后,还可以向第三方追索,不过实践中这种可能性一般来说并不大。

同理,破产案件中,债务人也可能因此前为第三方债务提供保证担保,而被第三方债务的债权人提前来申报行使保证担保债权。因此,也会碰到如前的问题。

另外,在破产重整或者破产和解过程中也会引起新的担保问题。例如,《企业破产法》第七十五条规定,在重整期间,债务人或者管理人为继续营业而借款的,可以为该借款设定担保。而且,在第九十三条和第一百零四条又分别规定,在重整或者和解最终失败时,为重整计划或者和解协议的执行提供的担保继续有效。但是由于因破产重整或者破产和解过程中引起的新的担保问题并不涉及破产过程中担保债权的处理,因此,它们也就不属于本文所要分析的各种不同担保方式引起的破产债权的处理问题之列。

二、第三方提供保证担保和物的担保引起的破产债权的处理

(一)第三方提供保证担保引起的破产债权问题

根据现行《担保法》的规定,保证人承担保证责任后,有权向债务人追偿;法院受理债务人破产案件后,债权人未申报债权的,保证人可以参加破产财产分配,预先行使追偿权。显然,正是基于担保法中赋予的保证人的责任追偿权和预先行使追偿权,才导致了破产法中第三方提供的保证担保引起的破产债权问题。

1. 破产债权申报问题。现行《企业破产法》规定,债务人的保证人或者其他连带债务人已经代替债务人清偿债务的,以其对债务人的求偿权申报债权;债务人的保证人或者其他连带债务人尚未代替债务人清偿债务的,以其对债务人的将来求偿权申报债权。由此正式规定了债务人的保证人通过申报破产债权来行使追偿权和预先行使追偿权。但是,基于追偿权的附属性,这种保证人的债权申报应以债权人的主导为风向;债权人已经向管理人申报全部债权的,保证人不得重复申报。当然,如果债权人消极不作为,以致影响保证人的债权申报,最终也会反过来影响其自身的权益实现。比如现行《担保法司法解释》规定,债权人知道或者应当知道债务人破产,既未申报债权也未通知保证人,致使保证人不能预先行使追偿权的,保证人在该债权在破产程序中可能受偿的范围内免除保证责任。这是因为,根据现行《企业破产法》第五十六条的规定,债权人未依照本法规定申报债权的,不得依照本法规定的程序行使权利。虽然这与旧破产法规定的逾期未申报债权的视为自动放弃债权的做法相比有所不同,但如果债权人既不自己参加破产程序,又不通知保证人加入破产程序,则可能使保证人延误债权申报并影响追偿权的行使,在这种情况下,债权人当然无权就可能由破产程序获得清偿的部分再要求保证人履行担保责任。当然,如果保证人已经履

行了担保责任的,理论上讲他是否参加债务人的破产程序主要由其自己决定,一般与债权人无涉。

实践中还有保证担保人的破产债权申报是否需要区分一般保证和连带责任保证的问题。一般认为,与普通案件一般保证责任的行使不同,当债务人破产时,承担补充赔偿责任的一般保证人不必受先诉抗辩权的限制,也可以像连带责任保证人一样申报债权。其主要理由是,主债务人进入破产程序的先决条件是不能清偿到期债务且资不抵债;一旦进入破产程序,债权人直接向一般保证人主张承担补充赔偿责任的条件随之成就,亦即一般保证人随时需要承担补充赔偿责任;因此,其基于将来行使追偿权的需要便可以申报破产债权。由此说明,在债务人破产的情况下,负连带责任的保证人与负补充责任的保证人在清偿顺序上没有实质性区别;但是在实际清偿数额上还是有所不同,即负补充责任的保证人的实际清偿数额应该以主债务人的实际清偿数额之后的余额为限,而负连带责任的保证人的实际清偿数额不以主债务人的实际清偿数额为前提,这是连带责任保证的性质使然。

2. 债权人同时参加破产程序与起诉担保人承担担保责任问题。实践中除了存在保证人已经或者尚未代替债务人清偿债务引起的破产债权申报问题之外,还有债权人同时参加破产程序与起诉担保人承担担保责任的现象。对此情况的处理目前存在不同做法。一种做法是,不论保证方式是一般保证还是连带责任保证,均判决支持债权人要求保证人承担担保责任的诉讼请求,但同时判决保证人在破产程序终结后再履行给付内容。另外一种做法则是区分一般保证和连带责任保证两种方式,对债权人已申报破产债权后又起诉连带保证人的,可直接判决保证人承担保证责任,在债权人先得到实际清偿后,再把破产中申报的债权人变更为保证人;而对于债权人已申报破产债权后又起诉一般担保人的,虽然此时一般保证人不享有先诉抗辩权,但也应先中止审理起诉的案件,等破产清偿完毕后再判决保证人的责任范围。笔者认为相比较而言,后一种处理方式更为合理。

3. 破产债权未了部分的继续清偿问题。由于设立了担保机制,债权人在债务人破产程序中未能得到清偿的债权部分,依法可以继续向保证人寻求清偿,不过也要受到一定的限制。例如,现行《担保法司法解释》规定,债权人申报债权后在破产程序中未受清偿的部分,保证人仍应当承担保证责任。但是规定债权人要求保证人承担保证责任应当在破产程序终结后六个月内提出。

同样,现行《企业破产法》第一百二十四条规定,破产人的保证人和其他连带债务人,在破产程序终结后,对债权人依照破产清算程序未受清偿的债权,依法继续承担清偿责任。但遗憾的是没有做出诉讼时效的限制,笔者认为应该参照上述《担保法司法解释》的规定。与此同时,还应该规定保证人的清偿责任必须是在主债务实际到期之后;如果尚未到期的,虽然破产债权可以视为到期,但是不应认为保证人的保证责任也随之提前到来,而让保证人提前承担清偿责任,否则对其不公,这也是保证人所应享有的期限利益使然。

4. 关于破产重整和破产和解中的担保债权问题。现行《企业破产法》第九十二条和第一百零一条分别规定了债权人对债务人的保证人和其他连带债务人所享有的权利,不受重整计划及和解协议的影响。就条文本意来看,其意指保证人对债权人的担保责任不受主债务人的破产程序(包括重整与和解)影响,这本与担保法的要义不悖。但是,由于破产重整及和解过程之中往往存在债权人对债务人的债务让渡或者减免的做法,因此难免会与担保法的相关规定发生冲突。例如,现行《担保法司法解释》规定,一般保证的保证人在主债权履行期间届满后,向债权人提供了债务人可供执行财产的真实情况的,债权人放弃或者怠于行使权利致使该财产不能被执行,保证人可以请求人民法院在其提供可供执行财产的实际价值范围内免除保证责任。按此规定,如果破产重整或者和解中,债权人放弃或者怠于行使权利致使债务人财产不能被执行,一般保证人可以要求免除相应的保证责任。该司法解释又规定,保证期间,债权人许可债务人转让部分债务未经保证人书面同意的,保证人对未经其同意转让部分的债务,不再承担保证责任。也就是说,在破产重整或者和解中,如果债权人许可债务人转让部分债务未经保证人书面同意的,就有使保证人释放担保责任的风险。由此说明,相关问题的处理还得在破产法和担保法之间进行协调才行。

(二)第三方提供物的担保引起的破产债权问题

根据现行《担保法》的规定,为债务人抵押担保的第三人,在抵押权人实现抵押权后,有权向债务人追偿;为债务人质押担保的第三人,在质权人实现质权后,有权向债务人追偿。此即为物的担保人的追偿权。

虽然这种物的担保人的追偿权和预先行使追偿权并未在现行《企业破产法》中做出明示规定,但是笔者认为完全可以比照上述保证担保人通过申报破产债权来行使追偿权和预先行使追偿权。具体而言,法院受理债务人破产案件后,物的担保人已经代替债务人清偿债务的,以其对债务人的追偿权申报债权;尚未代替债务人清偿债务而债权人又未申报债权的,物的担保人可以参加破产财产分配,预先行使追偿权。

至于这种物的担保人的破产债权的具体处理方式,也完全可以比照上述保证担保人的破产债权来处理,具体内容不再赘述。

三、债务人自己提供物的担保引起的破产债权的处理

债务人自己提供物的担保引起的破产债权的处理问题涉及到破产程序中的各个环节,几乎涵盖了从债权申报、财产确认、破产决议到破产重整、破产清算等一系列过程,而且每一个环节都有其特点。例如,现行《企业破产法》规定,对债务人的特定财产享有担保权的债权人,未放弃优先受偿权利的,就某些事项不享有表决权;在重整期间,对债务人的特定财产享有的担保权暂停行使等,这些规定体现了在破产程序中对有财产担保的债权一定程度的限制。

1. 实践中遇到较多的首先是债权申报问题。现行《企业破产法》改变了旧破产法中"有财产担保的债权无须债权申报"的原有做法,而以设定了担保的财产仍属破产财产、有财产担保的债权仍属破产债权及其应当在破产程序中实现权利为由,规定有财产担保的债权人必须申报债权才能参加破产程序。这一规定将破产别除权统一纳入破产程序进行处理,既利于特别债权与普通债权的区别和衔接,也利于兼顾特别债权人与其他破产关系人的利益平衡,从而更加符合实现公平、效率和均衡清偿的破产法宗旨。

然而,对于没有及时申报债权的有财产担保的债权人,虽然不能依照破产法的程序行

使担保债权,但他是否还能够依照担保法或者物权法的规定行使担保权利,则是需要继续考虑的问题。

2. 对本无担保的债务提供财产担保的撤销。对于有财产担保债权的财产确认问题集中地表现为对本无担保的债务事后提供财产担保的撤销;这种可撤销的行为学理上称之为偏颇性清偿行为,也就是《企业破产法》第三十一条规定的破产撤销权内容之一。其具体内容是指对破产申请受理前一年内债务人本来没有设定财产担保的债务,由于某种偏向性清偿考虑又提供了财产担保。针对这种情形,在破产程序启动后可依法撤销这个担保。

具体实践中应注意,这里担保行为的提供与债权债务的形成两个意思表示的时间是分开的,有人称之为系对既存债务提供担保,故而应予撤销。但如果两个意思表示是同时进行的,虽然也是发生在破产前一年的危机期内,也不能撤销,这种情形又被称之为对新生债务提供担保。

3. 质物和留置物的处理。根据破产法精神,质权人、留置权人占有的债务人设定动产质权和留置权的质物、留置物应该属于债务人财产,但质权人、留置权人有权就拍卖质物、留置物所得价款优先受偿。为了保障各方债权人的公平受偿,除债权人会议另有决议外,破产程序中质权人、留置权人不能以变卖质物、留置物,或者与债务人协议以质物、留置物折价的方式实现质权或留置权。质权人、留置权人享有的债权就拍卖质物、留置物所得价款获得全部清偿后的剩余部分,应当交由管理人归入债务人财产。

另外,在重整、和解程序中,基于继续生产经营的需要,管理人通过清偿债务或者提供担保的方式取回质物、留置物的,不能损害其他债权人的利益。例如,进行交易时不得超过该质物或者留置物的市场价值。

4. 对设定担保的特定财产变现分配问题。虽然《企业破产法》第一百零九条规定对破产人的特定财产享有担保权的权利人,对该特定财产享有优先受偿的权利,但是在破产清算尤其是财产分配的实际操作中,担保权人并不能实质上完全享有优先受偿的权利。例如,在具体拍卖变现担保财产时所产生的税费负担如何处理即为必须直接面对的清偿顺序问题。

实践中,习惯做法是担保财产拍卖变现所得必须先行交付相关税费,否则交易无法过户。但是有些法院根据最高人民法院有关领导的讲话精神,对于破产财产变现所产生的税款清偿顺序,认为可由清算组与地方税务征管机关沟通协商,争取税务征管机关理解并同意对变现财产减免征收;税务机关不同意减免的,所纳税款应当在法定普通清偿顺序的第三顺位(即普通债权)中予以清偿。但实际上,该讲话内容所指与特定担保财产变现并非同一回事。讲话中破产财产变现所生税款,应该是指为了全体债权人的利益对破产财产进行处置而产生的,而变现特定担保财产所产生的税款,则只是为了实现担保权人的个人利益。因此,笔者认为该税款不属于为了全体债权人共同利益而支出的破产费用或共益债务,不能由全体债权人承担,即不能作为一般债权按照通常的分配顺序参与分配,而应单独处理。从权利义务对等及公平合理角度来看,该税款应当由获得担保物利益的担保权人承担,即从担保物变现价款中先行支付。

四、债务人为第三方提供保证担保和物的担保引起的破产债权的处理

(一)债务人为第三方提供保证担保引起的破产债权问题

此时债务人相对于第三方而言即为保证人,其破产必然引起相应的破产债权问题。现行《企业破产法》对于保证人破产时的担保责任问题未作规定,倒是旧破产法及其司法解释对此作出了不少规定。例如,《最高人民法院关于审理企业破产案件若干问题的规定》中解释,债务人为保证人的,在破产宣告前确定承担的保证责任属于破产债权。此前最高人民法院在贯彻执行旧破产法的若干意见(1991)中也规定,债权人得知保证人(破产债务人)破产的情事后,享有是否将其债权作为破产债权的选择权。债权人既不参加破产程序又不告知保证人的,保证人的保证义务即自此终止;债权人参加破产程序的,债权人在破产宣告时所享有的债权额即为破产债权,参加分配后仍然可就其未受清偿的债权向被保证人(第三方债务人)求偿。

保证人破产引起的担保债权问题需要区分主债务是否到期以及不同保证担保方式来处理。如果被担保的主债务已到期,对于负连带责任的保证人,债权人可以直接申报债权参与破产分配。保证人在通过破产分配履行保证责任之后,可以再向第三方债务人追偿。对于负补充责任的保证人而言,则存在先诉抗辩权问题。对此问题理论和实务界均有分歧,笔者认为应该取消破产法中的一般保证人的先诉抗辩权。因为一旦坚持先诉抗辩权,债权人必须先向债务人求偿,或者待债务到期后先向债务人求偿,然后再向保证人求偿,但此时保证人的破产财产可能已经分配完毕,这样显然对于债权人不公。

如果被担保的主债务未到期,主债务人对未到期的债务享有期限利益,可以不负清偿义务。但是倘若保证人也享有此期限利益,等主债务到期时,保证人的破产债权可能早已分配完毕,其保证责任无异于被免除。因此,应该将未到期的保证责任视为已经到期,亦即取消保证人的期限利益。① 在此情况下,对于负连带责任的保证人,债权人可以直接申报债权参与破产分配。对于负补充责任的保证人而言,则依然存在先诉抗辩权和申报债权参与破产分配的数额问题。即便是如上文所述取消先诉抗辩权,但由于债权人在获得债务人清偿之前申报债权时无法确定保证人承担补充责任的具体数额,故处理的难度仍然不小。实践中比较可行的做法是,债权人先以保证债权总额申报债权,并且在破产分配过程中先行提存,待债权人从债务人处获偿之后,再根据尚未清偿的余额来对先行提存的分配额进行处理。

(二)债务人为第三方提供物的担保引起的破产债权问题

此时债务人为物的担保人,第三方债务的债权人则为单一的担保物权人。在物的担保人进入破产程序后,作为担保物权人的第三方债务的债权人如何行使权利现行《企业破产法》未作规定,因而存在分歧。

---

① 王欣新:《破产法》,中国人民大学出版社2011年版,第188页。

有一种观点认为,该担保物权人不属于债权人,无须参加破产债权申报。此时设定担保的财产仍然属于破产财产,但对该担保财产进行处理时,应当依据担保法和物权法的规定处理。例如,依照《物权法》第一百九十一条的规定,在抵押期间,抵押人可以经抵押权人同意转让抵押财产,并将转让所得向抵押权人提前清偿债务或者提存。如果在破产程序中按此规定处理,实质就是管理人代替第三方债务人优先清偿担保物权人的债务,因此随之产生对第三方的担保追偿权;行使该追偿权追回的财产可归入破产财产。[①]

笔者认为上述观点中的具体措施虽不乏可取之处,但是其所谓该担保物权人不属于债权人,无须参加破产债权申报,但此时设定担保的财产仍然属于破产财产的说法,显然与现行《企业破产法》和《担保法》的相关规定相悖。因为该担保物权人虽然不属于破产担保人的直接债权人,但是他对破产担保人而言享有担保利益,具体而言就是他有权选择破产担保人以其担保物清偿债务,实际上这也是一种间接的债权。如果他不能作为债权人申报债权,按照现行《企业破产法》,那么他又怎能参与破产程序并要求对破产担保人的担保物进行处理呢?因此,笔者认为,该担保物权人可视为债权人,应参加破产债权申报,并有权要求管理人将破产担保人的担保物参照上述债务人自己提供的物的担保方式进行处理。当然对于不能足额清偿的部分,只能向第三方债务人要求清偿,而不能以普通债权参与破产分配。

---

① 王东敏:《新破产法疑难解读与实务操作》,法律出版社2007年版,第66页。

适用证据规则认定事实的理念和方法

王 松*

民事诉讼有两大任务,一是认定事实,二是适用法律,其中认定事实是适用法律、解决纠纷的前提和基础,证据制度作为诉讼制度体系的核心内容,对于诉讼程序的运行起着至关重要的作用。实践中,法官认定事实的主要依据是《民事诉讼法》和最高人民法院关于诉讼证据的司法解释,笔者将这些统称为证据规则。

总体而言,2007年《民事诉讼法》对证据的规定较为简单笼统,仅有12个条文,不能满足诉讼实务的需要,为此,最高人民法院于2001年12月颁布法释〔2001〕33号《关于民事诉讼证据的若干规定》(以下简称《证据规定》),分六个部分用83个条文对证据规则作出具体合理的细化规定,主要体现在以下几个方面:一是从市场经济的要求出发,以强化当事人主义的诉讼权利义务为基本理念,细化举证责任的内涵和分配规则,理顺当事人举证与法院依职权调查收集证据的关系,使得诉讼实践更加符合诉讼规律。二是从提高诉讼实效性出发,通过对"新的证据"和举证时限的规范,以"证据适时提出主义"取代"证据随时提出主义",对维护诉讼秩序起到积极推动作用。三是明确诉讼证明标准和法官审查判断证据的原则,将客观真实作为诉讼证明活动所追求的最高目标,同时提出法律真实的证明要求,确立法官依法独立审查判断证据的原则,既为法官审查判断证据提供可供遵循的准则,又能够从程序制度上有效地防止法官擅断,促进诉讼程序公开、公平和公正。四是确立当事人自认规则,完善专家证据、证人作证规则和非法证据判断标准,统一法律适用规则。此后,最高人民法院于2008年12月颁布法发〔2008〕42号《关于适用〈关于民事诉讼证据的若干规定〉中有关举证时限规定的通知》(以下简称《举证时限通知》),明确举证期限的内涵,将举证期限区分为两种情形:第一种是不少于30日的期限,适用于当事人提供证明支持其主张的基础事实的证据。第二种是由法院酌情确定的期限,适用于就某一特定事实或者特定证据要求当事人进一步提供证据的情形,以降低新的证据出现的几率,解决因对举证期限理解不正确导致的不适当适用证据失权问题;同时,将在期限内是否已经客观存在和未提交证据是否存在故意或者重大过失作为认定新的证据时的参考因素,为认定新的证据提供裁量的尺度,确立了认定新的证据的指导性标准。

作为20多年来民事审判方式改革的主线,上述司法解释的贯彻实施,遵循诉讼活动的

---

* 江苏省徐州市中级人民法院民一庭副庭长。

客观要求和内在规律,有利于法院查明事实真相和妥善解决纠纷,依法及时保护当事人合法权益,实现司法公正;也规范了审判程序,改善了诉讼秩序,取得了较为明显的成效。但从实践来看,一些法官不能准确认识司法解释的本意,在理解和适用司法解释的理念、方法方面存在一些认识误区,不能有效地保障当事人诉讼权利,实现相关纠纷一次性解决,容易与司法追求的公平正义相悖。囿于篇幅,本文仅就实践中较为常见的六个误区问题提出意见,以期对审判实践有所助益。

一、功能定位:适用证据规则是实现解决纠纷的手段而非目标

实践中有一种代表性的观点认为,只要按照证据规则认定事实并据此裁判,就实现了公平正义,即把适用证据规则作为实现解决纠纷的最终目标,以是否适用证据规则作为检验案件是否裁判公正的基本标准。笔者认为,这是一种错误观念,应当把准确理解和适用证据规则作为法官实现解决纠纷的手段而非最终目标,解决了证据规则的功能定位理念问题,才可能从根本上实现民事诉讼解决纠纷和保护当事人实体权利的目的,否则容易无限放大证据规则的功能和作用,导致舍本逐末。以下结合民事诉讼的目的进行分析。

有学者认为,应把以实现私权为宗旨的保护当事人合法民事权益作为民事诉讼制度的根本目的,而解决纠纷、程序保障、维持法律秩序等只能作为次要的第二层次的目的。[①] 把保护当事人合法权益作为民事诉讼的目的是妥当的,但我国所处的社会环境和社会公众对实质公平的追求与需要决定着当代中国司法必须以解决纠纷为功能定位,以追求纠纷的实质性解决为导向,[②]因此,应当把保护当事人合法权益和解决纠纷并行作为民事诉讼的主要目的,程序保障、维持法律秩序等作为次要的目的。在此基础上必须明确,"设置证据调查和采信制度都是为了发现案件真实,具有手段性功能,发现真实则相对表现为一种目的;发现真实又是公正裁判的一种手段,公正裁判又表现为发现案件的客观真实的目的。但相对于维护良好的社会秩序和对个体权利的保护这一终极目的而言,公正裁判又只是一种手段或途径。因此,相对于维护良好的秩序和对个体权利的保护,证据调查制度和证据采信制度,以及作出公正裁判等,都是具有工具属性的手段。"[③]因此,程序公正的确是民事诉讼制度的重要价值,强调对当事人程序利益的保障和程序的公正性固然是重要的,但绝不能只强调程序而忽略了程序所服务的实体内容,而陷入唯程序论的泥潭,误认为程序公正与否可以成为判断司法公正与否的主要标准甚至唯一标准。[④] 在坚持和维护程序公正的同时,绝不能忘记诉讼制度的根本目的,不能忽略当事人寻求司法救济的本意、国家设置诉讼制

---

① 李浩:《民事证据立法前沿问题研究》,法律出版社2007年版,第28页。
② 司法的功能定位不能脱离其所处时代的社会形态、文化传统以及社会对其的要求和期望。当前,我国广大农村社会的存在、法治文化正在建立的阶段以及司法权在现有政治架构中的实际权力运行状况是当代中国司法所处的社会环境,社会公众对实质公平的追求与需要是当代中国司法所必然回应的需求,这些决定着应当将当代中国司法的功能定位于解决纠纷,并通过解决纠纷实现其维护社会秩序的社会控制功能。参见蒋飞:《论当代中国司法的基本功能——解决纠纷》,载《法律适用》2010年第10期。
③ 张永泉:《民事证据采信制度研究》,中国人民大学出版社2003年版,第6页。
④ 李浩教授指出:"更为严重的是,有这种倾向的人甚至用程序公正来否定实体公正,用遵守程序规则来为裁判结果的不公正辩解。"

度的宗旨和普通民众执著于实体公正的情感,司法必须最大限度地保障那些真正享有权利的人通过诉讼能使其权利得到法院的确认和保护,而那些违约者、侵权者则被追究相应的民事责任。毕竟,离开了对当事人实体权益的保障,民事诉讼制度就如同是一艘在河上漂流的没有目的地的航船。

例如,证据规则中的举证时限规则,当事人需要在当事人协商确定或者法院指定的期限内提交证据(诉讼实务中一般由法院指定),从司法解释的文义解释上看,当事人因故意或过失未能在举证时限内提交证据的,只要对方当事人不同意质证,法院就将逾期举证视为当事人放弃举证的权利,将逾期提交的证据排除在诉讼之外,不再对其组织质证。应当看到,确立举证时限虽然有利于促使当事人在合理的期限内提交证据,解决法院审理案件有审限而当事人举证却无期限的矛盾,但由于重要的证据被失权,也阻碍了法院通过诉讼发现真实,使得裁判不能建立在客观真实的基础之上,并且使得另外一方当事人因为对方当事人程序上的过错而获得实体上的不当利益(如已经获得清偿的债权人再次得到偿付,本应承担赔偿责任的侵权行为人可免于赔偿)。显然,证据失权具有严重妨害实体公正实现的效果,法院在适用这一规定时应当格外的慎重,至少对逾期举证只有一般过错的当事人不宜采用证据失权。即使对存在重大过错的当事人,也应当运用利益衡量的方法,在考量证据失权给该当事人带来的实体上的损失以及给对方当事人带来的利益是否相称后,再来作出失权与否的决定。① 就本质而言,举证时限是用来督促当事人在法定的期限内尽快举证,尽可能缩短审判的周期,但实践的结果表明,举证时限更多地成为一方当事人限制另一方当事人的有利工具,而最终呈现给法庭的证据材料让法官左右彷徨,似是而非者居多。由于法律事实距离客观事实甚远,被裁判驳回的当事人缠诉的多了,不服判的多了,社会的不满多了,法官的威信降低了。这样的事情和后果让法官不得不处在检讨中。② 因此,法官绝不能片面强调法律事实而忽略客观事实,不能单纯强调证据规则的作用而机械理解和适用其裁判案件,尤其不能如同适用实体法律规范一样,用死板的标准来衡量各种不同证据的证明力,在诉讼中必须充分发挥当事人参与诉讼和法官指挥推进诉讼的作用,发挥法官的主观能动性,由法官运用职业道德准则、经验法则和逻辑规则等裁判案件,确保其对事实的认定尽可能最大程度地与客观事实相吻合,符合通常人的正义观念,以实现程序保障和实质正义。

案例一:东方公司广州办事处诉中山市工业原材料公司等借款担保合同纠纷案。③ 最高人民法院在判决书中指出:"关于建设总公司应否对上述325万美元承担担保责任问题。原审判决判令建设总公司对上述借款不承担担保责任的理由就是债权人没有在保证期间内向其主张权利。二审质证时,广州办事处向本院提交了两份载明时间为1998年6月16日,催款金额分别为1611031.25美元和325万美元的《催收通知书》,以此证明其向主债务

---

① 李浩:《实体公正与程序公正:偏差与回归》,载《人民法院报》2008年7月15日,第5版。
② 宋鱼水法官曾撰文指出,这几年社会对法官的评价是:只重证据,不顾事实,法官走在社会中,有时候很难找到相信法官的群体。参见宋鱼水:《论法官的选择》,载《法学家》2008年第3期。
③ 最高人民法院(2004)民二终字第207号,判决时间:2005年1月27日,载《最高人民法院公报》2005年第6期。

人原材料公司和保证人建设总公司主张权利没有超过二年诉讼时效和二年保证期间。虽然原材料公司和建设总公司不同意对上述证据材料进行质证,但也认可其曾分别以借款人和保证人的身份在该《催收通知书》上签字盖章。由于本案系二审,对于当事人在二审中提供的证据材料,本院可以根据个案情况决定主持质证。原材料公司和建设总公司以广州办事处直至二审期间才提供上述证据材料,已超过举证期限为由,不同意质证,并不影响本院根据个案情况对上述证据材料予以审查和采信。因原材料公司和建设总公司对其在《催收通知书》上加盖公章一事予以认可,故应当认定该《催收通知书》是真实的。广州办事处向主债务人原材料公司和保证人建设总公司主张权利没有超过二年诉讼时效和二年保证期间。建设总公司应当对上述325万美元的借款本息承担连带责任。"据此,公报提炼出以下裁判要旨:对于当事人在二审期间提供的证据,人民法院可根据案件的具体情况决定质证。经质证后的证据可以作为认定事实的依据。

案例二:江西圳业房地产开发有限公司与江西省国利建筑工程有限公司建设工程施工合同纠纷案。①最高人民法院在判决书中指出:"关于工程款的计算问题。……圳业公司虽主张已付清全部工程款,但不能提出有效证据加以证明。因此,一审法院只能以国利公司提供的证据作为计算工程款的依据。尽管圳业公司提出了通过鉴定确定工程款数额的请求,且这一请求因其未按期交纳鉴定费而未能得到支持,但在确定工程款数额问题上,圳业公司仍享有抗辩权。对于其抗辩,本院仍应进行审查。圳业公司提出因国利公司计算工程款有误,致使一审判决认定的工程款数额多了1879343.98元。本院二审期间,国利公司对误算工程款一事予以确认并明确表示放弃向圳业公司主张1879343.98元工程款的诉讼请求,本院对此依法予以确认。圳业公司关于一审判决多算上述工程款的抗辩有理,本院予以支持。"据此,公报提炼出以下裁判要旨:根据《证据规定》第三十四条的规定,当事人应当在举证期限内向人民法院提交证据材料,当事人在举证期限内不提交的,视为放弃举证权利,人民法院可以根据对方当事人提供的证据认定案件事实。但是,被视为放弃举证权利的一方当事人依法仍享有抗辩权,人民法院对其抗辩应当依法审查,抗辩有理的应当予以采纳、支持。

如前所述,前述案例一、二的裁判是对举证时限规则的准确理解和适用,很好地阐释了适用证据规则是解决纠纷的手段而非最终目标的裁判理念问题,对举证时限和证据失权规则的适用具有指导意义。这两个案例的裁判也明确诠释了以下规则:举证时限规则绝对不是针对广大农村和广大城市的贫民,而主要是针对那些有条件举证,但故意不举证的当事人。那些请不起律师甚至不知道证据为何物这样的当事人,如果实在举不出证据来,或者有证据拿不出来,法院应该依职权调取证据;如果当事人在举证时限内举证确实有困难,法院应该给当事人放宽一些时间,而绝不应该机械和轻易地适用举证时限规则,损害当事人尤其是弱势一方当事人的合法权益,造成案结事不了,在社会上产生不好的影响。②

---

① 最高人民法院(2006)民一终字第52号,判决时间:2007年3月13日,载《最高人民法院公报》2007年第6期。

② 《最高人民法院关于适用〈中华人民共和国民事诉讼法〉审判监督程序若干问题的解释》(法释〔2008〕14号)第三十九条规定用诉费制裁和损害赔偿请求权的方式,促使当事人在原审程序中应当遵循举证时限的有关规定。

应当指出,为救济当事人因辩论能力上的不足或缺陷,在当事人的主张不明确或者有矛盾、或者不正确、或者不充分时,法院可以也应当在诉讼程序中充分而有效地运用释明权,依据职权向当事人提出关于事实及法律上的质问,促请当事人提出证据,澄清当事人所主张的某些事实,引导和协助当事人就案件事实和相关的证据问题进行充分的辩论,以减少当事人之间攻击防御能力的差距,确保双方当事人平等而充分地参与诉讼,最大程度地发现案件的事实真相,实现纠纷的妥当解决和实质正义。① 实际上,《证据规定》在第三条(举证告知的释明)、第八条(拟制自认规则中的释明)、第三十三条(指导当事人举证的释明)、第三十五条(法官的诉讼请求变更告知义务)等条款中都规定了法官的释明义务,要求法官适时适度将其就案件所有证据所形成的内心确信,包括对案件事实的认识和法律上的见解,向当事人或其利害关系人阐明,使其有所知悉、认识或理解,这既是说服当事人使裁判获得理性权威的需要,也是对法官心证进行检验与救济的最有力的辅助工具。②

二、举证责任分配:合理转换举证责任比机械分配举证责任更重要

证据是法院认定案件事实的根据,离开了证据这个手段,当事人主张的事实就不能获得支持,因此,诉讼的实质内容就是以证据证明案件事实的活动。而举证责任如何在双方当事人之间进行分配,即由哪一方当事人提供证据证明案件事实,并且在诉讼结束时,如果案件事实仍处于真伪不明的状态,由谁来承担败诉或不利的诉讼后果,无疑就成为诉讼的核心问题。根据《证据规定》第二条的规定,举证责任,是指当事人对自己提出的主张有提供证据进行证明的责任,具体包含行为意义上的举证责任和结果意义上的举证责任两层含义:其一,行为意义上的举证责任,是指当事人对自己提出的主张有提供证据的责任;其二,结果意义上的举证责任,是指当待证事实真伪不明时由依法负有证明责任的人承担不利后果的责任。结果意义上的举证责任只有在案件中的待证事实真伪不明时才能发挥作用,而在绝大多数案件中,当事人通过积极地履行行为意义上的举证责任已经使案件事实得以证明,法官完全能够从当事人提供的证据中获取内心确信的全部信息,并据此认定案件事实作出裁判,此时结果意义上的举证责任便无用武之地。因此,正确认识行为意义上的举证责任的可转移性,合理及时地在当事人之间转换举证责任,对于法官提高审判效率、发现案件真实至关重要。③ 在一个具体的案件中,当原告按照举证责任的要求提供了依法官确信其主张存在的证据后,他已经履行了提供证据的责任,并就此卸下了举证责任的负担。此时,审理案件的法官对原告本证所证明的事实初步形成了内心的确信,原告提供证据的责任已经开始发生转移,反证意义上的提供证据责任开始发生。当被告提供了削弱原告本证的新证据,并使法官对本证无法确信时,被告在事实上已经完成了反证意义上的提供证据

---

① 释明权制度在当代大多数国家民事诉讼理论和立法例中居于相当重要的地位,被誉为民事诉讼的大宪章,成为实现民事诉讼制度目的的修正器。大陆法系的民事诉讼理论认为,没有释明权,民事诉讼制度便不能按照他们所预定的目的运行;在英美法系的民事诉讼中,法官同样拥有着诉讼指挥权。总的来说,强化法官对诉讼程序的管理和监督,增加法院对诉讼过程的介入和干预,是近年来西方国家民事司法体制改革的基本倾向。

② 关于释明权的运用,可以参见王松:《民事法官释明权:行使、规制与救济》,载《法律适用》2007年第10期;《法官运用释明权调解案件的分析》,载《人民司法》2007年第18期。

③ 贺小荣:《论民事举证责任双重含义的理论基础及其应用价值》,载《法律适用》2002年第9期。

责任,此时,举证责任再次转移到原告一方。总之,行为意义上的举证责任围绕着法官对案件事实的判断与确信程度而不断地在双方当事人之间转移。因此,我们既不能在原告尚未就其主张的事实提供足以证明的证据之前,即要求中途转换举证责任,也不能机械地理解主张与举证之间的关系,强令一方当事人"一举到底",使本应由对方当事人承担的举证责任不能及时转换,从而减弱了民事诉讼证据之间的对抗性,贻误了法官发现案件真实的时机。

案例三:张志强与徐州苏宁电器有限公司侵犯消费者权益纠纷案。① 张志强在苏宁公司以1600元的价格购买一台冰箱(以下简称第一台冰箱)。后因该机出现质量问题,苏宁公司两次上门进行维修仍未修复,遂为张志强更换一台同品牌同型号的冰箱(以下简称第二台冰箱),苏宁公司的工作人员将第二台冰箱送至张志强住宅楼下,在张志强及其家人不在场的情况下自行拆除外包装后,将第二台冰箱抬上楼交给张志强的家人。苏宁公司的工作人员未经张志强及其家人验货,未收回第一台冰箱的三包凭证、说明书等资料,同时也未将第二台冰箱的三包凭证等资料留下,未办理必要的交接手续,即带第一台冰箱离开。后张志强发现第二台冰箱上有污渍、霉斑等,认为该冰箱系使用过的旧冰箱,遂与苏宁公司进行交涉,双方协商未果。张志强以苏宁公司用旧冰箱冒充新机器予以调换,存在欺诈行为为由,起诉要求被告双倍返还购货款并赔偿损失。苏宁公司辩称其给张志强调换的冰箱是新机,亦无质量问题,不存在欺诈行为。

一审法院认为,证明第二台冰箱为新机的举证责任应由被告承担。被告不能证明其提供的第二台冰箱是新机,且在为原告提供商品的过程中存在服务瑕疵,给原告享受售后服务带来困难,具有过错。被告的行为违反了诚实信用原则,构成欺诈,判决苏宁公司返还张志强购货款1600元并赔偿张志强损失1600元,张志强返还苏宁冰箱一台。二审法院认为,张志强虽然提交了关于第二台冰箱情况的录像带,但没有其他证据相互印证,不能仅根据该录像带认定第二台冰箱是使用过的旧机器,张志强主张第二台冰箱是使用过的旧机器证据不足,在维持一审判决双方互相返还的基础上,改判驳回张志强要求苏宁公司赔偿1600元损失的诉讼请求。再审法院认为,张志强主张苏宁公司承担惩罚性赔偿责任,即应对苏宁公司是否存在欺诈行为承担举证责任。本案中,张志强已经提供了其制作的录像带,用以证明苏宁公司为其调换的第二台冰箱不是新机器,且存在诸多的表面缺陷。同时,第二台冰箱如果是新机器,应当附有随机单证,苏宁公司亦承认未向张志强提供第二台冰箱的随机凭证(合格证、维修单、使用说明书等)。苏宁公司作为商品销售者,违反产品质量法的相关规定,未向作为消费者的张志强提供第二台冰箱的随机单证,其行为属于故意隐瞒真实情况,应认定为欺诈。苏宁公司在本案一审、二审乃至再审期间始终未出示该随机单证,不能确定第二台冰箱是否附有随机单证,亦即不能确定第二台冰箱是未经使用过的新机器,故对苏宁公司的抗辩意见不予支持。据此判决撤销二审判决,维持原一审判决。

从举证责任分配的角度来说,针对本案第二台冰箱是否为新机的焦点问题,张志强提供了其制作的录像带,陈述苏宁公司未向其提供第二台冰箱的随机单证,而第二台冰箱如

---

① 再审判决日期:2006年4月21日,载《最高人民法院公报》2006年第10期。

果是新机器,应当附有随机单证,由于苏宁公司亦承认其未向张志强交付单证,故法官对张志强举证所证明的事实初步形成了内心的确信,按照行为意义上举证责任的可转移性原理,此时就应当要求苏宁公司就第二台冰箱是新机提供随机单证等证据,以削弱张志强所举证据的证明力。虽然苏宁公司也向法庭提供了第二台冰箱的储存单、提货单及送货人的证言,但由于始终未提供第二台冰箱的随机单证这一最直接的证据,因而只能表明其送货的过程,并不能足够削弱张志强举证的证明力,也就不能引起举证责任的再次转移,故再审法院据此认定苏宁公司提交的证据缺乏证明力,应承担举证不能的不利后果是对举证责任含义的准确理解和运用,是妥当的,也很好地阐释了合理转换举证责任比机械分配举证责任更重要的裁判理念问题。

三、证明标准:运用证明标准规则裁判有严格的适用条件

《证据规定》第七十三条规定:"双方当事人对同一事实分别举出相反的证据,但都没有足够的依据否定对方证据的,人民法院应当结合案件情况,判断一方提供证据的证明力是否明显大于另一方提供证据的证明力,并对证明力较大的证据予以确认。因证据的证明力无法判断导致争议事实难以认定的,人民法院应当依据举证责任分配的规则作出裁判。"该条规定明确把高度盖然性作为民事诉讼的证明标准,在证据无法达到确实充分、所证明的事实不能达到完全排除其他可能性的情况下,通过对证据证明力的比较,对具有高度盖然性的事实予以确认,法官无疑也应当据此标准裁判案件。但在司法实践中,面对事实认定的困境和按期结案的要求,有的法官不能准确理解和掌握司法解释的本意,不是注重对证据本身和质证过程的综合考量,尽量综合案件的证据资料解决主要事实真伪不明的问题,而是裁判简单化,倾向于直接依据证明责任制度作出裁决,①判断证据的证明力过于形式化和机械化。这种滥用证明责任的惰性思维偏离了证据制度的初衷,是非常危险的。如成都中院在调研中发现,多数机械判断表现为比较简单地以证据本身形式上的证明力大小作出判断而忽略乃至完全放弃以内心确信进行实质判断。有的案件按简单的形式方法判断得出的结论连法官自己都认为明显不可信,但最后仍然以"一方证据的证明力明显大于另一方证据的证明力"为依据作出与其内心确信完全相反的认定,并认为依法只能这样认定。事实证明,这种认定结果与客观真实明显相悖。此外,证明力判断的形式化问题也有可能成为极个别法官办人情案、关系案的托词和遮掩。②

运用证明标准裁判案件应当符合以下两个条件:一是为当事人参与诉讼提供充分的实质保障。③ 法官在审理案件时应当尽可能地发现真实,并在此基础上作出公正判决,而证据的收集和当事人的辩论无疑又是发现真实的基础。因此,法官应当充分尊重当事人的诉讼权利和主体地位,"应从实质上保障其参与该程序以影响裁判形成之程序上基本权;而且,

---

① 陈科:《经验与逻辑共存:事实认定困境中法官的裁判思维》,载《法律适用》2012年第2期。
② 成都市中级人民法院课题组:《〈关于民事诉讼证据的若干规定〉执行情况的调研报告》,载《人民司法》2006年第10期。
③ 现代民事诉讼是以为当事人提供充分的程序保障为特征的,法律责成法院在诉讼中切实保障当事人程序权利的实现,如《民事诉讼法》第八条专门以基本原则的形式强调"人民法院审理民事案件,应当保障和便利当事人行使诉讼权利,对当事人在适用法律上一律平等"。

在裁判作成之前,应保障该人能得适时、适式提出资料、陈述意见,或为辩论的机会;在未被赋予此项机会之情况下所收集之事实及证据,应不得迳成为法院作成判决之基础。"①如果法官不给予当事人以充分的机会和条件收集、提供证据,不在庭审中充分保障当事人的辩论权利,就轻率地以适用证明标准为由进行判决,则对案件的事实审理显然是不充分的,所作的判决也是不当和违法的。二是当案件达到判决的成熟程度时法官应及时地作出判决。诉讼应努力实现公正,但又需要符合效益的要求。如果给予当事人的机会过于充分,成本过于高昂,就会使诉讼迟延,当事人投入更多的诉讼成本,法院为此也要投入更多的司法资源,有违民事诉讼的目的。因此,法官应充分考虑法院对诉讼案件投入的人力、物力、财力等多方面的成本支出,结合案件的性质和纠纷利益的大小,在两者之间达到一个平衡点或最佳结合点,在达到判决的成熟程度时依法作出判决。

尤其应当注意的是,《证据规定》第七十七条规定了最佳证据规则,就五种情形下各个证据证明力的大小作出了具体规定,该条属于指导性条款,对该条文中的"一般"二字,法官在适用证据规则时应当给予足够的注意,即只能将该条理解为是一种方向性的提示性规定,而具体案件的客观情况是复杂的,审判案件不能机械适用这一规则,应当根据个案的具体情况,合理认定各个证据的证明力并正确认定全案事实。例如,上海市青浦区法院审理的一起民间借贷纠纷案,原告以一张借条为证要求被告返还借款 200 万元。被告称该借条系赌博赌输以后所写。法官注意到原告家徒四壁,系当地一有名赌棍。在无其他书面证据的情况下,法官没有机械适用书证证明力一般大于其他证据证明力的规则,而是经过适当释明,要求相关证人到庭接受质证,然后在庭审中运用隔离作证规则,引导双方当事人对证人逐个进行当庭质证,在当事人提问不全面时因势利导并适时发问,使原告方的几位证人在法庭上破绽百出,连原告自己也觉得理屈词穷,最终查明原告在说谎、被告的陈述基本属实,从而正确地对案件进行了裁判。② 因此,尊重认识规律,准确地理解和把握证据规则,对于公正审理案件至关重要。

案例四:舒易平因啤酒瓶爆炸致左眼失明诉蓝剑集团公司损害赔偿案。③ 舒易平在其妹家中与其妹夫、表弟共进午餐,舒易平拿起一瓶蓝剑啤酒正欲开启时,啤酒瓶突然爆炸,致其左眼受伤而失明,舒易平向法院起诉,请求生产者蓝剑集团公司赔偿损失,四川省新津县法院判决蓝剑集团公司赔偿其各项损失 19 万余元。

该案如果要求原告举证证明酒瓶爆炸和其左眼受伤之间具有因果联系难度是非常大的,甚至原告根本不可能完成这一举证。对此法官没有机械委托鉴定酒瓶爆炸原因及爆炸和原告受伤的因果联系,而是根据原告提供的破碎啤酒瓶、医院的诊治记录、在场证人的证言等各证据的效力进行逐一评析,并综合分析论证后认为,原告主张被告生产的酒瓶炸伤其左眼的事实,在各证据之间能够相互印证而无如何矛盾,被告又无任何反证,故原告主张的事实完全符合通常的事理、情理与法理,令一般人信服酒瓶爆炸和原告受伤之间"有"因果联系的证明力大于"无"因果联系的证明力,前者具有"高度盖然性",并据此作出了对受

---

① 邱联恭:《程序选择权之法理》,载台湾地区《法学丛刊》1993 年总第 151 期。
② 案例转引自邹碧华:《我们应当怎样对待证据规则》,载《法律适用》2006 年第 1~2 期。
③ 喻敏:《自由心证与自由裁量》,载梁慧星主编:《民商法论丛》(第 5 卷),法律出版社 1996 年版,第 595 页。

害人有利的判决。

四、生活经验:运用经验法则比简单适用证据规则更重要

经验法则,又称表见证明,是指"无需经过像一般生活经验那样详细的解明就可以认定其存在的,并基于其定型化之性质而无需考虑个别事实具体情况的事态发展过程",也即在生活中,事态在通常情况下都是按照这样的过程来发展的。① 法官评判证据价值,认定案件事实离不开法官的生活经验知识,"证据是否具有证明价值,由审理事实者本于自己的生活经验、一般知识及对人类行为与动机的了解,合于理性地评估事实可能存在或不存在。简言之,依经验法则和论理法则,决定证明价值。"②《证据规定》第六十四条也规定,"审判人员应当依照法定程序,全面、客观地审核证据,依据法律的规定,遵循法官职业道德,运用逻辑推理和日常生活经验,对证据有无证明力和证明力大小独立进行判断,并公开判断的理由和结果",明确将经验法则作为标准来评价法官判断的正当性。因此,法官在综合认定全案证据时不得机械执法,必须符合社会大众所公认的经验法则,这样才能够真正实现司法上的公平和正义。如果法官认定的事实违背社会生活中一般人所公认的经验常识和逻辑规则,则依据这一事实所作出的判决将不会得到社会的普遍认可,很难说这样的判决是公平和正义的,是能为社会所接受的。

仍以前述案例三"张志强与苏宁公司侵犯消费者权益纠纷案"为例,该案的再审裁判即有多处体现了经验法则的运用。首先,针对张志强提供的录像带,苏宁公司辩称,录像带里显示的冰箱不能证明就是该公司送去的第二台冰箱,而且录像带是在第二台冰箱送到张志强家中十余天后才制作的,在此时间内张志强的行为也可导致冰箱出现录像带里显示的缺陷。但从经验法则的角度看,按照苏宁公司抗辩意见所确定的证明标准,张志强要证明自己未更换过冰箱,就必须对自己购买冰箱后的全部行为作每天24小时不切换镜头的摄像,这对张志强作为一名普通消费者来说显然过于苛刻,有违常理。其次,针对张志强称苏宁公司未向其提供第二台冰箱随机单证,故第二台冰箱不是新机的陈述,苏宁公司辩称,因为第一台冰箱的随机单证没有收回而未提供第二台冰箱的随机单证,张志强可凭第一台冰箱的随机单证就第二台冰箱享受售后服务。这种抗辩意见也违反了经验法则,因为根据商业惯例,随机单证是商品的身份证明,与商品一一对应,具有不可替换性,苏宁公司的答辩既不符合常理,也与商品单证的特性不符。再次,苏宁公司作为商品经营者,既然未将第二台冰箱的随机单证提供给张志强,理应持有该单证,现在张志强提出苏宁公司未提供单证故该冰箱不是新机,这是不利于苏宁公司的证据,按照人之常情,苏宁公司如不希望该种不利的结果施加于自己,则在除有正当理由不能提供的情况下,须向法院提供该单证,以证明该单证所指向的冰箱为新机,但在法院审理期间苏宁公司无正当理由始终未提供,从而导致法院推定张志强不利于苏宁公司的主张成立,这也是法院运用经验法则得出的结论。综上,法院综合全案证据认定苏宁公司的行为构成欺诈,应当承担惩罚性赔偿责任,完全符合

---

① [日]高桥宏志:《民事诉讼法制度与理论的深层分析》,林剑锋译,法律出版社2003年版,第461页。
② 曾华松:《经验法则在经界诉讼上之运用》,载台湾地区民事诉讼法研究基金会编:《民事诉讼法之研讨》(六),台湾地区三民书局1997年版,第182页。

通常的事理、情理和法理,是对证明标准规则的正确适用。

五、诉讼调解:坚持"事清责明"原则有利于解决纠纷和防范虚假诉讼

近年来,各级法院深入贯彻"调解优先、调判结合"工作原则,调解已成为处理民事案件的首选方式和主要结案方式。2007年《民事诉讼法》第八十五条明确将事实清楚、分清是非原则(以下简称"事清责明"原则)作为诉讼调解的基本原则,近年来有的观点认为,只有取消"事清责明"原则,诉讼调解制度才会充分发挥其应有的作用,主要理由是:"事清责明"原则混淆了调解和裁判两种不同的结案方式;与诉讼调解追求的价值相悖;与处分原则存在冲突,并且违背当事人的意愿;人为制造障碍,不利于调解的顺利进行;其作为诉讼调解的原则缘于当时诉讼调解实践中存在一些问题,但这些问题现在基本不存在。[①] 近年来,最高人民法院颁布的一系列文件,如《法官行为规范(试行)》(法发〔2005〕19号)、《关于进一步发挥诉讼调解在构建社会正义和谐社会中积极作用的若干意见》(法发〔2007〕9号)、《关于进一步贯彻"调解优先、调判结合"工作原则的若干意见》(法发〔2010〕16号)等也均强调"切实贯彻当事人自愿调解、合法调解原则",并未将遵循"事清责明"原则作为调解的基本要求。

讨论这一问题的价值,在于明确有无必要适用证据规则解决调解结案问题。笔者认为,对此简单的肯定或者否定都是不准确的,应当正确理解"事清责明"原则。从诉讼学理和审判实践来看,查明事实是实现实体公正的前提和基础,只有查明发生在诉讼前的当事人之间真实的事实状况,真正的权利人才能够获得司法的救济,民事实体法所确立的保护合法民事权益和制裁违法行为人的目标才能够得到实现。虽然调解不像判决对查明案件事实的要求那么高,但还是应当将查明案件的基本事实、分清案件的基本是非作为调解的前提和基础,妥善处理刚性审判和柔性调解的关系,针对案件具体情况确定发现真实的方式方法、言语技巧和公开心证的场合、层次,准确把握当事人心理活动,真正消解双方的矛盾,争取最佳的社会效果。而那种不考虑基本事实和是非责任就进行调解的观点既不合理,也不具有可行性,更不可能实现设置诉讼调解制度的立法目的,这是因为:其一,调解的方法是以理服人,只有搞清楚案件的基本事实和是非责任,法官才可能用事实和道理说服当事人,最大程度地降低诉讼的对抗性,最终促成双方当事人依法自行处分实体权利和诉讼权利而自愿协商达成调解协议,及时化解社会矛盾,彻底解决纠纷,真正实现案结事了的诉讼目的;其二,坚持"事清责明"原则,有利于法官审查双方当事人达成的调解协议是否具有合法性,是否侵害了国家利益、社会公共利益或者案外人利益,有没有违反法律和行政法规的禁止性规定,避免少数当事人利用调解达到非法诉讼目的,同时也可以有效限制法官的审判权力,避免法官的无原则调解和强制调解;其三,坚持"事清责明"原则,有助于法官在调解不成后,可以及时根据已经查清的案件事实作出判决,提高诉讼效率,避免久调不决。

应当指出,实践中的确有一些案件是法官没有分清是非便进行调解,并促成当事人自

---

① 李杰法官对学界主张取消"事清责明"原则的观点进行了上述五个方面的提炼,参见李杰:《为诉讼调解的"事清责明"原则辩护》,载《法律适用》2006年第12期。

愿达成调解协议的,例如许多案件未经开庭审理即在庭审前调解成功,有的观点据此认为查明事实、分清是非的调解与庭审前调解是矛盾的,调解不应以查明事实、分清是非为前提。实际上这种看法是不全面的,因为这类案件的特点是争议不大,事实简单,法官凭借自己的法律知识和审判经验,可以不经开庭审理,通过询问当事人或者审查书面材料就可以弄清事实、分清是非,并且正是根据这种是非责任促成当事人自愿达成了调解协议。因此,那种仅以有的案件在表面上没有查明事实、分清是非就促成调解,进而否定"事清责明"原则合理性的观点是不准确的。

当然,针对各个案件具体情况,法院在"事清责明"原则的适用上也应有所区分,例如家事纠纷案件、在庭审前进行的调解以及当事人自行达成的和解协议,此时在坚持自愿与合法的原则下,只需要查明案件的基本事实,分清案件的基本是非即可。因为家事纠纷牵涉隐私、情感,一般不容易判断是非,而在庭审前进行的调解和当事人自行达成的和解协议,则更多地体现了当事人通过行使处分权达成解决纠纷的合意,法官在审理过程中应当妥善地把握审判权和当事人处分权之间的关系,积极促成当事人通过调解方式有效化解矛盾纠纷。

案例五:当事人串通律师伪造借条虚假诉讼案。[①] 2008 年 12 月,陈海东之妻包某起诉离婚。陈海东与其父陈永根商议如何使包某在离婚时少分财产,并通过他人找到律师何慧强。2009 年初,何慧强提出让陈海东串通沈建明(作为虚假债权人)虚构夫妻共同债务,然后通过虚假诉讼将陈海东与包某共同购买的一套房屋用来清偿债务。后何慧强以沈建明诉讼代理人身份提起民事诉讼,提交伪造的借款协议书、收条等证据,要求陈海东归还沈建明借款及利息共计 85 万余元。2009 年 3 月 30 日,何慧强、陈海东到庭达成调解协议,同日法院作出民事调解书,确认该"债权债务"的法律效力,并于 2009 年 4 月 27 日受理了该案民事调解书的强制执行申请。

包某的第一次离婚诉讼请求被法院驳回后,于 2009 年 10 月再次提起诉讼。庭审中,陈海东的委托代理人提交民事调解书,以证明陈海东有夫妻共同债务尚未清偿。包某向司法机关控告,该债务是虚假的,法院遂先后裁定离婚案件中止诉讼、民事调解书中止执行。2010 年 6 月,杭州市江干区法院经审理认定陈海东、何慧强、陈永根构成妨害作证罪,沈建明构成帮助伪造证据罪,且四人的行为直接造成法院对虚假民间借贷案件的审理和执行,使法院作出错误裁判,并影响其他正常离婚诉讼案件无法审结,严重妨害法院正常的审判活动,扰乱法院正常的审判秩序,故犯罪情节严重,对该四人以上述罪名判处相应刑罚。

必须引起足够重视和警觉的是,由于社会诚信缺失,立法惩罚不力,近年来,虚假诉讼现象在我国有快速上升趋势,其中大多是当事人、代理人利用诉讼调解进行虚假诉讼。据不完全统计,2001~2009 年,广东省法院共识别虚假民事诉讼案件 940 件,案件中当事人恶意利用证据自认规则,多以调解方式结案,除系列案因素外,虚假民事诉讼中以调解方式结

[①] 《陈海东、何慧强、陈永根妨害作证,沈建明帮助伪造证据案》,载浙江省高级人民法院编:《案例指导》(2010 年卷),中国法制出版社 2011 年版,第 54 页。

案的占76.4%。① 浙江高院的调查表明,基层法院近九成法官称曾接触到虚假诉讼案件,八成法官感觉该类案件有逐年递增的趋势。仅2010年,浙江法院就查处虚假诉讼137件,涉案110人,判刑41人,民事制裁44人,移送公安侦查25人。② 此类诉讼诈骗不仅侵害国家利益或他人的合法权益,而且浪费国家司法资源,严重损害司法权威,社会危害极大。

因此,诉讼调解制度在发挥积极意义的同时,也出现了值得关注的问题,一方面,法官在调解案件时往往更注重满足当事人自愿原则而对合法原则有所忽视;另一方面,也为少数当事人利用调解恶意串通,如虚构法律关系、捏造案件事实等,从中获取非法利益提供了方便和渠道,从虚假诉讼的案例来分析,以调解方式结案的占相当数量,以至于调解已成为虚假诉讼容易发生的场合和重灾区。前述案例五就是较为典型的一起虚假诉讼案例。

应当明确,通过诉讼调解解决纠纷,虽然最终体现的是当事人的合意,但其毕竟是在诉讼制度架构内的纠纷解决制度,尊重案件的基本事实、受法律约束乃是司法的本质。因此,法官在组织调解时,应当遵从法官职业伦理的中立性,调解方案基本上应以预测的判决为基础,受实体法的拘束,不得侵害国家利益、社会公共利益和案外人利益,不能违背当事人真实意思和法律、行政法规的强制性规定。因此,坚持"调解优先",应避免不当调解和片面追求调解率。对于当事人作虚假陈述或者使用诉讼技巧意在以调解拖延诉讼,或者一方提出的方案显失公平,勉强调解可能纵容违法者、违约方,应当及时作出判决;对于双方当事人恶意串通的,应当认真履行对调解协议审查确认职责,必要时可以依职权主动调查取证,确保调解协议不存在侵害国家利益、社会公共利益和他人的合法权益的情形,不存在违反法律、行政法规的强制性规定的内容,不违背善良风俗和社会公共道德;对于当事人坚持要求法院裁判明确是非的,应当尊重当事人选择,辨法析理,及时裁判。因此,按照"事清责明"原则的要求,法官应当加强对案件调解协议的审查和把关,认真审查案件的基础事实,对调解协议中涉及第三人权益或者涉及具体物的权利转移的内容,尤其应当重点审查。目前虚假诉讼案件主要是民间借贷、房屋买卖、债权转让、企业改制、离婚等财产纠纷案件,表现为当事人、代理人配合默契,诉辩理由不合常理,不存在实质性的诉辩对抗,并且异常容易达成调解协议。对这类可能构成虚假诉讼的案件,法官在审理过程中应当高度重视,认真对待,不仅要审查当事人诉讼请求的合法性和合理性,还应当严格审查债务产生的时间、地点、原因、用途、支付方式、基础合同及债权人和债务人的经济状况,审查案件是否属于当事人相互串通或捏造事实欺诈、用合法形式掩盖非法目的等虚假诉讼的情形。必要时法官可以案件可能有损国家利益、社会公共利益或者他人合法权益为根据,传唤当事人本人到庭参加诉讼,通知当事人提交原始证据,依职权主动向相关部门和案外人调查取证,要求利害关系人参加诉讼,核实当事人陈述和所提供证据的真实性,慎重认定双方的调解协议,不能简单以对方当事人自认就以调解方式结案。为维护诚实守信的诉讼秩序,对参与制造虚假诉讼案件的相关人员,法院应当根据具体情节,依法对相关责任人予以训诫、罚款、拘留;

---

① 《依法打击虚假民事诉讼,切实维护司法权威——广东省高院关于防范和打击虚假民事诉讼案件的调研报告》,载《人民法院报》2010年9月30日,第8版。

② 陈东升等:《九成基层法官曾遇虚假诉讼,浙江高院院长齐奇代表建议增设诉讼诈骗罪》,载《法制日报》2011年3月14日,第5版。

构成犯罪的,则应追究其刑事责任。对参与制造虚假诉讼案件的律师和法律工作者,还应当向司法行政机关提出司法建议,建议对责任人和责任单位进行行政处罚,直至吊销其执业证书。只有正确地理解和适用"事清责明"原则,谨慎认定案件事实,加强对调解协议合法性、真实性的审查,力图准确发现当事人诉讼的真实意图,才能够有效避免调解容易被恶意当事人利用。

六、程序操作:合理分配庭审调查和辩论阶段的审核证据功能

2007年《民事诉讼法》将庭审对证据的审核主要划分为法庭调查和法庭辩论两个阶段,法庭调查主要是法院组织当事人举证、质证并审查核实各种证据(2007年《民事诉讼法》第一百二十四条),法庭辩论主要是组织当事人及其代理人就有争议的事实和法律问题进行辩驳和论证(2007年《民事诉讼法》第一百二十七条),许多教材都认为法庭辩论的功能在于补充调查事实。

有学者指出,现行庭审结构存在着两大缺陷,使得庭审无法有效地为适用法律作出裁判提供事实依据:一是法庭调查与法庭辩论的两阶段划分导致各自功能不清。实践中,法庭调查主要是在法官主持下由当事人相互质证或质询,此阶段重心放在质证阶段的零碎辩论,因此,法庭辩论如果沿袭补充事实调查功能,则两个阶段都不能提供针对事实问题展开证明和综合性论证的恰当机会。例如,武断的法官常常在法庭调查阶段不允许当事人对对方提出的证据或事实主张提出辩解,要求将其留待在法庭辩论阶段,而在法庭辩论阶段常常又以该事项已在法庭调查阶段表达过意见为由拒绝给当事人辩解的机会,从而武断地阻碍当事人就争议事实进行抗辩和证明;耐心的法官则不得不容忍当事人和代理人在两个阶段就同一问题重复不休,往往由于在法庭调查阶段未允许双方充分发表辩论意见并进行相应证明,而不得不在辩论阶段再进行举证和证明,从而造成事实调查的紊乱和繁复。① 二是质证过程是证据审查与事实证明的混合体,以质证替代了证明。一方当事人提出每一组证据时,对方须就其证据能力和证明力发表意见。但证明力问题是必须针对具体的事实(证明对象)进行本证和反证才能展开的,只有在全部证据质证完结并准入证明程序时才可能展开,于是质证过程流于形式,无法形成交锋,帮助法官形成明确的心证。等到全部证据质证完毕,本应围绕事实来运用证据展开证明,但此时质证过程已耗费了大部分时间,于是双方的辩论往往是不引用证据而发表的空洞争辩,事实证明与证据之间缺乏关联性和针对性。这样法官从事实调查过程中获得围绕证据展开的零碎信息,而不是围绕事实提出证据展开的完整证明。庭审结构的这两大缺陷切断了证据与事实、事实证明与法律适用以及事实证明和法律适用与诉讼请求和抗辩主张之间的逻辑关系,庭审与裁判之间严重脱节,在诉讼请求(裁判对象)⟵⟶权利依据(法律适用)⟵⟶要件事实证明(适用法律的前提)⟵⟶举证质证这个逻辑链条上,各环节之间是互不关联的。庭审的重心是证据审查(质证)而非事实调查(证明),所以庭后裁判时法官只能凭直觉和经验从这些零碎的、空洞的、缺乏交锋的质证意见中去寻找和建构事实。

---

① 江伟主编:《民事诉讼法专论》,中国人民大学出版社2005年版,第378页。

借鉴傅郁林教授的意见,[①]遵循诉讼活动的客观要求和内在规律,应当合理分配庭审调查和辩论阶段的审核证据功能:调查阶段审核证据的真实性和证据能力,而不针对证明目的或证明力;[②]辩论阶段审核证据的证明力和关联性。首先,在法庭调查阶段,组织质证原则上仅要求当事人就争议证据的真实性和证据能力发表意见,确定当事人对证据合法性和真实性无异议的证据;对有异议的证据,要求当事人出示原件并对证据来源等进行说明;如果仍有异议,待双方提交的证据全部质证完毕后再以辩论方式进行证明。其次,在辩论阶段,庭审重心则围绕诉讼请求对要件事实进行证明。当事人应依次就诉讼请求、权利依据、事实、证据四个层次的问题提出主张、反驳和辩论,在前一层次问题上没有异议则不必进入下一层次。辩论阶段具体包括四个方面的内容:其一,对原告提出的某项请求被告没有异议,则不必进行相关事实调查;其二,被告对某项诉讼请求有异议的,则要求原告、被告分别提出支持或抗辩该项请求权的合同或法律依据;其三,就权利规范中所规定的具体要件是否实际满足进行事实主张和证明,对方对该主张无异议则无须证明;其四,对于前述事实主张有异议,则须按本证与反证的划分运用证据来进行辩论式证明。[③] 当全部证明过程结束,法官根据其是否就某要件事实形成心证,判断适用具体权利规范的全部要件是否均以满足,并据此判断依赖于该规范的权利主张(请求与抗辩)是否成立。这样操作,整个庭审紧紧围绕诉讼请求环环紧扣展开辩论,完整体现事实证明过程,问题集中,交锋突出,没有争议的问题可以直接确认,既不会遗漏任何请求或有效事实,也不会将时间浪费在空口无凭的陈述或纠缠于与法律适用无关的事实和证据中。此做法不仅庭审速度快、效率高,而且庭后写裁判文书也比较简单,将庭审笔录的顺序颠倒一下,稍做调整就是一篇逻辑清晰的裁判文书。

[①] 傅郁林:《"审"与"判"的逻辑和相应技巧》,载《人民法院报》2011年1月19日,第7版。
[②] 此阶段不针对证明目的或证明力,因为证明力问题须围绕待证事实并综合运用证据展开辩论,无关联性的证据则在事实证明中自然淘汰。
[③] 例如:(1)原告提出三项请求中被告有一项没有争议,则为权利认诺,亦即双方就该项请求已达成和解。(2)如果被告对第二项请求有异议,则进入第二层次,原告提出支持该项请求权的依据,列举其适用要件,以确定权利义务。被告对此有异议则需提出反驳或相反依据(如抗辩权依据)。(3)若被告对权利依据及其要件本身没有异议,则进入第三层次即事实调查,以查明要件是否满足。对方对某一要件事实无争议的则为事实自认,该事实不必使用证据加以证明。(4)如果就某一事实主张存在争议,则须运用证据进行辩论式证明。

【商事审判调研】

关于破产案件债务人涉诉案件诉讼费用交纳办法的调研报告

广东省高级人民法院课题组

一、本课题调研的背景及目标

国务院于 2007 年 4 月 1 日施行的《诉讼费用交纳办法》第二十条规定:"案件受理费由原告、有独立请求权的第三人、上诉人预交。被告提起反诉,依照本办法规定需要交纳案件受理费的,由被告预交。追索劳动报酬的案件可以不预交案件受理费。申请费由申请人预交。但是,本办法第十条第(一)项、第(六)项规定的申请费不由申请人预交,执行申请费执行后交纳,破产申请费清算后交纳。"按照上述规定,除破产案件无须预交破产申请费、执行案件无须预交执行申请费以及追索劳动报酬的案件无须预交案件受理费外,其他民事案件均须预交案件受理费或者申请费。

《中华人民共和国企业破产法》(以下简称新破产法)于 2007 年 6 月 1 日施行。新破产法实施前原企业破产法规定有关破产案件债务人的民事争议均采取由审理破产案件的法院"裁定确认、一裁终局"的方式处理,在这种非诉讼解决机制下,破产案件债务人除了交纳破产案件的申请费外,不存在需要另行交纳相关民事争议案件诉讼费用的问题。新破产法实施后,有关债务人的实体争议一律通过诉讼解决。因此,破产案件债务人[①]除了交纳破产案件的诉讼费用外,还需要交纳相关涉诉案件的诉讼费用。

由于《诉讼费用交纳办法》在新破产法实施前已经实施,而该办法对于破产案件债务人如何交纳涉诉案件诉讼费用问题未作出相应规定,审判实践中对此分歧较大,做法不一。破产案件债务人起诉追索财产及对外债权的,有的法院准许缓交诉讼费用;有的法院不准许缓交诉讼费用。[②] 法院准许缓交的,有的准许缓交的期限为案件宣判前,案件宣判前书面通知交纳案件受理费,逾期不交纳的则按自动撤诉处理;有的准许缓交的期限至破产财产

[①] 新破产法实施后,破产案件包括和解案件、重整案件及破产清算案件。因"破产债务人"一词易理解为已宣告破产案件债务人,不能涵盖三类破产案件的债务人,故将三类破产案件中的债务人统称为破产案件债务人。

[②] 广州、深圳中院准许破产案件债务人缓交案件受理费。据向福州、厦门中院了解,两地法院一般均不准许缓交案件受理费。

分配时收取。

新破产法实施以来,破产案件债务人交纳涉诉案件诉讼费用有哪些具体做法以及存在哪些主要问题;破产案件债务人涉诉是否存在交纳涉诉案件诉讼费用的客观困难;如果需要司法救助,应当如何进行司法救助才具有正当性。本课题在分析研究上述问题的基础上提出相关对策建议。

二、破产案件债务人涉诉案件交纳诉讼费用的实务做法及问题

(一)实务做法

深圳中院在广东省审理破产案件最多,该院审理破产案件债务人涉诉案件在广东省也是最多的。下面以深圳中院为例。

1. 涉诉案件基本情况。截至2009年3月20日,深圳中院审理宣告破产债务人涉诉案件424宗。破产案件债务人作为原告的一审案件57宗,案件受理费交纳情况为:准许缓交诉讼费用23宗,占40.3%,其中缓交期限届满仍未交费按自动撤诉处理的2宗;正常交纳诉讼费用33宗,占57.9%,受托代理诉讼的律师事务所垫付1宗。破产案件债务人作为被告的一审案件229宗,案件受理费负担情况为:一审判决胜诉无须负担的92宗,占40.2%;一审判决败诉须负担的30宗,占13.1%;原告撤诉无须负担的17宗,占7.4%;尚有90宗正在一审审理中。破产案件债务人作为上诉人的二审案件17宗,其中申请缓交未获批准按自动撤回上诉的3宗,占17.7%,正常交纳上诉费14宗(6宗已败诉负担,8宗尚在二审中),占82.3%。破产案件债务人作为被上诉人的二审案件119宗,胜诉23宗无须负担诉讼费用,其余96宗尚在二审审理中。

2. 申请司法救济情况。破产案件管理人均未提出减交、免交诉讼费用申请,主要原因是:《诉讼费用交纳办法》明确规定免交诉讼费用仅适用于自然人,破产案件债务人作为非自然人,当然无权申请免交;而对减交、缓交诉讼费用,该办法规定了各种法定情形,破产案件债务人交纳涉诉案件诉讼费用是否属于《诉讼费用交纳办法》规定"确实需要减交的其他情形"、"确实需要缓交的其他情形",并无规定予以明确;破产申请受理后破产案件债务人涉诉案件由审理破产案件法院集中管辖后,因审理破产案件法院了解破产案件债务人确有交纳困难,管理人一般均会提出缓交申请。

3. 对司法救助申请审查情况。由于相关规定对破产案件债务人是否可予减交、缓交涉诉案件诉讼费用不甚明晰,法院对于破产案件债务人提出的司法救助申请持谨慎态度。对缓交申请审查处理分两种情况:如果破产申请受理前已被外地法院管辖的破产债务人涉诉案件,破产案件债务人提出缓交申请的,法院一般不予准许;如果破产申请受理后由审理破产案件法院集中管辖的破产案件债务人涉诉案件,破产案件债务人提出缓交申请的,法院一般予以准许。

(二)存在问题

由于相关规定不甚明确,破产案件债务人是否属于可予司法救助交纳涉诉案件诉讼费

用的主体,各地法院认识和做法差别很大。由此引发的问题是:

1. 大多数法院不准许减交,个别法院则准予减交。涉诉案件不是审理破产案件的同一法院审理的,一般不准许缓交申请;涉诉案件由审理破产案件的同一法院审理,一般则准许缓交申请。如此,同一主体——破产案件债务人,基于同一事由——确实难以交纳涉诉案件诉讼费用,申请同一司法救助措施——缓交或者减交,仅仅因为审理涉诉案件的法院不同,却会导致准许其申请或者不准许其申请两种截然不同的处理结果。人民法院对司法救助申请进行审查标准的公开性、合理性、一致性受到质疑,在一定程度上损害了司法权威。

2. 依照《民事诉讼法》相关规定,人民法院有义务保障和便利当事人行使诉权。对确实难以交纳诉讼费用的当事人提供司法救助是人民法院的法定职责,相应地,确实难以交纳诉讼费用的当事人享有申请和获得司法救助的法定权利。由于缺乏对破产案件债务人交纳涉诉案件诉讼费用给予司法救助的具体规定,破产案件债务人遭遇两难境地:破产案件债务人追索财产及对外债权依新破产法规定必须通过诉讼途径,却无力交纳诉讼费用;破产案件债务人需要司法救助,却往往难以得到司法救助。破产案件债务人的合法权益面临被损害之危险。

三、破产案件债务人交纳涉诉案件诉讼费用的困难及司法救助需求

(一)无力清偿到期债务依法进入破产程序的债务人,一般均无力交纳涉诉案件诉讼费用

1. 破产案件债务人普遍缺乏现金资产支付案件受理费,制约了破产案件债务人起诉追索财产及对外债权。诉权是当事人的基本程序性权利。在现代法治国家,诉权作为"接受法院审判的权利"是一项宪法性的基本权利。① 破产案件债务人起诉追索财产及对外债权,是借助国家司法强制力保障全体破产案件债权人利益的最后手段。由于破产案件债务人的诉权具有强制代表行使(由管理人代表行使)及利他目的的归属(全体破产案件债权人分配),本质上具有为全体破产案件债权人实现公平受偿的公益属性,需要法律配套激励促成其实现。破产案件债务人之所以成为破产案件债务人,系人民法院经审查认定其确已资不抵债或者缺乏清偿能力进而才裁定进入破产程序,这本身就表明其没有多少偿债现金。因破产案件债务人基本没有现金资产预交案件受理费,进而无法为其他多数人(全体破产案件债权人)利益而诉诸司法保护。事实上,除了被国家有关部门责令强制关闭并随即进行行政清算的极少部分破产案件债务人(主要是破产的证券公司),因为相关部门及时采取了资产保全措施尚有部分现金余额外,其他绝大部分的破产案件债务人正是因资金链断裂才最终走向破产,现金流早已枯竭。"有心起诉、无钱交费(案件受理费)",破产案件债务人提起诉讼追索财产及对外债权,普遍遭遇诉权行使的交费困境。

2. 即使破产案件债务人存在实物资产及无形资产,新破产法规定的债务人财产变价程序,也制约了管理人代表债务人及时行使诉权。新破产法第一百一十一条、一百一十二条规定,管理人应当及时拟订破产财产变价方案,提交债权人会议讨论;管理人应当按照债权

---

① 廖永安:《诉讼费用研究——以当事人诉权保护为分析视角》,中国政法大学出版社2006年版。

人会议通过的或者经债权人会议表决未通过由人民法院裁定的破产财产分配变价方案,适时变价出售破产财产;变价出售破产财产除债权人会议另有决议的除外应当通过拍卖进行。根据上述规定,只有当企业被宣告破产进入破产清算后,才能对破产企业的实物资产及无形资产进行变价处置;对于破产企业的实物资产及无形资产的变价方案,管理人没有决定权,只有执行权。因此,当债务人进入重整、和解程序或者人民法院受理破产清算申请尚未宣告破产前,管理人无权拟订债务人财产变价方案,更谈不上执行变价措施。债务人即使有实物资产及无形资产,但在最终被宣告破产并进行变价处置前,将长期处于"有财(实物资产及无形资产)无钱"状态。管理人履行职务代表债务人起诉追索财产及对外债权,面临无钱预交案件受理费的窘境。

3. 即使极少数破产企业具有预交案件受理费的能力,管理人能否即时用作预交涉诉案件受理费亦欠缺明确规定,也制约了管理人以债务人财产预交涉诉案件受理费。新破产法第四十一条第(一)项规定破产案件的诉讼费用为破产费用。第四十二条规定,人民法院受理破产申请后因债务人继续履行合同、继续营业、不当得利、无因管理、债务人财产致人损害以及管理人或者相关人员执行职务致人损害等原因产生的债务为共益债务。第四十三条规定,破产费用和共益债务由债务人的财产随时清偿。对比上述规定,破产案件债务人另案起诉追索财产及对外债权预交的案件受理费,当然不属于第四十一条规定的"破产案件的诉讼费用",因为起诉追索财产及对外债权案件属于诉讼案件,而不是破产案件;也不属于第四十二条规定的共益债务,因为它根本不是对其他民事主体所负担的"债务"。[①]因此,管理人不能按照第四十三条的规定随时支付涉诉案件受理费。

(二)对无力交纳涉诉案件诉讼费用的破产案件债务人给予统一的司法救助,是新破产法实施后日益突出的司法需求

1. 有利于充分保障破产案件债务人平等实现诉权。《民事诉讼法》第八条规定,民事诉讼当事人"有平等的诉讼权利";人民法院审理民事案件应当"保障和便利"当事人行使诉讼权利,对当事人在适用法律上一律平等。根据该条规定的民事诉权平等原则,人民法院有义务保障和便利民事诉讼当事人平等行使诉权。由于破产案件债务人基本没有现金资产,债务人有限的其他资产必须依照法定的条件及程序才能处置,管理人代表债务人起诉追索财产及对外债权普遍无钱预交案件受理费,迫切需要给予司法救助,以"保障和便利"破产案件债务人平等行使诉权。否则,破产案件债务人将因无钱起诉丧失追索财产及对外债权的最后救济机会。

2. 有利于充分保障实现新破产法体现的程序正义价值。原破产法对于破产案件债务人与其他民事主体的民事权益争议,均由审理破产案件的合议庭进行裁定,一裁终局,不得上诉。这种以裁定解决实体争议的方式保证了破产案件的审理效率,却牺牲了破产案件债务人与其他民事主体的诉权,有违"正当程序"理念。新破产法基于保障当事人诉权的程序正义要求,将破产案件债务人与其他民事主体的民事权益争议从审理破产案件的合议庭剥

[①] 最高人民法院、财政部 1989 年 9 月 18 日印发的《关于加强诉讼费用管理的暂行规定》第一条明确"各级人民法院依法收取的诉讼费用属于国家规费"。

离,一律通过诉讼程序加以解决。如果因为破产案件债务人没有预交案件受理费即裁定不予受理其追索财产及对外债权而提起的诉讼,那么破产案件债务人被他人占有的财产及其对外债权随即转化为不受法律强制保护的"自然债务",这将从根本上背离新破产法通过强化程序正义促进实体正义的立法预期。

3. 有利于充分保障破产案件全体债权人的合法权益。由于破产案件债务人通常均严重资不抵债,丧失清偿债务能力,新破产法实施前破产审判实务中债权清偿率一般均在10%以下,绝大部分债权份额均清偿无望。新破产法实施前有关债务人的实体争议采取径直裁定的非诉方式解决,因此无须另行交纳解决这些争议的诉讼费用。新破产法实施后有关债务人的实体争议采取诉讼方式解决,或者管理人代表破产案件债务人提起追索财产及对外债权的诉讼,或者其他民事主体对破产案件债务人提起追索财产及对外债权的诉讼,破产案件债务人起诉或者被起诉,必然新增诉讼费用。如此,破产案件债务人原本极少的可分配财产将进一步减少,破产债权受偿程度反而降低了。为了保障与破产案件债务人进行交易的众多破产案件债权人能够得到与新破产法实施前大致相当的受偿水平,维护及保障破产债权安全,对于破产案件债务人新增负担的诉讼费用,急需采取司法救助措施。

四、对破产案件债务人交纳涉诉案件诉讼费用给予司法救助的原则

(一)合法救助原则

诉讼费用制度本质上是调整国家与当事人之间、审判权与诉权之间的法律关系,对当事人交纳诉讼费用进行司法救助必须坚持法治原则。对于不符合法定条件的当事人违法给予司法救助,就是对其他民事主体行使诉权的不公平对待。因此,对破产案件债务人交纳涉诉案件诉讼费用给予司法救助,必须在现行法律许可的范围内依法实施。

(二)有效救助原则

鉴于破产案件债务人普遍存在预交案件受理费的困难,司法救助措施应当能够保障普遍难以交纳诉讼费用的破产案件债务人不致因此而无法起诉;鉴于破产案件债务人败诉负担的诉讼费用必然减损破产案件债务人财产,司法救助措施应当能够体现对众多破产案件债权人的利益关怀。司法救助措施能够有效保障破产案件债务人行使诉权,能够有效保障破产案件债权人得到实惠。

(三)适度救助原则

诉讼费用属于国家规费,[1]本质上是国家与当事人之间合理分担审判成本。[2] 随着国家

---

[1] 对于诉讼费用的性质,理论上有税收说、国家规费说、惩罚说、折中说四种观点。我国诉讼费用列入"预算外资金管理专户"全部用于法院业务经费支出,不符合税收用于全社会纳税人共同享用的特征。国家保障当事人实现诉权,因行使诉权所应交纳的诉讼费用根本不是国家在惩罚当事人,不存在靠收费惩罚调节案件数量的正当性。我国诉讼费用作为调节国家负担及受益者负担诉讼成本的国家规费,属于通说,并为最高人民法院、财政部1989年9月18日《关于加强诉讼费用管理的暂行规定》予以确认。参见廖永安:《诉讼费用研究——以当事人诉权保护为分析视角》,中国政法大学出版社2006年版。

[2] 诉讼成本包括审判成本及当事人参加诉讼支出的费用。我国诉讼费用仅指审判成本,不包括当事人费用。因此,除非有合同的特别约定,胜诉一方当事人为参加诉讼所支出的费用是无权要求败诉一方负担的。

经济实力逐渐增强,需要当事人承担的审判成本(诉讼费用)将越来越少。在现阶段我国尚未足够富裕的情况下,尚难以做到对包括破产案件债务人在内的经济困难当事人全部免交诉讼费用。

五、对破产案件债务人交纳涉诉案件诉讼费用给予司法救助的方案

(一)合法性论证

1. 依法不得准许破产案件债务人免交诉讼费用。2007年《民事诉讼法》第一百零七条第二款规定,"当事人"交纳诉讼费用确有困难的,可以按照规定向人民法院申请缓交、减交或者免交。依此规定,"当事人",无论是自然人还是法人或者其他组织,交纳诉讼费用确有困难的,均可申请诉讼费用缓交、减交或者免交。国务院根据该条"另行制定"的《诉讼费用交纳办法》第四十四条规定,当事人交纳诉讼费用确有困难的,可以依照本办法向人民法院申请缓交、减交或者免交诉讼费用的司法救助;诉讼费用的免交只适用于自然人。① 依此规定,"当事人"为自然人,交纳诉讼费用确有困难的,可以申请缓交、减交、免交;"当事人"为非自然人(法人或者其他组织),交纳诉讼费用确有困难的,可以申请缓交、减交,但不得申请免交。根据新破产法的规定,有资格进入破产程序的债务人均为企业法人或者其他组织,自然人尚不具有破产主体资格。因此,对于交纳涉诉案件诉讼费用确有困难的破产案件债务人可以考虑采取司法救助措施,仅限于准许减交、缓交诉讼费用,而不包括准许免交诉讼费用。

2. 依法可以准许破产案件债务人减交诉讼费用。《诉讼费用交纳办法》第四十六条第一款规定:"当事人申请司法救助,符合下列情形之一的,人民法院应当准予减交诉讼费用:(一)因自然灾害等不可抗力造成生活困难,正在接受社会救济,或者家庭生产经营难以为继的;(二)属于国家规定的优抚、安置对象的;(三)社会福利机构和救助管理站;(四)确实需要减交的其他情形。"结合2007年《民事诉讼法》第一百零七条第二款及《诉讼费用交纳办法》第四十四条的规定,本条规定的"人民法院应当准许减交诉讼费用"的申请主体范围,不限于自然人为"当事人申请司法救助",也包括非自然人为"当事人申请司法救助",只要申请人交纳诉讼费用确有困难,"确实需要减交",均享有申请"减交诉讼费用"的司法救助权利。破产案件债务人客观上确实存在交纳诉讼费用的困难,可以依上述交纳办法第四十六条第一款第(四)项规定申请人民法院减交诉讼费用。

3. 依法可以准许破产案件债务人缓交诉讼费用。《诉讼费用交纳办法》第四十七条规定:"当事人申请司法救助,符合下列情形之一的,人民法院应当准予缓交诉讼费用:(一)追索社会保险金、经济补偿金的;(二)海上事故、交通事故、医疗事故、工伤事故、产品质量事故或者其他人身伤害事故的受害人请求赔偿的;(三)正在接受有关部门法律援助的;(四)确实需要缓交的其他情形。"结合2007年《民事诉讼法》第一百零七条第二款及《诉讼费用

---

① 需要特别注意的是,由于我国尚未建立诉讼费用保障基金,人民法院可以准许缓交、减交或者免交的诉讼费用事实上只包括《诉讼费用交纳办法》第六条规定的诉讼费用前两项"案件受理费"和"申请费",不包括第三项规定证人、鉴定人、翻译人员、理算人员的"出庭发生费用"。

交纳办法》第四十四条的规定,本条规定的"人民法院应当准许缓交诉讼费用"的申请主体范围,不限于自然人为"当事人申请司法救助",也包括非自然人为"当事人申请司法救助",只要申请人交纳诉讼费用确有困难,"确实需要缓交",均享有申请"缓交诉讼费用"的司法救助权利。破产案件债务人客观上确实存在交纳诉讼费用的困难,可以依上述交纳办法第四十七条第(四)项规定申请人民法院缓交诉讼费用。

(二)可行性论证

1. 破产案件债务人交纳涉诉案件受理费的,按照财产案件受理费标准减半交纳。《诉讼费用交纳办法》第四十六条第二款规定,人民法院准予减交诉讼费用的,减交比例不得低于30%。《诉讼费用交纳办法》第十四条第(六)项规定,破产案件的申请费依据破产财产总额计算,按照财产案件受理费标准减半交纳。我们认为,正是考虑到破产案件债务人处于资不抵债缺乏偿债能力的"破产"状况,客观上确实难以交纳破产案件受理费,《诉讼费用交纳办法》才明确规定无须破产案件债务人提出减交申请,也无须人民法院按"不得低于30%"酌定减交比例,破产案件债务人直接按财产案件受理费标准"减半交纳"破产案件申请费。① 鉴于破产案件债务人交纳的涉诉案件受理费与破产案件交纳的申请费在性质上均属于诉讼费用,破产案件债务人交纳涉诉案件受理费与其交纳破产案件受理费面临同样的"破产"财务状况,国家对于破产案件交纳申请费所采取的司法救助措施应当同样适用于破产案件债务人交纳涉诉案件受理费,即按照财产案件受理费标准,破产案件债务人"减半交纳"涉诉案件受理费。具体包括如下两种情形:一是"预先交纳"。破产案件债务人作为原告提起诉讼或者上诉人提起上诉,需要预先交纳的案件受理费,按照财产案件受理费标准"减半交纳";二是"确定交纳"。破产案件债务人作为被告、被上诉人应诉或者第三人参加诉讼,人民法院确定由其负担的案件受理费,按照财产案件受理费标准"减半交纳"。

2. 破产案件债务人"减半交纳"的案件受理费,可以向人民法院申请缓交。依据《诉讼费用交纳办法》第二十条第二款规定,破产案件申请费不由申请人预交,"清算后交纳"。由于破产清算案件"减半交纳"申请费仍然较高,该办法规定无须破产案件债务人提出缓交申请均统一缓交至"清算后",是必要的。而破产案件债务人作为原告、上诉人预先交纳或者作为被告、被上诉人、第三人确定交纳的涉诉案件受理费"减半"后通常均大大低于破产案件申请费,破产案件债务人可能具备支付能力,不宜规定"统一缓交"办法,而可采取"申请缓交"办法,即:破产案件债务人交纳涉诉案件受理费确有困难的,可以向人民法院申请缓交;人民法院受理债务人申请或者被申请破产清算,破产案件债务人交纳的涉诉案件受理费可以在清算后交纳;人民法院受理债务人申请或者被申请依破产法重整,破产案件债务人交纳涉诉案件受理费可以在重整计划通过后交纳;人民法院受理债务人申请或者被申请

---

① 这里仅涉及债务人提出破产申请的情形,至于债务人被债权人提出破产申请,债权人也可"减半交纳"申请费的法理依据是"受益者分担"原理,债务人已破产,债权受偿基本无望,申请破产"受益"的风险高,故交纳破产成本相应较低。因该问题不属于本课题范围,不作讨论。

依破产法和解,可以在和解协议通过后交纳。① 需要特别说明的是,《诉讼费用交纳办法》第二十条第二款规定的破产案件申请费"清算后交纳"仅适用于破产清算案件,不适用于债务人依破产法重整案件及债务人依破产法和解案件,因为如果债务人重整成功或者与债权人和解成功将不会进入破产清算程序,当然也就不会存在缓交至"清算后"的问题。

3. 破产申请受理前债务人涉诉案件诉讼费用的司法救助问题。一是债务人在破产申请受理前已经全额预交的案件受理费及执行申请费、保全申请等诉讼费用,在破产申请受理后才结案的,能否确定"减半交纳"。债务人在破产申请受理前已经全额交纳了诉讼费用,表明其当时不存在交纳诉讼费用困难,因此不符合司法救助的条件。同时,由于已经全额预交的诉讼费用发生于破产申请受理之前,依法不属于债务人财产范围,不会因为未予司法救助而减损全体破产案件债权人利益。因此,即使相关诉讼案件结案时债务人已经进入破产程序,仍不得对债务人在破产申请受理前已经全额预交的诉讼费用"减半交纳"。二是债务人在破产申请受理前作为被告、被上诉人应诉或者第三人参加诉讼,破产申请受理后人民法院裁判确定由其负担的诉讼费用,能否予以"减半交纳"。由于人民法院确定债务人交纳诉讼费用的时间发生于债务人进入破产程序之后,此时债务人确实存在交纳诉讼费用的困难事实上已为人民法院受理破产申请的裁定所确认,宜予"减半交纳"。

4. 债权表登记异议案件诉讼费用的司法救助问题。新破产法第五十八条第三款规定,债务人、债权人对债权表记载的债权有异议的,可以向受理破产申请的人民法院提起诉讼。根据该条规定,可能产生两类案件:一类是起诉请求撤销管理人所作特定债权事项登记,判令管理人对该特定债权事项重新作出登记。② 破产案件债务人对债权表记载有异议、债权人就债权表记载的其他人的债权有异议而提起的债权表登记异议诉讼,其诉讼目的并非是为了自己取得特定的财产利益,只是为了撤销管理人对特定债权事项所作登记,宜按件收取。参照当事人申请撤销仲裁裁决案件每件交纳 400 元的标准,申请撤销债权表登记案件每件交纳 400 元,破产债务人减半交纳。需要注意的是,如果债权人对债权表记载的己方债权有异议而提起诉讼,其诉讼目的就是为了己方取得特定的财产利益,因不具有为全体债权人利益的公益属性,应按财产案件标准全额交纳诉讼费用。另一类是债务人除请求撤销管理人对特定债权所作登记事项之外,还另请求人民法院对该特定债权作出确认判决,这一类实为债权确认案件,应按财产案件标准交纳案件受理费,破产案件债务人减半交纳。这里需要特别说明,债权人对债权表记载的他人债权持有异议而提起的债权表记载异议诉讼,只能诉求撤销管理人对特定债权所作登记事项并判令管理人对该特定事项重新作出登记,而不能请求人民法院对债权表记载的他人债权与破产案件债务人之间的债权债务关系作出确认,这是因为有异议的债权人对"他人债权"并不享有诉权。

5. 新破产法实施后其他衍生案件诉讼费用交纳问题。新破产法第三十一条规定了管

---

① 实务中,破产案件债务人起诉追索财产及应收账款交纳的案件受理费有延缓至案件下判前的做法,我们认为是不可取的,因为如果在案件下判前破产案件债务人仍处于法律上不能支付(如尚未接管财产尚未清算完毕)状态,此时以未交纳案件受理费为由按自动撤回上诉处理是显失公正的。

② 如深圳中院审理原告深圳市金顺来投资发展有限公司诉被告廖素云、深圳市旺海怡康实业发展有限公司、深圳市旺海怡康实业发展有限公司管理人债权表登记异议纠纷一案,原告请求撤销管理人对廖素云申请债权的复核结果,并判令管理人对廖素云申报债权事项予以重新核定。参见深圳中院(2008)深中法民二初字第148号。

理人行使撤销权诉讼,第三十二条、三十三条、三十四条、三十五条、三十六条规定了管理人行使追回权诉讼、第三十八条规定了财产权利人行使取回权诉讼、第四十条规定了债权人行使抵销权诉讼。这些案件所涉及诉讼利益均直接针对特定的财产利益,应当按照财产案件计收标准交纳诉讼费用。管理人行使撤销权、追回权案件,因其诉讼利益归属于破产案件债务人,诉讼费用也由破产案件债务人负担,因此应视同破产债务人起诉案件,减半交纳诉讼费用并可申请缓交。别除权人行使别除权诉讼及债权人行使抵销权诉讼,应按财产案件全额预交诉讼费用。如果破产案件债务人败诉的,应予减半交纳并可申请缓交。

6. 破产案件债务人申请财产保全的司法救助问题。破产案件债务人在追索财产及对外债权的诉讼案件中,对被告财产申请财产保全面临如同交纳案件受理费一样的困难,无力交纳财产保全申请费。我们认为,财产保全申请费与案件受理费在性质上是相同的,均属于诉讼费用。与破产案件债务人减半交纳及准予缓交案件受理费的司法救助措施一样,破产案件债务人财产保全申请费可予减半及缓交。

六、结论

通过对破产案件债务人交纳涉诉案件诉讼费用予以司法救助的合理性、合法性及可行性进行分析论证,我们可以得出如下结论:当前审判实务对于破产案件债务人涉诉时提出的司法救助申请的处理差别很大,影响司法的统一和权威,亟待对此明确统一规范;人民法院裁定受理债务人申请或者被申请破产,也就从法律上确认债务人确有交纳诉讼费用的客观困难,对破产案件债务人实施司法救助具有合理性;《民事诉讼法》及《诉讼费用交纳办法》规定非自然人的当事人交纳诉讼费用确有困难的可予减交或者缓交,对破产案件债务人进行减交、缓交涉诉案件诉讼费用具有合法性;比照《诉讼费用交纳办法》关于破产案件诉讼费用的交纳标准及交纳方式的规定,对破产案件债务人"减半交纳"及延缓交纳具有可行性。破产案件债务人涉诉案件诉讼费用交纳标准的"减半"及交纳方式的合理延缓,体现了司法救助的合法、有效及适度原则。

七、需要说明的相关问题

(一)破产案件诉讼费用交纳问题

我院在调研破产案件债务人涉诉案件诉讼费用交纳问题中发现,《诉讼费用交纳办法》关于破产案件交纳诉讼费用的规定也有诸多有待完善之处。

1. 关于和解、重整案件申请费交纳标准问题。《诉讼费用交纳办法》第二十条第二款规定破产案件申请费在"清算后交纳"。由于和解成功案件、重整成功案件没有转入破产清算程序,不存在"清算后交纳"的问题。在这种情况下,能否及如何收取和解成功、重整成功案件的诉讼费用,无从把握。我们认为,《诉讼费用交纳办法》上述规定实际上仅适用于破产清算案件,有关债务人破产和解和破产重整案件交纳相应诉讼费用的问题需要及时予以明确。建议增补如下规定:债务人申请和解、重整、破产清算案件以及债务人被申请重整、破产清算案件,申请费的交纳标准适用《诉讼费用交纳办法》第十四条第(六)项规定。

2. 关于破产案件申请费的交纳主体问题。《诉讼费用交纳办法》第二十条第二款规定申请费由申请人预交，破产案件申请费不由申请人预交，在清算后交纳。根据该规定，破产案件的申请费均由申请人在清算后交纳。"谁申请谁交费"，作为申请费负担的一项原则具有合理性。但是，破产案件申请费确有无须申请人交纳的例外情况：一是依照法律规定由负有监管职责的机构对相关资不抵债的企业依法向人民法院提出破产申请的，申请费应由被申请破产的企业交纳。比如，国务院金融监督管理机构依照新破产法第一百三十四条的规定申请对相关金融机构进行重整、破产清算的，该破产案件的申请费应由被申请重整、破产清算的金融机构交纳。二是依法对资不抵债的企业法人负有清算义务的人提出破产申请的，申请费亦应由被申请破产的企业法人交纳。建议增补如下规定：破产案件申请费应由申请人交纳，但是国务院金融监督管理机构依照新破产法第一百三十四条的规定对相关金融机构提出重整或者破产清算申请，以及依法负有清算责任的人依照新破产法第七条第三款的规定对资不抵债的企业法人提出破产清算申请的，申请费由被申请重整或者破产清算的债务人交纳。

3. 关于破产案件诉讼费用交纳期限问题。《诉讼费用交纳办法》第二十条第二款规定破产案件申请费在"清算后交纳"，该规定仅适用于破产清算案件。对于破产清算案件，诉讼费用只有在"清算后"才可予交纳，将"可交纳时"规定为缓交期限届至时是合理的。同理，对于债务人申请和解案件，只有在债权人会议通过和解协议后，才具有"可交纳"破产案件诉讼费用的条件。债务人申请或者被申请重整案件，在各表决组通过重整计划草案或者人民法院依照新破产法第八十七条规定批准重整计划草案后，才具有"可交纳"破产案件诉讼费用的条件。为明确破产和解、破产重整案件交纳诉讼费用缓交期限，建议增补如下规定：债务人申请和解案件，在债权人会议通过和解协议后交纳诉讼费用。债务人申请或者被申请重整案件，在各表决组通过重整计划草案或者人民法院依照新破产法第八十七条规定批准重整计划草案后，交纳破产案件诉讼费用。债务人申请或者被申请破产清算案件，在清算后交纳诉讼费用。

（二）关于债权人申请财产下落不明的债务人破产清算可否要求债权人预先支付一定的破产费用问题

根据最高人民法院相关司法解释，债权人申请财产下落不明的债务人破产，人民法院应予受理该破产申请。根据《诉讼费用交纳办法》第二十条第二款规定，债权人无须预交破产案件诉讼费用，待清算后再予交纳。国家对于应收破产案件诉讼费用应当给予缓交的司法救济。但问题是，人民法院一经受理破产申请必须同时指定管理人接管债务人，管理人接管债务人就必然发生管理人报酬及管理人管理债务人员工及财产所发生的费用，如果债权人不预先垫付一定的管理人报酬及合理的管理费用，则意味着破产程序根本无法进行下去。这是当前破产审判的一个突出问题。我们认为，如果被申请破产的债务人财产下落不明，债权人申请其破产垫付必要的管理人报酬及管理人费用，是合理的。这与债权人无须预交应付给国家的诉讼费用的上述规定并不冲突。鉴于该问题不属于课题调研范围，建议在新破产法司法解释中增补如下规定：债权人申请债务人破产清算，人民法院经审查发现债务人财产下落不明,可以要求债权人垫付必要的管理人报酬及其他清算费用。

(三)关于破产案件债务人申请财产保全无力提供担保的司法救济问题

民事诉讼法规定当事人申请诉前财产保全措施应当提供相应担保,申请诉中财产保全措施,人民法院可责令其提供相应担保。审判实务中,为防止申请人滥用财产保全申请权给被申请人造成不应有的损失,除金融机构可以提供信用担保外,其他申请人申请财产保全的均要求提供相应的财产担保。破产案件债务人本身没有多少财产,连交纳案件受理费及保全申请费都需要司法救助,根本无法提供相应的财产担保。但是,一概免除破产债务人申请财产保全提供相应财产担保的诉讼义务,又不能有效防止破产案件债务人滥行申请财产保全损害被诉一方的合法权益,形成过度救济。因此,必须在保障破产案件债务人申请财产保全的诉讼权利与维护被诉当事人的实体利益之间,寻求到合理的平衡点。鉴于该问题不属于课题调研内容,建议在新破产法司法解释中增补如下规定:破产案件债务人起诉追索财产及对外债权案件,如果破产案件债务人对受追索的财产权属明确或者受追索的对外债权清楚,申请财产保全措施,人民法院可予准许其不提供相应财产担保。

附:

关于破产案件债务人涉诉案件诉讼费用交纳的补充规定

(建议条文)

为了保障破产案件债务人依法行使诉讼权利,维护破产案件债务人及其债权人的合法权益,根据《中华人民共和国民事诉讼法》《中华人民共和国企业破产法》《诉讼费用交纳办法》相关规定,特制定如下补充规定:

第一条 破产案件债务人提起诉讼追索财产及应收账款,参照《诉讼费用交纳办法》第十四条第(六)项的规定,按财产案件受理费标准减半交纳案件受理费,最高不超过30万元。

管理人依照《企业破产法》第三十一条规定行使撤销权案件,依据第三十二条、第三十三条、第三十四条、第三十五条、第三十六条行使追回权案件,适用前款规定。

第二条 破产案件债务人对债权表登记的债权有异议,债权人对债权表记载的其他债权人的债权有异议,依照《企业破产法》第五十八条第三款的规定提起债权表记载异议诉讼,诉请撤销管理人债权表登记的,每件交纳400元,破产案件债务人起诉的,减半交纳200元。

债权人对债权表记载的己方债权有异议,依照《企业破产法》第五十八条第三款规定提起债权表记载异议诉讼,不适用前款规定。

破产案件债务人对债权表记载的债权有异议,依照《企业破产法》第五十八条第三款规定提起诉讼,请求确认其与相关债权人之间债权债务关系的,按照财产案件受理费标准减半交纳案件受理费,最高不超过30万元。

第三条 破产案件债务人提起上诉的,依照《诉讼费用交纳办法》第十七条规定,按照不服一审判决部分的上诉请求数额计算案件受理费,减半交纳,最高不超过30万元。

第四条 破产案件债务人作为被告、被上诉人应诉或者第三人参加诉讼,人民法院判决由其负担诉讼费用的,减半交纳诉讼费用。

第五条 破产案件债务人、管理人申请财产保全,按照《诉讼费用交纳办法》第十四条第(二)项规定标准,按实际保全的财产数额减半交纳申请费,最高不超过2500元。

第六条 债务人申请和解案件,破产案件债务人依照本规定交纳涉诉案件诉讼费用确有困难的,可以申请在债权人会议通过和解协议后交纳。

第七条 债务人申请或者被申请重整案件,破产案件债务人依照本规定交纳涉诉案件诉讼费用确有困难的,可以申请在各表决组通过重整计划草案或者人民法院依照《企业破产法》第八十七条规定批准重整计划草案后交纳。

第八条 债务人申请或者被申请破产清算案件,破产案件债务人依照本规定交纳涉诉案件诉讼费用确有困难的,可以申请在清算后交纳。

第九条 破产申请受理前已经审理终结的债务人涉诉案件,债务人在破产申请受理后申请减半负担诉讼费用的,不予准许。破产申请受理前尚未审结的债务人涉诉案件,债务人在破产申请受理后申请减交、缓交诉讼费用的,可予准许。

关于审理民间借贷纠纷案件的专题调研报告

福建省高级人民法院民二庭课题组

近年来,福建省各种形式的民间借贷活跃,借贷规模不断扩大,各级法院受理的涉及民间借贷纠纷案件激增,案件审理和矛盾调处的难度不断加大。基于此,省法院民二庭及时成立课题组,开展专题调研。

一、基本情况

（一）案件受理总体情况

2009—2011年全省法院共受理民间借贷案件(含企业间借款)93220件,标的额159.49亿元,案件数量年均增长22%以上,2011年个案平均标的额增加明显。全省法院共审结涉及民间借贷经济犯罪案件201件,主要涉及集资诈骗罪、非法吸收公众存款罪、诈骗罪、合同诈骗罪、高利转贷罪等罪名。

（二）案件激增原因分析

1. 民间资金充裕,投资渠道狭窄。随着经济持续快速发展,老百姓生活水平不断提高,手头可支配资金日渐增多。由于CPI持续在高位徘徊,老百姓必须寻找合适投资渠道,实现资金的保值升值。基金、股市、房地产投资通常需要相应的专业知识,且囿于近年来宏观调控政策的影响,具有较高风险。银行存款利率较低且还要缴纳利息税。传统的民间借贷更加便捷且有高额利息诱惑,因此,许多人首选民间借贷作为投资升值的途径。

2. 银根紧缩环境下小微企业的庞大资金需求。2010年以来,我国先后出台了房产限购政策、调整银行准备金率和存款利率等宏观调控政策,房地产、造船、钢贸、进出口贸易等行业受宏观调控政策影响明显,但又难以从银行获得贷款,只能从民间渠道融资,这种潜在的巨大资金需求是民间借贷泛滥的重要原因之一。

3. 公民风险意识淡薄,民间借贷担保手续不完备。不少出借人法律意识淡薄,只考虑高额利润回报,对市场经营风险、借款人的履行能力考虑不周。有的出借人认为只要持有借款人提供的产权证照就可以控制抵押物,没有到相应登记职能部门办理登记。有的借款人毫无诚信可言,利用出借人逐利心理,用花言巧语骗取信任,或伪造产权证照提供假担保,诈骗钱财。

4. 准金融机构大肆介入民间借贷,积聚巨大风险。由于制度和监管的原因,不少担保公司、典当行等准金融机构利用自身优势,以高出银行存款利率的回报率吸收民间资金或"搬移"银行存款,大肆介入民间高利贷操作,高息放贷赚取利差。福建省法院近年来受理的不少借款案件虽然形式上表现为民间借贷,但实际上都是担保公司与其他企业、个人之间发生关系。

(三)当前福建省民间借贷纠纷的特点

1. 涌现"职业放贷人"群体,借款合同规范统一。许多典当行、担保公司、投资咨询公司纷纷扮演"放贷人"角色,民间借贷呈现专业化、规模化、规范化趋势。有的个人专职从事放贷谋利,反复作为原告一方涉诉。担保公司、典当行及一些个体"职业放贷人"提供的借款合同格式规范、内容完整,合同对利息、违约金、实现债权费用分担、争议解决条款都作出详尽约定。

2. 日趋高利贷化,隐性利率大量存在。涉案的民间借贷合同约定的利息普遍高于银行同期贷款利率,且呈逐年提高趋势。出借人为了规避"银行同期贷款利率四倍"的限制,通常既约定利息、逾期利息,又约定违约金、赔偿金,有的甚至直接扣收"砍头"利息。有的出借人定期将利息计入本金,要求借款人出具新的借条。有的担保公司以公司职员或股东名义出借,公司为借款人提供担保,担保公司向借款人收取担保费、违约金、滞纳金等费用,借款人除了支付利息外,还要支付各种费用。不少借款人难以承受将高利贷成本的资金用于正常生产经营,而转向投机钻营,加剧了民间借贷的风险。

3. 被告下落不明比例高,诉讼保全率和调撤率呈"一高一低"态势。现有民间借贷案件中被告不出庭应诉的现象较为普遍,公告送达、缺席审理和判决的案件增多。一些案件的被告即使到庭参加诉讼,但由于原告对其还贷能力不信任,法院调解工作同样难以开展,调撤率偏低,进入强制执行程序的比例偏高。为了保全自己的债权,原告申请对被告房产、股权、车辆等财产进行保全的情况增加,被告某一项财产往往有多轮查封保全措施。

4. 涉及同一被告企业的系列案件增加。全省法院受理的涉及企业因资金链断裂,导致民间借贷的系列案件逐年增加。系列案件的被告企业多是受宏观调控政策影响明显的房地产企业、出口外贸企业、担保公司等,主要表现为公司陷入财务危机,高管去向不明,众多债权人提起诉讼,涉诉标的额十分巨大,既有银行、担保公司为原告的借款案件,也有个人为原告的民间借贷案件,一些教师、乡镇干部等公职人员为借款提供担保,甚至发现个别企业为保全或转移财产而制造虚假诉讼,个别地方已经发生了群体性事件。

二、福建省法院应对民间借贷纠纷案件激增的主要措施

面对激增的民间借贷纠纷案件,全省各级法院高度重视,认真践行能动司法理念,紧紧依靠党委、政府协调,加大司法合力,妥善化解民间借贷纠纷,规范引导民间融资健康发展,依法保障民生、促进发展、维护稳定。主要举措有:

1. 加强研判预警,力促和谐稳定。一是加强立案审查。对于涉及群体诉讼等可能影响社会稳定的民间借贷系列纠纷案件,有的法院在立案时就注意做好风险评估,及时与相关

职能部门沟通协调,做好维稳预案。涉嫌犯罪的案件,依法移送有关部门处理。二是加强群体性、系列案件的稳控工作,切实化解风险。在审理涉及当事人众多的案件时,认真做好原告方的安抚工作,依法减少公告送达,缩短办案周期,切实维护债权方的合法权益,避免产生群体性矛盾纠纷。对资金链断裂、法定代表人或实际控制人弃企出逃的案件,及时制订工作预案,加大诉讼保全力度,做好稳控工作。三是发挥延伸服务职能。各级法院始终关注当地经济、社会发展的动向、变化,适时提出意见建议,采取有力措施,从司法层面加强应对。

2. 强化诉讼调解,引导诉讼双方共渡难关。虽然当前民间借贷案件的调解工作存在诸多客观困难,但是,各级法院在审理民间借贷案件中能够克服不利因素,突出抓好涉及人数众多、可能引发群体性案件的调解工作,下最大力气促成债权人与债务人达成分期还款、减免利息的协议,缓解债务人生存压力,实现"放水养鱼"和双赢,避免诱发不稳定因素。泉州两级法院邀请人大代表、政协委员参与案件调解,还与泉州市工商联建立"泉州市民营企业司法服务与指导领导小组",在全市工商界人士中聘请若干名商事调解员,尝试成立商会调解委员会,在法院指导下开展调解工作。

3. 保护合法的借贷利息,有效遏制高利贷。各级法院能够依法认定民间借贷合同效力,保护合法的民间借贷法律关系和合法的借贷利息,提高资金使用率,推动小微企业"融资难、融资贵"问题的解决。在具体案件审理过程中,能够严格审查借贷关系中是否存在规避法律情形,如是否预先在借款本金中扣除利息或计算复利等。对扣除"砍头利息"的,按实际支付金额确定借款本金,对超过法定最高4倍限度的复利不予保护。对既约定利息,又约定违约金的,严格按照最高人民法院批复精神,借款期限内的利息以不超过银行同期贷款4倍为准,借款逾期后的利息和违约金两项合计不超过人民银行同期贷款利率4倍。对于非法集资等经济犯罪、与民间借贷有关的黑社会性质犯罪以及其他暴力性犯罪,依法从严惩处。通过裁判的规范引导,有效遏制民间融资中的高利贷化和投机化倾向,促进民间融资健康发展。

4. 严格甄别,杜绝虚假诉讼。福建省法院大多数法官在审理民间借贷案件中能够合理分配举证责任、查清借款事实,探索形成了有效应对虚假诉讼的工作经验。尤其在虚假诉讼高发的群体性、离婚诉讼案件中,不就案办案,不仅凭当事人陈述、举证轻易认定债权,而是加强对案件细节的审查,通过核实出借人与借款人的关系、借款用途、资金来源、款项支付等基本情况,综合考量债权的真实性、合法性和合理性。如果当事人无法证明确实存在资金交付,对借款事实陈述模糊不清、前后矛盾或与常理明显不符,则判决驳回原告诉讼请求。石狮法院还要求立案庭在立案登记时,应当查询被告在全国法院执行案件信息管理系统的记录情况,及时通报业务庭。三年来,全省法院共判决驳回原告诉讼请求或裁定驳回起诉的民间借贷案件1550件,诉讼标的达6.8936亿元。

三、当前福建省民间借贷纠纷案件审理的难点及问题

1. 案件性质确定难。不少民间借贷案件与其他法律关系交织在一起,对转化型案件法律关系应认定为借贷还是合伙、投资、委托理财、委托贷款等,是审判实践面临的难题。对

于债权人持转账凭证提起诉讼,但没有借据或合同佐证双方存在借款合意的情况下,债务人提出抗辩认为不是借款的,债权人应当进一步举证证明双方存在借款关系,还是直接可以不当得利为由主张返还。有的债务人以民间借贷的形式非法集资,涉嫌刑事犯罪,刑民交叉的案件如何界定和处理也是个难点。

2. 案件基本事实难以查清。一是借贷关系难以确定。民间借贷合同为不要式合同。现实生活中,由于借贷双方往往具有特殊关系,在借贷形式上表现出简单和随意性,双方不签订书面协议或仅由借款人出具收据。一旦发生纠纷,出借方举证则有一定的难度。二是借款金额难以查清。借贷双方计息的方式多种多样,如以本息合计方式约定欠款、将利息直接从本金中扣除、利滚利等方式,法院难以确定此类借款的金额。被告提出预先扣除利息、计算复利等抗辩主张,但通常缺乏证据支持。三是借款是否实际发生难以查清。多数民间借贷纠纷案件中,出借人仅能提供借条或借款合同,主张数额较大的借款以现金形式交付的现象增多。双方对协议是否实际履行有争议,借条能否直接作为认定借款发生的凭证、其证明力如何成了案件审理的难点。四是债务是否合法难以查清。赌博、六合彩、标会等法律不予保护的债务,经过双方包装后,以"借条"的形式进入司法程序,债务人在诉讼中再行提出债务不合法的抗辩,但却无法提供证据证明,法院亦无从查实,可能导致案件事实与客观事实不相符,激化当事人矛盾。

3. 债务主体认定难。《婚姻法》及其司法解释(二)规定,夫妻一方对外所负的债务,在未向第三方披露是个人债务时,应认定为夫妻共同债务,即夫妻双方均作为债务承担的主体。债权人以夫妻双方为被告共同诉至法院后,在借条上签名的借款人往往拒不到庭参加诉讼,未举债一方多以不知情、举债方未用于家庭共同生活、夫妻已经分居、债务虚假等理由抗辩,拒绝承担债务,从而引发债务人主体是否认定为夫妻双方的争议。此外,对借款人与实际收款人不一致的,债务主体如何认定也是一个难点。有的个人以"见证人"、"经手人"身份在借条上签字,各方对其应否承担担保责任分歧较大。

4. 虚假诉讼多发。由于民事诉讼与刑事诉讼衔接不到位,虚假诉讼违法成本低,即使法官在诉讼过程中发现有虚假诉讼的确切证据且情节严重,也无法诉诸刑法对当事人处以惩戒,且民间借贷的法律关系相对简单,证据事实容易捏造,因此,民间借贷成为虚假诉讼的高发地带。诉讼中,出借人在专业人士的指导下,提供的证据通常都符合法律的规定,有的甚至还通过循环走账的方式来确保"债权的真实性",借款人一方不出庭,即便参加诉讼,对借款事实和原告的诉讼请求不抗辩或不作实质抗辩,甚至想方设法为对方诉讼提供便利,以尽快获取法院的裁判文书,"变假成真",使民商事法官的职业面临不少风险。

四、几点意见和建议

1. 强化司法预判、应对。中级法院和受理民间借贷案件较多的基层法院,应当成立由院领导牵头、相关庭室参加的联席会议机制,加强对涉及同一被告的系列案件在立案、审判、执行方面的协调配合。立案庭在登记立案时,要通过查询司法审判管理系统和全国法院执行案件信息管理系统有关被告记录,结合本地法院近期受理民间借贷案件的基本情况,认真分析相关案件是否存在可能影响社会稳定的因素。如发现同一时期受理大量被告为同一个人或公司的案件,且个人、公司法定代表人或实际控制人出逃、资金链断裂的,要第一时间向地方党委、政府和上级法院报告,及时通报相关职能部门和相关业务庭,果断采取控制与预防事态扩大的措施,积极参与破产、清算、职工安置、维稳等相关预案的研究制订。审判业务庭与执行局要加强在案件裁判与债务清偿方式方面的沟通,全面掌握系列案件被告个人或公司的资产负债和涉诉、执行基本情况。各审判业务庭审理涉及同一被告的案件,要加强沟通,共同研究对策,加强应对,防止因审判庭职能分工造成的信息脱节。要密切关注国家宏观调控政策在金融、投资、商贸、物流、消费等方面所引起的新变化及法院受理民间借贷案件的新情况、新特点,深入总结、分析、研判,充分发挥司法建议的预警作用。要通过发布典型案例、以案说法等方式,加强宣传教育,提高公民的法律意识和民间借贷风险意识。

2. 依法审理好民间借贷相关案件。在审理民间借贷纠纷案件中,要始终把握好兼顾保护民间资本与维护正常金融秩序、兼顾各方当事人利益这两个原则,不可偏废。一要准确认定借贷合同效力。各级法院要严格按照《民法通则》、《合同法》等相关法律和司法解释的规定,注意把握国家经济政策精神,依法认定民间借贷合同的效力,保护合法借贷关系,维护当事人的合法权益。根据《合同法》第五十四条第二款、第五十八条之规定,从充分尊重合同相对人意志、实现对其合法权益最佳保护的角度出发,将涉及诈骗罪案件中民间借贷合同效力确定为可撤销合同,在出借人不请求撤销借款合同的情况下,即便借款人的行为被认定为诈骗,借款合同依然自始生效。对实践中出现的一些"转化型"案件,由于前一个法律关系因双方存在相应的民事法律行为而终止,应当认定为民间借贷关系。对于中小企业或个体经营者以民间借贷形式的融资用于生产经营或企业发展的,如利息或违约金约定过高,法院应引导双方重新协商确定利息或违约金标准,使其回到合法、理性借贷轨道。要严格审查借贷关系合法性,注重审查是否存在高利贷、所借款项是否存在违法犯罪行为等情形,涉嫌犯罪的,应及时移送公安机关处理。二要合理分配举证责任。民间借贷合同具有实践性特征。根据"谁主张,谁举证"原则,在民间借贷纠纷中,出借人对双方之间存在的借贷关系、借贷内容、借款人以及借款交付事实负有举证责任,而借款人则对于其已履行还款义务负有举证责任。原告对数额较大借款仅提供借条的,法院应当通过综合审查借贷双方关系、债权人的经济实力、交易习惯等综合评判借贷是否实际发生。在借款人否认借条上签名真实性且确无其他证据印证的情况下,应由出借人申请笔迹鉴定并承担相应法律后果。三要妥善审理好系列案件。对于涉及众多出借人或者借款人的案件,可能引发工人讨薪等群体性的案件、出借人与借款人之间情绪严重对立的案件,要借助政府、工会、工商联、行业协会等各方面力量,着重做好调解工作。对于中小企业或个体经营者以民间借贷形式的融资用于企业发展的,仅是由于受金融危机冲击、暂时资金周转困难,但尚有经营发展前景,应尽量采用"活扣"、"活封"等诉讼保全方式,避免因保全措施不当影响企业的生产经营或导致企业倒闭停业,并引导、支持借贷双方通过分期付款、债转股、展期、减免利息和违约金等形式,引导涉诉双方共渡难关,使民间借贷成为企业发展的动力。对涉诉企业资金链已经断裂、确无挽回可能的,应当及时启动预案,加大保全力度,加速审理周期,最大限度保护债权人的利益。符合强制清算、破产条件的,应当及时启动破产清算程序。对集团诉讼、群体性案件、可能引发区域性、系统性金融风险和存在影响社会和谐稳定因素的案件，相关的地区、不同审级法院之间应当加强信息沟通。必要时在征得共同上级法院的同意下，可以实行集中管辖，以统一裁判标准，平等保护各地债权人的合法权益。四要审慎处理涉及民间借贷的经济犯罪案件。要严格贯彻"宽严相济"刑事政策，准确界定非法集资与民间借贷、商业交易的政策法律界限，严格把握罪与非罪的界限，审慎处理非法集资、非法吸收公众存款和民间借贷引发的"转刑"案件，依法维护金融安全和人民群众利益。要坚持在党委、政府的领导下，加强与当地检察院、公安的沟通配合，适度提前介入侦查阶段工作，积极配合处理好受害群众的善后处置工作，加大追赃力度，最大限度挽回损失。

3. 防范、制裁虚假诉讼。一要加强立案阶段的警示和审查。建议在诉讼服务中心设立有关虚假诉讼的警示宣传，引导民事诉讼当事人诚信诉求、合法诉讼，防止和警戒虚假诉讼行为。对于债权人为多人分别起诉同一债务人且涉案标的金额巨大的案件，立案审查时应特别予以关注，并借助案件信息查询系统，查找当事人近期涉诉、被申请执行的情况，必要时还可以传唤当事人到庭接受质询，告知其进行虚假恶意诉讼应承担的法律责任。二要加强审理阶段对案件细节的审查。在审理民间借贷案件中，发现原告起诉的借贷事实或者理由不符合常理、借据存在伪造可能、较大金额借款没有银行转账凭证、被告在一定期间反复涉及民间借贷纠纷诉讼、借贷双方具有密切关系等情形的，法院应当严格审查借款细节，必要时可以要求出借人本人、单位的经办人到庭陈述现金交付的原因、时间、地点、款项来源、用途等具体事实和经过，并接受法庭和对方当事人的询问。无正当理由拒不到庭的，承担相应法律后果。法院根据现金交付金额大小、出借人的支付能力、交易习惯及借贷双方的关系等因素，结合当事人本人的陈述、双方诉辩情况及其他间接证据作出综合判断。审理过程中，如果发现案件可能损害第三人利益的，应及时通知第三人。三要加大惩处虚假诉讼案件及有关涉案人员的力度。对于查实是虚假诉讼的案件，依法判决驳回原告诉讼请求或裁定驳回起诉。鉴于现行刑事法律对虚假诉讼如何制裁规定不够明确，因此，在立法机关修改相关法律之前，法院应加强与公安机关、检察机关的协调和联系，就虚假诉讼的查处、移送达成共识，加大惩处力度。如虚假诉讼受害人对虚假诉讼当事人提起损害赔偿诉讼的，法院应当支持其合理的赔偿诉求，让虚假诉讼当事人付出较高的违法成本。

民事执行与破产制度衔接之实证研究

——以浙江省建德市法院执行实践为视角

浙江省建德市人民法院课题组[*]

民事执行与破产制度均为保障债权实现的法律安排,前者注重债权的个别清偿,后者注重多个债权的公平清偿。在个别清偿中如发现债务人财产不足以清偿全部债务时,应及时转入破产程序实行公平清偿。但执行实践中,鲜有具备破产原因的被执行公司进入破产程序,大多通过参与分配程序完成债务清偿。如此一来,将导致诸多不良后果。例如,无法从根本上解决债务人丧失清偿能力时对全体债权人的公平清偿、因无法正常退出市场而产生大量"植物人"公司等问题。为此,如何实现民事执行与破产制度的有效衔接,便成为司法实践中亟待解决的课题。

为此,本文以新破产法实施以来建德法院执行的相关案件为基础,采取调阅案卷、问卷调查、座谈研讨等方式,分析现状、找出问题、探讨成因,并寻求解决之道。

一、司法实践的基本情况

(一)主要现状

新破产法实施以来(统计至2011年8月),建德法院受理的以公司为被执行人的案件共1893件,其中因债权人未受偿或未完全受偿而终结执行程序的330件,共涉及63家公司,且均处于资不抵债或支付不能境地。其中,共有28家公司涉案数在5件以上。其处理模式见下表。

处理模式	企业数
民事执行程序单行	21
民事执行程序与企业自行清算并行	1
民事执行程序与"强制清算"并行	1

---

[*] 课题主持人:楼军民,成员:胡建强、洪锦平、程顺龙、朱剑文。

处理模式	企业数
民事执行程序转破产程序	4
执行和解	1

1. 民事执行程序单行。《最高人民法院关于人民法院执行工作若干问题的规定(试行)》(以下简称《执行规定》)第96条规定,被执行人为企业法人,未经清理或清算而撤销、注销或歇业,其财产不足清偿全部债务的,应当参照适用参与分配相关规定,对各债权人的债权按比例清偿。分配完成未完全受偿案件予以程序终结。

2. 民事执行程序与企业自行清算并行。法院与清算组进行分工合作,法院负责做好债权人工作和资产的变现处置,清算组做好清理职工工资和编制清算方案工作。资产变现成功后由法院制作分配方案进行财产分配。

3. 民事执行程序与"强制清算"并行。即公司无法自行清算时,法院经债权人申请,指定由基层政府派员参加的清算组对公司进行清算。法院与清算组分工,由法院主持资产处置,处置款经清偿优先债权后,按有无取得生效法律文书,分别由法院和清算组进行分配。

4. 启动破产程序,民事执行程序中止。当法院查明债务人具备破产原因并告知其股东和债权人后,由债务人或债权人向法院申请破产。破产程序启动后,民事执行程序即中止。

5. 执行和解。即对于有发展前景的企业,法院积极组织债权人与债务人双方进行磋商,推动双方达成切实可行的和解协议,实现共赢。

(二)主要特点

1. 破产程序启动少,企业难以正常退出市场。仅4家企业转入破产程序,有七成企业因未进行清算而无法办理注销登记手续。其中两个情况值得关注:一是涉案企业主外逃现象严重,有15家企业的企业主因外出避债而下落不明,由此产生的后果是众多企业在执行程序开始时即处于停产或歇业状态。二是涉案企业规模较小,基本上为小微型企业,股东人数少且多为自然人,公司治理结构不健全,会计账簿严重缺失。这导致企业清算难以展开,破产程序亦因债务人有关人员缺位和账册不全而难以启动。

2. 企业主诚信缺失,易引发不稳定事件。外逃企业主往往存在携款潜逃或转移资产行为,或存在出资不实或抽逃出资问题,但苦于缺少证据无法追责。同时,进入执行程序的部分债权因债权人与涉案企业主系亲友关系,疑系虚假债权。此外,有六成以上企业涉及欠薪,容易引发哄抢企业财产和聚众信访等影响社会稳定事件发生。

3. 资产处理不彻底,处置方式较为粗放。从财产的查控和变现来看,法院控制的财产主要为厂房、土地和机器设备,少部分为银行存款,处置方式主要是拍卖,少部分实行以物抵债,极个别尝试强制管理。总体上看,财产处置较为粗放,在追索应收账款和股东出资、发掘无形资产等方面有所欠缺,同时对债务人的欺诈逃债和个别清偿行为也难以作为。这一方面是执行本身追求高效的特性使然,另一方面则与执行法官缺乏财产管理和财务审计等方面的专业技能有关。

4. 债权起诉时间跨度大，难以实现公平清偿。从执行立案的时间跨度来看，多名债权人起诉同一债务人并进入执行程序的时间间距很长，跨度最长的竟达两年以上。这固然与债权到期时间有关，但也反映出不同债权人对债务人信息了解不对称。同时，先起诉的债权由于债务人尚在维持营业或企业主尚未外逃，法院送达效率较高。待形成众多诉讼后，债务人往往已停工，企业主下落不明，法院不得不公告送达，未等债权进入执行程序，债务人财产就已分配完毕。

二、衔接面临的主要难题

(一) 破产程序启动难

1. 债权人和债务人申请破产动力不足。根据我国《企业破产法》规定，有权提出破产申请的主体包括债权人、债务人和对已解散的公司负有清算责任的人。就债权人而言，因破产程序耗时费力、过程复杂，不仅成本增加，而且申报债权会越来越多，最终债权人能获多少清偿很难预料，有时甚至接近零清偿，故缺少申请破产的积极性，而是希望通过诉讼和民事执行获得较多份额的个别清偿。从建德法院执行实践看，债权人根据《执行规定》第96条之规定，通过参与分配确实能获得更多的清偿，毕竟此时参与分配的债权有限。这种"有限的平等分配"做法，在一定程度上影响了债权人提起破产程序的积极性。另外，从债务人方面考察，其亦缺乏申请破产的内在动力，申请破产不会让其得利，而不申请破产亦不用担责。至于对已解散的公司负有清算责任的人，由于司法实践中进行非破产清算的企业较少，债权人对追究清算义务人未积极清算或不提起破产申请应承担责任的法律规定不清楚，导致清算义务人亦很少提起破产申请。

2. 法院在破产案件受理上障碍颇多。一方面，我国破产立法采申请主义，法院必须依据债权人、债务人等主体的申请方能启动破产程序，故法院即便发现债务人出现破产原因，若无债务人或债权人的申请，亦不能依职权启动破产。另一方面，因缺少破产资源，法院也不太愿意受理此类案件。目前很多基层法院几乎没有专门审理破产案件的法官，破产案件通常由民商庭法官"兼职"审理。这些法官由于专业实践太少、知识储备不足，难以担当繁重的破产案件审判任务，在一定程度上加剧了审理破产案件时间长、成本高的状况。此外，因破产案件具有审理时间长、过程复杂、利益主体多、道德风险高、维稳压力大、法律漏洞多等方面特点，审判部门既要承担商事案件审判任务，又要兼顾破产案件的审理，在面对破产案件时存在畏难情绪，专业化分工难以形成。

(二) 衔接机制不健全

1. 法院与政府缺少分工配合长效机制。破产案件由于其固有特点决定了绝非单纯的司法行为所能完成，而需要政府的支持和配合。但从实践情况看，配合机制尚未形成，这体现在：(1) 常态化的破产案件协调领导小组尚未建立；(2) 资金保障机制缺失，这导致两个资金缺口难以填补：劳动债权优先安置费用和"无产可破"案件的破产清算实际费用，比如破产管理人报酬等；(3) 法院与工商、税务、劳动、建设、土地、房管等行政管理部门之间缺少破产联动机制。

2. 法院执行与审判部门之间衔接不到位。当执行部门在执行过程中查明被执行企业出现破产原因时,便存在与审判部门如何衔接的问题。但调研表明,由于法院历年来受理破产案件较少,法院内部的执行部门与审判部门之间沟通较少,尚缺乏协调配合的可操作性规定。

（三）人账两空清算难

对于实践中存在的一些"两无"企业,即债务人有关人员下落不明,企业财务账本、印章档案丢失,法院很难查明债务人的财产状况,亦很难证明债务人达到破产界限。从调研情况看,逾八成企业完全没有账册或保管不齐全,六成企业主弃企外逃下落不明。尽管最高人民法院在《关于债权人对人员下落不明或者财产状况不清的债务人申请破产清算案件如何处理的批复》中规定"债务人的有关人员不履行法定义务（包括保管公司主要财产、财务账册、重要合同文件档案等）,人民法院可依据有关法律规定追究其相应法律责任;其行为导致无法清算或者造成损失,有关权利人起诉请求其承担相应民事责任的,人民法院应依法支持",但人员下落不明、财产不清,要追究有关人员的责任在实际操作中存在一定困难。

三、程序转换的必要性分析

当被执行企业具备破产原因时,破产程序在清理债权债务、挽救企业和维稳等方面具有民事执行程序所无可比拟的优势。对此,课题组以一起被执行企业破产重整的成功案例加以解析。

某企业主要生产和销售镍铁合金,后因经营不善以及受金融危机影响,亏损严重,无力偿还到期债务,债权人纷纷起诉。当案件进入执行程序后,企业有关人员已弃企逃债,企业停工停产,拖欠工资、社会保险费和集资款达数百万元,400 余名职工面临下岗。执行期间,曾发生数起债权人哄抢财产和围堵厂门以及职工集体上访事件。后为化解多重矛盾,建德法院经与各债权人沟通,并争取当地党委政府支持,最终启动破产重整程序。重整过程中,管理人通过多种途径筹集资金支付了职工工资和集资款并补缴社保费用,并以委托加工方式使该企业恢复生产,原有职工陆续上班。促成新投资人的重整计划草案获债权人会议通过,破产重整计划顺利实施。

考察该实例不难发现,破产制度承载的多重价值目标已得到实现,这是民事执行难以企及的:一是公平保护债权人利益,使债权人利益得到最大化实现。二是保护债务人利益,彻底解决企业的债务问题,给债务人重生机会,优化配置市场资源,大大提高经济效益。三是避免企业职工失业,有利于维护社会稳定。四是破产管理人的专业技能得到充分发挥,法院压力大为减轻。

此外,民事执行与破产制度的有效衔接也是司法实践的迫切需要:（1）它是法院能动司法、服务大局的需要。破产重整和破产和解制度使法院可通过挽救一批符合国家产业结构调整政策、仍具发展前景的企业,来实现债务人及其债权人、出资人、职工、关联企业等各方主体共赢,从而促进地方经济社会发展。（2）它是法院参与社会管理创新的需要。法院通过运用破产制度,使企业获得重生,或使企业正常退出市场,同时亦可使税收等公债权得以正常核销,从而有效维护市场经济秩序,促进市场经济发展。(3)它是节约司法资源的需要。当前法院执行部门案多人少的矛盾凸显,而具备破产原因的企业所涉执行案件往往比较多,费时费力,如能启动破产程序,则可充分发挥管理人和债权人会议的作用,减轻法院负担。(4)它是维护司法权威的需要。在破产程序中,由债权人会议等权利主体对相关事项行使决定权,由破产管理人等事务主体对清算事务行使处理权和执行权,法院则扮演指导、监督、裁决的角色,能更好地化解矛盾,也更有利于树立司法权威。

四、有效衔接的对策建议

关于民事执行与破产制度的衔接,建德法院在调研分析基础上提出如下对策建议:

(一)实务对策

1. 部门联动,预防破产清算难

(1)政府职能部门要加强对公司的行政监管。工商、税务、劳动监察等政府职能部门作为市场监管部门,应强化监管职能,配备专业人员加强对公司日常监管,对企业资金流向、账簿完整、税费缴纳,尤其是职工社会保险、薪金发放等方面应开展经常性检查,并根据情况在必要时聘请会计师、律师等专业人员组成调查小组深入企业调查,根据调查情况决定是否采取相应措施。这样可避免在企业濒临破产时各种社会问题集中爆发。

(2)切实做好企业的年度审计和年检工作。根据《公司法》有关规定,公司应在每一会计年度终了时编制财务会计报告,并依法经会计师事务所审计。同时根据公司登记管理条例相关规定,公司登记机关每年都要对公司进行年度检验,即根据公司提交的年度检验材料,对与公司登记事项有关的情况进行审查。工商等部门应真正使年度审计和年检制度落到实处,确保企业财务和经营状况规范真实。

(3)加大对公司的股东、董事、高级管理人员违法行为的司法惩处力度,提高其违法成本。《刑法》和《公司法》就上述人员的违法犯罪行为均规定了相应的法律责任,但司法实践中对上述人员追究法律责任的情形较少。公检法三家应就虚假出资、恶意逃债、财务造假等问题建立协调追责机制。同时,对于被执行企业的相关责任人员不及时提供财务账册、清算义务人不组织清算等情形,应在其重新注册企业、申请贷款等方面提高准入门槛,必要时可在一定范围内予以公示。

2. 多管齐下,破解程序转换难

(1)行使释明权,及时告知债权人申请破产。在参与分配阶段建立公告告知制度,由法院行使释明权,督促未受偿的债权人申请参与分配或提起破产申请。具体做法是:经执行审计或资产变现后,发现债务人存在资不抵债或支付不能情形时,法院可在当地有影响力的媒体或关键场所发布公告,告知未进入执行程序的其他债权人和潜在债权人及时向法院提起破产申请。债权人身份和地址明确的,亦可直接书面告知。这样做的理由是:在被执行人为企业法人的场合实行参与分配,实际上是一种"有限的平等分配"做法,其他未取得执行依据或未进入执行程序的债权人难以受偿,故这部分债权人对于启动破产程序具有较

(2)用好追偿制度,督促当事人提起破产申请。根据《最高人民法院关于适用〈中华人民共和国公司法〉若干问题的规定(二)》的规定,破产程序终结后未完全受偿的债权人,对于债务人有关人员存在未足额缴纳出资、恶意处置公司财产等法定情形的,可向其追偿。但从建德法院调研情况看,新破产法实施以来尚无债权人起诉债务人有关人员要求清偿债务的案件。为此,法院在执行程序中应加强对债权人释明,告知其实现债权的途径不局限于破产受偿,在具备法定事由时,完全可另行提起诉讼要求债务人有关人员对债务人的债务承担清偿责任。另外,司法行政管理部门亦可加强对律师的相关业务培训,使律师从事上述股东问责等方面代理业务的能力不断增强。因债权人需等破产程序走完并确认债权未完全受偿后才能启动问责之诉,债权人便有了申请破产的利益驱动,而债务人有关人员因担心被追责,亦会积极履行清算义务,债务人申请破产亦有了内在动力。

(3)适当降低受理破产案件门槛。对于债权人而言,只要债务人不能清偿到期债务,就可向法院申请破产。在提交的材料方面,债权人只需提供能证明债权债务关系存在且债务人不能清偿到期债务的证据即可,具体如合同、法律文书、收据等,无需提交财产状况说明、债务清册、债权清册、有关财务会计报告等材料。根据《最高人民法院关于债权人对人员下落不明或者财产状况不清的债务人申请破产清算案件如何处理的批复》的规定,即使在债务人"无产可破"时,法院也不能拒之门外,当债务人财产不足以支付破产费用时,可裁定终结破产清算程序,后由债权人根据《公司法》有关司法解释对债务人有关人员进行追责。

(4)执行与审判部门应做好衔接。具体做法是:①先由执行部门针对债务人的具体情况进行甄别,对于所涉案件数量较多、各类债权人之间矛盾易激化的企业,可责令其提交财务报表,以初步确定其总体资产及负债情况;②经初步审查,认定企业可能具备破产原因的,则由执行部门与审判业务庭进行会商,对企业是否可进入破产程序作进一步的审查;③对经会商后确定符合破产案件受理条件的,由执行部门制定破产案件受理前的留守方案,确定留守人员,向政府劳动保障、企业管理等相关部门通报情况,责令留守人员看管好企业资产,并及时保全企业的财务账册,委托有关部门进行破产前审计;④破产案件受理前可由执行部门对债务人少量的且不影响整体资产处置的零星资产进行公开处置,以解决在执行留守方案过程中所产生的相应费用;⑤执行部门针对不同情况对债务人或债权人做好分析、引导工作,以确定由谁提出破产清算或破产重整、破产和解申请。

3. 精心储备,克服人、财保障难

(1)构建破产协调和资金保障机制。破产案件因牵涉的利益主体较多,往往伴随着大量的社会矛盾,处理不好会影响社会稳定,故须建立在当地党委领导下、有多部门负责人参与的破产协调领导小组,建立情况互通的会商机制,统一工作思路,调动多方面资源处理好职工安置等疑难事务,为法院破产程序的顺利推进创造条件。同时,地方政府应建立保障破产专项基金,地方财政应在每年预算中列支一定资金,用于垫付破产费用和工资债权。最高人民法院有关司法解释对此已有明确规定,对垫付的费用可在破产分配中优先予以支付。

(2)建立破产管理费用公益基金。各地高院在对具备资格的律师事务所、会计师事务所、破产清算事务所等社会中介机构进行审查并编制破产管理人名录后,可组织成立破产管理人协会,并在协会章程中明确规定,各成员应从担当破产管理人赢利中提取一定比例资金,建立破产管理费用公益基金,用于支付"无产可破"案件的管理人报酬。此外,根据年度审理"无产可破"案件的数量,亦可考虑从司法救助专项资金中列支部分资金作为破产管理费用公益基金的补充支付。

(3)设立破产专业人才库。各个基层法院应加强破产专业人才储备,并提交高院统一设立破产专业人才库,由高院定期对入选法官进行专业培训和实务指导,从而增强其破产案件审判能力,以便应对将来破产案件可能不断攀升的发展趋势。

(二)立法建议

1. 扩大破产申请主体范围。法律仅规定债权人、债务人及对已解散的公司负有清算责任的人可申请破产,而对有权申请破产的债权人范围规定并不明确。课题组认为,破产申请只是启动破产程序的一个动议,不必对破产申请主体的资格规定过窄,只要是与债务人有利益关系的债权人均可申请破产,以改变无人申请破产的局面。

2. 缩小参与分配适用范围。目前,法院对被执行企业既可根据申请启动破产程序,又可参照适用参与分配规定处理,这导致两种法律制度功能重叠。后者"有限的平等分配"做法,导致诸多案件本应走破产程序而实际按照参与分配程序处理,故建议修改参与分配有关规定,当企业法人具备破产原因时,应排除适用参与分配,直接纳入破产程序。

3. 建立破产行政管理人制度。司法实践中,当涉及"无产可破"案件时,管理人往往会因为破产企业资产价值低、报酬低而不愿从事。考察国外立法例,英国通过设立破产署的方式解决该问题,由政府出资设立官方管理人。对于不能赢利的案件由政府出资交由官方管理人处理,对于赢利的案件交给中介机构办理。我国可借鉴英国的官方管理人制度,在政府部门内设行政管理人,专门负责处理无法盈利的破产案件。

五、结语

在当前物价高企和银根紧缩的严峻形势下,我国中小企业正面临着融资难、税负高、生产成本不断增加的三重考验,部分中小企业的处境甚至比2008年还艰难,随之大量的涉企纠纷将涌入司法领域。为此,如能充分发掘债权人和债务人申请破产的内在动力,同时清除破产清算面临的诸多障碍,再加上党委政府的支持和相关部门的协调配合,相信民事执行与破产制度必能实现有效衔接,从而更好地化解涉企纠纷,维护社会稳定。

附：

浙江省建德市人民法院
关于进一步做好执行程序与破产程序衔接工作的通知(试行)

(2011年5月9日)

　　为充分发挥破产制度在经济发展、维护经济社会秩序中的作用,更好地实现执行程序和破产程序的衔接,根据《最高人民法院关于人民法院执行工作若干问题的规定(试行)》第89条之规定,"被执行人为企业法人,其财产不足清偿全部债务的,可告知当事人申请被执行人破产",执行部门和审理破产案件的业务庭需做好以下衔接工作:

　　一、由执行部门针对被执行企业的具体情况进行甄别,如果被执行企业所涉案件数量较多、各类债权人之间矛盾容易激化的案件,可责令被执行企业提交财务报表,以初步确定其总体资产及负债情况。经初步审查,被执行企业的资产足以清偿其债务的,直接采取执行措施。

　　二、经执行部门初步审查后判定,被执行企业可能出现破产原因的,由执行部门与审理破产案件的业务庭进行会商,对被执行企业是否可进入破产程序作进一步的审查,并根据被执行企业的情况选择以下措施:

　　(一)对于虽然已经出现破产原因或者明显丧失清偿能力,但符合国家产业结构调整政策、仍具发展前景的企业,要发挥破产重整和破产和解程序的作用,对其进行积极有效的挽救。

　　(二)对于已经出现破产原因,符合破产清算申请受理条件且挽救无望的非诚信企业,要将其纳入到法定的破产清算程序中,通过撤销和否定其不当处置财产行为,以及追究出资人等相关主体责任的方式,使企业合法退出市场。

　　三、对经会商后确定进行破产清算或破产重整、破产和解程序的案件,由执行部门制定破产案件受理前留守方案,确定留守人员,向政府劳动保障、企业管理等相关部门通报情况,责令留守人员作好企业资产看管,防止企业资产流失,并及时对企业的财务账册进行保全,委托有关部门进行破产前审计。

　　破产案件受理前可由执行部门对被执行企业少量的且不影响整体资产处置的零星资产进行公开处置,以解决在执行留守方案过程中所产生的相应费用。

　　四、由执行部门针对被执行企业的不同情况对债务人或债权人做分析、引导工作,以确定由谁提出破产清算或破产重整、破产和解申请。

　　五、破产清算或破产重整、破产和解申请提出后,由业务庭对申请人提出的申请进行审查,并作出是否受理裁定。

【各省商事审判】

创新金融审判机制　延伸司法服务职能
为上海国际金融中心建设营造良好的法治环境
——上海法院金融商事审判工作经验总结

上海市高级人民法院

(2012年7月9日)

2009年4月,国务院发布《关于推进上海加快发展现代服务业和先进制造业、建设国际金融中心和国际航运中心的意见》,正式将建设上海国际金融中心确立为国家战略目标。金融法治环境是国际金融中心的软环境之一,对国际金融中心的建设具有指标性意义。其中,金融审判在创造公平公正、有序竞争、规范开放、风险可控的金融软环境中发挥着举足轻重的作用。近年来,上海法院紧紧围绕上海国际金融中心建设的战略目标,以服务保障金融市场体系建设、金融创新先行先试为核心,努力优化金融发展环境,有序推进金融能动司法,不断拓展金融审判职能作用。2008年在上海市浦东新区人民法院设立全国首家金融审判庭,经过三年多的探索和实践,上海三级法院的金融审判机构体系已经全面建成,以公正高效的审判工作保障金融市场的安全、高效和稳健运行,推动金融法治环境的优化和完善。

一、金融商事审判工作概况

(一)金融商事案件审理情况

2010年至2012年5月,上海法院共受理一审金融商事纠纷案件52623件,收案标的总金额为172.12亿元,审结51631件。其中,2010年受理22278件,收案标的总金额为64.65亿元,审结22234件;2011年受理20472件,收案标的总金额为53.04亿元,审结20383件;2012年1月至5月受理9873件,收案标的总金额为54.43亿元,审结9014件。在审结的51631件一审案件中,以调解方式结案的为13084件,以撤诉方式结案的为11961件,调撤率为48.5%。受理二审金融商事案件830件,审结813件。

(二)金融商事案件类型分布情况

对金融商事案件规定明确的界定标准,是理顺金融商事审判条线与其他审判条线的管辖分工、确保金融商事案件实现"集中管辖"的重要前提。为此，上海高院专门下发文件，将"以案由划分为原则、以主体划分为补充"作为金融商事纠纷案件与普通商事纠纷案件的划分标准，一方面，将凡属于金融类案由的涉内、涉外案件（不包括海事金融纠纷案件）集中在金融商事审判条线管辖，如金融借款合同纠纷、信托纠纷、储蓄合同纠纷、信用卡纠纷、金融委托理财纠纷、融资租赁合同纠纷、典当纠纷、保险类纠纷、证券类纠纷、期货类纠纷、票据类纠纷、信用证类纠纷、涉金融仲裁纠纷等；另一方面，对于担保合同、财产损害赔偿、委托贷款纠纷等虽不属于金融类案由、但诉讼主体涉及金融机构的案件也界定为金融商事案件。

从历年收案情况看，涉银行纠纷案件始终是金融商事审判的重头戏，约占总收案数的67.66%，且以信用卡纠纷和金融借款合同纠纷案件为主要类型。近两年来，受国家宏观调控政策、法院对信用卡案件采取刑民分流措施等影响，收案总量略有下降：2010年收案16986件，占收案总数的76.25%，2011年收案数回落至13253件，占64.74%，2012年1月至5月收案5366件，占54.35%。涉保险公司纠纷案件年收案数保持平稳，约占收案总数的10%，其中2010年收案2132件，2011年收案2085件，2012年1月至5月收案1051件。涉证券、期货、信托公司案件的收案数量较少，共收案227件，其中，共受理涉证券公司案件207件，涉期货公司案件19件，涉信托公司案件1件。

（三）金融纠纷案件受理区域分布情况

在上海的十七个基层法院中，黄浦区人民法院和浦东新区人民法院因分别位于外滩金融集聚带和陆家嘴金融贸易区，因而大多数金融纠纷案件归属该两个区法院管辖，每年受理的金融商事纠纷案件数量占全市收案数的近70%。其中，黄浦区人民法院辖区内银行及其信用卡中心密集，全市近60%的信用卡纠纷案件在该院受理；浦东新区人民法院辖区内金融机构类型丰富，外资金融机构聚集，新类型及涉外金融纠纷频发，涉及QDII产品、"地下炒金"、信用卡"透支套现"和"克隆卡"盗刷、未上市创业板股票、外国国债跨境投资、保证保险、出口信用保险、掉期合同、证券投资咨询、汽车抵押贷款信托资产证券化等金融创新产品的案件层出不穷，且多为上海乃至全国的首例案件，新、难和复杂的特点较为鲜明。此外，杨浦区人民法院因辖区内高校众多，受理了大量的助学贷款合同纠纷案件。融资租赁合同、小额贷款合同纠纷案件受理也与融资租赁公司、小额贷款公司区域分布密切相关，其中，融资租赁公司纠纷案件主要在黄浦区、长宁区、浦东新区人民法院受理，小额贷款合同纠纷案件则主要在嘉定区、浦东新区、奉贤区人民法院受理。

（四）金融商事纠纷案件的特点

1. 由金融创新业务引发的纠纷案件不断涌现

金融创新是把双刃剑，既为金融市场发展提供了源动力，同时也引发了诸多的新类型纠纷，案件大多呈现出类型新颖、法律关系复杂、利益主体多元等特点，由新型金融衍生品或金融交易模式引发的纠纷案件往往无先例可循，现行民事案由规定不可避免地滞后于金融创新业务的发展速度，导致在纠纷诉诸法院时，如何确定案由以准确反映纠纷所蕴含的新型法律行为和法律关系,对法院的金融审判工作提出了更大的挑战和更高的要求。如国内投资者因购买境外发行的高风险金融衍生产品 KODA(股票累计期权)导致巨额亏损起诉某外资银行的诉讼案件;全国首例涉及掉期业务的新类型金融衍生品交易合同纠纷;因"银证通"出现清算失败引发的新类型证券纠纷、证券公司委托交易系统在股票交易期间发生故障导致客户无法正常抛售股票引发的纠纷、期货公司盘中强行平仓条款不当引发的纠纷;银行理财业务创新和涉及黄金期货交易的委托理财案件;汽车抵押贷款信托资产证券化纠纷案件以及涉及 QDII 理财产品纠纷案件;因电话营销人身保险合同引起的纠纷,涉及特殊销售方式下明确说明义务的履行和证明问题;犯罪分子通过在 24 小时自助银行门禁系统上安装盗码器,窃取借记卡磁条信息及密码,并伪造借记卡通过 ATM 机提取被害人存款的案件,涉及银行安全保障义务的判断标准与责任承担问题;银行与特约商户联合推出"信用卡担保"业务时,未经事先告知持卡人即采取"无密扣款"方式造成损失引发纠纷等。

2. 对涉金融创新产品纠纷的法律适用难度较大

首先,涉金融创新产品纠纷往往突破传统民商事法律关系,上位法缺失、现行法律中难以找到规范引导此类创新行为的依据,导致法律适用难度较大。如因信用卡担保引起的涉及"无密扣款"案中涉及的银行应承担告知义务等问题,需要司法充分发挥能动性予以论证;其次,当前大多数金融创新产品系从国外制度移植而来,不可避免地会与我国国内法律规范产生冲突因而水土不服,如金融衍生交易净额结算制度的法律效力问题;再次,在审理涉金融创新产品纠纷案件时,经常会面临对国际惯例、交易规则的甄别和适用,如在审理全国首例掉期合同纠纷案件时,法院从银监会的资质审批、银监会制定的较为原则性的规定及相应的国际惯例确定了当事人之间的法律关系,促使本案最终和解决;最后,涉金融创新产品的高度专业性、技术性特点对审判人员的专业化要求也越来越高,纠纷处理难度也较大。如在一起机动车保险纠纷案件中,双方当事人就何谓驾驶员"逃离"现场发生争议,需要法院从立法目的、社会效果等多个角度进行阐释。

3. 法院裁判对金融市场的导向作用日益增强

随着上海国际金融中心建设的加速推进,股票市场、银行间市场和债券市场、外汇市场、票据市场、商品期货市场、金融期货市场、黄金市场纷纷落户上海,上海已成为全球要素市场最集聚的城市之一,具有市场导向性和标杆性的金融商事案件越来越多地进入审判领域。通过审理大量的新类型、首发案件,上海法院加强对具有普遍意义的金融交易规则的适用和引导,为营造和谐稳定、规范有序的金融法治环境发挥了职能作用,如在一起人身保险合同纠纷案件中,界定了"电话营销保险模式下对保险人明确说明义务的判断标准",将法律关于明确说明义务的原则性规定加以具体化;在一起信用卡纠纷案件中,明确"信用卡特约商户负有证明消费行为真实发生的举证责任",合理界定银行与特约商户之间的法律关系和举证责任分配,规范金融市场秩序,防范金融犯罪行为的发生;在一起涉及 QDII 理财合同效力的纠纷案件中,法院判决确立了对于维护我国 QDII 制度的稳定性具有重要意义的裁判标准,即"对于金融创新产品进行合法性审查时,应尊重行政监管机构的决定,对于法律、行政法规没有明确禁止的行为,不宜以成文法没有具体规定为由,简单否定金融创新成果的合法性,要为金融创新活动提供适度的成长空间"。

（五）金融商事纠纷案件发展趋势

"十二五"时期，随着金融市场体系的不断完善，国际金融中心的金融聚集效应不断增强，可以预期，在未来数年里上海金融商事纠纷案件将保持稳中有升的收案态势。

1. 类金融机构融资活动引发的纠纷将进一步增加

随着金融业的不断发展，融资租赁公司、融资担保公司、小额贷款公司、典当行等类金融机构的融资活动日益活跃，成为银行融资主渠道的有益补充，但与此同时，各类法律纠纷也日益凸显。近三年来，涉及融资租赁公司、典当行及小额贷款公司等类金融机构纠纷大幅上升，2011年度涉小额贷款公司纠纷案件数量与2010年度同比升幅高达160%。类金融机构融资领域普遍存在法律缺失、监管缺位、理论滞后等不足，使得此类案件的法律关系呈现交叉性、复杂性的特点。

2. 具有涉外因素的金融纠纷案件日益增加

随着上海国际金融中心建设的推进，金融市场开放程度逐步提高，外资金融机构加快进入国内，金融国际化程度日益提高，金融商事纠纷案件中的涉外因素也越来越多。证券、期货、外汇等金融市场具有跨越国界的特性，资本流动的全球性越来越明显，由此也导致代客境外理财产品、外汇汇率锁定、资产证券化新类型案件不断出现。同时，外国金融机构在华业务迅速扩展，涉及外资银行、外资保险公司、外资投资咨询公司等外资金融企业主体的案件数量也在迅速增长。

3. 涉众性金融纠纷案件将持续增长

随着公众金融意识更为活跃，金融需求更为广泛，金融产品和投资渠道的选择更为多样化，有更多的公众参与到金融市场交易活动之中，由此产生的案件数量也会相应增长。金融交易所具有的格式化、定型化的特点，使得个案裁判具有极强的示范效应，利益主体往往涉及数量众多的金融投资者和消费者，极易引发群体性矛盾。如与上市公司信息披露违法相关的证券赔偿案件，就可能涉及成千上万的股票、基金投资者；银行理财、保险理财等案件，关联到为数众多的理财产品持有者的切身利益；而保险合同纠纷则涉及大量的财产保险和人身保险的投保人、被保险人的权益，与民生密切相关。

二、依托机制创新，推进金融商事审判专业化建设

上海法院始终坚持以科学发展的理念为先导，以营造与国际金融中心地位相适应的优良金融法治环境为目标，以正确的金融审判理念与价值取向为引领，谋划在先，应对在前，起草制定了《上海金融商事审判工作五年规划（2012~2016）》，提出要力争通过五年的建设，使上海法院的金融审判从相对单纯地梳理债权债务关系逐步向服务于市场资源高效配置、规范运行、风险有效控制的方向转型发展；从目前民事和商事审判理念与价值取向的交织混同逐步向符合金融商事纠纷内在规律的审判理念和价值取向的方向转型发展；从目前金融审判体系较为单一逐步向机构完备、人员齐全、制度健全的复合型审判体系的方向转型发展；从目前金融审判的市场导向效应较弱逐步向金融审判保障、培育、规范金融市场的方向转型发展；从目前金融审判法律人才紧缺逐步向金融审判专家型人才群体培育发展的

方向转型发展。通过全市法院的努力,基本实现上海法院金融商事审判工作审判理念科学化、审判组织体系化、审判质量精品化、审判队伍专业化的建设目标。为此,上海法院不断深化、细化各项工作举措,提高金融审判的专业水准,精心打造金融审判的上海品牌。

(一)着力构建金融商事审判组织体系

2008年,国际金融市场急剧动荡,金融危机蔓延全球,世界经济整体下滑。受金融危机影响,法院受理的金融纠纷案件也呈现快速增长态势,金融纠纷案件所具有的群体性、敏感性、复杂性的特点,对上海法院民商事审判工作提出了全新的挑战。上海法院以高度的政治敏锐性和责任感,迅速开展相关调研工作,经过慎重研究决定从审判机制建设上寻找着力点,通过不断优化金融商事审判组织体系,积极探索建立金融商事纠纷案件专业化、集约化审理工作机制。2008年10月28日,全国首家金融审判庭在浦东新区人民法院成立,同年12月30日,黄浦区人民法院也设立金融审判庭。2009年6月27日,经上海市委批准,上海市高级人民法院及两个中级人民法院金融审判庭挂牌成立,并于2010年1月正式运作。2010年至今,杨浦、卢湾(现并入黄浦区人民法院)、闵行、虹口等四区人民法院金融审判庭相继成立,其余未单独设立金融审判庭的基层法院也均在商事审判庭内专门设置金融审判专项合议庭。至此,上海成为全国唯一一个在三级法院都设立金融审判庭或专业合议庭的省级区域,通过对涉内、涉外金融案件进行集中管辖、集中管理、集中指导,较好地发挥了金融商事专项审判的集聚效应,有利于统一涉内、涉外金融商事案件的裁判标准,金融商事专项审判集聚效应得以充分发挥。

上海法院还以金融商事审判组织体系为基础,结合金融纠纷案件专业性、复杂性等特点,根据法官个人的专业特点和业务特长,优化合议庭人员架构,推动涉银行、保险、证券等专业合议庭的建设,从组织机制上保障审判质量的提升。如浦东新区人民法院摸索出一条行之有效的"既分工又结合"的案件专办兼办模式。在审判工作中,审判人员充分发挥各自专业特长,根据自身优势专门办理某一类型的金融案件,并在该领域加强研究,形成"专家"法官;与此同时,各承办人兼办一部分其他承办人所专长的类型的案件,在办案中锻炼为"多能"法官。在相关疑难复杂案件的处理中,充分发挥"专家"法官的作用,同时尊重其他法官的意见,群策群力,形成合力,妥善处理相关问题。

(二)合理界定金融商事审判条线案件范围

金融商事专项审判工作机制的建成,必然带来审判职能分工的改变。为此,上海高院确定了金融商事审判条线管辖案件的三项原则:一是要体现金融特征,有利于集中管辖和集约审理;二是要优化案件对口管理,有利于类案裁判标准统一;三是要便于立案部门的操作和各审判条线之间的沟通。根据上述划分原则,上海高院专门下发《关于调整商事审判职能分工的通知》以及《关于金融商事审判条线案件管辖范围的说明》,采取"以案由划分为原则、主体划分为补充"的划分标准,明确了金融商事审判条线的案件管辖范围,为金融商事纠纷案件的集约化、专业化审理奠定良好的基础。但通过近三年的审判实践也发现,由于委托理财合同纠纷、涉不良金融债权纠纷、借款合同纠纷案件分属不同条线审理,给对口指导、统一裁判带来了一些问题。随着私募股权投资基金、第三方支付等新兴金融业务的迅速发展,产生的纠纷案件也逐渐进入司法领域,但由于相关业务主体的金融属性模糊,尚未明确归入金融商事审判条线管辖。为此,上海法院密切关注金融市场的发展状况,结合审判工作的实际情况,正在根据上海高院党组关于金融商事纠纷案件划分逐步完善的原则,研究调整金融商事审判条线的案件管辖范围,以充分发挥金融商事纠纷案件集中管辖和集约审理的优势。

(三)树立科学的金融商事审判理念和裁判思路

金融商事审判作为人民法院审判工作的一个重要组成部分,在具有审判工作一般规律的同时,自身还存在其独有的内在规律。而树立和培育符合金融商事审判内在规律的科学裁判理念和裁判思维,是做好金融商事审判工作的基础和关键。上海法院从金融商事审判条线创建伊始,就把树立正确的金融商事审判理念和价值取向,作为一项基础性工作来抓,强调:一是要树立司法服务金融大局的理念;二是要树立尊重金融交易契约自由的理念;三是要树立尊重金融惯例和交易规则的理念;四是要树立促进和维护金融创新的理念;五是要树立衡平保护金融机构和金融投资者权益的理念;六是要树立多元解决金融纠纷的理念。同时还要求审判人员注意处理好三对关系,即能动服务与被动司法之间的关系;金融发展创新与金融司法规制之间的关系;法律、政策和金融交易惯例之间的关系。

(四)健全金融审判专家辅助制度

为了适应金融审判形势和要求,上海法院积极借助外力提升金融商事纠纷案件的审理水平。一是建立上海法院金融审判专家智库。2009年4月,上海市高级人民法院正式成立了上海法院金融审判专家咨询库,首批聘请了37位金融领域的专家学者担任专家咨询员。部分基层法院还在高院金融审判专家咨询库的基础上建立与其审判业务相适应的金融专家咨询库,通过发挥专家的智囊作用,提升上海金融审判水平。二是逐步提高金融专业人士的陪审率。通过人大任命具有金融专业知识的专业人士担任人民陪审员陪审案件,充分发挥其专业特长,弥补法官金融专业知识的不足,达成依法公正审理案件的目的。三是探索金融专业人士在金融案件专业问题上的专家证人制度。

(五)建立金融纠纷案件多元化解决机制

上海各级法院针对金融活动和金融纠纷专业性强、市场规则性强、涉众型案件多等特点,充分吸纳和发挥来自民间和社会的力量,如各金融领域的同业公会、交易所等专业机构来调处某些金融纠纷,积极推动多方位、多渠道金融纠纷化解机制,避免单纯依靠诉讼途径解决纠纷的手段过于单一、过于刚性的不足,合理配置纠纷解决资源。

1. 充分发挥金融行业协会等纠纷解决机制的作用

上海市第二中级人民法院于2010年8月与上海市保险同业公会签署《合作备忘录》,以诉调对接工作为核心,尝试构建法院与金融行业协会在合作化解纠纷过程中的资源共享机制、应急磋商机制、协同处置机制、沟通研讨机制,探索诉讼与非诉讼相衔接的金融纠纷解决新路径,已经促成200余件保险合同纠纷调解或和解,并在更大范围和更深层次促进保险行业的合规经营。上海市第二中级人民法院的"开拓多元化解保险纠纷工作新机制"项目荣获上海市"2011年度上海金融创新推进奖提名奖",这也是上海法院系统首次参选并获评此奖项。上海市第二中级人民法院还将该项机制在辖区内的基层法院整体推进,辖区内的黄浦区人民法院经过不断摸索,已与上海市保险同业公会逐步形成了一套有效的工作机制,称为"保险案件联合调解与咨询机制":在诉前调解阶段由法院对案件的审理难度、矛盾激化程度进行预估,然后向保险同业公会寄送保险联合调解与咨询联系单,并根据案件的难易状况,由保险同业公会直接与涉案保险公司进行沟通,或者约请保险同业公会一同参与庭审,对双方当事人进行联合调解。该项机制建立后,已成功化解了大量疑难、复杂、涉民生、涉弱势群体及矛盾易激化保险案件。据统计,去年该院保险案件调撤率上升到80%以上,有100多件纠纷通过委托调解成功化解,还有不少新型疑难案件通过委托咨询保险同业公会厘清了在保险理论界与实务界存有争议问题的裁判思路。

2. 与其他执法部门、仲裁机构合作探索案件分流机制

近年来,信用卡纠纷案件数量始终居高不下,银行出于诉讼经济和便捷的考虑,往往采取将大批信用卡纠纷集中后起诉至法院的做法,收结案不均衡给法院带来了很大的压力。同时,信用卡案件缺席审理的比例相对较高,也严重影响了审判效率。而其中相当部分的案件涉嫌信用卡刑事犯罪,由于缺乏有效的分流机制,使得部分应移送至公安部门的案件按民事程序审理,不利于防范和打击信用卡刑事犯罪活动。为此,上海市高级人民法院与上海市公安局经多次协商和研究,形成《信用卡案件刑民交叉问题座谈会纪要》,就涉嫌信用卡刑事犯罪案件的协调、沟通和移送机制达成共识,有效分流了一批信用卡案件。上海法院还与上海金融仲裁院积极协调,以实现金融仲裁与诉讼在金融纠纷案件中的良好对接。

(六)开展多层次金融商事审判专业人才培养

金融市场的交易及其规制具有高度的专业性和复杂性。因此,加强金融审判的专业化建设,尤其是打造一支适应上海国际金融中心建设要求,胜任金融审判工作的专业化法官队伍,有利于进一步强化统一金融审判工作的指导和管理、统一金融审判的司法理念、统一金融审判的法律适用和裁判标准。上海法院以培养符合国际金融中心建设需求的高水准、复合型人才为导向,不断拓展培训渠道,提升培训效果,采取多种方式帮助金融审判人员拓展经济视野,增强对金融专业知识的领悟力、对金融市场动向的洞察力、对金融风险的预见力,不断提高综合解决金融纠纷的能力水平。一是与中欧陆家嘴国际金融研究院开展合作,邀请该研究院的知名国际金融学专家为金融审判条线法官授课,讲授国际金融市场前沿动态,普及金融创新产品的基础知识;二是与金融监管部门加强联系与合作,由人民银行、银监局、证监局、保监局的专家为金融条线法官讲授各金融行业的金融专业知识;三是由法院内部的金融审判专家型法官为条线法官讲授金融审判司法实践业务,更加强调审判技能的强化与提高,切实提升金融法官的审判实践水平。

三、依托审判管理,努力促进金融商事审判法律适用统一

(一)开展类案评查工作

在上海三级法院功能重新定位的格局下,开展类案评查工作是促进法律适用统一、规范案件审理、积累司法经验、加强专项调研与能动司法的重要手段。上海高院金融审判庭从2011年初开始启动类案评查工作,针对典当纠纷案件和证券纠纷案件审理中的突出问题,就法律适用难点及适法不统一的情况进行了细致调研,完成了关于典当纠纷案件审理的评查报告和关于证券纠纷案件的评查报告。2012年,上海高院将对司法实践中争议较多的银行理财纠纷案件和机动车保险纠纷案件进行评查,为审判标准的统一把握奠定实证基础。

(二)加强审判调研指导工作

1. 出台金融审判调研指导意见

加强高院审判指导职能,促进法律适用统一。金融商事审判条线成立伊始,上海高院就着手对从1995年至2010年下发的32件涉金融纠纷的审判调研意见进行细致的梳理和修订。为进一步增强调研意见的针对性与时效性,上海高院下基层法院调研,还采取召开条线调研座谈会、网上征求意见、听取监管部门及金融机构意见的方式,不断推进辖区内法院法律适用的统一,包括:针对信用卡案件在立案审查、送达、刑民交叉等问题上存在的诸多问题;高院与公安机关积极沟通,形成《信用卡案件刑民交叉问题座谈会纪要》,并制定《关于审理信用卡纠纷案件若干指导意见》,进一步规范了信用卡纠纷案件的审理;在开展保险调研的基础上,针对实践中争议较大的车险定损价格评估、保险利益、人身损害中伤残等级认定等问题,经调研,发布了《关于审理保险代位求偿权纠纷案件若干问题的解答》、《关于审理保险合同纠纷案件若干问题的解答》,并同步推出《理解和适用》,就调研工作中所涉及的主要问题进行阐释,帮助审判人员充分理解调研意见出台的背景和内容。

2. 落实服务基层各项举措

金融审判统计工作在时效性、准确性、专业性方面有着较高的要求,现有的数据报送、手工统计和分析模式难以满足调研工作的需求。上海高院研发了"上海金融审判管理系统",以现有的上海法院综合信息管理系统为基础,根据金融审判统计分析调研工作的特点和要求,有效地对司法统计资源加以整合,既能完成常规数据的统计,数据分析、排序、制表(图)功能,也能自动生成,充分将数据中蕴含的案件质量效率信息、司法管理信息、经济发展信息以及决策信息发掘出来。同时,上海高院还对现行金融法律、规章制度、规范性文件与相关案例进行了初步整理与筛选,将具有适用与参考价值的相关规定纳入到正在汇编中的"金融法律、法规数据库"中。上海高院还依托"上海金融审判管理系统"和"金融法律、法规数据库",着手编撰《金融法官审判手册》,以方便全市金融条线一线办案法官通过网络查询有关规定,提升法律适用的准度与精确度,促进办案效率与办案质量的提高,并达到最终促进执法统一的目的。

3. 精心编纂出版《金融商事审判精要》

《金融商事审判精要》作为上海法院《法官智库丛书》的分册之一,已于2012年2月出版。该书系上海三级法院金融审判人才库中的三十余位法官以及调研人员利用业余时间进行写作,历时一年有余。全书由《金融审判总论》、《涉银行案件审判实务》、《证券纠纷案件审判实务》、《期货纠纷案件审判实务》等八个章节组成,总计近50万字。《金融商事审判精要》立足金融审判前沿,对金融审判中遇到的疑难法律问题与新颖法律关系进行了细致梳理,并结合真实案例进行分析,内容翔实,既具有一定的理论深度,也在一定程度上满足了金融审判实务的需求,具备较强的指导意义。该书是对长期以来全市法院金融审判经验的提炼与总结,是全市金融法官智慧的结晶和上海金融审判工作成果的集中展示,对于统一裁判标准具有非常重要的价值。

(三)建立高中院金融审判联席会议制度

根据上海高院党组对上海三级法院功能的重新定位,一审金融商事大标的额案件进一步下放到基层法院和中院,高院由此成为申诉审查、依法纠错的主体。为进一步强化高院的审判指导职能,促进三级法院之间的沟通交流,切实发挥高中院在法律适用统一方面的职能,上海法院建立了高中院金融审判联席会议制度,通过定期召开会议,就金融审判实践中亟待统一的法律适用疑难热点问题进行充分研讨,并形成会议研讨意见下发金融条线,供审判人员参考。高中院金融审判联席会议既是金融审判难点与热点问题的研究平台,也是法律适用统一的推动平台,更是发现、培育具有普遍指导意义和市场规范意义的金融商事精品案例的平台。通过联席会议调研机制的常态化运行,及时掌握两个中院辖区内法律适用不统一的情况,整合高中院的审判指导资源,加强高院审判指导的时效性,及时统一审判思路,拓展审判指导内容的广度与深度,建立起调研与案件评查、审判指导工作的联动机制,进一步促进审判质效的提升。

(四)全面实施金融审判精品战略

1. 优化精品案例发布平台,加强案例指导

案例指导是高院依法履行审判指导职能,促进法律适用统一的重要举措。上海高院依托全市法院网络平台,开设案例精选栏目,通过在金融审判条线内征集具有典型性与指导性意义较强的金融案例向金融审判条线发布,通过案例分析的方式阐述裁判理由,展示金融审判成果。目前已有发布精品案例八篇。上海高院还将不断优化精品案例展示平台,注重精品案例的普适性,增强案例的说理性,加强指导效果。

2. 发布十大金融精品案例

2011年12月20日,最高人民法院发布了第一批4个指导性案例,同时下发通知要求各级人民法院认真组织学习,严格参照适用指导性案例。最高人民法院的指导性案例来源于各地人民法院,上海作为国内金融要素市场、金融市场主体的聚集地,也是金融纠纷的多发地、频发地,为金融审判的专业化研究、国际化发展提供了深厚的实践基础。上海法院坚持执法办案为第一要务,充分利用资源优势,实施金融审判精品战略。在推出金融精品案例

的基础上,从 2012 年开始,每年推出十大金融精品案例,并努力争取每年能够有一定量的精品案例成为最高人民法院的指导性案例,不断提升上海金融审判工作的公信力和影响力,树立上海法院金融审判的品牌。同时,还要求金融条线注重对金融精品案例的法治宣传,尽可能地扩大裁判对于公共利益维护的辐射意义,维护法律所宣示的社会主流价值观,彰显金融审判的社会效应。

四、依托平台建设,充分发挥金融商事审判的延伸职能

(一)建立金融审判情况白皮书通报制度

从具体案件中揭示出来的金融风险,是对金融市场最有效的警示。从 2008 年起,上海高院开始谋划建立定期向金融机构和监管部门发布金融案件审判情况白皮书的通报制度。从 2009 年开始,上海坚持每年召开金融审判情况通报会,并对外公布《上海法院金融审判情况通报》(以下简称"白皮书"),向金融监管部门和金融机构通报上一年度的金融案件审判工作情况。通过对金融案件翔实的数据统计和案例分析,专题通报金融机构在市场经营行为中存在的问题,并提出富有针对性的风险提示和司法建议,以切实规范金融市场主体行为、促进金融服务水平、预防减少金融风险。随着金融市场及其细分市场的迅猛发展,金融纠纷案件的日益国际化、多元化、大众化,同时社会对金融司法发挥规范和引导作用的需求日益增强,白皮书的形式和内容也随之愈加多样和丰富,从最初的一册发展到现在的"1+4"(一册综合白皮书附加四册专题白皮书)。其中,综合白皮书是对年度上海金融案件总体状况进行综合分析和评价,并提出加强机构监管、完善内控机制、促进行业自律等带有普适性的建议;另外四册作为综合白皮书的附件,分别针对涉银行,涉保险,涉证券、期货、信托金融商事纠纷案件以及信用卡诈骗犯罪等高发、易发的金融案件类型,分析其成因,针对问题及隐患提出具体的防治对策。金融审判情况通报工作得到了上海市委、市政府和最高人民法院的充分肯定,也得到了金融监管部门和广大金融机构的积极响应,也使得法院和金融监管部门、金融机构之间的沟通交流渠道更为顺畅,也进一步拓宽了金融审判工作的视野,拓展了金融审判服务于大局的空间。

(二)参与上海金融法治环境建设联席会议

金融市场的健康发展,需要司法机关和金融监管部门之间的良好沟通与协作。2009 年 5 月,上海市副市长屠光绍在《2008 年度上海法院金融审判情况通报》上批示提出"能否考虑建立国家金融管理驻沪机构、地方执法部门和金融服务部门共同参与的金融法制联席会议制度"的工作要求。之后,屠光绍副市长又召开专题会议听取相关部门意见,研究推动联席会议筹备工作。《关于建立上海市推进金融法治环境建设联席会议的方案》于 2011 年 1 月 24 日和 3 月 16 日分别经上海市政府常务会议和上海市委常委会审议通过。同年 4 月 28 日,上海金融法治环境建设联席会议正式成立,由上海市人大、市政府相关法制部门、司法机构、行政执法部门、在沪金融监管部门及相关行业协会等单位组成,中国人民银行、中国银监会、中国证监会和中国保监会的法律部门以及上海市委政法委、上海市委宣传部作为特邀成员单位。上海金融法治环境建设联席会议成为法院进一步健全与金融监管部门之

间的合作沟通机制的新平台,通过开展定期的信息交流,互通金融司法需求和金融审判动态,形成金融监管和金融审判的良性互动,提高金融监管和金融司法的水平;通过在联席会议工作刊物《金融法治信息》上刊载法院的金融案件审理动态、热点问题以及典型案例,充分发挥金融审判工作对金融市场的规范、引导、培育功能;通过与有关金融监管部门和行业组织的沟通协调,探索和完善诉调对接机制,努力从根本上化解矛盾,促进社会和谐。

(三)组织开展金融审判理论研究活动

金融审判的特点,决定了金融审判必须与金融法律理论研究密切结合。2009年2月27日,中国法学会审判理论研究会金融审判专业委员会在上海成立,这是最高人民法院依托上海高院成立的全国性金融审判研究组织,为开展金融审判的理论研究搭建了一个崭新的平台。金融审判理论专业委员会成立三年来,在中国法学会领导和最高人民法院指导下,在上海市委、市政府、上海高院及有关单位、专家学者的关心和支持下,上海法院有效依托这一平台,先后围绕"金融危机背景下金融发展和金融法治"、"金融发展创新与司法审判"、"金融发展与金融法治环境"等主题,每年召开金融审判专业委员会年会,并承办了金融审判学术研讨会,通过开展学术交流,推动金融审判理论发展,历次研讨会均得到全国金融法律理论界和实务界的广泛支持和认同,收到来自全国各级法院、大专院校、科研机构、律师界的学术论文数百篇,优秀研究成果编入《金融审判前沿》公开出版。

各基层法院也结合区域金融审判工作的特点,积极组织召开各类研讨会,如浦东新区人民法院于2011年召开"鼓励、引导、规范、保障——建设上海国际金融中心视野下外资银行法律实务研讨会",邀请了有关主管部门、政府机关、高等院校、外资金融机构的代表和嘉宾百余人与会,并围绕着相关议题展开热烈讨论,取得了丰硕的交流成果,对金融法律制度的完善、金融创新和发展以及审判实践均产生了积极影响,受到金融界、学术界、司法界和有关主管部门的广泛好评。在此成功基础上,2011年又召开了"创新驱动 规范发展——非金融机构融资法律问题研讨会",同样取得了良好效果。黄浦区人民法院也组织召开了名为"金融·司法·服务·保障"的研讨会,邀请沪上各大银行风险管理部门的负责人及高校法学专家共话维护金融稳定,打造金融审判品牌。

(四)加强与金融机构、金融监管部门间的交流

上海各级法院以通报会、专题研讨会等形式积极开展与金融监管部门、金融机构之间的沟通交流,共同研究探讨疑难问题的解决思路,引导和促进金融市场的健康发展。上海高院与中国人民银行上海分行共同研究建立"票据丧失查询平台",通过集中票据丧失相关信息,一方面促进金融机构和企业更加积极、放心、高效地开展票据业务,另一方面也将为人民银行等监管机构及时掌握市场动态、制定货币政策以及完善货币市场定价体系提供有力支持;上海法院多次派员参加银行召开的金融衍生产品等研讨会,对金融创新产品设计开发中的法律问题提前介入,分析潜在的风险并提出完善的建议;上海高院还围绕纸质票据托管和电子化交易项目的设计方案涉及的法律问题进行论证,为上海建设全国性票据交易中心提供重要的法律支持。

商事合同案件适用表见代理要件指引(试行)

上海市高级人民法院民二庭

[编者按] 表见代理是对无权代理行为赋予有权代理法律后果的一项法律制度,是代理制度的一种特殊例外情形。由于法律规定本身较为原则,而表见代理的认定受个案事实差异和法官个体认知差异影响较大,故审查认定的自由裁量空间较大。为了做好统一裁判标准工作、规范法官自由裁量权行使的要求,上海市高级人民法院民二庭在类案评查和汇集三级法院观点意见的基础上,根据《中华人民共和国合同法》及其司法解释,以及《最高人民法院关于当前形势下审理民商事合同纠纷案件若干问题的指导意见》的精神,编写了《商事合同案件适用表见代理要件指引(试行)》,供实践参考,以期促进商事合同案件表见代理认定思路的相对统一。

一、关于表见代理的价值取向

商事合同案件审理中,适用表见代理制度应当注意把握好两种价值取向:一是维护交易安全,保护善意合同相对人的合法权益;二是促进交易行为的规范化,引导合同相对人、被代理人和行为人诚信经营。

二、关于表见代理的审查标准

按照《最高人民法院关于当前形势下审理民商事合同纠纷案件若干问题的指导意见》要求,适用表见代理制度应严格、慎重,要正确把握法律构成要件,稳妥认定表见代理行为。

三、关于表见代理的适用前提

表见代理的适用前提是行为人不具备代理权,包括自始无代理权、超越代理权及代理权终止三种情形。有证据证明行为人具备代理权的,不适用表见代理。

四、关于表见代理类案标准统一与个案查明的关系

因不同的合同相对人主观认知和客观感知存在差异,认定表见代理应当根据不同案件的具体事实进行。即便是针对同一行为人、同一被代理人的关联案件,也应当根据具体个案中的法律事实,分别审查、独立判断。

五、关于表见代理的构成要件

根据《中华人民共和国合同法》第四十九条和《最高人民法院关于当前形势下审理民商事合同纠纷案件若干问题的指导意见》的规定,适用表见代理须同时符合两项要件:

(一)权利外观要件,即行为人无权代理行为在客观上形成具有代理权的表象;

(二)主观因素要件,即合同相对人善意且无过失地相信行为人有代理权。

六、关于权利外观的主要考量因素

对权利外观的考量应当结合合同订立与履行过程中的各种因素,综合判断行为人的行为能否产生具有代理权的表象。主要考量因素包括:

(一)合同是否以被代理人名义订立。若签订合同未使用被代理人名义,合同文本没有任何与被代理人有关联的文字表述,须慎重认定表见代理。

(二)行为人的身份、职务是否与被代理人有关联。如,行为人在被代理人处任职职务越高、与从事业务关联度越强,或者与被代理人之间的其他身份联系越密切,对表见代理的证明力就越强;反之则越弱。

(三)被代理人对行为人是否存在可合理推断的授权关系。如,行为人原有代理权已被终止但被代理人未对外告知等情形。

(四)合同等对外文件材料上是否加盖与被代理人有关的、可正常对外使用的有效印章。如,合同上加盖的被代理人项目部真实印章按常理可对外授权使用的,可作为考量因素;若按常理应当属于单位内部使用印章的,须慎重认定。

(五)合同关系的建立方式是否与双方以往的交易方式相符。如,以往交易长期由某部门负责人实际操作进行,且被代理人从无异议并正常结算认可的,此次有争议交易也采相同方式的,可参考以往交易行为判断。

(六)合同订立过程、交易环境和周围情势等是否与被代理人有关。如,行为人签约前曾陪同合同相对人参观考察被代理人的施工现场;签约地在被代理人营业地或办公场所的,可以作为判断因素。

(七)被代理人是否存在能够使人相信其参与合同履行的行为。如,被代理人实际支付过合同价款;被代理人与合同相对人就履约问题进行过交涉等,可作为考量因素。

(八)标的物的用途、交付方式与交付地点等是否与被代理人有关,被代理人是否取得履行合同的利益。如,合同标的物交付至被代理人场所或负责管领的其他场所;标的物被应用于被代理人本身或者直接从事的业务所需的,可以作为考量因素。

(九)其他具有代理权客观表象的情形。行为人在交易过程中存在其他行为,足以使一般商人合理推断该行为系基于被代理人合法授权的,可以作为认定的考量因素。

七、关于主观要素的主要考量因素

对主观要素的考量应当结合合同订立和履行过程中的各种因素,综合判断合同相对人是否为善意且无过失,即合同相对人不知道行为人无代理权,其在作出相应判断时已尽到合理注意,不存在明显的疏忽或懈怠。

一般而言,上述第六条权利外观因素越充分,越能够说明合同相对人主观上善意无过失。此外,可供用于判断相对人主观善意的其他考量因素还可包括:

(一)合同相对人与被代理人之间是否存在交易历史以及相互熟识程度。如交易双方彼此陌生,则相对人需说明并证明其对行为人代理权产生依赖的理由。

(二)合同相对人在订立合同之前是否即已充分知悉权利外观事实。对权利外观事实的充分收集,是合理信任行为人具有代理权的前提。相对人主张自己善意且无过失,应证明自己知悉权利外观事实的时间早于实施交易行为,实施交易行为后或风险产生后才了解的相关事实则一般不能支持对相对人善意的判断。如,某案合同相对人举证的权利外观证据系纠纷发生后为诉讼之需而收集获取,不足以证明相对人交易行为发生之时的主观善意。

(三)合同相对人注意义务与交易规模大小是否相称。一般而言,标的物数量大、金额高的大宗交易,合同相对人应更加谨慎,此类情况下其是否善意的审查判断标准也需相应更高;反之,小额、便捷的交易,审查判断相对人是否善意的标准相对降低。

(四)交易对效率的要求与合同相对人核实代理权限的成本是否相称。若合同相对人核实代理权所需的时间和经济成本难以承受,并可能妨碍交易目的实现,且其为追求效率而放松对代理权权限的核实并承担相应风险在商业上是合理的,可作为判断善意与否的考量因素;反之,合同相对人有机会通过方便、廉价手段核实代理权限但并未采取相关措施,因此而承担了不合理商业风险的,可作为判断其过失的考量因素。

(五)其他影响合同相对人主观判断的因素。

广东省部分法院破产审判业务座谈会纪要

广东省高级人民法院

为更好地适用《中华人民共和国企业破产法》(以下简称《企业破产法》)及其司法解释的规定,妥善受理、审理破产案件,更加充分地发挥《企业破产法》在调整市场经济中的重要作用,广东省高级人民法院在广泛调研的基础上,于2012年4月18日在东莞市召开了全省部分法院破产审判业务座谈会。与会同志经认真讨论,就破产审判工作所涉的部分问题达成了共识。现纪要如下:

一、申请和受理问题

1. 各级法院要紧密配合中央关于加快转变经济发展方式、调整经济结构的战略思路,积极、能动为我省经济转型升级服务,统一思想、提高认识,树立依法受理破产案件的观念,充分认识并发挥《企业破产法》在优化社会资源配置、完善优胜劣汰竞争机制及拯救危困企业等方面的积极作用,对当事人提出的符合受理条件的破产申请,应当依法予以受理,而不应以不符合法律、司法解释规定的理由不予受理。

2. 人民法院在受理破产案件前,原则上应组织申请人、被申请人及主要债权人进行听证,听取各方关于应否受理破产申请的意见,充分了解债务人的资产、负债、经营、职工等相关情况,依法审查决定是否受理。

3. 各级法院在受理按照最高人民法院和省法院规定应逐级审批的破产案件时,应按照要求履行审批、备案手续。广东省高级人民法院《关于加强破产审判管理指导监督工作的通知》[粤高法明传(2005)114号]要求中级法院受理前须报省法院审批的申报债权数额标准由原来的"3000万元以上"调整为"1亿元以上",基层法院受理前须报中级法院审批的申报债权数额标准由各中级法院根据各地实际情况自行规定,其他备案、报批标准仍按上述通知执行。

4. 上一级人民法院依照《最高人民法院关于适用〈企业破产法〉若干问题的规定(一)》第九条责令下级人民法院在一定期限内作出是否受理破产案件的裁定的,下级人民法院应当将处理结果及时书面报告上一级人民法院。

二、人民法院审查破产申请期间债务人财产的保全问题

5. 人民法院审查破产申请期间,破产申请人及其他利害关系人如认为债务人可能通过

转移财产、恶意清偿债务等方式损害其合法权益的,可依照《中华人民共和国民事诉讼法》第九十二条①的规定,向接收破产申请的人民法院就债务人财产提出财产保全申请,人民法院经审查符合要求的应予准许,并采取必要的财产保全措施。人民法院经审查认为有必要的,可以要求财产保全的申请人提供相应担保。

6. 当事人提出财产保全申请的,应当按照《诉讼费用交纳办法》的相关规定预交保全费,破产案件受理后上述费用纳入破产费用范畴,以破产财产优先清偿。

三、关联企业破产问题

7. 各级法院应当积极探索关联企业合并破产问题,在充分尊重法人人格独立和股东有限责任的基础上,对于关联企业成员存在法人人格、财产高度混同、利用关联关系损害债权人利益等情形的,可依据管理人或债权人的申请采取关联企业合并破产方式。本条所称关联企业包括相互之间存在控制与从属关系或者其他重大影响关系的企业。

8. 关联企业合并破产案件应报经有权决定管辖的上级法院批准后受理,一般由控制企业所在地或主要财产所在地法院管辖;关联企业的个别成员已经进入破产程序的,由已受理该成员破产案件的人民法院管辖;关联企业的成员已分别在不同人民法院进入破产程序,报请共同上级法院指定管辖法院。

9. 为减少不同程序间的协调成本、保障破产程序公平有序进行,对尚不符合合并破产条件的关联企业成员破产案件,如确属必要,可报经有权决定管辖的上级法院批准,由控制企业所在地或主要财产所在地法院集中审理。

四、对债务人下落不明、无产可破、缺少账册的破产案件处理问题

10. 人民法院受理债务人下落不明、无产可破、缺少账册等破产案件后,应当及时指定管理人并督促管理人找寻债务人财产并运用法律手段予以追收,尽可能保障债权人的合法权益。

11. 因债务人的出资人怠于履行义务,导致债务人的主要财产、账册、重要文件等灭失而无法清算或者无法依法全面清算的,人民法院在所发现和追收的财产进行分配后,可以无法清算或无法依法清算为由裁定终结债务人破产程序,并告知相关权利人可依据相关法律规定另行向债务人的出资人等主张权利。

五、对管理人编制的债权表的审查问题

12. 对于《企业破产法》第五十八条第二款规定的债务人、债权人均无异议并经债权人会议依法确认的债权表记载的债权,人民法院可根据管理人的申请径行作出裁定予以确认。

六、管理人的选定及管理人队伍培育问题

13. 各级法院应依照《企业破产法》及《最高人民法院关于审理企业破产案件指定管理

---

① 2012 年修订后的第一百条。——编者注

人的规定》的相关规定,根据案件的具体情况采取适当方式指定合适的管理人,原则上应采用随机方式在已制定的管理人候选名册中选定管理人;对于金融机构、上市公司或者其他法律关系复杂、影响重大、可能影响社会稳定不宜采用随机方式选定管理人的破产案件,已经成立清算组的可指定清算组为管理人,未成立清算组的可采取竞争方式在已制定的管理人候选名册中选定管理人。破产审判部门决定以随机方式或者竞争方式产生管理人的,其具体操作程序应交由司法技术辅助部门或相关部门主持进行。

14. 为加快培育成熟的管理人队伍,各级法院应当积极探索有效的管理人管理机制,通过定期召开管理人座谈会等方式深入了解管理人工作中存在的问题和困难,及时研究、解决或向有关部门反映,要注重加强对已制定的管理人名册中的候选管理人的培训工作。

七、破产审判中相关法院之间的工作配合问题

15. 破产管理人持审理破产案件的法院作出的生效法律文书,请求省内其他法院配合解除有关债务人的财产保全措施、中止执行程序或实施其他配合工作时,各级法院应依照《企业破产法》的规定积极予以配合,执行中如遇到障碍,相关法院可报请共同上级法院协调解决。破产管理人持生效法律文书请求外省法院配合工作时如遇到障碍,可逐级上报省法院协调解决。

八、破产重整问题

16. 人民法院受理重整申请后,应结合听证情况对重整申请的合法性、可行性进行实质审查。审查过程中,人民法院可以征询银行等金融机构或工商、证券、国资、税务等行政管理部门的意见。

17. 对于虽然已经出现破产原因或者丧失清偿能力可能,但符合国家产业结构调整政策、具备发展前景的企业,人民法院应充分发挥破产重整制度的功能,对其进行积极挽救。

九、破产审判中的边控问题

18. 人民法院在审理破产案件过程中,可依法对债务人的法定代表人及其他相关人员采取限制出境、扣留证件、司法拘留等强制措施。如需边检部门协助执行,应将裁定书、决定书、边控申请表等资料一并逐级报送省法院协调边控部门办理边控手续。

十、破产审判队伍建设问题

19. 各中级法院要认真领会、贯彻《最高人民法院关于正确适用〈企业破产法〉若干问题的规定(一)充分发挥人民法院审理企业破产案件司法职能作用的通知》的精神,进一步加强破产审判队伍建设,尽快设立破产审判专业合议庭,有条件的法院可根据实际情况建立专门的破产审判庭。

十一、破产衍生诉讼归口审理问题

20. 为深化破产审判机制改革,优化司法资源配置,充分发挥由破产审判业务庭审理破

产衍生诉讼案件的优势,破产案件受理后提起的破产衍生诉讼案件(除劳动争议、知识产权、海事海商等类型案件外),原则上统一由破产审判业务庭(包括审理破产案件的专门破产审判庭、商事审判庭或其他审判业务庭)审理(按省法院粤高法明传〔2012〕172号文执行)。

十二、破产案件绩效考核管理问题

21. 破产案件在工作量、工作性质、案件流程上与普通民商事案件存在明显差异,这在客观上决定了对破产案件的绩效考评和审判管理都应区别于普通民商事案件。各级法院应根据辖区实际情况,积极探索能够全面客观反映审理破产案件工作量的科学考评标准,对破产案件施行科学绩效考评。

广东省高级人民法院关于审理伪卡交易民事案件工作座谈会纪要

广东省高级人民法院

近年来,随着银行卡在民商事交易中的广泛使用,伪造银行卡进行交易引发的民事案件大幅增加。鉴于目前法律、行政法规及相关司法解释对伪卡交易民事案件的法律适用并没有明确的规定,有必要进一步明确该类案件的有关程序和实体问题,相对统一司法裁判标准,保护各方当事人合法权益,更好地规范发卡、用卡行为。为此,广东省高级人民法院于2012年5月25日在中山市召开了全省法院审理伪卡交易民事案件工作座谈会。全省各中级人民法院、广州铁路运输中级法院分管商事审判工作的副院长、商事审判庭的负责同志参加了座谈会。与会同志经认真讨论,就关于审理伪卡交易案件的主要问题达成了共识。现纪要如下:

一、伪卡交易民事案件的常见类型

1. 伪卡交易民事案件是指他人利用伪造的银行卡进行消费或取现后,持卡人起诉要求赔偿银行卡账户内资金损失或发卡行(含具备经营银行卡业务的其他金融机构,下同)要求按照约定偿还本息,持卡人以被盗刷为由拒绝偿还或偿还后要求发卡行承担损失而产生的民事纠纷。包括持卡人与发卡行、持卡人与特约商户、持卡人与收单机构等主体之间关于卡内资金损失如何承担而产生的纠纷,最常见的是持卡人与发卡行之间的纠纷。

二、伪卡交易民事案件的案由

2. 根据最高人民法院《民事案件案由规定》(2011年修订版)的规定,伪卡交易民事案件系银行卡使用引起的民事案件,属于银行卡纠纷,人民法院可以根据所涉银行卡种类的不同,适用借记卡纠纷和信用卡纠纷案由。

三、伪卡交易民事案件的受理

3. 因持卡人和发卡行之间涉及储蓄存款合同、借款合同、委托结算合同等多重法律关系,持卡人以发卡行违约为由请求发卡行承担责任的,人民法院应予受理。

4. 持卡人以特约商户、收单机构未尽安全保障义务构成侵权为由请求特约商户、收单机构承担赔偿责任的,人民法院应予受理。

四、伪卡交易民事案件的地域管辖

5. 因伪卡交易民事案件既可能涉及合同关系也可能涉及侵权关系,人民法院应当根据当事人的诉讼请求确定地域管辖。当事人同时以违约、侵权为由起诉的,依起诉状中在先的诉讼请求确定管辖。

五、伪卡交易民事案件的诉讼主体

6. 持卡人起诉发卡行的,以《银行卡申请表》或《领用合约》上签字或盖章的单位、发卡行总行作为诉讼主体。发卡行没有在《银行卡申请表》或《领用合约》上签字、盖章的,以《银行卡申请表》或《领用合约》载明的被申请人或与持卡人发生交易的分支机构作为诉讼主体。

基于查清案件事实的需要,人民法院可以按照方便当事人诉讼、提高诉讼效率原则,追加特约商户或收单机构为第三人。

7. 发卡行"信用卡中心"属于《中华人民共和国民事诉讼法》第四十九条①以及《最高人民法院关于适用〈中华人民共和国民事诉讼法〉若干问题的意见》第四十条规定的其他组织,可以作为诉讼主体。

8. 持卡人起诉收单机构的,以实际收单的分支机构或收单机构总行作为诉讼主体。基于查清案件事实的需要,人民法院也可以按照方便当事人诉讼、提高诉讼效率原则,追加发卡行为第三人。

六、伪卡交易民事案件的举证责任

9. 伪卡交易民事案件中,持卡人、发卡行违反银行卡合同约定,构成违约的,应当根据《中华人民共和国合同法》第一百零七条、一百二十条的规定,承担相应违约责任。按照"谁主张、谁举证"的原则,持卡人、发卡行应当对其主张的违约方的违约行为承担举证责任。

10. 伪卡交易民事案件中,持卡人应当提供银行卡、银行卡在涉案时间内使用记录、报警记录或挂失记录等证据材料。持卡人无正当理由拒不提供的,人民法院可以以证据不足为由驳回其诉讼请求。

11. 伪卡交易民事案件中,发卡行、收单机构应当提供盗刷行为发生时的视频资料、交易单据、签购单等证据材料。发卡行、收单机构无正当理由拒不提供的,人民法院则可以适用《最高人民法院关于民事诉讼证据的若干规定》第七十五条的规定,作出对其不利的认定。

12. 鉴于密码私密性和唯一性的特点,如发卡行或收单机构有持卡人用卡过程中存在不规范使用银行卡和密码的证据,在持卡人没有充分证据予以反驳的情况下,人民法院可以认定持卡人没有尽到妥善保管密码的义务。

---

① 2012年修订后的第四十八条。——编者注

七、伪卡交易民事案件中的刑民交叉问题

13. 伪卡交易民事案件中,持卡人诉请发卡行、收单机构或特约商户承担责任虽与伪造银行卡犯罪行为有一定牵连性,但与他人伪造银行卡、盗取卡内资金的刑事犯罪行为不属同一法律关系。根据《最高人民法院关于在审理经济纠纷中涉及经济犯罪嫌疑若干问题的规定》第一条、第十条的规定,伪卡交易民事案件可以独立于刑事案件受理和审理。

八、伪卡交易的认定

14. 人民法院可以根据下列情形,综合判断是否存在伪卡交易:
（1）行为人并非持卡人,且存在安装测录装置盗取银行卡信息、密码等行为的;
（2）交易银行卡的样式、颜色、标记等与银行卡差异较大的;
（3）涉案银行卡账户短时间内在异地交易,有证据证明或者依据常理推断持卡人未在该时该地交易的(人民法院可以根据经验法则,结合交易行为地与持卡人处所的距离、交易时间和报案时间、持卡人身份、持卡人的陈述等情况,综合考量后,对是否存在伪卡交易作出认定);
（4）签购单等交易单据上的签名与银行卡上记载的持卡人签名明显不一致的;
（5）其他能够证明伪卡交易的情形。

九、伪卡交易民事案件中的责任认定

15. 对于持卡人、发卡行因银行卡被伪造后交易损失产生的纠纷,人民法院应当根据举证责任的履行、违约情况的认定等情况,依据公平原则,合理确定持卡人和发卡行的责任分担比例。
（1）设密码的银行卡被伪造后交易的,银行未识别伪卡,一般应当对卡内资金损失承担不少于50%的责任。持卡人对银行卡被伪造存在过错的,可以减轻或免除发卡行或收单机构因不能识别伪卡而应承担的民事责任。
（2）设密码的银行卡被伪造后交易的,持卡人对密码的泄露没有过错的,对银行卡账户内资金损失一般不承担责任。持卡人用卡不规范足以导致密码泄露的,一般应当在卡内资金损失50%的范围内承担责任。发卡行或收单机构对密码泄露存在过错的,可以减轻或免除持卡人用卡不规范而应承担的民事责任。
（3）未设密码的银行卡被伪造后交易的,发卡行以在办卡过程中履行了不设定密码后果和风险的提示义务为由请求持卡人承担相应责任的,人民法院可以支持,但持卡人承担责任的范围不宜超过卡内资金损失的50%。
（4）伪卡交易民事案件中,持卡人以发卡行或收单机构违反对交易机具、交易场所安全管理义务或未按照银行业监管部门要求采取银行卡风险管理措施导致银行卡卡片信息及密码等被盗取为由,要求发卡行承担全部责任的,人民法院可以支持。

16. 对于持卡人、发卡行与特约商户、收单机构因银行卡被伪造后交易损失产生的纠纷,人民法院应当根据违约或侵权行为的过错情况,合理确定特约商户、收单机构的责任分

担比例。

(1) 发卡行和特约商户、收单机构之间系委托代理关系,根据《中华人民共和国民法通则》第六十三条第二款的规定,其行为结果应当由发卡行承担。除特约商户或收单机构因故意或重大过失侵害持卡人财产权外,持卡人请求特约商户或收单机构承担赔偿责任的,人民法院不予支持。发卡行承担损失赔偿责任后,可以依法向特约商户、收单机构追偿。

(2) 特约商户未尽到审慎审核义务,持卡人仅起诉发卡行的,法院可以结合特约商户的过错程度判决发卡行对伪卡交易造成的资金损失承担责任。持卡人同时起诉发卡行和特约商户的,人民法院可以在判决发卡行对伪卡交易造成的损失承担责任的同时,判决特约商户与银行承担连带责任。

(3) 关于特约商户是否尽到审慎审核义务,人民法院应从是否按照操作规程的要求,结合卡片的有效性、是否存在止付的情形、签购单上签名与银行卡上签名形式上的一致性、签购单上签名与银行卡持卡人姓名的拼音一致性等情形,进行综合判断。

十、持卡人对银行卡账户内资金妥善保管义务

17. 持卡人知道或应当知道银行卡被复制的事实,但未在合理期限内采取措施防止损失产生或损失扩大,持卡人起诉发卡行、特约商户、收单机构要求赔偿该产生或扩大的损失的,人民法院不予支持。

十一、银行卡合同格式条款效力的认定

18. 银行卡合同中的格式条款系发卡行为了重复使用而预先拟定,并在订立合同时未与持卡人充分协商的条款。人民法院应当根据《中华人民共和国合同法》第三十九条、第四十条、第四十一条以及《最高人民法院关于适用〈中华人民共和国合同法〉若干问题的解释(二)》第九条、第十条的规定,对银行卡合同中格式条款的效力进行认定。

19. 银行卡合同中关于"凡是使用密码进行的交易,均视为本人所为"的约定,应当理解为,在使用真实银行卡进行交易时,只要能够提供密码,即视为本人交易,伪卡交易民事案件不适用该约定。

十二、审理伪卡交易民事案件应当注意的其他问题

20. 鉴于此类案件属于新类型案件,涉及法律关系复杂、利益主体众多、社会关注度高,在审理此类案件时,要加大与金融监管机构、银行业协会的沟通协调,充分发挥司法调解和人民调解的积极作用,做好防范金融风险和维护金融稳定工作。同时,对于审判实践中出现的新情况、新问题,要及时逐级上报。各中级人民法院要加强对此类案件的监督指导,注重深入调查研究,及时总结审判经验,确保依法妥善审理好此类案件。

【商事裁判文书选登】

中国农业银行股份有限公司双辽市支行与双辽市农村信用合作联社借款合同纠纷案

——中华人民共和国最高人民法院民事裁定书

(2011)民提字第85号

裁判要旨　一、本案属于农业银行与农村信用社脱钩遗留债务纠纷,该类纠纷的特殊性在于农业银行与农村信用社脱钩以前,双方之间既有平等民事主体之间正常的借贷法律关系,又有基于一般管理关系而形成的金融机构之间的业务关系。对于双方之间因经营活动而产生的借贷纠纷案件,人民法院应予受理。

二、《最高人民法院关于适用〈中华人民共和国民事诉讼法〉审判监督程序若干问题的解释》第二十五条第一款第(三)项规定,对于当事人申请再审的案件存在"当事人达成执行和解协议且已履行完毕的"情形的,人民法院可以裁定终结审查。

中华人民共和国最高人民法院

民 事 裁 定 书

(2011)民提字第85号

申请再审人(一审原告、二审被上诉人、原再审被申请人):中国农业银行股份有限公司双辽市支行。住所地:吉林省双辽市新市街1248号。

负责人:贾景玉,该行行长。

委托代理人:彭卿,北京市天同律师事务所律师。

委托代理人:田英,吉林功承律师事务所律师。

被申请人(一审被告、二审上诉人、原再审申请人):双辽市农村信用合作联社(原双辽市玻璃山农村信用合作社)。住所地:吉林省双辽市郑家屯街东春路。

法定代表人:李晓明,该联社理事长。

委托代理人:于春露,该联社法律顾问。

委托代理人:王宝平,该联社工作人员。

申请再审人中国农业银行股份有限公司双辽市支行(原中国农业银行双辽市支行,以下简称农行双辽支行)为与被申请人双辽市农村信用合作联社(以下简称双辽信用联社,本案一、二审时的诉讼主体为双辽市玻璃山农村信用合作社,以下简称玻璃山信用社)借款合同纠纷一案,吉林省四平市中级人民法院于1999年12月9日作出(1999)四经初字第228号民事判决,玻璃山信用社不服上述民事判决,向吉林省高级人民法院提起上诉,吉林省高级人民法院于2000年7月19日作出(2000)吉经终字第37号民事判决。2007年10月28日,双辽信用联社向吉林省高级人民法院申请再审,吉林省高级人民法院于2008年6月11日作出(2008)吉民监字第78号民事裁定,对本案再审。2009年11月20日,该院作出(2009)吉民再字第74号民事裁定,撤销一、二审判决,驳回农行双辽支行的起诉。农行双辽支行不服上述民事裁定,向本院申请再审,本院于2010年10月30日以(2010)民再申字第122号民事裁定,提审本案。本院依法组成由审判员王宪森担任审判长,审判员殷媛、代理审判员张雪楳参加的合议庭进行了审理,书记员郑琪儿担任记录。本案现已审理终结。

吉林省四平市中级人民法院一审查明:1993年至1996年,玻璃山信用社在农行双辽支行借款9笔,金额3094875元,截止到1999年10月末累计利息1352190.78元,除1994年至1996年偿还了少部分本金及利息外,尚欠本金2184875元,利息1352190.78元,以上借款均已逾期,农行双辽支行多次催要,玻璃山信用社均以资金紧张和账目不清为由,拒绝给付。

1999年11月19日,农行双辽支行向吉林省四平市中级人民法院提起诉讼,请求判令玻璃山信用社给付其贷款本金2184875元,利息1352190.78元,并承担本案诉讼费用。

吉林省四平市中级人民法院审理认为,玻璃山信用社多次在农行双辽支行处借款,均已逾期,应当予以偿还本金及利息。根据《中华人民共和国民法通则》第一百零八条的规定,判决:玻璃山信用社于判决生效后立即给付农行双辽支行借款本金2184875元,利息1352190.78元,合计3537065.78元,1999年10月末以后利息继续计算至付清时止。一审案件受理费27695元,由玻璃山信用社负担。

玻璃山信用社不服上述民事判决,向吉林省高级人民法院提起上诉称:(一)农行双辽支行起诉玻璃山信用社不妥,把本来是金融系统内解决的债务纠纷推向法庭,本案应根据《中华人民共和国人民银行法》第26条、中国人民银行吉林省分行、中国农业银行吉林省分行1996年5月30日吉银发(1996)216号《转发总行关于当前稳定和加强农村信用合作社工作的通知》(以下简称216号文件)、1998年7月13日中国人民银行(1998)39号内部传真电报《关于农村信用合作社清偿对中国农业银行债务有关问题的通知》(以下简称39号文件)的要求,经中国人民银行仲裁。(二)农行双辽支行同意撤诉,是玻璃山信用社一审不应诉的主要原因。(三)一审法院草率判决,执法不严。(四)截止到1999年11月30日,玻璃山信用社欠农行双辽支行支信款2184875元,按39号文件、216号文件,玻璃山信用社不认可的债务是2184875元,其中:1.农行双辽支行农业贷款"一口出"时贷给玻璃山信用社,玻璃山信用社发放给农民后现今形成的不良贷款823267.95元,因农民未偿还玻璃山信用社,故玻璃山信用社无法偿还农行双辽支行;2.农行双辽支行通过贷款凭证置换,对同一客户由玻璃山信用社增加贷款,农行双辽支行同时收回原贷款而形成的债务1130037.81元,农户未归还,玻璃山信用社不认可偿还;3.农行双辽支行在玻璃山信用社没有收回农户借款本金的情况下,将玻璃山信用社所欠支信款利息转为贷款本金 307779.82 元,计算应收未收利息挂账 1352190.79 元,玻璃山信用社因债务在农民手中没有收回,无法偿还农行双辽支行。玻璃山信用社主张对以上债务不认可,应按有关文件规定,农行双辽支行相应收回玻璃山信用社对农户借款的债权,并相应抵减支信款,或者对玻璃山信用社因支信款形成的贷款进行清收,将收回的贷款本息全部偿还支信款。综上,请求撤销一审判决,玻璃山信用社欠农行双辽支行的债务应由人民银行认定后由玻璃山信用社偿还。一、二审诉讼费由农行双辽支行承担。

被上诉人农行双辽支行答辩称:玻璃山信用社的上诉理由不是事实,无法律依据。玻璃山信用社欠农行双辽支行债务形成的基本情况是,2184875 元债务中,有玻璃山信用社欠农行双辽支行为赚到贷款利差形成的贷款 489000 元,有由于不能保付而向农行双辽支行申请的贷款 1695875 元;农行双辽支行与玻璃山信用社之间的债权债务不是"一口出"、"凭证置换"、"点贷",不应适用 39 号文件和 216 号文件;玻璃山信用社歪曲文件,有意逃债;一审法院的审判工作符合法律规定。玻璃山信用社提到的 39 号文件的主要内容是:一、信用社对农行的债务是指信用社与农行脱离行政隶属关系前形成,至今尚未清偿的债务,包括信用社向农行借款和已逾期的拆入资金……二、信用社与农行之间债权债务的认定,鉴于信用社与农行相互形成的债权债务成因较为复杂,为使此项清偿工作顺利实施,必须对双方存有异议、尚未清偿的债务逐笔进行认定。(一)认定工作在县级进行。(二)对 1995 年 12 月 29 日农银传(1995)68 号《关于稳定当前行社工作的紧急通知》下发以后,出现下列情况之一的,债务不应由信用社承担:1. 农行通过贷款凭证置换,对同一客户由信用社增加贷款,农行同时收回原贷款等方式将贷款资产转移给信用社所形成的债务。2. 农行委托信用社发放,后转为信用社自营的贷款,或农行作为担保人由信用社发放贷款而形成的债务。3. 农行确定贷款项目,未经信用社主任审批,指令信用社贷款形成的债务。(三)认定以行社双方签订的合法、有效的合同(或协议合同)为基础。已签订合同,且合同合法、有效的,原则上按合同规定,由信用社承担;虽已签订合同,但确属前款所指情况之一的,债务不应由信用社承担;未签订合同及对合同的合法、有效性有疑问的,由行社双方协商确定;对行社双方有争议、协商未果的,由人民银行当地支行仲裁。(四)解决行社资金遗留问题,要以 1995 年 12 月 29 日以来中国人民银行、中国农业银行两总行关于维护行社双方合法权益的有关电报、文件为依据,行社双方应尊重历史、客观公正、实事求是、互谅互让。对明显违背政策规定,信用社难以接受的债务,当地人民银行省分行进行仲裁……三、认定为信用社应承担的债务,信用社应在规定期限内将欠款及合法利息归还农行;认定为不应由信用社承担的债务,农行要相应收回对客户的贷款债权,并相应抵减拆放信用社的资金。216 号文件的主要内容是:对于 1995 年以前发生的行社资金往来,要依照公平、公正的原则进行妥善处理。农行农业贷款"一口出"时贷给信用社的贷款,农户已经归还的,信用社应等额归还。农户尚未归还的,信用社要积极帮助清收。

吉林省高级人民法院二审认定的事实与一审法院认定的事实一致。

二审另查明:玻璃山信用社于 1986 年 9 月 4 日取得营业执照,营业执照上注明企业性质为集体。

吉林省高级人民法院二审认为,农行双辽支行与玻璃山信用社之间的借款是多年来形成的,应按照39号文件的规定执行,此文件是部门规范性文件,具有效力,但是此文件没有排除农行双辽支行向人民法院主张权利,法院可以受理此案。农行双辽支行与玻璃山信用社双方签订的借据,是当事人的真实意思表示,并已实际履行。玻璃山信用社原来虽然与农行双辽支行是隶属关系,但玻璃山信用社有营业执照,独立核算,自负盈亏,有一定场所和组织机构,对外有承担民事责任的能力,应认定具有法人资格。因此,农行双辽支行和玻璃山信用社签订的借款合同是合法有效的。依据《中华人民共和国民法通则》第九十条"合法的借贷关系受法律保护"、第一百零八条"债务应当清偿,暂时无力偿还的,经债权人同意或人民法院裁决,可以由债务人分期偿还"的规定,玻璃山信用社应偿还欠农行双辽支行借款。玻璃山信用社没有按借款约定期限偿还,应承担违约责任。依照《中华人民共和国经济合同法》第四十条第二款第一项"借款方不按合同规定及时偿还贷款的,应承担违约责任,并加付利息"、《借款合同条例》第十六条"借款方不按期偿还借款,贷款方有权限期追回贷款,并按银行规定加收罚息"的规定,玻璃山信用社应付给农行双辽支行利息及罚息。原审法院判决复息由玻璃山信用社承担不妥。

关于玻璃山信用社上诉主张这9笔借款属于39号文件规定的凭证置换和216号文件规定的"一口出"而不应由其归还的理由,其提供了分户账等证据,经过质证,该院认为,关于玻璃山信用社主张是凭证置换的6笔借据,按照凭证置换的规定,一笔凭证置换的借款应由玻璃山信用社与农行双辽支行之间、农行双辽支行与农民之间、玻璃山信用社与农民之间的三个借据形成,玻璃山信用社没有农行双辽支行与农民之间的借据,且借款形成的时间与争议借据形成的时间不符,玻璃山信用社与农民的借款在前,玻璃山信用社与农行双辽支行的借款在后,同时玻璃山信用社又承认其在农行的分户账所记载的情况,即当时玻璃山信用社账面资金紧张,这几笔借款是为了保证信用社的正常经营,故玻璃山信用社关于6笔借款是凭证置换的证据不予采纳。关于玻璃山信用社主张是"一口出"的2笔借款,玻璃山信用社所提供的证据均在借据形成前的几年前形成,不能采纳。关于玻璃山信用社主张是利转本的1笔借款,玻璃山信用社又认可农行双辽支行的分户账,账上反映的情况并不是利转本,故不能采纳。综上分析,玻璃山信用社所提供的证据与农行双辽支行作为起诉依据的9份借据时间不符,没有关联,不能推翻农行双辽支行的9份借据。另外,玻璃山信用社的这些证据都是在1995年12月29日前形成的,与39号文件规定的玻璃山信用社不承担责任的时间"1995年12月29日后"亦不相符。农行双辽支行的合法债权应受到法律保护。所以在本案的实体处理上不能依据39号文件、216号文件。玻璃山信用社的上诉理由不能支持。

综上,原审判决认定事实清楚,但是在有关利息上适用法律略有不当,其中对将利息计入本金计算复利部分应予调整。依据《中华人民共和国民法通则》第一百零八条、《中华人民共和国民事诉讼法》第一百五十三条第一款第二项的规定,判决:变更吉林省四平市中级人民法院(1999)四经初字第228号民事判决主文为:玻璃山信用社于判决生效后偿还农行双辽支行借款本金2184875元,并在借款期间承担9份合同各自约定的借款利息,自9份合同各自的到期日之次日起逾期还款的利息,由玻璃山信用社按中国人民银行有关逾期还款的规定负担。一、二审案件受理费55390元,由玻璃山信用社负担44312元,农行双辽支行负担11078元。

双辽信用联社不服吉林省高级人民法院上述民事判决,向吉林省高级人民法院申请再审称:1996年农村金融体制改革之前,农村信用社与农业银行存在行政隶属关系,农业银行领导和管理信用社。双方间债务发生于1988年至1996年间,系行社脱钩前遗留的资金问题,属于农业银行通过"一口出"、"凭证置换"、"点贷"、"利转本"等方式形成的指令性贷款,不属于平等主体间的民事纠纷,应按照39号文件和216号文件规定办理,不应由法院受理。且按照上述文件的规定,信用社不应承担上述债务。请求撤销原一、二审判决,驳回农行双辽支行的起诉。

被申请人农行双辽支行答辩称:双方间的债务纠纷具有相关借据及相应的银行转账传票及账页,足以证明双辽信用联社实际占用和使用农行双辽支行的资金。因此,双方间系普通的拆借关系,不存在"一口出、点贷、凭证置换"等指令性贷款,原审判决应予维持。

吉林省高级人民法院再审查明:1996年8月22日,《国务院关于农村金融体制改革的决定》(国发〔1996〕33号)明确指出,农村信用社与中国农业银行脱离行政隶属关系的改革过程中,涉及到的人员、财产、资金关系等问题,应在中国人民银行领导下,会同有关部门协调解决。

本案二审期间,中国人民银行沈阳分行、四平市中心支行、双辽市支行向该院发函,中心内容为:双方间的债务系农业银行代管农村信用社期间形成的,属于行社脱离行政隶属关系后的资金遗留问题,不同于一般的经济纠纷,应按照39号文件及216号文件规定处理。在双方没有完全协商,人民银行没有最后认定的情况下诉诸法律解决不妥,在特定的历史时期形成的资金遗留问题,其造成的资金损失及风险不能全部由一方承担。

再审另查明:双辽信用联社系根据《国务院关于农村金融体制改革的决定》(国发〔1996〕33号),与农业银行脱离行政隶属关系后,于2000年3月6日由双辽市十五家农村信用社合并成立。

中国人民银行于1990年发布的《农村信用合作社管理暂行规定》第六条规定,农村信用社由中国人民银行委托中国农业银行领导和管理。本案行社间资金纠纷系从1988年至1996年期间,农业银行领导农村信用社期间形成,属于行社脱离行政隶属关系时遗留的资金问题。

1998年7月30日,中国人民银行双辽支行向中国人民银行四平支行出具报告(以下简称"1998年报告"),内容为:人民银行双辽支行组织计划、农金、会计等有关部门对农村信用社与农行双辽支行在脱离行政隶属关系前形成的债务进行全面核对和认定。结论为:双方间存在的债权债务关系中,有一大部分属于39号文件规定的三种类型贷款(指凭证置换、一口出、点贷等情况)。但该报告并未认定三种类型贷款具体数额。

1999年12月21日,中国人民银行双辽支行作出调查核实报告(以下简称"1999年核查报告"),内容为:由人民银行主管农金工作的副行长牵头,农行副行长、联社副主任等6人参加的调查核实小组,对行社间债权债务关系(包括十个一审被告在内的17家信用社)进行调查核实工作。该报告按照216号文件第二条规定,对1996年之前发生的支信贷款,建议如下：1. 凭证置换后农贷员投放的部分，即1690274.29元，由农行承担，收回债权；2. 点贷部分，金额830177.29元，已形成历史事实，建议由农行承担；3.1996年以前以贷收息8255415.92元，建议由农行承担，收回债权；4."一口出"形成的农贷员放款4059938.64元，建议由农行收回债权；5."一口出"形成的支信款余额33005691.99元，由于历史成因非常复杂，根据行社情况介绍，其中既有信贷员放款部分，又有农贷员放款部分，而现在借据均为信用社借款，很难分清，所以这部分支信款建议行社按照216号文件精神协商，妥善处理。

  吉林省高级人民法院再审认为，双方间资金纠纷系从1988年至1996年期间，农业银行领导农村信用社期间形成，属于行社脱离行政隶属关系时遗留的资金问题。无论以何种形式出现，其根本特点表现为不平等的行政权力对平等的民事关系的介入，仅凭拆借凭证、银行传票等材料不足以证明双方间系正常的资金拆借关系，且形式上所体现的资金流向也不足以否定"一口出"、"点贷"、"凭证置换"等指令性贷款的存在。另，中国人民银行双辽支行"1998年报告"确认行社纠纷案中存在"一口出"、"点贷"、"凭证置换"等指令性贷款，"1999年核查报告"进一步认定了部分指令性贷款数额（部分款项未最终确认）。足以看出，农行双辽支行目前所举证据不足以证明双方间的纠纷系普通的资金拆借关系，即不足以证明平等主体之间的民事纠纷。因此，农行双辽支行的起诉不符合《中华人民共和国民事诉讼法》第一百零八条第（四）项"属于人民法院受理民事诉讼的范围和受诉人民法院管辖"的规定。双方间的纠纷应按照有关规范性文件的规定，另循法律途径解决。原一、二审判决对本案进行实体审理，属程序违法，适用法律错误。双辽信用联社的申请再审理由具有事实及法律依据，应予支持。经该院审判委员会讨论决定，依照《中华人民共和国民事诉讼法》第一百零八条第（四）项、《最高人民法院关于适用〈中华人民共和国民事诉讼法〉若干问题的意见》第210条（1）项之规定，裁定：一、撤销该院（2000）吉经终字第37号民事判决及吉林省四平市中级人民法院（1999）四经初字第228号民事判决；二、驳回农行双辽支行的起诉。一、二审案件受理费予以退还。

  农行双辽支行不服吉林省高级人民法院上述民事裁定，向本院申请再审称：（一）本案系行社脱钩前双方正常的债权债务关系而引发的纠纷，双方有真实的借款凭证为据，系平等主体之间的纠纷，属于人民法院受理范围，吉林省高级人民法院再审裁定驳回农行双辽支行起诉，存在严重错误。1. 农业银行与农村信用社均为独立法人，以各自财产独立承担民事责任，双方债权债务有借款凭证为据，为平等民事主体之间的真实意思表示，由此产生的纠纷，法院应予受理。2. 从尊重历史客观事实出发，农业银行代管农村信用社系基于当时特殊的历史背景和经济体制，不能笼统地认为"无论以何种形式出现，其根本特点表现为不平等的行政管理权力对平等民事关系的介入"，并据此认定双方的资金纠纷不属于平等主体之间的民事纠纷。3. 诉权为我国法律赋予当事人的基本权利，当事人本就享有请求司法机关维护自己合法权益的权利，未经法律明确规定或非经法定程序，不能排除当事人寻求司法救济的权利。4. 最高人民法院的通知亦明确指出，从通知下发之日起，恢复此类纠纷的受理、审理和执行程序。（二）双方已在执行程序中就包括涉诉十家农村信用社在内的全部历史债权债务自行达成一揽子和解协议，并早已履行完毕，当事人之间由原生效法律文书确定的权利义务关系归于消灭，双辽信用联社申请再审不符合再审条件，吉林省高级人民法院未能维持原二审判决,存在严重错误。1. 原二审判决生效后,经各方协调一致,达成会议纪要,双辽信用联社依据会议纪要精神,自动履行了部分债务。2. 依照上述会议纪要精神,双方又达成《历史债务纠纷终结协议》,该协议履行完毕后,则意味着当事人对其实体上享有的诉讼中争议的权利进行了完全处分。而程序性权利是以实体性权利为基础的,对于原判决中争议的事项,当事人已经丧失了诉讼权利,包括申请再审的权利。3. 根据《最高人民法院关于适用〈中华人民共和国民事诉讼法〉审判监督程序若干问题的解释》(以下简称《审判监督程序解释》)第二十五条的规定,当事人达成执行和解协议且已履行完毕的,人民法院可以裁定终结审查。(三)依据39号文件通知确定的划断和认定原则,本案中所涉欠款,无论是否属于通知中的三种情形,农行双辽支行都不应自行承担责任,双辽信用联社应按双方借款契约向农行双辽支行偿还欠款。此外,双辽信用联社也未能就具体的每笔借款存在三种不应由其偿还的指令性贷款的情形,提供任何有效的直接证据予以证明。双辽信用联社以存在指令性贷款为由拒绝向农行双辽支行偿还借款,也不符合客观历史事实。综上,请求撤销吉林省高级人民法院再审裁定,维持该院原二审判决。

被申请人双辽信用联社答辩称:(一)吉林省高级人民法院对行社脱钩遗留债务纠纷再审裁定具有充分的法律和政策依据。双方当事人之间的债务是农村信用社与农业银行脱离隶属关系前的特定时期形成的上下级之间的内部拨款,两者是不平等的民事主体,不同于一般借贷纠纷,国务院、中国人民银行对行政隶属关系所产生的特定债务有明晰的处理政策:农业银行与农村信用社之间对划转资金如有分歧,在据原始凭证对账后仍不能达成一致的,由中国人民银行协调解决。中国人民银行双辽支行对双方历史遗留资金纠纷具有明确的核查结论,该核查结论明晰双方当事人资金往来状况以及责任承担,应为合法有效法律文件;最高人民法院亦有类同判例,均认定行社历史遗留资金纠纷案件人民法院不予受理,分别驳回了当事人的诉请;吉林省高级人民法院辖区内处理相同问题具有统一解决意见,推翻再审裁定,将引发讼累,并危害正常金融秩序。(二)吉林省高级人民法院再审认定事实清楚,证据充分。认定双方所谓的债权债务关系发生在行社脱钩之前,时间正确;双方之间存在"凭证置换"、"一口出"、"利转本"、"以贷收息"、"点贷"等事实具有充分依据。本案中的9笔借款凭证中,明确记载用途为"保付"的7笔,"转放"1笔,"化肥"1笔,农业银行负责人在借据上直接标注"一口出"、"收陈贷新"、"系统内往来"、"经上级行审批同意"等字样。39号文件明确规定这几类债务均不应由农村信用社承担偿还责任。216号文件认定全省农业银行贷款存在"一口出"和"点贷",明确规定这类款项不应由农村信用社承担。1996年7月19日,中国农业银行吉林省分行信用合作处的调查报告承认委托农村信用社发放贷款、以拆借形式点贷、委托信用社代理发放贷款业务,将风险转移到农村信用社。中国人民银行双辽支行组织当事人等核查结论明确双方责任范围,事实清楚。尤其强调的是证据显示双方之间的3977万元资金往来,95%为"保付款"而非支信款,要求双辽信用联社承担偿付"保付款"的责任没有任何法律和政策依据。(三)吉林省高级人民法院再审程序合法。该院依法纠正原一、二审的错误,撤销判决具有合法性、正义性;通过多次庭审、移交金融监管机构调处等查明债务形成时间、状态、性质、责任,驳回当事人请求程序合法。再审审查针对原一、二审,而非错误裁判法律文书的履行情况,双方之间的《历史债务纠纷终结协议》是法院强制执行原审错误判决结果,不是双辽信用联社真实意思表示(双辽信用联社曾在法定期间提起确认之诉),且显失公平,对当事人不具有法律约束力。双辽信用联社提出再审申请包括实体和程序两个方面,若最高人民法院认为吉林省高级人民法院再审程序存在瑕疵,仅就再审程序问题进行审理,则不应对原一、二审判决后形成的《历史债务纠纷终结协议》进行审理,应依据法律规定发回吉林省高级人民法院再审,不应简单地撤销吉林省高级人民法院再审裁定,恢复错误的一、二审判决,从实体上剥夺双辽信用联社的法律救济权利。请求依法维持吉林省高级人民法院再审裁定,驳回农行双辽支行的再审申请。

本院再审查明:2000年11月20日,四平市人民政府召开《关于双辽市农村信用社债务纠纷处理问题》的专题会议并形成会议纪要,内容为:一、各部门要依法办事,四平市中级人民法院受理的双辽信用联社债务纠纷一案,判决是有效的,判决要得到执行。二、根据金融行业的特点,为防范金融风险,保持农村的稳定,不采取冻结账户的执行方式。三、双辽信用联社欠农行双辽支行的债务,分10年还清。双辽信用联社要认真制定还欠计划,落实还款数量和单位,常年情况下,收多少要执行多少,还款数额不能低于年计划的70%。对双辽信用联社的收贷和还款情况,四平市中级人民法院、人民银行、审计局将进行监督审计。四、今年年底前双辽信用联社除缴纳诉讼费、执行费外,还款200万元。

2000年12月至2006年6月,玻璃山信用社等十家农村信用社共向农行双辽支行付款4036万元。

2007年2月28日,农行双辽支行与双辽信用联社签订《历史债务纠纷终结协议》,载明:经双方协商同意签订本协议。双辽市永加乡等15家信用社历史上借入支信款截止2007年2月28日,共欠农行双辽支行贷款本金35279499.76元,双方协商计算利息至合同签订日止为65956946.14元。鉴于信用社欠款金额较大,积欠贷款利息较多,集中还款困难。按照2000年四平市政府专题会议精神,农行双辽支行与双辽信用联社达成如下还款协议:1.鉴于各欠款信用社法人资格已取消,实行联社一级法人制,因此还款由联社统一组织实施。2.双辽市永加乡等15家信用社于2007年偿还农行双辽支行借款全部欠款本息合计101236445.90元。3.减免各信用社复利56185851.52元,尚欠利息65956946.14元信用社承担还款责任。双方历史债务全部结清。4.信用社2007年还款后,农行双辽支行将所还款项的6400万元一次性作为同业存款返存在双辽信用联社。5.农行双辽支行在双辽信用联社的同业存款2008年到期3200万元,年息3.06%,2009年到期3200万元,年息3.69%。6.具体存款事宜遵照双方签订的《存款协议》执行。7.偿还本息的准确数据以双方签订的附件为准。在协议附件还款本金及利息明细表中,包括玻璃山信用社所欠本金及利息的数额。双方当事人在协议上签字、盖章,协议生效。农行双辽支行、双辽信用联社分别在协议上签字、盖章。

同日,农行双辽支行与双辽信用联社签订一份《存款协议》,载明:双辽市永加乡等15家农村信用社截止2006年末共欠农行双辽支行贷款本金35279499.76元,双方协商计算利息至合同签订日止为65956946.14元。鉴于各信用社欠款金额较大,积欠贷款利息较多,集中还款困难。按照2000年四平市政府专题会议精神,依据《历史债务纠纷终结协议》2007年农行双辽支行全部收回农村信用社欠款本息101236445.90元,所收回的部分款项6400

万元转成农行双辽支行在双辽信用联社同业存款。具体如下:1. 双辽市永加乡等15家农村信用社于2007年偿还农行双辽支行全部借款本息合计101236445.90元。2. 农村信用社偿还后的部分款项6400万元一次性转为农行双辽支行在双辽信用联社同业存款。3. 双辽信用联社按规定为农行双辽支行开具正式存款手续。全部转存款分二笔手续入账,一笔为2008年到期的一年期存款,另一笔为2009年到期的二年期存款。4. 2008年到期3200万元,支付日期2008年11月20日,年息3.06%;2009年到期3200万元,支付日期2009年11月20日,年息3.69%。5. 全部存款存在双辽信用联社营业部。6. 双辽信用联社营业部为农行双辽支行单独立户核算此二笔存款,农行双辽支行不得提前支取。7. 农行双辽支行所存款项到期后,如双辽信用联社不能按约定支付,双辽信用联社支付农行双辽支行违约金5620万元。本协议一式两份,双辽信用联社、农行双辽支行各一份内容相同。存款人农行双辽支行,存款机构双辽信用联社签字、盖章生效。农行双辽支行、双辽信用联社分别在协议上签字、盖章。

2007年3月7日,双辽信用联社向农行双辽支行支付款项101236445.90元,其中6400万元农行双辽支行存于双辽信用联社。

再审另查明:2000年3月6日,双辽信用联社由双辽市十五家农村信用社合并成立,其中包括玻璃山信用社。

2009年5月26日,中国农业银行双辽市支行更名为中国农业银行股份有限公司双辽市支行。

本院认为,本案系农行双辽支行不服吉林省高级人民法院再审民事裁定,向本院申请再审,本院依法审查并裁定提审。根据本院《审判监督程序解释》第三十三条关于"人民法院应当在具体的再审请求范围内或在抗诉支持当事人请求的范围内审理再审案件。当事人超出原审范围增加、变更诉讼请求的,不属于再审审理范围。但涉及国家利益、社会公共利益,或者当事人在原审诉讼中已经依法要求增加、变更诉讼请求,原审未予审理且客观上不能形成其他诉讼的除外"的规定,以及本案双方当事人提出的具体的再审诉讼请求和答辩理由,本院认为,本案再审的主要争议焦点问题是:一、本案是否应当由人民法院受理;二、吉林省高级人民法院再审民事裁定适用法律是否正确。

一、关于本案是否应当由人民法院受理的问题。

本案属于农业银行与农村信用社脱钩遗留债务纠纷,这类案件一般是指1996年以前农业银行管理领导农村信用社期间,双方发生资金往来或者其他借贷关系后形成的债权债务纠纷。由于此类纠纷产生的特殊历史及政策原因,对于上述债权债务纠纷的处理问题,国务院相关机构和部门先后制定了一系列政策和解决方案,旨在通过多方协调手段,解决好农业银行与农村信用社在农村金融体制改革过程中产生的上述有关问题。这些政策和措施,仅是处理双方脱钩后所遗留债务纠纷的一种方式,并没有排除人民法院对该类纠纷行使司法管辖权。而且,为了积极配合国务院相关部门的政策实施,确保农村金融体制改革工作稳步推进,对在这类案件的受理、审理和执行程序中如何处理好行政主管部门化解争议与司法程序解决纠纷并进的问题,人民法院还根据相应的司法政策予以协调。在国家相关主管部门就解决农业银行与农村信用社之间遗留问题的政策明确后,本院即于2005年6

月21日下发通知,为保护相关债权人的合法权益,决定恢复此类纠纷案件的受理、审理和执行程序。从上述政策文件、通知精神可以看出,在农业银行与农村信用社脱钩以前,由于双方之间存在着管理与被管理的关系,使得二者在业务经营及资金往来关系方面呈现出多种复杂的情形,其既有平等民事主体之间正常的借贷法律关系,又有基于一般管理关系而形成的金融机构之间的业务关系。因此,不能因双方之间存在的管理关系而否定其经营活动中基于平等、自愿原则所建立的民事法律关系,更不应剥夺其依法享有的民事上的诉讼权利。原再审裁定中提到中国人民银行双辽支行"1998年报告"、"1999年核查报告"均没有对双方的债权债务作出最终的认定,而仅是对如何处理1996年之前发生的支信贷款提出建议,双方当事人对该报告的内容从未达成一致。事实上,正是由于双方当事人虽经相关部门协调但就其间存在的债权债务关系无法达成一致,才酿成了本案纠纷。故人民法院受理双方因此类经营活动而产生的借贷纠纷案件,符合我国民事诉讼法的相关规定。原再审裁定认定本案中农行双辽支行的起诉不属于人民法院受理范围,进而撤销原一、二审判决,驳回农行双辽支行的起诉,其事实和法律依据不足。

二、关于吉林省高级人民法院再审民事裁定适用法律是否正确的问题。

我国民事诉讼法规定,当事人对已经发生法律效力的判决、裁定,认为有错误的,可以向上一级人民法院申请再审。为了更好地贯彻我国民事法律制度中当事人的"意思自治"、"诚实信用"原则,维护生效民事裁判文书的强制力和公信力,做到案结事了,本院于2008年11月10日发布并于同年12月1日施行了《审判监督程序解释》,该解释适用于审判监督程序中的立案审查阶段和对案件提审后的再审审理阶段。其中第二十五条第一款第(三)项规定,对于申请再审的案件存在"当事人达成执行和解协议且已履行完毕的"情形的,人民法院可以裁定终结审查。该司法解释实施时,本案正在吉林省高级人民法院再审,该院于2009年11月20日才作出再审裁定,其对本案的再审审理应当适用该司法解释的规定。根据本院在再审审理中查明的事实,本院认为,本案二审判决生效后,自2000年12月至2006年6月,玻璃山信用社等十家信用社共向农行双辽支行付款4036万元;2007年2月28日,双辽信用联社与农行双辽支行本着"尊重历史、互谅互让"的原则,经协商达成了《历史债务纠纷终结协议》,双方明确了全部欠款本息数额、减免复利数额、还款后农行双辽支行存于双辽信用联社的存款数额等等。该协议签订后,双方当事人即按协议的约定全部履行完毕。根据《关于人民法院执行工作若干问题的规定》第87条关于"当事人之间达成的和解协议履行完毕的,人民法院即可作执行结案处理,执行程序终止"的规定,该和解协议具有终止执行程序的效力。在实体上,履行完毕的和解协议具有消灭当事人之间由生效法律文书所确定的权利义务关系的效力。因此,在原生效裁判所确定的内容已经双方再次协商而发生变化,其争议的法律关系得以自愿修复的情况下,人民法院不应再对该生效裁判进行审查并再审,这既是对当事人双方意思自治之权利的保护和尊重,亦有利于维护诚信交易。本案中,农行双辽支行与双辽信用联社达成的《历史债务纠纷终结协议》,是双方当事人按照四平市政府专题会议精神,双方自愿达成的,该协议内容具体、详实,其意思表示真实、明确,已将双方之间多年间争议的全部债务一并结清。双辽信用联社辩称《历史债务纠纷终结协议》是法院强制执行原审错误判决的结果,不是其真实意思表示,因其没有证据佐证,本院不予采信。在本案二审判决生效后,双方之间的债权债务已经另行达成协议且已履行完毕的情况下,吉林省高级人民法院的再审裁定不符合上述《审判监督程序解释》的相关规定及民事法律行为应当遵循的基本原则要求,其对本案进行再审审理并撤销原一、二审判决适用法律不当,本院予以纠正。

另,双辽信用联社抗辩主张,若认定原再审程序存在瑕疵,则应发回原审法院再审,不应简单地恢复一、二审判决。对此,本院认为,如前所述,双方当事人间的债权债务关系已经协议履行完毕,无论是程序上,还是实体上,本案均无发回之必要。

综上,农行双辽支行关于本案应当由人民法院受理、吉林省高级人民法院不应对本案进行再审的诉讼请求成立,本院予以支持。吉林省高级人民法院原二审判决的法律效力应予维持,同时因双方当事人自愿达成和解协议且履行完毕,该判决不再执行。本院依照《中华人民共和国民事诉讼法》第一百八十六条第一款、《最高人民法院关于适用〈中华人民共和国民事诉讼法〉审判监督程序若干问题的解释》第二十五条第一款第(三)项、第三十三条第一款的规定,裁定如下:

撤销吉林省高级人民法院(2009)吉民再字第74号民事裁定。

本裁定为终审裁定。

审　判　长　王宪森
审　判　员　殷　媛
代理审判员　张雪棋
二〇一一年十一月二十五日
书　记　员　郑琪儿

中信证券股份有限公司与重庆华能石粉有限责任公司证券经纪合同纠纷案

——中华人民共和国最高人民法院民事判决书
（2011）民提字第293号

裁判要旨 本案是国家处置证券公司风险政策措施出台之前发生的事实和纠纷。证券公司与客户经纪合同关系下，证券公司内部人员违法犯罪和客户自己过错致客户资产损失，"一边倒"的认定和裁判均有错误，而应查明事实、分清责任。即证券公司应当承担哪些民事责任，客户是否有过错应否自行承担部分责任。

中华人民共和国最高人民法院

民事判决书

（2011）民提字第293号

申请再审人（一审被告、二审上诉人、原被申请人）：中信证券股份有限公司。住所地：北京市朝阳区亮马桥路48号。

法定代表人：王东明，董事长。

委托代理人：易永计，该公司员工。

委托代理人：门军，北京市国脉律师事务所律师。

被申请人（一审原告、二审上诉人、原申请再审人）：重庆华能石粉有限责任公司。住所地：重庆江津市珞璜镇。

法定代表人：杨庭寿，该公司董事长。

委托代理人：刘焕敏，该公司员工。

委托代理人：罗爱军，重庆霁泽律师事务所律师。

申请再审人中信证券股份有限公司为与被申请人重庆华能石粉有限责任公司证券经纪合同纠纷一案，不服重庆市高级人民法院（2010）渝高法民再终字第252号民事判决，向本院申请再审。本院以（2011）民再申字第4号民事裁定提审本案，并依法组成由审判员贾纬担任审判长、审判员沙玲、代理审判员周伦军参加的合议庭进行了审理，书记员侯佳明担任记录。本案现已审理终结。

2003年4月9日,重庆华能石粉有限责任公司(以下简称华能公司)提起诉讼,请求判令中信证券股份有限公司重庆较场口证券营业部(以下简称中信证券较场口营业部)返还1000万元,按中国人民银行同期贷款利率支付利息并加付罚息,承担诉讼费,由中信证券股份有限公司(以下简称中信证券)承担连带责任。

重庆市第一中级人民法院一审查明:1998年,华能公司以其员工刘焕敏个人名义,在中信证券较场口营业部(原中信证券有限责任公司重庆南坪证券交易营业部)开设000588200050号资金账户(以下简称0050账户),以从事国债交易。1998年11月及次年12月,华能公司先后两次各500万元共存入该账户1000万元。1998年11月10日至2000年1月4日,华能公司先后五次就买入和卖出97国债(4)向中信证券较场口营业部进行过委托,取得了成交过户交割单。

2000年1月18日,华能公司以转账方式从0050账户取出10353410.18元,于同日存入以公司名义在中信证券较场口营业部开设的000588303375号资金账户(以下简称3375账户)。中信证券较场口营业部分别出具了加盖单位印鉴的支款凭单和存款凭单。此后,华能公司未通过自助方式在3375账户上进行证券交易,也未通过柜台委托方式委托中信证券较场口营业部交易。2002年,华能公司账户进入了该公司未认可的2000万元。同年6月28日,3375账户被人持伪造的授权委托书取走2110万元。同年12月17日,华能公司取走了前述"约定收益"共1411298.34元。现在华能公司的资金账户上仅余94653.05元。

一审另查明:2002年1月1日,中信证券较场口营业部职员罗劲松以中信证券较场口营业部名义与华能公司签订"委托资产管理协议"和"委托资产管理协议补充协议"。协议约定:1. 华能公司的证券账户为B880331942。该司将3375资金账户上的11760819.52元委托中信证券较场口营业部管理,管理期限自当日至同年12月31日,中信证券较场口营业部向华能公司"出具受托管理资产数额的有效证明或凭证";2. 收益部分12%以内的由华能公司享有,超过12%部分由中信证券较场口营业部享有,遇国家政策调整可另行协商,但至少不低于银行同期存款利息;3. 中信证券较场口营业部分别于同年1月10日和7月10日将约定收益的各一半存入3375账户,委托期限届满后中信证券较场口营业部归还委托资金并支付收益,逾期则以到期委托资产数额与收益之和为基数按日万分之五支付违约金。该两份委托协议上中信证券较场口营业部的印鉴及负责人的签名经鉴定不真实。当日华能公司取得加盖中信证券较场口营业部印章的华能公司有11760819.52元资金的对账单。同年1月10日及7月28日,华能公司又先后取得了存入合同约定收益各705649.17元的两份"存款凭单"。经鉴定,两份存单上中信证券较场口营业部的印鉴不真实。

重庆市第一中级人民法院审理认为:

(一)关于"委托资产管理协议"和"委托资产管理协议补充协议"的效力。罗劲松虽然是中信证券较场口营业部的职员,但其身份不当然具有代表中信证券较场口营业部对外签订合同的授权,也不足以使他人相信他具有这种授权,且前述合同上中信证券较场口营业部的印鉴及负责人签名不真实,因此罗劲松的行为不构成表见代理,2002年1月1日罗劲松以中信证券较场口营业部名义与华能公司签订的上述两份合同无效,华能公司与中信证券较场口营业部之间未设立有效的资产委托管理合同关系,中信证券较场口营业部不作为合同当事人对他签订的合同承担约定义务。中信证券较场口营业部和中信证券认为双方不存在资产委托管理关系的辩解成立。

(二)关于华能公司与中信证券较场口营业部及中信证券之间的法律关系。在民事领域,民事主体之间的法律关系是指由民事法律规范所确认和保护的社会关系,即民法对民事法律事实调整后在民事主体间形成的以民事权利义务为内容的合法的民事法律关系。本案中,只存在华能公司在中信证券较场口营业部开设账户从事证券交易代理的民事法律事实,而没有双方签订资产委托管理合同的民事法律事实,因而民法对该民事法律事实调整后形成的民事法律关系仅是双方形成证券交易代理法律关系,而不是双方还同时存在资产委托管理法律关系。华能公司对民事法律事实所形成的民事法律关系的性质认识错误,该院释明后该公司基于客观存在的证券交易代理法律事实主张其诉讼请求,该院应审理裁判。中信证券较场口营业部认为本案存在委托资产管理和证券经纪两种民事法律关系,华能公司诉讼请求变更不当,该院不应审查的辩解不成立。

(三)关于华能公司账户资金缺失的民事责任承担。如认证部分所述,在证券交易代理中证券公司应与客户签订协议,明确委托、交割的方式、内容和要求,证券公司提供自助委托的应当签订自助委托协议并由证券公司详细记录自助委托过程,可见,证券公司有义务并且有条件保存证明双方是否发生交易以及发生何种方式交易的单证。华能公司起诉后,中信证券较场口营业部为支持其辩解,应当举示相关单证证明华能公司进行了自助交易或其他方式交易,以至仅余94653.05元。但是中信证券较场口营业部并未举示这方面的直接证据,而仅举示了两次取款的单证。因此中信证券较场口营业部自己举示的证据不足以证明其辩解。该营业部一方面认为,华能公司举示的从该营业部获取的资金对账单等证据过了举证期限,不应采信;而另一方面又以其来证明自己的反驳主张,属对诉讼权利的不正当行使。尽管如此,由于这些证据本身存在认证部分所述缺陷,华能公司提交的现有证据也足以证实中信证券较场口营业部的答辩理由。

这样,华能公司存入资金后,仅取走了部分资金,余款大量缺失。中信证券较场口营业部作为证券交易代理的受托人,不能证明资金缺失是委托人或其他第三人的行为造成,应当推定是中信证券较场口营业部自己的过错行为造成,该营业部应当对缺失的资金及自华能公司要求取款之日起的资金占用损失承担赔偿责任。由于中信证券较场口营业部是中信证券不具法人资格的分支机构,中信证券应对中信证券较场口营业部的前述债务负连带责任。

(四)关于赔偿金额。如认证部分所述,中信证券较场口营业部出具给华能公司的资金对账单之间不能对应,且与经鉴定真实的存款凭单不对应,与证券账户的实际持有变动记录不符,不足以认定华能公司实施了证券交易行为。因此,华能公司账户资金的损失应按存入金额减去该公司取出的金额,然后扣除余额后确定。华能公司的10353410.18元从0050账户转账存入3375账户后,华能公司取走1411298.34元,资金账户上现余94653.05元,扣除这两项后,实际损失本金8847458.79元。华能公司未证明何时要求中信证券较场口营业部取回资金,其资金占用损失从向本院起诉之日(2003年5月7日)起算,按中国人民银行规定的同期逾期贷款利率计付至付清时止。

综上所述,华能公司的诉讼请求部分成立,应予支持;中信证券较场口营业部、中信证券认为不应承担责任的辩解不成立,不应采信。依照《中华人民共和国民法通则》第一百零六条、《中华人民共和国民事诉讼法》第一百二十八条的规定,重庆市第一中级人民法院一审判决:(一)中信证券较场口证券营业部于判决生效后10日内支付华能公司8847458.79元及资金占用损失(以8847458.79元为基数,从2003年5月7日起,按中国人民银行规定的同期逾期贷款利率计付至付清时止)。(二)中信证券对中信证券较场口证券营业部的支付义务负连带责任。(三)驳回华能公司的其他诉讼请求。案件受理费69555元、其他诉讼费3690元、鉴定费3700元,合计76945元,由华能公司负担7695元,中信证券较场口证券营业部和中信证券连带负担69250元。

中信证券和华能公司均不服重庆市第一中级人民法院的一审判决,向重庆市高级人民法院提起上诉。

华能公司上诉称:1.一审判决对资金占用损失的起算时间错误,应是2003年1月23日,非5月7日。2.漏判以10353410.18元为基数,从2000年1月18日起至2003年1月23日止按人行同期存款利率支付利息。3.一审未认定中信证券挪用客户资金的行为。同时提出代理意见:第一,华能公司未与中信证券签订书面的《证券买卖委托代理协议》、《指定交易协议》,则双方未建立证券经纪关系。第二,华能公司只进行过柜台交易,而柜台交易并不需要密码。密码是由中信证券掌握。第三,华能公司的资金账户下被下挂多个证券账户,此系中信证券所为,中信证券操纵了华能公司的账户。第四,中信证券向华能公司出具了多份与真实交易不符的对账单、存款凭单等,均是以欺骗手段达到挪用客户资金的目的。第五,中信证券提供的资金对账单与在上海证券登记公司取得的交易明细有差别,则说明中信证券管理混乱,欺诈客户。故请求二审改判,1.将判决第一项的"从2003年5月7日"改为"从2003年1月23日";2.判令中信证券较场口证券营业部以10353410.18元为基数,从2000年1月18日起至2003年1月23日止按照人民银行同期存款利率向华能公司支付利息。

中信证券上诉称:1.本案涉嫌经济犯罪,应中止或移送公安机关,另华能公司举证逾期,中信证券的证据却未被列入证据范围,因而一审程序违法。2.一审法院认定华能公司有1000余万元的转账行为有误;一审举证倒置的做法违背证券法规定。请求二审法院判令:1.撤销一审判决;2.驳回华能公司全部诉讼请求;3.华能公司承担全部诉讼费用。

重庆市高级人民法院二审查明和认定的事实:

(一)诉讼主体的问题。2004年6月,一审期间,经中国证监会批准,中信证券较场口营业部由西北证券有限责任公司吸收合并,其主体被注销,中信证券在二审中承诺本案较场口营业部的权利义务均由其承担。因中信证券较场口营业部主体资格已不存在,而权利义务有承担人,本案不将中信证券较场口营业部列为诉讼主体。

(二)资金账户、对账单以及证券交易相关事实。第一,资金账户的开立及资金进出关系。1998年11月5日,华能公司在中信证券较场口营业部以刘焕敏名义开设0050号资金账户,以从事国债交易。1998年11月和1999年12月,华能公司各存入0050资金账户500万元,共计存入该账户1000万元。2000年1月14日,华能公司在中信证券较场口营业部开设 3375 号资金账户,以从事国债交易。0050 资金账户在 1999 年 10 月 12 日被以支票形式取走现金 366750 元;3375 资金账户在 2001 年 12 月 26 日以支票形式存入现金 2000 万元,2002 年 6 月 28 日以支票形式取出现金 2110 万元,2002 年 12 月 17 日以支票形式取出现金 1411298.34 元。即在 0050 和 3375 两资金账户中,共存入 3000 万元,取出 22878048.34 元,未取出 7121951.66 元,但现在两资金账户上仅余 94653.05 元,资金缺失 7027298.61 元。第二,证券账户交易情况。0050 和 3375 资金账户开立后,两资金账户下分别下挂了以姓名为刘焕敏,账号为 A306575399(上海)或 54644048(深圳)为主的 28 个证券账户,并在其中 16 个证券账户中进行了证券交易。刘焕敏的 A306575399 证券账户于 1998 年 11 月 2 日在上海交易所开户,并在 1998 年 11 月 6 日至 2002 年 12 月 11 日期间进行了 9913 次交易,直至所有证券卖出。刘焕敏的 54644048 证券账户于 1998 年 11 月 5 日在深圳交易所开户,并在 1998 年 11 月 12 日至 2002 年 6 月 27 日期间进行了 280 次交易,直至所有证券卖出。至 2005 年 2 月 22 日,通过在上海及深圳证券登记结算中心查询,这 28 个股东账户中股票均全部售出或撤销指定交易。

二审另查明,1998 年 11 月 10 日至 2000 年 1 月 4 日,华能公司先后五次就买入和卖出 97 国债(4)向中信证券较场口营业部进行过委托,取得了成交过户交割单。

重庆市高级人民法院二审认为,本案争议的焦点是,当华能公司将 1000 万元划入其在中信证券的资金账户后,除有部分取款行为外,谁控制了账户,进而导致华能公司账户资金缺失,这一缺失的民事责任应由谁承担。

根据《证券交易委托代理业务指引》(中证协字〔2001〕113 号)规定,证监会制订了《风险提示书》、《证券交易委托代理协议书》、《授权委托书》、《网上委托协议书》作为证券经营机构和投资者签署相关法律文件的范本。其中《风险提示书》第六条规定:"其他风险:由于您密码失密、操作不当、投资决策失误等原因可能会使您发生亏损,该损失将由您自行承担;在您进行证券交易中他人给予您的保证获利或不会发生亏损的任何承诺都是没有根据的,类似的承诺不会减少您发生亏损的可能。"《证券交易委托代理协议书》第五条规定:"甲方开设资金账户时,应同时自行设置交易密码和资金密码(以下统称密码)。甲方在正常的交易时间内可以随时修改密码。"中国证监会 1994 年《关于健全查验制度防范股票盗卖的通知》第三条规定:"证券经营机构应当以明确和经常性的方式提醒投资者注意,防止其身份证号码、股东代码、交易密码和有关交易资料泄密。"中信证券 1998 年 8 月的营业部管理制度汇编,交易清算分册中《客户密码管理办法》规定:"客户在本营业部开户时,工作人员必须要求客户设立交易和资金密码。客户输入正确的密码后方可进行交易或提款。"因而,对密码的获取是掌握资金或证券账户的根本途径。华能公司认为其与中信证券没有签订相关文书,也没有获得密码,但华能公司承认事实上其与中信证券之间有指定交易关系,开立了相关资金、证券账户。根据中国证监会的相关规定、中信证券的管理规定及证券交易惯例,只要开立账户,客户就设立了交易和资金密码。因此,华能公司关于其不知道密码的抗辩不能成立。至于中信证券不能提供相关应当保管的客户开户资料的问题,属于证券监督管理部门对其进行处罚的问题,与本案的处理无关。而根据前述认定的资金对账单系真实的,从资金对账单上不能看出中信证券对华能公司的账户密码进行了强制修改,华能公司亦不能证明中信证券掌握了其账户密码。因而该院认为华能公司自己掌握了账户密码并进而对相关账户进行了控制并通过相关账户进行了大量证券交易。

根据相关证券交易规则,一个资金账户下应挂一个证券账户,至于在资金账户下挂他人证券账户是否违法,这属于应当由证券监管机构处理的行政法律范畴问题,不属于本案考虑的问题。并且,下挂的证券账户如果并未使用华能公司资金账户里的资金购买证券,则未对华能公司造成侵权,而如果用华能公司资金账户里的资金购买证券,则必须知道华能公司资金账户的密码。因为只有在知道资金账户密码的情况下才能用资金账户中的钱买证券,所以应认定为其他证券账户属于并受华能公司控制。

综上所述,华能公司与中信证券之间成立了证券经纪关系,华能公司掌握了自己开立的0050和3375资金账户密码,且无证据证明中信证券掌握或修改了该密码,则华能公司应对相关资金账户及证券账户内的资金及证券负责。相关的资金缺失责任应由华能公司自己承担。一审判决认定事实、适用法律均错误,应予纠正。重庆高院根据《中华人民共和国民事诉讼法》第一百五十三条第一款第(三)项之规定判决:(一)撤销(2003)渝一中民初字第213号民事判决;(二)驳回华能公司的诉讼请求。一审案件受理费69555元,其他诉讼费3690元,鉴定费3700元,合计76945元;二审案件受理费69555元,其他诉讼费3690元,合计73245元,以上共计150190元,由华能公司承担。

2008年3月9日,公安机关侦查将罗劲松捕获。2009年2月13日,重庆市渝中区人民法院(2008)中区刑初字第683号刑事判决书认定罗劲松犯挪用资金罪、职务侵占罪,处以17年有期徒刑。

华能公司以二审判决认定事实错误,刑事判决书证明中信证券高管人员罗劲松利用职务便利挪用、侵占华能公司账户资金,导致其资金亏空为由,向重庆市高级人民法院申诉请求撤销其二审判决,改判中信证券返还资金本金822余万元,赔偿资金占用损失618万元。

中信证券答辩称,二审判决认定事实清楚、适用法律正确,应当予以维持。1. 华能公司资金只能用于国债投资没有依据,罗劲松掌握了华能公司的密码进行操作属个人行为,华能公司知道账户下挂股票账户问题,自己存在过错,因其炒股导致资金损失应由华能公司自行承担;2. 罗劲松侵占的资金应属于华能公司所有,而非中信证券所有,其侵占行为属于个人行为,与中信证券无关,应由罗劲松本人返还或赔偿;3. 刑事判决存在诸多问题,不宜作为依据;4. 将华能公司的资金110万元支付给重庆建设投资公司的后果应由华能公司承担。重庆市高级人民法院经审委会决定,于2010年5月25日裁定再审本案。

重庆市高级人民法院再审查明:1998年11月,华能公司以其职工刘焕敏名义在中信证券较场口营业部开设为0050的资金账户,签订指定交易合同和电话委托交易合同,约定以柜台交易和电话委托的方式交易上交所的挂名证券。其后以支票方式存入其账户500万元,进行国债交易。支票注明收款人为中信证券较场口营业部,用途为购买国债。中信证券工作人员罗劲松(自1998年担任中信证券重庆营业部客户服务部副经理,1999年1月起任中信证券较场口营业部副总经理,2002年3月后任中信证券双桥服务部经理)将华能公司账户500万元购买国债后马上擅自进行回购,在华能公司账户下又挂设23个上交所及深交所的股票账户,然后通过柜台交易、电话委托、上网委托的方式进行股票交易,后亏损。

为掩盖炒股亏损的事实，罗劲松于1999年9月伪造国债交割单，造成国债理财营利数十万元的假象，要求华能公司继续追加投资。华能公司于12月22日分两次以支票方式存入资金共计500万元要求进行国债交易，支票注明收款人为中信证券较场口营业部，用途为购买国债。罗劲松又将该500万元在华能公司的资金账户下用于炒股。2000年1月18日，华能公司注销以刘焕敏的名义开设的0050资金账户，重新以华能公司的名义开设3375资金账户，同时将0050资金账户的剩余资金转入其中。为防止华能公司生疑，罗劲松再次伪造国债收益存款凭单，显示该资金账户中尚有人民币10353410.18元。其后罗劲松通过伪造中信证券的公章和经理马建生的签名，与华能公司签订委托理财协议。

2001年12月，因为股票继续亏损，罗劲松告知华能公司最好追加投资。重庆建设投资公司得知后遂投入2000万元于华能公司的资金账户。同样，罗劲松在该账户下开设15个股票账户进行股票交易。2002年6月，在重庆建设投资公司的催要下，罗劲松将华能公司的部分资金，连同重庆建设投资公司的剩余资金，共计2110万元，谎称国债交易取得收益，归还给重庆建设投资公司。

2002年3月罗劲松调任至中信证券双桥服务部经理。在无力弥补华能公司投资1000万元的本息资金缺口情况下，产生将剩余资金非法占为已有的意图。当时华能公司资金账户中的股票主要集中在李德洪、张真义、刘孝全三人名义的股票账户下，罗劲松通过系统取得该三人的身份情况，并以自己的相片加上他人的真实信息伪造了李德洪、张真义、刘孝全的身份证，然后其利用职务便利直接办理该三人与中信证券的撤销指定交易协议，再分别与广东证券、广发证券和银河证券三家证券公司办理指定交易协议，最后罗劲松将华能公司账户上的股票通过上述三家证券公司卖出，以李德洪、张真义、刘孝全的名义取现共计人民币236.1万元后逃匿。

另查明，华能公司于1999年10月11日从其资金账户取走366750元，2002年12月17日取走1411298.34元，0050的资金账户余367.01元，3375资金账户余94653.05元。经中国证监会批准，中信证券较场口营业部由西北证券有限责任公司吸收合并，其主体被注销，中信证券同意承续其权利义务。

重庆市高级人民法院再审认为：华能公司、中信证券的开户、指定交易和电话委托交易合同是双方的真实意思表示，内容合法，应为有效合同。罗劲松作为中信证券较场口营业部的副总经理，不当然具有对外签订合同的代理权限，也不足以使他人相信其具有该代理权限，其通过伪造中信证券的公章和经理马建生的签名，以中信证券较场口营业部名义与华能公司签订《资产委托管理协议》和《委托资产管理合同补充协议》，根据《中华人民共和国合同法》第四十八条、第四十九条、第五十四条的规定，上述《资产委托管理协议》和《委托资产管理合同补充协议》无效，当事人在审理中对此没有争议。根据该法第五十八条、第一百零七条的规定，本案争议焦点在于，华能公司在中信证券开立账户后，1000万元资金除华能公司自行取出和账户余额外，因罗劲松利用职务便利挪用资金、侵占造成华能公司的资金损失由谁承担问题。

（一）罗劲松利用职务便利挪用、侵占华能公司账户资金造成的损失，中信证券具有管理上的明显过错，应当承担赔偿责任。

根据华能公司与中信证券的开户合同，华能公司将资金通过正当合法的手续打入中信证券的账户，中信证券对该款具有保管义务。

上述合同约定中信证券根据华能公司的柜台交易委托和电话交易委托的方式，交易上交所的挂名证券，华能公司的转账支票也注明用于购买国债，中信证券的管理人员罗劲松在购入国债后，没有华能公司进行股票交易的委托，利用职务便利私自将国债回购，并在华能公司的资金账户下设立多个股票账户进行股票交易，导致华能公司账户资金亏损流失。在无力弥补华能公司账户资金亏损的情况下，罗劲松利用职务便利伪造了他人身份证，将华能公司账户上的股票卖出，取现逃匿。

对此，由于中信证券对华能公司账户资金具有保管义务，其管理人员罗劲松采用欺骗手段挪用、侵占华能公司账户资金，均利用其职务上的便利，中信证券对此具有管理上的明显过错，应当对华能公司因罗劲松挪用、职务侵占其账户资金导致的损失承担赔偿责任。其赔偿的损失，应当包括华能公司存入其账户损失的本金，和按中国人民银行规定的同期贷款利率计付至付清时止的资金占用损失（扣减0050资金账户和3375资金账户余额产生的利息）。中信证券关于罗劲松掌握了华能公司的密码炒股、职务侵占属个人行为，自己不应承担责任的辩解理由不成立。已查明华能公司账户资金用于购买国债，其关于华能公司资金只能用于国债投资没有依据的辩解理由不成立；没有证据证明华能公司知道其账户下挂股票账户，自己存在过错，其关于华能公司应自行承担损失的辩解理由不成立。

（二）罗劲松挪用华能公司资金110万元支付给重庆建设投资公司，中信证券应当予以赔偿。其赔偿后因该资金赔偿发生的纠纷系中信证券与重庆建设投资公司之间的另一法律关系，本案不作审理。

罗劲松将华能公司的110万元资金，支付给重庆建设投资公司，该行为同样是因为罗劲松利用职务便利，挪用华能公司账户资金导致资金流失，中信证券对此同样具有管理上的过错，应当予以赔偿。中信证券在再审过程中要求追加重庆建设投资公司为第三人，由于中信证券在赔偿华能公司上述110万资金后，因该资金赔偿发生的纠纷系中信证券与重庆建设投资公司之间的另一法律关系，可另案解决，作为二审判决的再审案件，本案不作处理。因此，中信证券要求追加重庆建设投资公司为第三人，罗劲松将华能公司的资金110万元支付给重庆建设投资公司的后果应由华能公司承担的辩解理由，本案不予支持。

（三）0050资金账户余额367.01元、3375资金账户余额94653.05元属于华能公司所有，可由华能公司自行取回。

综上所述，本案出现的新证据证明，中信证券工作人员罗劲松利用职务便利，挪用、职务侵占中信证券负有保管义务的华能公司账户资金，致使华能公司资金损失，中信证券具有管理上的明显过错。原二审判决认定华能公司自己进行股票交易致使资金损失的事实不成立，适用法律不当。该院经审判委员会讨论决定，根据《中华人民共和国合同法》第五十八条、第一百零七条、《中华人民共和国民事诉讼法》第一百八十六条第一款、第一百五十三条第一款第（三）项的规定，判决如下：（一）撤销重庆市第一中级人民法院（2003）渝一中民初字第213号、重庆市高级人民法院（2004）渝高法民终字第208号民事判决。（二）中信证券于判决生效后30日内赔偿华能公司因罗劲松挪用、职务侵占资金损失8126931.6元

(0050资金账户余额367.01元、3375资金账户余额94653.05元由重庆华能有限责任公司自行取回),并赔偿按中国人民银行规定的同期贷款利率计付至付清时止的资金占用损失(扣除0050资金账户余额367.01元、3375资金账户余额94653.05元产生的利息),其计算的本金分段如下:1998年11月3日到1999年10月11日为500万元;1999年10月11日到1999年12月22日为500万元减去366750元即4633250元;1999年12月22日到2002年12月17日为500万元减去366750元加500万元即9633250元;2002年12月17日至付清时止为500万元减去366750元加500万元减去1411298.34元即8221951.66元。(三)驳回华能公司其他诉讼请求。一审案件受理费69555元,其他诉讼费3690元,鉴定费3700元,合计76945元;二审案件受理费69555元,其他诉讼费3690元,合计73245元;均由中信证券承担。

重庆市高级人民法院再审判决后,中信证券不服再审判决,向本院申请再审称:

(一)原再审判决认定华能公司的资金只能用于国债投资违背了客观事实。重庆高院认定华能公司的账户资金只能进行国债投资,其依据的是华能公司单方面提交的支票存根及其董事会内部文件。上述存根及文件是华能公司的内部文件,只是华能公司单方意思表示,不能视为与中信证券的双方约定。1998年11月15日华能公司董事会向中信证券重庆南坪营业部出具的函明确载明:"将部分闲置资金进行证券投资,以提高企业经济效益。"此处的"证券投资"既包括买卖国债、也包括买卖在交易所挂牌交易的其他债券、股票等有价证券。

(二)原再审判决认定从华能公司资金账户中转出至重庆建设投资公司的资金2110万元是中信证券与重庆建设投资公司之间另一法律关系,应另案处理,与事实不符。2001年12月25日华能公司的全权代理人何瑞兰将重庆市建设投资公司2000万资金转入华能公司的资金账户,根据1998年11月15日华能公司董事会向中信证券重庆南坪营业部出具的函和1999年12月8日华能公司法定代表人万大晖签署的《授权书》,足以认定何瑞兰的身份是华能公司的委托代理人,全权负责办理华能公司账户的证券投资事宜;并且,其办理资金转账手续也是通过输入华能公司的资金密码办理的。上述事实表明,何瑞兰实施的转款行为显然为华能公司的行为。

(三)原再审判决认定华能公司对其资金账户下挂多个证券账户毫不知情,与事实不符。华能公司对其资金账户下挂多个证券账户是知悉的,华能公司资金账户下挂的证券账户中,除华能公司的证券账户(机构户B880331942)外,还有以刘焕敏名义开立的两个自然人证券账户(A306575399和0054644048),对此华能公司在二审庭审中是认可的。华能公司在一审中提交了一份1999年9月28日的成交过户交割单,该交割单明确记载了代码为A286093229的证券账户(户名为肖青梅),这表明华能公司不仅应该知道,实际上也是知悉其资金账户下挂靠多个证券账户的事实。客观上,资金账户下挂多个证券账户与华能公司资金损失之间不存在因果关系,其资金损失并不是因为是否下挂多个证券账户而造成的。

(四)原再审判决认定中信证券关于罗劲松掌握了华能公司的密码炒股、职务侵占属个人行为,自己不应承担责任的辩解理由不成立,违背了客观事实。罗劲松在华能公司账户中进行股票交易,其根本原因是华能公司未尽到必要的管理义务,妥善保管其账户交易密码。证券账户交易密码是识别交易权限,确保客户账户安全的最关键措施及环节,而华能公司开户后未审慎保管其交易密码,长期放任罗劲松操作其账户。因此,对因密码泄露或放任他人使用密码操作账户的风险及后果,只能由客户自行承担,与中信证券没有任何关系。

(五)原再审判决以重庆市渝中区人民法院(2008)中区刑初字第683号刑事判决书作为新证据,无论程序还是实体上均存在严重错误,以此再审改判明显不当。1.重庆市渝中区人民法院在审理罗劲松刑事案件时,无视《刑事诉讼法》赋予被害人的诉讼权利,虽然把中信证券作为"被害人",但又不按法律规定通知被害人出庭参与诉讼,实际上是剥夺了被害人的正当法定权利,严重违反了《刑事诉讼法》的规定。2.刑事判决认定罗劲松所挪用的资金为中信证券的单位资金,属于定性错误。《证券法》第一百三十九条明确规定,客户资金账户里的资金单独立户,独立于证券公司,属于客户自有财产存管在华能公司资金账户中的资金始终为华能公司所占有,不能视为中信证券的资金。

(六)原再审判决还存在其他严重违背客观事实,无视华能公司自身过错的情况。1.华能公司及其授权人员放任罗劲松操作其账户,在明知第一笔500万资金已出现亏损的情况下,仍不断继续追加资金,导致损失进一步扩大。2.华能公司从1998年底开户到2003年初案发时,在长达四年的时间里,不可能不对自己账户的交易情况进行查询。如果说华能公司不知悉账户的交易情况,只能说明华能公司对罗劲松的行为听之任之,对其账户中的投资状况早已接受。3.2002年6月18日,何瑞兰持华能公司的授权书直接从其资金账户上转账2110万元至重庆市建设投资公司,后经重庆市公安机关鉴定该授权书中的华能公司公章是伪造的。这说明何瑞兰作为华能公司监事会主席,其行为已涉嫌犯罪。4.罗劲松并不是中信证券的高级管理人员,其操控华能公司账户导致亏损与其职务没有必然联系。

(七)原再审判决适用法律也存在明显错误。1.华能公司的资金性质属于客户交易结算资金,中信证券没有所有权和使用权。华能公司将资金存入其开立的资金账户是用来进行证券投资的,根据法律规定其资金在购买证券期间当然不存在任何利息。因此,原再审判决认定由中信证券赔偿从1998年11月3日计算资金占用期间的利息损失于法无据。2.原再审判决同时适用《中华人民共和国合同法》第五十八条和第一百零七条,自相矛盾。

华能公司答辩称:(一)重庆市高级人民法院再审判决认定清楚,符合客观实际。1.重庆市高级人民法院再审判决认定华能公司的资金只能用于购买国债有事实依据,中信证券主张该款项可用于投资股票缺乏依据。2.何瑞兰于2002年6月28日办理转款时所持授权委托书上的华能公司印章系假章,华能公司并未授权何瑞兰从其账户内划出2110万元至重庆建设投资公司账户,故作为资金保管人的中信证券应承担华能公司因此流失的110万元的赔偿责任,中信证券可另案向重庆建设投资公司行使追索权。3.华能公司对其资金账户下挂多个证券账户并不知情,同时,华能公司对于资金账户的密码也不知晓,故不存在中信证券所主张的其没有妥善保管账户交易密码、放任罗劲松操作证券账户的情况,资金流失的风险应由中信证券自己承担。4.原再审判决判令中信证券承担资金占用损失并无不妥。(二)重庆市渝中区人民法院(2008)中区刑初字第683号刑事判决对基本事实认定正确,足以作为重庆高院作出再审判决的有效依据。(三)重庆市高级人民法院再审判决正确,中信证券应当赔偿华能公司因罗劲松挪用、职务侵占遭受的资金损失。华能公司代理人对本案提出代理意见称：（一）审理本案的各级人民法院均忽视了中信证券以做大交易量、提升证券营业部业绩为目的，挪用客户资金炒股，客观上已经获取了高达数百万的佣金收入。（二）华能公司未与中信证券营业部建立证券买卖委托关系，该事实应是本案最为重要的法律基础。华能公司以刘焕敏名义在中信证券较场口营业部开户，中信证券没有提交相关开户手续证据，不能视为建立了证券买卖委托关系。（三）华能公司从未设置资金账户密码，也从不知晓密码，人民法院不能推定华能公司知晓密码从而判定华能公司自行承担资金损失的责任。（四）罗劲松作为中信证券较场口营业部副总经理，为了做大营业部交易量，利用其身份上的便利，挪用客户资金是本案的实质，应成为本案定性裁判的重要事实依据。（五）在刘焕敏账户下挂多个其他个人股东账户，属于典型的证券公司挪用客户资金的手法，华能公司资金在中信证券较场口营业部形成巨额亏损，中信证券负有不可推卸的责任应当承担全部损失。最高人民法院作为国家最高审判机关，应当依据事实和法律公正裁判本案。

本院确认原审查明的事实。再审期间补充查明下列事实：

（一）罗劲松的犯罪行为认定和量刑。

重庆市渝中区人民法院（2008）中区刑初字第683号刑事判决书认可重庆市渝中区人民检察院渝中检刑诉（2008）第614号起诉书查明的罗劲松职务侵占时间2002年9月，与罗劲松2008年3月14日公安机关第三次讯问笔录中供述的2002年下半年实施伪造李德洪等三人身份证、撤销华能公司资金账户指定交易、将华能公司证券转走卖出据为己有的时间一致。

重庆市渝中区人民法院（2008）中区刑初字第683号刑事判决书认为：被告人罗劲松作为证券公司工作人员，利用职务的便利，将本单位保管的客户资金挪作于股票交易，且数额高达人民币3000万元，数额巨大，已构成挪用资金罪；被告人罗劲松利用职务之便，将本单位保管的客户资金人民币236.1万元非法占为己有，数额巨大，已构成职务侵占罪，依法应与挪用资金数罪并罚。重庆市渝中区人民检察院指控成立。被告人罗劲松虽然对其行为性质有辩解，但对事实供认不讳，审理中认罪态度较好，酌情予以从轻处罚。依照《中华人民共和国刑法》第二百七十一条一款、第一百八十五条第一款、第二百七十二条第一款、第六十九条、第六十四条、第四十七条之规定，该院判决：（一）被告人罗劲松犯挪用资金罪，判处有期徒刑9年；犯职务侵占罪，判处有期徒刑10年；决定执行有期徒刑17年。（二）责令被告人罗劲松将挪用后尚未归还的资金退赔中信证券股份有限公司。（三）责令被告人罗劲松退赔其违法所得人民币236.1万元，以发还中信证券股份有限公司。

（二）华能公司开户事实。

1998年11月15日，华能公司董事会向中信证券重庆南坪营业部出函称：经我董事会研究决定，将华能公司自有资金中的一部分闲置资金进行证券投资，以提高企业经济效益。现以华能公司职工刘焕敏同志名义在你部开设证券投资账户，并委托何瑞兰、程明香两位同志全权办理该账户证券投资有关事宜。如需在该账户取款，必须由我董事会出具取款手续，任何个人不得擅自办理取款手续。

1999年12月8日,华能公司原法定代表人万大晖为何瑞兰出具授权书,"现授权何瑞兰同志代理我华能公司在你部办理证券开户交易等事项。如需在该账户取款,必须由我公司董事会出具取款手续,任何个人不得擅自办理取款手续。"

1998年10月21日,华能公司向其董事长报送《华能公司关于购买国债的请示》称:根据董事会提议和第六次董事会议精神,鉴于公司目前存在银行的沉淀资金较多,在国家政策允许的前提下,为了将这部分相对闲置的资金用活,公司拟购国债伍佰万元,既不会影响公司正常的生产经营,又可以提高公司经济效益,而且基本上没有投资风险。时任董事长万大晖批示:原则可以。但必须保证年底分红和国债必须能随时变现方能办理。

同年11月2日,华能公司董事会给华能公司通知称:董事会决定将公司折旧基金中的一部分在中信证券重庆总部(即分公司)购买国债,并由财务科长刘焕敏同志名义开户购买。以后生产过程中若需动用这笔资金或到期兑付均须董事会出具批准的文件或取款单上加盖董事会公章。该通知抄送中信证券重庆总部。

1999年10月22日,华能公司董事会给华能公司通知:鉴于98年底华能公司投资500万元购买国债的收益很好,为此,今年10月10日临时董事会决定,同意华能公司再拿部分闲置资金购买国家债券,以增加公司效益。根据当前华能公司库存现资情况,再拨500万元闲置资金购买国债。

2008年3月14日,罗劲松在第三次公安讯问笔录供述:其通过前妻认识重庆建设投资公司(华能公司控制股东)财务处长何瑞兰和监事程明香。罗劲松多次与何瑞兰、程明香商谈采用购买国债方式投资。何瑞兰、程明香推荐华能公司具体投资,并带华能公司总经理潘恒、财务科长刘焕敏到罗劲松所在中信证券南坪营业部办公室商谈了以刘焕敏名义开户购买国债投资事宜。开设刘焕敏资金账户的密码他们是知道的,我当然也知道密码,因为我帮他们运作资金,但是我取不到钱,他们可以取,他们取钱要通过中信证券财务办手续才取得到。第一份合同是真实的,应该形成于1999年初,由我向营业部总经理马建生汇报后,马在委托资产管理协议上签字,我将协议交给何瑞兰、程明香,由华能公司签字盖章。为了使用华能公司资金打新股,我就在刘焕敏资金账户下挂了十几个股东账户,然后我又用这些股东账户进行股票交易。华能公司第一笔500万元被我交易亏损了。为了挽回亏损,我找到何瑞兰要求延长合同期限。何瑞兰考虑到这笔投资是她牵的线,也想能够止住亏损,就去找华能公司做工作。华能公司不知道购买国债的资金被用来买卖股票出现亏损,同意延长合同期限并再追加了500万元投资。这次我和华能公司补签了一份委托资产管理协议,由于担心签署真协议会被监督使用情况而不能弥补第一笔500万元交易亏损,我就模仿了马建生签字并伪刻中信证券营业部的公章加盖在协议上。由于市场仍然大跌,第二笔500万元没有挽回亏损,反而又被套牢。1000万元已经亏损得只剩400多万元,我非常着急,又去找到何瑞兰想办法,但我并未说明我把资金用去炒股亏损的事,只是公司要考察我的绩效,希望再融点资金。何瑞兰答应帮忙,说有笔2000万元资金但时间不能长,只能半年时间。于是我又用假章和建设投资公司签订了一份委托资产管理协议,建设投资公司就在2001年12月将2000万元存入了华能公司3375资金账户,然后我又在该资金账户下挂了部分股东账户进行股票交易,结果还是亏损,到了半年还款期限,不得已只有将2000万元的本金和协议约定的110万元利息划回了建设公司账户。

本院再审认为,本案是券商与客户经纪合同关系下,因券商内部工作人员违法犯罪导致客户资产损失所引发的民事纠纷。根据案件事实、法律规定和当事人诉讼主张,本案涉及以下问题:客户与券商的民事法律关系;交易密码性质以及罗劲松行为的民事认定;刑事认定与民事认定的关系;华能公司损失构成;券商内部监管责任与本案民事责任划分等。

(一)关于客户与券商之间的民事法律关系。

证券交易是以证券公司为主的交易所会员单位入场进行的,所有投资主体须与会员签订指定交易协议,在会员名下通过会员拥有的交易通道下达交易指令而完成。凡是买卖在证券交易所挂牌集合竞价和交易的股票、债券和基金等投资品种,都需以自己的股东账户到证券公司营业部开设资金账户,故投资主体必然要与证券公司发生经纪合同关系。新旧《证券法》对客户与券商之间民事法律关系的规范是一致的。

本案华能公司与中信证券之间发生的是客户与券商经纪合同民事法律关系。1998年11月5日,华能公司以其财务科长刘焕敏名义在中信证券较场口营业部开设0050资金账户并购买了国债,该事实证明华能公司与中信证券之间建立了客户与券商之间经纪合同民事法律关系。当事人双方虽未提交1998年11月开户的相关合同证据,但不能因此否定双方的经纪合同民事法律关系。重庆市高级人民法院再审认定双方1998年11月签订指定交易合同和电话委托交易合同,约定以柜台交易和电话委托的方式交易上交所的挂名证券等事实,华能公司并无异议。本案没有证据证明华能公司与中信证券较场口营业部建立过除客户与券商经纪合同民事法律关系以外的其他民事关系。2002年1月1日,罗劲松以中信证券较场口营业部名义与华能公司签订的"委托资产管理协议"和"委托资产管理协议补充协议",原一、二审和重庆市高级人民法院再审认定是伪造公章伪造签名订立的无效合同正确,即不能根据该委托协议确认华能公司与中信证券较场口营业部发生了委托理财民事关系。华能公司关于其未与中信证券营业部建立证券买卖委托关系的答辩意见成立,本院予以支持。

(二)客户交易密码以及罗劲松行为的民事认定。

金融机构客户身份识别,是指银行、证券和保险等金融机构通过开户时客户真实身份资料登记和设立相关密码,从而建立客户对应专用的保护制度。证券市场自建立起,即有客户身份识别制度。密码是进入客户账户的钥匙,是客户进行证券交易必要前提。根据相关规定和开户操作流程,账户密码是由客户在开户过程中自行设置的,该密码只能由客户本人知悉。证券交易只认密码而不管谁在实际操作,通过密码进行的股票交易,其后果由客户承担。密码不仅是交易权限、而且是确保投资者账户资金安全的关键手段,投资者在开户后应对资金密码和交易密码妥善保管。

华能公司以刘焕敏名义开设了0050资金账户,虽然不能具体确定华能公司办理开户手续的人员,但不能以此否定该资金账户已实际开设并设有密码。根据罗劲松在公安机关的供述,是罗劲松为0050资金账户设置了初始密码并且告诉了华能公司人员,该密码一直没有改动且一直为罗劲松操作使用。华能公司以0050资金账户不是自己开设、也不知道该账户密码,抗辩其不应承担对自己资金账户密码及资金安全的保护义务,缺乏法律依据,本院不予支持。

罗劲松操作华能公司资金账户和侵占该账户资金，违反了证券法、刑法的禁止性规定，属于违法犯罪行为。本案没有直接证据证明中信证券较场口营业部对罗劲松实施的违法犯罪行为事先授权或事后追认，间接证据仅有罗劲松在公安机关讯问笔录中称其行为经过马建生同意。该间接证据是孤立的，没有其他相应证据与之形成证据链从而佐证中信证券较场口营业部指派罗劲松为华能公司理财交易。罗劲松在华能公司资金账户下挂多个他人股东账户并操作华能公司资金账户，中信证券较场口营业部应当知道，其没有制止罗劲松，应当承担相应管理责任，但不能因此认定其授权或追认罗劲松代表该营业部与华能公司发生委托理财行为。

从本案查明的事实看，罗劲松通过前妻认识何瑞兰，就购买国债理财事项达成合意，以华能公司名义进行投资；华能公司被罗劲松和何瑞兰说服，董事会通过购买国债进行理财增加收益决议；华能公司董事会委托何瑞兰全权办理刘焕敏资金账户证券投资事宜；刘焕敏资金账户开设并购买了国债，何瑞兰认可罗劲松长期操作刘焕敏名下的华能公司资金账户；华能公司基于对何瑞兰、罗劲松抑或对中信证券营业部的信任，在长达近四年里对自己资金账户未予关注；何瑞兰在罗劲松数次追加资本金请求后，不仅没有查询华能公司资金账户投资状况，而是帮助罗劲松说服华能公司追加了500万元，甚至自己还以重庆建设投资公司的2000万元资金转入华能公司资金账户；何瑞兰是重庆建设投资公司的财务处长，应当具有谁的资金入谁的账、如果资金要入他人账户则必须有合法依据的财务常识；罗劲松在华能公司资金账户中使用该2000万元期限届满，何瑞兰和罗劲松又以伪造的华能公司董事会的印章将华能公司资金账户中的2110万元划转至重庆建设投资公司。上述事实表明，华能公司董事会特别授权何瑞兰作为华能公司资金账户证券投资的具体经办人，其委托并放任罗劲松自行操作华能公司账户，因此造成的交易损失，华能公司应自行承担相应责任。

（三）关于本案所涉民事认定与刑事认定的关系。

根据刑法规定，挪用资金罪和职务侵占罪的犯罪对象是犯罪行为人本单位的资金或财物。中信证券营业部对客户资金虽不具有所有权，但负有法定保管义务和责任，重庆市渝中区人民法院认定罗劲松对中信证券营业部保管的华能公司资金账户的资产实施的违法行为构成了挪用和职务侵占两种犯罪行为，与1998年《证券法》第一百三十八条第一款确立的客户资金账户和资产民事法律地位和属性并无矛盾。民事法律关系中，客户在证券公司开设的资金账户既独立于证券公司，也独立于其他客户，完全为客户自己所有和使用，任何单位或者个人不得以任何形式挪用客户账户的资金和证券。故对中信证券关于刑事判决认定罗劲松所挪用的资金为中信证券的单位资金属于定性错误的再审申请理由，本院不予支持。

（四）关于华能公司损失构成的分析。

华能公司转入资金账户资本金共计1000万元，因罗劲松违法交易和犯罪套现而产生损失。罗劲松犯罪套现华能公司账户中资金发生的损失，已经被刑事判决书确认为人民币236.1万元。华能公司资金账户非因罗劲松行为导致的资金减少部分不应列为华能公司的损失，一是重庆建设投资公司从华能公司账户中非法收取的110万元收益；二是华能公司从其资金账户分别于1999年10月11日提走的36.6750万元,2002年12月17日取走1411298.34元。1000万元减去236.1万元、110万元、366750元、1411298.34元,再减去刘焕敏0050资金账户余额367.01元和华能公司3375资金账户余额94653.05元,得出的4665931.60元,则是罗劲松违法交易使得华能公司资金账户产生的交易损失。故华能公司因罗劲松违法犯罪行为导致的损失为4665931.60元与236.1万元之和,共计7026931.60元。华能公司关于未授权何瑞兰从其账户内划出2110万元至重庆建设投资公司账户,中信证券应承担华能公司因此流失的110万元赔偿责任的答辩意见,本院不予支持。

关于华能公司的利息损失分析。客户在证券公司开设的资金账户中的资本金处于随时投资状态,利息按活期利率随时计算随时给付,而因罗劲松违法犯罪行为导致的利息损失也未被中信证券占用,故利息损失从中信证券应承担相应赔偿责任时起算,即2002年9月罗劲松撤销华能公司资金账户的指定交易转走证券时起算,符合证券市场特性和民事责任承担原则。重庆市高级人民法院再审判决中信证券赔偿华能公司因罗劲松挪用、职务侵占资金损失8126931.6元从资本金存入中信证券较场路营业部时起算的利息损失,没有事实依据,本院予以纠正。

(五)本案民事责任划分。

中信证券较场路营业部如管理规范,及时发现并且制止罗劲松的违法行为,客观上可以避免华能公司的损失。但其对自己员工长期违法行为失于监督管理,丧失了职责,违反了行政管理规定,不仅产生行政责任,而且也应对华能公司的损失承担相应民事责任。何瑞兰认可和授权罗劲松的违法行为,故因罗劲松违法交易产生的损失,华能公司应自行承担部分责任。根据过错与责任相当的原则,本院酌定中信证券对华能公司4665931.60元交易损失承担50%赔偿责任。

罗劲松将华能公司的236.1万元转入挂在华能公司资金账户下的李德洪、张真义、刘孝全三人股票账户中,以自己的照片加上该三人的真实信息伪造了李德洪、张真义、刘孝全三人身份证,然后其利用职务便利在中信证券重庆双桥营业部直接办理该三人与中信证券的撤销指定交易协议,再分别与广东证券、广发证券和银河证券三家证券公司办理指定交易协议,完成了华能公司资金账户的证券向李德洪、张真义、刘孝全三人股票账户转入的侵占行为,最后变现据为己有。罗劲松以自己照片同时伪造成三人身份撤销华能公司资金账户指令交易的过程,中信证券存在明显过错,客观上导致了罗劲松犯罪行为的完成,故中信证券应当对罗劲松该犯罪行为致华能公司的损失236.1万元承担赔偿责任。

综上,重庆市高级人民法院(2010)渝高法民再终字第252号民事判决部分事实认定不清,责任划分不当,故本院再审对其判决结果予以纠正。本院依据《中华人民共和国民事诉讼法》第一百八十六条第一款、本院《关于适用〈中华人民共和国民事诉讼法〉审判监督程序若干问题的解释》第三十八条之规定,判决如下:

一、撤销重庆市高级人民法院(2010)渝高法民再终字第252号民事判决;

二、中信证券股份有限公司赔偿重庆华能石粉有限责任公司损失4693965.80元及相应利息损失(自2002年9月1日起至付清时止,以该赔偿金额按中国人民银行规定的同期贷款利率计付)。

一审案件受理费 69555 元,其他诉讼费 3690 元,鉴定费 3700 元,合计 76945 元,由重庆华能石粉有限责任公司负担 23083.50 元,由中信证券股份有限公司负担 53861.50 元。二审案件受理费 69555 元,其他诉讼费 3690 元,合计 73245 元,由重庆华能石粉有限责任公司负担 21973.50 元,由中信证券股份有限公司负担 51271.50 元。

本判决为终审判决。

审　判　长　贾　纬
审　判　员　沙　玲
代理审判员　周伦军
二〇一二年三月二日
书　记　员　侯佳明

中国长城资产管理公司西安办事处与陕西宝光集团有限公司借款担保纠纷案

——中华人民共和国最高人民法院民事判决书

(2011)民提字第348号

裁判要旨 一、政策性破产企业债务作为拟核销的债务由金融机构予以核销,系金融机构按照国家政策对呆坏账所实施的特殊财务处理方式,并非法律意义上的合同权利义务的终止。从目前既有的法律政策看,上述政策层面的核销处理仅针对进入政策性破产的债务人,并未同时针对担保人,故金融机构要求连带责任担保人承担清偿义务的,应予支持。

二、担保人履行担保责任确有困难的,其可以与金融机构协商酌情予以适当减免。在双方协商达成一致前,人民法院不得对该债务直接予以减免。

中华人民共和国最高人民法院

民事判决书

(2011)民提字第348号

申请再审人(一审原告、二审上诉人):中国长城资产管理公司西安办事处。住所地:陕西省西安市高新区博文路唐南大厦1幢10205室。

负责人:魏泽春,该办事处总经理。

委托代理人:李铮,该办事处职员。

委托代理人:张晓霞,北京市天睿律师事务所律师。

被申请人(一审被告、二审被上诉人):陕西宝光集团有限公司。住所地:陕西省宝鸡市宝光路53号。

法定代表人:李军望,该公司董事长。

委托代理人:杨晓君,该公司职员。

委托代理人:郭斌,北京市嘉源律师事务所律师。

申请再审人中国长城资产管理公司西安办事处(以下简称长城公司西安办)为与被申请人陕西宝光集团有限公司(以下简称宝光公司)借款担保纠纷一案,不服陕西省高级人民法院(2010)陕民二终字第0002号民事判决,向本院申请再审。本院已于2011年10月11

日以（2011）民申字第859号民事裁定提审本案。本院依法组成由审判员刘敏担任审判长，代理审判员赵柯、杜军参加的合议庭审理本案，书记员孙亚菲担任记录。本案现已审理终结。

一审法院查明：1998年5月20日、10月27日及12月23日，陕西省宝鸡酒精厂（另一名称为陕西省宝鸡啤酒厂，以下简称宝鸡酒精厂）与中国工商银行宝鸡分行（以下简称宝鸡工行）分别签订了三份合同编号为1998年06工字第A0022号、1998年06工字第A0072号、1998年06工字第A0085号借款合同，分别借款2510万元、2000万元、2500万元。借款期限分别为两年、一年和七个半月不等，合同还对借款利率、违约责任等作了约定。宝光公司为上述三笔借款提供连带责任保证，并与宝鸡工行分别签订了与上述三份借款合同相应的保证合同，保证期间均为借款到期次日起两年，合同签订后，宝鸡工行依约发放了上述三笔贷款。借款分别到期后，经宝鸡工行多次向主债务人宝鸡酒精厂及保证人宝光公司催收，宝鸡酒精厂仅归还部分款项，剩余借款本金6466万元至今未还，宝光公司亦未履行保证责任。另查明，2005年9月26日，中国工商银行陕西分行与长城公司西安办签订《债权转让协议》，将宝鸡工行所享有的上述债权依法转让给长城公司西安办，并将债权转让事宜在《陕西日报》上以公告方式通知了宝鸡酒精厂及宝光公司，此后，长城公司西安办对宝光公司催收无果。宝鸡酒精厂于2006年被全国企业兼并破产和职工再就业工作领导小组（以下简称全国领导小组）列入国家政策性破产计划，陕西省宝鸡市中级人民法院于2008年10月17日立案受理。

二审法院查明的事实与一审法院查明的事实一致。在二审审理中，二审法院要求长城公司西安办提供购买该资产包价格书面证据，长城公司西安办一直未向该院提供。

2006年长城公司西安办以宝鸡酒精厂未清偿前述6466万元债务、宝光公司也未承担保证责任为由提起诉讼，请求判令借款保证合同有效，宝光公司偿还借款本金6466万元。陕西省高级人民法院立案受理后，于2009年9月8日移送陕西省宝鸡市中级人民法院审理。

宝鸡市中级人民法院以宝鸡酒精厂实施政策性破产后长城公司西安办的债权将被核销，宝光公司不清偿6466万元不会给长城公司西安办造成实质性损害为由，依照国务院国办发〔2006〕3号通知转发的《关于进一步做好国有企业政策性关闭破产工作的意见》、陕政发〔2001〕34号《陕西省人民政府关于免除为我省国有破产企业提供担保的国有企业连带责任的通知》等文件的精神，以及《中华人民共和国企业破产法》第一百三十三条的规定，判决：驳回长城公司西安办的诉讼请求。案件受理费166655元，由长城公司西安办负担。长城公司西安办不服上述民事判决，向陕西省高级人民法院提起上诉。

陕西省高级人民法院二审认为，该案担保合同纠纷是宝鸡酒精厂实行国家政策性破产后遗留的担保债务，属特殊债务。国有企业实行政策性破产是国家为解决国有企业历史遗留债务而采取的一项特殊政策，涉及国家对国有企业改革、调整国有经济布局和结构，维护企业和社会稳定的重大方针政策。国有企业政策性破产就是国家核销企业债务，托底安置职工。实质上，国家政策性破产领导小组批准同意该企业实行政策性破产，就是国家同意为该笔债务买单。如果再让担保的国有企业完全承担巨额债务，不符合国家政策性破产的精神。国务院国办发〔2006〕3号通知转发的《关于进一步做好国有企业政策性关闭破产工作的意见》第三条意见是"加强企业债务的审核和管理。国有金融机构应在三个月内完成对拟关闭破产企业的债务核对工作,对审核中发现不符合政策性破产条件或逃废金融债务的项目提出意见。不符合政策性破产条件或逃废金融债务的企业不得实施政策性破产。国有金融机构不得以任何名义向拟关闭破产企业索要补偿金;不得因拟关闭破产企业的担保问题影响审查进度,担保企业履行担保责任确有困难的,由国有金融机构与企业协商,酌情予以适当减免"。宝光公司的担保行为,并不是一般意义上的商业担保行为,而是依据国有企业主管部门的意见提供的担保,因此,如果该国有企业承担巨额担保责任,不符合国家政策性破产精神,还有可能让另一个国有企业陷入僵局,引发社会矛盾。目前宝光公司无主导产业仅持有上市公司股份4200万股,主导产业已经剥离到上市公司,现只剩下物业、医院、学校等后勤单位,在无主营业务收入的情况下要养活1700余名在职职工和2000余名退休职工,包袱比较沉重。最高人民法院于2009年4月3日以法发〔2009〕19号下发了《关于审理涉及金融不良债权转让案件工作座谈会纪要》,该纪要强调了审理金融不良债权转让案件应遵循"坚持企业和社会稳定"等原则,其中规定"金融不良资产的处置,涉及企业重大经济利益。全国法院要进一步强化政治意识、大局意识、责任意识和保障意识,从维护国家改革、发展和稳定的大局出发,依法公正妥善地审理好此类案件,切实防止可能引发的群体性、突发性和恶性事件,切实做到化解矛盾、理顺关系、安定人心、维护秩序"。因此,对国有企业破产遗留的担保债务,应依照法律规定和国家政策及最高人民法院指导性意见原则处理。案件审理过程中,为实现公平,考虑长城公司西安办购买该债务的实际支出费用,该院要求长城公司西安办提供购买该资产包价格证据,长城公司西安办一直未能提供,故对于其是否有合理支出该院不再考虑。

综上,一审认定事实清楚,依据国家政策规定及《中华人民共和国企业破产法》第一百三十三条规定驳回长城公司西安办诉讼请求正确。唯引用陕政发〔2001〕34号《陕西省人民政府关于免除为我省国有破产企业提供担保的国有企业连带责任的通知》,属适用法律错误,应予纠正。长城公司西安办上诉请求不符合国家法律及政策规定,该院不予支持。经该院审判委员会讨论,判决:驳回上诉,维持原判。二审案件受理费166655元由长城公司西安办负担。

长城公司西安办不服陕西省高级人民法院上述民事判决,向本院申请再审称:一、依照本案事实,案件中所涉的借款合同、保证合同合法有效,宝光公司作为保证人应当承担保证责任。二、宝光公司作为保证人,其并没有政策性破产,免除宝光公司责任于法无据。从《最高人民法院关于审理涉及金融不良债权转让案件工作座谈会纪要》第二条第(二)项的规定可以看出,只是债权人起诉政策性破产的债务人时法院才不予受理,并非此时保证人可以免责,也没有任何法律或司法解释规定债务人政策性破产后保证人无需承担保证责任。国务院国发〔1994〕59号《关于在若干城市试行国有企业破产有关问题的通知》第四条规定被担保企业破产后担保企业应按担保合同承担担保责任,全国领导小组〔2006〕9号《关于债权金融机构审查政策性破产建议项目的有关问题的通知》第七条规定实施政策性破产企业的贷款担保人应履行担保责任。三、国务院国办发〔2006〕3号通知转发的《关于进一步做好国有企业政策性关闭破产工作的意见》第三条规定:国有金融机构不得以任何名义向拟关闭破产企业索要补偿金;不得因拟关闭破产企业的担保问题而影响审查进度,担保企业履行担保责任确有困难的,由国有金融机构与企业协商,酌情予以适当减免。可见担保企业履行债务确有困难的应由双方协商后才能减免。更何况宝光公司资产充裕,偿债能力较强,故长城公司西安办在原审中未同意减免债务。原审判决免除宝光公司债务是错误的。故请求:撤销(2010)陕民二终字第0002号民事判决,改判宝光公司对6466万元借款本金承担连带清偿责任,案件受理费由宝光公司负担。

宝光公司答辩称:一、本案担保纠纷系宝鸡酒精厂实施政策性破产后的遗留问题,所涉担保债务属特殊债务。国有企业政策性破产就是国家核销企业债务,托底安置职工,实际上是国家为该笔债务买单。事实上,国务院国发〔1994〕59号《关于在若干城市试行国有企业破产有关问题的通知》第六条、国务院国发〔1997〕10号《关于在若干城市试行国有企业兼并破产和职工再就业有关问题的补充通知》第六条、前述国务院国办发〔2006〕3号通知转发的《关于进一步做好国有企业政策性关闭破产工作的意见》第三条已明确国有企业政策性破产导致的贷款损失将通过纳入银行呆坏账准备金总规模内予以核销,而全国领导小组〔2006〕21号《关于下达九江船用机械厂等201户企业破产项目的通知》也已将长城公司西安办持有的债权列入核销计划,长城公司西安办是否已将该债权核销与宝光公司无关。如果再让作为保证人的国有企业承担债务,不符合政策性破产的精神。二、长城公司西安办2005年受让本案债权时应当知道宝鸡酒精厂拟实施政策性破产,应当充分评估其破产后导致的贷款损失核销风险。按照原国家经贸委、中国人民银行1996年联合下发的《关于试行国有企业兼并破产中若干问题的通知》和前述国务院国发〔1997〕10号文件的规定可以看出债务人破产过程中原债权人银行知道呆坏账核销的情况。宝鸡酒精厂破产过程中,长城公司西安办未对破产预案提出异议,且对债权清偿率为零的财产分配方案签署了同意意见,这表明其对债权金额、核销数额无异议。三、前述《关于进一步做好国有企业政策性关闭破产工作的意见》第三条也体现出了对有困难的担保企业的债务经协商后应当酌情减免。宝光公司无主导产业,仅持有上市的宝光股份4200万股,企业包袱沉重,无力承担保证责任。长城公司西安办主张宝光公司资力雄厚,与事实不符。四、宝光公司目前是上市的宝光股份第一大股东,宝光公司的主导产业均在宝光股份,如果法院执行宝光公司所持股份,很可能使宝光公司丧失对宝光股份的控制权,从而使得陕西省"振兴装备制造业、输变电企业集群发展"重组项目半途而废,这将对宝光公司和地方经济发展产生很大影响。《最高人民法院关于审理涉及金融不良债权转让案件工作座谈会纪要》也强调审理不良债权转让案件要坚持企业和社会稳定等原则,切实防止可能引发的群体性、突发性和恶性事件。考虑到宝光公司无力承担债务,法院应当驳回长城公司西安办的请求。五、长城公司西安办在宝鸡酒精厂政策性破产时同意放弃对其财产的分配权,实质是对主合同下权利的放弃及变更。按照担保法第二十四条的规定,此时保证人宝光公司应不再承担保证责任。另一方面,由于长城公司西安办放弃分配权使得宝光公司无法再向宝鸡酒精厂追偿,故按照担保法第三条、第三十一条的规定,宝光公司同样应免除保证责任。综上,二审判决认定事实清楚,适用法律正确,应予维持。

本院除认定二审查明的事实外,另查明:宝光公司认可长城公司西安办在宝鸡酒精厂破产程序中申报了本案所涉债权,但受偿率为零。

本院认为,1998年宝鸡工行与宝鸡酒精厂签订本案所涉的三份借款合同后,宝光公司与宝鸡工行分别订立三份保证合同,为宝鸡酒精厂的债务向宝鸡工行提供连带保证。该三份保证合同是双方当事人的真实意思表示,不违反法律法规的强制性规定,应为有效,宝光公司依保证合同的约定应承担保证责任。上述债权余额6466万元转让给长城公司西安办后,该债权转让对保证人宝光公司发生效力。

政策性破产企业债务作为拟核销的债务由金融机构予以核销,系金融机构按照国家政策对呆坏账所实施的特殊财务处理方式,并非法律意义上的合同权利义务的终止。上述政策层面的核销处理仅针对进入政策性破产的债务人,并未同时针对担保人。国务院国发〔1997〕10号《关于在若干城市试行国有企业兼并破产和职工再就业有关问题的补充通知》、国务院国办发〔2006〕3号通知转发的《关于进一步做好国有企业政策性关闭破产工作的意见》并未规定政策性破产中主债务人债务核销后担保人免除担保责任,也无法律、行政法规或者国家有关企业破产的相关规定明确此种情况下担保人可以免除担保责任。而且,国务院国发〔1994〕59号《关于在若干城市试行国有企业破产有关问题的通知》第四条"担保的处理"中规定,"一个企业为另一个企业提供担保的,被担保企业破产后,担保企业应当按照担保合同承担担保责任";全国领导小组〔2002〕9号《关于债权金融机构审查政策性破产建议项目的有关问题的通知》第七条也规定,"关于担保责任问题。实施政策性破产企业的贷款担保人应当履行担保责任"。所以,宝光公司主张主债务人宝鸡酒精厂属政策性破产且上述债权已被国家纳入核销计划,故宝光公司不应再承担保证责任,缺乏法律依据,不予支持。

因本案所涉债权被核销并不影响宝光公司承担保证责任,故长城公司西安办在受让债权时是否知道该债权将被核销与本案无关。宝鸡酒精厂破产程序中长城公司西安办依法申报了本案所涉债权,表明长城公司西安办并没有放弃对债权的追偿,宝光公司主张长城公司西安办放弃债权,与事实不符,本院不予采信。长城公司西安办在宝鸡酒精厂破产程序中的受偿率为零,并不属于对主债务的变更。依照《最高人民法院关于适用〈中华人民共和国担保法〉若干问题的解释》第四十四条第二款"债权人申报债权后在破产程序中未受清偿的部分,保证人仍应当承担保证责任"之规定,长城公司西安办要求宝光公司承担保证责任,具有法律依据,应予支持。

国务院国办发〔2006〕3号通知转发的《关于进一步做好国有企业政策性关闭破产工作的意见》第三条规定"担保企业履行担保责任确有困难的,由国有金融机构与企业协商,酌情予以适当减免",本案中宝光公司与长城公司西安办未就债务减免协商达成一致,也无其他法律、行政法规及国家有关企业破产的相关规定明确可以直接减免担保企业债务,故宝光公司主张其无偿债能力故应依照相关规定减免保证责任的依据不足,对其主张本院不予支持。

综上,长城公司西安办是本案所涉6466万元的债权人,宝光公司应向长城公司西安办承担连带清偿责任。宝光公司主张其应免除保证责任的理由缺乏事实和法律依据,本院不予支持。一、二审判决认定事实基本清楚，但适用法律不当，本院予以纠正。本院依照《最高人民法院关于适用〈中华人民共和国担保法〉若干问题的解释》第四十四条第二款、《中华人民共和国民事诉讼法》第一百八十六条、第一百五十三条第一款第（二）项及第一百五十八条的规定，判决如下：

一、撤销陕西省高级人民法院(2010)陕民二终字第0002号民事判决；撤销陕西省宝鸡市中级人民法院(2009)宝市中法民三初字第022号民事判决。

二、陕西宝光集团有限公司向中国长城资产管理公司西安办事处承担6466万元的连带清偿责任。

一、二审案件受理费各166655元，合计333310元，由陕西宝光集团有限公司负担。

本判决为终审判决。

审 判 长 刘 敏
代理审判员 赵 柯
代理审判员 杜 军
二〇一一年十二月十四日
书 记 员 孙亚菲

商事审判指导

2012 年第 3 辑
（总第 31 辑）

【商事审判精神与动态】

贯彻商法精神　促进法制完善
为构建科学合理的市场经济秩序提供法律保障
——在"21世纪商法论坛"第十二届国际学术会议上的致辞

宋晓明[*]

(2012年10月27日)

今天,我们又相聚在"21世纪商法论坛",共同探讨"资本市场的创新发展与公司制度的深化改革"问题。多年来,清华大学商法研究中心主办的"21世纪商法论坛"汇聚大批学界精英,敏锐捕捉前沿问题,扎实开展学术研究,为商法理论界和司法实务界提供了广阔的交流平台,促进了理论研究和法律适用的良好融合,成绩斐然。在此,我谨代表最高人民法院民事审判第二庭并以我个人名义向会议主办方清华大学商法研究中心表示衷心地感谢,向本次学术会议的召开表示热烈的祝贺。

21世纪至今的十余年是我国经济高速增长的时期,从总量上讲我们已跃居资本大国,在享受资本红利的同时,我们也日益感受到规范资本市场、更新观念的紧迫性。回顾过往的历程,我们深刻地认识到,《公司法》《证券法》《企业破产法》等一系列市场经济法律规则之持续完善是中国资本市场持续协调健康科学发展的必要条件。当前,包括商法法律部门在内的中国特色社会主义法律体系已经形成,弘扬商法价值、践行商法精神已然成为全体商法法律人的共同追求,贯彻商法理念、推进法律实施俨然成为全体商法职业者的历史担当。

我们欣喜地看到,最近几年,在包括"21世纪商法论坛"在内的一系列优质学术交流活动的推动和影响下,商法的研究和适用越来越呈现出新的景象:广大专家学者愈益注重在解释论的层面进行实证研究,实务界的法官、律师愈益注重探寻立法目的,注重引入成熟学说、比较法来拓展法律解释的外部资源,从而保障法律适用的弹性和妥当。可以说,在商法学领域,理论与实践很大程度上实现了良性互动,两者相得益彰。这是长期以来学术界和司法实务界密切沟通、加强交流的有益结晶,也预示着商法理论与实践共同繁荣的美好未来。

---

[*] 最高人民法院民事审判第二庭庭长。

但应当注意到,迄今为止商法的发展至少面临着以下两方面重要问题:其一,在"民商合一"的立法体例下如何凸显商法的特殊内涵和独立品格。进而言之,商事通则或商法典之进路是否应成为商事立法进一步完善的必然选择。其二,对实践性极强的商法,为避免过于实务化导致法律精神、社会正义的传承趋于困难,能否以及如何构建完善、严谨的商法解释理论或者商法教义学理论。如何打破对商法从业者提出的"只是渴望成为一个法律技术者而非高端的学术理论家"之担忧。这些都是商法研究和司法适用中无法回避的问题。

最高人民法院民事审判第二庭作为专门的商事审判庭,始终坚持法治框架下的能动司法,通过认真执法办案、统一裁判标准、明确行为规则为构建科学合理的市场经济秩序提供司法保障。近两年来,由民二庭具体承办,最高人民法院及时制定了一批规范性文件,积极回应商事实践的需求:为及时解决公司资本稳定、股东资格认定等方面的疑难问题,制定并颁布了《公司法司法解释(三)》;为尽力维护企业相关者利益,建立有序的市场退出机制,制定并颁布了《企业破产法司法解释(一)》,专门解决破产程序启动的法律适用问题,同时还通过恰当形式对破产案件法官专业化队伍建设、破产案件绩效考评机制等提出了明确要求,着力解决人民法院审理企业破产案件工作机制问题。通过认真研判经济发展和社会转型产生的新情况新问题,目前我们正在加紧对公司机关决议诉讼和利润分配诉讼司法解释,证券侵权民事责任司法解释,《保险法》保险合同章司法解释,关联企业实质合并破产司法解释,上市公司破产重整程序与相关行政审批事项协调司法政策,民事与行政交叉案件、民事与刑事交叉案件法律适用等问题的研究或制定。民二庭立足工作实际,围绕经济运行中的问题就关于规范和有条件放开企业间借贷活动、规范不动产统一登记制度、规范国有资产转让行为、规范特殊交易登记制度等以最高人民法院名义向全国人大、国务院等有关部门提出了司法建议。

人民法院受理的商事案件中,围绕公司企业形态发生的诉讼案件数量逐步上升,涉及的问题也比较复杂。司法实践中有关公司的法律制度中的一些基本问题仍存在困惑,这些问题包括:

1. 公司资本的法律管控问题。2005年《公司法》修订后取消了公司转投资限制,并对公司最低注册资本额大幅降低,公司资本的严格法律管控总体上有所弱化。但是,随着资本快速流通需求的增加,公司资本制度的进一步改革已为大势所趋。当前,如何认识注册资本的功能;传统的资本维持理念是否实现了公司灵活融资与债权人利益保护的最佳平衡;如何将抽逃出资与普通关联交易作出恰当区分;战略投资者与公司进行的"对赌"行为,究竟是符合市场规律的投资创新而应予保护,还是根本上违反《公司法》确立的利润分配规则、规避种类股法定之规则而应否定,等等。这些都是亟待深入研究的问题。

2. 企业形态与企业营业的关系问题。前些年关于企业改制相关法律及司法解释已初步涉及到企业营业的功能和效力问题。未来随着企业规模化、集团化的加速,在地位和价值上,营业范围将超越企业形态这个"躯壳"而成为企业并购和重组的关键目标,但目前我们关于营业的研究及制度建设还相对滞后。

3. 董事和高管人员的责任问题。这个问题本身是个老问题,但是司法实务部门反映很多问题仍不明确。比如,董事的义务程度是否应区分普通董事和独立董事,影子董事是否也应承担类似董事的责任,经股东大会决议后的事项董事是否应当免责,董事的其他免责条件问题等。

4. 当前上市公司破产重整的目的及政策把握问题。一般来讲,重整的目的是尽量使有经营前景而且有挽救可能的债务人企业恢复生产经营,避免破产清算。可以说,重整的价值取向之一是维持债务人原有的经营业务。但是实践中有的上市公司重整后,原先的主营业务将基本停止,重整方将企业引向完全不同的业务领域,从事新的经营。重整方之所以愿意进入债务人企业,主要是看中债务人的上市"壳资源"。这种重整方式该如何评价?

还有,有的企业在向法院申请重整时提出的重整思路是:将公司资产全部变现,先全额清偿优先债权人的债权,剩余资产不足以全额清偿普通债权人,比如清偿率只有10%。剩余资产向普通债权人清偿后,上市公司再通过资本公积转增股本的方式,将转增后的股份用于向债权人支付。待重整结束战略投资者进入公司,公司恢复上市后股票价格上涨,普通债权人出售股票又可以获得一部分收益。所以,普通债权人最终是通过出售该股份形成的收益以及原企业的资产变现受偿,这样计算下来的清偿率可能有20%。采用这种重整方式,重整结束后该公司已无资产,今后也根本无法进行原有营业,其实质就是通过重整保留上市公司的"壳",重组方在重整结束后才进入公司,普通债权人多受偿的部分也是通过证券市场对股份价值的"放大效应"来实现,而主要不是靠重整方实现。有人说,这种重整模式多少都有悖重整之立法目的。在这里,我们要探寻的是,从宏观上说,重整与转变经济发展方式、产业结构调整以及原有企业产业的升级换代是何种关系?从微观上说,商人的逐利性决定了他不会放过任何稀缺资源,那么这两者之间形成的"度"如何把握,这也是目前司法在审查重整计划草案时比较纠结的事情。

同志们,朋友们,"21世纪商法论坛"至今已成功举办了11届,我们深刻地体会到,这个论坛已经成为清华大学以及清华大学商法研究中心的一个品牌,每年的学术会议已是全体商法法律人的一种期待,愿我们珍惜机会、深入交流、加强合作,为实现社会主义市场经济法治的恢宏愿景而共同努力。

最后,预祝本次会议取得圆满成功。谢谢大家。

【商事司法解释与司法政策】

最高人民法院
关于审理中央级财政资金转为部分中央企业国家资本金有关纠纷案件的通知

2012年12月11日　　　　　　　　　　　　　　　法〔2012〕295号

各省、自治区、直辖市高级人民法院,解放军军事法院,新疆维吾尔自治区高级人民法院生产建设兵团分院:

7月18日,国务院国有资产监督管理委员会、国家发展和改革委员会、财政部联合下发了《关于进一步做好中央级财政资金转为部分中央企业国家资本金有关工作的通知》(国资发法规〔2012〕103号,以下简称《通知》)。为妥善审理涉及中央级财政资金转为部分中央企业国家资本金的有关纠纷案件,现将该《通知》转发给你们。同时,经商国务院相关部委,就有关问题通知如下:

一、有关中央企业就《通知》所涉中央级财政资金转为国家资本金引发的确认公司或企业出资人权益、返还资金等纠纷提起民事诉讼的,人民法院应予受理。《通知》发布前人民法院已经受理的相关案件,人民法院可以继续审理。

有关中央企业请求返还资金案件的案由为资金返还纠纷。

二、《通知》发布前,当事人之间就确认公司或企业出资人权益、资金返还等达成的协议,不违反国家相关政策规定的,其效力应予认可。

三、除人民法院已经受理的案件外,有关中央企业返还资金请求权的诉讼时效期间自《通知》第五条规定的期限届满之日起算。

当事人主张确认公司或企业出资人权益请求权不适用诉讼时效的规定。

四、有关中央企业请求用资企业返还资金,并请求按照银行同时期同档次贷款基准利率自《通知》第五条规定的期限届满之日起计付利息的,人民法院应予支持。

五、本通知发布前尚未审结的一、二审案件适用本通知;本通知发布前已经审结的案件,当事人申请再审或按审判监督程序提起再审的案件,不适用本通知。但依照最高人民法院《关于因政府调整划转企业国有资产引起的纠纷是否受理问题的批复》(法复〔1996〕4号)的规定或者以相关政策不明确为由,作出不予受理或者驳回起诉裁定的案件除外。

各级人民法院在审理涉及中央级财政资金转为部分中央企业国家资本金纠纷案件过程中遇到的问题,可逐级报告最高人民法院。

附：

国资委　发展改革委　财政部
关于进一步做好中央级财政资金转为部分
中央企业国家资本金有关工作的通知

2012年7月18日　　　　　　　　　　　　　　国资发法规〔2012〕103号

各省、自治区、直辖市人民政府，各中央企业：

为进一步做好中央级财政资金转为部分中央企业国家资本金有关工作，切实解决在国家资本金核转过程中存在的确权难、行权难等问题，经国务院同意，现就有关事项通知如下：

一、本通知所称中央级财政资金，是指经国务院批准，依据原国家计委、财政部等有关部门文件规定，转为部分中央企业国家资本金的以下三类资金：1979年至1988年由财政拨款改为贷款的中央预算内基本建设投资，即中央级"拨改贷"资金；1989年至1996年，由中央财政安排的国家预算内基本建设投资中有偿使用的资金，即中央级基本建设经营性基金；1987年用国家重点建设债券资金安排的"特种拨改贷"贷款，即中央级"特种拨改贷"资金。

二、中央级财政资金本息余额转为有关中央企业国家资本金的，由该中央企业对用资企业履行出资人职责。有关中央企业应当按照产权管理相关规定，及时办理产权登记手续，将其作为国家资本金入账管理。占有使用中央级财政资金的用资企业，应当按照国有法人资本入账管理。

三、自原国家计委、财政部等有关部门批复同意将中央级财政资金转为有关中央企业国家资本金之日起，该中央企业即取得对该类资金履行出资人职责的资格。有关中央企业应当积极与用资企业协商，尽快明确与用资企业的出资关系，依法履行出资人职责。用资企业应当积极配合确权工作，依法确认中央企业的出资人地位。

四、本通知印发前，有关部门已经批复将中央级财政资金转为有关中央企业国家资本金的，用资企业应当自本通知印发之日起6个月内办理工商变更登记等确权手续；本通知印发后，有关部门批复的中央级财政资金，用资企业应当在批复文件印发之日起6个月内办理工商变更登记等确权手续。

五、用资企业不承认有关中央企业出资人地位、不配合办理工商变更登记等手续的，应当在第四条规定的确权期限届满之日起6个月内将资金本息上缴中央国库。有关中央企业可以持相关证明材料向国资委申请在企业资本金中予以核销。

六、由地方各级政府及其部门统贷统还或者提供担保的中央级财政资金，地方各级政府及其部门应当积极协助有关中央企业落实相关权益，提供用资企业名单、资金数额和有关证明文件等，督促用资企业切实履行该类资金的确权义务。

七、用资企业已经关闭、破产的,有关中央企业可以按照相关规定,向国资委申请将涉及的中央级财政资金从企业资本金中予以核销。中央企业申请核销该部分资本金的,应当提交地方工商行政管理部门出具的有关文件等证明材料。

八、对既不按照规定期限落实有关中央企业出资人地位,又不按照规定期限将资金本息上缴中央国库的用资企业,或者虽然规定期限未满,但用资企业明确拒绝履行上述义务的,有关中央企业应当通过司法途径,依法请求确认股东资格或者返还相关款项,维护出资人合法权益,保障国有资产安全。

九、自本通知公布之日起,有关中央企业和用资企业应当按照上述规定,切实做好中央级财政资金转为国家资本金相关工作。执行本通知过程中遇到问题,应当及时向国资委、发展改革委、财政部反映。

《关于审理中央级财政资金转为部分中央企业国家资本金有关纠纷案件的通知》的理解与适用

宋晓明[*] 刘竹梅[**]

2012年12月11日,最高人民法院发布了《关于审理中央级财政资金转为部分中央企业国家资本金有关纠纷案件的通知》(法〔2012〕295号,以下简称本《通知》),转发国务院国有资产监督管理委员会、国家发展和改革委员会、财政部2012年7月18日联合下发的《关于进一步做好中央级财政资金转为部分中央企业国家资本金有关工作的通知》(国资发法规〔2012〕103号,以下简称103号《通知》)的同时,就人民法院审理涉及中央级财政资金转为部分中央企业国家资本金(以下简称国家资本金)纠纷案件中急需解决的问题,经商国务院相关部委后,予以明确。

一、国家资本金政策的历史背景及内容

开始于上世纪70年代末的中央级财政资金使用改革,是我国由计划经济向市场经济转变的一项重要措施,其先后经历了"拨改贷"和"贷改投"两个阶段。

所谓"拨改贷",是指国家将对企业的预算内基本建设投资由财政直接拨款改为通过银行转贷。在计划经济体制下,国家财政资金以拨款的方式无偿提供给国有企业使用。1984年12月4日,根据全国人大六届二次会议《政府工作报告》提出的"有偿使用国家财政资金、提高经济效益"的精神,原国家计委、财政部、中国人民建设银行发布实施《关于国家预算内基本建设投资全部由拨款改为贷款的暂行规定》(〔1984〕计资2850号),决定从1985年起,凡是由国家预算安排的基本建设投资全部由财政拨款改为银行贷款(简称"拨改贷")。这是我国国有资产投资领域中进行的一次体制性变革。

然而,随着该项改革政策的实施,出现了部分用资企业资金不足、债务加重等情况。为了减轻企业负担,加快国有企业改革步伐,1995年7月12日,国务院下发《批转国家计委、财政部、国家经贸委关于将部分企业"拨改贷"资金本息余额转为国家资本金意见的通知》(国发〔1995〕20号),提出将"1979年至1988年由财政(包括中央和地方)拨款改为贷款的国家预算内基本建设投资"在部分试点企业转为国家资本金,即"贷改投"。该通知提出,

---

[*] 最高人民法院民事审判第二庭庭长。
[**] 最高人民法院民事审判第二庭副庭长。

"拨改贷"资金本息余额转为国家资本金的原则是:以国家产业政策为依据,重点支持国民经济的基础产业和支柱产业;首先照顾归还"拨改贷"资金本息有困难的企业减轻债务负担,合理调整企业的资产负债结构。根据条件,确有困难的企业可将"拨改贷"资金本息余额全部或部分转为国家资本金,其他企业仍需按国家有关规定归还"拨改贷"本息。"拨改贷"资金本息余额转为国家资本金,由企业提出申请,国家计委、财政部审批。

随后,根据该通知的要求,原国家计委和财政部制定下发了一系列文件,逐步推进"贷改投"政策的落实和实施:

——1996年12月5日,原国家计委、财政部印发《〈关于中央级"拨改贷"资金本息余额转为国家资本金的实施办法〉的通知》(计投资〔1996〕2801号),在《关于中央级"拨改贷"资金本息余额转为国家资本金的实施办法》中规定,本办法所称中央级"拨改贷"资金本息余额是指经国务院批准,从1979年至1988年由中央财政安排的国家预算内基本建设投资中有偿使用部分(扣除已经偿还、豁免和核转部分的本息),从使用贷款之日起至1996年12月20日止的本息余额。不包括特种拨改贷、煤代油基金和中央基本建设预算内经营性基金。

——1998年5月12日,原国家计委、财政部印发《〈关于中央级基本建设经营性基金本息余额转为国家资本金的实施办法〉的通知》(计投资〔1998〕815号),在《关于中央级基本建设经营性基金本息余额转为国家资本金的实施办法》中规定,本办法所指中央级经营性基金本息余额,是指从1989年起至1996年底止由中央财政安排的国家预算内基本建设投资中的有偿使用部分,包括从1989年至1994年由部门安排的国家基建基金部门贷款、由原六大国家专业投资公司安排的国家投资公司基建基金委托贷款和从1994年至1996年由财政部与中央各主管部门(公司)及各省、自治区、直辖市及计划单列市财政厅(局)签订借款合同(协议)的部分,扣除已经偿还、核转部分的本息,从使用贷款之日起至1997年12月20日止的本息余额。凡属国务院已正式授权可行使出资人权利的公司及其下属企业所使用的中央级经营性基金本息余额,转增为已授权公司的资本金,并由已授权公司行使出资人的职能。

——1999年12月9日,财政部发布《关于中央级"特种拨改贷"资金本息余额转为国家资本金的实施办法》(财基字〔1999〕956号),其中规定本办法所称中央级"特种拨改贷"资金余额,是指1987年用国家重点建设债券资金安排的特种拨改贷(国家基建计划称"特别贷款")贷款,管理方式比照国家预算内"拨改贷"资金管理的有偿使用资金,从使用贷款之日起至1999年12月20日止的本金及其利息余额。凡属国务院已正式授权可代行出资人权利的公司(脱钩企业集团)及其下属企业所使用的中央级"特种拨改贷"资金本息余额,转增为已授权公司(集团)的资本金,并由已授权公司(集团)代行出资人职能。

在国家资本金政策的实施过程中,由于中央财政委托贷款自1985年实施以来,发放时间已长达20余年,经济管理体制、行政机构设置、国有资产管理以及企业隶属关系等都发生了很大变化,使得转为国家资本金的清理和核转工作难度很大。例如,由于机构变革、企业改制,与许多项目单位或企业的联系渠道中断;一些效益好的项目特别是上市公司,不愿意将中央财政委托贷款转为国家资本金;一些项目的债务人已经改制或关闭、破产等,导致中央财政债权悬空;部分企业在重组改制时,没有将中央财政委托贷款纳入债务清偿范围,导致无法对这部分贷款行使追索权。2009年9月3日,国家发展和改革委员会、财政部下发了《关于处理中央财政委托贷款有关问题的通知》(发改投资〔2009〕2274号),规定了对于中央财政委托贷款的处理原则:使用中央财政委托贷款的项目,凡符合相关条件且借款人愿意转为国家资本金或财政拨款的,应按照本通知的有关规定申请办理核转手续;借款人不愿意转为国家资本金或国家拨款的,或逾期没有申请办理核转手续的,应自本通知下发之日起,在1年内归还贷款本息。同时"对于既不转为国家资本金又不还款的项目,以及拒不认账、情节恶劣的项目",仅规定"可采取必要的法律和行政措施",但对于如何具体实施,没有涉及。

"拨改贷""贷改投"的本意是使中央级财政资金的使用由计划经济体制下国家无偿划拨转化为市场经济体制下国家对企业的出资,同时减轻地方国有用资企业的债务负担。国家对企业出资的表现形式就是由原国家计委、财政部授权特定的中央企业代行出资人职能,由地方国有用资企业落实国家资本金地位、确认出资人权利。相应地,国资委也将该资金作为获得授权的中央企业的法人资产,并据此考核中央企业的经营绩效。

然而,一些用资企业在经国务院相关部委批复将中央级财政资金转为国家资本金后,却拒不确认中央企业的出资人地位,也不返还占用的财政资金,致使中央企业无法代行出资人职能并完成国资委的考核指标。由此,在中央企业和用资企业之间,因落实国家资本金而引发了大量纠纷,几乎所有被授权享有国家出资人地位的中央企业在落实国家资本金过程中都遇到了不同程度的阻碍。更为严峻地是,十几年来,随着国有企业改制进程的加快,一些用资企业几经改制而面目全非,甚至已经不复存在,致使国有资产流失并且有加大流失之虞。同时,地方与中央企业之间因权益划分而形成的对立关系也随之显现。

由于多年行政协调未果,部分中央企业转而通过司法程序寻求解决纷争。但由于国家资本金政策在具体执行过程中,国务院相关部委对于用资企业既不落实中央企业出资人地位,也不返还借款、不支付利息等问题,没有后续政策指导,结果造成人民法院处理此类案件非常困难。由于国家资本金问题并不是完全意义上的法律问题,其主要关涉国家经济政策的落实,一直由国务院相关部门以行政方式推进,司法尺度的把握也有赖于中央政府相关政策的支撑。为此几年来,最高人民法院一直着力推动国务院相关部委继续出台新的行政政策,就中央企业能否主张返还资金等问题予以明确。103号《通知》的出台,明确了中央企业可以主张返还相关款项,并为用资企业落实中央企业出资人权益或返还资金设定了最后期限。

二、103号《通知》的主要内容

103号《通知》由国资委、发改委、财政部经国务院同意联合发布,旨在切实解决在国家资本金核转过程中存在的确权难、行权难等问题。

通知第一条规定,本通知所称中央级财政资金,是指经国务院批准,依据原国家计委、财政部等有关部门文件规定,转为部分中央企业国家资本金的三类资金:即中央级"拨改贷"资金,中央级基本建设经营性基金,中央级"特种拨改贷"资金。

通知第四条、第五条要求,本通知印发前,有关部门已经批复将中央级财政资金转为有关中央企业国家资本金的,用资企业应当自本通知印发之日起6个月内办理工商变更登记等确权手续;本通知印发后,有关部门批复的中央级财政资金,用资企业应当在批复文件印发之日起6个月内办理工商变更登记等确权手续。用资企业不承认有关中央企业出资人地位、不配合办理工商变更登记等手续的,应当在第四条规定的确权期限届满之日起6个月内将资金本息上缴中央国库。有关中央企业可以持有关证明材料向国资委申请在企业资本金中予以核销。

同时,通知第八条对既不按照规定期限落实有关中央企业出资人地位,又不按照规定期限将资金本息上缴中央国库的用资企业,或者虽然规定期限未满,但用资企业明确拒绝履行上述义务的,明确了"有关中央企业应当通过司法途径,依法请求确认股东资格或者返还相关款项,维护出资人合法权益,保障国有资产安全"。

三、审判实务中应注意的问题

为使人民法院在审理涉及国家资本金纠纷案件时了解103号《通知》的内容及精神,最高人民法院将103号《通知》予以转发。在本《通知》起草的过程中,多次与国务院国资委、发改委、财政部、法制办沟通,听取部分中央企业、受理案件的人民法院及专家学者的意见,就审判实务中急需解决的几个主要问题予以明确:

1. 案件的受理

据不完全统计,目前部分中央企业向地方法院提起诉讼的案件近百起,同时还有部分中央企业处于观望状态,等待国务院出台后续的政策,或者最高人民法院出台统一的司法政策。在已经审结的案件中,由于各地人民法院对该项政策理解不一,加之现行司法体制的影响,致使裁判结果差别很大:有的支持中央企业关于确认其出资人地位或者返还借款的诉讼请求;有的则依据《最高人民法院关于因政府调整划转企业国有资产引起的纠纷是否受理问题的批复》(法复〔1996〕4号)规定,认定此类争议不属于"人民法院受理民事诉讼的范围",或者以相关政策不明确为由,裁定不予受理或者驳回起诉,还有的驳回中央企业的诉讼请求。还有一些人民法院则中止了对于此类案件的审理,等待新的政策或司法指导意见出台。

法复〔1996〕4号《关于因政府调整划转企业国有资产引起的纠纷是否受理问题的批复》解决的是1996年前后,在地方政府及其所属主管部门对一些企业国有资产以改变隶属关系或者分设新企业等方式进行调整、划转之后,出现了企业不服政府及其所属主管部门的决定,要求收回已被调整、划转资产的纠纷,人民法院是否应当受理因这类纠纷提起诉讼的问题。其中第一条规定,"因政府及其所属主管部门在对企业国有资产调整、划转过程中引起相关国有企业之间的纠纷,应由政府或所属国有资产管理部门处理。国有企业作为当事人向人民法院提起民事诉讼的,人民法院不予受理。"因国家资本金问题不属于此范畴,一些法院依此规定对于有关中央企业所涉国家资本金引发的纠纷提起的诉讼不予受理或驳回起诉,是不当的。为此,本《通知》第一条首先规定人民法院对于有关中央企业所涉国家资本金引发的纠纷提起民事诉讼的,应予受理。

同时,为纠正之前一些法院的不当认识,及切实保护中央企业的合法权益,本《通知》第五条在例行规定"本通知发布前尚未审结的一、二审案件适用本通知;本通知发布前已经审结的案件,当事人申请再审或按审判监督程序提起再审的案件,不适用本通知"的同时,特别明确规定依照法复〔1996〕4号《关于因政府调整划转企业国有资产引起的纠纷是否受理问题的批复》,或者以相关政策不明确为由,作出不予受理或者驳回起诉裁定的案件,当事人可以申请再审,人民法院在审查当事人的再审申请或者进行再审时,应当适用本《通知》的相关规定。

本《通知》第一条同时明确了人民法院受理有关中央企业所涉国家资本金纠纷案件的范围,即103号《通知》所指的中央级"拨改贷"资金、基本建设经营性基金、"特种拨改贷"资金三类资金。在征求意见过程中,部分中央企业提出与之相似的其他中央级财政资金比如"煤代油"资金、黄金开发基金、黄金地勘基金、盐业生产发展基金及国债资金转为国家资本金的应当参照适用本《通知》。考虑到上述资金的相关问题国务院有关部门尚无明确的意见,本《通知》暂不予规定。

2. 有关中央企业的诉讼主张

据调研,大部分的用资企业在经申请并由发改委、财政部批准转为国家资本金后,由于种种原因,并没有具体落实中央企业的出资人权益。经过最高人民法院与国务院相关部委的反复沟通、协调,103号《通知》第八条明确了中央企业可以选择进行"确认股东资格或返还相关款项"的诉讼。

但是,目前在用资企业中,企业结构有的是公司法人,有的是非公司法人。如果是前者,中央企业可以主张确认股东资格的诉讼,人民法院受理的案由应当为股东资格确认纠纷。股东资格确认纠纷,是指股东与企业之间或者股东与股东之间就股东资格是否存在,或者具体的股权持有数额、比例等发生争议而引起的纠纷。如果是后者,中央企业仅可以主张确认企业出资人权益,人民法院受理的案由应当为企业出资人权益确认纠纷。企业出资人权益确认纠纷,是指企业出资人与企业之间或者企业出资人之间就出资权益是否存在或者持有比例多少发生争议时,出资人诉请人民法院确认其享有企业一定出资权益的纠纷。

根据国务院相关部委的一系列文件规定,中央级财政资金转为国家资本金的账务处理完毕,借款单位与建设银行签订的借款合同同时终止;加之中央企业被授权的是履行国家出资人职能,而不是债权人权利,故其不能依据借款合同主张还款(之前一些法院受理的案件大多以借款纠纷作为案由,是不当的)。而由于中央企业出资人的权益没有落实,其主张返还出资不符合《公司法》的规定,故中央企业只能依据国务院相关部委一系列文件规定精神主张返还相关款项。但是,最高人民法院《民事案件案由规定》中没有对应的案由,为执法统一且考虑到此类案件的特殊性,《通知》专门写明案由为资金返还纠纷。

3. 有关中央企业提起诉讼的时间

103号《通知》第四、第五条规定了两个6个月的期限,这是国务院有关部委在对103号《通知》印发前批复将中央级财政资金转为国家资本金的用资企业落实中央企业出资人权益发布一系列文件、给予一系列宽限政策之后给予的最后期限。考虑到103号《通知》印发前已经受理的案件、诉讼时效及中央企业在2013年7月18日前起诉,用资企业可以抗辩等情形,本《通知》没有明确中央企业可以提起诉讼的时间。但人民法院的案件受理应当等待两个期限的经过。如果中央企业在2013年7月18日前起诉,用资企业可以103号《通知》进行抗辩。对于103号《通知》印发后有关部门批复转为国家资本金的,用资企业应当在批复文件印发之日起1年后提起诉讼。

但是,近几年各级人民法院受理的涉及国家资本金的案件除大部分已经审结外,尚有部分案件因等待相关的司法政策出台,处在中止状态。这部分案件都是中央企业因用资企业既不落实其出资人权益也不予还款而提起的主张返还相关款项的诉讼,鉴于用资企业对于中央企业行使其合法权利的拒绝,以及此类纠纷大多发生时间较长等原因,再等待两个6个月已无必要,受理案件的法院可以继续审理。

4. 利息计付

有关中央企业请求返还资金时,必然会一并请求支付利息,但利息从何时起、按何种利率计算,是非常重要的问题。

关于利息的起算时间,按照最高人民法院处理逾期不予返还款项一类案件利息计付的一贯原则,用资企业既不落实中央企业的出资人权益也不予还款,应当自国务院有关部委文件规定的各类资金利息截止日起继续计付资金占用的利息。但是,国家资本金政策开始于1995年,主要的出发点是为了减轻用资企业的利息负担,如果从国务院有关部委文件规定的各类资金利息截止日起继续计付资金占用的利息,许多资金的利息将超过本金。加之,一直以来国务院有的部委坚持中央企业仅享有出资人地位,坚持国家资本金的出资性质,对于中央企业能否主张返还资金始终没有明确。因此,如果从国务院有关部委文件规定的各类资金利息截止日起计付利息,与国务院国家资本金政策减轻用资企业负担的宗旨相悖,似乎也不公平。考虑到1996年以后,国务院相关部委虽又陆续出台了一系列关于中央级财政资金转为部分中央企业国家资本金的文件,但大多没有得到很好地执行,中央企业的出资人权利未能得到很好地落实,此次103号《通知》给予了用资企业或者落实中央企业的出资人权益或者将资金本息上缴国库的最后期限,并明确赋予了中央企业可以通过诉讼请求用资企业返还出资的权利,同时考虑到国家资本金问题的历史背景及用资企业的现状,我们认为,自103号《通知》第四条、第五条规定的期限届满之日起计付利息比较切实可行。按此方案,对于103号《通知》印发前,国务院有关部门已经批复将中央级财政资金转为有关中央企业国家资本金的,用资企业应当自2013年7月18日起按照同时期同档次贷款基准利率计付利息;对于103号《通知》印发后,国务院有关部门批复的中央级财政资金,用资企业应当自批复文件印发之日起1年后开始计付利息。此方案也得到了国务院相关部委的支持。

关于利率标准,考虑到中央企业取得国家资本金的出资人职能时,原来建设银行与用资企业的借款合同关系已经终止,加之中央企业取得的资本金数额已经包含了借款本金和到一定时限的借款利息,再以借款合同约定的利息标准计算,显属不当。而鉴于用资企业申请将借款转为国家资本金后,既不落实中央企业的出资人权益,也不返还资金,此次103号《通知》又给予了其落实中央企业出资人权益或将资金本息上缴国库的最后期限,因此用资企业应当按照审判实务中通常适用的资金占用费的审理原则,按照同时期同档次贷款基准利率计付利息。

需要特别说明的是,中央企业如果对 103 号《通知》第五条规定的期限届满前的利息予以主张的,不论按照什么利率标准,人民法院均不予支持。

5. 协议的处理

国务院主管部门确定资本金的出资人后,一些中央企业与用资企业在 103 号《通知》发布前经过协商订立了落实中央企业出资人权益或者还款的协议,但大多没有具体履行,为此中央企业可能请求人民法院对协议效力予以确认,并请求用资企业履行协议。对于上述协议,应当认定为双方当事人自主意志的体现,如果不违反国务院相关部委关于中央级财政资金转为国家资本金的一系列政策相关规定,其效力应当予以认可。

需要说明的是,本《通知》第四条规定,有关中央企业请求用资企业返还资金的利息按照银行同时期同档次贷款基准利率自 103 号《通知》第五条规定的期限届满之日起计付。103 号《通知》发布前,中央企业与用资企业就资金返还达成的协议,如果免除了用资企业的利息,其效力应予认可;如果约定了与本《通知》第四条规定不同的利率和计付利息时间,也应当尊重当事人间的真实意思表示,认定协议的效力。当然,如果在诉讼中,中央企业与用资企业就利息支付甚至本金返还另行达成一致的,应当准许。

6. 诉讼时效的起算

国务院有关部门此前就国家资本金的系列文件下发后,部分中央企业的出资人权利一直没有得到落实,加之之前的国务院相关部委文件主要强调中央企业的出资人权利,对于其能否主张返还资金没有明确,致使部分中央企业对于能否请求返还资金处于迷茫状态。同时,因为一些地方的法院对于中央企业返还借款的起诉不予受理或驳回起诉,致使中央企业在返还资金的时效维护上不够严谨。而此次经过最高人民法院的多次沟通、协调,103 号《通知》第八条写入了中央企业可以通过司法途径请求返还相关款项的内容,但中央企业返还资金请求权的诉讼时效如果自国务院有关部门批准转为国家资本金之日起算,因为上述原因,相当一部分请求权可能超过诉讼时效。考虑到国务院有关部委此次 103 号《通知》对于中央企业返还资金请求权予以了明确,也为了更好地保护中央企业的合法权益,防止国有资产流失,诉讼时效自 103 号《通知》规定的期限届满之日,即本通知印发前,有关部门已经批复将中央级财政资金转为有关中央企业国家资本金的,自 2013 年 7 月 18 日起算比较合理,也符合最高人民法院之前对于一些历史遗留问题在诉讼时效问题上的处理原则。但是,对于本通知印发后,有关部门批复的中央级财政资金的,诉讼时效应当自批复文件印发之日起 1 年后起算。中央企业请求确认公司或企业出资人权益属于确认之诉,而确认之诉请求权属于形成权,不适用诉讼时效的规定。

人民法院在审理涉及国家资本金的纠纷案件时,还可能遇到本《通知》没有涉及的诸如用资企业改制后的义务承担、用资企业破产、中央企业将权益转让,以及 103 号《通知》规定的三类资金之外的其他类资金涉及的纠纷如何处理等问题。对此,可逐级报告最高人民法院。

最高人民法院
关于个人独资企业清算是否可以参照适用企业破产法规定的破产清算程序的批复

法释〔2012〕16号

(2012年12月10日最高人民法院审判委员会第1563次会议通过
2012年12月11日最高人民法院公告公布
自2012年12月18日起施行)

贵州省高级人民法院：

你院《关于个人独资企业清算是否可以参照适用破产清算程序的请示》(〔2012〕黔高研请字第2号)收悉。经研究，批复如下：

根据《中华人民共和国企业破产法》第一百三十五条的规定，在个人独资企业不能清偿到期债务，并且资产不足以清偿全部债务或者明显缺乏清偿能力的情况下，可以参照适用企业破产法规定的破产清算程序进行清算。

根据《中华人民共和国个人独资企业法》第三十一条的规定，人民法院参照适用破产清算程序裁定终结个人独资企业的清算程序后，个人独资企业的债权人仍然可以就其未获清偿的部分向投资人主张权利。

《关于个人独资企业清算是否可以参照适用企业破产法规定的破产清算程序的批复》的理解与适用

刘　敏*

《最高人民法院关于个人独资企业清算是否可以参照适用企业破产法规定的破产清算程序的批复》已于2012年12月10日由最高人民法院审判委员会第1563次会议通过,并于2012年12月18日起施行。现将该批复的起草情况和涉及的有关问题作以说明。

一、司法解释制定的起因

贵州省高级人民法院以《关于个人独资企业清算是否可以参照适用破产清算程序的请示》(〔2012〕黔高研请字第2号)就个人独资企业不能清偿到期债务并且资产不足以清偿全部债务或者明显缺乏清偿能力的情况下,是否可以参照适用《企业破产法》规定的破产清算程序进行清算问题向最高人民法院请示。鉴于其请示的问题具有普遍性,其他法院也多次就此问题向最高人民法院请示,因此,最高人民法院决定以批复形式对上述问题予以答复。

二、对主要问题的说明

1. 个人独资企业是否具有破产能力以及是否可以参照适用《企业破产法》规定的破产清算程序问题

破产能力,是指债务人能够适用破产程序解决债务问题的资格,这种资格来源于破产法的特别规定。关于破产能力有两种立法例:一般破产主义和商人破产主义。一般破产主义,是指破产法适用于不能清偿债务的所有债务人,债务人的破产能力不因其为商人或非商人而有所差别。它承认所有民事主体的破产能力,不能清偿债务的自然人、法人乃至遗产,均可由债务人自己或者债权人向法院申请破产。一般破产立法模式现已推广到许多国家,成为现代破产立法的趋势。商人破产主义,是指破产法仅适用于商人而不适用于非商人。商人破产主义随着时间的推移越来越不适应时代发展的需要,原先采用商人破产主义的国家,也逐渐通过修订破产法改而采用一般破产主义。

我国《企业破产法》仅适用于企业法人的弊端受到众多学者的批评,在破产法修改时,

---

* 最高人民法院民事审判第二庭审判长。

学界普遍认为应当确立一般破产主义,扩大破产法的适用范围。但是,在多大程度上扩大破产法的适用范围,在认识上尚存在分歧。一种观点认为,破产法应当适用于所有企业,即破产法不仅适用于企业法人,还应当扩大适用于非企业法人,如合伙企业、个人独资企业等;另一种观点认为,破产法应当适用于所有民事主体,即除适用于企业法人、合伙企业、个人独资企业等商主体外,还应当适用于自然人。对上述争论问题,我国《企业破产法》修订最终采取了折中的处理方式,即虽然原则上规定《企业破产法》还是仅适用于企业法人,但是,对于企业法人以外的组织,在出现破产原因的情况下,可以参照适用《企业破产法》规定的程序进行债务清理。即《企业破产法》第一百三十五条规定"其他法律规定企业法人以外的组织的清算,属于破产清算的,参照适用本法规定的程序"。这种折中规定,应该说是我国破产法的一大进步,为将来破产法律制度的进一步发展和完善做了有益的尝试和铺垫。因此,虽然目前我国《企业破产法》尚未将企业法人以外的其他主体作为破产法适用的对象,但对于企业法人以外的其他经济组织,是可以参照适用破产清算程序进行清算的。鉴于目前施行的《个人独资企业法》制定于 1999 年,其在《企业破产法》2007 年施行后尚未通过修订与《企业破产法》的上述规定进行衔接,但类似主体合伙企业的破产清算问题,在与《企业破产法》同时修订的《合伙企业法》中专门对此作出了衔接性的规定,即《合伙企业法》第九十二条规定"合伙企业不能清偿到期债务的,债权人可以依法向人民法院提出破产清算申请,也可以要求普通合伙人清偿。合伙企业依法被宣告破产的,普通合伙人对合伙企业债务仍应承担无限连带责任"。因此,个人独资企业应当符合《企业破产法》第一百三十五条的准用性规定。

2. 个人独资企业参照适用破产清算程序的必要性

《个人独资企业法》虽然规定了企业解散必须进行清算,但对如何清算,尤其是对企业不能清偿到期债务并且资产不足以清偿全部债务或者明显缺乏清偿能力的情况下如何进行清算并未作出明确的规定,由此导致个人独资企业在清算中实施企业资产的清理处置、债权的审查确认、分配方案的制订执行等清算事务时,因清算程序和争议解决机制欠缺极易发生清算僵局或者清算混乱。因此,参照适用《企业破产法》规定的破产清算程序对个人独资企业进行清算,既可以保障清算程序的有序进行和债务的公平受偿(尤其是职工利益的优先保障),也可以确保企业平稳退出市场,维护社会经济秩序的稳定,具有现实的必要性。

3. 个人独资企业参照适用破产清算程序终结清算程序后其债务清偿问题

如上所述,因目前我国破产法尚未赋予企业法人以外的其他经济组织适用破产程序解决债务问题的能力,虽然在处置现有资产和解决清算争端中可以参照适用《企业破产法》规定的破产清算程序进行清算,但并不因此产生对未能清偿债务当然免责的法律后果,因此,在个人独资企业参照适用破产清算程序终结清算程序后其尚未清偿的债务,仍应当根据《个人独资企业法》第三十一条的规定由投资人以其个人的其他财产予以清偿。

附相关法条：

中华人民共和国企业破产法

(2006年8月27日通过)

第一百三十五条 其他法律规定企业法人以外的组织的清算,属于破产清算的,参照适用本法规定的程序。

中华人民共和国个人独资企业法

(1999年8月30日通过)

第二条 本法所称个人独资企业,是指依照本法在中国境内设立,由一个自然人投资,财产为投资人个人所有,投资人以其个人财产对企业债务承担无限责任的经营实体。

第十七条 个人独资企业投资人对本企业的财产依法享有所有权,其有关权利可以依法进行转让或继承。

第二十七条 个人独资企业解散,由投资人自行清算或者由债权人申请人民法院指定清算人进行清算。

投资人自行清算的,应当在清算前十五日内书面通知债权人,无法通知的,应当予以公告。债权人应当在接到通知之日起三十日内,未接到通知的应当在公告之日起六十日内,向投资人申报其债权。

第二十八条 个人独资企业解散后,原投资人对个人独资企业存续期间的债务仍应承担偿还责任,但债权人在五年内未向债务人提出偿债请求的,该责任消灭。

第二十九条 个人独资企业解散的,财产应当按照下列顺序清偿：

(一)所欠职工工资和社会保险费用；

(二)所欠税款；

(三)其他债务。

第三十条 清算期间,个人独资企业不得开展与清算目的无关的经营活动。在按前条规定清偿债务前,投资人不得转移、隐匿财产。

第三十一条 个人独资企业财产不足以清偿债务的,投资人应当以其个人的其他财产予以清偿。

第三十二条 个人独资企业清算结束后,投资人或者人民法院指定的清算人应当编制清算报告,并于十五日内到登记机关办理注销登记。

中华人民共和国合伙企业法

（2006年8月27日修订）

第二条 本法所称合伙企业,是指自然人、法人和其他组织依照本法在中国境内设立的普通合伙企业和有限合伙企业。

普通合伙企业由普通合伙人组成,合伙人对合伙企业债务承担无限连带责任。本法对普通合伙人承担责任的形式有特别规定的,从其规定。

有限合伙企业由普通合伙人和有限合伙人组成,普通合伙人对合伙企业债务承担无限连带责任,有限合伙人以其认缴的出资额为限对合伙企业债务承担责任。

第二十条 合伙人的出资、以合伙企业名义取得的收益和依法取得的其他财产,均为合伙企业的财产。

第三十八条 合伙企业对其债务,应先以其全部财产进行清偿。

第三十九条 合伙企业不能清偿到期债务的,合伙人承担无限连带责任。

第八十六条 合伙企业解散,应当由清算人进行清算。

清算人由全体合伙人担任;经全体合伙人过半数同意,可以自合伙企业解散事由出现后十五日内指定一个或者数个合伙人,或者委托第三人,担任清算人。

自合伙企业解散事由出现之日起十五日内未确定清算人的,合伙人或者其他利害关系人可以申请人民法院指定清算人。

第八十七条 清算人在清算期间执行下列事务:

（一）清理合伙企业财产,分别编制资产负债表和财产清单;

（二）处理与清算有关的合伙企业未了结事务;

（三）清缴所欠税款;

（四）清理债权、债务;

（五）处理合伙企业清偿债务后的剩余财产;

（六）代表合伙企业参加诉讼或者仲裁活动。

第八十八条 清算人自被确定之日起十日内将合伙企业解散事项通知债权人,并于六十日内在报纸上公告。债权人应当自接到通知书之日起三十日内,未接到通知书的自公告之日起四十五日内,向清算人申报债权。

债权人申报债权,应当说明债权的有关事项,并提供证明材料。清算人应当对债权进行登记。

清算期间,合伙企业存续,但不得开展与清算无关的经营活动。

第八十九条 合伙企业财产在支付清算费用和职工工资、社会保险费用、法定补偿金以及缴纳所欠税款、清偿债务后的剩余财产,依照本法第三十三条第一款的规定进行分配。

第九十条 清算结束,清算人应当编制清算报告,经全体合伙人签名、盖章后,在十五日内向企业登记机关报送清算报告,申请办理合伙企业注销登记。

第九十一条 合伙企业注销后,原普通合伙人对合伙企业存续期间的债务仍应承担无限连带责任。

第九十二条 合伙企业不能清偿到期债务的,债权人可以依法向人民法院提出破产清算申请,也可以要求普通合伙人清偿。

合伙企业依法被宣告破产的,普通合伙人对合伙企业债务仍应承担无限连带责任。

最高人民法院
印发《关于审理上市公司破产重整案件工作座谈会纪要》的通知

2012年10月29日　　　　　　　　　　　　　　　　　　法〔2012〕261号

各省、自治区、直辖市高级人民法院,解放军军事法院,新疆维吾尔自治区高级人民法院生产建设兵团分院:

现将最高人民法院《关于审理上市公司破产重整案件工作座谈会纪要》印发给你们,请结合审判工作实际,遵照执行。

附:

关于审理上市公司破产重整案件工作座谈会纪要

《企业破产法》施行以来,人民法院依法审理了部分上市公司破产重整案件,最大限度地减少了因上市公司破产清算给社会造成的不良影响,实现了法律效果和社会效果的统一。上市公司破产重整案件的审理不仅涉及到《企业破产法》《证券法》《公司法》等法律的适用,还涉及司法程序与行政程序的衔接问题,有必要进一步明确该类案件的审理原则,细化有关程序和实体规定,更好地规范相关主体的权利义务,以充分保护债权人、广大投资者和上市公司的合法权益,优化配置社会资源,促进资本市场健康发展。为此,最高人民法院会同中国证券监督管理委员会,于2012年3月22日在海南省万宁市召开了审理上市公司破产重整案件工作座谈会。与会同志通过认真讨论,就审理上市公司破产重整案件的若干重要问题取得了共识。现纪要如下:

一、关于上市公司破产重整案件的审理原则

会议认为,上市公司破产重整案件事关资本市场的健康发展,事关广大投资者的利益保护,事关职工权益保障和社会稳定。因此,人民法院应当高度重视此类案件,并在审理中注意坚持以下原则:

(一)依法公正审理原则。上市公司破产重整案件参与主体众多,涉及利益关系复杂,人民法院审理上市公司破产重整案件,既要有利于化解上市公司的债务和经营危机,提高上市公司质量,保护债权人和投资者的合法权益,维护证券市场和社会的稳定,又要防止没有再生希望的上市公司利用破产重整程序逃废债务,滥用司法资源和社会资源;既要保护债权人利益,又要兼顾职工利益、出资人利益和社会利益,妥善处理好各方利益的冲突。上市公司重整计划草案未获批准或重整计划执行不能的,人民法院应当及时宣告债务人破产清算。

(二)挽救危困企业原则。充分发挥上市公司破产重整制度的作用,为尚有挽救希望的危困企业提供获得新生的机会,有利于上市公司、债权人、出资人、关联企业等各方主体实现共赢,有利于社会资源的有效利用。对于具有重整可能的企业,努力推动重整成功,可以促进就业,优化资源配置,促进产业结构的调整和升级换代,减少上市公司破产清算对社会带来的不利影响。

(三)维护社会稳定原则。上市公司进入破产重整程序后,因涉及债权人、上市公司、出资人、企业职工等相关当事人的利益,各方矛盾比较集中和突出,如果处理不当,极易引发群体性、突发性事件,影响社会稳定。人民法院审理上市公司破产重整案件,要充分发挥地方政府的风险预警、部门联动、资金保障等协调机制的作用,积极配合政府做好上市公司重整中的维稳工作,并根据上市公司的特点,加强与证券监管机构的沟通协调。

二、关于上市公司破产重整案件的管辖

会议认为,上市公司破产重整案件应当由上市公司住所地的人民法院,即上市公司主要办事机构所在地法院管辖;上市公司主要办事机构所在地不明确、存在争议的,由上市公司注册登记地人民法院管辖。由于上市公司破产重整案件涉及法律关系复杂,影响面广,对专业知识和综合能力要求较高,人力物力投入较多,上市公司破产重整案件一般应由中级人民法院管辖。

三、关于上市公司破产重整的申请

会议认为,上市公司不能清偿到期债务,并且资产不足以清偿全部债务或者明显缺乏清偿能力,或者有明显丧失清偿能力可能的,上市公司或者上市公司的债权人、出资额占上市公司注册资本十分之一以上的出资人可以向人民法院申请对上市公司进行破产重整。

申请人申请上市公司破产重整的,除提交《企业破产法》第八条规定的材料外,还应当提交关于上市公司具有重整可行性的报告、上市公司住所地省级人民政府向证券监督管理部门的通报情况材料以及证券监督管理部门的意见、上市公司住所地人民政府出具的维稳预案等。上市公司自行申请破产重整的,还应当提交切实可行的职工安置方案。

四、关于对上市公司破产重整申请的审查

会议认为,债权人提出重整申请,上市公司在法律规定的时间内提出异议,或者债权人、上市公司、出资人分别向人民法院提出破产清算申请和重整申请的,人民法院应当组织召开听证会。

人民法院召开听证会的,应当于听证会召开前通知申请人、被申请人,并送达相关申请材料。公司债权人、出资人、实际控制人等利害关系人申请参加听证的,人民法院应当予以准许。人民法院应当就申请人是否具备申请资格、上市公司是否已经发生重整事由、上市公司是否具有重整可行性等内容进行听证。

鉴于上市公司破产重整案件较为敏感,不仅涉及企业职工和二级市场众多投资者的利益安排,还涉及与地方政府和证券监管机构的沟通协调。因此,目前人民法院在裁定受理上市公司破产重整申请前,应当将相关材料逐级报送最高人民法院审查。

五、关于对破产重整上市公司的信息保密和披露

会议认为,对于股票仍在正常交易的上市公司,在上市公司破产重整申请相关信息披露前,上市公司及其债权人、出资人等利害关系人应当按照法律、行政法规、证券监管机构的部门规章及证券交易所上市规则做好信息保密工作。

上市公司的债权人提出破产重整申请的,人民法院应当要求债权人提供其已就此告知上市公司的有关证据。上市公司应当按照相关规则及时履行信息披露义务。

上市公司进入破产重整程序后,由管理人履行相关法律、行政法规、部门规章和公司章程规定的原上市公司董事会、董事和高级管理人员承担的职责和义务,上市公司自行管理财产和营业事务的除外。管理人在上市公司破产重整程序中存在信息披露违法违规行为的,应当依法承担相应的责任。

六、关于上市公司破产重整计划草案的制定

会议认为,上市公司或者管理人制定的上市公司重整计划草案应当包括详细的经营方案。有关经营方案涉及并购重组等行政许可审批事项的,上市公司或管理人应当聘请经证券监管机构核准的财务顾问机构、律师事务所以及具有证券期货业务资格的会计师事务所、资产评估机构等证券服务机构按照证券监管机构的有关要求及格式编制相关材料,并作为重整计划草案及其经营方案的必备文件。

控股股东、实际控制人及其关联方在上市公司破产重整程序前因违规占用、担保等行为对上市公司造成损害的,制定重整计划草案时应当根据其过错对控股股东及实际控制人支配的股东的股权作相应调整。

七、关于上市公司破产重整中出资人组的表决

会议认为,出资人组对重整计划草案中涉及出资人权益调整事项的表决,经参与表决的出资人所持表决权三分之二以上通过的,即为该组通过重整计划草案。

考虑到出席表决会议需要耗费一定的人力物力,一些中小投资者可能放弃参加表决会议的权利。为最大限度地保护中小投资者的合法权益,上市公司或者管理人应当提供网络表决的方式,为出资人行使表决权提供便利。关于网络表决权行使的具体方式,可以参照适用中国证券监督管理委员会发布的有关规定。

八、关于上市公司重整计划草案的会商机制

会议认为,重整计划草案涉及证券监管机构行政许可事项的,受理案件的人民法院应当通过最高人民法院,启动与中国证券监督管理委员会的会商机制。即由最高人民法院将有关材料函送中国证券监督管理委员会,中国证券监督管理委员会安排并购重组专家咨询委员会对会商案件进行研究。并购重组专家咨询委员会应当按照与并购重组审核委员会相同的审核标准,对提起会商的行政许可事项进行研究并出具专家咨询意见。人民法院应当参考专家咨询意见,作出是否批准重整计划草案的裁定。

九、关于上市公司重整计划涉及行政许可部分的执行

会议认为,人民法院裁定批准重整计划后,重整计划内容涉及证券监管机构并购重组行政许可事项的,上市公司应当按照相关规定履行行政许可核准程序。重整计划草案提交出资人组表决且经人民法院裁定批准后,上市公司无须再行召开股东大会,可以直接向证券监管机构提交出资人组表决结果及人民法院裁定书,以申请并购重组许可申请。并购重组审核委员会审核工作应当充分考虑并购重组专家咨询委员会提交的专家咨询意见。并购重组申请事项获得证券监管机构行政许可后,应当在重整计划的执行期限内实施完成。

会议还认为,鉴于上市公司破产重整案件涉及的法律关系复杂,利益主体众多,社会影响较大,人民法院对于审判实践中发现的新情况、新问题,要及时上报。上级人民法院要加强对此类案件的监督指导,加强调查研究,及时总结审判经验,确保依法妥善审理好此类案件。

《关于审理上市公司破产重整案件工作座谈会纪要》的理解与适用

宋晓明[*] 张勇健[**] 赵 柯[***]

《最高人民法院关于审理上市公司破产重整案件工作座谈会纪要》(法〔2012〕261号,以下简称《纪要》)经审判委员会民事行政审判专业委员会第141次会议讨论通过,已于2012年10月29日印发。该会议纪要对于指导全国法院正确审理上市公司破产重整案件具有重要意义。本文拟对《纪要》的制定背景、基本原则和精神、主要内容等进行简要介绍,以期对该《纪要》的正确理解和适用有所裨益。

一、《纪要》的起草背景和经过

破产重整是优化配置社会资源、挽救危困企业、维护社会和谐稳定的重要法律制度,是我国《企业破产法》的一大制度创新。2007年6月1日《企业破产法》施行以来,重整案件的审理已经成为人民法院别具亮点的审判领域。据统计,截至2012年9月1日,全国法院共受理上市公司破产重整案件35件,这些上市公司通过重整程序避免了破产清算,取得了良好的社会效果,人民法院也通过上市公司破产重整案件的审理,积累了初步的司法经验。

由于上市公司破产重整案件的审理不仅涉及到《企业破产法》《证券法》《公司法》等法律的适用,还涉及司法程序与行政程序的衔接问题,有必要进一步明确该类案件的审理原则,细化有关程序和实体规定,更好地规范相关主体的权利义务,以充分保护债权人、广大投资者和上市公司的合法权益,促进资本市场健康发展。为此,早在《企业破产法》施行之初,最高人民法院民事审判第二庭就与中国证券监督管理委员会(以下简称中国证监会)上市部、法律部的同志组成联合课题组,就上市公司破产重整案件的审理进行专题调研。经对调研成果的广泛征求意见和多次修改,2012年3月22日在海南省万宁市最高人民法院与中国证监会联合召开了审理上市公司破产重整案件工作座谈会。与会同志通过认真讨论,就审理上市公司破产重整案件的若干重要问题取得了共识,形成该《纪要》。

二、形成《纪要》坚持的基本精神

《企业破产法》实施5年多来,人民法院在审理上市公司破产重整案件方面进行了初步

---

[*] 最高人民法院民事审判第二庭庭长。
[**] 最高人民法院民事审判第二庭副庭长。
[***] 最高人民法院民事审判第二庭法官。

的探索和实践,但是总体来说尚缺乏充足的上市公司破产重整审判经验。在形成《纪要》的过程中,最高人民法院始终注意坚持以下原则:一是遵循法律规定原则。上市公司破产重整案件本质上属于企业破产案件,所涉问题都应遵照《企业破产法》的相关规定,同时其中又涉及到《公司法》《证券法》等内容,它们是制定《纪要》的基本法律依据。二是总结成熟司法经验。在进行专题调研的过程中,我们搜集了大量的国内外上市公司破产重整的案例进行充分剖析研究,并广泛征求人民法院、管理人、证券交易所及证券监管机构的意见和建议,总结了一些较为成熟、认识比较统一、实践证明效果较好的司法经验。对于那些争议较大的问题,未纳入《纪要》的内容。三是法院与证券监管机构分工配合。上市公司破产重整是司法程序,应该在人民法院的主导下进行。但因为上市公司的特殊性,其重整过程又离不开证券监管机构的监管。《纪要》不但明确了法院的职责,亦规定了涉及行政监管时应启动的程序,确保在上市公司破产重整案件中,法院与行政监管部门能够各司其职、各尽其责。

鉴于上市公司重整案件涉及的法律关系复杂,利益主体众多,社会影响较大,囿于篇幅和条件,《纪要》对于一些问题还未作规定。对于审判实践中发现的新情况、新问题,有关法院要加强调查研究,及时总结审判经验,为将来《企业破产法》司法解释的制定提供借鉴和参考。

三、《纪要》的主要内容

《纪要》规定了九个方面的内容,包括上市公司破产重整案件的审理原则、上市公司破产重整案件的管辖、申请和审查、信息保密和披露、重整计划草案的制定及关于上市公司重整计划草案的会商机制等问题,进一步细化了上市公司破产重整案件审理的有关程序和实体规定,以下选取其中所涉的主要问题进行说明。

(一)上市公司破产重整案件的审理原则

上市公司涉及面广,一旦破产清算,将产生一系列的连锁反应,对社会影响较大。同时,在现阶段,上市公司的"壳资源"也在社会上具有相当强的吸引力。因此,利用《企业破产法》中规定的重整程序挽救上市公司是目前困境中的上市公司为避免破产、获得新生积极寻求的途径。而《企业破产法》中并没有关于上市公司破产重整的专门性规定,很多问题还没有明确的规范依据。在这种情况下就要求人民法院将依法公正审理作为审理上市公司破产重整案件的首要原则。坚持依法公正审理原则首先要求整个上市公司破产重整程序都必须依照法定程序进行,这就要求人民法院将上市公司破产重整程序的全部过程置于法定程序之下,不能出现没有程序保障的真空状态,即使在法律难以进行细密规范的操作进程中,也要恪守正当的程序理念。其次,在审理上市公司破产重整案件涉及到众多参与主体的实体权利时,更要贯彻依法公正审理原则。一方面,要确保各种性质的债权人享有其原来对上市公司责任财产的清偿顺序,并且按照比例公平地获得不低于上市公司即时破产清算得到的清偿;另一方面,也应当兼顾上市公司以及出资人利益,尽力挽救已经达到破产界限的上市公司,避免破产清算。此外,针对社会上存在的一些因为上市公司的规模和影响而"破不得""不能破"的认识,《纪要》进一步明确,上市公司重整不成的,也即上市公司重整计划草案未获批准或重整计划执行不能的,人民法院应当及时宣告上市公司破产清算。以期有助于树立正确的导向,避免资本市场对可能重整的上市公司进行恶意炒作。

同时,上市公司进入破产重整程序后,因涉及债权人、上市公司、出资人、企业职工等相关当事人的利益,各方矛盾比较集中和突出,如果处理不当,极易引发群体性、突发性事件,影响社会稳定。人民法院审理上市公司破产重整案件,一定要坚持维护社会稳定原则,要充分发挥地方政府的风险预警、部门联动、资金保障等协调机制的作用,积极配合政府做好上市公司破产重整中的维稳工作,并根据上市公司的特点,加强与证券监管机构沟通协调。

(二)上市公司重整案件的申请、审查和受理

上市公司破产重整案件与一般的民商事案件不同,在是否受理的审查中涉及很多内容,尤其是上市公司作为股票在证券交易所交易的股份有限公司,其破产重整还必然涉及到证券监管机构监管的有关问题。因此,《纪要》一方面明确了申请人向法院申请上市公司破产重整时应当提交的除《企业破产法》第八条规定的材料以外的特殊材料,包括上市公司具有重整可行性的报告、上市公司住所地省级人民政府向证券监督管理部门的通报情况材料以及证券监督管理部门的意见、上市公司住所地人民政府出具的维稳预案等。另一方面,《纪要》又对法院在审查上市公司重整申请时应当召开听证会的情形以及召开听证会时应当注意的有关问题予以明确,目的在于依法稳妥地裁定是否受理对上市公司破产重整的申请。此外,在目前的市场环境下,上市公司破产重整案件较为敏感,不仅涉及企业职工和二级市场众多投资者的利益安排,还涉及与地方政府和证券监管机构的沟通协调。因此,在以往受理的30多家上市公司破产重整案件中,均要求拟受理上市公司破产重整申请的法院在裁定受理上市公司破产重整申请前,应当将相关材料逐级报送最高人民法院审查。这一做法,也在《纪要》中加以明确。

(三)上市公司重整计划草案的制定

《企业破产法》第八十一条将债务人的经营方案列为重整计划草案的第一项内容。债务人的经营方案,主要是对公司重整的具体措施进行规定。而公司的重整措施是公司为实现摆脱危机而达新生的具体手段,直接关系到债务人的生死,在重整程序中至为重要。因此,有关重整措施的经营方案就成为重整计划草案的首要内容。但是,《企业破产法》并未对经营方案应当具体包括哪些内容加以明确,而国外的相关立法中大多都对重整措施进行了详细的规定。《企业破产法》在当初立法时主要是考虑到重整措施在实践中是丰富多样的,如果采取列举式的方法加以规定,可能会抑制重整参与人的想像力,不利于调动当事人的积极性。但是,从目前看到的进入重整程序的上市公司的案例来看,一些破产重整上市公司重整计划草案中的经营方案规定得非常简单,甚至仅是几百字的概括陈述,根本不足以提供关于该上市公司重整具体措施的有效信息。这就给债权人会议通过重整计划草案带来了盲目性,同时也给后续法院批准重整计划草案带来很大不确定性。因此,上市公司重整计划草案中的经营方案应当尽量细化,应当包括债务人的经营管理方案、融资方案、资

产与业务重组方案等规定上市公司重整具体措施的内容。此外,在有关经营方案涉及并购重组等行政许可审批事项的,为便于后续证券监管机构的审批,上市公司或管理人应当聘请经证券监管机构核准的财务顾问机构、律师事务所以及具有证券期货业务资格的会计师事务所、资产评估机构等证券服务机构按照证券监管机构的有关要求及格式编制相关材料,并作为重整计划草案及其经营方案的必备文件。

(四)上市公司重整计划的会商机制

1.《纪要》引入会商机制的原因

《纪要》之所以规定关于上市公司重整计划草案的会商机制,就是为了解决上市公司破产重整中涉及的司法程序与行政程序的衔接问题。法院审理上市公司重整计划草案时,除审查制作重整计划草案的程序是否符合法律规定外,重点审查重整计划草案是否使处于同一顺位的债权人获得公平对待的清偿、是否每一个反对重整计划草案的债权人在重整计划草案中至少可以获得其在清算程序中可以获得的清偿;对出资人组的权益调整方案进行审查时,看是否涉及权益调整的出资人表决通过了该重整计划草案,该权益调整是否公平公正。而证券监管机构的审查,因我国目前没有专门针对重整程序中的上市公司发行新股、定向增发等的条件作出特殊规定,故证券监管机构仍然是按照现有《证券法》《公司法》等相关法律法规的要求对重组方、拟投入的资产、股东权益调整方式、程序方面是否存在违反法律规定的情形等进行审查。表面看来,法院和证监部门的审查各有侧重、互相配合。但实际上却产生了司法程序与行政程序的衔接问题。按照《企业破产法》的规定,重整计划草案自各表决组通过之日起10日内,或未通过重整计划草案的表决组拒绝再次表决或者再次表决仍未通过重整计划草案的,债务人或者管理人可以申请人民法院批准重整计划草案。而法院裁定批准重整计划后,债务人就应当按照重整计划规定的内容全面履行。而如果在履行过程中,涉及股权调整或重大资产交易等事项不能得到批准时,就会使重整计划草案得不到实际执行。而按照《企业破产法》的相关规定,债务人不执行或不能执行重整计划的,经利害关系人或管理人申请,人民法院应当裁定终止重整计划的执行。这样就实际造成了行政权"否定"司法权的尴尬局面。对于证券监管机构而言,如果上市公司先行获得证券监管机构的行政许可,而法院并未通过相关的重整计划草案,则又会使该行政许可事项没有执行的可能。因此,当上市公司采取的重整措施涉及股权让与、定向增发、资产交易、减资等事项时,重整计划不但涉及到法院的正常批准或强制批准,还涉及到证券监管机构的行政审批问题。两者如何协调,是法院批准重整计划草案在先还是证券监管机构作出行政许可在先就成为实践中亟待解决的问题。对于这一问题,经过与中国证监会的反复沟通、协调、论证,达成了当重整计划草案涉及证券监管机构行政许可事项时,启动最高人民法院与中国证监会会商机制的思路,也就是目前在《纪要》中规定的内容。

2. 启动会商机制实践中需要把握的问题

对于会商机制的理解,实践中需要重点把握以下几个问题:首先,会商的主体是最高人民法院与中国证监会。当重整计划草案涉及证券监管机构行政许可事项的,受理案件的人民法院应当通过最高人民法院,启动与中国证监会的会商机制。即由最高人民法院将有关材料函送中国证监会进行研究。其次,受理案件的人民法院应当参考中国证监会对会商事项的意见,作出是否批准重整计划草案的裁定。中国证监会在接到会商案件材料后,安排并购重组专家咨询委员会对会商案件进行研究。并购重组专家咨询委员会应当按照与并购重组审核委员会相同的审核标准,对提起会商的行政许可事项进行研究并出具专家咨询意见。专家咨询意见可以分为肯定意见、否定意见、附条件肯定意见。对于上述专家咨询意见,人民法院在作出是否批准重整计划草案的裁定前,应予充分考虑。对于专家咨询意见明确为否定意见的,管理人可向人民法院撤回提请批准的申请并对重整计划草案的相关事项依法调整后再行提请会商。再次,专家咨询意见不能代替行政许可决定。人民法院裁定批准重整计划后,重整计划内容涉及证券监管机构并购重组行政许可事项的,上市公司应当按照相关规定履行行政许可核准程序。并购重组申请事项获得证券监管机构行政许可后,应当在重整计划的执行期限内实施完毕。

最高人民法院　中国保险监督管理委员会
关于在全国部分地区开展建立保险纠纷
诉讼与调解对接机制试点工作的通知

2012 年 12 月 18 日　　　　　　　　　　　　　　法〔2012〕307 号

各省、自治区、直辖市高级人民法院，新疆维吾尔自治区高级人民法院生产建设兵团分院，各保监局，各保险行业协会：

为贯彻中央关于诉讼与非诉讼相衔接的矛盾纠纷解决机制改革的总体部署和人民法院"调解优先、调判结合"的工作原则，充分发挥保险监管机构、保险行业组织预防和化解社会矛盾纠纷的积极作用，依法、公正、高效化解保险纠纷，最高人民法院与中国保险监督管理委员会决定在全国部分地区联合开展建立保险纠纷诉讼与调解对接机制试点工作（试点地区名单附后）。现就有关事项通知如下：

一、工作目标

1. 建立、完善保险纠纷多元解决机制，促进依法、公正、高效、妥善化解矛盾纠纷，为保险纠纷当事人提供更多可选择的纠纷解决渠道，维护各方当事人的合法权益，推进保险业持续健康发展。

二、工作原则

2. 依法公正原则。保险纠纷诉讼与调解对接工作应当依法、公正进行，严格遵守法律、行政法规、司法解释规定的程序，充分尊重当事人意愿，不得强制调解；相关调解工作不得损害当事人及利害关系人的合法权益，不得违反法律的基本原则，不得损害社会公共利益。

3. 高效便民原则。开展保险纠纷诉讼与调解对接工作，应注重工作效率，不得以拖促调，不得久调不决；应根据纠纷的实际情况，灵活确定调解的方式、时间和地点，尽可能方便当事人，降低当事人解决纠纷的成本。

4. 积极稳妥原则。建立保险纠纷诉讼与调解对接机制采取先试点、后推广的方式进行，试点地区法院和保险监管机构应积极探索，稳妥推进，认真总结和积累经验，待条件成熟后，逐步在全国其他地区推广。

三、工作要求

5. 试点地区法院和保险监管机构应充分认识此项工作的重要性，加强组织领导，建立健全制度,不断提高保险纠纷诉讼与调解对接工作的公正性和公信力。

6. 试点地区法院可以根据《最高人民法院关于扩大诉讼与非诉讼相衔接的矛盾纠纷解决机制改革试点总体方案》(法〔2012〕116号)的精神,建立特邀调解组织名册、特邀调解员名册。要健全名册管理制度,向保险纠纷当事人提供完整、准确的调解组织和调解员信息,供当事人自愿选择。要充分利用法院诉讼与调解对接工作平台,有条件的法院还可以提供专门处理保险纠纷的调解室,供特邀调解组织、特邀调解员开展工作。

7. 保险监管机构应加强对保险行业调解组织的工作指导,监督其规范运行。应指导当地保险行业协会建立行业调解组织并明确调解组织经费来源,协助保险行业调解组织建立、完善调解员遴选制度,为调解提供稳定资金和人员保障。

8. 保险行业协会负责保险行业调解组织的建设和运行管理,完善工作制度和程序,制定调解员工作规则和职业道德准则,加强对调解员的培训,不断提高调解员的业务素质和调解水平,推动调解工作依法公正的进行。

9. 试点地区法院要在尊重当事人意愿的前提下,按照《最高人民法院关于建立健全诉讼与非诉讼相衔接的矛盾纠纷解决机制的若干意见》(法发〔2009〕45号)的相关规定,采用立案前委派调解、立案后委托调解等方式,引导当事人通过保险纠纷诉讼与调解对接机制高效、低成本的解决纠纷。

10. 保险监管机构应引导保险公司积极通过保险纠纷诉讼与调解对接机制处理矛盾纠纷,敦促其积极履行调解、和解协议。

11. 根据《最高人民法院关于建立健全诉讼与非诉讼相衔接的矛盾纠纷解决机制的若干意见》(法发〔2009〕45号)、《最高人民法院关于扩大诉讼与非诉讼相衔接的矛盾纠纷解决机制改革试点总体方案》(法〔2012〕116号)及民事诉讼法的相关规定,保险纠纷当事人经调解组织、调解员主持调解达成的调解协议,具有民事合同性质,经调解员和调解组织签字盖章后,当事人可以申请有管辖权的人民法院确认其效力。经人民法院确认有效的调解协议,具有强制执行效力。

12. 试点地区法院和保险监管机构、保险行业协会应通过多种途径,加大对保险纠纷诉讼与调解对接机制的宣传力度,加强公众对该纠纷解决机制的了解和认识。

13. 试点地区法院和保险监管机构应加强合作交流,建立沟通联系和信息共享机制,确定联系部门和联系人,及时就保险纠纷诉讼与调解对接工作中遇到的问题进行协商,提高调解质量和效率。

14. 最高人民法院民事审判第二庭与中国保险监督管理委员会保险消费者权益保护局具体负责对试点工作的指导。各试点地区法院所在辖区的高级人民法院或中级人民法院应指导、督促、检查其辖区内的试点工作,并注意总结试点经验,确保试点工作顺利进行。试点地区法院和保险监管机构在试点工作中遇到的问题,应及时层报最高人民法院和中国保险监督管理委员会。

15. 非试点地区的人民法院、保险监管机构和保险行业协会可以积极探索保险纠纷的多元解决方式,借鉴试点地区的成功经验,为保险纠纷诉讼与调解对接机制的建立和完善奠定良好的基础。

附:建立保险纠纷诉讼与调解对接机制试点地区名单

建立保险纠纷诉讼与调解对接机制试点地区名单

北京市	河南省许昌市
山西省太原市	湖南省长沙市
内蒙古自治区呼和浩特市	广东省深圳市、佛山市
辽宁省沈阳市、大连市	广西壮族自治区南宁市
吉林省长春市	海南省海口市
黑龙江省哈尔滨市、大庆市	重庆市
上海市	四川省成都市
江苏省	云南省昆明市
浙江省杭州市、宁波市	陕西省西安市
安徽省合肥市	甘肃省兰州市
福建省福州市、厦门市	青海省西宁市
江西省	宁夏回族自治区银川市
山东省济南市、青岛市	新疆维吾尔自治区乌鲁木齐市

【贯彻学习新《民事诉讼法》专题】

最高人民法院
关于认真学习贯彻《全国人民代表大会常务委员会关于修改〈中华人民共和国民事诉讼法〉的决定》的通知

2012年11月28日　　　　　　　　　　　　　　　　法〔2012〕289号

各省、自治区、直辖市高级人民法院,解放军军事法院,新疆维吾尔自治区高级人民法院生产建设兵团分院:

2012年8月31日,第十一届全国人民代表大会常务委员会第二十八次会议审议通过的《关于修改〈中华人民共和国民事诉讼法〉的决定》(以下简称民事诉讼法修改决定)将于2013年1月1日起施行。为保证统一正确适用民事诉讼法修改决定,特通知如下:

一、深刻认识贯彻实施民事诉讼法修改决定的重大意义

民事诉讼法是中国特色社会主义法律体系中的基本法律之一,是人民法院受理、审理和执行民事案件在程序方面的基本法律依据。民事诉讼法修改决定增加了诚实信用原则,新设了公益诉讼、第三人撤销之诉、小额诉讼、行为保全、确认调解协议、直接实现担保物权、检察建议等多项重大诉讼制度,对立案制度、管辖制度、调解制度、证据制度、一审程序、二审程序、特别程序、审判监督程序、执行程序和涉外程序等均有重大修改完善。此次民事诉讼法的修改对于加强法律实施,完善"公正、高效、权威"的民事诉讼制度,保障人民群众民事权益和社会公共利益,促进经济社会发展,维护社会和谐稳定,具有重大现实意义和深远历史意义。全国法院要高度重视民事诉讼法修改决定的学习和贯彻实施,要以这次民事诉讼法修改决定的贯彻实施工作为契机,进一步提升人民法院民事审判执行工作的质量、效率和水平。

二、正确把握贯彻实施民事诉讼法修改决定的原则

人民法院贯彻实施民事诉讼法修改决定,应当坚持以下原则:

一要坚持全面原则。这次民事诉讼法修改是一次全面修改,涉及到民事诉讼法的各个部分和每一个程序,既有对当事人诉权保护的内容,也有规范人民法院审判执行工作程序

的内容,还有加强对审判执行工作法律监督的内容。应当全面把握这次修改民事诉讼法的指导思想,深刻理解每一项新制度、新规定,不仅要学好、学深、学透,更要学全,全面贯彻落实好民事诉讼法修改决定。

二要坚持区分原则。民事诉讼法修改决定集中体现了近年来民事诉讼制度改革的成果,人民法院加强和改进民事审判执行工作,既面临重大机遇,也面临诸多挑战。对于有利于促进民事诉讼顺利开展的内容,要用好、用足,提升司法公信;对于法律规定较为原则,需要进一步细化、明确的问题,要在审判实践中积极探索,为司法解释出台积累经验;对于涉及其他部门的规定,要加强沟通,平稳推进。

三要坚持统筹原则。此次民事诉讼法的修改涉及一审、二审、再审和执行等各项程序,涉及立案、审判、执行等多个部门,贯彻实施工作要统一部署、统筹安排。最高人民法院在民事诉讼法修改决定生效实施前,将就民事诉讼法修改决定施行时尚未审结的案件如何适用法律等问题出台司法解释。各高级人民法院也要统筹做好贯彻实施民事诉讼法修改决定的各项准备工作。

三、做好贯彻实施民事诉讼法修改决定的立案审判执行准备工作

(一)进一步加强立案工作。一要大力提升立案工作水平,对于当事人起诉到人民法院的民事案件,符合受理条件的,严格依法及时受理,保障当事人诉权的实现;对于不予受理的案件,积极引导当事人通过其他救济途径解决,从根本上解决纠纷。二要严格规范管辖权转移,准确把握第一审民事案件移交下级人民法院审理的适用条件,严格执行向上级人民法院报请批准的法定程序,依法及时将矛盾纠纷化解在基层。三要及时配备必要的视听记录设备,确保人民法院通过法定方式和程序,完成留置送达,提高送达质量和效率。

(二)进一步加强审理工作。一要认真落实先行调解规定,对于起诉到人民法院的民事纠纷,要在立案前和立案后,加大调解力度,积极引导当事人通过多层次的调解方式化解矛盾。二要健全案件分流机制,进一步加强审判流程管理,确定合理的案件流程,缩短程序转换周期,有效提高诉讼效率。三要认真执行证据规则,对于电子数据等新证据形式,要结合相关法律,健全调查取证、质证等操作规程,确保庭审有序进行,裁判结果公正合理。四要认真落实公开审判制度,依法扩大二审案件开庭审理的范围,明确径行裁判的适用条件,切实提高二审案件审理的质量和效率。

(三)进一步加强裁判文书工作。一要进一步规范裁判文书制作,做到证据审查全面客观,事实认定准确清楚,说理部分透彻明白,裁判依据明确充分,增强裁判文书的说理性,切实促进当事人服判息诉,实现案结事了。二要进一步规范生效裁判文书公开的形式和载体,结合当地实际,逐步扩大公开的范围,方便当事人和社会公众查阅,同时也要注意维护国家秘密、商业秘密和当事人隐私。

(四)进一步加强执行工作。一要准确理解与把握修改后的民事诉讼法关于执行措施的新规定,细化发出执行通知前的准备工作,切实提高执行效率。二要细化人民法院委托变卖或者自行变卖的程序和方式,对于查封、扣押财产,坚持拍卖优先原则,结合相关司法解释,保障执行程序顺利进行。三要严格执行关于不予执行仲裁裁决相关标准的新规定,

规范和完善人民法院对仲裁活动的监督。四要依法运用对逃避执行行为的处罚措施,加大执行力度。

四、做好贯彻实施民事诉讼法修改决定确立的新制度的实施准备工作

民事诉讼法修改决定中增加了一些新的制度,如小额诉讼、公益诉讼、第三人撤销之诉、执行法律监督等制度,贯彻实施这些新制度对于加强和改进人民法院的民事审判和执行工作,既是机遇,也是挑战。对于这些新制度,人民法院缺乏审判实践的经验积累,待时机成熟时将出台司法解释和指导意见。目前,最高人民法院正在组织人员进行研究,在《人民法院报》上发表相关文章,供各级人民法院参考。各级人民法院也要预先研判,积极、稳妥、有计划、有层次地开展工作。

五、做好与相关部门的沟通协调工作

民事诉讼法修改决定新增加了一些需要与其他部门进行协调、沟通、配合的制度。各高级人民法院要与有关部门加强工作层面的沟通协调,建立完善相应工作机制,确保民事诉讼法修改决定的贯彻实施。一要与财政部门进行沟通,为人民法院在特定情形下,先行垫付证人出庭费用及误工损失等工作做好准备;二要与统计部门进行沟通,为人民法院受理小额诉讼案件做好准备;三要与检察机关进行沟通协调,为贯彻实施民事诉讼法修改决定有关检察建议和执行法律监督等制度做好准备;四要与协助执行的相关单位进行沟通,继续完善执行联动机制,为贯彻实施民事诉讼法修改决定有关协助执行制度做好准备。

六、做好民事诉讼法修改决定的学习培训工作

要把学习民事诉讼法修改决定,作为当前和今后一段时期人民法院特别是广大民事法官的一项重点工作。最高人民法院在民事诉讼法修改决定实施前举办了全国法院学习贯彻民事诉讼法修改决定培训班,对各高、中级法院及基层法院的主管民事审判工作的院领导、庭领导进行集中培训。明年,最高人民法院将继续把学习贯彻民事诉讼法修改决定作为全国法院培训的重要内容,进一步巩固学习培训效果。各高级人民法院和中级人民法院也要利用多种形式进行培训,在民事诉讼法修改决定实施前和实施后,对民事立案、审判、执行人员进行轮训;各基层人民法院要组织法官和相关工作人员认真学习。在培训和学习中,要逐条领会新规定,准确把握立法精神,深刻理解各修改条文的含义,学深学透、融会贯通。

七、做好民事诉讼法修改决定的宣传工作

要进一步加大宣传力度,注意通过具体的民事审判和执行活动,以案释法,不断加强与新闻媒体、有关社会组织的沟通合作。大力宣传民事诉讼法修改决定的立法精神和条文宗旨,特别要做好新制度、新规则的普法工作,引导社会各方和人民群众正确理解新的诉讼制度,树立正确的诉讼观念。

对于贯彻实施民事诉讼法修改决定过程中遇到的问题和情况,要及时层报最高人民法院。

贯彻实施新《民事诉讼法》之一

——关于小额诉讼程序的理解与适用

高民智

这次《民事诉讼法》修改回应人民群众对"司法为民"的新期待，增设了小额诉讼程序。小额诉讼程序的覆盖面广、简易审理、一审终审等特点，在方便当事人参加诉讼、降低当事人诉讼成本的同时，必将给我国民事审判工作带来新的挑战和机遇。

一、贯彻实施小额诉讼程序的重要意义

小额诉讼程序有助于人民群众接近司法。在法治社会，不论争议所涉及标的额的大小，当事人都有权诉诸法院，请求司法救济以获得司法平等保护。而民事诉讼法对当事人诉权的平等保障则表现为两个方面：一是程序权的保障，即当事人进入民事诉讼程序后如何保障当事人充分行使诉权；二是程序的保障，即保障当事人都有机会走向法院、接近司法、"接近正义"。对于利益较大的争议案件而言，当事人可能愿意适用相对复杂的普通程序、简易程序并为此支付较高的诉讼成本。而对于日常生活中的小额争议而言，当事人可能会因法律知识的欠缺或诉讼成本高于诉讼利益而理性选择放弃诉讼。当前，随着社会经济转型的加速，人民群众之间小额标的纠纷不断增加，现有简易程序立法及司法解释日益呈现出滞后性。不少小额纠纷，人民群众基于诉讼成本高昂、诉讼程序复杂等原因不愿将之提交法院解决。而小额诉讼程序以其更加简易化的程序设计、低廉的诉讼成本以及便捷高效的裁判过程，大大方便了当事人诉讼，对解决小额纠纷具有独一无二的优势。

小额诉讼程序有助于降低诉讼成本、合理匹配司法资源。随着社会转型的加速，各种民事纠纷数量不断增长。诉讼案件的增多，一方面体现了人民群众权利意识的苏醒；另一方面也使得当事人的诉讼负担日益增加。因此，当事人对小额案件的程序选择必须考虑诉讼成本上的投入与产出的关系。而小额诉讼程序快捷、简便的程序设计满足了当事人以最低诉讼成本，最快速解决纠纷的需求。

任何国家，在一定时期内司法资源总是有限的。因此，必须用有限的资源，实现司法制度收益的最大化——即最大限度地解决纠纷。如果对小额案件仍适用普通程序或简易程序，将不可避免地造成司法资源的浪费，使得司法资源无法更多地投向更为复杂的民事纠纷，从而最终导致司法资源的配置失衡。而小额诉讼程序一审终审、庭审简化、庭审时间自由、审限压缩等独特制度设计，都服务于"快收、快审、快结"这一主题，可以有效节省司法成

本、快捷、及时、有效地维护当事人的合法权益,实现社会公平和正义。

二、贯彻实施小额诉讼程序应注意的问题

由于司法实践中适用小额诉讼程序审理的民事案件数量将占到一审民事案件总量的较大比例,而这次《民事诉讼法》修改对小额诉讼程序又只规定了一个条文,故从慎重角度考虑,刚开始适用小额诉讼程序时既要积极又要稳妥。具体而言,需要注意以下几个方面的问题。

(一)关于小额诉讼程序的案件范围问题

小额诉讼程序是简易程序的再简化,适用的对象是事实清楚、权利义务关系明确、争议不大,标的额为各省、自治区、直辖市上年度就业人员年平均工资30%以下的民事案件。我们认为,对符合这一要求的下列单一金钱给付案件应当适用小额诉讼程序:(1)买卖合同纠纷、借款合同纠纷、租赁合同纠纷和服务合同纠纷案件;(2)身份关系清楚,仅在给付的数额、时间上存在争议的抚养费、赡养费、扶养费纠纷案件;(3)责任明确,原告主张的损失金额确定的机动车交通事故责任纠纷和其他人身损害责任纠纷案件;(4)供用水、电、气、热力合同纠纷案件;(5)银行卡纠纷案件;(6)劳动关系清楚,仅在劳动报酬、工伤医疗费、经济补偿金或者赔偿金等案件的给付数额和给付时间上存在争议的劳动合同纠纷案件;(7)劳务关系清楚,仅在劳务报酬的给付数额和给付时间上存在争议的劳务合同纠纷案件;(8)其他金钱给付纠纷。同时,对于下列案件,暂时可不适用小额诉讼程序:(1)涉及人身关系争议、财产确权争议的案件;(2)追加当事人或者提起反诉的案件;(3)涉及知识产权的案件。

(二)关于小额诉讼程序的标的金额问题

由于《民事诉讼法》第一百六十二条并未明确各省、自治区、直辖市上年度就业人员年平均工资未出台时如何确定受理案件标的金额上限,故只能参照最近年度标准执行。我们建议,新修改的《民事诉讼法》2013年1月1日开始施行后,在各省、自治区、直辖市2012年度城镇单位就业人员年平均工资数额公布前,按已公布的各省、自治区、直辖市2011年度城镇单位就业人员年平均工资数额作为当地小额诉讼程序适用案件标的金额。各省、自治区、直辖市2012年度城镇单位就业人员年平均工资数额公布后,按2012年标准计算。2014年及其以后年度依此类推。至于2013年1月1日前已适用简易程序审理但尚未审结的案件,基于程序的安定性考虑,在新《民事诉讼法》施行后可适用简易程序继续进行审理。

(三)关于小额诉讼程序的释明问题

我们认为,在确定适用小额诉讼程序审理案件后,一般可在开庭前以书面《小额诉讼须知》等方式向当事人告知小额诉讼程序的适用条件、审判组织、审理方式、一审终审、申请再审权利等重大事项,并要求当事人对上述书面《小额诉讼须知》进行签收。对当事人提出适用小额诉讼程序的异议,如果异议成立,可以裁定按简易程序的一般性规定处理或将案件转入普通程序;异议不成立的,裁定驳回其异议申请。

(四)关于当事人的答辩期和举证期问题

我们认为,对双方当事人均到庭的案件,人民法院可在告知当事人放弃答辩期和举证期限的后果并经当事人确认放弃后,立即开庭审理。如当事人明确表示不放弃举证期限,则当事人可自行约定举证期限,但约定的期限不超过10天。当事人没有约定的,由人民法院指定不超过10天的举证期限。如已放弃举证期限的当事人又提出延期举证的申请,则一般不予准许。对于开庭之后新发现的证据,可根据相关规定决定是否准许当事人提交。如因未放弃举证期限的当事人申请延期举证无法在1个月内结案的,则经批准,可以延长至3个月,如有需要可转入普通程序审理。如当事人明确表示不放弃答辩期,则可在普通程序规定的15天答辩期基础上,视情况缩短至7天以内。

(五)关于小额诉讼程序的审理问题

我们认为,适用小额诉讼程序审理的案件,通知当事人开庭可以不必传票传唤,但通知原告、被告开庭时间、地点应有已通知当事人的具体书面材料入卷。在通知开庭时,可要求当事人在开庭时携带所有证据并通知证人出庭,争取做到一次开庭,当庭宣判,当庭送达裁判文书。

庭审中,当事人有正当事由不能到庭时,经对方当事人同意,可利用视频技术开庭审理。庭审可不受法庭调查、法庭辩论、最后陈述以及法庭调解的顺序限制,可以灵活地安排询问证人的时间。当事人申请利用视频技术等方式询问证人理由正当的,可予准许。

另外,适用小额诉讼程序公开审理案件,可不必在开庭3日前公布当事人姓名、案由、开庭时间和地点。至于开庭时间,则可以根据当事人的共同申请并经人民法院同意后,在晚间、休息日或法定节假日进行开庭。适用小额诉讼程序审理的案件还可到当事人工作场所所在地、住所地或争议发生地等进行开庭。

(六)关于小额诉讼程序向其他程序的转化问题

我们认为,考虑到适用小额诉讼程序审理的民事案件比适用简易程序普通规定审理的案件更为简单,故建议在立案之日起1个月内审结案件。在1个月内不能审结的,可区分下列情形进行处理:如因案件排期等原因导致1个月内不能审结的,经批准,可以延长审限至3个月;如经审理发现当事人诉请涉及人身关系争议、财产确权争议等金钱给付之外的争议,案情复杂,不宜适用小额诉讼程序的,经批准,可裁定按简易程序的一般性规定处理或将案件转入普通程序。按简易程序一般性规定处理的,如双方均未提供新证据且案件已经开庭审理,无须另行开庭;案件转入普通程序的,应组成合议庭,重新开庭,继续审理。

(七)关于小额诉讼程序的裁判文书问题

我们认为,适用小额诉讼程序审理的案件,可简化裁判文书,在裁判文书中只记载当事人姓名、案件事实要点、裁判基本理由、给付金额及期限等。在条件成熟时,还可以直接将裁判文书要素填充到统一制作的表格,或制作只记载诉讼参加人基本情况和裁判主文的令状等方式进一步简化裁判文书。为了确保裁判文书简化落到实处,各高级人民法院可以因地制宜,制作各类关于适用小额诉讼程序的法律文书样式,下发辖区内基层人民法院及其派出法庭参照使用,以增加司法活动的权威性和稳定性。

(八)关于小额诉讼程序的再审问题

我们认为,如果当事人对适用小额诉讼程序所作的裁判不服申请再审,可从将矛盾"化解在基层、化解在当地"出发,通过主动释明、积极引导等方式,尽量让当事人选择向原审人民法院申请再审,实现"为大局服务"与"为人民司法"的和谐统一。

(九)关于小额诉讼程序的调解问题

我们认为,适用小额诉讼程序的案件标的金额较小,双方争议不大,调解成功的概率较高。因此,在适用小额诉讼程序审理案件时,要始终坚持"调解优先、调判结合"的工作原则,尽可能通过庭前、庭审、庭后各环节引导、组织当事人进行调解。在调解时,除了遵循自愿、合法原则以外,还要注意调解方法的正当性、灵活性和可操作性,努力实现案结事了,充分发挥诉讼调解的职能作用,确保达到法律效果与社会效果的统一。

小额诉讼程序作为新的诉讼模式,实行的是一审终审,涉及的都是人民群众的切身利益,社会关注度很高。因此,要对适用小额诉讼程序时可能出现的不确定因素有清醒认识,并提前就其实施问题进行有针对性部署。贯彻实施小额诉讼程序,应重点做好以下几项准备工作:首先,各高级人民法院要组织辖区内基层人民法院及其派出法庭法官就小额诉讼程序的理解与适用进行认真学习、培训;其次,要结合本地审判实际,对小额诉讼程序的适用提前落实好经费、物资保障;再次,提前准备好适用小额诉讼程序时可能出现的突发事件的应急预案;最后,要提前选配好作风正派、业务能力强、调解水平高、熟悉当地社情民意的资深法官作为适用小额诉讼程序审理案件的第一批承办法官,先行先试。在经过一段时间实践,积累一定经验后,再逐步扩大小额诉讼案件承办法官的范围。小额诉讼程序作为新生制度,刚开始施行时,难免会遇到一些困难和阻力。各级人民法院一定要认识到位、人员到位、物资到位、预案到位,确保小额诉讼程序实施工作开好局,起好步。

贯彻实施新《民事诉讼法》之二

——关于民事公益诉讼的理解与适用

高民智

新《民事诉讼法》第五十五条规定:"对污染环境、侵害众多消费者合法权益等损害社会公共利益的行为,法律规定的机关和有关组织可以向人民法院提起诉讼。"这是新法为保护社会公共利益特别规定的一项新制度,即民事公益诉讼制度。新《民事诉讼法》解决了制约开展民事公益诉讼的"瓶颈性"问题——原告资格,令人欢欣鼓舞。民事公益诉讼的创立是在我国立法中落实科学发展观的重要体现,是创新社会管理的一个重要方面。新《民事诉讼法》的规定比较原则,只是为这项诉讼制度的创立提供了法律依据,而具体的实施规则尚需在司法实践中进一步探索。本文就民事公益诉讼的理解与法律适用问题提出一些探讨意见,供大家参考。

一、关于适用范围

新《民事诉讼法》第五十五条规定民事公益诉讼的适用范围是"污染环境、侵害众多消费者合法权益等损害社会公共利益的行为"。这种列举加概括式的规定,主要有两层意思:一是污染环境、侵害众多消费者合法权益的行为只有在损害公共利益时,才可基于维护社会公共利益提起公益诉讼。如果针对污染环境、侵害消费者合法权益的行为,直接请求保护个体利益,则不属于本条公益诉讼的范围,而属于一般普通民事诉讼即私益诉讼。公共利益的核心在于公共性,涉及不特定多数人的利益。尽管代表人诉讼涉及众多当事人,但受害人可以确定,诉讼目的是为维护个人利益,故仍然属于私益诉讼。二是可以提起民事公益诉讼的案件包括但不限于"污染环境"、"侵害众多消费者合法权益"两类案件,公益诉讼的适用范围还可以根据实践的发展稳步拓展。鉴于民事公益诉讼还处于初步施行阶段,目前的适用范围应暂限于污染环境、侵害众多消费者合法权益这两类情形为宜。

二、关于起诉主体

新《民事诉讼法》第五十五条规定公益诉讼的起诉主体为"法律规定的机关和有关组织"。关于其中"法律规定的"的限制范围问题,目前有两种不同观点。第一种观点认为"法律规定的"既限制"机关",又限制"有关组织";第二种观点认为"法律规定的"仅限制"机关",而不限制"有关组织"。综合分析有关立法资料和立法工作者的释义可知,立法本意并不强调"有关组织"须由法律规定,而是说明"至于哪些组织适宜提起公益诉讼,可以在制定相关法律时作出进一步明确规定,还可以在司法实践中逐步探索"。我们赞同第二种观点,认为"有关组织"不受"法律规定的"限制,但应当与起诉事项有一定的关联。

关于"法律规定的机关",含义是可以提起公益诉讼的机关,要有明确的法律依据。这个依据不仅要求机关的设立和职能由法律规定,其可以提起公益诉讼的权利也要由法律明确规定。从现行法律看,目前可以提起民事公益诉讼的机关,仅有《海洋环境保护法》第九十条第二款规定的"依照本法规定行使海洋环境监督管理权的部门"。

关于"有关组织"的范围,需要人民法院在司法实践中逐步探索确定。鉴于司法实践经验不足,有关社会组织的技术力量、诉讼能力等情况参差不齐,为保障在维护社会和谐稳定的前提下有序、有效开展公益诉讼,建议人民法院目前原则上先探索受理具备以下条件的有关组织所提起的民事公益诉讼:(1)依法登记成立的非营利性环境保护组织或者消费者协会;(2)按照其章程长期实际专门从事环境保护或者消费者权益保护公益事业;(3)有专职环境保护、消费者权益保护专业技术人员和法律工作人员10人以上;(4)提起的诉讼符合其章程规定的设立宗旨、服务区域、业务范围。如果《消费者权益保护法》《环境保护法》修改后,作出了相关规定,再依照特别的规定受理。

同时,我们特别建议,对于以下两类公益诉讼,人民法院不宜受理。一是单纯以诉讼为业的组织提起的民事公益诉讼。因单纯以诉讼为业的组织是接受委托作为诉讼代理人参与诉讼,而不是直接作原告提起诉讼。二是针对破坏海洋生态、海洋水产资源、海洋保护区造成国家重大损失的行为,有关组织提起公益诉讼索赔国家损失的。因为《海洋环境保护法》第九十条第二款已经明确规定:"对破坏海洋生态、海洋水产资源、海洋保护区,给国家造成重大损失的,由依照本法规定行使海洋环境监督管理权的部门代表国家对责任者提出损害赔偿要求。"该条款既是赋权条款,也是限定条款,即将海洋生态资源损失索赔主体限定为行使海洋环境监督管理权的部门,排除了有关组织。

三、关于管辖法院

在目前民事公益诉讼初步施行阶段,为保证案件审理效果,我们倾向认为民事公益诉讼原则上应由侵权行为地或者被告住所地中级人民法院受理。海洋环境公益诉讼案件,由污染发生地或者损害结果地、采取预防污染措施地海事法院依照《海事诉讼特别程序法》专门管辖;海事法院的上诉审高级人民法院可以概括指定海事法院受理省内陆源污染海域及通海水域污染公益诉讼。

为了保证裁判尺度的统一,有必要对民事公益诉讼实行集中管辖,即就同一损害社会公共利益的行为,同一原告或者不同原告向两个以上有管辖权的人民法院提起民事公益诉讼的,后立案的人民法院应将案件移送先立案的人民法院。

四、关于受理条件

确定公益诉讼案件的受理条件,首先要准确把握民事公益诉讼的定位。民事公益诉讼是司法行为,要与行政行为相区分。对属于行政管理职权范围内的事项,人民法院不宜受理,当事人可向有关机关申请解决。行政机关提起民事公益诉讼,人民法院要审查其是否已经用尽了法律法规规定的行政执法措施,如果行政机关还可以通过行使行政权力来制裁违法行为、维护社会公共利益,则人民法院不宜受理。其次,《民事诉讼法》规定的公益诉讼属于民事诉讼,要与行政诉讼相区分。当事人因行政机关不作为或对其处理决定不服等事宜提起的诉讼,系行政诉讼,人民法院不能作为民事诉讼受理。

为了防止当事人滥诉,人民法院审查受理民事公益诉讼时,除审查起诉人是否具备新《民事诉讼法》第一百一十九条第(二)至(四)项规定的条件外,还应当注意根据新《民事诉讼法》第一百二十一条关于起诉状的规定,要求起诉人提供初步证据证明环境污染或者侵害众多消费者合法权益等侵权行为及其对社会公共利益的危害性,并说明其诉讼请求的合理性。对不具备起诉条件的,应裁定不予受理。

五、关于数个原告起诉的处理

如果数个原告针对同一损害社会公共利益的行为提起公益诉讼,为节约司法资源,提高司法效率,保持裁判尺度的统一,我们建议总体上应尽可能采取合并审理的方式解决,具体可以分两种情况处理:(1)人民法院受理法律规定的机关或者有关组织提起的民事公益诉讼后,其他法律规定的机关或者有关组织又就同一损害社会公共利益的行为,对同一被告提出相同或者同类诉讼请求的,人民法院不宜受理。(2)法律规定的机关或者有关组织就同一环境污染事故,对同一责任人分别起诉提出不同种类的请求,或者分别起诉不同责任人的,符合合并审理条件的,人民法院应合并审理。

六、关于原告的诉讼请求

原则上,民事公益诉讼的原告可以依据《侵权责任法》第十五条的规定,请求责任人承担停止侵害、排除妨碍、消除危险、恢复原状、赔偿损失等责任。目前有争议的问题主要是民事公益诉讼的原告可否请求损害赔偿。从《海洋环境保护法》第九十条的规定看,民事公益诉讼的原告是可以请求赔偿损失的。但是,民事公益诉讼的性质决定了原告不能通过诉讼获得私利。原告代表国家提起诉讼,人民法院判决责任人承担赔偿责任的,一并判决原告受领赔款后向国库交纳。原告申请人民法院执行有关生效判决时,人民法院应当要求其提供财政部门指定的收款账户。

七、关于诉讼调解

在民事公益诉讼立法调研的过程中,关于民事公益诉讼能否适用调解,一直存在较大争议。有部分意见基于调解可能损害公共利益,认为民事公益诉讼不宜调解。我们认为,调解制度本身要求无论公益诉讼或者私益诉讼均不得损害社会公共利益;调解可以使公共利益及时得到有效填补,并不必然损害社会公共利益。因此,原则上在不损害社会公共利益的前提下,民事公益诉讼仍然可以适用调解。

八、关于诉讼费用

有观点认为,人民法院应当准许民事公益诉讼的原告免交案件受理费、保全申请费等诉讼费用,以鼓励人们维护公共利益;也有观点认为,民事公益诉讼的原告仍需预交诉讼费用,以防止滥诉。诉讼费用的交纳(包括缓减免)是由国务院统一规定的,目前执行国务院2006年12月19日发布的《诉讼费用交纳办法》。关于民事公益诉讼的诉讼费用的交纳,需要进一步研究,由国家行政主管部门决定是否作出特别规定。在国家没有出台特别规定之前,民事公益诉讼的诉讼费用仍应统一执行国务院《诉讼费用交纳办法》等一般规定。

九、关于其他程序的法律适用

对于民事公益诉讼的其他问题,如具体的审理程序、证据规则、保全申请与担保、判决的执行等,在没有出台特别规定之前,应尽可能遵照新《民事诉讼法》的一般规定。有关海洋环境污染的民事公益诉讼,还应当适用《海事诉讼特别程序法》的相关规定。

贯彻实施新《民事诉讼法》之三
——关于调解协议司法确认程序的理解与适用

高民智

新《民事诉讼法》在特别程序中增加了调解协议司法确认程序的内容。虽然此部分只有两个条文,但对于推进多元纠纷解决机制发展具有重要意义。在适用过程中,也有一些问题需要进一步阐释。

一、关于调解协议司法确认制度的重要意义

新《民事诉讼法》确立这一制度的意义在于:

一是对促进人民法院参与社会管理、化解矛盾纠纷具有积极意义。面对社会转型期内矛盾高发的态势,迫切需要法院在更广泛的领域内充分发挥职能,参与并促进社会管理创新。

二是为建立多元纠纷解决机制提供了有力的司法保障。人民法院通过对调解协议的确认,合理配置纠纷解决资源,构建我国科学、系统、完整的多元纠纷解决体系,有效地维护了当事人合法权益,促进了社会矛盾化解。

三是体现了人民法院积极回应社会变革和民众需求的能动性。司法确认制度为人民群众提供了更多可供选择的诉讼外纠纷解决渠道,有利于减轻当事人的诉讼成本,从而最大限度降低纠纷解决的社会成本。

四是吸收和巩固了多元纠纷解决机制改革的成果。根据中央的部署,最高人民法院总结地方法院对调解协议进行司法确认的的改革经验,于2009年出台了《关于建立健全诉讼与非诉讼相衔接的矛盾纠纷解决机制的若干意见》(以下简称《若干意见》),确立了司法确认制度,并在《人民调解法》中得到体现。这次《民事诉讼法》修改增加了司法确认程序,是多元化纠纷解决机制改革的法律化,标志着诉讼与非诉讼相衔接的矛盾纠纷解决机制改革进入了一个新的发展阶段。

二、关于司法确认程序的案件管辖问题

司法确认案件,是指对于涉及当事人之间民事权利义务的纠纷,经人民调解组织和其他依法成立的具有调解职能的组织调解达成具有民事合同性质的协议后,由双方当事人共同到人民法院申请确认调解协议的法律效力的一种新的案件类型。

关于司法确认案件的管辖问题,根据《若干意见》和《最高人民法院关于人民调解司法确认程序的若干规定》(以下简称《若干规定》)的规定,当事人可以在书面调解协议中选择当事人住所地、调解协议履行地、调解协议签订地、标的物所在地基层人民法院管辖,但不得违反专属管辖的规定。人民法院在立案前委派人民调解委员会等调解组织调解并达成调解协议,当事人申请司法确认的,由委派的人民法院管辖。通常情况下,司法确认案件都在调解组织所在地基层人民法院管辖。新《民事诉讼法》基本上吸收了司法改革的这些成果,明确规定司法确认案件的管辖法院为调解组织所在地基层人民法院。当然,这种规定并不排除双方当事人在不违反专属管辖的前提下进行协议管辖。在个别情况下出现委派法院与管辖法院不一致的,法院也可以通过先立案、后委托、再转化为法院调解书的方式,避免不方便管辖问题的出现。

三、关于司法确认案件的申请及受理问题

目前,需要解决以下三个问题:

一是司法确认案件的申请程序。主要包括申请主体、申请期限、申请形式、递交材料等内容。根据新《民事诉讼法》第一百九十四条及最高人民法院司法解释相关规定,当事人应当共同向有管辖权的基层人民法院提出确认申请。一方当事人提出申请,另一方表示同意的,视为共同提出申请。调解协议达成后,双方当事人认为有必要的,应当在调解协议生效之日起30日内向调解组织所在地基层人民法院申请司法确认。当事人提出确认申请,可以采用书面形式或者口头形式。当事人口头提出申请的,人民法院应当记入笔录,并由当事人签字或者盖章。当事人提出申请时,应当向人民法院提交下列材料:司法确认申请书、调解协议、身份证明或营业执照、与调解协议相关的财产权利证明等证明材料、双方当事人的送达地址、联系方式、双方当事人签署的承诺书等。

二是申请确认的调解协议范围。新《民事诉讼法》第一百九十四条规定:"申请司法确认调解协议,由双方当事人依照人民调解法等法律,自调解协议生效之日起三十日内,共同向调解组织所在地基层人民法院提出。"对于申请确认的调解协议范围的问题有两种理解:一种理解是,只有《人民调解法》和其他由全国人大常委会通过的法律明确规定可以申请司法确认的调解协议才能申请确认;另一种理解是,除了《人民调解法》规定可以申请确认的以外,其他法律、行政法规、地方性法规、行政规章以及中央批准的司法改革方案中明确规定可以确认的调解协议,均属于《民事诉讼法》第一百九十四条规定的申请确认范围。例如,《若干意见》第二十条规定,经行政机关、人民调解组织、商事调解组织、行业调解组织或者其他具有调解职能的组织调解达成的具有民事合同性质的协议,经调解组织和调解员签字盖章后,当事人可以申请有管辖权的人民法院确认其效力。我们认为,在当前我国深入推进社会管理体制改革、为社会管理提供充分司法保障的形势下,特别是多元纠纷解决机制改革迅速推进的大背景下,第二种理解更符合《民事诉讼法》的立法原意。

三是司法确认案件的受理程序。基层人民法院收到当事人司法确认申请后,应当对确认申请进行审查。人民法院不受理司法确认申请的情形包括:第一,不属于人民法院受理民事案件的范围或者不属于接受申请的人民法院管辖的;第二,确认身份关系的;第三,确

认收养关系的；第四，确认婚姻关系的；第五，涉及人民法院适用特别程序、公示催告程序和破产还债程序审理的纠纷。对于符合上述情形的申请，人民法院应当在3日内作出不予受理决定，并及时向当事人送达不予受理通知书。对不属于人民法院受理民事案件范围的，应当告知当事人按照相应的程序解决纠纷；对不属于本院管辖的，人民法院应告知当事人向有管辖权的人民法院提出申请。对于经审查认为符合条件决定受理的，人民法院应当编立"调确字"案号，确定案由为"申请确认调解协议效力"，并及时向当事人送达受理通知书。双方当事人同时到法院申请司法确认的，人民法院可以当即受理。一方当事人到法院申请司法确认的，人民法院应当通知该当事人征得另一方当事人同意后再申请确认。

四、关于司法确认案件的审查问题

目前，需要重点解决以下两个问题：

一是关于司法确认案件的审查方式。关于司法确认案件的审查方式，究竟是形式审查，还是实体审查，实践中一直存在争议。从我国目前司法实践和司法解释来看，法院对调解协议的审查采取的是形式审查和有限的实体审查相结合的方式，也就是书面审查和庭审结合的审查原则，更符合这一特别程序的性质。人民法院受理司法确认申请后，应当指定一名审判人员对调解协议进行审查。审判人员如果认为调解协议符合确认条件，可以在审查当事人申请、调解协议、有关证明材料基础上作出确认调解协议有效的裁定。对于案情复杂或者涉案标的额较大的案件，应当通知双方当事人到庭进行询问，采取必要的实质审查和证据调查。

二是关于司法确认案件的审查内容。人民法院在司法确认程序中对调解协议的内容主要审查其是否符合自愿、合法原则：第一，审查调解协议是否违反自愿原则。违背自愿原则的情形主要包括当事人在违背真实意思的情况下签订调解协议、调解协议显失公正、调解组织或者调解员强迫调解或者与案件有利害关系的情况等。第二，审查调解协议是否违法。违法的情形主要包括违反法律或者行政法规强制性规定，侵害国家利益、社会公共利益，侵害案外人合法权益，涉及是否追究当事人刑事责任，调解组织或者调解员有其他严重违反职业道德准则的行为等。第三，审查调解协议是否内容明确。确认调解协议的目的之一是使调解协议获得现实的强制执行力，如果执行内容不明确，确认调解协议也就没有多大意义。第四，审查调解协议是否损害社会公序良俗。

五、关于司法确认案件法律文书的形式与效力

目前，主要涉及以下三个问题：

一是关于司法确认案件法律文书的形式。关于司法确认案件的法律文书形式，以往的司法实践中有四种不同做法，即决定书、确认书、调解书和裁定书。《若干规定》规定了司法确认案件法律文书的形式是确认决定书或不予确认决定书。新《民事诉讼法》明确规定了司法确认案件法律文书形式为裁定书。今后，人民法院确认调解协议效力的案件将不再使用决定书、确认书等形式。

根据新《民事诉讼法》第一百九十五条的规定，"人民法院受理申请后，经审查，符合法

律规定的,裁定调解协议有效,一方当事人拒绝履行或者未全部履行的,对方当事人可以向人民法院申请执行;不符合法律规定的,裁定驳回申请,当事人可以通过调解方式变更原调解协议或者达成新的调解协议,也可以向人民法院提起诉讼。"由此,司法确认裁定有两种情形:一是调解协议符合法律规定的,人民法院裁定调解协议有效;二是调解协议不符合法律规定、不符合确认条件的,人民法院裁定驳回申请。新《民事诉讼法》之所以规定裁定驳回申请而不是裁定调解协议无效,主要考虑到人民法院裁定驳回当事人申请后,当事人对调解协议还有补救措施,可以再次协商变更原协议或者达成新的调解协议。如果当事人不愿继续调解,也可以向法院提起诉讼。所以,裁定驳回当事人的申请,是为当事人预留了解决纠纷的空间。

二是关于司法确认裁定的效力。人民法院作出确认有效裁定书或者驳回申请裁定书,送达双方当事人后发生法律效力。当事人收到确认有效裁定书和驳回申请裁定书后,不得上诉,也不得申请复议,也不应申请再审。这主要因为确认申请是当事人自愿提出的,没有必要在人民法院予以司法确认后再设置上诉、复议或者再审程序;对于驳回申请的,当事人可以再次通过调解、诉讼等途径解决纠纷,其权利的行使并没有受到限制。另外,司法确认程序属于特别程序,不应像一般程序那样设置上诉、再审的程序。

三是关于司法确认案件裁定后的法律后果。人民法院作出确认裁定后,主要产生两种不同的法律后果:一种后果是人民法院作出的确认调解协议有效的裁定具有强制执行力。如果一方当事人拒绝履行或者未全部履行的,对方当事人可以向人民法院申请执行。在这里,需要明确的是执行依据是法院作出的确认有效裁定书,而不是调解协议书。另一种后果是调解协议经审查后不符合法律规定的,裁定驳回当事人申请。对此,当事人可以有两种救济途径可供选择:一种是当事人可以通过调解组织重新对纠纷进行调解,在当事人自愿的基础上变更原调解协议或者就有关争议达成新的调解协议,然后再申请法院确认变更后的或者新达成的调解协议。另一种是当事人可以向法院提起诉讼。这里的诉讼一般是指当事人之间就原纠纷向法院提起的诉讼。

关于案外人救济的问题,可以参照新《民事诉讼法》第五十六条第三人撤销之诉的规定执行。另外,人民法院办理司法确认案件,由于适用新《民事诉讼法》规定的特别程序,以不收取诉讼费用为宜。

贯彻实施新《民事诉讼法》之四

——关于实现担保物权案件程序的理解与适用

李相波[*]

2012年8月31日,第十一届全国人民代表大会常务委员会第二十八次会议通过了《关于修改〈中华人民共和国民事诉讼法〉的决定》,并自2013年1月1日起施行。修改后的新《民事诉讼法》[①]在第十五章特别程序中新增加了第七节关于实现担保物权案件的程序,[②]对实现担保物权案件的提出、管辖法院以及法院的处理等作出了规定。那么,新《民事诉讼法》为何要增加实现担保物权案件程序的规定,如何理解相关规定,适用中应该注意哪些问题?笔者就参与《民事诉讼法》修改工作的经历并结合立法的精神,谈一下对该程序的理解与适用。

一、立法背景

《物权法》规定,抵押权人与抵押人未就抵押权实现方式达成协议的,抵押权人可以请求人民法院拍卖、变卖抵押财产。[③]但是,《物权法》对于抵押权的实现程序并未有明确的规定,对于质权及留置权的实现,甚至未明确规定质权人及留置权人有权请求人民法院拍卖、变卖担保财产。

为了将《物权法》中规定的担保物权实现程序明确法定化,新《民事诉讼法》增加了此方面的内容,即新《民事诉讼法》第十五章第七节中的第一百九十六条和第一百九十七条,明确规定了实现担保物权的程序规则,实现了实体法与程序法的融洽衔接,将有利于更加充

---

[*] 最高人民法院民事审判第二庭法官,最高人民法院民事诉讼法修改研究及贯彻实施领导小组成员。

[①] 为了称谓上的便利,文中将修改后的《民事诉讼法》称为"新《民事诉讼法》",将修改前的《民事诉讼法》称为"旧《民事诉讼法》"。

[②] 新《民事诉讼法》第一百九十六条规定:"申请实现担保物权,由担保物权人以及其他有权请求实现担保物权的人依照物权法等法律,向担保财产所在地或者担保物权登记地基层人民法院提出。"第一百九十七条规定:"人民法院受理申请后,经审查,符合法律规定的,裁定拍卖、变卖担保财产,当事人依据该裁定可以向人民法院申请执行;不符合法律规定的,裁定驳回申请,当事人可以向人民法院提起诉讼。"

[③] 《物权法》第一百九十五条规定:"债务人不履行到期债务或者发生当事人约定的实现抵押权的情形,抵押权人可以与抵押人协议以抵押财产折价或者以拍卖、变卖该抵押财产所得的价款优先受偿。协议损害其他债权人利益的,其他债权人可以在知道或者应当知道撤销事由之日起一年内请求人民法院撤销该协议。抵押权人与抵押人未就抵押权实现方式达成协议的,抵押权人可以请求人民法院拍卖、变卖抵押财产。抵押财产折价或者变卖的,应当参照市场价格。"

分发挥担保物权制度的功能。

二、我国立法中关于担保物权实现方式的发展过程

担保物权的实现,又称担保物权的实行,是指担保物权人在特定条件下对担保物行使优先受偿权的行为。担保物权的实现是担保物权最为重要的效力体现,因此担保物权通过何种途径实现,直接关系到担保物权人的利益和担保交易秩序。根据是否以及在何种方式上依赖于国家公权力的作用,担保物权的实现分为自力救济和公力救济两种途径。自力救济,即担保物权人可径自决定担保物权的处分方式并予以实施,无需经由物上担保人同意,也无需法院或其他国家机关的干预或介入。公力救济,即担保物权的实现应采取公法上的方式,担保物权人实行担保物权之前通常需要获得法院或其他国家机关签发的裁判或决定,而不能私自实现。在世界范围内,有的国家采自力救济主义,允许当事人自力救济实现担保物权,如法国、英国、美国等;有的国家采取公力救济主义,不允许自力救济实现担保物权,如德国、瑞士、日本等。[①]

我国关于抵押权实现的方式最早规定在《民法通则》第八十九条第一款第(二)项中。依照该项规定,债务人或者第三人可以提供一定的财产作为抵押物,债务人不履行债务的,债权人有权依照法律的规定以抵押物折价或者以变卖抵押物的价款优先得到偿还。可以看出,抵押权实现的方式仅仅是折价和变卖两种,并不包含拍卖;而且,仅原则性地规定"依照法律的规定"以抵押物折价或者变卖抵押物,并未明确抵押权实现的公力救济程序。

此后,《担保法》首次就抵押权实现的公力救济程序作出了专门规定。《担保法》第五十三条第一款规定,债务履行期届满抵押权人未受清偿的,可以与抵押人协议以抵押物折价或者以拍卖、变卖该抵押物所得的价款受偿;协议不成的,抵押权人可以向人民法院提起诉讼。可见,《担保法》就抵押权的实现方式在《民法通则》规定的折价、变卖两种实现方式的基础上增加了拍卖方式;同时,明确规定在抵押权的实现途径上,当事人可以通过协商方式解决,协商不成抵押权人可以向人民法院提起诉讼。

在现实生活中,抵押权人与抵押人自行协商实现抵押权的概率非常低,[②]因此抵押权的公力救济途径就显得非常重要。《最高人民法院关于适用〈中华人民共和国担保法〉若干问题的解释》第一百三十条进一步明确规定:"在主合同纠纷案件中,对担保合同未经审判,人民法院不应当依据对主合同当事人所作出的判决或者裁定,直接执行担保人的财产。"但是,上述规定导致在实践中通过诉讼方式实现抵押权的比例过高,而通过诉讼方式实现抵押权存在如下弊端:(1)效率低。按照《民事诉讼法》的规定,如果债务人或抵押人对一审判决提起上诉,案件将经历一审、二审两个诉讼阶段。即便抵押权人最终取得了生效胜诉判决,如果抵押人不履行判决,抵押权人还要向人民法院申请强制执行。有时,抵押权需要一

---

① 参见毛亚敏:《担保法论》,中国法制出版社1997年版,第176页。转引自朱岩、高圣平、陈鑫:《中国物权法评注》,北京大学出版社2007年版,第627页。
② 参见程啸:《中国抵押权制度的理论与实践》,法律出版社2002年版,第358页。转引自朱岩、高圣平、陈鑫:《中国物权法评注》,北京大学出版社2007年版,第628页。

两年甚至更长的时间之后才能实现。①（2）成本高。抵押权人针对债务人与抵押人提起诉讼、申请强制执行，往往需要预交案件受理费、财产保全费、评估费、拍卖费等各种诉讼费用，并且可能还要负担高昂的律师费用。如此复杂、漫长的抵押权实现程序以及高昂的诉讼成本，对抵押权人明显不利。抵押权人不能及时实现抵押权，削弱了担保制度应有功能的发挥。为此，法学界与实务界一致呼吁修改法律规定，允许抵押权人直接申请强制执行抵押物而不必经过诉讼程序。

立法部门已经认识到《担保法》规定的上述弊端，在《合同法》中作出了有限度的立法回应。《合同法》第二百八十六条针对建设工程承包人的法定抵押权（注：也有理解为优先受偿权者）规定："发包人未按照约定支付价款的，承包人可以催告发包人在合理期限内支付价款。发包人逾期不支付的，除按照建设工程的性质不宜折价、拍卖的以外，承包人可以与发包人协议将该工程折价，也可以申请人民法院将该工程依法拍卖。建设工程的价款就该工程折价或者拍卖的价款优先受偿。"显然，此处"申请人民法院将该工程依法拍卖"，不同于《担保法》第五十三条第一款所规定的"向人民法院提起诉讼"，其立法意图在于改变《担保法》规定的担保权实现方式。有学者认为，就此规定，"在民事诉讼法专门规定此种抵押权执行程序之前，应当准用民事诉讼法第三编规定的执行程序"。② 当然，《合同法》囿于其自身的调整范围，无法对抵押权的实现途径进行统一规定，仅对建设工程承包人的法定抵押权作了前述规定。

为了普遍解决抵押权人向人民法院提起诉讼使得抵押权的实现程序复杂、漫长且成本高昂的问题，《物权法》立足于我国市场经济发展的需要，借鉴其他国家和地区的立法及司法经验，对抵押权的实现途径进行了制度创新。其第一百九十五条第二款规定："抵押权人与抵押人未就抵押权实现方式达成协议的，抵押权人可以请求人民法院拍卖、变卖抵押财产。"该条将抵押权人实现权利的方式，由《担保法》第五十三条第一款规定的"向人民法院提起诉讼"转化为"请求人民法院拍卖、变卖抵押财产"。这一变化，关注了抵押权实现的便捷需求，降低了抵押权实现的成本。

三、实现担保物权案件程序的法律属性

从民事诉讼的基本原理出发，把握实现担保物权案件的法律属性，才能正确理解与适用实现担保物权案件的特别民事程序。

民事案件中，存在诉讼案件和非讼案件两种基本类型的划分。通说认为，非讼案件是指利害关系人或者申请人在没有民事权益争议的情况下，请求法院确认某种事实和权利是否存在，从而引起一定的民事法律关系发生、变更、消灭的案件。与诉讼程序相比较，非讼程序有独特的性质和价值取向。处理非讼案件需要适用相应的非讼程序及其基本原理，理论上通常把民事非讼程序的基本原理或基本原则简称为"非讼法理"。我国《民事诉讼法》

---

① 参见全国人大常委会法制工作委员会民法室编：《中华人民共和国物权法条文说明、立法理由及相关规定》，北京大学出版社2007年版，第357页。

② 参见梁慧星：《合同法第二百八十六条的权利性质及其适用》，载《山西大学学报（哲社版）》2001年第3期。转引自朱岩、高圣平、陈鑫：《中国物权法评注》，北京大学出版社2007年版，第627页。

对特别程序的共同规则的规定,基本上符合非讼案件和非讼程序的非讼属性。从比较法的角度看,非讼法理主要包括职权主义、书面审理主义、不公开设立主义、采取自由证明等。①

随着现代争讼法理与非讼法理交错适用的理论发展,非讼案件的范围、非讼程序的适用都呈越来越广的趋势。学界一般认为,实现担保物权案件在性质上应当归入非讼案件。此次《民事诉讼法》修改决定将实现担保物权案件程序的相关条文放在《民事诉讼法》第十五章"特别程序"中。而按照立法本意,《民事诉讼法》第十五章中的特别程序是人民法院依照《民事诉讼法》审理特殊类型案件的一种程序,该种程序主要是针对特殊的案件,找到特殊的处理方法,方便处理,实事求是;对于这些特殊的案件,如果都经过一、二审没有必要或者没有可能。②

在担保物权实现案件中,并不体现权利义务的争议性。申请人(包括担保物权人以及其他有权请求实现担保物权的人)申请法院拍卖、变卖担保物,实质是要求确认并实现其权利。这种申请与被申请的关系并非请求法院解决民事争议,虽然在该程序中被申请人可能提出异议,但并不影响其非讼性质。传统的二元适用论,要求非诉事件与诉讼事件分别适用不同的诉讼法理。但随着现代社会的不断发展,纠纷呈现多元化、复杂化的趋势。为了满足民事案件在程序法上的不同价值追求,需要法院在解决案件时灵活而综合地运用各种相关的程序法理,交错适用诉讼法理与非讼法理,以及时、经济地化解纠纷。因此,民事诉讼中不断地出现诉讼案件非讼化、非讼案件诉讼化的情形,法律也将一些诉讼因素适时地在非讼程序中予以解决。

担保物权实现案件适用非讼程序裁判,与非讼程序的价值取向是一致的。诉讼程序采取当事人主义、直接言词主义,其制度价值在于准确查明案件争议,保障当事人的程序参与,以裁判结果的实体公正为核心目标。非讼程序往往奉行职权主义、简易主义,裁判周期短,体现了效率的价值,其制度目的也不在于解决争议。实现担保物权案件适用非讼程序,经核实权利存在及权利实现条件成就等事项,人民法院即可作出准予拍卖、变卖的裁定,以迅速实现担保物权,合乎非讼程序的制度价值。③

四、理解与适用

(一)实现担保物权的申请主体

担保物权,是指以担保债务清偿为目的,在债务人或第三人的物或权利上设定的、就担保财产优先受偿的物权,包括抵押权、质权和留置权。担保物权的目的在于以对债务人或第三人提供担保的物优先受偿的方式担保债务的清偿。担保物权的实现,可谓是担保物权效力的根本体现。

依据新《民事诉讼法》第一百九十六条规定,实现担保物权案件的申请人包括"担保物权人"以及"其他有权请求实现担保物权的人"。那么,如何理解"担保物权人"和"其他有

---

① 参见江伟主编:《民事诉讼法学》,中国人民大学出版社2011年版,第341页。
② 参见姚红主编:《中华人民共和国民事诉讼法释义》,法律出版社2007年版,第251页。
③ 参见肖建国、陈文涛:《论抵押权实现的非讼程序构建》,载《北京科技大学学报(社会科学版)》2011年3月。

权请求实现担保物权的人"？我们认为，该程序的设立主要是针对《物权法》等实体法中对担保物权实现而作出的程序性规定，所以，对于"担保物权人"和"其他有权请求实现担保物权的人"包括哪些人，应该以《物权法》等实体法为依据来确定。而依据我国《物权法》的规定，有权向人民法院申请实现担保物权的主体应限于"抵押权人""出质人"和"财产被留置的债务人"。因此，《民事诉讼法》第一百九十六条规定的"担保物权人"主要是指《物权法》第一百九十五条规定的"抵押权人"，"其他有权请求实现担保物权的人"主要是指《物权法》第二百二十条规定的"出质人"和《物权法》第二百三十七条规定的"财产被留置的债务人"。当然，在《民事诉讼法》修改过程中，也有意见认为，对于实现担保物权的申请人不应仅限《物权法》规定的上述三类主体，也应该包括上述三类主体相对应的主体，即与"抵押权人"相对应的"抵押人"、与"出质人"相对应的"质权人"、与"财产被留置的债务人"相对应的"留置权人"也有权作为实现担保物权主体提出申请。对此，我们认为，《民事诉讼法》的上述规定仅是对《物权法》等实体法中规定的实体权利的实现作出的程序性规定，对于实现担保物权的申请主体暂以《物权法》的规定为准，而暂不作扩大性的解释。至于质权人、留置权人是否可以成为实现担保物权的申请主体，留待以后的审判实践中逐渐探索。①

此外，《物权法》之外的其他实体法中规定的主体是否也可以成为该程序中的申请人？我们认为，根据立法本意，除了《物权法》规定的三类申请主体外，我国《合同法》第二百八十六条规定的建设工程承包人也可以作为申请主体。另外，我国的《海商法》《民用航空法》等法律中规定的船舶抵押权人、民用航空器抵押权人等，也可以作为实现担保物权案件的申请人。

（二）管辖法院

从世界各国和地区的立法实践来看，申请实现担保物权案件的管辖法院一般采取的是地域管辖标准，通常通过两种方式确定管辖法院：一是担保财产所在地管辖；二是由担保物权登记地法院管辖。从世界各国和地区的通例来看，以担保财产所在地法院确定管辖的做法较为普遍。②

新《民事诉讼法》第一百九十六条规定，申请实现担保物权，由担保物权人向担保财产所在地或者担保物权登记地基层人民法院提出，兼采担保财产所在地和担保物权登记地两种地域管辖标准。对此，应从如下方面加以理解：

第一，对于不动产抵押权而言，担保财产所在地与担保物权登记地是重合的。按照《物

---

① 对于实现担保物权的申请主体，各方的观点并不一致。观点一：主张申请实现担保物权案件的主体应仅限于《物权法》的规定，即仅限于"担保物权人""出质人"和"财产被留置的债务人"。参见全国人大常委会法制工作委员会民法室编著：《〈中华人民共和国民事诉讼法〉释解与适用》，人民法院出版社2012年版，第316页。观点二：主张提出实现担保物权案件的申请主体不应仅限于《物权法》中规定的"抵押权人""出质人"和"财产被留置的债务人"，而应该将"抵押人""质权人"和"留置权人"也列为有权提出实现担保物权案件的申请主体。参见最高人民法院民事诉讼法修改研究小组：《〈中华人民共和国民事诉讼法〉修改条文理解与适用》，人民法院出版社2012年版，第417～418页。观点三：主张对实现担保物权的申请主体暂不下定论，而持开放的态度。参见高民智：《关于实现担保物权案件程序的理解与适用》，载《人民法院报》2012年12月9日。本文同意高民智的观点。

② 参见肖建国、陈文涛：《论抵押权实现的非讼程序构建》，载《北京科技大学学报（社会科学版）》2011年3月。

权法》第一百八十七条的规定，不动产抵押权实行登记要件主义，即不动产抵押权应当办理抵押登记，抵押权自登记时设立。而按照现行的不动产登记相关规定，不动产登记由不动产所在地相关登记部门进行。比如，国土资源部制定的《土地登记办法》第三条规定，土地登记实行属地登记原则，申请人应当向土地所在地的县级以上人民政府国土资源行政主管部门提出土地登记申请，跨县级行政区域使用的土地，应当报土地所跨区域各县级以上人民政府分别办理土地登记。又如，《房屋登记办法》第四条规定，房屋登记由房屋所在地的房屋登记机构办理。

第二，权利质权，其权利标的为所有权以外的可让与的财产权利，不是有形财产，因此严格而言无所谓"所在地"问题。当然，对于有权利凭证的汇票、支票、本票、债券、存款单、仓单、提单等证券化权利，可以理解为权利凭证所在地就是担保财产所在地。由于该等质权自权利凭证交付质权人时设立，因此质权人住所地往往即为担保财产所在地。对于没有权利凭证的财产权利，其质权均需进行相应登记后方可设立。《物权法》第二百二十四条规定：以汇票、支票、本票、债券、存款单、仓单、提单出质的，质权自权利凭证交付质权人时设立；没有权利凭证的，质权自有关部门办理出质登记时设立。《物权法》第二百二十六条规定：以基金份额、证券登记结算机构登记的股权出质的，质权自证券登记结算机构办理出质登记时设立；以其他股权出质的，质权自工商行政管理部门办理出质登记时设立。《物权法》第二百二十七条规定：以注册商标专用权、专利权、著作权等知识产权中的财产权出质的，质权自有关主管部门办理出质登记时设立。《物权法》第二百二十八条规定：以应收账款出质的，质权自信贷征信机构办理出质登记时设立。因此，对于这些权利质权，仅有担保物权登记地而无担保财产所在地。

第三，留置权作为法定担保物权，其设立以债权人已经事先合法占有债务人的动产为要件，无需办理标的动产的登记，属于非登记物权。因此，对于留置权而言，无所谓担保物权登记地。

第四，对于可以登记但不以登记为成立要件的担保物权类型，如动产抵押权或浮动抵押权，可能存在担保财产所在地与担保物权登记地并非同一地的情况。按照《物权法》第一百八十八条的规定，生产设备、原材料、半成品、产品，正在建造的船舶、航空器，交通运输工具抵押的，抵押权自抵押合同生效时设立；未经登记，不得对抗善意第三人。此外，《物权法》第一百八十九条规定，企业、个体工商户、农业生产经营者以现有的以及将有的生产设备、原材料、半成品、产品等动产抵押的，应当向抵押人住所地的工商行政管理部门办理登记，抵押权自抵押合同生效时设立；未经登记，不得对抗善意第三人。按照新《民事诉讼法》第一百九十六条规定，当担保财产所在地与担保物权登记地不一致时，应允许申请人选择一处法院提出申请。当然，实务中应注意一些具体情况。如船舶、航空器、机动车，其依法律行为的物权变动也实行登记对抗主义，非经登记不得对抗善意第三人，因此船舶、航空器、机动车拍卖、变卖导致所有权变动时，也往往需要船舶、航空器、机动车登记机关等有关行政管理机关的协助。至于生产设备、原材料、半成品、产品，虽由抵押人住所地的工商行政管理部门办理抵押登记，但其经拍卖、变卖导致的所有权变动，并不需要办理登记。因此，担保物权人可以结合上述不同情况，选择更为便利的管辖法院。

此外,该条规定的地域管辖,其性质是否属于专属管辖?通说认为,非讼案件的管辖,虽然在法律条文的文字使用上没有"专属管辖"的用语,但由于非讼管辖的目的在于追求迅速及符合公益目的的需求,且其经常涉及第三人的权益,认为其管辖似有定性为专属管辖的必要;且依其性质,并无适用约定管辖及应诉管辖的适用。[①]

(三)申请人提交的证据材料

申请人提出实现担保物权案件的申请应当向法院提交相应的证据材料,但新《民事诉讼法》中对此并未作出明确规定。参照国外立法例,担保物权人以及其他有权请求实现担保物权的人向人民法院提出实现担保物权的申请时,应当向人民法院提交以下相关证据材料:

第一,担保物权存续的证据材料。即视具体情形,提供主合同、担保物权合同,抵押权登记证明或他项权利证书,权利质权的权利凭证,证明占有的事实等,以证明担保物权的存续。

第二,担保物权实现条件成就的证据材料。依据《物权法》第一百七十条、第一百九十五条第一款、第二百一十九条第二款的规定,"债务人不履行到期债务"或者"发生当事人约定的实现担保物权的情形",是抵押权及质权实现的前提条件。依照《物权法》第二百三十一条及第二百三十六条的规定,"债务人不履行到期债务"是留置权成立的前提条件,债务人在债务履行宽限期内逾期未履行债务的,是留置权实现的前提条件。依照《合同法》第二百八十六条的规定,发包人未按照约定支付价款,承包人催告其在合理期限内支付后逾期不支付,是建设工程法定抵押权实现的前提条件。担保物权人或其他申请人应当根据具体情况,提供担保物权实现条件成就的相关证据材料供人民法院审查。当然,非讼程序本身适用的是职权主义,人民法院对于担保物权与其他权利是否存在等相关事实并不限于当事人提供的材料,均可依职权进行调查。

人民法院收到申请人的申请后,应该首先审查是否属于本院管辖。如果属于本院管辖的,立案受理。受理后,是由法院的立案部门进行审查还是相关业务庭进行审查,需要由各法院根据本院的实际情况、工作量多少等因素进行内部分工。

(四)法院的审查标准

从程序性质上看,申请实现担保物权案件程序属于非讼性质的特别程序,原则上可采用法官独任原则作出处理。但是,对于重大、疑难的案件应组成合议庭进行审查。法院要核实申请人提供的证据,必要时可以询问有关当事人,并可以依职权调查证据。关于审理期限,有学者主张,因为适用非讼程序,且无需实质审查,可以采用法官独任原则迅速作出处理。[②] 担保物权实现案件程序设置在新《民事诉讼法》第十五章内,对于该程序应当适用第十五章特别程序的一般规定即其第一节,即应当在立案之日起30日内审结,有特殊情况需要延长的,由本院院长批准。既然申请实现担保物权属于非讼案件,人民法院应当以裁

---

① 参见姜世明:《非讼事件法新论》,台湾地区新学林出版社股份有限公司2011年版,第57页。
② 参见肖建国、陈文涛:《论抵押权实现的非讼程序构建》,载《北京科技大学学报(社会科学版)》2011年3月。

定为之,担保物权人不得请求以判决为之。①

人民法院对申请所附主债权与担保物权证明材料进行形式审查后,符合法律规定的,即可裁定对担保财产进行拍卖或变卖。不符合法律规定的,人民法院应裁定驳回申请,申请人可以向人民法院提起诉讼。

对于被申请人提出的有关主债权或者担保物权真实性、合法性等实体抗辩如何处理,有较大争议,目前主要有两种意见。一种意见认为,根据本条规定,法院应当依职权审查申请人的申请是否符合法律规定,只要申请人的申请符合法律规定,即应裁定拍卖、变卖担保财产,被申请人的异议不影响法院依法裁定。被申请人关于担保物权并不存在等主张,可以在进入强制执行程序之后通过执行异议的程序解决。该意见的主要理由是,《物权法》新增加的申请变卖、拍卖担保物以实现担保物权的规定,其意义就是便于权利人尽快实现权利,遏制债务人恶意拖欠履行义务的非诚信行为,如果在债权人的申请符合法律规定的情况下,担保人、债务人仍可以通过异议的提出而阻却申请程序,那么《物权法》的新规定很可能成为空文,其维护债权人利益、促进债权尽快实现的先进的立法理念也会落空。另一种意见认为,被申请人提出异议的,人民法院应书面通知当事人于限定时日内向有管辖权的人民法院提起诉讼。当事人于限定时日内不提起诉讼的,人民法院仍得继续裁定对抵押财产进行拍卖、变卖。当事人如果提起诉讼的,法院应裁定终结申请实现担保物权的非讼程序。这一意见的主要理由是,申请变卖、拍卖抵押物的程序仅仅适用于当事人对于担保物权实现的方式不能达成一致的情形,亦即其适用的前提是当事人对于主债权和担保物权本身并无异议。因此,如果对于主债权或者担保物权本身存在异议,则当然应通过诉讼解决。这两种意见均有其合理性,具体如何处理,宜待司法实践积累到一定程度后,通过司法解释予以明确。具体而言,我们认为,人民法院在审查中应当分别对待:

1. 抵押权。(1)不动产抵押权。基于不动产抵押权抵押登记的公信力,法院对不动产抵押权人提交的不动产权属证书仅作形式审查,只要其经过合法登记,且债务已届清偿期或发生了当事人约定的实现抵押权的情形,即可作出准许拍卖、变卖抵押财产的裁定。(2)动产抵押权及浮动抵押权。因动产抵押权及浮动抵押权不一定经过登记,于未登记时,其存在及效力均无法依靠登记确定,人民法院应当通知抵押人及债务人,确认抵押合同的真实性。如果对抵押权人的权利没有异议,应裁定准许拍卖、变卖抵押财产。如果抵押人及债务人有证据证明抵押合同虚假,则应驳回抵押权人的申请。如果法院已经通知抵押人及债务人,但其不陈述意见,嗣后不能据此主张程序瑕疵。② 如果抵押人及债务人对担保物权所担保的债务的范围有异议,法院是否可以就无争议部分作出准许拍卖、变卖抵押财产的裁定? 新《民事诉讼法》对此没有明确规定。从担保物权实现案件的立法目的考虑,为实现担保物权人尽快实现担保物权,法院可就无争议部分作出准许拍卖、变卖抵押财产的裁定。对类似问题,我国台湾地区"非讼事件法"第73条第1项规定,法定抵押权人或未经登记的担保物权人申请拍卖担保物事件,如债务人就担保物权所担保债权的发生或其范围有争执时,法院仅得就无争执部分裁定准许拍卖之。(3)法定抵押权。法定抵押权基于法律的规

---

① 参见谢在全:《民法物权论》,中国政法大学出版社2011年版,第741页。
② 参见姜世明:《非讼事件法新论》,台湾地区新学林出版股份有限公司2011年版,第204~205页。

定而产生,不待登记即生效力,故其抵押效力、担保范围均不具有公示和公信力,人民法院经询问发包人,如果其对法定抵押权的效力和内容没有异议,应裁定准许拍卖、变卖抵押财产。(4)最高额抵押权。最高额抵押权为担保一定法律关系所生的现有及将来发生的债权,抵押权他项权证一般仅登记最高额抵押的最高限额,对每笔实际发生的债权额不作登记,故人民法院裁定准许拍卖或变卖抵押财产之前,同样应当询问抵押人,并确认抵押人对所担保的债权没有异议。①

2. 质权。(1)动产质权。动产质权以质权人占有出质动产为权利设定要件,因此,人民法院应当特别审查申请人是否占有动产。人民法院经询问出质人,如果其对动产质权的效力和内容没有异议,应裁定准许拍卖、变卖质押财产。(2)权利质权。对于有权利凭证的汇票、支票、本票、债券、存款单、仓单、提单等证券化权利设定的质权,质权自权利凭证交付质权人时设立;因此,人民法院应审查申请人是否占有相应的权利凭证。对于没有权利凭证的财产权利,其质权均需进行相应登记后方可设立;因此,人民法院应审查相应的登记证书或通知书等相关文书。

3. 留置权。留置权以债权人事先合法占有债务人的动产为权利的设定前提,以债务人在债务履行宽限期内逾期未履行债务为权利的实现前提。因此,人民法院应当特别审查债权人是否事先合法占有债务人的动产,债务人在债务履行宽限期内逾期未履行债务。人民法院经询问债务人,如果其对留置权的效力和内容没有异议,应裁定准许拍卖、变卖留置动产。

人民法院裁定拍卖、变卖担保财产的,该裁定即成为执行依据。如果一方当事人拒绝履行或者未全部履行的,对方当事人可以向人民法院申请执行。

(五)申请实现担保物权的案件如何收费

实现担保物权案件是此次《民事诉讼法》修改后新增内容,现行的《诉讼费用交纳办法》中对于人民法院如何收费并未有明确规定。我们认为,因实现担保物权的案件增设在新《民事诉讼法》第十五章特别程序中,应该参照《诉讼费用交纳办法》的相关规定收取申请费。而且,该申请费应该按件收取,不应以申请实现抵押物权标的额为依据收取。待人民法院作出拍卖、变卖担保物的裁定后,申请人向人民法院申请强制执行的,则应按执行金额收取执行申请费,并由被执行人在执行后负担。

五、审判实践中应当注意的问题

第一,担保物权不以登记为限。此前有学者认为,只有经过登记公示的抵押权才能适用非讼程序实现权利。抵押权实现不经诉讼而采取非讼程序途径,很重要的制度原因在于抵押登记的公示公信力。抵押登记时的登记审查以及审查后公示的受法律保护的权利外观,使得法院没有必要对抵押权进行重复的实质审查。相反,动产抵押权如果没有经过登记,将缺失登记方式具有的公示性和公信力。权利自身的存在不确定,使得案件本身不再

---

① 参见丁亮华:《抵押权实现之非诉执行途径——从解释论看〈物权法〉第195条第2款》,载《强制执行的规范解释:在实体法与程序法之间》,中国法制出版社2011年版,第242~243页。

体现非争议性,也就没有适用非讼程序的基础。① 但实际上,并非所有未登记的担保物权都没有公信力,而一定导致权利自身的存在不确定。实践中,担保人可能会对担保物权的存在、其担保的范围及数额存在争议,也可能不存在争议。为扩大担保物权人的保护范围,使该项制度有益于更多的担保物权人,本条未限定担保物权人的担保物权经登记为前提。

第二,管辖法院的固定。一旦申请人依照本条规定,向担保财产所在地或者担保物权登记地基层人民法院提出了申请并被受理,此后虽然发生了担保财产所在地的变化等事宜,不得以此变更管辖法院。此即管辖恒定原则,即确定案件管辖权以受理时为标准,受理时对案件享有管辖权的法院,不因确定管辖的事实此后发生变化而影响其管辖权。这一原则可以避免因管辖变动而造成的司法资源浪费,减少当事人讼累,推动裁判迅速、便捷进行。②

第三,抵押权人申请实现抵押权,不必以《物权法》第一百九十五条第二款规定的"抵押权人与抵押人未就抵押权的实现方式达成协议"为前提。《物权法》规定抵押权人可以与抵押人协议,只是为了赋予抵押权人更多的抵押权实现途径。无论是抵押权人与抵押人协议还是向法院申请强制执行,均是《物权法》赋予其的权利,而不是施加的义务。抵押权人即使不与抵押人协议,也可以直接向人民法院申请拍卖、变卖抵押财产,以实现抵押权。至于质权与留置权,《物权法》本身就没有规定担保物权人与担保人就担保物权的实现方式进行协商,因此更不必以担保物权人与担保人未就担保物权的实现方式达成协议为申请前提。人民法院不应以此为由裁定驳回申请人的申请。

---

① 参见肖建国、陈文涛:《论抵押权实现的非讼程序构建》,载《北京科技大学学报(社会科学版)》2011年3月。
② 我国并未在法律中明确规定管辖恒定,但《最高人民法院关于适用〈中华人民共和国民事诉讼法〉若干问题的意见》第34条规定:"案件受理后,受诉人民法院的管辖权不受当事人住所地、经常居住地变更的影响";第35条规定:"有管辖权的人民法院受理案件后,不得以行政区域变更为由,将案件送给变更后有管辖权的人民法院。"

贯彻实施新《民事诉讼法》之五
——关于立案制度的理解与适用

高民智

新《民事诉讼法》进一步强化和完善了受理、管辖、送达等相关制度,特别是针对修改前管辖制度内外法的不统一、送达制度不尽完善导致"送达难"问题、审查起诉中被告不明确致使审理程序难以推进、当事人起诉权保护不尽严格而引发对法院"立案难"的诟病等,进行了制度修改和完善。各级人民法院应严格依照新《民事诉讼法》的规定,依法保障当事人的诉讼权利,确保立案制度程序公正,维护人民法院公正高效权威的司法形象。

一、深刻认识民事诉讼立案制度的程序公正价值

1. 平等保护当事人的管辖权益

新《民事诉讼法》对协议管辖、管辖权异议内容进行了修改和完善,规定了应诉管辖,减轻了当事人的诉累,也赋予人民法院管辖以正当的法律依据,有利于节省司法资源,实现司法公正与高效。

2. 严格依法保护当事人享有的起诉权利

新《民事诉讼法》在起诉程序中增加了保障当事人起诉权的原则规定,并对明确的被告、明确的联系方式、被告应当提交答辩状、人民法院对不予受理的案件应当在 7 日内作出裁定等作了进一步要求,方便受诉人民法院准确认定双方当事人的诉讼主体资格,在一定程度上可以防止滥诉,有助于规范审判秩序。新《民事诉讼法》对不予受理的案件要求人民法院必须在 7 日内出具书面裁定,强调人民法院应当保障当事人享有的起诉权利,坚决杜绝某些法院出台与法律不符的内部指导意见等形式列举诸多不予立案的情形,切实保障当事人的诉讼权利。

3. 明确留置送达、电子送达的规定,推进审判程序的有序高效进行

审判实践中当事人无故拒绝接受人民法院送达法律文书的行为时有发生,新《民事诉讼法》对留置送达作了强制性的规定。在我国司法实践中已经进行尝试并积累了相关经验的基础上,此次修改增加了电子送达的内容,对提高司法效率,减少司法资源的负担具有积极意义,对人民法院的信息化建设也提出了更高的要求。

二、严格依法执行民事诉讼立案制度新规定

（一）用好协议管辖制度，规范应诉管辖制度和管辖移转制度，切实保障当事人管辖诉讼权利

1. 关于协议管辖

新《民事诉讼法》规定，协议管辖必须符合以下几个条件：(1)当事人协议管辖的案件，只限于第一审民事经济纠纷中合同案件和其他财产权益纠纷案件；(2)当事人协议选择管辖法院的范围，限于被告住所地、合同履行地、合同签订地、原告住所地、标的物所在地人民法院和其他有实际联系地点的人民法院；(3)必须以书面合同的形式选择管辖；(4)协议管辖不得违反《民事诉讼法》关于级别管辖和专属管辖的规定。各级人民法院对协议管辖的实际联系地点要进行正确的识别、判断。对于违反集中管辖和专门管辖的管辖协议，要依照现行有效的司法解释进行认定。

2. 关于应诉管辖

新《民事诉讼法》对应诉管辖作出明确规定。应诉管辖需具备以下几项条件：(1)当事人未在答辩期内提出管辖权异议；(2)当事人应诉答辩；(3)应诉管辖不得违反专属管辖和级别管辖的规定。我们认为，对于当事人既提出管辖权异议又应诉答辩的，不能视为被告接受受诉法院管辖。此外，要认识到有独立请求权第三人加入到诉讼中来，应为两个诉的合并。人民法院为了节省诉讼资源，防止发生矛盾判决，可以进行合并审理。但这种诉的合并并非必须，可以合并审，也可以分开审。如果第三人愿意接受受诉法院管辖，可以加入他人已经开始的诉讼中，自不必再提出管辖权异议；如果第三人认为受诉法院对其没有管辖权，也可以选择分别审理，向有管辖权的法院另行起诉主张权利。

3. 关于管辖权的移转制度

新《民事诉讼法》对级别管辖下放性转移作了限制性的修改，增加了审批程序。但是，法律并没有对管辖权移转的必要条件、程序、当事人权利的救济途径等作出明确规定。司法实践中，个别法院对此疏于规制，将案件交由下级人民法院审理较为随意，规避上级法院的监督，侵害当事人的诉讼权利，导致地方保护的可能性增加，也影响了人民法院的声誉。最高人民法院准备制定相应的司法解释，对该法律规定的"确有必要的条件、审批程序、文书形式"等予以明确，以利于正确适用法律。我们认为，法律规定的"确有必要"的情形，可以包括涉众案件，区域性、行业性关联案件，企业破产案件中的劳动争议、债权确认等案件。涉众案件，主要是指个案涉及人数众多的案件，案件的当事人主要是自然人。为贯彻执行党中央化解社会矛盾工作重心下移的要求，此类案件可以交下级法院审理。区域性、行业性关联案件，主要是指一些群体性、类型化的案件。这类案件必须依靠当地党委政府解决问题，下移管辖，有利于矛盾的化解。破产衍生诉讼案件，是指衍生诉讼的劳动争议诉讼、小额债权诉讼、债务人履行合同诉讼、追收债务人对外债权诉讼、撤销债务人处分财产行为诉讼、确认债务人处分财产行为无效诉讼、取回权诉讼、别除权诉讼和抵销权诉讼等案件。如果这类案件全部由中级人民法院审理，高级法院成为二审法院，既不经济，也不利于矛盾

的化解。根据级别管辖的规定,对于标的额或者案件类型属于下级法院管辖的,交下级法院审理,有利于当事人参加诉讼,节约诉讼成本,节约司法资源。当然,"确有必要"的情形还有哪些,应在实践中不断总结摸索。

管辖权的转移,无论是"下移上"还是"上交下",都是对级别管辖权的变更,应当慎用。管辖权的转移不能由受诉法院自行决定,要报请其上级人民法院批准,这是为避免一些法院随意向下移交案件管辖权而从程序上进行控制。根据有关规定,应当以书面形式报请上一级法院审批,上一级法院应当尽快作出同意或者不同意的书面通知。一般应当自收到管辖第一审民事案件人民法院将案件交其下级法院审理请示的10日内,作出同意或者不同意的书面通知。

《最高人民法院关于审理民事级别管辖异议案件若干问题的规定》(法释〔2009〕17号)第四条规定:上级人民法院将其管辖的第一审民事案件交由下级人民法院审理的,应当作出裁定。本次《民事诉讼法》修改,借鉴了该司法解释的精神:即必须对管辖权下移进行控制。从法理上讲,移送管辖的行为,是法院就程序性事项作出裁定的行为,应当采用裁定书的形式。为保护当事人的诉讼权利,对于下放性案件移送采取裁定的形式更为适当。即上级人民法院审批同意的,管辖第一审民事案件的人民法院应当裁定将案件交其下级人民法院审理,并说明理由。当事人对裁定不服提起上诉的,第二审人民法院应当依法审理并作出裁定。

(二)切实保障当事人的起诉权利,规范不予受理裁定的作出条件

新《民事诉讼法》要求人民法院对符合《民事诉讼法》第一百一十九条规定的起诉,必须受理;对原告起诉不予受理的,人民法院应当制作不予受理民事裁定书。当事人不服的可以向上一级人民法院提出上诉。

人民法院受理一审案件既要依法,又要稳妥。为依法保护当事人的诉权,对当事人起诉到法院的诉讼,凡符合《民事诉讼法》规定的受理条件的,一律要依法及时受理,这是法定职责所在。但在实践中,我们也要看到,有些法院在受理案件过程中,不顾矛盾化解的效果,一味收进法院,收进来之后通过司法程序处理效果不好,致使群众的实体权利得不到保障,严重影响了司法权威和司法公信,给法院的工作带来极大的不便,引发负面的社会效果。为解决这个问题,对这些敏感案件的受理,有一些法院采取"三不"原则,即不收起诉材料,不出具书面裁定,不予立案,并且在处理过程中工作简单化、协调不到位,招致当事人和社会的不满。各级法院要重视做好法律释明、先行调解等工作,积极帮助当事人寻求理想的权利救济途径,从根本上解决矛盾。

(三)适应新形势新规定的要求,科学运用留置送达和电子送达制度

新《民事诉讼法》对留置送达的方式作出了新的规定,即视听资料可以作为送达文书的证明。以拍照、录像等视听资料记录送达过程要包括以下几方面内容:一是受送达人或其同住成年家属确实居住于此地;二是送达人已经向受送达人或其同住成年家属交付送达文书,但受送达人或其同住成年家属拒绝接收或拒绝在文书上签字盖章的情况;三是送达人

将文书留置于受送达人或其同住成年家属的居住地。

人民法院决定采用电子送达方式,必须首先经过当事人同意,只有在当事人能够并愿意接受和使用电子送达方式,人民法院才可以采用这一新途径。电子送达要能够方便法院和当事人之间送达诉讼文书,而不是使这一过程变得更加艰难或者给当事人增加不必要的负担。新《民事诉讼法》列举了电子送达的两种主要途径,即传真和电子邮件,但并没有仅限于这两种,还采用了兜底性条款,即"能够确认其收悉的方式",人民法院应当注意电子送达媒介的确认。

实践中,要充分保证受送达人的知情权和自愿选择权,电子送达中应当要求受送达人自行提供并签字确认能够收到诉讼文书的数据系统地址,人民法院应当保存好诉讼文书已经发出及到达对方系统的相关证据。在审判实践中必须严格遵守《民事诉讼法》规定,不能将电子送达方式适用范围任意扩大,判决书、裁定书和调解书不能采用电子送达方式。

贯彻实施新《民事诉讼法》之六

——关于案外人撤销之诉制度的理解与适用

高民智

近年来，在我国民事诉讼的司法实践中，当事人通过恶意诉讼、虚假诉讼等手段，侵害他人合法权益的情况时有发生。在调解案件中，一些当事人利用调解进行诉讼欺诈，损害案外人的现象尤其突出。根据修改前《民事诉讼法》的规定，对受到侵害的案外人的合法权益实行救济，主要是依靠《民事诉讼法》第二百零四条以及《最高人民法院关于适用〈中华人民共和国民事诉讼法〉审判监督程序若干问题的解释》（以下简称《审监程序司法解释》）第五条、第四十二条规定的执行异议制度以及案外人申请再审制度。为了更加有力地打击虚假诉讼，保护案外人合法权益，新《民事诉讼法》在第十三条中增加诚实信用原则，在第一百一十二条中规定对违反诚实信用原则、恶意串通的当事人予以民事制裁，实际打击的范围已不限于修改前《民事诉讼法》第二百零四条以及《审监程序司法解释》所指向的物权受损。与此同时，为权利受到侵害的案外人提供救济途径，新《民事诉讼法》在第五十六条第三款中增加规定："前两款规定的第三人，因不能归责于本人的事由未参加诉讼，但有证据证明发生法律效力的判决、裁定、调解书的部分或者全部内容错误，损害其民事权益的，可以自知道或者应当知道其民事权益受到损害之日起六个月内，向作出该判决、裁定、调解书的人民法院提起诉讼。人民法院经审理，诉讼请求成立的，应当改变或者撤销原判决、裁定、调解书；诉讼请求不成立的，驳回诉讼请求。"据此，理论界和实务界普遍认为我国确立了旨在保护案外人合法权益的撤销之诉，该制度对于打击虚假诉讼，为案外人提供权利救济，推进民事诉讼的诚实信用原则具有重要意义。为了进一步厘清该条规定在施行后的实践操作及其与新《民事诉讼法》第二百二十七条的关系，我们认为，在司法实践中需要注意以下几点。

一、立法目的以及对司法实践的影响

对于案外人权利救济问题，在起草立法条文时，立法机关曾有案外人申请再审、案外人另诉、案外人撤销之诉三种方案备选，最终选择了撤销之诉制度。撤销之诉作为一种非常救济制度，其主要立法目的旨在遏制侵害案外人利益的虚假诉讼行为，并以撤销之诉取代案外人申请再审制度，对未能参加诉讼获得程序保障的案外人，在判决、裁定、调解书的效力可能影响其权利时提供的一种救济渠道。司法实践中，考虑到生效法律文书一般不宜轻易更改以及法律的稳定性,我们必须要高度重视该新设制度对生效裁判稳定性可能带来的冲击和重大影响,慎重把握撤销之诉的适用条件和审理程序。

二、提起撤销之诉的主体

新《民事诉讼法》第五十六条前两款对有独立请求权和无独立请求权第三人参加诉讼的情况分别作了规定。上述两款第三人一旦参与诉讼,就已经成为原审诉讼的当事人,其救济途径应当是依照新《民事诉讼法》第一百九十九条申请再审。有的学者认为,遗漏必要共同诉讼人的,应当适用新《民事诉讼法》第二百条第(八)项"……应当参加诉讼的当事人,因不能归责于本人或者其诉讼代理人的事由,未参加诉讼的"。我们认为,新《民事诉讼法》第二百条第八项遗漏应当参加诉讼当事人的再审事由,看似能够包含除有独立请求权和无独立请求权第三人之外的案外人,但第二百条列举的是当事人申请再审的事由,其实并不能适用于案外人。而第五十六条第三款中的"第三人"由于实际上并未参加原审诉讼,对于原审当事人而言实属案外人,这与新《民事诉讼法》第二百二十七条案外人的内涵一致。故新《民事诉讼法》第五十六条第三款规定的"第三人"范围,实际上是除了参加原审诉讼当事人之外所有人,即案外人。因此,提起撤销之诉的主体,除了新《民事诉讼法》第五十六条规定的有法律上利害关系的第三人情形之外,司法实践中还应当包括遗漏的必要共同诉讼人的情形。对撤销之诉入口相对较宽,有利于打击恶意诉讼、虚假诉讼,保障合法权益确实受到侵害的当事人能够有救济渠道。我们认为,由于这次修法确立撤销之诉的立法目的意在取代《审监程序司法解释》依据修改前《民事诉讼法》第二百零四条规定解释而成的案外人申请再审制度,将遗漏必要共同诉讼人等情形也列入撤销之诉范围,不赋予案外人选择适用并行的案外人申请再审的权利,可以避免实践中可能产生的混乱。

三、诉讼主体称谓问题

一些学者主张,由于撤销之诉是新诉,故应将撤销之诉的提出人称为原告,以原诉原、被告为被告。我们认为,如称为原告、被告,遇到的问题是应否对新诉的双方当事人赋予上诉权,如果不服上诉的是否可以申请再审。从这一角度推导出去,撤销之诉将被运用得非常复杂。因此,应当将撤销之诉回归其原本之意,让撤销之诉主要行撤销之实,至于撤销相关判项之后仍有争议问题的,可通过其他方式救济和补充。撤销之诉是对生效裁判提起的新诉,与审判监督程序中的申请再审制度有类似之处,两者均是请求对原生效裁判错误的纠正。从我国台湾地区"民事诉讼法"的经验看,对该项制度未作规定的可以准用再审程序的一些规定处理。两者区别在于,再审之诉目的在于申请人请求得到支持时须调整原审当事人之间的权利和义务,撤销之诉目的在于申请人请求得到支持时须撤销原判中损害案外人合法权益的判项。因此,我们建议在案外人提出撤销之诉时,将诉讼主体称为撤销申请人与被申请人,在诉讼文书中予以列明。

四、撤销之诉的立案受理条件

案外人依据新的事实提起撤销之诉,人民法院应当依法受理。但为了避免对原生效裁

判的不当冲击,较之一般新诉的立案受理,应相对严格地予以审查。我们认为,至少应当包括以下几个条件:

第一,提出主体。包括两类:一是因不归责于本人的事由未参加原审诉讼,有证据证明原审当事人之间恶意串通、进行虚假诉讼,损害其合法权益的。也就是说,该主体需有证明上述内容的证据;二是有证据证明其应当参加原审诉讼,因不归责于本人的事由未参加,原审裁判损害其合法权益,且无法直接通过另诉方式解决争议的。遗漏的必要共同诉讼人应当成为撤销之诉的提出主体,这类案外人起诉时应当提交共有关系的证据。

第二,提出事由。主要是案外人认为原审裁判的部分或全部内容损害其合法权益的,该裁判对案外人实现合法权益形成障碍,案外人对此有不可分割的利益,且无法通过另诉方式解决。

第三,提出期限。《民事诉讼法》第五十六条第三款规定,案外人可以自知道或者应当知道其民事权益受到生效裁判侵害之日起6个月内提出。这里,"知道或者应当知道"的时间起算点,需案外人提交证据加以证明。

第四,撤销诉讼的具体请求。这是案外人提交给人民法院、明确其起诉所要解决的问题,即请求撤销哪些内容或判项,以使自己的合法权益不受生效裁判侵害。

第五,管辖法院。新《民事诉讼法》第五十六条第三款规定,案外人应当向作出该生效判决、裁定、调解书的人民法院提起诉讼。也就是说,向该案的终审法院提起诉讼。一审后裁判生效的,向一审法院提起;二审后裁判生效的,向二审法院提起。

此外,在对此类案件立案审查时,还应将上述条件与新《民事诉讼法》第一百一十九条规定的立案条件结合起来。至于以什么案号立案,立案后由法院内部哪个庭实质审查,是具体操作中的问题,有待进一步明确。

五、诉讼费用收取以及相关制裁措施

案外人提出撤销之诉属于新诉。既然是新诉,根据《诉讼费用交纳办法》第二条的规定,应当缴纳相关诉讼费用。但是,该办法尚未根据新《民事诉讼法》的修改而作相应修改,因此,具体交纳诉讼费用可根据一般规定计算。有观点认为,撤销申请人应当根据原生效裁判的诉讼费用标准交纳。我们认为,根据《诉讼费用交纳办法》的一般规定,应当根据案外人提出的撤销请求范围涉及的金额或价款为基数计算缴纳数额,具体而言,可比照该办法第十三条的规定办理。另外,为了防止案外人滥用权利以及避免撤销之诉形成新的虚假诉讼,需要明确的是,在撤销申请人的主张未得到法院支持的情况下,撤销申请人应当承担诉讼费用。在此情况下,被申请人还有要求撤销申请人赔偿损失的权利,可就不当提出撤销之诉的案外人提起侵权责任之诉。

六、撤销之诉的救济问题

我们认为,撤销之诉应行撤销之实。撤销之诉仅审理申请人提出的撤销诉讼请求是否成立,若成立的,仅撤销妨碍案外人权利实现的生效裁判相关判项,若所有判项均不当的,全部撤销,不对被撤销判项的实体权利义务作出界定。司法实践中,出于侵害他人权益而串通制造的虚假诉讼，常常表现为对实际权利人的刻意隐瞒，以达到他人不在场时骗取生效裁判文书的目的。因而，拥有合法权益的案外人一旦拿出权利凭证或者其他有力证据，多数恶意串通的原审当事人将不再继续主张权利，有的甚至会故意躲避新《民事诉讼法》第一百一十二条对于虚假诉讼妨碍民事诉讼课以强制措施予以制裁。如果原诉当事人依然对撤销部分的内容存在争议的，我们认为应当区别情况分别对待。如果撤销申请人与原审第三人争议的是债权，即撤销部分属于债权的，由于原诉债权与新诉不属于同一法律关系，无法合并审理，可告知当事人另诉解决。如果撤销申请人与原审当事人争议的是物权，还需进一步区分情形：一是属于遗漏的必要共同诉讼人的，如继承或共有关系，原生效裁判是一审终审的，撤销相关判项后，可通知撤销申请人参加共同诉讼，重新作出的一审裁判可以上诉；原生效裁判是二审终审的，经调解不能达成协议的，应撤销原判，发回重审，重审时应追加撤销申请人为当事人。二是不属于必要共同诉讼人的，撤销相关判项后，应当告知案外人以及原审当事人可以提起新的诉讼解决相关争议。

七、案外人依照审判监督程序处理的情形

新《民事诉讼法》第二百二十七条仍然保留了在执行程序中案外人提出异议可以按审判监督程序处理的制度，这里需要明确其与撤销之诉的各自适用范围。无需参加原审诉讼的案外人，在案件执行过程中发现其物权被生效裁判处置，损害其合法权益的，案外人又不符合提起撤销之诉条件时，向原审人民法院申诉的，该院发现确有错误的，应当按照新《民事诉讼法》第一百九十八条第一款的规定处理。这里主要是指案外人的物权被生效裁判误列为裁判主文的情形。

贯彻实施新《民事诉讼法》之七
——关于再审审查程序的理解与适用

高民智

新《民事诉讼法》对民事再审审查制度做了进一步修改,完善了"申请再审上提一级"的再审审级规定,赋予了当事人在法定条件下申请检察监督的权利,修改了再审事由、申请再审期限和审查程序等规定,使再审审查制度立法内容更为丰富,体系更为科学,事由更为明晰,程序更为完善,对于保障当事人依法行使申请再审权利,促进人民法院依法审查申请再审案件,具有重大而深远的意义。新《民事诉讼法》即将施行,如何正确适用再审审查程序的新规定是人民法院面临的一项紧迫任务。我们认为,正确适用再审审查程序新规定,要在准确理解立法意旨基础上,探索更便于当事人行使诉讼权利,更便于查清事实就地解决纠纷,更便于法院自觉接受监督的工作机制和方法。为此,应着重研究以下四个问题:

一、关于申请再审管辖法院

新《民事诉讼法》第一百九十九条在坚持"申请再审上提一级"规定的基础上,增加规定当事人一方人数众多和当事人双方为公民的案件也可以向原审人民法院申请再审,从而改变了申请再审一律由上一级法院管辖的原则。

据统计,当事人一方人数众多和当事人双方为公民的案件约占高级法院受理民事申请再审案件总量的30%。如何实现将这两类纠纷矛盾化解在基层、解决在当地的立法意图,同时又避免发生多头重复申请的情况,是适用再审审查新规定的首要问题。我们认为,解决这个问题,可以借鉴上诉案件的移送方法,探索建立向原审法院提交申请再审材料,区分不同情况,由原审法院受理或由原审法院向上一级法院报送案件的申请再审案件受理工作新机制。具体设想为:

1. 当事人一方人数众多和当事人双方为公民的案件,当事人申请再审的,应向原审法院提交再审申请书等材料。当事人向原审法院提交申请再审材料的时间为其申请再审时间。

当事人一方人数众多和公民之间的案件大多为劳动争议、损害赔偿、婚姻家庭、民间借贷、邻里纠纷等案件,一般争议标的额不大,法律关系简单,甚至诉讼标的额小于到上一级法院申请再审的费用。为贯彻立法便于当事人申请再审的目的,进一步减轻其申请再审的诉讼成本,这两类案件当事人申请再审的,应向原审法院提交再审申请书,由原审法院统一接收当事人申请再审材料。建立通过原审法院提交申请再审材料的受理工作机制,一是便于当事人申请再审,减轻当事人讼累;二是统一案件入口,避免发生上下级法院重复审查、裁判矛盾的问题;三是便于原审法院掌握本院生效裁判申请再审动态,及时发现问题改进审判质效;四是便于原审法院开展判后释明化解矛盾。通过原审法院对生效判决认定事实、采信证据、适用法律等方面的释明,使当事人理解和接受生效裁判,避免当事人因不理解裁判而盲目申请再审。当事人向原审法院提交再审申请书的时间为其申请再审时间。

2. 上述案件当事人选择向原审法院申请再审,原审法院经审查符合申请再审条件的,应依法受理。

原审法院收到再审申请书后,按照当事人是否选择向原审法院申请再审,对案件进行第一次分流。当事人选择向原审法院申请再审的,原审法院应审查申请再审的主体、事由、期间等是否符合法定条件以及申请再审的材料是否符合要求。再审申请符合法定条件,但申请再审材料不符合要求的,应一次性告知当事人需要补正的材料,待当事人补正后,及时受理审查。

3. 上述案件当事人选择向上一级法院申请再审,经原审法院释明,当事人同意向原审法院申请再审的,原审法院应依法受理;当事人坚持向上一级法院申请再审的,原审法院应在1个月内将当事人申请再审材料、案件卷宗和释明情况一并报送上一级法院。

对于当事人在再审申请书中明确选择向上一级法院申请再审的,原审法院应做好以下几方面的工作:一是开展判后释明。围绕当事人申请再审理由就生效裁判的事实认定、证据采信、法律适用、审判程序等问题,做好深入的释明和进一步的和解工作,并告知当事人享有向原审法院申请再审的选择权。具体的释明程序和要求可以由各高级法院根据本地实际予以细化。二是对案件进行二次分流。经释明,当事人撤回再审申请的,将申请再审材料退回当事人;当事人达成和解协议的,可以依申请出具再审裁定和调解书;当事人同意向原审法院申请再审,经审查符合受理条件且材料齐备的,应及时受理;当事人坚持向上一级法院申请再审的,应尊重当事人的选择权,及时将案件报送上一级法院。三是及时上报案件材料。对于需要向上一级法院报送的案件,原审法院应及时调齐案件卷宗,写明释明情况报告,随同当事人再审申请书等材料一并报送上一级法院。原审法院原则上要在1个月内完成上述工作。

二、关于"当事人一方人数众多和当事人双方为公民的案件"范围

立法赋予一方人数众多和双方为公民的案件当事人选择申请再审法院权利的主要目的,一是便利当事人参加诉讼,二是便利法院查明事实,就地解决纠纷。[①] 实现这一立法目的,要求在具体适用中尽量扩大享有选择权的当事人范围,充分尊重当事人选择原审法院申请再审的意愿。我们认为,可以按照以下标准界定两类案件范围:

(一)当事人一方人数众多的案件范围

原告、被告或者第三人一方为3人以上的案件可以作为当事人一方人数众多的案件。

---

① 参见王胜明主编:《中华人民共和国民事诉讼法释义》(最新修正版),法律出版社2012年版,第474页。

以一方当事人为3人以上为标准界定当事人一方人数众多的案件范围,既有利于保障当事人选择权,实现立法目的,又明确了原审法院接收案件材料及享有管辖权的案件范围,避免上下级法院重复受理案件,可以在一段时期内探索试行。值得注意的是,原审法院受理的3件以上的劳动争议、物业服务合同纠纷等一方当事人相同且诉讼标的是同一种类的案件,更适于就地查明事实,解决纠纷,本身也具备普通共同诉讼的特点,可以作为当事人一方人数众多的案件。

(二)当事人双方为公民的案件范围

符合一审原告和被告均为公民、二审上诉人和被上诉人均为公民、申请再审人和被申请人均为公民三种情形之一的案件可以作为当事人双方为公民的案件。我们认为,符合以下三种情况之一的案件应属当事人双方为公民的案件:

1. 一审原告和被告均为公民。原告和被告是本诉双方当事人,是民事诉讼两造对审模式的基本诉讼参加人,应以原告和被告为准划定此类案件范围。主要包括两种情况:一是一审生效的裁判,原告和被告均为公民的;二是二审生效的裁判,其一审阶段的原告和被告均为公民的。

2. 二审上诉人和被上诉人均为公民。二审的审理范围是当事人上诉请求范围,上诉人和被上诉人是二审争议的双方当事人,上诉人和被上诉人均为公民的,应属于此类案件。主要包括两种情况:一是一审原告和被告以及二审上诉人和被上诉人均为公民的;二是一审原告和被告有一方是公民,第三人是公民,第三人提出上诉或者是被上诉人,二审上诉人或者被上诉人均为公民的。

3. 再审申请人和再审被申请人均为公民。再审审查的范围是当事人主张的再审事由,再审申请人和再审被申请人是再审审查阶段的双方当事人,不论一审或者二审当事人是否均为公民,只要在申请再审阶段,其再审申请人和再审被申请人双方均为公民的,亦应属于此类案件。

三、关于申请再审期限新规定的适用

(一)新旧法的衔接

关于2013年1月1日之前生效的裁判申请再审期限如何计算的问题,我们认为,原则上应以按照2007年《民事诉讼法》的规定计算的申请再审期限为基础,具体应以申请再审期限至2013年1月1日是否届满为标准,区分为两种情况处理:一是申请再审期限至2013年1月1日已经届满的案件,在2013年1月1日后申请再审的,应不予受理;二是申请再审期限至2013年1月1日尚未届满的案件,应按照以下规则确定:

1. 剩余申请再审期限少于6个月的,不论依据何种事由申请再审,申请再审期限一律按照2007年《民事诉讼法》第一百八十四条的规定计算。

2. 剩余申请再审期限超过6个月的,除依据新《民事诉讼法》第二百条第(一)项和第(三)项申请再审的以外,申请再审期限计算至2013年6月30日。

3. 剩余申请再审期限虽然超过6个月,但是依据新《民事诉讼法》第二百条第(一)项和第(三)项申请再审的案件,申请再审期限按照2007年《民事诉讼法》第一百八十四条的规定从裁判生效之日起计算两年。

(二)受理阶段对于申请再审期限的审查标准

关于在受理阶段如何审查申请再审期限的问题,我们认为,对于2013年1月1日以后生效的裁判,当事人在裁判生效之日起6个月内申请再审的,不必区分所依据的事由,均符合法定申请再审期限规定。如果当事人在裁判生效之日起6个月后申请再审,则应当符合以下要求:

1. 须依据新《民事诉讼法》第二百条第(一)项、第(三)项、第(十二)项、第(十三)项申请再审。

2. 应书面说明所依据再审事由的发现时间,并提交相应证据,以便审查当事人知道或者应当知道该事由是否超过6个月。

3. 应提交支持再审事由的新证据材料并说明该新证据材料足以推翻原裁判的理由、证明原审主要证据系伪造的证据、原审依据的裁判文书被撤销或者变更的证据,或者审判人员枉法裁判的刑事判决或者纪律处分决定。

四、关于当事人申请检察监督新规定的适用

新《民事诉讼法》第二百零九条赋予当事人申请检察监督的权利,确立了申请再审先行,检察监督在后的程序。根据该条规定,我们认为,在以下两种情况下,应当告知当事人向检察院申请检察建议或者抗诉,不应作为申请再审案件受理:

一是再审申请人在人民法院驳回其再审申请后又向人民法院申请再审的。但为平等保障双方当事人权利,对方当事人在法定申请再审期限内申请再审的,应予受理。

二是当事人认为再审判决、裁定有错误向人民法院申请再审的。在案件已经适用再审程序作出生效裁判的情况下,依照新《民事诉讼法》第二百零九条的规定,全体当事人只能针对再审裁判申请检察监督。据此,目前适用于不服再审判决申请再审的"民再申字"案号不应继续适用。

贯彻实施新《民事诉讼法》之八

——关于检察监督制度的理解与适用

高民智

为了落实中央有关文件提出的"完善检察机关对民事、行政诉讼实施法律监督的范围和程序"的改革项目,新《民事诉讼法》加强了人民检察院对民事诉讼的法律监督。新《民事诉讼法》加强检察监督主要表现为三点:一是扩大检察监督范围,检察机关有权对违反国家利益和社会公共利益的民事调解书可以实施法律监督;二是增加检察监督方式,规定检察机关可以采用抗诉、检察建议等方式实现法律监督;三是完善检察监督程序,对当事人的申请须在3个月内审查完毕以及赋予检察机关在履行法律监督时有调查核实证据的权力。这些规定,对于强化检察监督,保障权利实现,促进司法公正,维护司法权威,将起到促进作用。与此同时,为了解决多头申诉、多头审查以及终审不终等问题,这次修法还确立了"法院救济先行,检察监督断后"的申请再审"路线图",进一步规范了当事人行使权利的路径。根据该"路线图"设计,在法院以及检察院各处理一次后,当事人便不得再行使程序性权利。这从制度上确立了有限再审制度,也是依法办事、依规律办事的体现,有力地促进了我国社会主义法治国家的建设。

一、关于检察建议

新《民事诉讼法》第二百零八条除确认了原有的抗诉方式之外,还增加了检察建议这一检察监督方式。人民检察院依照审判监督程序提出的旨在启动再审的检察建议,是将2011年3月最高人民法院、最高人民检察院会签文件《关于对民事审判活动和行政诉讼实行法律监督的若干意见(试行)》("两高"会签文件)中相关内容上升为立法而形成。我们认为,在司法实践中执行这一新制度应当注意以下几点:

(一)关于检察建议的受理审查

1. 审查是否提交相关书面材料。检察机关提出检察建议,应当一并移交检察建议书以及本案原审当事人的申请书和相关证据材料。

2. 审查检察建议的对象是否正确。检察机关建议再审的对象,应当是已经发生法律效力且依法可以再审的判决、裁定,或者损害国家利益、社会公共利益的调解书。我们认为,对损害国家利益、社会公共利益的调解书中的"损害国家利益、社会公共利益"的认定,应当从严把握。

3. 审查是否符合新《民事诉讼法》第二百零九条第一款的规定。即向人民检察院申请前,当事人已经向人民法院申请再审,被人民法院裁定驳回,或者人民法院逾期未作出裁定的。

4. 审查是否经相关组织讨论决定。"两高"会签文件仍有效力,在司法实践中应当继续执行。根据该文件,由于检察建议是人民检察院对同级人民法院生效裁判的监督方式,其被提交人民法院之前应当经过该人民检察院检察委员会讨论决定。

(二)决定是否再审的程序适用

司法实践中,应当注意区别人民检察院提出检察建议的标准和人民法院采纳检察建议的标准,前者为具有新《民事诉讼法》第二百条规定的再审事由,后者为新《民事诉讼法》第一百九十八条规定的原裁判确有错误的情形。在具体操作中,人民法院收到检察建议后,应当在3个月内进行审查,发现确有错误,或者检察建议针对的再审判决、裁定有明显错误,需要再审的,由该院院长提交审判委员会讨论决定。也就是说,认为检察建议成立的,依职权启动再审。经人民法院审查认为检察建议不成立的,应当书面回复人民检察院,并说明理由。

二、关于检察抗诉

最高人民检察院对各级人民法院的生效判决、裁定,上级人民检察院对下级人民法院的生效判决、裁定,有权提出抗诉,是原有规定。2012年修改《民事诉讼法》时,对抗诉的条件又注入了新的内容。我们认为,在司法实践中应当注意以下几点:

(一)对抗诉的形式审查

新《民事诉讼法》第二百一十一条规定:"人民检察院提出抗诉的案件,接受抗诉的人民法院应当自收到抗诉书之日起三十日内作出再审的裁定……"在一般情况下,人民法院对于抗诉案件应当作出再审的裁定,但是否一律均作出再审的裁定,最高人民法院2012年4月公布的指导案例7号《牡丹江市华隆房地产公司与牡丹江市宏阁建筑安装公司建设工程施工合同纠纷抗诉案》,以生动的案例解释了"三十日内"对检察机关抗诉予以形式审查的必要性。

1. 审查是否提交相关书面材料。人民检察院根据当事人的申请对民事案件提出抗诉的,人民法院应审查是否具有抗诉书和本案原审当事人的申请书及相关证据材料。

2. 审查抗诉的对象是否正确。人民检察院抗诉的对象应当是已经发生法律效力,且依法可以再审的判决、裁定或者损害国家利益、社会公共利益的调解书。对于民事裁定应当区别对待,除驳回起诉、不予受理的裁定可以抗诉之外,新《民事诉讼法》第一百五十四条规定的其他各种裁定,不予撤销仲裁裁决的裁定、诉讼费负担裁定、企业法人破产还债程序终结裁定、驳回当事人申请再审的裁定、执行程序中的裁定等,均是程序性的裁定,由于没有诉的内容,均系依法不可以抗诉再审的裁定。

3. 审查抗诉书是否指明法定事由。抗诉所针对的发生法律效力的判决、裁定,具有新《民事诉讼法》第二百条规定情形之一的。

4. 审查是否符合新《民事诉讼法》第二百零九条第一款的规定。即向人民检察院申请前,当事人已经向人民法院申请再审,被人民法院裁定驳回,或者人民法院逾期未作出裁定的。

(二)形式审查后的处理

经形式审查,发现材料不符合要求的,人民法院首先要与检察机关沟通,要求其撤回或补正;检察机关坚持不予撤回或补正的,才可以裁定不予受理。

(三)审查中应注意的问题

需要指出的是,人民法院对抗诉案件的审查程序应当是形式性审查,至于抗诉理由是否应当支持,应是裁定再审之后再审的任务。同时应当明确的是,抗诉是国家法律赋予检察机关的一项法律监督权,一般情形下,接受抗诉的人民法院应当裁定再审。审查不是限制检察机关的抗诉,而是在检察机关抗诉出现随意性的情况下,减少和避免人民法院在处理中遇到的程序法上的难题和困境。

三、与检察监督衔接以及涉诉信访问题

为确保2012年修法成果落到实处,在理解和适用"法院救济先行,检察监督断后"过程中,我们认为应注意以下几点:

(一)申请检察监督的路径

符合新《民事诉讼法》第二百零九条规定情形的案件,当事人可向人民检察院申请检察建议或者抗诉,当事人向人民法院信访申诉要求再审的,人民法院应当告知其向人民检察院反映诉求。同时,考虑到法律从制定到实施往往需要一个过程,特别是大多数涉诉信访群众,受限于教育背景、工作经历、生活环境等因素,不能充分理解法律修改的情况,或惯性使然而会坚持向人民法院信访申诉要求再审,人民法院应积极释明法律,告知当事人向相关机关申诉。

(二)对《民事诉讼法》修改前生效裁判的检察监督的适用

《民事诉讼法》修改增设的第二百零九条,并没有规定当事人申请检察监督的期间。故新《民事诉讼法》实施后,对于人民法院2013年1月1日之前作出的符合新《民事诉讼法》第二百零九条第一款第(一)、(三)项情形的案件,当事人仍可向人民检察院申请检察建议或者抗诉。当事人向人民法院信访申诉要求再审的,人民法院不予受理,并耐心向当事

作好解释工作。

(三) 涉诉信访终结案件一般不适用检察监督

此次《民事诉讼法》修改前,为贯彻落实中央关于涉诉信访终结工作的要求,依据法律规定,最高人民法院制定了《人民法院涉诉信访案件终结办法》。按照办法规定,各级人民法院严格落实"四个到位"的要求,先后终结了一批涉诉信访积案,保障了当事人的诉讼权利,解决了信访群众反映的合理诉求,促进了社会和谐稳定,获得了中央的肯定和支持。对于这一特定时期的做法,在《民事诉讼法》修改生效后,我们认为不应予以否定,涉诉信访终结案件当事人依据新《民事诉讼法》第二百零九条的规定申请检察监督的,人民检察院一般不宜再提起检察监督,否则将导致终结案件反复,影响社会稳定。

(四) 对未经申请再审的案件申诉处理

新《民事诉讼法》第二百零九条设定了当事人申请检察建议或者抗诉的前置条件,即经人民法院再审审查或者再审审理。故不具备前置条件的,或者没有在法定期限内申请再审的,当事人不能向人民检察院申请检察建议或者抗诉。在此情形下,当事人向人民法院信访申诉要求再审的,我们认为,人民法院一般也不宜再受理审查提起再审。

(五) 对检察机关不予检察监督的处理

人民检察院根据当事人的申请,在3个月内经过审查之后,作出了不予提出检察建议或者抗诉的决定。根据法律规定,当事人不得再次向人民检察院申诉,相应地,当事人也不能再向人民法院申诉。当事人信访申诉要求再审的,我们认为,人民法院不宜再受理审查并提起再审。

(六) 检察机关提出检察建议后的处理

人民法院经审查进入再审程序,再审维持原裁判,申请检察监督当事人不服的,或者再审改变原裁判,对方当事人不服的,无论是申请检察监督的当事人,还是对方当事人,已经穷尽《民事诉讼法》赋予的诉权,其诉讼程序上的权利已经得到了充分保障,故人民法院不应再作为申请再审案件受理审查。人民法院审查认为检察建议不成立,当事人向人民法院信访申诉要求再审的,我们认为,人民法院不宜再受理审查并提起再审。

(七) 检察机关提出抗诉后的处理

对于符合形式要件的抗诉,人民法院应在30日内作出再审裁定。对不符合形式要件的,人民法院应当要求人民检察院予以补正或撤回抗诉,在此期间当事人到法院信访的,人民法院可告知其到人民检察院寻求释明。人民检察院经人民法院要求不予补正或撤回的,人民法院可以裁定不予受理。因抗诉裁定再审后,再审裁判维持原审裁判或予以改判的,双方当事人再行申诉的,我们认为,人民法院不宜再受理审查并提起再审。

此外，为确保新《民事诉讼法》第二百零九条的施行，当务之急是，各级人民法院应当采取多种方式，加大宣传力度，引导当事人依照法律规定有序表达诉求。特别是各高级法院，要进一步发挥进京访屏障的作用：一是切实做好当事人的服判息诉工作；二是对于当事人不服驳回再审申请或者再审裁判继续信访申诉的，尽量引导其选择向同级人民检察院申请检察建议；三是当事人执意赴京上访的，要耐心告知相关法律规定，引导其有序申诉。同时，为支持人民检察院做好检察监督工作，人民法院应与人民检察院建立交流、协作机制，通过提供近年来法院接待的当事人可能申请检察建议或抗诉情况的案件数量、类型，为人民检察院科学研判形势、优化工作配置提供参考。通过定期与人民检察院沟通，了解不予提出检察建议或抗诉的案件情况，实现信息及时共享，统一工作口径，配合人民检察院共同做好法律释明工作，消除当事人认识上的误区，促使其早日息诉罢访。

【请示与答复】

企业集团财务公司为成员单位与非成员单位之间办理委托贷款签订的委托贷款合同应认定有效

张雪楳[*]

委托贷款,系指由政府部门、企事业单位及个人等委托人提供资金,由贷款人(即受托人)根据委托人确定的贷款对象、用途、金额期限、利率等代为发放、监督使用并协助收回的贷款。2004年颁布实施的《企业集团财务公司管理办法》以及2006年修订的《企业集团财务公司管理办法》均在第二十八条规定,企业集团财务公司可以办理成员单位之间的委托贷款。由上述规定可见,企业集团财务公司可以作为受托人办理委托贷款业务,但其只能在成员单位之间办理委托贷款业务。在司法实务中,存在着企业集团财务公司为成员单位和非成员单位之间办理委托贷款的情形,在该情形下,当事人间签订的贷款协议的效力如何认定,存在争议,本文特结合最高人民法院审理的(2010)民二他字第29号原告宁夏电力投资集团有限公司(后更名为宁夏电力投资集团有限公司,以下简称电投公司)与被告中国电力财务有限公司西北分公司(以下简称中电财西北分公司)、第三人宁夏华源冶金实业有限公司(以下简称华源公司)、李文胜委托贷款合同纠纷请示案对该问题进行分析。

一、案情简介

2004年10月14日,电投公司与西北电力集团财务有限公司宁夏业务代理处(以下简称宁夏代理处)、华源公司签订了一份编号为2042022号的《委托贷款合同》,约定:本贷款为委托贷款;甲方(电投公司)全权委托乙方(宁夏代理处)将自有资金3720万元按委托贷款程序向丙方(华源公司)发放和收回;甲方同意丙方将合同项下借入的本金用于流动资金,乙方不对丙方运用该款承担任何责任;借款期限为108个月,即自2004年10月14日起至2013年10月14日止;贷款的月利率为5.083‰,贷款利息由乙方向丙方收取,按季结息,乙方在收取利息后3个工作日内将贷款利息划入甲方账户;乙方须代扣代缴甲方应得的委托贷款利息收入的营业税金及附加费,该税费从丙方支付的利息中扣减;乙方按贷款余额的0.4‰向甲方收取手续费,于合同生效后一次性支付;该合同还对三方的权利义务、还款额度、还款时间及违约责任等事项进行了约定。2004年10月19日,三方又签订了另外一

---

[*] 最高人民法院民事审判第二庭法官。

份编号为2042023号的《委托贷款合同》，该合同除约定贷款金额为300万元、借款期限为12个月（即自2004年10月19日起至2005年10月19日止）、贷款月利率为5.75‰外，其他约定均与第一份《委托贷款合同》相同。2005年10月19日，三方针对第二份300万元的《委托贷款合同》签订了一份《委托贷款展期协议》，约定展期期限为6个月，自2005年10月19日起至2006年4月19日止。以上两份《委托贷款合同》签订后，原告电投公司分别于合同签订当日通过宁夏代理处如约向华源公司提供了4020万元贷款。但华源公司针对第一笔3720万元贷款，仅于2005年1月14日还款50万元，以2004年10月交存于原告的500万元保证金抵付500万元的委托贷款本金，共计还款550万元，之后再未按照双方约定的还款额度和还款时间偿还贷款本金及相应利息。而在第二笔贷款展期到期后，华源公司也未对该笔贷款予以偿还。后电投公司于2008年1月28日、2008年3月14日分别向华源公司发出《委托贷款询证函》及《催收委托贷款本金及利息的函》，敦促其及时支付所欠逾期的贷款本金及利息。2008年12月31日，华源公司向电投公司出具了《还款计划》。同日，李文胜向电投公司出具了《担保函》，承诺为华源公司履行两份《委托贷款合同》项下的相关义务提供连带担保责任，并对华源公司出具的《还款计划》承担连带担保责任。但在该《还款计划》和《担保函》作出后，第三人华源公司和李文胜均未如期履约。2009年2月1日，电投公司向华源公司及李文胜发出《关于偿还借款的敦促函》，敦促其采取积极措施和行动，严格履行还款承诺。

另查明：(1)宁夏代理处登记成立于1996年12月，系原西北电力集团财务有限公司在宁夏依法设立的分支机构。2000年11月，国家电力公司根据中国人民银行《关于中国电力信托投资有限公司改组为中国电力财务有限公司的批复》文件和《关于西北电力集团财务有限公司等四家财务公司改组为中国电力财务有限公司分公司的批复》文件，按照公司体制改革的总体部署，将"西北电力集团财务有限公司"改组更名为"中国电力财务有限公司西北分公司"，取消其法人资格，原西北电力集团财务有限公司在西北各地区的业务由中电财西北分公司统一管理，中电财西北分公司在总公司法人授权范围内，按照新换发的《金融机构营业许可证》继续为所在地区电力系统内成员单位提供金融服务。2000年11月，中国电力财务有限公司下发了《关于授权中国电力财务有限公司西北、华东、华中分公司开展金融业务的通知》。2004年1月1日，中电财西北分公司总经理翟本达签发"授权委托书"，授权中国电力财务有限公司宁夏业务部主任白国华"根据工作需要，签署中国电力财务有限公司宁夏业务部关于办理存款、借款；办理银行承兑汇票、商业汇票的贴现；办理委托贷款；办理转账结算；办理财务顾问及其他咨询代理业务"。2007年6月，中国银行业监督管理委员会陕西监管局向中电财西北分公司核发了《中华人民共和国金融许可证》。2005年11月，中国电力财务有限公司下发了《关于变更"西北电力集团财务有限公司宁夏代理处"名称的通知》，将原"西北电力集团财务有限公司宁夏代理处"名称变更为"中国电力财务有限公司宁夏业务部"。2005年12月，"西北电力集团财务有限公司宁夏代理处"被依法吊销营业执照。(2)中电财西北分公司于2007年12月1日、2008年6月1日、2009年6月2日先后向华源公司发出三份《委托贷款付息通知书》，要求华源公司接到通知书后，按期将约定的贷款利息划入华源公司在中电财西北分公司开立的账户；2009年11月2日，电投公司向中电财西北分公司发出《关于解除委托贷款合同的函》,声明由于华源公司违反合同约定,不能按期归还借款本息,电投公司分别发出通知,解除 2004 年贷字第 2042022 号和 2004 年贷字第 2042023 号《委托贷款合同》。

由于华源公司和李文胜均未能如期履约,电投公司诉至法院,请求:(1)解除三方签订的 2042022 号、2042023 号两份《委托贷款合同》及《委托贷款展期协议》,或者确认原告于 2009 年 11 月 2 日发出的《关于解除委托贷款合同的函》是有效的;(2)判令被告中电财西北分公司、第三人华源公司、第三人李文胜连带偿还原告贷款本金 3470 万元,利息 11407506.85 元,共计 46107506.85 元;(3)本案诉讼费用由被告和第三人共同承担。

二、请示问题及争议观点

该案的争议焦点问题之一是案涉《委托贷款合同》是否合法有效问题。原审法院就该问题向最高人民法院请示。原审法院形成两种意见:

多数意见认为,中国银行业监督管理委员会制定的《企业集团财务公司管理办法》中明确规定:"财务公司代表处不得经营业务",而本案《委托贷款合同》的签订一方是原宁夏代理处,违反了《企业集团财务公司管理办法》的明确规定,故案涉合同存在违反法律强制性规定的情形,应属无效合同。《企业集团财务公司管理办法》虽然只是一部部门规章,但金融秩序是国家强制性管理的社会秩序,对维护国家正常经济活动的开展至关重要,应将之视为国家法律政策的强制性规定,而违反其中规定签订的合同则应视为无效。另外,2000 年 11 月,国家电力公司根据中国人民银行《关于中国电力信托投资有限公司改组为中国电力财务有限公司的批复》文件和《关于西北电力集团财务有限公司等四家财务公司改组为中国电力财务有限公司分公司的批复》文件,按照公司体制改革的总体部署,将"西北电力集团财务有限公司"改组更名为"中国电力财务有限公司西北分公司",取消其法人资格,原西北电力集团财务有限公司在西北各地区的业务由中电财西北分公司统一管理,中电财西北分公司在总公司法人授权范围内,按照新换发的《金融机构营业许可证》继续为所在地区电力系统内成员单位提供金融服务。而本案现已查明,借款人华源公司并非宁夏电力系统内成员单位,因此,本案被告中电财西北分公司为非电力系统内成员单位提供金融服务、进行委托贷款业务的行为因无授权而属无效,故本案案涉的《委托贷款合同》应属无效合同。

少数意见认为,《合同法》第五十二条第(五)项规定:"违反法律、行政法规强制性规定的合同无效";《最高人民法院关于适用〈中华人民共和国合同法〉若干问题的解释(一)》第四条明确规定:"人民法院确认合同无效,应当以全国人大及其常委会制定的法律和国务院制定的行政法规为依据,不得以地方性法规、行政规章为依据。"根据上述规定,从鼓励交易的精神出发,要十分谨慎地认定合同无效,避免产生阻碍合法交易的后果。首先,人民法院只能依据全国人大及其常委会制定的法律和国务院制定的行政法规认定合同无效,而不能直接援引地方性法规和行政规章作为判断合同效力的依据;其次,只有违反法律和行政法规的强制性规定才能确认合同无效,而强制性规定又包括管理性规范和效力性规范。管理性规范,是指法律和行政法规未明确规定违反此类规范将导致合同无效的规范,此类规范旨在管理和处罚违反规定的行为,但并不否认该行为在民商法上的效力。效力性规范,是指法律和行政法规明确规定违反此类规范将导致合同无效的规范,此类规范不仅旨在处罚违反之行为,而且意在否定其在民商法上的效力。本案中,《委托贷款合同》和《委托贷款展期协议》均是各方当事人的真实意思表示,第三人华源公司和李文胜提出"合同无效"的抗辩,其依据的是中国银行业监督管理委员会制定的《企业集团财务公司管理办法》中"财务公司代表处不得经营业务"的规定,而《企业集团财务公司管理办法》只是一部部门规章,并且该规章属于确认"市场准入"的管理性规定,故不能以此作为判断合同效力的依据。本案《委托贷款合同》和《委托贷款展期协议》均为各方真实意思表示,其内容并不违反法律和行政法规的强制性规定,应为合法有效的合同。

三、二审法院争议意见

在讨论过程中,二审法院形成两种意见:

多数意见认为,《合同法》第五十二条第(五)项规定:"违反法律和行政法规的强制性规定的,应认定合同无效。"《最高人民法院关于适用〈中华人民共和国合同法〉若干问题的解释(一)》第四条进一步规定:"合同法实施以后,人民法院确认合同无效,应当以全国人大及其常委会制定的法律和国务院制定的行政法规为依据,不得以地方性法规、行政规章为依据。"《最高人民法院关于适用〈中华人民共和国合同法〉若干问题的解释(二)》第十四条规定:"合同法第五十二条第(五)项规定的'强制性规定',是指效力性强制性规定。"基于上述规定,认定合同无效的法律规范的效力层级应为法律和行政法规,而《企业集团财务公司管理办法》仅系部门规章,故不应依据其认定合同的效力。即使因为在该领域没有法律和行政法规的规定,可以参照该规定认定合同的效力,但由于其是作为行政管理部门对企业集团财务公司经营业务范围进行监管的管理性规定,故违反该规定,也并不影响当事人之间民商事行为的效力,只是应由行政管理部门给予行政处罚。基于尽量促进合同有效、慎重认定合同无效的基本原则,我们应慎重认定合同无效,不宜轻易扩大无效合同的范围。企业集团财务公司为成员单位和非成员单位之间进行委托贷款是否损害社会公共利益,从不同角度考察会得出完全不同的结论。如果从金融秩序管理的角度考察,未经许可,其为非成员企业拆借资金可以认定损害了金融机关秩序,似乎损害公共利益。如从更大的范围考察,企业拆入资金的目的是用于生产经营,从而发展壮大,增加了社会财富、增加了就业、丰富了人民的物质生活,增加国家税收;而资金拆出方也提高了闲置资金的利用率,增加了收入,收取的利息或资金占用费也依法交纳了营业税,并非以资金拆出作为经营性收入业务,无损社会公共利益。从目前我国金融监督管理的政策分析,总的趋势是放宽,如果国家过多干预市场主体的行为,则不利于繁荣经济。综上,违反《企业集团财务公司管理办法》的规定,并不损害社会公共利益和国家利益。尽管《企业集团财务公司管理办法》规定"财务公司代表处不得经营业务",但其民事责任应由其上一级机构承担,在其上一级机构具有金融业务资质且对代表处有进行委托贷款业务授权的情形下,应认定合同有效。

少数意见认为,关于贷款人的资质,依据我国《贷款通则》第二十一条的规定,贷款人必须经中国人民银行批准经营贷款业务,持有中国人民银行颁发的《金融机构法人许可证》或《金融机构营业许可证》,并经工商行政管理部门核准登记。国务院颁布的《非法金融机构和非法金融业务活动取缔办法》第四条规定:"本办法所称非法金融业务活动,是指未经中国人民银行批准,擅自从事的下列活动:……(三)非法发放贷款、办理结算、票据贴现、资金拆借、信托投资、金融租赁、融资担保、外汇买卖;……"第五条规定:"未经中国人民银行依法批准,任何单位和个人不得擅自设立金融机构或者擅自从事金融业务活动。"金融行业是特许行业,在不具有从业资质的情形下,相关主体签订的贷款合同应认定无效。关于企业集团财务公司的业务范围的规定,最高效力层次的规范性文件就是《企业集团财务公司管理办法》。虽然其仅系部门规章,但如果违反其规定有损社会公共利益和国家利益,则应认定合同无效。尽管在合同领域,我们应尊重当事人意思自治,慎重认定无效,但由于金融领域涉及国家金融安全,涉及国家和社会公共利益的保护问题,因此,上述规定才对贷款人的资质以及企业集团财务公司的业务范围进行了限定。2004年7月27日,中国银监会颁布了《企业集团财务公司管理办法》。2006年进行了修订,于同年12月28日颁布实施。本案委托贷款行为发生在2004年10月,应适用修订前的办法的规定。修订前的《企业集团财务公司管理办法》第二条、第三条、第十八条、第二十八条规定,财务公司是指以加强企业集团资金集中管理和提高企业集团资金使用效率为目的,为企业集团成员单位(以下简称成员单位)提供财务管理服务的非银行金融机构。财务公司可以经营下列部分或者全部业务:……(五)办理成员单位之间的委托贷款及委托投资。而财务公司的代表处不得经营业务,只限于从事业务推介、客户服务、债权催收以及信息的收集、反馈等相关工作。企业集团是指在中华人民共和国境内依法登记,以资本为联结纽带、以母子公司为主体、以集团章程为共同行为规范,由母公司、子公司、参股公司及其他成员企业或机构共同组成的企业法人联合体。成员单位包括母公司及其控股51%以上的子公司(以下简称子公司);母公司、子公司单独或者共同持股20%以上的公司,或者持股不足20%但处于最大股东地位的公司;母公司、子公司下属的事业单位法人或者社会团体法人。由上述规定可见,财务公司仅能办理成员单位之间的委托贷款及委托投资。而财务公司的代表处不得经营业务,只能从事业务推介、客户服务、债权催收以及信息的收集、反馈等相关工作。显然,请示案中所涉用资人华源公司并非宁夏电力系统内成员单位,不属于财务公司可以进行委托贷款的成员范围,而且,受托人为财务公司的业务代理处,并不具有办理委托贷款义务的资质。退一步而言,尽管业务代理处不具有办理委托贷款业务的资质,但其民事责任应由其上一级机构承担,在其上一级机构西北电力集团财务有限公司(现为中国电力财务有限公司西北分公司)具有金融业务资质且代理处具有授权的情形下,可以不因该主体瑕疵认定合同无效,但由于上述办法明确规定企业集团财务公司只能为成员单位进行委托贷款,不能超出成员单位的范畴,而《企业集团财务公司管理办法》第二十八条的规定既具有管理性也具有效力性,在其立法目的在于维护国家金融秩序、保护社会公共利益的情形下,违反其规定,应认定合同无效。

四、中国银监会意见

为进一步明确争议问题,二审法院法官电话征询了中国银监会相关同志的意见,相关同志认为,企业集团财务公司只是企业集团内部的金融机构,其所有业务范围都只限于集团成员单位之间,包括委托贷款业务,它的服务对象不能扩大到非成员单位。如果扩大到非成员单位,银监会将对其进行行政处罚。至于合同效力如何认定,则由法院决定。

五、答复内容

2010年10月20日,最高人民法院作出(2010)民二他字第29号《关于原告宁夏电力投资集团有限公司诉被告中国电力财务有限公司西北分公司、第三人宁夏华源冶金实业有限公司、第三人李文胜委托贷款合同纠纷一案请示的答复》,该答复载明:

宁夏回族自治区高级人民法院:

你院《关于原告宁夏电力投资集团有限公司诉被告中国电力财务有限公司西北分公司、第三人宁夏华源冶金实业有限公司、第三人李文胜委托贷款合同纠纷一案的请示》收悉。经研究,答复如下:

请示案件主要涉及《委托贷款合同》的效力问题,解决该问题的关键取决于受托人是否具有进行委托贷款的资质。根据《贷款通则》第七条以及《企业集团财务公司管理办法》第二条、第三条、第十八条、第二十八条的规定,财务公司是为企业集团成员单位(以下简称成员单位)提供财务管理服务的非银行金融机构。财务公司可以办理成员单位之间的委托贷款及委托投资。财务公司的代表处不得经营业务,只限于从事业务推介、客户服务、债权催收以及信息的收集、反馈等相关工作。请示案件中,在签订合同之时,受托人为西北电力集团财务有限公司宁夏业务代理处,用资人宁夏华源冶金实业有限公司并非宁夏电力系统内成员单位。但上述办法的规定系管理性规定,且尽管业务代理处不具有办理委托贷款业务的资质,但其民事责任应由其上一级机构承担,在其上一级机构西北电力集团财务有限公司(现为中国电力财务有限公司西北分公司)具有金融业务资质、当事人系基于意思自治签订合同的情形下,不应否定合同的效力。

综上,同意你院审委会的少数意见。

以上意见仅供参考。

【庭推纪要】

金融机构负责人以金融机构名义对外借款，金融机构是否承担民事责任

林海权*

山东省高级人民法院（以下简称山东高院）在审理李强、郑义、王永宝与泰安市泰山区农村信用合作联社（以下简称泰山区农联社）、泰安市泰山区农村信用合作联社财源信用社（以下简称财源信用社）借款合同纠纷系列案中，就信用社对其负责人以出具加盖信用社公章的借据形式的借款行为应否承担民事责任的问题，请示最高人民法院。

一、案件主要情况

本请示问题涉及多个案件，山东高院就其中三个案件进行请示，具体如下：

1. 李强案

2007年12月14日，李强通过财源信用社主任赵勇介绍借给案外人山东开阀阀门有限公司940万元，借款期限为1个月，支付利息30万元，该借款已偿还。2008年2月18日至8月28日，赵勇共向李强借款5笔，借款数额共计2464万元，借款均汇入了赵勇指定账户。期间赵勇偿还了1166万元，将款项汇入了李强指定的账户（其中有山东开阀阀门有限公司的账户），尚欠1298万元。赵勇向李强出具了多份借条，其中2008年6月25日的借条载明：今借李强资金1300万元，此款划到山东华港工贸有限公司。赵勇签字按手印，并加盖财源信用社的公章。李强将借款1274万元汇入山东华港工贸有限公司账户（该账户赵勇也一直使用），其余26万元李强作为高息收取。2008年8月29日，赵勇将之前出具的借条除上述2008年6月25日借条外收回，又出具一张总借条，借条载明：今借到李强1600万元，分别汇入山东华港工贸有限公司、山东京宝丽公司、徐翠账户。借款人自借款之日承担所借款总额月利息3%，期限20天。赵勇签字按手印并加盖财源信用社的公章。该借条是赵勇利用职务之便在加盖公章的空白纸张上书写而成。以上两借条所加盖的公章系泰山区农联社的真实公章。财源信用社系泰山区农联社的分支机构，不具备法人资格。赵勇在本案的行为被生效的刑事判决认定为非法吸收公众存款罪。2008年9月24日，李强诉至一审法院，要求财源信用社、泰山区农联社偿还借款1330万元及利息。

---

* 最高人民法院民事审判第二庭法官。

一审法院认为:赵勇系财源信用社原主任,在本案发生期间主持财源信用社的日常工作。赵勇伙同尹逊江为非法吸收公众存款,亲自与李强等人商谈借款等事宜,擅自出具加盖财源信用社公章的借条等,对外出具借条进行经济犯罪活动的行为,应属于金融机构工作人员利用职务便利实施的犯罪行为。赵勇的行为使李强有充分理由认为赵勇是在履行职务行为,借款等行为系财源信用社所为,从而造成非法吸收公众存款等犯罪行为最终得逞。上述情形之所以能够发生,赵勇利用其特殊的身份参与非法吸收公众存款活动固然系主要原因,但也与财源信用社、泰山区农联社规章制度不健全、用人失察、对泰山区农联社管理人员监管不力密不可分,故财源信用社、泰山区农联社在本案中具有明显过错,应依法对李强的损失承担赔偿责任。判决:财源信用社、泰山区农联社赔偿李强借款1298万元,并赔偿李强经济损失(借款本金活期存款利息的60%),驳回李强的其他诉讼请求。

2. 郑义案

2008年7月16日,中间人韩山领着郑义等人到赵勇办公室,经协商后,赵勇向郑义出具借据一份,内容为:今借到现金人民币300万元整,使用期限3个月,2008年7月16日至2008年10月16日。使用费人民币37万元整,每月支付9万元,到期支付人民币叁佰叁拾玖万元整,本息结清,否则按期加倍支付使用费。赵勇在该借条上捺手印,并加盖有"泰安市泰山区农村信用合作联社财源信用社"的公章,但该公章经鉴定为假公章。赵勇将此借据交给韩山保管。同日,郑义将300万元由中国银行泰山支行以转账的方式汇入财源信用社主任赵勇指定的户名为陈芳的账户,韩山在确认该款项已到账后将借据交给郑义。为此,赵勇从300万元中向中间人韩山支付18万元利息。1个月到期后,赵勇向郑义支付了第一个月的使用费9万元,其余的使用费未支付,300万元借款本金也未能偿还。赵勇在本案的行为被生效的刑事判决认定为非法吸收公众存款罪。郑义依据2008年7月16日的借据诉至法院,请求判令泰山区农联社偿还借款和利息,赵勇和陈芳承担连带责任。

一审法院认为,赵勇以非法吸收公众存款犯罪的方式,以财源信用社的名义向郑义出具借据并收取了300万元借款,事实清楚,证据充分。因赵勇所实施的借款行为为非法吸收公众存款的犯罪行为,双方之间的借款合同应为无效合同,赵勇因此应承担返还本金并赔偿郑义相应经济损失的责任。对于泰山区农联社应否承担返还责任,从签订借款协议的对象来看,是与当时是财源信用社主任的赵勇签订的;从借款用途来看,因赵勇对韩山讲的是财源信用社客户贷款马上到期,需要资金周转,韩山对郑义讲是信用社需要资金,用于垫资,应认定为用于信用社资金周转;从签订借款协议的场所来看,办理借款手续是在财源信用社赵勇的办公室;从借据的表征来看,有财源信用社主任赵勇的亲笔签名并捺手印,并加盖有财源信用社公章,虽然该公章系假公章,但在当时的地点和情况下,郑义自认为该公章是真的,直到赵勇案发后,才知道公章是假的。因此,郑义有理由信赖赵勇是代表信用社的,借款的对象是财源信用社。反之,如果不是财源信用社要钱,不是该社主任亲自办理并签字捺手印并加盖信用社的公章,郑义也不会将钱出借。综上,赵勇所实施的借款行为已构成表见代理即财源信用社的借款行为,泰山区农联社依法承担返还借款本金的民事责任。对郑义的借款本金291万元的经济损失,应由犯罪人赵勇偿还。判决如下:泰山区农联社返还争议借款本金291万元;泰山区农联社承担返还责任后有权向赵勇追偿;赵勇赔偿郑义经济损失(借款本金活期存款利息);驳回郑义的其他诉讼请求。

3. 王永宝案

2007年10月至2008年9月间,赵勇与王永宝之间共发生19次借款,共计2078.4万元。2009年1月19日,王永宝在公安机关对其询问笔录中认可赵勇尚欠1396.84万元本金未还。2008年9月5日,赵勇给王永宝出具了一份1473.4万元的借据,该借据加盖了财源信用社的真实公章。王永宝在庭审中还出示了2008年9月1日王永宝(乙方)为出借人与财源信用社(甲方)签订的一份借款协议复印件,内容为:甲方急需部分资金完成各项任务,经联社理事长刘恩成、主任陈兰国多次要求,由乙方帮忙筹措部分资金缓解甲方燃眉之急,经双方协商,达成如下协议:(1)乙方在短时间内筹措资金直接打入赵勇指定账户。(2)乙方借给甲方的资金使用期限15天,从该资金的最后一笔支付给赵勇指定账号时算起,甲方从前向乙方的借款视为本次借款,乙方或乙方指定的他方向甲方账户支付的款项,均属于甲方向乙方的借款。(3)乙方向甲方借予的资金如在规定时间内不能偿还,由甲方承担月利率为六分的利息,以示惩罚。(4)此次借款属甲方应急所用,由乙方尽最大能力筹措,数量不限,如甲方违约由财源信用社承担一切经济和法律责任。甲方代表赵勇签字并加盖了财源信用社的公章。对于该借款协议复印件,赵勇在刑事案件的询问笔录中称,该借款协议是出事以前打的,信用社领导不知道,协议的章是真实的。另,泰安中院生效刑事判决认为,认定赵勇对王永宝的借款行为是非法吸收公众存款罪的证据不充分,故没有认定本案的借款为非法吸收公众存款。王永宝依据2008年9月5日的借据诉至法院,请求判令泰山区农联社偿还借款1473.4万元及利息。

一审法院认为,2008年9月1日,王永宝与泰山区农联社所属财源信用社签订了一份借款协议,泰山区农联社主张该借款协议的公章与借据上加盖的公章不一致,但赵勇已经认可是其与王永宝签订的。《合同法》第五十条规定:"法人或者其他组织的法定代表人、负责人超越权限订立的合同,除相对人知道或者应当知道其超越权限以外,该代表行为有效。"泰山区农联社未能提交有效证据证明财源信用社在内部权限划分上,对负责人对外订立合同进行了明确限制,由于单位的行为能力及意思表示是通过负责人以单位的名义所为的行为,故单位负责人的行为即是单位的法律行为,赵勇在借款协议上签字的行为应当认定为财源信用社对借款协议的确认,由此产生的权利义务对单位具有约束力。根据《民法通则》第四十三条关于"企业法人对它的法定代表人和其他工作人员的经营活动,承担民事责任"的规定,泰山区农联社应当对赵勇的行为承担民事责任。该借款协议的内容中明确约定"甲方从前向乙方的借款视为本次借款",且在王永宝将借款交付给赵勇后,赵勇给王永宝出具了加盖财源信用社的借据,泰山区农联社主张借据上的公章属于赵勇盗盖,由于赵勇系财源信用社的主任,王永宝有理由相信其对单位公章有使用的权利,故应认定王永宝与财源信用社的借款关系成立。财源信用社是泰山区农联社的分支机构,不具备法人资格,其民事责任应当由泰山区农联社承担。本案中的借款合同违反了《商业银行法》等法律法规的强制性规定,应当认定为无效,对于借款合同无效,双方均有过错,但泰山区农联社应承担主要责任,故财源信用社应当将所借资金返还王永宝,并赔偿王永宝的损失的70%,损失按照中国人民银行活期存款利率计算。判决:泰山区农联社返还王永宝资金200万元,并赔偿损失（借款本金 200 万元的活期存款利息）；泰山区农联社返还王永宝资金 1196.84 万元并赔偿损失（借款本金 1196.84 万元活期存款利息的 70%）；驳回王永宝其他诉讼请求。

二、山东高院审理情况

以上三个案件，均有当事人向山东高院提起上诉。山东高院在审理中，形成三种意见：一是赵勇的行为属于职务行为，其所订立的借款合同对泰山区农联社有效，泰山区农联社按照借据载明的内容承担还款责任；二是赵勇的行为属于个人行为，其所订立的借款合同与泰山区农联社无关，但如泰山区农联社对受害人损害的发生存在过错的，应对受害人承担侵权损害赔偿责任；三是赵勇的行为不构成表见代表，与泰山区农联社没有任何关系，泰山区农联社不应承担民事责任。

三、最高人民法院民事审判第二庭的答复意见

最高人民法院民事审判第二庭作出的（2012）民二他字第 5、6、7 号答复载明："山东省高级人民法院：你院（2011）鲁商终字第 186、192、194 号《关于信用社对其负责人出具加盖信用社公章借据的行为应否承担民事责任的请示报告》收悉。经研究，答复如下：你院的请示涉及多起案件，且每起案件的具体事实情节有所不同，故对于请示问题，应结合具体案件事实，根据《中华人民共和国合同法》第五十条、第五十二条之规定，对信用社负责人的行为是否构成表见代表以及借款合同是否有效进行判断，并按以下情形分别处理：构成表见代表，且借款合同有效的，信用社承担合同责任；构成表见代表，但借款合同无效的，信用社应根据《中华人民共和国合同法》第五十八条之规定承担相应责任；不构成表见代表，信用社有过错，且该过错行为与被害人的损失之间具有因果关系的，对该犯罪行为所造成的经济损失，应承担相应赔偿责任。另外，如果人民法院根据案件事实作出的认定与当事人的诉讼请求不一致，应当适当向当事人作出释明。以上意见供参考。"

四、关于刑民交叉问题的探讨与思考

对于民刑交叉或者刑民交叉案件，理论界与实务界的界定并不一致。① 从研究内容来看，更多集中于民刑交叉案件的程序处理机制，即先刑后民还是先民后刑，或者是民刑并行。而实际上，民刑交叉案件程序处理机制的选择离不开对相关实体问题的研究，在某种程度上甚至可以说，只有在实体上理清该类案件中民事法律关系与刑事法律关系之间的关系，才能对其程序处理机制作出正确的选择。从内容上看，民刑交叉问题可以分为两大类型：第一类是因民法与刑法使用相同或类似术语引起的；第二类是因同一案件事实可能同时符合民法和刑法相关条文的构成要件引起的，即所谓的法条竞合。

从本案所涉问题来看，主要是刑事犯罪对合同效力以及责任承担的影响，即金融机构

---

① 毛立新：《刑民交叉案件的概念、类型及处理原则》，载《北京人民警察学院学报》2010 年第 5 期；张凯、房军：《论刑民交叉案件的基本范畴》，载《经济研究导刊》2011 年第 9 期；魏东、钟凯：《论刑民交叉及其关涉问题》，载《四川警察学院学报》2009 年第 4 期。

的负责人以金融机构名义对外订立借款合同,构成非法吸收公众存款罪的,该借款合同是否有效?金融机构是否应承担民事责任?如承担责任,承担的是何种性质的责任?

关于刑事犯罪对合同效力的影响,曾有观点认为,既然行为人的行为在刑事上被认定构成犯罪,则该行为在民法上没有评价的必要,其主要的依据是最高人民法院所确定的刑民交叉案件的处理模式。根据最高人民法院、最高人民检察院、公安部于1985年8月19日联合发布的《关于及时查处在经济纠纷案件中发现的经济犯罪的通知》和最高人民法院、最高人民检察院、公安部于1987年3月11日联合发布的《关于在审理经济纠纷案件中发现经济犯罪必须及时移送的通知》,人民法院在审理经济纠纷案件中,如发现有经济犯罪,应当将经济犯罪的有关材料分别移送给有管辖权的公安机关或检察机关。1989年《关于财产犯罪的受害者能否向已经过司法机关处理的人提起损害赔偿的民事诉讼的复函》则进一步明确:"关于财产犯罪的受害人可否提起损害赔偿的民事诉讼问题,情况比较复杂,尚需在审判实践中积累经验进行研究。至于你院请示报告中涉及的马占魁、王凌贵诈骗财产一案,应当设法继续追赃,不宜采用提起民事诉讼的办法。"基于此,有观点理解为,只要涉及刑事犯罪,就应将案件移送,既然如此,对犯罪行为在民法上没有评价的必要。

显然,以上观点并不妥当。刑法与民法具有各自不同的立法目的:刑法在于维护社会公共利益,而民法在于调整平等主体之间的经济利益关系以及人身关系,具有不同的范畴。同一案件之所以会存在刑民交叉,原因在于民刑法律规范基于不同立法目的从自然事实中"选取"其适当的构成要素进行评价,其所"选取"的自然事实之间可能是同一。但即使是同一自然事实,刑法与民法所关注的要素并不一致:刑法"选取"的是形成犯罪构成要件和量刑情节,包括行为、手段、后果等客观方面以及故意、过失、动机、目的等主观方面的事实;而民法"选取"的自然事实,主要侧重于对行为人意思表示、过错以及损害等方面的考察。因此,刑法上的评价不能代替民法评价。也正是这个原因,1998年《关于在审理经济纠纷案件中涉及经济犯罪嫌疑若干问题的规定》(以下简称《若干规定》)第一条规定:"同一公民、法人或其他经济组织因不同的法律事实,分别涉及经济纠纷和经济犯罪嫌疑的,经济纠纷案件和经济犯罪嫌疑案件应当分开审理。"

既然刑事犯罪不能排除对同一行为在民法上的评价,接下来的问题是:刑事犯罪是否当然导致合同无效?对此,理论界与实务界主要就诈骗罪对合同效力的影响进行探讨。有观点认为,民事判断对合同效力的认定应尽量保持与刑事犯罪的认定相一致,以实现法律评价的一致性。① 诈骗犯罪中表现出来的行为人与被骗人之间的合同,因违反刑法这个国家公法,自应系无效合同。② 从无效的法律依据来看,有认为其属于以合法形式掩盖非法目的的行为,有认为其属于恶意串通,侵害第三人利益的行为,也有认为其属于违反社会公共利益,还有的认为其违反法律强制性禁止规定。

以上观点可能过于片面。从当前对民刑交叉或刑民交叉案件的界定范围来看,其所涉案件类型较为广泛,除了犯罪行为与合同行为相互重合的案件外,还包括犯罪行为与合同行为存在牵连的案件,这些案件中的合同并不都因犯罪行为的存在而无效。一般来说,犯罪行为与合同行为不重合的,合同效力不受影响。例如,仅仅是签约过程中存在行贿受贿行为,只要贿赂行为不足以构成恶意串通的,不应当影响合同效力。③ 犯罪行为发生于合同订立之后的,合同效力一般也不受影响。例如,合同在订立过程中不存在无效的事由,只是合同履行过程中存在诈骗行为的,合同效力不受影响。因此,"没有实际履行能力,以先履行小额合同或者部分履行合同的方法,诱骗对方当事人继续签订和履行合同"的情形下签订的合同不因在合同履行过程中出现诈骗行为而无效。④ 再例如,单位的工作人员在职务或授权范围内,以单位名义对外签订合同,并将依合同关系取得的财物非法占为己有,行为人可能构成贪污犯罪,合同效力也不应受到影响。这也是《若干规定》第三条规定的内容:"单位直接负责的主管人员和其他直接责任人员,以该单位的名义对外签订经济合同,将取得的财物部分或全部占为己有构成犯罪的,除依法追究行为人的刑事责任外,该单位对行为人因签订、履行该经济合同造成的后果,依法应当承担民事责任。"

诈骗犯罪行为与合同行为重合,合同行为仅仅是诈骗犯罪行为组成部分的情况下,合同效力是否有效存在较大争议。根据最高人民法院2006年的调研,主要存在三种观点:(1)刑事上构成诈骗罪,行为人的行为损害了国家利益,且属于以合法形式掩盖非法目的,故根据《合同法》第五十二条的规定,应认定合同无效。(2)刑事上构成诈骗罪,在民事上,应认定行为人在签订合同时,主观上构成欺诈。该欺诈行为损害的是相对方或第三人的利益,故根据《合同法》第五十四条的规定,应认定为合同可撤销。(3)应区别情况认定民商事

---

① 董秀婕:《刑民交叉法律问题研究》,吉林大学法学院2007年博士论文,第88~90页。刑事犯罪阻却合同效力是相对的,部分刑事犯罪阻却合同效力。刑事犯罪阻却合同效力,必须同时具备以下条件:(1)犯罪发生于合同订立阶段。(2)犯罪行为与合同订立存在一定的因果联系。(3)一般为故意犯罪。在以下情况下,犯罪绝对阻却合同的效力:(1)合同标的违法型。当犯罪和合同事实交叉,合同标的违法,自然使合同当然无效。包括标的违反国家禁止性规定或强制性规定的;合同标的损害社会公共利益的;以合同形式掩盖犯罪目的。(2)以欺诈、胁迫手段订立合同或恶意串通订立合同的,且欺诈、胁迫手段及恶意串通行为构成犯罪的,当然阻却合同效力。其理由在于:从法律的本质上看,民法的目的在于维护合法利益。只有符合法律规定的行为才能发生民法上合法的效力。其一,以欺诈、胁迫手段订立合同或恶意串通订立合同的,且欺诈、胁迫手段及恶意串通行为构成犯罪的,属于以合同形式掩盖犯罪目的,当然使合同无效。其二,以欺诈、胁迫手段订立合同或恶意串通订立合同的,且欺诈、胁迫手段及恶意串通行为构成犯罪的,犯罪行为已经损害了国家的利益和社会公共利益。其三,法律保护的首先是合法利益,其次才能保护善意人的利益。其四,是出于部门法之间的关照性。通过前面的分析,以上情况认定合同当然无效,不违反民法的规定,同时认定合同无效仍然可以通过无效合同责任制度及缔约过失责任制度使受害方得到补偿。反之如果以上情况,签订合同的行为已经构成犯罪,合同还认定为有效,从民众的观念上也无法理解。任何法律评价,都不可忽略道德因素,触犯刑律、侵犯了一般法律、侵犯了法律尊严的行为赋予其合法效力在法律上是讲不通的。

② 傅国方:《诈骗犯罪刑民交错关系探讨》,华东政法学院2006年硕士论文,第4页。

③ 刘建功:《刑民交叉案件若干疑难问题研究》,载《人民法院报》2006年4月12日第1版。

④ 蒋淑丽:《合同诈骗类民刑交叉案件中民事效果的民法维度思考》,中国政法大学2011年硕士论文,第18页。

合同的效力。依区分标准不同,该观点又分为两种:一是以合同相对人或其工作人员参与犯罪与否为标准进行划分。合同相对人或其工作人员参与犯罪构成犯罪的,对该单位与合同相对人之间签订的合同应当认定无效;合同相对人或其工作人员没有参与犯罪的,对该单位与合同相对人之间签订的合同不因行为人构成刑事犯罪而认定无效。二是以权利人是否先向公安机关报案为标准进行划分。权利人先行向公安机关报案,则认定相对方涉嫌诈骗罪,在刑事追赃不足以弥补损失后另行提起民事诉讼的,不能认定基于诈骗行为而签订的民商事合同有效。若权利人未报案,而是直接提起民事诉讼,则若其不行使撤销权,可认定基于诈骗行为而签订的合同有效。[①]

从理论上看,合同属于私法行为,其效力判断应当依据民事法律规范进行认定。刑法规范只是对某类犯罪行为进行规制,不直接调整私法行为,本身并不规定私法行为的效力,故刑法规范中的强制性规定往往不能直接援引作为确定合同效力的依据。[②] 刑事法律规范对合同效力的影响只能通过合同法中的引致规范才能发生作用。[③] 这种观点也得到了实务界的认可。[④] 实践中,对于一方当事人的法定代表人涉嫌犯罪订立的合同是否有效,有的法院也是根据《合同法》第五十二条所规定的无效事由进行判断,认为当事人不存在显失公平、重大误解等情节,合同内容也不违反法律的强制性规定,没有导致合同无效的情节。[⑤] 也就是说,犯罪行为与合同行为重合,合同是否仍然有效应依据《合同法》的相关规定进行判断。

从我国《合同法》的规定来看,合同无效事由主要有《合同法》第五十二条规定的几种情形。当事人以从事犯罪行为的方式订立的合同,并不当然属于以上情形,故犯罪行为与合同行为的重合也不当然导致合同无效。

第一,该类合同不属于以"一方以欺诈、胁迫的手段订立合同,损害国家利益"的情形。《民法通则》将欺诈规定为合同无效的原因,而《合同法》除了将损害国家利益的欺诈行为作为合同无效的原因外,将违背真实意思情况下订立的损害相对方利益的合同规定为可变更、可撤销的合同。因此,确定合同无效抑或可撤销的关键在于是否损害国家利益。对于"国家利益"有以下三种解释,一是指公法意义上的国家利益;二是包括国有企业的利益;三是指社会公共利益。从立法目的出发考虑,《合同法》将《民法通则》中"以欺诈为手段使相对方在陷入错误认识情况下签订的合同无效"的规定变更为"可撤销",其主要目的在于赋予受欺诈方选择权从而最大限度维护合同当事人的意思自治。"因欺诈而成立的合同具有

[①] 宋晓明、张雪楳:《民商事审判若干疑难——民刑交叉案件》,载《人民法院报》2006年8月23日。

[②] 程宏:《刑民交叉案件中合同效力的认定》,载《学术探索》2010年第2期。

[③] 参见苏永钦:《违反强制或禁止规定的法律行为》,载苏永钦:《私法自治中的经济理性》,中国人民大学出版社2004年版。

[④] 有法官撰文指出,诈骗行为和欺诈行为在实质上都是虚构事实或隐瞒事实,使相对人在认识上发生错误,两者并无本质不同,诈骗行为是欺诈行为的一种,只不过是性质严重的一种,是被刑法规范评价为犯罪的一种,但刑法规范的评价不能取代民法规范对财产权利作民事上的评价与处理,在民法上依然应当被评价为欺诈行为并适用有关欺诈的民事法律规范。因此,即使在行为人的欺诈行为严重到已经构成犯罪的情况下,也要根据民法规范来判断行为人的行为是否构成有效的民事法律行为。如果构成,则合同有效,但是由于行为人的欺诈导致受害人拥有撤销权。刘建功:《刑民交叉案件若干疑难问题研究》,载《人民法院报》2006年4月12日第1版。

[⑤] 王瑞峰、程哲明:《涉嫌诈骗的合同纠纷是否必须"先刑后民"》,载《中国审判》2006年第11期。

违法性,与正常的社会秩序格格不入,虽然也是对社会公共利益的侵害,但这种侵害比起违反强制性规范、以合法形式掩盖非法目的、直接违反社会公共利益等合同造成的侵害来说,毕竟是间接的和比较轻微的,主要是对受侵害人不利,其主要是当事人之间的利益分配问题。"①因此,《合同法》第五十二条规定的"国家利益",应当理解为具体的国家利益,而不是泛指包括统治秩序在内的国家整体利益。因此,犯罪行为人的行为如果没有对国家的经济、政治、安全利益等造成损害,那么损害的还是合同相对人的利益,不能以欺诈的理由认定合同无效。

第二,此类合同不当然属于恶意串通,损害国家、集体或者第三人利益的情形。所谓恶意串通的合同,就是合同的双方当事人非法勾结,为牟取私利,而订立的损害国家、集体或者第三人利益的合同。构成要件可分为主观要件和客观要件。主观因素为恶意串通,即当事人双方具有共同目的,希望通过订立合同损害国家、集体或者第三人利益。可以表现为双方当事人事先达成协议,也可以是一方做出意思表示,对方明知其目的非法,而用默示的方式接受。可以是双方当事人相互配合,也可以是双方共同行为。客观因素为合同损害国家、集体或者第三人利益。② 在大部分民刑交叉案件中,合同相对人是受害人,不可能与犯罪行为人存在串通现象,不能因此认定无效。

第三,此类合同不当然属于"以合法形式掩盖非法目的导致无效"的情形。以合法行为掩盖非法目的,是指当事人订立的合同在形式上是合法的,但在缔约目的和内容上是非法的。③ 大多数观点认为,"以合法形式掩盖非法目的"必定是合同双方存在共同规避法律的故意为条件。在刑民交叉案件中,合同相对人通常也是受害人,不可能存在共同规避的故意,不能以合法形式掩盖非法目的为由认定合同无效。当然,如果有证据证明相对人与行为人确实可能串通的,则可以认定合同无效。

第四,此类合同不当然属于因"损害社会公共利益"导致无效的情形。社会公共利益是极富弹性的概念,对于其解释适用,一方面,必须作出严格的限制,否则,难免被滥用,致生不良后果;另一方面,又应当尽可能在综合判例积累的基础上,组成类型,丰富此类不确定概念的内涵,为司法裁判提供标准。根据梁慧星教授与崔建远教授的梳理,以从事犯罪或帮助犯罪行为为内容的合同违反国家公序,应认定无效。④ 但值得注意的是,以从事犯罪或帮助犯罪为内容的合同与因采用刑事犯罪方式订立的合同并不一致。例如,在合同诈骗罪的情形中,当事人订立的合同从表面上看,是不存在瑕疵的,也就是形式上是合法的,这类合同的效力不应受影响。因此,不能以"违反社会公共利益为由"认定该类合同无效。

第五,该类合同不当然属于"违反法律、行政法规的强制性规定而致无效"的情形。首先,《合同法》第五十二条第(五)项规定的此种无效事由应当是指合同内容以及合同内容所体现的法律关系违反法律、行政法规的强制性规定,而不应当是签订合同的手段、方式违反

---

① 崔建远主编:《合同法》(第三版),法律出版社2003年版,第77页。
② 韩世远:《合同法总论》(第二版),法律出版社2008年版,第147页。
③ 韩世远:《合同法总论》(第二版),法律出版社2008年版,第148页。
④ 参见梁慧星:《民法学说判例与立法研究》(第二册),国家行政学院出版社1999年版,第16页以下;崔建远主编:《合同法》(第五版),法律出版社2010年版,第100页以下。

法律、行政法规的强制性规定,尤其是仅合同一方的手段违反法律、行政法规的强制性规定的情形。① 其次,根据《合同法司法解释二》第十四条,只有违反效力性强制性规定才导致合同无效。何为效力性强制性规定,一般认为应综合法规的意旨,权衡相冲突的利益加以认定。行为人以犯罪方式订立的合同,是否当然导致合同无效,应依据其所违反的法律规范的立法目的和性质进行综合判断。在德国法上,违反法律禁止性规定的合同是否无效,司法判决一般如下区分:如果双方合同当事人都违反了法律,则应当认定合同无效;如果只是一方当事人违反了法律上的禁令,则通常不导致合同无效。② 例如,对于以诈骗方式订立的合同,一般认为应由受骗人决定是否使其无效,即其属于可撤销合同,原因在于:如果直接宣告合同无效,则实际上剥夺了受骗人的选择权。③ 可见,并不是所有以刑事犯罪订立的合同都可以其违反法律、行政法规的强制性规定为由认定无效。

在刑民交叉案件中,如果合同被认定有效,还会产生刑事犯罪与表见代理之间的关系问题,即犯罪行为人所订立的合同是否对其所在法人有效?该法人是否对该合同承担责任?对此,有观点认为,故意犯罪中没有存在表见代理的余地,过失犯罪有表见代理存在的空间。④ 有观点认为,表见代理制度并不当然排斥犯罪行为,相反,表见代理的前提是无权代理人从事了无权代理行为,而无权代理人的无权代理行为在绝大多数情况下都是一种不正常的行为,都包含着行为人的恶意,这种恶意支配下的行为完全可能成为犯罪的故意。⑤ 在实践中,对于行为人擅自以公司名义与他人订立合同且构成诈骗的,对于公司是否承担责任,实务界也是根据《合同法》第四十九条进行处理。⑥ 可见,刑事犯罪并不当然排斥表见代理。当然,表见代理是否存在需要结合案件具体事实进行判断。

此外,刑民交叉案件中,对于表见代理的认定与合同效力判断还可能有两种观点:一是应先根据《合同法》相关规定对合同是否有效进行判断,合同无效时,代理人对其犯罪行为承担侵权责任;合同有效时,根据具体事实判断代理人的行为是否构成表见代理,代理人的行为构成表见代理,则委托人承担合同责任,反之由代理人自己承担合同责任。二是应先判断是否构成表见代理,如果构成表见代理,则以委托人为合同主体来判断合同是否有效,该委托人在合同有效时承担合同责任,合同无效时承担返还责任;如果不构成表见代理,则

---

① 从合同自身看,指缔约目的、合同内容或形式违反了强制性规定。崔建远主编:《合同法》(第五版),法律出版社 2010 年版,第 105 页。

② [德]迪特尔·施瓦布:《民法导论》,郑冲译,法律出版社 2006 年版,第 470 页。只有在法律的目的在此也要求无效的情形,方有所不同,比如,一方法律行为当事人所违反的禁止性法律,其旨意在于保护另一方当事人,或者一般来说,如果没有民法上的无效,该法律的目的就无法实现。

③ [德]迪特尔·施瓦布:《民法导论》,郑冲译,法律出版社 2006 年版,第 471 页。

④ 董秀婕:《刑民交叉法律问题研究》,吉林大学法学院 2007 年博士论文,第 93 页。

⑤ 刘建功:《刑民交叉案件若干疑难问题研究》,载《人民法院报》2006 年 4 月 12 日第 1 版。之所以很多人认为在犯罪行为中不应当考虑表见代理,否则对本人的利益是巨大的损害,究其实质,关键在于审判实践中对表见代理的条件的把握过于宽松。表见代理的成立条件应当是非常严格的,特别是善意相对人客观上有正当理由相信无权代理人具有代理权。相对人主观上的善意无过失,并不等于只要无权代理人持有空白合同书、介绍信等权利外观即可认定,如果相对人对代理人的身份及权限没有尽到应尽的审查义务,轻率地相信代理人有代理权,导致误信而不是有正当理由、无过失的信赖,表见代理是不应当成立的。而且,表见代理的成立还包括无权代理行为的发生与本人有关,对于假冒他人名义与相对人签约、私刻他人公章等行为,本人对此毫不知情也无法防范的,并不能成立表见代理。

⑥ 孙之智:《涉嫌犯罪的民事纠纷之程序救济》,载《人民司法》2010 年第 10 期。

由代理人承担侵权责任。从理论上看,表见代理解决的是代理人的行为对委托人是否有效的问题,即判断代理人所作出的意思表示是否属于委托人的意思,属于合同成立范畴,而合同是否有效属于合同效力范畴。合同成立属于事实问题判断,合同效力属于价值问题判断,在顺序上应先认定合同成立后再来判断合同效力,故应先根据《合同法》第四十九条判断是否存在表见代理,明确合同的当事人是代理人还是委托人,在此基础上再根据《合同法》第五十二条对合同效力进行认定。

【商事审判专论】

关于修改后《民事诉讼法》中有关公司诉讼案件特殊地域管辖规定的理解与适用

李相波[*]

2012年8月31日,第十一届全国人民代表大会常务委员会第二十八次会议通过了《关于修改〈中华人民共和国民事诉讼法〉的决定》,并自2013年1月1日起施行。修改后的《民事诉讼法》针对公司诉讼案件的特殊性,在第二十六条新增加了关于公司诉讼案件特殊地域管辖的规定。[①] 此次《民事诉讼法》修改为何要增加关于公司诉讼案件管辖的规定,对该条如何理解,适用中应该注意哪些问题?笔者就参与《民事诉讼法》修改的经历并结合立法的精神,谈一下对该条的理解及适用。

一、立法背景

2005年《公司法》赋予公司法律关系主体广泛的诉权,由此导致全国范围内公司诉讼案件不仅数量激增,而且类型也日趋复杂。由于旧《民事诉讼法》[②]并无审理公司特别纠纷的程序特别规定,人民法院对于一些公司诉讼案件只能依据普通的民商事诉讼规定确定管辖法院和适用普通审判程序审理,既难以达到解决公司纠纷对时效性、迅捷性的要求,也难以确保交易效率和交易安全;既不方便当事人进行诉讼,也不利于人民法院查清事实,而且还造成司法资源的巨大浪费。由于公司纠纷案件通常需要调阅公司档案资料、公司财务会计资料、公司会议决议资料等,有的案件还需要等待公司股东会、董事会的决议意见,因此,为了方便诉讼、提高诉讼效率,有必要将公司纠纷案件交由公司住所地人民法院管辖。因此,新《民事诉讼法》增加了此方面的内容。

---

[*] 最高人民法院民事审判第二庭法官,最高人民法院民事诉讼法修改研究及贯彻实施领导小组成员。

[①] 修改后的《民事诉讼法》第二十六条规定:因公司设立、确认股东资格、分配利润、解散等纠纷提起的诉讼,由公司住所地人民法院管辖。

[②] 为了称谓上的便利,文中将修改后的《民事诉讼法》称为"新《民事诉讼法》",将修改前的《民事诉讼法》称为"旧《民事诉讼法》"。

二、理解与适用

(一)特殊地域管辖

民事诉讼的地域管辖,又称土地管辖、区域管辖,是以人民法院的辖区和案件的隶属关系确定诉讼管辖,亦即确定同级人民法院之间在各自的区域内受理第一审民事案件的分工和权限。① 地域管辖又分为一般地域管辖、特殊地域管辖以及专属管辖。一般地域管辖,又称为普通管辖或者对人管辖,是以当事人的住所地与法院辖区的隶属关系确定案件的管辖法院。世界各国一般对于一般地域管辖大都实行原告就被告的原则,即以被告住所地作为确定案件管辖的依据。我国《民事诉讼法》中规定的一般地域管辖以被告住所地管辖为原则、原告住所地管辖为例外。特殊地域管辖,又称为特别地域管辖或者对事或对物管辖,通常是指以引起诉讼的法律事实所在地或者诉讼标的所在地为标准来确定案件的管辖法院。专属管辖,是指法律规定某些特殊类型的案件专门由特定的法院管辖,其他法院无权管辖,当事人也不得以协议的形式改变这种管辖。专属管辖具有强制性、排他性和优先性。

从世界各国对特殊地域管辖的立法例来看,相对于一般地域管辖,特殊地域管辖往往是法定的共同管辖,即法律将每一种特殊的地域管辖案件都规定由两个或两个以上的人民法院管辖。换言之,特殊地域管辖与一般地域管辖两者实质上存在竞合关系,特殊地域管辖的适用并不排斥一般地域管辖的适用,适用特殊地域管辖的案件,依诉讼标的诸要素所确定的法院固然有管辖权,被告住所地法院也同时拥有管辖权,两者之间实际上为一种选择适用的关系,而具体选择向哪一个法院起诉,完全取决于原告的意愿。②

特殊地域管辖涉及的案件类型比较特殊,且与法院实际联系的连结点呈多元化,往往是为适应新型纠纷而作出的特别规定。民事诉讼法确立案件管辖原则,应当考虑多项法律价值判断,其中最为主要的是便利当事人诉讼和便于人民法院审理案件及执行裁判。特殊地域管辖原则的确立也遵循了上述基本原则。首先,特殊地域管辖扩大了管辖的选择空间,便于当事人诉讼。特殊地域管辖往往选择引起诉讼的法律事实所在地或者诉讼标的所在地等与诉讼联系最为密切的连接点作为管辖确定标准,这些连接点常常与当事人的住所发生重合,因此特殊地域管辖便利当事人的诉讼。同时,特殊地域管辖也使得当事人有可能自主选择法院,有利于当事人行使诉讼权利。此外,由于当事人对自己选择程序产生的裁判结果往往会比被动接受的程序而产生的裁判结果有更高的认同度,因此,特殊地域管辖扩大了当事人程序上的自主性,有利于增强法院裁判的信服度。其次,特殊地域管辖便于人民法院行使审判权。特殊地域管辖在一般地域管辖的基础上考虑到了特殊纠纷类型的特性,选择诉讼的最密切联系连接点作为确定管辖的标准,因此有利于人民法院顺利完成审判任务,提高审判效率和保证审判的公正性。

---

① 参见江伟主编:《民事诉讼法学》,中国人民大学出版社2011年版,第91页。
② 参见江伟主编:《民事诉讼法学》,中国人民大学出版社2011年版,第97页。

(二) 公司诉讼的特殊地域管辖

此前,《公司法》和旧《民事诉讼法》对公司诉讼案件的管辖问题均未作特殊规定,仅《最高人民法院关于适用〈中华人民共和国公司法〉若干问题的规定(一)》(以下简称《公司法司法解释一》)规定了解散公司诉讼案件由公司住所地人民法院管辖,这对于人民法院审理公司诉讼案件造成了不利影响。另外,公司的设立、解散等活动,涉及的资金、人数众多,对社会的稳定和公共利益产生的影响较大,客观上也需要加强管理。因此,应当明确规定公司诉讼案件的地域管辖制度。

根据我国的地域管辖制度,除了专属管辖和协议管辖外,往往按照被告住所地、合同履行地、侵权行为地等确定管辖法院。公司诉讼大多是关于或者涉及公司的组织法性质的诉讼,存在与公司组织相关的多数利害关系人,涉及多数利害关系人的多项法律关系的变动,且胜诉判决产生对世效力。由于公司股东等多数利害关系人可能来自不同地区,如果按照被告住所地管辖,将会导致以该等利害关系人为被告的部分案件管辖权过于分散,当事人和法院陷于管辖权争议之中,影响司法效率。而由于许多公司诉讼根本不涉及传统意义上的合同纠纷,因此按照合同履行地管辖也无从谈起。由于侵权行为实施地、侵权结果发生地均可视为侵权行为地,如果按照侵权行为地确定管辖,将会产生多个侵权行为地,也会导致管辖权争议。而且,很多公司诉讼也非传统侵权法意义上的侵权行为之诉。因此,为了确定公司诉讼的管辖问题,避免当事人在管辖问题上争执,便利当事人参加诉讼,便利人民法院审理案件,也为了防止发生相同事实相异裁判的情况发生,公司诉讼应当实行特殊地域管辖,即公司诉讼由公司住所地人民法院管辖。

一般认为,住所是民事主体视为所在的场所,即法律关系中心所处的地方。住所的制度意义在于,通过法律固定住所的技术,使法律关系、法律事实在空间问题上作稳定、简化处理。依照公司法的规定,公司住所是公司章程的必要记载事项,也是公司设立的必要条件,对于确定债务的履行地、登记管辖地、诉讼管辖法院、法律文书的送达处所和涉外民事关系的准据法具有极其重要的法律意义。[①] 因此,公司诉讼案件由公司住所地法院管辖,便于确定管辖法院,便于公司和利害关系人参加诉讼,便于公司提供以及人民法院调查各种证据,便于送达诉讼文书,并且便于事后可能发生的强制执行。

对于公司住所地的确定,《民法通则》和《公司法》都有相应规定。《民法通则》第三十九条规定,法人以它的主要办事机构所在地为住所。《公司法》第十条规定,公司以其主要办事机构所在地为住所。而根据《公司登记管理条例》第十二条的规定,公司的住所应当在其公司登记机关辖区内,因此,公司的住所是公司注册地。对此,《公司法司法解释一》第二十四条也规定,解散公司诉讼案件由公司住所地人民法院管辖,公司住所地是指公司主要办事机构所在地,公司办事机构所在地不明确的,由其注册地人民法院管辖。

(三) 由公司住所地管辖的公司纠纷的种类

本条规定,因公司设立、确认股东资格、分配利润、解散等纠纷提起的诉讼,由公司住所

---

① 参见刘俊海:《现代公司法》,法律出版社2008年版,第58~59页。

地人民法院管辖。本条并未明确使用"公司诉讼"的概念,且未全部列举适用本条规定的诉讼的案型,仅以"因公司设立、确认股东资格、分配利润、解散等纠纷提起的诉讼"表述之,但适用本条规定的诉讼可基本概括为"公司诉讼"。

公司诉讼与公司纠纷,并非立法的正式用语,学界对该等概念的理解与界定并不统一。在一般意义上,公司诉讼可以理解为因公司纠纷而产生的诉讼。有观点认为,公司诉讼其范围有广义与狭义之分,狭义的公司诉讼为公司与其股东或者股东与股东之间因公司设立、经营、解散公司等而产生的纠纷,广义的公司诉讼则既包括狭义的公司诉讼,还包括因公司债权人依公司法的特别规定请求公司或者其股东、董事及高级管理人员承担民事责任的案件,即适用公司法案件的统称;在公司法实践中取广义的公司诉讼概念更有助于纠纷的审理。① 有观点认为,公司诉讼是指在公司运行过程中,因公司相关利益主体违反公司法律关系中特定的权利义务而引发的适用特殊程序的民事诉讼,是公司纠纷的司法解决形式。还有学者指出,"公司诉讼"一词从字面含义上只能解释为"涉公司的诉讼",到目前为止,公司法理论界尚未就"公司诉讼"形成一个广为接受的、确切周全的定义。鉴于公司诉讼这一概念不具规范性,欠缺明确性,所以,学界在研究公司法上的特殊纠纷的司法救济问题时大都避免直接使用"公司诉讼"这一提法,而采用"公司法上的诉"或"公司法上的诉讼"的概念指代通过司法救济方式解决公司法上的特殊纠纷的活动。②

本条规范的公司诉讼,主要是指有关公司设立、确认股东资格、分配利润、公司解散等公司组织行为的诉讼,也被称为公司组织诉讼。③此类诉讼具有如下特征:第一,此类诉讼往往是关于公司的组织法性质的诉讼,存在与公司组织相关的多数利害关系人,涉及多数利害关系人的多面法律关系的变动,因此需要团体法性质的诉的程序和判决方面的统一的规律。第二,此类诉讼大多具备形成之诉的性质。所谓形成之诉,又称为变更之诉,是指以改变法律关系的判决,即以形成判决为目的的诉讼。即,原告改变既有法律关系的请求只有依法院的判决才产生法律关系变更的效力。将公司法上的诉作为形成之诉的理由在于,关于组织法性质的法律关系的诉讼对已形成的团体法律关系带来变动,如允许自由主张方法,就会给团体法律关系带来不稳定。④ 第三,此类诉讼均关涉公司,在许多情况下,被告就是公司。比如,主张公司设立无效的诉讼,主张公司司法解散的诉讼,等等,被告均是公司。其理由在于,由于诉的对象是公司的组织法性质的法律关系,判决的效力当然应该及于公司,而且通过将公司作为被告,可以对与公司相关的利害关系人都产生效果。第四,此类诉讼时常出现须进行诉的合并的情形。公司诉讼往往涉及多数利害关系人的多面法律关系的变动,因此会就同一个公司的同一个组织法行为提起数个诉讼。此时,为防止相同事实出现相异判决,法院应进行诉的合并。⑤ 第五,此类诉讼往往在判决效力上具特殊性。原告败诉时,意味着原告主张的变更法律关系的请求不成立,因此判决的效力不及于第三人,其

---

① 参见褚红军主编:《公司诉讼原理与实务》,人民法院出版社2007年版,第7页。
② 参见谢文哲:《公司法上的纠纷之特殊诉讼机制研究》,法律出版社2009年版,第73页。
③ 参见[日]前田庸:《公司法入门》,王作全译,北京大学出版社2012年版,第60页。
④ 参见[韩]李哲松:《韩国公司法》,吴日焕译,中国政法大学出版社2000年版,第83页。
⑤ 参见[韩]李哲松:《韩国公司法》,吴日焕译,中国政法大学出版社2000年版,第84页。

他利害关系人可以另行提起诉讼。但原告胜诉时,产生与一般民事诉讼原告胜诉不同的法律效果。首先,一般民事诉讼中生效判决的既判力原则上仅仅及于当事人之间,但公司诉讼对大部分第三人也发生法律效力即所谓判决的对世效力。① 其次,对于一般民事诉讼,宣告某一法律行为无效或被撤销的判决一经确定,该法律行为自始丧失效力即判决具有溯及力,但为维护公司法律关系的稳定,在公司诉讼中否认判决的溯及力,一般仅对将来发生效力。②

本条中对于因公司产生的相关纠纷确定由公司住所地人民法院管辖,采取的是列举加兜底的方式,即因公司设立、确认股东资格、分配利润、解散等纠纷提起的诉讼。

通常由公司住所地管辖的案件主要有以下类型:

1. 公司设立诉讼。即公司设立瑕疵诉讼,包括设立撤销之诉和设立无效之诉。公司设立,是指发起人依照法律规定的条件和程序,组建公司并使其取得法人资格。公司法对公司的设立规定了严格的法定条件和程序。公司设立瑕疵,是指公司虽经依法登记并获得营业执照而成立,但实际上存在着不符合法定条件、程序而设立的情形。

2. 确认股东资格诉讼。股东资格有两种含义,一是成为公司股东的一般条件或者前提,二是作为某公司股东的具体身份,此处的股东资格是指后者。股东资格的取得分为原始取得与继受取得。原始取得,是指基于对公司的出资行为初始取得股东资格;继受取得,是指基于买卖、赠与、继承、公司合并等原因从其他股东处取得股东资格。在实践中,可能由于出资瑕疵、股权转让等事由导致就某主体是否具有股东资格发生争议。比如,对于隐名出资人或瑕疵出资人,公司可能拒绝承认其股东资格。又如,某股东将股权转让后,公司拒绝承认受让人的股东资格,等等。

3. 分配利润诉讼。股东基于其股东地位,有权请求公司向其分配利润。这种权利即股利分配请求权,属于股东自益权的一种。在公司存续的情况下,利润分配请求权是股东从公司获取投资回报的主要手段。但由于利润分配方案需要经过股东(大)会通过,在资本多数决的原则下,大股东可能利用股利政策损害中小股东的利益。在公司的实际运作中,公司可能有可供分配的利润,但却以各种理由不正当地拒绝向股东分配;或者公司过分提取任意公积金而损害股东的股利分配权,从而引发股东向公司提起分配利润纠纷。另外,如果公司不符合公司法规定的利润分配限制条件而向股东分配利润,即构成非法分配,公司债权人有权以违法分配损害其利益为由提起诉讼。

4. 公司解散诉讼。公司解散,是指引起公司人格消灭的法律事实。根据解散事由的不同,公司解散分为公司自行解散、强制解散、司法解散三种形式。这里所指的公司解散诉讼主要是指公司僵局出现时,公司股东提起解散公司申请而引发的纠纷。《公司法》第一百八十三条规定了公司僵局作为申请法院裁判公司解散的事由。该条规定,公司经营管理发生严重困难,继续存续会使股东利益受到重大损失,通过其他途径不能解决的,持有公司全部股东表决权10%以上的股东,可以请求人民法院解散公司。

5. 公司组织形式变更诉讼。公司组织形式变更,是指公司在不中断法人资格的情况

---

① 参见[日]前田庸:《公司法入门》,王作全译,北京大学出版社2012年版,第60页。
② 参见[韩]李哲松:《韩国公司法》,吴日焕译,中国政法大学出版社2000年版,第85页。

下,由一种公司形式变更成另一种公司形式。《公司法》第九条规定:"有限责任公司变更为股份有限公司,应当符合本法规定的股份有限公司的条件。股份有限公司变更为有限责任公司,应当符合本法规定的有限责任公司的条件。"《公司法》第四十四条、第一百零四条还分别对有限责任公司变更为股份有限公司以及股份有限公司变更为有限责任公司的股东会或股东大会决议通过的条件作了规定。此外,《公司法》第九十六条规定,有限责任公司变更为股份有限公司时,折合的实收股本总额不得高于公司净资产额。当公司变更组织形式违反《公司法》有关规定时,公司股东等利害关系人可以提起公司组织形式变更诉讼。

6. 公司合并诉讼。公司合并,是指两个或两个以上公司依照法定的条件和程序,合并为一个公司。公司合并包括吸收合并和新设合并两种形式。吸收合并又称归并,是指一个以上的原有公司并入现存公司,被吸收的公司消灭。新设合并是指两个以上原有公司合并设立一个新的公司,原有公司消灭。公司合并主要产生两个方面的法律后果:一是公司组织结构的变化,二是权利义务的概括转移。首先,公司合并必然导致一个或一个以上的公司的消灭,此种公司消灭不需经过清算程序。同时,吸收合并中的吸收公司继续存在,但发生了变化;新设合并中产生了新的公司。其次,公司合并的结果导致了存续公司或者新设公司承受被合并公司的债权债务。《公司法》规定,公司合并时,合并各方的债权、债务,应当由合并后存续的公司或者新设的公司承继。由于公司合并产生上述法律效果,因此涉及多个公司股东及债权人的利益,为了防止公司合并侵害中小股东或债权人的利益,《公司法》规定了严格的公司合并程序。公司合并需要由合并各方签订合并协议,经过股东会决议通过,编制资产负债表及财产清单,并通知或者公告债权人,最后履行相应的登记程序。如果公司合并违反了法律、行政法规的强制性规定,则会引发公司合并无效纠纷。比如,公司股东认为公司合并决议未经股东会通过,而提起公司合并无效之诉。

7. 公司分立诉讼。公司分立,是指一个公司依照法定条件和程序,分裂为两个或者两个以上公司。公司分立包括创设分立和存续分立两种形式。创设分立又称新设分立,是指公司分立为两个或两个以上新的公司,原公司消灭。存续分立又称派生分立,是指公司分立为两个或两个以上的公司,但原公司仍然存续。公司分立主要产生两个方面的法律后果:一是公司组织结构的变化,二是权利义务的法定转移。首先,公司分立导致一个或一个以上的公司设立,该公司的营业来自于既有公司营业的分割,而不是既有公司的转投资行为。对于创设分立,还同时导致既有公司的消灭,其消灭不需要经过清算程序。其次,公司分立的结果导致了分立公司债权债务的概括转移。《合同法》规定,当事人订立合同后分立的,除债权人和债务人另有约定的以外,由分立的法人或者其他组织对合同的权利和义务享有连带债权,承担连带债务。《公司法》进一步明确,公司分立前的债务由分立后的公司承担连带责任,但是,公司在分立前与债权人就债务清偿达成的书面协议另有约定的除外。由于公司分立产生上述法律效果,因此涉及多家公司股东及债权人的利益,为了防止公司分立侵害中小股东或债权人的利益,《公司法》规定了公司分立的严格程序。公司分立需要经过股东会决议通过,编制资产负债表及财产清单,通知或公告债权人,进行财产分割,并办理登记手续。如果公司分立违反了法律、行政法规的强制性规定,则会导致公司分立无效纠纷。比如,公司股东认为公司分立决议未经股东会通过,而提起公司分立无效之诉。

8. 公司资本变动诉讼。公司存续期间,其注册资本可能发生增加或减少。由于公司资本变动影响公司股东及公司债权人的利益,因此《公司法》对公司变更注册资本规定了一定的条件和程序,尤其是对公司减少注册资本还规定了严格的债权人保护程序。如果公司资本变动违反了《公司法》规定的条件和程序,则会导致公司资本变动诉讼。常见的公司资本变动诉讼包括:股份公司的新股发行违法时,请求判决新股发行无效的诉讼;有限公司中的认定增资无效之诉;股份公司或者有限公司资本减少违法时,请求认定减资无效的诉讼。

此外,以下诉讼类型,尽管《公司法》对于其中的部分诉讼类型并未明确规定请求权基础,但依法理也可以适用本条规定:公司决议诉讼,派生诉讼,公司董事、监事及高级管理人员解任诉讼,股东除名诉讼,等等。①

在上述列举的诉讼类型中,主要是以公司为被告,还有一部分其他诉讼类型,如公司股东请求损害公司利益的公司高级管理人员或公司之外的其他人对公司承担赔偿责任的股东代表诉讼等,并不是以公司为被告,但这些案件由公司住所地人民法院管辖更为适当。该条采取了列举加兜底的方式,即采用"等"字来指代其他公司诉讼类型。我们认为,随着审判实践中的发展,"等"字的内涵会越来越充实。

三、审判实践中应注意的问题

(一)是否所有与公司有关的诉讼都属于公司诉讼并适用于该条规定

并非所有与公司有关的诉讼都属于公司诉讼,也并非都适用本条规定的公司住所地管辖规则。比如,股东与股东之间的出资违约责任纠纷、股权转让纠纷,公司与股东之间的出资纠纷等,主要属于给付之诉性质的案件,均或多或少牵涉公司。但是,该等诉讼或者属于传统的民事纠纷范畴,或者虽涉及公司法上的权利义务关系,但并不具有组织法上纠纷的性质,也不涉及多面法律关系,因此可以适用一般的民事诉讼程序进行审理和裁判。所以,对于与公司有关的诉讼是否由公司住所地管辖,要综合进行判断分析,包括纠纷是否涉及公司利益、对该纠纷的法律适用法等。

(二)对于公司合并或者分立的效力问题,公司外部人一般没有诉权

债权人认为公司在合并或者分立过程中未履行通知义务,或者被合并或者分立的原公司没有清偿债务或者提供相应的担保,或者有其他违反法律或行政法规之情形,侵害了债权人的利益,其可以主张合并或者分立之后的公司对于原公司的债务承担连带清偿责任,也可同时主张相关责任人承担赔偿责任,而不能直接挑战公司合并或者分立的效力。

(三)适用该条应该注意把握两个标准

第一个标准是,由公司住所地管辖的案件主要是具有公司组织法性质的纠纷,如果该纠纷虽然与公司有关或者牵涉公司,但不是与公司组织性质有关的诉讼,不应适用该条规

---

① 对此可参见《日本公司法典》第七编第二章之相关条文。王保树主编:《最新日本公司法》,于敏、杨东译,法律出版社 2006 年版,第 447~464 页。

定。第二个标准是,适用该条规定的公司住所地管辖的规定,主要是指该纠纷是适用《公司法》作为裁判依据的纠纷。上述两条是适用该条规定的主要依据或者标准,但是,有些公司纠纷案情复杂,故而在坚持上述两条标准的前提下,还要结合具体案情综合进行判断。

当然,新《民事诉讼法》对公司诉讼特殊地域管辖的规定还仅仅是从基本法的角度作出的较为宏观的规定,还需要司法解释的进一步细化。同时,这一规定本身也需要不断完善。我们也期待着社会各界的见解和意见。

银行卡盗刷赔偿纠纷研究

——析持卡人与银行、特约商户之间的索赔纠纷[①]

范德鸿[*]

引 言

随着银行卡的普遍使用,盗刷卡现象日益严重。盗刷引发了持卡人与银行(商户)之间的索赔纠纷,持卡人大多以银行(商户)未尽到谨慎注意义务为由要求银行(商户)承担赔偿责任。众多纠纷的裁判结果表明,认定赔偿责任缺乏统一的裁判标准,而这又源于裁判理念的差异,同案不同判的现象广受质疑,既不利于当事人服判息诉,更不利于规范银行卡交易秩序。本文以此为研究对象,分析审判实践中争议的主要问题,以期对正确认定赔偿责任、统一裁判标准提出合理的建议。

一、银行卡盗刷的概念与司法救济现状

(一)银行卡盗刷的概念

从文义分析,"盗"是指违背持卡人的意愿,"刷"是使用银行卡的形象称谓。从法理分析,"盗刷"应具有三项法律特征:一是不法分子主观具有欺诈的故意,其使用银行卡的取现、消费等行为不是出于持卡人的真实意思表示;二是不法分子行为的实质对象并非是银行卡而是银行卡账户内的资金;三是不法分子的行为造成了银行卡账户资金的未授权划拨。因此,可结合文义和法理对"盗刷"一词作出简洁、明了的解释:不法分子出于欺诈的故意,未经持卡人同意,获取持卡人银行卡账户资金的行为。

(二)银行卡盗刷的司法救济现状

1. 刑事救济

虽然根据有关司法解释,公安机关对于涉嫌使用伪造、作废的信用卡或者冒用他人信

---

[*] 上海市第一中级人民法院民六庭法官。
[①] 严格来讲,除了本文研究的民事诉讼外,盗刷赔偿还应包括在刑事(行政)诉讼中针对盗刷者所提起的附带民事诉讼,故以副题限定正题的研究范围。

用卡进行诈骗活动,数额在5000元以上的,应当立案追诉,①但现实中公安机关大多不会启动刑侦程序,持卡人基本上都是在不得已的情况下转向银行或商户提起民事诉讼。当然,不排除部分持卡人认为银行、商户有偿债能力,而积极主动地起诉银行、商户。

2. 民事救济

(1)起诉对象。持卡人起诉的对象不外乎银行和商户两类。相对于特约商户,以银行为被告的案件比较复杂。较多案件涉及跨行取款,持卡人或以发卡银行为被告,或以取款银行为被告,或者干脆将发卡银行和取款银行列为共同被告。对因在商户消费而发生的盗刷纠纷,持卡人有时仅以商户为被告,有时则将发卡银行列为共同被告。

(2)诉请基础。持卡人或以储蓄合同关系为诉请基础,或以财产侵权关系为基础,或者干脆不明确请求权基础,只陈述事实,而将纠纷定性交由法院判断。至于理由,则千篇一律地认为银行或商户未尽到合理的谨慎注意义务,业务流程存在漏洞,构成过错。

(3)事实认定。由于刑案不破,而民事诉讼查明事实的手段又有限,因此案件的一些关键事实根本无法查清,比如银行卡信息和密码究竟是如何泄露的,持卡人是否与盗刷者存在共谋而报假案,法院只能依据证据优势原则和分配举证责任认定事实,法院查明的法律事实远没有接近客观事实。

(4)裁判标准。法院通常从过错入手,分析当事人在盗刷中是否存在过错以及过错与持卡人的损失之间是否存在因果关系。审理结果或认为银行未尽到谨慎注意义务应承担全部损失,或认为银行和持卡人均有过错而根据过错大小酌定各自承担部分责任,②或认为银行没有过错而不承担责任,形形色色的判例不仅让公众无所适从,即使法官亦很困惑。③

二、实体问题之一:银行卡盗刷赔偿纠纷的案由

民事案件案由是民事诉讼案件的名称,反映案件所涉及的民事法律关系的性质,是人民法院对诉讼争议所包含的法律关系进行的概括。④ 因此,要合理确定银行卡盗刷赔偿纠纷的案由,首先必须正确认识银行卡当事人之间的法律关系。

(一)银行卡当事人之间的合同关系

1. 持卡人与发卡银行之间的多重合同关系

持卡人与发卡银行之间的合同关系具有多重性,包括储蓄关系、借贷关系、代理关系和担保关系。⑤ 储蓄关系显然是最主要的,但由于储蓄合同系无名合同,其性质有"保管说"和"借款说"等不同认识,争议一直未得到立法解决。"保管说"未能成为主流观点,因为货币系种类物而非特定物,其占有权和所有权不能分离,银行只需向储户支付同种类、数额的货

---

① 《最高人民检察院、公安部关于公安机关管辖的刑事案件立案追诉标准的规定》(公通字[2010]23号)第五十四条;《最高人民检察院、最高人民法院关于办理利用信用卡诈骗犯罪案件具体适用法律若干问题的解释》(高检会[1995]11号)第二条。
② 酌定亦无统一标准,甚至可以说是随意的,按俗称的说法,有"三七开、四六开、对半开"等多种判决。
③ 石慧昉:《银行卡盗刷法律问题探析》,载《山东审判》2010年第1期。
④ 《最高人民法院关于印发〈民事案件案由规定〉的通知》(法发[2008]11号)。
⑤ 参见施天涛:《商法学》,法律出版社2004年版,第527~528页。

币而无需返还原物,并且银行亦可使用储户的存款用于开展业务,故该认识不符合民法基本原理。较多的是持"借款(债权)说",认为储户将钱款存入银行后,其所有权转移给银行,持卡人享有的只是对银行的债权,而非存款的所有权。①此观点不仅在相关教材中有所反映,②而且似乎得到了最高人民法院的认可,③还有人以刑法犯罪分类为例说明该观点已在我国整个法律体系内得到确认。④但也有人不同意存款人享有债权的观点,主张存款人享有所有权已是理论界的通说和立法定论。⑤⑥另外,与储蓄合同相类似的概念是存款合同,二者之间关系的争议亦无定论。《民事案件案由规定》回避了争议,笼统地表述为储蓄存款合同。有研究者从存款人主体范围区分了存款合同和储蓄合同的关系,认为前者的存款人既包括城乡居民个人,也包括法人和非法人单位,而后者仅是个人,故存款合同包含储蓄合同,⑦此种观点亦反映在有关民法典草案建议稿中。⑧

2. 持卡人与特约商户之间的消费合同关系

特约商户是与银行签约受理银行卡购物消费的经营性单位,⑨持卡人与特约商户之间仅是一种交易关系,如购物买卖关系,银行卡只是一种支付手段。⑩

3. 特约商户与收单银行之间的代理合同关系

收单银行是特约商户的开户银行,收单银行为特约商户提供刷卡设备、交易授权、资金清算及日常设备维护和业务咨询。⑪收单银行与特约商户通过"受理合约"规定彼此的权利义务关系,⑫双方之间成立代理关系,即特约商户接受收单银行的委托受理持卡人的银行卡交易。⑬收单银行可能与持卡人的开户银行一致,也可能是其他银行。如果收单银行与持卡人的开户银行不一致,二者之间通过银行卡组织(国内主要是银联)进行资金结算。

---

① 参见任辉:《银行卡盗刷案件中的民事责任分析》,载《中国信用卡》2007年第5期。
② 参见朱崇实主编:《金融法教程》,法律出版社2005年版,第201页。该教材认为:存款关系的实质是存款人将货币"以特定方式在一定时间内让渡给"金融机构,当存款行为完成后存款人成为金融机构的债权人,存款是金融机构对存款人的负债。
③ 参见吴庆宝主编:《民事裁判标准规范》,人民法院出版社2008年版,第313页。
④ 参见石慧昉:《银行卡盗刷法律问题探析》,载《山东审判》2010年第1期。该文论述"债权说"时以刑法罪名分类为例,认为之所以金融凭证诈骗罪和信用卡诈骗罪区分于普通的诈骗罪,是因为前者侵犯的客体并非是持卡人的财产所有权,而是国家对金融活动的管理秩序。
⑤ 吴合振主编:《银行业务中的法律问题》,人民法院出版社2006年版,第3页。
⑥ 《民法通则》第七十五条规定:公民的财产,包括公民的合法收入、房屋、储蓄……《储蓄管理条例》第五条第一款规定:国家保护个人合法储蓄的所有权及其他合法权益……
⑦ 参见曹建明主编:《最高人民法院民事案件案由规定理解与适用》,人民法院出版社2008年版,第112~113页。
⑧ 参见梁慧星:《中国民法典草案建议稿》,法律出版社2003年版,第203~206页。转引自刘佳:《储蓄存款被冒领的民事责任探析》,兰州大学2011年硕士学位论文,第7页。
⑨ 王玉平:《特约商户的发展与银行卡业务的拓展》,载《金融电子化》2003年第3期。
⑩ 参见施天涛:《商法学》,法律出版社2004年版,第530页。
⑪ 参见韩龙主编:《金融法》,清华大学出版社、北京交通大学出版社2008年版,第154页。
⑫ 《银行卡业务管理办法》第五十五条规定:商业银行发展受理银行卡的商户,应当与商户签订受理合约……
⑬ 参见施天涛:《商法学》,法律出版社2004年版,第529页。

(二)常见案由分析

1. 合同与侵权纠纷案由的比较

在银行卡盗刷赔偿纠纷中明显存在合同与侵权的竞合。一般而言,持卡人选择合同或侵权作为诉请的基础对其利益保护并无实质差异。但在某些情况下,还是有着差异:(1)跨行交易中,持卡人不仅将发卡银行列为被告,还将取款、收单银行列为共同被告,但取款、收单银行与持卡人之间不存在直接的合同关系,故宜选择侵权纠纷;(2)持卡人不仅提出了财产损害赔偿的诉请,而且提出了精神损害赔偿的要求,而通常情况下精神损害赔偿的诉请只能在侵权纠纷中可以获得支持,此时作为侵权纠纷处理可能更有利于持卡人实现诉请。①

2. 银行卡纠纷

最高人民法院2008年公布的《民事案件案由规定》仅列明了信用卡纠纷,2011年将此修订为银行卡纠纷,并在此案由下又增加了两个子案由即借记卡纠纷和信用卡纠纷。此次修订只是考虑了银行卡的种类,并未从讼争法律关系性质的角度加以完善。

3. 储蓄存款合同纠纷

审判实践中较多地是将案由确定为储蓄存款合同纠纷,这可能与司法解释有关。最高人民法院曾明确:"因银行储蓄卡密码被泄露,他人伪造银行储蓄卡骗取存款人银行存款,存款人依其与银行订立的储蓄合同提起民事诉讼的,人民法院应当依法受理。"②虽然司法解释如此规定,但笼统地确定为储蓄存款合同纠纷并不准确,除了前述跨行交易的原因外,还因为:(1)如前所述,储蓄关系仅是持卡人与银行之间的多重合同关系的一种,并不能涵盖所有关系。比如,不法分子以持卡人的名义通过电话方式向银行发出委托汇款指令要求将持卡人账户资金划拨至其他账户,持卡人发现账户资金被盗后以不存在合法委托为由要求撤销委托、赔偿损失,若作为合同纠纷处理,持卡人诉请的实质是要求撤销虚假的委托指令,此时案由应确定为委托合同纠纷。③ (2)上述司法解释仅是针对立案,其实质目的是为了保护持卡人的诉权,但法院结案时应当根据法庭查明的当事人之间实际存在的法律关系的性质,相应变更案件的案由。④

综上,由于银行卡盗刷的复杂性,不能笼统地将此类纠纷简单地定性为上述某一类(子)案由,应充分考虑能够准确体现讼争法律关系的性质,这既可便于当事人明确诉请基础,亦可便于法官归纳争议焦点。另外,为了便于归类统计分析,可以将银行卡盗刷纠纷作为一个类案由,因为此种表述虽未能反映案件法律关系,但直观地反映了讼争起因。

---

① 参见拙文:《密码在电话银行业务中的法律地位和作用》,载《人民司法》2011年第10期;上海市第一中级人民法院(2010)沪一中民六(商)终字第154号民事判决书。

② 《最高人民法院关于银行储蓄卡密码被泄露导致存款被他人骗取引起的储蓄合同纠纷应否作为民事案件受理问题的批复》(法释〔2005〕7号)。

③ 参见拙文:《密码在电话银行业务中的法律地位和作用》,载《人民司法》2011年第10期。

④ 《最高人民法院关于印发修改后的〈民事案件案由规定〉的通知》(法〔2011〕42号)第三条第5款。

三、实体问题之二:银行的注意义务

(一)银行注意义务的来源

1. 发卡银行注意义务的来源

就合同约定而言,银行卡申领协议是银行事先拟定的格式条款,基本不会专门明确表述银行注意义务的具体内容和违约责任;而迄今为止,亦无专门的立法就银行的注意义务作出明确系统的规定。虽然没有明确的合同和法律依据,但并不能排除银行对客户负有的注意义务。究其本质,银行的注意义务应是合同附随义务。附随义务,是基于诚信原则而非当事人的约定所产生的一种相对于主给付义务的法定义务,具有两种功能:一是辅助功能,促进实现主给付义务,使债权人的给付利益获得最大可能的满足;二是保护功能,维护对方人身、财产的利益。[1] 银行的注意义务应是后一种功能,即银行履行义务的目的并非是为了使持卡人能够顺利取现或消费,而是为了保障持卡人账户资金的安全。

2. 跨行交易中付款(收单)银行注意义务的来源

有人认为,跨行交易中付款银行实际处于债务履行辅助人的地位,其根据银联章程的规定辅助发卡银行履行对持卡人的付款义务。[2] 也有人解释,基于银联入网协议,发卡银行和付款银行之间成立委托合同关系,付款银行基于发卡银行的委托向持卡人付款,发卡银行则向付款银行履行结算资金的委托义务。[3] 两种解释没有本质区别,只是表述不同而已。因为付款银行是发卡银行的代理人,故履行的注意义务来源于发卡银行的委托,本质上仍属于发卡银行的义务。同理,上述委托关系也可以解释跨行消费中收单银行的注意义务。

(二)银行注意义务的内容

一言以蔽之,银行注意义务的内容就是要谨慎注意、防范风险,包括两方面:一是交易安全注意义务,即审查银行卡交易的真实性;二是信息安全注意义务,即防范持卡人身份信息和银行卡信息、密码泄露,包括危险提示义务、技术防范义务、非技术防范义务和安全措施说明义务等。[4]

(三)银行履行交易安全注意义务的判断标准

银行履行交易安全注意义务的判断标准,是指银行对交易要素究竟是实质审查还是形式审查,二者的区别在于是否对审查内容的绝对真实性负责。不同的审查标准体现了不同

---

[1] 参见崔建远主编:《合同法》,法律出版社2010年版,第87~89页。
[2] 参见林晓镍:《银行卡信息和密码被窃后的民事责任承担》,载上海市高级人民法院编:《公报案例精析》,法律出版社2010年版,第153~155页。该文认为:债务履行辅助人包括使用人和代理人。使用人是指依债务人的意思事实上为债务履行之人。代理人包括法定代理人和意定代理人,意定代理人亦是基于债务人的意思为债务履行之人,严格而言,意定代理人亦属于使用人的范围。
[3] 参见陈福录:《浅析银行卡跨行交易中的法律关系》,载《中国信用卡》2011年第4期。
[4] 参见林晓镍:《银行卡信息和密码被窃后的民事责任承担》,载上海市高级人民法院编:《公报案例精析》,法律出版社2010年版,第153~155页。

的价值取向,实质标准侧重于安全,形式标准侧重于效率。为了兼顾安全和效率,对不同的审查内容应持不同的标准。

1. 对银行卡使用者主体资格的审查应当坚持形式标准

一般情况下,银行对使用者主体资格的审查是通过密码得以实现的,只要使用者输入了正确的密码,即可判明其是持卡人或其合法授权的人。密码是客户办卡时在银行预留的,约定在办理业务时必须提供给银行据以识别取款人是否有权支取存款的数字、字母或其组合;密码应当和持卡人的身份证件、签名甚至指纹一样,具有同等的身份识别功能,是持卡人在银行电子网络中办理业务的身份凭证。① 只要客观上在电子银行交易中使用了密码,如无免责事由,则视为交易者本人使用密码从事了交易行为,本人对此交易承担相应责任。② 各大商业银行的银行卡章程对此均有规定。虽然有人曾主张,银行卡申领协议所记载的密码使用即为本人行为原则的内容属于格式条款,当银行未就该条款进行提示说明时该条款不发生效力,③但由于该原则已得到了相关法律和规章的确认,④故即使银行在办理发卡业务时未就此进行提示说明,该原则亦应适用。当然,上述原则亦有例外:一是密码使用涉及的软件密级程度过低,二是失窃、失密后及时向银行挂失,三是操作系统受到黑客攻击。⑤

某些情况下,除了密码之外,银行还需审查身份证件,比如到柜面一次性大额取现、密码挂失、更换银行卡等。关于身份证件的审查标准,审判实践虽有一些规范可以参考,但这些规范也相互矛盾。以中国人民银行的相关规章为例,既有实质审查,⑥也有形式审查,⑦而最高人民法院似乎倾向形式审查。⑧ 在我国,有效身份证件种类繁多,银行没有能力核查身份证件的绝对真实性。以居民身份证为例,由于第一代身份证技术含量低,银行工作人员根本无法判断其真伪,只能从表面核对信息。虽然目前国内银行的技术条件可以识别第二代身份证,但不能排除随着犯罪手段的高科技化,未来也会出现银行无法识别的假身份证。另外,由于违法手段的隐蔽性,实践中还存在不法分子持真实身份证件到银行冒名办理业务的情况,这更给银行实质审查提出了难题。银行并不具备判断身份证件是否真实属于持

---

① 夏和平:《泄露支付密码索赔诉讼的举证责任》,载《湖北经济学院学报》2006年1月。
② 王兆东:《银行卡密码的法律效力及法律归责》,载《华北金融》2008年第7期。
③ 参见林晓镍:《银行卡信息和密码被窃后的民事责任承担》,载上海市高级人民法院编:《公报案例精析》,法律出版社2010年版,第153~155页。
④ 《电子签名法》第十四条规定:可靠的电子签名与手写签名或者盖章具有同等的法律效力。《银行卡业务管理办法》第三十九条规定:发卡银行依据密码等电子信息为持卡人办理的存取款、转账结算等各类交易所产生的电子信息记录,均为该项交易的有效凭据。发卡银行可凭交易明细记录或清单作为记账凭据。
⑤ 王兆东:《银行卡密码的法律效力及法律归责》,载《华北金融》2008年第7期。
⑥ 《储蓄所管理暂行办法》第五十九条规定:定期储蓄存款提前支取时,必须认真核对存款人身份证明,委托他人支取的,还需核对委托人的身份证明,并作相应记录,必要时也可向发证机关查对。根据"向发证机关查对"分析,此条文应是要求实质审查。
⑦ 《关于办理存单挂失手续有关问题的复函》(银函〔1997〕520号)规定:在办理挂失手续时,储蓄机构对身份证件只进行形式审查,不负有鉴别身份证件真伪的责任。
⑧ 《关于林木香诉中国工商银行福州支行仓山办事处、中国农业银行闽侯县支行、闽侯县闽江信用社赔偿案件如何适用法律问题的复函》(〔1991〕民他字第31号)确认银行对户口簿的伪造负有形式审查责任。该案中,犯罪分子冒领存款时所使用的户口簿缺页且未盖户籍警印章,从形式上应当可以判断真伪,而银行未认真核对,故应对存款人的损失承担责任。

证人的法律职责,即使公安机关也不可能完全识别假冒姓名的违法人员,更何况银行工作人员,这在实践中已有案例为证。①

综上,对银行卡使用者主体资格的审查本质上属于对公民身份的审查,即使公安机关在刑事案件中都不能完全达到实质审查的标准,②更何况金融机构,因此不能强行赋予银行实质审查的义务,否则有违公平。当然,虽然坚持形式审查标准,银行工作人员同样需要尽到合理的谨慎注意义务,以一般业务人员的智力水平和辨别力为标准,从形式上认真核查使用者的主体资格,否则应承担责任。

2. 对银行卡应当坚持实质审查标准

银行应对其制作发行的金融流通工具进行实质审查,这是最高人民法院一贯的观点,从类似的司法解释就可以看出。③银行未能审查出伪卡有两种原因,一是技术原因,二是人为原因。

从技术原因分析,伪卡能够通过银行的计算机系统进行交易,可能的解释有两种:一是银行卡技术含量太低,容易被伪造,二是银行的计算机系统存在重大缺陷。④普通民众一般皆认为银行作为专业金融机构理应有技术能力判断真伪,并且银行的判断应是权威的,银行都不能判断真伪更何况其他人,因此要求银行在技术方面履行实质审查义务。公众的意见应被尊重,但不完全正确,银行的责任应是一种风险责任而非过错责任,技术原因不应视作银行的过错。⑤

从人为原因分析,银行工作人员出于疏忽亦可能导致伪卡判断失误。银行卡表面记载了发卡日期、卡号、持卡人姓名的汉语拼音等信息,应该可以从这些信息判断伪卡,如果银行工作人员疏忽大意未能准确判断伪卡,应当承担责任,此时属于过错责任。⑥

人为原因和技术原因往往是联系在一起的,因为即使柜面人工操作,还是要通过银行的计算机系统实现交易,此时银行人员失误引起的责任包括过错责任和风险责任。

(四)银行履行信息安全注意义务的判断标准

不法分子获取信息不外乎技术和非技术两种手段,无论何种情形,判断银行履行注意

---

① 参见上海市长宁区人民法院(2009)长民一(民)初字第1007号判决书。该案中,周丽以"客玉辉"的姓名接受了公安机关拘留和劳动教养的处罚。劳教期间,其男友杨勇华通过某女子持周丽护照和储蓄卡至银行办理了密码挂失手续,之后多次取款达数万元。周丽劳教结束后发现遂案发。杨勇华以信用卡诈骗罪获刑并承担赔偿责任。因赔偿无着,周丽又以银行未尽审查义务构成违约为由要求赔偿,未获法院支持。

② 《刑事诉讼法》第八十条规定:公安机关对不讲真实姓名、住址,身份不明的现行犯或重大嫌疑犯可以先行拘留。第一百五十八条规定:对于犯罪事实清楚,证据确实、充分,确实无法查明其身份的,也可以按其自报的姓名起诉、审判。

③ 《关于审理票据纠纷案件若干问题的规定》第六十九条规定:付款人或代理付款人未能识别出伪造、变造的票据或者身份证件而错误付款,属于票据法第五十七条规定的重大过失,给持票人造成损失的,应当依法承担民事责任。付款人或者代理付款人承担责任后有权向伪造者、变造者依法追偿。

④ 参见任辉:《银行卡盗刷案件中的民事责任分析》,载《中国信用卡》2007年第5期。

⑤ 过错是主观性的评价,而技术风险是客观存在的,并且无论技术水平如何改进都不可能达到"天衣无缝"的境界,本着公平原则,技术风险应由交易各方共同承担。

⑥ 参见原上海市卢湾区人民法院(2010)卢民二(商)初字第203号判决书。该案中,不法分子持伪卡至银行办理换卡业务,而伪卡显示的制作日期与真卡不符,银行未能对此辨别,法院将此作为银行违约的依据之一。

义务均应以合理为标准,不能无限扩大银行履行义务的界限。所谓合理,是以"现实条件下"银行履行义务的能力、条件作为考量的依据。目前审判实践中有一种倾向,认为凡是信息泄露都与银行未充分完善防范措施有着或多或少的必然联系,进而认定银行需承担全部或部分责任,并以司法建议要求改进防范措施。这种倾向是错误的。就技术防范而言,只要银行的措施符合国家标准或是行业的普遍做法,就可以认为是合理的。比如,现在还未完全普及 IC 卡,不能因为部分银行仍发行容易复制信息的磁条卡而认定其未尽到合理的注意义务,毕竟在现阶段磁条卡仍是比较普遍的。① 就非技术防范而言,只要银行工作流程符合常规要求、没有疏于管理即可认定其已尽到合理注意义务,不能认为任何犯罪行为都与银行的工作失误有着必然的因果关系。②

(五)银行履行注意义务差异的司法考量

不同条件下,法院对银行履行注意义务的考量应当稍有差异,这种差异体现在对安全和效率的权衡上。具体而言:

一是不同交易模式的差异。银行卡交易包括柜面、ATM 机、电话和网上银行等交易方式。银行在这四种交易方式中履行注意义务的难度显然是不同的,在柜面交易中相对比较容易,而在其他交易中则比较困难,尤其是在电话和网上银行业务中根本无从审查身份证件和银行卡。对柜面交易更应侧重考量安全,而对其他方式则更应侧重效率。

二是不同性质银行的差异。不同性质银行主要面向的客户群显然是有区别的。以信用社和外资银行为例,前者有相当一部分客户群是退休人员,他们的主要业务是领取工资和存款,银行在服务时更应强调安全性;而年老退休人员一般不可能到外资银行办理业务,在考量其注意义务时更应侧重效率。

四、实体问题之三:特约商户的注意义务

(一)特约商户注意义务的立法演变及评价

有关特约商户注意义务的立法经历了"明确——不明确——再明确"三个阶段:(1)已经失效的《信用卡业务管理办法》曾详细规定了特约单位在信用卡交易中应当审核的内容,包括信用卡使用者的身份证件和信用卡本身。③ (2)现行《银行卡业务管理办法》没有具体

---

① 目前国内普遍使用的是磁条卡,这种卡技术含量不高,伪造成本很低。与磁条卡相比,IC 芯片卡因具有储存量大、有读写保护和数据加密保护等技术特点,很难复制。根据中国人民银行 2011 年 3 月 11 日发布的《关于推进金融 IC 卡应用工作的意见》,IC 卡已开始推广使用。

② 参见汪新华:《盗刷银行卡面临法律真空》,载《中国经济周刊》2004 年第 25 期。该文报道犯罪分子崔某用高倍望远镜偷窥客户密码。对此种情形,如果认定银行疏于防范,显然是不合理地扩大了银行履行信息安全注意义务的界限。

③ 银发〔1996〕27 号。第四十二条规定:持卡人凭卡购物消费时,需将信用卡和身份证一并交特约单位经办人。IC 卡、照片卡免验身份证。第四十三条规定:特约单位经办人员受理信用卡时,应审查下列内容:(一)确为本单位可受理的信用卡;(二)信用卡在有效期内,未列入"止付名单";(三)签名条上没有"样卡"或"专用卡"字样;(四)信用卡无打洞、剪角、毁坏或涂改的痕迹;(五)持卡人身份证或卡片上的照片与持卡人相符;(六)卡片正面的拼音姓名与卡片背面的签名和身份证上的姓名一致。

表述商户的审核义务,只是笼统地规定银行与商户通过签订"受理合约"规范彼此的权利义务关系。① (3)《银行卡联网联合业务规范》基本又恢复了上述《信用卡业务管理办法》的规定。②

对于《银行卡业务管理办法》没有规定商户的审核义务,银行曾有解释:一是为了信用卡使用方便快捷,二是为了与国际接轨,现在仅凭签名消费是国际通行做法,三是为了更好地保护隐私,出示身份证有泄露个人资料的嫌疑。③ 但不久恢复了相关规定,又该如何解释? 人民银行为何对同一问题有所反复,究竟是立法技术的原因还是其他原因无法探究。立法不明确规定商户的审核义务应当是合理的,不仅符合银行与商户之间私法关系的本质,而且有利于拓展银行卡业务。从银行和商户之间的关系分析,双方本质上属于委托关系,即商户在交易过程中审核相关事项本质上来源于银行的授权,商户审核的具体内容和程度完全可以由受理合约规定,并且不同银行和不同商户之间如何具体约定完全可以根据业务拓展需要而允许存在差别,商户只要严格按照合约规定履行审查义务即可免责(免除与银行之间的内部责任,而非免除对持卡人的外部赔偿责任),只要委托事务不触及公共利益的底线,立法没有必要对银行授权的具体内容作出强制性规定。从银行卡业务拓展的角度分析,特约商户不仅是连接银行与持卡人的纽带,满足持卡人用卡需求的必要场所,而且也是银行卡业务服务和营销中介,是银行获取高收益的重要渠道;④如果立法对商户的职责过于严苛,不仅商户不愿积极加盟银行卡业务,而且银行也无法顺利拓展业务,最终会导致持卡人因银行卡交易场所不够普及而不能顺利持卡消费;因此,商户承担注意义务的大小完全可以和手续费的高低挂钩,按照利益与责任相符的原则由双方自行约定。人民银行之所以又明确规定了商户的审查义务,可能与当前银行卡盗刷等犯罪行为泛滥有关,认为已经触及了市场经济安全的底线,必须作出强制性的规定。

鉴于商户的注意义务来源于银行的委托,因此上述《银行卡联网联合业务规范》的规定应视为委托合同的法定条款,无论双方签订的受理合约是否列入均不能排除该条款的适用。

(二)特约商户注意义务的内容和标准

根据《银行卡联网联合业务规范》,商户在交易中应审查下列内容:(1)通过密码和签名对银行卡使用者的身份进行形式审查。密码的作用毋庸赘言。对于签名,一般认为商户对刷卡消费者的签名仅负有形式上的一般审核义务,只需核对持卡人在 POS 机消费凭证上的

---

① 第五十五条规定:商业银行发展受理银行卡的商户,应当与商户签订受理合约⋯⋯
② 银发[2001]76号。3.3 消费⋯⋯B. 审卡内容:卡片签名条上无"样卡"或"专用卡"等非正常签名的字样;卡片无打洞、剪角、毁改或涂改的痕迹;信用卡还需审查卡的有效期、照片卡上的照片。C. 交易描述:持卡人将银行卡交特约商户收银员;特约商户收银员在 POS 机上刷卡,输入交易金额,要求持卡人通过密码键盘输入 6 位个人密码,如发卡行不要求输入密码的,由收银员直接按确认键。交易成功,打印交易单据,收银员核对单据上打印交易账号和卡号是否相符后交持卡人签名确认,在对信用卡交易核对签名与卡片背面签名是否一致后,将银行卡、签购单回单联等交持卡人;交易不成功,收银员应就提示向持卡人解释⋯⋯
③ 何颖:《论信用卡被盗用的风险责任承担》,载《金融法苑》第64辑。转引自翟国静、向婧:《信用卡冒用背景下特约商户的审核义务》,载《人民司法》2009年第24期。
④ 王玉平:《特约商户的发展与银行卡业务的拓展》,载《金融电子化》2003年第3期。

签名与银行卡背面预留的签名是否一致,只要两处签名的汉字相同、书写形态没有显而易见的重大差异即可。① 但笔者并不赞同商户通过核对签名以审查交易者身份的规定,因为:一是形式审查没有实际意义,盗刷者基本都可以做到书写的汉字相同、书写形态无明显差异;二是这样规定岂非要阻止持卡人授权他人持卡消费,实践中非持卡人使用家人的银行卡(存折)取款、消费是常例。(2)对银行卡进行实质审查。由于商户是银行的代理人,故应对银行卡进行实质审查。如果商户已经履行了法定和约定的审查职责,却仍未识别出伪卡,其仍应对持卡人的损失承担责任,但有权向银行追偿。

除上述法定内容外,商户还需对以下情况尽到合理的注意义务:(1)对可疑交易行为的防范。商户对于一些金额大、短时间内刷卡频繁的可疑交易行为,应严格审查,发现疑点及时与收单银行联系,由收单银行判断或通过收单银行联系发卡银行进行授权,也可以拒绝受理该笔交易。② (2)银行卡信息安全注意义务。商户应当在交易场所中为客户刷卡提供合理的保密条件,防止密码等信息被他人偷窥。由于商户服务人员在接受客户刷卡交易的过程中有机会接触甚至是短暂地保管了银行卡,商户有义务规范内部管理防止客户信息泄露。商户服务人员若窃取信息构成犯罪,商户也应承担因疏于管理而未能有效履行信息安全注意义务的责任。③ 上述义务若在受理合约中没有体现,可视为附随义务。由于对商户履行上述义务的判断标准很难具体化,故只能由法院结合案情自由裁量,当然裁量时应当考虑是否符合商业交易的常理以及有利于规范商户经营。

五、实体问题之四:持卡人的注意义务

(一)正确定位持卡人的注意义务

持卡人的注意义务同银行一样,亦属于合同的附随义务。

对持卡人的注意义务,审判实践中有一种倾向:持卡人相对于银行、商户处于"弱势",因此在案件处理中往往忽视持卡人自身的安全注意义务,反之对银行和商户则比较苛求。④ 这种"弱势"思维有较多理论认同。比如有人认为:虽然持卡人与银行在法律意义上有平等权利,但银行基于资金、技术方面的优势,占据交易主动权,处于市场支配地位,而持卡人在银行卡交易中只有接受与否的权利,毫无平等协商的机会,为保护弱者应根据《消费者权益

---

① 刘丽、郭静:《特约商户对信用卡持卡人签名仅负有形式审核义务》,载《人民司法》2009年第24期。
② 参见上海市黄浦区人民法院(2010)黄民五(商)初字第739号民事判决书。转引自范黎红:《特约商户负有证明消费行为真实发生的举证责任》,载《法律适用》2011年第12期。
③ 参见孙文晔:《盗刷、作伪、套现,7人卷走90余万元》,载《北京日报》2009年3月28日第6版。该文报道:商户服务人员利用结账时接触客户银行卡的机会,在替客户刷卡前后,将卡在"磁卡数据采集器"上再刷一遍获取信息,之后将信息提供给他人制作伪卡。
④ 可以说,目前不少法官虽不愿公开承认但实际习惯遵循的办案思路是:持卡人是个人,而银行和商户是单位,单位肯定比个人有经济实力,尤其是银行更是实力雄厚;判决单位承担责任,一般不会引起上访、缠讼,而判决个人承担责任则可能给"社会和谐"带来了不稳定因素,也给个人工作带来麻烦。因此,惯于在案件审理中寻找银行、商户的过错而忽视持卡人的过错,即便对一些持卡人有明显过错的案件,亦本着"各打五十大板"的原则适当"安抚"持卡人,防止其无理取闹。

保护法》的立法精神赋予持卡人消费者地位,给予其特殊倾斜保护。① 还有人直接提出了"储户利益优先"的原则,认为当储户与金融机构发生利益冲突时,为了维护金融机构的信用形象和普通民众的利益、促进金融机构不断优化风险预防措施,在价值取向和利益衡量上应优先保护储户的合法利益。② 上述观点似乎是为了实现公平正义,保护弱势群体,但实际上背离了民商事的基本原则(平等原则),其实质是以经济实力(抗风险能力)、技术优势等作为划分双方法律地位的依据,不利于正确定位持卡人在银行卡交易中应当负有的正常义务。过高地设定银行、商户的义务,不利于持卡人在日常使用银行卡的过程中履行合理必要的注意义务,自觉防范个人财产、证件和信息被他人轻易窃取,甚至不能绝对排除持卡人与他人共同犯罪的情形,从而彻底否定"密码使用即为本人行为"的原则,有违银行卡作为支付手段快捷便利的基本结算功能。③④

(二)持卡人注意义务的内容和标准

持卡人的注意义务包括:

其一,有形物品的保管。银行卡与持卡人的任何财产一样,持卡人都应当尽到合理的保管义务,不能疏忽大意、随意放置。同时,银行卡又不是普通的财产,作为货币资产的特定载体,其风险性在持卡人申领时就应当得以预见,特别是可以透支的信用卡,在授信额度内被冒用的损失数额具有不确定性,持卡人应当对此给予高于普通财产的注意义务。若将持卡人自己疏于保管而产生的损害后果转移给银行、商户,不仅增加了社会成本,更不能起到督促持卡人对自己财产承担审慎保管的义务。⑤ 持卡人对银行卡未尽注意义务的情形通常有:(1)申领银行卡后未按要求在卡片背面以惯常书写方式预留签名,造成银行、商户无从审查使用者的身份;(2)银行卡丢失后未在第一时间办理挂失手续;(3)将银行卡与身份证放置在一起,使得犯罪分子有机会利用真实身份证冒用银行卡。除银行卡外,持卡人对于身份证、户口本等物品亦应给予高度的谨慎注意,这无须赘言。

其二,无形信息的保密。(1)密码保密。密码是最重要的信息,这从《银行卡业务管理办法》的规定就可以看出。⑥ 持卡人申领银行卡后应当及时更改初始密码,按照合理的防范要求设置密码。虽然有人提出,密码的安全性受制于设置者的智力水平和对安全性能考虑

---

① 参见冉俊:《银行卡消费者权益保护法律问题研究》,载《金融教育研究》2011 年 3 月。
② 参见吴纲要:《储蓄存款冒领后的民事责任研究》,湘潭大学 2006 年硕士学位论文,第 10~12 页。
③ 参见广东省深圳市中级人民法院:《关于信用卡纠纷案件的调研报告》,载最高人民法院民事审判第二庭编:《商事审判指导》2011 年第 2 辑。
④ 参见张光宏、郭敬波:《私人密码使用即为本人行为原则的限制》,载《人民司法》2009 年第 18 期。该案中,持卡人主张其在盗刷发生时银行向公安机关报案,故可证明其未丧失对银行卡的控制权,银行应承担异地盗刷的风险。银行则提出了一种可能性,认为持卡人向同伙交付了银行卡并告知密码,在同伙异地取款时,持卡人持伪卡到公安机关报案。虽然该案中法院未采信银行的意见,但银行的抗辩是有合理之处的,从刑事案件的角度不能完全排除持卡人"贼喊捉贼"的可能。
⑤ 参见广东省深圳市中级人民法院:《关于信用卡纠纷案件的调研报告》,载最高人民法院民事审判第二庭编:《商事审判指导》2011 年第 2 辑。
⑥ 第五十二条第(六)项规定:发卡银行应当在有关卡的章程或使用说明中向持卡人说明密码的重要性及丢失的责任。

的周密程度,即使经常变更密码也无法抵御随时可能发生的密码被窃或被骗的风险,①但不能否认在现实条件下密码仍是一种比较有效的安全措施,不设置密码或设置过于简单的密码一般应被认定为未尽合理注意义务。因此,不能认为设置密码是持卡人的选择权而非法定义务,据此判定持卡人毋需承担保管不善的责任;②持卡人作为理性的交易主体,理应预见到未合理设置密码可能造成的风险。(2)银行卡信息保密。持卡人不能不加任何防范地将银行卡随意交于他人使用,使他人有机会接触并复制银行卡信息。(3)身份信息保密。有案例表明不法分子可通过密码和持卡人的身份信息达到盗刷目的,③因此尽管现今社会公民身份信息泄露现象非常严重,但持卡人仍应尽量保守个人信息,防止被不法分子利用。

通常可认定持卡人泄露信息的情形有:(1)擅自出借、出租银行卡给他人使用;(2)随意将密码告知他人;(3)在安全保护措施不足的情形下使用网上银行,致使银行卡信息和密码被他人窃取;(4)在有他人在身边的情形下不加防护地输入卡号、密码等信息;(5)轻信了犯罪分子利用短信群发器所发送的中奖或消费确认等虚假信息,导致卡号等信息被窃;(6)轻信犯罪分子的要求在电话银行中违反常规地多次输入卡号、密码致使信息被窃。④

除上述列举的一些情形外,一般很难确定持卡人注意义务的具体标准,只能笼统地提出两项原则,一是公平合理,二是符合日常生活经验法则。这两项原则要求认定持卡人注意义务时应当根据持卡人的年龄、职业、文化程度等因素综合考量,而不能机械处理。比如,合理设置密码对于中、青年人应是一项常识,而对于老年人则不应苛求,因为有些老年人为了防止遗忘密码而在存款时就不设密码或设置非常简单的密码。

六、程序问题之一:刑民关系的处理

"刑民交叉"在银行卡盗刷赔偿纠纷中体现得非常明显。相关实务研究全面分析了此类纠纷中的刑民关系,认为涉案刑民关系是牵连而非竞合,持卡人不必采取"先刑后民",有权直接提起民事诉讼,法院不能因涉嫌犯罪而拒绝受理。⑤这种"纯民事"观点已是主流认识,得到了司法解释的确认。⑥

---

① 汤啸天:《防范以银行卡密码为突破口的犯罪侵害》,载《河南公安高等专科学校学报》2009年10月。
② 参见翟国静、向婧:《信用卡冒用背景下特约商户的审核义务》,载《人民司法》2009年第24期。
③ 参见拙文:《密码在电话银行业务中的法律地位和作用》,载《人民司法》2011年第10期;上海市第一中级人民法院(2010)沪一中民六(商)终字第154号民事判决书。该案中,银行工作人员在电话银行业务中除了核对密码,还核对了持卡人的身份证号码、开户时预留的家庭固定电话等信息,所有信息核对无误后方为来电人开通了新的业务,二审法院据此认定银行已尽到了必要的审慎注意义务。
④ 张雪楳:《银行卡纠纷中的民刑交叉问题研究》,载最高人民法院民事审判第二庭编:《商事审判指导》2011年第3辑。其中第(6)项情形可参见黄丹:《当心!有人能"听出"电话银行密码》,载《人民法院报》2012年3月18日第3版。该文报道:持卡人王某为了向"生意伙伴"证明卡内资金余额,使用电话免提功能几次进行电话银行操作,致使犯罪分子通过固定电话的按键音破解了卡号和密码而盗刷资金,法院认定王某疏忽,应自行承担损失。
⑤ 石慧昉:《银行卡盗刷法律问题探析》,载《山东审判》2010年第1期。该文提出了"刑民竞合"与"刑民牵连"有四项区别:一是主体区别,即前者犯罪分子既是犯罪主体又是民事主体,而后者主体不具有同一性;二是时间区别,前者刑民关系同时产生,后者刑民关系的产生存在先后顺序;三是法律事实区别,前者产生刑民关系的法律事实是同一的,而后者则不同;四是同一法律事实的作用不同,前者是形成性作用,使刑民关系的同时存在成为现实,而后者则是结合性作用,将刑民关系结合在一起。
⑥ 《最高人民法院关于银行储蓄卡密码被泄露导致存款被他人骗取引起的储蓄合同纠纷应作为民事案件受理问题的批复》(法释〔2005〕7号)。

虽然最高人民法院早在1998年就明确了刑民交叉案件的处理原则,经济纠纷和经济犯罪应当分开审理,[①]但持卡人直接采取民事救济的不足是客观存在的:(1)事实无法真正查清。由于民事诉讼查明事实的手段有限,法院主要依靠当事人的举证,即使依职权查证也不可能像公安机关在刑事案件中行使侦查权一样,故而银行卡、身份证件被盗和密码等信息泄露的真实原因无法查清,法院只能按照证据优势标准和分配举证责任认定,而由于对举证责任的分配存在不同认识则造成了事实认定不一。(2)责任比例不确定。正因为关键事实真伪不明,法院往往认定各方均有过错而酌定责任大小,而酌定又无统一标准,结果形成了同案不同判的现象,引发当事人不断上诉、申诉。有些二审法院出于"平衡维稳"的需要没有充分理由地改变一审确定的责任比例,客观上降低了判决的公信力,给公众造成了"和稀泥"的印象,也促使了个别持卡人不断申诉以期不断改变责任比例。(3)纠纷解决周期较长。由于上述两项缺点,导致当事人不能尽快息诉服判,使得纠纷拖延时间较长。(4)"翻案"风险较大。一些刑事案件在民事案件结案后才得以侦破,若此时刑事法律事实与民事法律事实相矛盾,民事案件显然需要再审改判。

因此,尽管直接受理民事起诉已是目前的不争做法,但鉴于上述问题,笔者以为还是可以适当"借力"刑事诉讼。具体而言:(1)如果刑案已立,特别是在已经抓获犯罪嫌疑人的情况下不妨暂且中止民事审理,等待刑案结果;(2)不应以涉案金额的大小作为是否移送刑侦的依据,只要符合刑事追诉标准就可以考虑刑事诉讼;[②](3)适时向当事人释明事实真伪无法判断的后果,建议当事人积极主动地寻求刑事救济。

七、程序问题之二:举证责任分析

(一)举证责任的一般分析

由于刑案不破,绝大多数案件无法查清银行卡被盗、信息泄露的真实原因,各方的举证都不能形成优势,法院只能通过分配举证责任解决裁判难题。虽然目前法律和司法解释没有针对银行卡盗刷赔偿纠纷规定举证责任倒置,但较多主张均赞成对密码泄露、[③]ATM机识别伪卡、[④]网上银行系统安全隐患、[⑤]特约商户对冒用信用卡的审查等实行举证责任倒置。[⑥]近年来在审判实践中也出现了一种趋势,即法院更多地运用自由裁量权将主要的举证责任

---

① 《关于在审理经济纠纷案件中涉及经济犯罪嫌疑若干问题的规定》(法释[1998]7号)。
② 参见拙文:《密码在电话银行业务中的法律地位和作用》,载《人民司法》2011年第10期;上海市第一中级人民法院(2010)沪一中民六(商)终字第154号民事判决书。该案二审改判后,持卡人继续向高院申诉,高院观点则与一审相同,认为应酌定双方过错。在与高院承办法官沟通时,笔者提出如果涉案金额不是2万元,而是20万元或更高的金额,法院会怎样处理,恐怕十有八九会移送公安机关。正是因为此类纠纷的标的一般仅为几万元,法官往往惯于从寻找双方过错入手,不大会考虑移送公安机关,如果金额高达数十万元或更多则很有可能考虑中止民事审理,移送刑侦。
③ 夏和平:《泄露支付密码索赔诉讼的举证责任》,载《湖北经济学院学报》2006年1月。
④ 卢成仁:《ATM机盗刷案民事责任分析》,载《法制与社会》2008年第11期。
⑤ 曹江峰:《浅析网银诉讼中的举证责任倒置》,载《法制与社会》2011年第18期。
⑥ 何颖:《信用卡冒用案件中特约商户赔偿责任承担的困境与出路》,载《政治与法律》2009年第12期。

分配给银行。① 有人提出,持卡人只需证明银行存在不履约或不适当履约的事实,银行若不能证明存在法定免责事由则应无条件承担违约责任,只有在能够证明持卡人未尽到注意义务的情况下方能减轻责任。② 上述主张和实践均体现了一种思路,即对银行和商户比较"严苛",而对持卡人比较"宽仁",而理由不外乎以下几种:一是银行、商户更接近交易运行系统、信息资料等证据源,举证能力强于持卡人;二是银行、商户从银行卡交易中获取了可观的经济收益,应当遵循风险与收益相一致的原则承担盗刷风险,并且银行、商户也有足够的经济实力承担风险;另外,对于法院来讲,恐怕还有一点不够冠冕堂皇的理由,即持卡人相对于银行、商户属"弱势群体",处理"不当"会引发"维稳"风险。

上述观点当属偏颇,一味强调保护"弱者"有失公平。因为:(1)银行、商户并非接近所有证据源,就最关键的证据源(银行卡)而言,银行和商户接近银行卡的机会远低于持卡人,银行和商户又能如何对持卡人泄密的事实举证。持卡人也并非对银行、商户未履行注意义务的所有事实都不能举证,持卡人对部分事实是有举证能力的。(2)尽管交易系统是银行开发和管理的,银行最接近此证据源,但让银行完全对交易系统的安全性承担举证责任不符实际,某些情况下甚至会影响诉讼进程。比如持卡人因自己操作失误而主张网上银行系统存在漏洞以致信息泄露,③按照举证倒置要求,银行应对网上银行的安全性承担举证责任。但面对银行提交的技术资料,究竟是持卡人能够看得明白还是法官能够在深入了解的基础上做出判断。解决的办法似乎只有一个,即引入鉴定机制,而在现实情况下鉴定并不一定会有结果,如果鉴定机构表示无法鉴定还不是将难题重新交到法官手中,这岂不是与举证责任正置一样的结果。(3)银行卡交易在给银行和商户带来收益的同时也方便了持卡人,双方均得益于这种快捷交易方式。而持卡人作为理性的市场交易主体在选择银行卡交易方式时理应预见到存在的风险,其在享受方便、快捷服务的同时亦应与银行、商户共同承担与此相适应的风险,持卡人拒绝承担任何风险亦有违收益与风险相一致的原则。(4)认为银行"财大气粗"有足够能力承受风险和持卡人属"弱势群体"的观点显然是以经济能力作为考量双方法律地位的标准,有违平等原则。(5)在未经刑事诉讼的情况下,不能完全排除持卡人与他人共同犯罪的可能性。加大银行承担赔偿责任可能性的归责制度,实际上是忽视了对恶意储户诈骗行为的防范,势必会诱使少数不法分子谎称存款被盗,通过诉讼要求赔偿,从而扩大了"客户行为风险"。④

由于司法解释并未针对银行卡盗刷赔偿纠纷细化举证的一般规则,也未明确倒置规则,故法院只能根据公平诚信原则和当事人的举证能力自由裁量。⑤ 但不同法官对具体案件中公平诚信和举证能力的理解不一,裁量结果必然会各不相同。为了尽可能使裁量标准趋于一致,鉴于上述目前主流做法的缺点,在分配举证责任时应当考虑以下因素:(1)虽然

---

① 参见中国工商银行福建省分行课题组:《商业银行举证责任扩大化趋势及应对策略》,载《银行家》2011年第1辑。
② 石慧昉:《银行卡盗刷法律问题探析》,载《山东审判》2010年第1期。
③ 持卡人自己操作失误的情形难以详细列举,仅举两例说明:(1)持卡人误入"克隆"网上银行;(2)持卡人误打开不明邮件导致电脑被"黑客"植入木马程序,使得一切操作被"黑客"尽收眼底。
④ 参见陈冲:《网上银行被盗银行承担举证责任的案例评析》,载《江南社会学院学报》2011年6月。
⑤ 《最高人民法院关于民事诉讼证据的若干规定》第七条。

各方均负有注意义务,但对不同事项的注意程度显然存在主、次之分,应以主要义务的归属作为确定举证责任的首要因素。(2)裁量结果一般都有两种价值取向,或是为了规范银行、商户的经营,或是为了敦促持卡人更加谨慎地履行注意义务,法官应考虑侧重何种取向。(3)正确处理金融创新与立法滞后的关系。随着电话银行、网上银行的发展以及银行卡在证券、期货等交易领域的广泛运用,新型金融服务明显存在"实践先行、立法滞后"的现象,法院若一味扩大银行的举证责任,势必会产生引导不当的作用,不仅会影响金融创新的发展,妨碍银行核心竞争力的提升,亦会给持卡人的交易带来不便,实际上是"因噎废食",否定了现代金融交易便捷性的要求。①②

(二)密码泄露的举证责任分析③

作为对上述一般分析的诠释,密码泄露是最恰当的例证。由于通常泄密行为不可能为对方所知,无论银行还是持卡人几乎不可能举证证明对方泄密,如何分配举证责任直接决定着判决结果。

主张银行承担举证责任的理由大致有:(1)密码储存在银行的计算机系统中,只有银行人员才知晓,而持卡人一般不会故意泄密;(2)持卡人远离银行泄密的证据;(3)银行卡交易系统专业性强、技术复杂,持卡人缺乏举证能力;(4)从技术、管理和人员违法等泄密的途径和可能性分析,银行泄密的概率大于持卡人;(5)持卡人属"弱势群体",由其承担败诉风险可能诱发社会负效应,而银行则更趋"骄横",不思改进防范措施。④

该观点有所偏颇,除上述一般分析所列举的理由外,再作如下补充:

其一,正常情况下,密码由持卡人本人设置并由本人掌握,不为他人所知。密码的生成过程是一个纯技术问题,持卡人在柜面小键盘上输入的是明码,根据密码技术经计算机系统运算后形成暗码,暗码虽由银行储存保管,但无法通过逆运算推知明码,即使银行人员亦不可知。⑤持卡人若在ATM机和网络上更改密码,更不可能为银行人员所知。因此,虽然

---

① 参见中国工商银行福建省分行课题组:《商业银行举证责任扩大化趋势及应对策略》,载《银行家》2011年第1辑。

② 参见拙文:《密码在电话银行业务中的法律地位和作用》,载《人民司法》2011年第10期;上海市第一中级人民法院(2010)沪一中民六(商)终字第154号民事判决书。该案中,不法分子以电话方式向招商银行申请开通一种包括转账功能在内的"快易理财"综合服务功能,银行在电话中核了密码、身份证号码、家庭电话等信息后开通了该功能。一审法官就此走访了银监局、金融办,答复是这是一种创新模式有待司法引导。但有关文件曾明确否定,《关于贯彻落实〈中国人民银行、中国银行业监督管理委员会、公安部、国家工商总局关于加强银行卡安全管理、预防和打击银行卡犯罪的通知〉的意见》(银办发〔2009〕149号)规定:"对于开通电话银行转账、ATM转账和网上银行转账等自助转账业务的增量持卡人,发卡机构应要求持卡人主动申请并书面确认,同时要对其风险提示。客户通过已采取电子签名验证的网上银行渠道申请自助转账业务的,视同客户本人主动申请并书面确认。为持卡人开通自助转账类业务,发卡机构必须验证持卡人的身份证件。"根据上述规定,招商银行显系违规。但若以此类推,又该如何理解多年前早已实施的电话委托股票交易,故笔者提出了以密码作为确认身份的依据,可以肯定招商银行的电话服务方式是一种方便交易的创新。

③ 由于持卡人消费场所的不确定性,持卡人一般不会主张商户泄密,故此处仅分析银行和持卡人的举证责任,当然分析的内容可以作为对商户举证责任的参考。

④ 夏和平:《泄露支付密码索赔诉讼的举证责任》,载《湖北经济学院学报》2006年1月。后四点理由引自该文。

⑤ 参见王向阳:《试论存款合同中密码的法律性质》,载《经济与社会发展》2003年12月。

不能排除个别情况下银行人员能够通过非法手段获取密码,①但总体而言密码仅为持卡人掌握。正因为密码一般仅为持卡人所知,所以密码的主要注意义务应由持卡人承担,在裁判价值取向上应倾向敦促持卡人更加谨慎地保管密码。

其二,银行同样远离持卡人泄密的证据,无论是持卡人故意、过失或没有过错的任何一种泄密行为,银行都无法知悉,尤其是对持卡人与他人串通犯罪故意泄密的行为更是根本无法预防。

其三,不可否认,的确不能排除由于银行网站被"黑客"攻击而导致大规模泄密事件发生的可能性,②但此类事件绝非常态,不能以个例否定常态,否则现实生活中任何与网络有关的交易的安全性都将受到质疑,比如铁路网上售票系统。一般而言,只要不发生上述事件,就应当推定交易系统是安全的,银行无须承担举证责任。只有当持卡人举证证明泄密系由于上述事件所致(存在时间、地域等关联性),法院才应裁量银行承担举证责任。此时若银行不能举证证明泄密与上述事件无关,就应承担不利后果。需要强调的是,此时虽认定银行泄密,但也只是由于技术原因而非人为原因,银行最终承担的是风险责任而非过错责任,并且风险责任也不应由银行完全承担。③ 事实上,密码一般之所以能够在网上交易系统中被轻易破译有两种可能性:一是持卡人自己误操作,二是密码设置过于简单,使不法分子不费周折即成功破译,若此时将举证责任分配给银行显不公平。

其四,认为银行泄密的概率大于持卡人,并没有相应的统计分析印证,只是主观推测而已。

其五,银行是否不断加强"人防""技防"措施,无须司法强行推动。银行为了拓展银行卡业务必然会高度重视声誉风险,即重大的公众负面评价所带来的资金和客户损失方面的风险;当某一银行发行的银行卡频频发生泄密事件势必会引起持卡人的信心危机,其对该银行卡资金划拨的安全性能产生怀疑,会选择更为安全可靠的银行卡,银行为了提高市场竞争力必然会不断改进防范措施。④⑤

综上,密码泄露的举证责任一般应由持卡人承担,只有当持卡人主张类似"黑客攻击"事件导致泄密时银行才应承担举证责任。由此可见,如何分配举证责任无法一概而论,只能由法官充分考虑上述因素根据具体案情裁量。

---

① 曾有报道:柜面人员在办理存款业务时通过存款人输入密码的"手势"破解出密码,但这仅属个案,不能认为是普遍情况。

② 如2005年6月17日,万事达宣布,由于一名黑客侵入"信用卡第三方支付系统",包括万事达、维萨、美国运通银行等机构在内的4000多万信用卡用户的数据资料被盗窃。转引自韩龙主编:《金融法》,清华大学出版社、北京交通大学出版社2008年版,第163页。

③ 过错是主观性的评价,而技术风险是客观存在的,并且无论技术水平如何改进都不可能达到"天衣无缝"的境界,本着公平原则,技术风险应由交易各方共同承担。

④ 参见韩龙主编:《金融法》,清华大学出版社、北京交通大学出版社2008年版,第163页。

⑤ 我国农行103卡系统缺程序,频频发生被犯罪分子盗用的事情,农行不得不对以103开头的旧借记卡办理免费更换手续,全部更新为卡号为95599开头的银联标识卡。转引自韩龙主编:《金融法》,清华大学出版社、北京交通大学出版社2008年版,第173页引注1。

结 语

为统一裁判标准,本文尝试提出以下裁判理念:

第一,严格贯彻民商事当事人主体地位平等原则,防止以所谓持卡人(储户)利益优先而动摇甚至背离平等原则。持卡人和银行、商户虽然在经济实力、社会地位等方面存在着天然差异,但并不能因此将持卡人完全视为弱者而忽视其应负有的注意义务。

第二,合理有效地发挥司法对金融的规范和引导作用。应当正视金融创新与立法滞后的现实,对银行卡交易创新应持规范与鼓励并重的态度,不要对创新一味地求全责备甚至随意否定,不能将需要完善的服务等同于过错,①②更不能以创新缺乏法律依据为由判决银行、商户承担责任。

第三,慎重酌定责任,避免"和稀泥"判决。部分案件中持卡人的过错是银行卡被盗刷的根本原因,而银行、商户在服务过程中虽也存在细微瑕疵却无碍大局,对此种情形应当判决持卡人承担全部责任,而不应为了"安抚弱者和规范经营"而"锱铢必较"地酌定银行、商户承担"一定比例"的责任,防止比例酌定随意化。反之,对于银行、商户存在根本过错亦应如此。对于双方均有过错,确需酌定责任大小比例的,应慎重裁判,及时应报请上级法院,上级法院应加强案例指导、统一执法标准。

---

① 参见黄丹:《当心!有人能"听出"电话银行密码》,载《人民法院报》2012年3月18日第3版。可以说,服务的完善和改进永无止境,不能因为银行和商户的服务需要改进就认定其具有过错。该案中,银行原先推出的"卡卡定向转账"电话银行业务只要卡号和密码即可完成交易,客户可通过任何电话进行交易,客户预留的手机只是银行用于向客户发送账户资金变动信息的。该案发生后,银行了解到犯罪分子可能利用手机免提功能破译密码,遂完善了绑定手机的功能,要求此后该业务除了卡号和密码外,还必须通过绑定手机的确认回复才能最终完成交易。法院并未因为上述电话银行业务存在需要完善之处就认定银行的业务流程存在瑕疵而需承担过错责任。

② 打个形象的比方,不能因为银行和商户的服务存在瑕疵未达到优秀的标准,就据此认定不合格,毕竟在优秀和不合格之间还有良好和中等的标准。

【法官学术交流】

《企业破产法》司法解释制定情况及相关问题
——在第五届"中国破产法论坛"的主题发言

刘 敏[*]

各位来宾：

大家好！

很高兴，受第五届"中国破产法论坛"组委会安排，能够在此向大家介绍一下最高人民法院这几年就《企业破产法》起草制定相关司法解释和司法政策的情况。最高人民法院副院长和民二庭庭领导非常重视《企业破产法》司法解释的起草工作，为研究、解决人民法院审理企业破产案件中出现的新情况新问题，完善相关法律制度，统一各地法院的裁判尺度，民二庭于《企业破产法》施行后专门成立了由庭领导担任组长、部分法院法官和专家学者组成的司法解释起草小组，及时启动了《企业破产法》系列司法解释的起草工作。下面我分几个阶段将最高人民法院司法解释和司法政策起草的情况和所涉相关问题介绍如下：

第一阶段：2007年4月，为配合《企业破产法》的顺利实施，最高人民法院及时出台了《关于审理企业破产案件指定管理人的规定》《关于审理企业破产案件确定管理人报酬的规定》和《关于〈中华人民共和国企业破产法〉施行时尚未审结的企业破产案件适用法律若干问题的规定》，上述规定，有效地填补了法律空白（实际上是受《企业破产法》第二十二条的授权制定），为新破产法实施后人民法院在审理企业破产案件时如何指定管理人、如何确定管理人报酬，以及如何做好新旧破产法律制度的衔接等问题作出了制度安排，对保障人民法院审理破产案件的顺利进行发挥了积极作用。当然，由于破产管理人制度对我国而言是个全新的制度设计，不论是管理人队伍的培育还是具体案件中管理人的指定和报酬支付，都有很多现实问题有待于我们进一步研究解决，对此，很多法院在现有法律框架下都做了有益的探索和尝试，取得了很好的效果，最高人民法院也在研究推广。如有的法院采取对管理人的分级分类管理，依据管理人的业绩划分管理人资质等级，按照破产案件实际情况在不同资质等级的管理人中选择管理人，实现管理人指定中的科学性和高效性；有的法院注重加强对新生管理人的培育，对于尚未进入人民法院管理人名册但又有一定破产法律素养和积极性的律师、会计师、清算师等进行专业培训，为下一步管理人队伍新鲜血液的注入

---

[*] 最高人民法院民事审判第二庭审判长。

创造条件;有的法院紧紧依靠当地党委和政府,通过筹措政府维稳基金或者适当提取管理人报酬等方式,建立地方管理人援助基金,以解决无产可破案件中管理人报酬的支付和职工权益保障等问题……最高人民法院也在从推进全国破产案件审判的角度积极与财政部等有关部门研究建立政府对破产案件的财政援助机制,现相关专项课题已经结题,有待于进一步的成果转化。

第二阶段:2008—2010年期间,最高人民法院先后发布了《关于债权人对人员下落不明或者财产状况不清的债务人申请破产清算案件如何处理的批复》《关于依法审理和执行被风险处置证券公司相关案件的通知》《关于审理公司强制清算案件工作座谈会纪要》《关于受理借用国际金融组织和外国政府贷款偿还任务尚未落实的企业破产申请问题的通知》《关于正确审理企业破产案件为维护市场经济秩序提供司法保障若干问题的意见》《人民法院破产程序法律文书样式(试行)》和《管理人破产程序工作文书样式(试行)》等司法解释和司法政策,对公司强制清算与破产清算程序的衔接、证券公司破产时的资产保全、借用国际金融组织和外国政府贷款企业的破产,以及"植物人"公司的破产清算等问题作出了明确规定。这里要特别强调的是,在《关于债权人对人员下落不明或者财产状况不清的债务人申请破产清算案件如何处理的批复》和《关于审理公司强制清算案件工作座谈会纪要》中确立的,在债务人不依法提交有关财产状况说明和债权债务清册导致无法清算或者无法依法全面清算时,由出资人等清算义务人承担债务人责任的这项特殊制度,对于建立诚信社会、规范企业法人依法退市、最大化保护债权人权益等方面发挥了积极的作用,社会反响非常好,应当用好用足。

第三阶段:2011—2012年,最高人民法院除已发布了《关于适用〈中华人民共和国企业破产法〉若干问题的规定(一)》《关于审理上市公司破产重整案件工作座谈会纪要》外,目前正在制定的《关于适用〈中华人民共和国企业破产法〉若干问题的规定(二)》和《关于个人独资企业清算是否可以参照适用企业破产法规定的破产清算程序的批复》两个司法解释也将很快出台。这里涉及到几个问题:第一,关于破产申请的受理。由于有的法院尚未充分认识到《企业破产法》在完善优胜劣汰竞争机制、优化社会资源配置、调整社会产业结构、拯救危困企业、保障债权公平有序受偿等调整市场经济方面的重要作用,加之现行体制、机制上的各方面原因,对于申请人提出的符合法律规定的申请,假借各种理由不予立案,严重影响了《企业破产法》的贯彻实施。《企业破产法司法解释(一)》通过对破产原因的界定、举证责任的分配和受理环节的审判监督程序等作出明确规定,有效地扭转了上述不正常现象,解决了破产申请的依法受理问题。第二,关于上市公司的重整。对于重整我想特别强调几点:(1)债务人或者管理人制定的重整计划草案中应当依法包括债务人的经营方案,或者叫经营正常化及改善方案。具体应当包括经营业务、人员组织、资产调整等企业资产与业务重组方案、企业经营管理方案、企业融资方案、企业销售额和营业利润等经营目标方案,以及企业债务调整方案等,而不应该仅仅是债务调整方案。实践中所谓的"先重整再重组"模式,实际上与《企业破产法》重整制度设置的初衷是不一致的,应当有所调整。(2)对于因控股股东、实际控制人及其关联方违规占款、违规担保等不当行为,以及公司高管未尽忠实勤勉义务造成公司损害的,重整计划草案制定时应当根据过错对上述各方及其控制的股权作出合理的削减。人民法院在裁定批准重整计划时要切实肩负起审查职责,引导各方利益主体公平合理分担企业经营失利的损失,避免控股股东等利用其在出资人组中的绝对话语权绑架中小股东,形成严重的利益失衡。(3)关于《企业破产法》第八十七条第二款第(三)项规定的"模拟清偿比例"问题,因客观上很难避免评估中由于主观因素、技术因素的存在导致对该比例的客观性、准确性、科学性的争议,鉴于该模拟清偿比例系人民法院强制批准时的最低标准,是对债权人等利害关系人权利保障的底线,因此,能否考虑通过将确定中介机构的权利交由债权人会议行使的方式,来实现对债权人利益的依法保护问题。这个思路提出来供大家讨论,看是否可行。第三,关于债务人财产。准确界定债务人财产,以及通过管理人行使撤销权、追收相关债务人财产,实现债务人财产最大化,是破产程序中的一个至关重要的内容,也是对债权人利益保护最大化的重要因素。《企业破产法司法解释(二)》对相关问题作了规定,我在这里不再赘述。但要强调的是,在破产程序中对债务人自出生、存续、至终止整个过程的诚信审计和对不当行为的强行矫正,是债务人经过破产清算了结所有债务的公平保障,也是管理人职能充分发挥的重要阵地,管理人应当切实担负起这个神圣的职责。第四,关于个人独资企业准用破产清算程序问题。这里主要涉及到对《企业破产法》第一百三十五条的理解与适用。对于个人独资企业和合伙企业这类企业法人以外的组织的清算,是否可以参照适用《企业破产法》规定的程序问题,实际上是立法时已经在争论的一个问题。我国《企业破产法》将破产能力仅赋予了企业法人,而对于其他非企业法人的经济组织并未赋予其通过破产程序解决债务的资格,但是为确保企业平稳退出市场,保障个人独资企业(包括合伙企业)清算的有序性和债务的公平受偿,有必要适用准用性规定,对企业相关财产进行合理的处置。但是,如前所述,由于目前我国《企业破产法》仅将破产能力赋予企业法人,非企业法人的经济组织以及自然人等,尚无通过破产程序解决债务清偿的能力,因此,最高人民法院在批复中特别强调了通过准用破产清算程序未能清偿的债务,投资人还应以其其他财产承担。当然,将来随着自然人破产制度的建立,上述规则可能还应有所调整。

第四阶段:目前最高人民法院还在起草调研的司法解释,包括《关于适用〈中华人民共和国企业破产法〉若干问题的规定(三)》(管理人和破产费用、共益债务)、《关于适用〈中华人民共和国企业破产法〉若干问题的规定(四)》(破产与执行的衔接问题)、《关于人民法院审理关联企业实质合并破产案件若干问题的规定》等,这些司法解释待成熟后将陆续推出,今天就不再具体介绍了。

最后,我想借此机会特别向为最高人民法院司法解释的调研、起草和论证等工作付出辛勤努力的专家学者、法官,包括管理人队伍,表示衷心的感谢!也希望大家能够一如既往地支持我们的工作,共同为我国破产法律制度的不断完善和发展而继续努力!

谢谢大家!

揭开公司面纱原则:中国的立法与司法实践
——在"亚太地区论坛"上的发言[①]

李志刚[*]

揭开公司面纱原则在中国也被译作法人人格否认原则,[②]一直是中国公司法领域里的一个重点和难点问题。

在1993年制定《公司法》时,中国的立法者并未就这一原则在法律上作出明确的规定。但在司法实践中,已有股东滥用公司独立人格,损害债权人利益的案例出现。对此类案件,法官多通过援引中国的《民法通则》中有关诚实信用原则和权利不得滥用原则作为裁判依据,间接适用法人人格否认之法理,判决股东对公司的债务也承担法律责任。

在2005年《公司法》修订的过程中,围绕这一制度的取舍问题,各界又进行了一轮深入的讨论。[③]赞成者认为,司法实践中已经出现滥用法人人格独立和股东有限责任逃避债务的案例,但在《公司法》上却没有明确的法律依据,因此,有必要通过在立法上确立这一原则,为司法审判提供必要的法律依据。反对者则认为,法人人格否认制度源于判例法,

---

[*] 最高人民法院民事审判第二庭法官。

[①] "亚太地区论坛"由俄罗斯联邦最高仲裁法院举办,每年在海参崴举办一次,本届论坛于2012年9月14日举行,论坛的主题是"公司法:制定规则和解决纠纷最好的实践"。

[②] 据学者考证,就揭开公司面纱或刺破公司面纱(lifting the corporate veil, piecing the corporate veil)与法人人格否认(disregarding the corporate personality)的区别而言,一般说来,英美法系倾向于用揭开公司面纱的称谓,大陆法系更倾向于用法人人格否认,或称直索责任。两者概念的差异,体现了对公司有限责任否定的不同思路。刺破公司面纱常被视为和有限责任相对,法人人格否认常和法人制度相对。参见邓峰:《普通公司法》,中国人民大学出版社2009年版,第204~205页。但从我国的司法实践看,此两种称谓的差异不大,后者用得更多一些。虽然有人指出因适用该理论,只是在特定的法律关系上否认公司的法人人格,而不是一般性地从根本上否认公司的法人人格,故"法人人格否认"的提法有其不科学之处,但该提法直接提明了,且已被大多数人所接受,故本文亦称为法人人格否认或公司人格否认理论。

[③] 参见刘俊海:《新公司法中揭开公司面纱制度的解释难点探析》,载《同济大学学报(社会科学版)》2006年第6期,第113页。

个案情况复杂,行为形式多样,难以用成文法来加以表述,建议立法不予规定。① 立法机关最终采纳了前一种观点,在《公司法》中明文规定了法人人格否认制度,同时也吸收了后者的意见,在法律条文的表述上,采用了概括、抽象的立法语言,以维护该条文在复杂的个案中的适应性。

一、法律的规定

中国现行《公司法》对公司法人否认制度的规定主要有两条,分别为《公司法》第二十条和第六十四条。

《公司法》第二十条规定:"公司股东……不得滥用公司法人独立地位和股东有限责任损害公司债权人的利益";"公司股东滥用公司法人独立地位和股东有限责任,逃避债务,严重损害公司债权人利益的,应当对公司债务承担连带责任。"该条规定从立法上正式确立了公司法人人格否认制度。根据这一规定,适用法人人格否认制度应当具备以下三个条件:(1)主体要件。滥用的主体限于公司股东,而不包括公司的董事、监事;(2)行为要件。存在滥用公司独立人格和股东有限责任的行为;(3)结果要件。严重损害了公司债权人的利益。

《公司法》第六十四条则是对一人公司适用法人人格否认制度时有关举证责任分配的特殊规定,即一人有限责任公司的股东不能证明公司的财产独立于股东自己的财产的,应当对公司债务承担连带责任。这主要是因为一人公司天然地存在人员混同的情况,由于一人公司的股东的意志在相当程度上决定了一人公司的意志,因此,更容易发生财产混同与业务混同的情形,导致滥用公司独立人格的结果发生。考虑到一人公司债权人难以掌握公司的财产状况、举证困难的实际情况,如果将举证责任完全交由公司债权人承担,显然不公。根据这一条文的规定,在发生债务纠纷时,一人公司的股东有责任证明公司的财产与自身的财产是相互独立的,如果股东不能证明公司的财产独立于其自身的财产,则必须对公司的债务承担连带责任。

从人格否认的法律后果来看,存在三种不同的立法例:一是规定由公司背后的股东对公司债务承担无限清偿责任,涉案公司无责任;二是规定由股东承担补充责任,即应先以该公司财产清偿,如果公司财产不足才追究股东的责任;三是规定公司与股东承担共

---

① 通过制定法模式规定法人人格否认制度的以英国和德国为代表。英国是判例法国家,但在公司法上却一向有制定法传统,同时由于公司人格独立的"实体法则"在英国比较根深蒂固,为避免滥用司法审判权可能对公司法人独立人格的不当侵害,故在适用法人人格否认制度中,英国以成文法的形式作出规定。美国作为最早通过判例创设法人人格否认制度的国家,法人人格否认制度以判例的形式得到了最为广泛的运用。但除判例外,美国的制定法如《美国标准公司法》中对法人人格否认也作出了相应的规定。而日本虽是成文法国家,但就法人人格否认制度而言,却并未在公司法中作出具体规定,以1969年2月17日,日本最高裁判所第一小法庭的判决正面承认、运用了法人人格否认法理为标志,法人人格否认法理在日本已得到完全地确立。此后,日本各级法院在一些具体案件的审理中都运用了该法理。参见刘贵祥:《法人人格否认理论与审判实务》,载《人民司法》2001年第9期,第12页;刘惠明:《日本公司法上的法人人格否认法理及其应用》,载《环球法律评论》2004年春季号,第106页;吴建斌:《公司法人格否认成文规则适用困境的化解》,载《法学》2009年第7期,第130~131页。

同责任,债权人可就两者择一求偿或者连带求偿。①。中国《公司法》采取了第三种方案,即股东对公司债务承担共同的连带责任。②

二、司法的运用

从法律条文的表述方式来看,《公司法》第二十条仅规定了法人人格否认制度的行为要件是滥用公司独立人格和股东有限责任的行为,但如何判断股东的行为构成了滥用,哪些行为属于滥用,法律条文并未列出明确的判断标准和表现形式。这样的立法方式的优点是保证了法官在适用这一规则时的灵活性,避免了因为明确列举滥用行为的表现形式而可能导致的疏漏。但这样的立法表述方式也容易导致当事人在个案中的争议和法官适用时的分歧。为此,我们也试图在总结审判实践经验的基础上,概括出适用这一原则的一些标准和条件。

在司法实践中,如果有以下三种情况之一的,法官通常认定构成滥用公司的独立人格和股东的有限责任:③

1. 公司与股东存在财产混同、业务混同和人员混同的情况。财产混同,主要表现为股东与公司资金混同(如共用一个银行账号),财务管理不作清晰区分等;业务混同,主要表现为股东与公司业务范围重合或主要经营业务互有交叉;人员混同,主要表现为股东与公司法定代表人、董事、监事或其他高管人员相互兼任,员工大量重合等,甚至经营场所、电话也完全一致。

2. 股东对公司进行过度支配和控制。如股东利用关联交易,非法隐匿、转移公司财产,或者母公司完全操纵了子公司的决策过程,使被操纵的子公司完全丧失了独立性,成

---

① 这三种观点分别被称为法人无责说、补充责任说与共同责任说。参见季奎明:《一人公司的法人人格否认》,载《人民司法》2008年第5期,第99页。

② 有学者对我国《公司法》第二十条所采取连带责任的方案提出批评,认为事实上公司人格否认的直接后果就是否认股东的有限责任而改负无限责任,即不再以其出资额为限对公司债务承担责任,这是公司人格否认制度在责任性质上的实质所在。以连带责任来代替无限责任在责任性质上含混不清,未能体现出公司人格否认制度的实质。参见石少侠:《公司人格否认制度的司法适用》,载《当代法学》2006年第9期,第5页。

③ 虽然《公司法》第二十条在文字表述上规定须有滥用之主观故意,但若要债权人证明股东有滥用之主观心理状态,实非易事。此处主要是从客观行为的角度,来认定主观是否构成滥用。对主观要件,即股东具有滥用法人人格的主观意图这一要件是否必要的问题,大陆法系一直存在着主观滥用论和客观滥用论之争,在德国和日本,最初根据权利滥用要件的规定,认为必须确定支配股东的主观滥用意图,即具有对他人施加损害的主观目的,以确保法的安定性,防止公司法人人格否认被滥用。但上世纪50年代后,基于减轻主张法人人格否认者所负担的证明责任的考虑,日本持客观滥用说的学者越来越多,判例也倾向于采用客观标准;德国的司法判例也逐渐从主观表征转向客观利益衡量,形成了客观滥用说占主导地位的局面。参见蒲菊花:《法人人格否认法理的程序法分析》,载《广东商学院学报》2004年第2期,第88页。

为母公司的工具。①

3. 公司资本显著不足，如股东未缴纳或缴足出资，或股东在公司设立后抽逃出资，致使公司资本低于该类公司法定资本最低限额，或实际注资与经营规模和经营性质相比显著不足等。

从举证责任来说，因为公司经营资料均为公司所掌握，公司债权人要证明股东存在滥用行为，有相当困难。在司法实践中，我们倾向于要求公司债权人提供初步证据即可，即，公司的债权人所提出的证据使法官对股东是否有滥用行为产生一定程度合理怀疑即可，此时，法官则将进一步的举证责任转移给股东，即由股东证明自己的行为是善意、公平和合法的。如股东要否认滥用的事实存在，须就此另行举证。对一人公司而言，根据《公司法》第六十四条的规定，一人公司的股东对是否存在滥用的行为负完全的举证责任。

根据《公司法》第二十条的规定，适用法人人格否认制度还应当具备结果要件，也就是须严重损害公司债权人利益。只有股东的滥用行为导致公司丧失清偿能力时，才可适用该制度。如果公司具有清偿能力，则不存在否定公司法人人格的问题，也不得以任何理由要求股东对公司债务直接承担责任。

三、最新发展

根据中国《公司法》的规定，法人人格否认原则的适用对象仅限于公司股东。但在实践中，我们发现，也存在公司与股东人格不分，由此导致股东的债权人要求公司对股东的债务承担连带责任的情形。此外，因关联公司之间人格不分，导致公司债权人要求该公司的关联公司也承担连带责任的案件也陆续出现。对于这些案件，能否适用公司人格否认制度，还存有争议。

在学理上，公司法学者从人格否认的方向（揭开公司面纱的方向）的角度，将实践中的情形具体分成了三类，分别为公司人格的顺向否认、逆向否认和横向否认（面纱的顺向揭开、逆向揭开和横向揭开）。

1. 顺向否认，即由股东为公司之债负连带责任的模式，从否认的方向来看，是由公司债务而起，并顺向否认公司人格，是最典型的否认顺位模式。

2. 逆向否认，即公司对股东的债权承担连带责任，如，一人公司的股东的债权人，诉请该公司对其股东的债务承担连带责任。从否认的方向来看，与顺向否认的方向相反。

---

① "控制"与"过度控制"是有区别的，以集团公司为例，作为一种公司结构，集团公司具有较高的运作效率，作为公司集团有一些整体的运作计划，不可避免会涉及到经营的控制、资金的调配等，但这并不等同于过度控制。只有在集团公司实施的方案导致任何一个具体的公司受到实际损害时，才可能构成过度控制。因此，母公司对子公司存在控制，并不必然导致法人人格否认原则的适用。只有在这种控制达到子公司完全丧失或者基本丧失自主权时，才能导致母公司对子公司的直接责任。一般认为，只要具备以下三项条件即可认定母公司对子公司实施了过度控制：(1)母公司对子公司的经营实施了连续、持久、广泛的支配；(2)其控制权的行使是为了自己的利益而损害子公司的利益；(3)这种控制给予公司的债权人造成损害。参见《"揭开公司面纱"——法人人格否认制度理论与实务研讨》，载《中国审判》2008年第4期，第68页；王惠玲：《一人公司的法人人格否认之诉》，载《人民司法》2009年第11期，第83页。

3. 横向否认,是指一个公司的债权人诉请该公司的关联公司对该公司的债务承担连带责任的情形。司法实践中,常表现为"两块牌子,一套人马"的两个公司之间,由于彼此人格与财产混同,产生是否应该要求关联公司之间互相承担连带责任的问题。①

严格地说,只有顺向否认的模式才符合《公司法》第二十条所规定的适用法人人格否认的条件,但逆向否认与横向否认的原理与顺向否认相同,均系滥用法人独立人格和财产的制度,以逃避债务,损害债权人的利益。如果严格遵循《公司法》第二十条的规定,只能追究股东的责任,并不能阻止其滥用行为,难以形成对公司债权人的有效救济。从保护债权人的权益、维护市场经营秩序的角度而言,有扩张适用《公司法》第二十条所规定的法人人格否认制度的必要。在最高人民法院审理的案件中,也已经出现了横向否认的案例。② 但从裁判依据来说,法官虽然参照适用了《公司法》第二十条的规定,但并未援引其作为判决的直接法律依据,而是援引《民法通则》有关诚实信用原则的规定,作出了判决。③

四、未来趋势

《公司法》确立了法人人格否认制度以后,也引起了学界的担忧,即担心法官是否会有滥用这一制度的可能,④从而对公司的独立人格和股东的有限责任这两个最基本的公司法制度造成冲击。从法官的角度来看,我们对适用这一原则还是非常慎重的,主要体现为:一是严格遵循适用条件,注意考察坚持人格独立的后果,只有产生严重不公正的后果时,才能考虑适用公司人格否认制度;二是适用该原则必须由公司债权人主动提出,法官不得在审判中主动提出,对是否需追加有责股东作为被告,法官也不能主动行使释明权;三是从法人人格否认的效果来说,判决对公司独立人格的否定是"一时""一事"的个案的否定,并非对公司独立人格彻底的、永久的否定。

从最高人民法院的角度来说,我们也正在加强对这一制度的调查和研究,希望通过

---

① 被横向揭穿之法人之间,总是存在某种程度之关联,如为同一母公司控制,因而通过同一控制公司而实现二者人格及财产的混同;或两公司之间均由同一自然人担任法定代表人,而该法定代表人分别持有两公司的控股股权,由此法定代表人作为连接点引发两公司的人格与财产关联交易或财产利益不正当转移等。参见虞政平:《公司法案例教学(上)》,人民法院出版社2012年版,第311页。

② 最高人民法院(2008)民二终字第55号,具体案情可参见《最高人民法院公报》2008年第10期及裴莹硕、李晓云:《关联企业人格混同的法人人格否认》,载《人民司法》2009年第2期,第6~12页。

③ 关联公司滥用公司人格独立的法律规制问题,也可从关联公司的法律规制角度予以规定。但我国现行《公司法》第二十条所规定的法人人格否认制度与关联企业一体化承担责任制度还有一定距离。《公司法》中涉及关联公司法律规制的内容仅有两条,分别为第二十一条所规定的关联交易所导致的公司损失的损害赔偿和第一百二十五条内部管理人员所涉及的关联交易的回避制度,并未专门规定关联公司的人格否认问题,所以,从审判实践中的法律适用角度来说,《公司法》并不能为关联公司的法人人格否认提供直接法律依据,在适用该理论作为判案依据时,还需另寻他途。参见邓峰:《普通公司法》,中国人民大学出版社2009年版,第158页。

④ 参见《"揭开公司面纱"——法人人格否认制度理论与实务研讨》,载《中国审判》2008年第4期,第69页。

司法解释或者指导性案例的方式,细化适用的标准,促进法律适用的统一。①

在中国,法人人格否认制度从学说引进到立法确认,仅经历了 10 多年的时间,我们还处在一个探索和积累的过程。我们很高兴能有这样的机会,与亚太地区的法律界同仁就公司法的问题共同交流和探讨,增进相互之间的了解与合作,并促进亚太地区各国的法律完善和经济发展。

---

① 有学者建议,可通过提高适应该原则的审级制度的方式,如规定只有中级以上人民法院才有权受理此类案件并作出否认公司人格的裁判,以防止该原则被滥用。参见石少侠:《公司人格否认制度的司法适用》,载《当代法学》2006 年第 9 期,第 5 页。另有学者从实证统计的角度,得出下级法院的"刺破率"要相对高于上级法院的结论,根据学者黄辉的统计分析,就基层法院和中级以上法院的刺破率对比而言,基层法院的刺破率为 77.78%,明显高于中级以上法院的 56.92%,他同时也建议,将公司法人格否认案件的初审权限制在中级法院。参见黄辉:《中国公司法人人格否认实证研究》,载《法学研究》2012 年第 1 期,第 7 页。

东亚破产及重整协会第四届学术会议参会报告

刘 敏[*] 杜 军[**]

东亚破产及重整协会(以下简称东亚协会)是于2009年由中国、日本、韩国三国相关学术团体发起成立的国际学术组织。中方发起单位为中国政法大学民商法学院,召集人为该院王卫国教授。东亚协会每年召开一次学术会议,由上述三国轮流担任主席国负责承办,参会人员为三国从事破产法理论研究的学者、专门审理破产案件的法官以及长期从事破产管理人工作的律师、会计师等专业人士。由东亚协会秘书处邀请并经领导同意,我们于2012年11月2日赴韩国首尔参加了该协会第四届学术会议,会议的主题是"破产与重整制度的有效性及效率",我们就中国破产法实践的有关情况与国内外专家进行了深入交流,现将有关情况报告如下。

一、参会总体情况

整个会议活动分为会场报告与参观交流两部分。

会场报告共两天,按照秘书处的事先安排,部分参会人员分别就破产和重整法制的新趋势、信托与破产法制、上市公司退市制度的完善、破产程序中的快速协商机制、跨境破产法律问题、企业法庭外重整、破产与重整制度的效率问题等专题进行了报告、评议,其他与会人员就相关问题与报告及评议人进行了问答。上述专题几乎都是当前各国破产法制面临的共同问题,其中:有的(比如信托关系中破产规则如何设定的问题)是当前各国都愈来愈多地遇到并正在探索有效解决方案的问题;有的(比如企业重整中的快速协商机制问题、庭外重组问题)是韩日等国近年来因应破产实践的新变化而率先进行的法制建设问题;有的(比如跨境破产问题)则是区域性破产规则一体化中需要共同探讨和解决的问题。由于会前秘书处对会议议程作了充分的准备和周到的安排,故会场报告和交流的内容不仅实践性强,而且问题都比较集中,焦点比较明确,回应比较充分,获取的信息量较大,我们感觉很有收获。比如,在跨境破产法律问题单元的讨论中,经征求各国专家意见,秘书处会前拟制了一个涉及多方面法律问题的案例并将该案例分别发送给中日韩三国担任破产管理人的

---

[*] 最高人民法院民事审判第二庭审判长。
[**] 最高人民法院民事审判第二庭法官。

律师,让各国律师针对有关问题分析本国法制框架下的处理措施。由于案例是事先告知了各国律师,因此律师们有充分时间研究案例涉及的问题。会场报告中,三国律师向大会详细、深入地介绍了本国法律对案件的可能处理方案,通过这种富有针对性的讨论,与会者比较深入地理解了各国破产法律间的差异和进一步发展的方向。

会议安排参观了韩国大法院、首尔中央地方法院及其破产部,并与法院人员进行了交流。在交流中,我们真切地感受到法官是韩国法院中的主角,很多司法制度都是围绕充分发挥法官的能动作用这一目的来构建,也充分体现了对法官的尊重、认可和凸显。在破产案件审理方面,韩国所有的地方法院都受理企业或个人破产案件,但除首尔外,其他地方法院由一般的民事审判庭受理,而首尔中央地方法院则设立专门的破产部受理首尔及周边地区的破产案件。该破产部目前有法官30名左右,另有包括法官助理、财务专家、行政管理人员、秘书等在内的辅助人员130余名,这些辅助人员的任务是协助法官处理不同类别的事务,比如:财务专家在案件中主要是帮助法官判断企业是否具有财务价值,是否有进一步拯救的必要以及提供财务知识支持。破产部在地方法院内设有专门的办公大楼,楼内设置了专门的召开债权人会议的场所,专门有秘书负责债权人会议的会务。破产部每年受理的企业破产案件约400余件,其中重整案件200余件,破产清算案件100余件。除此之外,因韩国立法中允许自然人破产,故破产部每年还要受理约1万余件的自然人破产案件。虽然案件数量较多,但据介绍,一般的企业重整案件法官均在6个月左右的时间内审结,破产案件审理的优质和高效很大程度上要归功于破产部中各个系统的协调运行。

二、韩日破产法制发展的新动向

受经济发展的影响,韩日破产法制呈现了快速发展的趋势。

(一)韩国破产立法的发展[①]

韩国破产法制以1997年亚洲金融危机为界呈现出几乎完全不同的面貌。1962年,韩国先后制定并实施了《和解法》《破产法》《公司整理法》,其中《公司整理法》是以当时日本的《公司更生法》为范本而制定,内容也与其基本相同。尽管有立法的规定,但法律适用于现实的情形却不多,法院一般也不太愿意受理破产案件。1997年亚洲金融危机爆发后,涉及破产法律的问题愈益明显,在与国际货币基金组织(IMF)签订了《紧急流动性支援协定》后,根据IMF的要求,韩国启动了改变破产法根本秩序的过程。2004年韩国制定了《个人债务者回生法》,并且在1998年和1999年对前述破产法律进行了相当程度上的修订。尽管如此,相对于政府向国际机构承诺的破产法改革,当时的法律还远远不够,尤其是信用评价组织将破产法的制定作为评价国家信用度的重要项目,因此,韩国法务部2003年启动新的立法项目,经过2年多的努力,2005年韩国将上述四部法律统合为《关于债务人回生及破产关联的法律》(简称为《统合破产法》)并于2006年施行,这种统合不是简单的法律汇编,而是进行了较大程度的修改和编撰,尤其是针对公司重整和和解在实务上日益呈现归并趋势,

---

[①] 本部分内容参阅了韩国首尔中央地方法院KIM Hyungdu法官、CHUNG June Young法官,韩国世宗律师事务所PARK Yong Seok律师的大会发言,在此向发言者表示感谢。

《统合破产法》全面废除和解程序,灵活公司重整程序。除以上法律外,韩国 2001 年制定的《企业构造调整促进法》也是与破产法关系较近的法律,该法主要目的之一是确认法庭外重组的效力,赋予了庭外重组以强制力。该法原定施行期间为 5 年,但 2007 年、2011 年该法被两次延长施行期间,2011 年 3 月,首尔中央地方法院破产部施行的迅速协商程序强化了与庭外重组的衔接,实际上也强化了该法的效力。

为了提升破产程序的有效性和效率,《统合破产法》未来将在以下几方面寻求改革:

1. 自动中止制度。为保障破产程序顺利进行,防止债务人的个别清偿,韩国有意见主张在申请程序的同时就自动中止债权人行使权利。但也有意见认为自动中止制度有可能导致债务人为一时性的债务缓解或者基于不正当目的而滥用破产程序,故不应引入美国法例中的自动中止制度。目前的折中意见是在引入自动中止制度的同时就设定滥用该制度之处罚规定。

2. 设置专门的破产法院。破产案件的处理不仅需要法律知识,还需要运营财务会计、企业经营等综合的专业知识。因此,设定专门处理破产案件的法院有利于快速、高效地解决问题。韩国实践中普遍认为伴随着企业重整案件、个人破产案件、个人重整案件增加,目前设置专门的破产法院的时机已经成熟,只是在案件管辖、预算保障、专业法官的培养问题等方面需要更细致地探讨。

3. 引入绝对优先原则。相对而言,现行《统合破产法》规定的重整程序还是侧重于保护股东利益,在破产利益的分配上还是采用相对优先原则。现在实践中更多意见认为绝对优先原则有利于将债权人和债务人的协商约束在适当的范围内,而且有利于破产程序的顺利进行,应将绝对优先原则引入破产法中。

4. 赋予董事早期申请重整程序的义务。为了引导失败企业早日进入破产程序,不仅要激励企业的股东申请破产,还可以考虑对企业的经营管理人员赋予早期申请的义务。英国等欧洲国家规定债务人没有能够避免破产的合理预期,如果债务人未申请重整,在一定期间内停止董事资格或对相关经营管理人员处以刑罚。除此之外,还规定怠于申请的董事或经营管理人员在一定期限内不得担任任何企业的董事。韩国未来立法对此应予充分重视。

5. 考虑设立"破产厅"。韩国法务部正在研究设立"破产厅",这是仿效美国的联邦托管人模式而拟采取的措施。具体方案是:在全国 5 个大城市(首尔、大田、大邱、釜山、光州)设置高等破产管理厅;再在 9 个城市(仁川、水原、义政府、春川、青州、郁山、昌原、全州、济州)下设地方厅;新设总管这些高等厅或者地方厅的、作为上级特别地方行政机关的"中央破产管理厅"或者"破产管理局"。破产厅一经设立,法院只负责审判,破产财产管理人的选任、债权人会议的召集、各种意见的提示等行政业务均移送破产厅管理。

(二)日本破产法制的实践①

日本的破产程序包括破产清算、民事再生、公司更生、特别清算四个程序,上述程序分别由《破产法》《民事再生法》《公司更生法》《公司法典》及商法各自规范。自 1996 年以来,

---

① 本部分内容参阅了日本 SAKAI Hideyuki 律师、INOUE Satoshi 律师、HIGUCHI Osamu 律师、MIZOBATA Hiroto 会计师的大会发言,在此向发言者表示感谢。

日本破产法制经过了大大小小 10 余次修改。严格地讲,日本破产法制中的"破产"是清算法和《破产法》语境下的专门术语,仅仅是指破产清算和特别清算;而"倒产"才是与拯救相对应的概念,与倒产相衔接的法律程序是公司更生、民事再生。

日本《破产法》规定的内容主要是破产清算,程序适用的对象是自然人和法人。破产原因是债务人支付不能或债务超过,由债权人、债务人以及相当于债务人地位的法人的理事等提出申请(例外情形下法院可以依职权宣告破产),法院宣告破产,同时以清算程序为中心选任破产管财人实施破产清算。

《民事再生法》于 1999 年通过。该法通过前,规范企业再生的一般程序法是《和解法》,但因为和解启动的原因过于狭窄,和解的决议要件过于严格等重大缺陷(比如为了进入和解程序需要经过半数债权人同意,和解要求高度机密性等),日本以《民事再生法》代替了《和解法》。该法颁布后,在日本社会各界引起了强烈的反响,日本新闻媒体称之为"经济复苏法律制度",因而期望该法的实施能够为不景气的经济注入一剂强心针。《民事再生法》公布后,为了与该法采用的制度横向协调,日本于 2002 年对旧的《公司更生法》进行了全面修改,通过了现行的《公司更生法》。归纳起来,公司更生程序采用管财人负责制,而民事再生程序则基本采用占有中的债务人(即 DIP)制度,这是两者最大的区别。除此之外,更生程序是调整和限制所有权人权益的强有力程序,包括担保权人在内的权利人的权利行使一律受到限制。而且,根据权利人的性质,权利人将被分成不同的小组对更生计划草案进行表决,然后权利人根据更生计划从公司未来收益中获益。民事再生程序则基于简化程序和提高效率之宗旨,为了避免分组表决等措施,规定只有普通债权人应依照再生计划行使权利,担保权人除受程序上的一定限制外,可以作为别除权人行使其权利。

特别清算程序原先是在《商法典》中进行的规定,但是 2005 年日本《公司法典》颁布后,对公司特别清算作出了修改,该程序是仅仅针对解散后的清算中股份公司,与严格的破产程序相比其又是一个灵活且可以迅速进行的制度。

上述四种程序保证了对不同企业状态的区别对待。2010 年日本新受理的破产案件中,破产清算案件 131370 件,民事再生案件 19461 件,公司更生案件 20 件,特别清算案件 365 件。

当前,日本破产法实践呈现出了以下几个倾向:

1. 先采用法庭外债务整理程序,然后以法定破产程序兜底的情况愈益增多。在替代性纠纷解决(即 ADR)思潮影响下,庭外债务重组空前活跃。比如,在国土交通大臣管理下的再生特别小组于 2009 年 10 月制定了日本航空的再生计划,在执行中又向东京地方法院申请开始更生程序,该院批准了更生程序,程序结束后,该院于 2011 年 3 月裁定终结更生程序。再如,三光汽船于 2012 年 3 月进行庭外 ADR 再生,但担保权人的权利并未停止行使,2012 年 7 月该公司申请开始公司更生程序。

2. 公司更生与民事再生两种程序愈益趋同,目前正在探讨两个程序的界限。首先,是公司更生程序中常常采用选任公司董事为财产管理人的方式(即 DIP 型更生),而在再生程序中又逐步采用选任财产管理人的模式(即管理型再生程序),故两程序间的最大区别正在淡化。其次,在撤销权(否认权)的行使上,DIP 型更生中 DIP 管理人可以行使撤销权,也有很多意见认为再生程序中也应当认可再生债务人(实际上是 DIP)的撤销权。再次,无论是再生程序还是更生程序,债权人常常通过启用专家来强化自己的信息获取能力,债权人的谈判能力日益增强,DIP 型再生债务人和更生管理人的监督机能就都面临强化的问题。

3. 个人破产、再生及法人破产的情形近期有所减少,未来趋势尚不明确。美国雷曼兄弟公司破产后引发的国际金融危机导致很多日本中小企业资金链断裂。为防范和化解债务危机,2009 年 12 月,日本实行了中小企业《金融灵活法》,规定在中小企业申请借款时金融机构有义务采取变更贷款条件等措施。受该法影响,个人及法人破产案例近来有所减少,但该法在 2013 年 3 月将失效,届时对中小企业的再生支援机制是否足够令人担忧。

三、韩日破产法制完善中的重要问题

可以感受到,自 1997 年亚洲金融危机以来,韩国、日本的破产立法和司法制度发展迅速。两国紧盯经济形势变化,围绕"破产制度有效性和破产程序效率化"总目标对法律系统进行了较大幅度的改革。相较之下,韩国立法的变化速度在近 10 年来甚至超越日本,"以前韩国是紧跟日本学习破产法律,后来发现日本的法制建设速度不够快,所以就把目光直接投向美国破产法律。以前和日本同行见面总有很多共同性的话题,现在发现双方的差异也不少。这是一个很有趣的现象",首尔中央地方法院法官的一席话某种程度上体现出了韩日破产法制目前的发展路径。当然,一般来讲法律本身无所谓优劣,关键是要适合本国的国情和社会习俗。按照这种标准来衡量,我们认为韩日两国的诸多经验对我们具有较大的借鉴意义。

(一)企业重整中的迅速协商处理方式

迅速协商处理方式(fast track)是我们在与韩国法官交流中常常听到的制度。这一制度是首尔中央地方法院破产部从 2011 年 3 月实施的,其制度来源是立法精神,核心内容是在重整计划草案被批准前迅速地进行程序,草案被批准后尽早地终结。该制度的着眼点是:企业进入重整后信用将被降级,重整期限越长信用降级越明显,即使重整成功时也很难恢复信用,因此迅速结束重整很有必要。而且,2008 年金融危机后东亚 DIP 融资市场紧缩,重整运营资金筹集艰难,在重整失败时也需要迅速地进行清算或出售资产。

在具体运作方式上:其一,迅速协商处理方式实施不选任管理人的方式,而是将代表董事视为管理人;其二,为了评估企业价值,该程序引导债权人会议积极参与重整计划的制定及探讨,债权人会议所属的资金管理委员检查资金收支及资金使用的恰当性。债权人会议也可以通过合同形式委托首席重整官(即 CRO)检查每日的资金收支情况和正确地收集信息;其三,法院受理后,债权人会议与债务人迅速协商,共同制定事件进行日程表,告知各方当事人在重整程序中必要的事项。这个日程表还常常因为被理解为法院已表明了态度,故更有利于促使当事人提早准备并积极参与;其四,只要重整程序一日不结束(即重整计划未执行完毕),对企业的监管和限制一日都不会解除。在存在监管和限制的情况下,企业的竞标等行为都不作为销售额故销售额会下降,这从反面也有利督促各方迅速履行重整计划。

（二）DIP 制度的原则化与 CRO 制度的引进

之前的韩国《公司整理法》规定公司进入整理程序后禁止原经营管理人员行使经营权，由法院任命的财产管理人接手公司业务、处分财产。这种规定的目的是将原管理层从重整中排除。但在实践中发现这种方式容易导致管理层规避重整从而构成企业早日进入重整的障碍。现行立法中明确规定重整原则上以原管理层作为管理人，只在以下三种例外情况下选任第三方为管理人：(1)原管理层对资不抵债经营负有重大责任的情形；(2)债权人会议有充足的理由要求第三方担任管理人的情形；(3)其他必须选任第三人的情形。上述规定基本上确立了类似美国法上的 DIP 之模式。我国现行《企业破产法》在破产重整中虽也不排除 DIP 模式，但从实践来看其不是当前主要的破产管理模式，大多数重整还是通过管理人接管企业的方式来完成，这是两国间的一个差异。

在 DIP 模式下，债权人的担忧也必须充分考虑。CRO 制度实际上是第三方管理人和管理层管理人之间的一个折中，它很好地解决了债权人和公司管理层之间的关系。CRO 与企业的管理层不同，其不干预企业经营，但实质性地帮助企业重整。首尔中央地方法院在 2011 年 9 月以后试行了 CRO 制度，从实施效果看，CRO 通过持续疏通债权人之间的关系从而提高重整计划草案被批准的可能性。尤其是在 DIP 制度下，对于原经营管理层任管理人有可能难以实施的个案，CRO 积极介入并随时与高管人员接触，可以积累信赖关系，让人感受到其真正是为企业重整程序而来，有利于重整进行。

（三）和解程序的去留

日本实务中认为和解程序存在以下问题：其一，该程序开始的原因为"相当于破产的原因事实存在的情形"，故程序开始的原因过晚；其二，和解方案需经过出席债权人过半数且赞成比例达到总债权四分之三以上才能通过，这过于严格。而且，和解即使成立了也无法确保和解的履行。韩国实务中也认为虽然和解既有利于维持企业经营权，又无需注销股东股份，但申请和解的债务人往往为得到债权人的同意而提议无理的和解方案，这些方案通过后往往由于无法履行而导致企业破产清算，和解的效果并不理想。

基于以上考虑，日本在 2002 年以《民事再生法》代替了《和解法》，企业不再进入和解程序，而是可以进入民事再生程序。民事再生的条件是"有可能招致破产程序开始的原因事实产生时"以及"对持续营业产生重大障碍的债务到期无法偿还时"，这显然降低了原先和解程序的要求。韩国《统合破产法》也全面取消了和解程序，代之以重整程序来全面提升破产程序的效益。我国《企业破产法》中规定了和解程序，但目前和解的实践并不丰富，对和解的相关研究也不多，我国和解制度的实施效果如何，还需要进一步考察。

（四）其他提升破产程序有效性的改革

在案件管辖方面，日本司法中认为应建立完全能够顺利进行程序、具有专门性的大规模法院。因此通常除了普通管辖法院之外，破产债权人人数在 1000 名以上时，认可东京地方法院、大阪地方法院的管辖，当事人可以向这些法院申请破产或者移送到这些法院。在债权申报方面,韩国原先的公司整理程序规定所有债权人应在申报期限内申报债权,如不申报将失去权利。《统合破产法》为了减少因繁杂的债权申报程序而带来的费用,增设了由管理人提交债权人目录,如果该目录有记载,即使未申报债权也视为申报之规定。在债权确认方面,如果对债权存有异议,原先的法律要求债权人通过衍生诉讼来确认,现在韩国的法律规定重整法院对异议债权可以作出债权调查确定裁定,以此通过简易程序来确定。

四、小结

东亚会议提供了一个很好的窗口和平台,我们既可以借此了解韩日乃至整个大陆法系破产法制的基本框架和美英破产法制的最新发展,又可以与国内外同行及业界人士充分交流共通性问题从而拓宽解决问题的思路。当前,我国正处于破产法制发展的初级阶段,但不难预见,随着我国经济体制改革的持续深入和经济发展方式的战略性调整,未来我国市场经济对破产立法提出的要求会越来越高,对破产司法提出的需求会越来越大。破产法制的进一步完善及相关资源系统的有效建立是当前我们应当加紧解决的问题。

【各省商事审判】

关于《公司法》纠纷案件法律适用疑难问题的研讨综述（一）

上海市高级人民法院民二庭
（2012 年 9 月 19 日）

近期，上海高院民二庭就实践中反映突出的《公司法》案件法律适用疑难问题在青浦法院召开了研讨会。高院盛勇强副院长出席会议，最高人民法院民事审判第二庭雷继平审判长、清华大学法学院朱慈蕴教授、复旦大学法学院段厚省教授、上海财经大学葛伟军副教授、华东政法大学伍坚副教授等专家学者应邀参加了研讨，上海高中院、部分基层法院商事审判庭法官参加了研讨。与会者就当前《公司法》相关司法解释适用中的疑难问题进行了热烈的讨论交流。现将有关讨论问题及其研讨情况进行汇总整理，综述如下，供审判实践参考。

一、关于最高人民法院《公司法司法解释三》第二十五条第三款规定的"经公司其他股东半数以上同意"的要件如何把握的问题

《公司法司法解释三》第二十五条第三款就实际出资人要求显名的主张，规定"实际出资人未经公司其他股东半数以上同意，请求公司变更股东、签发出资证明书、记载于股东名册、记载于公司章程并办理公司登记机关登记的，人民法院不予支持"。审判实践中，对该款规定的"经公司其他股东半数以上同意"的要件把握标准应如何理解有不同的认识。

第一种意见认为，"经公司其他股东半数以上同意"仅指在诉讼程序中征得其他股东过半数同意。即使其他股东在诉讼前认可实际出资人股东身份，但在诉讼中法院征询意见后又表示不同意的，法院也不应认定该项要件成立。

第二种意见认为，其他股东是否半数以上同意，不应局限于诉讼程序中的陈述意愿。上海高院《关于审理涉及公司诉讼案件若干问题的处理意见（一）》（沪高法〔2003〕216 号）中曾明确，如果半数以上其他股东均明知实际出资人出资，并且公司一直认可其以股东身份行使股东权利，对实际出资人的显名诉请就应予支持。

研讨会倾向性意见认为：《公司法司法解释三》第二十五条是关于实际出资人要求显名取得股东资格的条件规定，包括实际出资人已经出资、实际出资人与名义股东之间有协议约定且不违反法律法规强制性规定、公司半数以上其他股东认可等要件，体现了有限责

任公司的人合要求。对该条第三款规定适用时,不能机械地简单理解为必须限定在诉讼中征得其他股东同意,而是应以公司经营期间其他股东是否一直认可作为审查基础,来把握实际出资人要求显名的法律要件。

根据该条第三款规定,公司其他股东半数以上同意,是实际出资人要求显名的重要要件事实。法院应当依据当事人双方所提供的证据(如股东会决议、股东名册等记载证明其他股东半数以上已同意的证明文件),来审查该要件事实成立与否。在诉讼程序中,法院作为中立的裁判者,对是否"经公司其他股东半数以上同意"事实进行审查认定,但不是替代实际出资人去征询其他股东意见。换言之,法院是对公司内部就实际出资人显名合意事实予以审查后确认,而不能通过诉讼程序去否定或创设这种合意。

实践中有以下两种情形:第一种情形,若当事人提供充分证据证明其他股东半数以上同意的事实,法院即可认定该项要件事实成立,除非公司内部股东产生新的符合法律规定的合意事实;第二种情形,若其他半数以上股东在诉讼前不知情或者认可与否意愿不明,法院亦不应主动征询其他股东意见,而是应当通过释明,要求当事人双方提供有关其他股东明确意愿的证明材料,以查明其他股东现时意愿。

至于上海高院《关于审理涉及公司诉讼案件若干问题的处理意见(一)》(沪高法〔2003〕216号)第一条、《关于审理涉及公司诉讼案件若干问题的处理意见(二)》(沪高法民二〔2003〕第15号)第二条中的相关内容,与《公司法司法解释三》第二十五条规定内容精神一致,可作为实践具体把握该司法解释规定的补充性参考。

二、关于公司董事、高管的关联人与本公司交易应适用《公司法》第二十一条关联交易的规定还是第一百四十九条第一款第(四)项自我交易的规定的问题

《公司法》第二十一条规定:"公司的控股股东、实际控制人、董事、监事、高级管理人员不得利用其关联关系损害公司利益。违反前款规定,给公司造成损失的,应当承担赔偿责任。"《公司法》第一百四十九条第一款第(四)项规定,董事、高级管理人员不得"违反公司章程的规定或者未经股东会、股东大会同意,与本公司订立合同或者进行交易",否则,第二款规定董事、高级管理人员需将所得收入归公司所有。上述两个法条分别对关联交易和自我交易作了规定,两者有不同的构成要件。但由于自我交易是关联交易的一种,两者客观上存在一定程度的交叉,在审理因公司董事、高管的关联人如配偶、子女、父母等,与公司交易产生纠纷的案件中,是通过对董事、高管进行扩张解释而适用《公司法》第一百四十九条第一款第(四)项的规定,还是直接适用《公司法》第二十一条的规定,存在争议。

第一种观点认为,董事、高管利用其关联人规避其应履行的忠实义务,与公司发生交易,因关联人是为该董事、高管的利益服务,故该项交易的实质即为董事、高管与任职公司的自我交易。公司主张交易收入归公司所有时,应适用《公司法》第一百四十九条第一款第(四)项的规定。

第二种观点认为,《公司法》第一百四十九条所列八项内容是关于董事、高管忠实义务的规定,仅针对董事、高管本人,其关联人不属于该法条的规制主体。公司、董事、高管和其

关联人之间的关系属于《公司法》第二百一十七条所称的关联关系,该关联人与公司进行交易,即为关联交易,应适用《公司法》第二十一条的规定。

鉴于适用不同法条决定了依据不同要件审理该类案件的不同走向,需要对此问题予以厘清并准确适用法律。

研讨中,对于除配偶以外的董事、高管关联人与公司交易的法律适用问题,意见比较一致。对董事、高管配偶与公司交易的法律适用问题,意见有所分歧。有意见认为,基于配偶关系的特殊性,可按上述第一种观点处理。但研讨会总体意见倾向于上述第二种观点,认为应适用《公司法》第二十一条规定。理由是:

《公司法》关于关联交易与自我交易的立法目的有区别。关联交易本身是一个相对中性的概念,它既可能产生损害公司利益的结果,也可能给交易各方都带来利益,甚至降低交易成本和风险。因此,《公司法》第二十一条规定的目的不在于禁止关联交易,而在于防止因关联交易导致公司利益受损,侧重于交易的公正性。而《公司法》第一百四十九条对于未经披露的董事、高管自我交易则是采取禁止的态度,因为相比于一般交易,董事、高管更容易倾向自身利益而置公司利益于不顾,该规定有利于避免公司与董事、高管之间发生利益争议冲突。

依据《公司法》第一百四十九条第一款第(四)项规定提起的自我交易归入权诉讼与依据第二十一条提起的关联交易损害赔偿诉讼,均为涉及损害公司利益的责任纠纷,应具备侵权责任的一般构成要件。但由于两个法条的规制内容各有侧重,构成要件存在不同的特征。自我交易归入权主体要件针对的是负有忠实义务的董事、高管本人,行为要件强调的是董事、高管与本公司交易行为发生在违反章程规定或者未经股东会同意的前提下,且董事、高管因自我交易而获得收入;而第二十一条关联交易损害赔偿规制的主体更为广泛,可以涵盖法律所界定的与公司有关联关系的一切主体。在主客观要件上,强调的是关联人故意利用关联关系实施损害公司的行为,使公司因关联交易而受到实质上的损害。综上可以看出,两类诉讼的构成要件既具有侵权责任的某些共性,又在主体和客观行为方面各具特征,审判实践应当注意区分,避免产生法律适用的混淆。

关于《公司法》纠纷案件法律适用疑难问题的研讨综述(二)

——有限责任公司意志代表权认定问题

上海市高级人民法院民二庭

(2012年10月24日)

目前,商事案件中涉及因公司内部权力争斗而引发的公司意志代表权争议不断增多,该争议不仅涉及程序问题,更影响到实体处理。由于《公司法》及其司法解释对于如何处理公司意志代表权争议没有明确规定,实践中各法院的审理思路、处理方式和处理结果存在较大差异。为统一公司意志代表权认定问题的处理思路,上海高院民二庭在去年开展专项评查的基础上,于近期召开的青浦研讨会上,对公司意志代表权问题进行了充分讨论。会上就几个主要问题基本形成了倾向性意见。现将相关讨论意见综述如下,供审判实践参考。

一、公司意志代表权问题是程序问题抑或实体问题

实践中对此存在不同的认识。一种观点认为,诉讼中公司意志代表权问题仅仅是程序问题,具体体现为诉讼代表人的确定,主要涉及谁代表公司起诉、应诉等;法院一旦确定了公司的诉讼代表人,则公司意志代表权问题就已解决。另一种观点认为,诉讼中公司意志代表权问题是以程序问题为基础的兼有实体与程序的综合问题,确定谁能代表公司意志,关系到实体处理结果并对各方利益产生影响。

研讨会倾向于第二种观点,认为:谁代表公司意志的诉讼代表人是诉讼程序中要解决的问题,但诉讼代表人在诉讼中所代表的意志常常关系到事实的认定,影响着案件的走向和实体问题的解决。因为,这种争议是公司自治机制失灵、内部矛盾激化在诉讼中的体现,围绕该争议所展开的,其实是公司内外各相关主体对各自实体权益的争夺。公司意志代表权争议的背后蕴涵着如何认定公司真实意思的问题,对法院诉讼程序的推进、公司意志及其相关案件事实的认定带来了困难,当然也影响最终的裁决结果。

例如,在杨某诉某餐饮公司民间借贷纠纷一案中,杨某要求餐饮公司归还借款600万元,餐饮公司的两名股东曹某(持股51%)和施某(持股49%)分别持不同公章,要求代表餐饮公司应诉,且对杨某的诉讼请求持完全相反的答辩意见。曹某认为公司与杨某之间不存

在借款关系,借条是杨某与施某共同虚构的,故不同意杨某的诉讼请求;施某则认为公司确实向杨某借款用于经营,故同意杨某的诉讼请求。

显然,该案中,法院对两股东所持不同公章效力认定的结果,不仅仅是确定哪个股东代表公司应诉的程序问题,还意味着公司对杨某债权承认与否的意思认定,不同公司意志的确定将决定案件事实以及案件处理结果的走向。因此,要认识到公司意志代表权问题不仅仅是程序问题,对案件的实体处理也至关重要,需要加以充分重视。

二、公司意志代表权问题的基本处理原则

判断谁能代表公司意志,会议认为应主要遵循以下三项原则:依法原则、尊重公司意思自治原则及公司内外纠纷区分原则。

(一)依法原则

公司是法律拟制的主体,公司意志(包括经营活动、诉讼活动)的形成,由公司机关进行决策。根据《公司法》第三十八条、第四十七条的规定,股东会是公司决策的权力机构,董事会是公司常设的授权执行机构,两者是形成公司意思的重要机构,但其本身并不直接对外代表公司做出意思表示。又据《民法通则》第三十八条规定,法定代表人是"依照法律或者法人组织章程规定,代表法人行使职权的负责人"。《公司法》第十三条规定,"公司法定代表人依照公司章程的规定,由董事长、执行董事或者经理担任";《民事诉讼法》第四十八条规定,"法人由其法定代表人进行诉讼"。因此,根据上述规定,公司法定代表人是代表公司意志的机关之一,对外代表公司做出意思表示是其行使的法定职权。因此,无论是法定代表人做出诉讼中意思表示(包括起诉、应诉、陈述等),还是做出诉讼外意思表示(包括签订合同、进行交易等),一般情况下法定代表人行为均有代表公司意志的效力。

(二)尊重公司意思自治原则

新修订的《公司法》扩大了公司自治,公司有权依法自己决策和管理其内外事务,表现途径主要是基于公司章程的自治。公司章程是公司自己制定的对公司及其股东、法定代表人、高管等内部成员具有约束力的法律文件。因此,在判断谁能代表公司意志的问题上,尊重公司章程规定是一个十分重要的原则。如果章程明确规定凡对外生效的文件必须加盖某印鉴,或经法定代表人对外签署文件方可生效的,那么该印鉴或法定代表人即对外代表公司意志。

(三)公司内外纠纷区分原则

公司意志代表权反映了公司股东、高管对公司控制权的争夺,是公司内部矛盾纷争,但表现在案件中,既有公司内部纠纷,又有公司外部纠纷。前者如公司证照返还纠纷、股东损害公司利益责任纠纷、公司解散纠纷等;后者如买卖合同纠纷、借款合同纠纷等。对此,法院在处理公司代表权问题时是否需要区分公司内外纠纷,并按照不同情况区别对待?对此

存在不同意见。

一种观点认为，通常情况下，公司由法定代表人作为诉讼代表人，具有法定唯一性，故不论在内部纠纷还是外部纠纷中，公司的诉讼代表人都应该是一致的，无需区分内、外部纠纷。

另一种观点认为，公司意志代表权争议不仅仅是公司内部争议问题，在外部诉讼中，善意的交易相对方并不清楚公司内部纷争，认定公司意志代表应考虑《合同法》中表见代理制度的适用，以及维护交易秩序、交易安全等因素，故有必要区别对待内部纠纷诉讼和外部纠纷诉讼。

研讨会倾向于第二种观点，认为处理涉及公司意志代表权问题有必要区分诉讼争议属于公司内部纠纷还是外部纠纷，并按不同纠纷类型适用相应的认定标准。具体来说，对于纯粹的公司内部纠纷，应尊重公司章程、股东会有效决议的效力为原则，当然股东滥用权利、章程违法除外。若是涉及公司以外善意第三人的外部争议，则应基于工商登记商事外观主义和适用表见代理制度为认定原则。理由主要是：（1）公司对内管理、对外经营或参与其他社会活动，均需要表明公司意愿。而公司意志对内对外表达方式及生效条件有所不同，有必要区分内部纠纷和外部纠纷来分别对待。（2）区分争议属于公司内部纠纷还是外部纠纷与现行公司治理机制有关。《公司法》第十三条规定已将"法定"代表人修改为"章定"代表人，赋予了公司在法定代表人选任上有一定的自主选择权，法定代表人可能未必就是董事长。因此，表达公司意志变得复杂，公司内部意思与外部表达意思可能会错位，有必要区分公司内部纠纷还是外部纠纷。总之，内部纠纷以公司章程等内部有效决议文件来确定公司意志代表，外部纠纷则应遵从商事外观主义为处理原则。

例如，在某服务公司诉刘某出资纠纷一案中，受让服务公司股权的新股东姚某持服务公司公章提起诉讼，要求原股东刘某履行出资义务。刘某则辩称，服务公司股权及法定代表人均未办理工商变更登记手续，工商登记的法定代表人未授权姚某以公司名义起诉，故姚某无权代表服务公司提起诉讼。该案即为纯粹的公司内部纠纷，姚某持公司公章能否代表服务公司提起诉讼，应以公司内部有效决议或证明持有公章为公司授权的证据，来确定公司意志代表主体作为基本处理原则。

又如，在多个债权人诉某实业公司借款纠纷系列案件中，诉讼总标的额近3亿元。审理中，实业公司先后出现了三枚公章，分别是老股东向新股东移交的公章、工商年检报告上的公章以及公司新控股股东新刻制的公章。不同律师持加盖实业公司不同公章的委托书要求代表实业公司参加诉讼。该案即为涉及相对第三人的外部纠纷，需要注意考虑的是善意第三方债权人的合法权益。故实体问题处理以表见代理制度、商事外观主义、维护交易秩序和交易安全为原则；有关诉讼代表人确定的程序问题下文具体阐述。

三、认定公司诉讼代表权程序问题的原则

对于诉讼程序进行中如何确定公司诉讼代表人的问题，实践操作中困惑很大，做法迥异，需要统一确定标准。

公司股东、高管争夺公司诉讼代表权,均声称只有自己能够代表公司,形式上的标志包括工商登记载明的法定代表人身份、股东会决议载明的法定代表人身份、持有公司公章等。此类争议主要有三种情况:人章争夺、人人争夺、章章争夺,以下对上述三种情形分而述之:

(一)关于"人章争夺"(法定代表人 VS 公章控制人)情况下公司诉讼代表权的认定原则

"人章争夺"情形是指法定代表人和公章控制人非同一人,两者争夺公司诉讼代表权,应如何处理的问题。

一种观点认为,根据《民事诉讼法》第四十八条第二款"法人由其法定代表人进行诉讼"的规定,在公章控制人与法定代表人发生公司代表权冲突的情况下,应以"人"为准。公章控制人仅持有公章,而未得到法定代表人授权的,无权代表公司起诉或应诉。

另一种观点认为,法院对当事人诉讼行为的认定必须保持前后一致,若持公章以公司名义起诉,涉及撤诉等诉讼权利行使时,也要凭同一枚公章才能认定为代表公司,而不能认可法定代表人签字。同样,若法定代表人签字起诉,也必须由该法定代表人签字撤诉,而不能凭公章撤诉。

研讨会倾向意见认为,不论公章是否经工商备案,在发生"人章冲突"的情况下,均应以"人"——法定代表人作为诉讼代表人。若仅持有公章,而无证明持章人有公司授权持章代表公司意志的证据的,则持章人无权代表公司行使诉讼权利。理由主要是:(1)公章在我国是公司对外做出意思表示的重要外在表现形式,但法律并没有直接规定公章本身能够直接代表公司意志,持有公章是一种客观状态,某人持有公章的事实,只是反映该人可能有权代表公司意志的一种表象,至于其是否依授权真正能够代表公司意志,仍需要进行审查。(2)根据公司法原理以及《民事诉讼法》第四十八条第二款规定,法定代表人作为最基础的公司意志代表机关,是法人当然的诉讼意志代表主体。法定代表人以公司名义做出的诉讼行为,在无否定性证据情况下,一般即应视为公司的诉讼行为。(3)在公司内部意志统一情况下,法定代表人和公章即使分离,对外表示公司意志也是合一的。人章冲突情况则意味着公司内部意志发生了分离,在此情况下,若公司对究竟法定代表人还是持章人代表公司意志做出过明确有效授权的证据的,应是公司意思自治的范畴,按公司意思认定。也就是说,如果持章人能提供公司明确所持公章才能代表公司意志的有效授权证据,足以否定法定代表人为公司诉讼意志代表的,方可认定持章人为诉讼代表人;否则,法定代表人为公司诉讼代表人。

需要注意的是,在外部纠纷中,即使确定法定代表人为公司诉讼意志代表,但在实体审理时不影响公章对外签约、履约使用时的证据效力认定。即对外部债权人构成表见代理的,不影响债权成立的认定。

例如,在某贸易公司诉祁某、某置业公司(法定代表人为祁某)股权转让纠纷一案中,贸易公司诉请要求祁某支付股权转让款 600 余万元、置业公司承担连带责任。审理中,置业公司出现两名委托代理人,祁某兄长祁某某和律师罗某分别持不同的授权依据代表公司应诉，且所提交的答辩意见完全相反。祁某某的授权依据是由置业公司法定代表人祁某签名的委托书，罗某的授权依据是加盖置业公司公章的委托书。前者认为，法定代表人祁某曾将公章交给案外人秦某，委托其管理公司，后撤销了委托，但秦某拒不交还公章，公司已通过公告方式废止公章，故法定代表人应代表公司意志；后者则认为，法定代表人祁某已涉嫌犯罪被刑事羁押，故其签署的委托书效力不能确认，公章才能够代表公司意志。该案即为"人章冲突"问题，因公章仅反映公司的授权，本身不能当然代表公司意志，而法定代表人作为公司机关，是公司意志的当然代表人，故持章人罗某在没有公司有效授权证明的情况下，经法定代表人授权的祁某某有权代表公司起诉或应诉。

（二）关于"人人争夺"（工商登记的法定代表人VS股东会选任的法定代表人）情况下公司诉讼代表权的认定原则

法定代表人一般由股东会选任产生后再办工商登记手续。"人人争夺"的情形是指发生原法定代表人不认可股东会决议且未配合办理移交手续等原因，而未能及时办理工商变更，以致工商登记与股东会选任的不同法定代表人同时存在，并产生公司代表权争议。

一种观点认为，根据《企业法人法定代表人登记管理规定》第三条"企业法人的法定代表人经企业登记机关核准登记，取得法定代表人资格"的规定，新选任的法定代表人在未办理工商变更登记之前，尚未取得法定代表人资格，故仍应以工商登记的法定代表人作为公司意志代表人。

另一种观点认为，法定代表人的变更属于公司内部法律关系变化，应遵循公司内部自治原则。股东会是公司的权力机构，由其选任的法定代表人应是公司意志代表人，工商登记未变更，不影响公司新选任法定代表人的资格和职权。

研讨会倾向意见认为，在发生"人人冲突"的情况下，应以股东会决议为准，法定代表人的变更属于公司意志的变更，股东会决议新产生的法定代表人是公司诉讼意志代表人。理由主要是：(1)公司法定代表人变更属于公司内部人事关系的变化，应遵从公司内部自治原则，只要公司内部形成了有效的变更决议，就应在公司内部产生法律效力，新选任的法定代表人可以代表公司的意志。(2)公司作为商事主体，要受到商事登记制度的规范，但对法定代表人变更事项进行登记，目的是向社会公示公司代表权的基本状态，属于宣示性登记而非设权性登记，因此股东会决议变更法定代表人的，即使工商登记未变更，不影响公司内部变更新法定代表人意志的确定。

但是，在外部纠纷中，工商登记的法定代表人对外代表公司意志所进行的民事法律行为，不影响作为证据效力的认定。

例如，在某设备公司诉康某返还原物（公章）纠纷一案中，工商登记的法定代表人陈某用签名方式以设备公司名义起诉，要求康某返还公司公章。康某提供相关证据并辩称，公司已经召开股东会，罢免了陈某的法定代表人职务，选任康某为新法定代表人，因陈某不予配合而未能办理工商变更手续，故陈某无权代表公司起诉。该案即是"人人冲突"问题，公司有效的股东会决议已经变更法定代表人为康某，即使工商登记未变更，也不影响公司内部法定代表人变更的效力,故原来的法定代表人陈某不能代表设备公司起诉主张返还公司公章。

(三)关于"章章争夺"(公章控制人 VS 公章控制人)情况下公司诉讼代表权的认定原则

通常情况下,公司仅使用一枚公章,且须在工商部门备案,但有些公司实际上使用两枚或两枚以上公章。"章章争夺"表现为不同利益股东或高管分别持不同的公章争夺公司诉讼代表权的现象。审理中出现"章章冲突"的情形主要有以下两种情况:一是工商备案的公章与未备案的公章冲突;二是两枚或两枚以上均未在工商备案的公章冲突。

一种观点认为,公司出现两枚以上公章,应以工商备案的公章为准;如果两枚以上公章均无备案,则以公司股东会或者董事会决议为认定依据。

另一种观点认为,公章本身不能代表公司意志,其背后必然存在"人"的因素,因此还是需要从持有公章的"人"方面考察,依照相关规定确定公司意志代表人。

研讨会倾向意见认为,"章章争夺"情形下的公章是否能够代表公司,认定的关键是审查公章的授权有效性问题。具体可把握以下原则:一是工商备案公章与未备案公章冲突情况下,在无新的有效决议作出相反证明时,备案公章视为公司授权;二是未经工商备案的公章冲突情况下,需有公司有效授权证据作为认定依据。理由主要是:(1)公司作为商事主体,要受到商事登记管理制度的规范,故工商备案的公章与未备案的公章冲突时,前者具有公示效力,当然认定代表公司意志。(2)"章章争夺"毕竟是公司内部冲突的一种体现,需考虑公司意思自治。因此,公司内部产生新的有效决议,明确何枚公章具备授权效力的,以公司有效决议认可的公章作为认定依据。

当然,在涉及外部纠纷中,对外使用的公章证据效力,要注意结合善意第三人和表见代理来审查认定。

此外,"章章冲突"情形下公司诉讼代表权的认定,不能局限于对公章的审查。基于前述观点,应注意根据个案实际,充分考虑控制不同公章背后的"人"的因素,从该"人"与公司的关系方面,依照法律及公司章程等规定,准确认定公司诉讼代表人。

例如,某网络公司诉某信息公司及第三人某酒业公司股权确认纠纷一案中,网络公司诉请要求确认信息公司名下持有的酒业公司13%股权归其所有。审理中,出现3人(有律师,也有公司员工)分别持加盖信息公司不同公章的委托书,均要求作为信息公司委托代理人参与庭审的情形。经查,该公司若干股东自行刻制了多枚公章,分别代表不同股东的利益。该案即为"章章冲突"问题,法院除将该三枚公章与工商备案的比对以外,还通过审判管理系统查询信息公司的其他案件线索,调取该公司在其他诉讼中的用章情况后,才确定能代表公司诉讼的公章。

四、无人代表公司意志情况下公司诉讼代表人的确定问题

有些公司法定代表人或股东因经营不善等原因弃企逃债,相关公司的各种诉讼往往会

蜂拥而至,影响地方稳定。当地政府出于维稳考虑,协调安排相关人员代表公司到法院应诉时,此类人员能否代表公司参与诉讼的问题。

一种观点认为,此种做法无法律依据,政府协调指定的人员不能作为诉讼代表人,应该直接进入破产程序。

另一种观点认为,此种做法类似于无因管理,从法律上找不到明确的依据,但实践中这种做法有利于维护地方稳定,解决了法院诉讼程序的问题,故政府协调指定的人员可作为诉讼代表人。

研讨会倾向于第二种观点,但认为这只是出于解决个案需要的权宜之计,并不能作为一个规则而广泛适用。理由主要是:对于集中爆发的群体性诉讼,地方政府具有维护区域社会稳定的职责,其协调安排与公司利益无涉的相关人员代表公司诉讼,虽然缺乏明确的法律依据,但对于维护社会秩序、解决区域性群体事件起到了一定的积极作用。况且,政府协调安排与公司利益无涉的相关人员代表公司诉讼,客观上能够破解无人应诉的诉讼僵局,较好地推进诉讼进程。要注意的是,在采取这一做法时,法院需要对政府协调指定的人员与公司有无利害关系进行审核。同时,对实际上符合破产条件或者应当进行公司清算的企业,宜启动破产程序或清算程序,有利于一揽子解决纠纷,减少采用单个诉讼方式解决群体纠纷。

五、公司意志代表权问题的处理程序

关于公司意志代表权的处理,实践做法差异很大,主要反映在以下三个方面:

一是审理程序操作不一。有的案件在判决书中予以明确说明;有的案件则不在判决书中说明,采取或将当事人谈话笔录附卷、或记载入庭审笔录、或以情况说明方式附卷等不同做法。

二是原告公司诉讼代表人不适格时处理方式不一。有的法院作判决驳回诉讼请求处理,有的则作裁定驳回起诉处理。显然,两种处理方式对当事人后续诉讼权利的程序意义完全不同。

三是将争议双方均作为或均不作为诉讼代表人的情形时常发生。有的法院为了全面听取意见,让争议双方均作为诉讼代表人参加庭审,并在判决书中载明;有的法院则将这一双方均不作为诉讼代表人,进而按照缺席程序处理。以上两种做法对当事人诉讼权利的行使显然完全不同。

对于上述种种程序处理中的不同做法,我们认为应注意以下几点:

第一,在确定公司诉讼代表人前,需注意全面听取公司代表权争议各方的意见。公司意志代表权争夺各方一般有着不同的利益,在案件审理过程中所发表的意见往往也不一致,甚至完全相反。因此,出于有利全面了解案件事实,法院需要注意全面听取争夺公司代表权各方的意见及其理由,从而有助于程序上准确确定适格的公司诉讼代表人,以及对案件实体处理的把握。

第二,注意释明引导争议各方尽量协商解决。发生公司意志代表争夺时,需注意做好

释明工作,引导各方当事人尽量形成股东会决议,或共同推选一致认可的诉讼代表人。

如果公司仍无法形成股东会决议或无法共同推选一致认可的诉讼代表人,不宜将争议双方均不作为诉讼代表人而按缺席程序审理,应遵循前述各种冲突情形下的确定原则,依法妥善认定公司诉讼代表人。

第三,裁判文书应载明公司意志代表权问题的处理。公司意志代表权不仅是程序问题,更是实体问题,对法院诉讼程序的推进、公司意志的认定、案件事实的把握以及最终的裁决都会产生重要影响。因此,裁判文书需要将处理公司意志代表权问题的情况在裁判文书中予以载明,以体现案件处理的程序合法性和实体公正性。同时,相关审理过程应在卷宗中予以记载反映。

第四,原告代表公司诉讼不适格时,宜采裁定驳回起诉的方式处理。代表公司诉讼的原告如果不适格,起诉行为就当然不能代表公司的意愿,故处理时宜从程序上以裁定驳回原告起诉的方式处理为妥。

当前民间借贷纠纷若干疑难问题分析

江苏省徐州市中级人民法院课题组[*]

近年来,民间借贷作为正规金融的合理补充而日趋活跃,已成为自然人、企业和其他组织获得资金来源的重要渠道。受国家宏观调控政策的影响和国际热钱渗透投机,当前民间借贷呈现出汹涌喷发的猛烈态势,成为影响国家金融安全和社会稳定的重要因素。最高人民法院为规范民间借贷案件审理工作,制定了相关司法解释、规范性文件,但由于借贷案件的审理不仅涉及各种法律关系、利益主体,而且面临错综复杂的社会经济矛盾,审理难度较大,实务中具体的法律问题不断出现。本文拟结合审判经验,对一些疑难问题进行归纳分析,以期对审判工作有所助益。

一、民间借贷案件的审理难点

当前,审理民间借贷案件主要存在以下突出问题和难题:

1. 案件定性难。如以买卖合同等其他法律关系掩盖民间借贷关系,或者以民间借贷掩盖抽逃资本金、损害保证人利益等非法目的。

2. 事实认定难。这是最大难题。高利贷现象普遍存在,但规避手段越来越高明。或不列明利息计算方式而是将利息预先在本金中扣除;或将未归还借款的利息计入本金,重新出具借条计算复利;或约定巨额违约金、罚金或其他费用,借款人对此往往举证困难,法院仅凭借条内容无法认定高利贷,很难否定借据的证明力。有的债权人多次多手打款使法院无法查清借贷过程;有的通过签订买卖合同等转变法律关系掩盖借贷事实;有的还息不打收条。由于民间借贷缺乏规范和监管,法律对虚假诉讼惩罚不力,法律事实所要求的证明责任远远无法达到揭示客观事实的精确度,致使高利贷、虚假诉讼、利滚利等违法违规现象难以得到查实和制裁。

3. 法律适用难。现行民间借贷法律规范过于原则,甚至相互冲突,缺乏统一的指向性,可操作性差,对很多隐患性问题缺乏指导性规范,导致裁判尺度很不统一。例如,夫妻关系存续期间一方对外举债是否为夫妻共同债务;如何认定以物抵债约定的效力;如何界定出借人"明知借款人为了非法活动而借款";部分当事人涉及非法集资类犯罪,出现民刑交叉,集资纠纷是否可诉,借款人吸收资金用于生产经营活动能否构成非法吸收公众存款罪,债权人对其中某一笔借贷的起诉应否实体审理等均存在较大争议。

---

[*] 执笔人:李后龙,江苏省徐州市中级人民法院院长;王松,徐州市中级人民法院民一庭副庭长。

4. 送达调解难。许多债务人为躲债闭门不见、拒收诉讼材料或者消极应诉,有的搬家躲债下落不明,有的涉嫌犯罪被羁押,不出庭应诉的较为普遍,缺席判决率高,阻碍了法院查明案件事实,增加了调解、撤诉的难度。当事人不出庭参与质证和辩论,法院直接根据证据裁判的风险较大。①

对上述问题,以下从审理思路、程序规范、效力认定、实体处理等四个层面进行分析。

二、民间借贷案件的审理思路

1. 保护合法借贷行为,畅通融资渠道。充分发挥审判职能作用,运用法律法规和司法解释,平等保护当事人合法权益,通过审理案件规范和引导民间融资行为的健康有序进行,保护合法的民间借贷和企业融资行为,依法支持金融创新,维护债权人合法权益,拓宽中小企业融资渠道,实现司法的疏导作用。

2. 制裁非法借贷行为,维护金融安全和社会稳定。注意甄别以各种合法形式掩盖非法目的的金融活动,切实维护社会稳定。审理中发现存在非法集资嫌疑和犯罪线索,或者有引发系统性风险可能的,及时向公安、检察、金融监管等部门通报情况,统筹协调相关案件的处理和风险防范;及时移送案件或犯罪线索;运用多种手段加强集资款的清收追缴,依法及时保护债权人合法权益;做好处理突发事件的预案,防范少数不法人员煽动、组织群体性事件而引发新的社会矛盾。

3. 规范借贷行为,促进民间金融健康发展。依法妥善处理借贷纠纷,引导各类借贷主体增强法律意识和风险防范意识,倡导守法诚信的社会价值。注重发挥审判工作对借贷行为和民间金融市场的规范和导向作用,防范和化解民间金融风险,促进民间金融市场的健康稳定发展。

4. 注重在查清案情的基础上依法调解。一方面,借贷双方一般都存在生活、生产或居住地域等方面的联系,审理中应当注重调解,依法及时处理,防止矛盾激化;另一方面,注意防范和制裁虚假诉讼,加强对调解协议合法性的审查,包括诉讼请求是否合法,当事人之间是否存在亲属关系或其他亲密关系,起诉的事实、理由是否存在明显不合常理的内容,一方当事人是否简单自认、未作抗辩等。②

三、民间借贷案件的程序规范

(一)关于案由确定

依据最高人民法院 2011 年《民事案件案由规定》,民间借贷是指公民之间、公民与非金融机构企业之间的借款行为,是借款合同的一种类型。确定案由有以下两个问题值得探讨:

1. 企业内部人员拖欠企业借款纠纷的受理。企业内部人员因拖欠企业借款发生纠纷,如企业与其内部营销人员之间发生借款纠纷,营销人员因私、因公长期拖欠企业借款,企业

---

① 杜万华、王林清等:《建立和完善我国民间借贷法律规制的报告》,载《人民司法·应用》2012 年第 9 期。
② 江苏省高级人民法院 2010 年《借贷合同纠纷案件审理指南》。

为追缴欠款提起诉讼,应否作为民间借贷案件受理,实践中有两种不同意见:一种意见认为,企业与其营销人员的关系具有不平等性,不宜受理;另一种意见认为,此类纠纷系平等主体间纠纷,应予受理。

我们认为,该类纠纷可以区分以下两种情形:企业内部人员为本企业工作需要而向企业借款并拖欠不还的,属企业内部管理问题,该纠纷不属于借贷案件受理范围;企业内部人员因其自身利益,如生活或经营等,而向企业借款并拖欠不还的,属于平等民事主体之间的债务关系,应当作为借贷案件予以受理。

2. 名为房屋买卖实为借贷案件的定性。在银根收紧政策背景下,出现大量以房屋买卖合同形式进行的民间借贷行为,对此,应当严格审核证据,按照当事人的真实意思表示确定案件的实质法律关系。例如,蔡某与某房地产开发公司签订房屋买卖合同,约定蔡某向开发公司支付600万元款项并按月收取利息,开发公司到期返还本金;蔡某同意开发公司于特定期日前按原价回购房屋,并配合解除买卖合同;买卖合同的履行条件为开发公司到期不按时退还房款。后开发公司未按期付息,同时开发公司将该房屋抵押给第三人,蔡某起诉要求解除合同,开发公司按照房屋评估价赔偿损失。一审法院认为房屋买卖合同合法有效,开发公司违约,判决:解除双方合同,开发公司赔偿蔡某损失1445.5万元。二审法院向蔡某释明本案应为借贷而非房屋买卖关系。释明后,蔡某变更诉讼请求为:判令开发公司偿还本金600万元,支付拖欠利息,赔偿损失。二审法院判决:开发公司向蔡某返还本金600万元,并从未付息之日起至借款还清之日止按照中国人民银行同期同类贷款利率的4倍支付利息。①

本案二审判决是正确的。判断合同的性质不能仅根据合同名称确定,而应以合同内容即权利义务条款作为基本依据。本案房屋买卖合同约定的蔡某向开发公司支付600万元款项并按月收取利息,开发公司到期返还本金等,均符合借款合同特征。双方约定房屋买卖合同履行条件为"开发公司到期不按时退还房款",故买卖房屋并非双方真实合同目的,而是开发公司以其所售商品房为600万元借款提供抵押担保,双方以房屋买卖合同形式代替借款担保合同。故本案合同的性质应认定为名为商品房买卖合同,实为借款合同。虽然双方约定开发公司如果不按时返还借款,蔡某有权以房屋买卖合同形式取得房屋所有权,但该合同条款因为违反《物权法》第一百八十六条"抵押权人在债务履行期届满前,不得与抵押人约定债务人不履行到期债务时抵押财产归债权人所有"的规定而无效。鉴于开发公司违约行为给蔡某造成损失,双方约定逾期利率超过银行同类贷款利率的4倍,故二审判决开发公司返还本金并支付相应利息。

(二)关于连带保证责任中债务人和保证人的诉讼主体问题

《担保法》第十八条第二款规定:"连带责任保证的债务人在主合同规定的债务履行期届满没有履行债务的,债权人可以要求债务人履行债务,也可以要求保证人在其保证范围内承担保证责任。"《最高人民法院关于适用〈中华人民共和国担保法〉若干问题的解释》第

---

① 关晓海:《银根紧缩背景下假购房真借贷合同的处理》,载《人民法院报》2012年7月5日第6版。

一百二十六条进一步明确:"连带责任保证的债权人可以将债务人或者保证人作为被告提起诉讼,也可以将债务人和保证人作为共同被告提起诉讼。"有的观点据此认为,在连带责任保证中,出借人有权单独起诉保证人,要求保证人承担连带保证责任,不管保证人是否要求追加债务人为共同被告,法院均不应追加债务人为共同被告。

我们认为,上述观点过于绝对,在连带保证责任情形下,出借人单独起诉保证人,法院具有是否追加债务人参加诉讼的裁量权,可以根据担保人的抗辩和审理案件的需要确定是否追加债务人为共同被告。因为担保的主要基础法律关系为借贷,担保人承担担保责任的前提是借贷关系成立与否。当保证人对相关基础事实或者合同效力提出异议,但却难以对出借人的证据进行相应的抗辩时,审理案件会遇到难题,如在事实认定上,难以确定借款本金、利息以及债务人已经履行债务的内容;在法律适用上,难以认定借贷合同效力;在责任确定上,如果判决保证人承担保证责任的范围超过债务人应该承担的范围,会对保证人追偿带来困难,增加保证人承担责任的风险。此时债务人作为被告成为必要,应当依职权追加债务人为被告,以便查明事实准确下判。当然,债权人仅以担保人为被告,法院审理案件不存在上述困难,能够查明事实裁判的,可以不追加债务人为共同被告。①

四、民间借贷合同效力的认定

(一)有效认定

1. 自然人之间的借贷。对自然人之间的借贷,法律一般不作限制,只要自然人意思表示真实,不违反法律、行政法规的强制性规定和社会公共利益,即可认定借贷合同合法有效。

2. 自然人与非金融企业之间的借贷。除非法集资或其他违法情形外,《最高人民法院关于如何确认公民与企业之间借贷行为效力问题的批复》(以下简称《法释〔1999〕3号批复》)规定:"公民与非金融企业之间的借贷属于民间借贷。只要双方当事人意思表示真实即可认定有效。"非金融企业的下列借贷行为有效:一是企业依照《公司法》等法律规定的条件和秩序筹集资金,如股份有限公司发行股票、企业发行企业债券等;二是为生产经营需要,企业向特定自然人进行临时性小额借款;三是企业非以获取高额利息为目的,临时向特定自然人提供小额借款,如本企业职工生病、购买住房等。此外,经依法批准开展借贷业务的小额贷款公司、农民资金互助组织等具有一定金融性质,其在批准范围内签订的借贷合同应认定有效。

(二)无效认定

1. 违反法律和行政法规的强制性规定。《商业银行法》第十一条第二款规定:"未经国

---

① 上海市高级人民法院《关于审理民间借贷合同纠纷案件若干意见》(沪高法民一〔2007〕第18号)规定:"在民间借贷中,债权人仅以担保人为被告,一般应追加债务人为共同被告。债权人仅以担保人为被告起诉至法院,通常应追加债务人为共同被告,此类案件的审理,不仅包括担保关系,还包括主债务,即借贷关系。担保的主要基础法律关系为借贷,担保人承担担保责任的前提是借贷关系成立与否。"

务院银行业监督管理机构批准,任何单位和个人不得从事吸收公众存款等商业银行业务。"该条属于效力性强制性规定。出借方或者借款方未经有关部门依法批准吸收资金,或者借用合法经营的形式吸收资金,因违反《商业银行法》的规定而无效,如以"标会"等形式向不特定多数人非法筹集资金,或者以向他人出借资金牟利为业的"地下钱庄"从事的借贷等。根据《法释〔1999〕3号批复》,下列借贷合同无效:一是企业以借贷名义向职工非法集资;二是企业以借贷名义向社会非法集资;三是企业以借贷名义向社会公众发放贷款;四是其他违反法律、行政法规的借贷合同。

此外应注意以下两点:其一,典当企业与债务人签订典当合同,债务人以财产权利、动产设定质押担保或以房地产设定抵押担保,从典当企业获取借款,该合同性质为借贷合同。典当企业出借款项未依法设定抵押、质押的,违反《典当管理办法》关于典当企业"不得从事信用贷款"的规定,借贷合同应当认定无效,借款人应当返还借款本金和孳息,孳息按银行同期同类贷款基准利率计算。借款人仅向典当企业提供保证担保的,借贷合同和保证合同均应当认定无效。其二,担保公司超出核准经营范围,违规发放借款,违反了前述《商业银行法》的规定,该借款合同属无效合同,借款人应当返还借款本金,担保公司无权要求借款人支付利息、担保人承担保证责任。

2. 损害社会公共利益。指违反公共道德,如因偿还赌债、吸毒贩毒等非法行为签订的借贷,因非法同居、不正当两性关系等行为产生"青春损失费"、"分手费"等有损社会公序良俗的情感债务转化的借贷,具有抚养、赡养义务关系的父母子女等直系亲属之间的有违家庭伦理道德和社会公序良俗的借贷,即使采用借据等形式出现,也应当认定为无效,判决驳回原告诉讼请求。

3. 以合法形式掩盖非法目的。《民法通则》与《合同法》对此均有规定。《最高人民法院关于人民法院审理借贷案件的若干意见》(以下简称《借贷案件意见》)第十一条规定:"出借人明知借款人是为了进行非法活动而借款的,其借贷关系不予保护。"债权人提供借款给债务人后,债务人从事赌博、吸毒贩毒等非法行为的,关键是看债权人对债务人从事非法行为是否明知。如果债务人不能证明债权人明知自己从事非法活动,则该借贷关系仍受法律保护。

民间借贷被认定无效后,借款人应当返还出借人借款本金,无过错的出借人要求借款人赔偿资金占用期间损失的,可以参照人民银行同期同类贷款基准利率予以支持。

五、民间借贷案件的实体处理

(一) 关于借款事实认定

民间借贷具有当事人较少、法律关系简单、证据单一、一般不涉及第三人等特点,其主要证据就是借据。《合同法》第二百一十条规定:"自然人之间的借款合同,自贷款人提供借款时生效。"据此,民间借贷的性质是实践性合同,其生效以出借人给付钱款为条件,出借人应当就履行交付借款义务承担举证责任,借款人应当证明已经偿还借款的事实。可以从以下三个方面审慎认定借贷事实:

1. 正确认识借据性质。借据是证明双方存在借贷合意和借贷关系实际发生的重要证据,具有较强的证明力,应当审慎审查借据的真实性。借款人对借据内容的笔迹或者签章的真实性提出异议的,双方当事人可以提供补充证据或者反驳证据。应当根据交付借款的金额大小、出借人的支付能力、当地或者当事人之间的交易方式、交易习惯以及借贷双方的亲疏关系等因素,结合当事人本人陈述和庭审言辞辩论情况以及提供的其他间接证据,依据民事诉讼高度盖然性的证明标准,综合审查判断借贷事实是否真实发生。一方面,督促当事人积极举证,说明举证不能的不利后果,引导当事人全面提供证据;另一方面,根据审理需要,可以依职权调查取证,尽可能查明事实真相,为案件裁决提供坚实的事实基础。此外,如果借款人提供证据证明其与出借人之间因存在买卖、承揽、居间等基础法律关系而出具借条的,应当对基础关系进行审理。

2. 合理分配举证责任。出借人应当对借贷金额、期限、利率以及款项的交付等借贷合意、借贷事实的发生承担举证责任;借款人提出抗辩的,应当提供反驳证据予以证明。根据民间借贷行为手续办理不规范、借款行为隐秘性强、虚假借贷行为多发的特点,出借人在提供借款人签名的借条、收据等书面文件之外,还应当对款项出借的时间、地点、款项来源、用途等具体过程和事由进行说明,以审查借款事实是否实际发生、款项是否实际交付、借款事由是否真实合法等情况,并接受对方当事人质询和法庭询问。出借人无正当理由拒不承担说明义务或者本人拒不到庭作合理说明的,应当承担举证不力的法律后果。根据借款人抗辩和审理案件需要,可以对借据、收据的签名、捺印是否真实进行鉴定。借款人主张已经全部或部分偿还债务的,应当对偿还款项的过程作合理说明,承担相应的举证责任;借款人不能提供证据或者举证不足的,对其主张不予支持。

3. 正确认定案件事实。首先,对于数额较小、当事人之间身份关系较为亲密的案件,按照交易习惯和生活经验,出借人一般具有支付能力,出借人提供借条并作出合理解释的,一般视为出借人已经完成举证责任,可以认定交付借款事实存在。在借款人没有相反证据可以推翻的情况下,可以认定借款事实存在,被告应当还款。其次,对于借贷数额较大,当事人主张是现金交付,除借条外没有其他相关证据的,则需要进一步审查出借人的经济实力、借款人的偿付能力、借贷双方之间的关系、交易习惯以及借贷前后双方的业务往来、交往联系等因素,运用逻辑推理、生活常识等,综合判断是否真实发生借贷关系。必要时应当要求出借人、借款人本人到庭陈述借款交付的原因、时间、地点、方式、用途等具体事实和经过,并接受对方的质询和法庭的询问。金额大小的界定,可以根据出借人个体经济能力差异、交易习惯等因素,结合个案裁量。最后,对于可能涉及高利贷等金融违法行为的借贷,尤其要加强对借条真实性、合法性的审查,在借条存在疑点情况下,加强对借款事实的审查,强化对证据的综合分析,对非法借贷不予保护,不能仅凭原告提供的借条简单下判,防止出借人通过判决将非法利益合法化。

(二)关于借贷利息处理

当事人约定的利息不违反法律、行政法规和司法解释规定的,应予保护。《合同法》第二百一十一条规定:"自然人之间的借款合同对支付利息没有约定或者约定不明确的,视为不支付利息;自然人之间的借款合同约定支付利息的,借款的利率不得违反国家有关限制借款利率的规定。"关于借贷利息上限,《借贷案件意见》第六条规定:"民间借贷的利率可以适当高于银行的利率,各地人民法院可根据本地区的实际情况具体掌握,但最高不得超过银行同类贷款利率的四倍(包含利率本数)。超出此限度的,超出部分的利息不予保护。"据此,无论以何种形式表现,借贷本金所有的借期收益和逾期收益,均以银行同期同类贷款基准利率4倍(以下简称4倍利率)为限。超出部分或冲抵本金,或不予保护,把握此限度进行计算和重新调整。

具体来说:(1)当事人既未约定借期内利率,也未约定逾期利率,出借人参照中国人民银行同期同类贷款基准利率,主张自逾期还款之日起的利息损失的,予以支持。(2)当事人虽然约定应当支付利息,但未约定利息标准或约定不明,按银行同期同类贷款利率计算利息。(3)当事人仅约定借期内利率,未约定逾期利率,出借人以借期内利率主张逾期还款利息的,予以支持。(4)出借人将利息预先在本金中扣除,按照实际借款数额返还借款并计算利息。(5)债务人已经偿还的款项中包含超过按照4倍利率计算的利息,根据债务人抗辩,超过部分可冲抵本金。借贷合同中约定分期还款,当事人在还款时明确是偿还利息或本金的,按其还款意思认定;还款时没有明确的,先冲抵利息,后冲抵本金。(6)当事人约定复利,即将应得的利息加入本金再计算利息,原则上应予禁止,但如果约定复利根据借款本金计算未超过4倍利率,予以保护。

此外,当事人对逾期还款责任既约定逾期利率,又约定违约金的,债权人可以选择主张逾期利息或者违约金,也可以同时主张逾期利息和违约金,但均以不超过4倍利率为限。

债务履行完毕后,借款人以利息或者违约金超过4倍利率为由,起诉要求出借人返还已付利息或者违约金的,基于意思自治和诚实信用原则,判决驳回借款人诉讼请求,以维护交易秩序。

(三)关于夫妻共同债务认定

夫妻关系存续期间,夫妻一方对外举债是否属于夫妻共同债务,实践中争议较大。一种观点认为,《最高人民法院关于适用〈中华人民共和国婚姻法〉若干问题的解释(二)》(以下简称《婚姻法解释二》)第二十四条规定:"债权人就婚姻关系存续期间夫妻一方以个人名义所负债务主张权利的,应当按夫妻共同债务处理。但夫妻一方能够证明债权人与债务人明确约定为个人债务,或者能够证明属于婚姻法第十九条第三款规定情形的除外。"故除两种例外情形外,只要债务在婚姻关系存续期间发生,均属共同债务。① 另一种观点认为,根据《婚姻法》第四十一条的规定,应以举债是否基于夫妻合意、是否用于夫妻共同生活为判断标准,夫妻一方对外举债以认定个人债务为原则,债权人应当举证证明单方举债为共同

---

① 该观点认为,将夫妻一方在婚姻关系存续期间以个人名义所欠债务推定为夫妻共同债务,既能够减轻财产交易的成本,便于及时、合理地解决纠纷,又符合日常家事代理的基本法理。最高人民法院民一庭编著:《最高人民法院婚姻法司法解释(二)的理解与适用》,人民法院出版社2004年版,第217页。

债务。各地法院认识也不统一,例如在基本原则方面,上海高院指导意见①遵循《婚姻法解释二》第二十四条的精神,以发生于夫妻关系存续期间作为认定夫妻共同债务的基本标准,浙江高院指导意见②则以举债用于夫妻共同生活作为认定夫妻共同债务的基本标准;在举证责任分配方面,上海高院将举证责任分配给了夫妻中非举债方,要求非举债方证明举债未用于夫妻共同生活或夫妻无举债合意,浙江高院则要求出借人承担举债用于夫妻共同生活或夫妻形成举债合意的举证责任。

我们认为,认定夫妻共同债务,应在夫妻财产与第三人利益保护之间寻求符合公平正义的平衡点。根据《婚姻法》的法律精神和基本法理,应将夫妻共同债务限定为以下三种情形:夫妻一方为夫妻共同生活对外举债,或者因夫妻之间的共同意思表示、代理行为而举债,或者该债务发生后,未举债一方分享该债务所带来的利益,构成夫妻共同债务。实践中,应当正确分配各方当事人举证责任,查明交付借款过程,从债务的发生是否基于夫妻双方合意、所借债务用途两个方面判断是否构成夫妻共同债务。理由如下:

1. 具有法律依据。《婚姻法》第四十一条明确了夫妻共同债务的本质特征,即"为夫妻共同生活所负的债务"方为夫妻共同债务。关于日常家事代理权,《最高人民法院关于适用〈中华人民共和国婚姻法〉若干问题的解释(一)》第十七条规定:"婚姻法第十七条关于'夫妻对共同所有的财产,有平等的处理权'的规定应当理解为:(一)夫或妻在处理夫妻共同财产上的权利是平等的。因日常生活需要而处理夫妻共同财产的,任何一方均有权决定。(二)夫或妻因日常生活需要对夫妻共同财产做重要处理决定,夫妻双方应当平等协商,取得一致意见。他人有理由相信其为夫妻双方共同意思表示的,另一方不得以不同意或不知道为由对抗善意第三人。"③既然夫妻一方超出日常生活需要处分共同财产应当共同协商决定,则一方超出日常生活需要对外举债也需要夫妻共同合意决定。

2. 符合法律解释原理。《婚姻法解释二》第二十四条系对《婚姻法》第四十一条的进一步解释,规定以身份关系作为确定夫妻共同债务的唯一要素,其优点在于能够有效保护债权人利益,避免债务人假离婚恶意逃债,缺点在于突破《婚姻法》第四十一条的内涵外延,缺乏上位法依据,有违意思自治原则和日常家事代理权法理,违反《婚姻法》关于夫妻平等处理共同财产享有的规定。因此,应将该条限缩解释为:其虽然侧重保护债权人利益,但与

---

① 上海高院2007年《关于审理民间借贷合同纠纷的若干意见》规定:(1)以适用《婚姻法解释二》第二十四条为认定夫妻共同债务的基本原则,即债权人就婚姻关系存续期间夫妻一方以个人名义所负债务主张权利的,按照夫妻共同债务处理。(2)例外规定在认定夫妻共同债务时,还应考虑两个因素,一是举债是否用于夫妻共同生活,二是夫妻是否有举债合意,如果一方有证据足以证明夫妻双方没有共同举债的合意或该债务没有用于夫妻共同生活,则该债务可以认定为夫妻一方的个人债务。

② 浙江高院2009年《关于审理民间借贷纠纷案件若干问题的指导意见》规定:(1)以是否用于夫妻共同生活作为认定夫妻共同债务的基本原则,即婚姻关系存续期间,夫妻一方以个人名义因日常生活需要所负的债务,应认定为夫妻共同债务。所谓日常生活需要是指夫妻双方及其共同生活的未成年子女在日常生活中的必要事项,包括日用品购买、医疗服务、子女教育、日常文化消费等。而夫妻一方超出日常生活需要范围负债的,应认定为个人债务。(2)对于超出夫妻共同生活需要范围的举债,则要求出借人证明该负债所得的财产是用于夫妻共同生活的。(3)对于夫妻双方形成举债合意的债务也认定为夫妻共同债务,对于举债的合意,出借人可援引《合同法》表见代理的规定,要求夫妻共同承担清偿责任,出借人须对表见代理的构成要件承担证明责任。

③ 学界普遍认为,这一规定就是我国婚姻法司法解释关于夫妻日常家事代理权规定的雏形。薛宁兰、金玉珍:《亲属与继承法》,社会科学文献出版社2009年版,第134页。

《婚姻法》第四十一条并不矛盾,除了第四十一条中的除外条款,如果夫妻一方能够举证证明,或者法院查明涉案债务并未用于夫妻共同生活,非借债的配偶一方未分享该债务带来的利益,则不构成夫妻共同债务。

3. 符合公平原则。《婚姻法解释二》第二十四条中的两种免责情形将举证责任完全分配给非举债配偶方,只有该配偶举证证明债权人与债务人明确约定为个人债务,或者债权人知道夫妻之间采取约定分别财产制时,才无须承担债务。这种举证责任对不知情的配偶过于严苛,几乎是不可能完成的任务。只要双方具有夫妻身份,即使一方举债未经对方同意,且并非用于夫妻共同生活,一律认定为夫妻共同债务,这对于可能完全不知情的另一方配偶显然有失公允。例如,一方举债资助与其没有法定扶养义务的亲友,或在夫妻分居期间借债,甚至是一方为满足私欲(赌博、嫖娼)所欠债务,也认定为夫妻共同债务。严格适用司法解释的结果,就是非举债配偶方未分享举债带来的利益,却被要求承担共同清偿责任;当事人为离婚时多分财产,虚构债务虚假诉讼,损害配偶利益。而按照前述三种情形确定夫妻共同债务,既有法律依据,符合日常家事代理权法理,又能够实现均衡保护债权人、债务人和非举债配偶方的合法权益,而且具有良好的裁判导向,提醒债权人在与夫妻一方形成债务关系时,应当尽到审慎注意义务,包括举债的用途、举债方的夫妻财产制度,甚至要求举债的夫妻双方共同签字,确定双方有举债共同意思表示。否则,就有可能面临夫妻一方以个人名义所欠债务只能以个人财产清偿的风险。①

(四)关于民刑交叉案件处理

1. 集资纠纷是否可诉。《商业银行法》以及其他金融法规规定,只有依法成立的金融机构才能办理存贷款业务。集资者通过吸收集资款运作资金并还本付息,本质上相当于非金融机构非法吸纳资金并经营存款业务,故集资是一种投资诈欺行为,根据《合同法》第五十二条的规定,集资合同因违反法律、行政法规的强制性规范而应当认定为无效。最高法院《法释〔1999〕3号批复》也规定,企业以借贷名义向职工非法集资、企业以借贷名义非法向社会集资,应当认定无效。对非法集资的调整,主要见于《刑法》中的非法吸收公众存款罪和集资诈骗罪。

集资纠纷往往涉及地方稳定,矛盾复杂,需要调集不同部门力量统筹解决。因此,1998年《国务院非法金融机构和非法金融业务活动取缔办法》、2007年《国务院关于同意建立处置非法集资部际联席会议制度的批复》均规定了公安侦查机关在涉嫌非法集资案件性质认定方面的职责。对集资纠纷是否具有可诉性,法院对集资纠纷案件应否立案受理,相关法律未作明确规定。鉴于涉非法集资类纠纷案件具有涉众性特点,追缴力度与清退比例是否统一涉及维护金融秩序、维护社会稳定问题,故此类案件宜不予受理,全案移送。《最高人民法院关于依法妥善审理民间借贷纠纷案件促进经济发展维护社会稳定的通知》(法〔2011〕336号)也强调"对于涉嫌非法集资等经济犯罪的案件,依法移送有关部门处理"。涉及非法集资类犯罪的借贷案件,容易引发群体性事件,仅仅作为普通借贷案件受理会导

---

① 夏吟兰:《我国夫妻共同债务推定规则之检讨》,载《西南政法大学学报》2011年第1期。

致工作被动,不利于妥善处理。对有经济犯罪嫌疑的案件,应及时移送公安等有关部门。①

(1)为及时处置打击非法集资行为,在审理阶段发现借贷案件涉嫌非法集资类犯罪的,依照《最高人民法院关于在审理经济纠纷案件中涉及经济犯罪嫌疑若干问题的规定》第十一条之规定,告知当事人向侦查机关报案。当事人坚持起诉的,裁定不予受理或者驳回起诉,并将有关材料向公安或检察机关移送。侦查机关不予立案侦查的,借贷案件应继续审理。

(2)在刑事侦查、起诉以及审理阶段,法院不宜受理相关涉非法集资的借贷纠纷,因为多头处理不利于清退工作统一按一定比例有序开展,容易被少数利益主体利用,煽动不明真相的群众,引发更大的社会矛盾。

(3)借贷案件审结后发现涉嫌犯罪且公安机关已经立案侦查的,应当中止执行,等待刑事犯罪案件侦查与追赃结果。生效判决中包括不应当保护的非法高息的,依法按照审判监督程序予以纠正。

(4)审理企业破产案件过程中,发现破产企业存在非法集资行为的,对涉嫌非法集资部分移送有关机关处理。有关机关最终认定的非法集资金额,根据《非法金融机构和非法金融业务活动取缔办法》等法规和司法解释规定,在进入破产财产分配阶段时列入第三顺序清偿。

2. 借款人吸收资金用于生产经营活动,能否构成非法吸收公众存款罪。非法吸收公众存款罪是非法集资犯罪的一般罪名,借款人吸收资金用于生产经营活动,能否构成该罪?对此存在肯定说和否定说。有的观点认为,只有借款人吸收资金用于货币、资本的经营,如发放贷款,才能认定为扰乱金融秩序,以非法吸收公众存款罪论处;借款人吸收资金用于生产经营活动,不构成该罪。②

《最高人民法院关于审理非法集资刑事案件具体应用法律若干问题的解释》(以下简称《非法集资司法解释》)采取折中的态度,其第一条第一款从法律要件和实体要件两个方面对非法集资进行定义,明确非法集资是"违反国家金融管理法律规定,向社会公众(包括单位和个人)吸收资金的行为",成立非法集资需同时具备非法性、公开性、利诱性和社会性四个特征:非法性表现为未经有关部门依法批准吸收资金或借用合法经营的形式吸收资金;公开性是指向社会公开宣传;利诱性是指集资人向集资群众承诺在一定期限内还本付息或者给付回报;社会性是指向社会公众即社会不特定对象吸收资金。第三条第四款规定:"非法吸收或者变相吸收公众存款,主要用于正常的生产经营活动,能够及时清退所吸收资金,可以免予刑事处罚;情节显著轻微的,不作为犯罪处理。"司法解释明确非法集资的本质在于违反规定向社会公众吸收资金,法律干预非法集资的主要原因是社会公众缺乏投资知识,难以承受损失风险。③因此,不管借款人吸收资金是否用于生产经营活动,只要借款人违

---

① 罗东川、吴兆祥、陈龙业:《〈关于依法妥善审理民间借贷纠纷案件促进经济发展维护社会稳定的通知〉的理解与适用》,载《人民司法·应用》2012年第7期。
② 张明楷:《刑法学》(第四版),法律出版社2011年版,第687页。
③ 刘为波:《〈关于审理非法集资刑事案件具体应用法律若干问题的解释〉的理解与适用》,载《人民司法·应用》2011年第5期。

反融资管理法律规定,针对社会公众吸收资金,符合《非法集资司法解释》规定的条件,即应当依法以非法吸收公众存款罪定罪处罚。

3. 借款方构成非法集资类犯罪的,单个借贷合同纠纷是否属于民事案件受理范围。借款方构成非法集资类犯罪的,债权人以其中某一笔借贷合同起诉要求债务人还本付息的,法院应否作为民事案件受理存在争议。我们认为,此类债务是非法债务,不宜作为民事案件进行处理,理由是:

第一,有法律依据。1998年《国务院非法金融机构和非法金融业务活动取缔办法》第十八条规定:"因参与非法金融业务活动受到的损失,由参与者自行承担。"2011年1月8日国务院修改该法规时,对该条规定未作修改,该办法作为现行有效的行政法规,法院应当执行。据此,非法集资形成的借款合同为非法合同,与一般无效合同不同,非法合同无效后产生的损失不受法律保护,法院不应作为民事案件受理,担保人是否承担责任也不属于民事诉讼的管辖范围。① 对涉及非法集资的借贷纠纷,不能依民事案件处理。

第二,较为公平。如果非法集资人涉嫌非法集资类犯罪,进入刑事侦查程序,由公安机关统一查明事实真相,确认犯罪数额,在对集资人定罪量刑过程中统一通过追赃、退赃等解决各个出借人财产损失问题,一是有利于查明事实真相,二是有利于实现各个出借人公平受偿,这比通过民事审判分别解决各个债权保护问题更为有效、合理、公平。《最高人民法院关于在审理经济纠纷案件中涉及经济犯罪嫌疑若干问题的规定》第十一条也规定:"人民法院作为经济纠纷受理的案件,经审理认为不属经济纠纷案件,而有经济犯罪嫌疑的,应当裁定驳回起诉,将有关材料移送公安机关或检察机关。"反之,如果法院受理部分出借人起诉的借贷案件,容易导致相同情况的借贷出现不同的处理结果,既不利于法律的统一,也不利于惩罚犯罪。

第三,效果更好。目前此类涉嫌集资犯罪的案件数量众多,如果将本来能够通过刑事侦查、审判解决的犯罪问题,都变相通过成千上万的普通借贷案件处理,将会带来巨大的工作压力和风险隐患,难以取得好的法律效果和社会效果。

(五)关于防范虚假诉讼

近年来,各级法院深入贯彻"调解优先、调判结合"工作原则,调解已成为处理民事案件的首选和主要结案方式。诉讼调解虽然最终体现的是当事人的合意,但其毕竟是在诉讼制度架构内的纠纷解决制度,尊重案件基本事实、受法律拘束乃是司法的本质。调解方案基本上应以预测的判决为基础,受实体法的拘束。查明事实和分清是非理应是法院调解的基础,但在实践中,诉讼调解往往更注重满足当事人自愿原则而对查明事实、合法原则有所忽视,虚假诉讼案件中以调解方式结案的占相当数量。

由于社会诚信缺失,立法惩罚不力,近年来,以民间借贷为主要表现形式的虚假诉讼现象有快速上升趋势,其中大多是利用诉讼调解虚假诉讼。此类诉讼诈骗不仅侵害国家利益或他人的合法权益,而且浪费国家司法资源,严重损害司法权威,社会危害极大。为维护诚

---

① 曹士兵:《中国担保制度与担保方法》,中国法制出版社2008年版,第93页。

实守信的诉讼秩序,最高人民法院近期多次强调各级法院要高度重视虚假诉讼问题,注意加以识别和防范,防止通过民事审判将非法利益合法化。无论是判决还是调解,都应当坚持查明事实、分清是非的原则,加强对案件调解协议的审查和把关,认真审查案件的基础事实,对调解协议中涉及第三人权益或者涉及具体物的权利转移的内容,尤其应当重点审查。目前虚假诉讼案件主要表现为当事人、代理人配合默契,诉辩理由不合常理,不存在实质性的诉辩对抗,异常容易达成调解协议。对这类可能构成虚假诉讼的借贷案件,不仅要审查当事人诉讼请求的合法性和合理性,还应当严格审查债务产生的时间、地点、原因、用途、支付方式、基础合同及债权人和债务人的经济状况,审查案件是否属于当事人相互串通或捏造事实欺诈、用合法形式掩盖非法目的等虚假诉讼。必要时传唤当事人本人到庭参加诉讼,通知当事人提交原始证据,依职权主动向相关部门和案外人调查取证,要求利害关系人参加诉讼,核实当事人陈述和所提供证据的真实性,不能简单以对方当事人自认就以调解方式结案。对制造虚假诉讼的相关人员应严查重处,依法用足用好法律手段,对相关责任人依法予以训诫、罚款、拘留;当事人、证人、诉讼代理人等构成诈骗、妨害作证、职务侵占等犯罪的,应坚决依法追究其刑事责任。

证券登记结算公司涉讼案件特点、原因及对策分析

上海市第一中级人民法院民六庭

一、证券登记结算公司涉讼案件的整体情况

1. 案件类型分布

2004 年至今,上海一中院共受理证券登记结算公司涉诉案件 61 件,其中国债回购纠纷 54 件,占总数的 89%;权证交易纠纷案件 5 件,占总数的 8%;普通股票登记纠纷案件 2 件,占总数的 3%。

2. 收案数量

上述 61 件案件均为一审案件。案件数量呈现"先降后升"的发展态势,在一定程度上反映了我国证券行政监管政策的变化对此类案件数量的影响。2007 年 6 月 27 日,最高人民法院下发《关于中国证券登记结算有限公司履行职能相关的诉讼案件指定管辖问题的通知》之后,上海一中院共受理证券登记结算公司涉诉案件 32 件,其中 22 件系外地法院根据上述通知移送至上海一中院审理。

3. 涉案标的额

上述 61 件涉证券登记结算公司的案件涉及的诉讼标的额共为 38.3 亿元,案件平均标的额达 6273 万元。其中,案件诉讼标的额主要分布于 1000 万元至 1 亿元这一区间,为 34 件,占比 55.7%。涉案标的额超过 1 亿元的案件共有 13 件,占上述案件总数的 21%。

4. 当事人情况

61 件案件中,证券登记结算公司均是作为被告出现,其中大部分是与证券公司一起被列为共同被告,单独作为被告涉讼的仅占 12 件,占比 20%。而从原告涉讼情况看,61 件案件中原告系自然人的为 3 件,剩下的均是法人作为原告提起的诉讼(58 件,占比 95%),其中银行类金融机构为原告的最为集中,为 12 件。

5. 审理程序

从案件审理程序来看,与其他民商事案件相比,上述 61 件案件中,28 件适用了中止。这主要源于最高人民院发布的关于金融机构破产案件应遵循"三暂缓"的规定。由于部分案件长期处于法定中止程序中,导致上述 61 件案件的平均审理天数长达 514 天,远超出了金融案件的平均审理周期。

6. 案件处理情况

上述61件登记结算机构涉讼的案件均已审理完毕,其中,撤诉或按撤诉处理的共计37件,撤诉率为60.7%,远高于金融商事案件的平均撤诉率。以调解方式结案的为0件,以移送方式结案的为2件,其中1件系在案件审理中发现可能存在犯罪行为,移送公安机关,另外1件系移送其他有管辖权的人民法院管辖。

上述61件案件中,以判决方式结案的案件为22件,其中14件提出上诉,上诉率为63.6%。在二审的裁判结果中,维持12件,二审维持率为85.7%,调解1件,裁定准许上诉人撤回一、二审全部诉请的1件,改判发回率为零。

二、证券登记结算公司涉讼案件的主要类型与特点

(一)案件主要类型

证券登记结算公司涉诉案件主要发生在国债回购领域。国债回购作为一种金融创新活动,是指在国债持有人(回购方)在卖一笔国债的同时,与买方(返售方)签订协议,约定在某一时间以事先确定的价格买回同一笔国债的融资活动。1994年9月12日,上海证券交易所推出不分券种、统一按面值计算持券量的标准化国债回购交易品种。按照当时的国债回购交易规则,回购交易前必须首先将国债现券质押后才可以交易融资。具体而言,其过程如下:首先,投资者进行国债回购,必须先进行国债回购申报,同意以国债作质押进行回购。其次,证券公司席位上的所有申报回购的国债按照交易所规定的折算比率折为标准券,证券公司以标准券进行回购交易,同时以相应的国债作质押,取得资金后再结算到投资者的资金账户;到期购回交易时,如果出现违约交收的,证券登记结算公司有权将回购质押的国债转移占有或行使质权。国债回购交易纠纷的起因主要是证券公司违规经营,在未经投资者授权的情况下,擅自挪用投资者账户上的国债或交易结算资金,以国债回购的交易方式进行融资,又因为到期无法偿还融资,导致投资者购买的国债被证券登记结算公司质押转移而丧失权利。

(二)案件主要特点

1. 案件的爆发相对集中

国债回购风险凸显于2003年至2005年,超过五分之一的证券公司退出了市场。期间,几乎所有证券监管部门以及市场自律机构的工作人员都全身心地扑到了高风险证券公司的处置工作中去。在资本市场发生剧烈动荡的背景下,证券登记结算公司也不可避免地要卷入相关诉讼之中。然而,资本市场的起伏与证券登记结算公司涉诉案件的发生并不完全同步,相关诉讼相应滞后于市场反应。

2. 涉诉案件标的额较大

此类案件虽然整体数量不多,在法院审理的金融类案件中所占比重有限,但由于案件往往发生在资本市场的萧条期,因此案件裁判结果很可能对涉案金融机构的存续产生重大

影响,并可能波及到其他有关联的金融机构,可能影响宏观资本市场的运行。同时,由于裁判结果很可能直接影响到当事人的正常经营活动,诉讼双方一般不愿意接受调解。即使法院作出了一审判决,上诉率也较高。这与重大金融案件所具有的调解难和高上诉率的基本特征相吻合。

3. 司法裁判与监管部门的处置决策联系紧密

在2003年开始爆发的国债危机中,多家证券公司面临破产,作为中央对手方的证券登记结算公司也因交收问题面临财务危机,以至于要借贷以维持正常的运作,整个资本市场进入到了前所未有的艰难时期。金融监管部门开始系统性地对问题金融机构进行处置。为防止产生更大的社会动荡,最高人民法院发布通知,在一定期限内,对已进入风险处置的包括证券公司在内的金融机构作为被告的民事案件实行"三暂缓"。"三暂缓"稳定了资本市场的秩序,为问题金融机构的处置赢得了宝贵的时间。相关案件往往在金融监管部门对问题金融机构提出明确的处置意见后,由原告方选择撤诉而终结。

三、证券登记结算公司涉讼的主要原因

(一)证券登记结算公司审查标准有失明确

虽然我国《证券法》规定,我国证券登记以证券申请人申请为主,相应的申请登记材料需由证券申请人按照法律规定准备,并在保证这些材料真实、完整、合法、有效的前提下,交给证券登记结算公司审查,通过后进行登记。但是现有的证券立法均未对证券登记结算公司要在何种程度上履行审查义务以及相应的责任作出明确、具体的规定。虽然《中国证券登记结算有限责任公司证券登记规则》第十六条已明确表明,证券登记结算公司在证券登记过程中其仅对申请材料负有形式审查的义务,无须对因证券发行人原因所导致的登记错误承担法律责任。但该规则立法位阶过低,在效力上一直备受质疑,理论界至今也未对证券登记结算公司的审查标准形成共识。由于缺乏明确的法律规定,对证券登记结算公司是否尽到审查义务、是否需要承担责任、承担何种性质的责任以及承担多大责任等,始终是司法实务中亟待解决的难点问题。

(二)国债回购交易法律规范位阶较低、设计存在缺陷

国债回购实际上是居于国债现货交易与国债期货交易之间的一种衍生物,是通过上海证券交易所国债回购业务规则设计出来的。证券登记结算公司办理国债回购登记,对回购交易进行清算、交收和财产处置的重要依据之一就是上海证券交易所制定的国债回购交易规则,由于这些规则既不是国务院制定的行政法规,也不属于证监会制定的行政规章,只是自律组织的业务规则,因此其法律效力容易受到投资者质疑。另外,由于目前整个国债回购交易是采取一次成交、两次清算的办法,投资者只能委托证券公司而不能直接以自己的名义进行国债回购交易,在初始交易和到期回购交易结算时,是由证券登记结算公司在会员间进行标准券和资金的结算,投资者并不直接参与,亦非上述结算法律关系的当事人,这

就导致证券登记结算公司不知道也无从知道实际交易当事人的具体情况,为部分证券公司违规经营、侵害客户利益留下空间,从而引发纠纷。

(三)融资渠道狭窄促使证券公司利用国债回购过度融资

现行《证券法》修改以前,证券公司除了以自营股票质押贷款外,融资渠道较为单一,筹集资金相当困难。从2001年开始,我国证券市场股票价格综合指数持续低迷,许多证券公司经历了业绩下滑和盈利下降,陷入资金短缺的困境,这在一定程度上成为证券公司挪用客户国债或交易结算资金,利用国债回购交易方式进行融资的诱因。

(四)对证券公司利用国债回购牟利的投机行为缺乏有效监管

在国债回购业务中,证券交易所成员在清算时,都是以券商为单位实行清算。质言之,一家会员不论在交易所有多少个席位,即子账户,在清算时,这些账户都归入统一的法人账号(主账户)进行清算;只要主账户不存在欠库行为,一般不会追究子账户是否欠库。这就使得一些券商在交易过程中,可以任意调用下属营业部的资金和债券进行统一交易,以此获得规模效应,并提高资源的使用效率。这种主席位下的二级托管方式为证券公司挪用客户国债进行回购提供了技术上的可能。在缺乏必要监管的情况下,不少券商大行其道。2003年至2005年间的国债回购危机,很大程度上就是由于券商违背委托人义务造成的。

四、证券登记结算公司涉讼案件的裁判原则与思路

(一)法律适用方面应当尊重市场规则和交易惯例,肯定国债回购交易规则的法律效力

国债回购是一种金融创新活动,伴随着金融市场的快速发展,法律的滞后性特点导致其无法及时为新类型金融产品预设规则。为解决这一问题,《证券法》作了授权性规定,明确对证券衍生品种发行、交易的管理办法,由有权部门依据《证券法》的原则另行制定。虽然这些业务规则只是国债回购交易的自律管理规范,在效力位阶上低于法律、行政法规,但是必须承认,证券市场不断发展的需要和证券业务本身的专业性、技术性特征决定了,这些自律性文件直接指导着各项证券活动,已成为证券市场参与者的行为准据,是判定相关主体行为合法性、认定相关民事责任的重要依据。因此,法院在案件审理过程中应当充分尊重这些市场惯例,在我国《合同法》《证券法》等法律法规并未对国债回购交易关系作出详细规定的情况下,以证券交易市场当时普遍通行的相关国债回购交易规则作为判断标准。

(二)登记结算机构原则上不应承担国债回购交易的监管责任

登记结算公司的基本业务是从事股票、债券、证券投资基金份额等证券及证券衍生品种(以下统称证券)的登记结算,为证券交易提供集中登记、存管与结算服务。随着登记结算公司逐渐独立于证券交易所的治理结构,登记结算公司作为资本市场监管者的功能逐渐弱化。一般而言,除非有法律法规授权,证券登记监管机构原则上并不履行行政监管职责。

同时,证券登记结算公司也不像证券交易所一样可以构成以会员为基础的自律监管机构。证券登记结算公司从事证券登记结算活动,应当以其与证券公司之间的证券登记与存管民事合同关系为基础,同时应遵守法律、行政法规、中国证监会的规定以及证券登记结算公司依法制定的业务规则。因此,原则上,无论是投资者还是证券公司均不能以违反监管职能为由要求证券登记结算公司承担相应责任。

(三)投资者对证券登记结算公司提起的诉讼属于侵权之诉

投资者与证券登记结算公司之间无合同关系。我国《证券法》第一百五十五条规定,证券登记结算公司是为证券交易提供集中登记、存管与结算服务,不以营利为目的的法人。证券登记结算公司负责对证券交易所上市证券交易的清算和交收,其在证券交易结算中处于中央对手方的地位,除根据证券公司的申报对投资者的账户和证券进行登记、存管外,登记结算机构与投资者之间不具有直接的合同关系。因此,投资者以证券公司在投资者股东账户中购买的国债被证券登记结算公司办理非交易过户而对证券登记结算公司提起的诉讼属于侵权之诉。

(四)证券登记结算公司审查义务的标准

由于实行二级托管和二次结算制度,证券登记结算公司没有法律责任和义务审查证券公司与投资者之间的委托协议情况,且证券市场每个交易日都有大量的业务产生,从审查的可行性和审查的效率分析,也不可能要求证券登记结算公司针对每一项登记事项进行严格的实质审查。因此,以实质审查标准要求证券登记结算公司承担登记错误的法律责任不仅过于严苛也不切实际。司法实践一般认为,只要登记结算机构对所提交材料表面的真实性、合法性和有效性做到基本的形式审查即已经尽到了相关义务。判断登记结算公司是否存在过错,关键应看其是否满足了形式审查的一般标准。如是,则不应为此承担法律责任;只有在证券登记结算公司明知或者应当知道证券公司未经投资者许可或同意擅自为了融资目的进行回购登记仍予以准许时,才会对投资者的相关损失承担侵权责任。

五、减少证券登记结算公司涉讼的对策与建议

(一)进一步细化和明确证券登记结算公司的审核标准

细化证券登记结算活动的流程,明确证券登记结算公司的审核义务以及承担相应责任的构成要件。以明确具体的业务规则约束证券登记结算公司,避免因为法律规定不完善而存在灰色地带。

(二)完善金融交易规则,严厉打击券商机会主义行为

从已发生的诸多案件中可以看出,证券登记结算公司涉诉往往不是因为其在从事证券登记结算活动中存在违法违规行为,而是因为相关金融立法缺失,为有关金融机构谋取不

正当利益留下空间。因此,有必要系统地思考目前的金融交易规则,严厉打击券商机会主义行为。一方面,应当提高金融产品交易的透明度,避免券商利用其信息优势损害投资者利益;另一方面,应当进一步完善金融机构的行业监管和自律监管,严厉打击违背信托义务的不法行为。

(三)审慎推进金融创新,防范系统性金融风险

证券登记结算公司作为现代金融业的登记结算中枢,不可避免地要涉足创新性金融服务产品,为了有效降低证券登记结算公司因金融创新产品纠纷而涉诉的风险,应当审慎推进金融创新,对创新性金融产品进行标准化结算,同时发挥证券登记结算公司的信息汇总功能,及时发现证券登记结算活动中的异常因素,避免被卷入诉讼。

【商事审判案例分析】

破产原因和强制清算原因竞合时债权人依法享有申请破产清算或强制清算的选择权

——申请再审人中国国旅贸易有限责任公司与被申请人长江农业开发有限公司强制清算案

刘 敏[*]

一、案件来源

申请再审人中国国旅贸易有限责任公司因与被申请人长江农业开发有限公司强制清算一案,不服北京市高级人民法院(2011)高法特清预终字第4308号民事裁定,向最高人民法院申请再审。最高人民法院依法组成合议庭对本案进行了审查,现已审查完毕。

二、当事人基本情况

申请再审人(一审申请人,二审上诉人):中国国旅贸易有限责任公司。住所地:北京市朝阳区建国门外永安东里甲3号通用国际中心A1901-1903。

法定代表人:李杭红,该公司董事长。

委托代理人:张爱军,北京市中勤律师事务所律师。

委托代理人:张宇昊,北京市中勤律师事务所实习律师。

被申请人(一审被申请人,二审被上诉人):长江农业开发有限公司。住所地:北京市朝阳区小关东里10号院润宇大厦8层。

法定代表人:来新时,该公司董事长。

三、一审法院查明事实及审理情况

一审法院查明,长江农业开发有限公司成立于1996年4月29日,企业类型为有限责任公司,注册资本1亿元,法定代表人为来新时,登记机关为中华人民共和国国家工商行政管理局。长江农业开发有限公司的发起人为连云港如意集团股份有限公司、新希望农业控股

---

[*] 最高人民法院民事审判第二庭审判长。

有限公司、中国安泰经济发展公司、南昌科瑞集团公司、南京农业大学。长江农业开发有限公司年检报告书所附的2000年12月31日《合并资产负债表》显示,该公司净资产为114853869元。长江农业开发有限公司因未依法年检,于2002年11月19日被国家工商行政管理总局吊销营业执照。根据一审法院(2002)二中民初字第09291号民事判决,中国国旅贸易有限责任公司对长江农业开发有限公司享有债权6724217.50元,其中本金670万元,诉讼费24217.50元。该判决生效后,中国国旅贸易有限责任公司于2003年6月27日向本院申请强制执行,一审法院于2003年9月11日作出(2003)二中执字第681号民事裁定,裁定中止执行。

一审法院根据农业公司的工商登记地址无法通知长江农业开发有限公司。长江农业开发有限公司工商登记材料中载明的法定代表人来新时向法院陈述:长江农业开发有限公司于1997年8月1日起被连云港如意集团股份有限公司原董事长侍守江承包。1997年8月8日,长江农业开发有限公司通过第五次股东会决议,全体股东一致同意法定代表人变更为侍守江,但一直未办理工商变更登记。此后,长江农业开发有限公司住所地发生变更,来新时已不了解公司的财产、财务及管理人员情况,目前已无法代表公司。

一审法院认为,债务人不能清偿到期债务并且明显缺乏清偿能力的,应当认定其具备破产原因。长江农业开发有限公司未向中国国旅贸易有限责任公司清偿生效判决所确定的债务,经人民法院强制执行,仍无法清偿债务,应当认定其明显缺乏清偿能力。据此,长江农业开发有限公司已具备破产条件,应当依照《企业破产法》清理债务,故中国国旅贸易有限责任公司对长江农业开发有限公司提出的强制清算申请不符合受理条件。依法裁定:不予受理中国国旅贸易有限责任公司对长江农业开发有限公司提出的强制清算申请。

四、当事人上诉答辩情况

中国国旅贸易有限责任公司不服一审法院裁定,提出上诉,请求撤销一审裁定,指令一审法院依法受理中国国旅贸易有限责任公司的申请。其主要上诉理由是:一审裁定适用法律错误。(1)《企业破产法》和《最高人民法院关于适用〈中华人民共和国企业破产法〉若干问题的规定(一)》[以下简称《企业破产法司法解释(一)》]有特定适用范围,仅适用于法院审查破产案件受理时,不能作为审查强制清算案件立案条件的依据。(2)《企业破产法司法解释(一)》指出,法院强制执行不能时,破产原因成立。但这并非是从证据上证明了"资不抵债",而是为保护债权人权益,在法律上的一种推定。本案长江农业开发有限公司最后一次年检提交的2000年《合并资产负债表》显示,资债相抵后的净资产额为114853869元,不是资不抵债,因此长江农业开发有限公司不符合破产条件。(3)《最高人民法院关于审理公司强制清算案件工作座谈会纪要》和《北京市高级人民法院关于审理公司强制清算案件操作规范(试行)》对强制清算与破产两种案件的衔接程序有明确规定,依据这些规定,在申请人提起强制清算申请后,法院指定的清算组才是对债务人是否具有破产原因最有发言权的法律主体。(4)债权人申请强制清算还是破产清算,享有法律上的选择权。原审裁定是对中国国旅贸易有限责任公司该选择权的侵害。(5)如本案不予受理,司法实践中将根本不存在符合受理条件的"债权人申请强制清算案件",这将是非常荒谬的。

五、二审法院查明事实及审理情况

二审法院审理查明的事实与一审法院查明的事实一致,该院对此予以确认。

二审法院认为,长江农业开发有限公司未向中国国旅贸易有限责任公司清偿生效判决所确定的债务,经人民法院强制执行,仍无法清偿债务,根据《企业破产法司法解释(一)》的规定,应认定长江农业开发有限公司不能清偿到期债务且明显缺乏清偿能力,已具备破产原因。在这种情形下,中国国旅贸易有限责任公司作为债权人申请对长江农业开发有限公司强制清算不符合受理条件,一审法院裁定不予受理其申请正确,中国国旅贸易有限责任公司的上诉理由不成立,其上诉请求该院不予支持。

综上,依照《民事诉讼法》①第一百五十三条第一款第(一)项、第一百五十四条之规定,裁定:驳回上诉,维持原裁定。

六、申请再审人申诉请求和理由

(一)再审请求

(1)撤销北京市高级人民法院(2011)高法特清预终字第4308号民事裁定及其维持的北京市第二中级人民法院(2011)二中法特清预初字9373号民事裁定;(2)对本案进行再审,依法受理再审申请人对再审被申请人的强制清算申请。

(二)事实与理由

本案的基本情况和诉讼经过:依据北京市第二中级人民法院(2002)二中民初字第09291号生效判决,再审申请人对再审被申请人享有债权。后因再审被申请人未能履行判决所确定的义务,再审申请人向北京市第二中级人民法院申请强制执行。由于未能查出再审被申请人有可供执行的财产,北京市第二中级人民法院作出(2003)二中执字第681号民事裁定,中止了案件执行。

后再审申请人得知再审被申请人因未参加企业年检,已于2002年被国家工商管理总局吊销营业执照,且在此之后,再审被申请人并未依法组成清算组进行清算。再审申请人遂于2011年4月向北京市第二中级人民法院申请对再审被申请人进行强制清算。北京市第二中级人民法院经审理后作出(2011)二中法特清预初字第9373号民事裁定,裁定不予受理再审申请人对再审被申请人的强制清算申请。

9373号民事裁定作出后,再审申请人不服,遂上诉至北京市高级人民法院。北京市高级人民法院经审理后作出了(2011)高法特清预终字第4308号民事裁定书,裁定驳回再审申请人的上诉,维持9373号民事裁定。

9373号民事裁定认为:再审被申请人不能清偿到期债务并且明显缺乏清偿能力的,应当认定其具备破产原因。再审被申请人未向再审申请人清偿生效判决所确定的债务,经人

---

① 2012年修改前的《民事诉讼法》。——编者注

民法院强制执行,仍无法清偿债务,应当认定其明显缺乏清偿能力。据此,再审被申请人已具备破产条件。依照《企业破产法》第二条第一款、《企业破产法司法解释(一)》第四条之规定,裁定不予受理再审申请人对再审被申请人的强制清算申请。4308 号民事裁定认为9373 号民事裁定认定事实清楚,适用法律正确。

申请人认为,一审、二审裁定适用的法律与案件性质明显不符,根据《最高人民法院关于适用〈中华人民共和国民事诉讼法〉审判监督程序若干问题的解释》第十三条第(一)款的规定,应属适用法律有误。具体理由如下:

1.《企业破产法》及《企业破产法司法解释(一)》有特定适用范围,不能作为审查强制清算案件立案条件的依据

一、二审法院系依照《企业破产法》第二条第一款及《企业破产法司法解释(一)》第四条之规定作出原裁定,而《企业破产法》只适用于破产案件,《企业破产法司法解释(一)》开篇也即言明,"……结合审判实践,就人民法院依法受理企业破产案件适用法律问题作出如下规定……"因此,上述法律条文仅适用于法院在审查破产案件受理时,不能当然类推至其他场合适用。

强制清算案件与破产案件是两类不同的案件,强制清算案件的法律基础是《公司法》、《最高人民法院关于适用〈中华人民共和国公司法〉若干问题的规定(二)》[以下简称《公司法司法解释(二)》]、《最高人民法院关于审理公司强制清算案件工作座谈会纪要》,其不属于《企业破产法》及《企业破产法司法解释(一)》的调整范围。因此,不能依据《企业破产法》及《企业破产法司法解释(一)》作出不予受理清算案件的裁定。故一审、二审裁定适用法律错误。

2.《企业破产法司法解释(一)》所述的破产原因,仅是一种法律上的推定,不是证据所证明

《企业破产法司法解释(一)》第一条和第四条相结合,指出了法院强制执行不能时,破产原因成立。但这并非是从证据上证明了资不抵债,而是为保护债权人的权益,在法律上的一种推定,最高人民法院民事审判第二庭负责人在答记者问中也明确了这是一种当然推定。

再审被申请人备案于其工商档案中的最后一次年检,即 2000 年年检报告中提交的《合并资产负债表》提示:再审被申请人资产总额为 155390697.83 元,负债总额 40536828.83 元,资债相抵后的净资产额为 114853869 元。也就是说,清偿完所有债务后,再审被申请人仍拥有近 1.15 亿元的资产,已明确否认了资不抵债的可能性,再审被申请人根本不符合破产条件。

3. 法律已明确了强制清算与破产两种案件的衔接程序

《最高人民法院关于审理公司强制清算案件工作座谈会纪要》第十六部分(32～35 条)为"关于强制清算和破产清算的衔接"。依据这些规定,在申请人提起强制清算申请后,法院在强制清算案中指定的清算组才是对债务人是否具有破产原因最有发言权的法律主体。

4. 再审申请人作为债权人,有申请事项的选择权

申请强制清算或是破产清算,债权人享有法律上的选择权,(2011)高法特清预终字第

4308号民事裁定是对再审申请人该选择权的侵害。

5. 如本案不予受理,司法实践中将根本不存在符合受理条件的"债权人申请强制清算案件"

《企业破产法司法解释(一)》第七条列举的五种情况,已经尽数囊括了债权人实现债权时发生困难的全部情形。在这些情况下,如果都被认定为符合破产原因,进而可以驳回强制清算的申请,那么在我国司法实践中,债权人提出强制清算的案件将不复存在。因为每一个案件都可以被装进这个口袋,从而被判定为不符合受理条件;而这将是非常荒谬的。

综上所述,(2011)高法特清预终字第4308号民事裁定适用法律错误,侵害了再审申请人的合法权利,恳请依法对本案进行再审。

七、最高人民法院裁决情况

最高人民法院经审查认为,申请再审人中国国旅贸易有限责任公司的申请符合《民事诉讼法》①第一百七十九条第一款第(六)项规定的情形,依照《民事诉讼法》②第一百八十一条之规定,裁定:指令北京市高级人民法院再审本案。

八、本案所涉问题的分析

(一)关于债权人的强制清算申请是否符合法律规定问题

依据北京市第二中级人民法院(2002)二中民初字第09291号生效判决,本案再审申请人中国国旅贸易有限责任公司对被申请人长江农业开发有限公司享有合法债权,且债权至今未获清偿,具备债权人身份。根据《公司法》第一百八十四条关于"公司因本法第一百八十一条第(一)项、第(二)项、第(四)项、第(五)项规定而解散的,应当在解散事由出现之日起十五日内成立清算组,开始清算。有限责任公司的清算组由股东组成,股份有限公司的清算组由董事或者股东大会确定的人员组成。逾期不成立清算组进行清算的,债权人可以申请人民法院指定有关人员组成清算组进行清算。人民法院应当受理该申请,并及时组织清算组进行清算"的规定,以及《公司法司法解释(二)》第七条第二款第(一)项关于"公司应当依照公司法第一百八十四条的规定,在解散事由出现之日起十五日内成立清算组,开始自行清算。有下列情形之一,债权人申请人民法院指定清算组进行清算的,人民法院应予受理:(一)公司解散逾期不成立清算组进行清算的;(二)虽然成立清算组但故意拖延清算的;(三)违法清算可能严重损害债权人或者股东利益的"的规定,长江农业开发有限公司解散后逾期未成立清算组进行清算,中国国旅贸易有限责任公司作为债权人可以申请人民法院指定有关人员组成清算组进行强制清算,其申请符合《公司法》的有关规定,人民法院应当受理该申请,并及时组织清算组进行清算。

(二)关于破产原因和强制清算原因竞合时债权人是否享有选择权问题

一、二审法院依据《企业破产法司法解释(一)》的规定,认定长江农业开发有限公司

---

①② 2012年修改前的《民事诉讼法》。——编者注

不能清偿到期债务且明显缺乏清偿能力,已具备破产原因,不予受理中国国旅贸易有限责任公司对长江农业开发有限公司提出的强制清算申请,不符合法律规定。虽然《企业破产法》规定企业法人不能清偿到期债务且明显缺乏清偿能力系债务人的破产原因之一,但在企业法人解散但未清算、破产原因和强制清算原因竞合的情况下,债权人对是向人民法院直接申请债务人破产清算还是申请强制清算依法享有选择权。债权人依法申请强制清算后,如经清算,债务人财产足以偿还全部债务的,人民法院应当在债务人财产清偿完毕全部债务并分配剩余财产给出资人后依法裁定终结强制清算程序;如经清算,债务人财产不足以清偿全部债务的,除清算组依据《公司法司法解释(二)》第十七条关于"人民法院指定的清算组在清理公司财产、编制资产负债表和财产清单时,发现公司财产不足清偿债务的,可以与债权人协商制作有关债务清偿方案。债务清偿方案经全体债权人确认且不损害其他利害关系人利益的,人民法院可依清算组的申请裁定予以认可。清算组依据该清偿方案清偿债务后,应当向人民法院申请裁定终结清算程序。债权人对债务清偿方案不予确认或者人民法院不予认可的,清算组应当依法向人民法院申请宣告破产"的规定,依据其与全体债权人协商确定的清偿方案清偿债务的外,清算组应当依据《公司法》第一百八十八条关于"清算组在清理公司财产、编制资产负债表和财产清单后,发现公司财产不足清偿债务的,应当依法向人民法院申请宣告破产。公司经人民法院裁定宣告破产后,清算组应当将清算事务移交给人民法院"的规定,以及《企业破产法》第七条关于"债务人有本法第二条规定的情形,可以向人民法院提出重整、和解或者破产清算申请。债务人不能清偿到期债务,债权人可以向人民法院提出对债务人进行重整或者破产清算的申请。企业法人已解散但未清算或者未清算完毕,资产不足以清偿债务的,依法负有清算责任的人应当向人民法院申请破产清算"的规定,向人民法院申请破产清算。反之,如果债权人在上述情况下径行选择了破产清算,在清理债务人财产后,发现债务人财产足以清偿全部负债的,最终理论上还存在破产清算向强制清算的转化,即仍应对清偿完毕债务人对外债务后的剩余财产分配后终结相关清算程序。

债权人在保证期间向保证人之一主张权利的效力及于其他连带责任保证人

——申请再审人中信信托有限责任公司与被申请人天津市粮油集团有限公司、天津市油脂(集团)有限公司、天津市油脂公司新港油脂库借款合同纠纷申请再审案

沙 玲*

申请再审人(一审原告、二审上诉人):中信信托有限责任公司。住所地:北京市朝阳区新源南路6号京城大厦13层。

法定代表人:居伟民,该公司董事长。

被申请人(一审被告、二审被上诉人):天津市粮油集团有限公司。住所地:天津市和平区解放北路34号。

法定代表人:高斌,该公司董事长。

一审被告、二审被上诉人:天津市油脂(集团)有限公司。住所地:天津市和平区合江路3号。

法定代表人:杨庆勇,该公司董事长。

一审被告、二审被上诉人:天津市油脂公司新港油脂库。住所地:天津市塘沽区新港4号路。

法定代表人:陆利新,该单位经理。

一、一审法院查明的事实

天津市第一中级人民法院一审查明,2004年11月19日,油脂公司与中国工商银行天津市和平支行(以下简称工行和平支行)签订2004年流字第312号《流动资金借款合同》,油脂公司向工行和平支行借款720万元,贷款期限9个月,月利率为4.425‰,上浮6%,按月结息,借款期限自2004年11月19日起至2005年8月18日止。同日,新港油脂库与工行和平支行签订2004年保字第312号保证合同,承诺对以上借款承担连带保证责任,保证期限为主合同到期之次日起两年。粮油集团与工行和平支行签订了2004年高保字第109号

---

* 最高人民法院民事审判第二庭法官。

7700万元最高额保证合同,承诺对油脂公司借款承担连带保证责任。此后,工行和平支行依约放款。2005年7月14日,工行和平支行与中国东方资产管理公司天津办事处(以下简称天津办事处)签订了《债权转让协议》,将该债权转让给天津办事处。该债权的转让已通知油脂公司、新港油脂库,并于2005年7月22日、2006年6月2日向油脂公司、新港油脂库进行了公告催收。油脂公司至今尚欠本金720万元及截止到2008年3月20日利息1854611.06元未予偿还。

2006年6月2日,天津办事处与中信信托公司签署了《京、津、宁三地财产信托合同》,天津办事处将包括本案诉争债权及担保权在内的资产设立"京、津、宁三地财产信托"。因此,中信信托公司有权向债务人及各保证人主张债权及其相关的担保债权。

自借款合同履行期限届满至一审起诉,中信信托公司未向粮油集团主张过权利。

中信信托公司于2008年5月29日向天津市第一中级人民法院提起诉讼,请求判令油脂公司归还欠款本金720万元及利息,新港油脂库、粮油集团共同承担连带偿还责任。

二、一审判决裁判要旨

一审法院认为,本案《流动资金借款合同》《保证合同》《最高额保证合同》《债权转让协议》及《京、津、宁三地财产信托合同》,均符合法律规定,为有效合同,各方均应按约严格履行各自的义务。借款到期,油脂公司未按约履行还本付息的义务,新港油脂库也未能履行连带保证责任。据此,中信信托公司向油脂公司、新港油脂库主张偿还借款本息的主张,应予支持。油脂公司、新港油脂库以该笔贷款是当时政府指定发放的政策性贷款且已超过诉讼时效的抗辩理由,因油脂公司、新港油脂库未能提交证据证明,依据《最高人民法院关于民事诉讼证据的若干规定》一审法院不予支持。关于中信信托公司请求判令粮油集团承担连带清偿责任的主张,因中信信托公司未在保证期间向粮油集团主张权利,依据《担保法》的相关规定,在合同约定的保证期间债权人未要求保证人承担保证责任的,保证人免除保证责任,故粮油集团保证责任已经免除。综上,一审法院依照《合同法》第八十一条、第二百零七条,《民法通则》第八十四条、第九十条,《担保法》第十八条、第二十六条第二款,《民事诉讼法》[①]第一百三十条之规定,判决如下:(1)油脂公司偿还中信信托公司借款本金720万元及利息1862060.71元(利息截止2008年3月20日),并给付自2008年3月21日至实际给付之日的利息,按中国人民银行有关规定计付;(2)新港油脂库在以上给付事项范围内承担连带责任;(3)驳回中信信托公司的其他诉讼请求。上述给付事项于判决生效之日起十日内付清,逾期按照《民事诉讼法》[②]第二百二十九条之规定,加倍支付迟延履行期间的债务利息。一审案件受理费75324元,由油脂公司、新港油脂库共同承担。

三、上诉答辩及二审法院裁判要旨

中信信托公司不服上述一审判决,向天津市高级人民法院提起上诉称:天津办事处受让债权后直至本案诉讼,均向新港油脂库进行了有效催收,该行为对粮油集团具有法

---

①② 2012年修改前的《民事诉讼法》。——编者注

律效力,应确认中信信托公司对粮油集团的保证债权仍在诉讼时效内。故原审判决认定事实不清,适用法律错误。请求撤销一审判决主文第三项,改判粮油集团承担连带保证责任。

粮油集团答辩称:《债权转让协议》所附清单未记载粮油集团为担保人,借款到期后债权人亦未向粮油集团进行催收,应认定债权人已放弃对粮油集团的保证债权;债权转让未通知粮油集团,应认定该转让对粮油集团不发生法律效力;粮油集团、新港油脂库分别与债权人签订保证合同,为独立的担保法律关系,中信信托公司未在保证期间内向粮油集团主张权利,应免除粮油集团保证责任。请求驳回上诉,维持原判。

油脂公司、新港油脂库同意粮油集团的答辩意见。

天津市高级人民法院对一审法院查明的案件事实予以确认。

天津市高级人民法院认为,讼争合同均合法有效,各方当事人应依约行使权利、履行义务。本案债权已由工行和平支行转让天津办事处,天津办事处又与中信信托公司形成了信托法律关系,因上述主体在诉讼时效期间及保证期间内均向主债务人油脂公司、保证人新港油脂库进行了有效催收,现中信信托公司有权依据信托合同约定要求油脂公司承担还款付息责任,新港油脂库承担连带保证责任。关于粮油集团是否应承担保证责任一节,因中信信托公司未能提交原债权人工行和平支行及现债权人天津办事处在保证期间内向粮油集团主张过保证债权的相关证据,故粮油集团以债权人未在保证期间内主张权利,保证责任已依法免除为由抗辩,于法有据,中信信托公司主张粮油集团承担担保责任的上诉请求,该院不予支持。综上,一审判决查明事实清楚,适用法律正确。该院依照《民事诉讼法》①第一百五十三条第一款第(一)项之规定,判决:驳回上诉,维持原判。一审案件受理费75324元,按一审判决执行;二审案件受理费75324元,由中信信托公司负担。

四、申请再审人的申请理由及答辩情况

中信信托公司不服天津市高级人民法院二审民事判决,向最高人民法院申请再审称:原审判决适用法律错误。粮油集团、新港油脂库分别为油脂公司对工行和平支行的同一笔债务提供保证,依法应认定为是连带共同保证,各保证人之间构成连带债务关系。天津办事处向新港油脂库催收债务的行为,其中断诉讼时效的效力及于粮油集团。根据诉讼时效司法解释的规定,天津办事处向保证人之一的新港油脂库催收债务,不仅中断了新港油脂库保证债务的诉讼时效,对另一连带共同保证人粮油集团也同样发生诉讼时效中断的效力。原二审判决不仅有违已有司法解释的明确规定,而且与连带共同保证制度的设立本意不符,且其判决存在严重的逻辑悖论。按照二审判决,天津办事处在主张权利时,必须向全部保证人主张,而不能享有选择的权利,否则就将因诉讼时效问题而丧失权利。这显然与现有法律、司法解释关于连带共同保证的立法本意相悖。本案改判粮油集团承担保证责任,并未加重其担保责任和担保风险。请求撤销二审判决以及一审判

---

① 2012年修改前的《民事诉讼法》。——编者注

决主文第三项;判令粮油集团对油脂公司未清偿的720万元本金及利息承担连带清偿责任,并承担本案诉讼费用。

被申请人粮油集团答辩称:讼争债权数次转让均未通知粮油集团,该债权转让对粮油集团不发生法律效力;最终受让方中信信托公司为股份制公司,无权以公告形式催收债权,该债权转让造成国有资产流失;粮油集团、新港油脂库分别与债权人签订保证合同,形成独立的担保法律关系,中信信托公司未在保证期间内向粮油集团主张权利,且本案债权均已超过诉讼时效,应免除粮油集团保证责任,故请求驳回上诉,维持原判。

油脂公司未提交书面答辩意见,庭审时陈述表示同意粮油集团的意见。新港油脂库经最高人民法院公告通知未到庭。

五、再审期间查明的事实

最高人民法院再审期间除对一审、二审查明的部分案件事实予以确认外,还查明:2005年4月21日,工行和平支行就本案债权分别向油脂公司、新港油脂库发出《催收逾期贷款本息通知书》和《督促履行保证责任通知书》,债务人和保证人均盖章确认。天津办事处从工行和平支行受让债权后,又分别于2005年7月、2006年6月和2007年7月向油脂公司和新港油脂库进行了公告催收。

六、最高人民法院的裁判要旨

最高人民法院认为,本案再审主要争议焦点为粮油集团是否应对油脂公司的债务承担担保责任问题。

(一)关于粮油集团的担保责任方式

2004年4月19日,粮油集团与工行和平支行签订《最高额保证合同》约定,粮油集团为油脂公司在2004年4月19日至2005年12月31日期间向工行和平支行借款,在7700万元范围内承担连带保证责任。2004年11月19日,油脂公司与工行和平支行签订借款合同约定,油脂公司向工行和平支行借款720万元。该笔720万元借款是粮油集团在《最高额保证合同》项下所担保的债务。同日,新港油脂库与工行和平支行签订《保证合同》,约定由新港油脂库为前述720万元借款承担连带保证责任。故粮油集团及新港油脂库分别为油脂公司对工行和平支行的同一笔720万元借款提供保证,且未与工行和平支行约定各自的保证份额。《担保法》第十二条规定:"同一债务有两个以上保证人的,保证人应当按照保证合同约定的保证份额,承担保证责任。没有约定保证份额的,保证人承担连带责任,债权人可以要求任何一个保证人承担全部保证责任,保证人都负有担保全部债权实现的义务。已经承担保证责任的保证人,有权向债务人追偿,或者要求承担连带责任的其他保证人清偿其应当承担的份额。"《最高人民法院关于适用〈中华人民共和国担保法〉若干问题的解释》(以下简称《担保法解释》)第十九条第一款规定:"两个以上保证人对同一债务同时或者分别提供保证时,各保证人与债权人没有约定保证份额的,应当认定为连带共同保证。"根据上述规定,粮油集团、新港油脂库构成连带共同保证,应对油脂公司的该笔720万元债务承担连带责任。

（二）关于粮油集团的保证责任是否超过诉讼时效问题

根据本案查明的事实,涉案债务于2005年8月到期,债务人油脂公司未作清偿。2005年4月21日,工行和平支行分别向油脂公司、新港油脂库发出《催收逾期贷款本息通知书》和《督促履行保证责任通知书》,债务人和保证人均盖章确认。因而,新港油脂库的保证责任已发生,并开始起算诉讼时效;而根据上述《担保法》第十二条的规定,债权人在保证期间向保证人之一主张权利的效力,及于其他连带责任保证人,因此,粮油集团的保证责任亦已发生,并开始计算诉讼时效。天津办事处从工行和平支行受让债权后,又分别于2005年7月、2006年6月和2007年7月向油脂公司和新港油脂库进行了公告催收。《最高人民法院关于审理民事案件适用诉讼时效制度若干问题的规定》（以下简称《诉讼时效司法解释》）第十七条第二款规定:"对于连带债务人中的一人发生诉讼时效中断效力的事由,应当认定对其他连带债务人也发生诉讼时效中断的效力。"第二十三条规定:"本规定施行后,案件尚在一审或者二审阶段的,适用本规定;本规定施行前已经终审的案件,人民法院进行再审时,不适用本规定。"根据上述规定,天津办事处向保证人之一的新港油脂库催收债务,不仅中断了新港油脂库保证债务的诉讼时效,对另一连带共同保证人粮油集团也同样发生诉讼时效中断的效力。中信信托公司于2008年5月29日向一审法院提起本案诉讼并未超过诉讼时效,并且该起诉行为也表明债权人履行了债权转让的通知义务。粮油集团关于本案债权人未在保证期间内主张权利,且本案债权已超过诉讼时效、粮油集团应予免责的抗辩理由不能成立。二审判决以债权人未在保证期间内主张过保证责任为由,判决驳回中信信托公司要求粮油集团承担保证责任的诉讼请求属适用法律欠当,最高人民法院予以纠正。

综上,中信信托公司的再审申请理由成立。最高人民法院依据《民事诉讼法》①第一百五十三条第一款第（二）项、第一百八十六条第一款之规定,判决如下:(1)撤销天津市高级人民法院(2009)津高民二终字第0057号民事判决;撤销天津市第一中级人民法院(2008)一中民二初字第116号民事判决主文第三项。(2)维持天津市第一中级人民法院(2008)一中民二初字第116号民事判决主文第一、二项。(3)天津市粮油集团有限公司在天津市油脂(集团)有限公司给付事项范围内承担连带责任。本案一审案件受理费75324元,由天津市油脂(集团)有限公司、天津市新港油脂库、天津市粮油集团有限公司共同承担。二审案件受理费75324元,由天津市粮油集团有限公司承担。

七、案件所涉问题的分析

本案争议焦点为粮油集团是否应对油脂公司的债务承担担保责任。为此,要解决粮油集团的担保责任性质以及是否超过诉讼时效的问题,需要对《诉讼时效司法解释》第十七条作出正确解读。

---

① 2012年修改前的《民事诉讼法》。——编者注

(一)关于粮油集团担保责任性质的认定

《担保法》第十二条规定:"同一债务有两个以上保证人的,保证人应当按照保证合同约定的保证份额,承担保证责任。没有约定保证份额的,保证人承担连带责任。"《担保法解释》第十九条则规定:"两个以上保证人对同一债务同时或者分别提供保证时,各保证人与债权人没有约定保证份额的,应当认定为连带共同保证。"根据前述法律及司法解释的明确规定,粮油集团、新港油脂库分别为涉案借款提供保证,且未约定各自的保证份额,故两者之间应认定为连带共同保证,应对该笔债务承担连带责任。连带共同保证的各保证人共同对同一笔债务承担连带责任。因此,粮油集团与新港油脂库之间的关系为连带债务人。具体分析如下:

第一,连带共同保证属于连带债务性质。保证是基于主债务而产生的从债务,其法律性质仍属于债务。《民法通则》第八十四条规定:"债是按照合同的约定或者依照法律的规定,在当事人之间产生的特定的权利和义务关系,享有权利的人是债权人,负有义务的人是债务人。债权人有权要求债务人按照合同的约定或者依照法律的规定履行义务。"在保证法律关系中,保证人基于保证合同的约定,负有在主债务人不履行债务时代为清偿债务的合同义务。因此,保证是基于主债务而产生的从债务,其法律性质仍属于债务。

第二,连带共同保证符合连带债务"对外连带性"和"对内分担性"的基本特征,其性质属于连带债务。因此,连带共同保证的各保证人之间构成连带债务关系。《民法通则》第八十七条规定:"负有连带义务的每个债务人,都负有清偿全部债务的义务。履行了义务的人,有权要求其他负有连带义务的人偿付他应当承担的份额。"《担保法解释》第二十条则规定:"连带共同保证的债务人在主合同规定的债务履行期届满没有履行债务的,债权人可以要求债务人履行债务,也可以要求任何一个保证人承担全部保证责任。连带共同保证的保证人承担保证责任后,向债务人不能追偿的部分,由各连带保证人按其内部约定的比例分担。没有约定的,平均分担。"从前述法律规定可见,连带债务的基本特征,是债务的"对外连带性"和"对内分担性"。而连带共同保证是为同一主债务设定的保证,债权人可要求任一保证人承担保证责任。承担了保证责任的保证人可向债务人及其他连带保证人行使追偿权。因此,连带共同保证符合连带债务的"对外连带性"和"对内分担性"两大基本特征,其性质属于连带债务。

(二)关于诉讼时效问题

天津办事处向新港油脂库催收债务的行为,其中断诉讼时效的效力及于粮油集团。因此,粮油集团应当对案涉债务承担保证责任。案涉债务于 2005 年 1 月到期,油脂公司未作清偿。2005 年 4 月 21 日,工行和平支行就本案债权向油脂公司、粮油集团和新港油脂库部分别发出《催收逾期贷款本息通知书》《督促履行保证责任通知书》,油脂公司、粮油集团和新港油脂库均盖章确认。因此,新港油脂库和粮油集团的保证责任均已发生,并开始起算诉讼时效。天津办事处从工行和平支行受让债权后,又分别于 2005 年 7 月、

2006年6月和2007年7月向油脂公司和新港油脂库进行了公告催收。

《诉讼时效司法解释》第十七条规定："对于连带债务人中的一人发生诉讼时效中断效力的事由，应当认定对其他连带债务人也发生诉讼时效中断的效力。"如前所述，粮油集团、新港油脂库因为油脂公司对工行和平支行的同一笔债务提供保证，应认定为是连带共同保证，各保证人之间构成连带债务关系。根据前述司法解释的规定，天津办事处向保证人之一的新港油脂库催收债务，不仅中断了新港油脂库保证债务的诉讼时效，对另一连带共同保证人粮油集团也同样发生诉讼时效中断的效力。原审判决以天津办事处未在诉讼时效期间内向粮油集团主张权利为由，判决驳回天津办事处要求粮油集团承担保证责任的诉讼请求。该认定与连带共同保证制度的立法本意不符。如前所述，《民法通则》《担保法》《担保法解释》等法律、司法解释，都明确规定了债权人可以向连带共同保证中的任一保证人主张权利，任一保证人均有义务承担全部保证责任。因此，在连带共同保证中，债权人既可以向全部保证人主张全部保证责任，也可以向其中的一个或数个保证人主张全部保证责任。也就是说，债权人在主张权利时享有选择权。但是，按照二审判决的判决结果，天津办事处在主张权利时，必须向全部保证人主张，而不能享有选择的权利，否则就将因诉讼时效问题而丧失权利。这显然与现有法律、司法解释关于连带共同保证的立法本意不符。《最高人民法院关于已承担保证责任的保证人向其他保证人行使追偿权问题的批复》（以下简称《保证人追偿批复》）规定："承担连带责任保证的保证人一人或者数人承担保证责任后，有权要求其他保证人清偿应当承担的份额，不受债权人是否在保证期间内向未承担保证责任的保证人主张过保证责任的影响。"按照前述司法解释，在连带共同保证当中，即使债权人未在保证期间内向部分保证人主张权利，但这些保证人基于保证合同约定而产生的责任并未免除。如其他保证人向债权人承担了保证责任，则未被债权人主张权利的保证人，仍应在其份额内承担基于保证合同约定和法律规定而产生的保证责任。具体到本案而言，新港油脂库因天津办事处已向其主张保证责任，依法应当向天津办事处承担全部保证责任。而新港油脂库向天津办事处承担全部保证责任后，有权向粮油集团追偿。粮油集团有义务在其份额内承担保证责任（本案中各保证人未约定保证份额，故应平均分担）。

在本案中改判粮油集团承担保证责任，并未加重其担保责任和担保风险。根据《保证人追偿批复》的规定，连带保证的任一保证人在承担全部保证责任后，都有权要求其他保证人在其份额内承担保证责任。因此，各连带保证人最终承担的保证份额都是确定的，无论债权人是否向全部保证人主张权利，都不会加重任何一个连带共同保证人应承担的保证责任，都不会超过任何保证人对其保证责任的预期。在本案中，如果新港油脂库承担了全部保证责任，那么其有权向粮油集团追偿，粮油集团有义务在其份额内承担保证责任。而如果改判粮油集团对涉案债务承担保证责任，那么即使其承担了全部保证责任，也有权向债务人油脂公司和另一保证人新港油脂库追偿，改判其承担保证责任并不会加大其保证责任。

【商事裁判文书选登】

上诉人青海汇吉实业集团有限责任公司、周卫军与被上诉人杜红亚、李占云、高冠生,原审被告徐良庆、袁建明、周健股权转让纠纷案

裁判要旨 当事人之间签订《公司收购协议书》《补充协议》,约定矿山企业的全体股东将股权全部转让并过户给由受让方安排接收股权的人,并约定了收购对价、办理股权过户及公司资产移交等相关内容,该两份合同不违反国家法律法规规定,不损害他人合法权益,应认定合法有效。当事人主张按照《矿产资源法》《探矿权采矿权转让管理办法》等规定,《公司收购协议书》及《补充协议》应未生效,因本案法律关系涉及变动的是股权,并非采矿权等资产,上述法律对矿山企业股权变动并没有限制性规定,其主张适用上述法律的观点应不予支持。

中华人民共和国最高人民法院

民 事 判 决 书[①]

(2012)民二终字第86号

上诉人(原审被告):青海汇吉实业集团有限责任公司。住所地:青海省西宁市城中区香格里拉路11号。
法定代表人:周卫军,该公司董事长。
委托代理人:蔡延云,青海昆宇律师事务所律师。
委托代理人:徐敏,北京市中银律师事务所律师。
上诉人(原审被告):周卫军,个体工商户。住青海省西宁市城西区。
委托代理人:蔡延云,青海昆宇律师事务所律师。
被上诉人(原审原告):杜红亚,个体工商户。住青海省冷湖行政委员会舒苑小区。
委托代理人:马麟,住青海省西宁市城西区。
被上诉人(原审原告):李占云(又名李占荣),个体工商户。住甘肃省古浪县黄羊川镇。

[①] 根据需要,略去有关当事人相关信息。——编者注

委托代理人:马麟,住青海省西宁市城西区。

被上诉人(原审原告):高冠生,个体工商户。住甘肃省敦煌市七里镇。

委托代理人:马麟,住青海省西宁市城西区。

原审被告:徐良庆,个体工商户。住四川省成都市青羊区。

原审被告:袁建明,个体工商户。住青海省西宁市城北区。

原审被告:周健,个体工商户。住四川省成都市成华区。

上诉人青海汇吉实业集团有限责任公司(以下简称汇吉公司)、周卫军因与被上诉人杜红亚、李占云、高冠生(以下简称杜红亚三人),原审被告徐良庆、袁建明、周健股权转让纠纷一案,不服青海省高级人民法院(2011)青民二初字第11号民事判决,向本院提起上诉。本院受理后依法组成由审判员王东敏担任审判长、审判员刘崇理、代理审判员曾宏伟参加的合议庭对案件进行了审理,书记员李洁担任记录。本案现已审理终结。

原审法院经审理查明:2009年2月25日,冷湖开源钾肥有限责任公司(以下简称冷湖钾肥公司)股东杜红亚三人形成《股东大会决议书》,授权杜红亚办理与汇吉公司商谈股权转让及由杜红亚收取转让款等事宜。

2009年3月16日,汇吉公司与冷湖钾肥公司签订《公司收购协议书》约定,就汇吉公司(或汇吉公司指定的法人或自然人)整体收购冷湖钾肥公司事宜以及就收购过程中办理相关股东所持股份的转让事宜,同时达成以下协议:1.同意汇吉公司(或汇吉公司指定的法人或自然人)整体收购冷湖钾肥公司。收购内容包括:冷湖钾肥公司全体股东所持有全部股份;冷湖钾肥公司所属全部资产;冷湖钾肥公司应持有或已持有的全部法人工商、税务、银行和其他的法律文件和相关的合法印鉴;冷湖钾肥公司所持有的各级国土资源部门核发的采矿许可证以及所有相关的文件和批复。2.收购款为10400万元,由汇吉公司按以下时间和数额分别支付给冷湖钾肥公司(或冷湖钾肥公司指定的法人或自然人):(1)汇吉公司在2009年3月31日前支付8000万元;(2)汇吉公司必须在2009年12月30日前付清全部尾款2400万元。3.冷湖钾肥公司必须在2009年4月10日前完成冷湖钾肥公司所持有的全部股份的转让,并必须在2009年4月30日前按汇吉公司要求由冷湖钾肥公司全体股东签订全部股份的《股权转让合同书》;并将所属全部资产(含盐田、卤渠、建筑、设备、原料、半成品等与经营相关的所有资产)和所应有或持有的全部工商、税务、银行和其他的法律文件和相关的合法印鉴以及所持有的各级国土资源部门核发的采矿许可证和所有相关的文件和批复移交给汇吉公司。4.冷湖钾肥公司同意在《股权转让合同书》签订前发生的债务及包含所拖欠的税费全部由冷湖钾肥公司及所有股东自己承担,因此所发生的纠纷由冷湖钾肥公司自行解决。如因冷湖钾肥公司在签订本协议书后,未清偿股权转让前所负债务、税费,致使汇吉公司在成为该公司股东后遭受损失的,汇吉公司有权向冷湖钾肥公司加倍追偿。5.冷湖钾肥公司必须保证冷湖钾肥公司所持有的采矿许可证合法有效,并且必须协助汇吉公司办理采矿证本次到期后的延期手续。6.冷湖钾肥公司同意在办理该收购案包括但不限于工商登记、税务等手续时,必须无条件配合汇吉公司完成。7.违约责任:如果冷湖钾肥公司不能按本协议第三条、第五条所规定的条款履行义务,冷湖钾肥公司必须无条件退还汇吉公司已经支付的全部款项,并承担总收购款10%的违约金。同样,如果汇吉公司不能如期按本协议第二条第1款所规定的条款履行义务,应承担总收购款10%的违约金。该协议汇吉公司、冷湖钾肥公司的法定代表人周卫军、杜红亚签字,冷湖钾肥公司加盖公章。

2009年5月15日,冷湖钾肥公司与汇吉公司签订《补充协议》,双方认可2009年3月16日签订的《公司收购协议书》真实有效。同时约定,关于付款:期限修定为2009年3月31日前支付5000万元,其中定金2000万元;2009年4月30日前支付2000万元;2009年5月20日前支付200万元。冷湖钾肥公司每次在按时足额收妥汇吉公司款项后,应向汇吉公司开出收到款项的收据。冷湖钾肥公司在收妥汇吉公司前两次所付款项7000万元后,应无条件办理股权转让、采矿权转让、生产、经营场所及设备、设施、存货、辅助性材料及其他全部实物。第二次付款金额3200万元,按双方原商定时间提前到2009年11月30日,但冷湖钾肥公司必须将同时移交办理完备延期采矿证全部手续为付款的前提条件。关于股份:2.1冷湖钾肥公司在本协议签订后,接到汇吉公司通知后十五个工作日内,为汇吉公司依法办理完毕全部股东在工商行政管理局管辖地的股权转让相关报批手续,并完成报青海省国土资源厅报备的相关手续。冷湖钾肥公司在未办理完备股权转让前,必须在本协议签订之日全权授权给汇吉公司代表徐良庆的法律文书,该授权为唯一授权和不可撤销的授权。2.2冷湖钾肥公司按汇吉公司提供的新股东名单及股份股权比例办理股权变动事项,即股东姓名及股权比例:周卫军31%、周健29%、张丽芝20%、聂莉20%。冷湖钾肥公司在办理股东股权变更的同时,按汇吉公司提供的新的公司章程办理报备,并将法人代表变更为徐良庆。2.3汇吉公司所提供的2.2款中四位股东名单及所持股权比例,是汇吉公司受四位股东委托与冷湖钾肥公司签订本协议,收购冷湖钾肥公司股权、采矿权、经营权是四位股东按股权比例共同出资收购的。关于采矿证:冷湖钾肥公司负责为汇吉公司办理采矿许可证延期手续,确保该宗矿产资源的证书有效合法。5.1冷湖钾肥公司承诺:(1)冷湖钾肥公司是一家依法设立并合法存续的公司,其具有签署本协议的全部必要的能力或授权。代表冷湖钾肥公司签署本协议的个人已获得冷湖钾肥公司对其签署本协议的必要授权;(2)本协议的签署和履行不违反冷湖钾肥公司的公司章程或其他组织规则中的任何条款或与之相冲突,亦不违反任何法律规定,冷湖钾肥公司已经获得了就进行本协议项下的交易所必需的所有同意或授权;(3)冷湖钾肥公司保证在将本公司移交给汇吉公司前,未向外签订任何违法和损害汇吉公司接管后利益的合同、协议等文件,并向汇吉公司承诺若有此类情况发生自愿承担由此引发的任何法律的、经济的全部责任。5.2汇吉公司承诺:(1)汇吉公司是一家依法设立并合法存续的公司,其具有签署本协议的全部必要的能力或授权。代表汇吉公司签署本协议的个人已获得汇吉公司对其签署本协议的必要授权;(2)本协议的签署和履行不违反汇吉公司的公司章程或其他组织规则中的任何条款或与之相冲突,亦不违反任何法律规定,汇吉公司已经获得了就进行本协议项下的交易所必需的所有同意或授权。5.3继续有效与赔付双方在本协议下所做的声明、保证和承诺应在本协议所述投资完成后持续有效,并使其符合受赔偿一方或多方的利益。而不论本协议是否终止,如果任何一方违反其各自在本协议中所做的声明、保证和承诺中的任何一项,则赔偿方同意并不可撤销地承担向另一方就其或其各自关联公司因此违约而遭受的所有损失进行全额赔偿的义务。关于违约责任:7.3本协议双方均应遵守本协议的约定,及时充分如约地履行本协议所规定的义务,任何一方违反本协议的约定而给其他方造成损失的,应向受损方承担赔偿责任。7.4 对于冷湖钾肥公司违反本协议所述其应当履行的各项义务而给汇吉公司造成损失的,则冷湖钾肥公司应就汇吉公司所受的该等损失承担连带赔偿责任并应当向汇吉公司支付相当于本协议第一条所述汇吉公司本次投资总额10400万元的损失及20%的违约金。本协议与《公司收购协议书》具有同等法律效力。协议加盖有汇吉公司、冷湖钾肥公司的公章及法定代表人周卫军、杜红亚签字。

2009年5月15日,汇吉公司向杜红亚出具《承诺与保证》称,你向我们共同委托的代理人徐良庆,授予的冷湖钾肥公司的授权与委托事项,我们将依法从事经营活动,授权期间发生的一切债权债务以及法律责任由我们承担。该保证书中汇吉公司以保证人的身份加盖公章,周卫军签字。同日,徐良庆、周卫军、袁建明、周健四人亦向杜红亚出具了相同内容的《承诺与保证》。

2009年5月15日,周卫军、袁建明向杜红亚出具一份《承诺书》称,冷湖钾肥公司截至2009年5月15日收到收购款累计2490万元,而非7000万元。并承诺于2009年5月22日继续支付收购款1500万元,2009年5月29日支付210万元。杜红亚收到2009年5月款项后(即1710万元)开具收据,收据内容为收到汇吉公司收购冷湖钾肥公司款8000万元的收据,实际支付款项为4200万元。所作收据为承诺人之要求出具,由此产生的法律纠纷及责任均由承诺人承担。

2009年5月15日,周卫军向杜红亚出具一份《欠条》(原审判决书笔误为"《收条》",本院予以纠正)称,鉴于2009年3月16日和2009年5月15日分别签订的《收购协议书》《补充协议》就收购冷湖钾肥公司总价款10400万元中的2009年底支付款3200万元,经杜红亚要求先打欠条,待冷湖钾肥公司采矿权证的延续办妥移交至冷湖钾肥公司或新股东后,经审验无误后2个工作日将上述金额转入冷湖钾肥公司。如延误付款,欠款人赔偿2000万元(补充协议中的定金部分),并无条件承担由此产生的法律责任。冷湖钾肥公司收到该款项后,此欠条收回作废,一切责任终结。

2009年7月23日,杜红亚向汇吉公司移交:1. 冷湖钾肥公司公章一枚(以前发生所有事宜接手单位概不负责);2. 企业诚信培训证书一本;3. 安全与健康预评价报告二本;4. 安全资格证书二本;5. 安全生产许可证正副本。汇吉公司杜青婵签字。7月29日,冷湖钾肥公司财务人员唐翠红向汇吉公司财务人员石明琴移交冷湖钾肥公司银行账本、财务章、杜红亚私章、发货专用章、发票专用章、现金支票、银行预留印鉴卡等。

2010年1月5日,冷湖钾肥公司股东杜红亚三人形成《股东大会决议书》,委托杜红亚全权办理股权转让、资金收取等事宜,委托马麟代为参加诉讼所得款项汇入杜红亚账户后再分配。

2010年2月4日,杜红亚等委托马麟向汇吉公司移交:1. 股权转让的股东大会决议书(2010年1月8日作出);2. 关于冷湖钾肥公司就采矿权转让给汇吉公司的股权证明决议书;3.《冷湖钾肥公司章程修正案》《授权委托书》、冷湖钾肥公司全体股东签字的《股东会议决议书》。该《文件交接清单》中汇吉公司盖章,周卫军签字。

合同履行中,2009年3月31日前,汇吉公司向杜红亚支付400万元;2009年4月1日至

4月30日前支付2090万元;2009年5月20日至2011年11月11日支付3776万元。累计支付收购股权价款6266万元。截至诉讼,徐良庆、周卫军、袁建明、周健四人、汇吉公司尚欠杜红亚三人股权转让款4134万元。

另查明,冷湖钾肥公司于2002年12月10日注册成立,注册资本金为150万元,法定代表人为杜红亚。股东为:杜红亚出资85万元,占56.67%,高冠生出资40万元,占26.67%,李占云出资25万元,占16.66%。经营范围:钾肥开采、销售。2009年3月1日,公司股东名册变更为:杜红亚、臧朋清各出资45万元,分别占30%,陈其生、阮阿善各出资22.5万元,分别占15%,高冠生、李占云各出资7.5万元,分别占5%。股东变更行为在青海省国土资源厅备案。2009年7月18日,公司股东名册变更为:杜红亚出资135万元,占90%,高冠生、李占云各出资7.5万元,分别占5%。2010年9月6日,公司股东名册变更为:周卫军出资46.5万元,占31%,周健出资43.5万元,占29%,袁建明、徐良庆各出资30万元,分别占20%。法定代表人变更为徐良庆。股东变更行为在青海省国土资源厅备案。2011年4月1日,公司股东名册变更为:周福国出资106.5万元,占71%,周健出资43.5万元,占29%。法定代表人变更为周健。股东变更行为在青海省国土资源厅备案。工商登记档案中显示自2010年1月28日以前,所有年检报告、股东会决议、各类申请、证明等中均加盖"青海省冷湖开源钾肥有限责任公司"的印章,此后均加盖"冷湖开源钾肥有限责任公司"的印章。

还查明,2004年12月31日、2008年1月14日,青海省国土资源厅向冷湖钾肥公司颁发《采矿许可证》,有效期至2010年1月14日;2006年3月10日,青海省安全生产监督管理局向冷湖钾肥公司颁发《安全生产许可证》,上述证照上均加盖"青海省冷湖开源钾肥有限责任公司"的印章。2010年1月28日,青海省国土资源厅向冷湖钾肥公司颁发《采矿许可证》,有效期至2013年1月28日,该证照上加盖"冷湖开源钾肥有限责任公司"的印章。

为索要欠款,杜红亚三人向原审法院提起诉讼,请求判令徐良庆、周卫军、袁建明、周健四人、汇吉公司向杜红亚三人支付收购款4140万元及赔付赔偿款2000万元。

原审法院经审理认为,根据当事人的诉辩意见,案件的争议焦点为:1.关于汇吉公司是否承担连带责任的问题;2.关于"青海省冷湖开源钾肥有限责任公司"的印章是否涉嫌伪造的问题。

1.关于汇吉公司是否承担连带责任的问题

杜红亚三人认为,汇吉公司负责与杜红亚一方签订合同,支付股权收购款,且徐良庆、周健、袁建明委托周卫军与杜红亚一方代表杜红亚洽谈给付股权收购款事宜,并由汇吉公司来履行给付收购款的工作,汇吉公司与本案存有利害关系,其应承担本案给付收购款及赔偿损失的连带责任。

徐良庆、周卫军、袁建明、周健四人及汇吉公司认为,汇吉公司接受徐良庆、周卫军、袁建明、周健四人的授权和委托与杜红亚三人签订合同,其只行使代理行为,不应承担连带责任。

该院认为,根据双方签订的《公司收购协议书》中关于"如汇吉公司不能如期按本协议第二条第1款所规定的条款履行义务,应承担总收购款10%的违约金"、《补充协议》中关于"5.1(1)汇吉公司是一家依法设立并合法存续的公司,其具有签署本协议的全部必要的能力或授权。代表汇吉公司签署本协议的个人已获得汇吉公司对其签署本协议的必要授权;(2)本协议的签署和履行不违反汇吉公司的公司章程或其他组织规则中的任何条款或与之相冲突,亦不违反任何法律规定,汇吉公司已经获得了就进行本协议项下的交易所必需的所有同意或授权"、"5.3 继续有效与赔付 双方在本协议下所做的声明、保证和承诺应在本协议所述投资完成后持续有效,并使其符合受赔偿一方或多方的利益。而不论本协议是否终止,如果任何一方违反其各自在本协议中所做的声明、保证和承诺中的任何一项,则赔偿方同意并不可撤销地承担向另一方就其或其各自关联公司因此违约而遭受的所有损失进行全额赔偿的义务"、"7.3 本协议双方均应遵守本协议的约定、及时充分如约地履行本协议所规定的义务,任何一方违反本协议的约定而给其他方造成损失的,应向受损方承担赔偿责任"及 2009 年 5 月 15 日汇吉公司以担保人的身份向杜红亚出具的《承诺与保证》中关于"你向我们共同委托的代理人徐良庆,授予的冷湖钾肥公司的授权与委托事项,我们将依法从事经营活动,授权期间发生的一切债权债务以及法律责任由我们承担"的约定,汇吉公司以保证人的身份对涉案的股权转让中出现违反合同约定的事项,其承诺承担因违约给对方造成的一切损失。因此,汇吉公司应对徐良庆、周卫军、袁建明、周健四人拖欠支付股权收购款、赔偿损失承担连带赔偿责任。

2. 关于"青海省冷湖开源钾肥有限责任公司"的印章是否涉嫌伪造的问题

汇吉公司认为,本案涉案的标的公司为冷湖钾肥公司,系工商部门核准登记的法人企业,并非"青海省冷湖开源钾肥有限责任公司",以"青海省冷湖开源钾肥有限责任公司"为名称刻制的印章涉嫌伪造,故加盖于《公司收购协议书》《补充协议》上的印章主体不存在。因此,盖有此印章的《公司收购协议书》《补充协议》属无效协议。对此,汇吉公司向原审法院申请对印章进行司法鉴定。

杜红亚三人认为,其向青海省冷湖行政委员会工商行政管理局申请注册冷湖钾肥公司时,由于受冷湖地区无刻制印章的条件限制,故前往甘肃省敦煌市刻制了"青海省冷湖开源钾肥有限责任公司"公章及财务专用章等,并报工商部门备案,该印章使用至移交给汇吉公司为止,印章并非伪造或虚假。

该院认为,杜红亚三人申请注册冷湖钾肥公司时,因受冷湖地区无刻制印章的条件限制,私自刻制了"青海省冷湖开源钾肥有限责任公司"公章、财务专用章等,并以此印章申请成立了冷湖钾肥公司。本案审理中,经汇吉公司的申请,该院调取冷湖钾肥公司工商登记档案资料,确实存在公司名称与印章不符的状况。但从工商档案中显示,自 2002 年 12 月 10 日公司成立至 2010 年 1 月 28 日公司股东由杜红亚三人变更为徐良庆、周卫军、袁建明、周健四人期间,所有年检报告、股东会决议、各类申请、证明及《采矿许可证》《安全生产许可证》等中均加盖"青海省冷湖开源钾肥有限责任公司"印章。从 2010 年 1 月 28 日公司变更股东后加盖"冷湖开源钾肥有限责任公司"印章。因此,"青海省冷湖开源钾肥有限责任公司"印章经工商部门登记备案并长期使用,不存在伪造和虚假,该印章对应的对内、外所产生的一切民事法律行为应受法律保护,该院确认该印章的真实、合法性。汇吉公司申请对印章进行司法鉴定的请求与事实相悖,不予支持。

该院认为,2009 年 2 月 25 日,冷湖钾肥公司股东会同意由杜红亚与汇吉公司商谈办理股权转让事宜。杜红亚接受股东的授权和委托,代表冷湖钾肥公司全体股东与汇吉公司代表的法人或自然人签订了《公司收购协议书》,合同签订后,汇吉公司代表受让方向杜红亚支付了部分股权收购价款,但未按合同约定的履行期限按期支付全部收购款项。鉴于此,2009 年 5 月 15 日,杜红亚以冷湖钾肥公司的名义与汇吉公司代表的受让方就《公司收购协议书》中的未尽事宜又签订了《补充协议》,双方就付款期限、股权转让、采矿权证过户、保证与承诺及违约责任进行了补充约定。同时还确定了收购股权股东为周卫军、周健、张丽芝、聂莉。上述协议系当事人在平等、互利、协商一致的基础上达成的,意思表示真实,且未违反法律、法规强制性规定,合同合法有效。合同履行中,冷湖钾肥公司的转让股东杜红亚三人按约将冷湖钾肥公司的资产及相关证照均办理、过户至受让股东徐良庆、周卫军、袁建明、周健四人名下,同时记载于工商股东名册。期间,双方对《补充协议》中确定的受让股东周卫军、周健、张丽芝、聂莉变更为徐良庆、周卫军、袁建明、周健四人均表示认可。作为徐良庆、周卫军、袁建明、周健四人及汇吉公司未按约定支付全部收购价款,尚欠股权转让款 4134 万元,受让方徐良庆、周卫军、袁建明、周健四人及汇吉公司已根本违约,其应向杜红亚三人支付所欠股权转让款。作为汇吉公司接受徐良庆、周卫军、袁建明、周健四人的授权和委托,行使收购冷湖钾肥公司股权等事宜,合同履行中,汇吉公司又以担保人的身份承诺承担因违约给对方造成的一切损失。因此,汇吉公司对上述债务承担连带赔偿责任。杜红亚三人的诉求成立,该院应予支持。

至于杜红亚三人主张徐良庆、周卫军、袁建明、周健四人及汇吉公司承担赔偿 2000 万元诉求一节。该院认为,根据双方签订的《公司收购协议书》中关于"如果汇吉公司不能如期按本协议第二条第 1 款所规定的条款履行义务,应承担总收购款 10% 的违约金"、《补充协议》关于"期限修定为 2009 年 3 月 31 日前支付 5000 万元,其中定金 2000 万元"、"7.3 本协议双方均应遵守本协议的约定及时如约履行本协议所规定的义务,任何一方违反本协议的约定而给其他方造成损失的,应向受损方承担赔偿责任"及 2009 年 5 月 15 日周卫军向杜红亚出具的《欠条》(原审判决书笔误为"《收条》",本院予以纠正)中"如延误付款,欠款人赔偿 2000 万元(补充协议中的定金部分),并无条件承担由此产生的法律责任"、2009 年 5 月 15 日徐良庆、周卫军、袁建明、周健四人及汇吉公司出具的《承诺与保证》中关于"你向我们共同委托的代理人徐良庆,授予的冷湖钾肥公司的授权与委托事项,我们将依法从事经营活动,授权期间发生的一切债权债务以及法律责任由我们承担"的约定,徐良庆、周卫军、袁建明、周健四人及汇吉公司在合同履行中已根本违约,且承诺无条件地承担因延期付款产生的法律责任,故其应承担赔偿责任。双方当事人在《公司收购协议书》中虽约定了如违约将承担总收购款 10% 的违约金,但其后在《补充协议》及周卫军向杜红亚出具的《欠条》(原审判决书笔误为"《收条》",本院予以纠正)中将延期付款的违约责任又以收取定金的方式确定赔偿数额。因此,杜红亚三人以违约责任的方式要求徐良庆、周卫军、袁建明、周健四人及汇吉公司承担赔偿 2000 万元的诉求有合同依据和事实依据,该院予以支持。

庭审中,徐良庆、周卫军、袁建明、周健四人及汇吉公司向法庭提交了汇吉公司向冷湖钾肥公司、石明琴、覃功平及冷湖钾肥公司、周卫军向海西科技等转款的证据及明细表,拟证明支出款项系向转让方支付股权转让款,请求应冲抵收购价金。经查明,石明琴、覃功平系汇吉公司的财务人员,汇吉公司虽向本公司财务人员私人账户内进行过汇款,但无证据证实该款又通过石明琴、覃功平账户转至杜红亚三人名下,该款项与股权转让价款无关,故不予认可。至于汇吉公司向冷湖钾肥公司及冷湖钾肥公司向海西科技等部门转付环保费、税费及办理采矿权证照等费用一节。该院认为,双方签订股权转让协议、补充协议后,杜红亚三人已于2009年7月23日将冷湖钾肥公司及公司印章、相关证照移交给受让方,同年7月29日,杜红亚三人又将冷湖钾肥公司的财务印章、银行支票等移交给受让方。因此,从2009年7月29日开始,冷湖钾肥公司已由徐良庆、周卫军、袁建明、周健四人及汇吉公司实际控制,而从汇吉公司向该院提交的付款明细表中显示,其向冷湖钾肥公司付款,冷湖钾肥公司向海西科技等部门付款的时间均在2009年11月17日以后,转款时间均在徐良庆、周卫军、袁建明、周健四人及汇吉公司实际控制冷湖钾肥公司期间发生的民事行为,与转让方杜红亚三人无关。且徐良庆、周卫军、袁建明、周健四人及汇吉公司也未向法庭提交环保费、税费等费用系发生于股权转让协议签订前的相关证据。对此,徐良庆、周卫军、袁建明、周健四人及汇吉公司的抗辩理由不能成立,应予驳回。

综上,根据《中华人民共和国民事诉讼法》①第一百零七条、第一百二十条、第一百二十八条,《中华人民共和国合同法》第四十四条、第六十条、第一百零七条、第一百一十四条的规定,该院判决如下:

徐良庆、周卫军、袁建明、周健四人于本判决生效后三个月给付杜红亚三人股权转让款4134万元及赔偿损失2000万元;汇吉公司对上述债务承担连带赔偿责任。

如果未按本判决指定的期间履行给付金钱义务,应当依照《中华人民共和国民事诉讼法》②第二百二十九条之规定,加倍支付迟延履行期间的债务利息。

本案案件受理费348800元,由徐良庆、周卫军、袁建明、周健四人及汇吉公司共同承担。

汇吉公司和周卫军不服原审上述判决,向本院提起上诉,请求撤销一审判决,依法改判或将本案发回重审;或者对该涉嫌犯罪的案件移送至青海省海西州公安局予以处理,并对该案件终结审理。一、二审诉讼费用均由被上诉人承担。汇吉公司和周卫军向本院提交同一份上诉状,主要理由如下:

第一,一审存在违反民事诉讼法规定的问题。本案既涉及冷湖钾肥公司与汇吉公司之间的买卖实物资产收购合同纠纷,又涉及自然人股东之间对外转让股权合同纠纷,涉及8个不同的法律关系和事实,应为8个不同案件,原审法院按必要共同诉讼处理,违反民事诉讼法的规定。一审法院既然错误地将股权转让和实物转让作为一个案件审理,冷湖钾肥公司应为必不可少的原告,一审漏列应当参加诉讼的当事人,违反民事诉讼法的规定。

第二,原审判决存在认定事实不清的问题。原审判决第4、14、15页提到的《收条》是不存在的,本案存在《欠条》,《欠条》是对2000万的约定,并非赔偿款。一审界定赔偿款是错误的。没有查明汇吉公司、周卫军一方向杜红亚一方支付了多少实物资产收购款、

---

①② 2012年修改前的《民事诉讼法》。——编者注

采矿权转让款、股权转让款的事实。

第三,2009 年 3 月 29 日的《公司收购协议书》是双方最后签署的,应以此认定价款,同年 5 月 15 日周卫军、袁建明出具的《承诺书》认可的是该合同约定的 7400 万元转让价款,对此,上诉人已经支付了 7064 万元。按照《合同法》《合同法司法解释(一)》《矿产资源法》《探矿权采矿权转让管理办法》《青海省矿业权转让管理办法》规定,2009 年 3 月 16 日签署的《公司收购协议书》、同年 5 月 15 日的签订的《补充协议》应认定未生效。该《公司收购协议书》只有杜红亚一人签名,违反《公司法》第七十二条规定,应认定无效。该《补充协议》约定的受让股东为周卫军、周健、张丽芝、夏莉,一审判决由周卫军等四人承担债务,汇吉公司承担连带责任,那么该协议应认定无效。

第四,一审判决把冷湖钾肥公司的实物财产、采矿权完全当成了 3 名自然人股东的个人财产,判决上诉人向被上诉人支付 6134 万元收购款(合计 10400 万元),属于错误,判决汇吉公司承担连带责任,超出了一审原告诉讼请求范围,起诉状载明的诉讼请求为五被告支付收购款 4140 万元,赔偿金 2000 万元,但并未明确谁是主债务人,哪一个被告承担连带责任,未明确提出按份之债,一审判决违反民事诉讼法的规定。

第五,一审归纳争议焦点及证据使用错误,轻率认定 2009 年 3 月 16 日对价为 10400 万元的《公司收购协议书》及同年 5 月 15 日的《补充协议》有效,进而作出错误判决。一审原告违约行为在先,应赔偿行使后履行抗辩权的一审被告 2000 万元,鉴于双方均有违约行为,应相互抵销,均放弃违约责任的追究。

第六,本案涉嫌逃税、伪造印章、合同诈骗、职务侵占,案件应移送公安机关处理。

杜红亚三人答辩称:1. 上诉人作为冷湖钾肥公司收购人:周卫军、袁建明、周健、徐良庆的实际履行者与答辩人在 2009 年 3 月 16 日及 5 月 15 日分别签订了《公司收购协议书》及《补充协议》,自协议签订之初,至协议履行三年以来,上诉人已经向答辩人履行 6266 万元。但在一审过程中为了逃避付款责任、拖延付款时间,上诉人曾经提出冷湖钾肥公司的公章是假公章,主体身份不合法等让人啼笑皆非的理由。如果上诉人不认可合同,为什么在签订协议后还陆续向答辩人付款 6000 多万。且上诉人接手冷湖钾肥公司后,变更了公章的名称,并且将公司又转手卖与他人。2. 一审法院从受理案件审查到整个审理过程对答辩人都进行了严格的调查询问,遵守我国法院的审判原则"公正效率",也避免了因为主债权关系衍生的附属法律关系太多所导致的不必要的"诉累",及时地保护了债权人的合法权益。本案因股权转让导致了纠纷,虽涉及转让中诸多法律关系,但最主要的就是股权转让的债权债务关系。对于该债权债务关系,双方当事人从始至终是认可的,但上诉人不惜通过上诉的方式拖延时间,拒绝承担债务履行责任。

综上所述,上诉人已将冷湖钾肥公司从股权到资产到设备全部转手卖与他人,但上诉人仍拒绝对原权利享有人付款。希望二审法院依据事实证据及本着公正、公平、效率的原则,驳回上诉人所有的上诉请求,维持原判。

本院确认一审法院查明的案件事实。本院认为,根据当事人的上诉和答辩意见,本案二审程序中的争议焦点涉及五个方面的问题:(一)涉案法律关系的实质内容;(二)本案所涉合同法律关系的效力;(三)本案所涉收购冷湖钾肥公司股权的对价;(四)关于已经支付款项及违约金的问题;(五)关于收购冷湖钾肥公司股权的双方当事人。

(一)涉案法律关系的实质内容

2009年3月16日,汇吉公司与冷湖钾肥公司签订《公司收购协议书》,安排由汇吉公司整体收购冷湖钾肥公司,合同约定了汇吉公司保障支付价款及冷湖钾肥公司保障办理股权过户及移交冷湖钾肥公司所有的全部资产、采矿权许可证、法人所属的其他文件等。同年5月15日,双方又签订《补充协议》,具体约定了支付款项的时间、办理股权过户手续及移交公司的相关事宜。在上述合同的履行中,冷湖钾肥公司的股东杜红亚三人将股权过户给汇吉公司安排的徐良庆、周卫军、袁建明、周健四人;冷湖钾肥公司的公章、财务手续及其他公司文件等被移交给汇吉公司安排的人员接管;冷湖钾肥公司的《采矿权许可证》办理了续期手续,《采矿权许可证》仍办理在冷湖钾肥公司名下,冷湖钾肥公司法人资格未发生变动,其资产所有权未发生变动。鉴于上述事实,应认定涉案法律关系引起了冷湖钾肥公司的股东变更,实际发生了股权转让,冷湖钾肥公司仍保留其独立法人资格和财产权利。汇吉公司、周卫军上诉称本案涉及买卖实物资产,存在8个不同的法律关系,一审判决把冷湖钾肥公司的实物财产、采矿权当成了3名自然人股东的个人财产等观点不成立,本院不予支持。汇吉公司及周卫军上诉时提交青海省冷湖行政委员会国土资源和环境保护局(冷行国土环〔2010〕14号)文件、青海省海西州国土资源局(西国土资源矿〔2010〕155号)文件,拟依此文件证明本案涉及采矿权的转让。因该文件日期为2010年4月和5月,而根据本案查明的事实,杜红亚三人在2009年7月已经将公司的公章等管理权限移交给汇吉公司,汇吉公司及周卫军不能证明其管理公司期间的公司行为与杜红亚三人有关,且涉案合同未约定《采矿权许可证》权利主体需要变动,目前《采矿权许可证》仍然在冷湖钾肥公司名下,汇吉公司和周卫军提交的上述证据材料与本案事实缺乏关联性,不能作为证据使用,其主张本院不予支持。

(二)本案所涉合同法律关系的效力

汇吉公司与冷湖钾肥公司于2009年3月16日、5月15日签订《公司收购协议书》《补充协议》,约定冷湖钾肥公司的全体股东杜红亚三人将股权过户给由汇吉公司安排接收股权的人,并约定了收购对价、办理股权过户及公司资产移交等相关内容,该两份合同不违反国家法律法规规定,不损害他人合法权益,应认定合法有效。汇吉公司、周卫军上诉主张按照《矿产资源法》《探矿权采矿权转让管理办法》等规定,《公司收购协议书》及《补充协议》应为未生效。因本案法律关系涉及变动的是股权,并非采矿权等资产,上述法律对企业股权变动并没有限制性规定,汇吉公司、周卫军上诉主张适用上述法律的观点不成立,本院不予支持。

(三)本案所涉收购冷湖钾肥公司股权的对价

一审判决认定汇吉公司与冷湖钾肥公司于2009年3月16日、5月15日签订的加盖"青海省冷湖开源钾肥有限责任公司"公章的《公司收购协议书》《补充协议》,是各方当事人的真实意思表示,并依据该合同的约定确定收购冷湖钾肥公司的对价为10400万元。汇吉公司和周卫军上诉称2009年3月29日的《公司收购协议书》是双方当事人最后签署的,该合同确定的收购价款为7400万元,应以此认定收购对价,同年5月15日周卫军、袁建明出具的《承诺书》认可的也是该合同。因同年5月15日的《补充协议》、周卫军向杜红亚出具的《欠条》仍确认收购总价款为10400万元,其主张3月29日的合同是后签订的、修改了3月16日的合同依据不足。汇吉公司和周卫军在二审质证时又提交加盖"冷湖开源钾肥有限责任公司"公章,载明签订日期为2009年3月16日的《公司收购协议书》和载明签订日期为5月15日的《补充协议》,该两份合同载明的收购总价款为7400万元,汇吉公司和周卫军据此主张收购价款应为7400万元。根据本案查明的事实,杜红亚三人管理公司期间使用的公章为"青海省冷湖开源钾肥有限责任公司",杜红亚三人于2009年7月23日将公司公章等移交给汇吉公司,汇吉公司和周卫军上诉提交的两份合同加盖的公章均为"冷湖开源钾肥有限责任公司",该枚公章并非杜红亚三人管理公司期间使用的,因此,该合同应为2009年7月23日移交公司后形成,其签订日期并非合同上载明的日期。如果双方当事人有变更收购总价款的意愿,对后期制作的合同日期向前倒签不符合常理,且周卫军在5月15日的《欠条》中仍明确收购总价款为10400万元,上述两份合同与该《欠条》载明的总价款也不一致。在汇吉公司与周卫军不能提交关于双方当事人修改合同的其他证据的情况下,其主张二审提交的两份合同替代了原合同的观点不能成立。本案股权变动存在多份合同,其中一审判决采信的加盖"青海省冷湖开源钾肥有限责任公司"的合同,系各方当事人的真实意思表示,该合同载明收购价款为10400万元,在同年5月15日周卫军向杜红亚出具的《欠条》对此也予以印证。汇吉公司和周卫军上诉提交的加盖"冷湖开源钾肥有限责任公司"公章的两份合同,为在冷湖行委国土资源环境保护和林业局调取,杜红亚三人在诉讼中主张该两份合同的用途为提供给有关部门备案,并非当事人真实意思。汇吉公司和周卫军依据该两份合同主张变更了收购总价款的观点,因证据不充分,本院不予采信,其关于对该两份合同上杜红亚的签名进行鉴定的申请,因该两份合同并不代表当事人之间的真实交易,本院不予准许。一审判决认定收购价款为10400万元正确,本院予以维持。

(四)关于已经支付款项及违约金的问题

2009年5月15日,周卫军向杜红亚出具的《欠条》载明于2009年年底前支付合同总价款10400万元中的3200万元,如延期付款将赔偿2000万元,付款的前提是采矿权许可证延续办妥并移交给冷湖钾肥公司或者新股东。根据本案查明的案件事实,在双方当事人签订和履行本案合同期间,冷湖钾肥公司的《采矿权许可证》有效期至2010年1月14日,随后,冷湖钾肥《采矿权许可证》获得延期,自2010年1月28日至2013年1月28日。在2009年5月20日至2011年11月11日期间,汇吉公司累计支付3776万元。上述事实表明,冷湖钾肥公司《采矿权许可证》获得延期批准的时间,已经超过了《欠条》约定的汇吉公司需于2009年底付款的时间,在杜红亚三人未在约定的付款日期到来前办完延期手续,要求周卫军等人承担2000万元赔偿责任不符合《欠条》中的约定,且出具该《欠条》后汇吉公司陆续向杜红亚三人支付了部分款项,因此,一审判决周卫军等人支付该《欠条》中约定的2000万元赔偿款不妥,应予以纠正。杜红亚三人起诉请求依据的《欠条》系履行《公司收购协议书》《补充协议》形成的,其约定的2000万元赔偿款系在该两份合同约定的违约金基础上的加倍惩罚措施,杜红亚三人依据《欠条》主张2000万元赔偿金的请求不成立,但汇吉公司未按合同约定付款构成违约属实,应承担合同约定的违约责任,徐良庆、周卫军、袁建明、周健四人及汇吉公司一方当事人应依据上述两份合同的约定支付违约金。2009年3月16日,汇吉公司与冷湖钾肥公司签订《公司收购协议书》第七条约定,如果汇吉公司不能如期付款,应承担收购款10%的违约金。根据本案查明的事实,《公司收购协议书》约定的收购款项尚有4134万元未支付,并且已经超过了约定的支付期限,依据合同约定应向杜红亚三人支付违约金1040万元(10400万元×10% =1040万元)。

(五)关于收购冷湖钾肥公司股权的双方当事人

2009年3月16日、5月15日,冷湖钾肥公司与汇吉公司签订《公司收购协议书》和《补充协议》,约定收购冷湖钾肥公司股权事项。合同约定转让全体股东股权及汇吉公司安排接受股权的股东等内容。在合同履行中,杜红亚三人收取转让费,并将股权进行了变更,应确认杜红亚三人为股权转让方。汇吉公司在《补充协议》中安排接受股权的人为周卫军、周健、张丽芝、聂莉,但在实际办理股权变更登记时又更换了其中的两人,涉案已经支付的款项均由汇吉公司付出,徐良庆、周卫军、袁建明、周健四人及汇吉公司为支付本案涉及的款项曾经出具过《承诺与保证》,根据汇吉公司签订合同安排接受股权的股东及汇吉公司与徐良庆、周卫军、袁建明、周健四人均积极参与合同履行的事实,应认定汇吉公司与徐良庆、周卫军、袁建明、周健四人为股权收购一方,对支付本案股权收购款项应共同承担责任。一审判决徐良庆、周卫军、袁建明、周健四人承担本案债务责任,汇吉公司承担连带责任不妥,但因杜红亚三人未提出上诉且共同承担债务责任与连带承担债务责任对清偿债务没有影响,本院对此不予调整。汇吉公司与徐良庆、周卫军、袁建明、周健四人谁是实际的股权受让方,应实际享有股权并支付股权转让款,属于汇吉公司与徐良庆、周卫军、袁建明、周健四人之间的法律关系,其间如果发生争议可以另行起诉。汇吉公司、周卫军上诉主张《补充协议》约定的受让股东为周卫军、周健、张丽芝、夏莉,应认定该协议无效的观点不成立,本院不予支持。

综上,本案当事人之间建立和履行了关于冷湖钾肥公司股权转让法律关系,杜红亚三人作为转让方已经履行了合同约定的义务,但受让方汇吉公司及徐良庆、周卫军、袁建明、周健四人尚有4134万元转让款未按约定支付,应依据合同约定支付剩余款项及违约金。原审判决支付剩余款项4134正确,应予以维持,但判决支付2000万元赔偿金不符合当事人的约定,应按合同约定的违约责任变更为1040万元。本院依照《中华人民共和国民事诉讼法》[①]第一百五十三条第一款第(一)项、第(三)项之规定,判决如下:

---

① 2012年修改前的《民事诉讼法》。——编者注

一、维持青海省高级人民法院(2011)青民二初字第11号民事判决主文关于徐良庆、周卫军、袁建明、周健四人于本判决生效后三个月给付杜红亚、李占云、高冠生股权转让款4134万元及青海汇吉实业集团有限责任公司对上述债务承担连带赔偿责任内容;二、变更上述判决书主文其余内容为:徐良庆、周卫军、袁建明、周健四人于本判决生效后三个月给付杜红亚、李占云、高冠生违约金1040万元,青海汇吉实业集团有限责任公司对上述债务承担连带赔偿责任。

一、二审案件受理费各348800元,由徐良庆、周卫军、袁建明、周健四人及汇吉公司各负担290666.67万元,杜红亚、李占云、高冠生各负担58133.33元。

本判决为终审判决。

审　判　长　王东敏
审　判　员　刘崇理
代理审判员　曾宏伟
二〇一二年十一月二十八日
书　记　员　李　洁

上诉人中国再生资源开发有限公司与被上诉人无锡焦化有限公司买卖合同纠纷案

裁判要旨 《合同法》第九十六条规定:"当事人一方依照本法第九十三条第二款、第九十四条之规定主张解除合同的,应当通知对方。合同自解除通知到达对方时解除。对方有异议的,可以请求人民法院或仲裁机构确认解除合同的效力。"该条对就解除通知有异议的当事人的救济方式的规定为"可以",即赋予其"可以"通过请求人民法院或者仲裁机构确认解除合同的效力的方式来救济,而未采用"必须",即并未限定此为唯一的救济方式。对方以诉请继续履行合同的方式否定解除通知、解除效力进行救济,并不违反该条规定。故主张解除合同的一方以其发出的解除合同的通知送达对方即已产生合同解除的效果,如对方对解除有异议,须首先向人民法院提起确认解除合同的效力后,方可请求法院判令继续履行合同的主张,人民法院不予支持。

中华人民共和国最高人民法院

民 事 判 决 书

(2012)民二终字第116号

上诉人(原审被告):中国再生资源开发有限公司。住所地:北京市西城区西单横二条2号。

法定代表人:管爱国,该公司董事长。

委托代理人:周斌,江苏天哲律师事务所律师。

委托代理人:龙利勇,江苏天哲律师事务所律师。

被上诉人(原审原告):无锡焦化有限公司。住所地:江苏省无锡市城南路1号。

法定代表人:黄达民,该公司董事长。

委托代理人:范凯洲,江苏法舟律师事务所律师。

委托代理人:郭增威,北京市微明律师事务所律师。

上诉人中国再生资源开发有限公司(以下简称再生公司)为与无锡焦化有限公司(以下简称无锡焦化公司)买卖合同纠纷一案,不服江苏省高级人民法院(2011)苏商初字第0006号民事判决,向本院提起上诉。本院依法组成由审判员雷继平担任审判长,审判员陈明焰、代理审判员李志刚参加的合议庭进行了审理,书记员郝晋琪担任记录。本案现已审理终结。

江苏省高级人民法院一审查明:2010年12月9日,无锡焦化公司将其旧生产设备、地上建构筑物的处置委托江苏省国际招标公司(以下简称招标公司)进行招标。招标公司出具了《无锡焦化有限公司旧生产设备和地上建构筑物处置竞卖文件》(以下简称《竞卖文件》),其中的《竞买须知》载明:旧生产设备处置竞卖范围包括炼焦车间、回收净化车间、苯酐车间、炼油制气车间、机电分公司等现有旧设备、现有旧设备的备品备件,地下管网、电线、电缆等;竞买人应参照竞卖人提供的资料结合现场实际情况,充分考虑可处理的旧设备及地上建构筑物的市场价值、拆除施工期间各类市场风险、拆除、处理、运输装卸、垃圾清运及环保、市容、治安等部门收取的规费等成本及合理利润、相关税金等因素,确定竞买报价;竞买人的条件为具备二级及以上建筑物非爆破拆除工程专业承包资质和化工生产设备安装资质,并具有安全生产许可证,从事过化工生产企业拆迁经历,竞买人可组成联合体参加竞买;招标人已两次组织购买《竞卖文件》的竞买人到现场查勘,故不再组织统一现场查勘;竞买人须向招标公司支付竞买抵押金1200万元,竞买成交人的竞买抵押金在签订合同并生效后即时转为合同履约保证金等。《竞卖文件》附件包括:1.《旧生产设备、地上建构筑物处置合同》(以下简称《处置合同》);2.《竞卖旧设备明细表》;3.《安全管理协议》;4.《无锡焦化公司旧生产设备、地上建构筑物处置治安安全管理协议》(以下简称《治安管理协议》)等格式文件。再生公司作为投标人,在竞买期间派人到无锡焦化公司进行了现场查勘。

2010年12月9日,再生公司与苏州市盛誉拆房工程有限公司(以下简称盛誉公司)及上海氯碱机械有限公司(以下简称氯碱公司)签订了《联合体协议》,约定:氯碱公司负责对化工装置内的所有设备、管道、电缆、桥架及变配电设备及相关设施的拆除。氯碱公司提供的公司简介中的相关业务经历包含了11家化工企业的搬迁或化工设备拆迁工作。

氯碱公司于2010年12月15日编制了《无锡焦化有限公司设备管道拆除项目施工方案》(以下简称《施工方案》),对具体施工内容及施工措施提出设计与规划。在《施工方案》第五条"项目施工方案"中载明:(一)施工项目:1.具有危险性的设备拆除(该项拆除工程中可能涉及槽、釜、冷凝器类等设备中存在残余物质的处理,如甲苯、邻二甲苯、氨、煤气等有毒有害较易挥发易爆的介质);2.塔类设备拆除;3.大型储罐、煤气柜的拆除(邻二甲苯原料储罐、甲苯储槽、煤气罐等可能存有残余物质);4.焦炉及锅炉的拆除(可能留有残余物质);5.管线和管架的拆除(管道中可能留有残余物质)。(二)施工项目的危险识别和评估:经识别,各施工项目均存在"火灾、触电、爆炸等造成人员伤亡、滚落、坍塌、倾覆、人员或物质坠落、环境污染等"危险,危险评估级别均为高度危险及显著危险。

2010年12月22日,再生公司向招标公司支付竞买抵押金1200万元。2010年12月27日,招标公司召开招标会,再生公司以9800万元的价格中标。2010年12月30日,再生公司根据无锡焦化公司的要求,向城市发展公司支付地上建构筑物拆除款600万元。

2011年1月10日,再生公司根据合同约定及无锡焦化公司的要求将旧生产设备款9200万元支付给无锡焦化公司。当日,无锡焦化公司接收再生公司支付的上述款项并出具相应发票等凭证。

2011年1月10日,无锡焦化公司与再生公司签订《处置合同》一份,约定:经双方友好协商,就无锡焦化公司旧生产设备、地上建构筑物处置,达成如下协议:一、旧生产设备、地上建构筑物处置范围及价格。1.旧生产设备处置竞卖范围包括炼焦车间、回收净化车间、苯酐车间、炼油制气车间、机电分公司等的现有旧设备、现有旧设备的备品备件,地下管网、电线、电缆等。不包括热电厂通过厂区的蒸汽管道、电线、电缆、全套工业水供水设备等设施。具体以竞卖人规定范围查勘现场的旧设备实物为准,竞卖人提供的《竞卖旧设备明细表》仅作参考。2.地上建构筑物处置竞卖范围包括合同范围内所有土地上的建构筑物,不包括绿化、厂区围墙、厂大门门卫室及电动移门,具体以竞卖人规定范围查勘现场的地上建构筑物为准,竞卖人提供的《竞卖地上建构筑物明细表》仅作参考。3.处置价格:旧生产设备转让总价为9200万元,地上建构筑物拆除处置总价为600万元,合同总价为9800万元。二、货款支付及发票。自本协议签订之日起三个工作日内,再生公司按合同总价金额,分别汇入无锡焦化公司指定账户,至此本合同方可生效。其中旧生产设备转让总价9200万元由再生公司直接支付给无锡焦化公司并由其开具发票;地上建构筑物拆除处置总价600万元由再生公司直接支付给城市发展公司并由其开具发票等。三、设备与地上建构筑物交付。1.合同生效后,其范围内所涉旧生产设备、地上建构筑物为现状交付,全部转移到再生公司(无锡焦化公司办公大楼内的物品,由无锡焦化公司于2010年12月31日前处置完毕,2011年1月1日办公大楼移交再生公司),所有权及管理权归再生公司所有。无锡焦化公司不保证设备的完整性,不保证设备的可运行性等。2.设备、地上建构筑物毁损灭失的风险交付前由无锡焦化公司负担,交付后由再生公司负担。3.设备、地上建构筑物交付后,由再生公司自行拆除、包装和搬运。四、设备、地上建构筑物处置。1.设备、地上建构筑物处置时间(工期):2011年5月31日前完成合同范围内的所有工作内容。2.设备、地上建构筑物处置要求:再生公司应在上述时间内保质、保安全、保环保、保文明施工,完成处置范围内旧设备的拆除、处理、装卸、外运、垃圾清理外运等工作。验收要求为地上建构筑物拆除到自然地坪,无任何需拆除的砌筑物存在,将建筑垃圾清运干净,场地平整,期间产生的任何费用由再生公司承担。五、履约保证金。1.《处置合同》履约保证金(含安全生产风险抵押金,下同)为1200万元。2.在合同生效后,再生公司竞买抵押金即时自动转为合同履约保证金。3.再生公司未能按本合同要求完成旧设备、地上建构筑物处置工作的,再生公司承担违约责任,无锡焦化公司有权按本合同相关条款扣除部分直至全额履约保证金。4.再生公司在约定的期限内,按处置范围及要求完成处置工作,并经双方现场确认后,由无锡焦化公司返还履约保证金(无息返还)。六、其他约定。1.《竞卖文件》和再生公司竞买文件为本合同的附件,和本合同具有同等法律效力。2.若本协议签订之日起三个工作日内,再生公司未按合同总价金额全额汇入无锡焦化公司指定账户的,再生公司不得进入无锡焦化公司场地拆卸设备、地上建构筑物,同时再生公司将承担违约责任,无锡焦化公司将扣除全额竞买抵押金。3.设备、地上建构筑物拆除、处置、运输过程中所发生的环保、消防、交通、卫生、治安、安监、保卫、人身伤亡和财产损失等一切事故责任均由再生公司承担等。七、设备、地上建构筑物处置时间(工期)延期。1.再生公司应按照合同规定的时间完成合同范围内的所有工作。2.如果再生公司未能按照合同规定的时间完成合同范围内的所有工作,经双方协商,无锡焦化公司可同意延长处置时间。即使在无锡焦化公司同意延长处置时间内,每延长一天,再生公司必须向无锡焦化公司支付合同总价格千分之二的违约金。3. 如果再生公司在无锡焦化公司同意延长的处置时间内(最长不超过30天)仍不能完成合同范围内的所有工作,无锡焦化公司有权因再生公司违约而解除合同,再生公司除应接受上述条款所述违约金外,还须赔付合同总价10%的违约金。之后,无锡焦化公司有权自行清理现场,并不退还再生公司已交付的旧设备、地上建构筑物转让费。违约金从再生公司的合同履约保证金中扣除,不足部分由再生公司另行赔付。十一、《安全管理协议》和《治安管理协议》为本合同的组成部分。《安全管理协议》第四条约定,再生公司应编制危险废物处置方案及安全保卫措施,同时组织专家进行论证,确保项目拆除总体方案的可行性,并将专家论证的方案报市、区安监局备案。该协议第五条约定,再生公司应结合项目易燃易爆易中毒等危险特性制订事故应急预案,并组织学习和演练,以提高施工队伍事故防范意识和应对突发事件能力。后再生公司未与无锡焦化公司就旧生产设备及地上建构筑物交付办理交接手续,但再生公司已按照合同约定进场实施了对部分旧设备和房屋的拆除。

2011年4月2日,无锡市环境保护局所属环境监察局对再生公司施工现场进行施工监察,并以《环境污染现场调查笔录》的形式现场提出要求,该笔录载明:"1. 立即停止拆除工作,并将以前因拆除而洒落在场地的化学残余物料进行清理,避免造成环境污染。2. 必须将生产设备、管道内的残余化学物料和场地上的危废进行彻底清理和合法处置,经我局同意后才能进行拆除工作。3. 拟制设备设施(包括地下及架空化学品输送管线)清洗置换、设备设施安全拆除方案以及危险废物安全处置方案及相关应急预案,并组织相关专家进行论证,确保各项方案实施和预案的科学合理。未通过专家审核的,一律不得实施。报市环保局备案。"

无锡焦化公司生产设备和地上建构筑物拆除施工项目被责令停工后,再生公司与无锡焦化公司多次协商无果。再生公司于2011年5月29日向无锡焦化公司发出《解除合同通知书》,提出解除合同。2011年6月16日,再生公司以无锡焦化公司和城市发展公司存在根本违约行为,造成再生公司前期投入的大量人力、物力损失等为由,诉至江苏省高级人民法院。

2011年7月7日,无锡焦化公司以再生公司违约为由,将再生公司诉至无锡市南长区人民法院,请求判令再生公司继续履行合同,支付逾期履行合同违约金725.2万元(暂计至起诉之日),并承担诉讼费。因本案与江苏省高级人民法院受理的前述再生公司诉无锡焦化公司、城市发展公司买卖合同纠纷一案属于关联案件,江苏省高级人民法院遂要求无锡市南长区人民法院将本案移送该院审理。

江苏省高级人民法院在一审审理期间,对无锡焦化公司进行了现场察看,发现无锡焦化公司生产设备管道内残留危险化学品废弃物(以下简称危化物);厂区内专门用于存储废料的废料池等容器中亦有危化物未予处理。

江苏省高级人民法院经审理认为:(一)《处置合同》合法有效。无锡焦化公司生产设备、地上建构筑物的处置系经竞卖招标,再生公司以9800万元的总价中标后,与无锡焦化公司签订了《处置合同》,该合同系双方当事人的真实意思表示,且不违反法律规定,合法有效。合同订立前后,再生公司按约支付了全部处置价款,无锡焦化公司则按约履行了交付生产设备和地上建构筑物等合同义务,再生公司已经开始实施无锡焦化公司生产设备和地上建构筑物的拆除工作,即合同双方均已履行或部分履行合同义务。由于无锡焦化公司旧生产设备和地上建构筑物中留存的危化物未及时依法处理,无锡市环境保护局所属环境监察局行政执法过程中,要求再生公司停止拆除工作,致《处置合同》未正常履行。此后,合同双方对危化物的处置主体发生争议,导致本案纠纷的产生。(二)无锡焦化公司生产设备和地上建构筑物残留的危化物的处置,应当确定为再生公司的合同义务。1. 双方订立的《处置合同》和《安全管理协议》对危化物的处置已有明确约定。《安全管理协议》第四条、第五条及《处置合同》第四项第2款均表明合同双方将处置危化物的义务约定为再生公司的合同义务,再生公司不仅要编制危化物处置方案,报专家论证和相关安全监督管理部门备案,而且还要实施危化物的处理、清运等工作,并承担因此发生的所有费用。2. 再生公司明确知晓危化物的存在及其处置与生产设备、地上建构筑物拆除的关系。首先,再生公司作为专门从事再生资源开发经营的大型企业,应当预测所从事的化工企业拆除施工中可能遇到的风险,同时,再生公司选择的联合竞买人氯碱公司具备化工企业及化工设备拆除经验,更应当预知化工企业拆除过程中残留危化物的处理。其次,再生公司在投标前已按《竞卖文件》要求安排相关人员到无锡焦化公司现场勘查,并编制了《施工方案》,说明再生公司不仅对无锡焦化公司存在危化物需要处理的实际情况有所了解,而且将危化物处理作为施工方案的具体内容;再次,从再生公司对《处置合同》的履行行为分析,联合体投标成功后,实际进场实施拆除工作,直至无锡市环境保护局所属环境监察局责令停工后才中止施工行为。如果再生公司认为危化物处置是无锡焦化公司的义务,就不可能也不应当在危化物尚未处置的情况下进场施工。(三)无锡焦化公司要求再生公司继续履行《处置合同》并承担违约责任的诉讼请求成立。根据《处置合同》约定,再生公司应当编制危险废物处置方案并组织专家进行论证、将专家论证的方案报市、区安监局备案,但再生公司并未履行上述合同约定义务,在未对危化物进行处理的情况下直接实施设备和建构筑物的拆除工作,导致无锡市环境保护局所属环境监察局责令停工,造成《处置合同》未能正常履行,故合同未正常履行的原因是再生公司的违约行为造成的,无锡焦化公司有权按约要求再生公司继续履行合同。此外,由于再生公司已经实施无锡焦化公司部分设备和建构筑物拆除工作,并将已拆除的设备和建构筑物进行处理,因对已拆除的设备和建构筑物的数量和价格无法确定,解除合同客观上已经不具有可行性。再生公司以无锡市环保局责令停止施工为由拒绝履行合同的行为已经构成违约,应当按约承担相应的违约责任。按照《处置合同》第七条对设备、地上建构筑物处置时间(工期)延期条款约定,每延长一天,再生公司必须向无锡焦化公司支付合同总价格千分之二的延期违约金,如果合同解除,则同时赔偿合同总价10%的违约金。上述违约金从再生公司的合同履约保证金中扣除,不足部分由再生公司另行赔付。无锡焦化公司有权自行清理现场,并不退还再生公司已交付的旧设备、地上建构筑物转让费。根据上述约定,无锡焦化公司有权解除合同,也可以要求再生公司继续履行。本案中,无锡焦化公司要求再生公司继续按约履行合同并支付725.2万元违约金的诉讼请求成立,该院予以支持。

综上,经该院审判委员会讨论,依照《中华人民共和国民事诉讼法》①第一百二十八条、《中华人民共和国合同法》第四十四条、第六十条、第一百零七条、第一百零八条、第一百一十四条第一款、第三款的规定,判决:一、再生公司继续履行《处置合同》;二、再生公司向无锡焦化公司支付延期违约金725.2万元。无锡焦化公司应于该院判决生效之日将上述款项在再生公司支付的合同履约保证金1200万元中予以扣除。案件受理费67560元,由再生公司负担。

再生公司不服原审法院上述民事判决,向本院提起上诉称:(一)再生公司无履行处置合同的资质。根据我国《固体废物污染环境防治法》第五十七条的规定,处理危化物必须具有经营许可证,而再生公司并不具备该资质,无法继续履行争议合同。(二)一审判决认定"残留的危化物"处置是再生公司的合同义务违反客观事实。1.《竞卖文件》及《处置合同》中均未提示旧生产设备中存在大量危化物及污废水的事实;2.《竞卖文件》中要求投标人的资质仅限于具有二级及以上建筑物非爆破拆除工程专业承包资质和化工生产设备安装资质,未要求投标人具有"危险废物的经营许可证";3.《处置合同》中约定的再生公司义务仅限于"拆除无锡焦化公司旧生产设备、地上建筑物";4.《处置合同》第四项第2款未约定危化物的处置义务,其中"拆除、处理、装卸、处运、垃圾清理处运"等义务是指拆除生产设备,并非指设备中存在的大量危化物;5.一审法院根据《施工方案》中有涉及危化物处置的字样即推断处置危化物是再生公司的义务有误。《施工方案》第5.1项有关"具有危险性的设备拆除"部分中载明:"甲苯、邻二甲苯、氨、煤气属有毒有害较易挥发易爆的介质。目前得知甲方已对该设备进行了退料清洗处理,所以在施工先期我们首先用水对该类设备进行再次冲洗,然后将所有人孔打开、相关连接管道与设备全部脱开,保持敞口一段时间,直到测氧、测爆分析合格后再进行拆除工作。"故《施工方案》中所涉及的危化物均是指退料清洗后残留的部分,但无锡焦化公司未进行退料清洗,如进行了退料清洗就无需委托他人对危化物进行处置;6.现场残留的危化物均存在于管道、槽罐中,如不在拆除过程中打开设备,无法预知有危化物的存在。(三)一审判决关于合同已经履行,对拆除的设备和建构筑物的数量与价格无法确定,解除客观上不具有可行性的认定有误。已拆除的设备价值可以进行评估,并不能成为不能解除合同的理由。(四)一审判令继续履行合同有误。1.自再生公司的解除合同通知送达无锡焦化公司始,合同即已解除。如无锡焦化公司对解除有异议,可以请求法院或仲裁机构确认解除合同的效力。一审法院在无锡焦化公司未请求法院确认解除合同效力的情况下,判决再生公司继续履行合同无法律依据;无锡焦化公司须首先向人民法院提起确认解除合同的效力后,方可请求人民法院判令继续履行合同。2.本案债务的标的不具有强制履行性,人民法院只能根据《合同法》第九十四条第(二)项和第一百一十条第(二)项之规定,判令解除合同。据此,再生公司诉请撤销一审判决,驳回无锡焦化公司的一审诉讼请求。

无锡焦化公司答辩称:(一)再生公司具备合同履行资质。1.《处置合同》的标的是就生产设备及地上建筑物,并非危化物,故无需取得经营危化物的许可证。2.即使再生公司及

---

① 2012年修改前的《民事诉讼法》。——编者注

其联合体无危化物处置资质,也可委托有资质的其他公司对残留物进行处置。3. 无锡市环境监察局在施工现场监察过程中,并未对再生公司的资质提出异议。4. 再生公司拆除的设备包括明示含有危化物的设备,表明再生公司事实上已在处理危化物。(二)危化物处理是《处置合同》约定的再生公司的合同义务。1.《施工方案》第五条之约定表明再生公司对拆除工作中可能存在的化学残留及可能存在的风险已经明知,认可危化物处理是其应尽的合同义务。2.《竞卖须知》中载明要充分考虑"垃圾清运及环保"等因素确定竞买报价,并明确要求竞买人须有从事过化工生产企业拆迁经历;其中的兜底条款明确约定:"任何因疏忽或误解工程情况而导致的索赔或工期延长申请将不被认可"。3.《处置合同》第四条约定再生公司在合同履行期限内要达到环保要求,《竞卖文件》约定拆除、处置、运输过程中发生的环保等一切事故责任由再生公司承担。4.《处置合同》附件三《安全管理协议》中的第四条约定:在进入现场前,再生公司应明确危险废物处置方案及安全保卫措施,同时组织专家进行论证,确保《项目拆除(迁)总体实施方案(含分项实施方案)的可行性》;第五条约定再生公司应结合项目易燃易爆易中毒等危险特性制定事故应急救援预案,在《处置合同》后附的《无锡焦化公司高风险关键设备清单》中"危险特性"一栏列明了拆除过程中可能涉及易燃易爆易中毒的相关设备。5.《处置合同》第三项"设备与地上建构筑物交付"中明确约定,"合同生效后,其范围内所涉旧生产设备、地上建构筑物为现状交付,全部转移到再生公司","设备、地上建构筑物交付后,由再生公司自行拆除、包装和搬运",且处理残留危化物是次合同义务。(三)再生公司已经拆除了近三分之一的工程,客观上无法解除合同。(四)再生公司无权解除合同,应继续履行合同。(五)再生公司未按期完成处置合同约定的义务,应当按照合同约定承担违约责任。据此,无锡焦化公司诉请本院维持原判,驳回再生公司的上诉请求。

对原审判决查明的事实,本院予以确认。本院二审期间,无锡焦化公司向本院提供了三份打印的文档文件,分别为《上海氯碱机械有限公司企业法人营业执照》及落款为上海氯碱机械有限公司的《机械公司2012年HSE工作计划》和《过氯乙烯装置拆除方案》,并称系从因特网及百度文库中搜索所得,用以证明作为竞买联合体的氯碱公司具有化工企业拆除经验及资质。再生公司对此三项证据的真实性及关联性均提出异议。因上述三项证据材料来源的真实性无法确认,本院对其不予采信。

本院认为,本案的争议焦点为:(一)处置残留危化物属于哪一方当事人的义务;(二)《处置合同》能否继续履行;(三)再生公司是否享有合同解除权及合同是否已经解除。

(一)关于处置残留危化物属于哪一方当事人的义务问题

本案中,无锡焦化公司系将其生产设备、地上建构筑物的处置以招标方式竞卖,再生公司以9800万元的总价中标后,无锡焦化公司与再生公司按中标报价签订了《处置合同》。根据上述缔约过程,可认定该《处置合同》系双方当事人的真实意思表示,其订立该合同的目的是以竞买方式处置无锡焦化公司的旧生产设备及其地上建构筑物,原审判决认定双方当事人成立的系买卖合同关系正确,本院予以维持。我国现行法律法规未对以化工企业旧生产设备及其地上建构筑物处置为标的的买卖合同规定特殊的主体资格条件,故本院对

《处置合同》的法律效力予以确认。《处置合同》并未明确将残留危化物的处置作为独立的合同义务,约定由合同一方当事人承担。因此,就本案中的残留危化物处置义务的归属而言,属于合同双方约定不明的情形。根据《合同法》第六十一条的规定,对合同履行方式约定不明的,可以补充协议,协议不成的,按照合同条款或者交易习惯确定。根据《处置合同》第六项的约定,《竞卖文件》和再生公司的其他竞买文件为该合同的附件,与该合同具有同等法律效力。故在确定残留危化物的处置应属哪一方当事人的义务时,除无锡焦化公司与再生公司签订的《处置合同》外,《竞卖文件》及双方签订的《安全管理协议》和《治安管理协议》均应作为确定双方权利义务关系的依据。

根据《处置合同》第三项的约定,案涉旧生产设备及地上建构筑物为"现状交付";根据《处置合同》的附件三《安全管理协议》中第四项再生公司权利和义务的约定,再生公司在进入现场施工前,应组织编制《项目拆除(迁)总体实施方案(含分项实施方案)》,明确危险废物处置方案,并将通过专家论证的方案报市、区安监局备案;氯碱公司 2010 年 12 月 15 日编制的《实施方案》第 5.1 项有关"具有危险性的设备拆除"的内容证明再生公司对无锡焦化公司旧生产设备存在残留危化物系明知,并制定了相关的实施方案。据此,可以认定残留危化物的处置义务应当由再生公司承担。对再生公司有关处置残留危化物非其义务的上诉主张,本院不予支持,相关事实及法律依据已在与本案相关联的本院(2012)民二终字第 115 号判决中予以阐明,此处不再赘述。

(二)关于《处置合同》能否继续履行的问题

再生公司主张,根据我国《固体废物污染环境防治法》第五十七条第一款的规定,"从事收集、贮存、处置危险废物经营活动的单位,必须向县级以上人民政府环境保护行政主管部门申请领取经营许可证;从事利用危险废物经营活动的单位,必须向国务院环境保护行政主管部门或省、自治区、直辖市人民政府环境保护行政主管部门申请领取经营许可证",而再生公司无上述资质,故其不能从事危险废物的收集、贮存、利用、处置的经营活动。但本案中,《处置合同》买方的主合同义务不是危化物的收集、贮存、利用和处置活动,而是给付竞买价款和旧生产设备、地上建构筑物的拆除、清理义务。相对于该项义务而言,处置危化物的义务是上述合同义务履行中的具体行为,并不构成合同的主要义务。故在竞卖文件规定的竞买人资质中,仅要求竞买人应具有二级及以上建筑物非爆破拆除工程专业承包资质和化工生产设备安装资质,并有从事过化工生产企业拆迁经历,而非危化物的处置和经营资质。对处置残留危化物的义务的履行,现行法律既未规定必须由原生产企业执行,也未限定再生公司不得委托其他具备该项资质的企业处置。我国《固体废物污染环境防治法》第五十七条第三款有关"禁止将危险废物提供或者委托给无经营许可证的单位从事收集、贮存、利用、处置的经营活动"的规定亦表明,可以将危险废物委托给有经营许可证的单位从事处置活动,故再生公司以其不具备危化物的处置资质为由,主张《处置合同》无法继续履行的主张,本院不予支持。

(三)关于再生公司是否享有合同解除权及合同是否已经解除的问题

再生公司主张,其 2011 年 5 月 29 日发出的解除合同的通知送达无锡焦化公司后,其与无锡焦化公司之间的《处置合同》即已解除。但再生公司的解除通知若要产生合同解除的效力，应当以再生公司享有《处置合同》的解除权为前提。根据我国《合同法》第九十三条、第九十四条的规定，本案不存在合同双方协商一致解除合同及合同约定解除的条件成就的情形，亦不存在因不可抗力、对方明示或者以行为表示不履行、迟延履行经催告仍不履行、迟延履行或有其他违法行为致使合同目的不能实现的情形。再生公司以无处理残留危化物的资质致使合同目的不能实现为由要求解除合同，并不符合法律规定的行使解除权的条件。而且，本案中双方的合同目的是处置无锡焦化公司的旧生产设备及地上建构筑物，如前所述，虽然再生公司没有处置残留危化物的资质，但现行法律法规并未禁止其委托具备相关资质的第三方对残留危化物进行处置，故该目的并非不能实现。原审判决对再生公司解除《处置合同》的诉讼请求未予支持，事实和法律依据充分，本院予以维持。

《合同法》第九十六条规定"当事人一方依照本法第九十三条第二款、第九十四条之规定主张解除合同的，应当通知对方。合同自解除通知到达对方时解除。对方有异议的，可以请求人民法院或仲裁机构确认解除合同的效力"。2011年5月29日，再生公司向无锡焦化公司发出解除合同通知后，无锡焦化公司即于2011年7月7日以再生公司违约为由，向无锡市南长区人民法院诉请再生公司继续履行本案争议合同。无锡焦化公司要求再生公司继续履行的诉请已包含了否定再生公司解除通知的效力的意思。因在立法的条文表述上，《合同法》第九十六条对就解除通知有异议的当事人的救济方式的规定为"可以"，即赋予其"可以"通过请求人民法院或者仲裁机构确认解除合同的效力的方式来救济，而未采用"必须"，即并未限定此为唯一的救济方式。该规定亦未否定除请求确认解除通知效力之外的通过诉讼否认解除通知、解除效力的其他救济方式。故再生公司有关其2011年5月29日发出的解除合同的通知送达无锡焦化公司后合同即已解除，如无锡焦化公司对解除有异议，须首先向法院提起确认解除合同的效力后，方可请求法院判令继续履行合同的主张，本院不予支持。

综上，中国再生资源开发公司的上诉请求缺乏事实和法律依据，原审判决判令再生公司继续履行《处置合同》并依法承担相应的迟延履行责任依据充分，适用法律正确，依法应予维持。根据《中华人民共和国民事诉讼法》①第一百五十三条第一款第（一）项之规定，判决如下：

驳回上诉，维持原判。

一审、二审案件受理费各67560元，均由中国再生资源开发公司负担。

本判决为终审判决。

审　判　长　雷继平
审　判　员　陈明焰
代理审判员　李志刚
二〇一二年十二月十八日
书　记　员　郝晋琪

---

① 2012年修改前的《民事诉讼法》。——编者注

上诉人银川源鑫磊贸易有限公司与上诉人石嘴山瑞恒源商贸有限公司票据返还请求权纠纷案

裁判要旨 案外人涉嫌非法经营犯罪的案件,与本案双方当事人之间的票据纠纷案件属于不同的法律关系,该刑事案件不影响本案双方当事人行使民事诉权。

中华人民共和国最高人民法院

民 事 裁 定 书

(2012)民二终字第101号

上诉人(原审原告,原审反诉被告):银川源鑫磊贸易有限公司。住所地:宁夏回族自治区银川市丽景南街昆仑建材市场10-81号。

法定代表人:李明寿,该公司总经理。

委托代理人:李铎,宁夏金世永业律师事务所律师。

委托代理人:仲家喜,宁夏金世永业律师事务所律师。

上诉人(原审被告,原审反诉原告):石嘴山瑞恒源商贸有限公司。住所地:宁夏回族自治区石嘴山市惠农区安乐桥市场东二楼一层8号。

法定代表人:马慧,该公司经理。

委托代理人:邢秋平,河北恒星律师事务所律师。

委托代理人:崔永纪,宁夏三略律师事务所律师。

上诉人银川源鑫磊贸易有限公司(以下简称源鑫磊公司)与上诉人石嘴山瑞恒源商贸有限公司(以下简称瑞恒源公司)因票据返还请求权纠纷一案,不服宁夏回族自治区高级人民法院(2011)宁民商初字第13号民事裁定,向本院提起上诉。本院依法组成由审判员王宪森担任审判长,审判员殷媛、代理审判员张雪楳参加的合议庭进行了审理。书记员孙亚菲担任记录。

源鑫磊公司向原审法院起诉称:2010年5月25日,源鑫磊公司持十张票面金额共计1000万元银行承兑汇票交给丁玉祥找瑞恒源公司法定代表人马慧办理贴现,马慧以验票为名取得银行承兑汇票后,在源鑫磊公司不知情的情况下,私自在票据的背书栏内加盖瑞恒源公司公章进行背书,非法占有源鑫磊公司的银行承兑汇票。源鑫磊公司认为其与瑞恒源公司之间不存在交易,且瑞恒源公司未支付对价,瑞恒源公司应当向公司返还非法占有的银行承兑汇票。原审被告瑞恒源公司提起反诉称:瑞恒源公司善意取得诉争银行承兑汇票,受让包括诉争的十张银行承兑汇票在内的二十张银行承兑汇票并支付了对价。源鑫磊公司在银行承兑汇票第一背书栏内签章,瑞恒源公司善意取得汇票,在被背书人栏内记载自己名称,依法享有票据权利。瑞恒源公司是诉争银行承兑汇票的所有人、票据权利人。源鑫磊公司恶意提起诉讼,申请冻结票款、扣押银行承兑汇票,妨害瑞恒源公司行使票据权利,造成巨大损失,依法应予赔偿。

原审法院查明,因强艳容、绳德斌等人涉嫌非法经营犯罪,本案源鑫磊公司与瑞恒源公司诉争的银行承兑汇票被公安机关冻结、扣押,并随强艳容、绳德斌等人涉嫌非法经营犯罪案移送。强艳容、绳德斌等人涉嫌犯非法经营罪一案,现尚在法院审理中。强艳容、绳德斌等人涉嫌非法经营罪的部分犯罪事实与本案为同一法律事实。

原审法院经审理认为,根据《最高人民法院关于在审理经济纠纷案件中涉及经济犯罪嫌疑若干问题的规定》第十一条"人民法院作为经济纠纷受理的案件,经审理认为不属经济纠纷案件而有经济犯罪嫌疑的,应当裁定驳回起诉,将有关材料移送公安机关或检察机关"的规定,本案源鑫磊公司的起诉和瑞恒源公司的反诉应予驳回。故,依照《中华人民共和国民事诉讼法》①第一百零八条第(四)项、第一百四十条第一款第(三)项、《最高人民法院关于适用〈中华人民共和国民事诉讼法〉若干问题的意见》第139条第一款、《最高人民法院关于在审理经济纠纷案件中涉及经济犯罪嫌疑若干问题的规定》第十一条之规定,裁定:一、驳回原告(反诉被告)源鑫磊公司的起诉;二、驳回被告(反诉原告)瑞恒源公司的反诉。案件受理费142300元,退还源鑫磊公司;反诉费6763元,退还瑞恒源公司。诉讼保全费5000元,由源鑫磊公司负担。

源鑫磊公司、瑞恒源公司均不服原审法院上述民事裁定,向本院提起上诉。源鑫磊公司上诉称:本案中的票据贴现行为的双方当事人是源鑫磊公司和瑞恒源公司,源鑫磊公司的工作人员将汇票直接交给了马慧,整个过程中强艳容没有参与。被告瑞恒源公司以欺诈手段取得汇票,不能取得票据权利。汇票在马慧的控制下,以瑞恒源公司为被背书人完成背书,源鑫磊公司并不知情,直到报案后,在办理扣押手续时才得知汇票上加盖了瑞恒源公司的印章。马慧将票款转入强艳容、王学海账户是其自己的意志,与源鑫磊公司无关。源鑫磊公司及时向银川河东机场公安机关、银川市公安局报案,银川市公安局以马慧涉嫌非法经营罪立案侦查,后移送检察机关审查起诉,2011年7月7日,银川市兴庆区人民检察院作出银兴检不诉字〔2011〕第16号不起诉决定书,决定对马慧不起诉。源鑫磊公司以票据返还请求权纠纷为由,向原审法院提起民事诉讼。本案的主体及主要事实、涉及的法律关系与强艳容完全没有牵连。原审法院依据《最高人民法院关于在审理经济纠纷案件中涉及经济犯罪嫌疑若干问题的规定》第十一条之规定,裁定驳回源鑫磊公司起诉,无事实和法律依据,请求二审法院依法撤销原审法院作出的(2011)宁民商初字第13号民事裁定,并裁定

---

① 2012年修改前的《民事诉讼法》。——编者注

原审法院对本案进行审理。瑞恒源公司答辩称：瑞恒源公司不是源鑫磊公司所诉票据返还请求权纠纷的适格主体，源鑫磊公司应当向票据的占有人、侵权人银川市公安局直属分局要求返还票据。源鑫磊公司只能向合同相对人主张合同债权，不能要求返还票据，源鑫磊公司与瑞恒源公司之间没有直接交易关系和债权债务关系，要求瑞恒源公司返还票据系主体错误。源鑫磊公司未依法向人民法院提供诉讼担保，违反《最高人民法院关于审理票据纠纷案件若干问题的规定》第三十条关于"失票人向人民法院提起诉讼的，除向人民法院说明曾经持有票据及丧失票据的情形外，还应当提供担保。担保数额相当于票据载明的金额"的规定，不符合人民法院受理立案的条件。原审裁定驳回源鑫磊公司起诉正确。

瑞恒源公司上诉称：原审认定强艳容、绳德斌等人涉嫌非法经营的部分犯罪事实与本案为同一法律事实，混淆了同一法律事实引起不同法律关系的事实，认定事实不清。上诉人瑞恒源公司是诉争票据的所有人，依法享有票据权利，原审驳回瑞恒源公司的反诉请求，损害了瑞恒源公司的票据权利。本案应适用《最高人民法院关于在审理经济纠纷案件中涉及经济犯罪嫌疑若干问题的规定》第十条、《最高人民法院关于审理票据纠纷案件若干问题的规定》第七十四条关于"经济纠纷案件继续审理"的规定，原审适用法律不当。请求二审法院撤销原审法院(2011)宁民商初字第12号民事裁定，指令其对本案进行审理。利丰公司未提交书面答辩意见。

本院经审查认为，依据源鑫磊公司提交的十张银行承兑汇票(复印件)、宁夏回族自治区银川市兴庆区人民检察院作出的"银兴检刑不诉字〔2011〕第16号"《不起诉决定书》(复印件)及银川市公安局侦查人员讯问瑞恒源公司法定代表人马慧的《讯问笔录》(复印件)等证据，证明在源鑫磊公司与瑞恒源公司之间存在着办理银行承兑汇票贴现业务的事实，并形成了我国民事法律规范所规定的票据法律关系及债权债务关系。原审原告源鑫磊公司依据上述事实，以票据返还请求权为由，向原审法院提起民事诉讼，主张民事权利，符合《中华人民共和国民事诉讼法》第一百零八[①]条规定的起诉条件，人民法院对其请求应予受理，并进行实体审理。本案二审质证时，上诉人(原审被告)瑞恒源公司对上述证据的真实性不持异议。瑞恒源公司在原审中提起了反诉，对涉案票据主张票据权利。如不存在违反民事诉讼法相关诉讼程序规定的情形，则原审法院亦应对其反诉的请求进行审理。案外人强艳容、绳德斌等人涉嫌非法经营犯罪的案件，与本案双方当事人之间的票据纠纷案件属于不同的法律关系，该刑事案件不影响本案双方当事人行使民事诉权。原审依据《最高人民法院关于在审理经济纠纷案件中涉及经济犯罪嫌疑若干问题的规定》第十一条规定，裁定驳回原告源鑫磊公司起诉及被告瑞恒源公司反诉，系适用法律不当，应予纠正。本案双方当事人关于"撤销原审民事裁定、指令其对本案进行审理"的上诉请求，于法有据，本院予以支持。但双方关于实体权利请求的上诉部分，属于本案实体审理的内容，本裁定不予涉及。

综上，本院依据《中华人民共和国民事诉讼法》[②]第一百零八条、第一百五十四条、第

---

①② 2012年修改前的《民事诉讼法》。——编者注

一百五十八条,《最高人民法院关于在审理经济纠纷案件中涉及经济犯罪嫌疑若干问题的规定》第十条之规定,裁定如下:

一、撤销宁夏回族自治区高级人民法院(2011)宁民商初字第13号民事裁定;

二、指令宁夏回族自治区高级人民法院对本案进行审理。

审　判　长　王宪森
审　判　员　殷　嫒
代理审判员　张雪楳
二〇一二年九月二十五日
书　记　员　孙亚菲

上诉人福建省闽江房地产开发公司与被上诉人福建佳盛投资发展有限公司、原审第三人福州商贸大厦筹备处案外人执行异议之诉案

裁判要旨 《最高人民法院关于适用〈中华人民共和国担保法〉若干问题的解释》第六十七条规定:"抵押权存续期间,抵押人转让抵押物未通知抵押权人或者未告知受让人的,如果抵押物已经登记的,抵押权人仍可以行使抵押权;取得抵押物所有权的受让人,可以代替债务人清偿其全部债务,使抵押权消灭。受让人清偿债务后可以向抵押人追偿。"该条文中"受让人"行使代偿行为的性质属于义务而非权利或者前置程序的性质。

中华人民共和国最高人民法院

民事裁定书

(2012)民二终字第138号

上诉人(原审原告):福建省闽江房地产开发公司。住所地:福建省福州市杨桥东路5号宏建大厦B座一层,组织机构代码:15814865-4。

法定代表人:黄依兴,该公司总经理。

委托代理人:黄重取,福建辉扬律师事务所律师。

被上诉人(原审被告):福建佳盛投资发展有限公司。住所地:福建省福州市鼓楼区五四路157号新天地大厦180单元,福州市五四路温泉大饭店723号。

法定代表人:陈乃雄,该公司总经理。

委托代理人:林映辉,福建天凯(北京)律师事务所律师。

委托代理人:李春建,福建天凯律师事务所律师。

原审第三人:福州商贸大厦筹备处。住所地:福建省福州市817北路159号二层。

法定代表人:林志亮,该单位总经理。

委托代理人:王云英,福建新世通律师事务所律师。

委托代理人:周军芳,福建新世通律师事务所律师。

上诉人福建省闽江房地产开发公司(以下简称闽江公司)为与被上诉人福建佳盛投资发展有限公司(以下简称佳盛公司)、原审第三人福州商贸大厦筹备处(以下简称筹备处)案

外人执行异议之诉一案,不服福建省高级人民法院(2012)闽民初字第14号民事裁定书,向本院提起上诉。本院依法组成由审判员贾纬担任审判长,审判员沙玲、代理审判员周伦军参加的合议庭进行了审理,书记员孙亚菲担任记录。本案现已审理终结。

原审法院认为,根据《中华人民共和国民事诉讼法》①第二百零四条的规定,案外人能够提出异议之诉的是对于执行标的提出实体主张。《最高人民法院关于适用〈中华人民共和国民事诉讼法〉执行程序若干问题的解释》第十七条规定案外人"对执行标的主张实体权利,并请求对执行标的停止执行",对于执行标的停止执行的请求是建立在实体权利主张的基础上,但是原告福建省闽江房地产开发公司仅提出停止执行的程序主张,未就执行标的提出实体上的诉讼请求。当事人单独提出中止执行的主张,不符合《中华人民共和国民事诉讼法》②第二百零四条的规定。据此,依照《最高人民法院关于适用〈中华人民共和国民事诉讼法〉若干问题的意见》第139条的规定,裁定驳回原告闽江公司的起诉。一审案件受理费50元,由原告闽江公司负担。

闽江公司不服上述民事裁定,向本院提起上诉称:原审法院以闽江公司未就执行标的提出实体上的诉讼请求为由,裁定驳回闽江公司的起诉依据不足。一、闽江公司系商贸大厦及土地使用权的合法受让人。根据福建省高级人民法院(2007)闽民再终字第52号民事判决书,上诉人为商贸大厦的现产权人。根据《最高人民法院关于适用〈中华人民共和国担保法〉若干问题的解释》第六十七条规定,闽江公司始终向佳盛公司及原审法院主张行使代偿权,同时,也已向原审法院提供了《存款证明书》《付款保函》。只是由于相关执行标的数额不明确,无法了结佳盛公司的债权,由此产生责任不在闽江公司。二、在佳盛公司的债权完全可以得到清偿的情形下,原审法院作出(2005)闽执行字第15-20号执行裁定书,裁定拍卖"商贸大厦及土地使用权",违反法律规定。三、原审裁定并未对闽江公司的诉讼请求作出判决,明显不当,应由二审法院予以改判。原审法院2011年10月27日作出(2005)闽执行字第15-20号执行裁定书后,闽江公司即依照《民事诉讼法》③第二百零二条之规定,提出执行异议。在原审法院驳回闽江公司的执行异议后,闽江公司依据《民事诉讼法》④第二百零四条之规定,要求原审法院停止拍卖"福州商贸大厦及土地使用权",系依法主张权利之行为。原审裁定驳回闽江公司的起诉,并未对闽江公司的诉讼请求进行处理,其裁判结果明显不当。综上,佳盛公司申请拍卖商贸大厦及土地使用权以及原审法院裁定拍卖"商贸大厦及土地使用权",违反了相关法律规定,严重侵害了闽江公司的合法权益,将导致巨额国有资产流失。请求:1.依法撤销一审裁定;2.请求二审法院依法改判由福建省高级人民法院停止拍卖第三人出让给闽江公司并抵押给佳盛公司的位于福州市817北路东侧的福州市人民政府"榕政地〔1993〕137号"文批准划拨的国有土地使用权及地上在建工程"福州商贸大厦";3.一、二审诉讼费由被上诉人承担。

佳盛公司答辩称:闽江公司从未有过明确具体的清偿行为,其不具备代偿能力。请求驳回上诉,维持原裁定。

原审第三人筹备处陈述称:一、商贸大厦项目的产权人仍然是筹备处,闽江公司仅为该

---

①②③④ 2012年修改前的《民事诉讼法》。——编者注

项目受让人,且未履行支付转让价款的先行义务,这一事实可见(2007)闽民再终字第52号判决书。该判决书仅确认双方的产权出让合同有效,应继续履行,并未判决该项目产权人为闽江公司。该判决生效至今已近5年,闽江公司并未根据该判决书及产权出让合同的约定履行其在先付款义务及还贷义务,致使抵押权不能消灭,筹备处在未收到转让款的情况下也不能将项目过户,因此,上诉人闽江公司无权提出执行异议。二、闽江公司提交的证据不能说明其已实际偿还款项,仅可以证明其有明确的还款意愿并做了还款准备。

本院二审期间查明,佳盛公司为与筹备处借款合同纠纷一案,于2004年11月26日向福建省高级人民法院提起诉讼。该院作出(2004)闽民初字第67号民事判决,判令:一、筹备处在该判决生效之日起十日内返还尚欠佳盛公司的借款本金人民币3550万元及利息11030159.17元。借款本金人民币3550万元从2000年6月21日债权转让后所产生的利息按日万分之二点一支付至实际还款之日止。二、佳盛公司对筹备处用于担保的抵押物(坐落于817北路东侧总面积为4860平方米的土地使用权)有优先受偿权,从处置上述抵押物所得价款中优先清偿佳盛公司在94014抵押借款合同项下的享有的债权(本金1500万元及相应利息、罚息)。三、佳盛公司对筹备处用于担保的抵押物(坐落于817北路东侧的在建工程)有优先受偿权,从处置上述抵押物所得价款中优先清偿佳盛公司在编号为榕房押字第950098在建房地产抵押贷款合同项下享有的债权(本金700万元及相应利息、罚息)。四、佳盛公司对筹备处用于担保的抵押物(坐落于817北路东侧的在建工程,以下简称抵押物)有优先受偿权,从处置上述抵押物所得价款中优先清偿佳盛公司在编号为榕房押字第960064号在建房地产抵押贷款合同项下享有的债权(本金150万元及相应利息、罚息)。筹备处不服该院上述民事判决,向本院提起上诉。2005年10月21日,本院作出(2005)民二终字第147号民事判决书,判决:一、维持福建省高级人民法院(2004)闽民初字第67号民事判决主文第二、三、四项;二、变更原审判决主文第一项为:筹备处偿还佳盛公司借款本金3550万元、利息11030159.17元及逾期罚息(自2000年6月21日起至实际给付之日止按照中国人民银行同期逾期贷款利率分段计付)。二审判决生效后,佳盛公司向福建省高级人民法院申请强制执行。2005年12月15日,福建省高级人民法院依法查封了筹备处用于抵押的位于福州市817北路东侧的在建工程商贸大厦及划拨的国有土地使用权。

另查明,筹备处与闽江公司就商贸大厦产权转让合同纠纷一案,福建省高级人民法院于2008年2月1日作出(2007)闽民再终字第52号民事判决,认定该双方当事人于1997年5月26日签订的《福州商贸大厦产权出让合同书》合法有效,继续履行。

又查明,2011年10月27日,福建省高级人民法院作出(2005)闽执行字第15-20号执行裁定书,裁定拍卖被执行人筹备处抵押给申请执行人佳盛公司的位于福州市817北路东侧的在建工程商贸大厦及划拨的国有土地使用权。同年12月20日,福建省高级人民法院以(2011)闽执外异字第4号执行裁定书驳回闽江公司提出的执行异议。

本院认为,依据本院(2005)民二终字第147号民事判决,佳盛公司对筹备处用于担保的抵押物——位于福州市817北路东侧的在建工程商贸大厦及划拨的国有土地使用权享有优先受偿权。依据福建省高级人民法院(2007)闽民再终字第52号民事判决,闽江公司从筹备处受让商贸大厦产权的转让合同继续履行,但双方当事人至今未办理商贸大厦产权的过户登记手续,现筹备处仍为商贸大厦的产权人。根据上述两案查明的事实,佳盛公司与筹备处之间的涉案抵押权设立在先,形成诉讼在先,判决在先,佳盛公司申请执行在先,其主张实现抵押权没有法律上的障碍,本院予以确认。闽江公司为取得商贸大厦产权,可以申请代筹备处向佳盛公司偿还欠款本息,但该义务仅为《最高人民法院关于适用〈中华人民共和国担保法〉若干问题的解释》第六十七条规定的选择情形,而非权利或者前置程序的性质。《最高人民法院关于适用〈中华人民共和国担保法〉若干问题的解释》第六十七条规定:"抵押权存续期间,抵押人转让抵押物未通知抵押权人或者未告知受让人的,如果抵押物已经登记的,抵押权人仍可以行使抵押权;取得抵押物所有权的受让人,可以代替债务人清偿其全部债务,使抵押权消灭。受让人清偿债务后可以向抵押人追偿。"依此,佳盛公司既可以选择申请法院强制执行抵押物以实现其优先受偿权,也可以选择在闽江公司取得抵押物的产权之后,接受闽江公司的代偿行为,使抵押权归于消灭。在闽江公司没有取得抵押物产权且未履行代偿义务的情况下,其无权要求福建省高级人民法院停止执行(2005)闽执行字第15-20号执行裁定书项下的拍卖行为,佳盛公司对案涉抵押物享有的优先受偿权应当得到保护。

关于代偿是否存在障碍问题。自(2007)闽民再终字第52号判决书生效之日起至本案二审法院限定的时间,在长达五年的时间里,闽江公司没有作出代偿行为或者提存行为。闽江公司提出债务数额不明确的理由不足以阻碍其先行偿付明确的本金及利息。双方对于滞纳金的计算虽有争议,但也应当限定在合理幅度之内,闽江公司完全可以以提存的方式支付合理幅度之内的滞纳金款项。况且,本院(2005)民二终字第147号民事判决主文第二项,"逾期罚息"为"自2000年6月21日起至实际给付之日止按照中国人民银行同期逾期贷款利率分段计付",该判项明确、具体,可以计算出滞纳金的确切数额。鉴于闽江公司始终没有支付行为,其以所谓的代偿权为由对抗抵押权人佳盛公司的优先受偿权无法律依据,其上诉理由不能成立。

综上,原审裁定以闽江公司仅提出停止执行的程序主张、未就执行标的提出实体上的诉讼请求为由,驳回闽江公司的起诉,除理由部分略显简单之外,处理结果并无不当,应予维持。本院依据《中华人民共和国民事诉讼法》[①]第一百五十四条之规定,裁定如下:

驳回上诉,维持原裁定。

二审案件受理费50元,由上诉人福建省闽江房地产开发公司负担。

本裁定为终审裁定。

审　判　长　贾　纬
审　判　员　沙　玲
代理审判员　周伦军
二〇一二年十二月二十一日
书　记　员　孙亚菲

[①] 2012年修改前的《民事诉讼法》。——编者注

商事审判指导

2012 年第 4 辑
（总第 32 辑）

【商事审判精神与动态】

以法治思维推进商事审判
用法治方式保障经济发展
——就学习贯彻党的十八大会议精神专访
最高人民法院民事审判第二庭庭长宋晓明

商事审判既是人民法院司法审判工作的重要组成部分,也是党和国家依法调整社会经济关系的重要手段。党的十八大报告提出,要以科学发展为主题,以加快转变经济发展方式为主线,推动社会经济平稳较快发展。就如何在商事审判工作中贯彻落实党的十八大会议精神,充分发挥审判职能作用,服务国家经济社会发展大局等问题,《人民司法》杂志社编辑孙晓光专访了最高人民法院民事审判第二庭庭长宋晓明。

记者: 党的十八大提出了要实现经济持续健康发展,到 2020 年实现国内生产总值和城乡居民人均收入比 2010 年翻一番的目标。商事审判与经济社会发展非常紧密,请问,商事审判工作在贯彻落实党的十八大精神、实现这一宏伟目标方面,有什么谋划和举措?

宋晓明: 商事审判工作和我国社会经济发展的联系非常密切。市场经济是法治经济,其主要涵义是强调我国的社会主义市场经济是建立在法治基础上的市场经济,倡导用法治思维和法律手段解决市场经济发展中的问题,通过立法、执法和司法以及法律服务调整经济关系,规范经济行为,维护经济秩序,服务和保障社会主义市场经济在法治的轨道上持续健康发展。从一定意义上来说,我国社会主义市场经济体制建立和完善的过程,也是党和国家调整经济社会关系的方式法治化的过程,商事审判也是党和国家依法调整经济社会关系的重要组成部分。就商事审判工作而言,在保障和促进经济持续健康发展方面,我们应该勇于担当,更要有所作为。那么,如何结合商事审判工作的特点,来贯彻党的十八大精神,服务和保障社会经济发展目标的实现? 以商事审判为视角,我用一句话将它概括为:"以法治思维推进商事审判工作,用法治方式保障经济持续健康发展。"

记者: 您提到以法治思维推进商事审判,那么,什么是法治思维,在商事审判工作中,如何贯彻法治思维的要求?

宋晓明: 党的十八大报告提出,要提高领导干部运用法治思维和法治方式深化改革、推动发展、化解矛盾、维护稳定的能力。这是党的工作报告中首次提出法治思维和法治方式。简要回顾党的工作报告,可以发现,党的十五大确立了依法治国的基本方略;党的十六大将依法治国基本方略得到全面落实列入建设小康社会的重要目标;党的十七大明确提出,加快建设社会主义法治国家,而党的十八大报告则不仅提出要全面推进依法治国,还强调法治是治国理政的基本方式。法治思维和法治方式写入党的十八大报告是依法治国方略理念的又一具体体现。

法治思维和法治方式不仅是党的十八大报告提出的对领导干部能力的一种要求,也是新时期新阶段对我们商事审判的一项基本的要求。对于法治思维我的理解是:法治思维是以合法性为起点,以公平正义为核心的一种决策方法。具体来说,包含以下几个方面的内涵:

一是规则思维。规则思维是法治思维的立足点和基本要求,它有两个基本涵义,一是树立靠规则处理问题的思维,即用一般的类案统一处理方式替代个别的特事特办的方式,克服人治的随意性和不确定性;二是树立按规则处理问题的思维,即依法办事,严格执法。在商事审判领域,坚持规则思维应当做到四点:第一,要坚持严格执法。法律是法官所要遵循的首要规则,合法性是法官司法裁判的第一因素。在商事审判工作中,法官要准确理解和正确适用法律,确保法律的公正实施,切实维护法律的严肃性和统一性。第二,要维护契约精神。市场经济以市场主体的自由竞争为原则,以公权力的适度干预为补充。在民商法领域,则表现为意思自治和契约精神的私法原则。美国法学家庞德曾言,社会财富是由合同构成的。法谚,合同是当事人之间的法律。《法国民法典》规定,依法成立的契约,在当事人之间有相当于法律的效力。从我们商事审判工作的角度来看,要尽可能维护市场主体之间的合同关系,除法律明确规定为无效的情形外,不轻易认定合同无效;在违约责任的承担上,要充分尊重当事人之间的合理约定,尽可能减少对合同内容的干预和调整。第三,要尊重市场规律。在市场经济条件下,如证券、保险领域,不少民商事法律规范本身就是市场交易规则的法律化。从商事审判的角度看,法官要准确适用法律,科学评价市场交易行为,就要增进对经济现象、市场规律的认识和了解,并使得我们作出的个案判决、司法解释和司法政策符合市场经济规律的客观要求。第四,要促进规则形成。商事案件的判决结果对市场主体的行为有着重要的评价和引导作用。一项商事交易是否安全,或者交易主体判断交易安全系数的成本是否适当,在很大程度上取决于我们的商事裁判的确定性和可预测性。因此,相对传统的民事审判而言,商事裁判的规范引导功能应该得到充分重视。在商业模式创新、交易形式创新、市场产品创新层出不穷的经济现实面前,我们有必要以个案裁判、指导性案例、司法政策或者司法解释的方式规范和引导市场行为,促进社会主义市场经济法律制度的健全和完善,使市场主体能够依据法律和司法判决合理预测自身的行为后果,从而强化行为的规范化意识和行为的规则化。在纠纷的解决方式上,我们在坚持调解优先的同时,也不应忽视判决的功能和积极意义。在商事审判领域,判决仍然具有其他纠纷解决方法所不可替代的重要功能,如法律的实施和宣示功能、社会经济秩序的维护功能以及市场行为的引导功能。如果过分追求调解率,可能既损害了权利人的合法权益,又降低了不诚信一方的违法成本,从而对正常的市场交易秩序造成损害。因此,在商事审判实践中,我们也要注意发挥判决的功能,在实现个案正义的过程中,能够使市场主体更切实地感受到违约行为必须承担相应的成本及责任,维护市场交易秩序和法律的严肃性。

二是权利思维。法律关系说到底是权利义务关系,法律以规定权利义务为主要内容,因此,法治思维必然包含衡量权利和义务的内容。商事审判主要调整平等的商事主体之间的权利义务关系。民商法在本质上属于私法,系以权利的保护和救济为中心,因此,在商事审判中坚持法治思维,一个重要的要求就是要坚持权利思维。在商事案件的审理中,市场主体的权利保护是首要的、第一位的,市场主体的义务虽然与权利相对应,但从地位上来说,则是从属和服务于市场主体的权利的。在价值取向上,我们应当坚持以市场主体的权利保护和救济为中心,而不是以市场主体的义务承担为中心。在商事审判中,我们要充分尊重和维护市场主体的权利,保护和兼顾不同的市场主体的利益。当然,不同的市场主体之间的权利可能存在冲突,如,在公司案件中,我们既要维护公司股东的权利,也要维护公司整体的权利,还要维护公司债权人、公司职工的权利。在不同的权利相互冲突时,要统筹兼顾各方权利,在严格依法维护当事人合法权益的同时,正确运用利益衡量的方法,妥善解决不同主体之间的利益纠纷。当然,在保护商事主体个体利益的同时,我们还要注意维护社会公共利益。与权利思维相对应的另一个概念是权力思维。权力思维是以公权力分配资源,影响和干预他人行为的思维方式。权利思维要求商事审判以维护市场主体的权利为中心,限制公权力的过度干预,这种公权力的干预既包括行政权,也包括司法权,即防止权力滥用。在社会主义市场经济条件下,商事审判应当坚持权利思维,尊重市场主体的自主性,以市场的自治为中心,以公权力的干预为例外,只有在法律法规有明确规定的情况下,才应当按照法定程序介入,使得市场秩序回到正常的轨道。如在合同违约金是否过高的认定问题上,除非当事人提出调整的申请,法院一般不依职权主动认定违约金过高或者过低,并进行调整。

三是程序思维。法律程序是克服人治恣意性的重要保证,也是吸收对立情绪、保证裁判结果合法性和公正性的重要途径。法治思维在很大程度上要靠程序思维来保障。在商事审判中,我们要坚持程序正义与实质正义并重的原则,认真贯彻修改后的《民事诉讼法》的各项规定,尽快熟悉有关民事审判活动的新制度、新规则;在庭前告知、审判人员回避、卷宗查阅等方面切实保障当事人的诉讼权利,实现阳光审判。在坚持为大局服务、服务经济社会发展方面,我们要继续坚持能动司法的理念。与此同时,更要坚持依法能动,以法治的方式保障经济的发展,严格依据法定程序和法律手段,保障市场主体的合法权益,避免脱离法律规定或者法律手段的"能动",引发利害关系人对司法公正性的合理怀疑。在裁判的结果上,要维护裁判结果的终局性和稳定性,案件一旦经过正当的司法程序作出最终裁判,就应当具有确定性的权威。司法裁判的终局性是稳定社会秩序的重要依托,也是程序不可逆转性的必然结果,更是提升司法公信力、树立司法权威、实现法治国家的必然选择。

四是公正思维。法治体现了公平正义的精神和原则,法治思维必然要反映这种公平正义的内在要求。如果说规则思维是从裁判依据的角度来看待公正与否、考量商事审判的法律效果的话,那么,公正思维则是从裁判的结果角度来看待是否公正、考量商事审判的社会效果。美国大法官卡多佐曾言:"寻求概念精髓及其深层涵义的法官,在成功获取概念的核心后,仍然可能会发现该概念涉及政策和正义";"结果不可能改变制定法,却有助于确定后者的意义。我们总是用结果来检验规则。"在商事审判中,如果机械司法可能导致明显不公的诉讼结果,我们就要从更高层次的实质公正的角度,来重新考量司法判决的公正性和合理性,真正实现司法判决的法律效果和社会效果的有机统一。

记者: 党的十八大报告提出,要加快完善社会主义市场经济体制和加快转变经济发展方式,人民法院在商事审判工作中如何贯彻落实这项要求?

宋晓明: 我国发展仍处于可以大有作为的重要战略机遇期。当前,我国经济社会发展基本面长期趋好,国内市场潜力巨大,社会生产力基础雄厚,生产要素综合优势明显。同时,我国发展仍面临不少风险和挑战,不平衡、不协调、不可持续问题依然突出,经济增长下行压力和产能相对过剩的矛盾有所加剧,企业生产经营成本上升和创新能力不足的问题相互叠加。我们常说机遇与挑战并存,但从紧迫感和使命感的角度上说,挑战更加大于机遇。党的十八大报告提出,要以科学发展为主题,以加快转变经济发展方式为主线,推动社会经济平稳较快发展。就商事审判工作而言,我们主要是通过充分发挥司法审判的职能作用,以法治的方式来保障经济持续健康发展。具体而言,我们将重点抓好以下几方面的工作:

一是紧紧围绕加快经济发展方式转变和经济结构战略性调整的要求,找准商事审判工作的结合点和着力点。围绕落实稳中求进的总基调,有效应对经济增速持续放缓、企业经营困难加剧带来的影响,依法妥善审理受经济结构调整影响而产生的投资合同纠纷、企业间借贷纠纷、地方政府债务清偿、实体经济企业保护、企业拯救与企业退出、职工基本权益保障等案件,尽可能减轻因经济形势变化给企业生产经营带来的不利影响。

二是牢牢把握扩大内需这一战略基点,抓好一系列有利于促进流通、鼓励交易的司法解释和司法政策的实施工作。认真及时地指导各级法院正确适用有关买卖合同、股权转让、融资租赁等一系列市场基本交易类型的司法解释和司法政策,切实降低市场交易成本,依法保障商事主体权益,努力促进社会财富增长。加快《最高人民法院关于适用〈中华人民共和国公司法〉若干问题的规定(四)》的司法解释起草工作,保障企业资产和投资权益的正常流通,促进建立和完善合理有序的企业利益分配规则,实现企业发展成果由企业利益相关者共享。落实全国金融工作会议及最高人民法院关于帮助"走出去"的企业防范境外投资法律风险、维护国家利益之精神,就出口信用保险是否适用《保险法》等问题加快起草相关司法解释;加快起草有关无效合同诉讼时效的司法解释,合理确定交易行为效力,积极维护交易秩序。

三是高度重视并妥善处理企业破产纠纷,畅通市场退出机制。随着国家创新驱动发展战略的深入推进和市场需求结构、产业结构的改善与优化,一批不能适应市场变化的企业将难以为继。我们将充分运用近年来企业破产案件审理中积累的有益经验,继续完善制度措施,依法受理审理和积极指导下级法院处理企业破产纠纷;依法运用重整或和解程序拯救具有再生价值和希望的企业,帮助企业减轻债务负担,提升企业质量,服务企业发展;依法开展企业破产清算工作,促使没有拯救价值和希望的企业规范有序地退出市场,及时有力地维护企业、债权人以及企业职工的合法权益,构建诚信有序的市场经济秩序;按照法律及相关司法规则精神审慎做好上市公司破产重整及清算工作。

四是依法巩固经济体制改革成果,为全面深化经济体制改革提供有效的司法服务和有力的司法保障。我们将按照党的十八大提出的深化国有企业改革,完善各类国有资产管理体制要求,切实抓好《最高人民法院关于审理中央级财政资金转为部分中央企业国家资本金有关纠纷案件的通知》精神的落实,保障国有资产保值增值;根据国务院关于深化农村金融体制改革的总体精神和原则,积极协调有关方面加快制定中国农业银行和农村信用社脱离行政隶属关系后遗留资金纠纷的司法对策,切实维护农村金融体制改革成果;按照全国部分法院国债回购纠纷案件处理协调会精神,进一步采取适当措施加强对国债回购纠纷案件的指导和审理,妥善解决证券公司综合治理期间遗留的问题。

五是坚持平等保护原则,积极维护公平有序的市场竞争环境。保障各种所有制经济依法平等使用生产要素、公平参与市场竞争,为非公有制企业提供平等竞争的法律环境。通过促进民间融资的阳光化和规范化,有效降低小微企业的融资成本。通过审慎认定对小微企业利用自身的商铺租赁权、流动资产等其他财产性权利提供的担保的合同效力,有效解决小微企业融资难、融资成本高的问题,为小微企业融资提供良好的法律环境。

总之,我们将增强商事司法服务的针对性和前瞻性,紧密跟踪分析和把握经济社会发展形势的新变化,有针对性地开展司法应对工作,通过依法公正审理商事案件、起草出台相关司法解释和司法政策以及提出司法建议等方式,服务和保障国家宏观经济政策的落实,并积极推进市场经济法律制度的完善,不断提高我国社会主义市场经济的法治化水平。

记者: 近年来,部分国家和地区引发的国际金融危机给世界经济的发展带来了持续影响。如何解决金融创新、金融安全、金融稳定之间的矛盾,也成为我国经济发展中不可忽视的重要问题。对此,人民法院的商事审判工作将如何应对?

宋晓明: 金融是现代经济的核心。规范金融秩序,防范金融风险,推动金融改革,支持金融创新,维护金融安全,不仅是今后一个时期金融改革发展的主要任务,也是人民法院为国家全面推进金融改革发展提供司法保障的重要方面。党的十八大报告明确提出,要完善金融监管,推进金融创新,维护金融稳定。如何结合商事审判,特别是金融审判的特点,来贯彻落实党的十八大报告提出的要求,也是我们需要认真思考和着力解决的重要问题。对此,我们在工作中将推进以下几方面的举措:

一是积极防范化解地区性和系统性金融风险。金融资本涉及金额巨大,且流动快、影响面广、传导性强,一旦形成地区性、系统性风险,将给经济发展和社会稳定带来重要影响。金融审判是商事审判的重要组成部分,我们始终高度重视积极防范、有效化解金融风险。通过妥善审理因金融不良债权、民间借贷、企业资金链断裂、证券市场操纵和虚假披露等引发的纠纷案件,积极维护金融安全和社会稳定。要高度关注个别地区、地方政府举债融资活动中出现的问题,防止和避免财政金融风险相互传导。通过加强与政府相关部门的统筹协调,以司法建议的方式,建立金融风险预警机制,及时防止金融风险扩散蔓延。对于众多债权人向同一金融机构集中提起的系列诉讼案件、金融机构风险处置、集团诉讼案件、群体性案件等,探索实行集中管辖、统一协调的工作机制,最大限度地防范和化解金融风险。

二是依法规范金融秩序。我们将依法妥善处理企业间融资活动,区分认定企业间多种类、多形式融资行为的效力,防止简单地否定企业融资的合法性,保护合法的融资关系,保障民间借贷对正规金融的积极补充作用。高度重视涉及地下钱庄、非法集资等行为的案件的审理,进一步健全与政府有关部门间的情况通报、案件移送等协调机制。通过妥善审理因证券机构、上市公司、投资机构内幕交易、操纵市场、欺诈上市、虚假披露等违法违规行为引发的民商事纠纷案件,消除危害我国资本市场秩序和社会稳定的隐患。抓紧涉及资本市场民事侵权责任司法解释的起草论证工作,最大限度地保障投资者合法权益。同时,研究完善金融企业和上市公司的市场退出机制,促进金融市场法制环境的不断优化。

三是积极维护有益的金融创新活动。我们将高度关注和有效应对金融创新业务涉诉问题,处理好因委托理财、次级贷款转让、资产证券化以及因其他金融衍生工具而引发的纠纷。贯彻落实金融为实体经济服务的政策导向,加快起草出台有关融资租赁合同的司法解释,以促进和保障融资租赁行业的健康发展,提高企业产业升级的能力。对股权出质、浮动抵押、保理、抵押贷款资产证券化信托等新类型金融案件,在审查金融创新产品合法性时,对法律法规规定不明确的,要遵循商事交易惯例,尊重金融监管机构的意见,防止简单否定金融创新成果的合法性,为金融创新提供适度的成长空间,提高市场资源配置和资金融通的效率。

四是全面提升金融审判水平。目前,最高人民法院正在探索在金融活动集中、金融案件较多的部分地区设立金融审判庭的做法,以推进金融审判工作的专业化水平,构建更加符合金融审判工作需要的高效、专业的审判模式。

记者:党的十八大报告指出,诚信缺失是我们必须重视并进一步认真加以解决的重要问题,并进一步提出了要加强政务诚信、商务诚信、社会诚信和司法公信建设。从商事审判工作的角度来看,您认为应该如何推进诚信建设?如何进一步提高司法的公信力?

宋晓明:市场经济也被称为信用经济,诚实信用是市场经济体制下市场主体应当遵循的行为准则,只有在一整套严格的信用管理体系基础上建立起稳定可靠的信用关系,市场经济才是健康的,才是可持续的。当前,我国正处于社会转型期,社会诚信体系还不完善,诚信缺失已经成为影响和制约社会经济发展的重要瓶颈。

从立法上看,《民法通则》《合同法》《票据法》《保险法》《证券法》《信托法》等民商事法律规范中都明确规定了诚信原则,新修订的《民事诉讼法》也明确将诚信原则确定为民事诉讼应当遵循的基本准则。因此,诚信原则已不仅仅是当事人应当遵循的道德准则,也是人民法院可以据以裁判的法律原则。但在司法实践中,我们发现,虚假诉讼、恶意诉讼、滥用诉权以及公司股东恶意破产讨债、违约责任人以拖延和"调解"战术试图减轻和逃避其所应当承担的法律责任等不诚信的行为并不鲜见。其中原因是多方面的,比较突出的有两个,一是失信成本过低,失信行为的成本要高于其所能获得的收益,选择失信成为具有经济人特性的市场主体的自然选择;二是法官在诚实信用原则的适用上还存在一定的畏难情绪。

我们将从以下几个方面着手,以推进市场经济的诚信建设和诉讼行为的诚信规范。一是严格追究失信者的法律责任,提高其失信成本。失信成本过低是失信行为泛滥的重要原因之一,增加失信者的违法成本,提高守信方的合理收益,是解决诚信缺失、推进诚信建设的重要途径。在商事审判中,我们将加大依法追究失信者承担民事责任的力度,在提高其违法成本的同时,加强对守信一方的补偿和保护。在违约责任的承担范围上,不仅要求其赔偿由于违约行为造成的直接损失,还要其赔偿可得利益损失。严格执行《民事诉讼法》中有关诚信诉讼的规定,加大对虚假诉讼、恶意诉讼、滥用诉权行为的惩戒力度。二是加大宣传力度,增强社会认知程度。通过向社会公布人民法院依法制裁违约失信行为和商事违法行为的典型案例,引导社会公众增强遵守经济和社会管理秩序的意识,预防和减少商事纠纷。三是提高法官的法律适用能力,避免因法官在适用诚信原则上存在畏难情绪而降低立法所确立的诚信原则的功能。诚信原则作为民商法上的"帝王规则",在法律适用方面上确实有其特殊性,一般并不能作为裁判依据直接引用,但它却是重要的法律解释规则,也是重要的裁判指引。我们将通过在裁判文书的说理部分增加对失信行为的评判和否定的方式,彰显诚信原则在市场经济中的重要作用。四是认真执行《关于在审判执行工作中切实规范自由裁量权行使保障法律统一适用的指导意见》(以下简称《指导意见》)。我们发现,一些法官在商事审判工作中,不善用《合同法》第一百一十三条规定的可得利益的规则,不会用《合同法》第一百一十四条有关违约金调整、《最高人民法院关于适用〈中华人民共和国公司法〉若干问题的规定(二)》第十八条有关怠于清算的规则,不敢用有关共同诉讼、集团诉讼的规则。我们将不断总结经验,加强指导,同时,严格按照《指导意见》的要求,严格遵循自由裁量权行使的条件、原则和方法,依法规范法官自由裁量权的行使。

在党的十八大报告中,将司法公信力不断提高作为全面建成小康社会的重要目标之一。这充分体现了党中央对司法公信力的高度重视。就目前而言,司法公信力在我国社会环境中的实现程度还不够理想,这当然有一些客观的制约因素,但对人民法院而言,通过自身努力,努力提升司法公信力,是我们义不容辞的责任。在商事审判工作方面,我们将着力从三个方面努力提升司法公信力。一是以公正促公信。公正是司法的生命,公信的基石。我们将坚持依法独立公正行使审判权,平等保护各方当事人的程序权利和实体利益,让市场主体和人民群众切身感受到司法的严格和公正。二是以公开促公信。探索建立商事司法公开机制,稳步推进司法公开。公开是让社会消除疑虑、认同司法、让司法取信于民最直接、最有效的措施。我们将积极回应社会关切,将辨法析理等工作贯彻于审判工作的全过程。进一步加强裁判文书的事实认定和说理论证工作,并积极推进裁判文书公开,与新闻媒体建立良好的互动合作机制,充分发挥媒体的积极作用。在司法解释、司法政策的起草过程中要充分利用互联网向社会各界广泛征求意见,听取社会呼声,汲取有益经验,一些重要的司法规则可根据需要多次征求意见,保障司法规则与社会常理常情的良性互动。进一步做好最高人民法院政务网商事审判栏目,为社会公众提供更多的商事审判信息,便于社会公众更好地了解商事审判工作。我们还将充分利用《最高人民法院公报》和最高人民法院指导性案例的权威宣示作用,加强和改进民二庭《商事审判指导》《商事审判裁判规范与案例指导》的指引功能,及时向社会发布高质量的商事审判案例,保障商事法律规则明晰和统一适用。三是以廉政促公信。商事审判与以营利为目的的市场主体直接接触,在廉政方面,从事商事审判的法官也时时面临着清正廉洁的考验。我们将坚持不懈地开展反腐倡廉教育,牢固树立"忠诚、为民、公正、廉洁"政法干警核心价值观教育,严格落实最高人民法院"五个严禁"等廉政纪律,进一步建立和完善反腐倡廉风险防控长效机制,确保法官清正、司法廉明。

记者:以法律思维推进商事审判,用法治方式保障经济发展,这个任务最终要落实到从事商事审判工作的广大法官身上,对商事审判法官也提出了更高的要求。请问如何加强商事法官的队伍建设以适应新形势、新任务的挑战?

宋晓明：社会经济形势的发展，党和国家对政法队伍、对我们从事商事审判工作的法官也有着更高的期待和要求。在刚刚结束的全国政法工作会议上，中央政治局委员、国务委员、中央政法委书记孟建柱同志提出，政法机关要提升五个能力，即着力做好新形势下群众工作能力、维护社会公平正义能力、新媒体时代社会沟通能力、科技信息化应用能力和政法队伍拒腐防变能力。这几个能力要求是对全体政法干警的能力要求，也是我们加强商事审判法官队伍建设的重要目标和要求。与此同时，我们还应当看到，鉴于商事审判工作的特殊性，我们还需要从以下几个具体方面加强商事法官队伍的职业化和专业化建设：

一是提高执法办案的能力。首先，是法律适用能力。从事商事审判工作的法官不仅应当熟悉乃至精通民商事法律的基本规定，还应当具备良好的法学理论素养，熟练掌握法律解释方法、法律推理方法。其次，是庭审驾驭能力。庭审是整个诉讼活动的中心，法官庭审能力的高低直接影响案件审理的质量和效果。良好的庭审驾驭能力是查明案件事实，各方当事人充分发表诉辩意见的重要保证。再次，是判词撰写能力。法院和法官通过运用法律解释、法律推理、法律论证以及证据的搜集、审查判断等司法技术、手段和方法，最后作出的司法判决，既是司法审判的结果，也是司法过程的载体。判决通过法律解释、漏洞补充，使法律规范具体化、明晰化，厘清当事人权利义务的边界，并成为法制教育、法制宣传的重要窗口。我们将着力抓好裁判文书事实认定和说理论证工作，努力提高商事法官的裁判文书撰写水平，切实做到以理服人、以案明法。最后，是大要案的协调能力。商事案件标的额大，有的案件涉及数以万计的企业职工的工作岗位和生存，有的案件对地方经济发展有着至关重要的影响，有的案件将直接涉及资本市场的稳定和波动，对这些疑难复杂的重大案件，往往不能简单地一判了之，而是要在多方之间反复做好沟通协调工作，才真正能够做到案结事了。商事法官不仅要具备法律知识，还要具备社会常识，不仅要具备依法判案的能力，还要具备沟通协调的能力，必须不断提高和增进处理复杂案件和疑难问题的沟通协调能力，才能更好地适应社会经济发展和司法审判工作的需要。

二是掌握市场经济规律的能力。商事审判所直接接触的对象是市场主体，纠纷的主要内容是市场交易行为，而商事法律本身很多也是市场交易规则的法律化。要科学妥当地审理好商事案件，不仅要对民商事法律规范有着较为深入的研究和理解，还要真正熟悉和了解市场交易本身，才能确保所作出的判决符合社会经济发展的实际和市场经济的客观规律。从这个意义上来说，商事法官既要有法律思维，也要有经济思维。首先，要了解和熟悉特定行业的运营模式、交易方式。对证券、期货、信托等高度专业化的行业，如果不了解其市场运营模式、交易操作方式，就难以用法律工具和原理妥当地处理商事纠纷。其次，要提高知识更新的能力。创新是市场的推动力，商事法官如果不能及时更新自身的知识结构，刻舟求剑必不可免。唯有及时补充新知识、更新知识结构，才能适应日新月异的市场经济发展。

三是综合调研的能力。商事审判所处理的诉讼争议与我国市场经济的改革发展基本同步。这些争议问题在法律上大多并没有直接的法律规定。不少新类型个案的审理，不仅是个案争议解决的重要方式，也是促进市场交易规则形成的重要途径。这就要求我们，首先，要具备洞察新问题的能力，增强对疑难复杂问题的敏感性。其次，是参与立法、修订法律以及为国家有关部门制定政策提供法律支撑的决策能力。就商事司法实践中发现的经济运行中的重大问题或人民法院难以化解的其他问题,及时向中央、全国人大或国务院相关部门提出司法建议。要配合相关部门健全市场经济法律制度,积极参与经济社会管理顶层设计,切实履行好商事司法的政治责任、法律责任和社会责任。再次,起草司法解释或者司法政策的能力。就最高人民法院从事商事审判工作的法官而言,我们不仅要能够执法办案,而且还要重视民商法理论素养的提升,注意从个案中总结和提炼裁判规则,以良好的审判业务经验和法学理论功底承担起起草、制定司法解释和司法政策的能力,以确保我们起草、制定的司法解释、司法政策符合审判实践的需要,经得起法学理论的检验。平时要密切关注党和国家的大政方针,及时追踪宏观经济形势变化,能够起草和制定司法政策,有效运用司法政策的方式服务党和国家的经济建设大局。

四是授业解惑的能力。对最高人民法院和高级人民法院的商事法官而言,还承担着加强法院系统的培训任务。我们也将定期举办商事条线的法官培训工作。这就要求我们最高人民法院和高级人民法院的商事法官在提高自身审判业务能力的同时,还要提高讲课培训的能力,这种能力不仅仅来源于语言表达能力,更来源审判业务的积累,要靠扎实的基本功。

针对近年来商事审判队伍人员变化较大的状况,我们将进一步加大商事法官的培训力度,引导法官遵循商法规律,强化商事裁判意识,切实按照商法规则正确解决矛盾纠纷。同时,深化调研指导工作,加快解决商事审判一线中的疑难问题。我们将通过公共邮箱、下级法院"批发式"汇报等形式收集商事审判实践中的疑难法律问题,并采取恰当方式及时答疑;适时开展"下沉式"指导,将对下指导作为重要的工作内容,充分利用到下级法院办案等机会进行工作指导和专项调研指导。

党的十八大为全国人民勾画出了全面建成小康社会的美好蓝图,也为我们深入推进人民法院的商事审判工作指明了方向。我们将同全国法院的商事审判法官一道,以高度的责任感和使命感,攻坚克难,勇于担当,以法治思维推进商事审判工作,用法治方式保障经济发展,充分发挥商事审判工作的职能作用,努力为社会主义市场经济的繁荣发展和全面建成小康社会的目标作出更大贡献!

最高人民法院民事审判第二庭
近两年发回重审、指令再审案件审理情况

（2013年1月）

一、基本情况

2011年最高人民法院民事审判第二庭（以下简称民二庭）发回重审案件14件，无指令再审案件。同期民二庭收案239件，发回重审案件占民二庭2011年收案总数的5.9%。截至目前，根据相关法院反馈的情况，该14件案件中，下级法院审结7件，其中改判2件，移送管辖2件，另3件最高人民法院以事实不清、证据不足发回重审，下级法院重审后维持原判。

2012年民二庭发回重审、指令再审案件15件，其中发回重审12件，指令再审3件（均为适用破产程序案件）。同期民二庭收案213件，发回重审、指令再审案件占民二庭2012年收案总数的7%。截至目前，根据相关法院反馈的情况，该15件案件中，下级法院已审结3件。这3件案件最高人民法院均以再审申请符合法律规定为由指令再审，下级法院再审后维持原判。

二、案件主要类型及发回重审、指令再审的主要原因

2011年、2012年发回重审、指令再审的29件案件中，借款合同纠纷10件，股东权、股权转让纠纷5件，企业法人破产还债案件3件，委托合同纠纷2件，买卖合同纠纷1件，担保合同纠纷1件，财产损害赔偿纠纷1件，其他合同纠纷6件。

2011年、2012年发回重审、指令再审的29件案件中，以事实不清、证据不足为由发回重审18件，占62%；以违反法定程序为由发回重审8件（其中以遗漏当事人为由发回重审6

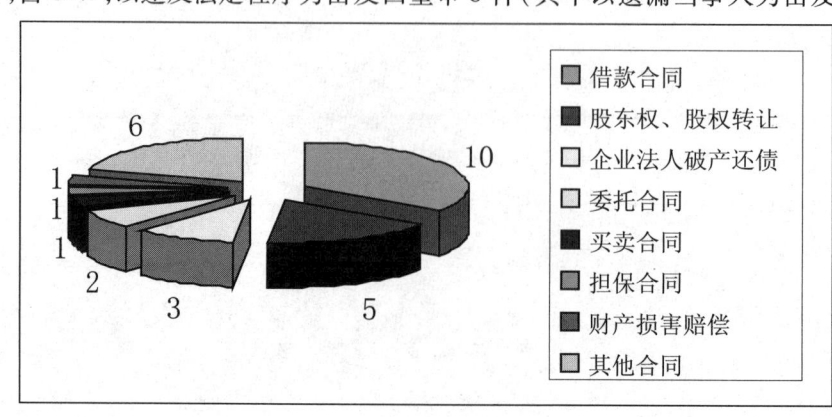

件),占28%;以适用法律错误为由指令再审3件,占10%。

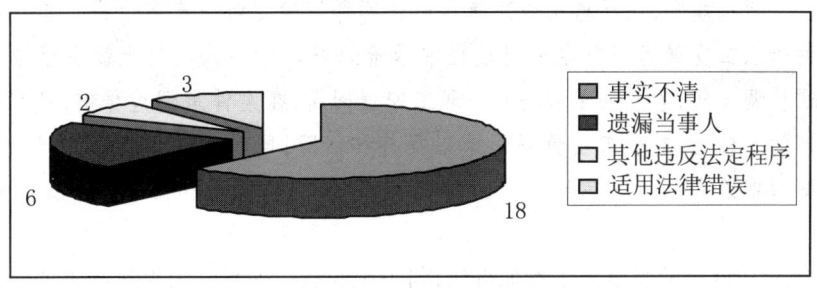

三、发回重审、指令再审案件中存在的主要问题

(一)程序问题

1. 企业法人解散但未清算、破产原因和强制清算原因竞合的情况下,债权人对于向人民法院直接申请债务人破产清算还是申请强制清算依法享有选择权。债权人申请强制清算符合法律规定,人民法院应当受理。

某公司被吊销营业执照后未依照《公司法》第一百八十四条的规定成立清算组进行清算,该公司债权人依据上述规定和《最高人民法院关于适用〈中华人民共和国公司法〉若干问题的规定(二)》第七条的规定,向人民法院申请强制清算。一、二审法院均以该公司经人民法院强制执行无法清偿债务,其已出现不能清偿到期债务且明显缺乏清偿能力的破产原因为由,裁定不予受理该强制清算申请。最高人民法院审理认为,虽然《企业破产法》规定企业法人不能清偿到期债务且明显缺乏清偿能力系债务人破产原因之一,但在企业法人解散但未清算、破产原因和强制清算原因竞合的情况下,债权人对是向人民法院直接申请债务人破产清算还是申请强制清算依法享有选择权。债权人依法申请强制清算后,如经清算,债务人财产足以偿还全部债务的,人民法院应当在债务人财产清偿全部债务并分配剩余财产给出资人后依法裁定终结强制清算程序;如经清算,债务人财产不足以清偿全部债务的,除清算组依据《最高人民法院关于适用〈中华人民共和国公司法〉若干问题的规定(二)》第十七条的规定依据其与全体债权人协商确定的清偿方案清偿债务的外,清算组应当依据《公司法》第一百八十八条和《企业破产法》第七条第三款的规定,向人民法院申请破产清算。该公司债权人的强制清算申请符合法律规定,人民法院应当受理该申请,并及时组织清算组进行清算。

2. 对破产申请的审查应当严格依照《企业破产法》及相关司法解释进行审查,当企业法人具备破产原因、适格的当事人提出破产申请时,不能以职工安置等原因裁定不予受理。

申请人受让的债权合法有效且未获清偿,被申请人作为债务人的连带保证人应承担连带清偿责任,并已为人民法院生效判决确认。被申请人未清偿到期债务,经法院强制执行后仍无财产可供执行,符合《企业破产法》第二条第一款、《最高人民法院关于适用〈中华人民共和国企业破产法〉若干问题的规定(一)》第四条第一款第(三)项的规定,应认定被申请人已经具备破产原因。但一、二审法院以维护职工权益、破产可能造成不稳定因素为由裁定不予受理破产申请。最高人民法院审理认为，《企业破产法》及相关司法解释对破产申请受理条件有明确规定，应严格按照法律和司法解释的规定对破产申请进行审查并决定是否受理。关于职工安置问题应在审理过程中尽量做好与债务人及其上级主管单位和有关部门的沟通协调工作，争取妥善解决有关职工安置问题；在案件审理过程中，可在追收扩大债务人财产的基础上，对职工安置费予以提存和保障；同时，亦可与申请人进行协调，通过执行和解对申请人进行一定比例清偿等方式，以实现债权人和债务人双方主体利益的平衡。

3. 必须参加诉讼的当事人未参加诉讼，与争议的法律关系并无直接利害的当事人参加诉讼并无必要。

案外人A公司作为股权受让方先与股权转让方王某签订股权转让合同并已着手经营目标公司。股权转让方王某后又与陈某另行签订股权转让合同并产生诉讼。原审判决原股东王某将股权变更给陈某，直接影响到A公司的利益。A公司因与本案的争议有直接利害关系应当参加本案诉讼。A公司在二审中申请以第三人身份参加诉讼并获准参加了庭审。但二审判决未将A公司列为当事人但又对A公司与原股东间的纠纷进行了一些审理，存在程序违法。此外，本案是股权转让合同纠纷，当事人各方均认可系对目标公司的股权进行转让而非资产转让，原告起诉并未向目标公司提出其他诉讼请求，所以原审追加目标公司为共同被告并无必要。

4. 原审漏列当事人，导致案件事实无法查清。

保证人对于主债务数额提出异议，而债权人未能提交充分证据予以证明。由于原审中借款合同主债务人未参加诉讼，相关证据未经主债务双方当事人质证，致使主债务是否属于借新还旧，是否还存在其他还款等事实无法查清。而上述事实不仅关系到保证人承担保证责任的范围，还决定着保证人向主债务人行使追偿权的范围，该判决结果与主债务人之间存在利害关系。依照《民事诉讼法》的相关规定，应追加主债务人参加诉讼。原审法院驳回保证人关于追加主债务人为本案当事人的申请不当。

5. 基于系列案件审理的特殊性，为妥善解决纠纷，应当追加当事人。

在A公司系列案中，A公司先实施销售从贸易商处获得资金，再从贸易商或代理商处以高于销售价回购同批货物，以此方式进行短期融资，贸易商则以代理费的名目获得融资收益。整个交易过程中只有票据和资金流转，没有实物交付。案件争议的焦点问题就是这种交易模式的实质是"买卖"还是"融资"。最高人民法院在（2008）民二他字第29号和在（2010）民提字110号案件中均认定其实质是企业间融资。综观涉及该公司的其他类似案件，不论审理结果如何，其法律事实、交易模式均相同，其诉讼当事人均为三个交易方，A公司均作为被告参加诉讼。本案当事人虽曾提出追加申请，但一、二审法院均没有追加A公司参加诉讼。A公司与本案的审理结果存在法律上的利害关系，依据《民事诉讼法》的相关规定以及系列案件的审理情况，为查清事实，正确适用法律，妥善解决纠纷，本案应当追加A公司作为第三人参加诉讼。

6. 有限责任公司外部增资过程中，新增股东请求确认股东身份和基于股东身份请求公司盈余分配，是确认和给付并存之诉，确认之诉是给付之诉的前提。当一审未确认新增股东股东身份,二审认为应当确认其股东身份时,为避免公司盈余分配之诉一审终审,案件应当发回重审。

余某作为战略投资者具备公司新增股东的股东资格,应当享有股东权益,进而享有公司盈余分配权。公司盈余分配请求是在确认股东身份并完成股权变更和股东身份登记,查明公司具体分红事实的基础上,人民法院方可判决支持。一审法院驳回余某股东身份确认之诉,并没有查明公司应分配盈余数额。该事实是二审基于对案件新的认识而出现的,如果二审直接判处,意味着关于公司盈余分配的民事诉讼一审终审,违背了两审终审制的司法原则,案件应当发回重审。

7. 公告送达程序存在瑕疵,影响当事人行使诉讼权利。同时,原审违反级别管辖规定,应当移送有管辖权的人民法院审理。

一审法院按原告起诉状所列被告名称公告送达并缺席审理,但事实上注册为该名称的公司并不存在。一审裁判文书所列当事人名称与公告送达的当事人名称存在差异,公告送达程序上存在瑕疵,影响了当事人行使诉讼权利。同时,该案诉讼标的额未达到一审法院级别管辖标准,一审法院直接受理违反了《最高人民法院关于严格执行高级人民法院受理第一审民商事纠纷案件级别管辖标准问题的通知》(法〔2002〕23号)精神,应当发回重审并移送有管辖权的人民法院审理。

8. 原审违反法定程序,案件应当发回重审。

一审法院作出一审判决前,审理该案的合议庭审判长已被同级人大常委会免去其审判职务。当事人上诉明确提出一审合议庭审判长在调离后仍以合议庭成员名义在判决书上署名。本案一审程序存在重大瑕疵,违反了《民事诉讼法》的相关规定,应当发回重审。

(二)实体问题

1. 原审判决以不可抗力为由认定当事人不承担责任,但对不可抗力的事由是否持续存在没有查明,判决所依据的事实不清。

一审法院以不可抗力为由认定违约的一方当事人不承担责任,但对该当事人未按约供电是否均可归因于不可抗力以及不可抗力的事由是否持续存在并未查清。一审法院应在重审中查清不能供电的原因,以及水库蓄水量与发电不足之间的关系,并对停、断电的具体原因予以核实,在此基础上分清责任,依法处理。

2. 金融机构自办经济实体脱钩后,接管方系基于何种法律关系接管应当查明,否则判决接管方承担责任缺乏事实及法律依据。接管方实际接管资产范围以及是否存在低价处置接管资产的行为,与接管方承担责任大小密切相关。

某资产管理公司与某银行签订协议,负责对该银行原自办经济实体某房地产公司的财产进行管理和处置。资产管理公司对该房地产公司的资产进行处置的行为,是基于银行的委托还是自行接收并独立处置,该民事行为的性质如何,一审法院并未进行审理。此外,资产管理公司如果低价处置了房地产公司的土地,必然造成其对外偿债能力的降低,构成对相关债权人的利益侵害,依法应当承担赔偿责任。所以,本案应查清资产管理公司是否低价处理了房地产公司的财产,低价处理的具体数额应予确认,在此基础上判断是否损害了房地产公司债权人的合法权益。原审法院没有考虑资产管理公司的法律地位,也未考虑其实际接管资产范围以及是否存在低价处置接管资产的行为,直接判决资产管理公司在接收房地产公司财产范围内承担偿还责任确属不当。

3. 仅以本案事实认定和法律适用考量,原审判决虽无明显不当,但与关联案件的判决认定将形成根本冲突,导致当事人利益严重失衡。为协调案件处理、平衡当事人利益,案件应发回重审。

某欠款纠纷案件,所涉债务绝大部分是建设热电厂的项目资金。该项目是以甲公司借款给乙公司的形式,由乙公司组织建设。后双方以《热电厂资产收购合同》约定以资抵债,但收购合同被本案一审认定为未生效,故原审判决乙公司向甲公司清偿欠款。本案二审期间,一审法院在另案中作出终审判决,对热电厂归属于甲公司作出了明确认定,从而本案原审事实认定及处理结果将发生根本性转变。为防止两案判决发生根本冲突,导致当事人利益严重失衡,本案应发回原审法院重新审理,由原审法院在重审中协调两案处理。

4. 当事人主张的法律关系的性质或者民事行为的效力与人民法院根据案件事实作出的认定不一致的,应当向当事人释明并询问是否变更诉讼请求,以切实减轻当事人诉累、彻底解决当事人纠纷。

A公司与张某为解决双方之间的股权争议签订了《和解协议》,后因《和解协议》的履行发生争议。当事人争议焦点在于《和解协议》的效力,原审法院在以下三点未向当事人释明,导致并不能妥善解决纠纷:第一,张某反诉主张《和解协议》因系欺诈及乘人之危而签订应当无效。根据《合同法》第五十四条的规定,欺诈及乘人之危情形下合同当事人仅得请求变更或者撤销合同。第二,《和解协议》中约定"期满张某未付清全款的,本协议失效",可见该协议的约束力还受张某是否付清款项的影响。原审法院应就该问题适时向当事人释明并作相应处理。第三,本案表面争议围绕《和解协议》,实质问题是双方的股权权益纠纷,A公司依《和解协议》起诉之目的仍是解决双方股权争议。所以,如果认定前述失效约定导致《和解协议》失效,A公司并不能获得《和解协议》中的权利,这与该公司的订约目的及诉讼目的均有较大出入,原审法院应向A公司释明其是否变更诉讼请求。

5. 一方当事人仅证明款项支付而未证明借款法律关系成立情况下,要求另一方当事人证明"借款关系不存在",属于举证责任分配不当。

某证券公司曾转款2亿元到某钢铁公司,后以借款法律关系提起诉讼。钢铁公司主张证券公司2亿元转款系证券公司代某投资公司履行归还委托理财款。证券公司起诉的请求权基础是借款法律关系,其除了证明付款的事实之外,还需要证明其与钢铁公司之间存在借款法律关系。一审法院在证券公司没有完成借款法律关系举证责任的情况下,将"借款关系不存在"的证明责任分配给钢铁公司,并认定因钢铁公司不能证明存在委托理财关系因而必定存在借款法律关系,判决钢铁公司承担举证不能的败诉后果。钢铁公司主张的事实是否成立,将影响投资公司对钢铁公司是否负有债务、该债务是否已经由证券公司代为履行等实体权利义务关系的认定。一审法院将"借款关系不存在"的举证责任分配给钢铁公司导致原来借款纠纷中的事实争议转化为是否存在委托理财关系纠纷中的事实争议,从而使得投资公司成为必须参加诉讼的第三人。因此,重审时应当依法追加投资公司作为第三人参加诉讼以查清事实。

6. 股权转让中，股权受让人未支付转让款但以有偿转让合同二次转让股权且未收取二次转让款，债权人对于提起撤销权诉讼或代位权诉讼有选择权。二次股权转让并非有偿转让的事实，尚不足以认定债权人的债权因此受到损害。应追加二次转让受让人为第三人以查清事实判断是否构成对债权人债权实现构成损害。

债权人 A 公司在一审中主张由于债务人 B 公司无偿转让股权对其造成损害，要求对债务人 B 公司向第三人无偿转让股权的行为行使撤销权。债务人 B 公司与第三人的股权转让合同明确约定了转让价款、付款期限等内容，但第三人未依股权转让合同支付对价。在此情形下，A 公司作为债权人是基于《合同法》第七十三条提起代位权诉讼，还是基于《合同法》第七十四条行使撤销权，法律并无禁止性规定。作为债的保全制度的两种方式，只要符合法定事由，债权人可选择行使。A 公司的债权是否因 B 公司的股权转让行为受到损害，其撤销权的行使范围是否超过其债权范围，均是 A 公司主张撤销权并应否得到支持的前提条件。基于此，仅以 B 公司与第三人之间的股权转让并非有偿转让的事实，尚不足以认定 A 公司的债权是否因此受到损害。追加二次转让受让人为第三人，有利于案件事实的查清及是否构成对本案债权人债权实现构成损害的认定。

7. 民事诉讼并不以当事人亲自到庭参加诉讼为必要，但当事人不到庭难以查明案件事实时，应当要求当事人到庭参加诉讼。

某案一、二审过程中，一方当事人范某均未到庭参加诉讼。虽然依据《民事诉讼法》有关规定，范某可以不亲自到庭，但本案中对方当事人反复提出范某未实际支付对价，以及本案可能涉及领导干部职务犯罪问题，范某不到庭难以厘清相关事实。在此情况下，一审法院仅依据《煤矿投资权利及股份权利确认合同书》第一条、第二条的相关约定，认定范某对煤矿进行了投资，依据不足，属认定事实不清。应在重审中，以要求范某出庭应诉等方式，进一步查明其对煤矿投资的具体情况。

四、相关工作打算

从 2011 年、2012 年民二庭发回重审、指令再审案件审理情况及下级法院反馈的情况看，部分法院在商事审判工作中仍然存在事实认定不清、法律适用不当、诉讼程序不严谨等问题，一些案件发回重审、指令再审后，下级法院未彻底领会上级法院发回缘由和意图。为解决上述存在的问题，我们将在今后抓好以下几个方面的工作：

1. 事前沟通。建立上下级法院意见交换机制，对拟发回重审、指令再审的案件，在发回重审、指令再审之前与下级法院进行沟通，进一步了解案件相关背景，更加全面准确把握案情。

2. 理由公开。落实发回重审、指令再审理由公开制度，进一步研究发回重审、指令再审法律文书的写作模式，对发回重审、指令再审的理由和依据，原则上在发回重审、指令再审的裁定书中详细阐明。根据案件具体情况确不宜公开理由的，也应当以内部函形式予以说明，为下级法院重审或再审提供参考。

3. 事后跟踪。建立案件跟踪反馈机制，对于发回重审、指令再审案件的审理情况进行追踪,要求下级法院及时反馈案件审理信息,及时报送案件审理结果。实现下级法院重审、再审信息反馈及时化,切实做到发回重审、指令再审的案件情况清、底数明。

4. 分析通报。加强发回重审、指令再审案件数据统计和分析研判工作,及时发现问题,总结经验教训。对发回重审、指令再审案件审理情况、存在的问题定期分析通报,并使之常态化,充分发挥对下指导和示范作用。

5. 加强培训。针对问题,有的放矢,加强培训工作。将工作中存在的关键事实不清、法律适用错误、违反法定程序等突出问题归纳、整理,作为今年全国法院商事审判培训班重点培训内容之一。此外,通过派员参加地方法院培训授课、开展工作座谈等形式,指导下级法院切实加以改进。

【商事审判专论】

公司担保的法律解释论

周伦军[*]

公司担保[①]的效力问题,因学界和实务界长期未能形成一致看法,已经成为法解释学上的一个著名问题。如何根据新《公司法》的规定适当调整《最高人民法院关于适用〈中华人民共和国担保法〉若干问题的解释》(以下简称《担保法司法解释》)第四条、第十一条的内容,是《物权法》担保物权编司法解释起草和论证工作中的一个重要问题。笔者不揣浅陋,撰文如下,权充引玉之砖。

一、同一法律规则的多元化解释迷局

对新《公司法》确立的公司对外担保的决议机制、公司为股东或实际控制人提供担保的特别决议机制以及上市公司对外重大担保事项的审议机制等法律规则是否影响公司对外担保的效力,持论者以《公司法》第十六条的规定为核心,循着不同的解释路径,得出了不同的解释结论。

1. 代表权限制说

这种解释路径认为,该条规定系对公司代表权的限制,对于代表人越权代表所签的担保合同效力,形成了三种意见:

(1)无权代表无效说。该观点认为,新《公司法》第十六条对于法定代表人或授权代表人在担保事项上的代表权作出了明确的限制。这种法定限制应当推定交易相对人是知晓的,因此对凡未经董事会或股东(大)会决议的,应推定交易相对人知晓代表权有瑕疵,担保行为无效。[②] 债权人对担保合同的无效亦具有过错,其要求担保人承担的赔偿额不得超过全部损失的1/2。[③]

---

[*] 最高人民法院民事审判第二庭法官。
[①] 需要说明的是,本文所讨论的公司担保的主体是一般意义上的普通公司,并非指以开展担保业务为目的而设立的担保公司。此外,一人公司因一般不设股东会和董事会,亦不在本文的讨论范围之内。
[②] 赵旭东:《中国大陆上市公司转投资、担保、借贷的法律问题》,载王保树、王文宇主编:《公司法理论与实践——两岸三地观点》,法律出版社2010年版,第155页;甘培忠:《企业与公司法学》,北京大学出版社2007年版,第245页;刘俊海:《新公司法的制度创新:立法争点与解释难点》,法律出版社2006年版,第108页。
[③] 李建伟:《公司关联担保规制的制度变迁与政策选择》,载《商事法论集》2006年第2期,法律出版社2006年版。

(2)无权代表未生效说。该观点认为,对于凡未履行公司内部决议程序或违反公司章程规定的公司担保,均应认定为未获得公司权力机构对担保的授权,担保合同未生效,由公司承担缔约过失责任,交易相对人不能证明其尽到充分注意义务的,应承担相应的过错责任。①

(3)一般担保和关联担保代表权区别说。该观点认为,新《公司法》第十六条第一款和第一百二十二条为一般担保中关于公司内部的决策程序限制,不构成对公司外部关系上代表权的法律限制,对交易相对人不具约束力。第十六条第二、三款是为关联担保中关于公司内部的决策程序控制,鉴于立法强调其规范关联担保的重要性,应当认定构成对公司代表权的法律限制,可以通过向交易相对人分配合理适当的审查义务,规范关联担保,但审查义务不宜要求过苛。此外,如果关联担保交易对公司利益没有损害的,条款的立法目的已经达到,不应再以交易相对人未履行审查义务而否定担保合同的效力。②

2. 规范性质识别说

这种解释路径,是从该条规定的规范性质系效力性规范抑或管理性规定入手来界定公司担保的效力,在这一框架下又形成了不同的分支:

(1)管理性规范一体说。该观点认为,对《公司法》第十六条,第一,该条款并未明确规定公司违反上述规定对外提供担保导致担保合同无效;第二,公司内部决议程序,不得约束第三人;第三,该条款并非效力性强制性的规定;第四,依据该条款认定担保合同无效,不利于维护合同的稳定和交易的安全。③

(2)一般担保和关联担保规范性质识别说。该观点认为,应区别新《公司法》第十六条规定的两种情形:第一款是关于公司为股东或实际控制人以外的其他人提供担保的规定,立法原意是保证交易安全,约束董事和高级管理人员,性质为管理性强制性规范,不属于效力规定,担保合同有效;第二款关于公司为股东或者实际控制人提供的担保为关联担保,则为效力规定。④

3. 内部限制说

这种解释路径,是从公司内部关系和外部关系区分的角度,来界定公司担保的效力。该观点认为,公司内部意思形成过程,是公司内部的事情,相对人在与公司交易时没有义务弄清楚公司意思是如何形成的,是否经过了正当程序。所以,对一般担保,尽管未经董事会、股东(大)会决议,也不能一概以此为由主张无效。关于关联担保,即使未经股东会决议,也不宜笼统认定该担保无效,应当根据不同情形分别判断:对封闭性公司(有限公司、未上市的股份公司),由于股东人数少,股东通常兼任公司董事或高管,管理层与股东并未实质性地分离,股东对公司重大事项仍有一定的影响力,该类事项即使未经股东会决议,但通

---

① 叶林:《公司法研究》,中国人民大学出版社2008年版,第150页。
② 刘贵祥:《公司担保与合同效力》,载《法律适用》2012年第7期。
③ 《中建材集团进出口公司诉北京大地恒通经贸有限公司、北京天元盛唐投资有限公司、天宝盛世科技发展(北京)有限公司、江苏银大科技有限公司、四川宜宾俄欧工程发展有限公司进出口代理合同纠纷案》,载《最高人民法院公报》2011年第2期。
④ 王保树、崔勤之:《中国公司法原理》,社会科学文献出版社2006年版,第42页;耿林:《强制规范与合同效力——以合同法第52条第5项为中心》,中国民主法制出版社2009年版,第246页。

常也不违背股东的意志。况且封闭性公司不涉及众多股民利益保护、证券市场秩序维护等公共利益问题,因此,能否绝对地以未经股东会决议为由认定担保无效,值得商榷。对公众公司,则应当审查该担保是否经过股东大会决议同意,未经股东大会决议同意的担保,属于重大违规行为,侵害了众多投资者利益,扰乱了证券市场秩序,应当认定无效。①

学术分歧的存在和不同观点之间的争鸣与碰撞,对于学术发展而言无疑是一件令人欣慰的现象。但是,对公司担保这一审判实践中的日常问题来说,时至今日仍未形成共识绝非幸事。由于争议各方的持论依据不仅涉及到法人代表人行为的效果归属、法人内部关系与外部关系的区分等实体法制度的理论构成,还涉及到强制规范的区分和法效果评价这一方法论上的基本问题,更牵涉到公司、股东及债权人之间的利益衡平、保护交易安全、促进交易便捷等解释论和立法论相互交织的重大问题,有系统加以整理、检讨的必要。

二、比较法解释:立法例上的文本范式、学说和实务运作

海因·克茨教授指出,"在本国法律的进步过程中,经常细心研究并明智地评价其他国家解决类似问题的做法,虽然不一定是非做不可的工作,但肯定极为有益。这一点,是举世公认的道理。"②中国《公司法》的修订工作始于上世纪末,至 2005 年 10 月修订完成。在同一时期,美、英、德、法、日及我国台湾地区,几乎不约而同地开展了"底线竞争"式的公司法修订活动,我们有理由相信立法机关不会无视左邻右舍的这一大规模立法活动。为此,笔者选择首先以比较法上的素材切入,试图为本文的讨论构建一个恰当的参照背景。

(一)美国法

在英美法之传统观念中,基于股东主权的考虑,未经全体股东一致同意,禁止将公司财产无偿赠送他人,是公司法的一个基本原则。因此,传统理论认为公司为他人提供担保并非公司的固有能力(inherent power),因此,除非法律或章程明文规定公司可以从事担保业务,公司原则上不得为他人提供担保。详言之,在法律或章程没有明文规定的情况下,除非为他人提供担保的行为符合公司利益之外,不能视为公司的隐存能力(implied power),公司所为之不法保证,则被视为越权行为,若因此而受有损害,并得向为此种越权行为之负责人求偿。③ 因此,公司的担保被认为是越权行为,依照越权行为无效的原则,公司的担保也是无效的。

在"越权原则"盛行的时代,美国法原则上禁止公司对外担保。在"越权原则"被学说和实务抛弃后,公司对外担保才被允许。因此,现代英美公司法关于公司担保的讨论,虽然也使用越权的字样,但其关注的重点是代表人是否超越代表权限这一具体行为领域,而不是指公司对外担保是否超越了其权利能力。

---

① 张勇健:《〈公司法〉司法解释(三)解读》,载《商事审判指导》(2012 年第 1 辑,总第 29 辑),人民法院出版社 2012 年版,第 70~71 页。
② 这是海因·克茨教授在为孙宪忠教授所著《德国当代物权法》一书所做的序言中的内容,参见孙宪忠:《德国当代物权法》,法律出版社 1998 年版。
③ 刘连煜:《公司法理论与判决研究》,法律出版社 2002 年版,第 180 页。

对于公司保证行为的有效性,美国法院采用利益标准来判断,即衡量公司利益是否因担保行为而有所促进。在早期的案例里,当事人必须证明对保证人具有直接利益才符合此要件。这种严格解释的观点有时会导致不合理的后果。例如,因为公司的此项保证行为,有时足以促使被保证公司扩展公司业务,因而也连带地提供了保证公司更多与被保证公司生意往来的机会。这种因保证而给公司带来更多商机的情形,依据严格解释,此种"利益"乃属太过于遥远、间接而不可捉摸,因此仍会被认为是项保证不具效力。在后来的发展中,利益的解释有所扩大,间接利益也包含在其中。① 美国《纽约州公司法》第202条明确规定:如果对公司有利,公司有权为其他公司或个人的债务提供担保。《特拉华州普通公司法》第143条规定:董事会认为,如果向公司或者子公司的高级职员或者其他雇员提供贷款,为其债务提供担保或者以其他形式提供帮助,则可以合理地期待将给公司带来利益的,公司可以提供此类贷款、担保或者帮助。②

法院在判例中更发展出一种具体的认定标准,以判断利益是否存在。这一认定标准是在公司董事们的经营判断下,看公司的担保行为是否为该公司业务经营"所必需的或附随的而确定"。随着时间的推移,此项限制性的解释方法也逐渐被淘汰,取而代之者乃是较为弹性的"合理之营业判断"标准。在对1971年版的《注释标准商事公司法》的评论中,有这样的解释:假如保证公司之董事会,基于善意及合理之营业判断,认为从保证行为所得之利益足以使因保证产生之责任正当化,则此项保证即应被判定为有效。这都是利益标准的表现。

同时,对企业集团内部的关联担保,即母公司对子公司、子公司对母公司以及同属一个集团的一家公司为另一家姐妹公司提供担保的情形,美国法院也基本上都持许可的态度。

在美国各州的公司立法中,一个值得重视的立法动向是关于公司担保的"安全港"条款的出现。公司对外提供担保原则上是公司董事会的权限,但为避免董事会决议面临利益标准的司法审查所带来的不确定性,一些州法律更进一步创造了"安全港"条款,以确保一定条件下的公司担保行为的有效性。这些"安全港"条款规定,即使在并非为"促进公司目的"的情形下所提供的担保,只要一定数量以上的股东批准这一担保,则该担保仍属有效。如纽约州和新泽西州要求持有2/3以上股权的股东批准,而罗德岛则规定必须超过50%以上股权的股东批准。③ 这种立法方式,可以看作是对"未经全体股东一致同意不得将公司资产无偿赠送他人"这一古老公司法原则的现代修正。

(二)英国法

英国公司法原则上允许公司对外提供担保,只是在某些具体担保类型方面,出于资本维持和防范利益冲突的考虑,才对特定类型的公司担保加以限制或禁止。

《英国1985年公司法》明文禁止公司为其董事以及与董事利益相关的人员提供担保,但允许集团公司成员间以及控股公司与被控股公司之间相互作保。英国的公司法和判例

---

① 参见刘连煜:《公司法理论与判决研究》,法律出版社2002年版,第180页以下。
② 徐文彬等译:《特拉华州普通公司法(最新全译本)》,中国法制出版社2010年版,第44页。
③ 刘连煜:《公司法理论与判决研究》,法律出版社2002年版,第182页。

明确认可公司可以为其子公司提供担保(向下游的保证,downstream guaranty)、为其股东提供担保(向上游的保证,upstream guaranty)、为姊妹公司提供担保(横向的保证,cross-stream guaranty)。至于个案中的担保行为是否有效,英国法院认为仍须视该担保行为是否为该公司利益而定,如果关联担保是为了整个企业集团的利益而不是公司的利益,则非法所允许,自不生效力。①

作为欧盟成员,英国公司法也受到欧共体指令的影响。《欧共体第2号公司法指令》第23条规定:他人购买公司股份时,禁止公司提供资金、借款或为其提供担保。这一规定主要是出于资本维持原则的考虑,其基本逻辑为:基于资本维持原则,公司不得随意买回自己股份;如果公司能够对他人买入公司股份的行为提供财务资助,资本维持原则将就此被攻破。除此之外,该指令并未限制公司从事其他的对外担保行为。② 根据这一规定,《英国2006年公司法》第677条至683条就公司对于买进公司股份的人提供财务资助的事项进行了规范。③

根据第677条的规定,所谓财务资助包括:赠与;保证、担保或补偿;免除债务或放弃债权;贷款或其他协议,根据该协议资助人的任何义务将被履行而其他当事人的任何义务仍未履行,或者因贷款或其他协议而产生的权利更新或转让;任何其他导致公司净资产实质性减少或没有净资产的财务资助行为。所禁止的财务资助行为主要是针对公众公司支持他人取得自己公司的股份和公众公司为取得其私人控股公司的股份所提供的财务资助。第678条规定:当一个人正在或计划取得公众公司的股份时,该公司或其子公司不得为协助之目的而直接或间接提供财务资助。同理,任何人因取得公众公司股份而使自己或他人负担债务,该公司或其子公司不得直接或间接提供财务资助使其减轻或免除清偿责任。第679条规定:但一个人正在或计划取得私人公司的股份时,该私人公司的子公司若为公众公司时,该公众公司不得为购买股份行为提供直接或间接的财务资助。第680条规定,被禁止的财务资助构成犯罪。与此同时,为缓和这一严苛的规定,该法也规定了例外条款。

为防范董事与公司之间可能存在的利益冲突,《英国2006年公司法》针对董事与公司之间的交易作出了详细规定,改变了《英国1985年公司法》禁止为董事及其利益相关人员担保的立场,对于重要交易要求必须经股东同意。关于股东同意的议事规则,该法并未特别规定,应该是简单多数即过半数股东同意即可。

所谓重要交易,包括董事与公司之间的服务合同、重大财产交易、贷款、准贷款和信用交易以及董事失去职务的支付四个方面,限制公司担保的内容体现在贷款、准贷款和信用交易的相关规定中。

该法第197条规定:非经公司股东的决议批准,公司不得对公司或其控股公司的股东提供贷款,或者提供与任何人对该董事的贷款相关联的保证或担保;如果董事是公司之控股公司的董事,交易必须同时经被控股公司股东的决议批准。第198条规定,对于公众公司或者与公众公司相关联的公司,除非交易已经被公司股东的决议批准,不得对公司或其控股

---

① 参见刘连煜:《公司法理论与判决研究》,法律出版社2002年版,第183页。
② Second Council Directive 77/91/EEC;OJ L26/1.
③ 葛伟军译:《英国2006年公司法(2012年修订译本)》,法律出版社2012年版,第431~437页。

公司的董事提供准贷款①或提供与任何人对该董事的贷款相关联的保证或担保;如果董事是控股公司的董事,交易必须同时经被控股公司的股东的决议批准。第200条规定,公众公司或者与公众公司相关联的公司,非经公司股东的决议批准,不得对与公司或其控股公司的董事相关联的人提供贷款或准贷款,或者提供与任何人对与该董事相关联的人的贷款相关联的保证或担保;如果相关联的人是与公司的控股公司的董事相关联的人,交易必须同时经被控股公司成员的决议批准。第201条规定,公众公司或者与公众公司相关联的公司,非经公司股东决议批准,不得为公司或其控股公司的董事或者与该董事相关联的人的权益,作为债权人而签订信用交易,或者提供与任何人为了该董事相关联的人的权益而签订的信用交易相关联的保证或担保;如果董事或相关联的人是公司的控股公司的董事或与该董事相关联的人,交易必须同时经被控股公司股东的决议批准。为保证上述规定的实施,第203条还针对可能出现的规避行为作出了禁止规定。

对违反上述规定的法律效果,《英国2006年公司法》一方面规定了公司的撤销权及其限制、归入权和损害赔偿请求权,同时也规定了后续确认的效力。

关于公司的撤销权、归入权和损害赔偿请求权,该法第213条规定:公司违反第197条、第198条、第200条、第201条或第203条而签订交易或安排时,公司有权申请撤销上述交易或安排,除非(a)归还系交易或安排至标的任何款项或其他资产不再可能;(b)从交易或安排中产生的任何损失或损害,公司已经得到了赔偿;(c)不是交易或安排一方的人在不知道违反的情况下善意有偿取得的权利,将受到撤销的影响。而且,无论交易或安排是否被撤销,对此负有责任的公司董事或与董事相关联的人均负有将其直接或间接获取的收入归还公司,并对公司因此所受的任何损失或损害承担连带责任。

关于后续确认的效力,该法第214条规定,如果相关的交易或安排在合理的期间内被相关公司的股东会决议确认,则相关的交易或安排不得再根据第213条被撤销。从规范体系的角度,第213条和第214条的规定实际上是对该法第41条关于涉及董事或其关联人交易的规定的具体化,二者在逻辑上是一贯的。

有学者指出,《英国2006年公司法》对贷款、准贷款或信用交易的修正规定,在某种程度上是将所有公司与董事之间可能发生的重大交易进行同质化的处理,但这一制度设计对债权人的保护并不充分。尤其是当经营者与股东同一时(此时取得股东同意易如反掌),公司却可以通过贷款或其他方式掏空公司资产,无疑是降低对债权人的保护。一旦公司未来因此进入破产程序,债权人至多仅能依据不法交易追究董事责任,而不法交易之诉究,现实上并不容易。因此,对债权人的保障仍属有限。②

---

① 根据《英国2006年公司法》第199条的规定,准贷款是指债权人并非基于协议而给付或者同意为借款人给付一定金额;或者,偿还或同意偿还第三人因借款人而产生的费用。债权人的这种行为是以将来借款人会偿还自己为前提,或者使借款人负有偿还债权人之义务。准借款的对象不限于借款人本人,也包括所有同意将为借款人偿还债务的人。

② 曾宛如:《论公司之转投资、保证与资金贷放》,载王保树、王文宇主编:《公司法理论与实践——两岸三地观点》,法律出版社2010年版,第166页。

(三) 日本法

2005年通过的《日本公司法典》第356条规定：不设立董事会的股份公司，董事在股份公司为董事的债务提供担保时，须在股东大会公开有关该交易的重要事实，并得到其承认；设立董事会的股份公司，董事在进行前述交易时，须在董事会公开该有关交易的重要事实，并得到其承认。第595条规定：持份公司（无限责任公司、两合公司、合同公司）的业务执行股东，在由持份公司担保业务执行股东的债务时，须就该交易得到该股东之外的其他股东的过半数的承认，但章程另有规定时除外。①

在日本法上，就公司代表人未经董事会或股东会决议的情况下为董事债务对外提供保证其效果是否归属于公司的问题，在限制利益相反的交易这一忠实义务的制度框架下，形成了"相对无效说""内部限制说"和"效果不归属说"三种见解：②

"相对无效说"认为，立法之所以规定代表人从事的利益冲突交易需要董事会或股东会的同意，是为了限制代表人的代理权。因此，当代表人未征得决议机关之同意的情形下所为之利益冲突交易，构成无权代理，交易的效果不归属于公司。但是，为保护交易安全，只有在相对人明知没有经过必要的决议同意的情况下，公司才可以主张效果的不归属。这是日本判例所采纳的见解，也是学界的主流学说。

"内部限制说"认为，之所以规定利益冲突交易需要规定的机关同意，只不过是为了确定法人的内部义务而已，并不是为了制约代表人的代理权。因此，无论是否经过必要的机关决议，代表人实施的行为原则上均归属于法人。其理由在于主要是交易安全的考虑，因为如果按照相对无效说，对于从相对人处转受让之人只能通过民法94条2款、192条关于善意第三人保护、善意取得制度等获得保护，可能危害到交易安全。同时，由于该代表人的行为通常构成代理权的滥用，在多数情况下，直接的相对人或者明知或者能够容易地知晓，该意思表示对公司不生效力，这样对法人的保护不至于过于单薄。这种观点，主要是日本商法学界部分学者的主张。

"效果不归属说"认为，对公司的代表人未经决议机关同意而实施的利益冲突交易行为，公司可以主张效果的不归属，但相对人主张、举证自己就未获得必要的同意一事为善意且无重大过失时，不认可法人主张的效果不归属。这是以日本民法学者为中心的民法（债权法）改正检讨委员会在2009年发表的"债权法改正基本方针"中提出的方案。这一提案的要点在于将民法第108条关于自己代理、双方代理的规定修改为调整利益冲突交易的一般条款，利益冲突交易被视为忠实义务的违反，其效力不是无权代理，而是采用效果不归属之主张的构成——"本人可以主张该行为对自己不生效力"。对于违反忠实义务的行为，相对人通常知道，即便不知，至少也有重过失。为此，应当允许证明责任的转换，认为在相对人主张、举证自己为善意且无重大过失时，不认可本人主张效果的不归属。

---

① 该规定系在原商法典和有限公司法的基础上修订而来：《日本商法典》第265条规定，公司担保董事的债务需要得到公司董事会的同意；《日本有限公司法》第30条规定，在公司为董事的债务提供保证时，需得到股东大会的同意。

② 参见[日]山本敬三：《民法讲义·总则》（第三版），解亘译，北京大学出版社2012年版，第298~400页。

(四)我国台湾地区

台湾地区1931年实施的"公司法"第23条规定:公司除依其他"法律"或公司章程规定以保证为业务者外,不得为任何保证人。第24条规定:公司负责人违反第22条或第23条之规定时,得各科二千元以下之罚金,并赔偿公司因此所受之损害。其情节重大者,并得撤销其登记。由于该条规定并未明确公司负责人违反该条规定提供保证的效力如何,实践中存在疑义。因两岸文化同源,故对台湾地区的公司担保制度的实际运作,下文分为"司法解释"、判例、"法律"修订活动和学术研究动态等几个方面详细讨论。

1. 两个重要"司法解释"

关于该条的法律适用,"司法院大法官会议"曾经两次作出"司法解释":①

(1)"司法院大法官会议"1939年院字第1931号。

1939年,浙江省财政厅致函浙江高等法院,函称:查各县田赋征收人员之任用,应取具殷实商铺保证,为浙江省田赋征收细则第12条所规定。惟各县所送之保证书内,其保证商号有为公司或普通商号者,而其店主姓名栏内,则由公司之董事长或公司之经理或公司之董事或公司之股东或普通商号之经理或普通商号之股东签名、盖章。设遇被保证者发生亏款舞弊情事,该保证公司或普通商号,是否负完全责任?本厅现正整理各县征收人员保证,上述各点,均关"法律"问题,相应函请查核见复为荷。

浙江高等法院认为:"公司法"第32条公司对于股东代表权所加之限制,不得对抗善意第三人。而"最高法院"1932年上字第1486号判例则谓:公司董事之代表权及公司经理之经理权,若加以限制,除有法定之情形外,固不得对抗善意第三人。然所谓代表权、经理权者,乃就其公司之一切事务,为该公司之董事或经理,依法而有代表或经理之权者而言。若其所代表或经理之事务,非公司之一切事务,即属无权代表或经理,即不问第三人是否善意,非经公司之特别委任或追认,自不能对于公司发生效力。又普通商号之经理人,依"民法"第557条经理权之限制,除第553条第3项、第554条第2项及第556条所规定外,不得以之对抗善意第三人。而"最高法院"1930年上字第1897号判例,则谓商号经理人或伙友,为人盖章作保,除经号东同意或追认外,无论有无特别习惯,其效力皆不及于号东。浙江省财政厅来函所称保证书,其签名、盖章者,倘未经公司之特别委任或追认及商号号东之同意,万一发生亏款舞弊情事,其保证责任是否应由公司或商号负担,诚属疑问。惟行政及司法机关常例,注重殷实商保。此种保证书,沿用已久,效力颇大。是否应从严格解释。因事关法律疑义,未敢擅断,特呈请"司法院"对此予以解释。

1939年10月3日,"司法院大法官会议"针对浙江高等法院的请示作出院字第1931号解释:"商号经理人所管理之事务,或商号合伙人所执行之合伙事务,各为关于营业上之事务。其依法对于第三人所得为之行为,应以关于营业上者为限。代表股份有限公司之董事或代表其他公司之股东,仅关于公司营业上之事务有办理之权,为人保证,除属于该公司或其他商号之营业范围,或依特殊情事可认为营业上之行为外,自无代为之权。如竟擅自为

---

① 相关的资料来源,参见 http://jirs.judicial.gov.tw/Index.htm。

之,对于该公司或其他商号不生效力。至'民法'第557条、'公司法'第32条,仅于限制经理权或代表权时适用之,若原非经理权或代表权范围内之行为,既无所谓限制,即无适用各该条之余地。"

(2)"司法院大法官会议"1956年释字第59号。

1955年,针对银行贷款催收因法院判决公司"脱保"导致困难的现实问题,台湾银行向台北市银行商业同业公会致函称:第一,查各银行以往贷款,由公司担任保证人者为数不少。年来由于贷款愆期不偿依法诉追,而各级法院引用"公司法"第23条"公司除依其他法律或公司章程规定以保证为业务者外,不得为任何保证人"之规定判决该公司组织之保证人无需负赔偿责任者亦屡见不鲜。由于上项事实教训致各行贷款不能再接受公司为保证人,从而引起甚多之困扰。盖近年工商业之组织大多趋向于公司一途,独资及合伙者虽仍有存在但多属规模狭小资本不大,数额较巨之贷款觅保时往往发生严重困难。第二,"公司法"第23条之规定,应属对公司之拘束,公司负责人倘违反该条规定而代人保证,自不得谓为无效。倘果属无效,则此种行为当无罪责可言,而该公司自更不至因此而招致损害,"公司法"第24条"公司负责人违反第22条或第23条之规定时,得各科二千元以下之罚金并赔偿公司因此所受之损害,其情节重大者并得撤销其登记"之规定岂非多余。第三,贷款保证人关系各行业务,利害甚巨,而各级法院对"公司法"第23条之见解显属对各行不利,且因觅保之困难亦显属对全体工商业不利,各行既不能不顾各级法院之判决暂时不接受公司为保证人,但亦不能不为借款人之困难着想觅致合理之解释。为此,拟请贵会呈请"财政部"转呈"行政院"咨请"司法院"对于一般公司违反"公司法"第23条之规定为保证人时,其保证责任究属有效抑属无效赐予解释,俾资遵循。

台北市银行商业同业公会收函后,经该会第二届第74次理监事联席会议研讨,认为本案对于银行放款及工商业贷借资金关系至巨,决定呈请"财政部"转呈"行政院"咨请"司法院"予以解释,以资遵循。

"财政部"经研究认为,本案关系法令解释,似应准转请"司法院"赐予解释以利银行业务之经营及社会资金之供需。故致函"行政院",呈请核转解释。

"行政院"收函后,交由"司法行政部"承办。"司法行政部"的研究意见为:第一,查"公司法"第23条规定,公司除依其他"法律"或公司章程规定以保证为业务者外,不得为任何保证人。此种规定在法律上称之为禁止之规定。若公司违反禁止之规定而为保证人者,依"民法"第71条前段所定之原则,保证行为应属无效。第二,次查"民法"第71条但书所谓"其规定并不以之为无效者",系指法律规定禁止为某种法律行为而同时复明示或暗示该项法律行为尚非绝对无效之情形而言。例如"民法"第985条规定有配偶者不得重婚,而同法第992条仅规定重婚为得撤销之行为而不以之为无效,故结婚违反"民法"第985条之规定者即无同法第71条前段之适用。至于"公司法"第23条所为禁止之规定,在该法如无其他条文明示或暗示违反该条规定之行为仍属有效,则违反该条规定而为保证者,因适用"民法"第71条前段之结果,其保证为即难认为有效。第三,再查"公司法"第24条仅规定公司负责人违反第22条或第23条之规定时应负刑事责任并对公司负赔偿其因此所受损害之责任,并未明示或默示公司负责人违反第23条之规定以公司名义为人作保时对于公司仍属有效,则公司负责人有此违法行为时当不能有前述"民法"第71条但书之适用。第四,复次查"司法院"院字第1931号解释,略谓:代表股份有限公司之董事或代表其他公司之股东仅关于公司营业上之事务有办理之权,为人保证除属于该公司之营业范围或依特殊情事所认为营业上之行为外,自无代为之权。如竟擅自为之,对于该公司不生效力等语。依此解释,公司负责人违反"公司法"第23条规定而以公司名义为他人之保证人时,既不能认为办理公司营业上之事务,对于该公司自可不生效力。惟上开解释尚系1939年所著成,目前在政策上如认为有加以变更之必要,似可由"行政院"转请"司法院"解释。

1955年7月7日,"行政院"致函"司法院"称:查关于一般公司违反"公司法"第23条之规定为保证人时,其保证责任究属有效抑属无效,"司法行政部"认为,依"民法"第71条前段所定之原则,其保证应属无效,所持法律见解尚属正确,同时所引1939院字第1931号解释对于本案疑义亦有其适用效力,惟"财政部"转据台北市银行商业同业公会依据"公司法"第24条之规定而就同法第23条所持之法律见解似亦尚不无理由,且其所举之实际困难情形确亦足影响银行业务之经营及工商业资金之供应,特提请大法官会议再予解释。

1956年3月21日,台湾地区"司法院大法官会议"就"非以保证为业务之公司负责人以公司名义为人保证,其效力为何"这一争点问题,作出1956年释字第59号"司法解释",认为:"依'公司法'第23条之规定,公司除依其他法律或公司章程规定以保证为业务者外,不得为任何保证人。公司负责人如违反该条规定,以公司名义为人保证,既不能认为公司之行为,对于公司自不发生效力。"

由上可见,虽然两次"司法解释"所面临的社会经济形势和法律解释环境发生了巨大的变化,但台湾地区"司法院大法官会议"的解释逻辑一直没有变化,这一立场背后的法律逻辑都是将违反"公司法"第23条规定对外提供保证的行为类推适用"民法"第110条关于"无代理权人,以他人之代理人名义所为之法律行为,对于善意之相对人,负损害赔偿之责"的规定,认其行为对公司不生效力,由行为人自负责任。而没有采用银行业提出的"内部限制说"和"行政院司法行政部"提出的"效力性规范说"。

2. 1966年及其后的法律修订

1966年台湾地区对"公司法"进行了修改,修改之后的第16条第1项规定:"公司除依其他法律或公司章程规定得为保证者外,不得为任何保证人。"删除"以保证为业务",似乎考虑到公司作为法人,是权利义务之主体,偶有需要而为同业提供保证,并没有禁止的必要;如果必须以保证为其专业的公司才能提供担保,不仅理论上欠妥,也不符合企业界实际之需要;因此,在1966年修订"公司法"之时,放宽了保证之范围,给予企业一定之自主空间。① 此外,1966年的修改还删除了第24条的规定,增订第16条第2项:公司负责人违反前项规定时,应自负保证责任,并各科新台币四千元以下罚金,如公司受有损害时,亦应负赔偿之责。此后历次修正,均系对罚金的数额予以调整。

2013年1月30日最新修订的"公司法"第16条规定:公司除依其他"法律"或公司章程规定得为保证者外,不得为任何保证人;公司负责人违反前项规定时,应自负保证责任,如

---

① 刘渝生:《公司法制之再造——与德国公司法之比较研究》,台湾地区新学林出版股份有限公司2005年版,第77页。

公司受有损害时,亦应负赔偿责任。"立法理由"谓:"因公司负责人之违反法律或章程之行为,自应由其自负保证之责任,而不必由公司负连带赔偿责任。同时配合除罪化之修订原则,删除有关罚金之规定。"

3. 法院判例的一贯立场

在台湾地区的司法实践中,不同时期的判例均保持了较为一致的解释逻辑:如1955年台上字第1566号判决认为:"被上诉人甲、乙两股份有限公司,均非以保证为业务,被上诉人丙、丁分别以法定代理人之资格,用各该公司名义保证主债务人向上诉人借款,显非执行职务,亦非业务之执行,……依第110条及184条规定,对于相对人即应负损害赔偿责任。"再如,1959年台上字1919号判决认为:"被上诉人公司非以保证为业务,其负责人违反'公司法'之规定以公司名义为保证,依'司法院'释字第59号解释,其保证行为对于公司不生效力,则上诉人除因该负责人无权代理所为之法律行为而受有损害时,得依第110条之规定请求赔偿外,并无仍依原契约主张应由被上诉人负其保证责任之余地。"①

由于上述判例是由公司负责人对相对人负损害赔偿责任,而1966年的法律修订却规定了由公司负责人自负保证责任。虽然这两种做法均是准用"无权代理"制度,但又均未能将"无权代理"的制度逻辑一以贯之,导致学说和实务上对公司是否能对负责人的行为进行追认存有疑义,直至1985年台上字第2014号判例才正式明确了这一问题。其判决主旨为:"代表与代理固不相同,惟关于公司机关之代表行为,解释上应类推适用关于代理之规定,故无权代表人代表公司所为之法律行为,若经公司承认,即对于公司发生效力。"②

4. 各界关于公司担保制度的修订意见

对于"公司法"第16条的规范目的,台湾地区通说认为,台湾地区"公司法"第16条第1项的规定,系为保护股东及公司债权人的利益,并避免违背资本维持原则。③ 立法者希望借助严格的规定来达到维持公司资本的目的,避免因保证行为而危及公司财务,直接保护公司的利益,间接亦维护到股东及债权人之权益。④

与法规的严格适应对照的是公司实践中的担保浮滥。由于经济生活中公司不能完全独立生存,并且相互支援融资或担保屡见不鲜,为避免自缚手脚,绝大部分公司都在章程的营业项目以外条文中,注明"本公司为业务需要,得对外保证",导致"公司法"第16条第1项的规定形同虚设。⑤ 由此引起了学界和"立法机关"对公司担保这一"原则禁止、例外许可"的规范方式能否实现稳定公司财务和保障股东及债权人利益的规范目的的检讨。

在台湾地区历次的"公司法"修订过程中,公司担保问题均为其中的一个重要议题,相关的修改建议大略可以分为如下三种:

---

① 王泽鉴:《债法原理》(第一册),中国政法大学出版社2001年版,第310页。
② 王泽鉴:《民法总则》,中国政法大学出版社2001年版,第444~445页。
③ 张嘉麟:《论公司与他人所缔结之保证契约的效力》,载《月旦法学杂志》第19期;陈长文:《论公司保证》,载林咏荣主编:《商事法论文选辑》,台湾地区五南图书出版公司1984年版,第26页。
④ 刘渝生:《公司法制之再造——与德国公司法之比较研究》,台湾地区新学林出版股份有限公司2005年版,第77页。
⑤ 刘渝生:《公司法制之再造——与德国公司法之比较研究》,台湾地区新学林出版股份有限公司2005年版,第78页。

第一种研究意见认为,应当放松对公司担保的法律限制。如台湾地区"经建会"曾经提出一个"公司法"全盘修正的计划,为给公司能力松绑,拟删除第16条的规定。①

第二种研究意见认为,应当将公司担保问题委诸公司自治。如台湾地区"经济部"曾经拟议过将保证事项通过股东同意或股东会决议的方式,以保障公司股东及债权人利益。其拟定的"公司法"第16条修正条文如下:"公司除依下列规定得为保证者外,不得为任何保证人。以背书方式代替保证者亦同:一、依其他法律规定得为保证者;二、无限公司、两合公司经全体无限责任股东同意得为保证者;三、有限公司经全体股东同意得为保证者;四、股份有限公司经代表已发行股份总数三分之二以上股东出席,以出席股东表决权过半数同意之股东会决议得为保证者。公司负责人违反前两项规定时,其行为对公司不生效力,公司负责人应自负保证责任。"

对这一建议草案,学者的批评意见认为,这种只重"形式面"的规范手段,难以收到预期的规范效果;一方面,股份有限公司的股东大会往往为大股东所操纵,因此大股东以修正草案所建议的股东大会"轻度特别决议"通过公司对外保证之决议,并非难事;另一方面,草案所拟定的以股东大会"轻度特别决议"即可合法对外保证的规范方式,也有违"禁止公司在任何股东之异议下,随意给予他人公司任何部分的财产"的一般法律原则。②

第三种研究意见认为,应当通过立法明确公司保证的实质要件,允许公司对外担保并承认其有效性。如刘连煜教授建议借鉴美国经验,将保证行为对公司带来利益作为保证行为有效成立的要件。③亦有学者认为,依台湾地区"公司法"第16条第1项的立法精神,非金融公司的一般公司所为的保证,必须在不影响该公司财务健全或股东、债权人利益的前提下,方能认为有效,非谓凡章程中记载得为保证,其任何保证行为皆属有效。至于应如何认定公司保证行为是否合于"公司法"精神而为有效,其以为最低限度该保证必须与公司业务有关,且其应以有利于公司财务为目的。何谓与业务有关,可结合如下因素加以认定:如公司为保证行为,是否有对价之取得;公司提供担保之对象,是否与其有业务往来之可能;公司为他人作保,是否能促进公司之其他业务。至其有利于公司财务之确切标准,似难一概而论,须视个案之情形认定。④

然而,从"立法修订"的最终情况来看,上述建议均未被采纳。

(五)小结

从美、英、日本以及我国台湾地区的制度设计来看,均系在承认公司具有担保能力的基础上加以不同程度的限制,防止公司资产因随意担保而流失,以保护公司、股东和债权人的利益。英国和美国、日本的立法发展表明,公司对外提供担保,一般由董事会根据是否增进公司利益这一经营判断标准自主决定,但对容易引起利益冲突的担保交易,则通过公司决

---

① 李建伟:《关联交易的法律规制》,法律出版社2007年版,第171页。
② 刘连煜:《公司法理论与判决研究》,法律出版社2002年版,第179页。
③ 刘连煜:《公司法理论与判决研究》,法律出版社2002年版,第197页。
④ 陈长文:《论公司保证》,载林咏荣主编:《商事法论文选辑》,台湾地区五南图书出版公司1984年版,第26页。

议的程序控制方式,交由公司股东或董事会决定是否批准。对于未经决议程序的担保交易,在制度设计和学说讨论上均以民法上的无权代理制度为基本的制度框架。我国台湾地区的司法运作及学说讨论,也遵循了这一理论框架,但由于其原则上禁止公司对外担保,不符合经济生活的实际情况,导致其规范效果并不明显,学说上的讨论已经呈现出向英美法制靠拢的动向。

三、历史解释:公司担保法制的中国环境与制度选择

由于《公司法》第十六条本身并未明确违反该条规定对外提供担保的合同效力,且由立法工作参与者组织编写的相关著作中未能明确交代该条规定的规范目的及立法理由,①由此带来了解释上的困难和学者的批评。② 笔者认为,为更好地理解《公司法》关于公司担保制度的立法安排及其制度选择背后的理由,有必要对立法者制定规则时所面临的宏观政策环境和公司担保实践的微观具体情境做一回顾,以探究立法的政策意图和调控目标。

1.《公司法》修订工作的宏观政策环境

与西方主要发达国家的公司发展史不同,我国公司制度的发展主要是基于政府的培育和引导,因此,分权制衡的公司治理机制在相当长的一段时间内并未成为公司相关主体的自觉行动。亦因此,1993年《公司法》虽然为国有企业的公司化改造预留了国有独资公司这一制度空间,但并没有改变我国以所有制为标准的企业立法的实际状况。或者说,国有企业和集体企业并没有真正纳入《公司法》的调整范围。在决策层面开始考虑将国有企业纳入《公司法》的调整范围,可以追溯至1994年召开的中共十四届三中全会将国企改革的目标确立为"产权清晰、权责明确、政企分开、管理科学的现代企业制度"这一重要决定。1997年召开的中共十五大和十五届一中全会在总结前几年推行现代企业制度、深化国企改革经验的基础上,提出了"三年两大目标"的改革设想,即用三年左右时间,通过改革、改组、改造和加强管理,使大多数国有大中型亏损企业摆脱困境,力争到20世纪末大多数国有大中型

---

① 对该条规定,由参与立法人员参加编写的作品中解析如下:第一,公司向其他企业投资或者为他人提供担保,应当由公司机关作出决议。为了引导公司对外投资和为他人提供担保这类重大行为作出科学的决策,保证公司行为的恰当性,增加第十六条的规定。第二,公司为他人担保体现为第十六条第一款,一般原则是公司章程可以根据实际经营的需要,规定对外投资和为他人担保的决策权由股东会(有限责任公司)、股东大会(股份有限公司)或者董事会行使。为了保证交易安全,公司章程可以对投资或者担保的总额及每一项投资或者担保的数额作出限制性规定,公司章程有这类规定的,公司机关作出决议时,不得超过规定的限额,除非修改公司章程。第三,公司为股东或者实际控制人提供担保属于关联交易,可能被用来进行利益输送,损害公司和其他股东利益,因此第十六条第二款规定关联担保必须经股东会或者股东大会表决,不能通过公司章程规定由董事会作出决定。同时为了维护股东大会决议的公正性,避免控股股东滥用资本多数决的原则,第三款规定股东或实际控制人支配的股东应当回避表决。公司违反这一规定,强行表决的,股东可以根据《公司法》第二十二条的规定,向人民法院提起股东会(股东大会)决议无效之诉。参见桂敏杰、安建主编:《中华人民共和国新公司法条文解析》,人民法院出版社2006年版,第39~41页;"全国人大法律委员会关于《中华人民共和国公司法(修订草案)》修改情况的汇报",载安建主编:《中华人民共和国新公司法释义》,法律出版社2006年版,第254页。

② 蒋大兴教授就此有过评论:我们现在分析这种问题,立法目的是什么,中国没有立法理由书,立法机关也说不清楚。在最高人民法院组织的公司法律论坛上,全国人大的一位官员自己解释立法目的的时候,他们说是为了保护少数股东利益的,但坐在他旁边的国务院法制办工交司的司长就说,学者不要问我们的立法目的是什么,我们怎么搞得清楚立法目的是什么呢? 当时就是这么写的,没想那么多。参见蒋大兴:《公司内部行为之外部约束力》,内部讲座,载 http://www.corplawinfo.ecupl.edu.cn/news/124_1881.html。

骨干企业建立起现代企业制度。1999年召开的中共十五届四中全会作出的《中共中央关于国有企业改革和发展若干重大问题的决定》(以下简称《决定》),进一步确定了到2010年国企改革和发展的主要目标和必须坚持的指导方针,其中既重申了要努力实现"三年两大目标",又再次强调了"建立现代企业制度,是发展社会化大生产和市场经济的必然要求,是公有制与市场经济相结合的有效途径,是国有企业改革的方向"。为推进现代企业制度建设这一经济改革举措,2001年11月27日至29日召开的中央经济工作会议提出"上市公司要在现代企业制度建设上先行一步"的要求。

为贯彻中共中央、国务院的上述政策部署,国务院各相关部门迅速行动起来:首先,在立法层面,由于《决定》中关于法人治理结构、国企改制上市等政策部署的贯彻落实客观上需要对《公司法》进行修改和完善,国务院法制办作为行政立法机关,迅速开始了《公司法》修订的研究工作。① 其次,在行政监管层面,国务院国资委、原国家经贸委、中国证监会作为主管部门,在上市公司治理层面展开了一系列的努力。如2002年1月7日中国证监会和原国家经贸委联合下发了《上市公司治理准则》,以期推动上市公司建立和完善现代企业制度,规范上市公司运作,促进证券市场健康发展;2002年4月26日中国证监会和原国家经贸委共同开展了以公司治理为重点的上市公司建立现代企业制度检查,作为贯彻2001年中央经济工作会议和2001年政府工作报告中关于重点检查上市公司建立现代企业制度情况要求的具体举措,并对检查发现的控股股东通过关联销售、关联采购或上市公司代控股股东垫付各种资金或向其拆借资金等手段占用上市公司资金这一普遍存在的严重问题采取了相应的行政手段进行清理。②

由此可见,如果我们将《公司法》的修订工作置于贯彻落实国家建立现代企业制度的政策要求这一宏观背景之下来观察的话,那么立法的修订工作就不可能是一个封闭运行的环境,该项工作必然要与同期国务院其他部门的相关努力形成合力和互动。这应当成为我们理解《公司法》上各项制度安排的一条重要线索。

2. 经济生活中的公司担保乱局

就公司担保问题,1993年《公司法》第六十条第三款规定:"董事、经理不得以公司资产为本公司的股东或者其他个人债务提供担保。"由于这一规定本身过于粗略,不仅未能达到其防范利益冲突的规范效果,且在某种程度上为管理层和大股东利用担保制度"掏空"公司提供了助力。

根据 Donald C. Clarke 教授的观察,中国公司治理的主要问题集中在内部人控制和一股独大。在内部人控制方面,由于缺乏有效的问责机制使得内部人控制无拘无束,结果是

---

① 据参加立法修订的同志介绍:本次《公司法》修订的研究工作,可以追溯至1999年9月召开的中共中央十五届四中全会,《中共中央关于国有企业改革和发展若干重大问题的决定》中关于法人治理结构、国企改制上市等政策部署的贯彻落实客观上需要对《公司法》进行修改和完善。为此,国务院法制办曾经形成过一稿《公司法修正案(草案)》,但由于种种原因未能公布于众。2003年,《公司法》修订再次列入国务院立法工作计划和全国人大常委会立法工作计划。参见姜天波:《公司法修改若干理论问题》,载张穹主编:《新公司法修订研究报告》(上册),中国法制出版社2005年版,第187~189页。

② 史美伦:《怎样推动公司现代企业制度建设》,2002年12月27日在"上市公司现代企业制度建设经验交流暨总结大会"上的发言,载http://business.sohu.com/92/29/article205892992.shtml。

属于公司的资产以各种各样的托辞转变为管理层的私人财产。而在一股独大的格局下,管理层对董事会言听计从,占支配地位的股东滥用其股东地位,对小股东进行盘剥。① 以上市公司为例,股权结构的"一股独大"和公司治理的"一股独霸"是国资控股和民营企业控股的上市公司的共同特点,均存在严重的利用担保制度"掏空"上市公司现象。

历史上,国资控股上市公司绝大部分是通过国有企业改制上市而来,在股份制改造的过程中,由于企业整体上市因资产收益率过低而难以达到上市的监管要求,同时又受到新股发行额度的限制,使得绝大部分公司选择了"主体上市,原企业改造为母公司"的上市模式,其特征是母公司(企业集团)成为上市公司的控股股东,集团公司总资产中的一部分剥离出来,模拟其营业费用和收入,虚拟出股份公司这一新的会计实体。这种改造上市的方式,使得上市公司与生俱来地与集团公司之间具有关联关系。大股东把最优质的一部分资产拿出来上市的目的就是为了募集资金,解救大股东自身资金短缺的燃眉之急。在这种情形之下,大股东从子公司上市的时候起,对上市公司的资产就虎视眈眈。大股东要么直接占用上市公司资产,要么通过关联担保从上市公司套取现金,很多上市公司实际上已经沦为大股东的"提款机"。

在民营上市公司中,一股独大的问题较之于东亚其他国家和地区,是有过之而无不及。自2000年开始,随着对民营企业发行上市、受让国有股权政策的逐步放宽,证券市场上出现了一家民营企业同时控制多家上市公司的情况,即所谓的"民营企业系"现象。从民营企业造系的动机来看,相当一部分造系者利用中国股市的制度缺陷和法律漏洞,以产业整合或多元化为掩护,利用企业系复杂的股权关系,通过占用上市公司资金、关联交易、关联担保等手段掏空上市公司或操纵市场,严重影响了证券市场的稳定和健康发展。②

1999年末,以中福实业、九州股份为代表、涉及16家上市公司和100多家相关公司的"福建担保圈"浮出水面,上市公司关联担保问题引发社会各界关注,其中九州股份在其大股东福建省财政厅的控制下实际上已经沦为单纯的融资工具。"福建担保圈"的连锁反应虽然经过各方努力并未发生大规模危机,但已经引起监管层的重视。"福建担保圈"这一现实的案例证明,控制股东或实际控制人通过关联担保的方式掏空上市公司所造成的后果不限于公司个体本身,同样会引发区域性金融风险。

中国公司担保制度的最初变革,某种意义上可以看作是对以"福建担保圈"为代表的现实情况的回应。2000年6月6日,中国证监会发布《关于上市公司为他人提供担保有关问题的通知》(证监公司字〔2000〕61号),禁止上市公司为其股东、股东的子公司、股东的附属企业或者个人债务提供担保(第二条)。上市公司为他人提供担保必须经董事会或股东大会批准。董事会应当比照公司章程有关董事会投资权限的规定,行使对外担保权。超过公司章程规定权限的,董事会应当提出预案,并报股东大会批准。上市公司董事会在决定为他人提供担保之前(或提交股东大会表决前),应当掌握债务人的资信状况,对该担保事项的利益和风险进行充分分析,并在董事会有关公告中详尽披露;股东大会或者董事会对担

---

① Donald C. Clarke:《独立董事与中国公司治理》,载张穹主编:《新公司法修订研究报告》(上册),中国法制出版社2005年版,第305页。
② 上海证券交易所:《中国公司治理报告(2005):民营上市公司治理》,第43页。

保事项作出决议时,与该担保事项有利害关系的股东或者董事应当回避表决;董事会秘书应当详细记录有关董事会会议和股东大会的讨论和表决情况。有关的董事会、股东大会的决议应当公告(第五条)。上市公司应当完善内部控制制度,未经公司股东大会或者董事会决议通过,董事、经理以及公司的分支机构不得擅自代表公司签订担保合同(第七条),上市公司董事、经理及其他管理人员未按规定程序擅自越权签订担保合同,对上市公司造成损害的,上市公司应当追究当事人的责任(第十条)。

这一通知,在1993年《公司法》第六十条第三款关于"董事、经理不得以公司资产为本公司的股东或者其他个人债务提供担保"的规定的基础上,承认了公司的担保能力,禁止关联担保,并明确了公司对外一般担保的决策程序。

2001年11月17日,最高人民法院审结"中福公司担保案",[①]并未认同监管部门的做法,而是认为关联担保应属限制而非禁止之列。判决书所表达的基本逻辑是:除非公司章程授权或者股东大会同意,公司董事、经理及董事会均无权决定以公司财产为股东担保。[②]

因适逢其会,[③]"中福公司担保案"成为民商审判司法史上的著名案件,并成为行政监管与司法裁判良性互动,并协力推动法律修订的经典作品之一。

由于监管部门对关联担保的政策高压和最高人民法院对关联担保采取了须得到章程授权机构或经股东大会决议的司法态度,作为规避手段,由上市公司"互保"融资而形成的担保圈悄然兴起,并因此引发了一系列区域性的或全国性的金融风险。

2002年,因上市公司互保融资而形成的"深圳担保圈"最先爆发支付危机,涉及金额超过20亿元,10多家上市公司和10多家非上市公司均牵连在内,核心公司ST康达尔、深石化、深宝安A、深深宝A等都是国资控股。嗣后,由央企"华源系"引发的"上海担保圈"资金告急,紧接着证券市场上"河北担保圈"的地雷炸响,引起了社会各界的强烈关注。

2003年8月28日,中国证监会和国务院国资委联合下发《关于规范上市公司与关联方资金往来及上市公司对外担保若干问题的通知》(证监发〔2003〕56号),明确:(1)上市公司不得为控股股东及本公司持股50%以下的其他关联方、任何非法人单位或个人提供担保。(2)上市公司对外担保总额不得超过最近一个会计年度合并会计报表净资产的50%。(3)上市公司《章程》应当对对外担保的审批程序、被担保对象的资信标准作出规定。对外担保应当取得董事会全体成员2/3以上签署同意,或者经股东大会批准;不得直接或间接为资产负债率超过70%的被担保对象提供债务担保。并通过行政措施要求对控股股东及其关联方无偿占用上市公司资金问题进行规范,加大清理已发生的违规占用资金和担保事项的力度,依法追究违规占用资金和对外担保行为的责任。

2003年11月,因啤酒花公司董事长出走,曝出共18亿元的对外担保,以啤酒花为核心的"新疆担保圈"涉及担保金额达45亿元。

啤酒花事件拉开了彻查新疆上市公司担保圈的违规行为和各大商业银行的关联方贷

---

① 最高人民法院(2000)经终字第186号民事判决书。
② 曹士兵:《中国担保制度与担保方法——根据物权法修订》,中国法制出版社2008年版,第78页。
③ 张小彩:《最高法院一本新书,危及银行2700亿资产的安全》,载《财经时报》2002年11月29日第1版。文中对《中国民商审判》(2002年第1卷)收录"中福公司担保案"所引起的社会反响进行了描述。

款的序幕,"德隆系"在经历了二级市场出货未果、股权质押、股权出售等一系列自救活动之后,资金链断裂,风险于2004年4月集中爆发,形成了影响到全国20多个省市、2500多家机构和32000多个人的"德隆系风险处置事件",震动了整个金融行业。根据国务院领导同志的部署,中国人民银行作为德隆系风险处置小组的主要成员单位,会同银监会、证监会等有关部门,提出了《关于处置德隆系风险的总体意见》,确定由华融资产管理公司托管"德隆系"。经过四年多的努力,终于实现"德隆系"从实业和金融机构中全面平稳退出的目标。

2004年,因长运股份无力偿还到期债务,以长丰通信、朝华集团、太极集团、桐君阁四家上市公司为核心的"重庆担保圈"爆发危机,涉及金额20余亿元。同年9月7日,嘉瑞新材被湖南证监局立案稽查,民营资本"鸿仪系"控制的"湖南担保圈"被公布于众。嘉瑞新材、洞庭水殖、亚华种业、国光瓷业、湖南海利、金果实业等湖南上市公司相互提供担保,担保总额接近60亿元。

2005年10月19日,国务院以国发〔2005〕34号通知批转了中国证监会《关于提高上市公司质量的意见》,再次重申:严禁侵占上市公司资金。控股股东或实际控制人不得以向上市公司借款、由上市公司提供担保、代偿债务、代垫款项等各种名目侵占上市公司资金。对已经侵占的资金,控股股东尤其是国有控股股东或实际控制人要针对不同情况,采取现金清偿、红利抵债、以股抵债、以资抵债等方式,加快偿还速度,务必在2006年底前偿还完毕(第十条)。坚决遏制违规对外担保,上市公司要根据有关法规明确对外担保的审批权限,严格执行对外担保审议程序。上市公司任何人员不得违背公司章程规定,未经董事会或股东大会批准或授权,以上市公司名义对外提供担保。上市公司要认真履行对外担保情况的信息披露义务,严格控制对外担保风险,采取有效措施化解已形成的违规担保、连环担保风险(第十一条)。

由上可见,在《公司法》修订期间,由上市公司关联担保和随意担保而引发的区域性金融风险呈现出明显的多发和频发状态,这些风险虽然最终都得以化解,但每一起风险化解的背后,都是由中央政府或地方政府承担起了处置本地区上市公司风险的责任,客观上形成了公共财政为公司治理失范"买单"的局面。亦因此,对上市公司关联担保和随意担保问题的治理,成为法律修订过程中引起各方高度关注并且需要重点解决的一个问题。

需要指出的是,上市公司中存在的担保问题,在有限公司和非上市公司的股份公司中同样存在。这一点,不仅可以从人民法院审理的大量担保纠纷案件中得到经验证实,也可以通过一个简单的逻辑推理得以证明:上市公司作为同时期公司治理状况最好的群体,其担保问题尚且如此严重,遑论其他?

3. 规范体系及文本渊源

2004年8月,中国法学会商法学研究会牵头组织的"公司法修改研究小组"完成了《公司法(修改草案建议稿)》,该稿第十七条规定:"公司为他人提供担保,有限责任公司须经全体股东同意,股份有限公司须经股东大会准用本法第一百零五条规定的决议程序作出决定。公司章程有特别规定的从其规定。董事违反前款规定时,应承担赔偿责任;数名董事违反前款规定的,承担连带赔偿责任。"建议稿第一百零五条规定的决议程序为特别决议程序,应当由代表已发行股份总数1/2以上的股东出席,并经出席股东2/3以上的表决权同意。同时，建议稿第一百一十四条规定："股东对于会议事项，有利害关系并有害于公司利益之虞时，不得加入表决，并不得代理其他股东行使表决权。"其起草理由主要为：本条系参照原第六十条第三款的规定修改而来，其角度已改为对公司能力的限制，其着眼点是减少公司为他人提供担保而产生的风险。考虑到我国公司运营的实践，应对公司向他人提供担保放松管制。考虑到全体股东的利益，注意到可能出现的不正当关联交易，应设置利害关系股东的回避制度，但利害关系股东的回避在各种股东大会决议事项中均可能出现，故统一在第一百一十四条中规定，此处不做重复。[1]

商法学会的这一建议方案，不区分一般担保和关联担保，而是根据有限公司和股份公司这一组织形态的不同，设计了对外担保的不同议事规则。其建议方案与台湾地区"经济部"的方案具有明显的相似性。其中关联股东表决回避的制度设计，应当是参考了台湾地区学界研究意见的结果，或者说是吸收了中国证监会《关于上市公司为他人提供担保有关问题的通知》（证监公司字〔2000〕61号）第五条的内容。但这一方案并未引起立法机关的重视。

2005年4月11日至12日，全国人大法律委员会、全国人大法工委及最高人民法院共同在重庆召开公司法修订法院系统征求意见会。在会前印发的《中华人民共和国公司法（修改草案）》中，对原第六十条第三款的修改仅是做了文字上的调整和条文顺序的变动，草案第六十五条第三款规定"董事、高级管理人员不得擅自以公司资产为本公司的股东或者其他个人债务提供担保"。这一调整，体现出立法机关对公司担保的规范思路并未发生改变。

2005年10月27日，修订后的《公司法》颁布。就规范内容来看，《公司法》关于公司担保的规定实际上存在着以第十六条规定为中心的一个规范群。包括：

第十六条　公司为他人提供担保，依照公司章程的规定，由董事会或者股东会、股东大会决议；公司章程对担保的总额及单项投资或者担保的数额有限额规定的，不得超过规定的限额（第一款）。公司为公司股东或者实际控制人提供担保的，必须经股东会或者股东大会决议（第二款）。前款规定的股东或者受前款规定的实际控制人支配的股东，不得参加前款规定事项的表决。该项表决由出席会议的其他股东所持表决权的过半数通过（第三款）。

第二十条　公司股东应当遵守法律、行政法规和公司章程，依法行使股东权利，不得滥用股东权利损害公司或者其他股东的利益；不得滥用公司法人独立地位和股东有限责任损害公司债权人的利益（第一款）。公司股东滥用股东权利给公司或者其他股东造成损失的，应当依法承担赔偿责任（第二款）。

第二十一条　公司的控股股东、实际控制人、董事、监事、高级管理人员不得利用其关联关系损害公司利益（第一款）。违反前款规定，给公司造成损失的，应当承担赔偿责任（第二款）。

第一百零五条　本法和公司章程规定公司转让、受让重大资产或者对外提供担保等事项必须经股东大会作出决议的，董事会应当及时召集股东大会会议，由股东大会就上述事项进行表决。

---

[1] 王保树主编：《中国公司法修改草案建议稿》，社会科学文献出版社2004年版，第105页。

第一百二十二条　上市公司在一年内购买、出售重大资产或者担保金额超过公司资产总额百分之三十的,应当由股东大会作出决议,并经出席会议的股东所持表决权的三分之二以上通过。

第一百四十九条第一款第(三)项　董事、高级管理人员不得违反公司章程的规定,未经股东会、股东大会或者董事会同意,将公司资金借贷给他人或者以公司财产为他人提供担保。同条第二款规定:董事、高级管理人员违反前款规定所得的收入应当归公司所有。

第一百五十条　董事、监事、高级管理人员执行公司职务时违反法律、行政法规或者公司章程的规定,给公司造成损失的,应当承担赔偿责任。

对上述规范体系,可以从重点条文和规范体系两个方面来进行解读:

首先,就《公司法》第十六条这一重点条文的结构来看,其文本来源的本土性脉络清晰可见:

其一,该条区分一般担保和关联担保的立法方法明显是继受了中国证监会相关行政规章的划分方法。该条第一款关于一般担保的内容,明显系根据中国证监会《关于上市公司为他人提供担保有关问题的通知》(证监公司字〔2000〕61号)第五条第一款的内容修改而来。

其二,该条第二款关于关联担保的规定,应该是秉承"放松管制"的立法理念,采纳了"中福公司担保案"的立场,由禁止关联担保到通过股东会决议程序进行控制,有条件地允许公司为关联方提供担保。

其三,该条第三款关联股东表决回避的内容,既可以视为是吸收了商法学会建议稿的部分内容,也可以看作是对证监公司字〔2000〕61号通知中第五条第四款规定的承继,只不过这一承继的前提是在允许公司为关联股东和实际控制人提供担保的情况下,为避免利益冲突所作出的安排,由此也克服了原先规章中一方面禁止关联担保、一方面要求有利害关系的股东回避表决的逻辑矛盾。

其次,从规范体系整体的角度,新《公司法》关于公司担保的规定,不仅包括决议程序,还包括控股股东、董事和高管人员的损害赔偿责任、董事和高管人员违法提供担保获得收入的归入权等系列规范。这些制度设计,与《英国2006年公司法》的相关制度设计极为相似,在比较法上有迹可循。

由上可见,虽然公开出版的立法资料显示,公司担保问题在法律修订过程中似乎并未作为一个专题加以讨论,或者说虽然并没有资料表明这一问题在立法机关这一环节得到了充分的讨论,①但通过文本渊源的比较可以确定,在这一"中国式"制度安排的形成过程中,仰赖的是司法机关、监管部门、学界的共同努力和立法机关的从善如流。该规则的真实形成过程绝非真的如个别参与立法人士所说的"没想那么多"?

由于"任何完整的法律规范都是以实现特定的价值观为目的,并评价特定的法益和行

---

① 主要包括:张穹主编:《新公司法修订研究报告》(上、中、下),中国法制出版社2005年版;张穹审定、赵旭东主编:《新公司法制度设计》,法律出版社2006年版;桂敏杰、安建主编:《中华人民共和国新公司法条文解析》,人民法院出版社2006年版;安建主编:《中华人民共和国新公司法释义》,法律出版社2006年版。

为方式,在规范事实构成与法律效果的联系中总是存在着立法者的价值判断"。① 这应当成为我们进行法解释的一个支点。

四、规范意旨:代表权的法定限制及利益衡量

公司作为一个组织,其内部的重大决策、管理、监督和对外意思表示需要借助于一定的机构或者人员来实行。为此,各国法律都对公司内部的权力分配作出了相应的规定,并由此形成公司机关。公司机关的设置在大陆法系和英美法系有所不同,英美法将股东会、董事会、公司秘书、总裁、财务主管等作为公司机关,而大陆法系一般认为股东会、董事会、监事会、经理是公司的机关。

从法律规定的角度,我国的公司机关类似于大陆法系的制度设计,在公司运作的实践中,部分公司的机关设置又受到英美法的影响。但与大陆法和英美法均明显不同的是,我国的公司代表机关采用的是法定代表人制度。法定代表人集对内管理、对外代表、向下监督、向法律负责等多种功能于一体。这种"一长制"的独裁模式,与公司制度固有的股东民主原则和权力分工、分权制衡原则存在着一定程度的冲突,导致公司容易丧失社团程序。② 在《公司法》修订过程中,基于强化公司治理的考虑,在因袭了法定代表人制度的同时,对公司代表权的分配进行了法定的划分,以适应分权制衡的公司治理结构的需要。

(一)公司治理视角下的代表权限制

站在公司治理的角度,公司实际上是一个层级组织,或者一个分工机制,这就需要考虑股东、法定代表人、董事、经理的各自权限范围究竟有多大。因此,在衡量公司对外签约的效力时,仅从合同法出发是不够的。公司对外代表权的分配,主要框架来源于公司法。③ 根据《公司法》的规定,法定代表人的代表权不仅受到基于章程约定、法令特别规定等限制,并负有禁止代表权滥用的一般法律义务。具体如下:

1. 代表权的法定限制

《公司法》对代表权的法定限制可以分为两个方面:一是法人机构之间的权力划分;二是公司机构与代表人之间的权力划分。

关于权力机构和执行机构的权力划分,在法人内部分权制衡的组织架构下,执行机构的职权是执行法人的营业事务,即对内管理经营事务、对外实施行为。但出于某种政策的考虑,有些种类的交易,法律规定其决定权不在执行机构,而是属于权力机构的决定事项。这一方面的限制主要有:①《公司法》第十六条第二款规定,公司为公司股东或者实际控制人提供担保的,必须经股东(大)会决议。②《公司法》第三十八条和第一百条规定,公司增减资本、发行债券、分立、合并、解散、清算或变更公司组织形式,应当由股东(大)会决议。③《公司法》第一百二十二条规定,上市公司在一年内购买、出售重大资产或者担保金额超过公司资产总额30%的,应当由股东大会作出决议。据此,只有公司的权力机构才可决定

---

① [德]伯恩·魏德士:《法理学》,丁小春、吴越译,法律出版社2003年版,第55页。
② 邓峰:《普通公司法》,中国人民大学出版社2009年版,第126~127页。
③ 邓峰:《普通公司法》,中国人民大学出版社2009年版,第136页。

前述行为,董事会对此只享有制订方案的权力,根本无权决定这些事项。

关于公司机构与代表人之间的权力划分,是法律在法人机构分权的基础上对业务执行权的一种特别限制。也就是说,这些事项本在业务执行的权限之内,但出于特别考虑,法律对此作了特别限制。这一限制主要包括:①《公司法》第十六条第一款规定,公司向其他企业投资或者为他人提供担保,须根据章程规定由董事会或者股东(大)会决议;公司向其他企业投资或者为他人提供担保的,不得超过章程规定的对投资或者担保的总额、单项投资或者担保的数额的限定。②《公司法》第一百四十九条第(三)项规定,董事、高管人员将公司资金借贷给他人的,须经董事会或者股东(大)会的同意。据此,在法人机构分权、职权法定的基本架构下,法定限制意味着对上述事项,未经有权机构决定,代表人依法不享有代表公司的权限,不得对外签订上述交易的契约。

2. 代表权的约定限制

约定或议定的限制,是指法人章程、董事会决议、股东会或股东大会决议对代表权所作的特别限制。章程对代表权的限制,主要表现为经营范围的限制。除了经营范围的限制外,章程还可以规定,一些特别重要的交易事项须由董事会、股东会或股东大会决议。这实际是以内部特别程序限制法定代表人的代表权。

除了通过章程来限制代表权之外,董事会、股东会或股东大会还可视情况需要以决议限制法定代表人的权力。相比于章程的限制,这种限制措施非常封闭,第三人一般无从知晓。

3. 代表权的滥用

代表权的滥用,是指法定代表人与交易相对人实施的行为虽然未超越代表权,但实质上却有损法人利益或根本不符合法人的利益,其主要表现是法定代表人为自己或他人利益而与公司进行交易。《公司法》第一百四十九条第(四)项关于"董事、高级管理人员违反章程的规定或者未经股东会、股东大会同意,不得与本公司订立合同或者进行交易"的规定,就是从忠实义务的角度作出的禁止规定。

在公司担保领域,由于《公司法》第十六条、第一百二十二条规定应当由公司机构决议,这种法定限制的后果,与代表权的约定或议定的限制有着非常重大的区别。

法定限制,基于法律规定的公开性,任何人不得以其自身不知法律而提出免责或减责抗辩。法律一经公布并生效,就理所当然地对任何人产生效力。任何人无论其是否在实际意义上知悉了法律所规定的内容,都将被一视同仁地推定为其已确定无误地知悉了法律所规定的内容,这也是"不知法律不免责"这一罗马法格言的精神要义。由此推演,由于《公司法》对公司担保这一特定事项存在法定限制,并非代表人所能单独决定,任何人不得以不知法律规定为由而免除注意义务。

对于约定限制,公司章程因登记而产生"推定知悉"理论的废弃和立法例上以"特昆德规则"为基础发展出的"内部管理规则"在英国法上的成文化,这种内部约定的限制不影响公司与交易相对人之间的行为效力已经成为公司法上的趋势和共识。《英国2006年公司法》第31条规定,除非公司章程有特别规定,公司可从事任何经营活动。第40条规定,基于对公司交易善意第三人有利的原则,公司约束公司董事的权力不受公司章程的限制。为此,与公司交易的第三方不必就公司对董事权力的任何限制进行查询,其善意将被依法推定,除非公司提出反证;不能仅因为知悉董事超越公司章程授予的权限而被认为是"恶意"。第161条规定,以公司董事名义行事的有效性并不受其后发现其任命有瑕疵,即便董事被褫夺或停止董事资格,或其无权就该事项进行投票等情况影响。根据《英国2006年公司法》的规定,除非第三方被证明有实际知悉、董事自我交易、行为人无表见代表权[①]等情形,与公司交易的相对人获得了非常全面的保护。

法定限制与约定限制的区分实益,主要在于证明责任的不同,在法定限制,交易相对人的善意需要自己举证证明,而在约定限制,交易相对人的善意是被依法推定的。这一点,《英国2006年公司法》上的区别规定和日本、台湾地区的学说讨论,已经提供了足够的例证。

在既往的审判实践中,受"首长负责制"的公法思维模式影响,对"一长制"的法定代表人的代表权限通常不作特别考虑,法院一般都是按照是否以公司的名义,公章是否真实等形式标准来审查代表人的行为是否为职务行为。《公司法》对代表权的法定限制,客观上要求我们改变审判实践中的"代表人签字就是公司的行为""公章管理不严是公司内部的事情,不影响公司在外部关系中行为的效力"等形式主义的思维,必须将代表权限的审查置于公司分权治理结构的法律框架之下。这是我们在审判工作中必须强调的一个重大改变。

(二)公司与被担保人之间利益冲突的立法安排

审判实践中有观点认为,《公司法》的立法目的是为了保护公司、股东、债权人的利益,而《担保法》的立法目的是为了保护债权人的利益,这二者之间的冲突应当妥善协调,不能仅站在《公司法》的角度考虑问题,在保护公司利益的同时却损害了债权人利益,在债权人利益与公司、股东利益之间发生冲突时,应当优先考虑债权人的利益。对此,我们的基本考虑是:《公司法》关于公司担保的规定,主要是保护公司的利益,并通过公司利益的保护,间接实现保护公司股东和除被担保人之外的在先债权人的利益。

(1)《公司法》关于公司担保的规定,是为了使公司资产免受控制股东、实际控制人和管理层不当担保行为的"掏空"和恣意处置,同时防止中小股东的股东权益被不当担保行为侵犯。对《公司法》第十六条的逻辑假设,可以分为两个层面来理解:其一,该条规定对公司为自身债务提供担保没有任何限制。可见,立法的假设是公司为自身债务提供担保并不存在实质性地损害公司利益的可能,因而没有必要进行限制。其二,公司为他人债务提供担保有可能损害公司利益,需要进行规范。按照《公司法》的结构,股东出资形成公司财产,对公司资产享有资产受益、重大决策和选择管理者等权利。由于资本多数决和两权分离的制度设计,客观上为大股东压迫小股东和管理层损公肥私提供了制度空间。大股东与小股东之

[①] 参见前文所引《英国2006年公司法》第197、198、199、203条的相关规定。

间、管理层与股东之间的利益冲突,是公司担保领域利益冲突的主要类型。① 由于修订前的《公司法》未就对外提供担保的决策程序进行规范,实践中公司控制股东和实际控制人操控公司以及法定代表人为了不法利益肆意对外提供巨额担保的现象时有发生。为此,立法将公司对外提供担保的决定主体规定为董事会或者股东(大)会,以股东(大)会的资本民主和董事会的人头民主来体现公司治理的集体决定功能,从根本上遏制公司决定的独裁,扭转肆意担保的混乱局面。立法史的回顾使我们有理由相信,这一制度设计是立法的有意安排,意在严格公司对外提供担保时的决定程序,其首要目的是为了保护公司利益,并借此达到保护股东权益的目的。

(2)在保护债权人利益方面,公司担保的制度设计,并非为了保护因他人债务而生的被担保人这一准债权人的利益。申言之,《公司法》上保护债权人的制度设计主要是通过保全公司资产的方式,达到保护除被担保人之外的其他公司债权人的利益。理由在于,公司财产作为偿还债务的一般担保或责任财产,担保的无偿性特点决定了担保权人获得债务清偿无需支付任何对价,而其他债权人的债权成立是基于对待给付义务的履行而取得债权的,如果任由法定代表人任意设立担保,在公司承担担保责任后,很可能无力偿还有对待给付的债权人。这种结局,特别是对在先债权人明显不公。也就是说,按照《公司法》的逻辑,原则上只有该担保是经过了合法的决议程序的情况下,担保权人的利益才应该得到保护。未经决议程序的公司被担保人,即便依照保护交易安全的法律能够得到保护,也应当作为法律适用的例外。

(3)被担保人的交易安全获得保护的前提是其主观上善意无过失。通说认为,交易安全为与财产静态安全相对应的动态安全。② 静的安全,是指对于主体本来享有之利益,由法律加以保护,不使他人任意夺取,亦称享有的安全或所有的安全;动的安全,是指主体依自己之活动取得新利益时,法律对于该项取得行为进行保护,不使其归于无效,其着眼于利益之取得。取得新利益的行为包括继承、接受赠与等无偿行为和交易等有偿行为,并以交易安全为动的安全之主要类型。

静的安全与交易安全冲突的由来,是因为交易事项(如权利、意思、主体能力等)中虚像的出现,该虚像往往是影响交易行为效力的重要因素,而交易对方善意无过失地相信了该虚像。所谓虚像,是相对于实像而言的,是指社会现象中常有看起来如此,但实际上并非如此之情形;所谓实像,是指交易诸事项的本来面貌。③ 实像为静的安全之保护依据,而善意无过失地信其虚像则为此时动的安全之保护依据。两种安全要求发生矛盾冲突时,势必造成一方损害,法律只能存其一而去其他;决定由何方负担损害和如何分配损害,这就是法律对静的安全和动的安全之调节。

保护交易安全之立法在交易安全与静的安全发生冲突时,牺牲静的安全(实像利益),

---

① 经济学界从内部人控制和大股东控制两个角度研究管理层对股东的剥削和大股东对小股东的压榨的文献较多,法学界也有部分学者借鉴了经济学界的研究成果。相关论述请参见:刘贵祥:《公司担保与合同效力》,载《法律适用》2012 年第 7 期;乔欣等:《公司纠纷的司法救济》,法律出版社 2007 年版,第 2~6 页;王文宇:《公司法论》,中国政法大学出版社 2004 年版,第 41~42 页。
② 郑玉波:《民法总则》,台湾地区三民书局印行,第 153 页。
③ 刘得宽:《民法诸问题与新展望》,台湾地区三民书局 1979 年版,第 247 页。

或者由静的安全享有人承受其他形式的不利益。即"以虚像代替实像,俾资保护权利之取得者"。① 亦即,善意无过失地相信虚像与相信实像有同等效力。交易安全之所以受保护,是因为交易相对人在交易中善意无过失。换句话说,交易人之交易行为,要获得其所期待和信赖的合法性与确定性,其主观上必须处于善意无过失的心理状态。申言之,对交易事项之虚像的信赖,须善意无过失。合同法上表见代理、表见代表制度安排,就是在交易安全观念引导下的结果。

因此,代表人的权限问题并非完全是公司法人的内部问题,在衡量被担保人是否善意无过失时具有重要价值,被担保人在接受担保时对代表人代表权限的关注,是考量其主观方面是否善意无过失的法定重要因素。

(三)公司法与民法的学科体系连接

如前所述,对《公司法》以第十六条为中心的公司担保制度,学说上存在代表权限制说、规范性质识别说和内部限制说这三个方向的解释路径,并在此基础上形成了不同的学说分支。为使问题的讨论不至沦为争议各方在不同语义背景下的自说自话,为此,有必要将分歧的问题还原,以便寻求一个共同认可的知识背景作为讨论的起点。

在我们看来,三种解释方向虽然选择了不同的解释路径,但关心的都是同一个问题:违反公司内部决策程序的担保行为是否有效、公司是否应当承担担保责任?

公司作为"组织体"参与经济或社会事务,客观上必须由自然人代为进行。一般认为,"代表为法人之机关,犹如其手足,其所为的法律行为,即为法人的自身行为,当然由法人承受。"② 由此,上述问题实际上可以置换为:公司代表人违反决策程序的代表行为,效果能否归属于公司、公司是否应当承担责任?

在民法理论体系中,对代表行为效果归属的讨论集中在如下两个环节:一是法人制度中代表人实施的交易行为与法人的责任;二是法律行为中的意思表示归属规范。

关于代表人实施的交易行为与法人的责任。法人是一个组织,其权利义务的享有和负担必须借助于代表人的行为,故代表权的范围和限制是其外部关系核心内容。在代表权的范围方面,各国一般确立了代表人具有实施与法人业务有关的一切行为的权限这一概括代表的一般原则,同时,代表权也受到基于法人目的(权利能力)、章程约定、法令特别规定等限制,并负有禁止代理权滥用的一般法律义务。

关于代表人意思表示的归属。涉及到对公司代表人与公司之间的关系的不同理解。大陆法系国家和地区一般认为系委任关系,意思表示的归属适用代理制度。在我国,学说和立法一直区分代理和代表,并在《合同法》第五十条单独规定了表见代表制度。

实际上,代表人实施的交易行为与法人的责任问题和代表人意思表示的归属问题尽管在学理上可以分别归入民事主体和法律行为两个部分单独进行讨论,但其依据的实体法规范则是同一的。在民法教科书中,对相关问题的讨论均以《民法通则》第四十三条(职务行为)和《合同法》第四十八条(无权代理)、第四十九条(表见代理)、第五十条(表见代表)为

---

① 刘得宽:《民法诸问题与新展望》,台湾地区三民书局1979年版,第249页。
② 王泽鉴:《民法总则》,中国政法大学出版社2001年版,第444页。

主要依据。

《公司法》第十六条等关于公司担保的规定,是将公司对外提供的一般担保的决定权授予公司章程确定的董事会或者股东(大)会,关联担保的决定权授予股东(大)会,代表人未经公司机构决定,无权对外提供担保。"法律中的诸多法条,其彼此并非只是单纯排列,而是以多种方式相互指涉,只有透过它们的彼此交织及相互合作才能产生一个规整。"①因此,立足于民商法自身的学科体系,我们将该条规定归入法人的行为能力或者代表、代理这一民事法律行为范畴,作为判断代表权限有无的辅助规范,并以此作为我们对这一问题的讨论起点。

五、规范性质识别说在方法论上的错误

从《公司法》第十六条的文字表述来看,公司为他人提供担保,由公司章程规定的机关决议,为公司股东或者实际控制人担保的,必须经权力机构决议。另从条文文字使用的"不得""必须"和"应当"等限定来解读,第十六条在性质上应当属于强制规范。对违反强制规定的后果是什么,是否如规范性质识别说所主张的那样,需要区分这一法律规定是管理性规范还是效力性规范的基础上才能进行评价作业?对这一问题的回答,须待对民法强制规范的类型及其效力评价机制进行梳理后,才能做出正确的回答。

大陆法系通说认为,强制规范,是指不可以通过约定予以变更或排除的规范,其适用不以当事人的意志为转移。对强制规范,根据不同的标准,可以有不同的分类。

根据规范的内容不同,强制规范可以分为三种类型:(1)规定私法自治以及私法自治行使要件的规范,即如行为能力、意思表示生效的要件以及合法的行为类型(限于对行为类型有强制规定的情况);(2)保障交易稳定、保护第三人信赖的规范;(3)为避免产生严重的不公平后果或为满足社会要求而对私法自治予以限制的规范。在总则编中,强制性规范包括:关于权利能力和行为能力的规定、关于社团的大多数规定以及法律行为在某些条件下为无效或可以撤销的规范。②

根据规范的结构不同,即法条本身是否包含了构成要件和法效果两方面的内容,强制规范可以分为完全规范和不完全规范,完全规范主要是指命令规范(令行或禁止的行为要求),不完全规范包括权力分配规范、权限规范、辅助规范与定义规范、法律参照与法律拟制、法律推定等多种类型。③ 苏永钦教授在将强制规范归纳为命令规范、赋权规范和定性规范的基础上进一步指出,对于强制或禁止为一定行为的命令规范的违反才有制裁的问题,对界定私法上形成及处分权利义务界限的赋权规范,并无真正的"违反"问题。法律行为逾越处分界限者,也并非"无效",而是在获得有权者许可前"不生效力"。法律行为违反"命令"和"社会规范"(如公序良俗)而无效,性质上是私法自治"内容"界限的逾越,而"处分

---

① [德]卡尔·拉伦茨:《法学方法论》,陈爱娥译,商务印书馆2003年版,第144页。
② 参见[德]卡尔·拉伦茨:《德国民法通论》,王晓晔、邵建东等译,法律出版社2002年版,第42~43页。
③ 参见[德]伯恩·魏德士:《法理学》,丁小春、吴越译,法律出版社2003年版,第56~72页。

权"的僭越则仅是私法自治内部"权限"界限的逾越,两者根本不能同日而语。①

上述区分逻辑,同样体现在我国的立法之中。《民法通则》第五十五条规定:"民事法律行为应当具备下列条件:(一)行为人具有相应的民事行为能力;(二)意思表示真实;(三)不违反法律或者社会公共利益。"学界据此形成通说认为衡量法律行为是否有效的要素有三:主体适格、意思表示、行为内容是否符合法律和公序良俗。之所以如此,是因为大陆法系传统上认为,这三个要素对法律行为效力的影响是不同的。②

首先,在主体能力和处分权能方面,民法规定了限制行为能力人从事行为时其法定代理人的同意、无权代理人从事代理行为时被代理人的同意、无权利人处分时权利人的同意以及监护法院对父母、监护人或照管人从事某些行为的同意。在这些情形中,民法将双方之间的法律行为是否发生效力的问题交由第三人来决定,即行为效力待定:在未征得事先允许的情况下从事的行为,开始是不生效力的,但可以通过事后的追认变成有效。反之,效力未定状态也可能通过拒绝追认而产生相反的结果,即行为最终不生效力。此外,在仅仅应当保护某个人免受行为后果损害时,法律还规定了相对不生效力的情形,即这项行为可能仅仅相对于某个特定人才不生效力,相对于其他一切人则是发生效力的。

其次,在意思表示存在瑕疵的情形,分为两种情况:(1)确定无效。在对方知悉的心意保留以及虚假行为和戏谑行为中,表意人已经对其意思表示不应发生效力作出了决定,故行为确定无效;(2)可撤销。受错误、恶意欺诈或胁迫影响的法律行为,其内容不一定是不当的,只不过表意人未能无错误地以及不受胁迫地决定有关行为是否应当发生效力而已,故其效力是可撤销的。

最后,在违反法律和违反善良风俗的情形,法律行为由于其内容不当而不能产生法律效力。《合同法》第五十二条第(五)项关于合同违反法律、行政法规的强制性规定无效的规定,以及《合同法司法解释二》第十四条关于"合同法第五十二条第(五)项规定的'强制性规定'是指效力性强制性规定"的解释,其指向的对象均为法律行为的内容违反了法律、行政法规的强制性规定。

根据上述区分逻辑,法律关于主体能力和处分权能、意思表示、法律行为的内容的效力评价各有其相应的规范,且均为强制规范。按照前述我们将《公司法》第十六条的规定作为判断代表权限有无的辅助规范的界定,公司代表人违反该条规定的行为效力,即越权代表行为是否有效,《合同法》第五十条已经作出了规定。在法律适用技术层面,借助于管理性规范或效力性规范的分析框架评价这一越权行为的效力,明显属于多此一举。

顺予提及,关于管理性规范和效力性规范的划分,在学说史上是因为立法的发展尤其是公法规范的发展使得强制规范日益增多,为避免公法规范中大量使用的"不得""应当""必须"字样的强制规范导致大量的法律行为归于无效,解释学上发展出根据立法目的甄别效力性规范和管理性规范的方法作为应对之策,以明确违反行为的民事法律后果。但由于效力性规范和管理性规范区分标准的模糊,在法解释上出现了不当适用的混乱。

---

① 参见苏永钦:《违反强制或禁止规定的法律行为》,载《私法自治中的经济理性》,中国人民大学出版社2004年版,第42~43页。

② 参见[德]迪特尔·梅迪库斯:《德国民法总论》,邵建东译,法律出版社2000年版,第372~376页。

在我国台湾地区,早年曾经出现过对法律中直接限制法律行为效力的规定进行是取缔规定还是禁止规定的重复评价的错误。① 正是在当时的知识背景下,早年台湾地区曾有学说认为,"公司法"第16条不得保证的规定系效力规定,②亦有学者结合该条第2项前段关于"公司负责人违反前项规定时,应自负保证责任"的规定,将该项规定解释为训示规定,而非通说所认为的效力规定。③ 其实,公司负责人自负保证责任的逻辑,系在认为公司负责人的行为构成无权代理后的当然结果。台湾地区学界这段法解释学史上所走的弯路,值得作为教训汲取。

在国内学界,董安生教授早年即予指出,法律行为所不得违反的规范不应包括法律行为制度本身的规范,特别是民法关于可撤销行为、效力未定行为之规范,否则,必然导致对法律行为效力规则的部分否定,并破坏法律制度之间的和谐。④

除了前述理论上的论证之外,我们还可以选取一个更为直观的角度说明这个问题:按照形式逻辑对概念分类的基本要求,主体、意思表示、内容适法这三个要素应当是并列关系,不存在、也不应该存在交叉进行法律评价的可能和必要。

综上,我们认为,将《公司法》第十六条的规定置于效力性规范还是管理性规范的框架下进行讨论的解释路径,在法律方法上未尽允当,并不足采。

六、内部限制说在理论证成方面的瑕疵

内部限制说从维护交易安全的角度着眼,将内部关系与外部关系分别处理,在公司外部关系方面,应当尽可能避免担保行为因内部决策程序瑕疵而无效,以维护交易安全;在内部关系方面,公司可以通过公司法上的诉讼,追究控制股东、实际控制人、法定代表人因越权担保而给公司所造成的损失。这一论理逻辑的支点,是维护交易安全。此外,交易便捷的因素,也是重要的考量因素。内部限制说的论理逻辑,存在着如下缺陷:

1. 内部限制说不仅直接导致了《公司法》第十六条"具文化"的后果,也将"悬空"监管部门为此所付出的努力

如本文前述,在公司内部追究越权担保的责任时,《公司法》第二十条、第二十一条、第一百四十九条第一款第(三)项和第一百五十条的规定已经为公司追究控制股东、实际控制人、董事、监事和高级管理人员的责任提供了充分的请求权基础。在这种情况下,《公司法》第十六条的规定如果不能达到限制代表权的外部规范效果,将被归入系属"叠床架屋"的无意义规定,《公司法》第十六条的规定将直接被"具文化"。而这种结论,与本文对该条规定进行历史解释后所得出的结论并不相容。因此,内部责任说的解读,在一定程度上已经背离了该条规定的规范目的。

此外,内部责任说的主张也与相关的行政监管机构的理解存在冲突。在《公司法》修订完成并颁布后,中国证监会和中国银监会为贯彻落实其中关于公司担保的规定,于2005年

---

① 王泽鉴:《民法总则》,中国政法大学出版社2001年版,第278页。
② 参见前文所引台湾地区"行政院司法行政部"关于公司保证的研究意见。
③ 张嘉麟:《论公司与他人所缔结之保证契约的效力》,载《月旦法学杂志》第19期。
④ 董安生:《民事法律行为》,中国人民大学出版社1994年版,第212页。

12月23日联合颁布《关于规范上市公司对外担保行为的通知》(证监发〔2005〕120号,以下简称《通知》),对上市公司的担保行为和银行业金融机构的核保行为提出了具体的监管要求。在上市公司及其控股子公司对外提供担保方面,要求:"(一)对外担保必须经董事会或股东大会审议。(二)上市公司的公司章程应当明确股东大会、董事会审批对外担保的权限及违反审批权限、审议程序的责任追究制度。(三)应由股东大会审批的对外担保,必须经董事会审议通过后,方可提交股东大会审批。须经股东大会审批的对外担保,包括但不限于下列情形:1. 上市公司及其控股子公司的对外担保总额,超过最近一期经审计净资产50%以后提供的任何担保;2. 为资产负债率超过70%的担保对象提供的担保;3. 单笔担保额超过最近一期经审计净资产10%的担保;4. 对股东、实际控制人及其关联方提供的担保。股东大会在审议为股东、实际控制人及其关联方提供的担保议案时,该股东或受该实际控制人支配的股东,不得参与该项表决,该项表决由出席股东大会的其他股东所持表决权的半数以上通过。(四)应由董事会审批的对外担保,必须经出席董事会的三分之二以上董事审议同意并作出决议。(五)公司董事会或股东大会审议批准的对外担保,必须在中国证监会指定信息披露报刊上及时披露……(六)上市公司及其控股子公司在办理贷款担保业务时,应向银行业金融机构提交《公司章程》、有关该担保事项董事会决议或股东大会决议原件、刊登该担保事项信息的指定报刊等材料。"在银行业金融机构核保及贷款审批方面,要求:"(一)各银行业金融机构应当严格依据《中华人民共和国担保法》、《中华人民共和国公司法》、《最高人民法院关于适用〈中华人民共和国担保法〉若干问题的解释》等法律法规,加强对由上市公司提供担保的贷款申请的审查,切实防范相关信贷风险,并应及时将贷款、担保信息登录征信管理系统。(二)各银行业金融机构必须依据本《通知》、上市公司《公司章程》及其他有关规定,认真审核以下事项:1. 由上市公司及其控股子公司提供担保的贷款申请的材料齐备性及合法合规性;2. 上市公司对外担保履行董事会或股东大会审批程序的情况;3. 上市公司对外担保履行信息披露义务的情况;4. 上市公司的担保能力;5. 贷款人的资信、偿还能力等其他事项。"

除了站在各自的监管权限对监管对象提出具体的要求之外,中国证监会和银监会还在该《通知》中表态要加强监管协作,加大对涉及上市公司违规对外担保行为的责任追究力度:"(一)中国证监会及其派出机构与中国银监会及其派出机构加强监管协作,实施信息共享,共同建立监管协作机制,共同加大对上市公司隐瞒担保信息、违规担保和银行业金融机构违规发放贷款等行为的查处力度,依法追究相关当事人的法律责任。(二)上市公司及其董事、监事、经理等高级管理人员违反本《通知》规定的,中国证监会责令其整改,并依法予以处罚;涉嫌犯罪的,移送司法机关予以处理。(三)银行业金融机构违反法律、法规的,中国银监会依法对相关机构及当事人予以处罚;涉嫌犯罪的,移送司法机关等措施追究法律责任。"

担保人和被担保人之间客观上存在着利益冲突,这是一个无需多加解释的生活常识。如果从部门本位的角度来观察这个现象,很难理解为什么这两个具有不同监管利益的部门会联手发布强化公司担保内部决策和对其决策进行审查的规范性文件。因此,该《通知》的发布,动机显然不是出于本位利益。如果结合中国证监会此前为贯彻党中央和国务院的关于建立现代企业制度和"上市公司要在现代企业制度建设方面先行一步"的政策部署所做的系列工作,及其在公司担保领域会同国务院国资委、原国家经贸委等相关部委的监管举措来历史看待的话,这个《通知》的发布,就是中国证监会为加强公司治理、规范公司对外担保行为这一系列工作努力的合乎逻辑的延伸。

从《通知》的内容来看,将《公司法》关于公司担保的相关规定真正落到实处已经成为中国证监会和中国银监会的共同政策目标和自觉监管行动。在这种情况下,如果司法阵线还将《公司法》规定的法定限制仅视为内部决策程序的话,将会使监管部门的努力大打折扣,甚而有直接"悬空"的危险。

2. 内部限制说的论理逻辑,混淆了代表权的法定限制与约定限制、章程的公开效力与法律的公开效力的区别

在既往的讨论中,内部限制说似乎没有充分注意到代表权的法定限制和约定限制的区别,还存在着以章程的公开效力替换法律的公开效力这一偷换概念的现象。如有观点认为,有限责任公司的公司章程不具有对世效力,有限责任公司的公司章程作为公司内部决议的书面载体,它的公开行为不构成第三人应当知道的证据。强加给第三人对公司章程的审查义务不具有可操作性和合理性,第三人对公司章程不负有审查义务。第三人的善意是由法律所推定的,第三人无须举证自己善意;如果公司主张第三人恶意,应对此负举证责任。因此,不能仅凭公司章程的记载和备案就认定第三人应当知道公司的法定代表人超越权限,进而断定第三人恶意。[①] 亦有观点认为,《公司法》第十六条第一款的规定属于公司内部组织规范,其立法目的在于提示公司,公司章程可以对公司的对外担保能力作出权力安排和限制规定。公司章程是公司股东充分表达意志的法律文件,属于公司内部的组织规范,其效力范围局限于公司内部,约束公司股东以及董事、监事等高级管理人员,对公司以外的他人不具有拘束力。为保障交易的迅捷、安全和社会关系的稳定,对公司章程的相关内容,他人在与公司进行交易时没有审查的义务。[②]

在我们看来,基于法定限制和约定限制的区分,对公司担保领域对代表权限的关注,相对人在接受担保时的审查义务,不是基于公司章程的效力要求,而是基于法律规定的注意义务。内部限制说的论理逻辑,在通过公司章程、股东会决议等内部文件对代表权进行约定限制的场合,无疑是正确的。但内部责任说将这一逻辑不适当地延伸至公司担保这一法定限制领域,是其论理逻辑的最大缺陷。

比较法上,对代表权的约定限制不得对抗善意第三人已经成为两大法系的惯常做法。如《日本民法典》第54条规定:"对理事代表权所加的限制,不得以之对抗善意第三人。"《英国2006年公司法》第40条第1款规定:"为了有利于善意与公司交易的人,董事约束公司的权力应视为不受任何限制。"但应予注意的是,同样是在该两个国家的立法中,也存在着对代表权进行法定限制的规定,其法律效果与约定限制截然不同。本文前段所引《日本公司

[①] 《中建材集团进出口公司诉北京大地恒通经贸有限公司、北京天元盛唐投资有限公司、天宝盛世科技发展(北京)有限公司、江苏银大科技有限公司、四川宜宾俄欧工程发展有限公司进出口代理合同纠纷案》,载《最高人民法院公报》2011年第2期。

[②] 最高人民法院(2007)民二终字第255号民事判决书。

法典》第 356 条、第 595 条关于公司为董事、股东债务提供担保须经股东会或董事会同意的规定,以及《英国 2006 年公司法》第 677 条至 680 条关于对买入公司股份之人提供财务资助构成犯罪的规定,以及第 197、198、199、203、213 条关于为关联人贷款、准贷款、信用交易提供担保的限制规定及其法律后果的规定,足以说明这一问题。

由此可见,历史上关于代表人"依法对于第三人所得为之行为,应以关于营业上者为限。代表股份有限公司之董事或代表其他公司之股东,仅关于公司营业上之事务有办理之权,为人保证,除属于该公司或其他商号之营业范围,或依特殊情事可认为营业上之行为外,自无代为之权。如竟擅自为之,对于该公司或其他商号不生效力"的区分逻辑,迄今仍然是各国区分代表权限与善意第三人保护的基本做法。

3. 内部限制说关于交易安全和交易便捷的衡量,并不能令人信服

在内部限制说的框架之下,借助于"交易安全""交易便捷"等"大词"作为其利益衡量的理论工具,是较为惯常的论证方法。对此,有再行缕析的必要。

如前文所述,相对人善意无过失地相信代表人有权提供担保是其获得交易安全保护的基本前提。那么,在立法已经剥夺了公司代表人对外担保的决定权限的情况下,相对人只有能够证明公司代表人向其展示了其已经获得授权的"虚像",且其善意地相信了这一"虚像",才能够得到法律的保护。这一信赖利益的保护,《合同法》第五十条关于表见代表的规定,已经提供了相应的制度空间。没有必要舍此之外另起炉灶,人为地将公司的外部关系和内部关系进行切割,徒增法律适用的混乱和困扰。

从学术渊源的角度,日本学界关于内部责任说的主张,似可认为是国内学界倡导内部限制说之嚆矢,或者可以认为是据以进行解释的比较法上的经验。

但在事实上,国内学界的内部限制说与日本学界所主张的内部责任说存在着实质性的差别。日本学者提出该种主张的立足点,是在平衡公司利益保护和从担保权人处受让的第三人的交易安全的基础上所提出的见解。首先,在保护公司利益方面,只有相对人能够证明自己善意无过失,该代表行为才对公司生效。在法律对代表权存在法定限制的情况下,相对人要证明自己是善意的,存在非常大的困难。由此可见,日本学界的内部限制说也并非将内部关系和外部关系完全切断。其次,在交易安全的考量方面,其所欲保护的是从相对人处受让担保权利的第三人的交易安全。① 这种交易安全,是基于担保设定后的下一笔交易的交易安全,而不是相对人从公司获得担保的本次交易的安全。

这一层面的交易安全,实际上是主张以物权行为无因性制度来保护交易安全,以资弥补善意取得制度在保护交易安全方面之不足。这种解释立场,因我国立法没有采纳物权行为无因性理论而缺乏相应的立法支持,故不足采。立足于现行法的制度安排,这一层面的交易安全,只能通过表见代表制度对善意相对人的保护这一途径来实现。而且,在当前担保权益流通尚不发达,金融领域的资产证券化刚刚起步之时,通过正确解释法律来引导和规范公司担保行为,对于交易各方权益保护无疑是一个较优的选择。

---

① [日]山本敬三:《民法讲义·总则》(第三版),解亘译,北京大学出版社 2012 年版,第 399 页。这种学说主张,与《英国 2006 年公司法》第 213 条的关于公司不能申请撤销合同的例外情形——"不是交易或安排一方的人在不知道违反的情况下善意有偿取得的权利,将受到撤销的影响"的规定异曲同工。

此外,还应注意的是,日本学界的内部责任说尽管得到一些商法学者的大力倡导,①但该种观点从未被判例所采纳而成为主流学说,在立法的修订过程中亦未能成为有力说。

关于交易便捷或交易成本的考量,一种有代表性的观点认为,如果要求接受担保的相对人审查代表人的代表权限,势必要求相对人对担保人的章程进行审查。此举一方面加重了相对人的负担,且在事实上相对人也很难便捷地获得担保人的公司章程。对此,我们认为,相对人在接受担保时对代表人代表权限的审查,是基于法律规定的注意义务。如果相对人在接受担保时尽到谨慎的注意义务,就应当要求担保人提供公司章程、决议等相关资料,以审查决定是否签约。由于相关资料均系担保人提供,并不存在另行获得章程和决议资料的缔约成本,而对相关资料的审查成本,本身就是法律规定其应当负担的交易成本。

4. 内部限制说在担保行为的效力判断方面,同样存在方法论上的错误

按照内部限制说的主张,认定担保行为是否有效,不能以《公司法》第十六条为依据,而应当根据《合同法》第五十二条的有关规定。② 该条规定:"有下列情形之一的,合同无效:(一)一方以欺诈、胁迫的手段订立合同,损害国家利益;(二)恶意串通,损害国家、集体或者第三人利益;(三)以合法形式掩盖非法目的;(四)损害社会公共利益;(五)违反法律、行政法规的强制性规定。"有学者进一步指出,当相对人明知法定代表人超越权限,并与其串通一起损害法人利益时,该行为亦可根据《合同法》第五十二条第(二)项的规定处理;如果没有股东会或股东大会的特别授权,法定代表人擅自实施无权实施的行为,此种交易应属于《合同法》第五十二条第(五)项规定的"违反法律、行政法规的强制性规定"的情形,合同应自始无效。③ 这种法律适用的结果,与前文所述规范性质识别说的错误如出一辙。

综上所述,我们认为,内部限制说的解释路径不但与《公司法》第十六条的规范目的存在冲突,在理论逻辑、利益衡量和法律适用等方面均不具有充分的说服力,不宜再行坚持。

七、规则证成:越权担保行为的效力选择及责任承担

(一)事实构成的类型化及法律问题

对于担保合同效力的审查,自"中福公司担保案"以来,审判实践中大多是根据有限公司和股份公司的不同,采用不同的效力判断规则。如在《公司法》修订前,有些法院采用有限公司须经董事会决议、股份公司须经股东大会决议的效力判断规则。修订后的《公司法》虽然并未采纳这种划分方法,但这一区分方法至少是作为传统思维方式仍然存在着一定的影响力。对商事审判中的这一传统做法,我们认为应当随着法律修订而改变。首先,法律对公司对外担保的决定机关的规定中,并没有根据公司类型作出区分性的规定,因此,区分封闭公司还是公众公司而课予相对人不同的注意义务于法无据。其次,虽然公众公司和封闭公司客观上存在公共性有无的差别,但就影响的法益来说,在质上都是相同的,区别无非

---

① 参见[日]末永敏和:《现代日本公司法》,金洪玉译,人民法院出版社2000年版,第10~11页。
② 张勇健:《〈公司法〉司法解释(三)解读》,载《商事审判指导》(2012年第1辑,总第29辑),人民法院出版社2012年版,第71页。
③ 朱广新:《法定代表人的越权代表行为》,载《中外法学》2012年第3期。

涉及的利益大小而已。因"量"的不同而采用差异化的效力判断规则,理由并不充分。

此外,由于立法对一般担保和关联担保采用了不同的规范方式,区分二者采用不同的效力判断规则的做法在审判实践中的影响力也在增长。但是,关联担保和一般担保的区分框架也存在明显的缺陷:首先,关联关系是一个较大的范围,但《公司法》第十六条第二款仅就为其中的实际控制人和控制股东提供担保作出了必须经股东(大)会决议的规定,对于为其他的关联方担保,解释上应当认为须适用第十六条第一款的规定,由章程决定相应的决议机构。[①] 也就是说,对于代表人未经决议擅自以公司财产为自己、其他董事、经理、高管人员提供的担保,应当适用《公司法》第十六条第一款的规定。其次,区分关联担保和一般担保也面临着实践操作技术上的困难。如果认为相对人只在接受关联担保时存在审查义务,接受一般担保时不负审查义务,那么相对人即可主张在接受关联担保时相信其为一般担保作为抗辩。这时,如何确定相对人主观上是否善意,存在着极大的困难。

基于上述考虑,在考虑越权担保行为的事实构成方面,我们不再将封闭公司还是公众公司、一般担保还是关联担保这些事实因素作为分类的基础。

从审判实践中担保纠纷案件的审理情况来看,根据是否经过机关决议的标准,越权担保主要分为四种类型:(1)未经决议,公司法定代表人对外实施的担保行为。(2)未经决议,公司的非法定代表人以公章代表公司对外提供担保。(3)尽管事实上未经决议,但公司的法定代表人或其他人员向被担保人提供了虚假的决议。(4)虽经决议,但决议事项违反公司章程规定的议事机关、议事规则或关于限额的规定。这四种情况,本质上都是越权行事,但其间存在相对人是否善意的差别。立足于公司治理结构的基本架构,考虑到代表和代理行为的相似性,我们将越权担保行为依据相对人是否善意,区分为两种类型加以讨论。

对于越权担保的合同效力,《合同法》第五十条规定:"法人或者其他组织的法定代表人、负责人超越权限订立的合同,除相对人知道或者应当知道其超越权限的以外,该代表行为有效。"由于该条规定并未明确在相对人知道或应当知道的情况下代表行为的效力,构成法律漏洞,并导致此前学者基于代表权限制说所得出的结论存在无权代表无效说、无权代表未生效说和一般担保和关联担保代表权区别说三种分歧性观点。

如何看待这三种分歧观点,有赖于对《合同法》第五十条的漏洞进行解释性补充,这也是越权担保效力判断规则面临的主要法律问题。

(二)相对人善意的越权担保行为效力

对于相对人善意即"不知道或不应当知道"行为人无权设定担保的情况下,担保合同有

[①] 根据《企业会计准则第36号——关联方披露(2006)》(财会〔2006〕3号)第三条和第四条的规定,当事人之间存在着一方控制、共同控制另一方或对另一方施加重大影响,以及两方或两方以上同受一方控制、共同控制或重大影响的,构成关联方。包括:(一)该企业的母公司。(二)该企业的子公司。(三)与该企业受同一母公司控制的其他企业。(四)对该企业实施共同控制的投资方。(五)对该企业施加重大影响的投资方。(六)该企业的合营企业。(七)该企业的联营企业。(八)该企业的主要投资者个人及与其关系密切的家庭成员。主要投资者个人,是指能够控制、共同控制一个企业或者对一个企业施加重大影响的个人投资者。(九)该企业或其母公司的关键管理人员及与其关系密切的家庭成员。关键管理人员,是指有权力并负责计划、指挥和控制企业活动的人员。与主要投资者个人或关键管理人员关系密切的家庭成员,是指在处理与企业的交易时可能影响该个人或受该个人影响的家庭成员。(十)该企业主要投资者个人、关键管理人员或与其关系密切的家庭成员控制、共同控制或施加重大影响的其他企业。

效,公司应当承担担保责任。这是根据《合同法》第五十条之规定所得出的当然结论。

有疑义的是,相对人善意的衡量标准是什么?对此,学理上虽有实质审查和形式审查两种不同的主张,但从审判实践中的情况来看,主张形式审查说为主流的看法。与此相应,"不知道或不应当知道"就是指相对人事实上不知道,或者在尽了形式审查义务之后仍然不可能知道行为人无权提供担保的事实。在具体案件中,相对人要证明自己的善意,必须举证证明自己尽到了如下的注意义务:

1. 已经依法审查了担保人提供的与担保相关的决议、章程、财务资料

根据《公司法》第十六条、第一百零五条和第一百二十二条的规定,相对人应当审核的文件包括:①公司章程;②董事会或者股东会、股东大会的决议;③财务报表,若担保人为上市公司,根据《公司法》第一百二十二条的规定,还应审查担保金额与公司最近一期经审计确认的总资产的关系。

2. 相关资料在形式上相互一致

相对人经过审查,认为现有资料能够证明公司担保的决议机关、决议程序和担保限额在形式上符合《公司法》第十六条、第一百零五条、第一百二十二条的规定,即可认为尽到了相应的注意义务。

至于相关行为主体如股东签章或董事签名的实际真伪,担保决议的形成程序是否违法,以及相关上市公司已经对外作出担保的数额和公司的总资产的关系是否存在虚假,此非相对人的审查能力所能及,不应将其作为考量因素。也就是说,只要相对人对担保公司的章程、决议文件和证明资料进行了必要而合理的形式上的审查,没有发现决议文件虚假或者其他违反法律规定之处,则相对人据此与担保公司签署的担保合同应视为有效。

此外,相对人尽了上述形式审查义务,即便股东会或者股东大会、董事会决议嗣后因程序瑕疵或内容违法被人民法院依法撤销或确认无效,也不影响公司依法应承担的担保责任。在公司承担责任之后,就公司因此所受的损害,公司有权根据《公司法》第二十条、第二十一条、第一百四十九条第一款第(三)项和第一百五十条的规定追究控制股东、实际控制人、董事、监事和高级管理人员的责任。

(三)相对人恶意的越权担保行为效力

对相对人恶意情形下的越权代表行为的效力,民法学界有两种代表性的观点:

第一种观点认为代表行为无效。相对人恶意即知道或者应当知道超越权限的越权代表行为,不对法人发生效力(无效),理由是,"法律不宜保护恶意之人"。① 按照这种理解,越权代表原则上有效,相对人知道或应当知道属于例外,与原则有效相对应,例外的情况应当是无效。

第二种观点认为代表行为效力待定。这种观点认为,将相对人知道或应当知道的情形解释为无效,排除了法人追认实际上可能对其有利的越权行为的机会,实不可取;将其解释

---

① 参见崔建远:《合同法总论》(上卷),中国人民大学出版社2008年版,第356页;胡康生主编:《中华人民共和国合同法释义》(第2版),法律出版社2009年版,第86~87页;最高人民法院经济庭编著:《合同法释解与运用》(上),新华出版社1999年版,第214页。

为一种效力待定行为,则比较合理。故越权代表构成表见代表时有效,此外为效力待定行为。①

我们认为,立足于在我国《合同法》第四十八、四十九、五十条将无权代理、表见代理、表见代表分别加以规定的实际情况,考虑到法定代表人以法人名义与相对人实施的行为,在形式与效果归属两方面与代理制度皆极其类似,并参酌比较法上的经验,以类推适用代理的方法对越权代表规则的漏洞进行补充较为可取。

首先,在比较法上,《英国 2006 年公司法》第 213 条、214 条已经存在越权担保情形下公司有权申请撤销和股东会后续确认的立法例。在日本和我国台湾地区,由于准用代理制度的结果,公司对越权代表通过事后决议追认的效力已经为学说和判例一致认可。

其次,在学说上,"代理与代表的法律性质虽异,功能则相类似,故民法关于代理之规定得类推适用之"的观点已经成为通说。② 在合同法的立法史上,1996 年 6 月 7 日的《合同法(试拟稿)》(第三稿)中,考虑到民法代表制度与代理制度的类似性,及法定代表人的越权行为与无权代理的相似性,曾经对法定代表人的越权行为与表见代理作统一规定(第四十三条),安排在表见代理的规定之后。对于法定代表人的越权行为,"准用"表见代理的规定。③ 在《合同法(征求意见稿)》中,曾经以第三十条一并规定无权代理与越权代表。④《合同法》虽最终没有采纳征求意见稿第三十条的做法,但其将越权代表紧随无权代理、表见代理予以规定的体系安排,显然明确意识到了越权代表与无权代理之间的相关性。因此,将相对人恶意情形下的越权代表解释为一种效力待定行为,能够使旨在保护善意相对人的第四十八、四十九、五十条构成和谐一致的规范体系。

基于以上考虑,我们认为,当相对人为恶意时,公司代表人越权提供担保的行为类推适用《合同法》第四十八条的规定,其行为效力待定,这一解释结论不仅能为公司提供一种追认合同的选择权,在公司不予追认的情况下也能实现对恶意之人不予保护的规范效果。这一解释结论,较之于代表权限制视角下无权代表无效说、无权代表未生效说和一般担保与关联担保代表权区分说,能够实现将《公司法》第十六条、第一百二十二条的规定与《合同法》第四十八条、第五十条关于表见代表的规定做体系性的结合与解释,应当是一个较为合适的解释方向。

按照这一解释方向,在相对人恶意的情况下,还有两个关键问题需要界定:一是如何判断相对人的"知道或者应当知道",二是在公司不予追认的情况下,行为人应当承担何种责任。

"知道",是指事实上的知道,即相对人实际上了解或认识到了代表人在订立担保合同

---

① 参见王利明:《合同法研究》(第 1 卷),中国人民大学出版社 2002 年版,第 620~627 页;张学文:《董事越权代表公司法律问题研究》,载《中国法学》2000 年第 3 期;曹嘉力:《越权代表行为的法律效力初探——兼评〈合同法〉第 50 条》,载《当代法学》2002 年第 9 期。

② 王泽鉴:《民法总则》,中国政法大学出版社 2001 年版,第 444 页。

③ 梁慧星:《关于中国统一合同法草案第三稿》,载梁慧星主编:《民商法论丛》(第 7 卷),法律出版社 1997 年版,第 721 页。

④ 全国人大法工委民法室编著:《〈中华人民共和国合同法〉及其重要草稿介绍》,法律出版社 2000 年版,第 117 页。

时未依法或依章程的规定取得股东会或股东大会、董事会的批准。

"应当知道",是指推定的知道。在一般情况下,这是一个需要结合个案衡量的事实问题,学理上难以抽象出一个统一的认定标准。立法史上,《合同法》对"应当知道"曾经采用了"因重大过失而不知"的标准。所谓"因重大过失而不知",是指对相对人而言,根据其所知悉的一切情形,法定代表人的超越权限是如此显而易见,只要不是熟视无睹,不可能不知法定代表人超越了权限。相对人知悉的一切情形,不仅包括特定交易的具体情况,如交易性质、金额、重要性等,而且包括当事人之间的惯常做法、关于某种交易的特别交易习惯或交易行规等。① 具体到公司担保领域,由于法律规定本身具有公示作用,任何第三人应当了解,所以对第三人应当知道的情况应采取推定方式。② 也就是说,如果相对人在接受担保时没有审查公司决议和相关资料,且公司事实上确未经过决议,就可以推定相对人应当知道。如在审判实践中,公司未经决议即行具函称"本公司承诺,相关担保业经股东(大)会/董事会决议批准"、"本公司承诺以公司所有资产为某某公司提供担保"等,即可认为相对人因重大过失而不知,推定其应当知道。此外,有些情况下公司虽然提供了相关决议,但债权人未能审查发现明显存在的瑕疵,如控制股东参加了同意为其担保的股东会决议的表决、章程规定应经股东会决议但该决议系由董事会决议作出等,也应当认定相对人具有重大过失。

关于未予追认情形下行为人应当承担的责任,《合同法》第四十八条只是规定"由行为人承担责任"。但是,行为人应当承担何种性质的责任,则没有字面上的规定。立法史上,1995 年 1 月的《合同法(试拟稿)》曾经规定无权代理人应当向善意的相对人负履行或者损害赔偿责任(第四十一条)。这一责任方式是比较法上的通例,《德国民法典》第 179 条、③《日本民法典》第 117 条、④我国台湾地区"民法"第 110 条⑤的规定大同小异。

通说认为,无权代理行为未经被代理人追认,对被代理人不发生效力,由行为人承担民事责任。此所谓民事责任,是指由该无权代理人自己作为当事人履行该民事行为中对相对人的义务,或者不能履行时对善意相对人承担损害赔偿责任。但在相对人属于恶意即明知的情形,无权代理人可以不承担损害赔偿责任。⑥ 换言之,无权代理人的责任,是对于因过失而不知的相对人所承担的责任。具体到担保领域,这一责任方式应当视保证和物的担保而有所区别,在保证的情形,由于其责任内容为代偿责任,可以由行为人承担保证责任,而在物的担保情形,行为人无法实际履行物的担保责任,故只能承担赔偿责任。

---

① 朱广新:《法定代表人的越权代表行为》,载《中外法学》2012 年第 3 期。
② 王利明:《合同法研究》(第 1 卷),中国人民大学出版社 2002 年版,第 623~624 页。
③ 《德国民法典》第 179 条规定:(1)作为代理人订立合同的人不证明其代理权的,有义务依另一方的选择,或者向另一方履行,或者赔偿损害,但以被代理人拒绝追认合同为限;(2)代理人不知道代理权的欠缺的,仅有义务赔偿另一方因信赖该项代理权而遭受的损害,但不超过另一方就合同生效所拥有的利益的数额;(3)另一方知道或应当知道代理权的欠缺的(由代理人负举证责任),代理人不负责任,代理人是限制行为能力人的,也不负责任,但代理人系经其法定代理人同意而实施行为的除外。
④ 《日本民法典》第 117 条规定:(一)作为他人代理人缔结契约者,如不能证明其代理权,且得不到本人追认时,应依相对人的选择,或履行契约,或负损害赔偿责任。(二)前款情形,不适用于相对人已知或因过失而不知无代理权情形或者作为代理人缔结契约者无能力情形。
⑤ 我国台湾地区"民法"第 110 条规定:无代理权人,以他人之代理人名义所为之法律行为,对于善意之相对人,负损害赔偿之责。
⑥ 梁慧星:《民法总论》(第三版),法律出版社 2007 年版,第 231 页。

审判实践中,除了法定代表人越权提供担保的情形外,还经常出现公司经理、办公室主任等重要职员持公司公章、制造虚假决议对外提供担保的无权担保行为类型。由于公司经理、办公室主任等非法定代表人与公司之间构成委托代理关系,因此可以视相对人是否善意分别适用无权代理和表见代理的规定。这种处理方式的结果,与代表人越权基本相同。此处不再展开。

八、规则试拟:代结论

根据前文的研究,我们认为,《担保法司法解释》第四条和第十一条的规则应当适时进行修订。就修订后的公司担保的效力判断,试拟如下规则:

公司的法定代表人或其他人员违反《公司法》规定,未经适当的决议程序对外提供担保,相对人能够举证证明其已经对公司章程、决议、公司最近一期财务报表等与担保相关的资料进行了形式审查,有理由相信行为人有代表权或代理权的,对相对人主张由公司承担担保责任的诉讼请求,人民法院应予支持。

公司承担责任后,应当依照《公司法》第二十条、第二十一条、第一百五十条等相关法律规定,向控制股东、实际控制人、董事、监事和高级管理人员等进行追偿。

公司的法定代表人或其他人员违反《公司法》规定对外提供担保,不构成表见代表、表见代理且公司不予追认的,对相对人(根据《合同法》第四十八条规定)主张行为人应当承担保证责任或赔偿责任的诉讼请求,人民法院应予支持。但相对人于缔约时知道担保行为未经适当决议的除外。

这种处理方式,与既往的公司担保的裁判尺度相比,存在三个方面的较大变化:

一是在公司不予追认的情况下,无权代表、无权代理行为对公司不生效力。这一点,改变了《担保法司法解释》第四条和第七条确定的由公司承担赔偿责任的管理过错推定,避免公司"躺枪",有利于实现《公司法》第十六条保护公司利益免受代表人滥权之损害,稳定公司财务的规范目的。

二是将滥权行为人直接推向承担责任的第一线。在构成表见代表和表见代理的场合,明确公司应当向责任人追偿;在公司不予追认的场合,非故意的相对人将直接向相关控制股东、实际控制人、董事、经理追究责任,从而改变了既往的"损人不害己"的局面。在巨大的民事责任面前,任何人都会三思而行,这样,也有助于《公司法》的规范目的之实现。

三是区分相对人的主观状态,赋予不同的处理结果:在相对人善意无过失的情况下,由公司承担担保责任;在相对人善意有过失的情况下,由无权代表、代理的行为人承担保证责任或赔偿责任;在相对人恶意即明知的情况下,无权代表、无权代理的行为人不承担责任。这种处理方式,应当会提高相对人的注意义务和注意程度,能够切实改变相对人接受担保的随意性,更有利于防范双方恶意串通,损害公司利益的担保行为。

当然,任何司法尺度的改变都会给社会经济生活带来重大的影响,公司担保的司法尺度变化因其涉及面广,更需要进行慎重的政策评估。根据我们初步调研所掌握的情况,在近年来的银行业金融机构的担保实践中,对担保审查均按照中国证监会和中国银监会的通知要求进行了审慎的审查,各商业银行总行大多制定了相应的审查制度,故这一司法尺度的变化对银行业的经营不会带来较大的影响。在非金融领域的担保方面，由于近年来司法裁判尺度不够明确，经营规范的公司不仅比照监管部门的要求进行形式审查，就担保事项聘请律师进行实质性的尽职调查的，也时常发生，故也不会带来不利的冲击。因这一尺度的调整而蒙受不利影响的，应该局限于非金融领域中的一些不规范做法，总体的风险应该是可控的，想来不会出现大规模、群体性的反弹。

当然，公司担保的效力问题，在体系上横跨公司法、合同法、担保法和物权法等多个法律部门。在写作本文的过程中，虽然笔者尽可能睁大眼睛小心求证，但限于学术修养，对这一问题的把握仍深感力所不逮，行文结构的安排、论理逻辑的层次仍显青涩，然秉承"学术研究无禁区"的无知者无畏精神，草就本文。若果能引起对这一问题的进一步讨论，形成共识并完善规则，则目的已达。

关于《民事诉讼法》二审程序修改内容的理解与适用

李相波[*]

2012年8月31日第十一届全国人民代表大会常务委员会第二十八次会议通过了《关于修改〈中华人民共和国民事诉讼法〉的决定》,并自2013年1月1日起施行。修改后《民事诉讼法》对二审程序中的"审理方式"和"裁判方式"两个方面进行了修改,笔者就参与《民事诉讼法》修改的经历并结合立法的精神,介绍一下二审程序修改的内容及理解与适用。

一、关于二审审理方式

(一)修改的内容及原因

修改前《民事诉讼法》第一百五十二条是关于"二审审理的方式和地点"的规定,即第二审人民法院对上诉案件采取何种审理方式以及在何地点进行审理,修改后《民事诉讼法》仅对二审审理方式的相关规定进行了修改,对二审审理地点的相关规定未作修改。[①]

审理方式是民事诉讼运行的核心环节之一,也是人民法院评价双方当事人诉讼行为和由此衍生出的诉讼信息的主要手段,而二审审理方式则是上诉法院对"当事人的利益、上诉审救济利益、司法资源耗费"等综合因素评判后进行优化的手段和结果。[②]设立上诉审程序的功能之一是增强当事人感觉上的公平性,通过程序吸收当事人的不满,使当事人对裁判结果形成信服,最终强化司法的正当性。目前,世界各国尤其是大陆法系国家一般对二审上诉案件规定了两种审理方式,即"开庭审理"和"不开庭审理的径行判决"。我国亦如此。"开庭审理"能够发挥程序的功能,使当事人形成案件经过慎重考虑的感觉,并能够为当事人提供进一步申明主张和宣泄不满的机会,从而强化程序的公正性。"不开庭审理"主要对于上诉请求明显不能成立或者不需要开庭审理的案件。在民事二审程序中设置上述两种审理方式,主要是通过对上诉案件的"繁简分流"而达到公正与效率之间的平衡。对于两种

---

[*] 最高人民法院民事审判第二庭法官,最高人民法院民事诉讼法修改研究及贯彻实施领导小组成员。
[①] 修改后《民事诉讼法》第一百六十九条规定:第二审人民法院对上诉案件,应当组成合议庭,开庭审理。经过阅卷、调查和询问当事人,对没有提出新的事实、证据或者理由,合议庭认为不需要开庭审理的,可以不开庭审理。
[②] 参见常怡主编:《比较民事诉讼法》,中国政法大学出版社2002年版,第648页。

审理方式的区别,通说认为,形式上的区别在于是否进行了开庭审理,而本质上的区别在于合议庭成员的参与程度不同,开庭审理方式中合议庭成员的参与程度显然要高于不开庭审理的径行判决。必须强调的是,不管是开庭审理还是不开庭审理径行判决均不能以损害裁判的公正性和当事人的诉讼权利为代价。

修改后《民事诉讼法》对二审审理方式的相关规定作出了修改。修改前《民事诉讼法》第一百五十二条规定:对于上诉案件,第二审人民法院经过阅卷和调查,询问当事人,在事实核对清楚后,合议庭认为不需要开庭审理的,也可以径行判决、裁定。而此次修改,主要是将原来的"在事实核对清楚后"修改为"没有提出新的事实、证据或者理由",也就是说"对于上诉案件第二审法院经过阅卷、调查和询问当事人后,对没有提出新的事实、证据或者理由"的,才可以不开庭审理,而不能笼统地"在事实核对清楚后"就径行裁判。详言之,二审合议庭的首要任务就是审查上诉人是否提出新的事实、证据或者理由,进而决定是否开庭审理。是否有新的事实、证据或者理由通过审阅一审案卷和上诉状以及询问当事人就可以明确,无需严格的庭审过程。虽然"事实核对清楚"并不当然地必须通过开庭审理,但在当事人提出新的事实、证据和理由的情况下,须通过开庭审理,在程序上保障当事人就新的事实、证据和主张予以阐述、说明以及抗辩的权利;反之,如果不开庭审理,尽管在实体上并不当然导致事实认定错误、裁决错误,但程序上的缺陷必然会妨害当事人行使诉讼程序中的权利,导致对裁判公正性的怀疑。从这个意义上说,事实核对是否清楚需要二审庭审的程序保障才能予以确定,这才符合二审审判的逻辑。此外,立法机关也注意到开庭审理和不开庭审理的相对性,将"径行判决、裁定"修改为"不开庭审理"。

近年来,民事案件数呈几何级数增长,二审案件亦相应增长。在法院审判人员不可能大幅度增加的情况下,"案多人少"的矛盾极为突出,中级人民法院和基层人民法院的情况尤其严峻。在第二审法院对上诉案件必须组成合议庭审理的法律规定框架下,部分中级人民法院由于"案多人少",从而对部分上诉案件直接采用不开庭审理而径行判决的方式进行了处理。而这种因"案多人少"而不开庭审理直接进行径行判决的方式,无形中扩大了径行判决适用范围。这虽然提高了二审程序的诉讼效率,但也带来了一些负面的影响。如果二审案件不开庭审理,这就意味着当事人在二审程序的基本权利无法行使,比如当事人无法申请合议庭法官的回避,当事人也无法在法庭上进行辩论,证据无法经过对方当事人的质证,新的事实主张没有给予对方当事人抗辩的机会等等。这些基本的诉讼权利在二审程序都遭到了剥夺,使得当事人的权益受到极大贬抑。诉讼效率的提升往往伴随着当事人诉讼权利的剥夺或者案件质量的下降,从而导致了终审不终。基于上述理由,此次《民事诉讼法》修改对不开庭审理的适用范围进行了限定。

(二)理解与适用

依据修改后《民事诉讼法》第一百六十九条规定,第二审人民法院对于上诉案件原则上都应当开庭审理,只有在第二审法院经过阅卷、调查和询问当事人,且对当事人没有提出新的事实、证据或者理由的,才可以不开庭审理。可见,第二审法院对上诉案件开庭审理应是"常态",而不开庭审理则是特殊情况下的"非常态"。具体而言,按照修改后《民事诉讼法》

第一百六十九条的规定,第二审人民法院受理上诉案件后,应按照以下步骤开展诉讼程序。

1. 组成合议庭

第二审人民法院受理上诉案件,首先应当组成合议庭。修改后《民事诉讼法》第四十条规定,第二审人民法院对上诉案件的合议庭只能由审判员组成,合议庭成员人数必须是单数。我们认为,该条中的"审判员"是指具有审判资格的人员。依据《人民法院组织法》的规定,审判人员应当包括审判员和助理审判员。所以,第二审人民法院审理上诉案件组成的合议庭既可以由审判员单独组成,也可以由审判员和助理审判员共同组成。

2. 阅卷、调查和询问当事人

第二审人民法院组成合议庭后,案件的承办人及合议庭成员要认真审阅案卷,目的是审查当事人提起的上诉是否具备了法律规定的提起上诉的条件,是否在上诉期限内提起上诉,诉讼费是否交齐,上诉人是否提出新的事实或者证据等方面的事项。如果当事人提起上诉的条件等有欠缺,按照法律规定允许其补正的,应通知其补正,不允许补正的,则应直接裁定驳回其上诉。依据本条规定,为了查明事实,二审人民法院在审查案卷过程中,必要时还可以对相关的事实和证据进行调查并询问当事人。

3. 开庭审理或不开庭审理

(1) 开庭审理。承办人及合议庭成员经过阅卷、调查、询问当事人后,如果当事人提出新的事实、证据或者理由,那么合议庭应当开庭审理。这是因为,新事实、证据或者理由的出现,使得对案件事实的认定产生了改变的可能,出于保护当事人诉讼权利及客观公平的要求,第二审人民法院对此种情况应当开庭审理。通过开庭审理,对相关的事实予以查证,进而对一审程序中的事实认定、证据采用或者法律适用是否正确作出终局判断,以求得法律真实最大限度地接近客观真实。(2) 不开庭审理。依据修改后《民事诉讼法》第一百六十九条的规定,第二审人民法院组成合议庭后,经过阅卷、调查和询问当事人,对于其没有提出新的事实、证据或者理由的,如果合议庭认为不需要开庭审理,可以不开庭审理而径行作出裁判。这是因为,对于当事人没有新的事实、证据提供,也没有新的理由提出的,二审法院对案件事实的认定仍是依据在一审中当事人提交的全部证据及当庭陈述,而当事人提交的全部证据及当庭陈述已经呈现在一审人民法院向二审人民法院报送的全部卷宗材料中。二审人民法院完全可以通过审阅一审卷宗材料得以了解,进而对案件的事实作出认定。也就是说,对当事人没有提出新的事实、证据或者理由的,二审人民法院据以查明案件事实的信息来源与一审人民法院完全一致,二审人民法院开庭审理不但完全没有必要,而且还导致诉讼程序的繁琐和诉讼时间的不当延长,造成司法资源的浪费。所以,通过阅卷、调查和询问当事人后,对没有提出新的事实、证据或者理由的,可以通过审阅一审的卷宗之后不开庭审理而径行裁判。

(三) 适用中应当注意的问题

(1) 修改后《民事诉讼法》第一百六十九条不再使用"径行判决、裁定"的表述,而表述为"不开庭审理"。事实上,修改前《民事诉讼法》规定的"径行判决、裁定",只是一种特定表述,并非简化了诉讼程序,其也不同于国外的书面审理。径行裁判除了阅卷外,还要调查和询问当事人,同样需要对案件事实进行调查核实。而书面审理则是不开庭、不调查、不询问当事人和证人,只是通过审阅第一审案卷材料后直接作出裁判。① 此次修改,为避免对"径行判决、裁定"的误读,表述为"不开庭审理",其意义在于强调"审理"过程不能省略,尽管可以不开庭。因此,对上诉人没有提出新的事实、证据或者理由而且是合议庭认为不需要开庭审理的,合议庭也应当履行"审理"程序,阅卷、调查询问当事人、调查核实案件事实,而不能仅仅进行"书面审""法律审"。

(2)依据修改后《民事诉讼法》第一百六十九条的规定,二审法院对上诉案件不开庭审理有两个条件,一个是当事人"没有提出新的事实、证据或者理由";另一个是"合议庭研究认为不需要开庭审理"。第一个条件已如上述。关于第二个条件,审判实践中应当把握的是,虽然当事人没有提出新的事实、证据或者理由,但仍然存在一些其他应当考虑的因素,合议庭应当研究是否应当开庭审理。例如,案件所涉事实是否存在损害公共利益问题一审未予认定,相关合同或者行为是否存在无效事由一审未予认定,等等。只有在合议庭排除了这些因素之后,方可对二审案件不开庭审理。当然,对于"新的事实、证据和理由"的界定以及不开庭审理的具体情形有待于司法解释细化。

二、关于上诉案件的裁判方式

(一)修改的内容及其理解与适用

修改前《民事诉讼法》第一百五十三条是关于二审法院对不服一审判决、裁定提起上诉的案件如何裁判的规定。对于上诉案件的处理方式,世界各国的法律均规定了"维持原判、依法改判、发回重审"三种裁判形态。我国亦如此。依照修改后《民事诉讼法》第一百七十条的规定,第二审人民法院对上诉案件的裁判方式有:维持原判决、裁定,改判、变更或撤销原判决、裁定,将案件发回原审法院重审。此次《民事诉讼法》修改对上述三种裁判方式均有涉及。②

1. 维持原判决、裁定

维持原判决、裁定是上级人民法院对下级人民法院判决、裁定正确性与合法性的肯定,同时也是上级人民法院对下级人民法院判决、裁定所确认的当事人之间的权利义务关系的认可。修改后《民事诉讼法》第一百七十条第一款第(一)项规定,原判决、裁定认定事实清楚、适用法律正确的,二审法院以判决、裁定的方式"驳回上诉,维持原判决、裁定"。也就是说,维持原判决、裁定适用于原判决、裁定认定事实清楚、适用法律正确的案件。

修改后《民事诉讼法》第一百七十条第一款第(一)项内容与修改前《民事诉讼法》该款

---

① 参见杨荣馨主编:《民事诉讼法原理》,法律出版社2003年版,第465页。
② 修改后《民事诉讼法》第一百七十条规定:第二审人民法院对上诉案件,经过审理,按照下列情形,分别处理:(一)原判决、裁定认定事实清楚,适用法律正确的,以判决、裁定方式驳回上诉,维持原判决、裁定;(二)原判决、裁定认定事实错误或者适用法律错误的,以判决、裁定方式依法改判、撤销或者变更;(三)原判决认定基本事实不清的,裁定撤销原判决,发回原审人民法院重审,或者查清事实后改判;(四)原判决遗漏当事人或者违法缺席判决等严重违反法定程序的,裁定撤销原判决,发回原审人民法院重审。原审人民法院对发回重审的案件作出判决后,当事人提起上诉的,第二审人民法院不得再次发回重审。

内容相比,主要是新增加了二审法院对提起上诉的裁定的处理规定。修改前《民事诉讼法》第一百五十三条第一款第(一)项规定"原判决认定事实清楚,适用法律正确的,判决驳回上诉,维持原判决"。但在司法实践中经常遇到的问题是,当事人不服一审法院作出的裁定提起上诉后,二审法院如果维持原裁定的,是否可以依据修改前的《民事诉讼法》第一百五十三条"规定"予以维持。赞同意见认为,应该对修改前《民事诉讼法》第一百五十三条第一款第(一)项中的"原判决"作扩大性解释,即"原判决"不仅包括"判决",也包括"裁定"。因而,二审法院对于维持"原裁定"的,可以以此作为法律依据。反对意见认为,修改前《民事诉讼法》第一百五十三条第一款第(一)项中的"原判决"不应作扩大性解释,应严格按照法律规定。如果对修改前《民事诉讼法》第一百五十三条第一款采限制性解释,二审作出维持原裁定的确实没有法律依据。鉴于此,此次《民事诉讼法》修改时,在该条原内容的基础上新增加了有关"裁定"的内容,即明确规定:原判决、裁定认定事实清楚、适用法律正确的,二审法院要以判决、裁定的方式驳回上诉,维持原判决、裁定。这样修改也使得该法条的内涵和外延显得更加充实和周延,为司法审判提供了明确而清晰的裁判依据。

从该项规定的内容来看,维持原判决或裁定的条件是,一审法院"认定事实清楚"以及"适用法律正确"。只有上述两项同时具备,才能适用"维持原判决、裁定"。当然,在司法实践中,可能会有以下情形:(1)原判决、裁定主文正确,但认定事实部分错误;(2)原判决、裁定主文正确,但判决部分理由不当;(3)原判决、裁定主文正确,但适用法律不当。上述情形是否应属于维持原判决、裁定的情形呢?上述问题涉及对"维持原判"是维持判决主文还是维持整个判决内容的理解。对此,有不同意见。但司法实务界认为,"维持原判"应是对整个判决主文即判决结果的维持,因为判决主文是建立在事实认定和适用法律的基础上的,即使一审事实认定和适用法律有误,二审对事实和说理部分予以纠正,如果二审法院的判决结果与一审判决主文相同,也应该认定为维持原判。①

2. 依法改判、撤销或者变更

第二审法院对上诉案件进行依法改判是二审法院处理上诉案件的另一种主要方式,我国亦如此,我国三大诉讼法对此均予以明确规定,仅是具体规定大同小异。从世界各国的立法例来看,二审改判一般适用于两种情形:(1)原判决适用法律错误;(2)原判决认定事实错误或者认定事实不清。因第一种情形改判的,称为"法律改判";因第二种情形改判的,称为"事实改判",与之对应的是上诉法院的"法律改判权"和"事实改判权"。法律改判权和事实改判权的结合,共同构成了二审法院对一审裁判的实体改判权。

修改后的《民事诉讼法》对修改前的《民事诉讼法》第一百五十三条第一款第(二)项、第(三)项均作了修改,而这两项均涉及改判内容。修改前《民事诉讼法》第一百五十三条第一款第(二)项规定了"原判决适用法律错误的,依法改判"。而本次修改,不但将"原判决适用法律错误的"作为"改判"的事项外,还新增加了"认定事实错误的"情形,即"认定事实错误的"也可以改判。修改前后相比,对于"事实认定错误和适用法律错误的",二审法院除了依法进行改判外,还可以"撤销或者变更"。那么,何种情形下应该采用"撤销或者变更"呢?

---

① 参见李相波:《法官视角下的民事诉讼法修改》,载《国家检察官学院学报》第19卷第5期。

"撤销或者变更"主要是针对"裁定"提起的上诉。对于提起上诉的一审裁定,如果二审法院认为原裁定"认定事实错误"或者"适用法律错误"的,可依法对原裁定进行撤销或者变更。

依据修改后的该项规定,二审法院依法改判、撤销或者变更原判决、裁定的主要有以下情形:

对原判决、裁定认定事实错误或者认定基本事实不清的,二审法院可以依法改判、撤销或者变更原判决、裁定。案件事实主要是通过证据证明并经审判组织依法认定的事实,是审判机关审理案件、分清是非、确定责任的依据,也是正确适用法律的前提。认定事实错误,主要是指以虚假的事实或者伪造的事实作为定案依据的;认定基本事实不清,主要是指对基本事实的认定不真实、不够准确或者是没有将案件事实调查清楚的。在认定事实错误或认定基本事实不清的情形下,二审法院应该在查清事实的基础上,依法对原判决、裁定予以改判、撤销或者变更。只有在查清事实的基础上进行改判,才能使案件的裁判公平公正。

对原判决、裁定适用法律错误的,二审法院可以依法改判、撤销或者变更。适用法律错误,主要是指原判决、裁定认定事实正确,仅是适用法律存在错误。适用法律错误主要有三种表现形式:应该适用甲法律却适用了乙法律;适用了已经失效的法律;适用的法律不正确。对于适用法律错误的,二审法院可以直接以一审法院认定的事实为根据,重新适用法律,作出改变原判决、撤销或者变更原裁定的处理。

3. 撤销原判、发回重审

撤销原判决、发回重审,是指对于原判决认定基本事实不清的或者原判决有严重违反法定程序的,可以裁定撤销原判决,发回原审法院进行重审。此次修改,对因"事实原因"发回重审的情形作了限定,将修改前《民事诉讼法》规定的因"事实"认定不清发回重审限定为因"基本事实"认定不清才可以发回重审。而对于因"程序原因"发回重审的,将修改前《民事诉讼法》规定的"违反法定程序,可能影响案件正确判决的"情形限定为"原判决遗漏当事人或者违法缺席判决等严重违反法定程序的",才可以发回重审。

依据修改后《民事诉讼法》第一百七十条第一款第(三)项、第(四)项的规定,撤销原判决发回重审的有以下两种情形:

(1)原判决认定基本事实不清楚的,二审法院可以裁定撤销原判决,发回原审法院重审,也可以在查清事实的基础上进行改判。也就是说,对于"认定基本事实不清楚的",二审法院既可以直接予以改判,还可以撤销原判决,将案件发回原审法院进行重审。对于是否直接改判抑或发回重审由二审法院根据案件的具体情况综合评判、自由裁量。

(2)原判决严重违反法定程序的,裁定撤销原判决、发回原审法院重审。依据该项规定,只有严重违反法定程序的,才能撤销原判决,发回原审法院进行重审。那么,何种情形为"严重违反法定程序"?该条文采用列举加兜底的方式对严重违反法定程序的事项进行了表述,即列举了"原判决遗漏当事人或者违法缺席判决"两项,在列举上述两项后采用了"等"字,将其他情形予以概括。那么,除了上述法律明确列举的两种情形外,严重违反法定程序的事项还应包括哪些情形?我们认为,依据审判实践以及相关司法解释的规定,下列事项也属于严重违反法定程序的情形:应该公开审判未进行公开审判的;应该回避的人员未予回避的;剥夺当事人法定的诉讼权利,严重影响公正审判的;未经开庭审理而作出判决的;适用普通程序审理的案件当事人未经传票传唤而缺席判决的;审判组织的组成不合法的;等等。

此外,本次《民事诉讼法》修改新增加了发回重审次数限制的规定。根据修改后《民事诉讼法》第一百七十条第二款的规定,原审人民法院对发回重审的案件作出判决后,当事人提起上诉的,第二审人民法院不得再次发回重审。也就是说,对于二审法院发回重审的案件,当事人再次提起上诉后,第二审法院不得第二次将案件发回重审。为何要作出这样的规定?近几年来,司法实践中发回重审数量多、随意性大等情形颇遭诟病。有调查表明,有相当数量的法院对于发回重审的处理方式缺乏规制,对于事实不清或者法律适用错误的二审案件是改判抑或发回重审,往往取决于法官自己的积案压力、案件受外界干预的程度和法官对此干预的驾驭能力、法官自己希望掌握终审权的主观愿望等因素,其结果是发回重审的标准不一、主观随意性大。有鉴于此,在中央部署的深化司法改革的项目以及人民法院"三五改革纲要"中,都将"发回重审"的问题作为重点课题予以关注。① 此次《民事诉讼法》对此方面内容的修改,既是贯彻落实司法改革的成果,也是对社会各界对此问题关注的一个回应。

(二)适用中应注意的问题

(1)修改后《民事诉讼法》第一百七十条第二款对二审发回重审的次数进行了限制,但是并未对发回重审的"事由"进行区分。那么,审判实践中是否应该对发回重审的事由进行区分?如果不进行区分,一律适用该条规定是否过于"僵化"?从国外的立法例来看,各国法律均明确对发回重审的事由予以区分并区别规定,也即区分因"事实原因"发回重审的,还是因"程序原因"发回重审。如果是因"事实原因"发回重审,一般以发回重审一次为限。对于因"程序原因"发回重审的,则没有次数限制。因为,程序具有"不可逆性和不可弥补性",若违反了程序,必须发回重审,而且不应受发回重审次数的限制。但从修改后《民事诉讼法》第一百七十条第二款规定的内容来看,显然对发回重审的"程序原因"和"事实原因"未进行区分。就此,司法实践中遇到的问题是,如果原审人民法院在发回重审后再次出现严重违反法定程序,是否应该再次发回重审?对此,我们认为,应根据诉讼法原理,科学地解释本条款对于发回次数的限制,如果发回重审的案件作出判决后,二审程序中发现其存在重大程序瑕疵,如不再次发回重审将严重损害当事人的程序权利或者实体权利、可能导致判决错误或者损害他人利益,则应当将案件再次发回重审而不适用本款规定。换言之,对于本款规定应解释为是对因"事实原因"发回重审的限制,而如果是因"程序原因"须发回

---

① 最高人民法院在2009年2月就此问题专门成立了课题组,经过最高人民法院认真调研、论证,于2010年12月28日下发了《关于规范上下级人民法院审判业务关系的若干意见》(法发〔2010〕61号),其中,对"发回重审"问题的规范是该意见的一项重要内容。该意见规定,第二审人民法院因原审判决事实不清、证据不足将案件发回重审的,原则上只能发回重审一次;第二审人民法院作出发回重审裁定时,应当在裁定书内详细阐明发回重审的理由及法律依据。

重审的,则不应受发回一次的限制。①

(2)原判决认定基本事实不清的,二审法院是查清事实后改判还是发回重审?该问题是长期困扰司法实践的一个问题。我们认为,从诉讼经济的原则来看,如果二审法院能查清事实的,则宜依法直接改判,因为,二审法院在审理上诉案件后直接行使审判权调整一审裁判内容,其所花费的成本相对而言要比发回重审的成本要低,符合诉讼经济的原则,有助于提高诉讼效率。正是因为依法改判相对于发回重审有较多优势,目前在大陆法系国家出现了由"发回重审"向"依法改判"的转变。许多国家通过立法明确规定,除非有特殊情形,二审法院对一审法院的判决,在审核后通常以"维持原判"和"依法改判"两种方法加以处理,尽量限制"发回重审"方式的适用率。特别是针对适用法律错误情形的裁判方法上,更是如此。相反,如果二审法院难以查清事实或者查清事实的诉讼成本较大,则应当将案件发回原审法院重审。按照诉讼法理和人对客观事物的认知原理,离案件发生的事实时点越近,查证的准确度就会越高,二审法院对案件事实的调查比一审法院的调查更远离事实发生的时点,故二审法院重新认定事实的结果未必较第一审法院所认定查证的事实更加正确可靠。因此,对于一些基于基本事实方面的原因提出上诉的,如果由一审法院调查核实更有效率,应当将案件发回重审。

---

① 2012年3月14日新修订的《刑事诉讼法》对刑事案件发回重审的事项进行了区分,《刑事诉讼法》第二百二十五条是关于"事实原因"发回重审的规定;而第二百二十七条则是对因"程序原因"发回重审的规定。第二百二十五条规定:第二审人民法院对不服第一审判决的上诉、抗诉案件,经过审理后,应当按照下列情形分别处理:(一)原判决认定事实和适用法律正确、量刑适当的,应当裁定驳回上诉或者抗诉,维持原判;(二)原判决认定事实没有错误,但适用法律有错误,或者量刑不当的,应当改判;(三)原判决事实不清楚或者证据不足的,可以在查清事实后改判;也可以裁定撤销原判,发回原审人民法院重新审判。原人民法院对于依照前款第三项规定发回重新审判的案件作出判决后,被告人提出上诉或者人民检察院提出抗诉的,第二审人民法院应当依法作出判决或者裁定,不得再发回原审人民法院重新审判。第二百二十七条规定:第二审人民法院发现第一审人民法院的审理有下列违反法律规定的诉讼程序的情形之一的,应当裁定撤销原判,发回原审人民法院重新审判:(一)违反本法有关公开审判的规定的;(二)违反回避制度的;(三)剥夺或者限制了当事人的法定诉讼权利,可能影响公正审判的;(四)审判组织的组成不合法的;(五)其他违反法律规定的诉讼程序,可能影响公正审判的。

公司对股东逾期未缴出资能否享有优先权探析

唐荣刚[*]

2005年修订的《公司法》第二十六条,对传统法定资本制项下股东一次性缴纳出资的制度进行了改造,规定有限责任公司实行法定资本制项下股东分期缴纳出资制度,普通有限责任公司股东可在公司成立之日起的2年内缴足剩余出资,投资公司则可延长至公司成立之日起的5年内缴足后续出资。该法条的修订,为降低公司设立门槛、激发社会的投资热情起到了积极的促进作用。但若股东届时无力缴付后续出资,则将会由此衍生出一系列的次生问题,尤其是本文所探讨的公司对股东逾期未缴的后续出资是否享有优先受偿权的问题,当前法律对此尚无解答,进而给法院的审判和执行带来了很大难题。

对于公司或公司债权人对股东逾期未缴的后续出资是否享有优先受偿权,在对这一问题的认识上,当前审判和执行实务中主要存在着两种不同意见:一种意见认为,该债权为普通债权,其在该股东对外所负的所有债务中不享有优先受偿权。另一种意见则认为,公司对该逾期未缴出资优先于该股东的其他普通债务人受偿,但滞后于抵押在前且有抵押登记的担保债权受偿。其主要理由在于:公司章程是股东之间以及股东与即将设立的公司之间权利义务的合约,且经公司登记机关审查确认并登记在案,各方均应受此约束。虽然公司的该项工商登记不具有抵押登记的效力,但其对外所具有的公示公信效力亦不可剥夺,因为经登记机关审查登记的公司章程中,对股东分期出资的期数、分缴时间以及每期应缴金额等均有明确规定,且公司营业执照上对公司注册资本和实收资本都有如实记载,其对外的公示效力虽不能与抵押登记相比肩,但其真实性及公信力要远远高于一般的债权债务,故其应弱于抵押在前且办有抵押登记的担保债权,但应优于该股东的普遍债权人受偿。另外,从保障公司生存权的角度来考虑,也应赋予公司对该未缴出资享有优先权。因为若股东的后续出资不能出资到位的话,则可能影响到公司的正常运营,甚至会导致公司的破产和公司法人主体资格的消亡。可以说,该出资的到位与否,将直接与公司的性命相攸关,从当前社会所普遍遵循的生存权高于债权的普世价值观来考量,公司对该未缴出资应当享有优先受偿权。故若该股东的财产不足以偿还其所负全部债务时,除抵押在前且办有抵押登记的担保债权和其他法定优先受偿的债权外,应当优先向公司偿还分期出资的债务。若该股东的剩余财产不足以偿还其他债务时,其他债权人则可通过申请拍卖该股东所占公司的股份等方式进行受偿。

---

[*] 上海市第一中级人民法院法官。

笔者认为，上述第二种意见虽然言之凿凿、貌似在理，但从法理及法律运用等层面来分析，其论点难以成立，故笔者还是同意上述的第一种意见，即：公司对股东逾期未缴的后续出资享有的是普通债权，受偿时不具有优先性。主要基于以下几点理由：

一、从优先权的取得具有法定性来考量，现有法律并未规定公司对股东的后续出资享有优先权

优先权制度起源于罗马法，①其产生的依据只能是法定，即除民法或其他特别法律有规定以外，优先权不得由当事人自由创设。② 按照优先权的内涵来划分，其可分为广义的优先权和狭义的优先权。狭义的优先权仅指优先受偿权，包括债权优先权、抵押权、质权和留置权。③ 本文仅研究狭义优先权中的债权优先权。所谓债权优先受偿权，是指债权人根据法律规定就债务人全部或特定财产较之其他债权人所享有的优先受偿的权利。在我国的立法实践中，对优先权的性质没有定性，④有关优先权的规定主要散见于相关民商事特别法、诉讼法及一些行政法规之中。如《公司法》第一百八十七条有关清算费用、职工工资的优先权；《合同法》第二百八十六条规定有关建设工程承包人就其建设工程的优先受偿权；《税收征收管理法》第四十五条规定的税收优先于无抵押债权以及税收发生在纳税人财产设定抵押、质押或者留置之前具有优先效力；等等。纵观我国优先权的相关法律条文，不管其分属于哪部法律，都体现了优先权所固有的两大主要特性，即：一是享有债权优先权的主体性质具有特殊性。无论是破产共益债务还是税收先于无担保债权优先受偿，其享有优先权的债权人指向均具同一性——社会弱势群体或社会公共服务提供者，故优先债权又被称作"特种债权"，其设立的主旨在于保护社会弱势群体或维护社会公共利益。二是优先权的创设和变更具有法定性。我国上述优先权的法律条文，不仅对优先权的种类及效力作了直接规定，而且一般还对权利变动及衔接等都作了明确，在对优先权的创设和变更等方面作出严格规定的基础上，并未对当事人自行创设或变更优先权留有任何口子。比照优先权的上述两大主要特性，公司就股东后续出资所享有的债权与此均不相符。因为该债权的主体为公司或公司的债权人，两者均为普通的商事主体，与社会弱势群体和社会公共利益提供者的主体地位迥然不同，故该债权人在优先权的享用上首先就存在着主体不适格的问题。另外，纵观我国法律，均未见有公司对股东的后续出资享有优先权的规定，其的创设和取得不具有法律渊源，与其来源具有法定性的特性相悖，故不应受到法律的保护。

二、从公司工商登记性质来考量，公司的工商登记并不产生任何优先效力

根据公司法规定，设立公司应当依法向公司登记机关申请设立登记。对于该种设立登记究竟属于何种性质，理论界对此持有两种观点：一种为行政许可说，另一种为行政确认

---

① [意]彼德罗·彭梵得：《罗马法教科书》，黄风译，中国政法大学出版社1992年版，第166~180页。
② 刘道云：《优先权制度在我国构建的争论与设想》，载《行政与法》2011年第8期，第74页。
③ 参见胡卫东：《论优先权的含义及其立法安排》，载《北京政法职业学院学报》2009年第1期，第41~42页。
④ 郝立军：《优先权性质定位思考与我国立法选择》，载《华北电力大学学报（社会科学版）》2009年第1期，第70页。

说。① 现多数观点认为,公司登记属于行政确认行为,②即系公权力机关对公司商事主体资格和一般商事能力依法予以确定和认可。另外,据物权法定原则可得知,物权的种类和内容,只能由法律规定。而综合我国相关法律规定,尚没有哪部法律给予公司登记机关在办理公司登记时具有设立物权的职能,故公司登记机关的登记行为仅仅是对公司的商事主体资格等进行确定和认可,即便登记中涉及有债权债务等登记内容,也不由此产生类似抵押权登记的优先权效能,该登记的债权与其他的普通债权并无二致,在普通债权中不享有任何的优先效力。假若股东与公司就后期出资另行设立了抵押担保等,则另当别论,不在本文讨论之列。故以股东分期缴纳出资有公司登记机关登记为由,进而要求对该部分逾期未缴出资享有优先权的诉请于法无据,裁判机关不应予以支持。另从公司工商登记对外所具有的公信效力来看,③公司的工商登记材料尤其是公司营业执照,是在公权力强力介入的情况下,对外公开披露公司的真实能力状况,第三人可据此了解公司的真实情况,进而为自己谨慎选取商务对象、有效规避商业风险提供有效依据,故第三人可由此规避商业风险,而并非要通过行使优先权来维护自身利益。若第三人通过查阅公司登记资料或营业执照等,了解到公司股东尚有分期出资未到位,还执意与公司进行商业往来,则表明第三人对公司股东尚未缴纳的出资部分具有足够的风险承受准备,若公司无力偿债而股东也无力缴纳后续出资时,该第三人不得通过行使优先权的方式,来侵害该股东的其他普通债权人的利益。

三、从生存权保障主体具有特定性来分析,公司法人并非生存权保障的适格主体

生存权高于债权,是当今世界的普世价值理念。生存权作为一项基本的人权,在20世纪尤其是二战以后日益受到重视,成为各国宪法和国际人权法的重要内容。其概念最早来源于《世界人权宣言》第25条第1款:"人人有权享受为维持他本人和家属的健康和福利所需的生活水准,包括食物、衣着、住房、医疗和必要的社会服务;在遭到失业、疾病、残疾、守寡、衰老或在其他不能控制的情况下丧失谋生能力时,有权享受保障。"虽然文中没有明确提出"生存权"的概念,但学界均承认该条是关于生存权内容的界定。④ 从上述概念中可得出,生存权所保障的主体仅限于自然人,而不包含自然人之外的企业法人。脱离自然人这一特定主体,就无从谈及生存权保障的问题。因为当今世界上,自然人除了罪大恶极,且经审判机关依法审判判处死刑后,方可合法地剥夺其生存权(生命权),除此之外,任何个人或团体剥夺某个自然人的生存权都将是非法的。而企业法人则不同,世界各国均鼓励企业法人在市场经济浪潮中大浪淘沙、优胜劣汰,并通过立法的方式赋予他人以更多的、合法的手段来促使企业法人消亡。如我国《公司法》规定,公司可通过解散的方式来消灭公司主体地位;《企业破产法》则规定,企业法人资不抵债时,债权人等即可申请破产,迫使企业法人主体消亡。可以说,对自然人和法人的生存延续与其所负债务而言,世人及法律对其态度截

---

① 参见蒋大兴:《公司法的展开与评判——方法、判例、制度》,法律出版社2001年版,第372页。
② 王远明、唐英:《公司登记效力探讨》,载《中国法学》2003年第2期,第90页。
③ 参见王远明、唐英:《公司登记效力探讨》,载《中国法学》2003年第2期,第92页。
④ 龚向和:《生存权概念的批判与重建》,载《学习与探索》2011年第1期,第103页。

然不同。对于自然人来说,生存权高于债权。而对于企业法人来讲,债权在一定程度上要高于其法人主体的延续权。因为我国《企业破产法》开宗明义的第一条就郑重申明:为规范企业破产程序,公平清理债权债务,保护债权人和债务人的合法权益,维护社会主义市场经济秩序,制定本法。从中可看出,法律对债权人的保障力度要高于对企业法人存续的保障力度。故在审理或执行股东逾期未缴后续出资案件中,公司或公司债权人以保障公司生存权为由,要求公司优先受偿该部分未缴出资的请求于法有悖,不应予以支持。

【商事审判调研】

关于新类型担保的调研:现象·问题·思考

最高人民法院民事审判第二庭新类型担保调研小组*

一、有关背景

近年来,随着社会主义市场经济体制改革的深入和发展,小微企业在我国得到了蓬勃发展。据统计,截至 2012 年 5 月,工商登记注册的小微企业达 1023 万户,占我国企业总数的 90% 以上。小微企业对 GDP 的贡献超过 60%,贡献了 54% 的税收,提供了 85% 的城乡就业岗位。[①] 但由于规模小、风险大、担保能力不足等原因,小微企业普遍存在融资难的问题。与此同时,随着我国金融业的改革,除四大国有商业银行以外,各种股份制商业银行、政策性银行、城镇合作银行、农村合作银行、专业性担保机构、小额贷款公司等多种形式的金融机构得到了快速发展,金融业内部的竞争加剧,不少中小型金融机构开始通过创新金融产品的方式,积极发展小微企业客户。在这样的背景下,在东南沿海等经济发达地区的商事实践中,基于小微企业提供抵押或质押的有形财产不足的现实,出现了突破《物权法》所规定的担保财产的范围,将具有一定经济价值的其他财产性权益作为标的来设立物权担保的情形,以及《物权法》和《担保法》没有规定的新类型担保方式。这些新类型的担保[②]形式多样,涉及面广,在相当程度上缓解了小微企业融资难的问题,促进了实体经济的发展,但也普遍面临着法律效力不明的风险。

为深入社会经济发展的客观实际,积极回应商事实践对商事审判工作的司法需求,最高人民法院民事审判第二庭就新类型担保问题进行了深入的调研。

二、调研情况

一是实地调研。2012 年 3 月,调研小组分别到江苏、浙江等经济较为发达、企业资金需

---

* 调研小组组成人员:民二庭副庭长刘竹梅、审判长雷继平、助审员李志刚。
① 周德文:《破解小微企业融资难重在改革创新》,载《中华工商时报》2012 年 5 月 30 日。
② 这些新类型的担保方式与《物权法》和《担保法》所规定的抵押、质押、留置、定金、保证等典型的担保方式在担保标的和操作模式上有所不同,因此又被称为非典型担保。考虑到非典型担保在民商法理论上一般特指动产让与担保、所有权保留、融资租赁等几种传统民法中的担保类型,而商事实践中新的担保类型层出不穷,并不限于这几种非典型担保类型,故本文采用了新类型担保的称谓。

求较大、金融创新活跃的地区,以召开座谈会的形式,听取一线法官、商业银行及小贷公司等金融性机构、企业代表的意见,了解司法实践和金融实践中新出现的担保类型、当事人安排各自权利义务的主要模式、债权人权益保障机制、担保登记或公示方式、与其他债权的顺位关系以及金融监管机构和人民法院的态度等。为充分利用已有成果,调研小组还邀请了曾经承担最高人民法院2010年的相关重点调研课题的江苏苏州中院、浙江杭州中院的有关同志参加了调研。银监会法规部和中国人民银行条法司的同志也应邀共同参与了调研活动。调研期间,中国人民银行条法司向部分商业银行征集了意见,部分商业银行将他们在经营过程中所采用的新类型担保方式及其法律问题进行了反馈。

二是组织召开专题研讨会,听取专家学者的意见。根据实地调研所了解到的情况,民二庭组织召开了新类型担保法律适用问题研讨会,邀请了王卫国、尹田、陈本寒、邹海林、刘保玉、高圣平等在担保法领域有专深研究的专家学者以及银监会法规部、中国人民银行条法司的同志与会,就实践中运用较多的新类型担保方式、新类型担保的物权效力、法律适用等问题,听取他们的意见和建议。

三、实践中新出现的主要担保类型及其操作模式

综合调研情况,商业银行及小额贷款公司等金融机构主要采用的贷款担保模式主要有以下几种类型:

(一)商铺租赁权质押

从事商品批发销售的小微企业资金流动量大、对贷款的需求迫切,但其最主要的财产仅限于所租赁的商铺。从商业银行的角度来看,大型专业市场的商铺租赁权本身具有较高的财产价值,也易于转让,可以作为债权的保障。因此,在江苏常熟服装城、浙江义乌国际商贸城、杭州四季青服装市场、海宁皮革城等大型专业市场中,商户以市场中的商铺租赁权为质押标的向银行申请贷款的担保模式运用较多。

商铺租赁权质押常见的操作模式是:由贷款方(商业银行)、借款方(商户、商铺承租人)与大型专业市场的商铺所有者或管理者(商铺出租人)签订三方协议,以商铺租赁权的财产价值作为优先偿债的担保,在商铺出租人处办理质押登记,并限制商铺承租人将商铺租赁权以任何形式进行转让、转租或重复质押。商铺租赁权的价值由商业银行进行评估、商铺出租人确认。贷款方(质权人)与商户(质押人)则约定,如果商户到期不能归还贷款,由商铺所有者或管理者处置该租赁权,所得价款用于优先清偿商户的贷款。

实践中,对此类担保方式的称谓及性质的认识并不完全一致。就"商铺租赁权"本身,还有"商铺使用权""商铺承租权""商铺续租权""摊位使用权"等其他不同称谓。在操作模式大致相同的情况下,大多将之称为质押,也有少数称之为抵押。

(二)出租车经营权质押

出租车经营权质押也被称为出租车营运证质押、出租车营运牌照质押,即出租车运营公司以其名下的出租车经营权出质,向银行申请贷款。常见的操作模式是:出租车营运证

持有人将其持有的、由车辆运输管理所核发的出租车营运证交由债权人保管,并在车辆管理所进行质押登记,以出租车营运证所代表的出租车经营权进行质押,办理贷款。如到期不能还贷,由债权人对出租车经营权进行处置,所得款项用于清偿所担保的债权。

(三)银行理财产品质押

目前,不少商业银行均对外发行了多种理财产品。由于这些理财产品大多数不支持客户提前赎回,因此,客户资金存在流动困难的问题。一方面,部分客户在急需资金时,希望以理财产品作为担保从银行融得资金;另一方面,理财产品为银行自身发售,银行可以对质物进行控制,能够较好保证银行债权的实现。因此,不少商业银行开展了理财产品质押贷款业务。

其主要操作模式是:债务人以其在商业银行所投资的理财产品为出质标的,为其在同一银行申请的贷款提供担保。如其到期不能偿还贷款,银行有权将该理财产品折价变现,以清偿债务人所借贷款。

(四)人身保险的保单质押

人身保险保单不属于《物权法》所规定的可质押权利类型,但《保险法》第三十四条规定:"按照以死亡为给付保险金条件的合同所签发的保险单,未经被保险人书面同意,不得转让或者质押",从反面解释推论,经被保险人书面同意的寿险保单则可以作为质押标的。目前,已有多家银行开展了寿险保单的质押担保业务。其主要操作模式是:以小微企业的法定代表人或大股东等关联人提供的人寿保险保单作为质押标的,银行按照保单受益金额的一定比例发放贷款,在担保权利的公示上,多采取直接交付保单的方式。

(五)排污权质押

排污权,是指排污单位在获得行政部门许可之后,按照许可证确定的范围、时间、地点、方式和数量等进行排污的权利。我国从1991年开始进行排污权交易试点,排污权由此开始具有可以作为交易标的的财产价值。排污权质押系以排污权为质押标的,在颁发排污权许可证的环保部门办理质押登记,为债权提供担保的方式。就权利属性而言,有的地区称为排污权抵押,有的地区称为排污权质押。目前,此种担保方式在浙江地区开展较多。由于排污权交易并未在全国全面推行,因此,在拍卖排污权以清偿债务时,一般将排污权的买受人限定为本地企业。

(六)保理

保理(factoring),是保付代理的简称,又被译为代理融通、应收账款承购等。保理原来在国际贸易中运用较多,现在不少商业银行在国内也已开始开展此项业务。国内保理业务是指保理银行应卖方申请,受让其在国内贸易中以赊销方式向买方销售货物或提供服务所产生的应收账款;或保理银行应出租人申请,受让其向承租人提供租赁服务所产生的应收租金,并为卖方或出租人提供综合金融服务,包括保理融资、应收账款管理及催收、信用风险担保等。

按照保理是否有追索权,可以分为有追索权的保理和无追索权的保理。国内保理多为有追索权的保理,主要特点是:在保理合同中约定保理银行受让应收账款后,发生保理合同约定的回购情形时,银行保留要求卖方回购应收账款的权利。为保障债权人权益,合同中约定应收账款回款账户须为银行内部账户或保证金账户,或卖方在银行开立的专用账户。若为卖方在银行开立的专用账户的,应对该账户进行监控。

按是否通知应收账款的债务人,国内保理又可分为公开型国内保理和隐蔽型国内保理。在隐蔽型国内保理中,应收账款转让的事实不通知债务人(买方),在应收账款到期日,若保理银行未收到买方支付的足额应收账款的,转让人应在应收账款到期日次日通知买方应收账款转让事宜,并启动催账程序。

在开展保理业务的同时,部分商业银行与保险公司合作推出了信保保理业务,主要业务结构为:在国际、国内贸易项下,卖方将其对买方的应收账款向银行申请续作保理融资,同时卖方以买方的信用风险向保险公司投保并指定银行为保险受益人或同意将保险收益权转让给银行;银行以受让卖方的应收账款及保险受益权为前提向卖方提供保理融资。在应收账款到期时,银行首先从买方处收取应收账款;如买方发生保单约定的信用风险而未能付款的,银行有权要求保险公司支付保险金。

(七)存货动态质押

存货动态质押系以小微企业的存货、原材料、成品、半成品等动产设定质押的担保方式。质物通常委托第三方监管,凭相应凭证办理质物出入库手续,质押物在一定警戒线基础上可以进行动态置换。其主要操作模式是:(1)银行根据融资债权余额确定质物的最低价值。(2)质押期间,如质物的实际价值超出质权人要求的最低价值,出质人可申请就超出部分提货,仓储监管单位凭质权人出具的《放货通知书》办理放货手续;如提取后质物的实际价值低于质权人规定的最低要求,在提货之前,出质人应补交相应保证金,或归还相应融资款项,或补充同类质物。(3)融资到期后,如债务人不能按时还清本息,银行有权以公开拍卖、变卖方式对质物进行处置。

存货动态质押的特点在于质押的动产客观上难以特定,对于担保物不特定的情形,我国《物权法》明文认可了动产浮动抵押的担保方式,但并未涉及质押方式。因此,动产质押担保的法律效力尚存争议。

(八)保证金质押

考虑到实现权益比较方便又不需要经过变现的程序,保证金质押方式受到商业银行的普遍欢迎。实践中,保证金质押的设定一般以在合同中约定特定条款的方式实现。具体表述方式一般包括以下几种:(1)客户提供××金额的保证金作为其在借款合同下债务的质押担保;(2)客户提供××金额的保证金作为其在借款合同下债务的担保;(3)客户提供××金额的保证金,债权人对上述保证金享有优先受偿权;(4)客户提供××金额的保证金,债权人可自行扣划上述保证金用于偿还客户在借款合同下的债务。但这几种表达方式是否能够有效设定保证金质权,是否均能够实现对抗第三人尤其是善意第三人实现优先受偿的目的,是否均能够对抗司法机关的冻结、扣划,以及被司法机关冻结、扣划后是否均能够主张担保权利并得到支持和保护,均存争议。

(九)房地产、车辆、债权回购担保

回购,是指当债务人不能按期偿还贷款本息时,银行根据事先约定,要求担保物的原卖方(或债权原转让方)或第三人,按照约定的价格等条件买回担保物(或债权),所得款项用于清偿银行贷款的一种担保方式。例如,在房地产、车辆抵押贷款业务中,银行通常会与开发商、汽车经销商约定在借款人违约时,银行有权要求开发、汽车经销商回购房屋、车辆,回购价款优先清偿借款人所欠银行贷款本息。

回购虽不属于法律明文规定的担保形式,因其具有担保债权收回的功能,在实践中被广泛运用,但亦存在一些争议,如:回购条款是否有效?是否具有担保物权的效力?如果回购时,约定的价格过分高于或低于担保物的时价,回购条款是否可以撤销或者变更?此外,银行是否应承担回购资产的交付或者协助过户义务,也存有争议。

(十)独立保证

银行保函业务中常见的为见索即付独立保函,即银行在保函下的担保责任独立于主合同,并且有封顶限额和明确的有效期。这与法律规定的保证担保中的担保合同的从属性以及保证期间、诉讼时效的要求有不相符之处,但能满足银行对保证期间和贷款金额等方面的风险控制要求。

《担保法》第五条规定:"担保合同是主合同的从合同,主合同无效,担保合同无效。担保合同另有约定的,按照约定。"依据该规定,部分保证合同约定"主合同无效的,保证人仍须为主合同无效后产生的各项赔偿责任提供保证",类似操作对于锁定无效风险有积极作用,目前司法实践已对国际贸易业务中的独立保函予以认可,但对国内业务中的独立保证效力尚未明确。

(十一)附让与担保内容的资产转让返租协议

此类业务多存在于小额贷款公司、个人放贷者等,商业银行基本上不开展。该类担保通常采取合同的方式设立,债权人以受让资产的"所有权"对抗其他债权人对该资产可能享有的按比例分配的权利,从而最大限度地保护自身的债权免受损害。

其主要操作模式是:当事人双方通过签订资产转让返租协议,将借贷关系转换成买卖关系,放贷人(即债权人)受让资产(通常为厂房设备)但不转移占有,债务人定期支付"租金"清偿债务。在债务人按约偿债后,债权人将该动产或不动产返还债务人,使得债务人的所有权得以恢复;债务人到期不能偿债时,债权人取得该动产或不动产的所有权。

(十二)保兑仓业务与厂商银业务

保兑仓业务,是指生产厂家(卖方)、经销商(买方)和银行签订《保兑仓三方合作协议》

进行合作,银行为经销商向生产厂家购买货物提供授信支持,将发放的贷款直接划付给生产厂家,并根据经销商提前还款或补存提货保证金的状况开具提货通知书,通知生产厂家发货,生产厂家凭提货通知书可向经销商发货。在经销商违约时,生产厂家承担贷款敞口部分的连带保证责任、货物调剂销售责任或差额退款责任的业务。

在保兑仓业务中,合同约定生产厂家承担的货物调剂销售或差额退款责任虽不属于《物权法》《担保法》等规定的担保形式,但却具有担保功能。具体而言,货物调剂销售,是指经销商在授信到期日或到期前约定天数内,未足额备付所欠银行款项,银行通知生产厂家进行货物调剂销售,生产厂家将经销商未提取的货物以经销商欠银行款项的金额进行调剂销售,调剂销售的款项直接划付至银行指定账户的行为。差额退款,是指经销商在授信到期日或到期前约定天数内,未足额备付所欠银行款项,银行通知生产厂家,由其将经销商欠银行的款项直接划付至银行指定账户的行为。

厂商银业务,是指生产厂家(卖方)、经销商(买方)和银行签订《厂商银三方合作协议》进行合作,由银行为经销商向生产厂家购买货物提供授信支持,生产厂家按《购销合同》约定的货物数量、品种、规格向银行指定的物流监管公司发货,同时经销商将所购买的货物质押于银行,银行根据经销商提前还款或补存提货保证金(或货物)的状况通知物流监管公司释放相应金额质押货物的一种金融服务。

厂商银业务与保兑仓业务不同的是:在厂商银业务中生产厂家已将货物交付给了经销商,而保兑仓业务中生产厂家仍占有货物。

(十三)所有权转让式的信用支持安排

此种担保方式主要存在于金融市场衍生交易领域,其主要操作模式是:在双方约定的定期估值日,按市值计价的方式计算双方已进行的交易余额并进行轧差,得出净信用风险敞口数额,净信用风险敞口为正值的一方,有权要求对方提供与其净风险敞口等值的信用支持物(通常为现金或证券)以保障交易最终得到履行;如果一方持有的信用支持物的金额高于其净信用风险敞口数额,则对方有权要求其返还超出净信用风险敞口数额的信用支持物。

该信用支持安排的特殊性主要体现在:第一,一旦提供信用支持物,则其所有权转移至对方,而在通常的质押担保项下,质物所有权并不发生转移,因此可能造成流质条款效力问题的争议。第二,提供信用支持物的义务是双方的,因为在不同的估值日,承受净信用风险敞口的当事方可能不同,提供信用支持物的义务可能从一方转移至另一方,即信用支持物可能呈现出随市场变化在当事方之间频繁往返、增减的情况,而在通常的质押担保项下,提供质物的义务往往是单方的。

2009年,在中国银行间市场交易商协会制定的《中国银行间市场金融衍生产品交易转让式履约保障文件(2009年版)》中已经引入了所有权转让式的信用支持安排,但由于在法律方面存在较多不确定性,该履约保障文件在我国境内衍生交易中尚未得以推广,目前仍主要限于跨境衍生交易中。

(十四)其他收费权质押

如:景区门票收入质押、医疗机构收费权质押、公路收费权质押、电费或水费的收费权质押、租金收益质押、票据池或应收账款池等同质的物或权利的结合的质押等等。

除了上述主要的担保类型以外,各地商业银行还有其他一些新的担保业务类型,如桥隧贷款、抱团担保等,但总体而言,开展这些业务的银行较少,地域范围较小,普遍性不强。

四、司法实践中的主要争议问题

我国《物权法》和《担保法》仅规定了保证、抵押、质押、留置和定金五种担保类型。调研反映的上述经济活动中的新的担保类型在我国的《物权法》和《担保法》中均未作出明确规定。总体来看,对保理、独立保证等担保方式,在实务中已运用较多,但其法律效力还未得到立法和司法的明确认可,因此,开展此类业务的商业银行多希望能以司法解释或者案例指导的方式将此类担保方式的法律效力予以进一步明确;对商铺租赁权质押、银行理财产品质押、出租车经营权质押、寿险保单质押、排污权质押以及景区门票收入、医疗机构收费权、公路收费权、电费或水费等收费权质押等新类型担保方式,实践中虽均以"质押"或者"抵押"的名称谓之,但是由于这些作为担保标的的权利类型并未在《物权法》中作出明文规定,故其能否归入《物权法》所规定的质押权或者抵押权的范围,从而产生对抗效力和优先效力,争议较大。具体来说:

(一)新类型担保能否纳入《物权法》所规定的权利质押范围

由于上述新类型担保中用来设定担保的财产或权益均为《物权法》所未明确规定的标的,而且相关法律、行政法规也未对此作出明确规定,因此,司法实践中能否承认其物权效力,法理基础和法律依据是什么,在实践中和理论界均面临较大争议,而且,这也涉及到对《物权法》第二百二十三条第(七)项规定的理解问题,还涉及到立法和司法的权限分工问题。

(二)新类型担保的登记问题

新类型担保的财产权益具有多样性和分散性,甚至一切具有财产价值的权益均可作为质押担保的标的,从登记机关和登记效力上,均难以统一,由此引发的问题是:是否需要规定统一的登记机关?如果不规定统一的登记机关,是否可以采取针对不同性质的财产权益,在不同登记机关分类登记的方式?

(三)新类型担保的对抗效力

按照物权法定的原则,物权的种类、效力都由法律规定。新类型担保在我国《物权法》中并未予以明文规定,是否认可其对抗效力?如果认可其对抗效力需要具备什么样的条件?登记能否产生对抗效力?能否对抗其他担保物权、在先债权及人民法院的冻结、查封和执行?

(四)新类型担保的优先顺序

在先的无担保的普通债权与有新类型担保的债权、在后无担保的债权并存时,如何确定清偿顺序?对均已登记的新类型担保,债权如何确定清偿顺序?不同类型的新类型担保并存时,如何确定清偿顺序?

(五)诉讼纠纷的解决思路

如果不认可新类型担保具有优先受偿的物权效力,是否应当认可其担保合同的效力?如果认可担保合同的效力,能否以之为基础,区分出债权的清偿顺序?

此外,对房地产、车辆、债权回购式担保,保兑仓与厂商银式担保、附让与担保内容的资产转让返租协议等新类型担保方式,虽然没有冠以抵押或者质押的称谓,但当事人在担保合同中多约定了具有担保物权效力的类似条款。此类条款是否有效,也是担保交易实践中争议较大的问题。

五、专家学者对新类型担保方式的态度和意见

在民二庭组织召开的新类型担保法律适用问题专家研讨会上,与会学者对上述新类型担保的效力及其司法态度问题展开了热烈的讨论。总体而言,对部分没有冠以"质押""抵押"名称的担保方式,学者们普遍认为,这属于当事人之间的担保交易安排,应当认可该担保合同的效力,但无担保物权的效力。对冠以"质押"名称的担保方式,是否认定其担保物权的效力,则分歧较大。争议主要体现在以下几个方面:

(一)是否可以认定新类型担保的物权效力

观点一:持保留态度。即认可担保合同效力,不认可担保物权效力。理由:第一,这些争论在《物权法》立法时就有,但考虑到我国处于转型时期,故未以法律确认的方式予以规定,《物权法》对担保物权总体上采取的是有限开放的态度。第二,物权对抗的效力来源于登记公示,在公示机关、公示方式的问题不能解决的情况下,对此类担保的物权效力难以认可。第三,新类型担保的法律风险明显,这些风险本来可以通过银行的内部风险控制予以避免,如果司法机关以司法解释的形式予以认可,由此产生的引导作用会使得诉讼纠纷激增。

观点二:总体认可,应顺应经济发展,稳妥推进。司法上的消极不利于社会经济的发展,可以通过对物权法定的软化解释,将新类型担保物权纳入其中。就权利质押而言,可做扩大解释,只要是有公示方式的、可以流转的财产,均可以纳入权利质押的范围。

(二)在认可其物权效力的前提下,如何解决其法律适用问题

观点一:对物权法定做软化解释,如果地方性法规、部门规章、地方政府的规定认可的,也视为法律所认定的物权担保类型。观点二:纳入抵押的范围。因为《物权法》对抵押标的

的规定采取的是开放性的做法,即法律没有禁止的均可纳入;①而对权利质押的标的的规定是封闭性的,即只有法律规定的权利才可以质押。②因此,可以通过将新类型担保的标的纳入抵押的范围,以认可其物权效力。观点三:抵押权的标的限于不动产及其权利,因此,不能纳入抵押权的范围,应当将其认定为权利质押。从比较法的角度看,各国民法对此也有类似规定。

(三)关于登记机关

观点一:以司法解释或者与金融监管机关联合发文的形式确认统一的登记机关,如,可规定以中国人民银行征信中心的登记平台为统一登记机构。观点二:根据具体的质押类型,以司法解释规定的方式,分别确定登记机关。如,可确定商铺所有者或者管理者为商铺质押登记机构,以出租车管理机构为出租车营运证的质押登记机构。观点三:通过公证机关进行登记。

(四)关于对抗效力和优先效力

观点一:在符合物权登记公示的条件下,可以认定部分新类型担保的对抗效力和优先效力;未登记的,无对抗效力和优先效力。观点二:无对抗效力和优先效力,仅系当事人之间的权利义务安排。观点三:对成立在先的债权没有优先效力,对成立在后的债权有优先效力。观点四:对其他普通债权具有对抗和优先效力,但不能对抗人民法院的冻结、查封、拍卖行为。

六、各界意见

(一)商业银行、小贷公司的态度

调研发现,商业银行特别是中小商业银行、小贷公司对新类型担保业务具有较强的业务创新冲动。主要原因在于,大银行在竞争地位上处于优势,在贷款业务上有"嫌贫爱富"的偏好。《物权法》明文规定的担保方式法律风险小、贷款安全性高,故其更倾向于以大型国有企业为贷款对象,并采用法律上有明确规定的不动产抵押作为主要贷款担保方式,对新类型担保的态度较为慎重。中小银行和小贷公司在贷款业务方面承受较大竞争压力,且多以小微企业为服务对象,小微企业可用于抵押、质押的财产较少,但融资需求旺盛,故倾向于将其有限的资产利用起来,采用新类型担保方式放贷,在一定程度上解决贷款的安全性问题。

由于新类型担保的法律效力具有不确定性,特别在是否具有担保物权的效力问题上存在争议,因此,开展此类业务的金融机构普遍存在着不安全感,希望司法机关或者中国人民银行、银监会认可其法律效力,特别是其优先效力和对抗效力。目前,金融机构主要通过内

---

① 根据《物权法》第一百八十条第(七)项的规定,法律、行政法规未禁止抵押的其他财产均可以设定抵押。
② 根据《物权法》第二百二十三条第(七)项的规定,权利质押的标的限于法律、行政法规规定可以出质的财产权利。

部机制控制贷款风险,尽可能地避免出现以诉讼或者拍卖方式实现债权。

(二)借款人的意见

在新类型担保合同中,借款人多为小微企业或者自然人,其可供抵押或者质押的财产非常有限,而新类型担保大大拓展了其可供担保的财产标的,使得其从商业银行获得融资更为便利,因此,新类型担保方式受到他们的广泛欢迎。以江苏常熟为例,4610个小微企业,4年共获贷款101亿元。新类型担保在解决小微企业融资难、促进地方实体经济、民营经济发展方面发挥了重要作用。

(三)金融监管机构的意见

地方金融监管机构注重对商业银行整体风险的控制,对具体贷款业务的开展干预不多。在民间资本需求旺盛的浙江,地方银监局、人民银行等监管机构对金融创新产品给予了高度的重视,在政策上也持相对开放和支持的态度。据浙江银监局的官方文件统计,浙江地区的商业银行和小贷公司开发的新类型担保方式达40多种。由于金融监管机构具有金融安全的监管之责,因此,倾向于从法律政策上对金融债权给予更多的保护。

(四)地方法院的意见

新类型担保在商事实践中已得到广泛运用,但鉴于其法律效力的不确定性,贷款人并不愿意通过诉讼途径解决争议。即使在新类型担保运用最为普遍的浙江、江苏等地,人民法院受理的此类案件也非常少。如,就商铺租赁权质押而言,到目前为止,整个苏州地区只有一起纠纷形成诉讼,进入法院。在小微企业发达,金融创新活跃的浙江地区,仅有个别中院受理过屈指可数的几起涉及新类型担保的案件。

在受理的非常有限的个案中,因涉及到新类型担保是否具有担保物权效力的法律适用问题,地方法院存在是否会因突破物权法定原则而被认定为错判的顾虑,普遍不敢判、不愿判,倾向于以调解方式结案,回避了以判决方式认定其法律效力的尝试,故涉及新类型担保的司法判决实践中所见不多。从调研了解的情况看,在江苏,仅有一件,且法官在判决中回避了其物权效力的优先受偿问题;在浙江,仅有的个别案件也是以调解方式结案的。

调研发现,处于审判一线的法官普遍认为:司法应当顺应经济发展的需求,如果能够认定其物权效力、法律效力最好;如果不能认定,至少也不要轻易否定其物权效力、法律效力。因为一个否定性的判决,可能将影响甚至遏制一大批同一类型的贷款担保业务的发展,从而给相关小微企业的融资带来负面影响,也不利于促进地区经济的发展。

七、新类型担保问题对商事审判工作的启示和思考

(一)民事立法与商事实践:规则与突破

我国民事立法的制度架构与理论基础以大陆法系的民事立法和理论为基础,大陆法系的民法理论和制度则以罗马法为滥觞。罗马法的主要经济基础是简单商品经济。在简单

商品经济条件下,民法中的财产制度以物权和债权为主要内容,物权制度以所有权为中心,注重保护物的静态安全;在所有财产中,不动产的价值最高,最为重要,在民法的他物权制度中,担保物权以不动产的抵押制度为中心,用益物权也是以不动产的使用为中心。在这样的经济基础和背景下,传统民法理论及民事立法也体现出了同样的特征,注重静态安全,物权法定的原则对担保物权的发展和运用总体曾持相对保守的态度。在抵押权的标的上,以不动产为主,在质权的标的上,限于法律明确规定的权利类型。我国《物权法》的规定采纳的也是这样的思路。

但是近代以来,特别是市场经济广泛建立以来,财产的存在形式和流转方式都发生了很大的变化。城市的工业生产和商业经营逐渐成为经济的重心。以不动产的占有和使用为中心的生产方式逐渐为批量的商品生产和流通方式所替代,由此出现了财产资本化的趋势。令传统民法物权制度感到局促的是,资本的存在形态是变化的,时为生产中的产品,时为交易中的商品,时为公司中的股份;价值是变动的,随行就市,时过"价"迁。资本的流通性体现出显著的债权化趋势,有学者称为物权债权化的趋势;而在对资本的保护上,则出现了以优于债权的保护方式来保护其流通性的倾向,又被称为债权物权化的趋势。① 以担保物权为例,传统民法中的担保物权以不动产抵押最为典型,抵押的标的是确定的;而商事实践中的商铺租赁权担保、存货动态担保等担保方式的担保标的则是不确定的,并且担保标的的价值也会随着标的物市价的变动而变动。与实践中对担保标的的范围的拓展相对应,在民法学理论的研究方面,也出现了对物权法定原则的弹性化或者软化解释的趋势。

财产资本化在新类型担保领域中有两方面的表现:一是对财产的价值的进一步发掘和利用,如,将具有财产价值的商铺租赁权作为担保标的,进行融资;二是作为担保标的的财产和权利的范围不断拓展,商事实践已不限于用不动产物权作为担保标的,动产物权、债权、股权和知识产权,乃至多种权利的复合体,都可以被用作担保标的。

对此,立法和司法如何应对?以简单商品经济为基础的传统民法坚守物权法定的原则,似不能突破立法明确规定的担保标的和担保类型,赋予新类型担保以物权效力。从立法的角度来看,我国经济体制和经济制度尚处在剧烈变革的时代,与之相对应的是宜粗不宜细,肯定通说、回避争论的稳健主义立法指导思想,而成文法总是相对滞后于实践发展亦为不争之事实,因此,寄希望于立法者现时地对新出现的担保方式作出立法上的回应,似过于苛求。但如果固守民法理论的严谨、体系的完美、立法的周全,在物权法定原则的框定下,否定上述新类型担保的效力,则违背了商事实践的需求,不仅难以起到促进小微企业成长,推进实体经济发展的作用,甚至还会阻碍和遏制金融创新和经济增长。在此情形下,商事审判似可有必要的担当,在立法的相对滞后和商事实践的客观需求中间寻求妥当的平衡。这也符合先有商事交易实践,在此基础上逐步形成商事交易惯例,后有司法和立法对商事惯例的认可,最终促成商事法律规范的形成的商法发展路径。

---

① 日本学者我妻荣在《债权在近代法中的优越地位》中对债权的优越地位的论述,在笔者看来,是集中强调了流动中的资本的优越地位,强调了法律以强于债权保护的力度来保护资本。

(二) 宏观经济政策与商事司法政策：导向与重心

在市场经济条件下，资本是经济体的血液，具体不可替代的重要作用。金融资本则是血液的重要来源，对经济体的健康和发展更显重要。资本具有逐利性，在资本的流向上，表现为由利润率低的行业流向利润率高的行业。在房价高企的特定时期，资本更多地投入和集中到了房地产行业，以及与房地产行业密切相关的金融业。但真正支持一国经济持续增长的，还是实体经济。金融行业、房地产行业的泡沫持续集聚常常给经济增长带来严重的潜在威胁。从2008年国际金融危机的爆发带来的启示，到2009年以来我国政府对房地产市场的宏观调控，以及2012年中央金融工作会议对支持和服务实体经济发展的强调，都显现出我国政府促进和支持实体经济发展的宏观经济政策导向。

就实体经济的构成看，主要的垄断行业被大型国有企业所占据，具有利润率高、资本力量雄厚、"不差钱"的普遍特征；而在竞争性的产业中，则是以中小企业、小微企业为主，一方面是激烈的行业竞争，收益基本处于微利水平，另一方面则是资本稀缺，且无银行业偏爱的不动产作为贷款担保，小微企业不得不以高息为代价从小贷公司、典当公司、担保公司及其他民间借贷方式获取资金支持。

小微企业融资难是一个国际性的难题，我国银行机构对小微企业的贷款方式绝大多数还是不动产的抵押担保。过于依赖抵押担保，无疑加大了小微企业获得银行授信的难度。国际通行的做法是政府除了提供资金资助、财政税收优惠外，通过完善的小微企业信用担保体系提供的增信功能，帮助小微企业获得银行的信贷支持。[1] 但此项系统性工作亦非短期内即可完成。在现有《物权法》提供的不动产抵押等传统担保工具难以满足小微企业的融资要求的背景下，商事实践领域出现的新类型担保，以小微企业已有的财产作为担保标的，实现了对已有资本的交换价值的充分利用，并且满足了商业银行对贷款安全性的保障要求，体现出了"商人的智慧"和制度理性，实际上是在正式的法律制度供给不足的情况下，由市场主体自发创设的非正式担保工具来作为替代性制度。

法律是对社会经济生活的规范。就个案而言，商事审判则是依照法律，通过对商事案件的审理实现对市场经济中的交易关系的调整。就最高人民法院而言，还可以通过制定司法解释和司法政策，来规范和引导商事交易关系。新类型担保方式的出现，包含了金融创新的风险和资本增值的冲动。一方面，司法应当顺应社会经济发展的客观需求，不应对其法律效力一律予以否定；另一方面，司法也要注意限制其风险，防止金融风险的累积，保障金融债权的安全性。这种限制主要可以通过三个层次来实现：一是以刑事审判的方式，追究违法犯罪行为的刑事责任，如以新类型担保为名进行非法集资、贷款诈骗的，应追究其刑事责任；二是确认新类型担保合同的效力，但否定其担保物权的效力；三是肯定新类型担保合同的效力，并肯定其担保物权的效力。当然，适用何种规范方式，须结合个案判断。商事审判对新类型担保方式的规范和认可，有利于规范和引导商事法律规则的形成，实际上也是人民法院服务社会经济发展的途径和方式。

---

[1] 杨小苹：《银行难在哪里》，载《新世纪》2012年第25期，第36页。

(三)商事审判功能的再思考:定分止争与行为指引

与新类型担保在商事实践中得到广泛运用形成鲜明对比的是,人民法院受理的新类型担保案件却非常少,即使在江、浙、粤等小微企业较多、新类型担保运用较广的地区也是如此。因此,如果仅从个案审理与纠纷解决的角度来看,对新类型担保问题进行调研和指导的迫切性似乎并不强。但人民法院受案数量少,并不意味着商事实践没有这样的司法需求。我们在调研中发现,受案数量少,主要是因为现行法律对这些新类型担保的法律效力规定不明,债权人的担保权益能否得到司法的保护,存在很大的不确定性。故债权人不愿诉至法院,其贷款的安全性更多地依赖于其内部的风险控制机制。新类型担保方式法律效力的不确定性,在一定程度上也限制了其运用和发展。如果人民法院对新类型担保进行类型化研究,对能够维护交易的快捷与安全和防止损害不知情的善意第三人的利益的担保方式的效力予以认可,承认其合同的效力和债权的效力,以案例指导、司法解释、司法政策或者立法建议的方式,明确对这些新类型担保方式的态度,将有利于保护和规范金融创新,促进小微企业和实体经济的发展。对商事实践而言,也将发挥出积极的指引功能。

八、结论与建议

据浙江省银监局 2011 年的统计,仅浙江地区的金融机构开展的新类型担保业务就有40 余种。从人民法院的角度来看,不可能以司法解释或者规范性意见的方式对所有的新类型担保方式都作出规定,但对在实践中运用广泛、较为成熟的新类型担保方式,则应当重点予以研究和规范。建议在广泛征求立法机关与金融监管机关、理论界与实务界、法学界与金融界以及地方各级法院意见的基础上,明确人民法院对主要的新类型担保的法律效力的态度。

理论是灰色的,生命之树常青。立法是相对滞后的,市场交易的形式则总是在创新中发展。市场经济实践中出现的新类型担保方式体现了市场交易实践对法律制度提出新的需求。对与中国市场经济共同发展的商事审判工作而言,我们似并不能囿于理论和立法的局限而无所作为。在我国社会主义法律体系基本形成以后,法律的立改废将更为慎重和严谨。因此,可以通过立法建议形式向立法机关提出立法解释或者修改法律的建议。在立法机关尚不能及时回应的情况下,则既要有对法律的敬畏,不能随意突破法律;也要与时俱进,勇于创新,在必要时,亦应敢于担当。在立法未能就新类型担保制度的法律效力作出及时回应的情况下,人民法院通过案例指导、制定司法解释或者司法政策的方式,对新类型担保问题作出积极的回应,既是人民法院促进和规范商事交易规则形成的重要途径,也是人民法院发挥审判职能作用的具体体现。

建立和完善我国民间借贷法律规制的报告

最高人民法院民一庭第五合议庭[*]

随着我国社会经济的不断发展,企业和个人财富的逐步积累,产业资本向金融资本转化趋势明显;随着我国市场经济的不断深化,尤其是金融危机以来货币政策的连续调整,商业银行集约化经营趋势加强,中小企业特别是县域及以下中小企业取得银行贷款的难度增加,资金供需矛盾愈加突出。在此背景下,作为正规金融合理补充的民间借贷,[①]因其手续简便、放款迅速而日趋活跃,借贷规模不断扩大。近年来,民间借贷已成为企业、其他组织或者自然人获得生产、生活资金来源的重要借贷渠道,在补充正规金融、推动经济较快发展方面发挥着积极作用。

然而,由于我国金融和法律体系相对不健全,民间借贷也存在一定负面影响:其粗放的发展模式一直游离于国家金融监管体系的边缘;其盲目、自发、隐蔽的特点,加上法律漏洞和一些长期积累的问题叠加显现;民间借贷纠纷日益突出,甚至引发群体恶性事件,对国家金融安全造成冲击,成为影响社会稳定的重要因素,引起社会各界广泛关注。当前,急需建立和完善符合我国国情的、以法律规制为主的综合性监管体系,以规范民间借贷的合理发展,促进金融资源的优化配置,完善我国的金融市场体系。

第一部分 我国民间借贷的现实境况

民间借贷是社会经济发展过程中自发形成的一种民间信用形式,是社会经济发展到一定阶段的产物。与国家金融相对应,它是一种自发、内生的便利融资方式,其产生与发展具有浓厚的传统渊源,在我国早期社会就已存在。近年来,受国家宏观调控政策的影响,中小企业融资举步维艰,加上国际热钱渗透投机,民间借贷呈现出汹涌喷发的猛烈态势,并呈现出以下几种境况:

境况之一:借贷规模空前,参与主体多元

伴随着我国经济特别是民营企业的高速发展,公民收入大幅攀升,民间资本迅速积累,

---

[*] 该调研课题经最高人民法院有关领导2011年批示并予立项。在调研过程中,得到了央行、银监会和南通市中级法院以及其他有关法院的大力支持,在此谨致谢意。本调研课题报告负责人:韩延斌;成员:张颖新、王林清。本课题报告撰稿人:王林清。

① 本报告所称的民间借贷,是指公民之间、公民与非金融企业之间以及非金融企业之间的资金借贷行为。

资金总量不断扩大。大量中小企业融资需求通过正规金融机构得不到满足,导致民间借贷市场规模增长空前迅速。① 据人行温州支行2011年7月发布的《温州民间借贷市场报告》,仅温州地区民间借贷市场规模就高达1100亿元;②温州民间借贷利率处于阶段性高位,年综合利率水平为24.4%;约89%的家庭、个人和59%的企业都参与了民间借贷。③ 另根据相关监管部门测算,东莞民间融资规模大约有2000~3000亿元,④全国民间借贷规模可见一斑。据粗略估计,78%的私营企业参与过民间借贷,反映了借贷主体的广泛性和多元化。过去大多发生在基于血缘、地缘关系的熟人之间的民间借贷,而今放贷主体涉及职业放贷人、企业法人、个体经营者以及寄卖行、小额贷款公司、投资公司、担保公司、典当行等,借款人也从生活困难或资金周转需要的个人扩展到融资经营的个体工商户、中小企业。民间借贷市场的火爆发展导致了全国法院受理此类案件的数量急剧增长(见图一)。⑤ 2011年,全国法院一审受理案件已突破60万件;个案借贷金额也从百万元以下显著上升到千万元以上,全年受理民间借贷案件标的额为1143.8亿元,同比增长38.27%。

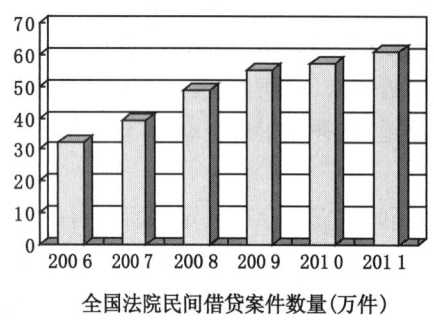 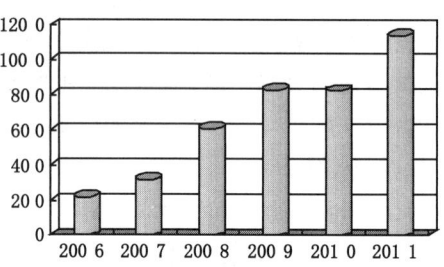

全国法院民间借贷案件数量(万件)　　全国法院民间借贷涉案标的额(亿元)

图一

境况之二:职业经营明显,资金流向集中

由于银行贷款政策的紧缩和企业融资需求的增长,催生了民间融资市场的职业化。受到刺激的民间融资膨胀式发展,"散兵游勇"般的民间借贷行为已渐式微,取而代之的是典当行、寄售公司、民间借贷代理公司、抵押贷款中介公司、投资管理、咨询、担保公司等各种名目的机构,有的经过金融审批,有的则无证经营。他们通过聚集企业和个人的闲散资金⑥"化整为零"提供给借款人(见图二),自己则从中赚取利差或获取其他好处。在过去的民间

---

① 《当前金融形势下涉诉矛盾问题调查报告》,载江苏省高级人民法院《院办通报》2011年第99期。
② 张佳玮:《温州民间借贷规模约1100亿元》,载《温州日报》2011年7月22日。
③ 张一君:《温州味道》,载《中国经营报》2011年9月17日。
④ 《民间借贷"草根"疯长须防累及金融体系》,载中国新闻网,http://www.chinanews.com/cj/2011/07-08/3166536.shtml,于2011年8月7日访问。
⑤ 从我们调研情况看,许多法院均反映,自2008年以来,民间借贷纠纷持续高位增长,以江苏省南通市通州区人民法院统计的数据为例,2006—2010年该院受理的民间借贷案件数量和涉案标的分别增长170%和606%;连云港市新浦法院2010年受理民间借贷案件同比增长409.52%。
⑥ 资料来源梁冰、高峰:《〈放债人条例〉立法调研报告(一)——关于我国民间融资情况的调查分析及立法建议》,该报告系中国人民银行总行研究局《放债人条例》立法研究课题组组织撰写。

借贷中,多以生活急需性借贷为主,主要是为应急或者解决个人生活困难,其互助成分居多;而现在的民间借贷中,借款人多是为了融资经营,生产经营性借贷成为主流。① 由于资本的天然逐利性,民间资金较为集中地流向了投资、经营和房地产等高利行业(见表一、表二)。②

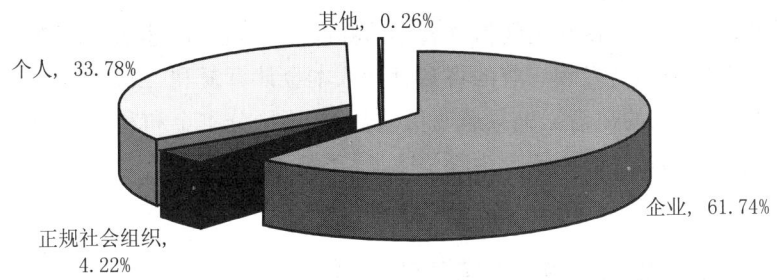

图二　企业民间借入资金来源结构图

表一　企业借入资金用途结构表

	解决流动资金不足	购建固定资产及投资新项目	创办新企业	投资开发房地产	其他用途
占比	42.80%	41.28%	3.83%	10.13%	1.96%

表二　个人借入资金用途结构表

	日常生活消费	孩子上学	医疗费	购买房产	生产经营性支出(购买设备、农具等)	投资	其他用途
占比	0.71%	1.29%	0.53%	16.36%	35.12%	38.48%	7.50%

境况之三:约定利率畸高,借贷方法隐蔽

近年来,民间借贷中高利贷现象较为普遍,借款利息远远超过银行利率。据相关报道,浙江省湖州市吴兴区法院受理的案件中超过90%的案件高于银行同期贷款利率,至少超过

---

① 据人民银行扬州分行监测的样本来看,2010 年该市用于生产经营的民间借贷金额达 6834.7 万元,占全年融资总额的 96.73%。

② 资料来源梁冰、高峰:《〈放债人条例〉立法调研报告(一)——关于我国民间融资情况的调查分析及立法建议》。

一半以上约定借款利率超过银行同期贷款利率的4倍。[1] 温州民间借贷的利率很少低于基准利率的4倍,一年以内短期借贷利率有的高达80%～100%,个案甚至达150%。[2] 据调查显示,珠三角地区的民间借贷中,几个月期限的月息为2%～4%,这意味年利率高达24%～48%。[3] 还有一些地方"月息4分已是底线,6分是正常要价,高者达到月息15分(年利率180%),窜高的数字不停地刷新民间借贷利率的峰值"[4]。这样的违法高息放贷行为,表现手段却非常隐蔽,一般不易发现。有的将利息计入本金计算复利、预先将利息在交付款中扣除、约定高额罚息;有的在借据上只载明借款数额,不区分本金和利息,用借据这一合法形式掩盖高利贷的实质;有的则表现为投资入股、委托理财等形式,与正常商业交易、民间借贷相混同,欺骗性极强。

境况之四:融资期限较短,手续灵活简便

在国家宏观经济调控作用下,银行的限制性贷款措施使一些中小企业获得贷款的难度进一步增大,从而导致中小企业尤其是私营企业因资金周转困难,不得不采取民间借贷形式进行短期融资。为降低利息负担和规避风险,期限约定一般为3个月,最多则半年。在以利益驱动为核心的民间借贷资本市场的形成和发展过程中,也形成了一些不成文的借贷行规和习惯,这些约定俗成的借贷形式灵活多样,手续便捷。有的注重信用,以信用关系为基础;有的方便快捷、服务灵活,所有程序当日办结,效率极高;有的采取实物抵押、第三者担保等多种方式,充分利用市场机制为导向。在任何稍具融资规模的地区,只需要件具备,数百万融资随即聚齐。

境况之五:虚假诉讼蔓延,黑恶势力滋生

繁荣的民间借贷市场中,隐藏着大量披着合法外衣的非法甚至犯罪行为。一是恶意制造虚假诉讼,试图利用司法强制性的特点实现其不可告人的非法目的。实践中,有在利益追索中导致妻离子散、亲朋怨恨、兄弟反目的;有在公民离婚、企业破产改制过程中以民间借贷的方式转移财产或逃避债务的;有在制造虚假债务损害其他债权人利益以保全债务人财产的;有在以讨要农民工工资等为由恶意利用政策规定向第三方(如发包方)追索借款的;有在公司成立时虚假注册,后利用法院调解、执行中逃避银行资本金监管的。二是在筹措资金的过程中,涉嫌洗钱、非法吸储、集资诈骗、敲诈勒索等犯罪。三是一些竞息性"标会"、地下赌场等通过"放水钱"引发"问题借贷",更因其诱惑性的高额利润,出现高息揽储、非法炒汇等犯罪活动。四是一些职业放贷人高度组织化和专业化,在追讨借款时采取恐吓殴打、非法拘禁、强制处置财产等违法犯罪手段,甚而威胁生命财产安全,成为黑恶社会势力滋生的土壤。

---

[1] 袁定波:《民间借贷案缺席判决突出"金融化"隐现》,载《法制日报》2011年9月13日第5版。
[2] 《民间借贷链频断,或引爆"温州式"金融风暴》,载每经网,http://www.nbd.com.cn/newshtml/20110908/20110908011543570.html,于2011年9月13日访问。
[3] 谭方菊:《民间借贷的法律分析与风险控制》,载《金卡工程·经济与法》2011年第2期。
[4] 《聚焦民间借贷热》,载《今日财富》2011年第4期。

第二部分 我国民间借贷的问题分析

一、民间借贷的合理性分析

古往今来,没有一种正规金融服务体系能覆盖经济生活的方方面面。民间借贷作为一种产权,[①]是私人之间按照约定的条件转让实用资金的权利,其产生历史久远,即使在商品经济高度发达的现代社会,仍然大量存在。因此,民间借贷必然有其赖以存在的价值功能及其合理性。我们认为,至少包括以下几点:

1. 遵循意思自治,发挥维系民事主体信用的作用。民间借贷最大限度地遵循了市场主体民事活动意思自治的原则。在市场经济中,当事人是自身利益的最佳判断者,自主进行民事活动并对自己的行为负责,享受利益,承担风险。作为一种自主自愿的民事活动,合法的民间借贷理应受到支持和保护。人们既根据自己的目的来进行行为选择,同时也承认和强调对于客观规律的遵从,使得实用与理性相互交织在一起。而且,它与以儒家文化为核心的中国传统文化在实质上是一致的,从而长期以来深深地影响人们的日常行为。[②] 在一个固定范围的地域内,亲缘网络或熟人圈子往往具有安全可靠、风险共担、互惠互利等综合功能,以亲缘、地缘为中心的人际关系脉络成为民间经济活动最根本的信用基础,民间借贷风险的保障机制也依靠亲缘和熟人关系来维护。借款者和放贷人之间因长期和多次交易而建立起的相互信任与合作关系,不仅在抑制契约双方的道德风险方面具有效率,而且违规者还会因遭到社区排斥和舆论谴责而付出高昂代价。这种约束力越强,成员之间合约的履行率就越高。借款者更加重视偿还民间金融贷款,以便与其保持长期稳定的借贷关系。

2. 遵循互利互惠,发挥补充银行体系功能的作用。我国正规的金融机构、资本市场一向都很难满足非公有制经济强烈的资金需求,[③]即便是在货币政策宽松时期,个人急需的生活性借贷和中小企业的生产经营性借贷,也通常因为达不到银行的担保条件而难以获得金融支持。与此同时,富余的民间资金及其强烈的投资欲望却受限于狭隘的投资渠道。这种现实的金融运行现状,不可避免地为民间借贷的产生与发展提供了可能和条件。在贷款设计的范围、金额、利率的协商及方便程度等方方面面,民间借贷市场显现出独特的生存法则和价值优势,在银行体系顾及不到的中小企业、个体工商户及小型加工等项目上,民间借贷大显身手,从而与银行体系形成了互补的关系。

3. 遵循简便快捷,发挥满足资本市场需求的作用。相对于银行过于烦琐的审批制度,

[①] 李卫玲、吴晓灵:《民间借贷市场应予关注》,载《国际金融报》2005年2月21日。
[②] 罗来军:《浅议民间借贷的正当性》,载新浪网,http://finance.sina.com.cn/economist/xuezhesuibi/20070524/15273626364.shtml,于2011年9月10日访问。
[③] 北京大学国家发展研究院发布的《小企业经营与融资困境调研报告》显示,2011年,中小企业生存环境仍不乐观,半数小企业通过民间借贷完成融资,能从银行贷到款的公司只有15%,金额在100万元以下的贷款基本成为盲区,很难得到银行的重视。参见《民间借贷背后的风险与需求》,载搜狐网,http://business.sohu.com/20110906/n318530385.shtml,于2011年9月12日访问。

民间借贷则充分发挥了其本身所具有的手续简捷、条件灵活、服务周全、动态跟踪的特点。企业通过民间借贷可能一两天之内就能够筹措到所需资金,而通过银行贷款则要经过层层审批,资金到手时可能已是数月之后,因而错过了企业的经营发展时机。民间借贷的放贷人更加看重资金的单位流量和中小企业的发展前景,一般而言,民间借贷组织对于个体私营企业和中小企业的经营状况和社会背景极为熟悉,在整个借贷交易过程中,更加注重当事人的品德、能力、资本、经营等因素,因而能够很好地适应小规模经营对资金需求量小、分散、季节性强的特点。

4. 遵循随行就市,发挥促进金融市场改革的作用。我国的利率政策尚未完全放开,银行贷款利率尚不能根据市场情况及时作出反应。而民间借贷利率随行就市,一方面,侧面反映了市场资金供需状况,对官方确定利率具有参考价值;另一方面,可以形成对正规金融的有效竞争,推动金融业特别是利率市场化改革。在我国金融管制的背景下,金融资源的配置不完全是由市场通过自由竞争来安排,而主要依靠政府公权力的选择与分配,这在一定程度上为权力寻租和腐败留下了空间。由于民间借贷的违约成本高于正规金融活动的违约成本,因此,民间借贷利率一般高于同期银行利率。当然,民间借贷利率除了由资金的供求情况决定,还受借款人的经济实力、资信信用、经营风险等因素影响。与正规金融贷款相比,民间借贷具有灵活方便自由、双方信息对称、契约成本较低等特征,因此其贷款回收率较高。

二、我国民间借贷的高发原因

近年来,全国范围内民间借贷市场空前活跃并异化发展,有多方面、深层次的原因。经调研,我们认为,主要包括以下几个方面:

1. 投资渠道相对狭窄,民间资本寻求出路。由于我国金融行业发展滞后,居民投资渠道非常狭窄,雄厚的民间资本缺乏出路。近年来,我国股市期货低迷、楼市相继调控,民间资金在持续积累之后,需要合理的流向和释放。虽然国家近几年连续上调存款利率,但利率水平仍然远低于同期居民消费价格指数(CPI)的上涨幅度,利率倒挂现象导致民间资金不愿意进入储蓄市场。民间借贷的高额利润恰恰满足了资本逐利的要求,加之民间资本需求旺盛,资本的强烈逐利欲望和市场供应的有力推动是民间借贷发展的原始动力。

2. 金融危机影响持续,企业资金供应断裂。受国际金融危机后续影响,国内通胀压力明显。国家信贷政策经历了高速扩张向适度紧缩的迅速调整,自2010年1月至今,国家12次上调存款准备金率,①使银行间资金流动性紧张达到高峰,银行信贷规模大幅收缩,导致企业特别是中小企业融资无门,再加上缺乏政策的有效支持,企业贷款难成为普遍现象。很多民营企业的经营陷入困境,需要充足的资金来维持企业正常运转。在此背景下,只能转向民间借贷寻求转机,正规金融退出的信贷市场已迅速被民间借贷占据。

3. 金融体系很不健全,信贷需求难以满足。我国信贷市场是不完全竞争市场,融资担保体系不健全,具体体现为:商业银行贷款动力不足、金融机构贷款门槛过高、金融贷款品

---

① 2011年6月20日,央行年内第6次上调存款准备金率,至此,大型金融机构的存款准备金率已达到21.5%的历史最高点。

种创新不足,等等。目前在我国,99%的企业是中小企业,他们对GDP的贡献超过60%,①却难获银行青睐。由于中小企业在抵押担保、资信条件等方面存在着天然劣势,这就使得它们通过银行融资变得困难重重。与此相应的是,民间借贷手续简便、期限灵活、成本低廉,且存在较为完善的隐性担保机制,能够满足企业资金的季节性需求,满足高风险和受限制行业的资金需求,这是民间借贷繁荣的根本原因和外在保障。②

4. 监管职能规范缺失,非法借贷打击不力。在我国,只有当民间借贷出现重大社会问题进而影响社会稳定后,才会引起党委政府的重视并得到处理。这种事后追究式的管理模式,实际上并不符合金融业的监管原则。自中国人民银行与银监会重新分工后,中国人民银行不再规范管理民间借贷,而银监会对民间借贷的管理还有一段适应期,造成了"管理上的真空"。并且,现有法律中关于民间借贷的指导性规范过于原则、缺乏可操作性,对于出现的新情况、新问题一直没有回应,不能适应规范民间借贷市场的发展需求。另外,非法借贷的当事人报案后,多被公安机关以涉及民事经济纠纷为由不予立案,当事人无法获得相应救济,公权力的打击不力客观上助长了非法借贷的火爆与旺盛。

三、我国民间借贷潜在的社会风险

长期以来,民间借贷有效缓解了中小企业的融资难题,满足了部分小额信贷的资金需求,弥补了正规金融信贷的支持不足,推动了利率市场化的合理发展,对经济发展起到了重要的促进作用。但是,民间借贷存在着双方信息不对称和监管缺位,极速发展的民间借贷市场潜在着诸多社会风险,连续几年的全国"两会"期间,许多人大代表和政协委员对此表示了强烈关切,必须引起我们高度重视。

1. 民间借贷潜在着扰乱市场秩序的风险。民间资本的自发性和无序性,容易造成大量资金短时期集中流向某行业或某地区,特别是流向一些国家政策限制的行业,如房地产业③和矿业,导致生产规模快速扩张,产生发展"过热"现象,扰乱了市场秩序,加大了经济结构性风险,对国家产业结构调整和经济发展方式转型升级造成冲击,很大程度上削弱了国家经济政策"软着陆"实施的效果,增加了宏观政策调控的难度。

2. 民间借贷潜在着引发企业经营的风险。伴随着产业资本向金融资本转化趋势明显,商业银行集约化经营趋势加强,中小企业获得贷款难度增加,资金供需矛盾愈加突出。急需资金的企业通过民间借贷解了燃眉之急,却也无异于饮鸩止渴。民间借贷市场利率已远远高于实体经济利润率,企业高息举债后,进一步加大了经营成本,抵销了企业经营利润,导致企业资金使用恶性循环,使企业发展雪上加霜,从而蕴藏巨大经营风险。特别是当企业放弃实业经营转而谋取资金借贷利润时,大量公司和个人赚取了远超做实业利润的快钱,但是,没有实体经济支撑的高利息是击鼓传花的游戏,一旦最后一棒逃离了,整个游戏

---

① 陆培法:《民间借贷为何火热异常?》,载《人民日报》(海外版)2011年7月22日第10版。
② 李世新、张耀谋、李力、郑才林:《我国当前民间借贷成因、问题与对策》,载《区域金融研究》2009年第5期。
③ 据数据统计,在浙江,企业和自然人分别有高达61.2%和25.26%的民间融资比例用于投资房地产或者购置房产,这也部分解释了杭州等城市地区房价高企的原因。参见梁冰、高峰:《〈放债人条例〉立法调研报告(一)——关于我国民间融资情况的调查分析及立法建议》。

就会结束崩盘。实业空心化对国民经济可持续性发展产生严重损害,势必影响国民经济运行的健康稳定。

3. 民间借贷潜在着威胁金融安全的风险。民间借贷资金规模以万亿计,如此大规模的资金游离于金融监管之外,资金来源和资金流向无法动态掌握,不仅使税收大量流失,更容易导致金融信号失真,冲击和破坏金融秩序,对金融安全产生极大的威胁。一些放贷人非法拆借、以贷养贷的违规行为,实际上使银行信贷资金异化为民间借贷资金,金融风险的关联性增强。银监会主席曾经指出,目前沿海地区约有3万亿元的银行贷款流入民间借贷市场,民间融资风险产生的蝴蝶效应会进一步向银行体系传递,①甚至可能造成中国式"次贷危机"。

4. 民间借贷潜在着影响社会稳定的风险。民间借贷的高额利润吸引了无数家庭和企业涉足其中,许多放贷人文化水平不高,法律知识了解不多,缺乏风险防范意识,忽视对贷款人信用、资金用途和偿还能力的考察,增加了借贷的风险。特别是"标会"借贷、非法揽储等情形,主体涉及面广、资金总量大、交易关系复杂、隐蔽性较强,其中任何一个环节出现问题,极易崩盘牵出连锁性反应,并诱发打、砸、抢等恶性案件,甚至造成"羊群效应"引发集体性上访,带来一定范围的社会震荡,具有较大的社会危害性。民间借贷的温床上滋生的黑恶势力,严重扰乱社会治安,使借贷纠纷民刑交叉。一些虚假借贷诉讼移送公安难度较大,作为矛盾纠纷又不能得以迅速解决,影响社会稳定。部分地区一些党政机关干部以及银行工作人员积极参与民间借贷,充当了非法借贷的保护伞,一定程度上导致对非法借贷行为的打击不力。

由上可见,内生于体制机制之外、经济发展之中的民间借贷,已经成为我国金融制度变迁中的重要事件。民间借贷是在政府主导下的经济金融制度强制性变迁过程中产生的诱致性融资制度变迁,作为一种市场化的融资制度安排,它为我国渐进式经济改革提供了强大的体制外金融资源支持,但也不可避免地产生了前所未有的复杂矛盾和社会问题。对于民间借贷,必须从体制层面加以规划,从立法层面加以规定,从制度层面加以规范,从司法层面加以规制,以使其遁迹恶性,为民间资本市场的繁荣和兴旺发挥作用、贡献力量。

第三部分 我国民间借贷的法律梳理和评介

一、我国现行规范民间借贷的法律简引

一些学者认为,我国民间借贷缺乏法律保护,属于"灰色金融"或者"黑色金融"。② 然而,我国现行法律体系中涉及民间借贷的具体规范并非不存在,而是为数众多,包括:

1. 法律:《民法通则》《合同法》;
2. 行政法规:《非法金融机构和非法金融业务活动取缔办法》;③

---

① 刘长雁:《稳健货币政策背景下民间借贷风险探析》,载《西部金融》2011年第3期。
② 杨颖:《我国民间金融发展的制度缺陷与思考》,载《求索》2006年第8期。
③ 本法规已被《国务院关于废止和修改部分行政法规的决定》(实施日期2011年1月8日)部分修改。

3. 司法解释:《关于贯彻执行〈中华人民共和国民法通则〉若干问题的意见(试行)》《关于如何确认公民与企业之间借贷行为效力问题的批复》《关于人民法院审理借贷案件的若干意见》《关于审理联营合同纠纷案件若干问题的解答》;

4. 部门规章:《贷款通则》;①

5. 部门规范性文件:《村镇银行管理暂行规定》《关于银行业金融机构大力发展农村小额贷款业务的指导意见》《关于小额贷款公司试点的指导意见》。

此外,还有一些相关或间接的规定散见于《物权法》《担保法》《刑法》《企业破产法》《公司法》《证券法》之中,分别对民间借贷行为主体、资金来源、利率、担保等关联问题进行了规范。

当然,我国缺少关于民间借贷的专门立法,但上述广义上的法律从不同角度对民间借贷进行了调整:有的认可民间借贷行为合法化地位,为其提供了一定的制度保障;有的对民间借贷行为进行了规范、引导;有的则对民间借贷违法行为严格限制甚至加以否定。我国在对待民间借贷的态度上,一直表现出极强的政策导向,但政策的原则性和随意性决定了难以为民间借贷提供稳定的制度支持,导致了民间借贷发展的混乱与无序。

2010年5月,国务院出台《关于鼓励和引导民间投资健康发展的若干意见》(简称"新36条"),明确规定"鼓励和引导民间资本进入金融服务领域","允许民间资本兴办金融机构",对民间资本开放了更多的领域,也显示出我国对民间资本前所未有的支持力度。在此背景下,市场急需法律的完善为民间借贷提供一个稳定的制度预期,从而保障交易自由与营业自由。

二、上述法律规范存在的主要问题

有观点认为,我国规范民间借贷的上述法律是根据借贷主体的不同将借贷行为作出了合法与违法、有效与无效的二元划分,属于主体立法而非行为立法,严重违反了市场主体平等保护的民法基本原则,而不符合立法的发展趋势和潮流。②

我们赞同上述观点,并且认为,上述法律规范过于原则,甚至相互冲突,缺乏统一的指向性,已不足以对民间借贷行为进行很好的引导和规制,以致民间借贷活动中违法行为猖獗,给实体经济健康发展带来了严重损害。

1. 立法可协调性差,不同法律规范的内容互相冲突。由于立法技术的欠缺,上述法律规范之间缺乏协调性、统一性和逻辑性。即使符合《民法通则》《合同法》的民间借贷行为,按照《非法金融机构和非法金融业务活动取缔办法》和《贷款通则》也可能被认定为非法金融业务活动遭到取缔,导致对同一行为可能因依据不同而评价结果大相径庭。③

2. 立法可操作性差,民间借贷合法性判断标准模糊。缘于"宜粗不宜细"的立法指导思

---

① 这部部门规章的调整对象并不适用于民间借贷,因其第二条规定:"本通则所称贷款人,系指在中国境内依法设立的经营贷款业务的中资金融机构。"

② 贾清林:《金融危机背景下中国民间借贷二元化法律认定探析》,载《学理论》2010年第27期。

③ 例如,惠民吴云水集资案中,不同国家机关引用不同的规定,得出了截然相反的结论,严重影响了法律的权威性。

想,很多隐患性问题缺乏指导性规范,使非法借贷、犯罪行为有机可乘。实践中难以准确把握合法民间借贷与非法融资行为的界限,导致民间借贷存在制度性风险,成为悬在民间借贷者头上的达摩克利斯之剑。①

3. 立法可指引性差,制约民间借贷良性发展。在我国,缺少健全的征信制度,加大了民间借贷风险的不确定性;②缺少民间借贷专门性立法,不能满足规范和引导民间借贷活动健康发展的迫切需要;缺少个人破产法律制度,无法解决借贷主体的市场退出问题,无法保障债权人的权益,不利于金融市场稳定。

三、法律规范的滞后对民事审判工作的影响

由于立法的上述不足,导致了当前人民法院审理民间借贷案件中存在以下问题:

1. 案件定性难。一类是以其他法律关系掩盖民间借贷关系。如实践中出现的类似"流质借贷"的情形,借贷双方通过买卖合同来掩盖实质为民间借贷的行为,最终产生矛盾纠纷时首先通过买卖关系反映出来,不仔细审查,容易对基础法律关系的认定产生偏差。另一类是以民间借贷关系掩盖其他法律关系。如有的境内钱庄将钱款汇至境外公司,境外公司作为投资款汇入境内借款人,借款人完成外资企业注册后,提取资本金被银行拒付,双方转而通过法院调解、执行绕开资本金的监管,实际是以民间借贷之名行抽逃资本金之实,亦具有很强的欺骗性。这些案件表象纷繁复杂,给法院查清案件事实进而准确定性带来很大难度。

2. 事实认定难。无息案件越来越少,高利贷普遍存在,但规避手段越来越高明。或不列明利息计算方式而是将利息预先在本金中扣除;或将未归还借款的利息计入本金,重新出具借条计算复利;或约定巨额违约金、其他费用,借款人对此往往举证困难,法院仅凭借条内容无法认定高利贷,很难否定借据的证明力。为了逃避法院的事实审查,有些债权人多次转让债权使法院无法查清借贷过程;有些则采取先通过签订买卖合同等方式转变法律关系来掩盖借贷事实;有些地区还出现了还息不打收条的借贷"潜规则",加大了法院查明事实的难度。

3. 法律适用难。审判实务中除了事实认定困难外,在法律适用上,同样存在亟待法律规范进一步明确细化的情形。譬如:由于民间借贷越来越专业化,借贷款项的交付经常经由第三者或中间人之手,致使债权人与债务人相互之间不了解情况,对是否存在债权债务易产生争议;中介机构或放贷公司在资金的流动以及利息等方面有很大操作空间,还可以收取高于放贷人约定的利息,对于利息认定带来难度;以企业法定代表人或股东个人名义融资借款案中,对法定代表人(合伙负责人)或职员签订的借条或借款合同,应认定为企业对外借款还是个人借款存在争议;借款主体目的不同,对夫妻关系存续期间,一方对外举债是否夫妻共同债务认定难度大;③对于"出借人明知借款人是为了进行非法活动而借款的,借贷关系不予保护",但对如何界定"明知"难以操作。此外,还有部分当事人反复涉诉,互

---

① 轰动一时的孙大午案件中,法院对其行为的定性,就曾引起社会的极大争议。
② 刘慧兰:《关于完善我国民间借贷法律体系的思考》,载《金融发展评论》2010年第4期。
③ 吕虹:《当前民间借贷案件存在的问题及审理对策》,载《法制与社会》2011年第4期(下)。

为原被告,或者具有专业放贷或黑社会背景,出现民刑交叉,在法律适用上难度较大。

4. 送达调解难。民间借贷案件中缺席判决率高,当事人不出庭应诉阻碍了人民法院查明案件事实。一方面,是因为民间借贷纠纷中人员流动大导致送达难;另一方面,债务人为了躲债闭门不见或拒收诉讼材料或消极应诉,更有甚者搬家逃债下落不明。当事人不出席法庭审理,不参与质证及提供自己的辩解意见,给人民法院审理案件带来很大困难,法院不得不只根据原告提供的证据作出判决,导致有的法院缺席判决率高达50%以上。[①] 被告的缺席,还导致了案件调解、撤诉难上加难。与普通民事一审案件调撤率约68%相比,民间借贷案件调撤率仅为该比例的一半(图三)。

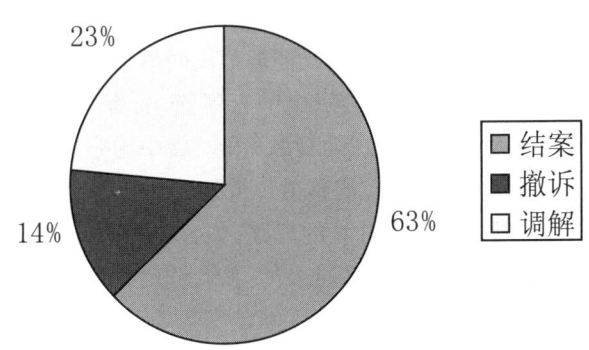

图三 2010年全国法院民间借贷案件结案方式

第四部分 构建民间借贷综合监管体系

民间借贷的产生与发展是市场主体自发进行制度创新的结果,它的活跃是整个社会投融资体制和金融结构矛盾在这一领域的集中表现。在客观评价民间借贷活动并试图对其规制时,我们必须将其置于提高融资效率、降低融资风险、优化融资环境的视野中去辩证地、通盘地考虑,通过综合性监管体系的构建,实现对民间借贷的良性引导和规范。

一、推动立法完善,规范民间借贷行为

长期以来,我国对民间借贷市场主要采取行政管制的模式,而当前"三农"与中小企业的融资难现实存在且需求旺盛,民间借贷异化发展的过程中存在的问题,大多是为了规避政府行政管制而出现的。因此,完善相关立法,明确民间借贷的法律地位,鼓励合法守信、互利互助的"红色借贷"、规范适应经济发展需求的"灰色借贷"、打击违法犯罪的"黑色借贷",对于厘清混乱不堪的民间借贷市场,充分发挥民间借贷对正规金融有益的补充作用,无疑具有十分重要的意义。

需要摈弃与市场经济发展不适应的传统管制观念,加快立法速度,不论是制定出台《放

---

① 管弦、刘艳燕:《卢湾法院民间借贷案件情况分析》,载《上海审判实践》2009年第7期。

贷人条例》，①还是修改现行《贷款通则》，都要修改或废除那些不符合金融市场内在发展规律的规定，合理界定合法与非法融资的界限，将民间金融活动尽可能纳入信用可控的范围，鼓励合法民间借贷弥补金融机构的不足、促进社会资金合理流动，并促使其逐步走向契约化和规范化。② 不能再对民间借贷持放任自流的态度，应当对放贷主体、放贷对象、利率以及放贷人索债方式、贷款宣传等作出具体规范，并健全相关金融制度，对民间借贷的资金投向、风险防范措施及收益的税收调节等方面加以规范，维护民间借贷主体的利益诉求，为正常的民间借贷构筑一个合法的活动平台，推动民间借贷的规范化运作，引导民间资金的健康流动。

当然，民间借贷问题的有效解决，还需要相关市场准入与退出制度的配套，如企业与个人征信体系、个人与非法人组织破产制度以及利率的市场化改革等。这样的立法完全可以使民间借贷有法可依、有章可循、有权可维，既能规范民间借贷行为，打击、遏制"高利贷"和非法集资行为的发生，又能合理引导社会资金的有序流动，有利于经济金融的稳健运行。在立法完善的过程中，国外发达国家的成功经验③和发展中国家的可行做法可以给我们以启示，④条件成熟时也可以考虑因地制宜的移植和借鉴。

我们建议，在我国，可以采取民商分立的思路，整合相关法律规范制定单行法规，规范专门从事放贷业务或以放贷业务为主的放贷人的行为，同时继续发挥其他有关法律规定的调整作用，规范企业、个人之间零散的自发性民间借贷活动。为了加强法律体系的协调性，还需要对有关配套规定进行修订，修改或废止那些不符合规范民间借贷市场需求的规范，尽快建立统一的担保登记制度，加快征信立法的步伐，健全征信体系，以及建立个人破产法律制度，健全借贷主体的市场退出机制。

二、加快金融创新，丰富投资融资渠道

目前我国金融业尚不发达，居民和企业的投融资渠道均显单一，民间资本需要合理的投资引导，企业特别是中小企业融资严重依赖银行贷款。有对南京500家民营企业的调查

---

① 早在2007年2月，中国金融学会召开"民间融资研讨会"，会议代表来自全国人大法工委、国务院法制办、最高人民法院、银监会、中国社科院、中国政法大学、中国人民大学、中国人民银行总行有关司局、分支机构以及企业界代表。与会代表一致认为，制定起草《放贷人条例》非常迫切，非常及时，意义非常重大，应当尽快出台。此后的会议上，还针对《放贷人条例》立法技巧、立法宗旨、法律协调衔接、利率上限、监督管理、市场退出、法律责任等方面提出了一些意见和建议。遗憾的是，受宏观经济形势发展的影响，这部条例至今未出台。

② 翁钢粮、林沛、毛煜焕、邓兴广：《民间借贷、金融纠纷案件高发的原因、影响及对策》，载《司法调研》2009年第2期。

③ 发达国家和地区一般奉行"金融开放"政策，允许民间借贷存在，并立法进行规范。民间金融是整个金融体系重要、不可缺少的组成部分。例如，美国国会于1934年颁布《联邦信用社法》规范民间金融秩序，美国非吸收存款类放贷机构（简称NDTL）类型多样，主要业务对象是小型业主和消费者。参见刘慧兰：《关于完善我国民间借贷法律体系的思考》，载《金融发展评论》2010年第4期。

④ 发展中国家普遍存在"金融抑制"现象，即政府利用金融管制、利率限制和配给信贷等非市场机制手段来管理金融行业，集中金融资源优先发展经济建设重大项目。但伴随着金融自由化进程，一些国家逐渐放松了对民间借贷的抑制。例如，南非的非吸收存款类放贷人形式多样，再借贷渠道也非常多元。根据《国家信贷法》的规定，手中有超过100份信贷协议或信贷提供余额超过50万兰特的"信贷提供者"必须经审批获得登记证书，《国家信贷法》只对消费信贷进行监管、规范，基本不涉及商业信贷，目的是保护处于弱势的消费者。参见刘萍、张韶华：《南非的非吸收存款类放贷人法律制度》，载《金融研究》2008年第4期。

显示,56%的民企老总认为企业资金缺口很大,融资难是当前企业发展的最大障碍。由于中小企业资产规模较小且变动较大,且整体素质不高,加之确有一些中小企业把逃避债务作为资本原始积累的手段,因而在进行融资评估时,银行对中小企业偿债能力的信用信心普遍不足。尤其当国家实行紧缩的货币政策时,银行更是普遍收紧对中小企业的信贷规模,致使中小企业融资渠道萎缩,资金周转不良,企业发展面临困境。[①]

要引导和推动银行等金融机构继续深化金融改革,不能因为每轮宏观货币政策的收紧和调整而误伤中小企业和"三农"利益,尤其是政策性银行应充分发挥作用,加大金融产品创新力度,开发符合中小企业、"三农"发展需求的金融产品和金融服务,对他们给予更多的政策支持。此外,解决企业融资难,不能单单依赖银行,在特定时期,政府也应加大支持力度,解决中小企业融资难题。

2008年5月4日,银监会和中国人民银行联合发布了《关于小额贷款公司试点的指导意见》,允许自然人、企业法人与其他社会组织投资设立以吸收公众存款、经营小额贷款业务的有限责任公司或股份有限公司,并鼓励小额贷款公司面向农户和微型企业提供信贷服务,着力扩大客户数量和服务覆盖面。此政策的出台,犹如为目前环境下中小企业的生存与发展注入了一剂强心针。经过几年的试点发展,小额贷款公司规模迅速扩大,经营状况整体良好,贷款规模增长迅猛,但目前也遭遇了发展瓶颈:一是制度设计上存在缺陷;二是业务经营与商业银行呈现同质性;三是后续资金融入难、税费负担重;四是政策扶持缺位,监管力度不足。在制度设计之初,曾寄望于以小额贷款公司逐步引导民间借贷规范化,但小额贷款公司的试点尚未成熟,正处于发展的关键路口,亟待政策给予明确的指向和有力的推动。

三、加强综合监管,优化金融资源配置

目前,应着重从控制金融风险、维护金融安全与社会稳定的角度加强对民间借贷活动的监管力度,既要充分发挥契约治理机制等民间借贷在风险自控方面的作用,为民间借贷的自我发展和完善创造宽松的条件,也要深刻认识当民间借贷活动从"人格化交换"向"非人格化交换"时风险性质发生的变化,政府需要从维护全社会公众权益的角度审视民间借贷活动的中观风险和宏观风险,为民间金融活动的引导和规范工作指明方向。[②]

需要建立民间借贷监测网络,关注掌握实时发展动态,根据民间借贷的活跃程度对监测网点的密集度进行差异化设置,及时更换不符合监测条件的对象,保持动态监测;将发生形式、资金额度、利率水平、交易方式、资金用途、还款情况等一一纳入,定期汇总分析;建立民间借贷风险预警机制,适时向社会进行信息披露和风险提示。同时,加强对担保公司、信息中介等经营机构的日常监管,整顿超范围经营,对乘人之危而攫取暴利的高利放贷行为予以打击和取缔;严厉打击赌博犯罪、非法吸收公众存款等与高利贷相关的违法犯罪行为。

当前,大量参与民间借贷的非银行信贷机构实行的是多头分割管理,存在很高的系统

---

① 翁钢粮、林沛、毛煜焕、邓兴广:《民间借贷、金融纠纷案件高发的原因、影响及对策》,载《司法调研》2009年第2期。
② 中国人民银行杭州中心支行课题组:《民间金融活动的风险及规范化对策》,载《浙江金融》2008年第3期。

风险,贷款担保公司由中小企业局管理,小额贷款公司由政府金融办管理,典当行由商务局管理,经营依据主要依赖于部门规章,均缺乏相应的法律约束和有效监管,一旦资金无法收回极易造成连锁反应,因此,应当加强统一监管。

利率是反应资金供求关系的重要指标,民间借贷的利率是最重要、最敏感的监测内容之一。由于利率的意思自治属性与国家监管之间天然构成了内在的紧张关系,如何准确监测民间利率水平,灵敏反馈并有效协助确定合理的资金利润空间,促进利率市场化改革,是值得探讨的问题。目前,贷款利率浮动空间已充分放开,商业银行贷款利率浮动也没有上限,应当结合利率市场化和民间借贷风险分布,根据不同地区、不同产业、不同行业、不同规模企业和个人经营的盈利空间确定利率合理范围,并在此基础上建立预警机制。[1] 应该说,利率的市场化是促使民间借贷规范有序发展的关键因素,它能够在银行业与民间借贷者、正常经济交往与危害社会的经济犯罪、强制性宣告无效与柔和的引导调整之间获得平衡。[2]

四、立足审判职能,能动司法保障民生

当前和今后一段时期,人民法院应当从自身审判职能出发,强化大局意识,及时创新金融司法理念,加强对民间借贷的监控,有效引导和规范民间借贷行为。

1. 强化服务,注重调解。涉及中小企业融资的案件,尽可能本着维持、优化有发展前景的困难企业、劳动密集型中小企业生存的原则,适当调整违约金,平衡各方利益,适当放宽重点行业、中小企业还款期限,满足企业正常生产流动资金的需要。在处理一时资金周转不灵的经济纠纷时,要慎用财产保全措施,坚持"放水养鱼"的原则,加大调解力度,力争以分期付款等方式解决纠纷,争取双赢、多赢,避免因形式合法的刚性手段搞垮本可生存和发展的企业。多适用司法重整与和解程序,支持优势企业以兼并、重组、控股等方式延伸产业链,增加核心竞争力。[3] 对于一般生活性民间借贷,借贷双方多比较熟识,则应重视调解方式的运用。

2. 创新理念,统一裁判。金融交易处于市场经济的最前沿,金融业务、金融工具总是处于不断创新过程中,容易产生新类型的法律关系。法律总是相对落后于现实发展,针对当前民间借贷案件数量保持高位运行、疑难复杂案件不断增加的态势,人民法院要及时创新金融司法理念,合理配置审判资源,既要保护正当的民间借贷,又要抑制其中的非法行为,要通过审判职能的行使,回应市场经济发展的客观要求,创造良好的金融司法环境。在对整个民间融资市场的监管上,应当采取刑事和民事、商事相结合的体系。针对高利贷界定、虚假诉讼甄别等当前审判工作急需解决的突出问题,要通过加强审判业务指导、发布典型案例等形式确定裁判规则,及时统一裁判标准、统一法律适用。坚持法官主动审查与当事人举证相结合的做法,防止通过法院判决将非法利益合法化。

在当前宏观经济形势下,法官要增强政治意识和大局意识,不能就案办案,要充分发挥

---

[1] 李世新、张耀谋、李力、郑才林:《我国当前民间借贷成因、问题与对策》,载《区域金融研究》2009年第5期。
[2] 李政辉:《论民间借贷的规制模式及改进——以民商分立为线索》,载《法治研究》2011年第2期。
[3] 翁钢粮、林沛、毛煜焕、邓兴广:《民间借贷、金融纠纷案件高发的原因、影响及对策》,载《司法调研》2009年第2期。

司法的能动和服务职能。要兼顾保护民间资本融通与维护正常金融秩序之要求，既要保护出借人的合法利益，也要充分考虑借款人的生存和发展需要，合理平衡。面对纷乱繁杂的民间借贷表象，需要透过现象认清本质，应当立足不完全保护性、资金自有性、合同实践性的原则进行审理，同时，加大依职权主动审查的力度，以查明事实，清晰界定。

(1) 不完全保护性。民间借贷的资金来源、利率都有相应的制度限制，在遵从意思自治的基础上，资金的合法使用可以获得合理利润，民间借贷的高风险性也可以要求合理范围内的高利率，但超出法律限制外的借贷利益是不予以保护的。民间借贷是一种古老的、自发的非正规金融行为，我们倡导和保护的应当是其中合法的、具有互助性质的借贷行为，要使其成为一种合理的、补充式的融资方式，成为促进社会利益重新分配的辅助手段；而对一部分人以民间借贷之名谋取不正当利益的行为，应坚决予以遏制，不能使民间借贷成为投机分子攫取非法暴利的工具，更不能使民间借贷在客观上成为贫富悬殊进一步拉大、"富人更富、穷人更穷"的帮凶。案件审理中，法官要加强对较大金额经营性借贷的审查力度，尤其应加强对出借人出资能力和交付事实的审查，查明借贷关系的实质，把握借贷利益的保护范围，避免机械司法，努力实现法律效果和社会效果的统一。

(2) 资金自有性。党的十七大报告中"让更多的群众拥有财产性收入"的要求应当遵从，宪法、物权法等法律中保护市场主体运用自有资金借贷获利的立法精神应当维护，因为这符合人民群众的利益要求和价值取向。在当前非法借贷活动猖獗的情况下，洗黑钱、地下钱庄等犯罪活动和非法拆借、以贷养贷等违规行为大行其道，当广大普通民众都不顾一切筹钱放贷时，由此带来的金融和社会风险是不可估量的，而这些风险一旦变成现实，最终损害的必然是广大人民群众的切身利益。我们认为，坚持对出借资金自有性的审查，能够有效限制非法借贷行为，有利于降低金融风险，维护市场秩序，这种要求与社会大众根本的利益相一致。至于非银行信贷机构，本身具有金融机构的部分特性，虽然也存在多头管理、监督不力的问题，但毕竟也有一定的部门规章可循，也有主管部门在管理，若加大管理、监督力度，其放贷资金来源、流向等均可监管，从而确定资金的来源。

(3) 合同实践性。民间借贷合同作为实践性合同，在案件审理中，法官应当加强对资金交付时间、地点、实际金额、交付凭证等交付事实的审查，查明资金来源、借贷利率是否超出法律限制，其借贷利益是否超出了法律规定的保护范围，必要时可加强测谎、鉴定等辅助技术手段的应用，从而有力打击高利贷、利滚利等违法行为。实践中有的法官在审理民间借贷案件时，对其法理性质缺乏深层次的思考，忽视对借贷交付行为的审查，机械地适用证据规则，单纯把借条视为首要定案依据，某种意义上充当了非法借贷的"帮凶"和"枪手"。因此，对债务人下落不明或不到庭应诉的案件，因不利于查明事实，应慎用公告送达的方式，适用缺席判决时要严格掌握借贷关系明确这一前提，出借人对资金来源、交付事实等借贷事实难以证明或拒绝举证致使难以查明借贷关系的，应裁定驳回起诉。

3. 增强联动，提高防范。法院在做好自身审判执行工作的同时，加强与公安、检察、监察、税务、审计、工商、金融监管、司法行政管理等相关职能部门的情况通报和沟通协调，发挥各职能部门联动作用，共同促进金融市场有序、规范发展。发现有引发系统金融风险可能的，及时与政府金融监管部门沟通，把握金融监管秩序全局概况，统筹协调相关案件的处理和风险的防范。对于劳资矛盾可能激化的案件,加强与人力资源和社会保障等政府部门的联系与配合,最大限度减少因各方利益冲突导致的社会不和谐因素。① 对与洗钱、贿赂等违法行为相关联的非法融资,对有证据证明有高利贷、赌债或非法吸收公众存款嫌疑的,及时向公安机关、工商部门通报。应当与新闻媒体共同强化对民间借贷相关法律知识和风险的宣传,精心挑选典型案例针对不同情况宣传报道,提高公民防范意识和依法维权的能力,避免不必要的纠纷产生。

第五部分 完善民间借贷法律规制的具体建议

禁不如疏。在法律制度史上,国家对民间盛行行为的禁止往往并不成功,更为合理的法律态度是疏导,为社会关系中的各主体提供利益安排与纠纷解决。诸如小额贷款公司之类只是国家金融专营的另一种表现,可以填补某些需求领域,但不能替代民间借贷本身。"法律按其真正的涵义而言,与其说是限制,还不如说是指导一个自由而有智慧之人去追求他的正当利益"。②

在经济的发展中,政府的首要职责应当是对公民权利的保护,而不是不合理地限制权利的行使,更不是通过与公民争夺利益来垄断金融市场,排斥民间借贷。民间借贷是一项财产权利,"合法权利的初始界定会对经济制度运行的效率产生影响,权利的一种调整会比其他安排产生更多的价值"。③ 我们在承认民间借贷存在正当性的基础上,应当通过对现行法律法规的修改与完善明确合法与非法融资的界限,消除不合理的限制条款,保护借贷双方的正当权益,真正引导民间借贷从"地下"转入"地上",从而将这类非正规金融活动尽可能地纳入信用可控的范围,促使其逐步走向契约化和规范化的轨道。④

在目前民间借贷市场发展泛滥无序的情况下,要根据不同形式的民间借贷活动,清晰界定其风险性质,本着"区别对待、分类指导、疏堵并举、促进规范、打击犯罪"的指导思想,⑤保护合法借贷行为、依法支持金融创新,制裁非法借贷行为、甄别各种合法形式掩盖的非法金融活动,从而维护金融安全和社会稳定。具体的法律规制内容可以考虑以下几方面:

一、关于民间借贷的合法性问题

对于实践中争议较大的非法转贷牟利、非法吸收公众存款、非法集资等罪与非罪的界限,"手拉手调解"损害第三方利益的虚假诉讼,⑥出借人、借款人相对集中涉及"地下钱庄"等职业放贷人的违法行为,以及赌债等非法、虚假债务的鉴别等合法性认定问题,应当通过

---

① 翁钢粮、林沛、毛煜焕、邓兴广:《民间借贷、金融纠纷案件高发的原因、影响及对策》,载《司法调研》2009年第2期。
② [英]洛克:《政府论》(下),瞿菊农、叶启芳译,商务印书馆1983年版,第35页。
③ [美]科斯:《企业、市场和法律》,盛洪等译,上海三联书店1990年版,第213页。
④ 张书清:《民间借贷的制度性压制及其解决途径》,载《法学》2008年第9期。
⑤ 中国人民银行杭州中心支行课题组:《民间金融活动的风险及规范化对策》,载《浙江金融》2008年第3期。
⑥ 对于虚假诉讼的防范机制,有学者提出了完善发现机制、完善甄别机制和完善制裁机制的建议,我们认为,这对民间借贷案件同样适用。参见褚红军:《论虚假诉讼的防范与规制》,载《人民法院报》2011年9月14日第7版。

法律规范的进一步明确细化、对借贷关系合法真实性审查力度的进一步加大进行界定,从而有效甄别、严厉打击虚假诉讼和"问题借贷"。

一是注意查明出借人与借款人的关系、借贷双方是否相识、彼此亲密程度等情况,排除存在合法形式掩盖非法目的的情况,是否有当事人为隐匿财产、逃避债务,故意与亲属串通的假借贷。

二是严格审查出借人的目的、借款人的目的及用途,且不能仅限于出借人承认与否,而应结合案件其他情况综合认定,如出借方明知对方借款用于赌博、嫖娼、走私、吸毒等违法犯罪活动仍出借,该债权非但得不到保护,还应将犯罪嫌疑人移送公安或相关部门处理。

三是注意审查借款人的相应借款能力、资金往来情况、借贷款项在会计账簿上记载的依据等证据,以审核借贷关系的真实性。巨额资金往来通常通过银行流转,借入资金作为公司债务的,借贷款项应在账簿或银行资金往来上有所体现。

四是加强对借据形成过程、利息计算标准及出借人资金来源的审查。[①] 在加大审查力度的基础上,民间借贷的合法性可以结合其他证据综合判断:从资金来源看,合法借贷一般以自有资金或其他合法渠道获取的资金出借,非法借贷资金往往来源于国外热钱、非法集资、非法吸储或犯罪所得。从借贷形式来看,合法借贷大多表现为一对一、一对多,而多对一的借贷可能涉嫌非法集资或非法吸储。从借款用途看,合法借贷一般用于生活需求或生产经营急需,非法借贷的目的多为将资金据为己有、非法牟利。从偿还方式看,合法借贷一般以货币形式偿还,非法集资则借助实物或权利证券进行利益返还。

我们认为,下列民间借贷行为无效:

1. 以"标会"等形式向不特定多数人非法集资的,[②]在没有明确法律约束的情况下,不宜予以支持,其合法化问题可以借鉴我国台湾地区"民法"债编中关于合会的相关规定处理。[③]

2. 以向他人出借资金牟利为业的"地下钱庄",非法投资融资的。

3. 其他违反法律、法规强制性规定的借贷行为。

对于下列非金融企业开展的借贷行为应予保护:

1. 依照《公司法》等法律规定的条件和程序募集资金的。

2. 为企业生产经营需要向特定的自然人进行的临时性小额借款。

3. 企业非以获取高额利息为目的,临时向自然人提供的小额借款。[④]

对于未经社会公开宣传,在单位职工或者亲友内部针对特定对象筹集资金的,一般可

---

① 吕虹:《当前民间借贷案件存在的问题及审理对策》,载《法制与社会》2011年第4期(下)。

② 民间标会盛行,人数多,会钱额度大。因采用竞标利息的高低作为"得会"的手段,使其成为高速运转的吸钱机器,利率高,倒会风险大,一旦涉及抬会则一倒俱倒,易对金融和社会安全形成重大影响。

③ 台湾地区经济长期高度依赖非正规金融,民间金融规模在绝对量和相对量上均为世界第一,合会在其中占据重要地位,由于合会的正面与负面作用并存不悖,台湾当局对合会的态度经历了鼓励、默许、压制直到纳入法制规范的对象。台湾地区1948年制定"台湾合会储蓄业管理条例",建设遍布全台的合会储蓄公司体系,逐步将合会行为纳入已有的民事、刑事法律体系,1999年通过的"民法"债编第19节709条中对民间合会的定义、契约条款、竞标程序、会员责任义务进行规范,合会自此成为法律明确规范并制约,并可在"民法"框架内依法发展的民间借贷行为。

④ 参见江苏省高级人民法院苏高法审委〔2009〕45号《关于当前宏观经济形势下依法妥善审理非金融机构借贷合同纠纷案件若干问题的意见》。

以不作为非法集资;资金主要用于生产经营及相关活动,行为人有还款意愿,能够及时清退集资款项,情节轻微,社会危害不大的,可以免于刑事处罚或者不作为犯罪处理。对于罪与非罪界限一时难以划清的案件,要从有利于促进企业生存发展、有利于保障员工生计、有利于维护社会和谐稳定的高度,依法妥善处理,特别对于涉及中小企业法定代表人、技术人员因政策界限不明而实施的轻微违法犯罪,更要依法慎重处理。①

下列情形应当注意严格审查:

1. 原告提供格式化借款合同的(格式借款合同多为金融部门使用,在民间借贷过程中非常少见,也不符合民间借款的习惯做法,以此作为唯一证据起诉的,法官应当慎重处理,严格审查借贷关系的合法性,甄别是否涉及"地下钱庄"等非法行为)。

2. 原告提供的借据除签名外,均为出借方填写。

3. 借款人仅起诉担保人不起诉主债务人的(有串通损害担保人利益之嫌,还债主体不是债务人单方的同样应严格审查)。

4. 原、被告共同到庭请求立案调解、速裁(有串通损害第三方利益之嫌)。

5. 被告涉及离婚、分家析产、继承、房屋买卖、房屋权属纠纷。

6. 被告为资不抵债的自然人、法人、其他组织。

7. 被告为改制中的国有、集体企业。

8. 申请保全的不动产在拆迁区划范围内(第5～8项应注意查明是否损害第三方利益)。

9. 原告或被告在他案中曾有虚假诉讼、恶意诉讼的。

二、关于诉讼主体的认定问题

借据中明确的出借人为债权人,没有明确的,持有借据等债权凭证的当事人推定为债权人,具有原告主体资格。被告对原告主体资格提出异议,并提供证据足以证明债权凭证的持有人并非债权人或者债权受让人的,可以裁定驳回起诉。借据上署名的借款人推定为债务人,具有被告主体资格。在案件审理过程中,发现有行为人虚构借款人或者以已注销的法人或者其他组织的名义借贷等被告不适格情形的,法院应告知原告变更被告,原告拒不变更或无法变更的,可以裁定驳回起诉。如查明被告属被借名、冒名且无过错的,应当判决驳回诉讼请求。②

经依法批准开展借贷业务的小额贷款公司、农民资金互助组织等具有一定金融性质的非金融企业,在批准的范围内签订的借贷合同认定有效。典当企业依据《典当管理办法》签订的设定质押、抵押担保的典当合同,应认定为借贷合同性质。以建筑工程项目工程部、不具有法人资格的企业分支机构名义出具借据的,应强化对证据的综合分析,防止非法利益合法化。与身份不符的资金来源要严格审查,实践中一部分非银行信贷机构如担保公司,为了规避经营范围的限制,以法定代表人或职工个人名义对外放贷,应予规制。

---

① 何勇、宋文明:《厘清罪与非:浙江松绑民间借贷呼应"新36条"》,载《中国经营报》2010年8月16日。
② 参见浙江省高级人民法院浙高法〔2009〕297号《关于审理民间借贷纠纷案件若干问题的指导意见》。

1. 关于企业间借贷关系的认定。① 我们认为，可以在坚持资金自有性的基础上有条件的放开，即企业将自有资金出借给其他企业帮助其解决生产经营所急需资金的，认定为有效，孳息按照银行同期同类贷款基准利率计算。企业将从金融机构获取的信贷资金出借给其他企业以及存在其他违反国家金融监管法律法规的，未经依法批准从事借贷活动的投资公司、担保公司等非金融企业签订的借贷合同，依据《最高人民法院关于审理联营合同纠纷案件若干问题的解答》第四条第二项的有关规定认定为无效。② 企业之间签订买卖合同，约定"买方"向"卖方"交付"货款"，合同履行期限届满后再由"卖方"向"买方"购回统一标的物，分别依照上述规定处理。

2. 关于夫妻债务的认定。③ 婚姻关系存续期间，以夫妻一方名义向他人借贷，债权人未将配偶列为共同被告的，法院应通知债务人配偶参加诉讼，以利查明事实。借贷行为发生于婚姻关系存续期间，诉讼时已经离婚的，原告可以申请追加其原配偶为共同被告。婚姻关系存续期间，夫妻一方以个人名义借贷用于家庭日常生活的，应认定为夫妻共同债务；超出日常生活需要范围的，认定为个人债务，但下列情形除外：(1) 债权人能够证明负债所得的财产用于家庭共同生活、经营所需的；(2) 夫妻另一方事后对债务予以追认的。④

一个值得关注的新情况是，在民间借贷泛滥高发的时期，产业资本向金融资本转化趋势更加明显。除了雄厚的民间游资，还有资金富余的上市公司也开始把资金投向民间借贷业务，有的贷款收益甚至超过主业。据市场公开资料显示，截至2011年8月31日，有64家上市公司发放170亿元委托贷款，同比增长38.2%，其中35家超过银行同期利率，武汉健民等公司利息收入甚至超过主业利润，且大部分借款人都是房地产开发企业。⑤ 对于上市公司的这种行为是否需要进行规制尚需要进一步的探讨。

三、关于借贷证据的认定问题

民间借贷具有当事人较少、法律关系简单、证据单一、法律关系中一般不涉及第三人等特点，其主要证据就是借据，正因如此，实践中通过虚构债务经诉讼程序达到规避法律、逃避债务目的从而损害国家、集体以及其他人合法权益的情况时有发生。在民间借贷乱象丛

---

① 有学者建议采用民商分立的思路，将民间借贷区分为生活性借贷与生产经营性借贷，凡进行工商登记的主体所为借贷皆为生产经营性借贷，特定主体可举证否定。在企业与企业间的借贷定性上，属于商事借贷，在无效与有效之间，企业间借贷合同的效力附有条件，即企业间所达成的合同应登记公示方可生效，由此平衡国家、企业与投资者等各方利益。参见李政辉：《论民间借贷的规制模式及改进——以民商分立为线索》，载《法治研究》2011年第2期。

② 参见江苏省高级人民法院苏高法审委〔2009〕45号《关于当前宏观经济形势下依法妥善审理非金融机构借贷合同纠纷案件若干问题的意见》。

③ 有的法院建议在审查是否夫妻共同债务时从以下四点把握：一是审查夫妻有无共同举债的合意；二是审查夫妻是否分享了债务所带来的利益；三是对债权人和举债一方设定严格举证责任；四是主动审查债权人与举债债务人的关系、债务形成时夫妻关系现状、借款用途等，如果经审查能够确认是夫妻共同合意形成并且确实用于共同生产、生活的债务，应当由夫妻共同偿还，反之，则由个人偿还。参见无锡中院民一庭：《无锡中院就夫妻离婚或关系恶化期间对因单方意思形成的债务的认定处理提出建议》，载江苏高院网"全省法院信息"栏。

④ 参见浙江省高级人民法院浙高法〔2009〕297号《关于审理民间借贷纠纷案件若干问题的指导意见》。

⑤ 《民间借贷背后的风险与需求》，载搜狐网，http://business.sohu.com/20110906/n318530385.shtml，于2011年9月18日访问。

生的情况下,我们尤其要注意不能机械适用证据规则,对民间借贷案件的全部证据,应从各证据与案件事实的关联度、证据间的互相印证等进行综合判断,不能片面认定证据或根据个人主观臆断取舍证据。对于仅有借据而再无其他证据印证的情况下,一般不宜认定存在借贷关系。较大金额以上的民间借贷关系,应当结合借据、银行资金往来的交付证据、企业会计记录等材料予以综合认定。

1. 借据的认定。就借据的审查而言,应把握借贷关系实践合同的性质,全面细致了解和调查借据的形成过程、借款原因和借款目的、债权人资金的具体来源、借款与还款的时间等,加强对借据记载内容真实性和合法性的审查。债务人对借据内容的笔迹或签章的真实性提出异议的,双方当事人可以提供补充证据或者反驳证据,法院应当根据双方提供的有效证据,结合案件的其他证据及相关情况,对借据的真实性进行综合审查判断。

当事人之间对因买卖、承揽、股权转让等其他法律关系产生的债务,经结算后,债务人以书面借据形式对债务予以确认,债权人据此提起诉讼,而债务人或担保人对基础法律关系的效力和履行事实提出抗辩并有证据证明纠纷确因其他法律关系引起的,原则上按照基础法律关系审理,但借据仍可以作为基础合同履行的重要证据。①

对于审判实践中的一些"特殊"借据的认定问题,譬如,银行汇账或转账清单上虽然有汇出数额、收款人姓名,但并不能证明此笔款项正是被告向原告所借款项;借据中出现特殊语言或出现歧义,如故意写错名字、将"玖"写成"玫",或是对"还"字的理解,则应按通常的理解和现实的交易习惯予以综合认定,这里更多的不是靠法律的规定,而是依赖于法官的社会知识和审判经验,才能由表及里、去伪存真。

2. 本金的认定。审查借据本金数额的真实性应综合全案证据和事实进行分析判断,包括:借据的记载内容是否当地民间借贷市场的普遍习惯;债权人能否合理说明借款发生的具体情况;陈述内容是否存在矛盾;债权人是否曾有类似交易前例;庭审言辞辩论的情况是否导致对债权人陈述的合理怀疑等。②

债权人主张现金交付、有借据没有交付证明的,应提供履行合同交付义务的证明,法官要严格审查债权人自身的经济状况,债权人与债务人之间的关系,交易习惯及相关证人证言等综合判断当事人的主张能否成立,加强测谎等技术辅助手段的应用。对于当事人主张现金交付的事实以及主张对方提供了非法证据等情形,法院应当扩大依职权调查的范围,特别是大额的现金交付一来不符合日常习惯,二来有逃避金融监管之嫌,对此应当严格把关。

四、关于举证责任的分担问题

借贷合同的订立和款项交付是两项不同的事实,债权人对于自己主张的这两项事实均应承担相应的举证责任。原则上,债权人应当对借贷合意、借贷金额、期限、利率以及款项交付等承担证明责任,债务人主张借款本金、利息等债务已经归还或部分归还的,应当承担

---

① 参见浙江省高级人民法院浙高法〔2009〕297号《关于审理民间借贷纠纷案件若干问题的指导意见》。
② 参见江苏省高级人民法院苏高法审委〔2009〕45号《关于当前宏观经济形势下依法妥善审理非金融机构借贷合同纠纷案件若干问题的意见》。

证明责任。民间借贷案情复杂,法官应根据具体案情灵活分担举证责任。

1. 对债权人能证明给付事实但不能提供借款协议,双方对借贷关系存在争议的,债权人应当就双方存在借贷关系进一步提供证据。对能够查明双方存在借贷关系的,按照民间借贷纠纷审理;查明债务属于其他法律关系引起的,法院应向当事人释明,由债权人变更诉讼请求和理由后,按其他法律关系审理,债权人坚持不予变更的,判决驳回诉讼请求。①

2. 对债权人能提供借款协议但无法证明给付事实的,将举证责任分配给主张协议已实际履行的债权人;对债权人能证明给付事实,也能提供借款协议,但债务人对借款协议或签名的真伪提出异议的,将申请鉴定的举证责任分配给主张协议虚假的债务人;对借款属于债务人个人债务还是夫妻共同债务不明的,将借款用于夫妻日常共同生活或经营的举证责任分配给债权人。②

债权人以借据主张债权,债务人抗辩称借据载明的借款金额包含利息或仅为利息,且提供的证据足以使法官对借据载明的本金数额产生合理怀疑的,可以确定由债权人就借据本金数额的真实性承担举证责任。③

3. 对需要通过司法鉴定确认借据是否真实的,双方均可申请鉴定,双方均不申请的,法院可根据具体案情作出处理:如果债权人仅凭借据起诉,没有其他证据佐证或者借据的真实性存在合理怀疑的,由债权人申请鉴定,债务人应提供笔迹比对样本。如果债权人提供的借据以及其他证据材料具备一定的可信性,债务人对借据的真实性提出异议,但未提供反驳依据的,由债务人申请鉴定。经依法释明,债权人或债务人不申请鉴定或不提供笔迹比对样本导致案件事实无法查清的,法院依法裁判。④

五、关于借贷利息的认定问题

对于借贷利息的认定,我们认为,无论以何种形式表现,借贷本金所有的借期收益和逾期收益,均应当以银行同期同类贷款基准利率4倍为限。⑤ 超出部分或冲抵本金,或不予保护,应把握此限进行计算和重新调整。

1. 借期利息。借款合同约定应当支付利息,未约定利率或约定不明的,按照银行同期同类贷款基准利率计算利息;已偿还部分超过4倍利率的,根据债务人的主张,冲抵本金;还

---

① 参见浙江省高级人民法院浙高法〔2009〕297号《关于审理民间借贷纠纷案件若干问题的指导意见》。
② 吕虹:《当前民间借贷案件存在的问题及审判对策》,载《法制与社会》2011年第4期(下)。
③ 参见江苏省高级人民法院苏高法审委〔2009〕45号《关于当前宏观经济形势下依法妥善审理非金融机构借贷合同纠纷案件若干问题的意见》。
④ 参见浙江省高级人民法院浙高法〔2009〕297号《关于审理民间借贷纠纷案件若干问题的指导意见》。
⑤ 有观点认为,民间借贷的利率规定应当吸纳民商分立的精神:民事借贷的保护重心在于债务人,消费借贷者为现代社会的弱者,应保护其基本生活不受借贷影响,因此对民事借贷,现行利率上限过高,调整为银行同期贷款利率的2倍,并注重合同缔结过程的主观状态,对欺诈、胁迫、乘人之危等意思瑕疵原因持扩大解释立场;商事借贷的保护重心在于双方利益的平衡,从而债务人须承受较重的利息约定与追偿责任,因而对商事借贷,同期贷款利率4倍上限作为商业社会"习惯法"可坚持。参见李政辉:《论民间借贷的规制模式及改进——以民商分立为线索》,载《法治研究》2011年第2期。上述观点具有一定合理性,就利率问题而言,如果国家制定出台类似《放贷人条例》这样的民间借贷专门法,可以考虑采取商事借贷与民事借贷分立的思路,以同期贷款利率4倍上限作为商事借贷利率上限,同时,适当降低纯民事借贷利率上限,可降低至同期贷款利率2倍;如果国家不单独制定民间借贷专门法,只是出台一些司法解释进行操作细化,则应继续坚持同期贷款利率4倍上限的"习惯法"调整民间借贷行为。

款时约定不明的,优先冲抵利息。有证据证明债权人出示的借据系双方对前期借款本金和利息进行滚动结算后重新出具,计算复利的,折算后的实际利率没有超出4倍利率的,超出部分的利息应当抵扣本金。

民间借贷被认定无效后,债务人应当返还债权人借款本金,无过错的债权人要求债务人赔偿资金占用期间损失的,可参照人民银行同期同类贷款基准利率予以支持。

2. 逾期利息。逾期利率有约定的从其约定,超出4倍基准利率的不予保护。逾期利率没有约定或约定不明的,区分下列不同情况处理:如果仅约定借期利率未约定逾期利率的,债权人参照约定利率或根据人民银行关于罚息利率的规定,以约定利率上浮30%~50%的利率,主张逾期还款利息的,可以支持,但均以不超出4倍利率为限;如果既未约定借期利率也未约定逾期利率的,债权人参照人民银行同期同类贷款基准利率主张自借款逾期之日起或者自权利主张之日起的利息损失的,应当予以支持。

3. 违约金。既约定逾期利率又约定违约金的,债权人可以选择主张逾期利息或违约金,但均以不超过4倍利率为限;债权人同时主张逾期利息和违约金,折算后的实际利率没有超过4倍利率的,均可以支持。

六、关于借贷担保的认定问题

典当企业出借款项未依法设定抵押或质押的,性质上属于违法。《典当管理办法》规定典当企业"不得从事信用贷款"等违法金融活动,否则借贷合同无效,但因抵押登记机构、城市建设规划调整等非因当事人过错原因的除外。债务人仅向典当企业提供保证担保的,借贷合同和保证合同均认定为无效。[①]

实践中,担保公司超出经营范围的限制,擅自兼营放贷业务,在审查借贷合同及保证合同时,尤其需要严格,发现此类情况不予支持,并向中小企业局及时通报,加强监管。

保证合同是借贷合同的从合同,主合同债务人涉嫌犯罪并不必然导致保证合同无效,保证人以主合同债务人涉嫌犯罪为由主张不承担保证责任的,在依法认定主合同效力的前提下,确认保证人的责任。

七、关于诉讼管辖和时效的问题

1. 管辖。根据《最高人民法院关于如何确定借款合同履行地问题的批复》(法复〔1993〕10号),债权人住所地为合同义务履行地,当事人另有约定的除外。被告下落不明的,由被告住所地或者其财产所在地法院管辖。有关企业涉及多起民间借贷纠纷案件,相关法院可向上级法院申请集中管辖。

2. 时效。时效的起算点有两种:一种是从借贷合同规定的偿还本金及利息的期限起算;另一种是没有约定清偿债务期限的,则应从债权人主张权利时起算。我们认为,借据上没有注明还款时间的,在债权人没有要求债务人还款及债务人没有承诺还款之前,均不受2年诉讼时效限制。在诉讼时效认定方面,不应轻易认定超过诉讼时效,如果有一定的证据

[①] 参见江苏省高级人民法院苏高法审委〔2009〕45号《关于当前宏观经济形势下依法妥善审理非金融机构借贷合同纠纷案件若干问题的意见》。

证明时效中断,应认定时效中断。

八、关于民刑交叉的问题

案件审理过程中,双方或一方当事人以案件涉嫌集资诈骗或者非法吸收公众存款犯罪为由提出抗辩,法院经审查认为抗辩理由不足或缺乏依据,而当事人坚持抗辩主张的,应告知当事人向侦查机关报案;侦查机关立案受理的,法院应裁定驳回民事案件的起诉并将案件移送侦查机关;侦查机关不予立案的,案件继续审理。法院在审理过程中发现案件涉嫌集资诈骗或者非法吸收公众存款犯罪的,应当向侦查机关移送案件,侦查机关立案的,应裁定驳回民事案件的起诉;侦查机关不予立案的,案件继续审理。案件审结后发现涉嫌犯罪且公安机关已经立案侦查的,应中止执行,等待刑事犯罪案件侦查与追赃结果。破产企业存在非法集资行为的,对该部分移送有关机关处理,最终认定的非法集资金额,在进入破产财产分配阶段时列入第三顺序清偿。

在借款方已构成非法吸收公众存款罪或集资诈骗等罪的情况下,其与自然人订立的借款合同是否有效,实践中,有些法院倾向于认定借款合同无效,认为借款人已构成了犯罪,合同不可能有效。但我们认为,在此类借贷合同纠纷中,违反强制性规定的仅为借款人一方,认定合同无效并不有利于相应强制性规定规范目的的实现,并且认定合同无效反而有利于犯罪的借款人,因此应当认定合同有效。

【商事审判案例分析】①

关联企业实体合并破产制度的适用
——汉唐证券有限责任公司及其46家壳公司
合并破产清算案评析

刘　敏*　池伟宏**

一、案件基本情况和案件来源

2007年9月7日,深圳市中级人民法院裁定受理汉唐证券有限责任公司(以下简称汉唐证券)清算组申请汉唐证券有限责任公司破产清算一案,并于同年12月26日宣告汉唐证券破产清算。清算过程中查明,汉唐证券在其经营过程中共设立了广州宝丰投资咨询有限公司(以下简称广州宝丰公司)等46家壳公司,该46家壳公司分布在深圳、广州、湛江、北京、上海、南京、海口、儋州、文昌、贵阳等地。该46家壳公司实际上是汉唐证券违规开展自营业务和委托理财业务的操作平台,没有实质的经营活动,没有独立的办公场所,也没有独立的工作人员,工作人员皆由汉唐证券员工兼任,公司的印章、证照、账户等均由汉唐证券相关部门控制和使用。同时,46家壳公司没有独立完善的会计核算体系,汉唐证券在会计核算上将该46家壳公司作为一个整体只编制了一套账来反映其财务情况,具体每一家公司的资产负债情况均无法体现。2004年6月15日,中国证券监督管理委员会在委托中国信达资产管理公司对汉唐证券进行行政清理时,46家壳公司被一并接管并进行了清理。汉唐证券行政处置前夕,汉唐证券及46家壳公司自营和理财账户上的证券被集体转托管至汉唐证券深圳红岭中路营业部10个以汉唐证券壳公司名义开立的指定集中账户,这些证券类资产已难以区分权属。

深圳市中级人民法院认为,企业法人不能清偿到期债务并且资产不足以清偿全部债务的,应当根据《企业破产法》的规定清理债务。经审计,46家壳公司资产总额为2294987118.15元,负债总额为2871279391.81元,净资产为-576292273.66元,已经严重资不抵债,明显缺乏清偿债务的能力,符合破产清算的法定条件。46家壳公司虽然形式上具

---

* 最高人民法院民事审判第二庭审判长。
** 广东省深圳市中级人民法院公司清算和破产审判庭审判长。
① 本栏目案例分析中的《民事诉讼法》,如无特别说明,指2012年修改前的《民事诉讼法》。——编者注

有主体资格,实质上均是由汉唐证券主导设立并绝对控制的空壳公司。46家壳公司成立后并没有开展独立的经营活动而只是作为汉唐证券违规开展自营业务和委托理财业务的操作平台。汉唐证券进行行政清理时,46家壳公司已被汉唐证券清算组一并接管并进行了清理。同时,由于46家壳公司与汉唐证券之间存在资产、财务、人员严重混同的事实,如果分别破产清算不但难以公正保护债权人利益,而且因清算程序复杂、繁琐,资产归属难以划分,势必造成效率低下,清算成本巨大。为了公平保护汉唐证券及46家壳公司的各方当事人合法利益,提高清算效率,应将46家壳公司破产清算案与汉唐证券破产清算案合并审理。

2009年7月21日,深圳市中级人民法院裁定受理重庆市隆安实业开发有限公司申请广州宝丰公司等46家公司破产清算案。2009年11月11日,深圳市中级人民法院裁定宣告广州宝丰公司等46家壳公司破产清算并将46家壳公司破产清算案与汉唐证券破产清算案合并清算。

二、最高人民法院批复意见

2008年10月10日,最高人民法院作出〔2008〕民二他字第40号批复,原则同意深圳市中级人民法院关于46家壳公司破产清算并与汉唐证券破产案合并审理的意见。

三、案件评析

作为基于特定目的而形成的独立法人联合现象——关联企业的出现,无疑对现行公司法人制度构成巨大的挑战,而关联企业破产问题更是十分棘手的法律难题,因证券公司违规经营形成的证券公司及其关联企业合并清算案则是典型案例中的典型,值得我们深入研究。证券公司破产清算案中,首例合并破产清算案是南方证券破产程序与两个关联企业华德资产管理公司、天发投资有限公司的合并破产清算案。汉唐证券与其46家壳公司的合并破产清算案是继南方证券与华德资产管理公司、天发投资有限公司合并破产案之后关联企业适用实体合并破产规则的典型案例,为我国关联企业破产实体合并制度的建立提供了实践经验,案例引出的相关法律问题值得我们总结和思考。

(一)关联企业破产实体合并规则的概念及内容

关联企业作为公司法的概念,理论界一直存在争议,没有形成一致的观点。在立法方面,虽然我国《外商投资企业和外国企业所得税法实施细则》和《税收征收管理法实施细则》将关联企业定义为:"在资金、经营、购销等方面,存在直接或者间接的拥有或者控制关系,直接或者间接地同为第三者所拥有或者控制,或其他在利益上相关联的关系的公司、企业或经济组织。"但上述规定未被公司法律吸收采用。2005年10月27日修订的《公司法》仍未明确规定关联企业的概念,其第二百一十七条仅规定:"关联关系,是指公司控股股东、实际控制人、董事、监事、高级管理人员与其直接或者间接控制的企业之间的关系,以及可能导致公司利益转移的其他关系。但是,国家控股的企业之间不能因为同受国家控股而具有关联关系。"从司法实务角度出发,我们可以这样定义关联企业,关联企业是指具有关联关系的企业法人的联合体。认定具有"关联关系"的企业法人则适用《公司法》第二百一十七条的规定。

实体合并,是指关联企业破产时,关联企业成员之间的财产和债务合并计算,相互间的债权债务消灭,债权人共同受偿的破产处理程序。实体合并规则(Substantive Consolidation Doctrine)是美国破产法院依据衡平原则在判例基础上发展起来的一项解决关联企业破产问题的特殊制度。在关联企业同时或者相继破产的情况下,适用传统破产法原则难以公平保护债权人利益,美国法院在一系列判例中确定的规则,最终使实体合并规则成为继揭开公司面纱、衡平居次原则、破产撤销权和破产无效制度之后又一个规制不正当关联关系的重要规则。美国破产法院可以根据破产法典第 105 条——即授权法院"发布任何命令……只要是为了贯彻相关法律所必要并且适当"的规定,对某些商事破产案件发布合并的命令,①在实体合并中,不同实体的财产和债务在破产程序中被作为一个破产案件实施合并,从而当作一个破产债务人对待,这些被合并的财产组成一项单独的破产财产,所有对合并债务人享有的债权将从这笔破产财产中获得分配,被合并债务人之间互负的债务归于消灭。②

汉唐证券合并破产清算案的模式是在法律、司法解释尚未规定实体合并规则的情况下先行先试的模式,采取的是分别立案、合并清算的模式,法院共受理了 47 家公司的破产申请,分别裁定宣告 46 家壳公司破产并与汉唐证券合并清算。③ 这一模式既符合现有民事诉讼程序的要求,又创造性地解决了关联企业破产的难题。

(二)关联企业破产实体合并规则的适用条件

由关联企业成员分别单独破产向实体合并破产的转变,反映了现代公司法、破产法理念的变迁。在现代公司集团化的经济环境下,母公司作为子公司的控制股东,常常利用契约上或事实上的关联关系,支配和控制子公司的财产和营业事务,甚至牺牲其应有的利益,来成就关联企业或控制股东的利益。就子公司之债权人而言,当子公司因母公司不当利用关联关系导致其破产时,子公司的财产很可能已经被母公司转移,债权人可能面临无财产可供分配的结果。我国司法实践中,控制企业利用关联企业之间的支配与从属关系谋取非法利益、逃避法律责任,关联企业财务账户混同、资产混同、人事混同、业务混同等情况比比皆是,关联企业滥用股东权利、滥用公司法人独立地位和股东有限责任逃避债务,肆意损害公司债权人利益的现象愈演愈烈,传统公司法规定的公司法人人格否认制度和破产法规定的破产撤销权和破产无效制度已经不足以规制关联关系的不当利用,出于保护债权人利益和维护社会经济秩序的客观需求,建立实体合并规则以完善关联企业破产制度,成为司法实践的迫切需要。

因此,关联企业不当利用关联关系,导致关联企业法人人格高度混同,损害债权人债权受偿利益,成为关联企业适用实体合并规则的条件或者出发点。但是,如何认定"关联企业

---

① See P. Blumberg: The Law of Corporate Groups: Bankruptcy Law ch. 10 (1985), Aprimer, 43V and. L. Rev. 207 (1990)

② [美]大卫·G·爱波斯坦、史蒂夫·H·尼克勒斯、詹姆斯·J·怀特:《美国破产法》,韩长印等译,中国政法大学出版社 2003 年版,第 23 页。

③ (2009)深中法民七清算字第 18-1、19-1……63-1 号民事裁定。

不当利用关联关系,导致关联企业法人人格高度混同,损害债权人债权受偿利益"? 这是法院决定关联企业是否应当适用实体合并规则时的最大难题,毕竟上述条件需要统一标准进一步认定,特别是如何对"关联企业法人人格高度混同"统一认定标准是司法解释急需解决的法律难题。美国破产法院在考虑一个实体合并的动议时,经常引用 In re Vecco Construction Industries, Inc. 一案中引申出来的七个判断因素:(1)是否有合并财务报表;(2)各种企业主体在利益和所有权上的一致;(3)母公司和子公司间贷款担保关系的存在;(4)区分各自财产和债务的困难程度;(5)主体间的财产转让是否缺少公司规定的正式手续;(6)企业经营中主体之间财产的混同;(7)在单个自然场所合并的收益性。① 上述案例总结出来的适用标准是美国司法判例中最具针对性的适用标准,对我国统一关联企业破产适用实体合并规则具有重要借鉴意义。本案中,深圳市中级人民法院经调查后提出对 46 家汉唐证券壳公司合并清算的理由是:(1)汉唐证券 46 家壳公司因被汉唐证券实际控制,没有实质的经营活动、没有独立的会计核算体系、壳公司之间以及壳公司与汉唐证券之间存在资产和人员的严重混同,审计机构无法通过财务资料查明壳公司单独资产负债情况,因此客观上无法单独清算;(2)46 家壳公司与汉唐证券合并清算有利于最大限度保护债权人利益、有利于提高清算效率,且不损害其他利害关系人的利益。实践证明,汉唐证券与 46 家壳公司合并清算的法律效果和社会效果是值得肯定的。但是,从维护企业法人人格独立和股东有限责任等公司法基本制度的角度出发,应当谨慎适用实体合并规则。认定"关联企业法人人格高度混同"的具体情形时,应当重点审查关联企业主要经营性财产所有权是否难以区分,是否建立独立的会计核算体系,营业业务、人事任免和交易是否受控制企业控制以及董事、监事、高级管理人员是否混同等因素,同时还应当考虑关联企业法人人格高度混同情形的持续性、广泛性和显著性,否则关联企业法人人格不宜因关联企业存在短暂的、个别的、轻微的人格混同现象而被否定。鉴于实体合并规则的适用标准的复杂性,包括美国在内的各国立法均对实体合并规则的适用标准不断完善以适合司法实践的现实需要。因为在美国判例法制度背景下发展形成的实体合并规则非常容易产生混乱,法官在案件的审理过程中往往采用了两个或两个以上先例中的判断标准,而没有对这些先例进行调和。而有的法官甚至根本不参考先例而直接支持或者否定实体合并规则,或者适用实体合并规则但却没有明确提及适用的标准。因此在法律无明文规定的情况下,当务之急是在充分吸收借鉴境外立法经验的基础上,结合我国司法实际,首先建立适用实体合并规则的统一标准。

(三)关联企业适用破产实体合并规则的申请与受理

破产程序的启动,第一个涉及的问题无疑是破产申请的提出。法院是否可以依职权适用实体合并规则? 如果法院应当依申请适用,哪些利害关系人可以提出实体合并申请? 关联企业成员及其债权人可以申请法院适用实体合并规则,在各国立法例没有争议,根据我国《企业破产法》的有关规定也属应有之义。但关联企业成员的清算义务人、已经进入破产程序的关联企业成员的管理人是否可以申请法院适用实体合并规则尚有探讨的余地。根

---

① [美]大卫·G·爱泼斯坦、史蒂夫·H·尼克勒斯、詹姆斯·J·怀特:《美国破产法》,韩长印等译,中国政法大学出版社 2003 年版,第 24 页。

据我国《企业破产法》第七条的规定，债务人、债权人、清算义务人可以依法提出破产申请。既然清算义务人在法定条件下可以提出破产申请，其作为申请主体的地位与债权人、债务人并无区别，因此清算义务人也应当有权申请法院适用实体合并规则。已经进入破产程序的关联企业依法应当指定管理人，管理人作为在法院指导和监督下全面接管债务人企业并负责债务人财产的保管、清理、估价、处理和分配等事务的专门机构，在破产程序中具有独立的法律地位，与债权人、债务人都没有利害关系。法律要求管理人在破产程序中公正地保护债权人、债务人以及其他利害关系人的正当利益，当债权人、债务人或者清算义务人基于利益冲突的原因或者其他利益考量，不能、不愿申请实体合并时，法律应当赋予管理人提出实体合并破产的独立申请主体地位，否则难以在复杂的关联企业破产程序中平衡各方利益。

对于法院是否应当依职权适用实体合并规则问题，我们主张采用申请主义为主，职权主义为辅的原则，依职权适用区分关联企业成员是否进入破产程序两种情况：（1）在关联企业成员均已进入破产程序情形下，法院可以依职权决定适用实体合并破产规则。关联企业成员均已进入破产程序情形下，各关联企业成员具有破产原因并已依法启动破产程序，法院依职权适用实体合并规则不违反我国《企业破产法》的规定。在《企业破产法》未明文规定实体合并规则的情况下，法院作为破产程序的主导者，理应可以依职权适用实体合并规则，汉唐证券与其46家壳公司合并清算案就是关联企业进入破产程序后，法院依职权适用实体合并规则的成功案例。（2）在关联企业成员尚未进入破产程序情形下，法院应当依申请适用实体合并破产规则。因为，原则上具备破产原因的关联企业成员才能适用实体合并规则，当然也不排除我们探讨不具有破产原因的关联企业成员部分适用实体合并规则的可能性，但这属于例外情形，应当另当别论。对关联企业成员适用实体合并规则实质上就是启动该关联企业成员的破产程序，因此必须依照《企业破产法》的规定执行，即应当依申请启动破产程序。

（四）关联企业适用破产实体合并规则的法律效力

1. 关联企业之间的债权债务关系消灭

在规制不当关联关系，公平保护债权人利益的规则中，揭开公司面纱原则、衡平居次原则和实体合并规则在功能上各有侧重、各有利弊。依据揭开公司面纱原则，在处理母子公司间关系时可以否定子公司的法人人格，把子公司与母公司视为同一法律主体，从而使母公司对子公司的债权人负责，由母公司偿还子公司的债务。但揭开公司面纱原则仅在个案中否认公司的独立法人人格，不是对公司独立人格彻底的全面的否定，仅适用于个案中的特定法律关系，在该个案的特定法律关系之外，公司独立法人人格不容否定。衡平居次原则又称深石原则，依据衡平居次原则，母公司对进入破产程序的子公司的债权应当劣后于其他债权，甚至劣于子公司的优先股股东，但衡平居次原则并不否定母公司对子公司债权的合法成立，仅仅对破产程序中的清偿顺序予以调整。而实体合并规则是对关联企业法人人格的彻底否定，关联企业合并破产后合为一体，互相之间的债权债务理应消灭，实际上构成了关联企业之间债权和债务的相互抵销，并且排除了关联企业之间的欺诈性转让和自益性交易,这对于关联企业的外部债权人来说非常有利。因此,就规制不当关联关系,公平保护债权人利益而言,实体合并规则是最彻底、最全面的。在汉唐证券与46家壳公司合并清算案中,据审计报告显示,46家壳公司资产总额为2294987118.15元,负债总额为2871279391.81元,其中汉唐证券对46家壳公司享有2871277141.81元的应收账款。适用实体合并规则后,汉唐证券对46家壳公司享有2871277141.81元的债权归于消灭。

2. 各关联企业的财产合并为破产财产

联合国贸易法委员会第五工作组(破产法工作组)起草的《破产法立法指南》中这样表述实体合并规则的法律效力:对待企业集团两个或多个成员的资产和债务如同这些资产和债务是单一破产财产的组成部分一样。关联企业适用实体合并规则时,各关联企业的财产合并为单一破产财产的理由有三点:一是适用实体合并意味着法人人格被彻底否定,法人人格被否定则意味着财产所有权的独立性被否定;二是关联企业法人人格高度混同最基本的表现形式是财产高度混同,从而导致无法区分为各关联企业成员的财产,合并为单一破产财产是无奈且是现实的选择;三是既然关联企业之间的债权债务关系因此而消灭,用于清偿对外债务的财产如果不予合并,将无法达到公平保护全体关联企业债权人利益之目的,因为财产是清偿债务的基础。但是,这里需要我们慎重考虑的问题是,各关联企业中可以区分的财产部分是否可以不合并?如果不予区分一律合并为单一破产财产,是否严重损害资产较多、清偿率较高的关联企业成员的债权人利益?上述问题实质上是制定实体合并规则时的利益平衡考量。因为在决定是否适用实质合并制度时我们不得不考虑资产较多的关联企业债权人的合理期待,实践中资产较多的关联企业债权人往往会对实体合并破产提出强烈的异议,认为适用实体合并规则造成新的不公平。资产较多的关联企业债权人得出不公平结论自然是以个别债权清偿比例差异性为标准的,但我们不能仅以债权人所获得的清偿比例来判断是否公平受偿,而应该从分配机制上寻求利益平衡的依据,并以其是否正当来界定是否符合破产法的价值追求。在破产法公平保护债权人利益的理念下,同类债权人处于平等的地位,应当获得相同比例的清偿。在关联企业成员人格独立的情况下,各关联企业债权人应当分别从各破产企业的破产财产获得清偿,此乃破产法正常的财产分配原则和利益平衡机制。但是,在关联企业破产案中,由于关联企业成员之间的资产混同、资产转移、利益输送导致关联企业之间资产被不正当地调配,由此造成债权人在受偿利益上此消彼长的冲突。若固守传统的各关联企业债权人分别清偿的破产法分配原则,则资产被不当转移的关联企业的债权人由于破产财产的减少而导致其清偿比例降低,而不当受益的关联企业的债权人的清偿比例却因此提高。获得不当利益的关联企业的债权人所获得更高清偿比例部分的基础是来自其他关联企业非法转移的财产。而由于关联企业财务账簿、会计凭证难以区分,或者混合使用同一账户导致财务账目严重混乱,导致客观上各关联企业无法恢复合法的、原始的财产状况,也就无法通过核算资产转移的数额来平衡各关联企业债权人的利益。在此情况下,只有适用实体合并破产规则,将关联企业成员视为一个法律主体,以其所有的财产向各关联企业全体债权人进行统一分配才能实现破产法公平清偿的价值目标,才能切实保护市场交易安全和债权人信赖利益。汉唐证券合并清算案中,汉唐证券承担主要债务,而财产被非法转移至46家壳公司,导致资产负债严重不对称,合并清算后汉唐证券债权人利益将得到最大限度的保护。

3. 各关联企业的债权合并后依照法定清偿顺序受偿

关联企业适用实体合并规则之后,各关联企业的债权统一向合并后的破产企业管理人申报债权并按照《企业破产法》第一百一十三条规定的顺序清偿,参加破产财产分配。管理人在审查债权申报时,不再区分债权出自哪一关联企业成员,而均视为合并后的破产债权。当然,在计算债权额时仍应当根据各关联企业债权形成过程来确定,例如列入第一清偿顺序的职工债权仍应当根据其所在关联企业成员中的工资待遇确定其债权数额,但参加分配时与其他关联企业职工债权平等受偿。普通债权中特别需要注意的是担保债权的处理,担保债权包括保证债权和对特定财产享有担保权的债权。关联企业的实体合并不会导致担保物的减少,不影响物的担保债权人行使优先受偿权实现债权,但将对保证债权产生不利影响。由于保证债权不具有优先受偿效力,实体合并将导致保证债权丧失连带责任的担保效力,沦为无担保的普通债权,从而使债权人的保证权利受到损害。同时,债权人也不得援引《企业破产法》第五十二条的规定,"连带债务人数人被裁定适用本法规定的程序的,其债权人有权就全部债权分别在各破产案件中申报债权。"在各关联企业申报债权,而只能向合并后的破产企业管理人申报债权,实际上剥夺了债权人在多个破产程序中多次受偿的机会。

4. 各关联企业的破产费用、共益债务合并支出

在美国判例中,除了法人人格高度混同是适用实体合并规则的标准之外,财产分离的难度也是重要的判断标准。因为从理论上说如果关联企业成员财产所有权能够识别、能够分离和恢复原状而且耗资较低的,那么实体合并未必符合债权人的利益,而应当排除适用实体合并规则。而如果资产的分离需要耗费高昂的成本,破产费用支出数额需要大幅增加,债权人所获得的清偿数额将相应减少,实体合并规则才有其适用的必要性。实体合并规则的高效性和低成本显然体现在破产费用和共益债务的支出方面,因此实体合并后各关联企业不再单独支出破产费用和共益债务,而应当在合并后的破产财产中统一支出,从而降低破产程序的整体成本。

四、结语

在我国现行法律框架下,即使控制企业对从属企业实施控制和重大影响,甚至利用从属企业作为控制企业或者其他关联企业实现不法目的的工具,借着公司法人制度和股东有限责任的庇护,控制企业也没有义务对从属企业未清偿的债务承担责任,从属企业及其债权人利益都将受损,不可避免地造成责任分配不公,放纵"幕后黑手"。因此,关联企业破产适用实体合并规则对保护债权人利益、维护市场交易安全和秩序至关重要。各级法院在审理关联企业破产案过程中对实体合并规则的适用也存在着司法理念的转变过程,最高人民法院试图充分借鉴和吸收域外司法经验并结合我国司法实践,以司法解释的形式将实体合并规则固定在我国法律体系之中,待时机成熟后再推动立法上升为法律。当然,实体合并作为英美法系的一条独特原则,其确立和完善是一个长期的演变过程,实体合并规则的内容在判例法体制下也显得极为庞杂混乱,缺乏统一的适用标准。这对于大陆法系国家的法

官而言,难以把握规则适用于个案时的差异性,因而有必要予以规范化。但是,将判例法下形成的复杂的关联企业破产实体合并规则,转化为符合成文法体例要求的固定法律条文,由于存在法律文化、法律制度差异性的问题,其难度可以想象。也正因为如此,司法实践中的经验总结尤为重要,汉唐证券与其46家壳公司合并清算案正是司法实践中关联企业适用破产实体合并规则的"试点"案例之一,对关联企业适用破产实体合并规则时出现的法律难题提供了解决思路,也为司法解释的制定提供了难得的素材。

债权人撤销权的行使问题探讨

——王庆凤与北京伟士特开发咨询有限公司、北京草桥实业总公司债权人撤销权纠纷再审审查案

杜 军[*]

一、当事人基本情况与案件来源

申请再审人(一审原告、二审上诉人):王庆凤。

被申请人(一审被告、二审被上诉人):北京伟士特开发咨询有限公司。住所地:北京市丰台区花乡草桥村。

诉讼代表人:马燕,该公司管理人负责人。

原审第三人:北京草桥实业总公司。住所地:北京市丰台区南三环路玉泉营立交桥东南侧118号。

法定代表人:王茂春,该公司董事长。

申请再审人王庆凤与被申请人北京伟士特开发咨询有限公司(以下简称伟士特公司)、原审第三人北京草桥实业总公司(以下简称草桥公司)债权人撤销权纠纷一案,不服北京市高级人民法院(以下简称北京高院)(2011)高民终字第3346号民事裁定,向最高人民法院申请再审。最高人民法院依法组成合议庭进行了审查。现已审查完毕。

二、基本案情

伟士特公司是由草桥公司与台湾九五传播公司成立的中外合作经营企业。伟士特公司于1996年至2001年期间在草桥公司投资的土地上兴建伟士特综合业务楼。伟士特综合业务楼总面积8742.5平方米,房屋为框架结构,地上4层、局部5层,地下1层。该房屋未办理产权证。

2005年9月21日,伟士特公司与草桥公司签订《房产转让协议书》。该合同的主要内容为:伟士特公司将其所属的伟士特综合业务楼转让给草桥公司。该房屋坐落于北京市丰台区花乡草桥村,房屋总建筑面积8742.5平方米。相应的土地使用权为国有土地使用权,土地面积6814.15平方米,土地用途为商业用地。该房屋的转让价款共计4000万元。其

---

[*] 最高人民法院民事审判第二庭法官。

中,伟士特公司欠草桥公司的400万元债务直接从转让价款中扣抵。该房屋买卖前,伟士特公司必须将土地使用权出让手续办理完毕,使土地使用权具备转让的条件。协议签订后草桥公司支付720万元,2005年11月10日后支付1400万元,所占用的土地过户到草桥公司名下后支付980万元,经国家工商行政管理部门批准注销伟士特公司满1年且房产证过户到草桥公司名下后,草桥公司支付剩余全部转让价款500万元。伟士特公司应于协议签订后60日内将房屋连同该房屋权属证件及房屋所占用土地的权属证件交付草桥公司。自草桥公司实际接收该房屋之日起,伟士特公司须无条件协助草桥公司在房地产产权登记机关规定的期限内向房地产产权登记机关办理权属登记手续。协议签订前第三方与伟士特公司签订的租赁协议在上述协议签订后由草桥公司负责直接独立履行,伟士特公司退出该租赁合同关系,不再享有任何权利。《房产转让协议书》签订后,草桥公司依约向伟士特公司支付了购房款3360万元(包括已抵扣的伟士特公司欠草桥公司的债务400万元),但伟士特公司未能在取得房屋占用土地的使用权后将其过户给草桥公司,也未能取得房屋的所有权证书。

草桥公司依据上述合同将伟士特公司起诉至北京市丰台区人民法院,要求伟士特公司继续履行《房产转让协议书》并配合草桥公司办理房地产过户手续。该院认为,草桥公司与伟士特公司签订的《房产转让协议书》系双方真实意思表示,应为有效合同。因伟士特公司未取得涉案房屋的所有权证书,且涉案房屋占用土地的使用权已被人民法院依法查封,致使涉案房屋暂不具备办理产权过户手续的客观条件,故该院作出(2008)丰民初字第22525号民事判决书,驳回了草桥公司的诉讼请求。伟士特公司不服上述判决,以双方签订的转让房产协议是为逃避债务而形成,应属无效;即使有效也无法履行应予解除为由,向北京市第二中级人民法院(以下简称北京市二中院)提起上诉。北京市二中院审理认为:草桥公司与伟士特公司签订的《房产转让协议书》属有效合同。伟士特公司上诉称该协议是双方为逃避其所欠债务而签订,并未提供相应证据加以证明,同时该协议的价格等条款也难以支持伟士特公司的观点,伟士特公司关于房屋转让协议已无法履行,应当解除的上诉主张,亦不能成立。故该院作出(2009)二中民终字第4229号民事判决书,驳回了伟士特公司的上诉请求,维持原判。2009年5月18日,伟士特公司向北京高院申请再审。北京高院审理认为,伟士特公司与草桥公司签订的《房产转让协议书》应系有效合同。伟士特公司主张该合同无效,无事实和法律依据,该院不予采信。该院作出(2009)高民申字第2955号民事裁定书驳回了伟士特公司的再审申请。

此后,草桥公司向北京市丰台区人民法院起诉要求伟士特公司立即履行房屋买卖合同并配合其办理房地产过户手续。该院作出(2009)丰民初字第19556号民事判决,判决伟士特公司协助草桥公司办理位于丰台区花乡草桥村伟士特综合楼的产权过户手续。伟士特公司不服上述判决上诉至北京市二中院。该院作出(2010)二中民终字第5905号民事判决,驳回了伟士特公司的上诉,维持原判。

2010年4月2日,北京祥门商贸有限公司作为债权人以伟士特公司无力清偿到期债务且存在恶意逃避债务的可能为由向北京市第一中级人民法院(以下简称北京市一中院)申请对伟士特公司进行破产清算。北京市一中院以伟士特公司不能清偿到期债务,并且明显缺乏清偿能力,发生破产原因为由,于2010年5月7日裁定受理破产清算申请,并指定北京市洪范广住律师事务所为伟士特公司的管理人。管理人查明伟士特公司的主要办事机构所在地无任何公司在此办公,公司的注册地址"北京市丰台区花乡草桥村",也没有伟士特公司的办公场所,其法定代表人沈吕遂下落不明,无法联系,公司有关人员及财物均去向不明。北京市一中院于2010年12月20日作出(2010)一中民初字第17475号民事判决书,判决确认:王庆凤享有伟士特公司的破产债权220万元。

王庆凤认为伟士特公司与草桥公司明知伟士特公司存在巨额债务的情况下将房屋转让属于双方恶意串通,而且也属于以合法形式掩盖逃避债务的非法目的,伟士特公司以明显不合理的低价转让房屋与土地使用权,该行为应予撤销。王庆凤于2011年3月7日向北京市一中院提起诉讼,请求撤销伟士特公司与草桥公司签订的《房产转让协议书》中转让房屋及土地使用权的行为。在审理中,王庆凤增加诉讼请求,要求撤销伟士特公司与草桥公司、北京玉美家园建材市场于2006年6月14日签订的《变更房屋租赁合同协议书》放弃其到期债权的行为。

三、法院审理情况

北京市一中院一审认为:王庆凤起诉所称"伟士特公司与草桥公司恶意串通,严重损害债权人利益;伟士特公司为逃避债务,以合法形式掩盖非法目的,其行为应当撤销",均不属于王庆凤享有法定撤销权的情形,该院对该项主张不予支持。王庆凤认为伟士特公司作出转让房屋产权的行为应以买卖双方办理房屋产权变更登记手续时为准,具体的时间应当认定以北京市二中院(2010)二中民终字第5905号民事判决书判决伟士特公司协助草桥公司办理位于丰台区花乡草桥村伟士特综合楼的产权过户手续的时间为准,即2010年12月1日。因此其提起撤销权的期限并未超过5年的最长的除斥期间。该院认为,除非法律有特别规定,合同一经成立,只要不违反法律的强制性规定和社会公共利益,就可以发生效力。登记是针对物权的变动所采取的一种公示方法。该案中虽然没有办理登记手续,房屋所有权不能发生移转,但草桥公司基于《房产转让协议书》而享有的占有权仍然受到保护。不动产登记即物权变动并不是买卖合同的生效要件,而是其履行行为的组成部分。因此,履行一个完整的房屋买卖合同,包括了债权行为与物权变动行为,而"行为发生之日",应当以先作出行为时为准,不应以完成行为时为准。故该案中的"行为发生之日",应当以伟士特公司签订转让合同时为准,即2005年9月21日为除斥期间的起算点,自2005年9月21日起至王庆凤向该院起诉时的2011年3月7日止,已超过5年的最长除斥期间,王庆凤的撤销权已经消灭,故应当驳回其起诉。关于王庆凤要求撤销伟士特公司与草桥公司、北京玉美家园建材市场签订《变更房屋租赁合同协议书》,放弃其到期债权的行为,因与该案非同一法律关系,且其已向该院另行提起诉讼,故该案中对其增加的诉讼请求部分不予处理。综上,北京市一中院依照《合同法》第七十五条、《民事诉讼法》第一百四十条之规定,裁定驳回王庆凤的起诉。

王庆凤不服一审法院上述民事裁定,向北京高院提起上诉,请求撤销一审裁定。理由是:(1)该案诉讼的依据是《合同法》第七十四条的规定。依据该规定,债务人转让财产损害债权人的利益,其转让行为是损害债权人利益的行为。债务人必须交付标的物才有可能使损害发生,并非签合同就算损害开始。(2)合同的效力不代表物权转移的效力,只有物权转移的效力才有可能触及债权的损害。根据《物权法》的规定,不动产物权转让效力即发生效力的时间不是签约时间,也不是交付时间,而是登记时间,且必须登记才有效力。签约时间不可能是损害债权行为发生的时间,只有进行转让登记的时间才是"行为发生"之日。(3)伟士特公司与草桥公司签订合同后一直处于诉讼状态,其转让的综合楼不具备转让条件。伟士特公司与草桥公司在2005年9月签订买卖合同,当时没有土地证,也没有房产证,直至2006年6月才取得土地证,具备转让的条件。(4)《合同法》第七十五条规定的行为不是签约的行为,而是指以明显不合理的低价转让财产对债权人造成损害的行为。只签了合同,没有交付标的物不构成对债权的损害。签合同是商业行为,合同生效不等于行为发生,《合同法》明确规定了保密的义务,只有发生标的物转移才可能被公众所知。不能把签约时间作为《合同法》第七十四条和第七十五条中的行为发生的时间。

北京高院审理认为,伟士特公司与草桥公司间《房产转让协议书》的完整履行,应当包括订立合同和房产过户两个环节,对应产生的是债权生效和物权变动,即包括债权行为和物权行为。而涉案不动产过户手续办理与否,影响的只是物权的变动,并不影响债权行为的发生。《合同法》第七十五条规定自债务人的行为发生之日起5年内没有行使撤销权的,该撤销权消灭。依据该规定,该案中伟士特公司与草桥公司签订《房产转让协议书》的时间2005年9月21日应当确定为"债务人的行为发生之日"。因自2005年9月21日起至王庆凤起诉之日已经超过5年除斥期间,一审法院裁定驳回王庆凤的起诉并无不当。对于王庆凤认为应以物权登记的时间为"债务人的行为发生之日"的上诉理由,因没有相关法律依据,该院不予支持。综上,该院依照《民事诉讼法》第一百五十二条第一款、第一百五十四条、第一百五十八条,《最高人民法院关于适用〈中华人民共和国民事诉讼法〉若干问题的意见》第188条第(1)项的规定,裁定驳回上诉,维持原裁定。

四、当事人申请再审及答辩情况

王庆凤不服上述二审裁定,向最高人民法院申请再审,请求撤销前述一、二审裁定;撤销伟士特公司向第三人转让房屋及土地使用权的行为;伟士特公司承担一、二审诉讼费用。理由主要是:1. 原审裁定以《房产转让协议书》的签订时间2005年9月21日起算撤销权的除斥期间,而不以房屋过户登记时间起算,是错误的。(1)《房产转让协议书》第二条约定房屋买卖前伟士特公司必须将土地使用权出让手续办理完毕,使土地使用权具备转让的条件,《城市房地产管理法》第三十七条也规定未依法登记领取权属证书的房地产不得转让。这意味着取得土地使用权证书是转让协议应满足的条件,在办理完土地使用权转让证书前转让协议不生效。伟士特公司取得土地使用权证书的时间为2006年4月25日,故在此之前《房产转让协议书》还处于未生效状态,因而不应以该协议的签订时间作为撤销权期间的起算点。(2)签订《房产转让协议书》的行为发生在伟士特公司与草桥公司间,外界并不知道合同签订情况。有时当事人为了逃避债务,故意在合同中将签订时间提前以应对债权人的撤销权从而损害债权人利益,这是应当防止的。不能以签约时间作为《合同法》第七十四条、第七十五条中的行为发生时间。案件中除了2005年9月21日这个时间外,伟士特公司、草桥公司与北京玉美家园建材市场签订《变更房屋租赁合同协议书》的时间即2006年6月14日,伟士特公司取得土地使用权证书时间即2006年4月25日,以及北京市二中院判令伟士特公司办理过户手续的(2010)二中民终字第5905号民事判决的作出时间即2010年12月1日来起算撤销权的存续期间,均可得出王庆凤起诉时享有撤销权的结论。该案中实际应以2010年12月1日来起算。(3)按照《合同法》第七十四条的规定,债务人的行为只有损害了债权人利益,债权人才能提起撤销权诉讼。在认定损害债权人利益的行为时应区分债权行为和物权行为。只有履行了合同,交付了标的物才有可能使损害发生,交付标的物的时间也才是损害债权人利益的时间。况且对于不动产来讲,过户登记才会发生所有权变动,此时才谈得上损害债权人利益。故无论怎样,该案中撤销权存续期间的起算点不应以合同签订时间为准。2. 草桥公司是伟士特公司股东,双方恶意串通将伟士特公司唯一具有清偿能力的房产低价转让,损害了伟士特公司债权人的利益,是无效合同。(1)草桥公司向伟士特公司派驻了董事参与经营管理、《房产转让协议书》第四条的约定、伟士特公司法定代表人书面陈述等均可表明草桥公司对伟士特公司的经营状况及财产状况等非常了解,故双方逃避债务并为草桥公司获取非法利益的目的也十分清楚。(2)涉诉房产共8742.5平方米,价金仅4000万元,平均每平方米才4575元,这远远低于政府公布的同期同地段平均交易价格即10890元;而且涉诉房屋出租后的租金收入就高达1.08亿元,远远高于4000万元的转让价格。按照《最高人民法院关于适用〈中华人民共和国合同法〉若干问题的解释(二)》第十九条的规定,该房屋以4000万元转让属于不合理的低价转让。事实上,4000万元的转让价格扣除相关税费后几乎不能弥补建设成本。(3)伟士特公司在转让涉诉房屋前即负有1亿多元的债务,截至破产时债务本息已逾2亿元,其中部分债务是为建设涉诉房屋所发生。房屋转让后转让价款被伟士特公司股东转移他处,目前伟士特公司没有任何财产,债权人利益受到严重损害。根据《合同法》第五十二条第(二)项,《房产转让协议书》因双方恶意串通损害他人利益,应当无效。原审裁定对此未审查,是错误的。

伟士特公司未提供书面陈述意见。在最高人民法院询问中该公司管理人口头陈述称支持王庆凤通过法律途径维护自身权益。

草桥公司陈述称既有的生效判决已经明确判定《房产转让协议书》合法有效,并已判令伟士特公司协助草桥公司办理过户,且相关过户工作已办理完毕。王庆凤的再审申请缺乏依据。一、二审裁定认定事实清楚,适用法律正确,应予维持。

五、最高人民法院的裁判意见

最高人民法院除确认原审判决查明的事实外,另查明:王庆凤对伟士特公司的债权共计五笔,计220万元。其中,第一笔20万元发生在《房产转让协议书》签订之前(即1999年6月15日),其余四笔债权共计200万元均发生在前述协议签订后(即分别发生在2006年8月10日,2007年10月11日,2008年1月16日,2008年10月16日)。

最高人民法院审理认为:伟士特公司与草桥公司于2005年9月21日签订《房产转让协议书》后,伟士特公司的债权人如认为该协议损害自己利益,其就可以向人民法院起诉请求撤销该协议。换言之，伟士特公司的债权人王庆凤之撤销权在债务人伟士特公司签订《房产转让协议书》的2005年9月21日即产生，撤销权之产生不以债权人王庆凤是否知道债务人伟士特公司与第三人草桥公司签订了前述协议为前提。北京市二中院2010年12月1日判决伟士特公司协助办理涉诉房屋过户手续，以及伟士特公司、草桥公司、玉美建材市场签订《变更房屋租赁合同协议书》均是《房产转让协议书》履行中的行为，该行为未在《房产转让协议书》之外对债权人王庆凤产生新的损害，故不应以北京市二中院判决时间或《变更房屋租赁合同协议书》签订时间作为撤销权的产生时间。《合同法》第七十五条规定债权人的撤销权自债务人对债权人造成损害之行为发生之日起5年内不行使时归于消灭，这表明债权人之撤销权的最长存续期间为5年。王庆凤的撤销权自2005年9月21日产生后，其应在5年期间届满前即2010年9月21日前行使，逾期不行使的，撤销权消灭。本案中，王庆凤于2011年3月7日向一审法院提起诉讼请求行使撤销权，其起诉时已经超过了撤销权的存续期间，原审裁定据此对王庆凤的撤销权不予支持并无不当。

王庆凤主张《房产转让协议书》的当事人可能故意将该协议签订时间提前，但因王庆凤对此未提供证据证明，故该院对其主张不予采纳。王庆凤未提供证据证明《房产转让协议书》约定了伟士特公司取得涉诉房屋的土地使用权证是该协议生效的条件，故其主张伟士特公司取得土地使用权证之日即2006年4月25日《房产转让协议书》才发生效力，缺乏事实依据，该院不予支持。

王庆凤主张《房产转让协议书》属协议双方当事人恶意串通损害其利益故应无效，但因王庆凤未能提供证据证明协议双方存在恶意串通情形，该院对该项申请理由不予支持。

综上，王庆凤的申请不符合《民事诉讼法》第一百七十九条规定的情形。该院依照《民事诉讼法》第一百八十一条第一款之规定，裁定驳回王庆凤的再审申请。

六、案件所涉问题的分析

本案涉及以下几方面的问题：(1)王庆凤行使的债权人撤销权是否超过除斥期间；(2)王庆凤以《房产转让协议书》属协议当事人恶意串通损害第三人利益为由主张其无效，是否属于案件的审查范围；(3)王庆凤的利益保护方式之思考。

(一)王庆凤行使的债权人撤销权是否超过除斥期间

本案中，王庆凤认为伟士特公司与草桥公司系以明显不合理的低价转让财产，对债权人王庆凤造成损害，而且受让人草桥公司知道该情形，故王庆凤依照《合同法》第七十四条主张撤销伟士特公司与草桥公司间的《房产转让协议书》中转让房屋及土地使用权的行为。

按照《合同法》第七十五条的规定，该种撤销权要受到两个期间的限制：一是债权人知道或者应当知道撤销事由之日起1年内；二是债务人的行为发生之日起5年内。任何一个期间的经过都将导致撤销权的消灭。所以，王庆凤要行使撤销权，首先就要保证其行使撤销权时撤销权仍然存续。

1. 关于1年期间的问题

因《房产转让协议书》属普通的债权合同，除了合同当事人伟士特公司和草桥公司在签订时即知晓该情形外,合同之外的第三人(包括王庆凤)一般并不知道合同的签订。王庆凤主张其是在北京市一中院受理伟士特公司破产案件(2010年5月)后管理人通知其申报债权时(即2010年6、7月份)才知道《房产转让协议书》,符合常理。而且,草桥公司也称不知道对方(即王庆凤)是怎么知道的,草桥公司、伟士特公司也没有举证证明王庆凤在之前就知道了上述协议的存在。所以,以2010年5月法院受理伟士特公司破产案件后管理人通知的王庆凤申报债权的时间(即2010年6、7月)作为债权人"知道或者应当知道撤销事由"的起算日,是妥当的。而王庆凤于2011年3月7日向北京市一中院起诉行使撤销权,并没有超过1年的期间。需要说明的是,这一问题在原审中并不是主要争议,原审也没有就该期间专门审理。原审的主要焦点是前述第二个期间问题,即王庆凤行使撤销权是否超出"5年"的除斥期间。

2. 关于5年期间的问题

该问题是当事人争议的焦点。争议的核心是应以何时作为该期间的起算日。《合同法》第七十五条规定的起算日是"债务人的行为发生之日"。而本案中,双方争议中涉及到的债务人行为包括四个:一是2005年9月21日伟士特公司与草桥公司签订《房产转让协议书》的行为;二是2006年4月25日伟士特公司自己取得土地使用权的行为;三是2006年6月14日伟士特公司、草桥公司与北京玉美家园建材市场签订《变更房屋租赁合同协议书》的行为;四是2010年12月1日北京市二中院生效判决判令伟士特公司与草桥公司办理过户手续的行为。① 哪一个行为才是《合同法》第七十五条规定的"债务人的行为"呢?

笔者认为,不应将2006年4月25日伟士特公司自己取得土地使用权的行为作为债务人的行为。伟士特公司应取得土地使用权是《房产转让协议书》约定的该公司的义务,《房产转让协议书》并没有把伟士特公司取得土地使用权作为该协议的生效要件,该公司是否实际取得土地使用权并不影响前述协议的效力。所以,伟士特公司取得土地使用权与给债权人王庆凤造成损害没有法律上的关系。2006年6月14日签订《变更房屋租赁合同协议书》的行为也只是履行《房产转让协议书》的后续行为,不应作为损害债权人利益的初始行为。

在2005年9月21日伟士特公司与草桥公司签订《房产转让协议书》的行为与2010年12月1日北京市二中院生效判决判令伟士特公司与草桥公司办理过户手续的行为中,笔者认为2005年9月21日签订《房产转让协议书》的行为是给债权人造成损害的"债务人的行为",相应地,2005年9月21日应作为5年期间的起算日。理由是:

(1) 从《合同法》第七十四条的表述看,该条所规定的"债务人的行为"是指可以被撤销权所撤销的行为。而可以被撤销权所撤销的行为,只能是法律行为或者准法律行为。学理上一般认为"事实行为,……无从撤销"。② 所以,《合同法》第七十四条中"债务人的行为"应当是指法律行为,而不是指事实行为。本案中,伟士特公司与草桥公司签订《房产转让协议书》的行为无疑属于法律行为,而2010年12月1日北京市二中院生效判决判令伟士特公司办理过户手续后相应的过户行为在性质上属于事实行为,是履行协议义务或者判决义务

---

① 参见北京市二中院(2010)二中民终字第05905号民事判决。
② 参见韩世远:《合同法总论》(第二版),法律出版社2008年版,第309页。

的行为,不属于法律行为,故该过户行为不能成为撤销权直接针对的对象。能成为撤销权撤销对象的应是《房产转让协议书》,签订协议书的行为就是《合同法》第七十四条所指"债务人的行为"。进而,签订《房产转让协议书》的日期即2005年9月21日也就是"债务人的行为发生之日"。

(2)在房屋买卖中,虽既有签订买卖合同这一债权行为,又有过户登记这一权利变动行为,但损害债权人利益的"债务人的行为"应是指签订买卖合同之债权行为,前述"5年"期间的起算日应从债权行为作成之日起算。因为:

其一,过户登记是履行买卖合同的结果,只要签订了买卖合同,正常情况下都会有后续的过户登记行为,该过户登记行为不过是买卖合同履行的必然结果。所以,买卖合同之签订实际上已是债务人损害债权人利益之时,债权人的撤销权就应同时产生。事实上,债务人与第三人签订买卖合同后,尚未过户登记时,如果债权人提起撤销权诉讼,法院仍应当受理并支持。这就可以说明撤销权自债权行为发生之日就已产生,当然也就应当自该日起算撤销权的存续期间。

其二,《合同法》第七十五条规定的"1年"和"5年"虽然都是对撤销权存续期间的限制,但是两者具有不同的法律意义。"1年"期间是从债权人知道或者应当知道之日起算,目的是督促知道撤销事由的债权人尽快行使权利,防止债权人躺在权利上"睡眠",尽快实现权益,所以此时要考虑债权人的主观因素,该1年期间更具有"主观性"。

"5年"期间则是从债务人的行为发生之日起算。无论债权人什么时候知道撤销事由,也无论债权人行使撤销权时是否是在知道撤销事由之日起1年内,只要距债务人的行为发生之日超过5年,撤销权就不得再行使。为什么如此呢?比较有说服力的理由是:之一,5年期间是立法者假定的"债务人责任财产的恢复期间",立法者认为在债务人作出相应损害债权人的行为满5年后,债务人的责任财产一般都已恢复,故没有再撤销债务人行为之必要了;之二,即使满5年后债务人的责任财产仍没有恢复,那也不宜再让债务人与第三人之间建立的法律关系处于不稳定状态,此时稳定债务人和第三人之间的法律关系应为法律之首选,应当固定双方间利益,防止债务人与第三人的交易在若干年后还受他人(即债权人)的干预,从而有害交易安全。可见,此时法律实际上将债务人履行不能的风险分配给了债权人。5年期间主要考虑的就是客观因素,故该5年期间更具有"客观性"。

既然"5年期间"主要是为债务人提供责任财产的恢复时间,而从债务人的角度讲其与第三人订立合同后责任财产实质上就已经减损,所以从订立合同时起算该责任财产恢复期间似顺理成章,而将该"5年期间"从债务人与第三人进行过户登记日起算反而显得有些牵强。另一方面,在不同的房屋买卖合同中,当事人约定的过户登记期间各不相同,如果以过户登记日作为5年期间起算日,就会人为导致5年期间的实际延长,使得债务人与第三人签订合同后的七八年甚至更长期间内法律关系都不稳定,这也有违5年期间的性质。

其三,《房产转让协议书》等债权合同发生在债务人与第三人之间,一般不具有公示性,合同签订时债权人很难知晓。债权人通常是在发生物权变动时或者如同本案中债务人破产而检索债务人财产时才知晓债务人的不当转让行为。如果将5年期间从债权合同签订之日起算,的确有可能造成撤销权期限在债权人知晓时已经过一段时间甚至已届满的问题。

换言之，此时撤销权可能被架空。

但是，笔者认为，首先，撤销权制度是在债权人保护和交易安全之间进行的一种平衡，债权人保护和交易安全中任何一种价值都不是绝对的，都可能存在兼顾不及的时候；其次，通说认为可以行使撤销权的债权人之债权应当发生在债务人不当行为之前，"对于行为之后成立的债权，通常很难说债务人的行为损害到了该债权"。① 债权人在债务人行为5年后再行使撤销权，一般都是债权人在该5年后的时间债权清偿期才届满，而实践中这种清偿期自合同成立之日起超过5五年的情形并不常见。前述观点担忧撤销权被架空的问题并不常见。实践中更为常见的是，债务人作出不当行为（即债权行为）后不久债权人的债权到期，此时撤销权并没超过5年期间。债权人就应当积极向债务人主张权利，积极发现债务人财产及不当交易行为，及时行使撤销权。相反，如果撤销权期间从过户登记日起算的话，就会导致债权人怠于行使权利。尤其是在有的无形财产之交易中（如股权、许可使用权交易等），权利变动标准并不明确，权利何时发生了变动也不清楚，此时如果不以合同生效日起算5年期间而以所谓的权利变动日起算的话，可能会使情况变得更为复杂，这恰恰是法律所不希望看到的。再次，撤销权制度的最大目的是通过撤销债务人的不当行为尽量维持债务人的责任财产，而对于债务人行为（即债权行为）发生5年后，无论物权是否发生变动，对一个正常经营的企业来讲，其责任财产一般都会有所增加，偿债能力一般都会有所恢复，之前债务人的行为对债权人也不会造成大的影响，所以此时没有必要再行使撤销权。当然，如果债务人情形持续恶化，那么债权人可以通过破产法下的撤销制度、无效制度来解决问题，而不宜采用推迟撤销权的起算点从而笼统地延长撤销权的存续期间来解决。

以上是从撤销权存续期间的角度对行使撤销权进行的分析。本案还需要注意的是，王庆凤对伟士特公司的债权220万元是分五笔发生，其中仅第一笔20万元是发生在《房产转让协议书》签订之前（即1999年6月15日），其余四笔债权共计200万元均发生在前述协议签订后（即分别发生在2006年8月10日，2007年10月11日，2008年1月16日，2008年10月16日）。如前所述，学理上通说认为可行使撤销权的债权应发生在债务人不当行为之前（因为只有之前的债权才能以包括房产在内的责任财产为保障），所以本案中发生在不当行为之后的四笔债权（共计200万元）其实不能行使撤销权。

综上，本案中的撤销权起算点应从《房产转让协议书》签订之日起计算，王庆凤一审起诉时已超出了撤销权的存续期间，其主张不应支持。进一步的问题是，一审法院以"驳回起诉"之裁定来解决是否恰当？笔者认为，《最高人民法院关于适用〈中华人民共和国公司法〉若干问题的规定（一）》第三条规定原告提起公司决议撤销之诉时如果超过法定期限，法院应不予受理。参照该规定，债权人提起撤销权之诉超过法定期限时，也可以按照不予受理处理。已经受理的，可以裁定驳回起诉。

（二）王庆凤以《房产转让协议书》属协议当事人恶意串通损害第三人利益为由主张其无效，是否应属于本案的审查范围

王庆凤在本案一审中是以债权人撤销权提起的诉讼，而没有以恶意串通损害第三人利

---

① 参见韩世远：《合同法总论》（第二版），法律出版社2008年版，第308页。

益为由主张合同无效。原审对后者未作考虑并无不当。再审审查中,王庆凤为实现否定《房产转让协议书》效力的目的,又以前述理由主张合同无效,但其未提供充分的证据证明,故对其不再考虑。

(三)王庆凤的利益保护方式之思考

伟士特公司与草桥公司于2005年9月21日签订《房产转让协议书》后,该房屋因土地使用权被他人查封很长一段时间内没有办理房地过户手续。草桥公司于2008年向伟士特公司提起了第一轮诉讼,要求办理过户手续,当时经过一、二审及再审,生效判决以尚不存在过户条件为由驳回了草桥公司诉请,但同时确认了《房产转让协议书》有效。

2009年草桥公司以过户条件已成熟为由提起第二轮诉讼,北京市丰台区法院判决伟士特公司协助办理房地产过户。伟士特公司不服,以"一事不再理"和房产已再次被(草桥公司)查封因而无法过户为由向北京市二中院提起上诉,请求撤销一审判决。在此期间,伟士特公司进入破产程序。北京市二中院以上述第一轮诉讼生效判决已确认伟士特公司应继续履行协议约定的义务为由驳回了上诉。二审后,伟士特公司管理人又向北京高院申请再审,理由是"伟士特公司进入破产程序,这时伟士特公司已不具备履行合同的主体资格,草桥公司依法成为破产债权人应申报其债权,也失去履行买卖合同的主体资格。依据《企业破产法》第十九条、二十条之规定,二审法院应根据管理人的申请中止案件诉讼和中止案件执行,但二审法院违反法律规定程序,仍按照一般上诉案件进行审理并作出判决。二审法院判决认定事实不清,遗漏部分重要事实"。北京高院再审查认为,原先第一轮诉讼的生效判决已认定伟士特公司应继续履行协议约定的义务,故应当判决办理过户,因此驳回了管理人的申请。

笔者认为,在上述第二轮诉讼的二审审理中,伟士特公司已进入破产程序,此时二审法院应如何处理草桥公司的诉讼请求是值得思考的问题:一种理解是,按照《企业破产法》第十九条的规定,一旦受理破产申请,有关债务人(即伟士特公司)财产的个别执行程序都应当中止,法院也不宜再判决债务人办理过户手续,而应当告知草桥公司向伟士特公司申报债权;另一种理解是,此时如果买受人向债务人企业支付了不动产的绝大部分或全部价款,那么即使没有过户,该不动产也不应再作为债务人财产,而应作为应当允许买受人进行个别执行。① 而且,最高人民法院2004年发布的《关于如何理解〈最高人民法院关于破产法司法解释〉第六十八条的请示的答复》的精神也表明并非破产案件受理后个别执行均一律禁止,而是要进行恰当的价值权衡。尽管如此,上述两种意见如何取舍目前尚无明确的法律规定。

在第二轮诉讼进行的同时,伟士特公司管理人向北京市一中院起诉,② 主要以"伟士特公司当时对外每年的房租就600万元,且租期20年,效益可观,其转让价格极低,不合情理","建设伟士特综合楼进行过大量融资,融资单位的欠款至今未还"为由,主张转让房屋

---

① 在起草有关债务人财产的《企业破产法司法解释(二)》(稿)过程中,不少论者提出了这一观点。
② 该案起诉的时间是在前述第二轮诉讼二审作出裁判后,与第二轮诉讼中的再审基本同时。参见北京市一中院(2011)一中民初字第5897号民事裁定。

行为是伟士特公司与草桥公司之间逃避债务、转移财产的行为,请求依照《企业破产法》第二十五条、第三十三条第(一)项以及《最高人民法院关于正确审理企业破产案件为维护市场经济秩序提供司法保障若干问题的意见》第十四条的规定认定转让行为无效。北京市一中院审理认为上述第一轮诉讼生效裁判文书已确认《房产转让协议书》有效,后续多次诉讼的生效判决也反复确认了协议的效力,故该院不应再就协议的效力问题进行审理。该院向伟士特公司管理人释明其应向有关部门申诉。但管理人以其并非原第一轮生效裁判的诉讼主体故该判决对其无约束力为由不同意申诉。最终北京市一中院裁定驳回了管理人的起诉。笔者认为,《企业破产法》第三十三条第(一)项规定的破产无效诉讼与之前普通诉讼中已确认相应行为有效的之裁判之间是何种关系的问题值得思考,当之前的普通诉讼确认转让财产合同有效时,后来管理人提起破产无效诉讼是作为一个新的诉讼来受理,还是必须对前一个裁判申请再审来进行,目前的法律尚未明确。目前来看,从一般诉讼机制上讲,北京市一中院告知管理人申请再审并驳回管理人的起诉似也有道理。

综上,笔者认为,即使伟士特公司的债权人利益受到损害,目前通过债权人撤销权来救济其利益在法律上也难以行通,而破产程序中的救济机制则有进一步研究的必要。

债权受让人行使权利不得超越其所受让的原权利范围

——藁城市人民政府与北京孚厚投资咨询有限公司、河北省藁城市棉浆厂、河北省藁城市国有资产监督管理委员会办公室借款合同纠纷案

赵 柯[*]

一、当事人基本情况及案件来源

申请再审人(一审被告、二审上诉人):藁城市人民政府。住所地:河北省藁城市廉州路2号。

法定代表人:高玉柱,该市市长。

被申请人(一审原告、二审被上诉人):北京孚厚投资咨询有限公司。住所地:北京市朝阳区呼家楼新街大院14号(住宅)楼12层1206室。

法定代表人:安然,该公司董事长。

被申请人(一审被告):河北省藁城市棉浆厂。住所地:河北省藁城市东宁路2号。

法定代表人:常庆福,该厂厂长。

一审被告、二审上诉人:河北省藁城市国有资产监督管理委员会办公室。住所地:河北省藁城市四明北街98号。

法定代表人:李建刚,该办公室主任。

申请再审人藁城市人民政府(以下简称藁城市政府)为与被申请人北京孚厚投资咨询有限公司(以下简称孚厚公司)、河北省藁城市棉浆厂(以下简称棉浆厂)、一审被告、二审上诉人河北省藁城市国有资产监督管理委员会办公室(以下简称藁城市国资办)借款合同纠纷一案,不服河北省高级人民法院(2009)冀民二终字第24号民事判决,向最高人民法院申请再审。最高人民法院已于2011年9月16日以(2011)民申字第235号民事裁定,提审本案。最高人民法院依法组成合议庭进行了审理,本案现已审理终结。

二、原审法院查明的事实和判决情况

河北省石家庄市中级人民法院一审查明:1996年10月29日上午,藁城市政府召开市

---

[*] 最高人民法院民事审判第二庭法官。

长及有关部门负责人参加的关于河北吉藁联合化纤浆厂(以下简称化纤厂)产权股份转让会议,形成《关于转让吉藁联合化纤浆厂产权问题的会议纪要》(以下简称《会议纪要》)。工商银行刘俊建、建设银行冯永刚、中国银行张吉斌参加了会议。会议研究并原则同意了藁城市国有资产管理局(现更名为藁城市国有资产管理委员会办公室)与吉林化纤集团有限责任公司(以下简称吉林公司)关于转让藁城市国资办在化纤厂产权的意向。即:化纤厂系全民联营性质企业,藁城市国资办占57.85%的产权,将化纤厂57.85%的全部产权以3800万元人民币转让给吉林公司。藁城市政府以银行贷款注入企业的2965万元资本金及至1996年9月20日前企业发生的亏损藁城市政府应承担的2442万元,合计债务为5407万元,在签约前由市政府从化纤厂名下转出,3800万元产权转让价款由买方3年内付清。会议还约定:5407万元债务由各金融单位承担转借金额,其中工商银行为2310万元。产权转让款3800万元按各金融单位的转借比例偿还各金融单位。另外1607万元以上年化纤厂纳税为基数,自转让后企业生产正常之日起,由新增增值税藁城留成部分及企业所得税等偿还金融单位借款,还清为止。藁城市经贸局负责办理营业执照,各金融单位务必于11月1日前完成转接手续。

当日,藁城市经贸局在藁城市工商局办理了棉浆厂的《企业法人营业执照》,企业名称为"河北省藁城市棉浆厂"。1996年11月6日,棉浆厂与中国工商银行藁城市支行(以下简称工商银行藁城支行)签订了1250万元、100万元、960万元三份共计为2310万元的《借款合同》,借款用途均为转贷,期限自1996年11月6日至1998年12月30日,月利率为8.4‰。三份《借款合同》均无担保单位,工商银行藁城支行刘俊建在三份《借款合同》的负责人处签字。1996年11月9日,藁城市国资办与吉林公司签订一份《协议书》,约定:藁城市国资办将化纤厂57.85%的全部产权以3800万元转让给吉林公司。藁城市国资办将其银行债务从原化纤厂名下转出,为协议生效条件。

1997年2月至1998年5月28日,以棉浆厂的名义共向工商银行藁城支行归还借款900万元及利息30万元。2000年6月20日,中国工商银行河北省分行营业部(以下简称工商银行河北省分行)与中国华融资产管理公司石家庄办事处(以下简称华融石家庄办)签订了《债权转让协议》,双方约定,工商银行河北省分行将其至2000年6月20日上述三份《借款合同》项下的全部未清偿债权18375700.39元转让给华融石家庄办享有。2001年8月4日、2002年3月22日,工商银行河北省分行、华融石家庄办在《河北经济日报》分别刊登了债权转让公告和债权转让及催收公告。2003年12月17日,华融石家庄办与河北燕赵众诚律师事务所签订了《债权转让合同》,华融石家庄办将上述债权本息22219040.81元(其中本金1410万元,利息8119040.81元,利息截至2002年12月20日)转让给河北燕赵众诚律师事务所享有。2003年12月30日,华融石家庄办在《河北经济》刊登了债权转让及催收公告。诉讼中,河北燕赵众诚律师事务所于2008年5月12日将该笔债权转让给孚厚公司,并通知了相关单位。

藁城市国资办与化纤厂转让合同签订后,化纤厂的产权转让款3800万元即转入藁城市国资办账户,后由藁城市国资办转入棉浆厂,再由棉浆厂转入各家银行,共计33183605.15元,藁城市国资办偿还中天公司借款150万元(原化纤厂借款),剩余3316394.85元在财政局存入藁城市国资办账户。2004年9月17日、2007年7月6日法院对棉浆厂进行现场勘验,查看厂址、厂房、机器设备、仓库保管均属原化纤厂所有,调查、询问当事人查明棉浆厂确实没有工商注册登记和企业档案,没有生产场地和生产人员。2006年5月31日,经法院调查税务局资料,化纤厂2003年纳税24379595.13元,2004年纳税1601万元,2005年纳税3069万元,2006年4月底纳税419万元。

2007年5月20日,河北燕赵众诚律师事务所以其是棉浆厂所欠债务的合法债权人,而棉浆厂是藁城市政府用来承接债务的一个内部机构,棉浆厂的债务应由藁城市政府承担为由,请求判决棉浆厂、藁城市政府、藁城市国资委共同承担向河北燕赵众诚律师事务所偿还22219040.80元的责任。

河北省石家庄市中级人民法院审理认为:关于棉浆厂的主体资格问题,经对棉浆厂现场勘验,查看厂址、厂房、机器设备、仓库保管均属原化纤厂,该厂厂长常庆福承认该企业只有其一个人。工商调查查明,棉浆厂无工商注册登记、无企业档案、无固定的经营场所和必要的设施、无生产场地和生产人员、无开办单位、无上级主管部门。同时,藁城市政府亦无证据证明注册资金2800万元到位,只是为落实《会议纪要》的内容,在召开会议后由藁城市经贸局去藁城市工商局办理了一份企业法人营业执照。因此,棉浆厂的成立不符合《中华人民共和国企业法人登记管理条例》的规定,棉浆厂不具有法人资格,应认定属市政府设立的一个临时机构,为企业产权转让并将企业的债权、债务进行处置而设置的一个临时性单位,并由该单位办理各种转让手续,处理化纤厂的债权、债务等问题,故棉浆厂的民事行为应由藁城市政府承担。

关于棉浆厂与工商银行藁城支行签订的借款合同、工商银行河北省分行与华融石家庄办、华融石家庄办与河北燕赵众诚律师事务所、河北燕赵众诚律师事务所与孚厚公司签订的债权转让合同的效力问题及欠款数额。该院已经认定棉浆厂不具法人资格,棉浆厂的形成,是落实《会议纪要》的结果,是藁城市政府专门为其偿还银行债务而设立的一个机构,从棉浆厂承接化纤厂的债务,又偿还银行欠款的事实来看,棉浆厂的民事行为亦是藁城市政府的民事行为,因此,上述几方当事人签订的借款合同、债权转让协议均系各方自愿达成,意思表示真实,并未违反我国法律、法规及禁止性规定,也未损害合同双方当事人的合法权益,应为有效合同。但是,工商银行藁城支行在签订该三份《借款合同》时,其银行负责人参加了藁城市政府召开的专题研究化纤厂转让问题的会议,后与棉浆厂签订了三份《借款合同》,并且无担保单位,虽经多次转让,但最初签订借款合同时有瑕疵,依法截至2002年12月20日的利息8119040.81元不予保护,故藁城市政府应以债权转让合同的欠款数额本金1410万元,偿还孚厚公司。对于《会议纪要》约定由新增增值税留成部分及企业所得税等偿还的问题,查明改制后的化纤厂每年都向藁城市政府缴纳几千万的税款,对于其债务藁城市政府如何偿还,应是藁城市政府的行为。

关于藁城市政府将化纤厂全部产权转让给吉林公司的转让行为的效力以及藁城市政府、藁城市国资办的主体资格问题。藁城市国资办作为藁城市政府的职能部门,属政府的内部编制,不对外承担民事责任,因此,藁城市国资办不应作为本案的被告,藁城市国资办的行为应由藁城市政府承担。1996年10月29日,藁城市政府召开会议专题研究化纤厂的产权转让处置问题,并在《会议纪要》上明确该企业全部产权以3800万元转让,同时,还要把该企业5407万元的全部债务转出,会议当天下午成立一个企业(实际只领取一个企业法人营业执照)将原化纤厂全部5407万元转让给该企业,由该企业与各个金融单位签订借款合同,藁城市国资办收到产权转让款3800万元后,又将其中33183605.15元转让款转让给该企业,再由该企业偿还给各金融单位。综上分析,从《会议纪要》、企业转让、成立一个临时企业、处理企业债务、藁城市国资办为企业拨款(无任何理由)到偿还银行借款的整个过程,藁城市国资办始终在参与履行藁城市政府《会议纪要》的内容,并起到主导作用。《会议纪要》是藁城市政府对其应承担的银行债务进行偿还的一种方式作出的承诺和约定,是一种民事行为,因此,藁城市政府应承担责任。对于是否应追加工商银行为第三人的问题,该院认为,工商银行藁城支行在与棉浆厂签订借款合同、工商银行河北省分行与华融石家庄办签订债权转让合同时,均未提出任何异议,至于是否尽到审查义务,如何造成的损失,应是另一法律关系,故该项请求不予支持。对于藁城市国资办转入化纤厂股权款3800万元的处理问题,藁城市国资办按照《会议纪要》的精神,将吉林公司转入3800万元股权款按照比例分配给各家银行,共计33183605.15元,藁城市国资办偿还中天公司的借款150万元,剩余3316394.85元在财政局。据此,依照《民事诉讼法》第一百三十条、《合同法》第六十条、第二百零七条之规定,判决:(1)判决生效15日内,藁城市政府偿还孚厚公司借款本金1410万元。(2)驳回孚厚公司的其他诉讼请求。案件受理费157436元,由藁城市政府负担。

三、当事人上诉、答辩情况

藁城市政府不服上述民事判决,向河北省高级人民法院提起上诉称:1.原审程序方面存在错误:(1)原审判决所依据的关键证据没有经过质证,其审理程序违法。原审判决查明中"2004年9月17日、2007年7月6日现场勘验、查看厂址、厂房、机器设备、仓库保管均属原化纤厂所有,调查询问当事人查明棉浆厂确实没有工商注册登记和企业档案,没有生产场地和生产人员"以及"2006年5月31日,经调查税务局,化纤厂2003年纳税……"等有关证据没有经过质证。(2)原审未通知与本案有利害关系的工商银行藁城支行作为无独立请求权的第三人参加诉讼,程序违法。2.原审在事实查明及认定方面存在错误:(1)原审先查明藁城市经贸局在藁城市工商局办理了棉浆厂《企业法人营业执照》,企业名称为"河北省藁城市棉浆厂",后查明"棉浆厂无工商注册登记……无开办单位、无上级主管部门",再后查明"棉浆厂不具有法人资格,应认定属市政府设立的一个临时性单位……"。上述原审查明的事实前后矛盾。(2)原审对"棉浆厂不具有法人资格,属市政府设立的一个临时机构,……棉浆厂承接化纤厂的债务,又偿还银行欠款的事实看,棉浆厂的民事行为亦是市政府的民事行为"的认定,是原审法院的主观臆断。棉浆厂作为法人企业不可能是市政府设立的临时性机构,棉浆厂的行为更不可能等同于市政府的行为。(3)原审认定的"几方当事人签订的借款合同、债权转让协议均系各方自愿达成,意思表示真实,……应为有效合同"的事实与其认定的"(工商银行)与棉浆厂签订了三份借款合同,并无担保单位,虽经后多次转让,但最初签订借款时有瑕疵,依法利息不予保护,故藁城市政府应以债权转让合同的欠款数额本金1410万元偿还孚厚公司"的事实相矛盾。（4）自本案借款合同订立之日起至2003年12月7日华融石家庄办将借款合同债权转让给本案初始原告河北燕赵众诚律师事务所止，债权人催告履行还款义务的债务人均是棉浆厂，而不是藁城市政府。而且，鉴于藁城市政府于2009年10月20日已将3800万元产权转让款的余额3316394.85元支付了棉浆厂，因此，藁城市政府因留存该款而应承担责任的事实已不存在。3.原审判决适用法律错误：（1）藁城市政府不是本案借款合同当事人，依法不应承担借款合同责任。原审判决依据《合同法》有关规定，判决藁城市政府承担棉浆厂与银行签订的借款合同责任，属于适用法律错误。（2）孚厚公司不具有诉讼主体资格，本案适格主体仍为河北燕赵众诚律师事务所。河北燕赵众诚律师事务所以300万元从华融石家庄办购买了20956.81万元债权，其中包括本案借款1410万元本金及利息。按河北燕赵众诚律师事务所请求的22219040.81元本息计算，其购买本案债权支付的成本仅为31.8万元。以公平原则，其合理诉求范围应为31.8万元及其利息。（3）被上诉人以藁城市政府及藁城市国资办为本案借款合同被告的诉讼行为表明，本案不良债权可能是属于2009年4月20日最高人民法院印发的《关于审理涉及金融不良债权转让案件工作座谈会纪要》第六条第一款第一项规定的涉及国家机关为债务人或担保人的债权。据此规定，本案债权的初次转让应为无效转让，在此基础上的后手转让也应为无效转让。被上诉人基于无效债权转让合同主张权利的行为，不符合《民事诉讼法》有关起诉条件的规定，对其起诉应依法驳回。而2001年2月河北燕赵众诚律师事务所担任河北吉藁化纤有限公司（以下简称吉藁化纤公司）的法律顾问，且在2003年5月参与了吉藁化纤公司与石家庄商业银行借款合同纠纷一案的诉讼。河北燕赵众诚律师事务所通过担任吉藁化纤公司法律顾问，了解包括本案债权在内的化纤厂债务的真实状况，因此其受让本案债权的行为违反了《关于审理涉及金融不良债权转让案件工作座谈会纪要》的有关规定，应属无效。综上，原审判决程序违法、认定事实不清、适用法律错误，依法应予撤销。

被上诉人孚厚公司答辩称：原审程序合法、认定事实基本清楚、适用法律正确，请求驳回上诉，维持原判。

四、二审法院审理和判决情况

河北省高级人民法院对一审法院查明的事实予以确认。

河北省高级人民法院二审认为：河北燕赵众诚律师事务所受让该债权并无法律、行政法规所禁止的情形，作为受让主体并不违反法律的强制性规定，河北燕赵众诚律师事务所将其所享有的合法债权转让给孚厚公司亦不违反相关法律规定，孚厚公司具有本案原告的主体资格。

棉浆厂领取了企业法人营业执照，并以债务人的身份与相关债权人即各银行金融机构签订了借款合同，各金融机构对棉浆厂的债务人身份应是认可的，棉浆厂有经营场所即工商登记中记载的经营场所，有供承担民事责任的财产即吉林公司购买化纤厂的股权款项。虽然该款项由藁城市政府支配，但最终是以棉浆厂的名义对外承担民事责任的，因此，一审否认棉浆厂法人地位不妥。藁城市政府的该项上诉理由成立，棉浆厂应对本案的债务负偿还责任。

对藁城市政府提出的应将工商银行藁城支行追加为第三人的上诉理由,因工商银行藁城支行已将其债权转让给河北燕赵众诚律师事务所,相关权利义务也已一并转让,其与本案已无法律上的利害关系,其不具有本案第三人的法律特征,藁城市政府的该项上诉理由不能成立,应予驳回。

关于藁城市政府应否承担债务责任的问题。藁城市政府虽不是本案所涉借款合同的当事人,但经查明,藁城市政府在《会议纪要》第二项"关于产权转让涉及的问题"中第一条记载了由各金融机构承担转借金额,明确了工行贷款为2310万元,第二条载明"产权转让款3800万元按各金融单位的转借比例偿还各金融机构"。按照《会议纪要》的精神,藁城市政府应该将化纤厂的3800万元股权款按比例分配给各家银行,各银行的受偿比例大约为70%,因此藁城市政府应该偿还工商银行藁城支行贷款1617万元,但藁城市政府只偿还了工商银行藁城支行900万元本金和30万元利息后就没有再偿还。因此,藁城市政府作出的《会议纪要》可以视为其对各银行所作的承诺。各相关债权人、债务人均参加了会议,对该会议所作的纪要没有提出异议,并在会后按《会议纪要》的精神签署了相关协议,应视为对该《会议纪要》的认同,该《会议纪要》对相关债权人及债务人具有约束力,各方均应遵守《会议纪要》的规定。3800万元的股权受让款由藁城市政府、藁城市国资办接受,并由藁城市国资办负责支配,并以棉浆厂的名义支付各债权人。但藁城市国资办违反其所作的《会议纪要》的精神,没有按《会议纪要》的精神按比例分配吉林公司所支付的款项,致工商银行藁城市支行未能合理受偿,进而使孚厚公司利益受损,藁城市国资办应承担相应的过错责任。又因藁城市国资办是藁城市政府的职能部门,不具有独立承担民事责任的资格,故藁城市政府应代藁城市国资办承担相应的民事责任。藁城市政府应在棉浆厂不能偿还孚厚公司债权的情况下,对未能按《会议纪要》规定的比例偿还工商银行藁城市支行的余款687万元承担补充还款责任。关于市政府《会议纪要》第二项第三条所约定"另外1607万元以去年吉药联合化纤厂纳税为基数,自转让后企业生产正常之日起,由新增增值税藁城留成部分及企业所得税等偿还金融单位借款,还清为止",因藁城市政府作为行政机构,不具有承担民事责任的能力,其承诺以税款偿还企业债务损害国家利益,违反法律规定,该项承诺无效。原判由藁城市政府足额偿还借款本金属适用法律错误,原判该项应予变更。

关于藁城市政府提出的河北燕赵众诚律师事务所曾为改制企业的法律顾问,因此,依照《最高人民法院关于审理涉及金融不良债权转让案件工作座谈会纪要》之精神,其参与了吉药化纤公司与石家庄商业银行不良债权的处理,其作为工商银行藁城支行对化纤厂不良债权的受让人违反法律规定,该债权不应受到法律保护的主张。该院认为,河北燕赵众诚律师事务所虽曾是吉药化纤公司的法律顾问,但该企业改制时并非该企业的法律顾问,在受让该笔债权时,该律师事务所亦没有参与改制企业的相关法律事宜,因此,藁城市政府主张河北燕赵众诚律师事务所受让该笔债权违反法律规定的上诉理由所依据的事实不符合最高人民法院有关纪要的情形,藁城市政府的该项上诉理由不予支持。

综上,河北省高级人民法院认为,一审判决认定基本事实清楚,但适用法律不当,应予变更;藁城市政府的部分上诉理由成立,依法予以适当调整。该院依照《民法通则》第一百零六条第二款、《民事诉讼法》第一百五十三条第一款第(二)项之规定,判决:(1)撤销河北省石家庄市中级人民法院(2007)石民三初字第00052号民事判决;(2)棉浆厂于判决生效后10日内偿还孚厚公司687万元;(3)藁城市政府对棉浆厂应付款项承担清偿责任;(4)驳回孚厚公司的其他诉讼请求。

五、当事人申请再审、答辩情况

藁城市政府不服河北省高级人民法院上述民事判决,向最高人民法院申请再审称:1.二审判决关于藁城市政府"作出的《会议纪要》可以视其为对各银行所作的承诺"的认定违背事实。《会议纪要》是藁城市政府在1996年10月29日作出的,如果藁城市政府作出的《会议纪要》可以视其为对各银行所作的承诺,就等于将相关债务转移给了藁城市政府。根据《合同法》第八十四条有关债务转移的规定,该债务转移只有经债权人工商银行藁城支行同意后,才发生法律效力,而工商银行藁城支行并没有同意将债务转移给藁城市政府。二审判决认定《会议纪要》是藁城市政府的承诺,并据此判决藁城市政府承担责任属于认定事实错误。2. 二审判决适用法律错误且审理程序违法:(1)工商银行藁城支行与棉浆厂签订的三份《借款合同》表明,棉浆厂与工商银行藁城支行之间形成了清偿相关债务的合同关系。除非法定事由或当事人约定,作为非借款合同签订方的藁城市政府没有义务对棉浆厂的债务承担法律责任。因此,二审判决藁城市政府对棉浆厂的债务承担补充清偿责任,有违法律规定。(2)如果二审判决认定的"800万元股权转让款由藁城市政府国资办接受并由其支配,并以棉浆厂的名义支付各债权人"成立,就3800万元股权转让款而言,只有棉浆厂有资格向藁城市政府主张权利,而工商银行藁城支行只能依据借款合同向棉浆厂主张合同权利,不能依据《会议纪要》向藁城市政府主张权利。在此情况下,只有在棉浆厂以藁城市政府为被告,向法院提出给付之诉后,法院才有权对此作出判决。否则,就3800万元所作的任何判决,都属于违反程序的错误判决。二审判决适用有关侵权责任的规定,判决藁城市政府对棉浆厂应付款承担清偿责任,属于适用法律不当。而且,在二审审理期间,藁城市政府已将3800万元产权转让款足额支付给了棉浆厂,因此,藁城市政府与棉浆厂之间的权利和义务已经履行完毕,之间不存在任何支付或清偿责任。综上,二审判决认定事实错误、适用法律不当,且审理程序违法,所作判决第三项错误,请求最高人民法院予以撤销。

被申请人孚厚公司答辩称:1. 本案不是单纯的借款合同纠纷,属于合同相对性原则的例外情况。藁城市政府提出的按照合同相对性原则排除藁城市政府的责任,是把藁城市政府整个股权转让行为割裂开来,是不能成立的。2.《会议纪要》具有民事合同的性质。(1)藁城市政府作出《会议纪要》的行为是行政主体作出的民事行为,《会议纪要》具有民事合同的全部要件,且是主合同性质,对藁城市政府有约束力。债权人与棉浆厂签订的转债合同是从属于《会议纪要》的形式合同,同样对藁城市政府有约束力。(2)《会议纪要》是藁城市政府同股权受让人、银行债权人之间达成的一种附条件的民事法律行为,且该《会议纪要》已经得到实际履行。工商银行藁城支行之所以接受将化纤厂的债务转移到棉浆厂名下,是基于藁城市政府在《会议纪要》中向银行进行了承诺,即将股权转让款3800万元按比例偿还各银行。这个承诺也是工商银行藁城支行与棉浆厂签订转贷合同时所附的前提条件。3. 棉浆厂是藁城市政府实施民事行为的延伸形式。(1)棉浆厂依据《会议纪要》由藁城市政府设立,虽然棉浆厂没有注册资金,不具备履行合同的主体资格,但由于藁城市政府在《会议纪要》中自愿为自己设定了转交股权转让款的义务为前提条件,债权人才同意与棉浆厂签订形式上的转债合同。(2)由于棉浆厂是藁城市政府实施民事行为的延伸形式,向棉浆厂主张权利就等同于向藁城市政府主张权利。4. 藁城市政府在债权转让中自愿为自己设定了义务,应当承担清偿责任。(1)藁城市政府在《会议纪要》中自愿为自己设定了义务,即:一是将吉林公司支付的股权转让款通过棉浆厂转交债权人;二是用特定的税收支付剩余债权。因此,藁城市政府应当承担相应的清偿责任。(2)事实上藁城市政府也一直掌管和控制着3800万元的股权转让款。按照《会议纪要》约定的偿还比例,共应还工商银行藁城支行1617万元,但藁城市政府除通过棉浆厂偿还900万元本金和30万元利息外,扣留了687万元股权转让款。(3)藁城市政府擅自扣留不属于自己的股权转让款,未尽到《会议纪要》约定的义务是有过错的,也是一种侵权行为,应承担对棉浆厂不能履行义务的清偿责任。综上,二审判决认定事实清楚、适用法律正确,应予维持。

被申请人棉浆厂未作答辩。

原审被告藁城市国资办的答辩意见同藁城市政府。

六、最高人民法院查明事实及判决情况

最高人民法院确认原审查明的事实。另查明,藁城市政府于2009年10月29日将3316394.85元汇至棉浆厂账户。

最高人民法院认为:本案再审争议焦点为,藁城市政府应否对棉浆厂应付款项承担清偿责任。

(一)孚厚公司能否向藁城市政府主张涉案三份《借款合同》项下的还款责任

1996年11月6日,工商银行藁城支行作为债权人与棉浆厂签订1250万元、100万元、960万元三份共计为2310万元的《借款合同》,后工商银行河北省分行将该债权转让给华融石家庄办,华融石家庄办将该笔债权转让给河北燕赵众诚律师事务所,2008年5月12日,河北燕赵众诚律师事务所又将该债权转让给孚厚公司。上述合同订立以及历次转让,均是当事人真实意思表示,亦不违反法律、法规的相关规定,合法有效。债权转让后,其仅在让与人即原债权人、受让人以及合同债务人之间发生效力,具体表现为:让与人丧失其对债务人享有的债权,由受让人取代,成为新的债权人,债务人就转让的债权对受让人负履行义务。质言之,债权受让人行使权利不得超越其所受让的原权利的范围。因此,孚厚公司作为受让人,其仅能向《借款合同》的债务人棉浆厂主张还款责任,而不能向并非《借款合同》当事人的藁城市政府主张。

此外,该三份《借款合同》中均没有约定担保人。2000年4月11日,工商银行藁城支行向棉浆厂发出的三份《贷款逾期催收通知书》中,担保人一栏为空白。2000年6月,工商银行河北省分行与华融石家庄办的债权转让协议担保人一栏亦为空白。2002年3月22日,工商银行河北省分行和华融石家庄办在《河北经济日报》刊登债权转让暨催收公告,其中关于棉浆厂担保人名称一栏显示为"抵押",无担保人名称。2003年12月25日,华融石家庄办与河北燕赵众诚律师事务所在《河北经济》刊登债权转让及催收公告,其中棉浆厂担保单位一栏显示为空白。以上事实说明,工商银行藁城支行催收逾期贷款时并未将藁城市政府作为债务人或者担保人,也未通知藁城市政府承担还款义务,在之后的债权催收与历次转让公告中,也未将藁城市政府列为债务人或者担保人。因此,在本案一审诉讼前的原债权人均未向藁城市政府主张过涉案《借款合同》项下的债权。亦即无论是本案的原始债权人,还是本案一审诉讼前的历次债权受让人均未将藁城市政府视作为债务人,现孚厚公司要求藁城市政府承担还款责任,不应予以支持。

因此,藁城市政府既不是涉案三份《借款合同》的借款人,也不是担保人,其不应承担工商银行藁城支行与棉浆厂签订的三份《借款合同》项下的还款义务。

(二)向棉浆厂主张权利是否等同于向藁城市政府主张权利

根据棉浆厂的营业执照显示,棉浆厂属于全民所有制企业,其注册资金2800万元,营业执照的颁发时间为1996年10月29日。1996年11月6日,棉浆厂与工商银行藁城支行签订三份共计为2310万元的《借款合同》时,工商银行藁城支行认可了棉浆厂的独立法人地位,并按照合同约定发放了贷款。如孚厚公司认为棉浆厂没有注册资金,藁城市政府对其出资不到位,其亦仅可要求藁城市政府承担出资不实的责任,而不是在本案中直接承担三份《借款合同》项下的还款责任。孚厚公司提出的向棉浆厂主张权利就等同于向藁城市政府主张权利的主张,不应予以支持。

(三)本案3800万元产权转让款的分配是否对债权人构成侵权

原一、二审查明,化纤厂的产权转让款3800万元转入藁城市国资办账户后,先后转入棉浆厂账户,再由棉浆厂转入各家银行共计33183605.15元,藁城市国资办偿还中天公司借款150万元,此外,剩余3316394.85元藁城市政府于2009年10月29日支付给了棉浆厂。因该3800万元是藁城市国资办与吉林公司签订《协议书》转让藁城市国资办所有的化纤厂57.85%产权所得的转让款,该转让款属于藁城市国资办所有,该3800万元如何处置是藁城市国资办即藁城市政府的权利,其并非本案《借款合同》所涉内容,与孚厚公司无关。对于孚厚公司提出的藁城市政府扣留了687万元转让款属侵权行为,应承担棉浆厂债务清偿责任的主张,不应予以支持。

综上,河北省高级人民法院的二审判决认定事实清楚,但适用法律错误。最高人民法院依照《合同法》第二条、第八条,《民事诉讼法》第一百八十六条第一款、第一百五十三条第(二)款的规定,判决如下:(1)维持河北省高级人民法院(2009)冀民二终字第24号民事判决主文第一项、第二项、第四项。(2)撤销上述民事判决主文第三项。本案一审案件受理费157436元,河北省藁城市棉浆厂负担67436元,北京市孚厚咨询投资有限公司负担90000元;二审案件受理费157436元,由北京孚厚咨询投资有限公司负担。

七、对该案所涉法律问题的分析处理意见

(一)关于《会议纪要》的性质问题

本案孚厚公司答辩的主要理由是《会议纪要》具有民事合同性质,是行政主体作出的民事行为,具有主合同性质,故《会议纪要》对藁城市政府有约束力,藁城市政府应当承担本案的还款责任。我们认为,应结合本案的案情来看藁城市政府于1996年10月29日作出的《会议纪要》的性质。1996年10月29日,藁城市政府召开了市长及有关部门负责同志参加的关于化纤厂产权转让会议,原则同意了藁城市国资办与吉林公司关于转让藁城市国资办在化纤厂产权的意向。化纤厂合计债务5407万元在签约前由市政府从化纤厂转出,5407万元债务由各金融单位承担转借金额,产权转让价款3800万元按各金融单位的转借比例偿还金融单位等。对上述意见形成了《会议纪要》,债权银行工商银行等的相关领导参加了会议。上述会议是在藁城市政府作为行政主管部门的主持和召集下为化纤厂产权转让问题召开的一次会议,会上相关当事人对各自的权利义务进行安排,藁城市政府只是起到召集协调作用,形成的《会议纪要》也只是对会议情况的记载。该《会议纪要》没有相关当事人的签字盖章,其功能和作用体现为存档备查。对于孚厚公司提出的《会议纪要》具有民事合同性质的主张,不应予以支持。

(二)关于债权受让人行使权利的范围

本案的债权来源于工商银行藁城支行作为债权人与棉浆厂签订的三份共计为2310万元的《借款合同》,后工商银行河北省分行将债权转让给华融石家庄办,华融石家庄办将该笔债权转让给河北燕赵众诚律师事务所,河北燕赵众诚律师事务所又于2008年5月12日将该债权转让给孚厚公司。上述历次行为均为债权人主体的变更,即债权转让。债权转让有部分转让与全部转让之分,在债权的一部分转让时,受让人与原债权人共同享有债权;原债权人将其债权全部转让第三人时,该第三人即取代原债权人成为债的关系中的新债权人,原债权人则脱离债的关系。本案所涉及的债权转让,即是债权全部转让第三人的情况。债权转让有效成立后,即在原债权人、受让人及债务人之间产生相应的法律后果。债权转让在原债权人与受让人之间的效力,为内部效力;在它们与债务人之间的效力,为外部效力。债权转让的外部效力,在原债权人与债务人之间,因债权转让而完全脱离关系,原债权人不得再向债务人请求给付,债务人亦不得再向原债权人履行债务。就受让人与债务人之间的关系而言,债权转让使受让人取代原债权人,成为新债权人,他享有与原债权人相同的债权,得请求债务人向自己履行,债务人也只能向受让人履行债务。应该强调的是,受让人既然是自原债权人处承受权利,他所取得的权利自然不得大于原债权人。同样,为了保护债务人不因债权转让而蒙受不利,凡债务人得以对抗原债权人的抗辩权,亦得对抗新债权人。本案中,最初的债权债务是发生在债权人工商银行藁城支行与债务人棉浆厂之间,债权受让人行使权利不得超越其所受让的原权利范围。因此,孚厚公司作为债权受让人,其仅能向债务人棉浆厂主张还款责任,而不能向非《借款合同》当事人的藁城市政府主张。而

且,在本案一审诉讼前的原债权人均未向藁城市政府主张过涉案《借款合同》项下的债权,即无论是本案的原始债权人,还是本案一审诉讼前的历次债权受让人均未将藁城市政府视为债务人,现孚厚公司要求藁城市政府承担还款责任,不应予以支持。

(三)关于本案中棉浆厂与藁城市政府的关系

本案中孚厚公司的主要答辩理由之一即为债权人向棉浆厂主张权利等同于向藁城市政府主张权利。但综观本案的事实来看,棉浆厂的营业执照显示,棉浆厂属于全民所有制企业,其注册资金2800万元,营业执照的颁发时间为1996年10月29日。1996年11月6日,棉浆厂与工商银行藁城支行签订三份共计为2310万元的《借款合同》时,工商银行藁城支行认可了棉浆厂的独立法人地位,并按照合同约定发放了贷款。因此,棉浆厂是独立的民事主体,应独立地承担《借款合同》项下债务人的责任,且无任何证据能够证明藁城市政府是《借款合同》的担保人。孚厚公司提出的棉浆厂是藁城市政府成立用来承担债务的企业,却存在注册资金不到位的情形,故向棉浆厂主张债权也等同于向藁城市政府主张的理由,我们认为,如孚厚公司认为棉浆厂没有注册资金,藁城市政府对其出资不到位,其可要求藁城市政府承担出资不实的责任,而不是在本案中直接承担三份《借款合同》项下的还款责任。这两个请求权的基础不同,在本案中无法一并解决。债权人向棉浆厂主张承担义务就意味着向政府主张,没有法律和事实依据。

委托合同任意解除权的行使与损害赔偿问题
——上诉人东莞市恒锋实业有限公司与被上诉人东莞市华源集团有限公司、东莞市厚华贸易有限公司、东莞市富成石材有限公司、中山市恒富物业投资实业有限公司委托收购股权合同赔偿纠纷案

最高人民法院民事审判第二庭第一合议庭

一、当事人情况及案件来源

上诉人(原审原告):东莞市恒锋实业有限公司。

被上诉人(原审被告):东莞市华源集团有限公司。

被上诉人(原审被告):中山市恒富物业投资实业有限公司。

被上诉人(原审被告):东莞市厚华贸易有限公司。

被上诉人(原审被告):东莞市富成石材有限公司。

上诉人东莞市恒锋实业有限公司(以下简称恒锋公司)为与被上诉人东莞市华源集团有限公司(以下简称华源公司)、东莞市厚华贸易有限公司(以下简称厚华公司)、东莞市富成石材有限公司(以下简称富成公司)、中山市恒富物业投资实业有限公司(以下简称恒富公司)委托收购股权合同赔偿纠纷一案,不服广东省高级人民法院(2010)粤高法民二初字第5-1号民事判决,向最高人民法院提起上诉。

二、原审查明的案件事实

原审法院查明:2005年9月5日,恒锋公司与华源公司签订一份《关于委托收购广东现代国际展览中心有限公司集体股权协议书》(以下简称《委托协议书》),恒锋公司委托华源公司代为收购广东现代国际展览中心有限公司(以下简称展览中心)集体持有的76%股权,具体约定:1.华源公司同意以其名义于2005年9月5日中午2时前向东莞市厚街镇委、镇政府专责部门递交《关于受让广东现代国际展览中心有限公司集体股的申请》(该申请书副本恒锋公司签名后作为本协议附件,华源公司需确保副本的内容跟递交的内容一致),该申请书上的一切条款的权利和义务均属于恒锋公司所有,恒锋公司同意并接受。2.当厚街镇委、镇政府提出的具体条件与原《关于受让广东现代国际展览中心有限公司集体股的申请》有区别的情况下,双方需要就有区别的部分进行协商并签订补充协议。补充协议未签订之

前,恒锋公司须承担一切责任。3. 华源公司在协助恒锋公司收购展览中心集体股的过程中,因收购而需支付的一切款项,均由恒锋公司支付,无需华源公司垫付。同时,华源公司承诺本次协助恒锋公司收购展览中心集体股的行为为无偿行为。4. 华源公司在协助恒锋公司收购展览中心集体股的过程中发生的一切法律问题均由恒锋公司负责,所牵涉的一切费用亦由恒锋公司支付。5. 双方同意在条件许可的情况下(没有收购竞争对手;有竞争对手,但收购条件已成熟),华源公司在协助恒锋公司收购过程中,当展览中心76%的集体股相关手续及文件已依法全部转到华源公司名下时,华源公司应以最快的时间将此部分的股份依法转到恒锋公司名下。6. 当收购成功后,恒锋公司以收购镇政府集体股的条件保证给华源公司补够持有展览中心10%股份(包含华源公司原有的股份)。华源公司增持的股份在双方协商同意后可在展览中心76%的集体股转让后直接留在华源公司名下。同日,恒锋公司在华源公司所书《关于受让广东现代国际展览中心有限公司集体股的申请》上签字、盖章予以确认。尔后,华源公司向东莞市厚街镇委、镇政府递交了《关于受让广东现代国际展览中心有限公司集体股的申请》。

2005年11月25日,展览中心召开了股东会(出席股东共28名,代表100%股份,华源公司列席了会议),会议通过了《股东会决议》,批准展览中心24名原股东向华源公司转让股份,华源公司成为展览中心6个新股东之一,持股69.05%。同日,华源公司分别与东莞市厚街资产经营管理有限公司等24家原股东签订24份《展览中心股权转让合同书》《展览中心债权转让合同书》,东莞市厚街资产经营管理有限公司等24家原股东将其股份转让给华源公司,华源公司共持股69.05%。后华源公司作为新股东,参与了对《广东现代国际展览中心有限公司章程》中变更股东等内容的修改。

2005年11月25日,恒锋公司与华源公司签订一份《关于收购广东现代国际展览中心有限公司股权补充协议》(以下简称《补充协议》),约定:1. 此次展览中心集体股转让的股权为66.11%,另外有10%为保本承包经营,年息5%。华源公司同意将其中的59%按原合同条件转让给恒锋公司。2. 恒锋公司同意以总价为人民币9994.6万元购入华源公司持有展览中心的59%股权。具体付款方式为:第一期款:在2005年12月6日前向华源公司支付合共人民币7854.6万元股权受让款(11月25日前付1000万元,12月6日前付6854.6万元)。第二期:余款2140万元人民币,在2006年6月10日前向华源公司支付完。3. 恒锋公司向华源公司缴付完第一期款项(7854.6万元人民币)后,20日内(即2005年12月26日前),华源公司将其持有展览中心的33%股权到工商行政管理局办理变更登记给恒锋公司,余下的26%股权在恒锋公司向华源公司全部支付完总款(合共9994.6万元人民币)后,20日内(即2006年6月30日前)到工商行政管理局办理变更登记给恒锋公司。4. 恒锋公司必须按期向华源公司缴付股权受让款项,否则,华源公司有权按欠付金额收取每天万分之三的违约金。5. 恒锋公司按前述时间,依时向华源公司缴付股权受让金后,华源公司必须按前述时间到工商部门办理股权变更登记给恒锋公司的手续。当超期办理变更手续1个月(30天),恒锋公司有权向法院申请强制执行变更登记手续。其一切责任由华源公司负责。6. 此协议与2005年9月5日所签的协议有出入,以此《补充协议》为准。

此后,恒锋公司分别于2005年11月25日、2005年12月6日分三次汇付1000万元、

5000万元、1854.6万元，合共7854.6万元给华源公司。

2006年5月30日，恒锋公司向华源公司发出一份《关于股权转让事宜的函》，催促华源公司尽快办理第一期股权的工商变更登记，并声明在第一期股权工商变更登记手续未办理之前，暂不支付第二期转让款。同日，华源公司向恒锋公司发出一份《解除合同通知书》，以"该公司在与恒锋公司签订股权转让协议前，未获得展览中心全体股东过半数同意，违反《公司法》的相关规定"为由，通知恒锋公司终止协议，并要求恒锋公司在收到通知后3日内提供银行账户以便退回恒锋公司已支付的7854.6万元及同期银行贷款利息。2006年6月10日，华源公司向恒锋公司发出《关于解除合同的第二次通知书》，重申终止协议及要求恒锋公司提供银行账户以便退款。

另查，展览中心于2000年12月29日注册成立，注册资金5000万元，共有28名股东，其中：东莞市厚街资产经营管理有限公司出资17964200元、占35.93%；东莞市厚街宝屯经济开发公司出资1197600元、占2.40%；东莞市厚街赤岭贸易部出资892000元、占1.78%；东莞市厚街桥头贸易公司出资898200元、占1.80%；东莞市厚街沙塘工业发展公司出资598800元、占1.20%；东莞市厚街珊美经济发展公司出资1197600元、占2.40%；东莞市厚街双岗星河经济发展公司出资898200元、占1.80%；东莞市厚街下汴工业发展公司出资299400元、占0.60%；东莞市厚街新塘经济发展总公司出资2395200元、占4.79%；东莞市厚街镇白濠经济联合社出资892000元、占1.78%；东莞市厚街镇宝塘经济联合社出资1197600元、占2.40%；东莞市厚街镇陈屋经济联合社出资892000元、占1.78%；东莞市厚街镇大迳经济联合社出资299400元、占0.60%；东莞市厚街镇河田经济联合社出资1197600元、占2.40%；东莞市厚街镇厚街经济联合社出资1197600元、占2.40%；东莞市厚街镇环冈经济联合社出资299400元、占0.60%；东莞市厚街镇南五经济联合社出资598800元、占1.20%；东莞市厚街镇三屯经济联合社出资892000元、占1.78%；东莞市厚街镇汀山经济联合社出资598800元、占1.20%；东莞市厚街镇溪头经济联合社出资1796400元、占3.59%；东莞市厚街镇新围经济联合社出资299400元、占0.60%；东莞市厚街镇涌口经济联合社出资892000元、占1.78%；东莞市厚街镇寮厦经济联合社出资598800元、占1.20%；东莞市宝龙实业有限公司出资2994000元、占5.99%；东莞市华伟实业有限公司出资1497000元、占2.99%；东莞市华源实业有限公司（华源公司下属企业）出资1497000元、占2.99%；东莞市金业实业发展有限公司出资1497000元、占2.99%；东莞市兴业集团有限公司出资4491000元、占8.98%。转让后展览中心的股权比例为：华源公司出资34521000元、占69.04%；东莞市厚街资产经营管理有限公司出资5000000元、占10%；东莞市宝龙实业有限公司出资2994000元、占5.99%；东莞市华伟实业有限公司出资1497000元、占2.99%；东莞市金业实业发展有限公司出资1497000元、占2.99%；东莞市兴业集团有限公司出资4491000元、占8.98%。

展览中心《公司章程》第十三条规定：股东之间可以相互转让其全部出资或部分出资。股东向股东以外的人转让其出资时，必须经股东会过半数以上股权同意；不同意转让的股东应当购买该转让的出资，如果不购买该转让的出资，视为同意转让。经股东会同意转让的出资，在同等的条件下，其他股东对该出资有优先购买权。

2006年1月23日，华源公司与东莞市厚街资产经营管理有限公司签订一份《承包经营合同》，约定东莞市厚街资产经营管理有限公司将其所持有的展览中心10%股权交由华源公司承包。

2006年7月8日，应恒锋公司请求，展览中心其他4名股东东莞市兴业集团有限公司、东莞市宝龙实业有限公司、东莞市华伟实业有限公司、东莞市金业实业发展有限公司出具《股权转让意见书》，同意华源公司以9994.6万元的价格向恒锋公司转让展览中心59%的股权。

2006年9月11日，东莞市厚街镇委、镇政府发出一份《关于展览中心股权重组有关问题的意见》给展览中心董事会，基于华源公司私下与恒锋公司在展览中心股权重组方面签订了若干协议，并在运作过程中发生纠纷，进入了司法程序，提出意见:1.展览中心股权重组是完全符合上级有关政策精神，并在广泛征求各股东意见、符合广大股东意愿的前提下，完全按照法律要求进行，整个股权重组是完全合法的。2.华源公司与恒锋公司在展览中心股权重组中的委托收购关系一直是私下的、秘密的，镇委、镇政府一直不知情，从未收到过任何相关申请和报告。3.在恒锋公司单方面向镇委、镇政府有关领导反映该事件的真实情况后，镇委、镇政府高度重视，对当事双方分别做了大量的思想工作和调解工作，希望双方达成和解，妥善解决问题。4.恒锋公司在7月17日已进入司法程序后的9月1日再单方面向各原股东发放了相关资料（包括私下签订的委托收购额协议书和受让展览中心集体股申请，省高院受理通知书、有关收据等），特别是其中《关于受让广东现代国际展览中心有限公司集体股的申请》一文的落款在不同时间先后加盖有华源公司和恒锋公司的印章，而当时镇委、镇政府收到的正式申请报告只有华源公司的落款。5.镇委、镇政府经联席会议集体研究，希望双方作为当地知名民营企业，应主动承担社会责任，充分珍惜和维护当前厚街团结稳定的大局、和谐的社会风气以及诚信守用的经商环境，本着实事求是、依法办事的宗旨，尊重合同及双方的有关协议，共同努力通过协商解决问题。

2006年11月28日，恒锋公司提交一份《关于恒锋公司秘密参与收购展览中心股份有关问题的会议纪要》，内容为:2006年9月6日下午，在东莞市厚街镇政府会议室召开的会议由东莞市厚街镇政府王汝铭主持，东莞市厚街镇政府陈海平副镇长、东莞市厚街镇镇委委员黄庆坤、东莞市厚街镇政府招商引资负责人刘旭标、东莞市厚街镇各村（居）委会书记、主任、恒锋公司法定代表人方卫锋参加，会议主要是由恒锋公司法定代表人方卫锋及厚街镇有关领导对华源公司与恒锋公司之间的有关情况进行说明、解释和分清责任。恒锋公司法定代表人方卫锋承认其委托华源公司出面与镇政府签订《展览中心集体股权转让合同》，因为属于商业收购行为，因此委托是秘密的，并钻了一定的法律空子，镇委、镇政府对其公司委托华源公司代为收购股份并不知情;并表明其公司有能力、有决心经营好展览中心。厚街镇委、镇政府有关领导表态:展览中心股权重组改制是经镇委、镇政府认真讨论研究决定，并对华源公司是否有能力受让股份和能否经营好展览中心等进行了反复论证，最后认为华源公司的条件综合起来最为符合要求;镇委、镇政府和华源公司签订的有关展览中心股份收购合同是通过正当程序、依规依矩进行的，符合法律法规;镇委、镇政府对恒锋公司私下委托华源公司代为收购展览中心股份并不知情，事件发生后曾出面进行协调，做了大量工作,但华源公司与恒锋公司无法友好协商解决,恒锋公司已提起诉讼,镇委、镇政府保持不偏不倚的态度。

恒锋公司2005年度公司年检报告书显示:年末资产总额为1984522元,年末负债总额为21750元,净资产为1962772元。

展览中心原股东东莞市金业实业发展有限公司、东莞市华伟实业有限公司、东莞市兴业集团有限公司和东莞市宝龙实业有限公司于2008年9月10日各出具一份《声明》,称其于2006年7月8日向恒锋公司出具的《股权转让意见书》,系在恒锋公司一再请求下,在不了解有关真实情况下作出,非公司真实意思表示,声明自即日起撤销该意见书及有关意思表示;不同意华源公司将所收购的展览中心59%股权转归恒锋公司名下。上列展览中心原四股东,于2008年10月前,将股份转让给厚华公司、东莞市奥天贸易有限公司,并已进行了公司登记机关的变更登记。厚华公司对华源公司拟转让给恒锋公司的59%股权表示行使优先购买权。2008年10月17日,厚华公司、富成公司分别购买了华源公司30%和27%股份,并办理了公司登记机关的股权变更登记手续。2008年12月,富成公司将其持有的27%股权转让给恒富公司,厚华公司将其持有的40%股权转让给恒富公司,并办理了相应的股权变更登记。展览中心现股东持股情况为:恒富公司持有67%股份,东莞市奥天贸易有限公司持有15.48%股份,东莞市厚街资产经营管理有限公司持有10%股份,厚华公司持有5.48%股份,华源公司持有2.04%股份。

2006年7月17日,恒锋公司将华源公司诉至广东省高级人民法院,请求:(1)判决继续履行双方签订的《委托协议书》《补充协议》,即恒锋公司以9994.6万元的价格受让华源公司持有的展览中心59%的股权,华源公司依法办理相应股权的工商变更登记;(2)华源公司承担恒锋公司方支出的律师费8万元;(3)华源公司承担本案的全部诉讼费用。广东省高级人民法院于2007年11月26日作出(2006)粤高法民二初字第19号民事判决,判决:(1)恒锋公司与华源公司签订的《关于委托收购广东现代国际展览中心有限公司集体股协议书》《关于收购广东现代国际展览中心有限公司股权补充协议》无效。(2)华源公司应在判决发生法律效力之日起10日内返还恒锋公司7854.6万元及利息(其中1000万元从2005年11月25日起、6854.6万元从2005年12月6日起算至判决给付之日,按中国人民银行同期同类贷款利率计算)。华源公司如未按指定的期间履行给付金钱义务,应当加倍支付迟延履行期间的债务利息。(3)驳回恒锋公司的其他诉讼请求。案件受理费510140元、诉讼保全费500240元,合共1010380元,由恒锋公司、华源公司各负担505190元。因恒锋公司已向一审法院预交了1010380元,故华源公司应径付505190元给恒锋公司。恒锋公司不服该判决上诉至最高人民法院,最高人民法院于2009年6月12日作出(2008)民二终字第18号民事判决,判决:(1)维持广东省高级人民法院(2006)粤高法民二初字第19号民事判决书主文第二、第三项;(2)变更上述民事判决书主文第一项为:华源公司与恒锋公司签订的《委托协议书》《补充协议》有效。一审案件受理费和诉讼保全费的承担按一审判决执行,二审案件受理费541930元,由恒锋公司承担487737元,由华源公司承担54193元。

2009年8月4日,华源公司向恒锋公司划付款项97676569.12元。扣减华源公司应返还恒锋公司的7854.6万元及在最高人民法院审理的(2008)民二终字第18号案中所应负担的一、二审诉讼费用505190元、487737元,华源公司向恒锋公司支付的利息计18571186.12元。

2010年5月12日,恒锋公司将华源公司、厚华公司、富成公司、恒富公司诉至广东省高级人民法院,请求判令:(1)华源公司向恒锋公司赔偿经济损失215892000元;(2)厚华公司、富成公司、恒富公司对上述恒锋公司第(1)项诉讼请求承担连带赔偿责任;(3)案件全部诉讼费用由华源公司、厚华公司、富成公司、恒富公司承担。原审法院立案受理后,华源公司、恒富公司提出管辖权异议,认为案件不符合一审法院级别管辖标准,申请将案件移送广东省东莞市中级人民法院审理。2010年7月20日,恒锋公司向原审法院提交了《变更诉讼请求申请书》,将第(1)项诉讼请求变更为"判令华源公司向恒锋公司赔偿经济损失315838000元"。原审法院于2010年8月4日向各方当事人送达了(2010)粤高法民二初字第5号民事裁定,裁定案件移送广东省东莞市中级人民法院管辖。恒锋公司不服该裁定,上诉至最高人民法院。最高人民法院于2010年11月23日作出(2010)民二终字第103号民事裁定,裁定:"一、撤销广东省高级人民法院(2010)粤高法民二初字第5号民事裁定;二、本案由广东省高级人民法院审理。"2011年3月31日,恒锋公司向原审法院重新提交了《民事起诉状》,请求判令:(1)华源公司向恒锋公司赔偿因其单方解除合同给恒锋公司造成的经济损失315838000元;(2)厚华公司、富成公司、恒富公司对上述恒锋公司第1项诉讼请求承担连带赔偿责任;(3)案件全部诉讼费用由华源公司、厚华公司、富成公司、恒富公司承担。2011年7月28日,恒锋公司向原审法院提交了《变更诉讼请求申请及补充起诉意见》,变更其第(1)项诉讼请求为"判令华源公司向恒锋公司赔偿因其单方解除合同且违法转让应过户给恒锋公司的股权,给恒锋公司造成的经济损失315838000元"。2011年7月28日,恒锋公司在一审法院公开开庭审理该案法庭辩论阶段,口头追加展览中心为本案被告,请求展览中心与其他四被告承担连带赔偿责任。原审法院当庭告知恒锋公司应在庭后7个工作日内提交书面诉状,否则视为恒锋公司放弃该项追加申请。在原审法院限定的时间内,恒锋公司未再提交书面申请。

再查明:本案一审诉讼中,恒锋公司提交一份2005年11月25日其与东莞市雄锋物业投资有限公司(以下简称雄锋公司)签订的《转让广东现代国际展览中心有限公司股权协议》(以下简称《转让展览中心股权协议》),用以证明在2005年底,展览中心10%股权价值已达4800万元,恒锋公司已向雄锋公司支付违约金1600万元。该协议主要约定:恒锋公司将所持有展览中心10%的股权,共计4800万元转让给雄锋公司。雄锋公司分三期向恒锋公司支付,在2005年11月30日前向恒锋公司支付800万元定金,此款在尾款付清时抵作股权转让款;第一期款,雄锋公司于恒锋公司出示该项股权已在恒锋公司名下后10日内向恒锋公司支付1200万元;第二期款,雄锋公司于恒锋公司出示该项股权已在恒锋公司名下后6个月内再向恒锋公司支付2000万元;第三期款,雄锋公司于第二期款项支付后2个月内另向恒锋公司支付800万元。恒锋公司应按约为雄锋公司办理上述转让股权的工商变更登记。若因任何原因导致恒锋公司无法向雄锋公司转让股权或无法为雄锋公司办理股权过户登记手续的,雄锋公司有权终止本协议,恒锋公司除退还雄锋公司已缴的全部股权转让款之外,应另向雄锋公司赔偿违约金人民币1600万元整;等等。

一审诉讼期间,恒锋公司向原审法院递交了《鉴定申请书》,请求对展览中心59%的股权现值进行评估鉴定。评估基准日为恒锋公司申请鉴定评估之日,即2011年7月25日。2011年7月28日庭审中,恒锋公司表示也可以将2008年11月11日(华源公司转让股权时间)作为评估基准日。华源公司、恒富公司明确表示不同意恒锋公司的鉴定评估申请。

三、原审法院处理意见

原审法院认为:本案为委托收购股权合同赔偿纠纷。恒锋公司与华源公司、展览中心之间有关委托收购股权合同纠纷,最高人民法院已以(2008)民二终字第18号民事判决作出处理,本案系因解除委托收购合同产生的损失赔偿问题所生争议。

华源公司在受托期间,于2006年5月30日向恒锋公司发出《解除合同通知书》,明确终止履行双方协议,恒锋公司与华源公司之间的委托收购股权关系自此解除。本案中,恒锋公司主张以《补充协议》约定的展览中心59%股权价格9994.6万元与该股权现值的差额,作为恒锋公司的损失数额并要求华源公司予以赔偿。从恒锋公司与华源公司签订的《委托协议书》《补充协议》内容看,双方并未对合同解除的法律后果进行约定。公司股权的价值与公司的资产变化、经营状况、市场评价等因素密切相关,不断变化。股权价值的变化,亦非受托人华源公司解除委托收购关系时所能预见。恒锋公司主张以某一时点的公司股权价值来衡量一方当事人因收购股权目的未能实现导致的损失,缺乏法律依据,不予支持。恒锋公司提出的相关股权价值鉴定申请,与本案处理并无直接关联,法院予以驳回。

恒锋公司主张以其与雄锋公司签订的《转让展览中心股权协议》约定的展览中心10%股权转让价款4800万元为基础,计算出其委托收购的股权价值已上涨近3倍。但是,对于同为2005年11月25日签订的《补充协议》及《转让展览中心股权协议》中对应的展览中心股权转让价款存在的上述巨大差别的原因,恒锋公司并未提交相关证据予以说明或作出合理解释。本案并无证据反映华源公司知道或者应当知道恒锋公司与雄锋公司之间的相关约定,即便客观上存在恒锋公司向雄锋公司支付违约金的情况,但因该种损失并非华源公司所能预见,该损失与华源公司亦不存在直接因果关系,故恒锋公司主张华源公司应赔偿其已向雄锋公司支付的违约金1600万元,缺乏事实和法律依据,法院不予支持。

从华源公司与恒锋公司委托收购股权的约定看,华源公司接受委托是无偿的,华源公司并未在处理受托事务当中从恒锋公司处获利;从双方发生争议的情况看,华源公司在2006年5月30日、2006年6月10日即已两次发函恒锋公司,通知恒锋公司终止协议并要求退款;华源公司因解除其与恒锋公司的委托收购股权关系,已向恒锋公司返还股权收购款7854.6万元并实际支付利息18571186.12元;且公司股权转让还涉及公司其他股东的优先购买权等问题,并非华源公司完成收购后即可当然变更至恒锋公司名下。综合恒锋公司与华源公司在委托收购股权关系中的权利与义务,华源公司向恒锋公司支付的利息款已接近其收取的恒锋公司股权转让款的24%,已可弥补恒锋公司资金被占用期间的利息损失。而对于因收购未能完成所致其他损失,恒锋公司亦未能提交足够证据予以证实。恒锋公司向华源公司主张经济损失315838000元,缺乏事实与法律依据,法院不予支持。因华源公司不需承担上述赔偿责任,恒锋公司主张厚华公司、富成公司、恒富公司与华源公司承担连带赔偿责任,亦无事实和法律依据,法院亦不予支持。

综上,原审法院依照《民事诉讼法》第六十四条、第一百三十条,《合同法》第四百一十条之规定,于 2011 年 11 月 1 日作出判决:驳回恒锋公司的诉讼请求。一审案件受理费 1620990 元,由恒锋公司负担。

四、当事人上诉及答辩意见

恒锋公司不服原审法院上述民事判决,向最高人民法院提起上诉称:1. 上诉人诉请的股权差价损失具有充分的法律依据和事实根据,原审判决适用法律错误。(1)根据《合同法》第四百一十条之规定,上诉人有权要求华源公司赔偿股权差价损失。《合同法》第四百一十条规定:"委托人或者受托人可以随时解除委托合同。因解除合同给对方造成损失的,除不可归责于该当事人的事由以外,应当赔偿损失。"本案中,正是由于华源公司擅自解除合同,将本应按约过户至上诉人名下的股权转让给他方,才导致上诉人丧失了本应取得的股权及其全部投资利益,遭受了巨大的股权差价利益损失,上诉人有权要求华源公司对此予以赔偿。(2)根据《合同法》第四百零四条规定,华源公司对于股权及全部投资权益(包括股权差价利益)应予赔偿。《合同法》第四百零四条规定:"受托人处理委托事务取得的财产,应当转交给委托人。"本案中,华源公司取得的展览中心 59% 的股权,正是基于其与上诉人签订的股权委托收购协议,作为受托人在处理委托收购事务中取得的财产,应当转交给上诉人,此义务系法定义务,与合同履行无关,华源公司即使解除了委托合同,也必须履行该项法定义务。涉案的 59% 股权基于法律规定应该属于上诉人所有,但华源公司在解除合同后又违反上述法定义务,将股权转让给第三方(本案其他被上诉人),导致依法本应属于上诉人的财产完全丧失,判令其将股权再转交过户给上诉人已不可能再实现。因此,涉案 59% 的股权的丧失,是一种直接的实际经济损失,上诉人有权要求华源公司予以赔偿。最高人民法院作出的(2009)民二终字第 78 号民事判决书以及广东省高级人民法院作出的(2006)粤高法民二终字第 133 号民事判决书均认定,当事人之间形成委托合同法律关系后,委托人或者受托人都可以依据《合同法》第四百一十条的规定解除合同,但同时依据《合同法》第四百零四条的规定,受托人应将处理委托事务取得的财产转交委托人。(3)根据最高人民法院(2008)民二终字第 18 号终审判决书的认定,上诉人和华源公司之间还存在隐名投资关系。《最高人民法院关于适用〈中华人民共和国公司法〉若干问题的规定(三)》[以下简称《公司法若干问题的规定(三)》]第二十六条规定:"名义股东处分股权造成实际出资人损失,实际出资人请求名义股东承担赔偿责任的,人民法院应予支持。"本案中,受让股权的其他被上诉人是否属于善意暂且不论,华源公司作为隐名投资关系中的名义股东,擅自将股权转让给第三人的行为,已足以构成其向上诉人承担全部投资权益损失赔偿责任的理由。综上,上诉人的股权差价损失诉请具有充分的法律依据和事实根据。关于股权差价损失的金额,上诉人不仅提供了证据予以证明,且书面提出了股权差价的评估鉴定申请。2. 上诉人要求华源公司赔偿上诉人向雄锋公司支付的 1600 万元违约金损失,具有充分的法律依据。正是因为华源公司解除合同并将本应过户给上诉人的展览中心股权转让给他人,才导致上诉人无法履行与雄锋公司之间的股权转让协议,向雄锋公司支付 1600 万元违约金。3. 原审判决以华源公司"无法预见"为由,驳回上诉人的股权差价损失诉请和1600万元违约金损失诉请,属于适用法律错误。(1)上诉人提出的股权差价损失诉请和1600万元违约金损失诉请,首要的法律依据即为《合同法》第四百一十条的规定,该规定并未将合同解除方"能否预见解除合同给对方造成的损失"作为其是否应当赔偿损失的要件。根据该条规定,合同解除方免除赔偿责任的情形只有一种,即:合同的解除是因不可归责于合同解除方的原因所造成。一般而言,这种原因是指不可抗力或解约方之外的客观原因,但本案中,华源公司在已取得涉案股权以及展览中心其他股东已明确同意华源公司将涉案股权转让给上诉人的情况下,仍然主动选择解除合同,不再履行将股权过户至上诉人名下的合同义务,解除合同完全就是华源公司主动选择的结果,绝非不可归责于华源公司的外在原因所导致。(2)上诉人的股权差价损失和1600万元违约金损失,不仅是因华源公司解除合同所造成,还因华源公司在解除合同后,仍然拒不履行《合同法》第四百零四条规定的受托人法定义务而造成,因违反法定义务而造成的损失赔偿不存在"能否预见"的问题。(3)上诉人要求华源公司承担的股权差价损失和1600万元违约金损失的赔偿责任,还基于《公司法若干问题的规定(三)》第二十六条规定的侵权责任,不存在华源公司"能否预见"的问题。4. 即使将损失的"能否预见"作为确定本案赔偿责任的法律要件之一,上诉人诉请的股权差价损失和1600万元违约金损失,对华源公司而言也根本不是"无法预见"的损失。作为从事商业活动的商事主体,华源公司在解除合同的时候应该能够预见到上诉人的合同目的和合同利益会因此而落空、预见到上诉人因其解除合同将会遭受的股权利益丧失的必然后果。关于上诉人无法履行其与第三人的股权转让合同遭受的违约金损失,更是任何商业合同的主体在选择单方解除合同时,都能够且应该预见到的。综上,请求撤销原审判决;改判支持上诉人的全部诉讼请求;本案一、二审全部诉讼费用由被上诉人承担。

华源公司答辩称:1. 原审判决只适用《合同法》第四百一十条而未适用《合同法》第四百零四条、《公司法若干问题的规定(三)》第二十六条正确。依据《合同法》第四百一十条的规定,不应支持股权差价及转售违约金的主张。(1)本案案由系"解除委托合同赔偿纠纷",因此,《合同法》第四百一十条适用于本案。(2)《合同法》第四百零四条不适用于本案。①从该条款内容上看,显系义务性条款而非救济性条款,不是索赔的直接依据。②从委托收购合同及股权补充协议内容上看,双方约定的是"先收购再有偿转让",该模式显然不同于一般意义上的财产无偿转交。③最高人民法院(2008)民二终字第18号民事判决书已驳回了恒锋公司关于继续履行合同、办理过户登记的请求,意味着恒锋公司在本案中已没有要求转交财产的权利。④华源公司已按前述判决退还了恒锋公司全部本金及利息,在此情况下,再转交所谓委托行为取得财产,不仅不可能,而且也与该判决相背。(3)《公司法若干问题的规定(三)》第二十六条不适用于本案。①前述18号判决书虽然认定双方因委托合同形成隐显名投资关系,但双方对委托合同的一致认识是双方约定"先收购再有偿转让",且"在20天内将此部分的股权依法转到甲方名下"的操作方式,这意味着双方不存在代为持股、代为经营、代领收益的隐显名股东特征,双方不是隐显名股东关系。②双方的隐显名投资关系在2006年5月30日就已合法解除,因此之后的任何处分都不是显名投资人或显名股东的行为。③华源公司在2008年10月17日将案涉股权转让给厚华公司系响应该公司作为股东行使优先权的要求。④双方的全部合同既然系由先收购、后转让两份协议组成,则在华源公司完成收购取得案涉59%的股权后,因最高人民法院18号判决书驳回恒锋公司继续履行、予以过户的请求,而使得华源公司成为展览中心的合法股东,因此,华源公司向厚华公司转让股权完全是合法有效的,而非"违约转让"。(4)《合同法》第四百一十条虽未明确其中的损失为直接损失,但即使包括间接损失,也要受《合同法》第一百一十三条可预见限制规则的约束,而华源公司在签约时无法预见上述恒锋公司主张的损失。2. 恒锋公司提出巨额索赔的基础事实和关键证据是虚假的,恒锋公司的诉讼请求因无证据支持而不能成立。恒锋公司提出巨额索赔的基础事实和关键证据是一份落款于2005年11月25日、其将展览中心10%股权溢价2.8倍、以4800万元转让给第三方雄锋公司的《转让展览中心股权协议》。该转让协议是恒锋公司利用其与雄锋公司在2010年的几笔往来款,为提起诉讼而专门伪造的虚假证据,理由为:(1)华源公司2005年11月25日尚未与展览中心任何原股东签订收购协议,恒锋公司就提前声称已取得了59%股权且溢价2.8倍转让,不符常理。(2)未签任何协议即退还800万定金,又双倍返还定金1600万元,亦非正常。(3)虽经法院及华源公司再三要求,却提供不了800万元系雄锋公司存入的证据、向雄锋公司付款用途为"还款"等事实。(4)该协议系2005年11月25日签订,但协议标明的雄锋公司的注册号却是441900000495269,该注册号在2009年3月14日才被核准使用。基于上述协议虚假的事实,关于法律适用以及直接间接损失之争,就成了纯粹意义上的理论探讨,恒锋公司的诉讼请求因无证据支持而不可能成立。综上,请求驳回上诉,维持原判,并请依照《民事诉讼法》第一百零二条之规定,追究相关人员妨碍诉讼的法律责任。

恒富公司答辩称:恒锋公司上诉请求中仍要求恒富公司承担连带赔偿责任,但其事实理由部分根本未提及恒富公司,本身就说明其对恒富公司的上诉请求不能成立,应予驳回。具体理由如下:1. 恒富公司受让展览中心股权合法有效,应受法律保护。恒富公司受让展览中心股权完全符合公司法关于股权转让的规定。恒富公司与厚华公司、富成公司的股权转让合同生效后,亦依据合同约定履行了付款义务。在整个受让过程中,恒富公司根本不了解华源公司与恒锋公司的纠纷,亦不是从华源公司受让股权,因此,恒富公司收购展览中心股权是完全合法有效的,无论从公司法还是物权法角度讲,恒富公司的股权都应受到法律保护。作为非合同当事人,华源公司与恒锋公司的委托合同纠纷与恒富公司没有关系。2. 恒锋公司要求恒富公司对华源公司解除合同给其造成的损失承担连带赔偿责任,既无法律依据也无事实依据。关于恒锋公司的股权价差损失诉求,并没有充分的法律依据。《合同法》第四百一十条规定的赔偿损失应为直接损失,并不涵盖可得利益在内的任何其他间接损失。恒锋公司所主张的经济损失,包括1600万元违约金损失,也没有合法的事实依据。(1)恒锋公司与雄锋公司签订的转让协议存在诸多违背常理的重大漏洞,是双方恶意串通,为了本案而炮制出来的虚假合同。(2)在履行上,恒锋公司所提交证据不足以证明其损失1600万元。恒锋公司所提交的证据即进账单显示,2005年12月29日有三笔现金存款,但无法证明是雄锋公司支付的,也没有雄锋公司存款的单据。3. 原审法院不准许恒锋公司提出的对展览中心股权的评估申请,符合法律规定。(1)恒锋公司申请评估的股东权益早已非华源公司财产,而属展览中心现股东所有。恒富公司经营致股权升值和华源公司控股时的股权价值,不能放在一起作减法。(2)恒锋公司申请评估的对象展览中心并非本案当事人,恒锋公司也在庭审时法官已释明的情况下放弃了追加展览中心为案件当事人的权利。(3)展览中心59%股权的价值评估于恒锋公司的诉讼请求没有必要性。根据《民事诉讼法》及《最高人民法院关于民事诉讼证据的若干规定》第二条的规定,恒锋公司必须就其遭受的经济损失金额承担举证责任,而不是对展览中心股权价值提评估的申请。(4)对展览中心股权价值进行评估鉴定,合理的评估基准日难以确定,技术上难以操作,得出的鉴定结论也必然是不确定的。4.恒锋公司属于明显恶意缠讼。综上,请求驳回上诉,维持原判。

厚华公司、富成公司未到庭,亦未提交书面答辩意见。

五、最高人民法院二审查明的事实

最高人民法院对原审法院查明的事实予以确认。

二审期间,华源公司提交了三份二审新证据,用以证明恒锋公司与雄锋公司于2005年11月25日签订的《转让展览中心股权协议》系伪造。第一份新证据为东莞市工商行政管理局2012年2月6日出具的《查询结果》,其载明:"经查询档案资料,'东莞市雄锋物业投资有限公司'于2009年3月14日经核准变更注册号,由原注册号'4419002019028'变更为'441900000495269'。"第二份新证据为《核准变更登记通知书》,其载明,雄锋公司于2009年3月14日将注册号由原注册号"4419002019028"变更为"441900000495269"。第三份新证据为2004年3月23日颁发的已作废的雄锋公司企业法人营业执照(副本),其载明,成立日期2004年3月23日,营业期限至2009年3月23日,注册号为4419002019028。经最高人民法院质证,恒锋公司认为,协议在形式上有双方代表签字和盖章,华源公司没有对此提出异议,故不能说明协议是伪造的。

最高人民法院另查明:2005年11月30日,雄锋公司给恒锋公司出具的《证明函》载明:"我公司于2005年11月29日存入人民币现金三单为:200万元、300万元、300万元,共800万元到贵公司在厚街农村信用合作社,账号为0900101900010011002。"2005年12月份出具的东莞市农村信用合作社对账单显示,账号为0900101900010011002、户名为恒锋公司的账户上,在2005年11月29日,分别以无折现金存入的方式存入200万元、300万元、300万元三笔款项。2010年1月13日出具的东莞市农村信用合作联社进账单载明,出票人为恒锋公司,收款人为雄锋公司,金额为800万元,用途为还款。2009年12月7日出具的东莞市农村信用合作联社进账单载明,出票人为恒锋公司,收款人为雄锋公司,金额为1600万元,用途为还款。

二审期间,恒锋公司向最高人民法院递交了《鉴定申请书》,请求对展览中心59%的股权现值进行评估鉴定。评估基准日为2008年10月17日。华源公司、恒富公司明确表示不同意恒锋公司的鉴定评估申请。

六、最高人民法院二审判决结果

最高人民法院认为,本案系在本院作出的(2008)民二终字第18号民事判决书判令本案所涉恒锋公司与华源公司签订的《委托协议书》《补充协议》解除的情形下,因合同解除而引发的赔偿损失纠纷。本案二审争议的焦点是：恒锋公司关于华源公司应赔偿因其解除委托收购股权合同、转让股权而给恒锋公司造成的股权差价款损失及恒锋公司向案外人雄锋公司支付违约金的损失的诉讼请求，是否应予支持。主要从以下两个方面进行分析：

（一）关于恒锋公司诉请的股权差价款损失应否支持问题

股权差价款损失为恒锋公司诉请的损失之一。《合同法》第四百一十条规定："委托人或者受托人可以随时解除委托合同。因解除合同给对方造成损失的，除不可归责于该当事人的事由以外，应当赔偿损失。"因此，本案所应认定的问题是，华源公司解除委托收购合同，是否因可归责于华源公司的事由导致恒锋公司的股权差价款损失。本院作出且已经生效的(2008)民二终字第18号民事判决书认为，在委托代理关系中，委托人和受托人均有权解除委托合同。因华源公司已经向恒锋公司发出《解除合同通知书》，表明解除其与恒锋公司之间合同，华源公司与恒锋公司之间的委托收购股权关系应予以解除。恒锋公司基于委托收购关系向华源公司请求将股权过户于其名下的主张，不予支持。简言之，华源公司行使任意解除权后，因委托收购协议终止，不具有继续履行性，故合同中约定的华源公司将本案所涉股权转让给恒锋公司的义务也不具有可履行性。2004年修订的《公司法》第三十五条规定："股东向股东以外的人转让其出资时，必须经全体股东过半数同意；不同意转让的股东应当购买该转让的出资，如果不购买该转让的出资，视为同意转让。股东同意转让的出资，在同等条件下，其他股东对该出资有优先购买权。"恒锋公司拟受让股权的展览中心的《公司章程》第十三条规定："股东向股东以外的人转让其出资时，必须经股东会过半数以上股权同意，且在同等的条件下，其他股东对该出资有优先购买权。"上述规定系基于维护有限责任公司的人合性的目的，对有限责任公司股东向股东以外的人转让股权，规定了同意权制度和优先购买权制度予以限制。上述规定为强行性规定，对于拟受让有限责任公司股权的股东之外的第三人而言，其取得该公司股权，必须受上述规定的约束。应予明确的是，《公司法》第三十五条规定的认定有限责任公司同意转让的条件是"全体股东过半数同意"，而展览中心的《公司章程》第十三条规定的是"股东会过半数以上股权同意"，两者内容并不相同。由于《公司法》的该条规定是强行法的规定，不允许公司在其章程中放宽同意的条件，股权的过半数并不一定能够达到其他股东的过半数同意，因此，在公司章程中的规定宽于《公司法》的规定时，应以《公司法》的规定为准。本案中，恒锋公司拟取得的股权是展览中心的股权，展览中心系有限责任公司，依据上述规定，如恒锋公司受让股权，必须经展览中心全体股东过半数以上股东同意，如果其他股东不同意，则应行使优先购买权，在其他股东行使优先购买权的情形下，恒锋公司并不能取得案涉股权。此外，本案中，恒锋公司委托华源公司购买的股权系集体股股权。2002年10月4日施行的《东莞市农村集体资产管理实施办法》第五条规定："……镇区农村集体资产管理部门是……镇人民政府管理经联社、经济社两级农技集体资产的监督管理部门，负责指导和监督农村社区集体经济组织……产权交易。"由上述规定可见，对于村镇集体股权的转让，应受镇政府的监督管理。上述政府部门的意见对于集体股权的转让发挥着重要作用。正因为此，本案中，在拟收购本案所涉展览中心集体股权时，华源公司是向东莞市厚街镇委、镇政府专责部门先行递交

《关于受让广东现代国际展览中心有限公司集体股的申请》,并且,华源公司与恒锋公司在《委托协议书》中约定,当厚街镇委、镇政府提出的具体条件与原《关于受让广东现代国际展览中心有限公司集体股的申请》有区别的情况下,双方需要就有区别的部分进行协商并签订补充协议。在2005年11月25日,东莞市厚街镇政府拟转让股权的集体股股东与华源公司签订《集体股权转让合同书》。该合同书载明,东莞市厚街资产经营管理公司是东莞市厚街镇政府下属企业,持有股份为35.93%,东莞市厚街镇政府同意转让股权给华源公司。22个村委会股东所占股份,东莞市厚街镇政府已征得他们同意,……转让给华源公司。由上述规定和事实可见,在本案所涉有限责任公司中的集体股股权转让给股东之外第三人时,应受两种规定的限制:一是同意权和优先购买权的限制;二是相关政府管理部门意见的限制。简言之,恒锋公司能否根据《委托协议书》和《补充协议》的约定取得本案所涉股权,取决于上述两种规定的限制,本案所涉股权并非应当当然转让给恒锋公司。本案中,2006年5月30日,华源公司向恒锋公司发出《解除合同通知书》,要求解除委托收购协议,其理由为"该公司在与恒锋公司签订股权转让协议前,未获得展览中心全体股东过半数同意,违反《公司法》的相关规定"。在一、二审答辩时,其称解除合同是由于厚街镇政府知道其替恒锋公司收购股权后对其进行了批评。从本案事实来看,尽管华源公司未提交厚街镇政府在其发出解除通知之时,明确表明不同意将本案所涉股权转让给恒锋公司的证据,但在得知该事实后,2006年9月11日,东莞市厚街镇委、镇政府给展览中心董事会发出一份《关于展览中心股权重组有关问题的意见》,以及同年11月28日,恒锋公司提交的《关于恒锋公司秘密参与收购展览中心股份有关问题的会议纪要》载明,厚街镇委、镇政府在华源公司收购本案所涉股权时,并不知晓两者隐名收购事实,恒锋公司在已进入司法程序后的9月1日再单方面向各原股东发放了相关资料(包括私下签订的委托收购协议书和受让展览中心集体股申请,省高院受理通知书、有关收据等)等行为是不道德的。镇委、镇政府对华源公司是否有能力受让股份和能否经营好展览中心等进行了反复论证,最后认为华源公司的条件综合起来最为符合要求。简言之,在得知隐名收购事实后,厚街镇镇委、镇政府仍然认为华源公司最符合受让股东的条件,并无明确同意恒锋公司可以受让股权的意思表示。而且,尽管在华源公司发出解除通知后,展览中心的6个股东中的4名股东东莞市兴业集团有限公司、东莞市宝龙实业有限公司、东莞市华伟实业有限公司、东莞市金业实业发展有限公司曾应恒锋公司请求,出具《股权转让意见书》,同意华源公司以9994.6万元的价格向恒锋公司转让展览中心59%的股权,但事后上述四名股东也出具《声明》,称其出具的《股权转让意见书》,系在不了解有关真实情况下作出的,非公司真实意思表示,声明自即日起撤销该意见书及有关意思表示,不同意华源公司将所收购的展览中心59%股权转归恒锋公司名下,最终结果是展览中心的全体股东过半数不同意将股权过户给恒锋公司,且行使了优先购买权。综上,在本案所涉股权并非依法当然应当过户给恒锋公司的情形下,华源公司在解除合同后未将股权转让给恒锋公司具有客观理由,没有充分证据认定是因华源公司的过错导致恒锋公司的股权差价款损失,因此,对于恒锋公司据此诉请要求华源公司承担赔偿损失责任以及其他被上诉人承担连带责任的上诉请求,本院不予支持。此外,华源公司与恒锋公司基于《委托协议书》和《补充协议》建立的是委托收购股权关系,双方约定华源公司收购股权的目的是取得股权后将股权转给恒锋公司,而未明确约定在股权不能转让给恒锋公司的情形下,应由华源公司代为持股。华源公司在行使法定的任意解除权、发出解除合同通知之时,明确表示将股权转让款退还恒锋公司的行为表明,其在解除合同、不再将案涉股权过户给恒锋公司的情形下,并不同意代恒锋公司持股,而系其自己持有股权。因此,华源公司依法处分上述股权,将其转让给行使优先购买权的展览中心的股东,不能认定对恒锋公司构成侵权,对于恒锋公司基于该事实请求华源公司赔偿其损失以及其他被上诉人承担赔偿损失的连带责任的上诉请求,本院不予支持。由于恒锋公司诉请的股权差价款损失不能得到支持,故无需对股权进行鉴定,对于恒锋公司的股权鉴定申请,本院予以驳回。

(二)关于恒锋公司诉请的其向雄锋公司支付的违约金损失应否支持问题

本院认为,对于该损失,不应予以支持,理由为:1.恒锋公司并无充分证据证明《转让展览中心股权协议》真实存在以及其确实向雄锋公司支付了违约金。(1)恒锋公司与雄锋公司签订的《转让展览中心股权协议》的时间为2005年,但在该合同上载明的雄锋公司的注册号却是其在2009年才开始使用的注册号。恒锋公司对此没有作出合理解释。根据该事实可以认定,上述合同是当事人双方事后补签的。(2)在《补充协议》签订的当日,展览中心的股权尚未过户给恒锋公司的情形下,恒锋公司即与雄锋公司签订《转让展览中心股权协议》,且转让价款是恒锋公司购买价款近3倍,该内容违反常理,真实性值得怀疑。(3)尽管恒锋公司举证证明在2005年12月30日,雄锋公司打给恒锋公司三笔现金存款共计800万元,但证明函、对账单并未表明上述款项的用途,进账单写明的用途仅为"还款",上述证据不足以证明该款项是支付本案所涉违约金的事实。2.即使上述损失真实存在,但由于恒锋公司无证据证明华源公司在发出解除通知之时,知道或者应当知道该《转让展览中心股权协议》的存在,故该损失属于华源公司不可预见的损失,不属于应予赔偿的范围。相应地,其他被上诉人也无需承担对该损失的连带赔偿责任。

综上,原审法院认定事实清楚,适用法律基本正确。本院依据《民事诉讼法》第一百五十三条第一款第(一)项之规定,判决如下:驳回上诉,维持原判。一审案件受理费1620990元,二审案件受理费1620990元,均由恒锋公司负担。

七、相关问题分析

(一)任意解除权的界定、法律规定与司法适用中应注意的问题

本案涉及到任意解除权的行使问题。

任意解除权,是指合同当事人一方可以依法随时解除合同的权利。其为法定解除权的一种,但与《合同法》第九十四条规定的法定解除权存在区别。关于任意解除权的适用范围,各国立法的规定虽有不同,但其相同点在于,均规定委托合同的当事人享有任意解除权。

委托起源于罗马法中的代理制度。"委托合同的缔结往往是基于帮助和友谊。委托合同是诺成、不要式、诚信和不完全双务合同,是基于当事人之间的相互信任而成立的合同。

委托人可以随时单方面撤销委托，并不需要任何理由。"①"受托人的承担义务并不需要对方付出代价，因此，也可以单方面的解除合同。"②应当说，在罗马法中，无偿性是委托的特征。《德国民法典》中的委托严格继承了罗马法中无偿委托的性质。《德国民法典》第671条规定，委托人可以随时撤回委托，受托人可以随时对委托发出预告解约通知。继承德国民法传统的日本民法，允许当事人双方就支付报酬为特约。这种允许当事人约定有偿，以无偿为推定的原则，是对罗马法及德国民法绝对无偿原则的发展和突破。《法国民法典》则以无偿委托为一般性认定，但也认可有偿委托合同的存在。《法国民法典》第1986条规定："除另有约定外，委托无报酬。"该法典第2004条、2007条规定，委任人可以任意解除委任；受任人则须以抛弃通知与委任人，方可抛弃其委任。《意大利民法典》及我国台湾地区"民法典"完全废弃无偿原则，转而采用有偿推定原则。1942年《意大利民法典》第1709条确立了有偿推定原则，台湾地区"民法典"第547条规定："报酬未约定，如依习惯或依委任事务之性质应给报酬者，受任人得请求报酬。"③

关于赋予委托合同当事人任意解除权的理由，学界通说认为，由于委托人与受托人之间人身信任度较高，故信任为委托合同的基础。在该情形下，一旦相互的信任发生了动摇，委托合同也就没有存在的基础与必要。因此，在信任这一基础动摇或者不存在后，赋予委托合同当事人任意解除合同的权利，可以使当事人从原有合同法律关系中解脱出来，另行缔结合同，保证资源能够进行有效配置。信任关系属于主观信念的范畴，具有主观任意性，并无一定的规定和限制。如果当事人在信念上对对方当事人的信任有所动摇，就应不问有无确凿可信的理由，均允许其随时终止委托合同。否则，即使勉强维持双方之间的合同关系，必然招致不良后果，会影响到委托合同订立目的的实现。④无偿合同的核心是不完全的双务合同。法律对无偿委托的规范中心，不在于法律上的拘束力，而在于受托人责任的减轻。因此，在传统民法领域，任意解除权在立足于身份信赖基础上的民事委托法律关系中得到肯定。"民事委托大多为无偿、不要式合同。所以，各国或地区的民法大多规定当事人可以随时解除委托合同。《合同法》第四百一十条就是这种思潮的产物。"⑤但随着商品经济的不断发展，委托合同的适用范围不再局限于民事事务，而扩展至商事事务，相应的，委托合同双方当事人的相互信任的内涵也有所变化，不再是基于人身信任关系，而是包含了商业风险因素在内的基于受托人的专业知识、技能、商誉等为基础的信任。"商事合同委托的常态是有偿合同、要式合同，当事人之间的信赖是指受托人的商誉及经营能力……一旦委托人随时解除合同，就给受托人带来重大损失。"⑥基于私主体对己方私利益的最大化追求，当事人双方均可能存在滥用权利的情形。如：委托方在委托事宜即将履行完毕之际故意行使任意解除权，减损受托方的合法利益。受托人在不利于委托人的时期解除委托合同，造成委托人的损失。为防止任意解除权的滥用，必须将其行使限制在必要的限度内，该限制

---

① ② 周枏：《罗马法原论》，商务印书馆1994年版，第804页。
③ 高富平、王连国：《委托合同与受托行为——对〈合同法〉中三种合同的一些思考》，载《法学》1999年第4期。
④ 王利明：《民商法研究》，法律出版社1998年版，第165页。
⑤ 梁慧星：《民法总论》（第三版），法律出版社2007年版，第50页。
⑥ 梁慧星：《民法总论》（第三版），法律出版社2007年版，第50页。

的标准就是诚实信用的原则。

《法国民法典》第 2007 条规定:"如抛弃受委托对委托人的利益造成损害,受委托人应负责对委托人给付补偿;但在受托人本人非受重大损失即不能继续其所受之委托的情形,不在此限。"《德国民法典》第 671 条规定:"受托人仅得以使委托人能够对事务的处理另作处置的方式通知终止委托,但有不适时地通知终止委托的重大原因的除外。在没有此种原因的情况下,受托人不适时地通知终止委托的,必须向委托人赔偿因此发生的损害。"《日本民法典》第 651 条规定了委托合同的任意解除权。但在日本的学说和判例中,逐渐产生了限制任意解除权的学说。如有观点认为,在无名合同中,对于任意解除权应予限制。所谓无名合同,是指不论是否存在受托人利益,只要委托合同的要素和其他合同的要素相结合构成一个无名合同,并且委托合同和合同其他部分一起构成命运共同体,而不能单独解除,就不能行使委托合同任意解除权。还有观点认为,随着《日本民法典》第 651 条在应用中出现的问题的增多,目前主流的学说主张,正因为是无偿的委托,任意解除才存在。如果是有偿的话,就不应该适用这样的规定。① 在日本的司法判例中,产生的"受托人利益规则"和"不得以事由规则"的核心意思是,委托合同不仅仅为了委托人的利益而存在,受托人也与合同有正当利益关系时,委托人不能依据《日本民法典》第 651 条的规定解除合同。《意大利民法典》第 1725 条规定:"对有确定期间或确定事项的有偿委托,如果在期间届满或者事项完成前撤回或者放弃委托的,委托人或者受托人向对方承担损害赔偿责任,除非有正当理由。对未确定期间的,委托人撤回委托或者受托人放弃委托未适时时被撤回的,委托人应对撤回委托合同给对方造成的损失承担赔偿责任。"

综上,我们认为,对任意解除权的限制可分为两类,一类是对任意解除权的行使范围进行限定;另一类则是对任意解除权的行使范围不进行限定,但规定在一定情形下,解除人应赔偿对方当事人损失。

我国《合同法》第四百一十条对任意解除权的行使进行了规定,即:"委托人或者受托人可以随时解除委托合同。因解除合同给对方造成损失的,除不可归责于该当事人的事由以外,应当赔偿损失。"由上述规定可见,我国《合同法》并未区分民事委托和商事委托对任意解除权的行使范围作出不同的规定,而是规定当事人享有任意解除权,但因解除合同给对方造成损失的,除不可归责于该当事人的事由以外,应当赔偿损失。关于该条规定,如前所述,江平先生认为,其实质是基于民事委托合同的无偿性进行的规定。而委托合同有民事委托和商事委托之分,商事委托合同的常态是有偿合同、要式合同,其关于任意解除权的行使应进行必要的限制。学者们也多认为,基于商事委托合同的有偿性特征,在司法实务中,应结合任意解除权的立法目的以及个案的具体情形决定应否对当事人的任意解除权进行限制,以维护诚实信用原则,避免滥用权利。

关于行使任意解除权后的损失赔偿问题,主要涉及两个方面问题:一是在何种情形下,解除人应赔偿损失;二是赔偿损失的范围如何界定。关于应赔偿的情形,我国《合同法》第四百一十条的规定是"因解除合同给对方造成损失的,除不可归责于该当事人的事由以外,

---

① 日本学者冈孝先生在 2004 年 12 月中日韩合同法国际研讨会的发言。

应当赔偿损失"。关于损失赔偿的范围,由于我国《合同法》第四百一十条没有明确规定,故引发了相关争议。争议主要集中在除赔偿直接损失外,应否赔偿可得利益损失问题。有观点认为,合同解除后赔偿范围不包括可得利益的损失,因为按《合同法》第九十七条之规定,合同解除后,尚未履行的,终止履行;已经履行的,根据履行情况和合同性质,当事人可以要求恢复原状、采取其他补救措施,并有权要求赔偿损失。① 既然解除人行使了解除权,合同应解除而终止履行,那么,基于合同完全履行而获得的可得利益也不存在,故无需赔偿。另有观点认为,合同任意解除后损害赔偿范围的确定,应当与合同法定解除后的损害赔偿的范围予以区别。不仅如此,还要视合同的具体类型来确定。还有观点认为,在以相对人之间的信赖为基础的委托合同中,一方无不得已的事由,而于相对人不利的时期解除合同,这属于权利的滥用,违反了委托合同所规定的义务,所以应负债的不履行的责任,此损害赔偿的性质为积极损害(履行利益)的赔偿。②

（二）本案受托人应否承担赔偿责任的相关问题

根据前述我国《合同法》第四百一十条对当事人行使任意解除权后的损害赔偿问题的规定,本案中,华源公司应否承担损害赔偿责任,关键问题是判定是否因可归责于受托人的原因解除合同并致委托人损失这一问题。

1. 本案所涉股权是否当然应该转让给恒锋公司

本案所涉股权是有限责任公司股权。2004年修订的《公司法》第三十五条规定:"股东之间可以相互转让其全部出资或者部分出资。股东向股东以外的人转让其出资时,必须经全体股东过半数同意;不同意转让的股东应当购买该转让的出资,如果不购买该转让的出资,视为同意转让。经股东同意转让的出资,在同等条件下,其他股东对该出资有优先购买权。"2005年修订的《公司法》第七十二条规定:"有限责任公司的股东之间可以相互转让其全部或者部分股权。股东向股东以外的人转让股权,应当经其他股东过半数同意。股东应就其股权转让事项书面通知其他股东征求同意,其他股东自接到书面通知之日起满三十日未答复的,视为同意转让。其他股东半数以上不同意转让的,不同意的股东应当购买该转让的股权;不购买的,视为同意转让。经股东同意转让的股权,在同等条件下,其他股东有优先购买权。两个以上股东主张行使优先购买权的,协商确定各自的购买比例;协商不成的,按照转让时各自的出资比例行使优先购买权。公司章程对股权转让另有规定的,从其规定。"由上述规定可见,与2004年《公司法》相比,2005年《公司法》第七十二条除了允许公司章程可以对股权转让另作规定这一变化外,对股东向股东以外的人转让股权的条件作了以下修改:

第一,关于同意权规定的修改。2004年《公司法》规定,股东向第三人转让股权必须满足两个条件:股东过半数同意和股东会决议准许。2005年《公司法》则将"必须经全体股东过半数同意"修改为规定必须经转让股权股东以外"其他股东的过半数同意"。这一修改采用了世界各国通行的规则,规定了利害关系股东的回避制度,以保证决议的公正性。该修

---

① 李国光:《合同法解释与适用》,新华出版社1999年版,第381页。
② 史尚宽:《债法各论》,中国政法大学出版社2000年版,第411页。

改对股东同意程序的表决要求要比原《公司法》严格,对股东同意程序的表决通过提出了更高的人数要求,加大了对公司人合性的保护并且有利于保护中小股东的利益。此外,其还删除了2004年《公司法》第三十八条关于股东会对"股东向股东以外的人转让出资作出决议"的规定,从而有效解决了因股东会无法或者很难召开而导致股权无法对外转让的难题。

第二,对股权转让事项的通知方式作了不同规定。2004年《公司法》第三十五条对此未作规定,而2005年《公司法》第七十二条则明确规定,股东就其股权转让事项必须书面通知其他股东征求同意。

第三,对其他股东同意股权转让答复的时间和股东默示同意推定制度作了不同的规定。2004年《公司法》对此未作规定,2005年《公司法》第七十二条则明确规定,其他股东接到有关股权转让事项的书面通知后,须在30日内答复,未答复的,视为同意转让。其他股东半数以上不同意转让的,不同意转让的股东应当购买该转让的股权,不购买的,视为同意转让。

第四,对两个以上股东主张优先购买权的行使方法作了不同的规定。2004年《公司法》对此未作规定。2005年《公司法》第七十二条则明确规定,两个以上的股东主张行使优先购买权的,协商确定各自的购买比例,协商不成的,按照转让时各自的出资比例行使优先购买权。

上述规定规定了有限责任公司股东将股权转让给股东之外第三人时,应受同意权制度和优先购买权制度的约束,在不符合同意权或优先购买权制度的要求时,受让人不能取得拟受让股权。

还应提及的一个问题是,在公司章程的规定与公司法的规定不一致时,如何认定公司章程规定的效力问题。本案中,关于同意权的规定,《公司法》的规定是经股东的过半数同意;而展览中心的《公司章程》第十三条规定的是"必须经股东会过半数以上股权同意"。股东人数的过半数和股权的过半数含义是不同的。"股东人数过半数"的规定主要是基于维护有限责任公司的人合性的考虑,强调了对每个股东权利的尊重,而无论其持股比例多少。而股权的过半数,则不利于对中小股东的权利保护。由于《公司法》的该条规定是强行法的规定,故其不允许当事人自主约定排除或者作宽于《公司法》规定的规定。因此,在《公司章程》中的规定宽于《公司法》的规定时,应以《公司法》的规定为准。

基于上述制度性规定,经研究,倾向性意见认为,本案中,恒锋公司并不能当然取得委托收购的股权。在展览中心股东行使了优先购买权的情形下,恒锋公司依法不能取得案涉股权。华源公司之所以不能将受托购买的股权转让给恒锋公司,并非基于其自身原因,因此,其无需承担赔偿责任。

2. 对《合同法》第四百零四条规定的理解与适用

本案中,恒锋公司认为,《合同法》第四百零四条规定:"受托人处理委托事务取得的财产,应当转交给委托人。"华源公司取得的展览中心59%的股权,正是基于与其签订的股权委托收购协议,作为受托人在处理委托收购事务中取得的财产,应当转交给恒锋公司,此义务系法定义务。华源公司即使解除了委托合同,也必须履行该项法定义务。最高人民法院作出的(2009)民二终字第78号民事判决书认定,当事人之间形成委托合同法律关系后,委托人或者受托人都可以依据《合同法》第四百一十条的规定解除合同,但同时依据《合同法》第四百零四条的规定,受托人应将处理委托事务取得的财产转交委托人。在讨论中,倾向观点认为,《合同法》第四百零四条是对受托人转移利益的规定。依据该条规定,受托人应当将自己因处理委托事务而取得的各种利益及时转交给委托人,此为受托人的义务。但在个案中,由于法律上和事实上的障碍,存在着受托人无法将委托合同所涉及的标的物转交给委托人的情形。上诉人以最高人民法院(2009)民二终字第78号案系上诉人重庆超霸房地产开发有限公司(以下简称超霸公司)、重庆市港渝商业管理有限公司(以下简称港渝公司)与被上诉人杜永安和原审第三人重庆万里行百货有限公司(以下简称万里行公司)委托合同纠纷案作为支持其主张的依据。该案的基本案情是:超霸公司(甲方)与重庆市港渝物业管理有限公司(乙方,后更名为港渝公司)签订了《委托代理经营合同》《"港渝广场"物业管理委托合同》《委托代理经营合同》等合同约定,在委托期限内甲方委托乙方全权负责"港渝广场"的经营管理活动,具体包括:市场推广、宣传策划、对外招租、物业管理等。甲乙双方采取由乙方全权代理"港渝广场"甲方产权出租事宜的方式,并保证每年向甲方上缴代理租金收入360万元。乙方为甲方委托代收租金,代支维修等费用,代管房屋租金。后超霸公司向一审法院提起诉讼,请求判令:上述协议终止;港渝公司转交受超霸公司委托代为出租和管理归超霸公司所有的财产,所衍生的财产(包括租金);港渝公司退回其收取的承租人缴纳的2006年9月6日之后的租金972.075152万元及从2006年9月6日起至还清之日止以同期贷款利率计算的利息等。该案中,当事人争议的焦点之一是港渝公司因受托在委托期限内经营管理"港渝广场"而收取的租金应否归属于委托人超霸公司问题。关于该问题,一、二审法院认为,因港渝公司、超霸公司双方之间系委托合同关系,港渝公司作为受托人,对受托的财产只有经营权。租金归属于超霸公司所有,港渝公司只是受托收取租金,委托合同解除后,该部分受托收取的租金应交付委托人。本案与该案存在不同。本案受托取得的标的物——展览公司的股权,其转让受到相关法律规定的约束,该股权能否转让给委托人,处于不定状态,委托人并不能当然取得该委托收购的股权。本案中,正是因为不符合股权转让的法定条件,恒锋公司并不能取得案涉股权,因此,该股权不能当然转交给该公司。

当然,根据当事人的上诉理由和答辩意见,本案还涉及了侵权损害赔偿范围的确定是否适用可预见性原则等问题,因本案最终并未认定华源公司应承担损害赔偿责任,故对该问题此处不赘述。

【商事裁判文书选登】①

深圳市朗钜实业集团有限公司与甘肃天昱置业有限公司股东出资及公司盈余分配纠纷案

裁判要旨 上诉人二审提出两项诉讼请求,其一,请求返还其作为原公司股东时所支付的增资款项,属于事实问题;其二,主张返还因目标公司的资产增值(主要是土地价格上涨)而使其原持有的股权比例所对应的资产价值增加的部分。本案上诉人(一审原告)虽提出了盈余分配诉讼请求,但其与被上诉人之间的纠纷实为股权转让合同关系而引起,在双方没有特别约定且目标公司亦没有相应分配决议的情形下,上诉人主张该项"盈余分配",没有法律依据。

中华人民共和国最高人民法院
民 事 判 决 书②

(2012)民二终字第28号

上诉人(原审原告):深圳市朗钜实业集团有限公司。住所地:广东省深圳市罗湖区深南东路4003号世界金融中心A座48层。

法定代表人:李海茂,该公司董事长。

委托代理人:涂四益。住址:广州市海珠区。

委托代理人:陈赞,广东同益律师事务所律师。

被上诉人(原审被告):甘肃天昱置业有限公司。住所地:甘肃省兰州市城关区天庆大道588号国际商务大厦19层。

法定代表人:彭炜,该公司总经理。

委托代理人:常聪英,该公司职员。

委托代理人:杨军,甘肃正天合律师事务所律师。

上诉人深圳市朗钜实业集团有限公司(以下简称朗钜公司)因与被上诉人甘肃天昱置

---

① 本栏目判决书中的《民事诉讼法》指2012年修改前的《民事诉讼法》。——编者注
② 根据需要,略去有关当事人、委托代理人身份信息。——编者注

业有限公司(以下简称天昱公司)股东出资及公司盈余分配纠纷一案,不服甘肃省高级人民法院(2010)甘民二初字第8号民事判决,向本院提起上诉。本院依法组成由审判员王宪森担任审判长、代理审判员王富博、代理审判员刘崇理参加的合议庭进行审理,书记员郑琪儿担任记录。本案现已审理终结。

甘肃省高级人民法院一审查明:2008年12月22日,兰州市中级人民法院就原告陈晓晨诉被告北京中拍投资管理有限公司(以下简称中拍公司)、第三人罗爱玲、牛芸、朗钜公司股权转让侵权纠纷一案作出(2008)兰法民二初字第00128号民事判决书。该判决书认定如下事实:2007年1月1日,陈晓晨(甲方、转让方)与中拍公司(乙方、受让方)及天昱公司(丙方、目标公司)签订《股权转让合同书》约定,鉴于:丙方是2002年7月在甘肃省工商局注册成立的有限责任公司,注册资本为人民币1000万元;甲方是指包括甲方在内的及能够受甲方支配的丙方的所有股东,甲方对丙方的出资额为人民币1000万元,甲方合法持有丙方100%的股权;乙方是指包括与乙方在内的能够和乙方一致行动的受让甲方100%股权的受让人;该等股权的转让已经丙方股东会决议通过,丙方董事会也同意该等股权转让;乙方、乙方的股东及与乙方一致行动的第三人一致同意受让甲方所持有的丙方100%的股权;丙方知悉上述股权转让及本合同书所做的安排。甲方同意将其持有丙方100%股权(出资)及其项下的一切权利、义务转让给乙方,乙方受让甲方股权的对价是人民币12100万元,确定该对价的前提条件包括丙方以合法的形式和途径取得了位于兰州市城关区九洲大道13块(约550亩)国有建设用地使用权(均为商业、住宅用地),土地使用证编号为:兰国用(2003)第J043号-第J048号以及兰国用(2005)第J114号-第J120号,丙方在上述土地合法拥有地热井一口,现场办公室房产一栋(建筑面积356平方米);丙方股权转让时上述财产均不发生减少,按现状进行交接。股权转让对价的支付及股权过户程序的安排为:自合同生效之日起10个工作日内,乙方向甲方支付1000万元,当甲方的该550亩土地上的房地产项目领取到开工许可证之日起10个工作日内支付1000万元,2007年8月31日前、12月31日前各支付1500万元,2008年4月31日前、12月31日前分别支付3000万元、4100万元。甲方于收到上述1000万元后30天内将80%的股权过户给乙方(以工商登记为准),并同时按乙方指定的人选变更法定代表人;当乙方支付的款项超过12100万元的80%时,甲方应当按照乙方支付的款项所占股权转让总价款的比例同步地向乙方过户股权,直到将100%的股权过户给乙方。乙方违约责任为:如乙方股权转让款未按时支付,拖延超过270天,则甲方有权宣布解除合同;合同一旦被甲方宣布解除,乙方应当赔偿甲方的经济损失;在宣布解除的5个工作日内,乙方将550亩土地使用证完整地交付给甲方;赔偿甲方的经济损失,其计算方法为股权转让金额的10%,如延期支付,乙方应当向甲方支付违约金,其计算方法为日万分之三。合同签订后,同年1月16日,中拍公司以电汇方式给天昱公司支付股权转让款1000万元。之后,中拍公司向天昱公司出具一份欠款证明:中拍公司需支付陈晓晨股权转让总金额为12100万元,已支付1000万元,尚欠11100万元,将按《股权转让合同书》执行。1月30日,常聪英作为交方代表、刘扬波作为接方代表签订了一份《公司财产、营业证件、文件资料交接清单》:财产交接、营业证照、公章、政府文件、公司文件资料(土地使用证资料、地热井资料、财务资料),其中"兰国用(2003)第J043号"土地使用证在商业银行抵押,并对天昱公司的资产经甘肃通达会计师事务所有限公司作出"甘通会财神字〔2007〕第068号"审计报告。2月2日,分别由原告陈晓晨、受其支配的第三人罗爱玲、牛芸同被告中拍公司、第三人朗钜公司签订了四份工商行政管理局的格式《股东出资转让协议》,分别由陈晓晨将其出资300万元、罗爱玲将其出资200万元、牛芸将其出资10万元转让给朗钜公司,另由牛芸将其出资290万元转让给中拍公司。此后,天昱公司的公司章程中显示各股东出资为:朗钜公司出资510万元占51%,中拍公司出资290万元占比例29%,陈晓晨出资200万元占比例20%。天昱公司据此进行了股东变更工商登记,同时法定代表人变更为李海茂,公司经理由刘扬波兼任等事项。6月29日,甘肃省工商局颁发了企业法人营业执照。9月13日,朗钜公司出具一份《担保函》:朗钜公司同意以所持有的天昱公司51%的股权作为中拍公司支付陈晓晨股权转让款的保证,担保标的为股权转让总对价的51%(由于中拍公司支付的股权转让款没有超过股权转让款总金额的80%,原告陈晓晨依照《股权转让合同书》的约定,代中拍公司持有天昱公司20%的股权)。之后,由于中拍公司未履行股权转让价款,双方酿成纠纷。陈晓晨向兰州市中级人民法院提起诉讼,请求判令:解除原告陈晓晨与被告中拍公司签订的《股权转让合同书》;解除陈晓晨与第三人朗钜公司、第三人罗爱玲、牛芸与朗钜公司以及中拍公司与牛芸签订的《股东出资转让协议》;朗钜公司返还陈晓晨、牛芸、罗爱玲对天昱公司的股权30%、20%、1%;中拍公司返还牛芸对天昱公司的股权29%;中拍公司赔偿陈晓晨经济损失1210万元。兰州市中级人民法院审理认为:陈晓晨、罗爱玲、牛芸为天昱公司股东,陈晓晨出资500万元占50%,罗爱玲出资200万元占20%,牛芸出资300万元占30%。罗爱玲、牛芸所持有的公司股权是由陈晓晨实际支配。根据上述事实可以认定,陈晓晨与中拍公司及天昱公司签订的《股权转让合同书》及陈晓晨、罗爱玲、牛芸与中拍公司、朗钜公司签订的《股东出资转让协议》系双方自愿、真实意思表示,符合《中华人民共和国公司法》的有关规定,合法有效。在《股权转让合同书》实际履行过程中,陈晓晨已将其在天昱公司的股权及实际支配罗爱玲、牛芸的股权通过《股东出资转让协议》的方式转让给中拍公司29%及其一致行动人朗钜公司51%,并在工商部门办理了变更登记,亦按合同约定将其合法取得的13块《国有土地使用证》[其中兰国用(2003)第J043号在商业银行抵押]移交给中拍公司和朗钜公司。期间,中拍公司除支付首期1000万元股权转让对价外,尚欠转让对价11100万元未按合同约定向陈晓晨支付,已构成违约。由于中拍公司支付的股权转让款没有超过股权转让款总金额的80%,陈晓晨依照《股权转让合同书》的约定,代中拍公司持有天昱公司20%的股权。中拍公司未按约定时间支付股权转让款,延迟超过270天,按照《股权转让合同书》的约定,解除合同的条件已经成就,陈晓晨有权宣布解除合同。故原告陈晓晨要求解除合同赔偿损失的诉讼请求应予支持。同时,根据《合同法》第九十七条的规定,原告陈晓晨应退还已收取中拍公司股权转让款1000万元。天昱公司"兰国用(2003)第J043号"土地使用证在商业银行设置抵押,在后期的履行过程中上述设置抵押情形并未解除,因此,陈晓晨存有一定的违约行为。在转让合同履行过程中,双方当事人都存在违约行为。但相比较之下,中拍公司的违约行为对全面履行合同约定的义务具有更大的更为直接的影响,更为严重,故中拍公司应承担对陈晓晨按《股权转让合同书》约定的违约损害赔偿70%的责任。关于中拍公司及朗钜公司在股权转让后是否对天昱公司投入资金的问题。若中拍公司、朗钜公司在接手天昱公司后对天昱公司有投入，但其主体发生在中拍公司及朗钜公司和天昱公司之间，是该两公司与天昱公司的债权债务关系，该债权与股东陈晓晨及股权不属同一法律关系。对于该债权，中拍公司和朗钜公司可以通过和天昱公司协商解决，也可以通过另案起诉天昱公司的方法解决。兰州市中级人民法院判决：一、解除原告陈晓晨与被告中拍公司以及天昱公司签订的《股权转让合同书》。二、解除原告陈晓晨、第三人罗爱玲、第三人牛芸与朗钜公司签订的《股东出资转让协议》；解除第三人牛芸与被告中拍公司签订的《股东出资转让协议》。三、对中拍公司、朗钜公司、陈晓晨在天昱公司的股权予以变更，恢复至原天昱公司股东原状。四、陈晓晨返还中拍公司股权转让款1000万元。五、中拍公司返还陈晓晨《国有土地使用证》12本。六、中拍公司赔偿陈晓晨违约损失款项人民币8470000元。各方当事人对该判决均没有提出上诉，该判决已发生法律效力。一审法院对上述事实依法予以确认。

一审另查明：2007年5月31日，信箴会计事务所向天昱公司出具"甘信箴会验（2007）311号"验资报告称：天昱公司根据2007年5月8日股东会决议和修改后的章程规定，申请增加注册资本2000万元，其中股东朗钜公司认缴1020万元，股东中拍公司认缴580万元，股东陈晓晨认缴400万元，均已全部缴存天昱公司2703000109200060225账户。2007年6月5日，信箴会计事务所向天昱公司出具"甘信箴会验（2007）325号"验资报告称：天昱公司根据2007年6月5日股东会决议和修改后的章程规定，申请增加注册资本2000万元，股东朗钜公司、中拍公司、陈晓晨分别认缴1020万元、580万元、400万元，均已全部缴存天昱公司2703000109200060225账户。2007年6月25日，金正会计公司向天昱公司出具"金正验字（0706）81号"验资报告称：天昱公司决议申请增加注册资本2000万元，股东朗钜公司、中拍公司、陈晓晨分别认缴1020万元、580万元、400万元，均已全部缴存天昱公司2703000109200060225账户。该三份资信证明书均附有各股东出资银行进账凭证及银行资信证明书。上述天昱公司三次增加注册资本后，其注册资本变更为7000万元，均进行了工商变更登记，朗钜公司总计认缴并交付出资3060万元。在天昱公司三次增资前后及期间，天昱公司与朗钜公司、李海茂、深圳市万安贸易有限责任公司（以下简称万安公司）存在多笔款项往来。其中2007年6月22日朗钜公司汇入天昱公司2703000109200060225账户2000万元，同月25日，天昱公司从该账户汇付朗钜公司2000万元。朗钜公司离开天昱公司时，带走天昱公司部分财务账册。

一审还查明：朗钜公司因涉嫌抽逃注册资本犯罪，甘肃省公安厅已于2008年9月3日立案侦查，正在侦办中。

2010年2月26日，原告朗钜公司向一审法院提起诉讼，请求判令被告天昱公司：1.返还其投资款人民币3060万元；2.返还其经营管理天昱公司期间公司资产增值部分51%的权益相对应的价值9180万元（以最终评估结果为准）；3.承担本案的案件受理费、财产保全费等全部诉讼费用。

天昱公司在一审庭审后提交了一份甘肃中一会计师事务所接受其委托，就原股东朗钜公司在2007年度新增注册资本情况于2010年6月9日作出的"甘中一审字〔2010〕第066号"审计报告。审计结论为：2007年度，朗钜公司分三次累计向天昱公司新增投资3060万元,但天昱公司在收到投资款后,都以借款或往来款名义将投资款转入个人或其他单位账户,天昱公司与朗钜公司、万安公司存在多笔往来款项,需进一步查证。审计事项说明:2009年7月22日,该所接受兰州市公安局经济犯罪侦查支队委托,对天昱公司股东出资情况进行了审计,并出具了"甘中一会审字〔2009〕第021号"《审计报告》。本报告所依据的会计记录、凭证等均在上次审计时收集,本报告审计结论与"〔2009〕第021号"审计报告结论一致。因该证据系开庭之后提交,天昱公司亦未请求该院组织质证。

鉴于朗钜公司向天昱公司增资是否实际用于天昱公司经营是该案的基本事实,而朗钜公司因涉嫌抽逃注册资本犯罪,已被公安机关立案侦查,本案对朗钜公司是否实际增资事实的确认需等待公安机关的侦查结果。据此,该院依照《中华人民共和国民事诉讼法》第一百三十六条第一款第(五)项之规定,作出(2010)甘民二初字第08-1号民事裁定:本案中止诉讼。

在本案一审中止诉讼期间,兰州市工商行政管理局于2011年1月18日作出"兰工商公处字〔2011〕第3号"行政处罚决定书,该决定书认定:当事人天昱公司第一次增加注册资本时,"甘信箴会验〔2007〕311号"验资报告的出具时间是2007年5月31日,该验资报告依据的银行资信证明却是2007年6月5日出具的,验资报告的时间先于银行资信证明书的时间,判定为虚假验资报告;第二次增资时,"甘信箴会验〔2007〕325号"验资报告出具时间是2007年6月5日,而该验资报告依据的银行资信证明书却是2007年6月6日,验资报告的时间先于银行资信证明书的时间,判定为虚假验资报告。经询问原"甘肃信箴会计师事务所(另案查处)"(该会计师事务所已于2009年3月注销)执行合伙企业事务的合伙人陈连桂,其承认上述两次增资的验资报告均为虚假报告。2009年12月,朗钜公司离开天昱公司时将该公司2007年至2009年的财务账册带走,擅自隐匿财务账目,执法人员前往深圳进行调查时,因该公司拒不配合,执法人员未能见到当事人的财务账册。根据兰州市公安局经侦支队提供的天昱公司专项审计报告,在2007年4月至2008年12月期间,天昱公司股东朗钜公司存在占用天昱公司资金的情况,另外,天昱公司与朗钜公司及其关联企业的资金往来用途具体无法查明。兰州市工商局决定对天昱公司处以罚款5万元。该行政处罚决定书已发生法律效力。

一审又查明:2011年11月9日甘肃省工商行政管理局致函天昱公司称:天昱公司2007年6月11日、6月20日、6月29日三次变更登记,第一次增资报告出具时间是2007年5月31日,而该验资报告依据的银行资信证明书却是2007年6月5日出具的;第二次验资报告出具时间是2007年6月5日,而该验资报告依据的银行资信证明书却是2007年6月6日出具的;第三次增资验资报告是2007年6月25日作出的,但在6月29日本局核准变更登记之前,于6月25日已将该笔增资款项汇回出资人账户。基于以上事实和证据,兰州市工商行政管理局拟按照《公司法》规定撤销公司三次变更登记,鉴于我局已于2009年12月撤销你公司2007年6月11日、6月20日、6月29日三次变更登记,将当事人的股权及股东恢复为股权转让前状态,故只作出罚款5万元的处罚决定。

该院经审查认为,现案件事实已发生了变化,中止情形已消失,该院遂决定恢复审理。

天昱公司在提交答辩状期间反诉请求朗钜公司返还隐匿的天昱公司会计账册。该院开庭审理后,天昱公司于 2011 年 11 月 17 日以朗钜公司的行为已涉嫌构成隐匿会计账册犯罪,其欲通过刑事程序维护权益为由,向该院提出撤诉申请。该院经审查,依照《中华人民共和国民事诉讼法》第一百三十一条之规定,作出(2010)甘民二初字第 08-2 号裁定:准许天昱公司撤回反诉。

甘肃省高级人民法院经审理认为:本案系兰州市中级人民法院(2008)兰法民二初字第 128 号民事判决解除天昱公司股东陈晓晨、罗爱玲、牛芸分别与朗钜公司签订的《股东出资转让协议》,并在天昱公司股东工商登记恢复原状的情况下,朗钜公司以其在受让股份后,在天昱公司增加注册资本时其按股份比例出资 3060 万元为由,请求判决予以退回其出资,并据此主张在其作为股东期间,天昱公司资产增值部分其股份对应的价值。因此,朗钜公司在天昱公司三次增加注册资本时是否实际出资,及其出资是否实际用于天昱公司经营,即是否存在抽逃注册资本的事实,是本案的焦点。关于朗钜公司是否实际出资。朗钜公司据以主张其实际出资的依据是用于工商变更登记的三份验资报告,上述验资报告均称各股东将出资款全部缴存天昱公司 2703000109200060225 账户,并附有银行资信证明及银行进账凭证。天昱公司答辩亦承认朗钜公司足额缴存了出资。但已发生法律效力的兰州市工商局兰工商公处字〔2011〕第 3 号处罚决定书以天昱公司第一、二次增资验资报告时间先于银行资信证明书时间为由,判定为虚假出资。对该相反证据,该院审查认为,天昱公司股东增资是否实际到位,应以各股东向天昱公司账户缴存资金的事实为据,本院查明天昱公司各股东在验资报告出具之前均已足额交存了各自的出资款,有银行进账凭证及银行资信证明书为据;且天昱公司向本院提交的其委托甘肃中一会计师事务所出具的"甘中一审报字〔2010〕第 66 号"审计报告亦确认了该事实。该院对天昱公司三次增资验资时朗钜公司实际出资 3060 万元的事实予以确认。关于朗钜公司出资后是否存在抽逃注册资金的事实。朗钜公司主张返还其增资,天昱公司反驳朗钜公司将其增资全部抽逃。朗钜公司没有提供证据证明其增资实际用于天昱公司的经营而不存在抽逃的事实,亦未对天昱公司与朗钜公司、万安公司存在的多笔往来款项说明正当理由,朗钜公司受让天昱公司股份后,成为控股股东,天昱公司实际由朗钜公司经营管理。兰州中级人民法院(2008)兰法民二初字第 128 号民事判决恢复天昱公司股东原状后,朗钜公司离开天昱公司时,将其经营天昱公司期间的会计账簿带走,致本院无法查实朗钜公司是否抽逃增资。朗钜公司主张返还其出资,应依法负有证明其没有抽逃出资的举证责任,因其所举证据不足以证明其返还出资的主张,根据《最高人民法院关于民事诉讼证据的若干规定》(以下简称证据规定)第二条第二款规定,应当承担不利后果。天昱公司反驳朗钜公司将其增资全部抽逃,并要求朗钜公司交出会计账簿进行审计予以证实,但朗钜公司不予交出,根据《证据规定》第七十五条"有证据证明一方当事人持有证据无正当理由拒不提供,如果对方当事人主张该证据的内容不利于证据持有人,可以推定该主张成立"的规定,该院推定天昱公司主张朗钜公司抽逃全部出资的事实成立。关于朗钜公司主张返还其作为天昱公司股东期间,因天昱公司资产增值其股份所对应价值 9180 万元,并申请该院对天昱公司资产增值情况进行审计的问题。朗钜公司主张增资股份收益应以其增资实际用于天昱公司经营为事实根据,因其未举证证实其增资款实际用于天昱公司经营并使天昱公司资产增值,故朗钜公司主张其在天昱公司的增资收益没有事实根据,其申请对天昱公司资产在其控股期间的增值进行评估,该院不予准许。综上,朗钜公司诉讼请求缺乏事实根据,该院依法不予支持。依照《中华人民共和国公司法》第三十六条、《中华人民共和国合同法》第九十七条、《中华人民共和国民事诉讼法》第一百二十八条之规定,判决:驳回原告朗钜公司的诉讼请求。案件受理费653800元,诉前财产保全费5000元,均由原告朗钜公司负担。

朗钜公司不服一审法院上述民事判决,向本院提起上诉称:(一)朗钜公司的诉求包括要求返还增资款和返还应得资产增值两部分。一审将案由定为出资而非返还财产,遗漏了诉求。一审还将朗钜公司之返还增值收益的诉求曲解为返还"增资收益","返还增加的出资"的理由是出资行为,而"返还应得的资产增值"的理由是股东地位。增值收益不限于增资收益,自然增值和经营获利都属于公司增值的部分。

(二)原审关于朗钜公司带走账册和抽逃资金的认定错误,天昱公司不能证明朗钜公司抽逃了资金。朗钜公司和天昱公司有资金往来不等于朗钜公司撤资。天昱公司是独立法人,有自己的财务人员和管理制度,不能推定其账册在朗钜公司手中,朗钜公司只是天昱公司的股东之一,不能推断朗钜公司带走了其财务账册,更不能推定朗钜公司抽逃了注册资金。应该查天昱公司当时的财务人员。原审判决承认上诉人确曾对天昱公司增资3060万元,天昱公司应返还该增资款。

(三)朗钜公司是否隐匿账册和抽逃注册资金,公安机关已启动刑侦程序,尚未有结论,相关的民事诉讼应予中止,原审不应恢复案件审理。对朗钜公司是否抽逃注册资金的问题,在公安机关没有确认存在抽逃的事实前,法院不应否决朗钜公司的主张。甘肃省工商局的函件是事实行为,且严重不当。行政机关至今没有朗钜公司抽逃注册资本的法律结论。朗钜公司是否隐匿账册也在刑侦之中,现在更应中止审理。

(四)朗钜公司的股东权利,不因(2008)兰法民二初字第128号民事判决消失。天昱公司的资产增加与朗钜公司的经营行为有关。天昱公司之资产增值不属于股东分红的辩解,实际上承认了朗钜公司的股东权益。起诉状中的9180万元,是对朗钜公司应得增值的估计,被上诉人如赞同就无需专门评估。天昱公司交给朗钜公司备份的合同就有11份,涉金额670余万元。持币观望也是经营,即使天昱公司的资产增加是因其消极的经营行为(没有抛售公司资产),朗钜公司也应享受相应利益。在朗钜公司交出天昱公司股权的同时,有权要求兑现股东财产权益。

(五)天昱公司关于朗钜公司不能分取天昱公司红利、并进而无权要求天昱公司增值的辩解,不能成立。朗钜公司所称的分红,明显既指向经营盈利,也指向资产自然增值。天昱公司有无经营性盈利,需要专业评估而非空论。股东增资是否抽逃,与能否分取红利无关。朗钜公司的起诉缘于法院判决强令转移股权,天昱公司关于朗钜公司只能分得经营性盈利和须经股东会讨论的辩解,只有在朗钜公司仍是天昱公司股东的情况下才有意义。中拍公司的行为不能约束朗钜公司,(2008)兰法民二初字第128号民事判决认定了陈晓晨的违约,增值部分给陈晓晨意味着陈违约得利。现在新股东掌控下的天昱公司起诉朗钜公司,要求朗钜公司为控股天昱公司期间形成的天昱公司的对外债务承担责任。如果控股期间的公司债务应由朗钜公司负责,收益自然应由朗钜公司享有。朗钜公司和现在的天昱公司并没有合同关系,原判适用《公司法》第三十六条、《合同法》第九十七条规定等实体法不当。

综上,原判事实认定错误,适用法律不当,请求二审法院判令:撤销原判,天昱公司返还投资款3060万元,返还朗钜公司管理天昱公司期间公司资产增值中应属于朗钜公司的9180万元,并判令被上诉人承担一、二审诉讼费用;或者发回重审,或者中止审理(等待刑侦结论)。

被上诉人天昱公司答辩称:(一)一审判决"推定天昱公司主张朗钜公司抽逃全部出资的事实成立"有明确依据,朗钜公司返还3060万元增资的请求没有依据。一审判决依甘肃省工商局的函查明,2007年6月天昱公司三次变更登记时的增资已抽逃,依兰工商公处字〔2011〕第3号行政处罚决定书查明朗钜公司离开天昱公司时将2007年至2009年财务账册带走、擅自隐匿,依兰州市公安局经侦队专项审计报告查明朗钜公司占用天昱公司资金。若朗钜公司确实对天昱公司增资3060万元且未抽逃,则增资应留在天昱公司,但朗钜公司退出天昱公司时对原13块共计550亩土地未开发添附,五个银行账户剩余资金仅265.9元。朗钜公司一审第三次开庭提供的零散证据,证明其出资后又抽逃,将出资打到其关联公司,未用于天昱公司经营。朗钜公司抽逃出资是确定的,一审法院依据《关于民事诉讼证据的若干规定》第二条、第七十五条规定"推定天昱公司主张朗钜公司抽逃全部出资的事实成立"正确,朗钜公司返还3060万元增资的请求无依据。

(二)朗钜公司要求返还管理天昱公司期间资产增值对应价值9180万元的请求无依据。朗钜公司未证明其对天昱公司存在其他巨额投资,按照天昱公司2009年度资产负债表所有者权益年末约为13372万元计算,整个所有者权益的51%才6819万元,但朗钜公司仅对其经营两年的增值就主张9180万元,这没有依据。一审法院查封的未开发的156亩土地是朗钜公司受让股权前天昱公司取得,查封的1800余万元资金是朗钜公司返还股权后由天昱公司新股东深圳城投公司汇入,朗钜公司不能据此来主张9180万元资产增值。朗钜公司被撤销股东资格是因中拍公司未依约支付股权转让款引起,朗钜公司即便曾被登记为天昱公司股东,但因未依约支付股权转让款而无权享有完整股东权利,更无权在天昱公司股权被恢复原状之后据之主张公司资产增值。有限责任公司资产增值对应的是股东的股权增值,一般应通过股权转让的方式实现,或者在公司清算时才能对应公司的资产,但本案中朗钜公司应向原股东主张所谓的收益。尽管《公司法》第七十五条规定了股东可以起诉公司的三种情形,但本案不适用该规定。何况朗钜公司已从陈晓晨处收回股权转让款,对天昱公司已不享有股东权利。

(三)朗钜公司所谓违背股东分取红利权利之上诉理由不成立,一审判决拒绝评估并驳回朗钜公司第二项诉讼请求符合法律规定。朗钜公司持股经营天昱公司期间对原13块共计550亩土地未进行开发销售、未产生红利,反而因其违规建设售楼中心产生650万元以上的债务,这些债务在朗钜公司退出后由新股东进入后偿还,现天昱公司已针对朗钜公司提起赔偿诉讼。依据我国《公司法》第三十八条第(六)项规定,是否分配红利是股东会职权,朗钜公司直接起诉要求法院分配红利,既违反利润分配的法定程序,也侵犯公司法规定的股东会审议批准利润分配方案职权。依据《企业会计准则第3号——投资性房地产(2006)》第六条规定,朗钜公司要求评估的13块土地迄今为止尚未开发产生经济利益,不属于红利,不具备确认评估条件。根据会计制度,土地使用权等无形资产的增值不应成为公司利润,而应纳入资本公积,而根据《公司法》第一百六十九条规定,资本公积不能作为红利分配。朗钜公司主张返还的所谓9180万元增值实际是无本之木,一审判决拒绝评估并驳回朗钜公司请求符合法律规定。

(四)朗钜公司所谓"有罪推定"、曲解诉讼请求、案由错误、适用法律错误的上诉理由明显错误。抽逃出资刑事责任比民事责任有更严格的标准,朗钜公司所谓"有罪推定"之上诉理由混淆了抽逃出资民事责任与刑事责任的界限,目的在于逃避民事责任。一审判决第20页明确"朗钜公司以其受让股份后,在天昱公司增加注册资本时按股份比例3060万元为由,请求判决予以退回其出资,并据此主张在其作为股东期间,天昱公司资产增值部分其股份对应的价值",并未曲解朗钜公司诉讼请求。《民事案件案由规定》第245条明确规定"股东出资纠纷"的案由,本案归根结底是因股东出资引起,争议焦点是朗钜公司"是否存在抽逃注册资本的事实",一审根据争议焦点反映之民事法律关系,确定案由为"股东出资纠纷"正确。《公司法》第三十六条规定股东不得抽逃出资,朗钜公司正因抽逃其持股时的增资,而不能依据《公司法》第三十五条享有已抽逃增资之分取红利权利;《合同法》第九十七条是关于合同解除效力的规定,本案正是因合同解除而引起的纠纷,原审依据《公司法》第三十六条、《合同法》第九十七条作出判决,适用法律正确。

综上所述,一审判决认定事实清楚、适用法律正确,朗钜公司提出的返还3060万元增资及资产增值对应价值9180万元之请求没有依据,其关于案由错误、曲解诉讼请求、有罪推定、适用法律错误的上诉理由不成立,请最高人民法院驳回朗钜公司的无理上诉请求。

二审庭审质证中,双方当事人对一审认定的主要事实不持异议,对本案一审所认定的证据仍维持一审时各自发表的质证意见。二审中,双方均没有提交新的证据。

本院二审除确认原审查明的事实外,另查明:朗钜公司与陈晓晨、牛芸、罗爱玲因返还股权转让款之争议,诉至原审法院。原告朗钜公司请求判令被告陈晓晨、牛芸、罗爱玲:1.返还朗钜公司已支付的股权转让款34332026.86元;2.支付上述款项自支付日至退款日的利息共计4406464.12元;3.支付应退股权转让款本息的延付违约金共计4114027.74元;4.由各被告承担全部诉讼费用。2010年9月21日,该院作出(2010)甘民二初字第09号民事判决,判令:一、陈晓晨、牛芸、罗爱玲返还朗钜公司股权转让款34332026.86元;二、陈晓晨、牛芸、罗爱玲支付朗钜公司34332026.86元股权转让款利息4406464.12元;三、驳回朗钜公司请求陈晓晨、牛芸、罗爱玲支付违约金4114027.74元的诉讼请求。案件受理费256062元、财产保全费5000元,朗钜公司负担30000元,由陈晓晨、牛芸、罗爱玲负担231062元。朗钜公司不服该民事判决,向本院提出上诉。本院于2010年12月16日以(2010)民二终字第122号民事判决驳回其上诉,维持原判。

本院认为,依据朗钜公司的上诉请求,本案二审争议的焦点问题是:一、朗钜公司请求天昱公司返还其增资款3060万元的主张是否应予支持;二、朗钜公司主张返还其管理天昱公司期间该公司资产增值中应属于朗钜公司51%权益相对应的9180万元款项,是否应予支持。

一、关于朗钜公司请求天昱公司返还其增资款3060万元的主张是否应予支持的问题。

本案争议的内容与陈晓晨、牛芸、罗爱玲向中拍公司、朗钜公司转让天昱公司股权的事实相关联。2007年1月1日，陈晓晨与中拍公司及天昱公司签订一份《股权转让合同书》，约定中拍公司及与其一致行动的第三人受让天昱公司股东持有的100%股权。在履行该股权转让合同中，常聪英、刘扬波分别代表转让方、受让方签订了一份《公司财产、营业执照、文件资料交接清单》，证明受让方接收了转让方移交的天昱公司的营业执照、公章、公司文件资料(土地使用证资料、地热井资料、财务资料)等。此后，天昱公司章程显示的各股东出资为：朗钜公司出资510万元占51%，中拍公司出资290万元占29%，陈晓晨出资200万元占20%。天昱公司据此进行了股东变更工商登记，公司的法定代表人变更为李海茂(朗钜公司的法定代表人)，刘扬波兼任公司经理等。同年6月29日，甘肃省工商局颁发了企业法人营业执照。上述事实及证据表明，朗钜公司作为股权变动后天昱公司的控股股东，其已实际接收了天昱公司的相关财产、财务资料等，并负责天昱公司的经营及运行。

二审中，朗钜公司诉称，其在经营天昱公司期间，通过三次增资，将天昱公司的注册资本由1000万元增加到7000万元，其共计认缴出资3060万元，其请求天昱公司予以返还。而天昱公司则依据甘肃省工商行政管理局的信函、兰州市工商行政管理局兰工商公处字〔2011〕第3号行政处罚决定书、兰州市公安局经侦支队出具的天昱公司专项审计报告，以及朗钜公司退出天昱公司时该公司的五个银行账户剩余资金仅265.9元等证据和事实，证明朗钜公司的增资款已被其抽逃，将天昱公司2007年至2009年的财务账册带走等事实，其辩称朗钜公司请求返还3060万元出资无依据。此外，另据原审查明的事实，在天昱公司三次增资前后及期间，天昱公司与朗钜公司、李海茂、深圳市万安贸易有限责任公司存在多笔款项往来，其中2007年6月22日朗钜公司汇入天昱公司账户2000万元，同月25日，又从该账户汇给朗钜公司2000万元。本院认为，天昱公司提出的上述证据，其目的在于证明朗钜公司在退出天昱公司时已将其缴付的3060万元增资款抽走，朗钜公司关于返还3060万元增资款的请求不能成立。在此基础上，依据民事诉讼证据规则的相关规定，朗钜公司应对其主张"未抽逃天昱公司的资金"的事实承担相应的举证责任。但朗钜公司未能提出相关的证据，证明天昱公司的上述抗辩理由不成立。因此，朗钜公司应承担其举证不能的法律后果，故本院确认天昱公司提出的关于"朗钜公司请求返还3060万元增资款的主张不能成立"的抗辩理由成立，应予支持。

此外，公安机关已对朗钜公司涉嫌隐匿财务账册案立案侦查，该案虽尚未有结论，但并不影响朗钜公司实施上述举证行为，也不影响人民法院对本民事纠纷案件的处理。因此，原审法院一审诉讼中恢复本案的民事案件审理程序亦无不当。

二、关于朗钜公司主张返还其管理天昱公司期间该公司资产增值中应属于朗钜公司51%权益相对应的9180万元款项的诉讼请求是否应予支持的问题。

当事人在履行本案《股权转让合同书》、《股东出资转让协议》的过程中，因受让方未能依约支付股权转让款，遂产生争议并诉至兰州市中级人民法院。该院作出(2008)兰法民二初字第00128号民事判决，解除了当事人之间的股权转让合同关系，且该判决已发生法律效力。之后，天昱公司的股权已恢复至为原股东持有的状态。原审法院一审作出的(2010)甘民二初字第09号民事判决，判令陈晓晨、牛芸、罗爱玲返还朗钜公司股权转让款

34332026.86元及其利息4406464.12元,并驳回朗钜公司请求三被告支付违约金4114027.74元的诉讼请求。朗钜公司不服该案一审判决,向本院提出上诉,本院已以(2010)民二终字第122号民事判决驳回其上诉,维持原判。至此,朗钜公司与陈晓晨、牛芸、罗爱玲之间因返还股权转让款而形成的纠纷已解决完毕。

本案中,当事人之间通过签订《股权转让合同书》、《股东出资转让协议》,确立了股权转让法律关系,转让的标的为天昱公司的股权而非该公司的资产。在股权转让合同履行期间,天昱公司名下的资产仍属其法人财产,即使其土地等资产的价值因市场变化而产生了增值,如未依法定经营程序对其进行处置,未表现为公司经营利润的增加,则该"增值"对股东的收益分配便不具有实际意义。二审期间,朗钜公司未能提出相关的证据,证明在其经营天昱公司期间存在着"公司实施过利润分配,但其未获得相应收益"的事实;或者存在着"公司虽未进行分配,但确有相应的利润收入且符合规定的分配条件,应当进行分配"的情形。因此,本案中,上诉人朗钜公司主张天昱公司应返还其管理公司期间"该公司资产增值中其持有的51%股权对应的9180万元款项"的诉讼请求,没有法律和事实依据,本院不予支持。

综上,本案事实清楚,诉争明确,证据充分。朗钜公司提出的上诉请求,因证据不足,不予支持。原审判决认定事实清楚,适用法律正确,应予维持。朗钜公司提出的诉讼请求,既有出资款返还纠纷,也有请求公司盈余分配纠纷,根据本院发布的《民事案件案由规定》,本案的案由应为股东出资及公司盈余分配纠纷。原审判决将案由定为出资纠纷虽不够全面,但对于朗钜公司关于返还9180万元增值收益的诉求已进行了实体审理。故本院依照《中华人民共和国民事诉讼法》第一百五十三条第一款第(一)项之规定,判决如下:

驳回上诉,维持原判。

本案一审案件受理费653800元、财产保全费5000元,依原审判决执行。二审案件受理费653800元,由上诉人深圳市朗钜实业集团有限公司负担。

本判决为终审判决。

审 判 长 王宪森
代理审判员 王富博
代理审判员 刘崇理
二〇一二年五月三十日
书 记 员 郑琪儿

湖北莲花湖旅游发展有限责任公司与武汉世纪宏祥物业管理有限公司、湖北莲花湖物业有限公司借款担保合同纠纷案

裁判要旨 双方当事人之间明确约定先设定抵押权后订立主债权合同的,并不违反现行法律的禁止性规定,故当事人以抵押权从属于主债权,抵押权不能先于主债权设定为由,主张抵押无效的意见,不予支持。

中华人民共和国最高人民法院

民 事 判 决 书

(2012)民二终字第56号

上诉人(原审被告):湖北莲花湖旅游发展有限责任公司。住所地:湖北省武汉市汉阳区汉阳大道10号。

法定代表人:卢建平,该公司董事长。

委托代理人:刘云龙,北京市天驰律师事务所律师。

委托代理人:李亚斌,北京市天银律师事务所律师。

被上诉人(原审原告):武汉世纪宏祥物业管理有限公司。住所地:湖北省武汉市江岸区洞庭街131号。

法定代表人:杨慧,该公司董事长。

委托代理人:李丽平,湖北瑞通天元律师事务所律师。

委托代理人:张德红,北京市德渊律师事务所律师。

原审被告:湖北莲花湖物业有限公司。住所地:湖北省武汉市汉阳区汉阳大道10号。

法定代表人:杨人雹,该公司董事长。

委托代理人:吴灿江,湖北得伟君尚律师事务所律师。

上诉人湖北莲花湖旅游发展有限责任公司(以下简称莲花湖旅游公司)为与被上诉人武汉世纪宏祥物业管理有限公司(以下简称宏祥公司)、原审被告湖北莲花湖物业有限公司(以下简称莲花湖物业公司)借款担保合同纠纷一案,不服湖北省高级人民法院(2011)鄂民

二初字第9号民事判决,向本院提起上诉。本院依法组成由审判员雷继平担任审判长,审判员苑多然、代理审判员李志刚参加的合议庭进行了审理,书记员郝晋琪担任记录。本案现已审理终结。

湖北省高级人民法院一审查明:1997年12月4日,莲花湖旅游公司与中国银行湖北省分行(以下简称中行湖北分行)订立编号为信业贷字970011号《借贷合同》一份,约定中行湖北分行向莲花湖旅游公司发放外汇贷款200万美元,浮动利率计息,贷款期限为4年,2001年12月还款完毕。中行湖北分行依约全额发放了该笔贷款。同年,双方订立编号为一九九七年信业抵字第970012号《抵押合同》一份,约定:为确保1997年信业贷字970011号合同的履行,莲花湖旅游公司愿意以其有权处分的财产作抵押。后附《抵押物清单》一份,载明抵押物名称为食府、门楹、海鲜阁,抵押价值2460万元。

1997年12月17日,中行湖北分行与莲花湖旅游公司订立编号为信业贷字970012号《借贷合同》一份,约定中行湖北分行向莲花湖旅游公司发放外汇贷款100万美元,浮动利率计息,贷款期限为4年,2000年12月还款完毕。中行湖北分行依约全额发放了该笔贷款。

1998年9月30日,中国银行晴川支行(以下简称中行晴川支行)与莲花湖旅游公司订立编号为98023号《银行承兑契约》一份,约定中行晴川支行为莲花湖旅游公司签发的人民币200万元承兑汇票予以承兑,到期日为1999年3月30日。中行湖北分行依约予以全额承兑付款。同日,双方订立编号为九八押字第98023号《抵押合同》一份,约定:为确保九八承兑字第98023号合同的履行,莲花湖旅游公司以其有权处分的财产作抵押。后附《抵押物清单》一份,载明抵押物名称为别墅。双方还于1998年4月2日办理编号为阳抵字第05-98008号《房屋他项权证》,载明:房屋坐落汉阳大道10号,权利人中行晴川支行,所有权人莲花湖旅游公司,产权证土地证号04-21390号,建筑面积216.06平方米,权利价值200万元,权利存续期间1998年4月2日至1999年4月2日。

1998年11月3日,中行晴川支行与莲花湖旅游公司订立编号为98024号《银行承兑契约》一份,约定中行晴川支行为莲花湖旅游公司签发的人民币150万元承兑汇票予以承兑,到期日为1999年3月30日。中行湖北分行依约予以全额承兑付款。同日,双方订立编号为九八抵字第98024号《抵押合同》一份,约定:为确保九八承兑字第98024号合同的履行,莲花湖旅游公司以其有权处分的财产作抵押。后附《抵押物清单》一份,载明抵押物名称为游泳馆,抵押价值150万元。

1998年11月9日,中行晴川支行与莲花湖旅游公司订立编号为98025号《银行承兑契约》一份,约定中行晴川支行为莲花湖旅游公司签发的人民币200万元承兑汇票予以承兑,到期日为1999年5月9日。中行湖北分行依约予以全额承兑付款。同日,双方订立无编号《抵押合同》一份,约定:为确保空白年空白字第空白号合同的履行,莲花湖旅游公司以其有权处分的财产作抵押。后附《抵押物清单》一份,载明抵押物名称为游泳馆,抵押价值200万元。

1998年11月18日,中行晴川支行与莲花湖旅游公司订立编号为98026号《银行承兑契约》一份,约定中行晴川支行为莲花湖旅游公司签发的人民币150万元承兑汇票予以承兑,到期日为1999年5月18日。中行湖北分行依约予以全额承兑付款。同日,双方订立九八年抵字第98026号《抵押合同》一份,约定:为确保空白年承兑字第98026号合同的履行,莲花湖旅游公司以其有权处分的财产作抵押。待游泳馆完工后,办理他项权证,他项权人为中行晴川支行。后附《抵押物清单》一份,载明:抵押物名称游泳馆,抵押价值150万元。

1998年7月24日,中行晴川支行与莲花湖旅游公司订立编号为九八年信字第98038号《人民币资金借款合同》一份,约定中行晴川支行向莲花湖旅游公司发放流动资金贷款350万元,利率6.06‰,到期日为1999年7月。中行湖北分行依约全额发放了该笔贷款。双方于同日订立编号为九八年抵字第98038号《抵押合同》一份,约定:为确保九八年信字第98038号合同的履行,莲花湖旅游公司以其有权处分的财产作抵押。后附《抵押物清单》一份,载明:抵押物名称桑拿。双方还于1997年7月4日办理编号为阳抵字第05－970060号《房屋他项权证》,载明:房屋坐落汉阳大道10号,权利人中行晴川支行,房屋所有权证号为武房房私字第04－21398号,建筑面积641.68平方米,权利价值350万元,权利存续期间1997年7月4日至1998年7月3日,后延续至1998年7月4日至2000年7月5日。

1998年10月28日,中行晴川支行与莲花湖旅游公司订立编号为九八年信字第98061号《人民币资金借款合同》一份,约定中行晴川支行向莲花湖旅游公司发放流动资金150万元,利率6.93‰,到期日1999年10月29日。中行湖北分行依约全额发放了该笔贷款。双方于同日订立编号为九八年抵字第98061号《抵押合同》一份,约定:为确保九八年信字第98061号合同的履行,莲花湖旅游公司以其有权处分的财产作抵押。后附《抵押物清单》一份,载明:抵押物名称别墅,抵押价值150万元。双方还于1996年10月30日办理编号为阳抵字第05－960120号《房屋他项权证》,载明:房屋坐落莲花湖路,权利人中行晴川支行,所有权人莲花湖旅游公司,产权证号04－21372号,建筑面积216.06平方米,权利价值150万元,权利存续期间为1998年10月29日至2000年10月29日。

2000年6月28日,中行晴川支行与莲花湖旅游公司订立编号为信字(018)号《借款合同》一份,约定中行晴川支行向莲花湖旅游公司发放贷款,借款金额300万元,利率5.85%,借款期限自合同生效之次日起12个月。中行湖北分行依约全额发放了该笔贷款。双方于同日订立编号为2000年信抵字018号《抵押合同》一份,约定莲花湖旅游公司为2000年6月28日签订的信字(018)号借款合同、本金不超过300万元,愿意以自有的、有处分权的财产作为借款的抵押物。后附《抵押财产清单》一份,载明:抵押财产名称房产,数量1335.86平方米,抵押值300万元。双方还于2000年7月4日办理编号为武房阳他字第200000096号《房屋他项权证》,载明:房屋他项权人中行晴川支行,房屋所有权人莲花湖旅游公司,房屋所有权证号武房权证字第9909437号阳国用(2000)字第087号,房屋坐落汉阳区汉阳大道10号保龄球馆,权利价值人民币300万元,权利范围1335.86平方米,约定期限2000年7月5日至2001年7月5日。

2001年1月8日,中行湖北分行与莲花湖旅游公司订立编号为2001司字(01)号《借款合同》一份,约定中行晴川支行向莲花湖旅游公司发放贷款,借款金额为人民币1000万元,利率5.94%,借款期限为合同生效之日起36个月。中行湖北分行依约全额发放了该笔贷款。双方于同日订立编号为2001司抵字第01号《抵押合同》一份,约定莲花湖旅游公司愿意以自有的、有处分权的财产作为借款的抵押物,借款限额为依据 1997 年 1 月 1 日至 2001 年 12 月 31 日期间签订的所有借款合同和银行承兑汇票协议书项下的借款本金余额之和不超过人民币 2100 万元和美元 100 万元。抵押担保范围为基于上述限定的借款合同和银行承兑汇票协议书项下发生的全部债务,其抵押担保责任限额为人民币 2100 万元和美元 100 万元。抵押财产名称建筑物,数量 13266.75 平方米。后附《抵押财产清单》一份,载明:抵押财产名称体育休闲中心大楼,数量 13266.75 平方米,抵押值 2930 万元(含 100 万美元)。

2002 年 6 月 28 日,中行湖北分行与莲花湖旅游公司共同办理了 7 份《房屋他项权证》,分别为:1. 编号为武房阳他字第 200200194 号,该证载明:房屋他项权人中行湖北分行,房屋所有权人莲花湖旅游公司,房屋所有权证号武房权证阳字第 9909442 号,房屋坐落汉阳区汉阳大道 10 号莲花湖泳馆,权利价值人民币 722.4 万元,权利范围第一层泳馆 2074.19 平方米,约定期限 2002 年 6 月 24 日至 2007 年 12 月 31 日;2. 编号为武房阳他字第 200200195 号,该证载明:房屋他项权人中行湖北分行,房屋所有权人莲花湖旅游公司,房屋所有权证号武房权证阳字第 9909445 号,房屋坐落汉阳区汉阳大道 10 号体育休闲中心,权利价值人民币 1032 万元,权利范围第二层歌舞厅 2972.32 平方米,约定期限 2002 年 6 月 24 日至 2007 年 12 月 31 日;3. 编号为武房阳他字第 200200196 号,该证载明:房屋他项权人中行湖北分行,房屋所有权人莲花湖旅游公司,房屋所有权证号武房权证阳字第 9909439 号,房屋坐落汉阳区汉阳大道 10 号莲花湖迪吧,权利价值人民币 312.3 万元,权利范围第一层迪吧 980.82 平方米,约定期限 2002 年 6 月 24 日至 2007 年 12 月 31 日;4. 编号为武房阳他字第 200200197 号,该证载明:房屋他项权人中行湖北分行,房屋所有权人莲花湖旅游公司,房屋所有权证号武房权证阳字第 9909438 号,房屋坐落汉阳区汉阳大道 10 号体育休闲中心,权利价值人民币 1137.6 万元,权利范围第二层酒楼 3948.14 平方米,约定期限 2002 年 6 月 24 日至 2007 年 12 月 31 日;5. 编号为武房阳他字第 200200198 号,该证载明:房屋他项权人中行湖北分行,房屋所有权人莲花湖旅游公司,房屋所有权证号武房权证阳字第 9909440 号,房屋坐落汉阳区汉阳大道 10 号体育休闲中心,权利价值人民币 191.7 万元,权利范围第三层酒楼 664.48 平方米,约定期限 2002 年 6 月 24 日至 2007 年 12 月 31 日;6. 编号为武房阳他字第 200200199 号,该证载明:房屋他项权人中行湖北分行,房屋所有权人莲花湖旅游公司,房屋所有权证号武房权证阳字第 9909441 号,房屋坐落汉阳区汉阳大道 10 号莲花湖健身中心,权利价值人民币 378.3 万元,权利范围第二层宾馆 1313.40 平方米,约定期限 2002 年 6 月 24 日至 2007 年 12 月 31 日;7. 编号为武房阳他字第 200200200 号,该证载明:房屋他项权人中行湖北分行,房屋所有权人莲花湖旅游公司,房屋所有权证号武房权证阳字第 9909438 号,房屋坐落汉阳区汉阳大道 10 号体育休闲中心,权利价值人民币 357.6 万元,权利范围第三层宾馆 1313.40 平方米,约定期限 2002 年 6 月 24 日至 2007 年 12 月 31 日。

中行湖北分行分别于 2000 年 3 月 6 日、2003 年 7 月 7 日、2003 年 9 月 30 日、2004 年 6 月 30 日对上述逾期贷款 1800 万元、外汇贷款 300 万美元以及承兑汇票垫款 700 万元本金及利息向莲花湖旅游公司催收,莲花湖旅游公司在记载有逾期本息情况的《贷款催收通知书》上加盖公章予以认可。莲花湖旅游公司虽对部分贷款发放证据提出异议,但在一审庭审中对宏祥公司起诉的借款本金数额予以认可。

2004年6月25日,中行湖北分行与中国信达资产管理公司武汉办事处(以下简称信达公司武汉办)订立《债权转让协议》,约定:中行湖北分行将对借款人莲花湖旅游公司共计9笔债权(实有10笔,其中2笔外汇美元贷款合为1笔)转让给信达公司武汉办,自债权转移之日起,与转让标的有关的全部从权利(包括但不限于保证债权、抵押权、质权)也同时转移。后附《分户债权转让清单》,载明本案所涉9笔债权。同年12月29日,中行湖北分行与信达公司武汉办在《湖北日报》刊登《债权转让通知暨债务催收联合公告》,公告通知莲花湖旅游公司本案所涉所有债权已依法转让给信达公司武汉办之事实,信达公司武汉办亦借此公告要求莲花湖旅游公司及其相应的担保人立即履行合同约定的义务。2006年6月22日,信达公司武汉办在《湖北日报》刊登《债权催收公告》,要求莲花湖旅游公司根据借款合同和担保合同立即履行本案所涉9笔债权还款义务。

2006年10月10日,中国信达资产管理公司(以下简称信达公司)获得国家发展改革委员会《对外转让不良债权备案确认书》,该批文载明:你公司《关于报送向Crosstown Hong Kong Investments Limited(高士通香港投资有限公司,以下简称高士通公司)转让武汉地区不良债权有关备案材料的报告》收悉。根据《国家发展改革委关于金融资产管理公司对外转让不良债权有关外债管理问题的通知》,现予以备案,请据此备案确认书到外汇管理局办理债权转让备案登记。同年12月12日,国家外汇管理局湖北省分局出具《金融资产管理公司对外处置不良资产备案登记表》,对高士通公司受让信达公司70户230笔债权予以备案登记。

2007年1月23日,信达公司武汉办与高士通公司订立《单户资产转让协议》,约定:信达公司武汉办向高士通公司转让在本案所涉9笔债权资产项下拥有的全部权益,该项转让于2006年12月14日完成并生效。自2006年12月14日,信达公司武汉办在与该等资产所对应的借款合同、还款协议、担保合同及其他法律文件项下的全部权益也同时一并转让给高士通公司。

2007年1月18日,信达公司武汉办与高士通公司在《湖北日报》刊登《债权转让暨催收公告》,公告通知莲花湖旅游公司信达公司武汉办已于2006年12月14日将本案所涉9笔债权及担保权利依法转让给高士通公司,原合同内容不变,要求莲花湖旅游公司向高士通公司履行还款义务。

2007年10月12日,高士通公司以莲花湖旅游公司、莲花湖物业公司为被告向湖北省高级人民法院提起诉讼,请求判令莲花湖旅游公司偿还借款本金人民币2500万元、美元300万元及利息,高士通公司对莲花湖旅游公司抵押房产及占用范围内国有土地使用权享有优先受偿权,莲花湖物业公司赔偿经济损失350万元。该案诉讼中,高士通公司与宏祥公司于2010年11月2日订立《单户资产转让协议》,约定:高士通公司向宏祥公司转让在本案所涉9笔债权资产项下拥有的全部权益,该转让于2010年11月2日完成并生效。自2010年11月2日,高士通公司将与该等资产所对应的借款合同、还款协议、担保合同及其他法律文件项下的全部权益一并转让给宏祥公司。同年12月8日,高士通公司签发《关于资产转让的通知》,该通知载明:高士通公司已于2010年11月2日将其在本案所涉9笔债权借款合同及相关担保合同项下的全部权益依法转让给宏祥公司,原合同内容不变。请莲花湖旅游公司向宏祥公司履行上述合同及相关担保合同项下的全部义务。宏祥公司于同月16日持此通知于湖北省高级人民法院向莲花湖旅游公司该案委托代理人、公司财务总监李春阳送达,李春阳在《资产转让通知回执》上签字,该院两名审判人员亦在该回执上签字见证。2011年1月27日,该院应高士通公司申请,以(2008)鄂民四初字第2号民事裁定书准许该公司撤回起诉。

本案一审审理期间,湖北省高级人民法院依职权传高士通公司到庭说明债权转让情况。高士通公司委托其代理人到庭接受质询,说明高士通公司自信达公司武汉办合法获得莲花湖旅游公司债权,已于2007年1月18日予以公告,后于2010年11月2日在武汉将债权转让给宏祥公司,并于同年12月8日向莲花湖旅游公司出具书面通知的情况。其委托代理人出具了高士通公司2011年11月10日签署的《授权委托书》,该《授权委托书》经新加坡公证机关公证,中国驻新加坡大使馆认证。

湖北省高级人民法院一审另查明:2004年9月28日,莲花湖物业公司向武汉市城市规划管理局递交《城市非住宅房屋拆迁申请书》,申请对莲花湖旅游公司大门口五处非住宅房屋:门楼、迎宾楼、办公室、食府、海鲜阁等5栋建筑物共计4728.78平方米进行拆迁。该局于同年10月8日颁发武规拆许字第(2004)第非402号《房屋拆迁许可证》,准许莲花湖物业公司以自拆方式于2004年10月9日至2004年10月29日期间对汉阳大道10号4729平方米非住宅建筑进行拆迁,范围以红线图为准。同年11月2日,该局向莲花湖物业公司下达《房屋城市房屋拆迁完毕确认书》,确认红线范围内共拆除非住宅房屋建筑面积4728.78平方米,房屋拆除到位,验收合格。莲花湖旅游公司于2005年1月18日向莲花湖物业公司开具发票,载明:摘要拆迁补偿,人民币金额945.756万元。同年6月1日,拆迁人莲花湖物业公司与被拆迁人莲花湖旅游公司共同向武汉市城市规划国土资源管理局汉阳分局出具《关于莲花湖危改一期用地范围拆迁情况的说明》,载明:此次拆迁共拆除房屋5栋,全部为莲花湖旅游公司房产,其中4栋为有证房屋,1栋为莲花湖旅游公司自行搭建的违章建筑,莲花湖物业公司已按政策对莲花湖旅游公司实施了拆迁补偿。莲花湖旅游公司承诺,该房产无权属争议,如发生由此房产引起经济纠纷,莲花湖旅游公司承担全部责任。

湖北省高级人民法院一审认为:(一)宏祥公司是本案债权的合法债权人。1. 莲花湖旅游公司要求宏祥公司证明其与高士通公司的交易的合法性,但莲花湖旅游公司既未能举证证明,也未申请法院调查,不得以宏祥公司证据不足为由进行程序上的抗辩。2. 信达公司武汉办将债权转让给高士通公司,并未增加莲花湖旅游公司的负担。3. 莲花湖旅游公司并非国有企业债务人,故不适用本院《关于审理涉及金融不良债权转让案件工作座谈会纪要》第六条,无须审查不良债权的可转让性、受让人的适格性以及转让程序的公正性和合法性。4. 信达公司武汉办与高士通公司登报公告表明双方之间就债权转让已经形成合意,并已实际履行完毕。该项债权转让获得国家发展改革委员会及国家外汇管理局湖北省分局的备案登记,故应当认定国家监管部门已就本案所涉债权转让履行行政审批手续。5. 高士通公司一审到庭证实债权转让已实际发生及完全履行。莲花湖旅游公司主张相关证据系在香港形成,要求提供证明手续,但并未提交证据予以证明本案争议债权转让发生在香港。该院依职权责令高士通公司到庭说明情况时,该公司委托代理人提交《说明》载明高士通公司与宏祥公司订立协议并实际履行均在湖北省武汉市进行,即合同缔约地和合同履行地均在中华人民共和国领域内,这一证言与《单户资产转让协议》并不冲突,宏祥公司亦予以认可。6. 宏祥公司的注册资本与其对涉案交易的履行能力无关。7. 高士通公司向宏祥公司转让债权已经通知莲花湖旅游公司。(二)宏祥公司主张莲花湖物业公司承担责任无事实和法律依据。(三)宏祥公司享有受让债权的抵押权。高士通公司受让债权后虽然向湖北省高级人民法院起诉,但已撤诉,未实际享有抵押权。本案债权人宏祥公司为国内法人,已不再具有对外担保的性质,故不受本院《关于审理金融资产管理公司利用外资处置不良债权案件涉及对外担保合同效力问题的通知》的调整及外汇管理部门的管辖。(四)在莲花湖旅游公司所涉债务及抵押义务及范围确定、不再有他的前提下,根据主债务的数额、发生时间与抵押合同约定抵押价值即担保债权数额、面积以及他项权证所记载抵押权利价值和抵押权利存续期间等事实,推定:1. 编号为 98023 号《银行承兑契约》200 万元承兑汇票垫款本息对应编号为阳抵字第 05-98008 号《房屋他项权证》;2. 编号为九八年信字第 98038 号《人民币资金借款合同》350 万元流动资金贷款本息对应编号为阳抵字第 05-970060 号《房屋他项权证》;3. 编号为九八年信字第 98061 号《人民币资金借款合同》150 万元流动资金贷款本息对应编号为阳抵字第 05-960120 号《房屋他项权证》;4. 编号为信字(018)号《借款合同》300 万元借款本息对应编号为武房阳他字第 200000096 号《房屋他项权证》;5. 其余债权共计美元贷款 300 万元、承兑汇票垫款和人民币贷款 1500 万元本金及利息,则根据 2001 司抵字第 01 号《抵押合同》关于对 1997 年 1 月 1 日至 2001 年 12 月 31 日期间签订的上述借款合同和银行承兑汇票协议书项下的借款本金余额之和不超过人民币 2100 万元和美元 100 万元的最高额抵押约定,应当认定编号为信业贷字 970012 号《借贷合同》外汇贷款 100 万美元、编号为 98024 号《银行承兑契约》人民币 150 万元承兑汇票、编号为 98025 号《银行承兑契约》人民币 200 万元承兑汇票、编号为 98026 号《银行承兑契约》人民币 150 万元承兑汇票、编号为 2001 司字(01)号《借款合同》借款人民币 1000 万元共计 5 笔款项的本金及利息,由编号为武房阳他字第 200200194 号、编号为武房阳他字第 200200195 号、编号为武房阳他字第 200200196 号、编号为武房阳他字第 200200197 号、编号为武房阳他字第 200200198 号、编号为武房阳他字第 200200199 号、编号为武房阳他字第 200200200 号房屋他项权证提供抵押。(五)编号为信业贷字 970011 号外汇贷款 200 万美元《借贷合同》,因其本金 200 万美元超出了最高额抵押合同中关于仅就 100 万美元提供抵押的范围而不能在上述抵押物中优先受偿。(六)2001 司抵字第 01 号《抵押合同》第二条和第三条约定的抵押范围存有冲突,即是以本金之和不超过 2100 万元人民币和 100 万美元确定最高额抵押范围内各笔债务,仍以抵押权对应本息,还是以本金之和不超过 2100 万元人民币和 100 万元美元的债务本息以抵押权对应,但仍以 2100 万元人民币和 100 万元美元最高额抵押为限,结合最高额抵押的实际债务大于约定债务仍以约定债务为最高额为限,抵押合同订立时被担保债权尚未确定的特征,推定合同双方关于最高额抵押的约定为以人民币 2100 万元和 100 万美元为最高限度确定被担保债权后,以实际他项权证所载抵押物对被担保债权的本金及利息提供担保。

据此,湖北省高级人民法院一审判决:一、莲花湖旅游公司偿还宏祥公司借款本金人民币2500万元及美元300万元;二、莲花湖旅游公司支付宏祥公司上述借款的利息(合同期内的利息按照合同约定计付,合同期外的利息按照中国人民银行规定的同期同档次流动资金逾期贷款利率计付);三、莲花湖旅游公司不履行编号为98023号《银行承兑契约》、编号为九八年信字第98038号《人民币资金借款合同》、编号为九八年信字第98061号《人民币资金借款合同》和编号为信字(018)号《借款合同》约定债务时,宏祥公司可分别就编号为阳抵字第05-98008号《房屋他项权证》、编号为阳抵字第05-970060号《房屋他项权证》、编号为阳抵字第05-960120号《房屋他项权证》、武房阳他字第200000096号《房屋他项权证》所载抵押物享有优先受偿权;四、莲花湖旅游公司不履行编号为信业贷字970012号《借贷合同》、编号为98024号《银行承兑契约》、编号为98025号《银行承兑契约》、编号为98026号《银行承兑契约》、编号为2001司字(01)号《借款合同》约定债务时,宏祥公司可就编号为武房阳他字第200200194号《房屋他项权证》、编号为武房阳他字第200200195号《房屋他项权证》、编号为武房阳他字第200200196号《房屋他项权证》、编号为武房阳他字第200200197号《房屋他项权证》、编号为武房阳他字第200200198号《房屋他项权证》、编号为武房阳他字第200200199号《房屋他项权证》、编号为武房阳他字第200200200号房屋《房屋他项权证》所载抵押物享有优先受偿权;五、驳回宏祥公司的其他诉讼请求。

莲花湖旅游公司不服上述一审民事判决,向本院提起上诉称:(一)一审程序违法。1.一审法院未依法追加高士通公司为本案第三人,遗漏重要当事人。2.本案基础案件事实具有涉外因素,应依据涉外程序进行审理。3.高士通公司债权转让和委托的证据超过举证时限,不应予以采信。4.高士通公司作为注册在香港的公司,其授权应在香港进行,其他国家的公证机关无法公证其授权行为的合法性,故其在新加坡的公证无效。(二)争议债权的两次涉外转让因违反法律强制性规定,应为无效。1.高士通公司通过诉讼主体的转换,逃避对于涉外主体受让不良资产在担保登记备案及相关部门批准的严格审查。2.高士通公司受让本案债权程序存在重大瑕疵,并应对债权实现合法性承担举证责任。在高士通公司与宏祥公司的诉讼中,高士通公司仅提交了对16.3亿"债权"资产包的整体备案登记的复印件,未对《单户资产转让协议》所确定"债权"予以列明,因此,高士通公司不能证明其系本案债权的债权人。备案登记材料对于债权的整体担保情况亦未做任何记载,应当认定担保无效。3.信达公司武汉办与高士通公司的债权转让程序存在重大瑕疵,高士通公司及宏祥公司应对信达公司武汉办的债权转让程序的合法性承担举证责任。一审法院以商业秘密为由免除高士通公司及宏祥公司对高士通公司受让债权程序的合法性的举证责任不当。(三)宏祥公司无证据证明高士通公司与宏祥公司的债权转让行为合法有效且已实际履行。1.宏祥公司与高士通公司的《单户资产转让协议》无任何对价,不符合合同法规定的合同基本构成要素。2.宏祥公司2010年注册成立,且注册资本金仅有20万元,经营范围为物业管理、园林绿化的公司,不具备履行标的额达数千万元债权转让合同的能力。3.宏祥公司与高士通公司存在恶意串通,属于恶意诉讼。(四)受让债权合法性的举证责任亦应由被上诉人宏祥公司承担或由法院依职权查清,而不是莲花湖旅游公司承担。对于几次债权转让极有可能存在的程序违法一审法院也有责任依职权予以查清。武汉中院(2007)武民商外初字第22号民事判决的既判力及证明力均不应及于本案,不能证明宏祥公司及高士通公司受让债权的合法性。(五)因涉外债权转让未得到外汇管理部门登记,故宏祥公司对莲花湖旅游公司的房产不享有抵押权。(六)抵押权从属于主债权,主债权不成立时设定的抵押权应为无效。一审错误认定抵押权可以先于主债权存在。(七)本院《关于审理涉及金融不良债权转让案件工作座谈会纪要》适用本案,一审法院认为该《纪要》仅对债务人为国有企业的情形下方能适用第六条规定的理解有误。且即使莲花湖旅游公司为非国有企业,也应参照适用该《纪要》的相关规定。(八)一审判决的本金和利息超出人民币2100万元和美元100万元最高抵押限额范围。一审法院关于一般抵押的推断没有事实及法律依据,其关于最高额抵押担保范围的认定与事实不符。(九)债权转让的内容是债务本金和明确的利息,超出转让范围的利息,宏祥公司并未受让。一审判决书判令莲花湖旅游公司支付借款利息数额错误,宏祥公司依据本院《关于审理涉及金融资产管理公司收购、管理、处置国有银行不良贷款形成的资产的案件适用法律若干问题的规定》主张相应利息不能成立,应依法予以纠正。综上,莲花湖旅游公司诉请本院驳回宏祥公司的诉讼请求或者将本案发回重审。

宏祥公司答辩称:(一)本案债权转让符合国家法律法规的规定,宏祥公司拥有合法、完整的债权。理由是:1.根据《外债管理暂行办法》第五条之规定,本案债权不属于外债。2.本案高士通公司受让债权后,已按《金融机构对外转让不良债权备案管理的通知》第七条之规定完成备案登记手续,宏祥公司从高士通公司处受让债权,国家法律、法规并未规定相关备案登记程序。3.根据《合同法》第七十九条之规定,中行湖北分行与信达公司签订的《债权转让协议》转让的是借款合同项下的权利,清单载明截至2004年5月31日的本息余额系指转让日期已经现实发生的债权。受让人受让债权后,对受让日之后发生的债权拥有请求权。4.根据本院《关于审理涉及金融资产管理公司收购、管理、处置国有银行不良贷款形成的资产的案件适用法律若干问题的规定》第七条规定,宏祥公司有权要求莲花湖旅游公司按照原《借款合同》的约定支付本金和利息。(二)宏祥公司享有合法、完整的抵押权,对抵押物享有优先受偿权。1.根据《关于审理涉及金融资产管理公司收购、管理、处置国有银行不良贷款形成的资产的案件适用法律若干问题的规定》第九条规定,金融资产管理公司受让有抵押担保的债权后,可以依法取得对债权的抵押权,原抵押权登记继续有效。2.宏祥公司有权就本金不超过2100万元人民币和100万美元的贷款本息,对2001年司抵字第01号《抵押合同》项下的抵押财产行使优先受偿权。该《抵押合同》设定的并不是最高额抵押。签署该合同时,莲花湖旅游公司尚未偿还的贷款本金已达2500万元人民币。虽设立部分抵押,但远远不足以偿还贷款本金和利息,有的贷款虽签署抵押协议,但尚未抵押物登记。因此,《抵押合同》约定的担保责任范围应当为本金之和不超过2100万元人民币和100万美元的本息。另外,即便如莲花湖旅游公司所称为最高额抵押,根据宏祥公司提供的两份新证据,抵押财产所担保的贷款本息限额应为3700万元人民币和400万美元,亦能完全覆盖一审判决第四项所指向的全部债务。(三)一审证据采信合法,并已传唤了高士通公司到庭说明了相关情况。综上,宏祥公司认为,一审判决认定事实清楚,适用法律正确。请求二审驳回上诉,维持原判。

原审被告莲花湖物业公司对原审判决无异议。

本院对原审法院查明的事实予以确认。

本案二审庭审中,宏祥公司向法庭提交了两份证据,为莲花湖旅游公司于2002年6月21日与中行湖北分行签订的2002年司抵字第011、012号《抵押合同》,以证明2001司抵字第01号《抵押合同》的性质为一般抵押。莲花湖旅游公司对这两份证据的真实性无异议,但认为这两份证据与宏祥公司是否取得涉案债权的抵押权无关联性。本院对这两份证据的真实性予以认定。因这两份证据与宏祥公司是否取得本案债权及抵押权无关联,故对其关联性不予认可。

另查明:经本院向国家外汇管理局湖北分局调查核实,国家外汇管理局湖北分局于2006年12月12日出具了第002号《金融资产管理公司对外处置不良资产备案登记表》,对本案债权转让予以备案登记,高士通公司在备案登记中未写明本案债权的抵押情况,但在办理登记时向该分局提交的附件材料《武汉资产包出售资产清单表》中列明了本案债权及其抵押情况。2012年8月,高士通公司主动向该分局申请办理补交担保逐笔明细清单手续,2012年9月该分局应其要求为其办理了补交担保逐笔明细清单。

还查明:经本院向湖北省武汉市汉阳区房地产管理局调查核实,莲花湖旅游公司在向湖北省武汉市汉阳区房地产管理局办理编号为阳抵字第05-98008号、05-970060号、05-960120号及武房阳他字第200000096号的四份《房屋他项权证》在办理抵押登记时所附的抵押合同约定的抵押担保金额、抵押权人与抵押人与一审推定与之相对应的编号为98023号《银行承兑契约》、九八年信字第98038号《人民币资金借款合同》、九八年信字第98061号《人民币资金借款合同》、信字(018)号《借款合同》的债权本金金额及债权人、债务人均相一致。其中,1.编号为阳抵字第05-98008号《房屋他项权证》所附抵押合同为1998年3月签订,其第十二条约定,"待抵押手续办理完毕后,经审批方能开出银行承兑汇票",该事实与1998年9月30日双方才签订98023号《银行承兑契约》的事实相印证,可以证明该项抵押权与98023号《银行承兑契约》所产生的债权之间的对应关系;2.阳抵字第05-970060号《房屋他项权证》所附的98年抵字第98038号抵押合同明确约定系"为确保九八年信字第98038号合同(主合同)的履行";3.阳抵字第05-960120号《房屋他项权证》所附的98年抵字第98061号抵押合同约定系"为确保合同(主合同)的履行";4.武房阳他字第200000096号《房屋他项权证》所附2000年信抵字第018号抵押合同约定其所担保的主债权为信字(018)号《借款合同》。

本院认为,本案争议焦点有以下五个问题:(一)本案一审程序是否违法;(二)宏祥公司是否取得本案债权;(三)本案债权的计息期间;(四)宏祥公司是否取得本案债权的抵押权;(五)2001司字第01号《抵押合同》的抵押担保范围。

(一)关于本案一审程序是否违法的问题

莲花湖旅游公司上诉认为,本案应追加高士通公司为第三人。但因高士通公司已将其对莲花湖旅游公司的民事权利转让给了宏祥公司,高士通公司对本案的诉讼标的无独立的请求权,且本案的处理结果亦与高士通公司无法律上的利害关系,故本院认为高士通公司不属于必须追加的第三人。

关于莲花湖旅游公司上诉主张本案应适用涉外程序问题,本案当事人宏祥公司、莲花湖旅游公司、莲花湖物业公司均为中国法人,涉案债权的转让的法律事实均在我国境内发生,故本案不属于涉外民事案件,不适用涉外民事诉讼的审理程序。

关于莲花湖旅游公司主张高士通公司债权转让和授权委托的证据超过举证时限问题,高士通公司2011年11月10日出具的《说明》,系湖北省高级人民法院依据职权责令高士通公司到庭说明情况时,由高士通公司的委托代理人提交,故不适用本院《关于民事诉讼证据的若干规定》第三十四条关于举证时限的规定。

关于高士通公司出具的《授权委托书》的公证效力问题,高士通公司2011年11月10日出具的《授权委托书》载明授权地点为新加坡,该委托书经新加坡公证机构公证,并经中国驻新加坡大使馆认证。本院《关于民事诉讼证据的若干规定》第十一条规定,"当事人向人民法院提供的证据系在中华人民共和国领域外形成的,该证据应当经所在国公证机关予以证明,并经中华人民共和国驻该国使领馆予以认证",其中的"所在国公证机关"系指证据形成地所在国的公证机关,而不是指法人注册地所在国的公证机关。因上述委托书系在新加坡形成,故对经新加坡公证机构公证、中国驻新加坡大使馆认证的该《授权委托书》的法律效力,本院予以确认。

综上,莲花湖旅游公司有关一审程序违法的上诉理由无事实和法律依据,本院不予支持。

(二)关于宏祥公司是否取得本案债权的问题

本案债权经过三次转让,分别为中行湖北分行将债权转让给信达公司武汉办,信达公司武汉办将债权转让给高士通公司,高士通公司将债权转让给宏祥公司。莲花湖旅游公司上诉对后两次转让有异议,认为宏祥公司应当就后两次转让程序的合法性举证,人民法院应当对后两次转让的合法性进行审查。因莲花湖旅游公司后两次转让合同无效的主张,须以诉讼方式提出,莲花湖旅游公司未另行起诉,故本院对此不予支持。

因宏祥公司属国内法人,故高士通公司向宏祥公司转让本案债权,不属于对外转让不良债权,现行法律并未就此类转让规定专门的审批程序,故莲花湖旅游公司主张此次转让应纳入外债监管并报有关部门审批的主张无法律依据。

宏祥公司注册资本是宏祥公司的股东对宏祥公司债权人承担民事责任的限额,与宏祥公司的履约能力无必然联系,因宏祥公司注册资本与不良债权转让合同标的的差额而产生的经营风险,由高士通公司自行承担,不属于法律规定的合同无效的情形。高士通公司在一审期间向法庭提交书面文件,认可其与宏祥公司的《单户资产转让协议》已经于2010年11月2日履行完毕,可以证明《单户资产转让协议》已生效并履行完毕。莲花湖旅游公司以宏祥公司注册资本仅为20万元,无履行不良资产受让合同的能力为由,故高士通公司与宏祥公司之间的《单户资产转让协议》无效及未履行的主张,无事实和法律依据,本院不予支持。

对高士通公司在其与莲花湖旅游公司的诉讼过程中将债权转让给宏祥公司的行为,现行法律并无禁止性规定,莲花湖旅游公司关于宏祥公司与高士通公司系规避法律、恶意诉讼的主张,无事实和法律依据,本院亦不予支持。

（三）关于本案债权的计息期间的问题

莲花湖旅游公司主张，宏祥公司享有的债权范围限于信达公司武汉办受让债权时的人民币2500万元及美元300万元的本金和9042113.35元的利息，无权主张自信达公司武汉办受让债权后的利息。宏祥公司辩称，根据本院《关于审理涉及金融资产管理公司收购、管理、处置国有银行不良贷款形成的资产的案件适用法律若干问题的规定》第七条规定，宏祥公司有权要求莲花湖旅游公司按照原《借款合同》的约定支付本金和利息。

根据本院《关于审理涉及金融资产管理公司收购、管理、处置国有银行不良贷款形成的资产的案件适用法律若干问题的规定》第十二条的规定，该《规定》仅适用于审理涉及金融资产管理公司收购、管理、处置国有银行不良贷款形成的资产的有关案件，本案争议的是宏祥公司与莲花湖旅游公司就信达公司武汉办受让以后是否应当计息的问题，故不适用该《规定》。

中行湖北分行与信达公司武汉办2004年6月15日签订的《债权转让协议》第四条约定：自债权转移之日起，与转让标的有关的全部从权利也同时由中行湖北分行转移至信达公司武汉办；2007年1月23日信达公司武汉办与高士通公司签订的《单户资产转让协议》及2010年12月17日高士通公司与宏祥公司签订的《单户资产转让协议》均约定，"'转让方'向'受让方'转让在下述资产项下拥有的全部权益"，"'转让方'将与该等资产所对应的借款合同、还款协议、担保合同及其他法律文件项下的全部权益也同时一并转让给'受让方'"。根据上述三次债权转让合同的约定及《合同法》第二百零七条关于"借款人未按照约定的期限返还借款的，应当按照约定或者国家有关规定支付逾期利息"的规定，高士通公司及宏祥公司受让权利既包括信达公司武汉办受让时的本金和利息的权利，也包括收取信达公司武汉办受让债权之后的逾期利息的权利。一审判决莲花湖旅游公司支付宏祥公司人民币2500万元及美元300万元的本金及利息（合同期内的利息按照合同约定计付，合同期外的利息按照中国人民银行规定的同期同档次流动资金逾期贷款利率计付）并无不当，故对莲花湖旅游公司的此项主张，本院不予支持。

（四）关于宏祥公司是否取得本案债权的抵押权的问题

莲花湖旅游公司主张，根据本院《关于审理金融资产管理公司利用外资处置不良债权案件涉及对外担保合同效力问题的通知》第一条、第二条的规定，信达公司向高士通公司转让涉案债权属于涉外债权转让，因未到外汇管理部门登记，备案登记材料亦未做记载，应当认定抵押无效。

本院《关于审理金融资产管理公司利用外资处置不良债权案件涉及对外担保合同效力问题的通知》第一条将该通知的适用范围限定为"2005年1月1日之后金融资产管理公司利用外资处置不良债权，向外国投资者出售或转让不良资产，外国投资者受让债权之后向人民法院提起诉讼，要求债务人及担保人直接向其承担责任的案件"，本案宏祥公司虽非外国投资者，但其债权及其抵押权系从高士通公司取得，其享有本案债权及其抵押权应当以高士通公司取得本案债权及其抵押权为前提。因高士通公司属于涉外法人，故对高士通公司是否受让本案债权及其抵押权的问题，应当适用该《通知》的规定。对莲花湖旅游公司有关此次抵押权转让的效力问题适用该《通知》的主张，本院予以支持。

高士通公司于2006年12月向国家外汇管理局湖北分局就此次债权转让登记备案，该局于2006年12月12日出具了第002号《金融资产管理公司对外处置不良资产备案登记表》，对本案债权转让予以备案登记。高士通公司在备案登记中虽未列明本案债权的抵押情况，但在办理登记时向该分局提交的附件材料《武汉资产包出售资产清单表》中列明了本案债权及其抵押情况，符合本院《关于审理金融资产管理公司利用外资处置不良债权案件涉及对外担保合同效力问题的通知》第二条"外国投资者或其代理人办理不良资产转让备案登记时，向国家外汇管理局分局、管理部提交的材料中应逐笔列明担保的情况"的规定，且2012年9月该分局应高士通公司的要求又为其办理了补充担保逐笔明细清单，据此可以认定高士通公司受让本案债权及其抵押权业已经过了外汇管理部门的审批，故对莲花湖旅游公司有关本案属涉外债权转让，因未经审批而应当认定抵押无效的诉请，本院不予支持。

湖北省高级人民法院在一审中推定了编号为阳抵字第05-98008号、05-970060号、05-960120号及武房阳他字第200000096号的四份《房屋他项权证》所涉抵押合同与主债权之间的对应关系。上述推定的事实与本院二审查明的事实相符。其中，阳抵字第05-98008号《房屋他项权证》系1998年4月2日颁发，早于其担保的1998年9月30日签订的98023号《银行承兑契约》所产生的主债权；阳抵字第05-970060号《房屋他项权证》系1997年7月4日颁发，早于其担保的1997年7月24日签订的98038号《人民币资金借款合同》所产生的主债权。因先设定抵押权后订立主债权合同是双方当事人之间的真实意思表示，现行法律亦无抵押权不得先于主债权设定的禁止性规定，故对莲花湖旅游公司以抵押权从属于主债权，故抵押权不能先于主债权设定为由，主张抵押无效的上诉意见，本院不予支持。

(五) 关于2001司字第01号《抵押合同》的抵押范围问题

莲花湖旅游公司主张，根据该《抵押合同》第三条第(一)款第一项"抵押担保责任限额人民币2100万元和美元100万元"的约定，人民币2100万元和美元100万元本金之外的利息不属于抵押担保范围。

根据该《抵押合同》第三条第(一)款第一项"抵押担保范围为借款合同和银行承兑汇票协议书项下发生的全部债务"及第三项"借款人无论何种原因未按借款合同约定履行到期应付债务，抵押权人有权按本合同约定，以抵押财产为限受偿"的约定，抵押担保范围应包括主债务的本金和利息等借款合同项下的全部债务；但如果按该《抵押合同》第三条第(一)款第一项"抵押担保责任限额人民币2100万元和美元100万元"的约定，则该借款本金之外的利息不属于抵押担保范围。故该《抵押合同》约定的抵押范围存在前后不一致的情形。从抵押合同双方当事人订立抵押合同的目的看，因抵押合同签订时抵押权人实际享有的债权已经超出了人民币2100万元和美元100万元本金的范围，故债权人订立抵押合同应当有将包括利息在内的全部债权纳入担保范围的目的。从为该合同提供的抵押财产来看，抵押人莲花湖旅游公司提供了预估总价值为9016万元的七项独立的财产作为抵押，并分别办理了七件他项权证书。如果抵押人仅预期为争议债权的本金提供抵押担保,则合同订立时其已经明知将来担保的债权总额不会超过人民币2100万元和美元100万元,莲花湖旅游公司没有必要将其七宗总估值达9016万元的财产悉数用来设定抵押担保,故抵押人亦有为主合同全部债权提供抵押担保的目的。因合同双方均具有将债权利息纳入担保范围的合同目的,故对该合同约定的抵押担保范围应按该目的解释,即包括人民币2100万元和美元100万元的本金和利息。

综上,莲花湖旅游公司的上诉请求缺乏事实和法律依据,本院不予支持。原审判决认定事实清楚、适用法律正确,应予维持。本院根据《中华人民共和国民事诉讼法》第一百五十三条第一款第(一)项之规定,判决如下:

驳回上诉,维持原判。

一审案件受理费836672.40元,由莲花湖旅游发展有限责任公司负担753005.16元,武汉世纪宏祥物业管理有限公司负担83667.24元。二审案件受理费836672.40元,由莲花湖旅游发展有限责任公司负担。

本判决为终审判决。

审 判 长 雷继平
审 判 员 苑多然
代理审判员 李志刚
二〇一二年十二月十七日
书 记 员 郝晋琪

中国建设银行股份有限公司阿克苏地区分行与新疆天源棉业有限责任公司、新疆天丰种业有限责任公司行纪、承揽合同纠纷案

裁判要旨 案件进入执行程序后,债权人通过执行程序以外、法律未禁止的方式和途径实现其债权属于其正当权利,亦不构成过错。

中华人民共和国最高人民法院

民 事 判 决 书

(2012)民提字第83号

申请再审人(一审第三人、二审上诉人):中国建设银行股份有限公司阿克苏地区分行。住所地:新疆维吾尔自治区阿克苏地区阿克苏市东大街17号。

负责人:常青,该行行长。

委托代理人:陈耀权,北京市天同律师事务所律师。

委托代理人:郑玮,北京市天同律师事务所律师。

被申请人(一审原告、二审被上诉人):新疆天源棉业有限责任公司。住所地:新疆维吾尔自治区乌鲁木齐市新市区北京南路42号金坤大厦1栋A区4楼420室。

法定代表人:姚军,该公司董事长。

委托代理人:朱永胜,新疆商务律师事务所律师。

一审被告、二审被上诉人:新疆天丰种业有限责任公司。住所地:新疆维吾尔自治区阿克苏地区阿瓦提县丰收二场。

法定代表人:韩克舜,该公司董事长。

委托代理人:王姝,北京市鼎尚律师事务所律师。

申请再审人中国建设银行股份有限公司阿克苏地区分行(以下简称阿克苏建行)因与被申请人新疆天源棉业有限责任公司(以下简称天源公司)、一审被告、二审被上诉人新疆天丰种业有限责任公司(以下简称天丰公司)行纪、承揽合同纠纷一案,不服新疆维吾尔自治区高级人民法院生产建设兵团分院(以下简称兵团分院)(2010)新兵民二终字第00010

号民事判决,向本院申请再审。2012年3月2日,本院作出(2011)民申字第1460号民事裁定,提审本案,并依法组成由审判员王东敏担任审判长,代理审判员刘崇理、曾宏伟参加的合议庭进行了审理,书记员袁红霞担任记录。本案现已审理终结。

2010年5月,天源公司向新疆生产建设兵团农十二师中级人民法院(以下简称一审法院)提起诉讼称:2008年9月7日,天源公司与天丰公司签订《代收购、代加工长绒棉合同书》(以下简称9·7合同),约定天源公司委托天丰公司代收购、代加工长绒棉,天源公司支付加工费。天源公司依约向天丰公司支付3000万元资金后,天丰公司未能依约交付长绒棉,阿克苏建行明知3000万元资金为天源公司的资金且已变更银行预留印鉴却擅自将部分资金划扣,该合同事实上已经无法继续履行,也无继续履行的必要。故请求判令:一、解除天源公司与天丰公司签订的《代收购、代加工长绒棉合同》;二、天丰公司和阿克苏建行返还长绒棉代收购资金19466415.28元;三、天丰公司和阿克苏建行承担本案诉讼费用。天丰公司辩称:1.天丰公司同意解除与天源公司签订的9·7合同。天丰公司目前的资金状况很差,无力再履行该合同约定的义务。2.在天丰公司不知情的情况下,阿克苏建行擅自划扣了3000万元中的19466415.28元,返还19466415.28元的责任应由阿克苏建行承担。阿克苏建行一审阶段未作答辩,亦未参加庭审。

一审审理查明:2008年9月7日,天源公司(甲方)与天丰公司(乙方)签订了9·7合同。合同约定:一、甲方委托乙方代收购、代加工等级为137的长绒棉6000吨。甲方按照"1200元/吨"的标准向乙方支付加工费。三、自2008年10月1日起至12月31日止,乙方每月完成代收购、代加工长绒棉应不低于2000吨。交付地点为兵团棉麻阿克苏站。四、甲方分三批向乙方预付代收购长绒棉所需资金。本合同签订后7日内,甲方向乙方预付代收购长绒棉所需资金3000万元。七、甲方预付的长绒棉代收购所需资金,其所有权属甲方。由乙方代收购、代加工的长绒棉及其副产品(籽棉),其所有权亦属甲方。八、为确保甲方预付代收购资金的安全,确保专款专用,封闭运行,保证长绒棉代收购业务的顺利进行,甲乙双方商定:甲方将预付代收购资金逐批汇往乙方指定银行账户,乙方应配合甲方预先办理更改银行账户预留印鉴(增加甲方指派人员印鉴)业务。乙方为开展棉花代收购业务需支付收购资金时,甲方委派人员配合支付。除此之外甲方拒绝支付。九、乙方不能按照本合同约定进度完成代收购、代加工长绒棉的,甲方有权单方面解除本合同,并要求乙方按照预付长绒棉代收购资金实际占用时间,按照实际占用期间的同期银行贷款利率,向甲方承担违约责任。十、凡因本合同的签订和履行期间发生的所有争议,均交甲方所在地法院诉讼解决。

2008年9月9日,天丰公司法定代表人齐淑云到阿克苏建行商谈天丰公司账户解封、资金进账、还款等事宜,阿克苏建行同意解除对天丰公司在阿克苏建行账户的查封,为天源公司资金进账作准备。同日,为汇入天丰公司代收购资金的使用安全,天源公司委派业务经理陈俊杰与天丰公司会计范宗涛一同前往天丰公司开户银行阿克苏建行办理银行结算印鉴变更业务,在阿克苏建行营业部预留印鉴中增加了"陈俊杰"的印鉴。2008年9月12日,天源公司按约定向天丰公司在开户银行阿克苏建行65001690100052501324账户(以下简称1324账户)汇入3000万元代收购长绒棉资金,此款进账前该账户余额为零。同日,阿克苏建行通知其营业部划收天丰公司欠其贷款1803万元。其营业部当日自1324账户划扣贷款本息 18907313.95 元,同月 16 日划扣差旅费 9496.50 元,诉讼费和保全费 149604.38 元,律师代理费 40 万元,以上阿克苏建行共计划扣 19466414.83 元。2008 年 9 月 17 日和 2008 年 10 月 8 日经天源公司同意加盖了业务经理陈俊杰的印鉴,阿克苏建行分别电汇 1000 万元、50 万元给天丰公司的关联企业宏建棉业公司用于收购长绒棉,该笔资金收购的长绒棉被阿瓦提县司法机关查封、未交付天源公司。

另查,2008 年 5 月 15 日,新疆维吾尔自治区高级人民法院就天丰公司欠阿克苏建行贷款案作出(2008)新民二初字第 14 号民事判决书,判令:天丰公司返还阿克苏建行借款 1960 万元,利息 160875 元,财产保全费 5000 元,案件受理费 144629.38 元。判决生效后,阿克苏建行向新疆高院申请执行,2008 年 7 月 3 日,阿克苏建行向新疆高院申请不要将案件移送基层法院执行。2008 年 9 月 12 日,新疆高院作出(2008)新执二监字第 253 号《民事裁定书》,指定铁路中院执行。

2009 年 3 月 12 日,兵团公安局因天丰公司的法定代表人齐淑云因涉嫌合同诈骗决定立案侦查。2010 年 7 月 12 日,兵团公安局认为齐淑云涉嫌合同诈骗案情节轻微、危害不大撤销了案件。

在本案审理过程中,天源公司陈述因起诉时计算有误,将诉讼标的额由 19466415.28 元变更为 19466414.83 元。对此,天丰公司予以认可。

一审法院认为:关于天源公司与天丰公司签订的 9·7 合同是否应当解除的问题。该合同有效,天源公司已经履行了合同义务,天丰公司无法履行。天源公司主张解除合同的请求符合法律规定。天丰公司亦同意解除合同。且双方解除合同并没有损害他人的合法权益,天源公司解除合同的请求,该院予以支持。

关于阿克苏建行划收天源公司交给天丰公司代收购长绒棉的 19466414.83 元资金是否构成侵权的问题。首先,本案中天源公司与天丰公司是代收购、代加工关系,所以天源公司汇入天丰公司在阿克苏建行的 3000 万元的代收购长绒棉资金所有权应属天源公司,天丰公司和阿克苏建行不具有对该笔资金的所有权。其次,阿克苏建行同意在 1324 账户上增加天源公司业务人员的印鉴,并且在汇入资金前双方专程到阿克苏建行商议资金的使用情况,阿克苏建行也明确同意保障棉花收购资金的安全使用,就应当知道 3000 万元资金的所有权并非天丰公司,应属天源公司,且在资金进账的当日就自行划收该款项偿还其贷款,明显存在欺诈行为。再次,作为保管人的阿克苏建行在未经被保管人天源公司和天丰公司同意的情况下无权对被保管人的财产进行处分,更无权在账户被法院冻结的情况下划收被保管人的账户资金。阿克苏建行明知天丰公司欠贷款未还且在天丰公司账户被冻结的情况下,还让天源公司 3000 万元代收购资金进账,阿克苏建行以欺诈的手段实现自己的利益而侵占天源公司的财产。阿克苏建行擅自划收天源公司的收购长绒棉资金行为已构成侵权。

关于天源公司交给天丰公司代收购长绒棉的 19466414.83 元资金应当由谁返还的问题。天丰公司明知欠阿克苏建行贷款本息未还,在其账户被冻结的情况下要求阿克苏建行解封账户,让天源公司的长绒棉代收购资金汇至天丰公司在阿克苏建行的银行账户上,其主观上具有过错,对此应承担侵权的民事责任。合同法第九十七条规定,合同解除后,尚未履行的,终止履行;已经履行的,根据履行情况和合同性质,当事人可以请求恢复原状或者采取其他补救措施。天丰公司和阿克苏建行不法侵占了天源公司的财产,应当予以返还。故天丰公司辩称不应由其承担返还责任的理由不成立。天丰公司和阿克苏建行共同商议解封账户、资金进账、还款并实施的行为是双方共同合谋进行的,构成共同侵权,损害了天源公司的利益,天丰公司和阿克苏建行应当共同承担连带责任。

阿克苏建行属本案无独立请求权的第三人,经传票传唤,无正当理由拒不到庭,应视为放弃诉讼权利,不影响案件的审理。

综上,依照民法通则第一百一十七条第一款、第一百三十条、第一百三十四条第一款第(四)项,合同法第九十三条第二款、第九十五条、第九十七条,《最高人民法院关于适用〈中华人民共和国民事诉讼法〉若干问题的意见》第一百六十二条之规定,一审法院作出(2010)农十二法民初字第1号民事判决:一、解除天源公司与天丰公司9·7合同;二、天丰公司、阿克苏建行于本判决生效后十日内返还天源公司人民币19466414.83元;三、天丰公司和阿克苏建行在本案互负连带责任。一审案件受理费138600元、财产保全费5000元,合计143600元,由天丰公司和阿克苏建行负担。

阿克苏建行不服一审判决,向兵团分院提起上诉称:第一,一审判决程序违法。一审法院将阿克苏建行列为第三人通知参加本案诉讼没有法律依据;一审法院对本案没有管辖权;一审法院对阿克苏建行提出的管辖权异议以"通知"的形式不予受理违反民事诉讼法的规定。第二,一审法院认定阿克苏建行划收19466414.83元构成侵权错误,本行不应承担返还义务。请二审法院依法予以纠正。

天源公司答辩称:一审判决认定事实清楚,适用法律正确。应判决驳回上诉,维持一审判决。

天丰公司答辩,同意天源公司的答辩意见。

二审法院查明的事实与一审法院查明的基本事实一致。

二审法院认为:根据上诉人的上诉理由及被上诉人的答辩意见,二审法院归纳审理焦点为:一是一审审理程序是否违法。其中涉及:1.关于一审法院对本案是否有管辖权的问题。2.关于一审法院将阿克苏建行列为第三人参加本案诉讼是否正确的问题。3.关于一审法院对阿克苏建行提出的管辖权异议采用"通知"不予受理是否正确的问题。二是阿克苏建行应否承担返还责任。

(一)关于一审审理程序是否违法的问题。天源公司与天丰公司签订的合同中协议管辖的条款有效,农十二师法院对本案有管辖权。根据民事诉讼法第五十六条第二款的规定,一审法院通知阿克苏建行作为第三人参加本案诉讼正确。根据《最高人民法院关于适用〈中华人民共和国民事诉讼法〉若干问题的意见》第六十六条规定,一审法院以通知形式不予受理管辖权异议并无不当。(二)关于阿克苏建行应否承担返还责任的问题。2008年9月7日,天源公司与天丰公司签订的9·7合同系双方当事人的真实意思表示,不违反法律和行政法规的规定,也不损害其他公共利益,应属有效协议,双方当事人应全面适当履行该协议。但在该协议履行过程中,天丰公司因拖欠阿克苏建行的贷款到期未还,致使天源公司按约定汇入天丰公司开立在阿克苏建行账户上3000万元中的19466414.83元被阿克苏建行自行划收还贷,导致天源公司代收购、代加工长绒棉的合同目的不能实现,天丰公司已构成根本违约。根据合同法第六条的规定,当事人行使权利、履行义务应当遵循诚实信用原则。本案中,作为无独立请求权的第三人阿克苏建行不是本案代收购、代加工长绒棉合同的当事人,在其与天丰公司的借款合同纠纷已经自治区高级法院判决,并已进入法院执行阶段,天丰公司的资产也因此已被法院查封,并也已知道刚进入天丰公司账户的资金非系天丰公司的款项的情况下,自行划收天源公司的专项收购长绒棉款作为天丰公司还款,其主观上具有过错,侵犯了天源公司合法权益,直接导致天源公司与天丰公司的合同目的不能实现。阿克苏建行提出其划收还贷合法的理由不能成立,该院不予支持。根据合同法第九十四条第一款第(四)项规定,当事人一方迟延履行债务或者有其他违约行为致使不能实现合同目的,当事人可以解除合同。本案中,由于天丰公司的根本违约,致使其与天源公司签订的代购长绒棉的合同无法继续履行,天源公司有权解除合同。解除合同之后,天丰公司理应返还天源公司该笔代收购长绒棉款,但因该款被阿克苏建行划扣,故应由阿克苏建行直接返还予天源公司。

综上,一审认定事实清楚,但在确定本案系行纪、承揽合同法律关系的前提下,以天丰公司与阿克苏建行构成共同侵权,并共同承担连带侵权责任的认定属适用法律不当,应予以纠正。阿克苏建行不承担返还义务的上诉理由不能成立。依照合同法第六条、民事诉讼法第一百五十三条第一款第(二)项之规定,经该院审判委员会讨论决定,二审法院作出(2010)新兵民二终字第00010号民事判决:一、维持一审法院(2010)农十二法民初字第1号民事判决的第一项,即:解除天源公司与天丰公司签订的9·7合同;二、撤销一审法院(2010)农十二法民初字第1号民事判决书的第二项、第三项;三、阿克苏建行于本判决生效后十日内返还给天源公司代收购长绒棉款19466414.83元;四、驳回天源公司的其他诉讼请求。一审案件受理费138600元,财产保全费5000元,合计143600元,由天丰公司和阿克苏建行各负担50%;二审案件受理费138598.48元,由阿克苏建行负担。

阿克苏建行不服上述民事判决,向本院申请再审称:一、原审法院无权管辖本案,将阿克苏建行列为第三人及以通知方式驳回阿克苏建行的管辖异议,均属严重违反诉讼程序。在本院裁定提审本案后,阿克苏建行明确表示放弃该申请再审理由。二、原审法院认定案件事实错误,适用法律不当。1.原审法院所谓"阿克苏建行明知天丰公司欠贷款未还且在天丰公司账户被冻结的情况下,还让天源公司3000万元代收购资金进账,阿克苏建行以欺诈手段实现自己的利益而侵占天源公司的财产。阿克苏建行擅自划收天源公司的收购长绒棉资金行为已构成侵权"之认定与事实不符。在(2010)阿中民二初字第21号案的庭审过程中,天丰公司的代理人胡明对于阿克苏建行并不知情这一事实也予以认可。涉案划款账户自始至终并未查封,此事实可由执行法院为证。涉案资金进账前,天丰公司增加人名为"陈俊杰"预留印鉴是真,但天丰公司与天源公司之前从未"专程到阿克苏建行商议资金的使用情况",而"阿克苏建行也明确同意保障棉花收购资金的安全使用"更是无中生有。2.原审法院将天丰公司账户资金所有权认定为天源公司所有,属适用法律错误。根据《支付结算办法》第十六条"谁的钱进谁的账,由谁支配"的规定,涉案账户为天丰公司依法开立,账户开立人是账户权利人,相对于办理开户业务的银行而言,除非资金所有人、账户开立人与开户银行三方通过明确协议约定账户资金的权属、用途及银行负有监管义务,否则,账户资金所有权自然归属账户开立人,其有权支配和使用,贷款银行也有权依约划收偿贷。而如果任何人均可以账户资金实际所有人为名主张权利,一方面账户开立人的账户权益根本无法得到保障,另一方面国家金融秩序势必严重混乱。本案涉案资金系以货款名义打入天丰公司账户,原审法院以天丰公司代收购、代加工合同关系为由,认定涉案资金仍归天源公司所有,显属适用法律错误。三、阿克苏建行划收行为合法,且无任何过错,对涉案资金不负有返还责任。阿克苏建行与天丰公司基于借款合同存在合法的债权债务关系,借款合同明确约定:"借款人如未按期还款,贷款人有权将借款人在中国建设银行系统开立的账户资金划收。"且已为人民法院生效判决所确认,阿克苏建行的划收行为有合法的权利基础和充分的合同依据。天丰公司对划收行为明确认可,并自认主动履行判决义务,且在长达一年半的时间内,天源公司也从未提出过任何异议。综上,原审法院违反法定程序,认定事实错误,适用法律不当,请求判令:1. 撤销一审法院(2010)农十二法民初字第 1 号、兵团分院(2010)新兵民二终字第 00010 号民事判决,并依法驳回天源公司对阿克苏建行的诉讼请求;2. 判令天源公司承担本案全部诉讼费用。

天源公司答辩称:原审判决认定事实清楚、适用法律正确,阿克苏建行申请再审的理由均不成立,依法应予驳回。一、1324 账户已被冻结,账户中的 3000 万元资金属天源公司所有。(2008)新民二初字第 14 号案件审理期间,阿克苏建行向审理法院提出诉讼财产保全申请,列出"保全资产清单",其中就有 1324 账户;新疆维吾尔自治区高级人民法院(2008)新民二初字第 14 号—1 号《民事裁定书》对阿克苏建行申请诉讼财产保全等予以叙述;(2008)新民二初字第 14 号《民事判决书》亦对阿克苏建行申请诉讼财产保全等有叙述;天丰公司涉嫌合同诈骗罪刑事诉讼期间,证人韩瑾在公安机关所作的《事实经过》也称该账户被冻结。一审判决主要根据上述四份证据材料和庭审陈述,认定在天源公司资金进入该账户前该账户已被冻结。《民法通则》第七十一条规定"财产所有权是指所有人依法对自己的财产享有占有、使用、收益和处分的权利",第七十二条规定"财产所有权的取得,不得违反法律规定",本案,通过天源公司和天丰公司签订的该合同、天源公司汇款凭证等,均证明天源公司对 3000 万元长绒棉代收购资金拥有毋庸置疑的所有权,即使该账户未被冻结,进入该账户的我公司长绒棉代收购资金仍属我公司所有,仅限于天丰公司受托办理长绒棉代收购、代加工业务之用,阿克苏建行无权擅自划扣以此作为清偿天丰公司贷款本息及其他费用的资金。三位证人的证人证言,应当作为认定阿克苏建行侵权等涉案事实的重要证据。本案一审法院依法调取了范宗涛、陈俊杰、韩瑾三位证人的证人证言。该证人证言是新疆生产建设兵团公安局对天丰公司原法定代表人齐淑云、韩克舜涉嫌合同诈骗案侦查期间,侦查人员依照法定程序收集的。本案一审期间,天源公司和天丰公司对调取的三份材料的真实性、合法性、关联性均无异议。阿克苏建行经合法传唤未到庭参加诉讼。三位证人依法参加受理审查民事申请再审案件听证会,接受合议庭的询问和质证。三位证人的证人证言,证据来源合法,证人证言之间及其他证据之间相互印证,足以作为本案定案证据使用。二、阿克苏建行的划收行为侵害了天源公司的资金所有权。天源公司不是阿克苏建行与天丰公司签订的《借款合同》的担保人,不是基于《借款合同》项下归还贷款本息和有关费用的法定还款主体和约定还款主体,也从未承诺代天丰公司偿还阿克苏建行贷款本息和其他费用。阿克苏建行以《支付结算办法》和阿克苏建行与天丰公司签订的《借款合同》作为19466414.83元资金属天丰公司所有的依据，并不合法。阿克苏建行与天丰公司金融借款纠纷已审结且已进入执行程序，执行法院依法查封天丰公司财产，天丰公司被查封财产完全可供执行。阿克苏建行明知3000万元资金为天源公司代收购长绒棉的专项资金，3000万元资金所有权属天源公司所有且已变更银行预留印鉴，仍擅自将其中的19466414.83元划扣，作为天丰公司归还其拖欠阿克苏建行的贷款本息以及其他费用的资金，侵犯了天源公司的资金所有权。

天丰公司答辩称：原二审判决认定事实清楚、适用法律正确、程序合法，建行阿克苏分行申请再审没有法律依据，应予驳回。一、阿克苏建行否认其对天丰公司与天源公司的9·7合同知情，与事实不符。证明阿克苏建行知情的证据系公安部门在侦查天丰公司原董事长齐淑云涉嫌合同诈骗案中形成。这些证人证言产生的时间均为2009年，而天源公司提起诉讼的时间是2010年5月，并不存在阿克苏建行所述的，天源公司与天丰公司相互勾结制造诉讼，在诉讼期间违法取得证据的问题。一审法院调取的范宗涛、韩瑾、陈俊杰等人的证言相互印证，当时的刑事案件中，天源公司是举报人，天丰公司是被举报人，这几个人在当时的刑事案件中代表的是利益相对方。在这种情况下产生的证言更具有可信度和真实性，是客观事实的反映。至于天丰公司的代理人胡明在（2010）阿中民二初字第21号案的庭审过程中对于阿克苏建行并不知情这一事实的认可问题。胡明在其后的代理词中已经对相关事实进行了澄清。胡明在代理词中提到："由于受托时间仓促，本代理人对部分案件事实不清楚，在此，本代理人表示：本代理人在本案庭审期间的陈述以及举证、质证和代理意见，以被告天丰公司诉讼代理人林永华律师在（2010）农十二法民初字第1号案审理期间的陈述以及举证、质证和代理意见为准。"二、本案中，公权力的介入阻断了双方私下履行的可能性，天丰公司对阿克苏建行的划收行为不知情且不同意。在天丰公司与阿克苏建行的纠纷已经进入执行阶段，且已查封了天丰公司足额财产的情况下，阿克苏建行利用其资金和技术上的强势地位，利用其对账户内资金的绝对控制权进行划收。天丰公司事先对其划收行为显然不知情而且不同意。至于天丰公司的撤案申请，是天丰公司在发现款项被划扣之后，出于保护企业自身利益等方面的考虑，不得已而为之的无奈之举。我公司被查封的财产，包括存款和土地等价值至少在7000万元以上，完全足以履行建行的债务。当时的情况是，款项被划走，执行法院又要求我方交纳87310.50元的执行费，为避免损失的进一步扩大，我方向执行法院递交了撤案申请。阿克苏建行称我方对划收行为明确认可，是其主观臆断。三、阿克苏建行的划收行为实质上属于典型的第三人侵害债权的行为，其侵权责任只能由其自身承担。阿克苏建行明知他人债权存在且明知其行为会殃及债权之实现，仍然实施该行为。对第三人侵害债权制度，最高人民法院也出台了司法解释加以认可。1995年5月5日，最高人民法院下发了法函〔1995〕51号《关于信用社非法转移人民法院冻结款项应如何承担法律责任的复函》。该复函对侵害他人债权行为的民事责任作出了规定。在第三人侵害债权中，当债务人与第三人有共同的故意，最典型的就是两者恶意串通来损害债权，此时债务人的违约责任应由侵权责任所吸收，债务人与第三人承担共同侵害债权的连带责任。当第三人侵害债权，债务人自身没有过错，也未有与第三人共同的过错，或没有共同意思联络的合意,此时侵权责任只应由第三人承担。在本案中,我方尽最大努力履行合同,与阿克苏建行没有合谋也没有串通,对于阿克苏建行的私自划扣行为并不知情,也无力改变。天丰公司齐淑云涉嫌合同诈骗案的撤案结果证明天丰公司没有诈骗的故意,是诚心诚意要履行合同,但是阿克苏建行的行为使得天丰公司履行不能。故侵权责任只能由阿克苏建行承担。

本院经审理查明:1. 1324账户为天丰公司名下的一般存款账户。2.(2008)新民二初字第14号民事判决涉及的借款合同(以下简称借款合同)约定:甲方为天丰公司,乙方为阿克苏建行。"甲方未按期还款的,乙方有权从甲方在中国建设银行系统开立的账户划收。"3. 1324账户2008年9月9日《中国建设银行人民币单位银行结算账户预留印鉴变更申请书》(以下简称为《预留印鉴变更申请书》)载明的印鉴变更原因为"业务需要"。4. 2010年6月4日,根据天源公司的申请,一审法院以(2010)农十二民初字第1号民事裁定书,裁定查封了天丰公司的财产。此外,本院经审理认为,原审认定的2008年9月9日天丰公司法定代表人齐淑云到阿克苏建行商谈账户解封等一节事实缺乏证据支撑;本院对原审查明的其他事实予以确认。

本院认为,本案争议的焦点是阿克苏建行自1324账户划收19466414.83元资金是否有过错。

民法通则第一百零六条规定,公民、法人违反合同或者不履行其他义务的,应当承担民事责任。公民、法人由于过错侵害国家的、集体的财产,侵害他人财产、人身的,应当承担民事责任。《最高人民法院关于民事诉讼证据的若干规定》(以下简称为《民诉证据规定》)第二条规定,当事人对自己提出的诉讼请求所依据的事实或者反驳对方诉讼请求所依据的事实有责任提供证据加以证明。没有证据或者证据不足以证明当事人的事实主张的,由负有举证责任的当事人承担不利后果。天源公司认为阿克苏建行的划收行为是侵犯了其在1324账户内19466414.83元资金的所有权,要求阿克苏建行承担侵权责任,应证明阿克苏建行的划收行为有过错。

动产物权以占有为权利公示方式。物权法第二十三条规定,动产物权的设立和转让,自交付时发生效力,但法律另有规定的除外。1324账户为一般存款账户,其存款人为天丰公司,3000万元资金进入1324账户后,根据物权法第二十三条的规定,天丰公司为该笔资金的所有人。天源公司和天丰公司在9·7合同中约定该笔资金归天源公司所有,对合同以外的第三人不产生效力。天源公司主张阿克苏建行明知3000万元资金为天源公司所有,其应承担相应的证明责任。《民诉证据规定》第六十九条规定,与一方当事人或者其代理人有利害关系的证人出具的证言,不能单独作为认定案件事实的依据。陈俊杰、范宗涛、韩瑾分别为天源公司、天丰公司的工作人员,三人均与当事人有利害关系。在没有其他证据证明的情况下,其对案情的证言不能单独作为认定案件事实的依据,无论其形成时间是在诉讼前还是诉讼中。原审法院依据韩瑾、陈俊杰的自述材料和对范宗涛在《询问笔录》中的证言,认定阿克苏建行明知该3000万元资金所有权系天源公司所有或者非天丰公司所有而划收,违反了《民诉证据规定》第六十九条的规定,本院予以纠正。《预留印鉴变更申请书》载明的印鉴变更原因为"业务需要",由此亦不能推断阿克苏建行明知该3000万元属于天源公司所有，或者明知其非天丰公司所有。

天丰公司和阿克苏建行签订的借款合同明确约定，如天丰公司未按期还款，阿克苏建行有权从天丰公司在中国建设银行系统开立的账户划收。该约定并未违反法律和行政法规的禁止性规定，合法有效。阿克苏建行与天丰公司因1324账户的设立形成特定的合同法律关系，但双方并不对第三人承担合同义务。中国人民银行《支付结算办法》第十六条规定，单位、个人和银行办理支付结算必须遵守"谁的钱进谁的账，由谁支配"的原则。天源公司作为企业法人、商事行为主体，应明知该交易规则。其支付的资金进入天丰公司的账号后，即有被天丰公司挪用和被天丰公司的债权人作为天丰公司的资金用以偿债的风险。天源公司在1324账户增加预留其工作人员印鉴，仅能够控制该笔资金被天丰公司挪用的风险，但是并未产生公示效力，难以避免该笔资金被天丰公司的债权人用以偿债。天源公司和阿克苏建行并无关于1324账户内资金的约定，该账户增加陈俊杰的预留印鉴未导致阿克苏建行与天源公司产生权利义务关系。故天源公司在1324账户增加陈俊杰印鉴的行为对阿克苏建行依据借款合同约定行使划收权利并无影响。

一审法院并未认定1324账户被冻结的事实，却以1324账户被冻结而阿克苏建行划收其中的资金作为认定阿克苏建行侵权的理由之一。二审法院亦未认定1324账户被冻结，根据天源公司提供的证据，可以认定天丰公司有财产被法院查封、冻结，但无法认定1324账户被冻结。阿克苏建行自该账户中划收资金，并无不当。

综上，阿克苏建行将天丰公司账户中的3000万元资金作为天丰公司所有的资金，并依据其与天丰公司的约定将其中的部分款项予以划收并无过错，原审法院认定阿克苏建行过错的依据不足。天源公司提供的证据亦难以证明阿克苏建行自1324账户划收的行为不当。案件进入执行程序后，债权人通过执行程序以外、法律未禁止的方式和途径实现其债权属于其正当权利，也不构成过错。天丰公司主张阿克苏建行应承担侵害债权的责任，但亦未证明阿克苏建行的划收行为有过错，且天丰公司并非本案原告，故本院对其主张不予支持。

合同法第九十七条规定，合同解除后，已经履行的，当事人可以要求恢复原状。天丰公司与天源公司均同意解除双方签订的9·7合同，天源公司有权要求天丰公司返还已支付的款项。天丰公司以19466414.83元系阿克苏建行划收，应由阿克苏建行返还为由拒绝承担返还责任，其理由不成立。一审法院认定阿克苏建行和天丰公司构成共同侵权缺乏事实依据，返还已支付的款项的责任应由天丰公司自行承担，天源公司关于天丰公司返还19466414.83元的请求应予支持。

综上，原审判决认定阿克苏建行自1324账户划收的行为有过错缺乏事实依据，阿克苏建行申请再审的理由成立，本院予以支持。本院依照《中华人民共和国民事诉讼法》第一百八十六条、第一百五十三条第一款第(三)项之规定，判决如下：

一、撤销新疆维吾尔自治区高级人民法院生产建设兵团分院(2010)新兵民二终字第00010号民事判决。

二、维持新疆生产建设兵团农十二师中级人民法院(2010)农十二法民初字第1号民事判决第一项；变更该判决第二项为新疆天丰种业有限责任公司于本判决生效后十日内返还新疆天源棉业有限责任公司合同款19466414.83元；撤销该判决第三项。

三、驳回新疆天源棉业有限责任公司的其他诉讼请求。

如果未按本判决指定的期间履行给付金钱义务,应当依照《中华人民共和国民事诉讼法》第二百二十九条之规定,加倍支付迟延履行期间的债务利息。

一审案件受理费138600.00元,财产保全费5000元,由新疆天丰种业有限责任公司负担;二审案件受理费138598.48元,由新疆天源棉业有限责任公司负担。

本判决为终审判决。

审　判　长　王东敏
代理审判员　刘崇理
代理审判员　曾宏伟
二〇一二年十一月五日
书　记　员　袁红霞